KB045184

새학설 · 판례 · 민법용어 · 쟁점사항
조문분석해설 · 관련법조문표시

친족 상속
라이브러리

편저 : 이 기 옥

최신법률·신설된 개정 법률까지 완전 수록
로스쿨 시험 및 각종시험 준비, 공무원임용 등 각 VIP시험 대비!

대한민국 법률지식의 중심
법문북스

머 리 말

친족상속 라이브러리는 실무와 이론을 적용할 수 있도록 대법원예규·규칙·판례를 포함하는 등 나름대로의 형식으로 정리해 본 것이다. 끝없는 학문의 길을 걸었던 우리로서는 이제 그간의 연구를 한번쯤 정리해 내놓을 시기도 된 듯싶고, 기존의 책들과는 조금 다른 형태의 책을 쓰고 싶은 마음에서 책 쓰기를 시작하게 되었다.

민법은 제정 후 최근까지 여러 차례의 개정이 있었다. 특히 최근 개정 사항은 주로 가족법과 관련한 내용이 주를 이루고 있다. 2016년 12월 2일 제837조의2를 일부 개정하여 자녀를 직접 양육하지 않는 부모 일방이 사망하거나 자녀를 직접 양육하지 않는 부모 일방이 피치 못할 사정으로 면접교섭권을 행사할 수 없을 때 그 부모의 직계존속이 가정법원의 허가를 받아 손자녀와 면접교섭이 가능하도록 하였다. 또한 2016년 12월 20일 제937조를 일부 개정하여 피후견인의 직계비속은 그 직계혈족이 피후견인을 상대로 소송을 하였거나 하고 있더라도 후견인 결격사유에 해당되지 않도록 하였다. 2017년 10월 31일 일부 개정시에는 제854조의2와 제855조의2를 신설하였다. 이 개정은 「제844조 제2항 중 혼인관계종료의 날부터 300일 이내에 출생한 자는 혼인중에 포태한 것으로 추정하는 부분」에 대한 헌법재판소의 헌법불합치결정(2013헌마623)의 취지를 반영한 것이다. 즉, 혼인관계가 종료된 날부터 300일 이내에 출생한 자녀에 대하여 어머니와 어머니의 전(前) 남편은 친생부인의 허가 청구를, 생부(生父)는 인지의 허가 청구를 할 수 있도록 하여 친생부인의 소보다 간이한 방법으로 친생추정을 배제할 수 있도록 한 것이다. 이처럼 민법의 친족·상속편은 시대의 변화에 발맞춰 끊임없이 개정이 이루어지고 있다. 우리는 이러한 변화에 뒤쳐지지 않도록 개정 사항을 반영하는 데 많은 노력을 기울였다.

판례 및 대법원예규·규칙도 양적으로 많이 누적되었고, 질적인 변화가 뒤따랐으며 학계의 활동도 상당히 활발하여 많은 논문과 저술이 발표되고 있다. 이 책은 이러한 학계와 법조계의 성과 및 대법원예규·규칙 및 판례들을 조문별로 종합적·체계적으로 알기 쉽게 정리하여 서술한 책이다.

그리고 이러한 의도에서 법학도에게는 법적이론의 토대를 마련해주고, 법조인에게는 실무상의 여러 문제를 인식할 수 있고, 또 그러한 실무적 문제가 법원에서 어떻게 해결되었는가를 알 수 있게끔 책을 엮어 보았다. 이 책은 법률실무분야 종사자를 주 대상으로 하였지만 변호사시험이나 공무원임용 및 승진시험 등 시험 준비를 하는 수험생들에게도 많은 도움이 되리라고 생각한다.

이 책에서는 민법전 친족·상속의 정확한 조문해석을 한 것이 중심이 되지만 거기에 부가하여 대법원예규 및 규칙, 중요한 판례를 많이 수록하여 해당되는 조문의 이해를 효율적으로 성취할 수 있도록 배려하였다. 특히 중요한 전원합의체 판결에 대해서는 그 전문을 실어 충분히 이해할 수 있도록 하였다.

해설서인 교과서에서는 조문의 개별적인 의미를 등한시하고, 주석서에서는 입체적인 실무중심의 이해력을 잃어버릴 염려가 있다. 이 점을 고려하여 이 책에서는 각조문의 이론적인 의미를 정확히 함으로써 해석을 정확하게 할 수 있고, 각 조문마다 판례 및 대법원예규·규칙을 수록, 정리하여 이론과 실무의 가교적 역할을 꾀하려고 하였다. 그리고 각 법조문의 해설에 앞서 이와 관련한 핵심사항들을 정리 하여 그 핵심을 파악할 수 있도록 하였다. 이러한 취지에서 법률실무에 종사하는 분, 법학을 공부하는 분, 그리고 각종시험에 대비하는 모든 분들에게 도움이 될 수 있게 발간한 것이다.

끝으로 참신한 맛과 변화적인 기획, 편찬으로 태어난 이 친족상속 라이브러리가 어느 법률문제에도 대응할 수 있는 최상의 친족·상속서로 활용되기를 바라며 이 책의 출판을 위하여 여러 가지 조언과 자료 등 지원을 아끼지 않으신 편찬위원께 감사드리고 법문북스 김현호 대표님을 비롯한 이 책 편집요원 여러분께도 감사드린다.

2019. 10.
편저자 드림

차 례

제 1 편 친 족

제 1 장 총 칙

◈ 친족의 의의

제 4 장   부모와 자

◆ 파양의 실질적 요건 : 당사자 사이에 파양의사의 합치가 있을 것

◆ 피성년후견인의 협의상 파양

◆ 파양신고의 심사

◆ 협의상 파양의 성립 등

◆ 재판상 파양의 원인

◆ 파양 청구권자

◆ 재판상파양청구권의 소멸

◆ 재판상 파양으로 인한 손해의 배상청구

◆ 친양자 입양의 요건 및 절차

제 5 장   후 견

제 6 장   친족회

제 7 장   부 양

◈ 부양당사자의 범위

◈ 부양의무자가 부양의무를 부담하기 위한 요건

◈ 부양의무자, 부양권리자의 순위

◈ 부양의 정도, 방법

◈ 부양관계의 변경 또는 취소의 요건

◈ 부양청구권의 일신전속성

제 8 장   호주승계

제 2 편 상 속

제 1 장 상 속

1. 유증은 단독행위이므로, 수증자는 그것을 승인하여야 할 의무는 없으며, 포기

제 3 장 유류분(신설 1977. 12. 31.)

부 록 - 민법용어

제1편 친족

제 1 편 친 족

친족법(law of domestic relations, Familienrecht, droit de familie)은 친족이나 가족등의 신분관계 및 그 신분관계에 따르는 권리·의무를 규정한 법률규정이다. 친족법은 상속법과 합하여 신분법 또는 가족법이라고 한다. 민법의 일부로서 민법전 제4편에 규정되어 있다.

1. 친족편의 주요 내용

친족편은 총칙, 가족의 범위와 자의 성과 본, 혼인, 부모와 자, 후견, 부양의 6개의 장으로 구성되어 있다.

즉 친족편에서는 친족관계, 가족의 범위와 자의 성과 본, 혼인과 이혼, 부부관계, 부모와 자녀와의 관계(친자관계), 친권, 후견관계, 부양관계 등 가족생활관계의 전영역을 다루는 것이다.

① 총칙 : 총칙에서는 친족이란 어떠한 것인가를 규정하고 있다.

② 가족의 범위와 자녀의 성과 본 : 종전에는 '제2장 호주와 가족'으로 구성되어 있었으나 2005년 민법 개정에 의하여 이를 삭제하고 '제2장 가족의 범위와 자의 성과 본'을 신설하였다. 즉 호주제도를 없애고 가족의 범위를 신설한 것이다(제779조).

③ 혼인 : 약혼의 성립과 해제, 혼인의 성립과 무효, 취소, 혼인의 효과, 혼인의 해소(이혼)에 관하여 규정하고 있다.

④ 부모와 자 : 친생자인 혼인중의 친생자와 혼인외의 출생자, 양자 및 친권에 관하여 규정하고 있다. 2005년 개정민법은 친양자제도를 신설하였는데(제 908조의 2~908조의 8), 이는 양자가 법적으로 뿐만 아니라 실제 생활에 있어서도 마치 양친의 친생자와 같이 입양가족의 구성원으로 완전히 편입·동화되는 제도이다.

친양자는 부부의 혼인 중 출생자로 보고, 친양자와 양부모의 친족 사이에도 당연히 친족관계가 발생하며, 부양·상속 등의 효과가 따른다.

⑤ 후견 : 친권의 대용으로서 미성년자의 후견과 금치산자, 한정치산자의 후견에 관하여 규정하고 있다.

⑥ 부양 : 친족간의 부양에 관한 권리의무에 대하여 규정하고 있다.

종전의 6장 친족회는 2011년 3월 7일 민법 개정시 삭제되었고, 8장 호주승계는 호주제의 폐지에 따라 2005년 3월 31일 민법 개정시 삭제되었다.

2. 주요개정사항

(1) 2005. 3. 31. 개정 가족법의 주요 내용

1) 호주제도 폐지

호주제도의 부당성과 그 폐지의 당위성에 대해서는 민법이 제정될 당시부터 논의가 있었고, 1977년과 1990년에 가족법이 개정될 때에도 호주제도의 폐지안을 제출하였지만, 통과에는 실패하였다. 그러다가 2001년에 자는 부의 성과 본을 따르고 부의 가에 입적한다는 규정(제781조 1항)과 처는 부의 가에 입적한다는 규정(제862조 3항 본문), 그리고 호주의 지위가 호주의 직계비속장남자에게 우선적으로 승계하도록 되어 있는 규정(제984조) 등이 헌법 제11조 1항(평등권)과 제36조 1항(혼인과 가족생활에 있어서의 양성평등)에 반한다고 하여 헌법재판소에 위헌심판제청이 제기되었다. 이에 대하여 헌법재판소는 2005. 2. 3. 헌법불합치결정을 내렸다.

그 후 2005. 3. 2. 호주제도를 폐지하는 내용을 담은 민법개정안이 국회를 통과함으로써 호주제도의 폐지가 확정되었다. 민법개정법률은 2005. 3. 31. 법률 제7427호로 공포되었다.

2) 자녀의 성과 본 : 부성원칙의 수정

2005. 개정민법은 자녀의 성과 본에 대해서 종전과 같이 부의 성과 본을 따르는 것을 원칙으로 하되, 부모가 혼인신고시 모의 성과 본을 따르기로 합의한 경우에는 모의 성과 본을 따르기로 하였다(제781조 1항). 그리고 혼인 외의 출생자가 인지된 경우, 자는 부모의 협의에 의하여 종전의 성과 본을 사용할 수 있도록 하였다(제781조 5항). 또한 자의 복리를 위하여 자의 성과 본을 변경할 필요가 있을 때에는 부, 모 또는 자의 청구에 의하여 법원의 허가를 받아 이를 변경할 수 있도록 하였다(제781조 6항).

3) 친양자제도의 신설

일정한 요건을 갖춘 15세 미만인 자에 대하여 가정법원의 허가를 받으면, 친생부모와의 친족관계를 단절하고 가족관계등록부에 양부모의 친생자로 기재되는 친양자제도를 신설하였다(제908조의 2~제908조의 8).

(2) 2007. 12. 21. 개정 가족법의 주요 내용

약혼연령 및 혼인연령을 남녀 모두 만18세로 조정하였고, 이혼숙려기간을 도입하였으며, 협의이혼시 자녀 양육사항 및 친권자 지정 합의를 의무화하였고, 자녀의 면접교섭권을 인정하였다. 또한 재산분할청구권 보전을 위한 사해행위취소권을 신설하였다.

(3) 2011. 3. 7. 개정 가족법의 주요 내용

성년후견제와 관련한 민법의 개정이 있었다. 주요 내용으로는 성년 연령을 만20세에서 만19세로 하향하였고, 기존의 금치산·한정치산제도를 대신하여 성년후견·한정후견·특정후견제도를 도입하였다. 또한 제한능력자의 능력을 일부 확대하였으며, 후견을 받는 사람의 복리, 치료행위, 주거의 자유 등에 관한 신상보호 규정을 도입하였고, 후견인의 법정순위를 폐지하고, 복수·법인 후견을 도입하였다. 친족회를 폐지하는 대신 후견감독인제도를 도입하였고, 후견계약 제도도 도입하였다.

(4) 2011. 5. 19. 개정 가족법의 주요 내용

친권제도의 개선을 위한 일부 개정이 있었다. 주요 개정 사항으로는 단독친권자의 사망, 입양 취소, 파양 또는 양모부의 사망의 경우 가정법원에 의한 미성년자 법정대리인의 선임, 친권자 지정의 기준, 단독 친권자에게 친권 상실, 소재불명 등 친권을 행사할 수 없는 중대한 사유가 있는 경우 가정법원에 의한 미성년자 법정대리인의 선임, 단독 친권자가 유언으로 미성년자의 후견인을 지정한 경우 가정법원에 의한 친권자의 지정 등이다.

(5) 2012. 2. 10. 개정 가족법의 주요 내용

미성년자 입양에 대한 가정법원의 허가제를 도입하였고, 부모의 동의가 없더라도 양자가 될 수 있는 방안을 마련하였다. 또한 친양자 입양의 가능 연령을 만15세 미만에서 미성년자로 완화하였다.

(6) 2014. 10. 15. 개정 가족법의 주요 내용

친권자의 동의를 갈음하는 법원의 재판 제도를 도입하였고, 친권의 일시 정지와 일부 제한 제도를 도입하였다.

(7) 2016. 12. 2. 개정 가족법의 주요 내용

자녀를 직접 양육하지 아니하는 부모 일방이 사망하거나 자녀를 직접 양육하지 아니하는 부모 일방이 피치 못할 사정으로 면접교섭권을 행사할 수 없을 때 그 부모의 직계존속이 가정법원의 허가를 받아 손자녀와 면접교섭이 가능하도록 하였다.

(8) 2016. 12. 20. 개정 가족법의 주요 내용

피후견인의 직계비속은 그 직계혈족이 피후견인을 상대로 소송을 하였거나 하고 있더라도 후견인 결격사유에 해당되지 않도록 하였다.

(9) 2017. 10. 31. 개정 가족법의 주요 내용

「민법」 제844조 제2항 중 혼인관계종료의 날부터 300일 이내에 출생한 자는 혼인 중에 포태(胞胎)한 것으로 추정하는 부분에 대한 헌법재판소의 헌법불합치결정(2013헌마623)의 취지를 반영하여 혼인관계가 종료된 날부터 300일 이내에 출생한 자녀에 대하여 어머니와 어머니의 전(前) 남편은 친생부인의 허가 청구를, 생부(生父)는 인지의 허가 청구를 할 수 있도록 하여 친생부인의 소보다 간이한 방법으로 친생추정을 배제할 수 있도록 하였다.

3. 호적제도의 폐지 및 새로운 가족관계등록제도의 시행

2005. 2. 3. 헌법재판소의 호주제에 대한 헌법불합치결정 이후 2005. 3. 31. 법률 제7427호로 공포된 민법 일부개정법률에 따라 호주제의 폐지, 부성원칙의 수정, 친양자 입양제도, 성·본 변경제도 등이 반영되어 개인의 존엄과 양성평등의 헌법이념을 구체화한 새로운 가족관계등록제도가 2008. 1. 1.부터 시행됨으로써 호주제를 근간으로 한 호적제도를 대체하게 되었다.

2007. 5. 17. 법률 제8435호로 공포되어 2008. 1. 1.부터 시행된 가족관계의 등록 등에 관한 법률은 가(家) 중심의 호주제를 기초로 하는 '호적법'을 대체하

는 절차법으로서, 가족관계등록부의 작성, 다양한 목적별 증명서제도, 종전의
본적지를 대신하는 등록기준지 개념의 신설, 위 민법 일부개정법률에서 신설
된 새로운 제도들에 대한 신고절차 등을 정하는 등 향후 새로운 가족관계등록
제도의 시행과 민법 '친족편'의 구체적 절차 운용에 중요한 역할을 담당하게
되었다.

제1장   총 칙

총칙에서는 친족은 어떠한 것인가를 정하고 있다. 민법이 인정하는 친족은 혼인과 혈연을 기초로 하여 생기는 것이며 혈연관계가 있는 친족, 즉 혈족·배우자·혼인에 의한 친족인 인척의 3종류이다. 친족관계는 친족이라는 신분에 의하여 부양관계, 상속관계 등 여러 가지 가족법상의 권리의무를 가지게 된다.

◈ 친족의 의의

제 767 조 【친족의 정의】

배우자, 혈족 및 인척을 친족으로 한다.

■ § 767. 친족의 의의

- 배우자, 혈족 및 인척
- 배우자 : 사실혼의 부부는 제외
- 혈족 : 자연혈족, 법정혈족
- 인척(§769)
- 관련법조 : [친족간 범죄] 형 §151②, §250②, §257②, §258②, §259②, §260②, §271②, §272, §273②, §276②, §277②, §283②, §328, §344, §354, §361, §365, [친족관계준거법] 국제사법 §47

1. 친족의 종별

(1) 혈 족

1) 자연혈족과 법정혈족

가. 자연혈족

혈연관계로 연결되어 있는 사람들을 자연혈족이라 하며, 부모와 자녀, 형제자매, 조손관계 등이 대표적인 자연혈족이다. 8촌 이내의 혈족은 법률상 친족이 된다(제777조 1항).

자연혈족 관계는 원칙적으로 출생에 의하여 발생한다.

나. 법정혈족

자연적인 혈연관계는 없으나 법률에 의해서 자연혈족과 같은 관계가 인정되는 사람을 법정혈족이라 한다. 법정혈족관계는 입양에 의해서 발생한다. 종전에는 계모자관계와 적모서자관계도 법정혈족으로 인정되었으나 1990년 민법개정으로 폐지되고 인척관계로 되었다.

2) 직계혈족과 방계혈족

가. 직계혈족

직계혈족이란 혈연이 친자관계, 조손관계 등에 의하여 수직으로 연결되는 혈족으로서 직계존속과 직계비속으로 나누어진다. 직계존속이란 자기의 부모를 비롯하여 부모보다 항렬(行列)이 높은 직계혈족을 말한다(조부모·증조부모 등). 직계비속이란 자기의 자녀를 비롯하여 자녀보다 항렬이 낮은 직계혈족을 말한다(손자녀·증손자녀 등).

나. 방계혈족

방계혈족이란 공동시조에서 갈라져 나간 혈족을 말한다. 예컨대 형제자매·조카(형제자매의 직계비속)·삼촌·이모·고모(직계존속의 형제자매) 등이 방계혈족에 해당된다.

(2) 배우자

혼인에 의하여 남녀는 서로 배우자가 되며, 친족의 범위에 속하게 된다. 그러나 배우자를 친족으로 하는 것은 실제로 아무 의미가 없다. 배우자 사이에서 발생하는 법률효과는 배우자라는 지위에서 생기는 것이며, 친족의 지위에서 발생하는 것이 아니기 때문이다. 배우자관계는 혼인의 성립에 의하여 발생하며, 당사자 일방의 사망, 혼인의 무효·취소 또는 이혼으로 인하여 소멸한다.

(3) 인 척

인척이란 혈족의 배우자(예 : 형의 처, 누나의 남편 등), 배우자의 혈족(예 : 배우자의 부모, 형제자매 등), 배우자의 혈족의 배우자(처의 언니의 남편)를 말한다. 종전에는 혈족의 배우자의 혈족(예 : 형제의 처의 형제자매)도 인척에 포함되었으나 1990년 민법 개정시 인척의 범위에서 제외되었다.

민법은 4촌 이내의 인척을 친족으로 규정하고 있다(제777조). 인척관계는 혼인에 의하여 발생하며, 혼인의 무효·취소·이혼 등으로 인하여 소멸한다. 부모 중 일방이 사망해도 인척관계는 소멸하지 않지만 생존한 배우자가 재혼하면 인척관계는 종료한다(제775조).

2. 친족의 범위

친족관계는 혈연과 혼인에 의하여 성립하는 것으로서 부양·상속 등 일정한 법률관계의 기초가 된다. 1990년 1월 13일 개정민법(법률 제4199호)에서는 친족의 범위를 크게 조정하여 ① 부계·모계 차별없이 8촌 이내의 혈족, ② 4촌 이내의 인척, ③ 배우자로 하여 개정전보다 모계혈족 및 처족인척범위가 확대되었으며, 반면에 부족인척의 범위는 반으로 축소되었다(제777조). 개정민법은 친족범위를 부모양계친족개념으로 전환시켰으며, 현대 문명국가의 친족개념은 부모양계개념으로 보고 있는 것이 일반적이다.

입법례로서 독일·프랑스민법은 친족자체의 범위를 일반적으로 한정하지 않고, 근친혼·부양의무·상속 등의 구체적 법률관계에 대하여 친족관계의 범위를 정하고 있다.

3. 친족관계의 법률상 효과

친족관계는 출생·혼인·입양·인지 등에 의하여 발생하고, 사망·혼인의 취소나 해소·파양에 의하여 소멸된다(제775조, 제776조). 특정한 친족관계에 있는 자에게는 부양의무(제974조)·상속(제984조 이하)·근친혼금지 등의 민법상 효과가 발생되는 이외에 형법상 범인은닉·절도 등에 인적 처벌조각사유가 되며(형법 제344조, 제365조), 재판상 제척·증언거부의 사유가 되는(민사소송법 제41조 이하, 제314조, 형사소송법 제17조 이하, 제148조) 등 여러 가지 효과가 인정된다. 친족관계의 법률상 효과는 다음과 같다.

(1) 형법상의 효과

가. 친족관계로 인하여 형벌이 감면되는 경우

① 범인은닉죄(형법 제151조 2항), 증거인멸죄(형법 제155조 4항)-친족 일반, 동거가족. ② 권리행사방해죄(형법 제328조 1항), 절도죄(형법 제329조~제332조, 제344조), 사기·공갈죄(형법 제347조~제352조, 제354조 전단), 횡령·배임죄(형법 제355조~제360조, 제361조 전단), 장물죄(형법 제362조~제365조)-직계혈족, 배우자, 동거친족, 동거가족 또는 그 배우자. ③ 친고죄(형법 제328조 2항, 제344조, 제354조, 제361조, 제365조)-직계혈족, 배우자, 동거친족, 동거가족 또는 그 배우자 이외의 친족간.

나. 친족관계로 인하여 형벌이 가중되는 경우

존속살해죄(형법 제350조 2항), 존속상해죄(형법 제257조 2항), 존속중상해죄(형법 제258조 3항), 존속상해치사죄(형법 제259조 2항), 존속폭행죄(형법 제260조 2항), 존속유기죄(형법 제271조 2항·4항), 존속학대죄(형법 제273조 2항), 존속체포감금죄(형법 제276조 2항), 존속중체포감금죄(형법 제277조 2항), 존속협박죄(형법 제283조 2항)-자기 또는 배우자의 직계존속.

(2) 소송법상의 효과

가. 민사소송법상의 효과

① 법관의 제척원인(민사소송법 제41조)-친족관계에 있거나 그러한 관계에 있었을 때, ② 증인으로서의 증언거부권(민사소송법 제314조 1호)-증인의 친족 또는 이러한 관계에 있었던 사람, ③ 감정인(민사소송법 제334조 2항)-증인의 친족 또는 이러한 관계에 있었던 사람은 감정인이 되지 못함.

나. 형사소송법상의 효과

① 법관의 제척, 기피 또는 회피원인(형사소송법 제17조 2호, 제18조 1항 1호, 제24조 1항, 제25조 1항)-친족일반, 가족. ② 증인으로서의 증언거부권(형사소송법 제148조)-친족일반. ③ 감정, 통역, 번역거부권(형사소송법 제177조, 제183조)-친족일반.

◈ 직계혈족과 방계혈족

제 768 조 【혈족의 정의】

자기의 직계존속과 직계비속을 직계혈족이라 하고 자기의 형제자매와 형제자매의 직계비속, 직계존속의 형제자매 및 그 형제자매의 직계비속을 방계혈족이라 한다. <개정 1990. 1. 13>

■ § 768. 자연혈족

• 자연의 혈족관계
• 직계혈족, 방계혈족

본조는 직계혈족과 방계혈족의 정의를 내린 것이다.

(1) 직계혈족

직계혈족이란 혈연이 친자관계, 조손관계 등에 의하여 수직으로 연결되는 혈족으로서 직계존속과 직계비속으로 나누어진다.

(2) 방계혈족

방계혈족은 공동시조에서 갈리며 나간 혈족을 말한다. 자기의 형제자매와 형제자매의 직계비속, 직계존속의 형제자매 및 그 형제자매의 직계비속을 방계혈족이라 한다(제 768조).

1990년 민법개정 전에는 '자기의 형제자매와 형제의 직계비속, 직계존속의 형제자매 및 그 형제의 직계비속'만이 방계혈족으로 규정되어 있었다. 즉 자매의 직계비속과 직계존속의 자매의 직계비속은 혈족의 범위에서 제외되어 있었던 것이다. 그러나 이러한 규정은 여계혈족을 부당하게 차별하는 것이었으므로 1990년 민법개정에 의해서 현행과 같이 되었다.

▣ 핵심판례 ▣

■ [혈족의 정의]

1. **피고인이 피해자의 종고모의 손자인 경우 구 민법(1990. 1. 13. 법률 제4199호로 개정되기 전의 것) 제777조 제1호 소정의 친족관계에 있는지 여부(소극)**

   피고인이 피해자의 아버지의 사촌누나의 손자인 경우 피고인은 피해자와 구 민법 (1990. 1. 13. 법률 제4199호로 개정되기 전의 것) 제777조 제1호 소정의 8촌 이내의 부계혈족의 친족관계에 있다고 할 수 없어 피해자의 고소가 있어야만 죄를 논할 수 있는 경우라고 할 수 없다(1991. 8. 27. 제2부 판결 90도2857 절도).

2. **자동차종합보험의 가족운전자 한정운전 특별약관에서 규정하고 있는 부모에 계모가 포함되는지 여부(적극)**

   1990. 1. 13. 법률 제4199호로 민법이 개정됨으로써 계모는 더 이상 법률상의 모(母)는 아닌 것으로 되었으나, 피보험자의 계모가 부(父)의 배우자로 실질적으로 가족의 구성원으로 가족공동체를 이루어 생계를 같이 하고 피보험자의 어머니의 역할을 하면서 피보험자동차를 이용하고 있다면, 위 특별약관조항을 둔 취지에 비추어 볼 때 이러한 경우의 계모는 자동차종합보험의 가족운전자 한정운전 특별약관상의 모에 포함된다(대법원 1997. 2. 28. 선고 96다53857 판결).

3. **정치자금법 제45조 제1항 단서의 '친족'에 이복형제가 포함되는지 여부(적극)**

   혈족의 범위를 정한 민법 제768조에서 말하는 '형제자매'라 함은 부계 및 모계의 형제자매를 모두 포함하므로, 이복형제가 정치자금법 제45조 제1항 단서의 '친족'에서 제외되는 것은 아니다(대법원 2007. 11. 29. 선고 2007도7062 판결).

◈ 인척의 범위

제 769 조 【인척의 계원】

혈족의 배우자, 배우자의 혈족, 배우자의 혈족의 배우자를 인척으로 한다. <개정 1990. 1. 13>

■ § 769. 인척

- 혈족의 배우자
- 배우자의 혈족
- 배우자의 혈족의 배우자

본조는 인척의 범위에 관하여 규정한 것이다.

혈족의 배우자, 배우자의 혈족, 배우자의 혈족의 배우자를 인척으로 한다. 따라서 인척관계란 배우자의 일방과 상대방의 혈족과의 관계이며, 이와 같은 관계에 있는 자가 서로 인척이라고 부르기 때문에, 배우자의 혈족의 배우자가 인척이 된다. 인척의 관념은 부부에 대해 평등하므로, 부와 처의 혈족과의 관계도, 처와 부의 혈족과의 관계도 동일한 인척관계가 되며, 그 사이에 어떠한 차이도 없다.

인척관계는 혼인에 의하여 발생한다. 인척관계의 소멸에 대해서는 경우를 나누어 고찰하여야 한다.

(1) 인척관계는 혼인의 취소 또는 이혼에 의하여 소멸한다(제775조 1항).

(2) 부부 중 일방이 사망해도 인척관계는 소멸하지 않지만 부부의 일방이 사망한 경우에 생존배우자가 재혼하면 인척관계는 종료, 소멸한다(제775조 2항).

(3) 양자의 배우자 또는 양자의 직계비속의 배우자와 양친 및 그 혈족과의 사이의 인척관계는 양자의 입양취소 또는 파양으로 인하여 소멸한다.

(4) 인척관계는 인척의 사망으로 인하여 소멸한다.

인척관계의 여러 가지 효과 중 중요한 것은 다음과 같다.

① 성년후견개시ㆍ한정후견개시심판의 청구권, ② 부조의무-동거의 인척, ③ 혼인장해, ④ 혼인ㆍ입양의 취소권, ⑤ 친권ㆍ관리권의 상실 또는 그 취소의 신청권, ⑥ 부양의무

인척관계는 민법 이외의 영역에서도 그 효과를 발생한다.

◆ 친계의 촌수

제 770 조 【혈족의 촌수의 계산】

① 직계혈족은 자기로부터 직계존속에 이르고 자기로부터 직계비속에 이르러 그 세수를 정한다.

② 방계혈족은 자기로부터 동원의 직계존속에 이르는 세수와 그 동원의 직계존속으로부터 그 직계비속에 이르는 세수를 통산하여 그 촌수를 정한다.

■ § 770. 혈족의 촌수

- 직계혈족간 : 양자간의 세수를 촌수로 함
- 방계혈족간 : 양자에서 최근의 공동시조 이르는 세수를 합산하여 촌수로 함

1. 친 계

혈족연락의 관계를 친계라고 한다. 친족관계는 배우자관계를 제외하고, 그 혈족연락의 관계에 따라 여러 가지로 분류된다.

(1) 직계친·방계친

친족은 배우자를 제외하고 직계친과 방계친으로 구별할 수 있다. 직계친이란 혈족이 직상 직하하는 형태로서 연결되는 친족으로서, 예컨대 부모-자-손 등이다.

방계친은 혈통이 공동시조에 의하여 갈라져서 연결되는 친족으로서, 형제자매·백숙부·종형제자매·조카 등이다.

인척에 대해서도 일방 배우자의 직계혈족은 다른 일방 직계인척이 되며, 일방의 방계혈족은 다른 일방의 방계인척이 된다.

(2) 존속친·비속친

친족은 항렬(行列)에 의하여 존속과 비속으로 구분된다. 부모 및 부모와 동일한 항렬 이상에 속하는 친족을 존속이라고 하고, 자 및 자와 동일한 항렬 이하에 속하는 친족을 비속이라고 한다. 자기와 동일한 항렬에 있는 자, 즉 형제자매나 종형제자매는 존속도 비속도 아니다. 존속에는 직계존속

과 방계존속이 있으며, 또 비속에도 직계비속과 방계비속이 있다.

(3) 부계친·모계친

부계친이란 부와 그의 혈족을 말하며, 모계친이란 모와 그의 혈족을 말한다.

2. 촌수의 계산

(1) 의 의

촌수란 친족상호간의 혈족연결의 멀고 가까움의 차이를 나타내는 척도이며 친등이라는 말이 사용되기도 한다(제1000조 2항). 촌은 원래 손마디 관적을 의미하는 것으로 오늘날 사회적으로 촌수가 친족의 지칭어로 사용되기도 한다. 예컨대 숙부를 삼촌·종형제를 사촌이라고 부르는 경우이다.

(2) 직계혈족의 촌수의 계산

촌수계산법에 관한 입법례로는 계급친등제(열기주의)와 우리나라가 채용하고 있는 세수친등제가 있다.

직계혈족에 있어서는 단순히 그 사이를 연락하는 친자의 세수를 계산하면 된다. 부모와 자는 1촌이며, 조부모와 손은 2촌, 증조부와 증손은 3촌이된다.

형제자매, 백숙부모와 조카와 같은 방계혈족에 있어서의 촌수는 그 일방으로부터 쌍방의 공동시조에 이르는 세수와 공동시조로부터 다른 일방에이르는 세수를 통산하여 이를 촌수로 한다(제770조 2항). 따라서 부모를 공동시조로 하는 형제자매는 2촌이며, 조부모를 공동시조로 하는 백숙부모와조카는 3촌, 종형제자매는 4촌이다.

인척의 촌수 계산은 제771조에서, 양자와의 친계와 촌수는 제772조에서설명하기로 한다.

[촌 수]

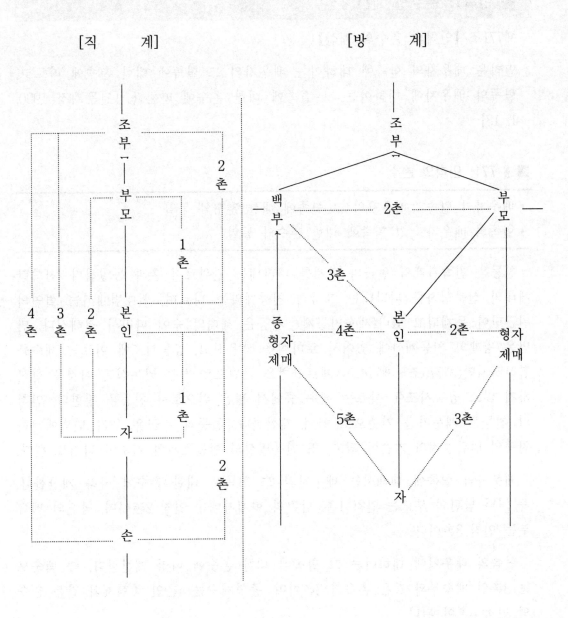

◆ 인척의 촌수의 계산

제771조 【인척의 촌수의 계산】

인척은 배우자의 혈족에 대하여는 배우자의 그 혈족에 대한 촌수에 따르고, 혈족의 배우자에 대하여는 그 혈족에 대한 촌수에 따른다. [전문개정 1990. 1. 13]

■ § 771. 인척의 촌수

- 배우자의 혈족 : 배우자의 그 혈족에 대한 촌수와 동일
- 혈족의 배우자 : 그 혈족에 대한 촌수와 동일

친등은 친족관계의 원근의 관계를 나타내는 단위로서 촌과 동일하다. 친족단체내의 신분상하를 나타내는 계급적 친등제와는 다르며, 현대법에서는 혈연의 원근만이 문제되고 있다(세수친등제). 친등은 세대의 수에 따라서 정해진다. 민법은 방계의 친등계산에 있어서 로마식을 채용하고, 공동시조에 이르는 세수를 합산하지만(제770조~제774조) 게르만법을 근원으로 하는 카논식은 이것을 합산하지 않고 공동시조에 이르는 세수 중에서 많은 편으로서 친등을 정한다. 인척의 친등은 배우자를 기준으로 하여 계산한다. 친등의 원근은 우리 민법에서는 친족의 범위결정의 기준이 되고, 또 친족법상의 법률효과의 기준이 되기도 한다.

배우자의 혈족에 대해서는 배우자의 그 혈족에 대한 촌수에 따라 계산한다. 즉 처나 남편의 부모는 인척 1촌, 남편의 형제자매는 인척 2촌이며, 남편의 백숙부는 인척 3촌이다.

혈족의 배우자에 대하여는 그 혈족에 대한 촌수에 따라 계산한다. 즉 백숙모는 3촌인 백숙부와 같은 촌수의 3촌이며, 종형제수는 4촌인 종형제와 같은 촌수의 인척 4촌이 된다.

◆ 양자와 양부모 및 그 혈족, 인척에 대한 촌수 계산

제772조【양자와의 친계와 촌수】

① 양자와 양부모 및 그 혈족, 인척사이의 친계와 촌수는 입양한 때로부터 혼인중의 출생자와 동일한 것으로 본다.

② 양자의 배우자, 직계비속과 그 배우자는 전항의 양자의 친계를 기준으로 하여 촌수를 정한다.

■ § 772. 양자의 촌수

• 양자와 양부모 및 그 혈족, 인척사이의 촌수는 입양한 때로부터 혼인중의 출생자와 동일한 것으로 보므로 자연혈족과 마찬가지로 계산한다
• 양자의 배우자, 직계비속과 그 배우자는 양자의 친계를 기준으로 촌수를 정하게 된다

법정혈족관계라 함은 사실상 혈연관계는 없으나 법률에 의해서 자연혈족과 같은 관계가 인정되는 관계를 말한다. 법정혈족관계는 입양에 의해서 발생한다 (제878조).

양자는 입양일로부터 양친의 혼인중의 출생자와 동일한 지위(신분)를 취득한다. 그리고 양자의 배우자, 직계비속과 그 배우자는 양자의 양가에 대한 친계를 기준으로 하여 친족관계가 발생한다.

즉 양자는 입양한 때에 혼인중의 출생자와 동일한 것이 되므로 제770조와 제771조의 규정에 의하여 양자와 양부모, 그 혈족, 인척 사이의 촌수를 계산한다. 그리고 양자와 배우자, 직계비속과 그 배우자는 양자의 친계를 기준으로 하여 역시 제770조와 제771조의 규정에 의하여 촌수를 계산한다.

제773조 삭제 <1990.1.13>

종전규정 제773조【계모자 관계로 인한 친계와 촌수】

전처의 출생자와 계모 및 그 혈족, 촌수를 계산한다. 인척 사이의 친계와 촌수는 출생자와 동일한 것으로 본다.

제774조   삭제 <1990.1.13>

종전규정 제774조【혼인외의 출생자와 그 친계, 촌수】

혼인외의 출생자와 부의 배우자 및 그 혈족, 인척사이의 친계와 촌수는 그 배우자의 출생자와 동일한 것으로 본다.

◆ 인척관계의 소멸원인

제775조【인척관계등의 소멸】

① 인척관계는 혼인의 취소 또는 이혼으로 인하여 종료한다. <개정 1990. 1. 13>

② 부부의 일방이 사망한 경우 생존배우자가 재혼한 때에도 제1항과 같다. <개정 1990. 1. 13>

■ § 775. 친족관계의 소멸

• 혼인취소와 이혼 : 배우자관계(그에 따른 인척관계 포함)가 소멸. 단, 부자관계는 혼생자로 그대로 유지된다
• 잔존배우자의 재혼 : 사망배우자를 매개로 한 인척관계가 소멸

(1) 인척관계는 혼인으로 인하여 발생되고, 혼인의 취소 또는 이혼으로 인하여 당연히 소멸한다. 즉 혼인으로 인한 부부는 상대방의 4촌 이내의 혈족과 4촌 이내의 배우자 사이에 당연히 서로 인척관계가 생긴다. 혼인의 무효에 대한 규정은 없으나, 취소의 경우처럼 인척관계는 종료한다고 할 것이다.

(2) 부부 중 일방이 사망해도 인척관계는 소멸하지 않지만 생존한 배우자가 재혼하면 인척관계가 종료한다(제775조 2항). 1990년 민법개정 전에는 부가 사망한 후 처가 재혼할 경우는 물론 친가에 복적할 경우에도 인척관계가 소멸하였다. 반면에 처가 사망한 경우에는 부가 재혼하더라도 인척관계가 소멸하지 않는 것으로 되어 있었다. 그러나 이 규정은 명백히 부부평등의 원칙에 반하는 것이었으므로, 1990년 민법 개정시에 현재와 같은 내용으로 개정되었다.

◆ 입양으로 인한 친족관계의 소멸원인

제776조 【입양으로 인한 친족관계의 소멸】

입양으로 인한 친족관계는 입양의 취소 또는 파양으로 인하여 종료한다.

■ § 776. 입양취소와 파양

• 양친자관계(그에 따른 혈족, 인척관계 포함)가 소멸

입양으로 인해 발생한 법정친족관계는 자연혈족과 달라 입양의 취소 또는 파양으로 인하여 소멸한다. 입양에 의해서 발생한 친족관계는 당사자의 사망으로 인하여 해소되지 않는다.

(1) 입양으로 인한 친족관계의 종료원인

① 사망 : 법정혈족관계에서도 사망에 의하여 종료하지만, 그것은 그 사자, 그 사람에 대한 혈족관계만으로서 사자를 통하여 인정되었던 법정혈족관계와 그 법정혈족관계에 기인한 인척관계에 영향이 없는 것은 자연혈족과 마찬가지이다. 따라서 예컨대 양친 또는 그 혈족과 양자의 직계비속의 법정혈족관계는 양자가 사망하더라도 존속한다.

② 파양 : 양친자관계는 파양을 하지 않는 한 소멸하지 않는다. 따라서 양자가 파양하지 않고 다시 다른 사람의 양자가 되더라도 원래의 양친자관계는 존속한다. 양자와 양가혈족과의 법정혈족관계 및 인척관계는 양친자간에 파양이 있으면 당연히 소멸한다. 양자와 배우자, 직계비속 또는 그 배우자와 양가혈족과의 친족관계도 양자와의 파양으로 소멸한다.

③ 입양의 취소 : 입양이 취소됨으로써 파양의 경우와 마찬가지로 친양자관계로 인하여 발생되었던 법정혈족관계 및 인척관계는 소멸한다.

(2) 양친자관계의 종료효과

가. 친족관계의 소멸

입양으로 인하여 발생한 친족관계는 입양의 무효나 취소 또는 파양으로 인하여 소멸한다(제776조).

양친의 일방이 사망하여 생존양친이 단독으로 파양하였을 경우 양친족관계가 전체적으로 소멸하는가가 문제된다. 예컨대 양부의 사망 후 양모가 파양한 경우에 사망한 양부의 혈족(예컨대 양조부모)과 양자와의 친족관계도 소멸하는가가 문제된다. 구체적인 경우에 있어서 사망한 양친의 혈족과 양자의 의사에 반하는 경우도 있을 수 있으므로 분리해서 보는 것이 타당할 것이다(김주수·김상용 공저 p.331). 양부모가 이혼한 후 양부모의 일방이 단독으로 양자와 파양한 경우에도 다른 일방과 양자사이의 양친자관계는 그대로 존속된다. 판례는 양부모가 이혼하여 양모가 부의 가를 떠난다고 해서 양친자관계가 해소되는 것은 아니라고 하였다(대판(전원합의체) 2001. 5. 14. 2000므1493).

나. 입양으로 인하여 발생한 법률효과의 소멸

입양으로 인하여 잉친과의 사이에서 발생한 법률효과, 즉 부양·상속·친권관계 등은 소멸한다.

다. 손해배상청구권

입양이 무효 또는 취소되거나 재판상 파양을 한 경우에 당사자의 일방은 과실 있는 상대방에 대하여 이로 인한 손해배상을 청구할 수 있다(제897조, 제908조, 제806조). 이 경우 손해배상청구를 하기 위해서는 가정법원에 먼저 조정신청을 하여야 한다.

▣ 핵심판례 ▣

가. 입양의 의사로 친생자출생신고를 하고 거기에 입양의 실질적 요건이 모두 구비되어 있는 경우, 입양의 효력발생 여부(적극) 및 이 경우 친생자관계부존재확인청구의 가능 여부(한정 소극)

당사자가 양친자관계를 창설할 의사로 친생자출생신고를 하고 거기에 입양의 실질적 요건이 모두 구비되어 있다면 그 형식에 다소 잘못이 있더라도 입양의 효력이 발생하고, 양친자관계는 파양에 의하여 해소될 수 있는 점을 제외하고는 법률적으로 친생자관계와 똑같은 내용을 갖게 되므로 이 경우의 허위의 친생자 출생신고는 법률상의 친자관계인 양친자관계를 공시하는 입양신고의 기능을 발휘하게 되는 것이며, 이와 같은 경우 파양에 의하여 그 양친자관계를 해소할 필요가 있는 등 특별한 사정이 없는 한 그 호적기재 자체를 말소하여 법률상 친자관계의 존재를 부인하게 하는 친생자관계부존재확인청구는 허용될 수 없는 것이다.

나. 양부모가 이혼하여 양모가 양부의 가를 떠났을 경우, 양모자관계가 소멸하는지 여부(소극)

민법 제776조는 "입양으로 인한 친족관계는 입양의 취소 또는 파양으로 인하여 종료한다."라고 규정하고 있을 뿐 '양부모의 이혼'을 입양으로 인한 친족관계의 종료사유로 들고 있지 않고, 구관습시대에는 오로지 가계계승(가계계승)을 위하여만 양자가 인정되었기 때문에 입양을 할 때 처는 전혀 입양당사자가 되지 못하였으므로 양부모가 이혼하여 양모가 부(부)의 가(가)를 떠났을 때에는 입양당사자가 아니었던 양모와 양자의 친족관계가 소멸하는 것은 논리상 가능하였으나, 처를 부와 함께 입양당사자로 하는 현행 민법 아래에서는(1990. 1. 13. 개정 전 민법 제874조 제1항은 "처가 있는 자는 공동으로 함이 아니면 양자를 할 수 없고 양자가 되지 못한다."고 규정하였고, 개정 후 현행 민법 제874조 제1항은 "배우자 있는 자가 양자를 할 때에는 배우자와 공동으로 하여야 한다."고 규정하고 있다) 부부 공동입양제가 되어 처도 부와 마찬가지로 입양당사자가 되기 때문에 양부모가 이혼하였다고 하여 양모를 양부와 다르게 취급하여 양모자관계만 소멸한다고 볼 수는 없는 것이다(대법원 2001. 5. 24. 선고 2000므1493 전원합의체 판결).

〈판례전문(2001. 5. 24. 2000므1493)〉

[원고, 상고인]   원고 (소송대리인 변호사 문성근 외 1인)

[피고, 피상고인]   피고 (소송대리인 변호사 손홍익)

[원심판결]   부산지법 2000. 9. 8. 선고 99르477 판결

[주   문]   상고를 기각한다. 상고비용은 원고의 부담으로 한다.

[이   유]   1. 당사자가 양친자관계를 창설할 의사로 친생자출생신고를 하고 거기에 입양의 실질적 요건이 모두 구비되어 있다면 그 형식에 다소 잘못이 있더라도 입양의 효력이 발생하고, 양친자관계는 파양에 의하여 해소될 수 있는 점을 제외하고는 법률적으로 친생자관계와 똑같은 내용을 갖게 되므로 이 경우의 허위의 친생자출생신고는 법률상의 친자관계인 양친자관계를 공시하는 입양신고의 기능을 발휘하게 되는 것이며, 이와 같은 경우 파양에 의하여 그 양친자관계를 해소할 필요

가 있는 등 특별한 사정이 없는 한 그 호적기재 자체를 말소하여 법률상 친자관계의 존재를 부인하게 하는 친생자관계부존재확인청구는 허용될 수 없는 것이다(대법원 1977. 7. 26. 선고 77다492 전원합의체 판결, 1988. 2. 23. 선고 85므86 판결, 1991. 12. 13. 선고 91므153 판결, 1994. 5. 24. 선고 93므119 판결 등 참조).

원심판결 이유에 의하면, 원심은 채택증거를 종합하여 이 사건 피고에 대한 출생신고의 경위 등 판시와 같은 사실들을 인정한 다음, 그 인정 사실에 의하면 피고를 소외 1과 망 소외 2 사이의 친생자로 출생신고를 할 당시 피고의 친생부모로서 대낙권자들인 망 소외 3과 소외 4의 입양승낙이 있었고, 소외 1에게 피고를 입양할 의사가 있었을 뿐 아니라 망 소외 2에게도 피고를 입양하여 기르려는 의사가 있었다 할 것이고, 그 이후 실제적으로도 출생신고시부터 소외 1과 망 소외 2가 이혼하기까지 친자적인 공동생활관계가 지속되었다 할 것이어서 소외 1 및 망 소외 2와 피고 사이에는 입양의 실질적 요건이 구비되어 있었다 할 것이므로, 피고에 대한 출생신고는 비록 그 형식이 잘못되어 있다고 하더라도 입양신고로서의 효력이 발생하여 피고와 망 소외 2 사이에는 양모자관계가 성립되었다 할 것인데, 이와 같이 허위의 출생신고가 법률상의 친자관계인 양친자관계를 공시하는 입양신고의 기능을 발휘하게 되는 경우 그 양친자관계를 해소하여야 하는 등 특단의 사정이 없는 한 그 호적의 기재를 말소하여 법률상 친자관계를 부정하게 되는 친생자관계의 부존재확인을 구할 이익이 없어 부적법하다고 판단하여 이 사건 소를 각하하였다.

위와 같은 법리와 기록에 비추어 보면, 원심의 그와 같은 사실인정과 판단은 정당하고, 거기에 친생자관계부존재확인의 소의 이익에 관한 법리오해나 심리미진 등의 위법이 있다고 할 수 없다. 이 점에 관한 상고이유의 주장은 받아들일 수 없다.

2. 그리고 민법 제776조는 "입양으로 인한 친족관계는 입양의 취소 또는 파양으로 인하여 종료한다."라고 규정하고 있을 뿐 '양부모의 이혼'을 입양으로 인한 친족관계의 종료사유로 들고 있지 않고, 구관습시대에는 오로지 가계계승(家系繼承)을 위하여만 양자가 인정되었기 때문에 입양을 할 때 처는 전혀 입양당사자가 되지 못하였으므로 양부모가 이혼하여 양모가 부(夫)의 가(家)를 떠났을 때에는 입양당사자가 아니었던 양모와 양자의 친족관계가 소멸하는 것은 논리상 가능하였으나, 처를 부와 함께 입양당사자로 하는 현행 민법 아래에서는(1990. 1. 13. 개정전 민법 제874조 제1항은 "처가 있는 자는 공동으로 함이 아니면 양자를 할 수 없고 양자가 되지 못한다."고 규정하였고, 개정 후 현행 민법 제874조 제1항은 "배우자 있는 자가 양자를 할 때에는 배우자와 공동으로 하여야 한다."고 규정하고 있다.) 부부공동입양제가 되어 처도 부와 마찬가지로 입양당사자가 되기 때문에 양부모가 이혼하였다고 하여 양모를 양부와 다르게 취급하여 양모자관계만 소멸한다고 볼 수는 없는 것이다. 따라서 이와 견해를 달리 하여 양부모가 이혼하여 양모가 양부의 가를 떠났을 경우에는 양부관계는 존속하지만 양모관계는 소멸한

다는 취지의 대법원 1979. 9. 11. 선고 79므35, 36 판결은 이를 폐기하기로 한다.

그렇다면 같은 취지에서 입양으로 인한 친족관계의 소멸은 입양의 취소나 파양으로 인하여만 종료하고, 양부모가 같은 호적에 있는지의 여부는 입양관계에 어떠한 영향을 미친다고 할 수 없다고 판단하여 원고의 주장을 배척한 원심은 정당하고, 거기에 양모자관계의 소멸에 관한 법리를 오해한 위법이 있다고 할 수 없다. 이 점에 관한 상고이유의 주장도 받아들일 수 없다.

3. 그러므로 상고를 기각하고, 상고비용은 패소자의 부담으로 하기로 하여 관여 대법관들 전원의 일치된 의견으로 주문과 같이 판결한다.

대법원장   최종영(재판장) 송진훈 서성 조무제 유지담(주심) 윤재식 이용우 배기원
         강신욱 이규홍 이강국 손지열 박재윤

◆ 친족관계로 인한 법률상 효력이 미치는 친족의 범위

제777조 【친족의 범위】

친족관계로 인한 법률상 효력은 이 법 또는 다른 법률에 특별한 규정이 없는 한 다음 각호에 해당하는 자에 미친다.

1. 8촌이내의 혈족

2. 4촌이내의 인척

3. 배우자 [전문개정 1990. 1. 13]

■ § 777. 민법상 친족의 범위

• 8촌이내의 혈족
• 4촌이내의 인척
• 배우자
• 관련법조 : §924, §925, §926, §936, §954, §971, §974, §1053

본조는 친족의 범위를 다음과 같이 한정하여 친족관계로 인한 법률상효력은 본법 또는 다른 법률에 특별한 규정이 없는 한 이에 미치는 것으로 규정함으로써 총괄적 한정주의를 취하고 있다.

① 8촌 이내의 혈족, ② 4촌 이내의 인척, ③ 배우자.

종래 흔히 관용되어 온 주요친족의 한문식 호칭을 보면 다음과 같다.

(1) 부-아버지(1촌), (2) 모-어머니(1촌), (3) 조부-아버지의 아버지(2촌), (4) 조모-아버지의 어머니(2촌), (5) 증조부-조부의 아버지(3촌), (6) 증조모-조부의 어머니(3촌), (7) 고조부-증조부의 아버지(4촌), (8) 고조모-증조부의 어머니(4촌), (9) 부-남편(무촌), (10) 처-아내(무촌), (11) 자-아들(1촌), (12) 녀-딸(1촌), (13) 자부-아들의 처(1촌), (14) 손-아들의 아들(2촌), (15) 손녀-아들의 딸(2촌), (16) 손부-손의 처(2촌), (17) 증손-손의아들(3촌), (18) 증손녀-손의 딸(3촌), (19) 장증손부-장증손의 처(3촌), (20) 현손-증손의 아들(4촌), (21) 현손녀-증손의 딸(4촌), (22) 장현손부-장현손의 처(4촌), (23) 형제-부를 공동으로 하는 형제(2촌), (24) 자매-부를 공동으로 하는 자매(2촌), (25) 질-부를 공동으로 하는 형제의 아들(3촌),

(26) 질녀-부를 공동으로 하는 형제의 딸(3촌), (27)질부-질의 처(3촌), (28) 종손-질의 아들(4촌), (29) 종손녀-질의 딸(4촌), (30) 종손부-종손의 처(4촌), (31) 종증손-종손의 아들(5촌), (32) 종증손녀-종손의 딸(5촌), (33) 백숙부-부의 동부형제(3촌), (34) 백숙모-백숙부의 처(3촌), (35) 고모-부의 동부자매(3촌), (36) 종형제-백숙부의 아들(4촌), (37) 종자매-백숙부의 딸(4촌), (38) 종질-종형제의 아들(5촌), (39) 종질녀-종형제의 딸(5촌), (40) 종질부-종질의 처(5촌), (41) 재종손-종질의 아들(6촌), (42) 재종손녀-종질의 딸(6촌), (43) 종조부-조부의 동부형제(4촌), (44) 종조모-종조부의 처(4촌), (45) 대고모-조부의 동부자매(4촌), (46) 종백숙부-종조부의 아들(5촌), (47) 종백숙모-종백숙부의 처(5촌), (48) 종고모-종조부의 딸(5촌), (49) 재종형제-종백숙부의 아들(6촌), (50) 재종자매-종백숙부의 딸(6촌), (51) 재종질-재종형제의 아들(7촌), (52) 재종질녀-재종형제의 딸(7촌), (53) 종증조부-증조부의 동부형제(5촌), (54) 종증조모-종증조부의 처(5촌), (55) 증대고모-증조부의 동부자매(5촌), (56) 재종조부-종증조부의 아들(6촌), (57) 재종증모-재종증부의 처(6촌), (58) 재종대고모-재증조부의 딸(6촌), (59) 재종백숙부-재종조부의 아들(7촌), (60) 재종백숙모-재종백숙부의 처(7촌), (61) 재종고모-재종조부의 딸(7촌), (62) 삼종형제-재종백숙부의 아들(8촌), (63) 삼종자매-재종백숙부의 딸(8촌), (64) 외조부-모의 아버지(2촌), (65) 외조모-모의 어머니(2촌), (66) 외숙부-모의 동부형제(3촌), (67) 외숙모-외숙부의 처(3촌), (68) 이모-모의 동부자매(3촌), (69) 외종형제-외숙부의 아들(4촌), (70) 외종자매-외숙부의 딸(4촌), (71) 이종형제-이모의 아들(4촌), (72) 이종자매-이모의 딸(4촌), (73) 여서-딸의 남편(1촌), (74) 외손-딸의아들(2촌), (75) 외손녀-딸의 딸(2촌), (76) 외손부-외손의 처(2촌), (77) 생질-자매의 아들(3촌), (78) 생질녀-자매의 딸(3촌), (79) 생질부-생질의 처(3촌), (80) 내종형제-고모의 아들(4촌), (81) 내종자매-고모의 딸(4촌).

자본주의의 발달은 대가족으로부터 부부와 그 미성숙한 자로서 구성된 소집단을 소비적인 가족생활단위가 되게 하였다.

현실적으로도 근대사회에서는 가족공동생활을 하는 자는 부부·친자만이며, 형제라 하더라도 성장후에는 각각 독립한 별개의 가정을 운영하게 되면 더 이상 생활을 공동으로 하지 않는다. 이리하여 혈연은 시대의 흐름에 따라 그 의의를 상실하고, 친족의 범위를 일반적·추상적으로 확정하지 아니하고, 예컨대 부양이라든가 상속 등 개별적인 사항에 대하여 그 범위를 규정한다.

프랑스민법과 독일민법이 이러한 개별적 한정주의를 취하고 있다.

1990년 1월 13일 법률 제4199호 개정전의 민법은 친족범위를 대체로 구민법상의 친족범위인 유복친을 답습한 것으로서, 가부장제가족제도, 즉 종법제에 입각한 것이다. 따라서 부계혈족과 모계혈족 사이에 현저히 차별을 두고 또 인척도 부족인척과 처족인척 사이에 심한 차별을 두는 것은 인간의 존엄과 남녀평등의 원칙에 반하는 것으로서 매우 부당하였다. 그리고 외국 입법례에서도 이러한 것은 찾아볼 수 없다.

1990년 1월 13일 법률 제4199호의 가족법 개정에서는 이러한 점을 고려하여 친족의 범위를 제한했음은 타당하다 하겠다.

· 민법상 친족의 범위

	1990년 개정 전	1990년 개정 후
혈 족	8촌 이내의 부계혈족(1호) 4촌 이내의 모계혈족(2호)	8촌 이내의 혈족(1호)
인 척	夫의 8촌 이내의 부계혈족(3호) 夫의 4촌 이내의 모계혈족(4호)	4촌 이내의 인척(2호)
배우자	배우자(6호)	배우자(3호)
비 고	1. 부계혈족과 모계혈족의 차별 폐지 2. 부계인척과 처계인척의 차별 폐지	

친족의 범위(계보)(민법 제777조)

8촌 이내의 혈족

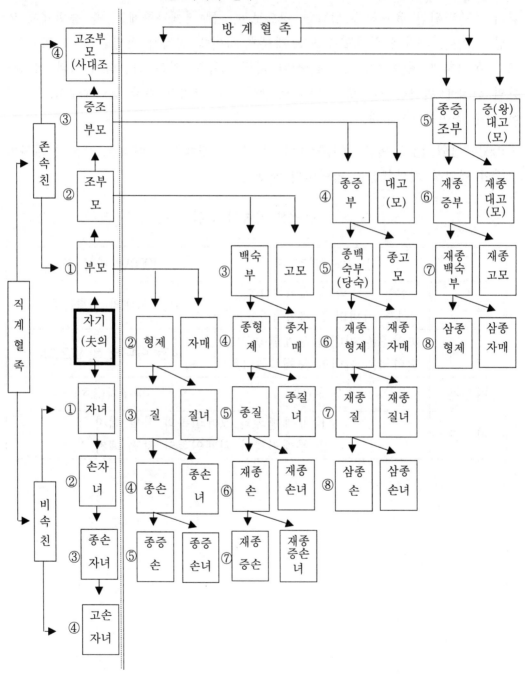

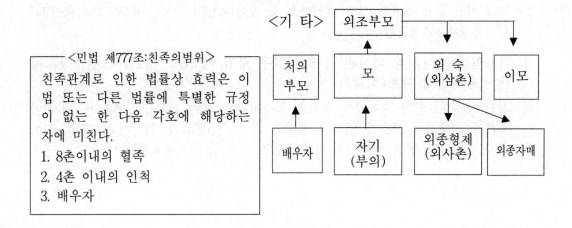

<민법 제777조:친족의 범위>
친족관계로 인한 법률상 효력은 이 법 또는 다른 법률에 특별한 규정이 없는 한 다음 각호에 해당하는 자에 미친다.
1. 8촌이내의 혈족
2. 4촌 이내의 인척
3. 배우자

▣ 핵심판례 ▣

■ [친족의 범위]

1. 제3순위의 상속인인 '형제자매'의 의미

피상속인의 형제자매라 함은, 민법 개정시 친족의 범위에서 부계와 모계의 차별을 없애고, 상속의 순위나 상속분에 관하여도 남녀 간 또는 부계와 모계 간의 차별을 없앤 점 등에 비추어 볼 때, 부계 및 모계의 형제자매를 모두 포함하는 것으로 해석하는 것이 상당하고, 따라서 망인과 모친만을 같이하는 이성동복의 관계에 있는 경우 피상속인의 형제자매에 해당한다(대판 1997. 11. 28. 선고 96다5421).

2. 고종 4촌 형수가 친족에 해당하는지 여부

피해자인 고종 4촌 형수 측에서 볼 때, 피고인이 자기 부(夫)의 오삼촌의 자(子)이므로, 민법 제777조 제2호에 규정하는 4촌 이내의 인척, 즉 배우자의 혈족에 해당한다(대판 1980. 3. 25. 79도2874).

3. 구 인사소송법(1990. 12. 31. 법률 제4300호로 폐지되기 전의 것) 제35조, 제26조 소정의 당사자 및 그 법정대리인 또는 민법 제777조의 규정에 의한 친족의 친생관계부존재확인의 소에 있어서의 당사자적격 및 소의 이익

구 인사소송법(1990. 12. 31. 법률 제4300호로 폐지되기 전의 것) 제35조에 의하여 준용되는 같은 법 제26조에 의하면 당사자 및 그 법정대리인 또는 민법 제777조의 규정에 의한 친족은 언제든지 친생관계부존재확인의 소를 제기할 수 있다고 규정하고 있으므로, 여기에 해당하는 신분을 가진 자는 당사자적격이 있고, 특별한 사정이 없는 한 그와 같은 소를 제기할 소송상의 이익이 있고, 별도의 이해관계를 가질 것을 필요로 하지 않는다고 할 것이다(1991. 5. 28. 제1부 판결 90므347 친생자관계부존재확인).

4. 피고인이 피해자의 외사촌 동생인 경우 형법 제328조 제2항의 친족상도례가 적용되는지 여부(적극)

절도죄의 피고인이 피해자의 외사촌 동생이라면 형법 제344조, 제328조 제2항에 의하여 피해자의 고소가 있어야 처벌할 수 있다(1991. 7. 12. 제3부 판결, 91도 1077 특수절도, 절도, 방실침입, 공문서변조, 동행사, 도로교통법위반).

제2장 가족의 범위와 자의 성과 본

2005. 3. 31. 민법 일부개정에 의하여 종전의 '제2장 호주와 가족'을 삭제하면서 '제2장 가족의 범위와 자의 성과 본'을 신설하였다.

(1) 개정법 제779조(가족의 범위)에 따르면 개인을 기준으로 하여 그의 배우자, 직계혈족 및 형제자매는 항상 가족의 범위에 포함된다. 나아가 직계혈족의 배우자, 배우자의 직계혈족, 배우자의 형제자매도 가족의 범위에 포함될 수 있는데, 이들은 생계를 같이하는 경우에만 가족의 범위에 포함되는 것으로 본다.

개정법안이 새롭게 규정한 가족의 범위에 의해서 부계혈통 중심의 추상적인 가를 설정하고 그 가에 속해 있는가의 여부에 따라 가족의 여부를 판별하는 부계위주의 가족개념은 민법에서 사라지게 되었다.

(2) 2005년 개정 민법은 자녀의 성과 본의 변경제도를 도입하였다(제781조). 자는 부의 성과 본을 따르는 것을 원칙으로 하되, 부모가 혼인신고를 할 때 모의 성과 본을 따르기로 협의한 경우에는 모의 성과 본을 따르도록 하고, 혼인 외의 출생자가 인지된 경우 자는 부모의 협의에 의하여 종전의 성과 본을 계속 사용할 수 있도록 하였다. 또 자의 복리를 위하여 자의 성과 본을 변경할 필요가 있을 때에는 부모 또는 자의 청구에 의하여 법원의 허가를 받아 이를 변경할 수 있도록 하였다.

(3) 개정 민법은 호주제도도 폐지하였다. 이로써 부부는 평등한 동반자관계로 인정되고, 부부가 이혼하여 어머니가 자녀에 대하여 친권자가 되었을 경우에, 부자연스럽게 아버지의 호적에 그냥 남아 있어야 하는 일이 없어지게 되었다. 또 미혼모가 아이를 낳았을 때 아버지가 그 아이를 인지함으로써 아버지 호적에 마음대로 입적시키는 일도 없어지게 되었다. 그리고 아이의 어머니가 재혼하였을 경우에 그 아이의 복리를 위하여 필요한 때에는 계부의 성을 따를 수 있는 길도 열리게 되었다.

제778조 삭제 <2005.3.31>

종전규정 제778조【호주의 정의】

일가의 계통을 승계한 자, 분가한 자 또는 기타 사유로 인하여 일가를 창립하거나 부흥한 자는 호주가 된다.

▣ 핵심판례 ▣

■ ◎ 주 문

1. 민법 제778조, 제781조 제1항 본문 후단, 제826조 제3항 본문은 헌법에 합치되지 아니한다.

2. 위 법률조항들은 입법자가 호적법을 개정할 때까지 계속 적용된다.

1. 이 유

<호주제의 위헌성>

(1) 양성평등원칙 위반

(가) 성역할에 관한 고정관념에 기초한 차별

헌법 제36조 제1항은 혼인과 가족생활에서 양성의 평등대우를 명하고 있으므로 남녀의 성을 근거로 하여 차별하는 것은 원칙적으로 금지되고, 성질상 오로지 남성 또는 여성에게만 특유하게 나타나는 문제의 해결을 위하여 필요한 예외적 경우에만 성차별적 규율이 정당화된다. 과거 전통적으로 남녀의 생활관계가 일정한 형태로 형성되어 왔다는 사실이나 관념에 기인하는 차별, 즉 성역할에 관한 고정관념에 기초한 차별은 허용되지 않는다.

호주제는 남계혈통을 중심으로 인위적 가족집단인 가를 구성하고 이를 승계한다는 것이 그 본질임은 위에서 본바와 같다. 인위적 가족집단인 가를 구성·유지하는 것이 정당한지 여부를 차치하고서, 남계혈통 위주로 가를 구성하고 승계한다는 것은 성에 따라 아버지와 어머니를, 남편과 아내를, 아들과 딸을, 즉 남녀를 차별하는 것인데, 이러한 차별을 정당화할 만한 사유가 없다.

숭조(崇祖)사상, 경로효친, 가족화합과 같은 전통사상이나 미풍양속의 보존을 위하여 호주제를 존치하여야 한다는 견해도 있을 수 있으나, 그러한 것은 문화와 윤리의 측면에서 얼마든지 계승, 발전시킬 수 있다. 호주제를 유지한다고 하여 그러한 전통문화나 미풍양속이 저절로 배양되는 것도 아니고, 호주제를 폐지한다고 하여 그러한 것이 저절로 폐기되는 것도 아니다.

호주제의 남녀차별은 가족 내에서의 남성의 우월적 지위, 여성의 종속적 지위라는 전래적 여성상에 뿌리박은 차별로서 성역할에 관한 고정관념에 기초한 차별에 지나지 않는다.

(나) 호주승계 순위의 차별

민법 제778조는 민법 제984조와 결합하여 호주 지위의 승계적 취득에 있어 철저히 남성우월적 서열을 매김으로써 남녀를 차별적으로 취급하고 있다. 남자라는 이유만으로 어머니와 누나들을 제치고 아들이, 또한 할머니, 어머니를 제치고 유아인 손자가 호주의 지위를 차지하게 된다. 미혼의 딸도 아들이나 손자가 없을 경우에는 호주가 될 수 있으나, 나중에 혼인하게 되면 남편 또는 시아버지가 호주인 가의 가족원으로 입적되므로 평생을 미혼으로 지내지 않는 한 호주의 지위를 계속 유지한다는 것은 불가능하다. 호주제는 모든 직계비속남자를 정상적 호주승계자로 놓고 고안된 제도이며, 여자들은 남자들이 없을 경우 일시적으로 가를 계승시키기 위하여 보충적으로 호주 지위가 주어지는 잔여범주로서 존재하는 것이다.

(다) 혼인 시 신분관계 형성의 차별

혼인이란 남녀가 평등하고 존엄한 개인으로서 자유로운 의사의 합치에 의하여 생활공동체를 이루는 것이어야 하므로 부부관계라는 생활공동체에 있어 남녀는 동등한 지위를 유지하여야 한다. 그런데 민법 제826조 제3항 본문에 의하여 여자는 혼인하면 법률상 당연히 부(夫)의 가에 입적하게 되는바, 이 조항은 민법 제789조와 결합하여 다음과 같은 법률효과를 일으킨다.

첫째, 부(夫)가 호주의 직계비속장남자인 경우에, 부는 법정분가하지 않고 그대로 자신의 가에 머무는 반면, 처는 종래 소속되어 있던 자신의 가를 떠나 부의 가의 새로운 가족원이 된다(대개의 경우 친정아버지가 호주인 가에서 시아버지가 호주인 가로의 전입을 의미한다).

둘째, 부(夫)가 호주의 직계비속장남자가 아닌 경우에, 부는 법정분가하면서 새로운 가의 호주가 되는 반면, 처는 부의 가에 입적되므로 입부혼을 제외하고는 그 가의 가족원이 될 뿐 호주지위를 획득할 수 없다. 부부는 혼인관계의 대등한 당사자로서 부부공동체에 있어 동등한 지위와 자격을 누려야 할 것임에도 불구하고 이러한 처의 입적제도는 처의 부에 대한 수동적·종속적 지위를 강제한다.

처의 입적제도는 호주승계에 있어서 여자의 열등적 지위와 결합하여 여성으로 하여금 어려서는 아버지(때로는 오빠 또는 남동생)의 가에, 혼인하여서는 남편의 가에, 늙어서는 아들의 가에 귀속토록 하고 있는데, 이는 여성에 대한 봉건적 삼종지의(三從之義)의 한 모습을 오늘날에 재현하고 있는 것이라 할 수 있을지언정 개개의 여성을 존엄한 독립적 인격체로서 존중하라는 헌법 제36조 제1항에서 예정하고 있는 여성의 모습과는 거리가 멀다.

실제 처의 입적이라는 법률적 제도가 사회심리적으로 미치는 영향은 매우 광범위하고 깊다. 법률적으로는 단순히 소속 가의 변경에 불과하지만, 이것이 여성의 사회적 지위에 대한 인식에 미치는 상징적, 심리적 의미는 매우 중대하다. 혼인과 동시에 '호적을 파서' 남편의 호적으로 옮긴다는 것은 이제 친정과의 결별이자 시가의 일원으로 편입되었다는 것에 대한 공식적인 확인의 의미를 지닌다. 실제 많은 여자들이 혼인신고 시에 정체성의 혼돈·상실이라는 경험을 겪는다고 한다. 그러한 공식적 확인을 통해 가족구성원의 인식과 심리에 이제 혼인한 여자는 '출가외인(出嫁外人)'으로 내면화되고, 가족관계에 있어 시댁과 친정이라는 이분법적 차별구조가 정착된다. 가족관계에 대한 이러한 인식과 양상은 당연히 남아선호라는 병폐와 연결되고, 사회적 관계에로 확장되었을 때에는 남성우위·여성비하의 사회적 풍토를 조성·유지하게 된다.

민법 제826조 제3항 단서는 처가 친가의 호주 또는 호주승계인인 때에는 부(夫)가 처의 가에 입적할 수 있도록 하고 있지만(이른바 입부혼), 이러한 제도를 두었다 하여 본문조항의 남녀차별성이 상쇄될 수 없다. 현실적으로 입부혼이 거의 행해지고 있지 않을 뿐 아니라(통계를 보면 2000년도 보통의 혼인신고는 368,151건, 처가입적 혼인신고는 24건, 1999년도의 경우 전자는 398,040건, 후자는 34건, 1998년도의 경우 전자는 396,206건, 후자는 6건임을 알 수 있다), 법률적으로도 처가 친가의 호주 또는 호주승계인인 때로 한정하고 있는 점, 처가에의 입적여부를 부가 자유롭게 결정할 수 있게 한 점에서 처의 부가(夫家)입적의 경우와는 분명히 차별적 취급을 하고 있는 것이다. 보다 본질적으로 보면 입부혼 또한 가계계승의식의 발현으로서, 부계혈통계승의 영속화를 위해 1회적·잠정적으로 모계를 활용하는 편법에 불과하다.

(라) 자녀의 신분관계 형성의 차별

 1) 부가입적(父家入籍)원칙의 문제

민법 제781조 제1항 본문 후단은 "자는....부가에 입적한다."고 규정하고 있다. 이 조항에 따라 혼인중의 자(子)는 출생에 의하여 당연히 부가(父家)에 입적한다. 입부혼(入夫婚)의 경우에는 반대로 부부간의 자는 모가(母家)에 입적한다(민법 제826조 제4항). 부가 외국인인 때에도 모가에 입적한다(민법 제781조 제1항 단서). 혼인외의 자는 부가 인지함으로써 부가에 입적한다. 부의 인지가 없는 혼인외의 자는 모가에 입적한다(민법 제781조 제2항).

이와 같이 현행 민법은 극히 예외적 경우를 제외하고는 자를 부가에 입적하는 것으로 규정하고 있다.

자녀가 태어나면 당연히 부가(父家)에 입적된다는 것은 그 자체로 가의 존재를 전제로 하여 자녀를 부계혈통만을 잇는 존재로 간주하겠다는 부계혈통 우위의 사고에 기초한 것인데, 이는 자녀가 부모의 양계혈통을 잇는 존재라는 자연스럽고 과학적인 순리에 반하며, 부에 비하여 모의 지위를 열위에 둠으로써 부당히 차별하는 것이다. 모가에 입적할 수 있는 예외적 규정을 두고 있지만 이는 모두 부가로의 입적이 불가능한 경우로 한정되어 그 범위가 너무 협소하므로 원칙적인 남녀차별성을 치유할 수 없다.

자를 부가에 입적시킨다는 이 민법조항의 본질적인 의의는 단순히 호적법상 호적편제의 기준에 그치는 것이 아니라 남계혈통을 통한 가의 계승이라는 호주제의 관철에 있다. 대부분 호주의 지위를 겸하고 있는 부의 가에 자녀를 편입시키는 것은 '호주 중심의 가의 구성'을 위한 불가결의 요소를 이루며, 또한 '후손을 통한 가의 계승'이라는 호주제의 또 다른 내용을 실현하기 위한 전제가 된다.

2) 부모가 이혼한 경우의 문제

자(子)에 대한 신분법적 규율은 첫째로, 자의 복리향상에 그 목적을 두어야 하고, 둘째, 가능한 한 친자관계 당사자의 자율적 결정을 존중하는 것이어야 한다. 그런데 일률적으로 자를 부가(父家)에 입적하도록 함으로써 부모가 이혼한 경우에 대단히 심각한 문제가 야기된다. 부모가 이혼한 경우에는 모가 자녀를 양육하는 경우가 훨씬 더 많으며, 우리 사회의 이혼율 증가와 더불어 이혼 후 모가 자녀와 함께 사는 모자가정의 수가 점점 더 늘어나고 있다.

그런데 현실적으로 모(母)가 자녀의 친권자와 양육자로 지정되어 생활공동체를 형성하더라도 자녀는 민법 제781조 제1항 본문 후단에 따라 여전히 부(父)의 호적에 남아 있게 된다. 즉, 법적인 가족관계는 부자간에 있을 뿐이지, 모자간에는 존재하지 않는다. 단지 부(夫)의 혈족 아닌 처의 직계비속만이 친가복적이나 일가창립을 통하여 모와 동적(同籍)할 수 있을 뿐이다(민법 제787조 제1항).

그리하여 부의 양육권 포기, 재혼 등으로 부와 자녀간의 교류가 전혀 단절되어 있더라도, 자녀학대, 성추행, 폭행 등으로 가정파탄의 원인을 부가 제공한 경우에도, 당사자인 자녀가 아무리 부가를 떠나 모가에의 입적을 원하더라도, 부 스스로 자녀의 모가입적을 분명히 원하는 경우에도 그 자녀는 여전히 부가에 소속되고 그 부가 자녀들의 호주가 된다. 반면 모는 주민등록상의 '동거인'에 불과하게 된다. 모와 자녀가 현실적 가족생활대로 법률적 가족관계를 형성하지 못하여 비정상적 가족으로 취급됨으로써 사회생활을 하는데 여러모로 불편할 뿐 아니라 극심한 정신적 고통을 겪게 된다. 이러한 결과는 헌법에 반함은 물론 오늘날의 가족현실에도 전혀 부합하지 않는다.

3) 인수입적(引收入籍)의 문제

처가 부(夫)의 혈족이 아닌 직계비속을 가에 입적시키려면 부의 동의가 있어야 하며, 이 경우에 그 직계비속이 타가(他家)의 가족인 때에는 그 호주의 동의를 얻어야 한다(민법 제784조). 그리하여 이혼 후 자녀를 양육하여 오다가 재혼한 처가 전부(前夫) 소생의 자녀들과 함께 살더라도 재혼한 부(夫)의 동의가 없으면 자녀들과 각기 다른 가의 구성원이 될 수밖에 없다. 설령 재혼한 부가 동의하더라도, 전부(前夫)가 동의하지 않으면 자녀들은 전부(前夫)의 가를 떠날 수 없다.

재혼율, 특히 여성의 재혼율이 점차 높아지고 있는 상황에서 이런 문제 또한 심각한 사회문제로 대두되고 있다.

부(夫)가 처의 혈족이 아닌 직계비속을 입적함에는 처의 동의라는 제한이 없는데 비하여, 처의 경우 위와 같은 제한을 둔 것은 부계혈족 아닌 혈족의 부가(夫家)입적을 제한하려는 것이고(제784조 제1항의 경우), 또한 가계계승을 고려한 것으로서(동조 제2항의 경우) 역시 남계혈통만을 중시하는 호주제의 정신과 맞닿아 있다.

4) 미혼모의 경우의 문제

미혼모가 자녀를 출산한 경우 부가 인지하지 않으면 모가에 입적한다(민법 제781조 제2항). 그러나 생부가 인지하면 모나 자녀의 의사에 상관없이 부의 가에 입적된다. 생부가 모와 혼인할 의사가 없고, 자녀를 양육하지도, 그럴 의사가 없더라도 생부의 일방적 행위에 의하여 자녀는 가족관계의 엄청난 변화를 감수하여야 하는데, 이 또한 남성우월적 사고에 터잡은 것이다.

(2) 개인의 존엄 위반

헌법 제36조 제1항은 혼인과 가족생활은 개인의 존엄을 존중하는 가운데 성립되고 유지되어야 함을 분명히 하고 있다. 혼인과 가족생활은 인간생활의 가장 본원적이고 사적(私的)인 영역이다. 이러한 영역에서 개인의 존엄을 보장하라는 것은 혼인·가족생활에 있어서 개인이 독립적 인격체로서 존중되어야 하고, 혼인과 가족생활을 어떻게 꾸려나갈 것인지에 관한 개인과 가족의 자율적 결정권을 존중하라는 의미이다. 혼인과 가족생활을 국가가 결정한 이념이나 목표에 따라 일방적으로 형성하는 것은 인간의 존엄성을 최고의 가치로 삼고 민주주의원리와 문화국가원리에 터잡고 있는 우리 헌법상 용납되지 않는다. 국가는 개인의 생활양식, 가족형태의 선택의 자유를 널리 존중하고, 인격적·애정적 인간관계에 터잡은 현대 가족관계에 개입하지 않는 것이 바람직하다(헌재 2000. 4. 27. 98헌가16등, 판례집 12-1, 427, 445, 446 참조).

따라서 혼인·가족제도가 지닌 사회성·공공성을 이유로 한 부득이한 사유가 없는 한, 혼인·가족생활의 형성에 관하여 당사자의 의사를 무시하고 법률의 힘만으로 일방적으로 강제하는 것은 개인의 존엄에 반하는 것이다.

그런데 호주제는 당사자의 의사와 자결권을 무시한 채 남계중심의 가제도의 구성을 강제하고 이를 유지하기 위하여 신분당사자의 법률관계를 일방적으로 형성한다.

첫째, 대한민국 국민은 예외 없이 호주이든, 가족이든 법률상의 가족단체인 가에 소속되어야 한다.

둘째, 개인의 의사에 반하여 호주의 지위를 강제로 부여한다. 호주가 되면 가의 대표자로서의 지위, 일가의 계통을 계승하는 자의 지위에 놓이게 되며, 몇 가지 호주로서의 권한도 부여받게 된다. 이는 법률상 무의미한 지위라고 할 수 없다. 그런데 민법 제778조의 요건이 충족되면 본인의 의사와 무관하게 법률상 당연히 호주로 되어, 자신과 가족에 관하여 의미있는 신분법상의 지위를 강요당하게 된다(다만, 승계취득의 경우 적극적으로 포기권을 행사한다면 호주의 지위를 면할 수 있다). 당해사건 제청신청인들의 사례는 이러한 문제점을 잘 보여준다. 부부 어느 쪽도 호주가 되길 원치 않았음에도 불구하고 그러한 무호주선택권은 인정되지 않고 혼인으로 인한 법정분가의 효과로 부(夫)에게 호주의 지위가 강제되었던 것이다.

셋째, 모든 개인은 가족 내에서 평등하고 존엄한 개체로서가 아니라 호주와의 관계를 통하여 가족 내의 신분적 지위가 자리매김 된다. 물론 여기에서 호주는 중심적 존재로서, 나머지 가족원은 주변적 존재로서 위계화된 가족질서 내에 배치된다.

이와 같이 호주제는 개인을 독립적 인격체로서 존중하는 것이 아니라 오로지 남계혈통 중심의 가의 유지와 계승이라는 목적을 위한 대상적·도구적 존재로 파악하고 있다. 호주제는 혼인과 가족생활 당사자의 복리나 선택권을 무시한 채 가의 유지와 계승이라는 관념에 뿌리박은 특정한 가족관계의 형태를 법으로써 일방적으로 규정하고 강요하는 것인데, 이는 혼인과 가족생활에서 개인의 존엄을 존중하라는 헌법 제36조 제1항의 요구에 부합하지 않는다.

(3) 변화된 사회환경과 가족상(家族像)

부계혈통주의에 입각한 가부장적 가족제도가 우리 민족 전래의 가족제도임을 인정하고, 호주제가 그러한 가족제도와 일정한 연관성을 가진다고 가정하더라도 호주제가 성립·유지될 수 있었던 사회적 배경은 오늘날 더 이상 존재하지 않는다.

조선 후기에 이르러 확산된 부계혈통주의에 입각한 가부장적 가족제도의 이념적 배경은 종법사상과 성리학이라 할 것인바, 이것이 오늘날의 우리 사회를 직접 이끌어가는 지도적 이념이나 원리라고 하기는 어렵고, 따라서 그에 기초한 가족제도 또한 오늘날 현대가족의 표준이 되기 어렵다.

조선후기와는 사회·경제적 환경도 완전히 바뀌었다. 가부장제의 경제적 토대는 농경사회였다. 그런데 20세기 중반에 본격적으로 시작된 산업화의 진전은 우리 사회를 크게 변모시켰다. 농업중심사회에서 산업사회로의 이행이라고 표현할 수 있는 생산관계의 변화는 경제뿐만 아니라 사회·정치·문화 등 모든 면에서 변화를 초래하였다. 도시화의 진전, 핵가족의 정착으로 가족공동체의 모습과 생활원리가 판이하게 달라졌고, 대중교육의 발달, 여성의 사회진출 증가는 개인의 자유의식, 여성의 인권의식을 신장시켰다.

오늘날 가족이란 일반적으로 부모와 미혼자녀로 구성되는 현실의 생활공동체를 의미하는 것으로 인식되고 있고, 대부분의 가족이 그러한 소가족의 형태를 띠고 있다. 가족의 기능이나 가족원의 역할분담에 대한 의식도 현저히 달라졌고 특히 남녀평등관념이 정착되고 있다. 이제 가족은 한 사람의 가장(호주)과 그에 복속하는 가속(家屬)으로 분리되는 권위주의적인 조직이 아니며, 가족원 모두가 인격을 가진 개인으로서 존중되는 민주적인 관계로 변화하고 있다. 부부의 관계는 물론 부모와 자녀의 관계도 대화와 상호 존중의 원리에 의해 형성·유지되어야 한다는 관념이 확산되고 있다.

한편, 사회의 분화에 따라 가족의 형태도 매우 다변화되고 있다. 부모와 자녀로 구성되는 전형적 가족뿐 아니라 자녀가 없는 부부만의 가족, 모와 자녀로 구성되는 가족, 재혼부부와 그들의 전혼소생자녀들로 구성되는 가족들도 많다. 할아버지부터 손자녀까지 같이 사는 3세대이상 가구는 급격히 감소하고 있다. 여성의 경제력 향상, 이혼율 증가 등으로 여성이 가구주로서 가장의 역할을 맡는 비율이 점증하고 있다.

호주제와 가제도는 이러한 오늘날의 현실적 가족의 모습과 더 이상 조화되지 않으며 그 존립기반이 이렇게 무너진 지금 호주제를 더 이상 존치할 필요는 없다고 할 것이다.

호주제라는 법률제도를 폐지한다 하여 숭조(崇祖)사상, 경로효친과 같은 전통문화나 미풍양속이 더불어 폐기되는 것이 아니며, 가문이 무너지거나 혈통의 뿌리가 사라지는 것도 아니다. 개인의 혈통이나 가계의 전승은 족보를 통하여 충분히 그 목적을 달성할 수 있고, 숭조사상, 경로효친과 같은 미풍양속은 사회·문화·윤리의 문제로서 호주제라는 법제도와 무관하게 얼마든지 유지·발전시킬 수 있음을 분명히 하여 둔다.

라. 심판대상조항들의 위헌성

이상 살펴본 바와 같이 호주제는 헌법 제36조 제1항에 위반된다. 심판대상조항인 민법 제778조, 제781조 제1항 본문 후단, 제826조 제3항 본문은 호주제의 핵심적 구성부분을 이루는 법규범이다. 위 법률조항들은 혹은 독자적으로 혹은 서로 결부하여, 혹은 다른 호주제 관련조항들과의 체계적 연관성을 통하여 호주제를 존속시키며 구체적으로 실현시키고 있으므로 위에서 본바와 같은 호주제가 지닌 위헌성을 심판대상조항들은 고스란히 지니고 있다.

결론적으로, 민법 제778조는 당사자의 의사와 자결권을 외면한 채 법률로 호주의 지위를 강요한다는 점에서 개인의 존엄에 반할 뿐만 아니라 호주 지위의 획득에 있어 남녀를 차별하고 있으며, 민법 제781조 제1항 본문 후단 및 민법 제826조 제3항 본문은 당사자의 의사와 자율적 선택권을 무시한 채 혼인 및 자녀에 관한 신분관계를 일방적으로 형성한다는 점에서 개인의 존엄에 반하고 나아가 정당한 이유 없이 남녀를 차별한다.

이상과 같은 이유로 심판대상조항들은 헌법에 위반된다.

마. 헌법불합치 결정의 선택

심판대상조항들은 호주제의 골격을 이루며 호주제와 불가분의 일체를 이루는 핵심요소이므로 이 조항들이 위헌으로 되면 호주제 및 가제도는 더 이상 존속하기 어렵다. 위헌결정으로 호주제가 폐지되면 호주를 기준으로 가별로 편제토록 되어 있는 현행 호적법이 그대로 시행되기 어려워, 신분관계를 공시·증명하는 공적 기록에 큰 공백이 생긴다. 이러한 법적 상태는 신분관계의 중요한 변동사항을 호적이 따라가지 못하는 것으로서 중대한 법적 공백을 의미한다. 호주제를 전제하지 않는 새로운 호적정리체계로 호적법을 개정하는 데에는 일정한 시간이 소요되는 반면, 그 동안 국민들의 신분관계의 변동사항을 방치할 수는 없으므로 부득이 헌법불합치결정을 선고하면서 호적법 개정 시까지 심판대상조항들을 잠정적으로 계속 적용케 하는 것이 필요하다. 입법자는 조속히 호적법을 개정하여 위헌인 호주제의 잠정적인 지속을 최소화할 의무가 있다.

2. 결 론

이상과 같은 이유로 주문과 같이 결정한다. 이 결정에 대하여는 재판관 김영일, 재판관 권 성의 반대의견·재판관 김영일의 위 반대의견에 대한 별개의견과 재판관 김효종의 반대의견이 있는 외에는 나머지 재판관 전원의 의견이 일치되었다.

2005. 2. 3.

재판장 재판관　　윤영철
주　심 재판관　　김영일
재　　판　　관　　권성, 김효종, 김경일, 송인준, 주선회, 전효숙, 이상경

◈ 가족의 범위에 속하는 자

제779조【가족의 범위】

① 다음의 자는 가족으로 한다.

  1. 배우자, 직계혈족 및 형제자매

  2. 직계혈족의 배우자, 배우자의 직계혈족 및 배우자의 형제자매

② 제1항 제2호의 경우에는 생계를 같이 하는 경우에 한한다. [전문개정 2005. 3. 31]

■ § 779. 가족의 범위

• 배우자, 직계혈족 및 형제자매
• 직계혈족의 배우자, 배우자의 직계혈족, 배우자의 형제자매(이들 경우에는 생계를 같이 하는 경우에 한함)

2005. 3. 31. 개정민법은 호주제도를 폐지하면서 가족의 범위를 ① 배우자, 직계혈족 및 형제자매, ② 생계를 같이하는 직계혈족의 배우자, 배우자의 직계혈족, 배우자의 형제자매 등으로 신설하였다(제779조).

1. 호주제도의 폐지

자는 부의 성과 본을 따르고 부의 가에 입적한다는 규정(제781조 1항)과 처는 부의 가에 입적한다는 규정(제826조 3항), 그리고 호주의 지위가 직계비속 장남자에게 우선적으로 승계하도록 되어 있는 규정(제984조) 등은 헌법 제11조 1항(평등권), 헌법 제36조 1항(혼인과 가족생활에 있어서의 양성평등)에 반하여 헌법재판소는 2005. 2. 3. 헌법불합치결정을 내렸다. 그 후 2005. 3. 2. 호주제도를 폐지하는 내용을 담은 민법 개정안이 국회를 통과함으로써 호주제도의 폐지가 확정되었다.

2. 가족의 범위

(1) 배우자, 직계혈족 및 형제자매

개인을 기준으로 하며 그의 배우자, 직계혈족 및 형제자매는 항상 가족의

범위에 포함된다.

(2) 직계혈족의 배우자, 배우자의 직계혈족, 배우자의 형제자매

직계혈족의 배우자(사위, 며느리, 계모, 계부 등), 배우자의 직계혈족(시부모, 장인·장모, 배우자의 자녀), 배우자의 형제자매도 가족의 범위에 포함될 수 있는데, 이들은 생계를 같이하는 경우에만 가족의 범위에 포함되는 것으로 본다(제779조 2항).

생계를 같이하는 경우란 공동의 가계 내에서 생활하는 것을 의미한다고 볼 것이므로, 동거하면서 생활공동체관계에 있는 경우는 물론, 반드시 동거하지 않더라도 공동의 가계에 속한 때에는(예 : 부모로부터 학비·용돈 등을 받아서 생활하는 경우) 가족의 범주에 포함될 것이다.

제780조 삭제 <2005.3.31>

> 종전규정 제780조【호주의 변경과 가족】
>
> 호주의 변경이 있는 경우에는 전호주의 가족은 신호주의 가족이 된다.

제782조 삭제 <2005.3.31>

> 종전규정 제782조【혼인외의 자의 입적】
>
> ① 가족이 혼인외의 자를 출생한 때에는 그 가에 입적할 수 있다.
>
> ② 혼인외의 출생자가 부가에 입적할 수 없는 때에는 모가에 입적할 수 있고 모가에 입적할 수 없는 때에는 일가를 창립한다.

제783조 삭제 <2005.3.31>

> 종전규정 제783조【양자와 그 배우자 등의 입적】
>
> 양자의 배우자, 직계비속과 그 배우자는 양자와 함께 양가에 입적한다.

제784조 삭제 <2005.3.31>

> 종전규정 제784조【부의 혈족 아닌 처의 직계비속의 입적】
>
> ① 처가 부의 혈족 아닌 직계비속이 있는 때에는 부의 동의를 얻어 그 가에 입적하게 할 수 있다(개정 1990. 1. 13.).

② 전항의 경우에 그 직계비속이 타가의 가족인 때에는 그 호주의 동의
를 얻어야 한다.

제785조 삭제 <2005.3.31>

종전규정 제785조【호주의 직계혈족의 입적】

호주는 타가의 호주 아닌 자기의 직계존속이나 직계비속을 그 가에 입적
하게 할 수 있다.

제786조 삭제 <2005.3.31>

종전규정 제786조【양자와 그 배우자 등의 복적】

① 양자와 그 배우자, 직계비속 및 그 배우자는 입양의 취소 또는 파양으
로 인하여 그 생가에 복적한다.

② 전항의 경우에 그 생가가 폐가 또는 무후된 때에는 생가를 부흥하거
나 일가를 창립할 수 있다.

제787조 삭제 <2005.3.31>

종전규정 제787조【처 등의 복적과 일가창립】

① 처와 부의 혈족 아닌 그 직계비속은 혼인의 취소 또는 이혼으로 인하
여 그 친가에 복적하거나 일가를 창립한다(개정 1990. 1. 13).

② 부가 사망한 경우에는 처와 부의 혈족 아닌 그 직계비속은 그 친가에
복적하거나 일가를 창립할 수 있다(개정 1990. 1. 13).

③ 전2항의 경우에 그 친가가 폐가 또는 무후되었거나 기타 사유로 인하
여 복적할 수 없는 때에는 친가를 부흥할 수 있다(개정 1990. 1. 13).

제788조 삭제 <2005.3.31>

종전규정 제788조【분가】

① 가족은 분가할 수 있다(개정 1990. 1. 13).

② 미성년자가 분가함에는 법정대리인의 동의를 얻어야 한다.

제789조   삭제 <2005.3.31>

종전규정 제789조【법정분가】

가족은 혼인하면 당연히 분가된다. 그러나 호주의 직계비속장남자는 그러하지 아니하다[전문개정 1990. 1. 13].

제790조   삭제 <1990.1.13>

제791조   삭제 <2005.3.31>

종전규정 제790조【분가호주와 그 가족】

① 분가호주의 배우자, 직계비속과 그 배우자는 그 분가에 입적한다.

② 본가호주의 혈족 아닌 분가호주의 직계존속은 분가에 입적할 수 있다.

제792조   삭제 <1990.1.13>

제793조   삭제 <2005.3.31>

종전규정 제793조【호주의 입양과 폐가】

일가창립 또는 분가로 인하여 호주가 된 자는 타가에 입양하기 위하여 폐가할 수 있다.

제794조   삭제 <2005.3.31>

종전규정 제794조【여호주의 혼인과 폐가】

여호주는 혼인하기 위하여 폐가할 수 있다.

제795조   삭제 <2005.3.31>

종전규정 제795조【타가에 입적한 호주와 그 가족】

① 호주가 폐가하고 타가에 입적한 때에는 가족도 그 타가에 입적한다.

② 전항의 경우에 그 타가에 입적할 수 없거나 원하지 아니하는 가족은 일가를 창립한다(개정 1990. 1. 13).

제796조   삭제 <2005.3.31>

종전규정 제796조 【가족의 특유재산】

① 가족이 자기의 명의로 취득한 재산은 그 특유재산으로 한다.

② 가족은 누구에게 속한 것인지 분명하지 아니한 재산은 가족의 공유로 추정한다(개정 1990. 1. 13).

제797조   삭제 <1990.1.13>

제798조   삭제 <1990.1.13>

제799조   삭제 <1990.1.13>

◆ 자의 성과 본, 성과 본의 변경

제781조【자의 성과 본】

① 자는 부의 성과 본을 따른다. 다만, 부모가 혼인신고시 모의 성과 본을 따르기로 협의한 경우에는 모의 성과 본을 따른다.

② 부가 외국인인 경우에는 자는 모의 성과 본을 따를 수 있다.

③ 부를 알 수 없는 자는 모의 성과 본을 따른다.

④ 부모를 알 수 없는 자는 법원의 허가를 받아 성과 본을 창설한다. 다만, 성과 본을 창설한 후 부 또는 모를 알게 된 때에는 부 또는 모의 성과 본을 따를 수 있다.

⑤ 혼인외의 출생자가 인지된 경우 자는 부모의 협의에 따라 종전의 성과 본을 계속 사용할 수 있다. 다만, 부모가 협의할 수 없거나 협의가 이루어지지 아니한 경우에는 자는 법원의 허가를 받아 종전의 성과 본을 계속 사용할 수 있다.

⑥ 자의 복리를 위하여 자의 성과 본을 변경할 필요가 있을 때에는 부, 모 또는 자의 청구에 의하여 법원의 허가를 받아 이를 변경할 수 있다. 다만, 자가 미성년자이고 법정대리인이 청구할 수 없는 경우에는 제777조의 규정에 따른 친족 또는 검사가 청구할 수 있다. [전문개정 2005. 3. 31]

▣ 예 규 ▣

■ 한국인이 외국인에게 입양되었을 경우 그 성과 본의 변경 가능 여부

(가족관계등록예규 제131호)

1. 우리나라 국민이 외국인에게 입양되었다 하여 양자의 가족관계등록부상 성과 본이 변경되는 것은 아니며, 다만 「민법」 제908조의3에 따른 친양자입양의 경우에는 성과 본의 변경이 가능할 것이며 이름은 법원의 허가를 받아 외국식 이름으로도 개명할 수 있다.

2. 양부모에 대해서는 양자의 가족관계등록부 일반등록사항란에 입양사항과 양부모의 국적 및 성명이, 특정등록사항란에는 성명, 출생연월일 및 성별이 기록된다.

■ § 781. 자녀의 성과 본

- 자는 부의 성과 본을 따른다. 다만, 부모가 혼인신고시 모의 성과 본을 따르기로 합의한 경우에는 모의 성과 본을 따른다
- 부가 외국인인 경우에는 자는 모의 성과 본을 따를 수 있고, 부를 알 수 없는 자는 모의 성과 본을 따른다
- 부모를 알 수 없는 자는 법원의 허가를 받아 성과 본을 창설한다
- 혼인 외의 출생자가 인지된 경우에는 자는 부모의 협의에 따라 종전의 성과 본을 계속 사용할 수 있다
- 자의 복리를 위하여 성과 본을 변경할 필요가 있을 때에는 부, 모 또는 자의 청구에 의하여 법원의 허가를 받아 이를 변경할 수 있다

2005. 2. 23. 헌법재판소의 호주제에 대한 헌법불합치결정 이후 2005. 3. 31. 법률 제7427호로 공포된 민법 일부개정법률에 따라 부성원칙의 수정, 성·본 변경 제도 등이 도입되었다.

1. 부성원칙의 수정

(1) 의 의

개정 전 민법은 부계혈통주의에 따라 자는 원칙적으로 부의 성과 본을 따르고, 다만 부가 외국인인 때에는 모의 성과 본을 따를 수 있도록 규정하고 있었다(구 민법 제781조 1항). 또한 인지되지 않은 혼인 외의 출생자는 모의 성과 본을 따르고, 생부가 인지한 경우에는 부의 성과 본을 따르도록 되어 있었다. 따라서 혼인 외의 출생자도 태어난 자녀가 오랜 기간 모의 성을 사용해 온 경우에도 생부가 인지하면 자동으로 부의 성을 따르게 되어 성이 변경된다. 생부는 언제든지 혼인 외의 출생자를 인지할 수 있고, 인지를 하는 데는 자나 모의 동의가 필요없으므로, 혼인 외의 자는 자기도 모르는 사이에 인지되어 성이 변경될 수도 있었다. 자신의 의사와 관계없이 성이 바뀐 사람은 개인적으로도 사회적으로도 정체성을 상실하게 되고 큰 어려움과 불편을 겪어야 했다.

부계혈통주의에 따른 인지의 효과로 인하여 본인의 의사와 무관하게 성이 변경되는 개인은 결국 인격권과 인권을 침해 당하는 것이다. 이러한 문

제점을 해결하기 위하여 개정민법은 혼인 외의 출생자가 인지된 경우에도 인지 전에 사용했던 성을 유지할 수 있도록 규정한 것이다.

(2) 현행법상 자의 성과 본

가. 원 칙

① 자는 부의 성과 본을 따른다. 다만, 부모가 혼인신고시 모의 성과 본을 따르기로 협의한 경우에는 모의 성과 본을 따른다(제781조 1항).

② 부가 외국인인 경우에는 자는 모의 성과 본을 따를 수 있고(제781조 2항), 부를 알 수 없는 자는 모의 성과 본을 따른다(동조 3항).

나. 성과 본의 창설

부모를 알 수 없는 자는 법원의 허가를 받아 성과 본을 창설한다. 다만, 성과 본을 창설한 후 부 또는 모를 알게 된 때에는 부 또는 모의 성과 본을 따를 수 있다(제781조 4항).

다. 혼인 외의 출생자가 인지된 경우

혼인 외의 출생자가 인지된 경우 부모의 협의에 따라 종전의 성과 본을 계속 사용할 수 있다. 다만 부모가 협의할 수 없거나 협의가 이루어지지 아니한 경우에는 법원의 허가를 받아 종전의 성과 본을 계속 사용할 수 있다(제781조 5항).

종전의 부계혈통주의에 따른 인지의 효과로 혼인 외의 자 자신의 의사와 관계없이 성이 바뀌어 개인적, 사회적으로 정체성이 상실되고 개인의 인격권과 인권이 침해되는 문제점을 해결하기 위해 개정민법은 혼인 외의 출생자가 인지된 경우에도 인지 전에 사용했던 성과 본을 계속 사용할 수 있도록 한 것이다.

2. 성·본의 변경제도

(1) 의 의

2005년 개정민법은 자의 복리를 위하여 자의 성과 본을 변경할 필요가 있을 때에는 부, 모 또는 자의 청구에 의하여 법원의 허가를 받아 이를 변경할 수 있도록 하였다(제781조 6항 본문). 다만 자가 미성년자이고 법정대

리인이 청구할 수 없는 경우에는 제777조의 규정에 따른 친족 또는 검사가
청구할 수 있도록 하였다(동조 6항 단서).

이 규정은 주로 재혼가정의 자녀들이 실제로 부의 역할을 하고 있는 계
부와 성이 달라서 고통을 받는 문제를 해결하기 위하여 도입된 것이다. 그
러나 반드시 재혼가정이 아니더라도 자의 복리를 위하여 성의 변경이 가능
한 경우가 있을 수 있다. 예컨대 가정폭력 등을 이유로 부모가 이혼한 경
우에 자가 부의 성을 계속해서 사용하는 것을 거부하고 모의 성을 따르고
자 하는 경우도 있을 수 있다. 이러한 때에도 자의 복리를 위하여 성의 변
경이 가능하다.

(2) 성·본의 변경절차

가. 성·본 변경신고

성과 본을 변경하려면 부, 모 또는 자의 청구에 의하여 법원의 허가를
받아야 한다(제781조 6항 본문). 그리고 재판확정일부터 1개월 이내에 재
판서의 등본 및 확정증명서를 첨부하여 신고하여야 한다(가족관계의등록
등에관한법률 제100조 1항).

나. 신고서의 기재사항

성·본 변경신고서에는 ① 변경 전의 성·본, ② 변경한 성·본, ③ 재
판확정일 등을 기재하여야 한다(동법 제100조 2항).

【서식】 성·본변경신고서

성·본변경신고서 (년 월 일)	※ 아래의 작성방법을 읽고 기재하시되 선택항목은 해 당번호에 "○"으로 표시하여 주시기 바랍니다.						

① 사 건 본 인	등록기준지						
	주 소				세대주 및 관계		의
	성 명	한글			주민등록 번 호		－
		한자					

② 성 · 본	변경전 성(姓)	한글		한자		변경전 본(本)	한글		한자
	변경한 성(姓)	한글		한자		변경한 본(本)	한글		한자

③허가일자	년 월 일	법원명	
④기타사항			

⑤ 신 고 인	성 명	□□(서명 또는 무인)	주민등록번호	－
	자 격	□ □ 본인 □ □ 법정대리인 □ □ 기타(의 자격 :)		
	주 소		전 화		이메일	

작 성 방 법

* 이 신고는 개명허가결정등본을 받은 날로부터 1개월 이내에 신고하여야 합니다.
②란 : 사건본인의 성·본은 변경 전의 성·본과 변경한 성·본을 나누어 기재
      합니다.
③란 : 성·본 변경허가일자는 성·본 변경허가결정등본에 기재된 연월일을 기
      재합니다.
④란 : 기타 사항은 가족관계등록부에 기록을 분명하게 하는데 특히 필요한 사
      항을 기재합니다.

첨 부 서 류

1. 성·본 변경허가결정등본 및 확정증명서 각 1부.
2. 우편접수의 경우에는 신고인의 신분증명서 사본을 첨부하여야 합니다(신고
   인이 출석한 경우에는 출석한 신고인의 신분증명서에 의하여 신분을 확인
   하여야 하고 별도의 신분증명서 사본을 첨부할 필요가 없으나, 제출인의
   신분증명서를 제시하여야 합니다).

【서식】성·본계속사용 신고서

성·본계속사용신고서 (년 월 일)					※ 아래 작성방법을 읽고 기재하시되, 선택항목은 해당번호에 "○"으로 표시하여 주시기 바랍니다.		

① 성본계속사용자	성명	한글		본 (한자)		성 별	□□남 □□여
		한자				주민등록 번 호	-
						출생연월일	
	등록기준지						
	주 소					세 대 주 및 관계	의
② 성·본 계속사용	지정일자	년 월 일			지정 원인	□□ 협의 □□( )법원의결정	
③ 기타사항							

④ 신고인	부	□□(서명 또는 무인)	주민등록번호	-	
			전화		이메일
	모	□□(서명 또는 무인)	주민등록번호	-	
			전화		이메일
	성명	□□(서명 또는 무인)	주민등록번호	-	
			전화		이메일
	자격	□□소 제기자 □□소의 상대방 □□기타(의 자격 :)			

작 성 방 법

①란 : 법 제25조 제2항에 따라 주민등록번호란에 주민등록번호를 기재한 때에는 출생연월일의 기재를 생략할 수 있습니다.
③란 : 아래의 사항 및 가족관계등록부에 기록을 분명하게 하는 데 특히 필요한 사항을 기재합니다.
④란 : 성·본계속사용허가의 재판이 확정된 경우에는 소 제기자 또는 소의 상대방 단독으로 신고할 수 있습니다. 이 경우에는 해당 항목번호에 "○"표시한 후 기명 날인(또는 서명)합니다.

첨 부 서 류

1. 성·본계속사용자의 가족관계등록부의 가족관계증명서 1통(전산정보처리조직에 의하여 그 내용을 확인할 수 있는 경우에는 첨부를 생략합니다.
2. 성·본계속사용을 허가한 법원의 재판서등본 및 확정증명서 각 1부.
3. 성·본계속사용을 부모가 합의한 경우 - 부모 중 일방이 신고할 경우 : 협의사실을 증명하는 서류 1부.
4. 법원의 허가에 의한 성·본계속사용신고를 우편으로 하는 경우에는 신고인의 신분증명서 사본을 첨부하여야 합니다(신고인이 출석한 경우에는 출석한 신고인의 신분증명서에 의하여 신분을 확인하여야 하고 별도의 신분증명서 사본을 첨부할 필요는 없으나, 제출인이 출석한 경우에는 제출인의 신분증명서를 제시하여야 합니다).
5. 부모의 협의에 의하여 성·본계속사용신고를 하는 경우
   - 신고인이 출석한 경우 : 출석한 신고인의 신분증명서에 의하여 신분을 확인하고 별도의 신분증명서 사본을 첨부할 필요는 없습니다.
   - 신고인이 불출석하고 제출인이 출석하여 신고인의 신분증명서가 제시된 경우 : 제출인의 신분증명서 및 불출석한 신고인의 신분증명서에 의하여 각각의 신분을 확인하여야 하며(이때에는 접수담당자가 신고인의 신분증명서 사본을 신고서류에 첨부)
   - 신고인이 불출석하고 제출인이 출석하여 신고인의 인감증명서가 첨부되는 경우 : 제출인의 신분증명서 및 불출석한 신고인의 인감증명서에 의하여 각각의 신분을 확인하여야 하며(이때에는 신고서에 날인된 인영이 인감증명서의 인영과 반드시 동일하여야 합니다)
   - 우편으로 신고서에 날인하여 제출하는 경우 : 신고서에 날인을 하고 인감증명서를 첨부하여야 합니다(이때에는 신고서에 날인된 인영이 인감증명서의 인영과 반드시 동일하여야 합니다)
   - 우편으로 신고서에 서명하여 제출하는 경우 : 신고서에 서명을 하고 서명에 대한 공증서를 반드시 첨부하여야 합니다.

▣ 핵심판례 ▣

■ [자의 성과 본]

1. 자신의 이름으로 본을 삼겠다는 호적정정신청의 적부(소극)

민법 및 호적법상의 본이란 원래 소속 시조발상의 지명을 표시하여 혈족계통을 나타내는 제도이므로 자신의 종전 이름인 용택으로 본을 창설하겠다는 신청은 본 제도의 취지에 어긋난다고 할 것이다(1984. 3. 31. 제3부 판결 84스8, 9 호적정정).

2. 성 포기의 가부(소극)

재항고인의 성은 그 부(父)의 성을 따른 것으로서 현행법상 그 성을 포기할 수는 없다(1984. 9. 27. 제2부 판결 84스1 성 포기).

3. 민법 제781조 제6항에 정한 '자의 복리를 위하여 자의 성과 본을 변경할 필요가 있을 때'에 해당하는지 여부의 판단 기준 및 방법

민법 제781조 제6항에 정한 '자의 복리를 위하여 자의 성과 본을 변경할 필요가 있을 때'에 해당하는지 여부는 자의 나이와 성숙도를 감안하여 자 또는 친권자·양육자의 의사를 고려하되, 먼저 자의 성·본 변경이 이루어지지 아니할 경우에 내부적으로 가족 사이의 정서적 통합에 방해가 되고 대외적으로 가족 구성원에 관련된 편견이나 오해 등으로 학교생활이나 사회생활에서 겪게 되는 불이익의 정도를 심리하고, 다음으로 성·본 변경이 이루어질 경우에 초래되는 정체성의 혼란이나 자와 성·본을 함께 하고 있는 친부나 형제자매 등과의 유대 관계의 단절 및 부양의 중단 등으로 인하여 겪게 되는 불이익의 정도를 심리한 다음, 자의 입장에서 위 두 가지 불이익의 정도를 비교형량하여 자의 행복과 이익에 도움이 되는 쪽으로 판단하여야 한다. 이와 같이 자의 주관적·개인적인 선호의 정도를 넘어 자의 복리를 위하여 성·본의 변경이 필요하다고 판단되고, 범죄를 기도 또는 은폐하거나 법령에 따른 각종 제한을 회피하려는 불순한 의도나 목적이 개입되어 있는 등 성·본 변경권의 남용으로 볼 수 있는 경우가 아니라면, 원칙적으로 성·본 변경을 허가함이 상당하다(대법원 2009. 12. 11. 자 2009스23 결정).

제 3 장   혼 인

혼인(marriage, Ehe, mariage)은 부부관계를 성립시키는 신분행위를 말한다. 혼인은 혼인장애사유가 없는 자 사이에 혼인에 대한 합의가 있고, 가족관계의 등록 등에 관한 법률이 정한 바에 의하여 신고함으로써 성립한다(법률혼주의). 결혼식은 혼인성립과 관계가 없다. 혼인신고를 제출하여도 위법한 경우에는 심사에 의하여 수리되지 않는다(제813조). 재산상의 계약은 당사자가 자유로이 할 수 있지만 친족법상 혼인은 다음과 같은 수리요건이 있다.

(1) 혼인적령(만18세 : 제807조). (2) 미성년자와 피성년후견인은 부모·후견인의 동의(제808조). (3) 근친혼 등의 금지(제809조).   (4) 중혼금지(제810조 : 일부일처제) 등이다.

혼인신고는 당사자 쌍방과 성년자인 증인 2인의 연서한 서면을 첨부하여, 가족관계등록등에관한법률 제71조에 규정한 사항을 기재한 혼인신고서를 신고할 당사자의 등록기준지 또는 주소지나 현재지의 시·읍·면의 장에 제출하는 방법으로 한다.

가족관계등록공무원은 위의 수리요건에 위반하는지의 여부를 심사할 형식적 심사권만을 가지며, 당사자의 혼인의사를 심사할 실질적 심사권을 가지지 않는다. 그러나 혼인의사가 없는 신고는 수리되어도 무효가 된다(제815조). 또한 (1) 혼인적령위반(제807조), 미성년자 혼인시 부모의 동의를 얻지 않는 경우(제808조), 근친혼 등의 금지 규정 위반(제809조), 중혼금지규정 위반(제810조) 등의 경우(제816조 1호), (2) 혼인 당시 당사자 일방에 부부생활을 계속할 수 없는 악질 기타 중대한 사유 있음을 알지 못한 때(제816조 2호), (3) 사기 또는 강박으로 인하여 혼인의 의사표시를 한 때(제816조 3호)에는 법원에 취소를 청구할 수 있다. 그러나 기성사실을 존중하는 취지에서 일정한 취소혼은 취소권이 제한될 때가 있다(제819조~제823조).

혼인의 효과는 (1) 미성년자도 혼인으로 성년으로 된다(제826조의 2 : 성년의제). (2) 상호간의 동거·부양·협조의무가 있다(제826조 : 상호부조). (3) 친족관계가 형성된다(제777조 3호). (4) 부부생활비는 부부가 공동으로 부담한다(제833조 : 공동생활). (5) 서로 상속권을 가지게 된다(제1003조 1항).

제 1 절   약 혼

약혼(engagement. promise of marrige, Verlöbnis, promesse de mariage)은 장차 혼인관계에 들어갈 것을 약정하는 당사자 사이의 신분상의 계약이다. 따라서 실질적인 혼인생활을 하면서 다만 혼인신고만을 하지 않고 있는 이른바 사실혼과는 구별된다. 또한 정혼이라는 용어는 남녀양가의 부모들이 자녀의 혼인을 약정하는 것을 의미하므로 당사자에 의하여 이루어지는 신분적 합의인 약혼과는 다르다. 약혼은 당사자의 합의로써 성립한다. 따라서 대리는 허용되지 않는다. 만18세에 달하면 자유로이 약혼을 할 수 있다(제801조 전단). 그러나 미성년자는 부모의 동의를 얻어야 하고(제801조 전단, 제808조 1항), 부모가 모두 동의권을 행사할 수 없을 때에는 후견인의 동의를 얻어야 한다(제801조, 제808조 2항). 피성년후견인은 부모나 후견인의 동의를 받아 약혼할 수 있다(제802조, 제808조). 당사자가 위와 같은 동의없이 한 약혼이라도 무효는 아니며 당사자 또는 그 법정대리인이 약혼을 취소할 수 있는데 그친다고 해석된다(제817조 유추). 약혼의 체결방식에 대하여는 민법상 규정이 없으며 따라서 아무런 방식도 필요치 않는다. 또한 약혼은 강제이행을 청구하지 못하므로(제803조) 언제나 해제할 수 있다. 약혼의 해제는 상대방에 대한 의사표시로써 한다. 다만 정당한 사유없이 약혼이 해제된 경우에 당사자 일방은 과실있는 상대방에 대하여 손해배상을 청구할 수 있다(제806조 1항). 손해배상의 범위는 재산상의 손해 이외에 정신상의 고통도 포함된다(제806조 2항). 정신상의 고통에 대한 배상청구권은 양도 또는 승계하지 못한다. 다만 당사자 사이에 이미 그 배상에 관한 계약이 성립되거나 심판을 청구한 후에는 일단재산권과 구별될 이유가 없으므로 타인에게 양도 또는 승계할 수 있다(제806조 3항).

◈ 약혼의 요건

제800조 【약혼의 자유】

성년에 달한 자는 자유로 약혼할 수 있다.

■ § 800. 약혼

- 장차 혼인을 목적으로 하는 일정한 남녀 사이의 계약
- 입법례 : ① 독일계 : 성문규정 파기된 경우 법률상 보호에 충실
  　　　　 ② 프랑스 , 영미계 : 판례법상 규정
- 구법 : ① 사실혼(중혼) : 혼인생활의 실체 있음. 단지 신고 없음
  　　　 ② 정혼 : 가장에 의한 혼인 약속, 본인 승낙없는 한 무효
  　　　 ③ 부첩관계, 사통관계, 동거
- 관련법조 : [혼인과 양성평등] 헌 §36

　약혼이라 함은 장래 혼인할 것을 목적으로 하는 당사자 사이의 계약이다. 따라서 약혼한 당사자는 약혼을 하지 아니한 남녀와는 다른 일종의 신분을 취득하게 된다. 약혼은 흔히 약혼예물의 교환이나 일종의 의식의 거행으로써 행해지는 일이 많으나, 예물의 교환이나 의식이 없었다 하여 약혼이 무효가 되거나 약혼이 없었던 것으로 추정되지는 않는다. 즉 혼인예물이나 의식은 단순한 약혼의 증거가 될 뿐이므로, 이러한 것이 없더라도 당사자 사이에 진실로 장래 부부가 되려는 의사의 합치만 있으면 약혼은 유효하게 성립한다.

　약혼은 혼인하려는 양당사자의 합의로 성립한다. 따라서 과거에 흔히 남녀양가의 부모끼리 그 자녀의 혼인을 약속했던 정혼은 무효이다.

▣ 핵심판례 ▣

1. 가. 약혼과 사실혼의 성립요건

　　일반적으로 약혼은 특별한 형식을 거칠 필요 없이 장차 혼인을 체결하려는 당사자 사이에 합의가 있으면 성립하는 데 비하여, 사실혼은 주관적으로는 혼인의 의사가 있고, 또 객관적으로는 사회통념상 가족질서의 면에서 부부공동생활을 인정할 만한 실체가 있는 경우에 성립한다.

나. 당사자가 결혼식을 올린 후 신혼여행까지 다녀왔으나 부부공동생활을 하기에까지 이르지 아니한 단계에서 일방 당사자의 귀책사유로 파탄에 이른 경우, 사실혼 부당파기에 있어서와 마찬가지로 귀책 당사자에게 정신적 손해배상을 청구할 수 있는지 여부(적극)

일반적으로 결혼식(또는 혼례식)이라 함은 특별한 사정이 없는 한 혼인할 것을 전제로 한 남녀의 결합이 결혼으로서 사회적으로 공인되기 위하여 거치는 관습적인 의식이라고 할 것이므로, 당사자가 결혼식을 올린 후 신혼여행까지 다녀온 경우라면 단순히 장래에 결혼할 것을 약속한 정도인 약혼의 단계는 이미 지났다고 할 수 있으나, 이어 부부공동생활을 하기에까지 이르지 못하였다면 사실혼으로서도 아직 완성되지 않았다고 할 것이나, 이와 같이 사실혼으로 완성되지 못한 경우라고 하더라도 통상의 경우라면 부부공동생활로 이어지는 것이 보통이고, 또 그 단계에서의 남녀 간의 결합의 정도는 약혼 단계와는 확연히 구별되는 것으로서 사실혼에 이른 남녀 간의 결합과 크게 다를 바가 없다고 할 것이므로, 이러한 단계에서 일방 당사자에게 책임 있는 사유로 파탄에 이른 경우라면 다른 당사자는 사실혼의 부당 파기에 있어서와 마찬가지로 책임 있는 일방 당사자에 대하여 그로 인한 정신적인 손해의 배상을 구할 수 있다(대법원 1998. 12. 8. 선고 98므961 판결).

2. 처가 있는 남자의 약혼

법률상 처가 있는 남자가 다른 여자와 혼인식을 거행하고 장래 혼인신고하기로 혼인계약을 맺는다는 것은 우리나라의 일부일처제도에 비추어 공서양속에 ,위반되는 무효의 계약이다(대판 1955. 10. 13. 4288민상245).

3. 진실한 혼인예약의 성립을 인정할수 없는 사례

상대방이 내연의 처가 있고 그 사이에 4남매의 자녀를 둔 남자이어서 정식으로 혼인하기 어려운 사정임을 알고 있었다면 그 남자의 꾀임에 빠져 동거생활중 그 사이에 아들을 분만하였다 하여도 진실한 혼인예약이 성립될수 없다(대법원 1965. 7. 6. 선고 65므12 판결).

◈ 약혼할 수 있는 연령

제801조【약혼연령】

18세가 된 사람은 부모나 미성년후견인의 동의를 받아 약혼할 수 있다. 이 경우 제808조를 준용한다. [전문개정 2011.3.7.]

■ § 801. 약혼연령

- 남,여 모두 만18세
- 부모동의요→일방동의→후견인동의
- 관련법조 : 헌 §34

구법에서는 '남자는 만 18세, 여자는 만 16세에 달하면 자유로이 약혼할 수 있다'고 규정하고 있었다. 그러나 2007년 12월 21일 개정에 의하여 남, 여 모두 만 18세가 되면 자유로이 약혼 할 수 있도록 하였다. 그러나 미성년자는 부모의 동의를 얻어야 하고(제808조 1항 준용), 부모가 모두 동의권을 행사할 수 없을 때에는 후견인의 동의를 얻어야 한다(제808조 1항 준용). 부모의 동의를 얻지 않은 약혼은 혼인법규정(제816조 1호)에 준하여 취소할 수 있다고 본다.

약혼연령미달자의 약혼은 혼인법규정(제808조 1항 단서)에 준하여 취소할 수 있다고 보아야 할 것이다.

◈ 피성년후견인의 약혼의 요건

제802조 【성년후견과 약혼】

피성년후견인은 부모나 성년후견인의 동의를 받아 약혼할 수 있다. 이 경우 제808조를 준용한다. [전문개정 2011.3.7.]

■ § 802. 약혼의 실질적요건

• 피성년후견인은 부모나 성년후견인의 동의를 얻을 것
• 관련법조 : 헌 §36

피성년후견인은 부모 또는 후견인의 동의를 얻어야 한다(제808조 2항 준용). 피한정후견인은 성년자인 한 자유로 약혼할 수 있다. 본조에 위반하였을 때에도 혼인법규정(제816조 1호)에 준하여 취소할 수 있다.

◆ 약혼의 강제이행 금지

제803조【약혼의 강제이행금지】

약혼은 강제이행을 청구하지 못한다.

■ § 803. 약혼의 효과

- 약혼에 의해 당사자는 서로 성실하게 교제하고 가까운 시기에 부부공동체를 성립시킬 의무를 진다
- 당사자 일방이 이 의무에 위반하더라도 상대방은 손해배상을 청구할 수 있을 뿐 강제이행을 청구할 수 없다

약혼의 체결방식에 대하여는 민법상 규정이 없으며 따라서 아무런 방식도 필요치 않는다. 또한 약혼은 강제이행을 청구하지 못하므로 언제나 해제할 수 있다.

그러므로 약혼 당사자의 일방이 정당한 이유없이 약혼을 이행하지 않을 때에는 손해배상을 청구할 수 있을 뿐이다(제806조). 약혼상의 권리도 하나의 권리이기 때문에 제3자가 이를 침해하였을 때에는 불법행위이다.

약혼중의 子는 혼인중의 子가 아니므로 혼인외의 출생자이나 그 후 혼인하면 준정되어 혼인중의 출생자가 된다(제855조 2항).

약혼자 사이에는 친족관계가 발생하지 않는다.

▣ 핵심판례 ▣

■ **약혼한 후 내연관계에 있는 여자를 간음한 자의 불법행위책임**

남자와 여자가 장래에 있어서 부부로서 혼인할 것을 약속하고 사실상 부부로서 같이 살림을 하고 있는 경우 이른바 내연관계에 있어서는 남자는 민법상 부권은 없다 할지라도 이 약혼상의 권리는 보유하고 있다 할 것이니 제3자가 약혼중의 여자를 간음하여 남자로 하여금 혼인을 할 수 없게 하였다면 약혼으로 인한 남자의 권리를 침해한 것이라고 할 것이고 이는 불법행위를 구성한다 할 것이다(대판 1961. 10. 19. 4293민상531).

◆ 약혼해제의 요건

제804조【약혼해제의 사유】

당사자 한쪽에 다음 각 호의 어느 하나에 해당하는 사유가 있는 경우에는 상대방은 약혼을 해제할 수 있다.

1. 약혼 후 자격정지 이상의 형을 선고받은 경우

2. 약혼 후 성년후견개시나 한정후견개시의 심판을 받은 경우

3. 성병, 불치의 정신병, 그 밖의 불치의 병질(病疾)이 있는 경우

4. 약혼 후 다른 사람과 약혼이나 혼인을 한 경우

5. 약혼 후 다른 사람과 간음(姦淫)한 경우

6. 약혼 후 1년 이상 생사(生死)가 불명한 경우

7. 정당한 이유 없이 혼인을 거절하거나 그 시기를 늦추는 경우

8. 그 밖에 중대한 사유가 있는 경우 [전문개정 2011.3.7.]

■ § 804. 약혼해제의 사유

- 약혼후 자격정지 이상의 형의 선고를 받은 때
- 약혼후 성년후견개시나 한정후견개시의 심판을 받은 때
- 성병, 불치의 정신병 그 밖의 불치의 병질이 있는 때
- 약혼후 타인과 약혼 또는 혼인을 한 때
- 약혼 후 다른 사람과 간음한 경우
- 약혼후 1년 이상 그 생사가 불명한 때
- 정당한 이유없이 혼인을 거절하거나 그 시기를 지연하는 때
- 기타 중대한 사유가 있는 때
- 관련법조 : [자격정지 이상의 형] 형 §41

약혼의 강제이행은 청구하지 못하며(제803조), 따라서 당사자는 언제든지 약혼을 해제할 수 있다. 그러나 정당한 사유 없이 약혼을 해제하면 손해배상책임을 지게 된다. 약혼을 해제할 정당한 사유가 있는 경우에는 과실 없는 당사자는

약혼해제에 책임이 있는 상대방에 대하여 약혼해제의 의사표시를 하면서 손해배상을 청구할 수 있다.

민법은 당사자의 일방에게 일정한 사유가 있는 때에는 상대방은 약혼을 해제할 수 있다고 규정함으로써 이 중대한 약속을 파기할 수 있는 경우를 열거하고 있다.

① 약혼 후 자격정지 이상의 형을 선고받은 경우, ② 약혼 후 성년후견개시나 한정후견개시의 심판을 받은 경우, ③ 성병, 불치의 정신병, 그 밖의 불치의 병질(病疾)이 있는 경우, ④ 약혼 후 다른 사람과 약혼이나 혼인을 한 경우, ⑤ 약혼 후 다른 사람과 간음(姦淫)한 경우, ⑥ 약혼 후 1년 이상 생사(生死)가 불명한 경우, ⑦ 정당한 이유 없이 혼인을 거절하거나 그 시기를 늦추는 경우, ⑧ 그 밖에 중대한 사유가 있는 경우.

물론 정당한 이유가 없어도 해제할 수 있지만, 해제자는 손해배상의 책임을 진다(제806조). 약혼해제사유에「그 밖에 중대한 사유가 있는 경우」라고 하는 규정이 있는 것으로 보아 제1호부터 제7호까지의 해제사유는 예시규정이라고 할 수 있다.

(1) 약혼 후 자격정지 이상의 형을 선고받은 경우 : 사형·징역·금고·자격정지 등의 선고를 받은 때에는 약혼을 해제할 수 있다. 형의 확정까지는 필요없으며 형의 선고로 족하다.

(2) 약혼 후 성년후견개시나 한정후견개시의 심판을 받은 경우 : 이러한 경우에는 재산상 또는 신분상 중대한 제한을 받기 때문에 행복한 혼인을 기약할 수 없으므로 약혼을 해제할 수 있도록 하였다.

(3) 성병, 불치의 정신병, 그 밖의 불치의 병질(病疾)이 있는 경우 : 불치의 병질은 약혼전·후에 발생된 것을 불문하되 불치의 병질로서 성병·불치의 정신병을 들고 있으나, 이것은 당연히 불치의 병질로 본다는 뜻이 아니고, 불치병이라는 것이 입증된 경우에 한한다고 보아야 할 것이다.

(4) 약혼 후 다른 사람과 약혼이나 혼인을 한 경우 : 여기서「혼인」은 법률혼 뿐만 아니라 사실혼도 포함된다고 해석한다.

(5) 약혼 후 다른 사람과 간음(姦淫)한 경우 : 혼인의 순결성은 약혼시대부터 지켜져야 하기 때문에 이것은 당연한 것이다. 간음까지 가지 않더라도 부정행위가 있으면 제8호의 「기타 중대한 사유가 있는 때」에 해당되어 해제의 정당사유가 될 수 있을 것이다.

(6) 약혼 후 1년 이상 생사(生死)가 불명한 경우 : 이혼원인으로서 3년 이상의 생사불명을 들고 있는 것과 마찬가지의 취지이다. 생사불명이란 생존도 사망도 증명할 수 없는 경우이다. 기간의 기산점은 잔존배우자에 알려져 있는 본인생존의 일자 일 것이지만, 전투 기타 생명의 위험을 추측케 하는 위난에 조우한 자에 대해서는 그 위난이 사라진 때를 기산점으로 하여야 할 것이다.

(7) 정당한 이유 없이 혼인을 거절하거나 그 시기를 늦추는 경우 : 「정당한 사유」란 외국에 체류하면서 의사에 반하여 귀국의 장애를 받고 있을 경우, 학업을 채 마치지 못한 경우, 경제상태의 급격한 악화로 즉시 혼인하는데 지장이 있는 경우, 건강상태가 악화되어 당분간 치료가 요구되는 경우 등일 것이다.

혼인거절이나 그 시기를 지연하는데 정당한 이유가 없는 경우에는 약혼당사자의 일방은 약혼을 해제하고, 상대방에 대하여 손해배상을 청구할 수 있다.

(8) 그 밖에 중대한 사유가 있는 경우 : 앞에 예시한 사유 이외의 사유로서 대체로 약혼자의 사회적 지위를 지배하고 있는 관점에서 약혼의 계속과 그 약혼의 실현이 약혼당사자의 일방에서 조리적이 아니라고 생각될 수 있는 경우인가 아닌가에 따라 결정하여야 할 것이다. 예컨대 사기·강박·가족을 부양할 수 없는 정도의 재산상태의 악화, 재산상태의 착오, 상대방의 불성실, 상대방 또는 그 부모에 의한 모욕·냉대·기타 불구자가 된 경우 등을 들 수 있다.

▣ 핵심판례 ▣

1. 학력과 직장에서의 직종·직급 등을 속인 것이 약혼해제사유에 해당하는 지 여부

사로 알지 못하던 원고(남자)와 피고(여자)가 중매를 통하여 불과 10일간의 교제를 거쳐 약혼을 하게 되는 경우에는 서로 상대방의 인품이나 능력에 대하여 충분히 알 수 없기 때문에 학력이나 경력, 직업 등이 상대방에 대한 평가의 중요한 자료가 된다고 할 것인데, 원고가 직장에서의 직종·직급 등을 속인 것이 약혼 후에 밝혀진 경우에는 원고의 말을 신뢰하고 이에 기초하여 혼인의 의사를 결정하였던 피고의 입장에서 보면 원고의 이러한 신의성실의 원칙에 위반한 행위로 인하여 원고에 대한 믿음이 깨어져 원고와의 약혼을 유지하여 혼인을 하는 것이 사회생활관계상 합리적이라고 할 수 없다. 따라서 피고의 원고에 대한 이 사건 약혼의 해제는 적법하고, 원고는 피고에게 위자료를 지급할 의무가 있다(대판 1995. 12. 8. 94므1976, 1983).

2. 임신불능과 혼인 예약 해제사유

임신불능은 혼인예약의 해제사유가 아니다(대법원 1960. 8. 18. 4292민상995).

◈ 약혼해제의 방법 : 상대방에 대한 의사표시

제805조【약혼해제의 방법】

약혼의 해제는 상대방에 대한 의사표시로 한다. 그러나 상대방에 대하여 의사표시를 할 수 없는 때에는 그 해제의 원인있음을 안 때에 해제된 것으로 본다.

■ § 805. 약혼해제의 방법

• 약혼의 해제는 상대방에 대한 의사표시로 한다
• 상대방에 대하여 의사표시를 할 수 없는 때에는 그 해제의 원인이 있음을 안 때에 해제된 것으로 본다

약혼해제에 정당한 사유가 있으면 상대방은 언제든지 약혼을 해제할 수 있으며, 약혼의 해제는 상대방에 대한 의사표시로써 한다. 즉 약혼의 해제는 아무런 요식이 필요없고, 다만 상대방에 대하여 의사표시만 하면 되는 것이다. 묵시의 의사표시로도 가능하다(예 : 더 이상 만나주지 않는 것). 그러나 상대방에 대한 의사표시를 할 수 없는 때(예컨대, 생사불명인 때)에는 그 해제원인이 있음을 안 때에 해제된 것으로 본다. 예컨대 약혼 당사자의 일방이 약혼 후 1년이상 생사가 불명한 때에는 약혼은 해제된 것으로 본다(제805조).

▣ 핵심판례 ▣

■ 혼인예약해제의 합의에 관한 법리를, 오해한 위법이 있는 실례

결혼식후 아직 결혼신고는 하지 않았으나 사실상 부부로서 생활하던 중 처가 일시의 여분된 감정으로 「나는 못살겠으니 파혼을 하고 친정에 가겠다」는 취지의 말을 한 후 옷보따리를 싸가지고 친정으로 돌아가겠다고 하여서 달리 특별한 사정이 없는 한, 남편과의 혼인예약해제의 의사를 표시한 것이라 볼 수 없다(대법원 1966. 7. 26. 선고 66므10 판결).

◈ 약혼해제로 인한 손해배상청구

제806조【약혼해제와 손해배상청구권】

① 약혼을 해제한 때에는 당사자일방은 과실있는 상대방에 대하여 이로 인한 손해의 배상을 청구할 수 있다.

② 전항의 경우에는 재산상 손해외에 정신상 고통에 대하여도 손해배상의 책임이 있다.

③ 정신상 고통에 대한 배상청구권은 양도 또는 승계하지 못한다. 그러나 당사자간에 이미 그 배상에 관한 계약이 성립되거나 소를 제기한 후에는 그러하지 아니하다.

■ § 806. 약혼해제의 효과

• 약혼을 해제한 때에는 당사자 일방은 과실있는 상대방에 대하여 이로 인한 손해배상의 청구가 가능

• 손해배상의 범위는 재산상의 손해는 물론이고 정신적 고통으로 인한 손해도 포함

1. 손해배상의 청구

(1) 요 건

혼인을 해제한 때에는 당사자 일방은 과실있는 상대방에 대하여 이로 인한 손해의 배상을 청구할 수 있다(제806조 1항). 이 경우에는 가정법원에 우선 조정을 신청하여야 한다(가사소송법 제2조 1항 다류사건).

약혼해제에 과실이 있는 경우는 상대방이 제804조가 규정하는 약혼해제의 사유 중 본인에게 책임을 귀속시킬 수 있는 원인을 제공한 경우를 들 수 있다. 약혼당사자 쌍방이 모두 약혼해제에 과실이 있는 경우에는 과실상계의 규정(제396조)을 준용하여 구체적인 사정에 따라 배상액수가 감경되거나 면제된다고 보아야 할 것이다. 약혼 당사자 쌍방 모두에게 과실이 없는데 일방이 약혼을 해제한 경우에는 정당한 사유없는 약혼해제가 되므로 상대방에 대하여 손해배상의 책임을 진다.

(2) 손해배상의 범위

약혼해제로 인한 손해배상의 범위는 재산상 손해와 정신적 고통에 대한 위자료를 포함한다. 판례는 사실혼관계가 당사자 쌍방의 과실로 약 1개월만에 해소된 때와 같이 혼인기간이 극히 짧아서 혼인의 불성립에 준하여 볼 수 있는 경우에 혼인준비를 위하여 구입한 가재도구 등은 준비한 당사자에게 그 물건에 대한 소유권이 남아 있기 때문에, 소유권에 기한 반환청구를 할 수는 있어도 손해배상을 청구할 수 없다고 하였다. 또한 예복구입비, 예물구입비에 대해서도 구입한 당사자에게 손해가 발생하였다고 볼 수 없으므로 손해배상을 청구할 수 없다고 하였다(대판 2003. 11. 14. 2000므1257).

재산상 손해배상의 범위는 혼인준비 비용과 혼인의 성립을 믿고 포기한 이익(예 : 혼인을 예상하고 다니던 직장을 사직한 경우) 등 신뢰이익이다.

정신적 고통에 대한 손해는 부당한 약혼해제로 인한 고통과 약혼 전력이 장래 혼인에 장애요소로 작용할 수도 있다는 우려에서 나오는 정신적 고통을 포함한다고 볼 것이다.

2. 예물반환청구권

약혼예물의 법적 성질에 대해서는 '혼인의 불성립을 해제조건으로 하는 증여'라고 보는 것이 통설·판례(대판 1976. 12. 28. 76므41)이다.

약혼이 파기되어 혼인을 성립시킬 수 없는 경우에 약혼예물을 어떻게 할 것인가가 문제된다. 이 경우에는 원칙적으로 약혼예물을 받은 자는 그것을 준 자에게 반환하여야 한다. 약혼예물은 혼인의 성립을 전제로 하여 증여한 물건이기 때문에 혼인을 성립시킬 수 없는 경우에는 원래의 소유자에게 반환하여야 하는 것이 원칙이다.

그러나 당사자 일방의 과실로 인하여 약혼이 해소된 때에는 과실있는 당사자는 자기가 받은 예물에 대한 반환의무는 있으나 자기가 상대방에게 준 예물에 대한 반환청구권은 없다고 보는 견해가 다수설이다. 왜냐하면 정당한 이유가 없음에도 불구하고 약혼을 파기하여, 혼인의 목적을 달성할 수 없도록 해두고, 약혼예물의 반환을 청구하는 것은 신의칙에 반하기 때문이다. 이에 반하여 민법이 명문규정으로 유책당사자의 배상책임을 인정하고 있는데 그러한 배상책임과 아울러 예물반환권도 잃게 되는 것은 부당하므로 유책자도 예물반환 청구권을 갖는다고 보는 소수설도 주장되고 있다.

일단 혼인이 성립한 경우에는 혼인의 불성립이라는 해제조건을 성취불능이 되었으므로 혼인이 성립한 후 이혼, 사실혼의 해소 등이 있었다고 하더라도 예물 등의 반환문제는 생기지 않는다(대판 1996. 5. 14. 96다5506). 판례는 혼인 성립 후 약 2년 1개월만에 부부 일방(夫)의 유책행위로 인하여 이혼하게 된 경우 다른 일방은 상대방과 그 가족에게 증여한 예단, 예물, 옷값 등의 반환을 청구할 수 없으며, 혼수품 구입비용 및 결혼식장 비용 등에 대한 손해배상을 청구할 수 없다고 하였다(서울가정법원 1997. 4. 16. 97르141).

▣ 핵심판례 ▣

■ [약혼해제와 손해배상청구권]

1. 약혼중에 있는 여자를 제3자가 간음하여 남자로 하여금 혼인할 수 없게 한 경우 불법행위가 성립하는지 여부

약혼 중에 제3자가 약혼 중의 여자를 간음하여 남자로 하여금 혼인을 할 수 없게 하였다면 약혼으로 인한 남자의 권리를 침해한 것이라고 할 것이고, 이는 불법행위를 구성한다(대판 1961. 10. 19. 4293민상531).

2. 약혼해제에 관하여 과실있는 유책자는 그가 제공한 약혼예물반환청구권이 있는지 여부

약혼예물의 수수는 혼인 불성립을 해제조건으로 하는 증여와 유사한 성질의 것이나 약혼의 해제에 관하여 과실이 있는 유책자로서는 그가 제공한 약혼예물을 적극적으로 반환청구할 권리가 없다(대법원 1976. 12. 28. 선고 76므41,76므42 판결).

3. 약혼예물수수의 법적 성질과 그 예물 소유권의 귀속

약혼예물의 수수는 혼인 불성립을 해제조건으로 하는 증여와 유사한 성질의 것이므로, 시어머니가 며느리에게 교부한 약혼예물은 그 혼인이 성립되어 상당 기간 지속된 이상 며느리의 소유라고 본 조치는 정당하다(대법원 1994. 12. 27. 선고 94므895 판결).

제 2 절 혼인의 성립

혼인의 성립요건은 형식적 요건과 실질적 요건으로 구별된다. 형식적 요건으로서는 가족관계의 등록 등에 관한 법률이 정하는 바에 의하여 신고하는 것이다.

실질적 요건으로서는 ① 혼인적령에 달하였을 것, ② 부모 등의 동의를 얻을 것, ③ 일정한 근친자가 아닐 것, ④ 중혼이 아닐 것 등이 있다.

그러나 이상의 요건 이외에 당사자 사이에 혼인의 합의가 있어야 하는 것은 말할 나위없다. 민법은 그것을 요건으로 규정하지 않고 있지만「당사자간에 혼인의 합의가 없는 때」에는 혼인을 무효로 함으로써(제815조 제1호) 이를 당연한 것으로 전제한다.

◆ 혼인할 수 있는 최저연령

제807조 【혼인적령】

만 18세가 된 사람은 혼인할 수 있다. [전문개정 2007. 12. 21]

■ § 807. 혼인적령

- 만18세
- 개정전민법 남 만18세, 여 만16세
- 연령은 출생일을 산입해서 계산한다
- 관련법조 : [혼인성립요건준거법] 국제사법 §36

개정전민법의 혼인최저연령은 남자 만18세, 여자 만16세였으나, 2007년 개정으로 남, 여 모두 만18세를 혼인적령으로 하여 부모 등의 동의를 얻어 혼인할 수 있다고 규정하고 있으며 혼인적령에 달하지 않은 자의 혼인을 취소할 수 있는 것으로 하고 있다(제817조).

본조 위반의 신고는 수리되지 않는다. 잘못 수리된 경우에는 각 당사자 또는 그 법정대리인이 취소할 수 있다. 혼인중 포태한 때에는 혼인적령 도달 전이라도 취소를 청구할 수 없다고 본다.

이 혼인적령에 위반한 혼인은 취소할 수 있으며, 그 취소청구권자는 당사자 또는 그 법정대리인이다(제817조 전단). 당사자는 혼인으로 성년자가 되었으므로 혼인 전의 친권자는 취소권이 없다. 취소청구를 하려면 가정법원에 우선 조정을 신청하여야 한다(가사소송법 제2조 1항 나류사건).

◈ 부모 또는 후견인의 동의를 얻어야 하는 혼인

제808조 【동의가 필요한 혼인】

① 미성년자가 혼인을 하는 경우에는 부모의 동의를 받아야 하며, 부모 중 한쪽이 동의권을 행사할 수 없을 때에는 다른 한쪽의 동의를 받아야 하고, 부모가 모두 동의권을 행사할 수 없을 때에는 미성년후견인의 동의를 받아야 한다.

② 피성년후견인은 부모나 성년후견인의 동의를 받아 혼인할 수 있다. [전문개정 2011.3.7.]

▣ 예 규 ▣

■ 혼인에 대한 동의권자

(대법원 가족관계등록예규 제142호)

미성년자 또는 금치산자가 혼인할 경우, 모(母)가 없는 경우에는 부(父)의 동의만으로 혼인할 수 있다.

■ 양자의 혼인에 대한 동의권자

(대법원 가족관계등록예규 제143호)

양자가 동의를 요하는 혼인을 할 경우에 양부모와 친생부모가 있을 때에는 양부모의 동의를 받아야 한다.

■ § 808. 미성년자, 피성년후견인의 혼인

• 미성년자, 피성년후견인의 경우는 부모등의 동의가 있어야 한다.
• 미성년자로서 혼인할 경우에 부모가 모두 동의권을 행사할 수 없는 때에는 후견인의 동의를 얻어야 한다.
• 피성년후견인은 부모 또는 후견인의 동의를 얻어 혼인할 수 있다.

미성년자와 피성년후견인은 부모 또는 후견인의 동의를 얻어야 혼인할 수 있다.

미성년자도 만 18세에 이른 경우에는 부모 등의 동의를 얻어 혼인할 수 있다.

원칙적으로 부모쌍방의 동의를 얻어야 하나, 부모중 일방이 동의권을 행사할 수 없는 때에는 다른 일방의 동의를 얻어야 한다. 민법은 단순히 부모라는 자격으로서 동의권이 있다고 규정하였으므로, 부모인 이상, 이혼한 후에도 부모는 동의권을 가진다. 부모가 모두 동의권을 행사할 수 없는 때에는 후견인의 동의를 얻어야 한다.

양자의 경우에는 친생부모와 양부모가 모두 있을 때에도 양부모의 동의만 있으면 충분하다고 해석된다. 계모와 적모에게는 혼인동의권이 인정되지 않는다. 계모자관계와 적모서자관계는 법정모자관계가 아니므로, 계모와 적모는 법률상 부모로 인정되지 않으며, 따라서 그 사이에 친권이 발생할 여지가 없기 때문이다.

부모의 혼인동의는 혼인신고시에 존재하여야 하지만 혼인신고 이전에 이미 혼인에 동의한 경우에는 혼인신고 당시에도 동의는 존속하고 있다고 보아야 한다. 혼인동의는 중대한 사유가 없는 한 함부로 철회할 수 없다고 보아야 할 것이다.

피성년후견인이 혼인하고자 할 때에는 부모 또는 후견인의 동의를 얻어야 한다.

동의를 얻지 않은 혼인은 취소할 수 있다(제816조 1호). 그러나 당사자가 19세에 달한 후 또는 성년후견종료의 심판이 있은 후 3월을 경과하거나 혼인중 임신한 때에는 취소할 수 없다(제819조).

◆ 혼인이 금지되는 혈족 및 인척의 범위

제809조【근친혼 등의 금지】

① 8촌 이내의 혈족(친양자의 입양 전의 혈족을 포함한다) 사이에서는 혼인
하지 못한다.

② 6촌 이내의 혈족의 배우자, 배우자의 6촌 이내의 혈족, 배우자의 4촌 이
내의 혈족의 배우자인 인척이거나 이러한 인척이었던 자 사이에서는 혼
인하지 못한다.

③ 6촌 이내의 양부모계의 혈족이었던 자와 4촌 이내의 양부모계의 인척이
었던 자 사이에서는 혼인하지 못한다. [2005. 3. 31 전문개정]

▣ 예 규 ▣

■ 사망한 처의 자매와의 혼인신고

(대법원 가족관계등록예규 제150호)

처가 사망한 후「민법」제809조 제2항에 따라 처의 자매와는 혼인할 수 없다.

■ § 809. 근친혼 등의 금지

• 8촌 이내의 혈족(친양자 입양 전의 혈족 포함) 사이에서는 혼인하지 못한다
• 6촌 이내의 혈족의 배우자, 배우자의 6촌 이내의 혈족, 배우자의 4촌 이내의
혈족의 배우자인 인척이거나 이러한 인척이었던 자 사이에서는 혼인하지 못
한다
• 6촌 이내의 양부모계의 혈족이었던 자와 4촌 이내의 양부모계의 인척이었던
자 사이에서는 혼인하지 못한다

1. 동성동본 금혼 규정의 폐지

동성동본불혼의 원칙을 규정한 개정 전 민법 제809조 제1항은 1997년 헌법
재판소의 헌법불합치결정(헌재 1997. 7. 16. 95헌가6~13)으로 효력을 상실하였
다. 종전 제809조는 합리적 이유 없이 부계와 모계를 차별함으로써 양성평등

의 원칙(헌법 제11조 1항, 제36조 1항)에 반하고, 또 아무런 합리적 근거 없이 혼인이 금지되는 범위를 지나치게 넓게 규정하여 혼인의 자유와 혼인상대방을 결정할 자유를 침해함으로써 결국 개인의 인격권과 행복추구권을 규정한 헌법 이념에 배치되는 것이었다.

1999년부터 효력을 상실한 개정 전 민법 제809조 제1항을 대체할 수 있는 민법 개정안이 국회에 제출되었으나 2005. 3. 2.에야 국회를 통과하여 2005. 3. 31.부터 시행되었다.

2005년 개정민법은 동성동본금혼규정을 폐지하고 근친혼금지규정을 신설하였다.

2. 금지되는 근친혼의 범위

(1) 8촌 이내의 혈족 사이의 혼인

8촌 이내의 혈족 사이에서는 혼인하지 못한다(제809조 1항).

혈족에는 자연혈족과 법정혈족(양부모계 혈족)이 모두 포함된다. 자연혈족 사이의 혼인이 금지되는 것을 우생학적 이유와 사회윤리적 측면을 모두 고려한 결과이지만, 법정혈족인 양부모계의 혈족과의 혼인이 금지되는 것은 사회윤리적인 고려에 의한 것이다.

(2) 친양자 입양 성립 전에 8촌 이내의 혈족이었던 자 사이의 혼인

친양자 입양이 확정되면 입양 전의 친족관계는 종료하게 되지만(제908조 의 3 제2항), 입양확정 전에 혼인이 금지되었던 8촌 이내의 혈족은 친양자 입양 성립 후에도 계속해서 혼인이 금지된다.

(3) 6촌 이내의 혈족의 배우자, 배우자의 6촌 이내의 혈족, 배우자의 4촌 이내의 혈족의 배우자인 인척이거나 이러한 인척이었던 자 사이의 혼인 (제809조 2항)

가. 6촌 이내의 혈족의 배우자

예컨대 형제의 처, 자매의 남편, 고모의 남편, 조카의 배우자 등이 여기에 해당된다. 따라서 형부와 처제 관계에 있었던 자 사이에서는 혼인하지 못한다.

나. 배우자의 6촌 이내의 혈족

예컨대 배우자의 부모, 조부모, 형제자매, 형제자매의 자, 종형제, 고모의 자 등이 이에 해당된다.

다. 배우자의 4촌 이내의 혈족의 배우자인 인척이거나 이러한 인척이었던 자

예컨대 배우자의 백숙부 또는 형제의 처, 배우자의 고모, 이모 또는 자매의 부 등이 이에 해당된다.

(4) 6촌 이내의 양부모계의 혈족이었던 자와 4촌 이내의 양부모계의 인척이었던 자 사이의 혼인(제809조 3항)

제809조 3항의 규정은 입양에 의하여 법정혈족 또는 인척관계가 성립되었던 일정한 범위의 자 사이에서는 그 관계가 종료된 후에도 사회윤리적 고려에서 혼인을 금지하는 것이다. 6촌 이내의 양부모계의 혈족과 4촌 이내의 양부모계 인척과의 혼인은 입양관계가 존속 중인 때에는 제809조 1항과 2항의 규정에 의하여 자연혈족과 마찬가지로 금지되지만, 입양관계가 종료된 후에는 제809조 1항과 2항의 경우와는 달리 혼인금지의 범위가 축소된다. 양부모계의 친족관계가 종료되는 경우는 입양의 취소 또는 파양이다(제776조).

3. 근친혼의 금지 규정에 위반하는 경우의 효과

제809조에 위반한 혼인신고는 수리되지 않으나 혼인신고가 잘못 수리된 경우에는 다음과 같이 그 효과가 나누어진다.

(1) 혼인이 무효로 되는 경우

① 혼인 당사자가 8촌 이내의 부계혈족 또는 모계혈족 관계에 있는 경우에는 그 혼인은 무효이다. 이 경우 혈족은 자연혈족과 법정혈족(양부모계)을 구별하지 않으며, 친양자의 입양 전의 혈족을 포함한다(제815조 2호).

② 혼인 당사자간에 직계인척관계(배우자의 직계혈족, 직계혈족의 배우자)가 있거나 있었던 때에는 그 혼인은 무효이다(제815조 3호).

③ 혼인당사자간에 양부모계의 직계혈족관계 또는 직계인척관계가 있었

던 때에는 그 혼인은 무효이다(제815조 4호).

(2) 혼인을 취소할 수 있는 경우

제815조에 의하여 혼인의 무효사유에 해당하는 경우를 제외하고는 제809조에 위반한 혼인은 당사자, 그 직계존속 또는 4촌 이내의 방계혈족이 그 취소를 청구할 수 있다(제816조·제817조). 그러나 당사자간에 혼인 중 이미 포태한 때에는 그 취소를 청구하지 못한다(제820조).

◈ 중혼의 금지

제810조【중혼의 금지】

배우자있는 자는 다시 혼인하지 못한다.

▣ 예 규 ▣

■ 협의이혼이 무효인 경우 협의이혼신고 후 신고한 혼인의 중혼여부

(대법원 가족관계등록예규 제156호)

협의이혼무효확인이 승소 확정되면 그 협의이혼신고 후 신고한 혼인은 중혼이 되어 혼인취소의 대상이 된다.

■ 민법 시행(1960. 1. 1.)전에 성립된 중혼의 효력

(대법원 가족관계등록예규 제157호)

1. 민법 시행(1960. 1. 1.)전에 중혼은 구 관습법에 의하여 당연 무효이다.
2. 그러나 구법 당시의 중혼이라 하더라도 신법 시행 당시까지 그 혼인(후혼)무효심판이 없었다면 그 혼인의 효력에 관하여는「민법」부칙(1958. 2. 22. 공포 법률 제471호)제18조에 따라 신법의 적용을 받아야 한다. 따라서 중혼은「민법」제810조 및 제816조에 따라 혼인취소사유에 해당되므로 전혼자(본처)와 협의이혼이 성립될 경우에는 중혼으로 인한 취소사유는 해소된다.

■ § 810. 중혼금지

• 민법은 일부일처의 이상을 혼인의 기본이념으로 하고 있기 때문에 배우자 있는 자는 중복하여 혼인할 수 없다
• 중혼이란 법률상의 혼인이 이중으로 성립하는 경우이므로 사실혼관계와 중복하는 경우에는 중혼이 아니다
• 관련법조 : [신민법시행으로 인한 혼인의 무효, 취소] 부칙 §18, [준거법] 국제사법 §36

민법은 일부일처의 이상을 혼인의 기본원리로 삼고 있기 때문에 배우자 있는 자의 혼인을 금지하고 있다.

중혼이란 법률혼에 이중으로 성립하는 경우를 의미하므로, 사실혼관계에 있는

자가 사실혼의 배우자 아닌 자와 혼인신고를 하여 법률혼을 성립시키는 경우는 중혼에 해당하지 않는다. 또한 법률혼 관계에 있는 자가 사실혼관계를 맺는 경우도 중혼에 해당하지 않는다.

중혼이 성립하더라도 중혼은 법률상 당연히 무효인 것이 아니고 취소할 수 있는데 그치는 것은(제816조 1호) 혼인적령에 위반한 혼인과 마찬가지이다.

중혼금지규정에 위반한 혼인에 대한 취소청구권자는 당사자 및 그 배우자, 직계존속, 4촌 이내의 방계혈족 또는 검사이다. 이 경우에는 가정법원에 우선 조정을 신청하여야 한다(가사소송법 제2조 1항 나류사건).

중혼도 판결에 의해서 취소되기 전까지는 유효한 혼인으로 인정되므로, 재판상 이혼원인이 있는 경우 중혼의 일방당사자는 다른 일방을 상대로 하여 이혼을 청구할 수 있다(대판 1991. 12. 10. 91므344).

▣ 핵심판례 ▣

■ [중혼의 금지]

1. 가. 혼인신고를 하였으나 이중호적에 등재된 경우의 혼인성립의 효력 유무(적극)

혼인은 호적법에 따라 호적공무원이 그 신고를 수리함으로써 유효하게 성립되는 것이며 호적부에의 기재는 그 유효요건이 아니어서 호적에 적법하게 기재되는 여부는 혼인성립의 효과에 영향을 미치는 것은 아니므로 부부가 일단 혼인신고를 하였다면 그 혼인관계는 성립된 것이고 그 호적의 기재가 무효한 이중호적에 의하였다 하여 그 효력이 좌우되는 것은 아니다.

나. 혼인취소소송의 대상이 되는 중혼에 있어서의 재판상 이혼의 청구의 가부(적극)

혼인이 일단 성립되면 그것이 위법한 중혼이라 하더라도 당연히 무효가 되는 것은 아니고 법원의 판결에 의하여 취소될 때에 비로소 그 효력이 소멸될 뿐이므로 아직 그 혼인취소의 확정판결이 없는 한 법률상의 부부라 할 것이어서 재판상 이혼의 청구도 가능하다(1991. 12. 10. 제1부 판결 91므344 이혼및위자료).

2. 사실혼관계의 성립요건 및 법률혼이 존속중인 부부 중 일방이 제3자와 맺은 사실혼의 보호 가부(소극)

사실혼이란 당사자 사이에 주관적으로 혼인의 의사가 있고, 객관적으로도 사회관념상 가족질서적인 면에서 부부공동생활을 인정할 만한 혼인생활의 실체가 있는 경우라야 하고, 법률상 혼인을 한 부부가 별거하고 있는 상태에서 그 다른 한 쪽이 제3자와 혼인의 의사로 실질적인 부부생활을 하고 있다고 하더라도, 특별한 사정이 없는 한, 이를 사실혼으로 인정하여 법률혼에 준하는 보호를 할 수는 없다(대판 2001. 4. 13. 2000다52943 유족보상비수급권확인).

제811조 삭제 <2005.3.31>

보기 종전규정 제811조【재혼금지기간】

여자는 혼인관계의 종료한 날로부터 6월을 경과하지 아니하면 혼인하지 못한다. 그러나 혼인관계의 종료 후 해산한 때에는 그러하지 아니하다.

◈ 혼인의 형식적 성립요건

제812조 【혼인의 성립】

① 혼인은 「가족관계의 등록 등에 관한 법률」에 정한 바에 의하여 신고함
으로써 그 효력이 생긴다. <개정 2007. 5. 17>

② 전항의 신고는 당사자쌍방과 성년자인 증인2인의 연서한 서면으로 하여
야 한다.

◙ 예 규 ◙

■ **혼인할 수 있는 나이에 도달한 미성년자의 혼인신고**

(대법원 가족관계등록예규 제140호)

혼인할 수 있는 나이에 도달한 미성년자는 「가족관계의 등록 등에 관한 법률」 제27조
제1항에 따라 미성년자 자신이 혼인신고를 할 수 있다.

■ **사실상 혼인할 수 있는 나이에 도달하였음에도 가족관계등록부상 혼인할 수 있는
나이에 도달하지 못한 사람의 혼인신고**

(대법원 가족관계등록예규 제141호)

가족관계등록부상 혼인할 수 있는 나이에 도달하지 못한 사람은 사실상 혼인할 수 있는
나이에 도달하였더라도 혼인신고를 하지 못한다.

■ **성년증인 2명의 연서(連書)와 날인이 없는 혼인신고서의 수리가부**

(대법원 가족관계등록예규 제144호)

혼인신고서에 「민법」 제812조 제2항 및 제813조에 따라 성년증인 2명의 연서가 있어야
수리할 수 있는바 이에 위반하였다 하더라도 민법상 혼인무효 또는 취소사유에 해당하
지 아니하므로 혼인은 유효하게 성립된 것이다. 그러나 수리당시에 발견했으면 같은 법
제813조에 따라 수리를 거부해야 한다.

■ **부적법한 혼인신고서가 수리된 경우의 혼인의 효력**

(대법원 가족관계등록예규 제149호)

당사자 일방 또는 동의권자의 서명날인이 빠졌거나 권한 없이 작성된 혼인신고서가 수
리된 때에 당사자의 혼인신고 의사 및 동의가 있었음이 인정되는 경우에는 그 혼인은
유효하게 성립된다.

■ § 812. 혼인의 형식적 성립요건

• 임의혼인신고 : 혼인신고는 대리불가
• 혼인신고특례법에 의한 신고
• 조정혼인과 심판혼인에 의한 신고
• 관련법조 : [혼인신고의 기재사항] 가족관계의 등록 등에 관한 법률 §71, [사실상의 배우자 보호] 근로기준법시행령 §61, 선원법시행령 §29, 산업재해보상보험법 §12, 국가유공자예우에 관한 법률 §5①, 전시근로동원법시행령 §17, 공무원연금법 §2①-2, 군인연금법 §3①-4, 국민연금법 §3②, [준거법] 국제사법 §36, §37

1. 사실혼주의와 법률혼주의

사실혼주의라 함은 당사자의 혼인에 대한 무방식의 합의를 혼인성립의 주요한 요건으로 하는 주의를 말하고, 법률혼주의란 일정한 절차를 혼인의 성립요건으로 하는 주의, 즉 민사혼주의를 말한다.

사실혼주의에 의하더라도 모든 사실상의 혼인관계가 사실혼으로 인정되지 않는다는 점을 주의하여야 한다.

사실혼주의라 하더라도 혼인을 법률상의 제도로 보는 입법주의이기 때문에 법의 이상에 비추어 혼인의 성립에 대한 여러 가지 실질적인 요건을 인정하여 두고, 이 요건을 구비하지 아니한 남녀의 결합은 여전히 법의 보호를 받을 수 없는 것으로 한 것이다.

우리 민법은 혼인은 가족관계등록등에관한법률에 정한 바에 의하여 신고함으로써 성립한다고 규정함으로써 법률혼주의를 채용하고 있다.

구미제국에서는 혼인을 체결하려고 하는 경우 당국에 신청하여 혼인허가장을 받아 교회 등에서 식으로 거행하면 이를 권한있는 성직자 또는 공무원에 의해 등록을 한다는 절차를 취하고 있는 예가 많다. 사실혼주의와 법률혼주의의 문제에 관하여 주목할 것은 구소련에서의 시도이다. 구소련에서는 1926년의 개정법에서 사실혼주의가 채용되었으나, 이는 일부에서 선전하려는 자유연애사상을 법에 도입한 것이 아니라 다음과 같은 특수한 이유에 의한 것이었다.

1918년의 법전은 전통적인 부부별산제를 취하고 있었으나, 1926년의 가족법은 처의 이혼권에 물질적인 기초를 부여할 목적으로 혼인중에 취득한 전재산은 부부의 공유에 속한다고 규정하였다. 이 공유제에 대하여는 농민들로부터 격렬한 항의가 있었다. 농민들은 이혼으로 인하여 자산이 분산되는 것을 두려워 하였기 때문이다.

구소련의 입법자가 사실혼주의를 채용한 것은 바로 이러한 이유에서 혼인을 등록하지 않고 사실상의 상태에 둠으로써 공유제의 적용을 회피하려는 농민들의 노력을 미연에 방지하기 위해서였다. 그러나 그 후 1944년이 되자 구소련에서는 다시 가족법 개정이 행해져 1926년 이전의 법률혼주의로 되돌아 갔다.

등록은 혼인을 공시하는 것이며 이 공시에 의하여 혼인한 남녀는 서로에 대한 책임과 함께 사회에 대한 책임까지 느끼게 된다.

그 뿐만 아니라 등록은 혼인과 혼인외의 관계를 명확하게 구별하는 역할을 하기 때문에 일부일처 가족의 원리를 회피하려는 시도를 방지할 수 있다고 할 수 있다.

사실혼주의와 법률혼주의의 장단점을 비교하여 어느쪽이 우수한가를 형량하는 것은 용이한 일은 아니다. 이에는 사회의 실정까지를 고려하여 신중하게 결정하여야 할 것이다.

(1) 법률혼주의의 특징은 그에 의하여 혼인이 공시성을 구비한다는 점과, 혼인에 명확한 증거가 주어진다고 하는 점이다.

　① 혼인은 신고와 호적부에의 기재에 의하여 공시된다. 공시있는 곳에 재산권의 소재와 변동을 인정하는 것이 근대의 기술이라고 한다면, 신고되어 있는 혼인중의 배우자 및 그 자만이 상속권을 갖게 된다.

　② 신고가 혼인에 대한 명확한 증거가 됨은 당연하다. 이혼이나 중혼의 취소시에 있어서, 그 전제가 되는 혼인의 존재는 신고에 의하여 용이하게 증명된다.

(2) 법률혼주의의 장점은 동시에 사실혼주의의 단점이기도 하다.

　① 사실혼주의에 의하면 사실상의 혼인도 법률상의 혼인으로 보여지기 때문에 내밀한 결합이 증가하기 쉽다. 그리하여 혼인관계의 부당한

파기가 증가하게 되어 결국 혼인을 불안정한 것으로 하기 쉽다.

② 사실혼주의에 의하면 국가는 신고 등을 통하여 혼인을 규제할 수 없으므로, 혼인성립의 실질적 요건을 현실적으로 준수하게 하는 것이 곤란해진다. 그리하여 실질적인 혼인성립요건을 완화하게 되므로 그 표준이 모호한 것으로 되기 쉽다.

사실혼주의를 취함으로써 발생되는 이러한 폐해는 법률혼주의에 의하면 피할 수 있다.

(3) 이에 반하여 법률혼주의를 관철하면 법이 정한 형식적 요건을 구비하지 아니한 혼인은 언제나 법의 보호를 받지 못한다.

① 그 결과, 사실상의 혼인관계 중의 자는 비적출자가 되므로, 법률상 당연히 부를 상속할 수 없게 된다.

② 사실상의 처는 설령 수십년 동안 부부로 함께 살아왔다 하더라도 부가 일방적으로 혼인을 파기하면, 그 부당한 파기에 대한 손해배상만을 청구할 수 있게 될 뿐이다. 뿐만 아니라 부의 사후 그 재산에 대하여 상속권을 주장하는 것도 허용되지 않는다.

③ 법률혼주의에 의하여 혼인에 일종의 제한을 두는 것은 혼인체결에 대한 개인의 신성한 권리의 침해라고 하는 전통적인 감정도 또한 간과할 수 없는 단점이다.

이상에서 본 바와 같이 법률혼주의는 혼인의 안정, 가족의 유지를 꾀하기 위하여는 매우 유용한 제도인데 대하여 사실혼주의는 사실상의 처나 자의 보호, 양성의 실질적인 평등의 실현을 꾀하기 위하여 채용된다.

그러나 사실혼주의에 의한 남녀평등의 실현도 여성의 지위와 자각이 진보된 고도의 산업사회하에서 비로소 가능하고, 현실적인 문제로서 처나 자는 많은 경우 오히려 혼인의 안정에 의하여 보호될 것이다.

그리고 우리나라 특유의 법률혼주의, 즉 신고혼주의에도 문제는 있다. 즉 법이 엄격하게 법률혼주의를 선언하고 있음에도 불구하고 법의 절차를 이행하지 않은 사실상의 혼인(내연관계)이 존재하고 있을 뿐만 아니라 법도 이를 묵과할 수 없는 상태에 이르렀다는 사실이다.

2. 혼인의 성립요건

(1) 실질적 요인

가. 당사자간에 혼인의사의 합치가 있을 것(제815조 1호)

혼인의사란 혼인신고 의사뿐만 아니라 실질적인 부부관계, 즉 부부로서 정신적·육체적으로 결합하여 생활공동체를 형성할 의사를 말한다(대판 1996. 11. 22. 96도2049). 당사자 사이에 정신적·육체적 결합을 생기게 할 의사 없이(즉, 실질적 혼인의사 없이) 어떤 방편을 위해서 혼인신고를 하는 가장혼인은 혼인의사가 결여되어 있으므로 무효이다(대판 1996. 11. 12. 96도2049).

혼인성립을 위해서는 당사자 쌍방의 혼인의사가 합치되어야 하므로 당사자 일방이 일방적으로 혼인신고를 한 경우에는 무효이다. 당사자 일방에 의한 일방적인 혼인신고 후 다른 일방이 이를 추인한 경우에는 무효인 혼인은 유효가 된다고 해석하는 것이 일반적이다.

판례는 일방적인 혼인신고 후 부부공동생활의 실체 없이 몇 차례의 육체관계를 통하여 자녀를 출산하였다고 하여도 무효인 혼인을 추인하였다고 볼 수 없다고 하였다(대판 1993. 9. 14. 93므430).

혼인할 의사는 혼인신고서면을 작성할 때와 신고가 수리될 때에 모두 존재할 필요가 있다. 판례는 사실상의 부가 뇌졸중으로 의식을 잃고 있는 상태에서 작성된 혼인신고의 수리는 무효라고 하였다(대판 1996. 6. 28. 94 므1089).

나. 당사자가 혼인적령에 달하였을 것(제807조)

만 18세에 이르면 부모 등의 동의를 얻어 혼인할 수 있다.

다. 부모 등의 동의를 얻을 것(제808조)

미성년자도 만 18세에 이른 경우에는 부모 등의 동의를 얻어 혼인할 수 있고, 피성년후견인은 부모 또는 후견인의 동의를 얻어 혼인할 수 있다.

라. 일정한 근친자간의 혼인이 아닐 것(제809조)

다음의 혈족 및 인척 사이의 혼인은 금지된다.

① 8촌 이내의 혈족 사이의 혼인

② 친양자 입양성립 전에 8촌 이내의 혈족이었던 자 사이의 혼인

③ 6촌 이내의 혈족의 배우자, 배우자의 6촌 이내의 혈족, 배우자의 4촌 이내의 혈족의 배우자인 인척이거나 이러한 인척이었던 자 사이의 혼인

④ 6촌 이내의 양부모계의 혈족이었던 자와 4촌 이내의 양부모계의 인척이었던 자 사이의 혼인

마. 중혼이 아닐 것(제810조)

민법은 일부일처제를 채택하고 있으므로 배우자 있는 자는 중복해서 혼인할 수 없다. 중혼이 성립한 경우에는 당사자, 그 배우자, 당사자의 직계존속, 4촌 이내의 방계혈족 또는 검사가 후혼을 취소할 수 있다(제816조 1호, 제818조).

(2) 형식적 요건

혼인의 형식적 요건은 가족관계의 등록 등에 관한 법률에 정한 바에 의하여 신고하는 것이다(제812조 1항).

1) 혼인신고

가. 신고혼주의

혼인은 가족관계의 등록 등에 관한 법률에 정한 바에 의하여 신고함으로써 그 효력이 생긴다(제812조 1항).

민법은 신고함으로써 '그 효력이 생긴다'고 하고 있으나, 당사자가 신고하는 방식에 따라서 혼인의사를 표시하여 이를 합치함으로써 혼인이 성립한다고 해석하여야 하기 때문에 신고는 단순한 유효요건이 아니고 성립요건이다(통설).

나. 신고절차

① 혼인신고는 당사자 쌍방의 성년자인 증인 2인의 연서하고, 가족관계

의 등록 등에 관한 법률 제71조에 규정된 기재사항을 기재한 혼인신고를 당사자의 등록기준지 또는 주소지나 현재지에서 하여야 한다 (제812조 2항, 가족관계등록법 제71조, 제20조).

② 혼인신고서에 당사자가 서명날인하면 그 신고서를 가족관계등록공무원에게 제출하는 것은 반드시 본인이 할 필요가 없다. 우송을 할 수도 있고 타인에게 위임하여 제출하게 하는 것도 가능하다(이 때 신고서 제출을 위임받은 사람은 대리인이 아니며, 사자에 지나지 않는다). 그러나 신고서가 제출될 때에도 당사자의 혼인의사는 존속되어야 한다. 따라서 우송한 신고서가 가족관계등록공무원에 도달하기 전에 당사자의 일방이 사망하면 혼인은 성립하지 않는다고 해야 하지만 (ㄱ) 신고인의 생존중에 우송한 신고서는 그 사망 후라도 시, 읍, 면의 장은 이를 수리하여야 한다. (ㄴ) 제1항의 규정에 의하여 신고서가 수리되었을 때에는 신고인의 사망시에 신고한 것으로 본다는 규정을 두어 사실혼의 배우자를 보호하기 위한 조치를 취하고 있다.

다. 혼인신고서의 기재사항

혼인의 신고서에는 다음의 사항을 기재하여야 한다. 다만, ③의 경우에는 혼인당사자의 협의서를 첨부하여야 한다(가족관계의 등록 등에 관한 법률 제71조).

① 당사자의 성명·출생연월일·주민등록번호 및 등록기준지(당사자가 외국인인 때에는 그 성명·출생연월일 및 국적 및 외국인등록번호)

② 당사자의 부모와 양부모의 성명·등록기준지 및 주민등록번호

③ 민법 제781조 제1항 단서에 따른 협의가 있는 경우 그 사실 : 자가 모의 성과 본을 따르기로 협의한 경우 혼인신고서에 그 사실을 기재하고 혼인당사자의 협의서를 첨부하도록 하였다.

④ 민법 제809조 제1항에 따른 근친혼에 해당하지 아니한다는 사실

라. 혼인신고의 수리

가족관계등록공무원은 형식적 심사권만을 가지고 있을 뿐이고 실질적 심사권은 가지고 있지 않다.

가족관계등록공무원은 또는 신고를 받은 대사 등은 신고된 혼인이 제

807조 내지 제811조(실질적 요건) 및 제812조 제2항(형식적 요건)의 규정, 기타 법령에 위반하지 않은 것을 인정한 후가 아니면 수리해서는 안된다.

신고는 가족관계등록공무원이 수리함으로써 완료된다. 가족관계등록공무원이 혼인신고를 수리하면 혼인은 접수시에 소급하여 성립한다. 수리는 접수와 구별된다. 접수는 혼인신고의 수령 사실인데 대하여, 수리는 혼인신고가 요건을 갖춘 경우에 가족관계등록공무원이 그 수령을 인용하는 처분이다. 수리된 혼인신고가 가족관계등록부에 기재되는 것은 혼인의 성립요건이 아니다. 따라서 혼인신고가 수리되면 가족관계등록부에 기재되지 않아도 혼인은 이미 유효하게 성립된 것이다.

마. 신고의 효력

법령에 위반되는 혼인신고라도 일단 수리되면 효력이 발생되며, 다만 무효·취소의 문제가 생긴다. 당사자일방의 서명·날인을 결여한 신고라도 일단 수리된 때에는, 당사자 사이에 혼인의사가 있는 한, 혼인은 유효하게 성립한다.

판례는 "당사자일방 또는 동의권자의 기명날인이 결여되거나 권한없이 작성된 혼인신고서가 수리된 때에 당사자의 혼인신고의사 및 동의권자의 동의 있었음이 인정되는 경우에는 혼인은 성립되는 것이다"라고 하였다 (대판 1957. 6. 29. 4290민상233).

혼인신고서에 성년자인 증인 2인의 연서한 서면을 첨부하지 않은 경우 수리가 거부되나 일단 수리되면 혼인의 무효나 취소 사유가 아니기 때문에 유효하게 혼인의 효력이 발생한다.

외국에 있는 본국민 사이의 혼인은 그 외국에 주재하는 대사·공사 또는 영사에게 신고할 수 있다(제814조 1항). 그 경우에 신고서 기재사항, 수리의 요건 등은 모두 이상에서 설명한 것에 준한다고 해석하여야 할 것이다. 이러한 신고를 수리한 대사·공사 또는 영사는 지체없이 그 신고서류를 본국의 재외국민 가족관계등록사무소에 송부하여야 한다(제814조 2항).

2) 조정·재판에 의한 혼인신고

가. 조정에 의한 혼인신고

사실혼이 성립되었다고 볼 수 있는 경우에 당사자의 일방이 혼인신고에 협력하지 않을 때에는 다른 일방은 사실상 혼인관계존재확인청구를 하여 법률혼을 성립시킬 수 있다(재판에 의한 혼인신고). 이 경우 먼저 조정을 신청하여야 한다(가사소송법 제2조 1항 나류사건). 혼인에 관하여 조정이 이루어지면 그 사항을 조서에 기재함으로써 조정은 성립되고, 그 기재는 재판상 화해와 동일한 효력이 있기 때문에 혼인은 성립된다. 조정이 성립되면 신청자는 조정성립의 날로부터 1월 이내에 재판서의 등본 및 확정증명서를 첨부하여 혼인신고를 하여야 한다(가족관계의 등록 등에 관한 법률 제72조).

나. 재판에 의한 혼인신고

조정이 성립되지 않은 경우에는 사실상혼인관계존재확인의 소를 제기할 수 있다(가사소송법 제2조 1항 나류사건). 소의 성질에 대하여 소수설은 법률상 혼인관계를 창설하는 형성의 소로 이해한다. 그러나 다수설과 판례는 확인의 소라고 이해한다. 사실혼관계존재확인재판에 의한 혼인신고의 성질을 판례는 창설적 신고로 보나, 학설중 다수설은 보고적 신고로 본다. 소를 제기한 자는 재판확정일로부터 1월 이내에 재판서의 등본과 확정증명서를 첨부하여 혼인신고를 하여야 한다(가족관계의 등록 등에 관한 법률 제72조).

혼인신고는 원칙적으로 양 당사자가 생존한 경우에 할 수 있으므로, 사실혼관계에 있던 자가 사망한 후에 사실상 혼인관계 존재확인의 판결이 확정된 경우에는 그 판결에 기한 혼인신고는 할 수 없다.

▣ 핵심판례 ▣

■ [혼인의 성립]

1. 가. 사망자와의 사실혼관계존재확인의 심판이 있는 경우의 혼인신고의 수리가부

우리 법상 사망자 간이나 생존한 자와 사망한 자 사이의 혼인은 인정되지 아니하므로 사망자와의 사실혼관계존재확인의 심판이 있다 하더라도, 이미 당사자의 일방이 사망한 경우에는 혼인신고특례법이 정하는 예외적인 경우와 같이 그 혼인신고의 효력을 소급하는 특별한 규정이 없는 한 이미 그 당사자 간에는 법률상의 혼인이 불가능하므로 이러한 혼인신고는 받아들여

질 수 없다.

나. 호적공무원의 형식적 심사권의 대상에 그 혼인 당사자의 생존 여부에 대한 조사도 포함되는지 여부(적극)

혼인이 생존한 사람들 간에서만 이루어질 수 있는 것인 이상 호적공무원의 형식적심사권의 대상에는 그 혼인의 당사자가 생존하였는지 여부를 조사하는 것도 당연히 포함된다(1991. 8. 13. 제2부 결정 91스6 호적공무원처분에대한불복신청각하결정에대한재항고).

2. 혼인거행지인 외국에서 외국법에 의한 혼인신고를 마친 경우 우리 나라 법에 의한 별도의 혼인신고의 요부

섭외사법 제15조 제1항의 규정은 우리 나라 사람들 사이 또는 우리 나라 사람과 외국인 사이의 혼인이 외국에서 거행되는 경우 그 혼인의 방식 즉 형식적 성립요건은 그 혼인거행지의 법에 따라 정하여야 한다는 취지라고 해석되므로, 그 나라의 법이 정하는 방식에 따른 혼인절차를 마친 경우에는 혼인이 유효하게 성립하는 것이고 별도로 우리 나라의 법에 따른 혼인신고를 하지 않더라도 혼인의 성립에 영향이 없으며, 당사자가 호적법 제39조, 제40조에 의하여 혼인신고를 한다 하더라도 이는 창설적 신고가 아니라 이미 유효하게 성립한 혼인에 관한 보고적 신고에 불과하다(1994. 6. 28. 제1부 판결 94므413 혼인무효확인).

3. 단순히 국민학교의 교사직으로부터 면직당하지 않게 할 수단으로 혼인신고가 이루어진 경우 그 혼인의 효력 여부

단순히 피청구인으로 하여금 국민학교의 교사직으로부터 면직당하지 않게할 수단으로 호적상 부부가 되는 것을 가장하기 위하여 이루어졌을 뿐 당사자 사이에 혼인의 합의 즉 정신적, 육체적 결합을 생기게 할 의사로서 신고된 것이 아니라고 한다면, 청구인과 피청구인간의 혼인관계는 민법 제815조 제1호에 해당하여 무효라고 하지 않을 수 없으므로 같은 취지의 원심판단은 정당하다고 할 것이며, 소론과 같이 이 혼인신고에는 청구인과 피청구인 사이에서 출생한 아들 을 적출자로 호적부에 등재하기 위한 또 하나의 의도가 있었다고 하더라도 이로써 이 사건 혼인신고에 혼인의 합의가 있었던 것이라고 단정할 자료는 되지못한다 할 것이다 (대판 1980. 1. 29. 79므62, 63).

4. 사실혼관계에 있는 당사자 사이의 혼인의사가 불분명한 경우, 혼인의사의 존재를 추정할 수 있는지 여부(적극)

혼인의 합의란 법률혼주의를 채택하고 있는 우리 나라 법제하에서는 법률상 유효한 혼인을 성립하게 하는 합의를 말하는 것이므로 비록 사실혼관계에 있는 당사자 일방이 혼인신고를 한 경우에도 상대방에게 혼인의사가 결여되었다고 인정되는 한 그 혼인은 무효라 할 것이나, 상대방의 혼인의사가 불분명한 경우에는 혼인의 관행과 신의성실의 원칙에 따라 사실혼관계를 형성시킨 상대방의 행위에 기초하여 그 혼인의사의 존재를 추정할 수 있으므로 이와 반대되는 사정, 즉 혼인의사를 명백히 철회하였다거나 당사자 사이에 사실혼관계를 해소하기로 합의하였다는 등의 사정이 인정되지 아니하는 경우에는 그 혼인을 무효라고 할 수 없다(대판 2000. 4. 11. 99므1329).

5. 혼인신고는 반드시 본인이 직접 공무원에게 제출하여야 하는지 여부

혼인신고는 반드시 혼인이 직접 호적공무원에게 제출하여야 하는 것도 아니고 판례에 따라 결혼식을 하고 부부로써 상당기간 동거하며 그 사이에서 자녀까지 출산하여 혼인의 실제는 갖추었으나 혼인신고 만이 되어 있지 않은 관계에서 당사자 일방의 부재중 혼인신고가 이루어졌다고 하여도 그 당사자 사이에 기왕의 관계를 해소하기로 합의하였거나 당사자의 일방이 혼인의사를 철회하였다는 등의 특별한 사정이 있는 경우를 제외하고는 그 신고에 의하여 이루어진 혼인을 당연히 무효라고 할 수는 없다 할 것이다(대판 1980. 4. 22. 79므77).

6. 정상적인 사실혼 관계에 있지 않고, 부첩관계에 있다가 본처가 사망한 후 부부될 합의를 하고 혼인신고를 한 경우 혼인의 실질적 합의가 있었다고 볼 수 있는지 여부

청구인과 근 30년간 부첩관계를 맺고 그 사이에서 2남 2녀를 출산한 피청구인이 청구인의 본처가 사망하자 청구인에게 혼인신고를 요구하여, 청구인이 이를 응락하고 혼인신고를 하도록 딸에게 교부한 인장을 피청구인이 사용하여 혼인신고서를 작성하여 이 사건 혼인신고를 한 것이라면, 설사 당사자 사이에 이후 동거하기로 하는 합의가 따로 없이 혼인신고 후에도 계속 별거하면서 왕래하려는 의사만 있었더라도 혼인의 실질적 합의가 없었다고는 할 수 없다(대판 1990. 12. 26. 90므293).

7. 사망자와의 혼인신고를 하기 위하여 사실혼관계존재확인의 소를 제기할 수 있는지 여부

사망자 사이 또는 생존하는 자와 사망한 자 사이에서는 혼인이 인정될 수 없고, 혼인신고특례법과 같이 예외적으로 혼인신고의 효력의 소급을 인정하는 특별한 규정이 없는 한 그러한 혼인신고가 받아들여질 수도 없다. 사실혼 배우자의 일방이 사망한 경우에도 생존하는 당사자는 사실상혼인관계존재확인청구의 소를 제기할 수는 있으나, 사망자와의 혼인신고를 하기 위한 목적으로는 이러한 소를 제기할 수 없다(대결 1991. 8. 13. 91스6 대판 1995. 11. 14, 95므694).

8. 중혼적 사실혼으로 인하여 형성된 인척이 성폭력범죄의처벌및피해자보호등에관한법률 제7조 제5항 소정의 '사실상의 관계에 의한 친족'에 해당하는지 여부(적극)

법률이 정한 혼인의 실질관계는 모두 갖추었으나 법률이 정한 방식, 즉 혼인신고가 없기 때문에 법률상 혼인으로 인정되지 않는 이른바 사실혼으로 인하여 형성되는 인척도 성폭력범죄의처벌및피해자보호등에관한법률 제7조 제5항이 규정한 사실상의 관계에 의한 친족에 해당하고, 비록 우리 법제가 일부일처주의를 채택하여 중혼을 금지하는 규정을 두고 있다 하더라도 이를 위반한 때를 혼인 무효의 사유로 규정하고 있지 아니하고 단지 혼인 취소의 사유로만 규정함으로써 중혼에 해당하는 혼인이라도 취소되기 전까지는 유효하게 존속하는 것이므로 중혼적 사실혼이라 하여 달리 볼 것은 아니다(대법원 2002. 2. 22. 선고 2001도5075 판결).

9. 사실혼관계의 성립요건 및 법률혼이 존속중인 부부 중 일방이 제3자와 맺은 사실혼의 보호 가부(소극)

사실혼이란 당사자 사이에 주관적으로 혼인의 의사가 있고, 객관적으로도 사회관념상 가족질서적인 면에서 부부공동생활을 인정할 만한 혼인생활의 실체가 있는 경우라야 하고, 법률상 혼인을 한 부부가 별거하고 있는 상태에서 그 다른 한 쪽이 제3자와 혼인의 의사로 실질적인 부부생활을 하고 있다고 하더라도, 특별한 사정이 없는 한, 이를 사실혼으로 인정하여 법률혼에 준하는 보호를 할 수는 없다(대법원 2001. 4. 13. 선고 2000다52943 판결).

◆ 가족관계등록공무원의 혼인신고에 대한 형식적 심사권

제813조【혼인신고의 심사】

혼인의 신고는 그 혼인이 제807조 내지 제810조 및 제812조 제2항의 규정 기타 법령에 위반함이 없는 때에는 이를 수리하여야 한다. (개정 2005. 3 .31).

■ § 813. 신고의 수리

• 신고는 가족관계등록공무원이 수리함으로써 완료된다. 수리된 신고는 가족관계등록부에 기재되지 않아도 혼인은 성립한다
• 가족관계등록공무원이 부당하게 수리를 거부하면 가정법원에 불복의 신청을 할 수 있다
• 관련법조 : [불수리 불복신청] 가족관계등록법 §109~§113

1. 요 건

혼인은 신고에 의하여 성립한다고 하고 있으나, 정확하게 말하면 신고의 수리에 의하여 성립하는 것이다. 혼인신고가 수리되기 위해서는 혼인이 법률상의 요건을 구비하고 있어야 하며, 가족관계등록공무원은 혼인신고가 형식상 제807조 내지 제810조의 실질적 요건을 구비하여 신고의 양식을 갖추고 있고 기타의 법령에 위반함이 없는 때에는 이를 수리하여야 한다.

가족관계등록공무원은 형식적 심사권만을 가지고 있을 뿐이고, 실질적 심사권은 없다.

2. 신고의 수리와 효과

(1) 혼인의 신고가 있으면 가족관계등록공무원 또는 신고를 받은 대사 등은 신고한 혼인이 제807조 내지 제810조(실질적 요건) 및 제812조 제2항(형식적 요건)의 규정 기타 법령에 위반하지 않은 것을 인정한 후가 아니면 수리해서는 안된다.

(2) 수리란 혼인신고가 그 요건을 갖춘 경우에 가족관계등록공무원이 그 수령을 인용하는 처분으로, 접수와 구별된다. 접수는 혼인신고의 수령사실

을 말한다. 가족관계등록공무원이 혼인신고를 수리하면 혼인은 접수시에 소급하여 성립한다. 수리되면 어떠한 사정으로 가족관계등록부에 기재되지 않았더라도 혼인은 성립한다.

(3) 신고가 수리되면 그것이 법령에 위반하는 것이라도 일단 효력은 발생하며, 다만 그 경우에 후술하는 바와 같이 무효·취소의 문제가 생긴다.

(4) 가족관계등록공무원이 부당하게 수리를 거부하면 가정법원에 불복의 신청을 할 수 있다(가족관계등록법 제109조).

▣ 핵심판례 ▣

■ 혼인신고의 효력발생 요건

혼인의 신고는 호적공무원이 신고서를 접수함으로써 효력이 발생하는 것이고 호적부의 기재는 효력요건이 아니므로, 비록 위법한 호적이 이를 이유로 말소된다고 하여도 그 호적에 기재된 혼인의 효력에는 아무런 영향이 없다(대결 1988. 5. 31, 88스6; 대판 1991. 12. 10, 91므344).

◈ 외국에 있는 본국민 사이의 혼인신고의 방법

제814조 【외국에서의 혼인신고】

① 외국에 있는 본국민사이의 혼인은 그 외국에 주재하는 대사, 공사 또는 영사에게 신고할 수 있다.

② 제1항의 신고를 수리한 대사, 공사 또는 영사는 지체없이 그 신고서류를 본국의 재외국민 가족관계등록사무소에 송부하여야 한다. <개정 2005.3.31., 2007.5.17., 2015.2.3.>.

▣ 예 규 ▣

■ **재일동포가 일본방식에 의한 혼인을 한 경우의 혼인성립 시기**

(대법원 가족관계등록예규 제165호)

혼인성립 시기는 일본 당국에 신고한 날이다.

■ **재일동포인 혼인한 남자가 다시 일본 여자와 혼인하였다는 혼인증서의 등본을 제출한 경우**

(대법원 가족관계등록예규 제164호)

중혼은 우리나라 법에 의하거나 일본국 법에 의하거나 다 같이 혼인취소의 원인으로 중혼이라도 일본방식에 의한 혼인신고를 수리하면 그 혼인은 이미 성립한 것이므로 일본당국의 혼인증서의 등본을 우리나라 재외공관의 장에게 제출시에는 이를 수리하여야 한다.

■ § 814. 재외한국인의 혼인신고

- 영사혼(본조)
- 직접신고 : 등록기준지의 시, 읍, 면에 신고서를 송부
- 국제사법에 의한 방법 : 거주하는 외국의 법률이 정하는 방식으로써 혼인을 성립시킬 수 있다[국제사법 §36①]
- 관련법조 : [외국에서 하는 신고] 가족관계등록법 §34, [준거법] 국제사법 §36

본조는 본국민인 남녀가 외국에서 혼인하려고 하는 경우의 신고에 관한 규정

이므로 본국민이 외국에서 외국인과 혼인하는 경우와 국내에서 외국인과 혼인하는 경우 및 혼인 당사자가 혼인 당시에 그 장소를 달리하는 경우의 신고는 포함되지 않는다.

외국에 주재하는 대사, 공사, 영사는 그 신고가 이에 맞는가의 여부를 심사한 다음, 수리·불수리의 처분을 결정하고 수리처분을 하였을 때에는 가족관계등록부에 기재가 되지 않더라도 혼인은 성립한다. 그리고 가족관계등록부에 기재를 시키기 위하여 1개월 이내에 외교부장관을 경유하여 그 신고서류를 재외국민 가족관계등록사무소의 가족관계등록관에게 송부하여야 한다(가족관계등록법 제36조).

제 3 절 혼인의 무효와 취소

　매매와 같은 재산상의 계약에 있어서는 무효라든가 취소가 되어도 원상회복이 가능하다. 원상회복이 꼭 그대로 되지는 않는다 해도 부당이득을 반환함으로써 원상회복과 같은 효과를 가져올 수 있다. 이에 반하여 혼인한 자가 그 혼인을 하지 않았던 이전의 상태로 되돌린다는 것은 누가 생각해도 불가능한 것이다. 따라서 사실상 성립한 부부관계를 법률상 부인하는 것은 매우 신중하게 하여야 한다. 특히 그 사이에 낳은 자를 법률보호 밖에 놓는 것은 안된다. 그래서 각국의 입법례는 혼인무효의 경우를 될 수 있는데로 제한하고, 그 외의 경우를 취소할 수 있는데 지나지 않는 것으로 한다. 그 뿐만 아니라 한 걸음 더 나아가서 취소의 소급효를 제한하고 있다.

◆ 혼인의 무효사유

제815조 【혼인의 무효】

혼인은 다음 각 호의 어느 하나의 경우에는 무효로 한다. <개정 2005. 3. 31>.

1. 당사자간에 혼인의 합의가 없는 때

2. 혼인이 제809조제1항의 규정을 위반한 때

3. 당사자간에 직계인척관계가 있거나 있었던 때

4. 당사자간에 양부모계의 직계혈족관계가 있었던 때

▣ 예 규 ▣

■ 무효인 혼인중의 출생자에 대한 출생신고의 효력

(대법원 가족관계등록예규 제122호)

혼인신고가 위법하여 무효인 경우에도 그 무효의 혼인 중 출생한 자녀를 부(父)가 출생신고 하여 그 가족관계등록부를 작성한 이상 그 사람에 대한 인지의 효력이 있다.

■ § 815. 혼인의 무효

• 무효의 원인 : ① 당사자간에 혼인의 합의가 없는 때

② 당사자간에 8촌 이내의 혈족관계(친양자의 입양 전의 혈족 포함)가 있는 때

③ 당사자간에 직계인척관계가 있거나 있었던 때

④ 당사자간에 양부모계의 직계혈족관계가 있었던 때

• 무효의 효과 : ① 무효인 혼인으로부터 아무런 효과도 생기지 않는다

② 무효혼으로 인한 출생자는 혼인외의 자이다

③ 과실있는 당사자에 대하여는 재산상, 정신상의 손해배상청구가 가능

• 관련법조 : [혼인무효와 가족관계등록부정정] 가족관계등록법 §105~§107, [민법시행전 혼인의 무효] 부칙 §18, [준거법] 국제사법 §36, §37

1. 혼인의 무효의 의의

혼인의 무효는 혼인의 성립요건이 구비되지 않은 상태에서 혼인신고가 수리된 경우에 그 혼인관계를 종료시키는 방법이다. 따라서 혼인의 성립요건이 갖추어진 상태에서 혼인신고가 수리되어 유효하게 성립한 혼인이 이혼에 의하여 해소되는 것과 구별된다.

혼인의 무효사유가 있으면 별도의 확정판결이 없어도 처음부터 당연히 무효인 것으로 보는 데 반하여, 혼인의 취소사유가 있으면 취소되기 전까지는 유효한 혼인으로 취급된다.

2. 혼인무효의 사유

혼인이 무효가 되는 경우는 다음과 같다.

(1) 당사자간의 혼인의 합의가 없는 때(제815조 1호)

1) 혼인의 합의란 법률혼주의를 채택하고 있는 우리나라 법제하에서는 법률상 유효한 혼인을 성립하게 하는 합의를 말한다(대판 2000. 4. 11. 99므1329). 당사자 사이에 혼인할 의사가 없으면 설사 혼인신고가 되었다고 하더라도 무효이다.

2) 혼인의 합의가 있다고 볼 수 없어 혼인이 무효인 경우

가. 가장혼인

단순히 국민학교의 교사직으로부터 면직당하지 않게 할 수단으로 호적(현행 가족관계등록부)상 부부가 되는 것을 가장하기 위하여 혼인신고가 이루어졌을 뿐이고, 당사자 사이에 정신적·육체적 결합을 생기게 할 의사로서 신고된 것이 아니라면 그 혼인관계는 무효이다(대판 1980. 1. 29. 79므62, 63).

나. 당사자 일방의 일방적인 혼인신고 후 부부공동생활의 실체가 형성되지 않은 경우

일방적인 혼인신고 후 부부공동생활의 실체가 형성되지 않았다면 설령 다른 일방이 추인의 의사표시를 하였다고 해도 무효인 혼인신고가 유효로 된다고 볼 수 없다(대판 1991. 12. 27. 91므30).

다. 당사자의 일방 또는 쌍방이 혼인신고 수리 전에 혼인의사를 철회하였을 때

라. 당사자간에 혼인신고행위에 상응하는 신분관계가 실질적으로 형성되어 있지 않은 경우

당사자간에 무효인 혼인신고행위에 상응하는 신분관계가 실질적으로 형성되어 있지도 아니하고 또 앞으로도 그럴 가망이 없는 경우라면 추인의 의사표시가 있다 하더라도 그 혼인은 무효이다(대판 1995. 11. 21. 95므731).

마. 당사자의 일방 또는 쌍방이 신고서에 기재된 자와 혼인의사가 없고 동거의 사실도 없을 때

3) 혼인의 합의가 있다고 볼 수 있어 혼인이 유효인 경우

가. 별거 중인 처에 의한 일방적인 혼인신고가 있었지만 그로부터 24년이 경과하기까지 아무런 이의를 제기하지 않은 경우

원고가 별거 중인 처인 피고에 의한 혼인신고 이후 얼마 지나지 아니하여 그 혼인신고가 된 사실을 알게 되었으면서도 그로부터 24년여가 경과한 제소시까지 혼인신고에 대하여 아무런 이의도 제기하지 아니하였을 뿐 아니라, 오히려 위 혼인신고에 의하여 원·피고가 부부로 된 호적에 소외인간의 사이에 낳은 아이들을 모두 혼인 외의 출생자로 출생신고를 하는 한편, 족보를 편찬함에 있어서도 피고를 원고의 처로 등재한 사실 등에 비추어 보면, 비록 원고가 피고와 잦은 부부싸움을 한 끝에 서로 별거를 하게 되고, 별거 후 1년도 채 못되어 다른 여자와 동거생활을 하여 오면서 그 사이에 자녀까지 출생하였으며, 피고와는 별거하는 상태가 계속되어 왔다고 하더라도 이러한 사정만으로는 다른 확실한 증거가 없는 한 피고가 그 보관하던 원고의 인장으로 혼인신고서를 작성하여 호적공무원에게 제출하였다는 사실만으로 이러한 혼인신고가 반드시 원고의 혼인의사가 철회된 상태에서 피고에 의하여 일방적으로 이루어진 것이라고 단정할 수는 없다고 할 것이다(대판 1994. 5. 10. 93므935).

나. 당사자 일방에 의한 일방적인 혼인신고 후 다른 일방이 이를 추인한 경우(대판 1965. 12. 28. 65므61)

(2) 당사자간에 8촌 이내의 혈족(친양자의 입양 전의 혈족 포함)관계가 있는 때(제815조 2호)

혼인 당사자간에 8촌 이내의 혈족(친양자의 입양 전의 혈족을 포함한다) 관계가 있는 때에는 그 혼인은 무효이다.

혈족은 직계혈족과 방계혈족으로 나누어지고, 직계혈족은 직계존속과 직계비속으로 나누어지는 이외의 부계혈족과 모계혈족을 포함한다. 방계혈족이란 혈족이 그 공동시조에 의하여 갈라져서 연결되는 혈족으로서 부계와 모계로 크게 나눌 수 있다. 그리고 혈족은 자연혈족과 법정혈족(입양에 의해서 발생한 혈족관계)을 포함한다. 친양자의 경우에는 입양이 성립됨으로써 입양 전의 친족관계는 종료하지만(제908조의 3 제2항), 혼인의 경우에는 혈족관계가 있는 것과 동일하게 다루어진다.

(3) 당사자간에 직계인척관계가 있거나 있었던 때(제815조 3호)

직계인척이란 배우자의 직계혈족과 직계혈족의 배우자를 말한다. 즉, 장모, 시아버지, 계모, 계부 등이 직계인척에 해당한다.

(4) 당사자간에 양부모계의 직계혈족관계가 있었던 때(제815조 4호)

양부모계의 8촌 이내의 혈족 사이에도 자연혈족과 마찬가지로 혼인이 금지되고(제809조 1항), 그것이 잘못 수리된 경우에는 무효가 된다(제815조 2항). 그러나 양친자관계가 해소된 후에는 혼인금지범위가 6촌 이내로 축소되며(제809조 3항), 잘못 수리된 경우 직계혈족관계에 있었던 때에 한하여 무효로 한다. 예컨대 양부와 양자(양딸) 사이나 양모와 양자였던 자 사이의 혼인은 무효이다.

3. 혼인 무효의 효과

(1) 이미 형성되어 있는 신분관계의 효력 부인

혼인무효판결이 확정되면 혼인이 처음부터 성립하지 않았던 것과 같은 효과가 발생한다. 즉 무효혼에 의한 상속 등 권리변동은 무효가 되고, 무효인 혼인관계에서 태어난 자녀는 혼인 외의 출생자가 된다(제855조 1항).

(2) 손해배상의 청구

혼인이 무효가 된 경우에 당사자 일방은 과실 있는 상대방에 대하여 이로 인한 손해배상을 청구할 수 있다. 손해는 재산상의 손해와 정신상의 손해를 포함하며, 정신상 고통에 대한 배상청구권은 양도 또는 승계하지 못한다. 손해배상청구를 하기 위해서는 가정법원에 우선 중재를 신청하여야 한다(가사소송법 제2조 1항 다류사건).

4. 등록부의 정정

혼인무효가 판결로 확정되었을 때에는 소를 제기한 자가 판결의 확정일로부터 1월 이내에 판결의 등본 및 확정증명서를 첨부하여 등록부의 정정을 신청하여야 한다(가족관계등록법 제106조).

가족관계등록법 제105조는 "신고로 인하여 효력이 발생하는 행위에 관하여 등록부에 기록하였으나 그 행위가 무효임이 명백한 때에는 신고인 또는 신고사건의 본인은 신고사건 본인의 등록기준지를 관할하는 법원의 허가를 얻어 등록부의 정정을 신청할 수 있다"고 규정하고 있어서, 제3자가 등록부를 정정하려면 판결에 의하여야 하지만, 혼인당사자는 판결없이도 법원의 허가를 받아 등록부를 정정할 수 있는 것으로 해석할 수 있다. 그러나 판례는 "혼인무효와 같이 관계인들의 신분관계에 중대한 영향을 미칠 사항의 경우에는 확정판결에 의하지 아니하고, 간이한 호적정정의 방법으로 호적을 정리할 수는 없다"는 태도를 취하고 있다(대결 1998. 2. 7. 96마623).

▣ 핵심판례 ▣

■ [혼인의 무효]

1. 당사자 일방에 의한 혼인신고의 효력 여부

당사자가 사실상 혼인의사를 가지고 있음에도 불구하고 신고를 게을리하고 있는 경우에 당사자 사이에 관계를 해소하기로 합의하였거나 일방이 혼인의사를 철회하지 않은 이상, 일방에 의한 혼인신고도 무효가 아니다(대판 1980. 4. 22. 79므77).

2. 가. **위법한 이중호적의 말소로 인하여 신분관계에 중대한 영향을 미치는 사항의 정정방법(=확정판결)**

호적법 제120조가 규정하는 법원의 허가에 의한 호적정정은 그 정정할 사항이 경미한 경우에 한하고 그 정정할 사항이 친족법상 또는 상속법상 중대한 영향을 미치는 것일 경우에는 간이한 호적정정 절차에 의할 수 없고, 반드시 확정판결에 의하여서만 정정할 수 있는 것인바, 위법한 이중호적을 말소하여 본래의 호적으로 단일화하기 위한 경우에도 그 정정으로 인하여 신분관계에 중대한 영향을 미치는 사항이 정정되는 경우에는 역시 확정판결에 의하여서만 정정될 수 있다고 할 것이다.

나. **본래 망 갑과 혼인한 신청인이 갑과 사실상 이혼한 후 을이 법원의 취적허가를 받아 취적하는 기회에 마치 을과 이미 적법하게 혼인신고를 마친 법률상의 처인양 입적함으로써 이중의 호적을 갖게 된 경우 호적정정의 방법으로 이를 말소할 수 있는지 여부(소극)**

본래 망 갑과 혼인하여 그 가에 입적한 신청인이 갑과 사실상 이혼한 후 을과 동거하면서 을이 법원의 취적허가를 받아 취적하는 기회에 마치 북한에 있는 종전의 원적지에서 을과 이미 적법하게 혼인신고를 마친 법률상의 처인 양 입적함으로써 이중의 호적을 갖게 되었다면, 신청인의 이중호적에는 무효의 혼인이 기재되어 있고 그 기재는 원래의 호적에 이기할 성질의 것도 아니므로 그 호적에서의 신청인의 호적기재를 전부 말소하고만다면 결국 종전의 호적기재에 비하여 신청인의 신분관계에 중대한 영향을 미칠 사항의 변경이 생기게 되는 셈이 되어 이와 같은 경우에는 확정판결에 의하지 아니하고 간이한 호적정정의 방법으로 이를 말소할 수는 없다(1991. 7. 23. 제3부 판결 91스3 호적정정).

3. **일방적인 혼인신고 후 혼인의 실체 없이 몇 차례의 육체관계로 자를 출산하였다 하더라도 무효인 혼인을 추인하였다고 보기 어렵다 한 사례**

일방적인 혼인신고 후 혼인의 실체 없이 몇 차례의 육체관계로 자를 출산하였다 하더라도 무효인 혼인을 추인하였다고 보기 어렵다(1993. 9. 14. 제2부 판결 93므430 혼인무효확인).

4. **혼인무효심판청구가 권리남용에 해당한다고 한 사례**

갑의 친모 을이 병과 혼인하여 혼인신고를 마치고 갑을 출생하고 동거하다가 가출하여 타인과 혼인신고까지 마치고 동거하고 있던중, 갑의 부 병이 정과 동거하여 오다가 사망하자, 갑이 을과 공동상속하게 될 유산 처분등의 곤란을 회피하고자 병의 호적상에 허위로 을의 사망신고를 하고 나서 다시 병과 정의 혼인신고를 한뒤 망부 병의 사망신고를 하였는데 정이 유산처분을 반대하고 나서자 분란끝에 갑이 정을 공동상속인 지위에서 제거하기 위하여 을의 승낙도 없이 을의 이름으로 정을 상대로 혼인무효의 심판청구를 제기하였으나 대법원에서 패소확정되자 다시 갑이 직접 이 사건 혼인무효심판청구를 제기하였다면, 비록 정과 병사이의 혼인신고는 병의 사망후에 이루어진 것으로서 무효라 할 것이나 위 혼인무효가 확정되는 경우 되살아 나게 될 병과 을의 부부관계는 위 시기에 사실상 소멸되어 돌이킬 수 없는 상태에 이르게 되었으므로 을과 병의 각 사망신고와 정과 병사이의 혼인신고를 사실과 다르게 신고한 지위에서 오로지 을과 병사이의 혼인관계가 형식상 존속함을 이용하여 을의 상속권을 회복할 목적으로 제기된 이사건 혼인무효심판청구는 신의에 좋은 권리행사라고 볼 수 없어 사회생활상 용인될 수 없다 (대법원 1987. 4. 28. 선고 86므130 판결).

5. 혼인, 입양 등의 신분행위의 당사자 간에 무효인 신고행위에 상응하는 신분관계가 실질적으로 형성되어 있지도 아니하고 또 앞으로도 그럴 가망이 없는 경우 무효인 신분행위에 대한 추인의 의사표시만으로 무효행위의 효력을 인정할 수 있는지 여부(소극)

혼인, 입양 등의 신분행위에 관하여 민법 제139조 본문을 적용하지 않고 추인에 의하여 소급적 효력을 인정하는 것은 무효인 신분행위 후 그 내용에 맞는 신분관계가 실질적으로 형성되어 쌍방 당사자가 이의 없이 그 신분관계를 계속하여 왔다면, 그 신고가 부적법하다는 이유로 이미 형성되어 있는 신분관계의 효력을 부인하는 것은 당사자의 의사에 반하고 그 이익을 해칠 뿐 아니라 그 실질적 신분관계의 외형과 호적의 기재를 믿은 제3자의 이익도 침해할 우려가 있기 때문에 추인에 의하여 소급적으로 신분행위의 효력을 인정함으로써 신분관계의 형성이라는 신분관계의 본질적 요소를 보호하는 것이 타당하다는 데에 그 근거가 있다고 할 것이므로, 당사자 간에 무효인 신고행위에 상응하는 신분관계가 실질적으로 형성되어 있지도 아니하고 또 앞으로도 그럴 가망이 없는 경우에는 무효의 신분행위에 대한 추인의 의사표시만으로 그 무효행위의 효력을 인정할 수 없다(대법원 1991. 12. 27. 선고 91므30 판결).

6. 외국인 을이 갑과의 사이에 참다운 부부관계를 설정하려는 의사 없이 단지 한국에 입국하여 취업하기 위한 방편으로 혼인신고에 이르렀다고 봄이 상당한 사안에서, 갑과 을 사이에는 혼인의사의 합치가 없어 그 혼인은 민법 제815조 제1호에 따라 무효라고 판단한 사례

외국인 을이 갑과의 사이에 참다운 부부관계를 설정하려는 의사 없이 단지 한국에 입국하여 취업하기 위한 방편으로 혼인신고에 이르렀다고 봄이 상당한 사안에서, 설령 을이 한국에 입국한 후 한 달 동안 갑과 계속 혼인생활을 해왔다고 하더라도 이는 을이 진정한 혼인의사 없이 위와 같은 다른 목적의 달성을 위해 일시적으로 혼인생활의 외관을 만들어 낸 것이라고 보일 뿐이므로, 갑과 을 사이에는 혼인의사의 합치가 없어 그 혼인은 민법 제815조 제1호에 따라 무효라고 판단한 사례(대법원 2010. 6. 10. 선고 2010므574 판결).

◆ 혼인의 취소사유

제816조【혼인취소의 사유】

혼인은 다음 각 호의 어느 하나의 경우에는 법원에 그 취소를 청구할 수 있다.

1. 혼인이 제807조 내지 제809조(제815조의 규정에 의하여 혼인의 무효사 유에 해당하는 경우를 제외한다. 이하 제817조 및 제820조에서 같다) 또는 제810조의 규정에 위반한 때 <개정 2005. 3. 31.>

2. 혼인당시 당사자일방에 부부생활을 계속할 수 없는 악질 기타 중대 사유있음을 알지 못한 때

3. 사기 또는 강박으로 인하여 혼인의 의사표시를 한 때

▣ 예 규 ▣

■ **사망한 전부(前夫)의 형제와의 혼인은 취소사유**

(대법원 가족관계등록예규 제151호)

1. 남편의 사망으로 혼인 해소된 배우자(여자)가 재혼함에 있어 사망한 전남편의 형과는 「민법」 제고에 의한 가족관계등록부 기록은 「민법」 제816조 제1호의 적용을 받아 혼인취소사유에 해당된다 할 것이고, 설사 남편이 외국의 국적을 취득한 자라 할지라도 민법상 혼인을 할 수 없는 경우로서 당사자 사이에 남편의 6촌 이내의 인척관계가 있었던 자임은 변함이 없다.
2. 또한 한국인 여자가 일본인 남자와 이혼한 후 이혼한 전남편의 동생과 재혼한 경우에도 일본인 남편의 본국법상으로는 혼인 금지규정의 적용을 받지 않아 일방이 유효한 혼인이라 할지라도 「국제사법」 제36조 제1항에 따르면 혼인의 성립요건은 각 당사자에 관하여 그 본국법에809조 제2항에 따라 혼인을 할 수 없는 남편의 혈족이 됨으로 이러한 자와 혼인신 의하여 이를 정하므로 한국인 여자는 우리나라 「민법」 제816조 제1호의 적용을 받아 혼인취소사유가 된다.

■ **혼인취소와 같은 사항을 조정에 의하여 신고할 수 있는지 여부**

(대법원 가족관계등록예규 제170호)

「가사소송법」 제2조 제1항 나류사건 중 혼인취소와 같은 본인이 임의로 처분할 수 없는 사항(「가사소송법」 제59조 제2항 단서 참조)에 관하여는 법원의 판결에 의하지 않

고는 가족관계등록신고를 할 수 없다.

■ § 816. 혼인의 취소

• 취소의 원인 : ① 혼인적령 미달, 동의흠결, 근친혼, 중혼
　　　　　　　② 혼인당시 당사자 일방에 부부생활을 계속할 수 없는 악질
　　　　　　　　기타 중대한 사유있음을 알지 못한 때
　　　　　　　③ 사기 또는 강박으로 인하여 혼인의 의사표시를 한 때
• 취소의 효과 : ① 혼인의 취소는 소급효가 없다
　　　　　　　② 과실있는 상대방에 대하여는 재산상, 정신상의 손해배상청
　　　　　　　　구가 가능
• 관련법조 : [준거법] 국제사법 §36, §37, [민법시행전 혼인의 취소] 부칙 §18

1. 혼인의 취소사유

(1) 혼인적령 미달의 혼인(제816조 1호)

혼인적령(만 18세)에 달하지 않은 자의 혼인은 당사자 또는 그 법정대리
인이 취소할 수 있다(제816조, 제817조).

취소의 소의 상대방은 ① 부부의 일방이 소를 제기하는 경우에는 다른
일방의 배우자, ② 배우자가 사망하였을 때는 검사이다(가사소송법 제24
조). 혼인 중 포태한 때에는 혼인적령도달전이라도 취소를 청구할 수 없다
고 보아야 할 것이다.

(2) 동의를 얻지 않은 혼인(제816조 1호)

만 18세가 되면 혼인을 할 수 있으나 반드시 부모, 후견인 등의 동의를
얻어야 하고, 피성년후견인도 부모 또는 후견인의 동의를 얻어야 혼인할
수 있다(제808조 1항). 따라서 미성년자나 피성년후견인이 부모 또는 후견
인 등의 동의를 얻지 않고 혼인한 때에는 그 혼인을 취소할 수 있다. 취소
의 상대방은 (1)의 경우와 같다.

당사자가 19세에 달한 후 또는 성년후견종료의 심판이 있은 후 3월을 경
과하거나 혼인 중 임신한 때에는 그 취소를 청구하지 못한다(제819조).

(3) 근친혼(제816조 1호)

가. 취소의 대상

근친혼 중 취소될 수 있는 혼인은 금지되는 근친혼(제809조) 중에서 무효로 되는 대상(제815조 2, 3, 4호)을 제외한 나머지이다.

인척 중에서는 당사자간에 직계인척관계가 있거나 있었던 자를 제외한 인척, 즉 6촌 이내의 혈족의 배우자, 배우자의 6촌 이내의 혈족, 배우자의 4촌 이내의 혈족의 배우자인 인척이거나 이러한 인척이었던 자 사이의 혼인이 대상이 된다. 양부모계의 혈족이었던 자 중에서는 당사자간에 양부모계의 직계혈족관계가 있었던 자를 제외한 6촌 이내의 양부모계의 혈족이었던 자 사이의 혼인이 대상이 된다. 양부모계의 인척이었던 자 사이에서는 당사자간에 양부모계의 직계인척관계가 있었던 자를 제외한 4촌 이내의 양부모계의 인척이었던 자 사이의 혼인이 대상이 된다.

나. 취소청구권자 및 소의 상대방

이러한 자 사이의 혼인은 당사자, 그 직계존속 또는 4촌 이내의 방계혈족이 취소를 청구할 수 있다(제817조 후단).

소의 상대방은 부부일방이 제기하는 경우에는 다른 일방의 배우자가 되고, 그가 사망한 경우에는 검사가 상대방이 된다. 친족이 제기하는 경우에는 부부 쌍방이 상대방이 되고, 부부의 일방이 사망한 때에는 생존배우자가 상대방이 되며, 부부 쌍방이 모두 사망한 때에는 검사가 상대방이 된다(가사소송법 제24조). 당사자간에 혼인 중 이미 포태한 경우에는 그 취소를 청구하지 못한다(제820조). 2005년의 민법일부개정 전에는 당사자간에 혼인 중 이미 자가 출생한 경우에 취소청구권이 소멸하도록 되어 있었으나, 개정법은 근친혼금지를 완화하는 취지에서 이미 포태한 때에는 취소청구권이 소멸되도록 하였다.

(4) 중 혼(제816조 1호)

민법은 일부일처제를 채택하고 있으므로 배우자 있는 자는 중복해서 혼인할 수 없다(제810조). 중혼이란 법률혼이 이중으로 성립하는 경우를 말한다.

중혼인 경우에는 당사자 및 배우자(전혼의 배우자, 후혼의 배우자), 직계존속, 4촌 이내의 방계혈족 또는 검사가 그 취소를 청구할 수 있다(제810조)

검사를 취소청구권자로 한 것은 공익상의 입장에서 중혼은 설사 당사자나 친족이 취소청구권을 행사하지 않더라도 그 존속을 부정하여야 한다는 이유에서이다.

소의 상대방은 위 (3)의 경우와 같다.

(5) 부부생활을 계속할 수 없는 악질 등 중대한 사유가 있는 혼인(제816조 2호)

가. '부부생활을 계속할 수 없는 중대한 사유'의 의미

부부생활을 계속할 수 없는 중대한 사유의 예시로서 민법은 악질을 들고 있다. 성병이나 불치의 정신병 등이 여기서 말하는 악질에 해당한다고 해석할 수 있을 것이다. 이외에 어떠한 사유가 중대한 사유에 해당하는가는 구체적인 사정을 고려하여 결정되어야 할 것이나, 사회생활관계상 혼인 전에 당사자 일방에게 그러한 사유가 있음을 알았더라면 상대방이 혼인하지 않았을 것이라고 일반적으로 인정되는 경우에는 중대한 사유가 있다고 판단해도 될 것이다.

이와 같은 중대한 사유는 혼인 당시 상대방에게 알려져 있지 않아야 한다. 또한 중대한 사실을 소극적으로 감춘 경우만이 여기에 해당된다. 중대한 사유를 적극적으로 알지 못하게 하였다면 제816조 제3호의 사기에 해당된다(대판 1977. 1. 25. 76다2223).

나. 취소청구의 기간 등

혼인당사자 일방에 부부생활을 계속 할 수 없는 악질 기타 중대한 사유가 있음을 알지 못하고 혼인한 때에는 상대방이 그 사유가 있음을 안 날로부터 6월을 경과한 때에는 그 취소를 청구하지 못한다(제822조).

이 경우에 취소청구권자에 관하여 규정하는 바가 없으므로, 당사자에 한한다고 해석된다. 따라서 소의 상대방은 (1)의 경우와 같다.

(6) 사기 또는 강박에 의한 혼인(제816조 3호)

1) 의 의

가. 사 기

사기란 혼인의사를 결정시킬 목적으로 혼인당사자의 일방 또는 쌍방에게 허위의 사실을 고지함으로써 이들을 착오에 빠뜨려 혼인의사를 결정하도록 하는 것을 말한다. 사기자는 혼인의 상대방일 수도 있고 친척이나 중매자 등과 같은 제3자일 수도 있다(대판 1977. 1. 25. 76다2223). 제3자에 의해서 사기가 행하여진 경우에 혼인의 상대방이 그것을 알고 있었는지 여부는 문제되지 않으며, 제110조는 적용되지 않는다.

사기로 인하여 혼인이 취소되기 위해서는 사기로 인하여 생긴 착오가 일반적으로 사회생활관계에 비추어 볼 때 혼인생활에 미치는 영향이 크고, 당사자가 그러한 사실을 알았더라면 혼인하지 않았을 것이라고 인정되는 경우이어야 할 것이다.

나. 강 박

강박이란 혼인의사를 결정시킬 목적으로 혼인당사자의 일방 또는 쌍방에게 해악을 고지하여 공포심을 가지게 함으로써 혼인의사를 결정하도록 하는 것을 말한다. 사기의 경우와 마찬가지로 강박자가 혼인의 상대방이든 제3자이든 묻지 않는다.

2) 혼인의 취소 청구

사기 또는 강박에 의한 혼인은 당사자의 자유의사에 의한 혼인이 아니기 때문에 민법은 그 혼인을 취소할 권리를 인정한다. 즉, 사기 또는 강박으로 인하여 혼인의 의사표시를 한 때에는 사기를 안 날 또는 강박을 면한 날로부터 3월 이내에 그 취소를 청구할 수 있다(제823조).

취소청구권자는 규정하는 바 없으므로, 사기를 당한 혼인당사자이다. 따라서 당사자의 일방이 사기를 당한 때에는 그 일방이, 쌍방이 사기를 당하였으면 쌍방이 모두 취소청구권자가 된다.

2. 취소의 방법

(1) 조정전치주의

혼인을 취소하려면 우선 가정법원에 조정을 신청하여야 한다(가사소송법 제50조 1항). 혼인당사자의 일방이 사망한 후에 혼인을 취소하려는 경우에는 조정이 불가능하므로, 조정을 신청할 필요가 없다. 이런 예외적인 사정이 없는 경우에 조정신청을 하지 않고 직접 법원에 혼인취소의 소를 제기하였다면, 가정법원은 그 사건을 직권으로 조정에 회부하여야 한다(동조 2항 본문). 다만, 공시송달에 의하지 않고는 당사자를 소환할 수 없거나 조정에 회부되더라도 조정이 성립될 수 없다고 인정한 때에는 예외이다(동조 2항 단서).

조정을 하지 않기로 하는 결정이 있거나, 조정이 성립되지 않았는데 조정에 갈음하는 결정이 없는 경우에는 신청인은 조서등본이 송달된 날로부터 2주일 이내에 제소신청을 할 수 있다(가사소송법 제49조, 민사조정법 제36조). 제소신청을 하였을 때에는 조정장 또는 조정담당판사는 의견을 첨부하여 기록을 관할가정법원에 송부하여야 한다(가사소송법 제61조).

(2) 혼인취소의 신고

혼인취소의 재판이 확정된 경우에는 소를 제기한 사람은 재판의 확정일로부터 1개월 이내에 재판의 등본 및 확정증명서를 첨부하여 그 취지를 신고하여야 하며, 그 소의 상대방도 신고할 수 있다. 신고서에는 재판확정일을 기재하여야 한다(가족관계등록법 제73조, 제58조).

조정의 성립만으로는 확정판결의 효력이 생기지 않으므로 가사소송법 제59조 2항 조정의 성립만 가지고는 신고를 할 수 없다(대판 1968. 2. 27. 67므34).

혼인취소의 효력은 취소판결의 확정에 의해서 발생한다. 혼인취소의 효력은 소급하지 않는다(제824조). 즉 혼인취소의 판결이 확정되면 그 때부터 장래에 향하여 해소되는 것이다. 이 점에서 재산상의 법률행위가 취소되는 경우, 소급해서 무효로 되는 것과 차이가 있다.

▣ 핵심판례 ▣

■ [혼인취소의 사유]

1. **갑, 을간의 확정이혼심판이 재심에 의해 취소되기 전에 새로이 이루어진 갑, 병간의 혼인의 효력**

갑, 을간의 확정이혼심판이 을이 제기한 재심의 소로서 취소됨으로써 갑, 을은 당초부터 이혼하지 않은 상태로 돌아갔다면 갑, 을 사이의 혼인후에 새로이 이루어진 갑, 병간의 혼인은 중혼에 해당하게 되어 취소를 면할 수 없다(1987. 2. 24. 제2부 판결 86므125 혼인취소).

2. **중혼 성립 후 10여 년 동안 혼인취소청구권을 행사하지 아니하였다 하여 권리가 소멸되었다고 할 수 없으나 그 행사가 권리남용에 해당한다고 본 사례**

이 사건에서 원심인정의 위 사실에다가 피고와 그 소생의 2남2녀는 A의 사망 후 정리된 호적을 바탕으로 일가를 이루어 원만하게 사회생활을 하고 있는데 만일 이 사건 혼인이 취소된다면 피고는 A와의 혼인관계가 해소됨과 동시에 A의 호적에서 이탈하여야 하고 위 2남2녀는 혼인외 출생자로 되고 마는 등 신분상 및 사회생활상 큰 불편과 불이익을 입어야 하는 점, 이에 비하여 원고는 이 사건 혼인이 존속하든지 취소되든지 간에 경제적으로나 사회생활상으로 아무런 이해관계를 가지지 아니하며 신분상으로도 별다른 불이익을 입을 것으로 보이지는 아니하는 점, B는 생존하는 동안 피고와 A 사이의 혼인에 대하여 아무런 이의를 제기한 일이 없으며 현재 생존하고 있는 B 소생의 딸도 다른 친척들과 마찬가지로 피고와 A 사이의 혼인을 인정하고 있는 점, 그리고 A와 B가 이미 사망한 지금에 와서 구태여 피고와 A 사이의 혼인을 취소하여야 할 공익상의 필요도 없는 점등을 종합적으로 참작한다면, 원고의 이 사건 혼인취소청구는 권리 본래의 사회적 목적을 벗어난 것으로서 권리의 남용에 해당한다고 아니할 수 없다(대판 1993. 8. 24. 92므907 혼인취소).

◈ 혼인의 취소청구권자 : 혼인적령 미달의 혼인, 부모 등의 동의를 얻지 않은 혼인, 근친혼 등의 경우

제817조【연령위반혼인등의 취소청구권자】

혼인이 제807조, 제808조의 규정에 위반한 때에는 당사자 또는 그 법정대리인이 그 취소를 청구할 수 있고 제809조의 규정에 위반한 때에는 당사자, 그 직계존속 또는 4촌 이내의 방계혈족이 그 취소를 청구할 수 있다. <개정 2005. 3. 31>

■ § 817. 혼인취소의 원인과 취소청구권자

• 부적령(§807), 동의흠결(§808) : 당사자 또는 그 법정대리인
• 근친혼 등의 금지 위반(§809) : 당사자, 그 직계존속 또는 4촌 이내의 방계혈족

(1) 혼인적령 미달 혼인의 취소권자

혼인적령에 달하지 않은 혼인은 당사자 또는 그 법정대리인이 그 취소를 청구할 수 있다(제817조 전단).

취소의 소의 상대방은 ① 부부의 일방이 소를 제기한 경우에는 다른 일방의 배우자, ② 그가 사망하였을 때에는 검사이다(가사소송법 제24조).

(2) 부모 등의 동의를 얻지 않은 혼인의 취소권자

만 18세에 달하면 부모나 후견인의 동의를 받아 혼인할 수 있는데, 이러한 미성년자가 부모 등의 동의를 받지 않고 혼인한 경우에는 당사자 또는 그 법정대리인이 취소를 청구할 수 있다. 피성년후견인도 부모나 후견인의 동의를 얻지 않고 혼인한 경우에는 당사자 또는 법정대리인이 그 취소를 청구할 수 있다(제817조 1항 전단). 그러나 당사자가 19세에 달한 후 또는 성년후견종료의 심판이 있은 후 3월이 경과하거나 혼인 중에 임신한 때에는 그 취소를 청구하지 못한다.

(3) 근친혼의 취소권자

제809조 근친혼의 금지 규정에 위반한 혼인 중 무효혼의 대상이 되는 혼

인(제815조 2, 3, 4호)을 제외한 나머지는 당사자, 그 직계존속 또는 4촌 이내의 방계혈족이 그 취소를 청구할 수 있다(제817조 후단).

종전에는 취소권자가 8촌 이내의 방계혈족으로 되어 있어서 그 범위가 지나치게 넓었으나 2005년 민법일부개정에 의하여 4촌 이내의 방계혈족으로 축소되었다.

소의 상대방은 부부의 일방이 제기하는 경우에는 다른 일방의 배우자가 되고, 그가 사망한 경우에는 검사가 상대방이 된다.

친족이 제기하는 경우에는 부부 쌍방이 상대방이 되고, 부부의 일방이 사망한 때에는 생존 배우자가 상대방이 되며, 부부 쌍방이 모두 사망한 때에는 검사가 상대방이 된다(가사소송법 제24조).

◆ 혼인의 취소청구권자 : 중혼의 경우

제818조【중혼의 취소청구권자】

당사자 및 그 배우자, 직계혈족, 4촌 이내의 방계혈족 또는 검사는 제810조를 위반한 혼인의 취소를 청구할 수 있다. [전문개정 2012.2.10.]

■ § 818. 중혼의 취소청구권자

• 중혼(§810) : 당사자 및 그 배우자(전·후혼의 배우자), 직계혈족, 4촌 이내의 방계혈족 또는 검사)

(1) 취소청구권자

중혼의 금지에 반한 혼인신고가 잘못 수리된 경우에도 취소할 수 있음에 그치고(제816조 1호), 제103조에 의하여 무효가 되는 것은 아니다.

중혼의 경우에는 당사자 및 배우자(전혼의 배우자, 후혼의 배우자), 직계혈족, 4촌 이내의 방계혈족 또는 검사가 그 취소를 청구할 수 있다(제818조).

취소청구권자 중 '직계혈족'은 2012년 민법 개정 전에는 '직계존속'이었다. 이에 대하여 헌법재판소는 민법 제818조의 취소청구권자에서 직계비속을 제외한 것은 평등원칙에 위반된다고 하면서 입법자의 개선입법이 있을 때까지 잠정적인 적용을 명하는 헌법불합치결정을 하였다(2009헌가8). 이 후 2012년에 민법을 개정하면서 제818조의 '직계존속'을 '직계혈족'으로 개정한 것이다.

검사를 취소청구권자로 한 것은 공익상의 입장에서 중혼은 설사 당사자나 친족이 취소청구권을 행사하지 않더라도 그 존속을 부정하여야 한다는 이유에서이다.

소의 상대방은 근친혼의 경우와 같다.

(2) 재혼금지기간의 폐지

종전의 민법은 재혼금지기간을 6개월로 정하였는데, 이는 근세적 재혼금지기간으로서 혈통의 혼란을 방지하는데 그 목적이 있었다. 그러나 우리나라는 혼인이 혼인신고의 수리로 성립하므로 이러한 제도는 아무런 구실도 하지 못하고, 재혼금지기간 위반을 혼인의 취소원인으로 하였기 때문에 여자에게 가혹한 결과를 가져올 위험성만 내포되어 있어 2005년 민법개정시에 이를 폐지하였다.

◈ 혼인취소청구권의 소멸 : 부모 등의 동의를 얻지 않는 혼인의 경우

제819조【동의없는 혼인의 취소청구권의 소멸】

제808조를 위반한 혼인은 그 당사자가 19세가 된 후 또는 성년후견종료의 심판이 있은 후 3개월이 지나거나 혼인 중에 임신한 경우에는 그 취소를 청구하지 못한다. [전문개정 2011.3.7.]

■ § 819. 동의흠결혼의 취소청구권의 소멸

• 당사자가 19세에 달한 후
• 금치산선고의 취소가 성년후견종료의 심판이 있은 후 3월 경과
• 혼인중 임신한 때

동의를 얻지 않은 혼인이라 하더라도 당사자가 19세에 달하거나 또는 성년후견종료의 심판이 있은 날로부터 3월을 경과한 후, 또는 혼인중에 자를 임신한 때에는 제817조에 의한 취소를 청구할 수 없다. 그리고 미성년자는 혼인에 의하여 성년자로 의제된다(제826조의 2).

부모가 없기 때문에 후견인의 동의를 얻어야 할 경우에도 만 19세에 달하면 취소청구권이 소멸한다.

◈ 혼인취소청구권의 소멸 : 근친혼의 경우

제820조【근친혼등의 취소청구권의 소멸】

제809조의 규정에 위반한 혼인은 그 당사자간에 혼인중 포태한 때에는 그 취소를 청구하지 못한다. <개정 2005. 3. 31>

■ § 820. 근친혼의 취소청구의 제척기간

• 당사자 사이에 혼인중 이미 포태한 경우 취소청구권 소멸

근친 사이의 혼인은 당사자, 그 직계존속 또는 4촌 이내의 방계혈족이 취소를 청구할 수 있다(제817조 후단).

그러나 당사자간에 혼인 중 이미 포태한 경우에는 취소권은 소멸된다(제820조). 종전에는 당사자간에 혼인 중 이미 자가 '출생한 경우'에 취소청구권이 소멸하도록 되어 있었으나 2005년 개정민법은 근친혼 금지를 완화하는 취지에서 이미 '포태한 때'에는 취소청구권이 소멸되도록 하였다.

제821조 삭제 <2005. 3. 31>

[종전규정] 제821조【재혼금지기간 위반 혼인 취소청구권의 소멸】

제811조의 규정에 위반한 혼인은 전혼관계의 종료한 날로부터 6월을 경과하거나 재혼 후 포태한 때에는 그 취소를 청구하지 못한다.

◈ 혼인취소청구권의 소멸 : 악질 등 중대한 사유가 있는 혼인

제822조【악질등 사유에 의한 혼인취소청구권의 소멸】

제816조제2호의 규정에 해당하는 사유있는 혼인은 상대방이 그 사유 있음을 안 날로부터 6월을 경과한 때에는 그 취소를 청구하지 못한다.

■ § 822. 악질 등 중대한 사유가 있는 혼인취소청구의 제척기간

- 혼인 당시 당사자 일방에 부부생활을 계속할 수 없는 악질 기타 중대한 사유가 있음을 알지 못하고 혼인한 때
- 상대방이 그 사유가 있음을 안 날로부터
- 6월을 경과한 때 취소청구권은 소멸한다

혼인 당시 당사자 일방에 부부생활을 계속할 수 없는 악질 기타 중대한 사유가 있음을 알지 못한 때에는 상대방이 그 사유 있음을 안 날로부터 6월을 경과하면 취소를 청구할 수 없다. 이 경우에 취소청구권은 당사자에 한한다. 소의 상대방은 부부의 일방이 소를 제기하는 경우에는 다른 일방의 배우자, 그리고 그가 사망하였을 때에는 검사이다.

◆ 혼인취소청구권의 소멸 : 사기, 강박으로 인한 혼인의 경우

제823조【사기, 강박으로 인한 혼인취소청구권의 소멸】

사기 또는 강박으로 인한 혼인은 사기를 안 날 또는 강박을 면한 날로부터 3월을 경과한 때에는 그 취소를 청구하지 못한다.

■ § 823. 사기, 강박에 의한 혼인취소청구권의 소멸

- 사기 또는 강박으로 인하여 혼인의 의사표시를 한 때
- 사기를 안 날 또는 강박을 면한 날로부터
- 3월을 경과한 때에는 취소권은 소멸한다.

사기 또는 강박에 의한 혼인의 취소에는 민법 총칙상의 규정이 적용되지 않으므로, 그 취소의 효력은 선의의 제3자에게 대항할 수 있음과 동시에 그 취소청구권은 사기를 안 날 또는 강박을 면한 날로부터 3개월의 경과로 소멸한다.

즉 사기 또는 강박으로 인한 혼인의 사기를 안 날 또는 강박을 면한 날로부터 3월이 경과되기 전에 가정법원에 취소를 청구하여야 한다. 기간의 계산은 제157조의 규정에 의한다. 당사자의 일방이 사망한 경우에도 취소의 이익이 있으므로 검사를 상대방으로 하여 취소를 청구할 수 있다. 그러나 이혼 후에는 취소의 효과와 이혼의 효과가 같으므로 취소청구의 이익이 없다.

취소청구권에 관해서는 규정이 없으므로 사기를 당한 혼인당사자이다. 따라서 당사자의 일방이 사기를 당한 때에는 그 일방이, 쌍방이 사기를 당한 경우에는 쌍방이 모두 취소청구권자가 된다.

◈ 혼인취소의 효과 : 비소급효

제824조【혼인취소의 효력】

혼인의 취소의 효력은 기왕에 소급하지 아니한다.

■ § 824. 혼인취소의 효과

• 혼인의 취소는 소급효가 없다
• 관련법조 : [혼인취소와 신고] 가족관계등록법 §73, §58

(1) 비소급효

우리 민법상 혼인의 취소의 효력은 기왕에 소급하지 아니함을 원칙으로 한다.

혼인은 그 성질상 사실과 분리시켜 생각할 수 없으므로, 매매 기타 재산 행위의 취소와 같이 취소의 효과를 소급시켜(제141조), 원상회복을 꾀하는 것은 불가능하기 때문이다. 이리하여 혼인취소의 판결은 혼인을 장래에 향하여 소멸케 하는 효과를 갖는데 불과하므로, 혼인취소의 판결이 확정될 때까지 그 혼인은 유효하게 존속하게 된다. 이 점에서 혼인의 취소는 이혼과 동일하다.

취소의 효과가 소급하지 않는 결과 취소된 혼인관계에서 출생(또는 포태)한 자는 혼인취소 후에도 혼인중의 자의 지위를 잃지 않는다. 혼인당사자 일방의 사망 후 혼인이 취소된 경우에도 다른 일방은 이미 취득한 상속권을 잃지 않는다는 것이 판례의 태도이다(대판 1996. 12. 23. 95다48308).

(2) 혼인관계 및 인척관계의 종료

혼인이 취소되면 이혼의 경우와 같이 혼인관계 및 인척관계는 종료한다 (제775조 1항).

(3) 손해배상의 청구

손해배상청구권에 관하여는, 혼인무효의 경우와 같이 약혼해제로 인한 손해배상책임에 관한 제806조가 준용된다(제825조). 손해배상을 청구하기 위해서는 가정법원에 우선 조정신청을 하여야 한다(가사소송법 제2조 1항 마류사건).

(4) 가정법원의 직권에 의한 친권자 지정

가정법원이 혼인취소청구를 인용할 때에는 미성년자인 자가 있는 경우 가정법원이 직권으로 친권자를 정한다(제909조 5항).

(5) 면접교섭권

2005년의 민법개정에 의하여 혼인취소의 경우에 가정법원이 직권으로 친권자를 정하는 규정을 신설함에 따라 혼인취소의 경우에 양육과 면접교섭에 관한 사항을 정할 수 있도록 하기 위하여 자의 양육책임에 관한 제837조와 면접교섭권에 관한 제837조의 2를 준용하는 규정을 신설하였다(제824조의 2).

이에 따라 혼인취소 후의 자의 양육에 관해서는 제837조가 준용되어 가정법원은 당사자의 청구 또는 직권에 의하여, 그 자를 양육하는 자와 양육에 관한 사항을 정할 수 있다(가사소송법 제2조 1항 마류사건). 이것은 가정법원의 조정사항으로 되어 있다(동법 제50조).

혼인이 취소된 경우에도 제837조의 2가 준용되어 이혼의 경우와 마찬가지로 자를 직접 양육하지 않는 부모 중 일방은 면접교섭권을 가진다. 그러나 가정법원은 자의 복리를 위하여 필요한 때에는 당사자의 청구 또는 직권에 의하여 면접교섭권을 제한하거나 배제할 수 있다.

▣ 핵심판례 ▣

■ 부부의 일방이 사망하여 상대방 배우자가 상속받은 후에 그 혼인이 취소된 경우, 이미 이루어진 상속관계가 소급하여 무효로 되거나 부당이득으로 되는지 여부(소극)

민법 제824조는 "혼인의 취소의 효력은 기왕에 소급하지 아니한다."고 규정하고 있을 뿐 재산상속 등에 관해 소급효를 인정할 별도의 규정이 없는바, 혼인 중에 부부 일방이 사망하여 상대방이 배우자로서 망인의 재산을 상속받은 후에 그 혼인이 취소되었다는 사정만으로 그 전에 이루어진 상속관계가 소급하여 무효라거나 또는 그 상속재산이 법률상 원인 없이 취득한 것이라고는 볼 수 없다(대판

1996. 12. 23. 95다48308).

<참고사항>

※ 혼인무효의 소와 혼인취소의 소 비교

1. 조정전치주의의 적용여부

혼인무효의 소는 적용되지 않음에 비하여, 혼인취소의 소는 적용된다(가사소
송법 제50조)

2. 법적성질

(1) 혼인무효의 소

확인의 소라고 보는 견해가 다수설이다. 판결이 없더라도 이해관계인은 다
른 소송에서 선결문제로 주장 가능하다고 본다.

(2) 혼인취소의 소

형성의 소이다. 판결이 없으면 이해관계인은 다른 소송에서 선결문제로 주
장할 수 없다.

3. 효 과

(1) 혼인무효의 소

소급효가 있으며 재산상 또는 정신적 손해배상 청구가 가능하다. 당사자
사이의 출생자는 혼인 외의 자가 된다.

(2) 혼인취소의 소

소급효가 없는 점과 당사자 사이의 출생자는 혼인중의 자의 지위를 유지
한다는 점에서 혼인무효의 소와 다르다. 그러나 재산상 또는 정신적 손해
배상 청구가 가능한 점은 동일하다.

◈ 혼인취소시 자의 양육책임 및 면접교섭권

제824조의 2【혼인의 취소와 자의 양육 등】

제837조 및 제837조의2의 규정은 혼인의 취소의 경우에 자의 양육책임과 면접교섭권에 관하여 이를 준용한다. [본조신설 2005. 3. 31]

■ § 824조의 2. 혼인취소시 자의 양육책임 등

- 혼인 후 자의 양육에 관해 제837조[이혼과 자의 양육책임] 준용
- 자를 직접 양육하지 않는 부모 중 일방은 면접교섭권을 가짐
- 관련법조 : [이혼과 자의 양육책임] §837, [면접교섭권] §837의 2, [가정법원 의 직권에 의한 친권자 지정] §909⑤

본조는 2005년 민법 일부개정에 의하여 혼인취소의 경우에 가정법원이 직권으로 친권자를 정하는 규정을 신설함에 따라(제909조 5항), 혼인취소의 경우에 양육과 면접교섭권에 관한 사항을 정할 수 있도록 하기 위하여 자의 양육책임에 관한 제837조와 제837조의 2를 준용하도록 하기 위하여 신설되었다.

1. 혼인취소시 자녀의 양육책임

(1) 당사자의 합의에 의해 자녀의 양육에 관한 사항의 결정

혼인취소시 자의 양육자와 양육에 관한 필요한 사항은 우선 부모의 협의에 의하여 정한다(제837조 1항). 자녀를 누가 양육할 것인지, 자녀를 양육하지 않는 부모의 양육비를 어떻게 지급할 것인지 등이 협의의 주된 내용이라고 할 수 있다.

(2) 법원이 자녀의 양육에 관한 사항을 정하는 경우

① 자녀의 양육에 관한 사항의 협의가 되지 않거나 협의할 수 없는 때에는 가정법원은 당사자의 청구 또는 직권에 의하여 그 자의 연령, 부모의 재산상황 기타 사정을 참작하여 양육에 필요한 사항을 정하며, 언제든지 그 사항을 변경 또는 다른 적당한 처분을 할 수 있다(제837조 2항).

② 2005년의 민법개정에 의하여 법원이 자의 양육에 관한 사항을 직권으

로 정할 수 있게 되었다. 자의 양육에 대해서는 우선 부모가 협의해서 정하고, 협의가 되지 않는 경우에는 당사자의 청구에 의해서 법원이 정하게 되지만, 부모가 자의 양육에 대해서 협의도 하지 않고 스스로 청구도 하지 않는 경우에는 법원이 직접 개입하여 양육사항을 정할 수 있도록 한 것이다. 이는 자의 복리를 위하여 국가의 후견적 역할을 강화하려는 시도라고 볼 수 있다.

③ 이상은 양육의 범위에 관한 것뿐이며, 그 밖의 부모의 권리의무에는 변경이 생기지 않는다(제837조 3항). 따라서 부모의 일방이 양육자로 정해진 경우 양육에 관한 권리는 그 일방이 행사하게 되지만, 다른 일방이 부모로서 가지는 그 밖의 권리의무는 그대로 유지된다. 예를 들어서 이혼 후 모가 양육자로, 부가 친권자로 정해진 경우에는 모는 사실상 자를 양육하고, 양육과 관련된 권리(양육 및 교육에 필요한 거소지정, 징계, 양육권 방해에 대한 방해배제청구 등)를 행사할 수 있지만, 이러한 사항을 제외한 친권의 나머지 부분(재산관리권, 재산행위에 대한 대리권과 동의권)은 친권자인 부가 행사한다.

2. 면접교섭권

자를 직접 양육하지 아니하는 부모 중 일방은 면접교섭권을 가진다.

가정법원은 자의 복리를 위하여 필요한 때에는 당사자의 청구 또는 직권에 의하여 면접교섭권을 제한하거나 배제할 수 있다(제837조의 2).

(1) 의 의

면접교섭권제도는 1990년 민법 개정에 의해서 새로 도입되었다.

면접교섭권은 이혼이나 혼인취소 후에도 자녀와 자녀를 직접 양육하지 않는 부모의 일방의 관계가 계속 유지될 수 있도록 뒷받침 하는 제도로서 자녀의 정서안정과 원만한 인격발달을 목적으로 한다.

(2) 면접교섭권의 결정방식

민법은 면접교섭권의 구체적인 행사방법과 범위가 어떻게 결정되는가에 관해 규정을 두고 있지 않다. 그러나 면접교섭권에 관한 제837조의 2의 규정은 이혼 후의 자녀 양육문제에 대하여 정하고 있는 제837조의 특별규정이라고 볼 수 있으므로, 그 결정방식에 대해서도 제837조가 준용될 수 있다고 해석된다(김주수·김상용, p213).

(3) 면접교섭권의 재한

가정법원은 자의 복리를 위하여 필요한 때에는 당사자의 청구 또는 직권에 의하여 면접교섭권을 제한하거나 배제할 수 있다(제837조의 2 제2항).

면접교섭권의 제한 또는 배제를 결정하는데 있어서 중요한 기준은 자녀의 복리이다.

▣ 핵심판례 ▣

■ 양육에 관한 사항의 변경요건

당사자가 협의하여 그 자의 양육에 관한 사항을 정한 후 가정법원에 그 사항의 변경을 청구한 경우에 있어서 가정법원은 당사자가 협의하여 정한 사항이 제반 사정에 비추어 부당하다고 인정되는 경우에는 그 사항을 변경할 수 있는 것이고 협의 후에 특별한 사정변경이 있는 때에 한하여 변경할 수 있는 것은 아니다(대판 1995. 6. 25. 90므699).

◈ 혼인의 무효 또는 취소된 경우의 손해배상청구권

제825조【혼인취소와 손해배상청구권】

제806조의 규정은 혼인의 무효 또는 취소의 경우에 준용한다.

■ § 825. 손해배상청구권

• 약혼해제로 인한 손해배상책임에 관한 §806가 준용
• 과실있는 상대방에 대하여는 재산상, 정신상의 손해배상청구가 가능

혼인의 무효 또는 취소시 손해배상청구권에 관하여는 약혼해제로 인한 손해배상책임에 관한 제806조가 준용된다(제825조).

혼인의 무효, 취소는 상대방에 대한 의사표시로써 한다. 다만 정당한 사유없이 혼인의 무효, 취소된 경우에 당사자 일방은 과실있는 상대방에 대하여 손해배상을 청구할 수 있다(제806조 1항 준용). 손해배상을 청구하기 위하여는 가정법원에 조정을 신청하여야 한다(가사소송법 제2조 1항 마류사건). 손해배상의 범위는 재산상의 손해 이외에 정신상의 고통도 포함된다(제806조 2항 준용). 정신상의 고통에 대한 배상청구권은 양도 또는 승계하지 못한다. 다만 당사자 사이에 이미 그 배상에 관한 계약이 성립되거나 심판을 청구한 후에는 일반재산권과 구별될 이유가 없으므로 타인에게 양도 또는 승계할 수 있다(제806조 3항 준용).

▣ 핵심판례 ▣

■ 사기 또는 강박으로 인해서 혼인하게 된 자가 혼인취소 또는 이혼판결에 의하지 아니하고 협의이혼을 한 경우에 손해배상청구를 할 수 있는지 여부

혼인의사결정에 당사자 일방 또는 제3자의 사기 또는 강박 등의 위법행위가 개입되어 그로 인해서 혼인을 하게 된 경우에 있어서는 상대방은 그것을 이유로 하고 혼인의 취소를 구한다던가 또는 사기 강박등 위법행위에 관한 사항이 이혼사유에 해당되면 그 사유를 내세우고 재판에 의한 이혼을 구한다던가 혹은 그것이 원유가 되어 당사자 협의에 의하여 이혼을 한다던가 등 어떠한 방식을 취할 것인가는 오로지 당사자의 선택에 달려있다 할 것이고 혼인해소가 사기 또는 강박등의 위

법행위에 원유한 이상 사기 또는 강박으로 인해서 혼인을 하게 된 자가 그로 인해서 받은 재산상 또는 정신상의 손해배상청구를 하는데 있어서 반드시 어떠한 혼인해소방식에 구애되어 혼인취소 또는 이혼판결이 있어야만 된다고 하여야 할 이유는 없다(대법원 1977. 1. 25. 선고 76다2223 판결).

제 4 절 혼인의 효력

부부생활이란 서로의 애정과 인격의 신뢰에 기초한 공동생활이 아니면 안된다는 것은 오늘날 우리들의 도덕관념에서 보아도 지극히 당연한 것이다. 부부평등은 서로를 인격자로서 인정한다면 지극히 당연하며, 이러한 기본적인 것이 오랫동안 우리 법률상에서 인정되지 않았던 것은, 우리나라의 법률과 사회가 얼마나 가부장제이었던가를 말하여 주는 것이다.

원래 서양제국에서도 고대·중세에서는 부부는 평등한 법률적 지위에 있지 못하였다. 로마나 게르만의 고대법은 강대한 부권을 인정하고, 처에게는 인격이 없으며 재산소유도 인정되지 않았다. 중세에 있어서의 부부동체주의(converture scheme)라는 이름은 동체라도 처의 봉건사회의 해체후, 특히 산업혁명후 급속히 남녀동권이 주장되어 19세기 이후 부부평등은 나라에 따라서 차이는 없으나, 점차로 규정되어 가고 있는 것이다. 그런데 우리나라에서는 갑오경장 이후 점차로 여자의 지위가 안정되고 여성의 해방을 부르짖게 되었으나, 남존여비의 사상은 사회 각 방면에 그대로 존속하고, 본질적으로 조선조시대의 사회와 다르지 않은 남존여비, 여필종부의 논리가 오랫동안 지배적이어서 민법, 특히 가족관습법은 조선시대에 이루어진 모습 그대로였다.

민법은 헌법정신에 따라서 구법의 낙후성을 지양하려고 노력하였다. 즉 민법은 구민법의 처의 무능력자제도(구민법 제14조)를 폐지하고, 나아가서 완전한 부부별산제를 채용함으로써 처의 재산에 대한 부의 관리·사용·수익권을 인정하지 않았고(제831조), 부부는 일상의 가사에 관하여 서로 대리권이 있도록 하는 동시에(제832조), 가사로 인한 채무에 대해서는 부부가 연대책임을 지도록 하였다(제832조). 그리고 부부의 공동생활비는 당사자간에 특별한 약정이 없으면 부가 부담하도록 하였던 것을 1990. 1. 13. 법률 제4199호의 민법의 일부개정에 의하여 당사자간에 특별한 약정이 없으면 부부가 공동으로 부담하도록 하였다(제833조).

제 1 관 일반적 효력

(1) 혼인의 효력이라 함은 혼인으로 인하여 부부가 취득한 법적지위 내지 권리 의무인 반면에 혼인공동생활에 대한 법적 보호의 내용이기도 하다.

(2) 혼인은 일남일녀의 전인격적 결합에 의한 종생적 생활공동체이며, 이로써 독립한 하나의 가정생활이 시작된다. 이와 같이 혼인의 기능중에서 가장 중요한 점은 가족을 창설하는데 있으나, 이를 법적으로 말하자면 적법한 혼인관계의 부부사이의 출생자는 적출자가 된다는 것이다.

그런데 여기에서 전제로 하는 오늘날의 가족의 전형은 부부와 그들 사이의 미성숙한 자로써 구성된 혼인가족이며, 경제적으로는 자본경제를 배경으로 한 단위적인 소비공동체이고, 부부가 각자의 소유재산권(주로 자본제상품 생산양식에 의한 생산과 민족생활과의 분리에 따라, 가족외에서 생산면을 담당하는 남편의 소유재산)을 공동으로 이용함으로써 유지된다. 그리고 적출자만이 이러한 재산적 기초위에서 부모의 양육을 받을 수 있다.

요컨대 혼인은 부부일방의 소유재산을 공동으로 소비하기 위한 법적기구를 만들어, 자의 양육과 보호를 부모의 사유재산에 결부시키는 제도이다. 이러한 의미에서 혼인의 효력의 문제는 친자관계의 문제도 부분적으로 포함하고 있다.

(3) 현대의 친족법의 대상이 혼인가족임은 혼인의 유지·존속이 혼인하는 남·녀 두사람의 애정과 주체적 의사에만 의존할 것을 법적으로 보장한다는 근대법의 특질을 만들어 내고 있다(「제도에서 우애로」"From Institution to Companionship").

부부는 생활공동관계에 있게 되나, 대외적으로는 독립한 법적 인격자이며, 가족내에 있어서의 부부의 기능부분을 인정하면서도 그 법적 평등을 고려하여야 한다(기능적 동권론).

그러나 부부의 실질적 평등은, 처가 독립적으로 경제력을 갖거나 처의 협력이 법적으로 충분히 평가됨으로써 확립된다는 것을 잊어서는 안된다.

(4) 혼인의 법적 효력의 개요

① 부부는 혼인으로 인하여 배우자로서의 신분을 취득하여 친족이 된다(제 777조 3호).

② 부부의 공동생활(그 미성숙한 자도 포함하여)의 유지를 위하여 부부는 동 거・부양・협조하여야 할 의무를 부담한다(제826조 1항).

③ 부부공동생활, 특히 경제적인 독립성을 보장하기 위하여 미성년자는 혼인 에 의하여 성년에 달한 것으로 본다(제826조의 2).

④ 부부는 서로 상속인이 된다(제1002조, 제1003조).

⑤ 혼인은 그 출생자를 적출자로 한다(제844조 1항).

⑥ 혼인에 의하여 혼인관계가 발생하고, 혼인장해(제816조)와 잠재적 부양관 계(제974조)를 만들어 낸다.

◈ 혼인의 효과 : 부부의 동거 · 협조 · 부양의 의무

제826조 【부부간의 의무】

① 부부는 동거하며 서로 부양하고 협조하여야 한다. 그러나 정당한 이유로 일시적으로 동거하지 아니하는 경우에는 서로 인용하여야 한다.

② 부부의 동거장소는 부부의 협의에 따라 정한다. 그러나 협의가 이루어지지 아니하는 경우에는 당사자의 청구에 의하여 가정법원이 이를 정한다 <개정 1990. 1. 13>.

③ 삭제 <2005. 3. 31>

④ 삭제 <2005. 3. 31>

■ § 826. 부부간의 동거 · 협조 · 부양의 의무

- 동거의무
- 부양의무
- 협조의무
- 관련법조 : [준거법] 국제사법 §37

본조는 「부부는 동거하며 서로 부양하고 협조하여야 한다」고 규정하고 있다.

본조는 혼인적 생활공동체를 보지하여야 할 의무(Pfiche zureheliche Lebensgemeinschaft, 독일민법(Burgerlicher Gesetzbuch : BGB) 제1353조 1항)를 규정한 것으로서, 여기에서 부부공동원리와 평등원리가 표명되어 있다. 즉 부부간의 동거, 부양, 협조의무를 규정한 것이다.

1. 동거의무

부부는 동거하여야 한다. 동거할 장소는 부부의 협의에 의하며, 협의가 이루어지지 아니한 때에는 당사자의 청구에 의해 가정법원이 이를 정한다(제826조 2항).

동거라 함은 주거를 같이 하여 공동으로 생활하는 것을 말한다. 그러나 별거하더라도 동거의무에 대한 위반이 아니라고 해석되는 경우가 있다. 즉 객관적인 사정이 동거를 불가능하게 하는 경우(부부의 일방이 법정 전염병으로 격리된 경우, 직업상의 장기 출장, 투옥 등)와 부부 사이에 별거합의가 있는 경우이다.

우리 민법상의 제도로는 별거가 인정되고 있지 않으나, 정당한 이유로 인하여 일시적으로 동거할 수 없는 경우에는 서로 인용하여야 한다. 그러나 부부의 일방이 정당한 이유없이 동거를 거절하는 경우에는 타방은 가정법원에 동거청구에 관한 조정을 신청할 수 있고(가소 제2조 1항 마류사건 1호, 50) 상대방이 이 조정에 응하지 아니할 때에는 악의의 유기로서 이혼사유가 된다(제840조 2호). 부의 학대나 성병을 피하기 위하여 처가 별거하는 경우도 물론 정당한 이유가 있는 별거이다.

부당하게 동거의무를 위반한 경우에는 이혼사유가 되며(제840조 2호), 부부의 일방이 정당한 이유 없이 동거청구를 거부하는 경우에는 상대방에 대해서 부양료의 지급을 청구할 수 있다(대판 1991. 12. 10. 91므245).

2. 부양·협조의무

부양·협조의무는 동고동락하고 정신적, 육체적인 각 방면에서 협조하여 원만한 공동생활을 영위하는 의무이다.

그 중 부양은 부부공동생활에 필요한 비용을 공여하는 것으로, 혼인생활공동체보지의 경제적 측면에 해당하고, 협조란 그 이외에 널리 부부가 혼인적 생활공동체의 존속을 위하여 필요한 일을 분담하는 것을 의미한다.

협조는 독립한 생활능력자간의 대등한 관계인데 대하여, 부양은 독립한 생활능력이 없는 자에 대한 일방적 경제적 부조라고 볼 수도 있으나, 양자의 구별은 반드시 명확하지는 않다.

그러나 일반적인 경우 부는 사회적 생산노동에 종사하여 경제적 수입을 가지므로 부양적 요소가 강한 의무를 부담하고, 처는 가계를 운영하고 자녀를 양육한다는 협조적 요소가 강한 의무를 부담하게 하지만, 그 부양·협조의 구체적인 내용은 부부의 사회적 지위, 직업능력, 가족관계 등에 따라 다르다.

어쨌든 부부가 혼인적 생활공동체의 유지를 위하여 쏟는 공적은 평등한 것으로 평가된다(부부의 기능적 동권).

부양의무는 부부관계의 성립과 동시에 발생하고, 서로 상대방에게 자기와 같은 수준의 생활을 보장할 것을 내용으로 하는 것이므로, 자기의 생활에 여

유가 있는 경우에 생활이 궁핍한 가족을 원조하는데 불과한 친족 사이의 부양(제974조) 이상의 것으로서, 미성숙 자녀에 대한 부모의 부양의무와 함께 생활보지의 의무라고 불리운다. 그러므로 배우자는 다른 친족이 있더라도 서로 제1순위의 부양의무자이다.

부양·동거·협조의무는 그 성질상 서로 불가분의 관계에 있으므로 구체적으로 부양의무의 불이행이 있는가의 여부를 판단함에 있어서는 상대방의 태도도 함께 고려하여야 한다.

판례는 처가 정당한 이유 없이 별거하면서 부에 대하여 부양금을 청구한 데 대하여 동거의무를 스스로 저버리고 별거하고 있는 경우에는 부양료를 청구할 수 없다고 하였다(대판 1991. 12. 10. 91므245).

3. 폐지규정

2005년 민법개정으로 호주제도가 폐지되었는데, 이에 따라 처가 부의 가에 입적하는 것을 원칙으로 하고, 처가 친가의 호주 또는 호주승계인 때에 부가 처의 가에 입적하게 되는 규정(구 민법 제826조 3항)과 입부혼의 경우 자는 모의 성과 본을 따르고 모의 가에 입적한다는 규정(구 민법 제837조 4항)은 폐지되었다.

▣ 핵심판례 ▣

■ [부부간의 의무]

1. 부부간의 상호부양의무에 있어 이행청구 전의 부양료에 대한 지급청구의 가부(소극)

민법 제826조가 규정하고 있는 부부간의 상호부양의무는 부부 중 일방에게 부양의 필요가 생겼을 때 발생하는 것이기는 하지만 이에 터잡아 부양료의 지급을 구함에 있어서는 그 성질상 부양의무자가 부양권리자로부터 그 재판상 또는 재판외에서 부양의 청구를 받고도 이를 이행하지 않음으로써 이행지체에 빠진 이후의 분에 대한 부양료의 지급을 구할 수 있음에 그치고 그 이행청구를 받기 전의 부양료에 대하여는 이를 청구할 수 없다고 해석함이 형평에 맞는다고 할 것이다 (1991. 10. 8. 제2부 판결 90므781, 798(반심) 부부의부양협조등).

2. 부부의 일방이 상대방에 대하여 동거에 관한 심판을 청구하여 조정이 성립하였음에도 상대방이 구체적인 조치의 실현을 위하여 서로 협력할 법적 의무의 본질적 부분을 유책하게 위반한 경우, 부부의 일방이 그로 인하여 통상 발생하는 비재산적 손해의 배상을 청구할 수 있는지 여부(적극)

부부의 일방이 상대방에 대하여 동거에 관한 심판을 청구한 결과로 그 심판절차에서 동거의무의 이행을 위한 구체적인 조치에 관하여 조정이 성립한 경우에 그 조치의 실현을 위하여 서로 협력할 법적 의무의 본질적 부분을 상대방이 유책하게 위반하였다면, 부부의 일방은 바로 그 의무의 불이행을 들어 그로 인하여 통상 발생하는 비재산적 손해의 배상을 청구할 수 있고, 그에 반드시 이혼의 청구가 전제되어야 할 필요는 없다. 비록 부부의 동거의무는 인격존중의 귀중한 이념이나 부부관계의 본질 등에 비추어 일반적으로 그 실현에 관하여 간접강제를 포함하여 강제집행을 행하여서는 안 된다고 하더라도, 또 위와 같은 손해배상이 현실적으로 동거의 강제로 이끄는 측면이 있다고 하더라도, 동거의무 또는 그를 위한 협력의무의 불이행으로 말미암아 상대방에게 발생한 손해에 대하여 그 배상을 행하는 것은 동거 자체를 강제하는 것과는 목적 및 내용을 달리하는 것으로서, 후자가 허용되지 않는다고 하여 전자도 금지된다고는 할 수 없다. 오히려 부부의 동거의무도 엄연히 법적인 의무이고 보면, 그 위반에 대하여는 법적인 제재가 따라야 할 것인데, 그 제재의 내용을 혼인관계의 소멸이라는 과격한 효과를 가지는 이혼에 한정하는 것이 부부관계의 양상이 훨씬 다양하고 복잡하게 된 오늘날의 사정에 언제나 적절하다고 단정할 수 없고, 특히 제반 사정 아래서는 1회적인 위자료의 지급을 명하는 것이 인격을 해친다거나 부부관계의 본질상 허용되지 않는다고 말할 수 없다(대법원 2009. 7. 23. 선고 2009다32454 판결).

◈ 혼인의 효과 : 성년의제

제826조의 2【성년의제】

미성년자가 혼인을 한 때에는 성년자로 본다. [본조신설 1977. 12. 31]

■ § 826조의 2. 성년의제

- 미성년자가 혼인하였을 때에는 성년에 달한 것으로 본다
- 즉, 행위능력을 취득하게 되고 친권, 후견은 종료한다
- 따라서 자기의 자에 대하여 친권을 행사할 수 있으며, 타인의 후견인이 될 수 있다

만 19세 미만인 자는 미성년자로서 그 법정대리인의 동의가 없으면 법률행위를 할 수 없다고 되어 있으나(제5조 1항) 본조에서는 미성년자라도 혼인을 하면 혼인의 효과로서 성년자, 즉 행위능력자로 본다고 규정하고 있다. 이를 성년의제제도라고 한다.

이 규정의 취지는 부부 2인의 협력으로 독립한 부부공동생활을 유지할 수 있도록 하기 위함이며, 혼인을 할 정도의 자는 성숙한 정신능력을 가진 자라고 볼 수 있다는 점에 그 근거를 두고 있다.

이와 같은 규정은 성년연령과 혼인적령이 일치하는 입법하에서 불필요하나, 일치하지 않는 법제하에서는 혼인에 의한 성년(스위스민법 제14조 2항)이라든가 또는 권리해방제도(프랑스 민법 제476조)를 채용하여 부부공동생활의 독립, 특히 경제적 독립을 가능하게 하여 거래의 안정을 꾀하고 있다.

우리나라에서도 1977년 12월 31일 법률 제3051호로 본조를 신설함으로써 성년의제제도를 채용하였다. 따라서 현행법제하에서는 혼인으로 인하여 남녀(부부)가 함께 성년자(행위능력자)로서의 완전한 사법상의 지위를 취득한다.

친권이나 후견이 종료할 뿐만 아니라 미성년자인 부부자신이 그 자에 대하여 친권을 행사할 수 있다. 따라서 친권자나 후견인이 미성년자인 자에 갈음하여 친권을 행사할 수 있다고 한 민법의 규정(제910조, 제948조 1항)은 미성년자의 자의 비적출자에 대해서만 적용된다.

부부의 일방이 성년후견개시의 심판을 받은 때에는 다른 일방이 19세 미만인 경우에도 그 후견인이 되고, 또 타인의 후견인이나 보증인이 되거나 유언의 증인·집행자가 되는 능력도 인정하여야 할 것이다.

소송능력도 취득한다. 다만 양자를 맞이하는 일은 미성숙한 자의 양육이란 목적의 중요성으로 미루어 보아 만 19세에 달할 때까지 허용되지 않는다는 견해가 유력하다(김주수, 반대 : 김용한).

이 성년의제제도는 사법관계에 한하므로 공직선거 및 선거부정방지법(제15조)·근로기준법(제50조 이하)의 연소근로자보호규정 등 공법상의 관계에서는 혼인한 자라 하더라도 19세 미만의 자는 그대로 미성년자로 취급된다는 점을 주의하여야 한다.

일반적으로 이혼에 의하여 해소되더라도 소멸하지 않으므로, 혼인관계해소시 당사자가 미성년자인 경우에도 그로 인하여 다시 미성년자로 복귀하지 않는다고 해석한다. 단 이러한 효과는 성년의제제도를 인정하는 취지에서 볼 때 반드시 자명한 것은 아니다.

미성년자로 다시 복귀하지 않는다는 사고방식의 배후에는 친권으로부터의 독립·해방의 기득권과 같은 의식이 강하게 남아 있다고 볼 수 있다.

통설은 혼인 취소, 이혼이 된 경우 성년의제가 유지되는 것으로 본다. 다만, 혼인이 무효인 경우는 성년의제는 소멸한다.

◈ 혼인의 효과 : 일상가사대리권

제827조【부부간의 가사대리권】

① 부부는 일상의 가사에 관하여 서로 대리권이 있다.

② 전항의 대리권에 가한 제한은 선의의 제3자에게 대항하지 못한다.

■ § 827. 일상가사대리권

- 부부는 일상가사에 관하여 서로 대리권이 있다
- 일상가사대리권의 제한 : ① 부부일방이 경험부족, 지려천박, 부부공동체 생
  　　　　　　　　　　　　활 파탄 염려시
  　　　　　　　　　② 그러나 가사대리권 전부의 제한 – 불가
- 제한방법 : 제한범위의 특정 – 당사자일방에 대한 의사표시로 족
- 부부관계모습 : 외부 제3자가 정확하게 알 수 없으므로 거래보호 위해 판례
  　　　　　　　태도 타당. 즉, 제3자가 일상가사 범위내 행위로 믿을 만한
  　　　　　　　정당한 사유의 해석으로

1. 의 의

　일상가사대리권은 게르만법의 열쇠의 기능(Schlüsselgewalt)에서 비롯된 것으로서 일종의 법정대리라고 할 수 있으나 그 행위의 효과가 귀속되는 면에서는 단순한 법정대리와 구별되고 일종의 「대표」에 가까우며, 민법은 부부의 일상가사에 관하여 대리권이 있고 부부의 일방이 일상가사에 관하여 제3자와 법률행위를 한 때에는 다른 일방은 이로 인하여 채무에 대하여 연대책임을 지도록 하였다.

　제832조는 부부공동생활에 있어서 부부의 일방이 일상의 가사에 관하여 제3자와 법률행위를 한 때에는 다른 일방도 이로 인한 채무에 대하여 연대책임을 진다고 규정하고 있다. 일상가사에 관한 거래의 사실상의 주체는 거래의 직접 관계하는 처나 부 개인보다도 부부공동으로 당사자가 된다고 보는 것이 보통이나, 부부별산제를 채택하고 있기 때문에 이러한 채무의 담보가 될 수 있는 독립한 재산이 많지 않을 뿐만 아니라 대표적 책임자제도를 인정하지 않기 때

문에 거래의 제3자의 신뢰를 보호하기 위하여 또 반대로 부부공동생활을 보호하기 위하여 이 특칙을 둔 것이다.

2. 일상가사의 의의, 판단기준 및 범위

(1) 일상가사의 의의 및 판단기준

일상가사란 부부의 공동생활에서 필요로 하는 통상의 사무를 말한다.

일상의 가사에 관한 법률행위라 함은 부부의 공동생활에서 필요로 하는 통상의 사무에 관한 법률행위를 말하는 것으로, 그 구체적인 범위는 부부공동체의 사회적 지위·직업·재산·수입 능력 등 현실적 생활 상태뿐만 아니라 그 부부의 생활 장소인 지역 사회의 관습 등에 의하여 정하여지나, 당해 구체적인 법률행위가 일상의 가사에 관한 법률행위인지 여부를 판단함에 있어서는 그 법률행위를 한 부부공동체의 내부 사정이나 그 행위의 개별적인 목적만을 중시할 것이 아니라, 그 법률행위의 객관적인 종류나 성질 등도 충분히 고려하여 판단하여야 한다(대판 2000. 4. 25. 2000다8267).

(2) 일상가사의 범위

가족공동생활에 필요한 사무, 즉 가족의 부양과 관련된 사무는 원칙적으로 모두 일상가사의 범위에 포함된다고 보아야 할 것이다. 가족의 부양과 관련된 사무란 기본적으로 가족의 의식주를 해결하기 위한 것을 말한다.

부부의 일방의 법률행위가 일상가사인지 여부는 부부공동체의 내부사정이나 그 행위의 개별적인 목적만을 중시하는 것이 아니라, 그 법률행위의 객관적 종류나 성질 등도 충분히 고려하여 판단하여야 한다(대판 1997. 11. 28. 97다31229).

(3) 일상가사의 범위에 속하는지 여부가 문제되는 사례

1) 일상가사의 범위에 해당하는 경우

① 가족의 주거공간을 마련하기 위하여 주택을 임차 또는 매입하려고 하는데, 자금이 부족하여 금전을 차용한 경우(대판 1999. 3. 9. 98다4687 7).

② 남편이 정신병으로 장기간 병원에 입원하는 동안 입원비, 생활비, 자녀 교육비 등을 위하여 남편소유의 가대를 적정가격으로 매각하는 행위(대

판 1970. 10. 30. 70다1812).

③ 남편의 채무에 관하여 남편소유의 부동산에 대한 근저당설정계약을 체
결한 행위(대판 1964. 12. 22. 64다1244).

2) 일상가사의 범위에 속하지 않는 경우

가. 처가 교회에서 건축헌금 등의 명목으로 금원을 차용한 행위

처가 교회에서 건축헌금, 가게의 인수대금, 장남의 교회 및 주택임대차
보증금의 보조금, 거액의 대출금에 대한 이자지급 등의 명목으로 금원을
차용한 행위는 일상가사에 속한다고 볼 수 없으며, 주택 및 아파트 구입비
용 명목으로 차용한 경우 그와 같은 비용의 지출이 부부공동체를 유지하기
위하여 필수적인 주거공간을 마련하기 위한 것이라면 일상의 가사에 속한
다고 볼 여지가 있을 수 있으나, 그 주택 및 아파트의 매매대금이 거액에
이르는 대규모의 주택이나 아파트라면 그 구입 또는 일상의 가사에 속하는
것이라고 보기는 어렵다고 할 것이다(대판 1997. 11. 28. 97다31229).

나. 처가 사업상 필요에 의해 부담한 채무

처가 사업상의 필요에 의해 부담한 채무라면 일상가사로 인한 채무라고
볼 수 없으므로 부에게 연대책임을 물을 수 없다(대판 2000. 4. 25. 2000다
8267).

다. 처가 자가용 구입자금으로 돈을 빌린 행위(대판 1985. 3. 26. 84다카 1261).

라. 처가 별거하여 외국에 체류 중인 부의 재산을 처분한 행위

부부간의 일상가사대리권은 부부가 공동체로서 가정생활상 항시 행하여
지는 행위에 한하는 것이므로, 처가 별거하여 외국에 체류중인 부의 재산
을 처분한 행위를 부부간의 일상가사에 속하는 것이라 할 수는 없다(대판
1993. 9. 28. 93다16369).

【쟁점사항】

<부부의 일방이 다른 일방으로부터 대리권을 수여받지 않고 다른 일방 명의의 부동산을 매도 또는 담보로 제공한 경우 권한을 넘는 표현대리가 성립하는지 여부>

이에 관해 판례는 처의 일상가사대리권을 기초로 하여 민법 제126조를 적용하는 해석론을 전개해 왔다. 다만 판례는 권한을 넘은 표현대리가 성립하기 위해서는 부가 처에게 그러한 권한을 주었다고 믿을 만한 정당한 사유가 있어야 한다고 한다 (대판 1995. 12. 22. 94다45098).

(ㄱ) 표현대리의 성립을 인정한 사례

부가 직장관계로 별거 중에 처가 보관중인 부의 인장을 사용하여 부의 부동산에 저당권을 설정하고, 저당권자가 그 부동산을 경락 취득한 경우 비록 부가 자기의 처에게 저당권 설정에 관한 권한을 수여한 사실이 없다손 치더라도, 부부 사이에는 일상의 가사에 관하여 대리권이 있으므로, 위 처의 행위는 권한 밖의 법률행위를 한 경우에 해당한다 할 수 있을 것이요, 저당권을 취득한 상대방이 처에게 그러한 권한이 있다고 믿을 만한 정당한 사유가 있다면 본인되는 부는 처의 행위에 대하여 책임을 져야 하는 것이다(대판 1967. 8. 29. 67다1125).

(ㄴ) 표현대리의 성립을 부정한 사례

부부간에 서로 일상가사대리권이 있다고 하더라도, 일반적으로 처가 남편이 부담하는 사업상의 채무를 남편과 연대하여 부담하기 위하여 남편에게 채권자와의 채무부담약정에 관한 대리권을 수여한다는 것은 극히 이례적이라 할 것이고, 채무자가 남편으로서 처의 도장을 쉽게 입수할 수 있었으며, 채권자도 이러한 사정을 쉽게 알 수 있었던 점에 비추어 보면, 채무자가 채권자를 자신의 집 부근으로 오게 한 후 처로부터 위임을 받았다고 하여 처 명의의 채무부담약정을 한 사실만으로는 채권자가 남편에게 처를 대리하여 채무부담약정을 한 대리권이 있다고 믿은 점을 정당화할 수 있는 객관적인 사정이 있었다고 할 수 없다고 할 것이다 (대판 1997. 4. 8. 96다54942).

3. 일상가사에 관한 법률행위의 효과

일상가사에 관한 법률행위의 효과는 부부 쌍방에게 귀속되므로, 부부는 그 법률행위에서 발생한 채무에 대해서 연대책임을 질 뿐만 아니라, 권리도 취득한다고 해석하는 것이 일반적이다. 예컨대 부부의 일방이 주택임대차계약을 체결한 경우에 주택임차는 일상가사의 범위에 포함되므로, 차임지급채무에 대해서 부부 쌍방이 연대책임을 진다.

부부의 연대책임은 미리 제3자에 대하여 책임을지지 않는다는 것을 명시한 경우에 한하여 생기지 않는다(제832조 단서).

명시를 해야 할 제3자는 부부의 일방과 일상가사에 관하여 거래를 하는 개개의 상대방이며, 불특정의 일반인을 상대로 면책의 명시를 할 수는 없다.

4. 일상가사대리권의 확장과 제한

부부일방의 장기부재시 일부학설은 비상가사대리권이라 하여 일상가사범위를 확대하나, 판례는 이러한 비상가사대리권을 부정한다(대판 1980. 11. 11. 80다947참조).

5. 일상가사대리권의 법적성격

(1) 법정대표권설

법규에 의하여 대리권이 인정되는 일종의 법정대리권이라는 견해이다.

(2) 대표권설

결혼공동체의 대표자의 대표권이라는 견해이다. 부부 각자는 가족공동체의 대표자로서 부부의 혼인공동생활을 경영한다고 이해한다.

6. 일상가사대리권을 초과한 행위와 표현대리

(1) 제126조 직접적용설(다수설, 판례)

일상가사대리권을 법정대리권으로 보고, 제827조의 일상가사대리권을 기본대리권으로 하여 당해 행위에 특별 수권이 있다고 믿을 만한 정당한 이유가 있는 경우 제126조 표현대리의 성립 가능성을 인정한다.

(2) 제126조 유추적용설

부부별산제의 원칙에 충실한 견해이다. 일상가사대리권을 대표권으로 보아 제827조는 제126조의 기본대리권이 될 수 없다고 한다. 다만, 개별적, 구체적 일상가사의 범위가 일반적, 추상적 일상가사의 범위와 일치하지 않

는 경우에 한하여 일반적, 추상적 일상가사의 범위내에서만 표현대리규정
이 유추적용되고, 그 밖의 행위에 대하여는 대리권의 수여가 있는 경우에
한하여 표현대리가 적용된다는 견해이다.

▣ 핵심판례 ▣

■ [부부간의 가사대리권]

1. 처가 주택구입비 명목으로 남편의 명의로 분양된 아파트의 분양대금을 빌리는 행위가 일사가사대리에 해당하는지 여부

금전차용행위도 금액, 차용목적, 실제의 지출용도, 기타의 사정 등을 고려하여 그
것이 부부의 공동생활에 필요한 자금조달을 목적으로 하는 것이라면 일상가사에
속한다고 보아야 할 것이므로, 아파트 구입비용 명목으로 차용한 경우 그와 같은
비용의 지출이 부부공동체 유지에 필수적인 주거공간을 마련하기 위한 것이라면
일상가사에 속한다고 볼 수 있다. 따라서, 부인이 남편명의로 분양받은 45평형 아
파트의 분양금을 납입하기 위한 명목으로 금전을 차용하여 분양금을 납입하였고,
그 아파트가 남편의 유일한 부동산으로서 가족들이 거주하고 있는 경우, 그 금전
차용행위는 일상가사에 속한다(대판 1999. 3. 9. 98다46877).

2. 처가 타인의 채무에 대한 보증을 하였을 경우 그 보증행위에 대해 표현대리고 성립하기 위한 요건

타인의 채무에 대한 보증행위는 그 성질상 아무런 반대급부 없이 오직 일방적으
로 불이익을 입는 것인 점에 비추어 볼 때, 남편이 처에게 타인의 채무를 보증함
에 필요한 대리권을 수여한다는 것은 사회통념상 이례에 속하는 것이므로, 처가
특별한 수권 없이 남편을 대리하여 위와 같은 행위를 하였을 경우에 그것이 민법
제126조 소정의 표현대리가 되려면 처에게 일상가사대리권이 있었다는 것만이 아
니라 상대방이 처에게 남편이 그 행위에 관한 대리의 권한을 주었다고 믿었음을
정당화할 만한 객관적인 사정이 있어야 한다(대판 1998. 7. 10. 98다18988).

3. 부부의 일방이 의식불명의 상태에 있어 사회통념상 대리관계를 인정할 필요가 있다는 사정만으로 그 배우자가 당연히 모든 법률행위에 관하여 대리권을 갖는지 여부(소극)

대리가 적법하게 성립하기 위하여는 대리행위를 한 자, 즉 대리인이 본인을 대리
할 권한을 가지고 그 대리권의 범위 내에서 법률행위를 하였음을 요하며, 부부의
경우에도 일상의 가사가 아닌 법률행위를 배우자를 대리하여 행함에 있어서는 별
도로 대리권을 수여하는 수권행위가 필요한 것이지, 부부의 일방이 의식불명의
상태에 있어 사회통념상 대리관계를 인정할 필요가 있다는 사정만으로 그 배우자
가 당연히 채무의 부담행위를 포함한 모든 법률행위에 관하여 대리권을 갖는다고
볼 것은 아니다(대법원 2000. 12. 8. 선고 99다37856 판결).

제828조 삭제 <2012.2.10.>

종전규정 제828조 【부부간의 계약의 취소】

부부간의 계약은 혼인중 언제든지 부부의 일방이 이를 취소할 수 있다. 그러나 제삼자의 권리를 해하지 못한다.

제 2 관 재산상 효력

부권적 가족제도하에서 처는 부의 지배와 비호하에 있고, 사회경제상으로도 독립적 지위를 가지지 못하므로, 부부간의 재산관계에 관해서도 처를 위하여 특별한 소유(특별재산)를 인정할 필요는 있었으나, 전직인 부부재산관계를 정하는 것은 문제가 되지 않았다. 그후 여자의 경제적 지위의 향상, 상속권의 취득 등에 의하여 처도 부에 못지 않게 재산을 가지게 되고, 또 사상적으로도 처의 독립적 지위가 확립되어감에 따라 부부사이의 재산관계를 어떻게 규율할 것이냐가 특히 유럽에서 입법상 큰 문제가 되었다.

부부재산제는 대별하면 두 가지가 있는데, 하나는 남녀가 계약으로 자유롭게 정하는「부부재산계약」이고, 다른 하나는「법정재산제」이다. 법정재산제는 부부사이의 부부재산계약이 체결되지 않은 경우라든지 또는 불완전한 경우에 적용되는 것이 일반적이다.

우리나라는 본래 법정재산제만을 가지고 있었으며, 부부재산계약에 관한 관습은 없다. 그런데 민법에서는 주로 프랑스의 입법례를 따라서 부부재산계약에 관한 규정을 신설하였다.

◈ 혼인의 재산적 효과 : 부부재산계약

제829조【부부재산의 약정과 그 변경】

① 부부가 혼인성립전에 그 재산에 관하여 따로 약정을 하지 아니한 때에는 그 재산관계는 본관중 다음 각조에 정하는 바에 의한다.

② 부부가 혼인성립전에 그 재산에 관하여 약정한 때에는 혼인중 이를 변경하지 못한다. 그러나 정당한 사유가 있는 때에는 법원의 허가를 얻어 변경할 수 있다.

③ 전항의 약정에 의하여 부부의 일방이 다른 일방의 재산을 관리하는 경우에 부적당한 관리로 인하여 그 재산을 위태하게 한 때에는 다른 일방은 자기가 관리할 것을 법원에 청구할 수 있고 그 재산이 부부의 공유인 때에는 그 분할을 청구할 수 있다.

④ 부부가 그 재산에 관하여 따로 약정을 한 때에는 혼인성립까지에 그 등기를 하지 아니하면 이로써 부부의 승계인 또는 제3자에게 대항하지 못한다.

⑤ 제2항, 제3항의 규정이나 약정에 의하여 관리자를 변경하거나 공유재산을 분할하였을 때에는 그 등기를 하지 아니하면 이로써 부부의 승계인 또는 제3자에게 대항하지 못한다.

■ § 829. 부부재산계약

- 계약의 체결 : 혼인신고전에 체결 및 등기
- 계약의 변경 : 부부의 일방이 다른 일방의 재산을 관리하는 경우에 부적당한 관리로 인하여 그 재산을 위태롭게 한 때에 다른 일방이 법원에 대해 자기가 관리할 것을 청구하거나 공유재산에 관해서는 분할을 청구할 수 있다
- 관련법조 : [부부재산계약] 비송 §68

부부사이의 재산관계를 어떻게 정할 것인가의 문제와 관련하여 민법은 우선

당사자인 부부의 합의에 맡긴다는 태도를 취하고 있다(제829조). 그리고 당사자 사이에 부부재산계약이 체결되지 않은 경우에 일률적으로 적용되는 법정부부재산제로서 별산제를 규정하고 있다(제830조 이하).

본조는 부부재산계약에 관하여 규정한 것이다.

1. 계약의 체결 및 변경

부부는 계약에 의하여 법정재산제도와 다른 내용의 재산관계를 자유롭게 정할 수 있다.

민법은 부부재산계약의 유형에 대해서는 따로 정하고 있지 않으나 강행규정과 양성의 본질적 평등, 또는 부부공동생활의 본질에 반하는 내용의 계약은 허용되지 않는다.

부부재산계약은 혼인신고 전에 체결하고(이것은 제828조의 계약취소권과 관련된다), 그 신고 전에 등기하여야 한다. 등기가 없으면 부부의 승계인이나 제3자에게 대항할 수 없다. 결국 계약은 거의 그 의의를 잃게 된다.

부부재산계약은 혼인전에 체결되어야 효력이 있으며, 혼인 중에는 정당한 사유가 있는 경우에 한하여 법원의 허가를 얻어 변경할 수 있다. 이 외에도 관리권을 박탈하는 경우와 변경을 예정하고 있는 경우에는, 변경을 인정하는 두 개의 예외규정이 있다.

어느 경우에도 그 등기를 하지 않으면 부부의 승계인 또는 제3자에게 대항할 수 없다. 우리나라에서는 부부재산계약이 체결된 사례가 극히 드물다.

요건이 지나치게 엄격한 점과 처는 특별한 재산이나 수입을 갖고 있지 않는 것이 보통인 점 등의 이유에서이겠으나, 근본적으로는 부부간에 있어서의 재산관계를 어떻게 정하는가에 대한 자각이 충분하지 않는 점이 원인이라고 생각된다. 그러나 법정재산제도의 결함을 보충하기 위해서도 이 제도의 수정과 선용이 기대된다.

부부재산계약의 방식에 관하여는 본조가 아무런 방식도 규정하지 않고 있으므로, 단순한 구술에 의한 계약도 유효하다고 본다. 다만 부부가 부부재산계약의 체결을 부부의 승계인(상속인 또는 포괄적 수증자) 또는 제3자에게 대항하기 위해서는 혼인신고를 할 때까지 또는 계약변경이 있었을 경우에 그 등기를 하여야 한다. 이 등기를 하기 위해서는 등기신청서에 부부재산계약서를 첨부하여야 하므로 결국 서면을 요하게 된다.

2. 계약의 내용

부부재산계약의 내용은 자유이나, 혼인의 본질적 요소나 남녀평등 내지 사회질서에 반하는 내용은 안 된다고 보아야 할 것이다.

그리고 부부재산계약의 성질상 원칙적으로 조건부 또는 기한부계약은 허용되지 않는다고 해석된다.

부부재산계약은 혼인이 성립하였을 때 효력이 발생하고, 혼인이 종료되면 그때부터 효력을 잃는다. 따라서 부부재산계약으로 혼인성립 전이나 혼인종료 후의 재산관계를 정할 수는 없다.

3. 계약의 종료

부부재산계약은 혼인중에 재산계약이 종료하는 경우와 혼인관계의 소멸로 종료하는 경우가 있다. 혼인중의 종료원인으로서는 사기·강박에 의하여 계약이 체결된 경우에 그 계약이 취소된 때일 것이다.

계약의 결과가 사해행위에 해당되는 경우에는 채권자취소권의 대상이 될 수 있다(제406조 참조). 이러한 경우에는 부부재산계약은 효력을 잃고, 법정재산제로 전환한다. 혼인관계소멸로 인한 계약종료원인으로는 이혼 또는 혼인의 취소에 의한 경우와 배우자 일방의 사망으로 인한 경우가 있다.

【서식】부부재산계약서

부 부 재 산 계 약 서

주 소
　　　夫　　김 갑 동

주 소
　　　妻　　이 을 녀

　위 당사자간에 혼인함에 있어서 아래의 부부재산계약을 체결한다.
제1조 부부의 재산 중 아래에 표시된 것은 이를 각기 특유재산으로 한
다.

　부의 재산
　　　　1. 합동주식회사 주권　　　　장
　　　　2. 대한은행 정기예금　　　　원

　처의 재산
　　　　1.　　시(도)　　구(군)　　동(면)　　리　　번지 소재의　　(평)

제2조 특유재산의 관리 및 특유재산으로 인한 수익은 부부 각자에 속한다.
제3조 제1조에 표시한 것 이외의 부부의 재산은 모두 공유로 한다.
　위 계약은 증명하기 위하여 본증서를 작성하고 각자 서명날인하여 각각
1통씩 보관한다.

　　　　　　　　서기　　　　년　　 월　　 일

　　　　　　　　　　　　　　　위　김 갑 동 ㊞
　　　　　　　　　　　　　　　　　이 을 녀 ㊞

◆ 법정재산제 : 부부별산제

제830조【특유재산과 귀속불명재산】

① 부부의 일방이 혼인전부터 가진 고유재산과 혼인중 자기의 명의로 취득한 재산은 그 특유재산으로 한다.

② 부부의 누구에게 속한 것인지 분명하지 아니한 재산은 부부의 공유로 추정한다. <개정 1977. 12. 31. 본항개정>

■ § 830. 부부별산제의 원칙

- 부부의 일방이 혼인전부터 가진 고유재산은 각자의 특유재산이다
- 혼인중 자기의 명의로 취득한 재산은 그 특유재산으로 한다
- 부부의 누구에게 속한 것인지 분명하지 않은 재산은 부부의 공유로 추정한다.

1. 법정재산제

부부가 혼인신고 전에 부부재산계약을 체결하지 않은 한, 그 재산관계는 모두 제830조 내지 제833조 법정재산제에 의한다.

2. 부부별산제

(1) 의 의

부부간의 재산의 귀속에 관하여는 본조에서 부부의 일방이 혼인전부터 가진 고유재산과 혼인중 자기의 명의로 취득한 재산은 그 특유재산(그 개인 소유의 재산으로 한다)으로 하고, 부부의 누구에게 속한 것인지 분명하지 아니한 재산은 부부의 공유로 추정한다고 규정하고 있다.

오늘날 본조는 일반적으로 완전한 부부별산제를 규정한 것으로 해석하고 있다. 그리고 부부가 현실적으로 가계를 같이하는 이상 부부의 누구에게 속한 것인지 분명하지 아니한 재산이 생기게 되고, 이러한 재산은 부부의 공유로 추정한다.

이 점도 구법이 「부의 특유재산으로 추정한다」고 한 규정을 개정한 것으로, 부부의 공동생활이 평등·독립한 자의 협력·부양에 의하여 유지된다

고 한 신법의 태도를 나타내고 있다.

본조를 완전한 별산제라고 해석하는 데에는 상당한 의문이 있다. 특히 「자기의 명의로 취득한 재산」이 그의 소유재산이라고 한 것을 문자 그대로 해석하는 것은 부부공동생활의 실정에 적당하지 않은 경우가 많고, 특히 대다수의 가정에서 행해지는 처의 가사노동에 의한 협력은 취득재산으로 나타날 수 없으므로, 그것을 적절하게 평가할 수 없는 결과가 되기 때문이다. 그러므로 여기와서는 처의 생산노동에 의한 협력(예 : 가업경영)의 문제는 일단 제외해 둔다.

이 문제는 원리적으로 일반 재산법상의 논리(예컨대, 묵시의 조합계약)에 의하여 처리되어야 하기 때문이다.

민법은 이 문제를 혼인관계의 계속중에는 애정과 윤리에 맡기고, 혼인해소시에는 배우자의 상속권 또는 재산분여청구권의 형태로 보호하려고 하고 있다고 볼 수 있으나, 전자는 상속분(제1009조 3항) 후자의 경우에도 결국 가정법원의 재량에 따라 그 액이 결정되는데 불과하다.

더욱이 이러한 부부관계내부의 문제보다도 중대한 것은 부의 채권자가 이 재산에 대하여 채권을 행사하는 경우 등 제3자에 대한 관계에 있어서 처의 이익은 전혀 보호될 수 없는 결과가 된다는 점이다.

이리하여 이 문제의 해석을 위해 최근 본조 제2항을 대폭 활용하여 혼인의 공동체적 측면을 법해석에 받아 들이려는 견해가 유력해져 있다.

(2) 부부재산의 종류

부부의 재산을 다음과 같이 분류한다.

1) 명실공히 부부의 각자의 소유로 되는 재산

부부가 각각 혼인 전부터 소유하고 있던 재산, 혼인 중에 상속·증여 등의 무상처분에 의하여 취득한 재산·장신구와 같은 부부 각자의 전용품 및 그러한 각 재산의 수익 또는 그 수익으로부터 취득한 재산 등이 이에 속한다.

이러한 재산은 명의상으로나 실질에 있어서 부부 각자에게 속하는 재산이므로(즉 다른 일방은 이러한 재산의 형성에 기여한 부분이 없다고 본다), 이혼시에도 다른 일방은 이러한 재산에 대하여 분할을 청구할 수 없다. 또한 사망시에는 이러한 재산은 전부 상속재산이 된다(즉 다른 일방은 그 재산을 형성하는데 구체적으로 기여한 바가 없으므로, 그 재산은 부부의 공유로 인정되지 않는다. 따라서 다른 일방은 상속재산에서 자신의 공유지분을 공제할 것을 주장하지 못한다). 다만, 부부의 일방이 상속한 재산이나 증여받은 재산이라도 혼인중에 다른 일방이 그 재산의 유지, 증가에 기여하였다면 그러한 부분에 대해서는 재산분할청구가 가능하다고 해석한다.

2) 명실공히 부부의 공유에 속하는 재산

부부가 공동으로 출자하여 취득한 재산이나 가족공동생활에 필요한 가재도구 등은 부부의 공유(지분은 동등)에 속한다고 보아야 할 것이다. 이러한 공유재산에 대해서는 이혼시 부부는 각자 자신의 지분에 따른 분할을 청구할 수 있다.

그리고 제830조 2항은 부부의 누구에게 속한 것인지 분명하지 아니한 재산은 부부의 공유로 추정한다고 규정하고 있다.

이 규정은 부부의 상호협력주의 및 그 경제력 측면으로서의 혼인비용부담 의무에 대응하는 것이며, 그 상호협력과 함께 혼인비용을 서로 분담한다면 그 결과 취득재산의 공유는 쉽게 인정할 수 있으나, 처의 협력은 무상의 가사노동에 의하여 행해지는 일이 보통이고, 재산귀속상에 그것을 반영할 수 없기 때문에(가사노동의 무상성) 이 추정규정을 두게된 것이다.

여기에서 말하는 귀속불명재산이라 함은 부부 각자의 귀속관계가 끊어져 완전히 그 공동소비생활에 소비된 것이라는 의미이며, 실질적으로는 부부공동체의 경제적 측면으로서의 가계에 귀속되어 일종의 목적 재산화한 것이라고 생각할 수 있는 것으로서 부부의 공유(합유)로 한 것이다. 그 잠재적인 지분은 보통 1/2이라고 해석한다. 따라서 단지「자기의 명의로 취득한」이라고 한 이상 배우자는 그것을 취득하기 위한 대가도 모두 자기의 것이었음을 입증하지 않는 한, 자기의 단독소유를 주장할 수 없다.

3) 명의상으로는 부부 일방의 소유이지만, 실질적으로는 부부의 공동재산이라고 보아야 할 재산

가. 의 의

혼인중에 부부가 협력하여 취득하였으나, 부부 일방의 명의로 되어 있는 재산(주택 등 부동산, 예금, 주식 등)이 여기에 속한다. 그러나 부부별산제의 원칙에 따라 이러한 재산은 명의자의 특유재산(개인소유)으로 추정되어, 부부의 다른 일방은 혼인중 이러한 재산에 대하여 아무런 권리도 주장할 수 없다.

나. 판례의 태도

판례는 "부부 일방이 혼인 중에 자기 명의로 취득한 재산은 그 명의자의 특유재산으로 추정되지만, 실질적으로 다른 일방 또는 쌍방이 그 재산의 대가를 부담하여 취득한 것이 증명된 때에는 특유재산의 추정은 번복되어 다른 일방의 소유이거나 쌍방의 공유라고 보아야 한다"고 하면서 처 명의 부동산의 주된 매입자금이 부의 수입이지만 처의 적극적인 재산증식 노력이 있었던 경우, 이를 부부 공동재산으로 볼 여지가 있다고 하였다(대판 1995. 10. 12. 95다25695).

▣ 핵심판례 ▣

■ [특유재산과 귀속불명재산]

1. 가. 과세표준과 세액을 결정한 후 탈루 또는 오류가 있는 것을 발견한 때에는 즉시 그 과세표준과 세액을 경정하도록 규정한 상속세법 제25조 제3항에 따른 과세관청의 경정처분이 이중과세에 해당한다거나 형평과세 내지 신의성실의 원칙에 위배되는 것인지 여부(소극)

상속세법 제25조 제3항은 정부는 과세표준과 세액을 결정한 후 그 과세표준과 세액에 탈루 또는 오류가 있는 것을 발견한 때에는 즉시 그 과세표준과 세액을 경정하여야 한다고 규정하고 있고, 구 방위세법(1990. 12. 31. 법률 제4280호로 폐지) 제6조 제1항 2호는 증여세액에 부과되는 방위세는 증여세의 부과, 징수의 예에 의하여 부과, 징수한다고 규정하고 있는바, 위 각 규정은 공정과세의 이념이나 국가과세권의 본질상 당연한 내용을 규정한 것으로서 위 규정에 따른 과세관청의 경정처분은 기존 세액의 납부 여부나 세액 등의 탈루, 오류의 발생원인 등과는 무관한 것으로서 이를 가리켜 이중과세에 해당한다거나 형평과세 내지 신의성실의 원칙에 위배되는 것이라고 할 수 없다.

나. 부동산의 취득과정에 처의 기여가 있다는 점만으로 명의자인 부 소유로의 추정을 번복하고 부부의 공유라고 인정할 수 있는지 여부(소극)

민법 제830조는 부부의 일방이 혼인 전부터 가진 고유재산과 혼인 중 자기의 명의로 취득한 재산은 그 특유재산으로 한다고 규정하고 있으므로 부의 명의로 있던 부동산은 그 취득시기가 처와의 혼인 전후인가를 불문하고 부의 소유로 추정된다고 할 것이고, 처가 위 부동산의 취득과정에 일부 기여한 점이 있다고 하더라도 그러한 점만으로 위 추정을 번복하고 위 부동산이 부부의 공유라고 인정할 수 없다.

다. 구 상속세법(1988. 12. 26. 법률 제4022호로 개정되기 전의 것) 제34조의5, 제9조, 같은법시행령(1990. 5. 1. 대통령령 제12993호로 개정되기 전의 것)제42조 제1항, 제5조가 조세법률주의에 위반되는 규정인지 여부(소극)

구 상속세법(1988. 12. 26. 법률 제4022호로 개정되기 전의 것) 제34조의5, 제9조, 같은법시행령(1990. 5. 1. 대통령령 제12993호로 개정되기 전의 것)제42조 제1항, 제5조는 증여재산의 가액은 증여 당시의 현황에 의하여 산정하되 증여 신고를 하지 아니한 경우에는 증여세부과 당시의 가액으로 평가하며 각 그 당시의 시가를 산정하기 어려울 때에는 토지의 경우에 국세청장이 정하는 특정 지역에 있어서는 배율방법에 의하여 평가한 가액에 의하고 그 외의 지역에 있어서는 지방세법상의 과세시가표준액에 의하도록 규정하고 있는바, 위 각 조항은 과세대상과 과세표준 등의 기준과 범위는 법령에서 규정하면서 다만 국가경제적인 상황변화에 따라 수시로 전문적인 판단이 요구되는 특정지역의 선정만을 국세청장의 결정에 위임한 것이므로 이를 가리켜 조세법률주의에 위반된 규정이라고 말할 수 없다(1992. 7. 28. 제1부 판결 91누10732 증여세등부과처분취소).

2. 재산취득시 상대방의 협력이 있었다거나 혼인생활에 있어 내조의 공이 있었다는 것만으로 특유재산의 추정을 번복할 수 있는지 여부

부부의 일방이 혼인 중에 자기의 명의로 취득한 재산의 명의자의 특유재산으로 추정되고, 다만 실질적으로 다른 일방 또는 쌍방이 그 재산의 대가를 부담하여 취득한 것이 증명된 때에는 특유재산의 추정은 번복하여 다른 일방의 소유이거나 쌍방의 공유라고 보아야 할 것이지만, 재산을 취득함에 있어 상대방의 협력이 있었다거나 혼인생활에 잇어 내조의 공이 있었다는 것만으로는 위 추정을 번복할 사유가 된다고 할 수 없다(대판 1992. 12. 11. 92다21982).

◆ 부부의 특유재산의 관리·처분 등

제831조 【특유재산의 관리등】

부부는 그 특유재산을 각자 관리, 사용, 수익한다.

■ § 831. 특유재산의 해석

- 부부일방(처)의 일체적, 협조, 기여를 고려
- 재산분할청구권의 개정
- 각자 관리, 사용, 수익

본조는 특유재산은 부부가 각자 관리·사용·수익·처분하도록 하였다.

여기에서 이른바 「특유재산」이라 함은 단순히 「소유재산」이란 정도의 의미이고, 부부는 각자 자기의 특유재산에 대하여 관리권과 수익권을 갖는다. 이 규정은 구법에서 부에게 처의 재산에 대한 관리권과 수익권을 인정하였던 것을 폐지하고, 처의 부에 대한 경제적 독립·평등을 확립한 것이다.

◈ 일상가사비용의 연대책임

제832조【가사로 인한 채무의 연대책임】

부부의 일방이 일상의 가사에 관하여 제3자와 법률행위를 한 때에는 다른 일방은 이로 인한 채무에 대하여 연대책임이 있다. 그러나 이미 제3자에 대하여 다른 일방의 책임없음을 명시한 때에는 그러하지 아니하다.

■ § 832. 일상가사비용의 연대책임

• 의의 : 동일내용채무의 병존적 부담, 재산법상 연대채무와 성격 달라 일부 규정 적용배제
• 특성 : ① 일방에 생긴 사유-절대적 효력, 따라서 변제, 시효, 면제, 상계 등 일방채무소멸로 타방채무소멸
　　　　② 부담부분에 관한 규정(§418②, §419, §421)-적용배제
• 책임의 변제 : ① 연대책임-부부재산계약으로 배제불가
　　　　　　　② 공동생활종료-보통의 연대채무관계로 돌아감

부부의 일방이 일상가사에 관한 법률행위를 하여 채무가 발생한 경우에는 부부 쌍방이 상대방에 대하여 연대책임을 진다(제832조).

부부의 일방이 일상가사에 관하여 법률행위를 하였다면, 이는 가족공동체 전체를 위하여 한 것이므로, 그러한 법률행위에서 생긴 채무에 대해서는 가족이 연대책임을 부담한다고 볼 수도 있으나 법인 아닌 가족이 연대채무를 부담하는 것은 불가능하므로 가족의 실질적 주체인 부부가 연대채무를 부담하도록 한 것이다.

(1) '일상의 가사에 관한 법률행위'의 의미

제832조에서 말하는 일상의 가사에 관한 법률행위라 함은 부부가 공동생활을 영위하는데 통상 필요한 법률행위를 말하므로 그 내용과 범위는 그 부부공동체의 생활구조, 정도와 그 부부의 생활장소인 지역사회의 사회통념에 의하여 결정되며, 문제가 된 구체적인 법률행위가 당해 부부의 일상의 가사에 관한 것인지를 판단함에 있어서는 그 법률행위의 종류·성질 등 객관적 사정과 함께 가사처리자의 주관적 의사와 목적, 부부의 사회적 지

위·직업·재산·수입능력 등 현실적 생활상태를 종합적으로 고려하여 사회통념에 따라 판단하여야 한다(대판 1999. 3. 9. 98다46877).

(2) 부부가 연대책임을 지지 않는 경우

부부의 연대책임은 미리 제3자에 대하여 책임을 지지 않는다는 것을 명시한 경우에 한하여 생기지 않는다(제832조 단서). 여기서 제3자란 부부의 일방과 일상가사에 관한 법률행위를 한 특정의 상대방을 말한다. 불특정의 일반인을 상대로 면책의 명시를 할 수는 없다. 명시의 방식은 따로 요구되지는 않으나, 채무의 종류, 액 등을 명시하지 않으면 면책의 효과를 주장할 수는 없다고 본다.

▣ 핵심판례 ▣

■ 아파트 구입비용으로 금전을 차용한 행위가 일상가사에 속하는지 여부

가. 금전차용행위도 금액, 차용 목적, 실제의 지출용도, 기타의 사정 등을 고려하여 그것이 부부의 공동생활에 필요한 자금조달을 목적으로 하는 것이라면 일상가사에 속한다고 보아야 할 것이므로, 아파트 구입비용 명목으로 차용한 경우 그와 같은 비용의 지출이 부부공동체 유지에 필수적인 주거 공간을 마련하기 위한 것이라면 일상가사에 속한다고 볼 수 있다.

나. 부인이 남편 명의로 분양받은 45평형 아파트의 분양금을 납입하기 위한 명목으로 금전을 차용하여 분양금을 납입하였고, 그 아파트가 남편의 유일한 부동산으로서 가족들이 거주하고 있는 경우, 그 금전차용행위는 일상가사에 해당한다(대판 1999. 3. 9. 98다46877).

◈ 부부공동생활에 필요한 비용의 공동부담

제833조【생활비용】

부부의 공동생활에 필요한 비용은 당사자간에 특별한 약정이 없으면 부부가 공동으로 부담한다. [전문개정 1990. 1. 13]

■ § 833. 생활비용부담

- 특약
- 특약없는 경우-공동부담
- 별거시-생활비용부담자는 다른 일방에 생활비용 급부의무 있음. 단, 동거의무
  위반책임자는 다른 일방에 생활비청구는 불가하다고 보아야 한다.

(1) 본조에서 규정하고 있는 「부부의 공동생활에 필요한 비용의 부담」은 이 부부부양과 본질적으로는 동일한 것으로서, 제826조는 부부관계의 법적 기본원리로서 부부의 생활보지 의무를 선언하고, 본조는 이에 필요한 비용부담의 구체적인 방법을 규정한 것이라고 해석하는 것이 일반적이다. 부부의 공동생활에 필요한 비용은 당사자간에 특별한 약정이 없으면 부부가 공동으로 이를 부담하는 것이 원칙이다.

부부가 공동으로 부담한다는 것은 액수를 부담한다는 뜻은 아니다. 구체적인 조건을 고려하여 부부가 협의로 분담액을 정하게 되지만, 협의가 되지 않을 때에는 가정법원의 조정 · 심판에 의하여 결정된다(가소 조 1항 마류사건 1호, 50).

(2) 부부가 별거하는 경우에도 부부사이의 부양의무는 존속하는 것이 원칙이므로, 공동생활비용을 부담하고 있던 부부의 일방은 다른 일방에게 필요한 생활비를 지급하여야 한다. 그러나 부부의 일방이 정당한 이유없이 동거 또는 협조를 거절하는 경우에는 상대방은 부양의무를 면한다고 하겠다. 부양의무의 불이행은 악의의 유기로서 이혼사유가 된다(제840조 2항).

제 5 절 이 혼

이혼(divorce Ehescheidung, divorce)은 부부가 생존 중에 혼인을 해소하는 것이다. 출생으로 발생하는 신분관계는 사망에 의하여 소멸되지만, 계약에 의하여 창설되는 신분관게는 사망 이외에 당사자의 합의나 재판에 의해서도 소멸되는 수가 있다. 즉 이혼은 사망에 의하지 않은 배우자 관계의 소멸이다. 이혼은 (1) 협의상이혼(제834조)과 (2) 재판상이혼(제840조 이하)으로 나누어진다. 이혼한 부부사이에 자가 있을 때에 그 양육에 관한 사항은 협의로 정한다(제837조 1항). 협의가 되지 않거나 협의할 수 없을 때에는 가정법원은 당사자의 청구에 의하여 그 자의 연령·부모의 재산상태 기타 사정을 참작하여 양육에 필요한 사항을 정하며 언제든지 그 사항을 변경 또는 다른 적당한 처분을 할 수 있다(제837조 2항). 자를 양육하지 아니하는 부모중 일방은 면접교섭권을 가진다(제837조의 2). 또한 이혼한 자의 일방은 타방에 대하여 재산분할 청구권을 가진다(제839조의 2). 이혼이 성립되면 부부사이에 생긴 모든 권리의무는 소멸된다.

제 1 관   협의상 이혼

　부부는 그 원인 여하를 묻지 않고 협의로서 이혼을 할 수 있다(제834조). 즉 근대 혼인법은 남녀평등의 원칙에 입각하여 부부의 자유의사를 존중한다. 따라서 당사자 합의만 이루어지면 특별한 사유없이도 당사자양쪽과 증인 2인이 연서한 서면을 가정법원의 확인을 받아 가족관계의등록등에관한법률의 정한 바에 따라 신고를 함으로써 이혼은 성립한다(제836조). 이 점은 재판상의 이혼만을 인정하고 협의상의 이혼을 인정하지 않는 구미제국의 대다수의 입법례에 비하여 현저한 특색을 이룬다. 피성년후견인은 부모나 후견인의 동의를 얻어서 이혼할 수 있다(제835조). 이혼당사자는 그 자의 양육에 관한 사항을 협의에 의하여 정한다(제837조 1항). 그러나 협의가 되지 않거나 협의할 수 없는 경우에 가정법원은 당사자의 청구에 의하여 그 자의 연령·부모의 재산상태 기타 사정을 참작하여 양육에 필요한 사항을 정하며 언제든지 그 사항을 변경 또는 다른 적당한 처분을 할 수 있다(제837조 2항). 또한 사기·강박에 의하여 이혼의 의사표시를 한 자는 그 취소를 가정법원에 청구할 수 있다(제838조). 그러나 사기를 안 날이나 강박을 면한 날로부터 3개월을 경과한 때에는 취소청구권은 소멸한다(제839조).

◈ 당사자의 협의에 의한 이혼

제834조 【협의상 이혼】

부부는 협의에 의하여 이혼할 수 있다.

▣ 예 규 ▣

■ **중혼인 경우에도 협의이혼할 수 있는지 여부**

(대법원 가족관계등록예규 제169호)

중혼은 혼인취소사유이나 협의이혼도 가능하다.

■ § 834. 협의이혼

- 부부는 협의에 의하여 이혼할 수 있다
- 이 경우에는 그 원인여하를 묻지 않는다
- 실질적 요건 : 이혼에 대한 부부의 자유로운 의사의 합치
- 관련법조 : [협의상이혼과 신고, 효력발생] 가족관계등록법 §74~§76, [재판상 이혼] 가족관계등록법 §78, [이혼준거법] 국제사법 §39, [이혼의 무효] 가소 §2①-가-2, §21, §22, [협의상이혼의 취소와 그 소송] 가소 §21, §22, §2②-나-2

본조는 이혼의사의 합치에 의하여 이혼할 수 있음을 규정한 것이다.

1. 이혼의 요건

(1) 이혼의 실질적 요건 : 당사자의 이혼의사의 합치

가. 당사자 사이의 이혼의사의 합치

부부는 그 원인여하를 묻지 않고 협의에 의하여 이혼할 수 있다. 그러므로 당사자 사이에 이혼의사가 합치가 있어야 하며 이혼에 대한 합의가 없으면 협의이혼은 성립하지 아니한다.

【쟁점사항】

<가장이혼의 효력 여부>

당사자 사이에 혼인관계를 실제로 해소시키려는 의사가 있을 때 이혼의사의 합치가 있다고 보아야 할 것인가(실질적 의사설), 아니면 혼인공동체를 해소할 의사는 없어도 단지 이혼신고를 하는 데 합의가 있으면 이혼의사의 합치를 인정할 것인가(형식적 의사설)의 문제이다. 이러한 견해의 대립은 가장이혼의 효력과 관련하여 중요한 의미를 갖는다. 실질적 의사설에 의하면 가장이혼은 무효가 되고, 형실적 의사설에 의하면 가장이혼도 유효하다고 보아야 하기 때문이다. 종전의 판례는 실질적 의사설에 입각하여 가장이혼을 무효라고 판단하였으나 최근의 판례는 형식적 의사설을 취하여 가장이혼의 효력을 인정하고 있다.

(ㄱ) **실질적 의사설에 기하여 가장이혼을 무효라고 한 사례**

혼인의 파탄이란 사실도 없이 부부가 종전과 다름없이 동거생활을 계속하면서 통모하여 형식상으로만 협의이혼신고를 하고 있는 것이라면 신분행위의 의사주의적 성격에 비추어 이는 무효인 협의이혼이라 할 것이다(대판 1967. 2. 73. 66다2542).

(ㄴ) **실질적 의사설에 기하여 가장이혼을 무효라고 한 사례**

협의상 이혼의 경우에는 이혼하려는 당사자 쌍방은 가정법원에 출석하여 이혼의사의 유무에 관하여 판사의 확인을 받아 그 확인서를 첨부하여 이혼신고를 하여야 하므로 협의상 이혼이 가장이혼으로서 무효로 인정되려면 누구나 납득할 만한 충분한 증거가 있어야 하고, 그렇지 않으면 이혼 당사자간에 일응 일시나마 법률상 적법한 이혼을 할 의사가 있었다고 인정함이 이혼신고의 법률상 및 사실상의 중대성에 비추어 상당하다 할 것이나, 혼인의 경우에는 혼인 당사자 사이에 혼인의 의사가 있는지에 관하여 호적공무원이 이를 심사할 권한이 없으므로 가장이혼에 관한 대법원 판례들은 가장혼인에 관한 사건에 원용하기에 적절하지 아니하다(대판 1996. 11. 22. 96도2049).

나. 피성년후견인은 부모 또는 후견인의 동의를 얻을 것

피성년후견인은 부모 또는 후견인의 동의를 얻어서 협의이혼을 할 수 있다(제835조).

2. 사실상의 이혼

(1) 의 의

형식적으로는 법률혼 상태가 유지되고 있으나, 부부가 이혼에 합의하고 별거하여 부부공동생활의 실체가 존재하지 않는 상태를 사실상의 이혼이라고 말한다. 따라서 장래 이혼할 것을 약속하고 별거한 경우에는 사실상의 이혼에 포함되지만, 유기에 의한 부부관계의 단절이나 부부간의 분쟁을 냉각시키기 위한 별거는 이에 포함되지 않는다. 사실상의 이혼이 성립하기 위해서는 어떠한 특별한 방식이 필요없고, 다만 당사자의 의사능력과 당사자 사이의 의사합치가 있으면 되는 것이다. 그러나 사실상의 이혼 상태가 아무리 오랜 기간 지속되더라도 이혼신고가 없는 한 법률상의 혼인은 해소되지 않는다.

(2) 효 과

가. 부부의 공동생활을 전제로 하는 의무의 소멸

부부 사이의 동거·부양·협조 의무와 정조의무는 소멸하고(대판 2000. 7. 7. 2000도86873), 부부재산제도 소멸한다. 혼인생활비용의 부담문제도 소멸되고, 일상가사대리권과 일상가사 채무에 대한 연대책임도 없어진다고 해석된다. 그러나 사실상의 이혼상태를 알지 못하는 선의의 제3자에 대해서는 대항할 수 없을 것이다.

나. 신분관계의 유지

사실상의 이혼에 의해서는 가족관계등록부에 아무런 변화도 생기지 않으므로, 가족관계등록부의 신분에 기초한 신분관계에는 변동이 없다고 할 수 있다. 즉 친족관계는 그대로 존속한다. 그리고 친권에도 영향을 주지 않는다. 다만 단독친권의 행사가 가능하게 되는 경우가 생길 수 있다(제909조 3항).

다. 가족관계등록에 기초한 혼인관계는 유지

사실상의 이혼 상태에서도 가족관계등록은 변동없이 그대로 유지되므로, 가족관계등록에 기초한 혼인관계는 사실상의 이혼에 의해서 영향을 받지 않는다. 따라서 사실상의 이혼상태에 있다고 해도 재혼할 수 없고, 재혼하면 중혼이 된다.

사실상의 이혼상태를 알지 못하는 선의의 제3자에 대해서는 사실상의 이혼의 효과(일상가사로 인한 연대책임의 면제 등)를 주장할 수 없다고 보아야 할 것이나, 악의의 제3자와 과실있는 선의의 제3자에게는 주장할 수 있다고 하여야 할 것이다.

사실상 이혼중에 당사자 일방이 사망한 경우에는 다른 일방은 배우자로서의 상속권이 있다는 것이 판례의 태도이다(대판 1969. 7. 8. 69다427).

▣ 핵심판례 ▣

■ [협의상 이혼]

일시적으로 법률상 부부관계를 해소할 의사로써 한 협의이혼신고의 효력 유무(적극)

협의이혼에 있어서 이혼의사는 법률상 부부관계를 해소하려는 의사를 말하므로 일시적으로나마 법률상 부부관계를 해소하려는 당사자간의 합의하에 협의이혼신고가 된 이상 협의이혼에 다른 목적이 있더라도 양자간에 이혼의사가 없다고는 말할 수 없고 따라서 이와 같은 협의이혼은 무효로 되지 아니한다(1993. 6. 11. 제3부 판결 93므171 이혼무효등).

◈ 피성년후견인의 협의상 이혼

제835조【성년후견과 협의상 이혼】

피성년후견인의 협의상 이혼에 관하여는 제808조제2항을 준용한다. [전문개정 2011.3.7.]

■ § 835. 피성년후견인의 경우 협의이혼의 실질적 요건

• 피성년후견인은 부모, 후견인의 동의를 얻어야 한다

피성년후견인은 부모 또는 후견인의 동의를 얻어 이혼할 수 있다(본조에 의한 제808조 2항의 준용).

피성년후견인이 동의를 얻지 않은 협의이혼에 대해서는 취소규정이 없으나 피성년후견인의 보호를 위하여 취소할 수 있다고 하여야 한다.

◈ 협의상 이혼의 형식적 요건 : 이혼신고

제836조 【이혼의 성립과 신고방식】

① 협의상 이혼은 가정법원의 확인을 받아 가족관계의 등록 등에 관한 법률의 정한 바에 의하여 신고함으로써 그 효력이 생긴다. <개정 1977. 12. 31, 2007. 5. 17>.

② 전항의 신고는 당사자쌍방과 성년자인 증인 2인의 연서한 서면으로 하여야 한다.

■ § 836. 협의이혼의 형식상 요건

• 가정법원의 확인을 받을 것
• 가족관계등록법이 정한 바에 의하여 신고할 것

협의상 이혼은 가정법원의 확인을 받아 가족관계등록법이 정한 바에 의하여 신고함으로써 그 효력이 생긴다. 이혼신고는 당사자 쌍방과 성년자인 증인 2인이 연서한 서면으로 하여야 한다. 이 요건을 결한 이혼신고는 수리되지 아니한다.

당사자간에 이혼의 합의가 있더라도 신고를 하여 그것이 수리되지 않는 한 혼인은 해소되지 않는다(대판 1983. 7. 12. 83므11).

(1) 이혼신고의 방식

이혼신고의 방식은 혼인신고에 준한다. 즉 가족관계등록법에 정한 바에 의하여 성년자인 증인 2인이 연서한 서면으로 하여야 한다(제836조 2항). 다만 이혼신고의 경우에는 혼인신고의 경우와 달라 가정법원의 확인을 받아야 한다.

1) 이혼신고서의 기재사항

이혼신고서에는 다음 사항을 기재하여야 한다(가족관계등록법 제74조).

① 당사자의 성명·본·출생연월일·주민등록번호 및 등록기준지(당사자가 외국인인 때에는 그 성명 및 국적)

가족관계등록법은 구 호적법에 규정되어 있는 신고서의 기재사항 중

본적을 없애고 출생연월일, 주민등록번호 및 등록기준지를 신고서 기재
사항으로 하였다.

② 당사자의 부모와 양부모의 성명·등록기준지 및 주민등록번호

③ 민법 제909조 제4항 및 제5항에 따라 친권자가 정하여진 때에는 그 내용

혼인에서 출생한 미성년인 자가 있는 경우에는 부모의 협의로 친권자
를 정하여, 그것을 신고서에 기재하여야 한다.

2) 이혼의사의 확인

가. 절 차

협의상 이혼을 하고자 하는 사람은 등록기준지 또는 주소지를 관할하
는 가정법원의 확인을 받아 신고하여야 한다. 다만 국내에 거주하지 아
니하는 경우에 그 확인은 서울가정법원의 관할로 한다(가족관계등록법
제75조 1항).

나. 신고기간

협의상 이혼의 신고는 이혼을 하고자 하는 사람이 가정법원으로부터 확
인서등본을 교부 또는 송달받은 날부터 3개월 이내에 그 등본을 첨부하여
행하여야 한다(가족관계등록법 제75조 2항).

위 기간이 경과한 때에는 그 가정법원의 확인은 효력을 상실한다(동조
3항).

다. 가정법원의 친권자 지정 여부의 확인

가정법원이 이혼의사확인을 함에 있어서는 당사자 사이에 미성년자인 자
가 있는지의 여부와 그 자에 대한 친권자의 지정 여부를 확인하여야 한다.

2005년의 개정법 제909조 제4항은 협의이혼시 부모에게 협의로 친권자
를 정할 의무를 부과하고, 협의가 되지 않았거나 협의가 불가능한 경우에
는 가정법원에 친권자의 지정을 청구하도록 의무화 하고 있다. 이는 협의
이혼시 당사자의 협의나 심판에 의하여 친권자를 정하도록 의무화함으로
써 친권자가 정해지지 않은 상태에서 협의이혼이 성립되는 것을 허용하지
않겠다는 취지로 풀이된다. 따라서 이러한 입법취지에 충실하게 해석론을
전개한다면, 가정법원은 이혼의사확인을 할 때에 친권자결정에 관한 당사

자의 협의서나 가정법원의 심판 등본이 함께 제출되지 않는 경우 이혼의
사확인을 거부할 수 있다고 보아야 할 것이다.

라. 재외국민의 이혼의사 확인

「재외국민등록법」 제3조에 따라 등록된 대한민국 국민은 거주지 관할
재외공관의 장에게 협의이혼의사확인을 신청할 수 있고 재외공관장은 이
혼의사의 존부 등의 요지를 기재한 진술요지서를 서울가정법원에 송부하
여야 하며, 서울가정법원은 재외공관의 장이 작성한 진술요지서에 의하여
신청당사자의 이혼의사 존부를 확인한다(가족관계의 등록 등에 관한 규칙
제75조, 제76조 참조).

▣ 핵심판례 ▣

■ [이혼의 성립과 신고방식]

1. 협의이혼의사 철회신고서 접수 후 제출된 협의이혼신고서를 수리한 경우 협의상 이혼의 효력 발생 여부

부부가 이혼하기로 협의하고 가정법원의 협의이혼의사 확인을 받았다고 하더라도
호적법에 정한 바에 의하여 신고함으로써 협의이혼의 효력이 생기기 전에는 부부
의 일방이 언제든지 협의이혼의사를 철회할 수 있는 것이어서, 협의이혼신고서가
수리되기 전에 협의이혼의사의 철회신고서가 제출되면 협의이혼신고서는 수리할
수 없는 것이므로, 설사 호적공무원이 착오로 협의이혼의사 철회신고서가 제출된
사실을 간과한 나머지 그 후에 제출된 협의이혼신고서를 수리하였다고 하더라도
협의상 이혼의 효력이 생길 수 없다(1994. 2. 8. 제2부 판결 93도2869 폭력행위등
처벌에관한법률위반, 존속폭행, 간통).

2. 이혼신고된 협의이혼에 다른 목적이 있는 경우 그 협의이혼의 효력 여부

이혼의 효력발생 여부에 관한 형식주의 아래에서의 이혼신고의 법률상 중대성에
비추어, 협의이혼에 있어서의 이혼의 의사는 법률상의 부부관계를 해소하려는 의
사를 말한다 할 것이므로, 일시적으로나마 그 법률상의 부부관계를 해소하려는
당사자간의 합의하에 협의이혼신고가 된 이상, 그 협의이혼에 다른 목적이 있다
하더라도 양자간에 이혼의 의사가 없다고는 말할 수 없고 따라서 그 협의이혼은
무효로 되지 아니한다 할 것이다(대판 1993. 6. 11. 93므171).

【서식】협의이혼의사 확인신청서

협의이혼의사확인신청서

당사자   부 ○   ○   ○ (   )
　　　　　　주민등록번호 :
　　　　　　등록기준지 :
　　　　　　주　　　소 :

　　　　　　처 ○   ○   ○ (   )
　　　　　　주민등록번호 :
　　　　　　등록기준지 :
　　　　　　주　　　소 :

신청의 취지
　　위 당사자 사이에는 진의에 따라 서로 이혼하기로 합의하였다.
　　위와 같이 이혼의사가 확인되었다.
　　라는 확인을 구함.

　　　　　　　　　　　첨부서류
　　　　1. 남편과 처의 혼인관계증명서와 가족관계증명서   각 1통.
　　　　2. 이혼신고서   3통.
　　　　3. 주민등록표등본(주소지 관할법원에 신청하는 경우)   1통.
　　　　4. 진술요지서(재외공관에 접수한 경우)   1통. 끝.

　　　　　　　　　　년   월   일

확인기일		담당
자		
1.회	년 월 일 시	법원

위 신청인 부 ○ ○ ○ ㊞
　　　　　　처 ○ ○ ○ ㊞

확인서등본 교부	교부
일	
부 ○○○ ㊞	

　　　　　　○ ○ 가 정 법 원   귀중

【서식】협의이혼제도안내(앞면)

협의이혼제도안내

1. 협의이혼이란

○ 부부가 자유로운 이혼합의에 의하여 혼인관계를 해소시키는 제도로, 먼저 관할 법원의 협의이혼의사확인을 받은 후 이혼신고서에 그 확인서등본을 첨부하여 관할 시(구)·읍·면의 장에게 신고함으로써 이혼의 효력이 발생합니다.

2. 협의이혼절차는

가. 협의이혼의사확인의 신청

① 신청시 제출하여야 할 서류

㉮ 협의이혼의사확인신청서 1통
- 부부가 함께 작성하며, 신청서 양식은 법원의 신청서접수창구에 있습니다.
- 당사자 혼자 법원에 출석하여 미리 작성안내를 받을 수 있습니다.

㉯ 남편과 처의 가족관계증명서와 혼인관계증명서 각 1통
- 시(구)·읍·면사무소에서 발급합니다.

㉰ 이혼신고서 3통
- 신고서양식은 시(구)·읍·면사무소 및 법원의 신청서접수창구에 있습니다.
- 신고서는 그 뒷면에 기재된 작성방법에 따라 부부가 함께 작성하며, ⑤"친권자지정"란은 미성년자(만 20세미만)인 자녀에 대하여 친권자를 정한 경우에만 "부" 또는 "모"로 기재합니다.

㉱ 주민등록등본 1통
- 주소지 관할 법원에 이혼의사확인신청을 하는 경우에만 첨부합니다.

㉲ 부부 중 일방이 외국에 있거나 교도소(구치소)에 수감중인 경우
- 재외국민등록부등본 1통(재외공관 및 외교통상부 발급) 또는 수용증명서(교도소 및 구치소 발급) 1통을 첨부합니다.
- 송달료 2회분(구체적 금액은 접수담당자에게 문의)을 납부합니다.

② 신청서를 제출할 법원
○ 이혼당사자의 등록기준지 또는 주소지를 관할하는 법원에 부부가 함께 출석하여 신청서를 제출하여야 합니다.
- 부부 중 일방이 외국에 있거나 교도소(구치소)에 수감중인 경우에만 다른 일방이 혼자 출석하여 신청서를 제출할 수 있습니다.

【서식】 협의이혼제도(뒷면)

③ 협의이혼의사의 확인
　　○ 반드시 부부가 함께 본인의 신분증(주민등록증, 운전면허증, 공무원증, 여권 중 하나)과 도장을 가지고 통지받은 확인기일에 법원에 출석하여야 합니다.
　　－ 첫 번째 확인기일에 불출석하였을 경우에는 두 번째 확인기일에 출석하면되나, 두 번째 기일에도 불출석한 경우에는 확인신청을 취하한 것으로 봄으로 협의이혼의사확인신청을 다시 하여야 합니다.
　　○ 부부의 이혼의사가 확인되면 법원에서 부부에게 확인서등본을 1통씩 교부합니다.
　　※ 우리 법원의 확인기일(예 : 1회/1일 매일 오후 3시)
　　－　시까지 접수사건 : 당일 확인, 그 이후 접수사건은 다음 날 확인
나. 협의이혼의 신고
　　○ 이혼의사확인서등본은 교부받은 날부터 3개월이 지나면 그 효력이 상실되므로, 신고의사가 있으면 위 기간 내에 당사자 일방 또는 쌍방이 시(구)·읍·면사무소에 확인서등본이 첨부된 이혼신고서를 제출하여야 합니다.
　　－ 이혼신고서가 없으면 이혼된 것이 아니며, 위 기간을 지난 경우에는 다시 법원의 이혼의사확인을 받지 않으면 이혼신고를 할 수 없습니다.
　　－ 확인서등본을 분실한 경우 : 다시 법원에 협의이혼의사확인신청을 하거나, 그 등본을 교부받은 날부터 3개월 이내라면 이혼의사확인신청을 한 법원에서 확인서등본을 다시 교부받고 이혼신고서를 다시 작성하여 이혼신고 하면되고 3개월이 지난 경우에는 다시 협의이혼의사확인신청을 하여야 합니다.
다. 협의이혼의 철회
　　○ 이혼의사확인을 받고 난 후라도 이혼할 의사가 없는 경우에는 이혼신고를 하지 않거나, 이혼의사철회표시를 하고자 하는 사람의 등록기준지, 주소지 또는 현재지 시(구)·읍·면의 장에게 이혼의사철회서를 제출하면 됩니다.
　　－ 이혼신고서가 이혼의사철회서보다 먼저 접수되면 철회서를 제출하였더라도 이혼의 효력이 발생합니다.
3. 협의이혼의 효과는
○ 가정법원의 이혼의사확인을 받아 신고함으로써 혼인관계는 해소됩니다.
○ 이혼 후에도 자녀에 대한 부모의 권리와 의무는 협의이혼과 관계없이 그대로 유지됩니다.

법　원 소재지		사건 번호	20 제	호 호	담　당 재판부	전화:	확인 기일	1회:　　·　· 2회:　　·　·

【서식】확인서

○ ○ 법 원

확   인   서

20   호 제   호   협의이혼의사확인신청

당사자   부   ○   ○   ○ (   )
주민등록번호   -
등록기준지
주   소

처   ○   ○   ○ (   )
주민등록번호   -
등록기준지
주   소

 위 당사자 사이에 진의에 따라 서로 이혼하기로 합의되었음이 틀림없음을 확인합니다..

년   월   일

판사   ⑩

◆ 이혼의 절차

제836조의2【이혼의 절차】

① 협의상 이혼을 하려는 자는 가정법원이 제공하는 이혼에 관한 안내를 받아야 하고, 가정법원은 필요한 경우 당사자에게 상담에 관하여 전문적인 지식과 경험을 갖춘 전문상담인의 상담을 받을 것을 권고할 수 있다.

② 가정법원에 이혼의사의 확인을 신청한 당사자는 제1항의 안내를 받은 날부터 다음 각 호의 기간이 지난 후에 이혼의사의 확인을 받을 수 있다.

 1. 양육하여야 할 자(포태 중인 자를 포함한다. 이하 이 조에서 같다)가 있는 경우에는 3개월

 2. 제1호에 해당하지 아니하는 경우에는 1개월

③ 가정법원은 폭력으로 인하여 당사자 일방에게 참을 수 없는 고통이 예상되는 등 이혼을 하여야 할 급박한 사정이 있는 경우에는 제2항의 기간을 단축 또는 면제할 수 있다.

④ 양육하여야 할 자가 있는 경우 당사자는 제837조에 따른 자(子)의 양육과 제909조제4항에 따른 자(子)의 친권자결정에 관한 협의서 또는 제837조 및 제909조제4항에 따른 가정법원의 심판정본을 제출하여야 한다.

⑤ 가정법원은 당사자가 협의한 양육비부담에 관한 내용을 확인하는 양육비부담조서를 작성하여야 한다. 이 경우 양육비부담조서의 효력에 대하여는 「가사소송법」 제41조를 준용한다. <신설 2009.5.8.>

[본조신설 2007.12.21.]

■ § 836조의 2. 이혼의 절차

• 협의상 이혼시 가정법원의 이혼에 관한 안내를 받아야 함
• 전문상담인의 상담을 받을 것을 가정법원은 권고 가능
• 이혼숙려기간의 도입
• 협의이혼시 자녀 양육사항 및 친권자 지정 합의 의무화

1. 가정법원이 제공하는 이혼에 관한 안내 및 전문상담인의 상담(제836 조의2 제1항 신설)

　2007년 개정법은 협의상 이혼을 하려는 자는 가정법원이 제공하는 이혼에 관한 안내를 받도록 하였다. 가정법원은 필요한 경우 당사자에게 전문상담인 의 상담을 받을 것을 권고할 수 있도록 규정하였다. 이를 통해 신중하지 아니 한 이혼의 방지를 도모한 것이다.

2. 이혼숙려기간 도입(제836조의2제2항 및 제3항 신설)

(1) 개정 전 협의이혼제도는 당사자의 이혼의사 합치, 가정법원의 확인, 호 적법에 의한 신고 등 간편한 절차만으로도 이혼의 효력이 발생함으로 써 혼인의 보호보다는 자유로운 해소에 중점을 두고 있다는 문제점이 있었다.

(2) 2007년 개정법은 협의이혼 당사자는 일정 기간(양육하여야 할 자녀가 있 는 경우는 3개월, 양육하여야 할 자녀가 없는 경우는 1개월)이 경과한 후 가정법원으로부터 이혼의사 확인을 받아야만 이혼이 가능하도록 하 였다. 이에 따라 신중하지 아니한 이혼이 방지될 것으로 기대된다.

3. 협의이혼시 자녀 양육사항 및 친권자 지정 합의 의무화(법 제836조 의2 제4항 신설)

(1) 개정 전 협의이혼제도는 당사자 사이에 자녀 양육사항 및 친권자 지정 에 관한 합의 없이도 이혼이 가능함에 따라 이혼 가정 자녀의 양육환경 이 침해되는 문제가 있었다.

(2) 2007년 개정법은 협의 이혼하고자 하는 부부에게 양육자의 결정, 양육비 용의 부담, 면접교섭권의 행사여부 및 그 방법 등이 기재된 양육사항과 친권자결정에 관한 협의서 또는 가정법원의 심판정본을 이혼 확인시 의 무적으로 제출하도록 하여 이혼 가정 자녀의 양육환경이 향상될 것으로 기대된다.

◆ 이혼의 자녀에 대한 효과 : 양육책임

제837조【이혼과 자의 양육책임】

① 당사자는 그 자의 양육에 관한 사항을 협의에 의하여 정한다. <개정 1990. 1. 13>.

② 제1항의 협의는 다음의 사항을 포함하여야 한다. <개정 2007. 12. 21>

　1. 양육자의 결정

　2. 양육비용의 부담

　3. 면접교섭권의 행사 여부 및 그 방법

③ 제1항에 따른 협의가 자의 복리에 반하는 경우에는 가정법원은 보정을 명하거나 직권으로 그 자의 의사·연령과 부모의 재산상황, 그 밖의 사정을 참작하여 양육에 필요한 사항을 정한다<개정 2007. 12. 21>.

④ 양육에 관한 사항의 협의가 이루어지지 아니하거나 협의할 수 없는 때에는 가정법원은 직권으로 또는 당사자의 청구에 따라 이에 관하여 결정한다. 이 경우 가정법원은 제3항의 사정을 참작하여야 한다. <신설 2007. 12. 21>

⑤ 가정법원은 자의 복리를 위하여 필요하다고 인정하는 경우에는 부·모·자 및 검사의 청구 또는 직권으로 자의 양육에 관한 사항을 변경하거나 다른 적당한 처분을 할 수 있다. <신설 2007. 12. 21>

⑥ 제3항부터 제5항까지의 규정은 양육에 관한 사항 외에는 부모의 권리의무에 변경을 가져오지 아니한다. <신설 2007. 12. 21>

■ § 837. 이혼시 자의 양육문제

• 자의 양육에 관한 사항에 대해서는 일차로 당사자의 협의에 의하여 정하고 그것이 안될 때에는 당사자의 청구 또는 가정법원의 직권에 의하여 가정법원이 결정

• 관련법조 : [법원의 처분] 가소 2①-마-3

본조는 이혼에 따른 자의 양육문제에 관하여 규정한 것이다.

1. 양육자와 양육에 필요한 사항의 결정

(1) 당사자의 협의 등에 의한 결정

부모의 이혼에 의하여 이제까지의 부모와 자의 공동생활은 파괴되므로, 자에 대한 부모의 공동양육은 있을 수 없게 된다. 그래서 자의 복리에 직접 관계를 가지는 자의 양육을 어떻게 할 것인가는 자에게 커다란 문제이다.

민법은 자의 양육자와 양육에 관한 필요한 사항은 우선 부모의 협의에 의하며 협의가 되지 아니하거나 협의할 수 없을 경우에는 당사자의 청구에 의해 가정법원은 자의 연령, 부모의 재산상황, 기타 사정을 참작하여 양육에 필요한 사항을 정한다. 이 경우에는 우선 조정절차를 밟는다(가소 제2조 1항 마류사건 3호, 50조). 양육자를 정하는 때에는 부모 이외의 제3자를 양육자로 해도 무방할 것이다. 또 자가 여럿이 있을 경우에는 각각 자의 양육자를 달리할 수도 있을 것이다. 또한 양육자를 결정한 후에 부모가 협정으로 이것을 변경시키는 것도 무방하다.

(2) 법원의 직권에 의한 결정

2005년의 개정민법에 의하여 법원이 자의 양육에 관한 사항을 직권으로 정할 수 있게 되었다. 자의 양육에 대해서는 우선 부모가 협의해서 정하고 협의가 되지 않는 경우에는 당사자의 청구에 의해서 법원이 정하게 되지만, 부모가 자의 양육에 대해서 협의도 하지 않고 스스로 청구도 하지 않는 경우에는 법원이 직접 개입하여 양육사항을 정할 수 있도록 한 것이다. 이는 자의 복리를 위하여 국가의 후견적 역할을 강화하려는 시도라고 볼 수 있다(김주수·김상용 p206, 207).

(3) 양육자 결정의 시기

가. 협의이혼의 경우

협의이혼의 경우에는 부모가 협의하여 양육자를 정하고, 협의가 되지 않는 경우에는 당사자의 청구에 의하여 법원이 양육자를 정한다. 2007년 민법 개정 전에는 협의이혼의 경우에 부모가 양육자에 대해서 협의하지 않고, 법원에 청구도 하지 않는다면, 법원이 직권으로 개입하여 양육자를 정하는 것은 사실상 불가능했다. 따라서 협의이혼의 경우에는 이혼 전에 양육자를 반드시 정해야 한다고 해석할 수 없으며, 경우에 따라서는 이혼 후에도 양육자를 정할 수 있다고 해석했다. 그러나 2007년 제837조 4항을 신설하여 협의가 이루어지지 아니하거나 협의를 할 수 없는 때에는 가정법원은 직권으로 또는 당사자의 청구에 따라 양육에 관한 사항에 관하여 결정할 수 있게 되었다.

나. 재판상 이혼의 경우

재판상 이혼의 경우에도 협의이혼의 경우와 같이 부모는 협의하여 양육자를 정할 수 있고, 협의가 되지 않거나 협의할 수 없는 경우에는 법원에 양육자 지정청구를 할 수 있다. 당사자가 양육자에 대하여 협의하지 않고, 법원에 청구도 하지 않은 때에는 법원이 직권으로 개입하여 양육자를 정할 수 있다.

2. 양육자 또는 양육방법 등의 변경

(1) 의 의

협의로 또는 법원이 정한 양육자 또는 양육방법 기타가 부적당하여 자의 이익을 해치는 때에는, 법원은 당사자의 청구에 의하여 언제든지 양육에 관한 사항을 변경하거나 또는 다른 적당한 처분을 할 수 있다(대판 1985. 2. 26. 84므86, 공보⑫ 1985, 471).

양육의 내용에 교육을 포함할 것인가는 해석상 문제이나, 양육과 교육이 실질적으로 불가분의 관계에 있다는 것을 생각할 때에 긍정하여야 할 것이다. 그리고 양육자는 양육·교육에 필요한 거소지정, 징계, 부당하게 자를 압류하는 자에 대한 인도청구도 할 수 있다고 해석된다.

(2) 양육자 변경의 필요성 여부가 문제되는 경우

가. 이혼 당시 유아가 양육자 모로 지정되었는데 모는 재혼을 하지 않고 양육을 하고 있는 반면 부는 재혼한 경우 양육자 변경 여부

이혼당시 생후 7개월이었던 유아의 양육자가 협정에 의하여 모로 지정되었고, 모는 현재까지 재혼도 하지 않은 채 자를 양육하고 있는 반면에 부는 재혼하여 일남을 출산하였다면, 위 유아가 아직 5세의 어린 나이인

이상, 그 유아를 부와 계모와 재혼가정에서 자라게 하는 것보다는 계속하여 생모 슬하에서 양육받게 하는 것이 합리적이므로, 양육자를 부로 변경할 필요성이 없다(대판 1985. 2. 26. 84므86).

나. 당사자의 협의에 의하여 양육에 관한 사항을 정한 경우 특별한 사정변경이 있는 때에 한하여 변경청구를 할 수 있는지 여부

당사자가 협의하여 그 자의 양육에 관한 사항을 정한 후 가정법원에 그 사항의 변경을 청구한 경우에 있어서 가정법원은 당사자가 협의하여 정한 사항이 제반 사정에 비추어 부당하다고 인정되는 경우에는 그 사항을 변경할 수 있는 것이고 협의 후에 특별한 사정변경이 있는 때에 한하여 변경할 수 있는 것은 아니다(대판 1991. 6. 25. 90므699).

(3) 양육에 관한 사항의 변경과 부모의 권리의무

이상은 양육의 범위에 관한 것 뿐이며, 그 밖의 부모의 권리의무에는 변경이 생기지 않는다. 그러므로 예컨대 모가 양육자가 된다면 사실상 자를 양육하는데 그치고, 부와 자 사이의 상속권·부양의무는 그대로 존속하며, 자가 미성년자로서 혼인할 때에는 모뿐만 아니라 부의 동의도 얻는 것이 필요하다.

다만 자의 양육권자는 자의 양육·교육에 필요한 거소지정, 부당하게 자를 억류하는 자에 대한 강제청구·방해배제청구 등의 권한이 있으므로, 친권의 내용 중 이와 배치되는 권한은 제한되며, 친권자가 임의로 이를 변경할 수 없다(대판 1985. 2. 26. 84므86, 공보⑬ 1985, 471).

▣ 핵심판례 ▣

■ [이혼과 자의 양육책임]

1. 가. 이미 청구인과 피청구인 사이에 청구인이 양육자로 되어 그 양육비도 부담하기로 하는 취지의 협정이 이루어진 경우에, 청구인을 양육자로 지정하고 그 양육비는 피청구인이 부담하는 내용의 심판을 구하는 청구를 위 협정 중 양육비부담부분의 변경을 구하는 취지로 볼 것인지 여부(적극)

당사자 사이에 자의 양육에 관한 사항의 협의가 되지 않은 것을 전제로 법원에 대하여 청구인을 양육자로 지정하고 그 양육비는 피청구인이 부담하는 내용의 심판을 구하나, 이미 청구인과 피청구인 사이에 청구인이 양육자가 되어 그 양육비도 부담하기로 하는 취지의 협정이 이루어졌다고 인정되는 경우, 위 청구는 당사자 사이에 협의에 의하여 정한 자의 양육에 관한 사항 중 양육비부담부분의 변경을 구하는 취지로 보아야 한다.

나. 법원의 결정이나 당사자간의 협의에 의하여 자의 양육에 관한 사항이 정해진 후 특별한 사정변경이 없더라도 그 사항이 민법 제837조의 제 1, 2항 소정의 제반 사정에 비추어 부당하다고 인정되는 경우에는 가 정법원은 그 사항을 변경할 수 있는지 여부(적극)

민법 제837조의 제12항의 규정에 의하여 가정법원이 일단 결정한 양육에 필요한 사항을 그 후 변경하는 것은 당초의 결정 후에 특별한 사정변경이 있는 경우뿐만 아니라 당초의 결정이 위 법조 소정의 제반 사정에 비추어 부당하게 되었다고 인정될 경우에도 가능한 것이며, 당사자가 협의하여 그 자의 양육에 관한 사항을 정한 후 가정법원에 그 사항의 변경을 청구한 경우에 있어서도 가정법원은 당사자가 협의하여 정한 사항이 위 법조 소정의 제반사정에 비추어 부당하다고 인정되는 경우에는 그 사항을 변경할 수 있고 협의 후에 특별한 사정변경이 있는 때에 한하여 변경할 수 있는 것은 아니다(1991. 6. 25. 제1부 판결 90므699 양육자지정등).

2. 협의가 이루어진 후 양육비용의 부담에 대한 협의가 되지 아니한 것을 이 유로 양육비 부담에 관한 심판을 청구하는 것의 취지

혼인이 파탄된 상태에서 부부가 협의이혼하기로 하면서 부부 일방이 미성년자인 자녀들의 양육비 조로 임차보증금 반환채권 중 일부를 양육자에게 귀속시키기로 하는 취지의 협정이 이루어진 후 양육비용의 부담에 대한 협의가 되지 아니한 것을 전제로 양육비의 부담에 관한 심판을 구하는 경우, 그와 같은 양육비 부담에 관한 심판 청구는 당사자 사이에 협의에 의하여 정한 자(자)의 양육에 관한 사항 중 양육비 부담 부분의 변경을 구하는 취지로 보아야 할 것이고, 법원으로서는 당사자가 협의하여 정한 사항이 민법 제837조 제2항이 정하는 그 자의 연령, 부모의 재산상황 기타 사정 등 제반 사정에 비추어 부당하게 결정되었는지 여부를 살펴 그와 같이 인정되는 경우에는 언제든지 이를 변경할 수 있다(대결 1998. 7. 10. 98스17, 18).

3. 협의와 다르게 양육이 이루어진 경우 양육비를 청구할 수 있는지 여부

청구인(부)과 피청구인(모) 사이 에 자녀의 양육에 관하여 특정 시점까지는 피청구인이 양육비의 일부를 부담하면서 청구인이 양육하기로 하고 그 이후는 피청구인이 양육하도록 인도하기로 하는 의무를 부담하는 소송상의 화해가 있었다면 이 화해조항상의 양육방법이 그 후 다른 협정이나 재판에 의하여 변경되지 않는 한 위 특정 시점 이후에는 청구인에게는 사건본인들을 양육할 권리가 없고 그럼에도

불구하고 이들을 피청구인에게 인도함이 없이 스스로 양육하였다면 이는 피청구
인에 대한 관계에서는 위법한 양육이라고 할 것이니 위 화해에 갈음하여 새로운
양육방법이 정하여 지기 전에는 피청구인은 청구인에게 그 위법한 양육에 대한
양육비를 지급할 의무가 있다고 할 수 없다(대판 1992. 1. 21. 선고 91므689).

4. 구 민법(1991. 1. 13. 법률 제4199호로 개정되기 전의 것)상 법원이 이혼
   당사자간의 양육자를 지정함에 있어 친권자가 될 부에게 우선권을 주어야
   하는지 여부(소극)

이혼시 자의 양육에 대한 협정이 없어 법원에 그 사항을 정할 것을 청구한 때에
는, 친권자가 누구인가에 관계없이 법원은 자의 연령, 부모의 재산상황 기타 모든
사정을 고려하여 부모 중 누구 한편을 양육자로 지정하거나 또는 쌍방 모두에게
양육사항을 나누어 부담케 할 수 있다고 할 것이고, 이때에 제일 우선적으로 고
려되어야 할 사항은 부모의 권리 아닌, 자의 복지이므로, 구 민법(1991. 1. 13. 법
률 제4199호로 개정되기 전의 것)상 부부가 이혼한 경우에 아버지만이 자의 친권
자가 된다고 하는 사정은 법원이 양육자를 정함에 있어서 고려할 여러가지 사정
중 하나가 될 수는 있겠지만, 그러한 사정이 양육자를 선택함에 있어서 아버지쪽
에 어떤 우선권을 주어야 하는 사유라고는 할 수 없다(1991. 7. 23. 제2부 판결 90
므828, 835(반심) 이혼).

5. 가. 이혼하면서 처가 자녀의 양육을 맡기로 하되 자녀들에 대한 부양료로
   서 남편은 자녀들에게 그가 받는 봉급의 80퍼센트와 700퍼센트의 상
   여금을 막내인 자녀가 대학을 졸업할 때까지 매월 지급하기로 한 협
   정이 현저히 형평을 잃은 불공정한 법률행위가 아니라고 한 사례

부부간에 이혼하면서 당초에는 남편이 자녀의 양육을 맡기로 협정하였으나
사정이 바뀌어 처가 자녀의 양육을 맡기로 양육에 관한 협정을 변경하면서
자녀들에 대한 부양료로서 남편은 자녀들에게 그가 받는 봉급의 80퍼센트와
700퍼센트의 상여금을 막내인 자녀가 대학을 졸업할 때까지 매월 지급하기로
한 협정이 현저히 형평을 잃은 불공정한 것이어서 무효이거나 그 이행을 강
요함이 형평에 반한다고 할 수 없다고 한 사례

   나. 부양권리자들이 부양의 방법과 정도에 관하여 당사자 사이에 이루
   어진 협정에 따라 그 협정의 이행을 구하는 사건에서 법원이 임의
   로 협정의 내용을 가감하여 부양의무자의 부양의무를 조절할 수
   있는지 여부

부양권리자와 부양의무자 사이에 부양의 방법과 정도에 관하여 협정이 이루
어지면 당사자 사이에 다시 협의에 의하여 이를 변경하거나, 법원의 심판에
의하여 위 협정이 변경, 취소되지 않는 한 부양의무자는 그 협정에 따른 의
무를 이행하여야 하는 것이고, 법원이 그 협정을 변경, 취소하려면 그럴 만한
사정의 변경이 있어야 하는 것이므로, 부양권리자들이 위 협정의 이행을 구

하는 사건에서 법원이 임의로 협정의 내용을 가감하여 부양의무자의 부양의무를 조절할 수는 없다.

다. 위 "가"항의 협정상 봉급의 80퍼센트라는 표현을 대학교수인 남편이 그가 근무하는 대학교에서 통상적인 근무를 하여 수령하게 되는 보수 전액, 즉 초과근무로 받게 되는 시간강사료를 제외한 모든 보수라고 해석한 사례

일반적으로 봉급이라는 단어를 아무 설명 없이 사용할 때에는 그 명목 여하에 불구하고 근로자가 통상적인 근로의 대가로 받는 금품 전부를 가리키는 것이므로, 위 "가"항의 협정상 봉급의 80퍼센트라는 표현을 대학교수인 남편이 그가 근무하는 대학교에서 통상적인 근무를 하여 수령하게 되는 보수 전액, 즉 초과근무로 받게 되는 시간강사료를 제외한 모든 보수라고 해석한 사례(1992. 3. 31. 제2부 판결 90므651, 668(병합) 부양료).

6. [다수의견]

가. 부모 중 한 쪽만이 자녀를 양육하게 된 경우 양육비 청구 이전의 과거의 양육비의 상환을 청구할 수 있는지 여부

어떠한 사정으로 인하여 부모 중 어느 한 쪽만이 자녀를 양육하게 된 경우에, 그와 같은 일방에 의한 양육이 그 양육자의 일방적이고 이기적인 목적이나 동기에서 비롯한 것이라거나 자녀의 이익을 위하여 도움이 되지 아니하거나 그 양육비를 상대방에게 부담시키는 것이 오히려 형평에 어긋나게 되는 등 특별한 사정이 있는 경우를 제외하고는, 양육하는 일방은 상대방에 대하여 현재 및 장래에 있어서의 양육비 중 적정 금액의 분담을 청구할 수 있음은 물론이고, 부모의 자녀양육의무는 특별한 사정이 없는 한 자녀의 출생과 동시에 발생하는 것이므로 과거의 양육비에 대하여도 상대방이 분담함이 상당하다고 인정되는 경우에는 그 비용의 상환을 청구할 수 있다.

나. 위 "가"항의 과거의 양육비의 분담범위를 정하는 기준

한 쪽의 양육자가 양육비를 청구하기 이전의 과거의 양육비 모두를 상대방에게 부담시키게 되면 상대방은 예상하지 못하였던 양육비를 일시에 부담하게 되어 지나치고 가혹하며 신의성실의 원칙이나 형평의 원칙에 어긋날 수도 있으므로, 이와 같은 경우에는 반드시 이행청구 이후의 양육비와 동일한 기준에서 정할 필요는 없고, 부모 중 한 쪽이 자녀를 양육하게 된 경위와 그에 소요된 비용의 액수, 그 상대방이 부양의무를 인식한 것인지 여부와 그 시기, 그것이 양육에 소요된 통상의 생활비인지 아니면 이례적이고 불가피하게 소요된 다액의 특별한 비용(치료비 등)인지 여부와 당사자들의 재산 상황이나 경제적 능력과 부담의 형평성 등 여러 사정을 고려하여 적절하다고 인정되는 분담의 범위를 정할 수 있다.

[반대의견]

양육에 관한 법원의 심판절차는 거의 예외 없이 상당한 시일을 필요로 하므로 양육에 관한 법원의 심판이 고지되기 전의 것이라도 양육에 관한 협의의 요청이 있었던 때부터 또는 심판청구서의 부본이 상대방에게 송달된 때부터 그 후의 것은 이를 상대방에게 부담하게 하여도 좋을 것이지만, 협의의 요청이나 심판청구가 있기 전의 기간에 지출한 양육비에 대하여는 이를 법원의 심판으로서 상대방에게 그 부담을 명할 수는 없다. 왜냐하면 민법 제837조 제1항, 제2항, 가사소송법 제2조 제1항 (나)목 (2)마류 제3호, 같은 법 제3편(가사비송)의 여러 규정을 종합하면, 이혼한 당사자의 아이의 양육에 관하여 가정법원이 비송사건으로서 행하는 심판은 어디까지나 아이의 현재와 장래의 양육에 관한 사항을 정하거나 이미 정하여진 사항을 변경하는 절차이지, 지나간 과거에 마땅히 이행되었어야 할 부양에 관한 사항을 다시 정하거나 이미 지출된 비용의 분담에 관한 사항을 결정하는 절차가 아니기 때문이다.

[보충의견]

가사소송법은 제2조 제1항 (나)목 (2)마류 제3호에서 민법 제837조의 규정에 의한 자의 양육에 관한 처분을 가사비송사건으로 규정하면서 그 처분의 대상이 되는 양육에 관한 사항을 장래의 것만으로 한정하고 있지 아니하고, 민법이 이혼한 부부의 일방만이 자를 양육하여 온 경우에 다른 일방과 사이에 과거의 양육비를 분담하는 비율을 정하는 데 관하여 달리 규정하고 있지도 아니하므로, 이혼한 부부 각자가 분담하여야 할 과거의 양육비의 비율이나 금액을 장래에 대한 것과 함께 정하는 것도 민법 제837조 제2항에 규정된 자의 양육에 관한 처분에 해당하는 것으로 보아, 가정법원이 자의 연령 및 부모의 재산상황 등 기타 사정을 참작하여 심판으로 정하여야 할 것이지 지방법원이 민사소송절차에 따라 판정할 것은 아니라고 해석함이 상당하다(1994. 5. 13. 전원합의체결정 92스21 양육자지정등).

◆ 이혼의 자녀에 대한 효과 : 면접교섭권

제837조의 2 【면접교섭권】

① 자를 직접 양육하지 아니하는 부모의 일방과 자는 상호 면접교섭할 수 있는 권리를 가진다. <개정 2007. 12. 21>

② 자(子)를 직접 양육하지 아니하는 부모 일방의 직계존속은 그 부모 일방이 사망하였거나 질병, 외국거주, 그 밖에 불가피한 사정으로 자(子)를 면접교섭할 수 없는 경우 가정법원에 자(子)와의 면접교섭을 청구할 수 있다. 이 경우 가정법원은 자(子)의 의사(意思), 면접교섭을 청구한 사람과 자(子)의 관계, 청구의 동기, 그 밖의 사정을 참작하여야 한다. <신설 2016.12.2.>

③가정법원은 자의 복리를 위하여 필요한 때에는 당사자의 청구 또는 직권에 의하여 면접교섭을 제한·배제·변경할 수 있다. <개정 2005.3.31., 2016.12.2.>

■ § 837조의 2. 면접교섭권

• 친권자나 양육자가 아니기 때문에 현실적으로 자를 보호, 양육하고 있지 않는 어버이가 그 자와 직접, 면접, 서신교환 또는 기타 접촉하는 권리
• 면접교섭의 방법 : 법문에 규정된 바 없으나 구체적인 사례에 따라 자의 복지실현이라는 정신에 입각하여 고찰
• 면접교섭권의 행사 : 부모가 협의에 의해서 행사하거나 협의가 안되면 가정법원이 당사자의 청구 또는 직권에 의하여 행사방법과 범위를 정한다
• 면접교섭권의 행사효과 : 자와의 면접, 서신교환, 전화, 사진, 선물교환, 숙박 또는 방학중 숙박할 수 있는 것
• 재판상이혼(§843)에의 준용과 사실혼 해소에도 유추적용

1. 의의 및 내용

(1) 의 의

면접교섭권은 이혼 후에 미성년인 자에 대한 친권자나 양육자가 아닌 자가 그 미성년인 자에 대하여 면접교섭권을 제도적으로 인정하는 것이다. 면접교섭권이란 친권자가 양육자가 아니기 때문에 현실적으로 자를 보호·양육하고 있지 않은 어버이가 그 자와 직접 면접·서신교환 또는 접촉하는 권리이다(the right of access, visiting right, Verkehrsrecht, Umgangsrecht, droit de visite).

면접교섭권은 이혼 후에도 자녀와 부모(자녀를 직접 양육하지 않는 부모의 일방)의 관계가 계속 유지될 수 있도록 뒷받침하는 제도로서 궁극적으로 자녀의 정서안정과 원만한 인격발달을 통한 복리실현을 목적으로 한다. 많은 외국의 입법례가 공통적으로 면접교섭권을 규정하고 있는 것도 이러한 이유에 근거하는 것이다.

면접교섭권을 부정하는 견해에 의하면 자의 건전한 육성을 위해서는 친자의 애정관계가 안정된 계속성을 가지고 있을 필요가 있으며, 이혼후에도 이 계속성이 파괴되지 않도록 하여야 하는데, 면접교섭을 인정하게 되면, 직접 양육하고 있지 않는 어버이가 단편적·일시적으로 자와 접촉하게 됨으로써 계속성이 파괴되므로 바람직하지 않다고 한다.

한편 긍정설에 설 경우, 면접교섭권의 성질을 어떻게 볼 것인가라는 문제가 있다. 여러 가지 견해가 나오겠지만, 본질상 어버이에게 주어진 고유의 권리(자연권)이면서도, 그 구체적 내용은 양육에 관련되는 권리로서 실현되는 것이라고 보는 것이 좋을 것이다.

1990년의 개정민법(1990. 1. 13. 법률 제4199호)에서는 자에 대한 면접교섭권을 신설하였다. 즉, 자를 직접 양육하지 아니하는 부모 중 일방은 면접교섭권을 가지며, 가정법원은 자의 복리를 위해 필요한 때에는 당사자의 청구에 의해 면접교섭을 제한하거나 배제할 수 있다. 이는 자의 복리라는 측면에서 볼 때 면접교섭권을 입법적으로 해결하였다는 점에서 타당한 입법이라 할 수 있다. 2007년 개정 전에는 부모에게만 면접교섭권을 인정하고 있어 자녀는 면접교섭권의 객체로 인식되는 문제가 있었기 때문에 개정

민법은 자녀에게도 면접교섭권을 인정하였다. 또한 2016년 12월 2일 민법 일부 개정시 일정한 경우 부모의 직계존속이 가정법원의 허가를 받아 손자녀와 면접교섭이 가능하도록 하였는데, 이는 자녀를 직접 양육하지 아니하는 부모 일방이 사망하거나 자녀를 직접 양육하지 아니하는 부모 일방이 중환자실 입원, 군복무, 교도수 수감 등 피치 못할 사정으로 면접교섭권을 행사할 수 없는 경우에는 자녀가 오로지 친가나 외가 중 한쪽 집안과 교류하게 되어 양쪽 집안간의 균형 있는 유대를 상실하는 경우가 많이 발생하고, 이는 자녀의 심리적 안정과 건전한 성장에도 부정적인 영향을 미치게 될 것인바, 이러한 경우에는 조부모의 면접교섭권을 인정하여 최소한의 교류를 이어나갈 수 있게 할 필요가 있다는 문제의식에서 이루어진 개정이다. 이러한 개정 규정은 2017년 6월 3일부터 시행된다.

(2) 내 용

구체적 사정에 따라 그 자와의 면접·서신교환·전화·사진이나 선물의 교환 등을 할 수 있는 것 등이 될 것이다. 구체적으로 격주로 토요일부터 일요일에 걸친 숙박이나 동계·하계방학 중 일정한 기간의 숙박 등을 생각할 수 있을 것이다(서울고판 1987. 2. 23. 86르313).

2. 면접교섭권의 제한·배제·변경

(1) 의 의

가정법원은 자의 복리를 위하여 필요한 때에는 당사자의 청구 또는 직권에 의하여 면접교섭권을 제한·배제·변경할 수 있다(제837조의 2 제3항). 현행법은 면접교섭권을 기본적으로 부모의 권리로 규정하고 있으나, 현대 친자법의 이념에 비추어 볼 때 부모의 권리에는 항상 의무와 책임이 수반되므로, 부모의 면접교섭권 행사가 구체적인 경우에 자녀의 복리에 반한다면 당연히 제한 또는 배제하여야 한다. 본 규정은 면접교섭권자인 부모의 권리남용으로부터 자녀를 보호하기 위한 규정이라고 정의할 수 있을 것이다.

(2) 면접교섭권이 배제될 수 있는 경우

가. 면접교섭권자에게 질병이 있는 경우

전염병, 정신질환, 마약·알콜 중독 등

　면접교섭권자의 특정한 질환으로 인하여 면접교섭이 오히려 자녀에게 해가
될 수 있는 경우에는 면접교섭권이 배제될 수 있다. 물론 면접교섭권의 배제
요건을 충족시키기 위해서는 면접교섭권자의 질병이 구체적으로 자녀의 복리
를 위태롭게 할 수 있다는 점이 입증되어야 할 것이다.

　서울가정법원은 모가 정신질환을 앓고 있고, 아직 완치되지 않은 상태에
서 자를 일방적으로 데려가려고 하는 과정에서 자를 양육하는 시어머니를
직접 폭행한 사례에서 모의 면접교섭청구를 기각하였다(서울가심 2001. 8.
1. 2001느단3059).

나. 면접교섭권자가 자녀를 학대하는 경우

　면접교섭권자가 자녀를 학대할 위험성이 있는 경우(신체와 정신에 대한
학대, 성폭행 등)에는 자녀를 보호하기 위하여 면접교섭권이 배제되어야
한다. 면접교섭권자가 과거에 자녀를 학대했던 사실(설령 장래에는 그러한
사실이 반복될 가능성이 없다고 해도)도 경우에 따라서는 면접교섭의 배
제를 정당화시킬 수 있을 것이다. 이러한 경우의 면접교섭은 자녀로 하여
금 과거에 학대당한 경험을 떠올리게 함으로써 정서적 불안을 초래할 수
있기 때문이다.

다. 자녀가 면접교섭을 거부하는 경우

　자녀가 면접교섭을 거부하는 경우 가정법원은 그 이유를 조사하여 자녀
의 거부의사에 정당한 이유가 결여되어 있다고 판단된다면(예를 들어서
자녀의 의사가 양육친의 부당한 영향에 의하여 형성된 경우), 법원은 자녀
와 양육친을 함께 설득하여 면접교섭에 대한 거부의사가 번복될 수 있도
록 시도해야 할 것이다. 이러한 모든 노력이 있었음에도 자녀의 거부의사
가 확고하다면 자녀의 의사를 존중하여야 할 것이다.

라. 장기간 관계가 단절된 경우

　장기간의 교류단절로 인하여 면접교섭권자와 자녀 사이의 관계가 소원
해진 경우에 면접교섭이 배제될 수 있는지 여부가 특히 자녀의 출생 전에
부모가 이미 별거 또는 이혼하여 자녀가 비양육친을 전혀 알지 못하는 경
우 또는 자녀가 계부나 계모를 친부모와 같이 따르고 있는 경우에 문제가
된다. 서울가정법원 1990드76647호 양육자지정사건에는 자녀(딸)가 만1살

이 되는 해에 부모가 이혼하여 모가 딸을 양육해 왔는데, 모가 재혼한 후 그 부(계부)와 딸 사이에 친자간과 다름없는 유대관계가 형성된 경우(딸은 계부를 친아버지로 알고 따르며 동거하고 있다), 생부의 면접교섭권을 배제하는 심판을 한 바 있다.

마. 자녀에 대하여 의도적으로 부당한 영향을 미치는 경우

면접교섭시 면접교섭권자가 자녀에게 양육친에 관한 부정적인 이야기를 하여 자녀와 양육친 사이에 갈등을 야기시키는 경우에도 면접교섭이 배제될 수 있다.

◈ 사기, 강박으로 인한 이혼의 취소

제838조【사기, 강박으로 인한 이혼의 취소청구권】

사기 또는 강박으로 인하여 이혼의 의사표시를 한 자는 그 취소를 가정법원에 청구할 수 있다. <개정 1990. 1. 13>

■ § 838. 협의이혼의 무효와 취소

• 사기, 강박으로 인한 이혼은 법원에 취소청구할 수 있다
• 관련법조 : [취소의 소송 및 심판] 가소 §2①-나-3

1. 협의이혼의 무효

(1) 의 의

민법에는 협의이혼의 무효에 관한 규정이 없으나, 가사소송법 제2조 제1항 가류사건 제2호가 이혼무효의 소에 대하여 규정하고 있다. 협의이혼이 무효가 되는 경우에는 이혼신고가 수리되었으나 당사자 사이에 이혼의사의 합치가 없는 때이다. 또 피성년후견인이 이혼의 의사표시를 할 때 의사능력이 없었다면 그 협의이혼은 무효가 된다.

(2) 협의이혼이 무효로 되는 사례

가. 이혼신고 당시에 당사자 쌍방에 이혼의 뜻이 없었을 경우

서자를 적자로 하기 위하여 형식상 이혼신고를 하였다 하더라도 신고 당시에 당사자의 쌍방에 이혼의 뜻이 없었을 경우에는 그 이혼은 효력이 생기지 아니한다(대판 1961. 4. 27. 4293민상536).

나. 유효하게 이혼신고서를 작성하였으나 수리 전에 일방이 이혼의사를 철회한 경우(대판 1994. 2. 8. 93도2869).

(3) 이혼무효를 주장하는 방법

이혼무효를 주장하는 방법에 대해서는 가사소송법 제22조 내지 제25조에 규정하고 있으며, 그것은 혼인무효의 경우와 같다(가사소송법 제21조 1항). 즉 그 판결은 제3자에 대해서도 효력을 미치며, 소의 성질도 혼인무효의

소와 마찬가지로 이해하여야 할 것이다.

이혼무효가 판결로 확정되었을 때에는 소를 제기한 자가 판결의 확정일로부터 1월 이내에 판결의 등본 및 확정증명서를 첨부하여 가족관계등록부의 정정의 신청을 하여야 한다(가족관계등록법 제107조).

2. 협의이혼의 취소

(1) 의 의

배우자나 제3자의 사기나 강박에 의하여 이혼의사를 표시한 자는 이혼취소청구의 소를 제기할 수 있다(제838조).

사기란 허위의 사실을 고지하여 착오에 빠뜨리게 하는 것이며, 강박이란 해악을 고지하여 공포심을 가지게 하는 것을 말한다. 취소권은 당사자가 사기를 안 날 또는 강박을 면한 날로부터 3개월을 경과하면 소멸한다(제839조, 제823조).

사기·강박에 의한 이혼의 취소에는 민법총칙의 규정이 적용되지 않으므로, 사기·강박에 의한 이혼 취소는 제3자에게 대항할 수 있다. 또한 제3자의 사기나 강박으로 인하여 이혼한 경우 상대방 배우자가 선의라고 해도 이혼을 취소할 수 있다.

피성년후견인이 부모 또는 후견인의 동의를 얻지 않은 경우의 협의이혼에 대해서는 취소규정이 없으나 피성년후견인의 보호를 위해 취소할 수 있다고 하여야 한다.

(2) 취소 절차

가. 조정 및 제소신청

이혼을 취소하려면 먼저 가정법원에 조정을 신청해야 한다(가사소송법 제2조 1항 나류사건). 조정이 성립되지 않으면 제소신청을 할 수 있다. 청구인은 사기 또는 강박에 의하여 이혼의사를 표시한 부부의 일방이며, 피청구인은 다른 일방이다. 상대방이 되어야 할 다른 일방이 청구 전에 사망한 경우에는 검사를 상대로 하여 청구할 수 있다. 그리고 이 이혼취소의 소는 형성의 소이고, 혼인의 취소와 같이 가사소송법에 의한다(가사소송법

제22조~제25조).

나. 신 고

이혼취소의 재판이 확정된 경우에는 소를 제기한 자는 재판의 확정일로
부터 1월 이내에 재판의 등본 및 확정증명서를 첨부하여 그 취지를 신고
하여야 한다(가족관계등록법 제78조, 제58조)(가사소송법 제59조 2항).

(3) 효 과

혼인취소의 경우와 달리 이혼취소에는 소급효가 인정되므로, 취소판결 전
에 다른 일방이 재혼을 했다면 중혼이 되어 취소사유가 된다(대판 1984. 3.
27. 84므9).

3. 협의이혼의 예약

(1) 의 의

아직 이혼하지 않은 당사자가 장차 협의상 이혼할 것을 약정하는 것을
협의이혼의 예약이라고 한다(대판 2003. 8. 19. 2001다14061). 이 예약은 가
사조정의 조항에서 정하는 경우와 조정 외에서 당사자가 계약을 맺는 경우
가 있다.

(2) 효 력

협의이혼의 예약이 되었더라도 이를 강제하거나 그 위반에 대하여 제재
를 가하거나 하는 방법은 없으며, 또한 협의이혼이 유효하게 성립하기 위
해서는 신고서를 작성할 때 뿐만 아니라, 신고서가 수리될 때에도 이혼의
사의 합치가 있어야만 하므로, 설령 당사자 사이에서 이혼을 하기로 미리
약속을 하였다고 해도 법적인 효력은 없다.

또한 이혼의 예약만으로는 재판상 이혼사유도 될 수 없다. "이혼 합의사
실의 존재만으로는 이를 민법 제840조 제6호의 재판상 이혼사유인 혼인을
계속할 수 없는 중대한 사유에 해당한다고 할 수 없다"고 하였다(대판
1996. 4. 26. 96므226).

▣ 핵심판례 ▣

1. 사기로 인한 이혼의 의사표시의 취소를 인정한 사례

청구인이 살림에 보탬을 주고자 직물장사를 하다가 실패하여 그로 인한 빚이 약 400만원에 달하여 많은 채권자들로부터 그 변제독촉에 몹시 시달리게 되자, 이와 같은 심한 성화를 면하기 위해서는 일시적이나마 가장이혼을 하였다가 사태가 수습된 뒤 다시 혼인신고를 하면 된다는 피청구인의 꾀임에 넘어거 이혼을 한 경우에는 사기로 인한 이혼의 표시로 취소할 수 있다(대판 1971. 9. 28. 71므34).

2. 협의이혼을 하기로 약정하고 이를 전제로 하여 재산분할에 대하여 협의하는 것의 효력 여하

아직 이혼하지 않은 당사자가 장차 협의상 이혼할 것을 약정하면서 이를 전제로 하여 위 재산분할에 관한 협의를 하는 경우에 있어서는, 특별한 사정이 없는 한, 장차 당사자 사이에 협의상 이혼이 이루어질 것을 조건으로 하여 조건부 의사표시가 행하여지는 것이라 할 것이므로, 그 협의 후 당사자가 약정한대로 협의상 이혼이 이루어진 경우에 한하여 그 협의의 효력이 발생하는 것이지, 어떠한 원인으로든지 협의상 이혼이 이루어지지 아니하고 혼인관계가 존속하게 되거나 당사자 일방이 제기한 이혼청구의 소에 의하여 재판상이혼(화해 또는 조정에 의한 이혼을 포함한다.)이 이루어진 경우에는, 위 협의는 조건의 불성취로 인하여 효력이 발생하지 않는다고 보아야 할 것이다(대판 2003. 8. 19. 2001다14061).

◆ 사기·강박으로 인한 이혼취소청구권의 소멸

제839조【준용규정】

제823조의 규정은 협의상 이혼에 준용한다.

■ § 839. 제척기간

• 취소권은 당사자가 사기를 안 날 또는 강박을 면한 날로부터
• 3월을 경과하면 소멸한다
• 소급효 인정

사기·강박으로 인한 협의이혼은 사기를 안날 또는 강박을 면한 날로부터 3 월을 경과한 때에는 취소를 청구하지 못한다(제839조, 제823조).

사기·강박에 의한 이혼의 취소에는 민법총칙 규정의 적용이 없으므로, 사 기·강박에 의한 이혼의 취소도 선의의 제3자에게 대항할 수 있고, 또 제3자가 행한 사기·강박에 의한 이혼은 상대방 배우자가 선의인 경우에도 취소를 청구 할 수 있다(제110조 2항·3항).

◑ 이혼의 효과 : 재산분할청구권

제839조의 2 【재산분할청구권】

① 협의상 이혼한 자의 일방은 다른 일방에 대하여 재산분할을 청구할 수 있다.

② 제1항의 재산분할에 관하여 협의가 되지 아니하거나 협의할 수 없는 때에는 가정법원은 당사자의 청구에 의하여 당사자 쌍방의 협력으로 이룩한 재산의 액수 기타 사정을 참작하여 분할의 액수와 방법을 정한다.

③ 제1항의 재산분할청구권은 이혼한 날부터 2년을 경과한 때에는 소멸한다.
[본조신설 1990. 1. 13]

■ § 839조의 2. 재산분할청구권

- 부부가 이혼할 때는 신분관계도 정리해야 하는 바, 이를 위해 배우자 일방이 다른 일방에 대해 재산의 분할을 요구하는 권리
- 행사방법 : 쌍방의 합의 재산상 행사
- 산정 : 가사노동의 객관적 평가
- 지급방법 : 금전급부 또는 현물급부
- 재산분할청구권의 소멸 : 2년의 제척기간으로 소멸
- 사실혼 해소에의 유추적용

1. 재산분할제도

(1) 재산분할청구권의 의의

재산분할을 청구할 수 있는 권리를 말한다.

재산분할제도는 부부가 혼인 중에 취득한 실질적인 공동재산을 청산 분배하는 것을 주된 목적으로 한다(대판 1993. 5. 11. 93스6).

재산분할청구권을 인정하지 않는 이혼의 자유는 형식상의 자유에 불과한 것이다. 진정한 이혼의 자유를 인정하기 위하여는 재산분할청구권이 인정되어야 한다는 주장이 있어 왔는데 이에 관해 1990년의 개정(1990. 1. 13.

법률 제4199호)에서 재산분할청구제도를 신설하였다(제839조의 2). 즉 협의
상 이혼한 자의 일방은 다른 일방에 대해 재산분할을 청구할 수 있고, 협
의가 되지 않거나 협의할 수 없을 때에는 가정법원은 당사자의 청구에 의
해 당사자 쌍방의 협력으로 이룩한 재산의 액수 기타 사정을 참작하여 분
할의 액수와 방법을 정한다. 그리고 재산의 분할청구권은 이혼한 날로부터
2년의 경과로 소멸한다. 재산분할청구의 인정문제에 관해서는 종래 논의의
대상이 되어 왔던 것으로서 이를 입법적으로 해결한 것은 타당하다고 본
다. 그리고 재산분할청구권의 규정은 사실혼 해소의 경우에도 유추적용되
어야 할 것이다.

(2) 재산분할청구권의 성격

　재산분할청구권은 각자가 재산형성에 협력한 몫을 되돌려 받는 것이며,
그 외에 상대방의 생활유지에도 이바지하는 이혼 후 부양료의 성격도 있기
때문에, 이혼하게 된 데 잘못이 있는 유책배우자에 대한 손해배상청구권과
는 법적으로 별개의 것이다.

(3) 혼인 중의 부부가 협의이혼을 전제로 한 재산분할약정의 성질 및 효력

　재산분할에 관한 협의는 혼인 중 당사자 쌍방의 협력으로 이룩한 재산의
분할에 관하여 이미 이혼을 마친 당사자 또는 아직 이혼하지 않은 당사자
사이에 행하여지는 협의를 가리키는 것인 바, 그 중 아직 이혼하지 않은
당사자가 장차 협의상 이혼할 것을 약정하면서 이를 전제로 하여 위 재산
분할에 관한 협의를 하는 경우에 있어서는, 특별한 사정이 없는 한, 장차
당사자 사이에 협의상 이혼이 이루어질 것을 조건으로 하여 조건부 의사표
시가 행하여지는 것이라 할 것이다. 따라서 그 협의 후 당사자가 약정한
대로 협의상 이혼이 이루어진 경우에 한하여 그 협의의 효력이 발생하는
것이지, 어떠한 원인으로든지 협의상 이혼이 이루어지지 아니하고 혼인관
계가 존속하게 되거나 당사자 일방이 제기한 이혼청구의 소에 의하여 재판
상 이혼(화해 또는 조정에 의한 이혼을 포함한다)이 이루어진 경우에는, 위
협의는 조건의 불성취로 인하여 효력이 발생하지 않는다(대판 2003. 8. 19.
2001다14061).

2. 재산분할청구권의 행사

재산분할을 할 것인가의 여부와 그 액수 및 방법은 우선 당사자가 협의 또는 조정에 의하여 정하게 되는데(가사소송법 제2조 1항 마류사건), 이 경우에 그 액수와 방법에 대해서는 기준이 없다. 이러한 협의가 되지 않거나 협의를 할 수 없는 때에는 당사자의 청구에 의하여 가정법원이 "당사자쌍방의 협력으로 이룩한 재산의 액수 기타 사정을 참작하여 분할의 액수와 방법을 정하는" 심판을 한다(제839조의 2).

(1) 분할의 대상이 되는 재산 : 부부공동의 협력에 의해 취득한 재산

혼인중에 부부공동의 협력에 의해서 취득한 재산은 부부 일방의 명의로 되어 있는 특유재산이라고 해도 분할의 대상이 된다. 이러한 재산은 형식적으로는 부부 일방의 특유재산이지만, 실질적으로는 부부의 공동재산이라고 보아야 하므로, 혼인관계가 종료될 때에는 재산형성에 대한 기여도에 따라 분할되는 것이 타당하다. 또한 혼인중에 부부공동의 협력에 의해서 취득한 재산이 아니라도(예를 들어서 부부 일방이 상속받은 재산, 증여받은 재산 등), 그 재산의 유지와 증가에 기여한 바가 있다면, 위와 같은 취지에서 그 부분에 대해서는 분할을 청구할 수 있다고 보아야 한다.

구체적으로 문제가 되는 경우는 다음과 같다.

가. 가사노동을 분담하는 등으로 내조를 함으로써 부의 재산의 유지 또는 증가에 기여한 경우

재산분할제도는 부부가 혼인 중에 취득한 실질적인 공동재산을 청산 분배하는 것을 주된 목적으로 하는 것이므로 부부가 협의에 의하여 이혼할 때 쌍방의 협력으로 이룩한 재산이 있는 한, 처가 가사노동을 분담하는 등으로 내조를 함으로써 부의 재산의 유지 또는 증가에 기여하였다면 쌍방의 협력으로 이룩된 재산분할의 대상이 된다(대판 1993. 5. 11. 93스6).

나. 부(夫)의 부모로부터 증여받은 특유재산이지만 그 재산의 유지에 협력한 경우

재산분할의 대상으로 삼은 부동산이 혼인 전에 부(夫)의 부모로부터 증여받은 특유재산이라 할 지라도 다른 일방이 적극적으로 그 특유재산의 유지에 협력하여 그 감소를 방지하였거나 그 증식에 협력하였다고 인정되는 경우에는 재산분할의 대상이 될 수 있는 것이고, 처는 가사를 전담하는 외에 24시간 개점하는 잡화상연쇄점을 경영할 당시 그 경리업무를 전담하면서 부(夫)와 함께 잡화상 경영에 참여하여 가사비용의 조달에 협력하여 특유재산의 감소방지에 일정한 기여를 하였으므로, 부(夫)의 특유재산에 대하여 재산분할을 청구할 수 있다(대판 1994. 5. 13. 93므1020).

다. 장래의 퇴직금

부부의 일방이 이혼 당시 직장에 근무하고 있는 경우 퇴직일과 수령할 퇴직금이 확정되었다는 등이 특별한 사정이 없다면, 장차 퇴직금을 받을 개연성이 있다는 사정만으로 장래의 퇴직금을 청산의 대상이 되는 재산에 포함시킬 수 없고, 장래 퇴직금을 받을 개연성이 있다는 사정은 민법 제839조의 2 제2항 소정의 분할의 액수와 방법을 정하는 데 필요한 기타 사정으로 참작되면 족하다(대판 1995. 5. 23. 94므1713).

라. 사실심의 변론종결시에는 퇴직과 퇴직금이 확정되지 않았지만 재산분할청구권의 행사기간 경과전에 퇴직금을 수령한 경우

재판상 이혼을 전제로 한 재산분할에 있어 분할의 대상이 되는 재산과 그 액수는 이혼소송의 사실심 변론종결일을 기준으로 하여 정하여야 하고, 그 당시 직장에 근무하는 부부 일방의 퇴직과 퇴직금이 확정된 바 없으면 장래의 퇴직금을 분할의 대상이 되는 재산으로 삼을 수 없음이 원칙이지만, 그 뒤에 부부 일방이 퇴직하여 퇴직금을 수령하였고 재산분할청구권의 행사기간이 경과하지 않았으면 수령한 퇴직금 중 혼인한 때로부터 사실심 변론종결일까지 제공한 근로의 대가에 해당하는 퇴직금 부분은 분할의 대상인 재산이 된다(대결 2000. 5. 2. 2000스13).

마. 다른 일방의 특유재산

부부 일방의 특유재산은 원칙적으로 분할의 대상이 되지 아니하나 특유재산일지라도 다른 일방이 적극적으로 그 특유재산의 유지에 협력하여 감소를 방지하였거나 증식에 협력하였다고 인정되는 경우에는 분할의 대상이 될 수 있다(대결 2002. 8. 28. 2002스36).

바. 부부 중 일방에 의하여 명의신탁된 제3자 명의의 재산

제3자 명의의 재산이더라도 그것이 부부 중 일방에 의하여 명의신탁된 재산이거나 또는 부부의 일방이 실질적으로 지배하고 있는 재산으로서 부부 공동의 협력에 의하여 형성된 것이라면 이 역시 재산분할의 대상이 된다고 해석하는 것이 타당하다(대판 1998. 4. 10. 96므1434).

사. 채 무

부부의 일방이 혼인 중 제3자에 대하여 부담한 채무는 일상가사에 관한 법률행위로 인한 채무를 제외하고는 원칙적으로 개인채무로서 재산분할에서 고려되지 않는다. 그러나 부부의 실질적인 공동재산(재산분할의 대상이 되는 재산)의 형성에 수반하여 부담한 채무인 경우에는 청산의 대상이 된다(대판 1993. 5. 25. 92므501). 예컨대 부동산에 대한 임대차보증금 반환채무는 특별한 사정이 없는 한 혼인중 재산의 형성에 수반한 채무로서 청산의 대상이 된다(대판 1999. 6. 11. 96므1397). 분할의 대상이 되는 총 재산가액에서 부부의 일방이 혼인 중 공동재산의 형성에 수반하여 부담한 채무를 공제하면 남는 금액이 없는 경우에는 상대방의 재산분할 청구는 받아들여질 수 없다(대판 2002. 9. 4. 2001므718).

(2) 청구권자

재산분할의 청구는 협의이혼한 부부의 일방이 다른 일방에 대하여 할 수 있다(제839조의 2 제1항).

재산분할청구권이 인정되는지 여부가 문제되는 경우는 다음과 같다.

가. 사실혼관계에 있는 경우

법률상 배우자 있는 자가 그 법률혼 관계가 사실상 이혼상태라는 등의 특별한 사정이 없는 한 사실혼관계에 있는 상대방에게 그와의 사실혼 해소를 이유로 재산분할을 청구하는 것은 허용되지 않는다(대판 1996. 9. 20. 96므530).

나. 유책배우자

혼인 중에 부부가 협력하여 이룩한 재산이 있는 경우에 혼인관계의 파탄에 대하여 책임이 있는 배우자라도 재산의 분할을 청구할 수 있다(대판

1993. 5. 11. 93스6).

(3) 재산분할시점의 시기와 방법 등

가. 산정시기

재판상 이혼을 전제로 한 재산분할에 있어 분할의 대상이 되는 재산과 그 액수는 이혼소송의 사실심의 변론종결일을 기준으로 하여 정하여야 한다(대결 2000. 5. 10. 2000스13).

나. 지급방법

지급방법은 금전지급이나 현물분할의 방식을 한다

판례는 "법원은 당사자 쌍방의 일체의 사정을 참작하여 분할의 액수와 방법을 정할 수 있는 것이므로 가사소송규칙 제98조에 불구하고 당사자 일방의 단독소유인 재산을 쌍방의 공유로 하는 방법에 의한 분할도 가능하다."고 한다(대판 1997. 7. 22. 96므318).

법원이 재산분할로서 금전의 지급을 명하는 판결을 한 경우 상대방은 금전지급채무에 관한 판결이 확정된 다음날부터 이행지체책임을 지게 된다(대판 2001. 9. 5. 2001므725).

다. 재산분할 의무자의 의무이행 확보방법

재산분할을 정기급으로 하는 경우에는 의무자가 이를 이행하지 않는 경우에는 민사집행법에 의한 강제집행 이외에 가사소송법이 정하는 이행명령의 방법을 사용할 수 있다. 즉 당사자의 신청에 의하여 가정법원이 의무자에게 일정한 기간 내에 의무를 이행할 것을 명하고(동법 제64조), 이 명령에 위반하면 100만원 이하의 과태료에 처할 수 있다(동법 제67조 1항 1호). 또한 명령을 받은 자가 정당한 이유없이 3기 이상 의무를 이행하지 않은 때에는 권리자의 신청에 의하여 가정법원이 결정으로 30일의 범위 내에서 의무이행이 있을 때까지 의무자를 감치에 처할 수 있다(동법 제68조 1항 1호).

【쟁점사항】

<재산분할을 명하는 판결의 가집행의 가부>

재산분할청구권은 이혼이 성립한 때에 비로소 발생하는 것이므로, 당사자가 이혼소송과 병합하여 재산분할청구를 하여, 법원이 이혼과 동시에 재산분할을 명하는 판결을 한 경우에도 이혼판결이 확정되지 않은 상태에서는 가집행이 허용되지 않는다(대판 1998. 11. 13. 98므1193).

(4) 기타 관련문제

1) 재산분할 후 재산분할대상 재산이 새로이 발견된 경우

재산분할 재판에서 분할대상인지의 여부가 심리되지 않은 재산이 확정 후 추가로 발견된 경우에는 이에 대하여 추가로 재산분할청구를 할 수 있다(대판 2003. 2. 28. 2000므582).

2) 혼인파탄 후에 취득한 재산이 분할대상이 되는가의 여부

별거 이후 부부 일방이 자신의 명의로 취득한 재산이라 할지라도 다른 일방이 그 재산의 형성에 기여하였다면 분할의 대상이 된다. 그러나 혼인생활의 파탄후에 부부의 일방이 자신의 명의로 되어 있는 부동산을 담보로 하여 금전을 차용한 경우 그 채무가 일상가사에 관한 것이라거나 공동재산의 유지와 관련된 것이라는 점을 증명하지 못하는 한 청산의 대상이 되지 않는다.

3) 재산분할청구권에 대하여 채권자대위가 인정될 수 있는지 여부

재산분할청구권은 협의 또는 심판에 의하여 구체적 내용이 형성될 때까지는 그 범위와 내용이 명확하게 확정된 것이 아니므로, 협의 또는 심판에 의하여 구체적 내용이 형성되기 전에는 재산분할청구권을 보전하기 위하여 채권자대위권을 행사할 수 없다고 해석하는 것이 판례의 태도이다(대판 1999. 4. 9. 98다.58016).

4) 재산분할로 인하여 취득한 재산에 대한 과세 여부

가. 증여세

이혼 시 재산분할을 혼인중에 형성된 실질적인 공동재산에 대한 청산과 이혼 후의 부양이라는 측면에서 인정되는 것이므로, 무상의 재산증여와는 무관하다. 따라서 재산분할로 취득한 재산에 대하여 증여세를 부과할 수 없다(대판 1997. 11. 28. 96누4725).

나. 취득세

판례는 재산분할에 따른 부동산 소유권의 이전은 취득세의 비과세대상을 한정적으로 규정한 지방세법 제110조 제4호의 '공유권의 분할로 인한 취득'에 해당하지 않으며, 지방세법 제105조 제1항의 부동산의 취득에 해당하므로, 취득세의 부과는 타당하다고 한다(대판 2003. 8. 19. 2003두4331).

다. 등록세

판례에 따르면 이혼에 따른 재산분할을 원인으로 한 부동산이전등기는 지방세법 제128조의 등록세 비과세대상에 포함되지 않고, 지방세법 제131조 제1항 제5호의 공유물 분할에도 해당하지 않으므로, 등록세를 부과하는 것이 타당하다고 한다(대판 2003. 8. 19. 2003두4331).

라. 양도소득세

양도소득세와 관련하여 판례는, 이혼시 재산분할은 실질적으로 공유물분할에 해당하는 것이므로, 재산분할의 방편으로 행하여진 자산의 이전에 대하여는 공유물분할에 관한 법리가 준용되어야 한다고 한다. 따라서 재산분할에 의해서 이루어지는 자산의 이전은 양도소득세의 과세대상이 되는 유상양도에 포함된다고 볼 수 없으므로, 양도소득세를 부과할 수 없다는 입장이다(대판 1998. 2. 13. 96누14401). 또한 재산분할로 취득한 부동산을 다시 양도하여 그 양도차익을 계산하는 경우, 취득가액은 최초의 취득시를 기준으로 정하여야 하며, 재산분할에 따른 소유권이전시를 기준으로 할 것은 아니다고 하였다(대판 2003. 11. 14. 2002두6422).

3. 재산분할청구권의 소멸

재산분할청구권은 이혼한 날부터 2년을 경과한 때에는 소멸한다(제839조의2 제1항).

재산분할청구권은 이혼한 날로부터 2년 내에 행사하여야 하고 그 기간이 경과하면 소멸되어 이를 청구할 수 없는 바, 이 때의 2년이라는 기간은 일반 소멸시효기간이 아니라 제척기간으로서 그 기간이 도과하였는지 여부는 당사자의 주장에 관계없이 법원이 당연히 조사하여 고려할 사항이다(대판 1994. 9. 9.
94다17536).

▣ 핵심판례 ▣

■ [재산분할청구권]

1. 가. 재산분할합의가 해제된 경우 재산분할청구의 적법 여부

부부가 협의이혼하기로 하고 이혼에 따른 자녀양육, 위자료, 재산분할등의 조
건에 관하여 합의하여 공증까지 한 후 부가 그 합의 내용의 일부를 이행하지
아니하므로 처가 이혼, 위자료 및 재산분할 등을 구하는 소송을 제기하고 위
합의의 해제를 서면으로 통지하였다면 위 재산분할 합의는 적법하게 해제되
어 더 이상 존속하지 아니하므로 처는 여전히 재산분할청구권을 가진다.

나. 재산분할대상 재산을 평가함에 있어 증거 없이 영업권을 인정하거나 그 평가에 토지수용보상시의 폐업보상 평가방식을 적용한 원심판결을 위법하다 하여 파기한 사례

수용보상에 있어서의 폐업보상 평가방식을 분할대상재산의 평가에 적용할 이
유가 없을 뿐만 아니라, 통상의 경우 상품을 판매하는 점포의 영업권(권리금)
이라고 할 때에는 영업자가 그 점포에서 판매업을 영위함으로 인하여 얻는
무형의 수익가치(동종 영업자에 대비한 초과수익) 전부를 포괄하는 것으로
보아야 할 것이므로 점포의 영업권 외에 따로 그 점포에서 영위하는 영업만
의 영업권이라는 것은 존재할 수 없는 것이고, 백화점 매장을 이용하는 상품
을 판매하는 영업은 이른바 특정매입이라고 말하는 것으로서 영업자가 자신
의 직원을 동원하여 자신의 상품을 백화점 매장 내에서 판매하고 그 판매액
의 일정 비율을 수수료로서 백화점에 납입하는 방식이며, 그 기간이 정하여
져 있기는 하나 기간의 연장이 보장되지 아니할 뿐만 아니라 계약기간 중에
도 백화점 측의 요구가 있으면 언제든지 철수하여야 하는 것이고 임대보증금
도 없고 제3자에의 양도도 있을 수 없는 것이라면 이와 같은 형태의 영업상
이익을 독자적인 재산으로서 평가대상이 되는 영업권으로 보기는 어렵다
(1993. 12. 28. 제2부 판결 93므409 이혼 및 재산분할등).

2. 이혼에 따른 재산분할을 함에 있어 정신적 손해(위자료)를 배상하기 위한 급부로서의 성질까지 포함하여 분할할 수 있는지 여부(적극) 및 위 재산분할이 사해행위로서 채권자취소권의 대상이 되기 위한 요건 및 취소의 범위

가. 이혼에 있어서 재산분할은 부부가 혼인 중에 가지고 있었던 실질상의 공동재

산을 청산하여 분배함과 동시에 이혼 후에 상대방의 생활유지에 이바지하는 데 있지만, 분할자의 유책행위에 의하여 이혼함으로 인하여 입게 되는 정신적 손해(위자료)를 배상하기 위한 급부로서의 성질까지 포함하여 분할할 수도 있다고 할 것인바, 재산분할의 액수와 방법을 정함에 있어서는 당사자 쌍방의 협력으로 이룩한 재산의 액수 기타 사정을 참작하여야 하는 것이 민법 제839조의2 제2항의 규정상 명백하므로 재산분할자가 이미 채무초과의 상태에 있다거나 또는 어떤 재산을 분할한다면 무자력이 되는 경우에도 분할자가 부담하는 채무액 및 그것이 공동재산의 형성에 어느 정도 기여하고 있는지 여부를 포함하여 재산분할의 액수와 방법을 정할 수 있다고 할 것이고, 재산분할자가 당해 재산분할에 의하여 무자력이 되어 일반채권자에 대한 공동담보를 감소시키는 결과가 된다고 하더라도 그러한 재산분할이 민법 제839조의2 제2항의 규정 취지에 반하여 상당하다고 할 수 없을 정도로 과대하고, 재산분할을 구실로 이루어진 재산처분이라고 인정할 만한 특별한 사정이 없는 한 사해행위로서 채권자취소권의 대상이 되지 아니하고, 위와 같은 특별한 사정이 있어 사해행위로서 채권자취소권의 대상이 되는 경우에도 취소되는 범위는 그 상당한 부분을 초과하는 부분에 한정된다고 할 것이다.

나. 재산분할에 관한 협의는 혼인 중 당사자 쌍방의 협력으로 이룩한 재산의 분할에 관하여 이미 이혼을 마친 당사자 또는 아직 이혼하지 않은 당사자 사이에 행하여지는 협의를 가리키는 것으로, 아직 이혼하지 않은 당사자가 장차 협의상 이혼할 것을 약정하면서 이를 전제로 하여 위 재산분할에 관한 협의를 하는 경우에 있어서는 그 협의 후 당사자가 약정한 대로 협의상 이혼이 이루어진 경우에 그 협의의 효력이 발생하는 것이다.

다. 이혼위자료 명목으로 유일한 재산을 증여한 경우, 위 증여가 이혼에 따르는 재산분할의 성격을 포함하는 이혼급부로 볼 수 있다(대판 2001. 5. 8. 선고 2000다58804).

3. 이혼과 혼인이 수차례 반복된 경우의 재산분할

원·피고 사이에 13년 남짓 동안 법률혼과 사실혼이 3회에 걸쳐 계속 이어지다가 파탄되었고 그 각 협의이혼에 따른 별거기간이 6개월과 2개월 남짓에 불과한 경우에 마지막 사실혼의 해소에 따른 재산분할을 함에 있어서는 그에 앞서 이루어진 이혼에 따른 재산분할 문제를 정산하였다거나 이를 포기하였다고 볼 만한 특별한 사정이 없는 한 그 각 혼인 중에 쌍방의 협력에 의하여 이룩한 재산은 모두 청산의 대상이 될 수 있다고 보는 것이 상당하다(대판 2000. 8. 18. 99므1855).

4. 재산분할청구권을 보전하기 위해 채권자대위권을 행사할 수 있는지 여부

"처가 부를 상대로 이혼 및 재산분할, 위자료 청구를 하여 소송이 계속되어 있는 상태에서 부에 대한 자기의 채권(재산분할권)을 보전하기 위해 부의 제3자에 대한 권리를 대위 행사한 경우, 재산분할청구권은 협의 또는 심판에 의하여 그 구체적 내용이 형성되기까지는 그 범위 및 내용이 불명확·불확정하기 때문에 구체적으로 권리가 발생하였다고 할 수 없으므로 이를 보전하기 위하여 채권자대위권을 행사할 수 없다"(대판 1999. 4. 9. 98다58016).

5. 처에게 건물의 2분의 1의 지분 소유권이전등기를 명한 것은 형평의 원칙에 반한다고 한 사례

재산분할대상인 건물의 형성에 관한 처의 기여행위가 가사를 전담하는 뒷바라지불"과하고 별다른 경제적 활동은 없었다는 사정 등을 함께 고려하면, 재산분할로 부에 대하여 처에게 그 건물의 2분의 1 지분 소유권이전등기를 명한 것은 과다한 것으로서 형평의 원칙에 현저하게 반한다" ; 서울고판 1999. 8. 25, 98르3832은 평생 가사노동에 종사한 처에 대하여 1/3의 재산분할을 인정하고 있다(대판 1994. 12. 2. 94므1072).

6. 재산분할청구권 행사기간의 법적 성질

재산분할청구권은 이혼한 날로부터 2년 내에 행사하여야 하고 그 기간이 경과하면 소멸되어 이를 청구할 수 없는바, 이때의 2년이라는 기간은 일반 소멸시효기간이 아니라 제척기간으로서 그 기간이 도과하였는지 여부는 당사자의 주장에 관계없이 법원이 당연히 조사하여 고려할 사항이다(1994. 9. 9. 제3부 판결 94다17536 소유권이전등기).

<판례전문(1994. 9. 9. 94다17536)>

[원고, 피상고인] 강신국

[피고, 상고인] 박종란

    소송대리인 변호사 우수정

[원심판결] 청주지방법원 1994. 2. 24. 선고 93나1627 판결

[주   문] 상고를 기각한다. 상고비용은 피고의 부담으로 한다.

[이   유] 피고 소송대리인의 상고이유를 본다.

  1. 제1점에 대하여

  원심이, 이 사건 부동산은 원고가 그 자금으로 매수하여 피고에게 명의를 신탁한 것이라고 인정한 조치를 기록에 비추어 살펴보면 수긍이 가고 거기에 소론과 같은 채증법칙 위배의 위법이 없다. 논지는 이유 없다.

  2. 제2점에 대하여

  재산분할청구권은 이혼한 날로 부터 2년 내에 행사하여야 하고 그 기간이 경과하면 소멸되어 이를 청구할 수 없는 바, 이때의 2년이라는 기간은 일반 소멸시효기간이 아니라 제척기간으로서 그 기간이 도과하였는지 여부는 당사자의 주장

에 관계없이 법원이 당연히 조사하여 고려할 사항이다. 소론은 위 기간이 소멸시효기간이라는 독자적인 견해에 입각한 것으로서 채용할 바가 못되므로 논지도 이유 없다.

3. 그러므로 상고를 기각하고 상고비용은 패소자의 부담으로 하기로 하여 관여법관의 일치된 의견으로 주문과 같이 판결한다.

　　　　　　　　　　　　　　　대법관　천경송(재판장)　안용득
　　　　　　　　　　　　　　　　　　　지창권(주　심)　신성택

◈ 재산분할청구권 보전을 위한 사해행위취소권

제839조의3 【재산분할청구권 보전을 위한 사해행위취소권】

① 부부의 일방이 다른 일방의 재산분할청구권 행사를 해함을 알면서도 재산권을 목적으로 하는 법률행위를 한 때에는 다른 일방은 제406조제1항을 준용하여 그 취소 및 원상회복을 가정법원에 청구할 수 있다.

② 제1항의 소는 제406조제2항의 기간 내에 제기하여야 한다. [본조신설 2007. 12. 21]

■ § 839조의 3. 재산분할청구권 보전을 위한 사해행위취소권

• 부부의 일방의 사해행위에 대하여 사해행위취소권을 인정함
• 사해행위취소청구는 가정법원에 취소원인을 안 날로부터 1년, 법률행위 있은 날로부터 5년내에 제기하여야 한다.

2007년 개정법은 재산분할청구권 보전을 위한 사해행위취소권을 신설(법 제839조의3 신설)하였다.

(1) 개정 전에는 재산분할청구권이 구체적으로 확정되기 전에 재산분할청구권을 피보전권리로 하는 사해행위취소권이 인정되는지 여부에 대하여 다툼이 있었다.

(2) 2007년 개정법은 이를 입법적으로 해결하여 부부의 일방이 상대방 배우자의 재산분할청구권 행사를 해함을 알고 사해행위를 한 때에는 상대방 배우자가 그 취소 및 원상회복을 법원에 청구할 수 있도록 재산분할청구권을 보전하기 위한 사해행위취소권을 인정하였다. 이에 따라 재산 명의자가 아닌 배우자의 부부재산에 대한 잠재적 권리 보호가 강화될 것으로 기대된다.

제 2 관　재판상 이혼

　재판상 이혼이란 법정의 이혼원인에 의거하여 부부의 일방이 타방에 대하여 소송에 의하여 행하는 이혼이다(제840조). 재판이혼이라고도 하며 가정법원의 심판에 의하므로 심판이혼이라고도 한다. 제840조는 재판상 이혼의 원인으로서 (1) 배우자의 부정행위, (2) 배우자의 악의의 유기, (3) 배우자 또는 그 직계존속에 의한 심히 부당한 대우, (4) 자기의 직계존속에 대한 배우자의 심히 부당한 대우, (5) 배우자의 3년 이상의 생사불명, (6) 그 밖에 혼인을 계속하기 어려운 중대한 사유 등의 6종을 열거하고 있다. 그러나 먼저 가정법원에서 조정을 받고 조정이 성립되지 않으면 비로소 조정등본이 송달된 날로부터 2주일 내에 서면으로 재판이혼의 심판을 청구할 수 있다(가소 제2조 1항, 나류사건 4호, 50조). 그리고 위의 재판상 이혼원인이 있는 경우에도 법원은 일체의 사정을 고려하여 혼인의 계속이 상당하다고 인정될 때에는 이혼의 청구를 기각할 수 있다(이른바 상대적 이혼원인). 또한 배우자의 부정행위는 다른 일방의 사전동의나 사후용인을 한 때 또는 이를 안 날로부터 6월, 그 사유가 있은 날로부터 2년을 경과하면 이혼을 청구하지 못한다(제841조). 또한 기타 원인으로 인한 이혼청구는 다른 일방이 안날로부터 6월, 그 사유가 있은 날로부터 2년을 경과하면 청구하지 못한다(제842조).

◈ 재판상 이혼의 사유

제840조【재판상 이혼원인】

부부의 일방은 다음 각호의 사유가 있는 경우에는 가정법원에 이혼을 청구할 수 있다. <개정 1990. 1. 13>

1. 배우자에 부정한 행위가 있었을 때

2. 배우자가 악의로 다른 일방을 유기한 때

3. 배우자 또는 그 직계존속으로부터 심히 부당한 대우를 받았을 때

4. 자기의 직계존속이 배우자로부터 심히 부당한 대우를 받았을 때

5. 배우자의 생사가 3년이상 분명하지 아니한 때

6. 기타 혼인을 계속하기 어려운 중대한 사유가 있을 때

■ § 840. 재판상 이혼사유

- 배우자의 부정행위
- 악의의 유기
- 배우자 또는 그 직계존속에 의한 심한 부당한 대우
- 자기의 직계존속에 대한 심히 부당한 대우
- 3년 이상의 생사불명
- 기타 혼인을 계속하기 어려운 중대한 사유
- 관련법조 : [재판상 이혼신고] 가족관계등록법 §78, §58 [준거법] 국제사법§39

1. 의 의

본조는 재판상 이혼사유에 관하여 규정한 것이다. 재판상 이혼사유에는 절대적 이혼사유와 상대적 이혼사유로 나누어진다.

(1) 절대적 이혼원인

재판상 이혼이라 함은 인사소송으로서 가정법원의 재판절차를 거쳐 판결에 의하여 성립하는 이혼이다.

법정의 사실, 즉 이혼원인이 있는 때에만 이혼의 소를 제기할 수 있다. 민법은 이혼원인으로서 다음의 6가지를 들고 있다. 즉 배우자의 부정행위, 악의의 유기, 배우자 또는 그 직계존속으로부터의 부당한 대우, 3년 이상의 생사불명, 자기의 직계존속에 대한 배우자의 부당한 대우, 혼인을 계속할 수 없는 중대한 사유가 그것이다.

(2) 상대적 이혼원인

이혼관계를 파탄·파괴시키는 것은 장기의 생사불명과 불치의 정신병의 경우에 한하는 것은 아니다. 그리하여 입법자는 혼인원인을 하나하나 구체적으로 열거하지 않고, 혼인관계가 파탄해 버린 경우에는 일반적으로 혼인청구를 인정하도록 하고, 그 판정을 법관의 자유재량에 위임하게 되었다.

이것은 추상적 혹은 상대적 이혼원인이라고 하며, 1912년 스위스(스위스민법 제142조 1항)이「혼인생활의 계속이 심히 어려울 정도로 이혼관계가 고도로 파괴된 경우에는 각 배우자는 이혼을 청구할 수 있다」고 하여 비로소 상대적 이혼원인에 대하여 언급하였으며, 그 후 스웨덴·덴마크·핀란드 등의 북유럽제국의 이혼법도 극복하기 어려운 부부간의 부지를 이혼원인으로 하였다. 또한 1938년 이래의 독일 혼인법도 파탄주의적인 상대적 이혼원인을 규정하였다.

동유럽권 여러나라에서도 사정은 거의 비슷하다고 볼 수 있다. 즉 입법중에는 이혼원인에 대하여 전혀 언급하지 않고, 이혼청구의 부인을 법관의 자유재량에 일임한 나라(구소련·중화인민공화국)와 상대적 이혼원인만을 규정한 나라(폴란드·체코), 그리고 예외적인 개별적 이혼원인과 함께 일반적인 상대적 이혼원인을 규정하고 있는 나라(불가리아·유고)가 있다.

우리 현행민법도 위의 여러나라의 입법과 마찬가지로「혼인을 계속하기 어려운 중대한 사유」를 이혼원인에 추가한 것이다.

2. 이혼원인

부부의 일방은 다음의 사유가 있는 경우에 법원에 이혼을 청구할 수 있다(제840조).

(1) 배우자에게 부정한 행위가 있었을 때(제1호)

1) 의 의

'배우자에게 부정한 행위가 있었을 때'라 함은 혼인한 부부간의 일방이 부정한 행위를 한 때를 말한다. 따라서 혼인 전 약혼단계에서 부정한 행위를 한 때에는 여기에 해당되지 않는다(대판 1991. 9. 13. 91므85, 91므92).

'부정한 행위'란 배우자로서의 정조의무에 충실하지 않은 일체의 행위를 포함하며 이른바 간통보다 넓은 개념으로서 부정한 행위인지의 여부는 각 구체적 사안에 따라 그 정도와 상황을 참작하여 평가하여야 할 것이다(대판 1992. 11. 10. 92므68).

2) 부정행위에 해당하는 사례

가. 고령이고 중풍으로 정교능력이 없지만 배우자 아닌 자와 동거한 행위

고령이고 중풍을 정교능력이 없어 실제 정교를 갖지는 못하였다 할지라도 배우자 아닌 자와 동거한 행위는 배우자로서의 정조의무에 충실치 못한 것으로서 '부정한 행위'에 해당한다(대판 1992. 11. 10. 92므68).

나. 간통한 것으로 단정할 수 없으나 정조의무를 저버린 부정한 행위를 하였다고 하여 '부정한 행위'에 해당한다고 한 사례(대판 1993. 4. 9. 92므938).

3) 부정한 행위를 이유로 하는 이혼청구권의 소멸

부정한 행위를 이유로 하는 이혼청구권은 다른 일방이 사전동의나 사후 용서를 한 때, 또는 이를 안 날로부터 6월, 그 사유 있은 날로부터 2년을 경과한 때에는 소멸한다(제841조).

(2) 배우자가 악의로 다른 일방을 유기한 때(제2호)

1) 의 의

배우자가 악의로 다른 일방을 유기한 때라 함은 배우자가 정당한 이유 없이 서로 동거, 부양, 협조하여야 할 부부로서의 의무를 포기하고 다른 일방을 버린 경우를 뜻한다(대판 1998. 4. 10. 96므1434).

악의의 유기에 해당하는가의 여부를 판단함에 있어서는 당사자의 의사가 고려되어야 한다. 즉, 악의의 유기로 인정되기 위해서는 부부공동생활을 폐지할 의사를 가지고 배우자로서의 의무이행을 거부하여야 한다(대판 1986. 6. 24. 85므6).

악의의 유기 상태가 이혼청구시점까지 계속되고 있는 한 이혼청구권은 소멸되지 않는다(대판 1998. 4. 10. 89므1085).

2) 사 례

가. 악의의 유기에 해당하는 경우

상대방을 내쫓거나 두고 나가버리는 것은 악의의 유기에 해당한다(대판 1985. 7. 9. 85므9).

나. 악의의 유기에 해당하지 않는 경우

① 직업상의 이유라든가 치료를 위하여 부득이 별거하는 경우

② 상대방의 학대를 피하여 가출한 경우(대판 1993. 3. 23. 89므1085).

(3) 배우자 또는 그 직계존속으로부터 심히 부당한 대우를 받았을 때(제3호)

1) 의 의

'배우자로부터 심히 부당한 대우를 받았을 때'라 함은 혼인관계의 지속을 강요하는 것이 참으로 가혹하다고 여겨질 정도의 폭행이나 학대 또는 중대한 모욕을 받았을 경우를 말한다(대판 2004. 2. 27. 2003므1890).

2) 해당 사례

가. 배우자와 그 직계존속으로부터 심히 부당한 대우로 본 사례

'시부모와 부가 합세하여 청구인이 다소 저능하다는 이유로 그를 친정으로 축출하기 위하여 시부는 평소에 술만 먹으면 그 자부를 친정으로 가라고 폭언을 일삼아 학대하고, 부는 밧줄로 처의 전신을 포박하여 놓고 다른 남자와 간통한 사실을 자백하라고 터무니없는 누명을 씌워 전신을 구타하여 친가로 돌아가라고 강요하자, 처는 분한 나머지 농약을 마시고 자살하려고 하였는데, 부는 끝내 처를 그 친가로 끌고 가다시피 하여 축출한 사실'(대판 1969. 3. 25. 68므29)

나. 혼인 전에 사귀던 소외인을 못잊어 청구인을 학대하고, 7년간 청구인에게 아무런 이유없이 욕설과 폭행을 일삼아 오다가 나중에는 청구인이 10여일 동안 병원에 입원할 정도로 폭행을 가한 사실(대판 1983. 10. 25. 82므28)

다. 남편의 처의 결백함을 알면서도 처를 간통죄로 고소하고 제3자에게 거짓진술을 부탁한 행위

남편이 처와 제3자와의 관계가 결백함을 알면서도 처를 간통죄로 고소하고 위 제3자 등으로 하여금 간통사실 등에 관한 거짓진술을 하도록 부탁함으로써 혼인관계를 파탄에 이르게 하였다면, 그 행위는 배우자로부터 심히 부당한 대우를 받은 때 또는 기타 혼인을 계속하기 어려운 중대한 사유가 있을 때에 해당한다(대판 1990. 2. 13. 88므504·511).

라. 처가 아이를 낳을 수 없다는 트집을 잡아 학대한 경우

남편이 혼인 초부터 처가 아기를 낳을 수 없다는 트집을 잡아 학대를 하고 이혼을 요구하여 왔고, 이에 응하지 아니하면 자살하겠다고 하면서 실제로 두 차례에 걸쳐 자살한다고 농약을 마시는 소동을 벌여, 이에 견디다 못한 처가 집을 나와 친정에 복귀함으로써 부부 사이가 파탄에 빠졌다면, 이는 배우자로서 심히 부당한 대우를 받은 경우에 해당한다(대판 1990. 11. 27. 90므484·491).

마. 지참금을 가져오지 않았다는 이유로 처를 구타한 경우(대판 1986. 5. 27. 86므14)

바. 7년간 처에게 욕설과 폭행을 한 경우(대판 1983. 10. 25. 82므28)

(4) 자기의 직계존속이 배우자로부터 심히 부당한 대우를 받았을 때(제4호)

1) 의 의

심히 부당한 대우의 의미는 위 (3)의 경우와 같다.

직계존속에 대한 심히 부당한 대우에 해당하는가의 여부는 그 행위 자체만을 놓고 볼 것이 아니라, 그 행위에 이르게 된 과정과 동기 등을 종합적으로 고려하여 판단하여야 할 것이다.

2) 해당사례

가. 직계존속에 대한 심히 부당한 대우에 해당하는 경우

① 처가 지참금을 많이 가지고 오지 않았다는 이유로 처를 계속 구타, 폭행하였을 뿐 아니라, 이를 나무라는 장인을 한번 밟아주겠다고 벼르다가 술을 먹고 손전등과 등산용 야전삽을 들고 장인집에 들어가 잠자고 있던 장인에게 삽을 휘두르며 위협하고, 멱살을 잡아 흔드는 등 행패를 부린 경우(대판 1986. 5. 27. 86므14)

② 부가 폭행사실이 없음에도 불구하고 처의 친모를 상대하여 폭행죄로 경찰서에 처벌을 요구하는 고소장을 제출한 사실(대판 1958. 10. 16. 4290민상828)

나. 직계존속에 대한 심히 부당한 대우에 해당되지 않는 경우

① 처가 오랫동안 수모를 당하면서도 시어머니를 모시고 혼인관계의 회복을 위하여 노력해 왔는데, 부는 불륜관계를 계속하며 처에게 욕설과 폭행을 행하고, 시어머니 역시 며느리의 다리를 깨물고 치마를 당기는 상태에서 이를 벗어나려고 시어머니의 머리채를 잡아당긴 행위는 시어머니의 학대와 불법한 폭행을 모면하기 위한 행위라 할 것이므로, 배우자의 직계존속에 대한 심히 부당한 대우라고 볼 수 없다(대판 1986. 2. 11. 85므37).

② 오랫동안 행방을 모르는 남편의 행방을 알려고 시모가에 간 처에게 시모가 욕설을 하며 머리채를 끌어당기자 처가 돌발적으로 그 시모의 손등을 물고 가슴을 밀어 상처를 입혔다는 사실(대판 1962. 10. 4. 62나445)

(5) 배우자의 생사가 3년 이상 분명하지 아니한 때(제5호)

3년 이상 생사불명인 것과 현재도 생사불명일 것을 필요로 한다. 생사불명이란 생존도 사망도 증명할 수 없는 경우이다. 3년이란 기간의 기산점은 남아 있는 배우자가 생사불명된 배우자의 생존을 확인할 수 있는 마지막 날이 될 것이다

(6) 기타 혼인을 계속하기 어려운 중대한 사유가 있을 때(제6호)

이는 이른바 상대적·추상적 이혼원인이다.

1) 의 의

혼인을 계속하기 어려운 중대한 사유라 함은 혼인의 본질에 상응하는 부부공동생활관계가 회복할 수 없을 정도로 파탄되고, 그 혼인생활의 계속을 강제하는 것이 일방 배우자에게 참을 수 없는 고통이 되는 경우를 말하며, 이를 판단함에 있어서는 혼인계속의 의사유무, 파탄의 원인에 관한 당사자의 책임유무, 혼인 생활의 기간, 자녀의 유무, 당사자의 연령, 이혼 후의 생활보장 기타 혼인관계의 제반사정을 두루 고려하여야 한다(대판 1991. 7. 9. 90므1067).

2) 해당 사례

가. 혼인을 계속하기 어려운 중대한 사유에 해당하는 경우

① 배우자의 강간 등 파렴치 범죄(대판 1974. 10. 22. 74므1).

② 배우자의 도박(대판 1991. 11. 26. 91므559)

③ 합리적 이유 없는 성관계 거부(대판 2002. 3. 29. 2002므74)

④ 배우자의 정신분열증·망상증(대판 1991. 1. 15. 90므446)

⑤ 자녀에 대한 학대, 부의 가부장적인 태도(대판 2000. 9. 5. 99므1886)

나. 혼인을 계속하기 어려운 중대한 사유에 해당하지 않는 사례

① 심인성 음기발기부전증으로 인하여 일시적으로 성적 불능상태에 있는 경우(대판 1993. 9. 14. 93므61)

② 회복이 가능하거나 증상이 가벼운 정신병(대판 1995. 5. 26. 95므90)

③ 단순히 부부간에 한 때 이혼하기로 합의하였으나 그 밖에 특별한 사유가 없는 때(대판 1996. 4. 26. 96므226)

④ 가정생활과 양립될 수 있는 신앙생활(대판 1984. 7. 14. 81므26)

⑤ 임신불능(대판 1991. 2. 26. 89므365·367)

3) 이혼청구권의 소멸

기타 혼인을 계속하기 어려운 중대한 사유는 다른 일방이 이를 안 날로부터 6월, 그 사유가 있은 날로부터 2년을 경과하면 이혼청구권이 소멸한다(제842조).

4) 유책배우자의 이혼청구권 인정 여부

가. 문제의 소재

혼인이 파탄된 경우 그 원인을 묻지 않고 이혼을 허용하는 파탄주의에 의하면 혼인파탄에 주된 책임이 있는 유책배우자도 제846조 6호(기타 혼인을 계속하기 어려운 중대한 사유)를 근거로 하여 이혼청구가 가능하다고 할 것이다.

그러나 현재의 학설과 판례는 유책배우자의 이혼청구를 원칙적으로 배척한다는 입장을 취하고 있다.

다만, 유책배우자의 이혼청구는 원칙적으로 배척되지만, 상대방에게도 이혼의사가 있다고 인정되는 경우라든가 부부쌍방에게 혼인파탄의 책임이 있는 경우 등에는 예외적으로 인정된다.

나. 유책배우자의 이혼청구가 부정된 사례

① 처가 집을 나와 다른 남자와 동거하며 아들을 낳았고 부와의 별거기간이 28년에 이른 경우 : 원고인 처의 이혼청구를 인용하여야 할 특별한 사정이 있다고 볼 수 없다고 하였다(대판 2004. 9. 24. 2004므1033).

② 부가 처를 학대하여 집에서 쫓아낸 후 주소를 알면서 공시송달의 방법에 의하여 이혼판결을 받아 이혼신고를 하고, 그 사이에 다른 여자와 동거하면서 두 아들까지 출산한 경우, 처가 집을 나온 후에 다른 남자와 같은 방에서 동거하였다 하더라도 부의 이혼청구(대판 1987. 9. 29. 87므22)

③ 부와 시부모의 냉대를 이기지 못하여 가출한 처에 대한 부의 이혼청구(대판 1989. 6. 27. 88므740)

④ 제1심판결 선고 전까지 간통죄의 고소가 취소되지 않아 유죄판결이

선고되었다고 해도 간통하여 혼인생활을 파탄에 빠지게 한 유책배우자의 이혼청구(대판 1995. 11. 21. 95므731)

⑤ 처가 부에게 여러 차례 욕을 하고 부의 직장으로 찾아가 행패를 부리거나 직장으로 전화를 하여 비방하였다고 해도 부가 다른 여자와 가까이 지내면서 처와의 재화합을 위한 노력을 전혀 하지 않는 등 혼인파탄에 주된 책임이 있는 경우(대판 1989. 10. 13. 89므785)

⑥ 혼인관계가 20여년에 걸친 별거로 파탄에 이르러 더 이상 혼인을 계속하기 어려운 상태에 있다고 해도, 그 파탄의 원인이 축첩이나 처에 대한 유기에 있는 경우 유책배우자인 부의 이혼청구(대판 1989. 10. 24. 89므426)

⑦ 부가 다른 여자와 동거하면서 처와 장기간 별거하여 혼인이 파탄된 경우, 그 책임은 전적으로 부에게 있는 것이므로, 부는 혼인파탄의 유책배우자로서 이혼청구를 할 수 없다. 그 사이 처가 극심한 생활고를 견디지 못해 다른 남자와 일시적으로 동거하였고, 그 관계에서 자를 출산한 사실이 있다고 해도 그 책임 역시 처를 유기한 채 다른 여자와 계속 동거한 부에게 있다(대판 1993. 3. 9. 92므990).

⑧ 이혼합의와 위자료지급, 별거의 계속 등으로 혼인관계가 회복하기 어려운 상태에 이른 경우에도 부정행위와 불성실한 생활 등으로 스스로 혼인을 파탄시킨 부가 이혼청구(대판 1986. 2. 25. 85므79)

다. 유책배우자의 이혼청구가 인정된 사례

① 보복적인 감정에서 표면상으로만 이혼을 거부하고 있는 것이 명백한 경우 : 피고인 부가 원고인 처와의 부부관계를 유지할 생각은 없으나 원고가 다른 사람과 혼인하지 못하게 하기 위하여 이혼할 수 없다고 진술하였다면, 피고는 실제로는 원고와의 혼인을 계속할 의사가 전혀 없으면서도 오기나 보복적인 감정에서 표면상으로만 이혼을 거부하고 있는 것이 명백하므로, 원고인 처가 유책배우자라고 해도 이혼청구가 인용된다(대판 1996. 6. 25. 94므741).

판례는 '유책배우자의 이혼청구에 대하여 상대방이 그 주장사실을 다투면서 오히려 다른 사실을 내세워 반소로 이혼청구를 한다하더라도 그러한 사정만으로 곧바로 상대방은 혼인을 계속할 의사가 없으면서 오기나 보복적 감정에서 유책배우자의 이혼청구에 응하지 아니하는 것이라고 단정할 수 없다'고 판시하고 있다(대판 1998. 6. 23. 98므22).

② 다른 원인으로 혼인이 파탄된 후 원고에게 유책행위가 있었던 경우 : 부부가 이혼에 합의한 후 별거하다가 부가 다른 여자와 동거하게 된 경우에 부의 유책행위를 이유로 하여 부의 이혼청구는 기각되지 않는다. 판례는 이 경우 부를 유책배우자라고 할 수 없다고 하였다(대판 1964. 4. 28. 63다740).

③ 부부쌍방에게 혼인파탄의 책임이 있는 경우 : 혼인파탄의 책임이 부부쌍방에게 있는 경우 혼인파탄에 대한 원고의 책임이 피고의 책임보다 가볍다면 원고의 이혼청구를 인용해도 무방하다(대판 1994. 5. 27. 94므130).

또한 혼인파탄에 대한 원고의 책임과 피고의 책임이 비슷한 경우에도 이혼청구를 인용하는 것이 타당할 것이다(대판 1986. 3. 25. 85므85).

3. 재판상 이혼의 절차

(1) 가정법원에의 조정신청(조정에 의한 이혼)

가사소송법은 재판이혼에서도 조정전치주의를 채용하고 있으므로, 이혼을 하려고 하는 자는 우선 가정법원에 조정을 신청하여야 한다(가사소송법 제2조 1항 나류사건).

만약 이혼사건에 대하여 조정을 신청하지 아니하고 소를 제기한 경우에는 배우자의 생사가 분명하지 않은 것을 이혼원인으로 하는 경우와 같이 공시송달에 의하지 아니하고는 당사자의 일방 또는 쌍방을 소환할 수 없는 경우나, 조정에 회부되더라도 조정이 성립할 수 없다고 인정되는 경우를 제외하고는 가정법원은 그 사건을 조정에 회부하여야 한다(동법 제50조 2항). 그리하여 당사자 사이에 이혼의 합의가 성립하여 그것을 조서에 기재한 때에는 그 기재는 재판상 화해와 동일한 효력이 생겨(동법 제59조 2항) 혼인은 해소된다. 조정을 신청한 자는 조정성립의 날로부터 1월 이내에 이혼신고를 하여야 한다(가족관계등록법 제78조, 제58조).

(2) 제소신청(재판에 의한 이혼)

가. 절 차

당사자 사이에 이혼의 합의가 이루어지지 않거나 법원의 결정에 의해서 조정이 성립하지 않는 경우에는 당사자는 조서등본이 송달된 날로부터 2주일 이내나 조서송달 전에 서면으로 제소신청을 할 수 있다(가사소송법 제49조, 민사조정법 제36조). 소의 상대방이 다른 일방의 배우자이고, 상대방이 생사불명인 경우에는 공시송달절차에 의하여 송달된다.

이 판결은 선고로 그 효력이 생긴다(동법 제12조). 그러나 이 판결에 대하여 불복이 있으면 판결정본이 송달된 날로부터 2주일 이내나 판결정본의 송달 전에 항소법원에 항소할 수 있다(동법 제19조 1항).

항소법원의 판결에 대하여 불복이 있으면 판결정본이 송달된 날로부터 2주일 이내나 판결정본의 송달 전에 대법원에 상고할 수 있다(동법 제20조).

이혼판결이 확정되면 혼인은 해소되며, 그 효력이 제3자에게도 미친다(동법 제21조 1항).

나. 이혼신고(가족관계등록법 제78조, 제58조)

소를 제기한 자는 판결이 확정된 날로부터 1월 이내에 재판의 등본과 그 확정증명서를 첨부하여 이혼신고를 하여야 한다.

그 소의 상대방도 재판서의 등본 및 확정증명서를 첨부하여 이혼신고를 할 수 있다.

신고서에는 재판 확정일을 기재하여야 한다.

▣ 핵심판례 ▣

■ [재판상이혼원인]

1. 가. 민법 제840조 제6호 소정의 이혼사유인 '혼인을 계속하기 어려운 중대한 사유가 있을 때'의 의미와 그 판단기준

민법 제840조 제6호 소정의 이혼사유인 '혼인을 계속하기 어려운 중대한 사유가 있을 때'라 함은 혼인의 본질에 상응하는 부부공동 생활관계가 회복할 수 없을 정도로 파탄되고, 그 혼인생활의 계속을 강제하는 것이 일방 배우자

에게 참을 수 없는 고통이 되는 경우를 말하며, 이를 판단함에 있어서는 혼인계속의사의 유무, 파탄의 원인에 관한 당사자의 책임유무, 혼인생활의 기간, 자녀의 유무, 당사자의 연령, 이혼 후의 생활보장, 기타 혼인관계의 제반 사정을 두루 고려하여야 한다.

나. 혼인관계 파탄의 주된 책임자가 아닌 유책배우자의 이혼청구권 유무 (적극)

부부의 혼인관계가 돌이킬 수 없을 정도로 파탄된 경우, 그 파탄의 원인이 이혼청구인에게 전적으로 또는 주된 책임을 물어야 할 사유로 조성되었거나 청구인의 책임이 피청구인의 책임보다 더 무겁다고 인정되지 않는 한 청구인의 이혼청구는 인용되어야 한다(1991. 7. 9. 제1부 판결 90므1067 이혼).

2. 성적 불능이 '혼인을 계속하기 어려운 중대한 사유'에 해당하는지 여부

성기능이 불완전함에도 불구하고 이를 은폐한채 청구인과 형식상 혼례식을 거행하고 젊은 부부로서 신혼생활(약6개월간)을 하는 동안 한번도 성교관계가 없었다면 설령 소론과 같이 임신이 가능하다 하더라도 정상적인 성생활을 원하는 청구인으로서는 정신상 고통을 받았음은 사리의 당연한 바라 할 것이다(대판 1966. 1. 31. 65므65).

3. 단순히 부부간에 한 때 이혼하기로 합의한 사실만 가지고 혼인을 계속하기 어려운 중대한 사유에 해당한다고 할 수 있는지 여부

혼인생활 중 부부가 일시 이혼에 합의하고 위자료 명목의 금전을 지급하거나 재산분배를 하였다고 하더라도 그것으로 인하여 부부관계가 돌이킬 수 없을 정도로 파탄되어 부부 쌍방이 이혼의 의사로 사실상 부부관계의 실체를 해소한 채 생활하여 왔다는 등의 특별한 사정이 없다면 그러한 이혼 합의사실의 존재만으로는 이를 민법 제840조 제6호의 재판상 이혼사유인 혼인을 계속할 수 없는 중대한 사유에 해당한다고 할 수 없다(대판 1996. 4. 26. 96므226).

4. 약혼기간 중 다른 남자와 정교하여 임신하고는 그 혼인 후 남편의 자인양 속여 출생신고를 한 것이 그 혼인생활의 경과 등에 비추어 혼인을 계속할 수 없는 중대한 사유가 된다고 하기 어렵다고 한 사례

약혼기간 중 다른 남자와 정교하여 임신하고는 그 혼인 후 남편의 자인양 속여 출생신고를 한 것이 그 혼인생활의 경과 등에 비추어 혼인을 계속할 수 없는 중대한 사유가 된다고 하기 어렵다(1991. 9. 13. 제3부 판결 91므85 이혼 91므92 이혼 등).

5. '악의의 유기'를 원인으로 하는 재판상 이혼청구권의 행사기간

악의의 유기를 원인으로 하는 재판상 이혼청구권이 법률상 그 행사기간의 제한이 없는 형성권으로서 10년의 제척기간에 걸린다고 하더라도 배우자가 악의로 다른 일방을 유기하는 것이 이혼청구 당시까지 존속되고 있는 경우에는 기간 경과에 의하여 이혼청구권이 소멸할 여지는 없다(대판 1998. 4. 10. 96므1434).

6. 쌍방의 책임 있는 사유로 혼인관계가 파탄에 이르게 된 경우 이혼청구인의 책임이 상대방의 책임보다 더 무겁지 않은 한 이혼청구가 인용되어야 할 것인지 여부(적극)

혼인관계가 부부 쌍방의 책임 있는 사유로 파탄에 이르게 된 경우 이혼을 청구한 당사자의 책임이 상대방의 책임보다 더 무겁다고 인정되지 아니하는 한 그 이혼청구는 인용되어야 한다(1992. 11. 10. 제2부(차) 판결 92므549 이혼).

7. 상대방이 오로지 오기나 보복적 감정에서 표면적으로만 이혼에 불응하는 것이 아니라고 하여 유책 배우자의 이혼청구를 허용하지 아니한 사례

유책 배우자의 이혼청구에 대하여 상대 배우자도 이혼의 반소를 제기하고 있는 경우 혹은 오로지 오기나 보복적 감정에서 표면적으로 이혼에 불응하고 있기는 하나 실제에 있어서는 혼인의 계속과는 도저히 양립할 수 없는 행위를 하는 등 그 이혼의 의사가 객관적으로 명백한 경우에는 비록 혼인의 파탄에 관하여 전적인 책임이 있는 배우자의 이혼청구라 할지라도 이를 인용함이 상당하다고 함이 당원의 판례임은 소론과 같다(1987. 4. 14. 선고 86므28 판결 참조). 그러나 원심판결과 기록에 의하면, 원고의 피고에 대한 폭행이 잦자 피고가 원고를 상대로 1988. 11. 21. 이혼청구소송을 제기하였다가 원고의 간청으로 1989. 1. 16. 그 소송을 취하한 사실, 1990. 3. 17.경 원고가 다시 피고를 폭행하자 피고와 그 부모들이 원고에게 협의이혼을 요구하고 원고는 이에 응하여 위자료 명목으로 아파트 1채를 마련하여 주고 협의이혼하기로 합의하였으나 원고가 그 합의를 이행하지 아니하고 이 사건 이혼소송을 제기한 사실, 이 사건 소송계속중인 1991. 3. 20. 피고가 원고를 상해 등죄로 고소하여 원고가 유죄판결을 받은 사실, 원·피고 사이의 두 아들은 1988. 12.경 이래 부모와 떨어져 원고의 모친과 함께 살고 있으며 원고는 위 1990. 3. 17.경부터 집을 나와 그 모친 및 아들들과 동거하고 있는데 피고는 한번도 남편이나 아들들을 찾아본 일이 없는 사실 등을 인정할 수 있으나, 피고는 이 사건 소송과정에서 혼인을 계속할 의사가 있음을 거듭 밝히고 있으며 더욱이 원고는 피고와 합의한 협의이혼의 조건을 이행하지 아니하고 자기의 재산을 다른 사람 앞으로 넘긴 채 이사건 이혼소송을 제기한 것이라는 사정을 감안한다면 위에서 본 사실들만으로는 피고가 실제로는 혼인을 계속할 의사가 없으면서도 오로지 오기나 보복적 감정에서 표면적으로만 이혼에 불응하는 것으로 보기는 어렵다 할 것이다. 따라서 유책 배우자인 원고의 이혼청구를 받아들이지 아니한 원심의 판단은 정당하고, 유책 배우자의 이혼청구권에 관한 법리오해를 내세우는 논지는 이유 없다. 이에 상고를 기각하고 상고비용은 패소자의 부담으로 하기로 관여 법관의 의견이 일치되어 주문과 같이 판결한다(1993. 2. 12. 제3부(사) 판결 92므778 이혼).

8. 혼인생활 파탄의 주된 책임이 있는 유책배우자의 이혼청구권 유무(소극)

혼인생활이 파탄에 이르렀더라도 파탄에 이르게 된 책임이 오로지 또는 주로 청구인에게 있는 경우에는 이혼청구는 허용되지 않는다(1993. 3. 9. 제2부(라) 판결 92므990 이혼).

9. 간통하여 혼인생활을 파탄에 빠지게 한 유책배우자의 이혼청구의 인용 여부

간통죄의 고소를 제기하기 위하여는 먼저 혼인이 해소되거나 이혼소송을 제기하여야 한다는 규정이 있다 하여 그 고소사건의 제1심 판결선고 전까지 간통죄의 고소가 취소되지 않아 유죄판결이 선고된 경우 고소한 배우자의 의사에 관계없이 간통하여 혼인생활을 파탄에 빠지게 한 유책배우자의 이혼청구가 곧 인용되어야 한다는 해석을 할 수는 없다(대판 1993. 11. 26. 91므177, 184).

10. 간통죄의 고소사실만으로 이혼의사가 명백하다고 볼 수 있는지 여부

간통죄의 고소를 제기하기 위하여는 먼저 혼인이 해소되거나 이혼소송을 제기하여야 한다는 규정이 있지만 배우자의 간통에 대처하여 상간자를 처벌하고 배우자의 회심을 유도하기 위하여 일응 고소를 하는 경우도 흔히 있으므로, 간통죄의 고소사실만을 가지고 이혼의사가 객관적으로 명백하다고 보기 어렵다(대법원 1997. 5. 16. 97므155).

11. 오기나 보복적인 감정에서 유책배우자의 이혼청구에 응하지 아니하는 것이 아니라고 한 사례

피고가 제1심 조사기일과 원심 조정기일에서 원고가 이혼에 따른 위자료나 금전청산에 관하여 피고가 제시하는 금액에 동의하면 이혼하겠다고 진술하였다고 하더라도 이러한 사정만으로 피고가 혼인을 계속할 의사가 없음이 객관적으로 명백한데도 오기나 보복적 감정에서 유책배우자인 원고의 이혼청구에 응하지 아니하는 것이라고 단정할 수 없다(대판 1999. 10. 8. 99므1213).

12. 민법 제840조 제1호 내지 제5호의 이혼사유를 일으킨 배우자보다 상대방 배우자에게 혼인파탄의 주된 책임이 있는 경우 상대방 배우자의 이혼청구권 유무(소극)

재판상 이혼에 관하여 유책주의를 채택하고 있는 우리 법제에서는 민법 제840조 제1호 내지 제5호의 이혼사유가 있는 경우라도 위 각호의 이혼사유를 일으킨 배우자보다 상대방 배우자에게 혼인파탄의 주된 책임이 있는 경우에는 상대방 배우자는 위 이혼사유를 들어 이혼청구를 할 수 없다(1993. 4. 23. 제3부 판결 92므1078 이혼).

13. 이혼소송 계속중 배우자 일방이 사망한 경우 이혼소송의 종료 여부(적극)

재판상 이혼청구권은 부부의 일신전속적 권리이므로 이혼소송 계속중 배우자 일방이 사망한 때에는 상속인이 수계할 수 없음은 물론 검사가 수계할 수 있는 특별한 규정도 없으므로 이혼소송은 종료된다(1993. 5. 27. 제3부 판결 92므143 이혼및위자료청구).

14. 심인성 음경발기부전증과 혼인파탄의 책임

심인성 음경발기부전증으로 인하여 일시적으로 발기불능 또는 삽입불능의 상태에 있다 하더라도 부부가 합심하여 전문의의 치료와 조력을 받는 경우 정상적인 성생활로 돌아갈 가능성이 있었다고 한다면, 그 정도의 성적 결함을 지닌 부에 대하여 혼인파탄에 대한 책임을 지울 수 없다(1993. 9. 14. 제1부 판결 93므621 (본소), 638(반소) 이혼등).

15. 가. 혼인생활 파탄의 주된 책임 있는 배우자의 이혼청구권 유무 및 유책 배우자의 이혼청구권이 인정되는 예외적 경우

혼인생활의 파탄에 대하여 주된 책임이 있는 배우자는 그 파탄을 사유로 하여 이혼을 청구할 수 없는 것이 원칙이고, 다만 상대방도 그 파탄 이후 혼인을 계속할 의사가 없음이 객관적으로 명백하고 다만 오기나 보복적 감정에서 이혼에 응하지 않고 있을 뿐이라는 등 특별한 사정이 있는 경우에만 예외적으로 유책배우자의 이혼청구권이 인정된다.

나. 간통죄의 유죄판결이 선고된 경우 간통한 유책배우자의 이혼청구의 인용 여부

간통죄의 고소를 제기하기 위하여는 먼저 혼인이 해소되거나 이혼소송을 제기하여야 한다는 규정이 있다 하여 그 고소사건의 제1심 판결선고 전까지 간통죄의 고소가 취소되지 않아 유죄판결이 선고된 경우 고소한 배우자의 의사에 관계없이 간통하여 혼인생활을 파탄에 빠지게 한 유책배우자의 이혼청구가 곧 인용되어야 한다는 해석을 할 수는 없다(1993. 11. 26. 제3부 판결 91므177 이혼 및 위자료 184 이혼(반심).

16. 가. 처가 부의 도장을 도용하여 손해를 입힌 사실 등의 잘못이 발각되어 부로부터 협의이혼을 요구받자 협의이혼할 것처럼 속이고 부 몰래 아이들을 데리고 미국에 가 정착한 경우, 처의 귀책사유로 혼인이 파탄되었다고 본 사례

처가 부의 인감도장을 도용하여 부 명의로 채무부담 행위를 하여 다액의 손해를 입히고 시어머니로부터도 다액을 편취하였고, 이것이 발각되어 부로부터 협의이혼을 강력히 요구받자 부의 요구를 받아들여 협의이혼할 것처럼속이고 아이들마저 데리고 미국으로 가 그 곳에 정착하여 살고 있다면, 처가 미국으로 도피할 당시에 이미 혼인관계는 파탄되었다고 보아야 한다.

나. 위 "가"항의 경우 남편이 사위의 방법으로 이혼판결을 받았다고 하더라도 혼인의 파탄에 이른 귀책사유가 될 수 없다고 한 사례

위 "가"항의 경우 소제기 이전인 처가 미국으로 도피한 때에 혼인관계가 파
탄에 이르렀으므로 부가 사위의 방법으로 제1심 승소판결을 받았다고 하더
라도 이러한 잘못이 혼인의 파탄에 이른 귀책사유가 될 수 없다(1994. 2. 25.
제3부 판결 93므317 이혼).

17. 가. 대한민국 법원에서 이혼청구기각판결이 확정된 후 동일한 청구원인
    으로 외국 법원에 제소하여 이혼판결을 받은 경우 그 외국판결의 대
    한민국에서의 효력

　　　동일 당사자 간의 동일 사건에 관하여 대한민국에서 판결이 확정된 후에 다
　　시 외국에서 판결이 선고되어 확정되었다면 그 외국판결은 대한민국판결의
　　기판력에 저촉되는 것으로서 대한민국의 선량한 풍속 기타 사회질서에 위반
　　되어 민사소송법 제203조 제3호에 정해진 외국판결의 승인요건을 흠결한 경
　　우에 해당하므로 대한민국에서는 효력이 없다.

나. 항소심에서 제기하는 반소의 적법 요건

　　　피고가 항소심에서 원고의 청구가 인용될 경우에 대비하여 제기한 예비적
　　반소는, 원고가 반소 제기에 대하여 부동의하고 있을 뿐 아니라 본소와 반
　　소의 각 청구원인이 상이한 만큼 원고의 심급의 이익을 해할 우려가 없다고
　　할 수 없어 부적법하다(1994. 5. 10. 제1부 판결 93므1051 이혼무효확인
　　1068(반소) 이혼).

＜판례전문(1994. 5. 10. 93므1051)＞

[원고(반소피고), 피상고인]　김 ○ ○ 에란 일명 김○란

[소송대리인 변호사]　박원서

[피고(반소원고), 상고인]　박○영

[소송대리인 법무법인]　화백

[담당변호사]　노경래 외 2인

[원심판결]　서울고등법원 1993. 7. 30. 선고, 92르1919(본소), 93르1534(반소) 판결

[주　　문]　상고를 기각한다.

　　상고비용은 피고(반소원고)의 부담으로 한다.

[이　　유]　상고이유를 본다.

　(1) 제1점 및 제2점에 대하여,

　　원심판결 이유에 의하면, 원심은 그 거시증거에 의하여, 원고(반소피고, 이하 원
고라 한다)와 피고(반소원고, 이하 피고라 한다)가 1984. 4. 9. 혼인신고를 마친 후
결혼생활을 하다가 판시와 같은 경위로 불화가 일어난 결과 1988. 1. 31. 원고가

집을 나와 친정으로 돌아가게 됨으로써 별거하게 된 사실, 피고가 1988. 3.경 원고를 상대로 서울가정법원에, 첫째 원고의 귀책사유로 말미암아 원고의 가출일인 1988. 1. 31. 이래 별거상태가 계속되어 혼인이 파탄상태에 빠졌다는 것, 둘째 원고가 피고의 상관에게 허위의 진정을 하는 등으로 피고와 그 부모에게 심히 부당한 대우를 하였다는 것을 청구원인으로 하여 이혼심판청구(이하 제1소송이라 한다)를 제기하였는데, 1989. 12. 8. 위 법원에서 피고가 주된 유책자라는 이유로 피고의 청구를 기각하는 판결을 선고하였고 항소심에서도 1991. 1. 18. 같은 이유로 피고의 항소를 기각하는 판결을 선고하였으며, 피고가 상고하였다가 1991. 3. 11. 상고를 취하함으로써 위 판결이 확정된 사실, 한편 원고는 위 항소심변론종결 (1990. 12. 21.)전인 1990. 10. 9.경 미국으로 출국하여 뉴욕주에 거주하고 있었는데, 피고는 1991. 2. 12. 역시 미국으로 출국하여 네바다주에 거주하다가 1991. 4. 8. 같은 주 클라크군지방법원에 원고를 상대로 이혼청구의 소(이하 제2소송이라 한다)를 제기하면서 청구원인은 네바다주법상의 이혼요건에 맞추어 첫째 성격 등의 불일치로 인한 재결합불능, 둘째 1988. 2. 이래 1년 이상의 별거로 주장한 사실, 위 제2소송의 소장부본과 변론기일소환장은 뉴욕주의 원고에게 적법하게 송달되었으나 원고가 그로부터 20일 내에 같은 주 법에 따른 답변이나 변론을 하지 않았기 때문에 1991. 5. 16. 원고 불출석으로 궐석재판이 진행된 결과 같은 날 이혼을 허용하는 판결이 선고되었고 이 판결은 그대로 확정된 사실, 피고는 위 제2소송의 승소확정판결에 기하여 1991. 5. 24. 서울 중구청에 이혼신고를 하고 1991. 6. 3.에는 소외 인과 혼인신고를 마치고 자식까지 낳은 사실을 인정한 다음, 다음과 같이 판단하였다.

즉, 제1소송과 제2소송의 소송물을 비교해 볼 때 두 소송은 모두 동일 당사자 간의 1984. 4. 9.자 혼인신고에 의한 혼인의 해소라는 동일한 목적을 위한 것이고 비록 청구원인은 다소 다르지만 그 기본적 사실관계는 원고와 피고의 성장과정과 성격이 상이함으로 인한 갈등으로 혼인관계가 파탄에 이르렀다는 점 및 1988. 1. 31. 이후 별거하고 있다는 점에서 동일한 사실에 기초하되 다만 우리 민법과 미국 네바다주법상의 각 이혼요건이 상이하기 때문에 법률적으로 이에 맞추어 청구원인을 다소 다르게 구성하였을 뿐임을 알 수 있는바, 이와 같이 동일 당사자간의 동일 사건에 관하여 대한민국에서 판결이 확정된 후에 다시 외국에서 판결이 선고되어 확정되었다면 그 외국판결은 대한민국판결의 기판력에 저촉되는 것으로서 대한민국의 선량한 풍속 기타 사회질서에 위반되어 민사소송법 제203조 제3호에 정해진 외국판결의 승인요건을 흠결한 경우에 해당하므로 다른 요건에 대하여 더 판단할 필요 없이 대한민국에서는 효력이 없다 고 판단하고, 피고의 주장, 즉 제2소송의 청구원인에는 원고가 제1소송의 변론종결 전에 피고와 아무런 상의도 없이 미국으로 가버림으로써 피고를 유기하였다는 새로운 사유가 포함되어 있어 제1소송판결의 기판력에 저촉되지 않는다는 주장을 그 판시와 같은 이유로 배척하였다.

기록과 관계증거에 의하여 인정되는 제1소송과 제2소송의 각 청구원인에 비추어 볼 때 원심의 위 판단은 모두 정당한 것으로 수긍되고, 거기에 소론과 같은 소송물 및 기판력에 관한 법리오해의 위법 또는 유기의 개념에 관한 법리오해나 심리미진의 위법이 있음을 찾아볼 수 없다. 소론은 독자적 견지에서 제2소송의 청구원인이 제1소송의 청구원인과 관계 없는 별개의 것이라고 강변하는 데 불과하여 받아들이기 어렵다. 논지는 모두 이유 없다.

(2) 제3점에 대하여,

원심판결 이유에 의하면, 원심은, 피고가 원심에서 원고의 청구가 인용될 경우에 대비하여 제기한 예비적반소(제1소송의 판결확정 이후에도 계속되고 있는 혼인파탄상태를 이유로 한 이혼청구)에 대하여, 원고가 반소제기에 대하여 부동의하고 있을 뿐 아니라, 본소와 반소의 각 청구원인이 상이한 만큼 원고의 심급의 이익을 해할 우려가 없다고 할 수 없다고 판시하여 이를 부적법하다고 판단하였는바, 기록에 비추어 볼 때 원심의 위 판단 또한 정당한 것으로 수긍이 되고 거기에 소론과 같은 채증법칙위반 또는 심리미진의 위법이 있다고 할 수 없다. 논지 역시 이유가 없다.

(3) 그러므로 상고를 기각하고 상고비용은 패소자의 부담으로 하기로 관여 법관의 의견이 일치되어 주문과 같이 판결한다.

대법관   배만운(재판장) 김주한
김석수(주 심) 정귀호

참조판례
나. 대법원 1969. 3. 25. 선고 68다1094, 1095 판결(집17①민347)

18. 혼인의 파탄에 관한 쌍방의 책임 유무와 경중을 가리지 아니하고 피고에게 귀책사유가 없다는 이유설시만으로 이혼청구를 기각할 수 있는지 여부

혼인관계가 파탄에 이르렀음이 인정되는 경우에는 원고의 책임이 피고의 책임보다 더 무겁다고 인정되지 아니하는 한 원고의 이혼청구는 인용되어야 하는 것이므로, 원심이 원고와 피고의 각 책임의 유무 및 경중을 가려보지도 아니한 채 피고에게 책임 있는 사유로 인하여 혼인관계가 돌이킬 수 없는 파탄에 이르렀다고 보기 어렵다고 판시하여 원고의 이혼청구를 배척하고 만 것은 민법 제840조 제6호의 적용에 관한 법리를 오해하였거나 이유를 제대로 명시하지 아니한 위법이 있다(1994. 5. 27. 제3부 판결 94므130 이혼 및 친권자지정).

◈ 부정행위로 인한 이혼청구권을 행사할 수 있는 기간

제841조 【부정으로 인한 이혼청구권의 소멸】

전조제1호의 사유는 다른 일방이 사전동의나 사후용서를 한 때 또는 이를 안 날로부터 6월, 그 사유있은 날로부터 2년을 경과한 때에는 이혼을 청구하지 못한다.

■ § 841. 이혼청구권의 제척기간

• 부정한 행위는 다른 일방이 사전에 동의하였거나 사후에 용서를 한 때에는 이혼을 청구하지 못한다
• 부정한 행위는 이를 안 날로부터 6월, 그 사유 있은 날로부터 2년을 경과한 때에는 이혼을 청구하지 못한다
• 관련법조 : [이혼소송] 가소 §21, §22, §25, §2①-나-4

배우자의 부정행위는 다른 일방의 사전동의나 사후용서를 한 때 또는 이를 안날로부터 6월, 그 사유가 있은 날로부터 2년을 경과한 때에는 이혼을 청구하지 못한다.

(1) 사전동의

배우자의 부정행위에 대하여 사전에 동의한 자는 이혼을 청구하지 못한다. 상대방이 부정한 행위를 하더라도 이의가 없다는 의사가 명백하고 적극적으로 표시되지 않은 한, 동의의 존재를 인정할 수 없다. 다만 표시의 방식에 대해서는 법률에서 정하는 바가 없으므로, 명시이건 묵시이건 묻지 않는다(대판 1997. 2. 25. 95도2819).

부부사이에 이혼의사의 합치가 있고 별거하여 사실상 이혼상태에 있었다면, 이는 부정행위에 대한 사전동의가 있었던 것으로 해석될 수 있다(대판 2000. 7. 7. 2000도868).

첩계약에 대한 처의 동의는 선량한 풍속에 반하는 것으로서 무효이므로, 설령 처가 부첩관계에 동의했다고 해도 이혼청구권은 소멸하지 않는다.

판례는 '소위 첩계약은 선량한 풍속 기타 사회질서에 반하는 것으로서 무

효이므로, 처가 장래의 부첩관계에 대하여 동의하는 것 역시 그 자체가 선량한 풍속에 반하는 것으로서 무효이다'라고 판시하고 있다(대판 1998. 4. 10. 96므1434).

(2) 부정행위에 대한 사후용서

1) 의 의

배우자의 부정행위를 용서한 때에는 이혼청구권이 소멸한다. 여기서 용서란 배우자의 일방이 상대방의 부정행위를 알면서도 혼인관계를 지속시킬 의사로 악감정을 포기하고, 상대방에게 그 행위에 대한 책임을 묻지 않겠다는 뜻을 표시하는 일방행위라고 해석된다. 용서를 할 시기는 부정한 행위가 완성된 후이다. 용서의 방식에는 제한이 없으므로, 명시적으로는 물론 묵시적으로도 할 수 있다. 그러나 감정을 표현하는 어떤 행동이나 의사의 표시가 용서로 인정되기 위해서는, 배우자의 부정행위를 확실하게 알면서 자발적으로 한 것이어야 하고, 부정행위에도 불구하고 혼인관계를 지속시키려는 진실한 의사가 명백하고 믿을 수 있는 방법으로 표현되어야 한다. 따라서 단순한 외면적인 용서의 표현이나 용서를 하겠다는 약속만으로는 용서를 하였다고 인정하기 어렵다고 본다(대판 1991. 11. 26. 91도2409).

2) 사 례

가. 부정행위의 용서라고 볼 수 없는 사례

① 배우자의 부정행위를 이유로 하여 이혼청구를 한 배우자의 일방이 소의 계속중에 상대방과 동침한 사실이 있다고 해도, 그와 같은 사실만으로는 상대방의 부정행위를 용서한 것으로 볼 수 없다(대판 1973. 3. 13. 73도227).

② 배우자가 타인과 수년간 동거하고 있는 사실을 알면서 특별한 의사표시나 행동을 하지 않은 경우, 그러한 사정만으로는 배우자의 부정행위를 묵시적으로 용서하였다고 볼 수 없다(대판 1971. 2. 23. 71므1).

나. 부정행위의 용서라고 볼 수 있는 사례

배우자의 부정행위를 알고 난 후 그 상대방으로부터 배우자를 더 이상 만나지 않겠다는 합의각서를 받은 경우, 부정행위의 용서라고 볼 수 있다(대판 1999. 8. 24. 99도2149).

(3) 이혼청구권의 소멸

배우자의 부정행위를 이유로 하는 이혼청구권은 다른 일방이 그 사실을 안 날로부터 6월이 경과하면 소멸한다. 또한 부정행위가 있은 날로부터 2년이 경과한 때에는 다른 일방이 부정행위를 알았는지의 여부와 관계없이 이혼청구권은 소멸한다(제841조). 즉 이혼청구권을 소멸시키기 위하여 경과하여야 할 기간에는 두 가지가 있다.

① 하나는 6개월의 단기로써 만료하며, 이혼청구권자가 부정한 행위의 사실을 안 날로부터 기산한다. 이혼을 이혼원인이 발생한 날로부터 6개월 내에 법원에 청구하면 청구 후의 기간의 경과는 문제되지 않는다. 만약 6개월 후에 청구하면 보통은 청구인이 자기가 부정행위의 사실을 안 날로부터 청구시까지 아직 6개월을 경과하지 않고 있다는 사실의 주장과 입증의 책임을지지 않으면 안된다. 부정한 행위는 그 발생과 동시에 이혼청구권자가 이를 아는 경우가 많기 때문이다.

② 다른 하나는 2년의 경과로 말미암아 비로소 이혼청구권을 소멸시키는 것이다. 6개월의 기간은 이혼청구권자가 부정한 행위가 있음을 안 날로부터 기산하여야 하지만, 2년의 기간은 부정행위의 사실이 있은 날로부터 기산하며, 이혼청구권자가 부정한 행위의 사실의 발생을 알았느냐의 여부는 묻지 않는다.

③ 이 두 종류의 기간 내에 이혼청구를 하면 되며, 일단 이혼을 청구한 후(조정신청 후)에 기간이 만료되더라도 이혼청구권은 소멸하지 않는다. 부가 다른 여자와 부첩관계를 계속 유지하는 상태가 이혼청구 당시까지 존속되고 있는 경우에는 기간 경과에 의하여 이혼청구권이 소멸할 여지는 없다(대판 1998. 4. 10. 96므1434).

▣ 핵심판례 ▣

■ [부정으로 인한 이혼청구권의 소멸]

1. 배우자의 부정행위에 대한 사전동의 표시의 방식

당사자가 더 이상 혼인관계를 지속할 의사가 없고 이혼의사의 명백한 합치가 있는 경우에는 비록 법률적으로는 혼인관계가 존속한다 하더라도 상대방의 간통에 대한 사전 동의라고 할 수 있는 종용에 관한 의사표시가 그 합의 속에 포함되어 있는 것으로 보아야 하고, 이혼의사의 명백한 합의가 있었는지 여부는 반드시 서면에 의한 합의서가 작성된 경우뿐만 아니라, 당사자의 언행 등 여러 가지 사정으로 보아 혼인당사자 쌍방이 더 이상 혼인관계를 유지할 의사가 없었던 사정이 인정되고, 어느 일방의 이혼요구에 상대방이 진정으로 응낙하는 언행을 보이는 사정이 인정되는 경우에도 그와 같은 의사의 합치가 있었다고 인정할 수 있다 할 것이다(대판 1997. 2. 25. 95도2819).

2. 부부간에 이혼의사가 합치가 있고 별거하여 사실상 이혼상태에 있는 경우 부정행위에 대한 사전동의로 볼 수 있는지 여부

혼인 당사자가 더 이상 혼인관계를 지속할 의사가 없고 이혼의사의 합치가 있는 경우에는 비록 법률적으로 혼인관계가 존속한다고 하더라도 간통에 대한 사전 동의인 종용에 해당하는 의사표시가 그 합의 속에 포함되어 있는 것으로 보아야 할 것이고, 그러한 합의가 없는 경우에는 비록 잠정적·임시적·조건적으로 이혼의사가 쌍방으로부터 표출되어 있다고 하더라도 간통 종용의 경우에 해당하지 않는다(대판 2000. 7. 7. 2000도868).

3. 이혼소송의 당사자가 주장하지 않고 심리과정에서 나타나지도 아니한 간통유서사실에 대한 법원의 직권심리 요부(소극)

인사소송법상 직권으로 증거를 조사하도록 규정되어 있다고 하여 이혼소송의 당사자가 주장하지도 않고 심리과정에서 나타나지도 아니한 독립한 공격방어방법에 대한 사실까지 법원이 조사하여야 하는 것은 아니므로 원심이, 청구인이 간통한 피청구인을 유서하였는 지 여부를 조사, 심리하지 아니한 것이 위법하다고 할 수 없다(1990. 12. 21. 제3부 판결 90므897 이혼).

◆ 기타 혼인을 계속하기 어려운 중대한 사유로 인한 이혼청구권의 행사기간

제842조【기타 원인으로 인한 이혼청구권의 소멸】

제840조 제6호의 사유는 다른 일방이 이를 안 날로부터 6월, 그 사유있은 날로부터 2년을 경과하면 이혼을 청구하지 못한다.

■ § 842. 파탄주의의 제약

• 제척기간
• 다른 일방이 이를 안 날로부터 6월, 그 사유가 있은 날로부터 2년을 경과하면 이혼청구권은 소멸한다
• 관련법조 : [이혼소송] 가소 §21, §22, §25, §2①-나-4

상대적 이혼원인으로 인한 이혼사유, 즉「기타 혼인을 계속하기 어려운 중대한 사유가 있는 때」에는 다른 일방이 이를 안 날로부터 6월, 그 사유 있은 날로부터 2년을 경과하면 이혼을 청구하지 못한다.

본조의 취지는, 제840조 제6호가 정하는 이혼사유(기타 혼인을 계속하기 어려운 중대한 사유)가 있는 경우 다른 일방은 그 사실을 안 날로부터 6월, 그 사유가 있은 날로부터 2년 내에 이혼을 청구해야 하며, 이 기간이 경과하면 이혼청구권이 소멸한다는 의미로 이해된다.

제846조 제6호는 파탄주의를 규정한 것인데 원래 파탄주의는 그 이유가 어떻든 이혼을 청구하는 시점에서 부부관계가 회복될 수 없는 정도로 파탄된 경우에는 이혼을 인용한다는 주의이므로, 제척기간의 경과로 인한 이혼청구권의 소멸이란 생각할 수 없다. 따라서 본조는 사실상 필요없는 것이다.

▣ 핵심판례 ▣

■ [기타 원인으로 인한 이혼청구권의 소멸]

민법 제842조의 제척기간에 관한 규정이 같은 법 제840조 제3호의 사유에 기한 이혼청구에 유추적용될 수 있는지 여부(소극)

민법 제842조의 제척기간에 관한 규정은 같은 법 제840조 제6호의 사유에 기한 이혼청구에만 적용될 뿐 같은 법 제840조 제3호의 사유에 기한 이혼청구에 유추 적용될 수 없다(1993. 6. 11. 제3부 판결 92므1054, 1061(반소) 이혼, 이혼등).

◆ 재판상 이혼의 경우 손해배상청구와 양육책임 그리고 재산분할청구

제843조 【준용규정】

재판상 이혼에 따른 손해배상책임에 관하여는 제806조를 준용하고, 재판상 이혼에 따른 자녀의 양육책임 등에 관하여는 제837조를 준용하며, 재판상 이혼에 따른 면접교섭권에 관하여는 제837조의2를 준용하고, 재판상 이혼에 따른 재산분할청구권에 관하여는 제839조의2를 준용하며, 재판상 이혼에 따른 재산분할청구권 보전을 위한 사해행위취소권에 관하여는 제839조의3을 준용한다. [전문개정 2012.2.10.]

■ § 843. 재판상 이혼의 효과

- 협의이혼의 규정 적용
- 손해배상청구권(§806)
- 자의 양육책임(§837)
- 자의 면접교섭(§837의 2)
- 재산분할청구권(§839의 2)
- 재산분할청구권 보전을 위한 사해행위취소권(§839의 3)

본조는 재판상 이혼으로 인한 손해배상청구권 등에 관한 준용규정이다.

(1) 재판상 이혼의 경우에 이혼피해자가 과실있는 상대방에 대하여 재산상의 손해와 정신상의 고통에 대한 손해배상청구권을 행사할 수 있는 것은 약혼해제의 경우와 같다(제806조 준용). 이 경우에 손해배상청구가 가정법원의 조정사항으로 열거되어 있지는 않으나, 그 성질상 당연히 조정사항으로 보아야 할 것이다.

(2) 그 이외에 자의 면접교섭에 관하여는 제837조의 2, 재산분할청구에 관하여는 제839조의 2, 그리고 자의 양육책임에 관하여 제837조, 재산분할청구권 보전을 위한 사해행위취소권에 관하여는 제839조의 3이 준용된다.

▣ 핵심판례 ▣

■ [준용규정]

1. 가. 재산분할에 있어서 부부 일방의 특유재산이 분할대상이 되는 경우 및 부부 일방의 제3자에 대한 채무가 청산대상이 되는 경우

    민법 제843조, 제839조의2의 규정에 의한 재산분할의 경우 부부 일방의 특유 재산은 원칙적으로 분할대상이 되지 아니하나 특유재산일지라도 다른 일방이 적극적으로 특유재산의 유지에 협력하여 감소를 방지하였거나 증식에 협력하 였다고 인정되는 경우에는 분할대상이 될 수 있고 또 부부 일방이 혼인중 제 3자에게 부담한 채무는 일상가사에 관한 것 이외에는 원칙으로 개인채무로서 청산대상이 되지 않으나 공동재산의 형성에 수반하여 부담한 채무인 경우에 는 청산대상이 된다.

   나. 법원이 재산분할을 명함에 있어서 참작할 사항 및 설시 정도

    법원은 재산분할을 함에 있어 방법이나 비율 또는 액수는 당사자 쌍방의 협 력으로 이룩한 재산의 액수 기타의 사정을 참작하여 정하면 되고 기타의 사 정 중 중요한 것은 명시하여야 할 것이나 그 모두를 개별적, 구체적으로 일 일이 특정하여 설시하여야 하는 것은 아니다.

   다. 재산분할 대상 적극재산에서 공제하여야 할 부채를 인정함에 있어 액 수를 특정하지 아니하고 몇 천만 원 정도라고 한 것은 잘못이나 액수 가 과다하여 위법하다고 보이지는 아니한다고 한 사례

    재산분할 대상 적극재산에서 공제하여야 할 부채를 인정함에 있어 액수를 특 정하지 아니하고 몇 천만 원 정도라고 한 것은 잘못이나 액수가 과다하여 위 법하다고 보이지는 아니한다(1993. 5. 25. 제1부 판결 92므501 이혼및위자료).

2. 이혼위자료청구권이 행사상 일신전속권으로서 승계가 가능한지 여부(적극)

   이혼위자료청구권은 상대방 배우자의 유책불법한 행위에 의하여 혼인관계가 파탄 상태에 이르러 이혼하게 된 경우 그로 인하여 입게 된 정신적 고통을 위자하기 위한 손해배상청구권으로서 이혼시점에서 확정, 평가되고 이혼에 의하여 비로소 창설되는 것이 아니며, 이혼위자료청구권의 양도 내지 승계의 가능 여부에 관하 여 민법 제806조 제3항은 약혼해제로 인한 손해배상청구권에 관하여 정신상 고통 에 대한 손해배상청구권은 양도 또는 승계하지 못하지만 당사자간에 배상에 관한 계약이 성립되거나 소를 제기한 후에는 그러하지 아니하다고 규정하고 같은 법 제843조가 위 규정을 재판상 이혼의 경우에 준용하고 있으므로 이혼위자료청구권 은 원칙적으로 일신전속적 권리로서 양도나 상속 등 승계가 되지 아니하나 이는 행사상 일신전속권이고 귀속상 일신전속권은 아니라 할 것인바, 그 청구권자가

위자료의 지급을 구하는 소송을 제기함으로써 청구권을 행사할 의사가 외부적 객관적으로 명백하게 된 이상 양도나 상속 등 승계가 가능하다(1993. 5. 27. 제3부 판결 92므143 이혼및위자료청구).

3. 가. 부의 상속재산을 기초로 형성된 재산이라 하더라도 취득 및 유지에 처의 가사노동이 기여한 경우 재산분할 대상이 된다고 본 사례

부의 상속재산을 기초로 형성된 재산이라 하더라도 취득 및 유지에 처의 가사노동이 기여한 것으로 인정되는 경우 재산분할 대상이 된다고 본다.

나. 명의신탁된 재산이 재산분할의 대상이 되는지 여부(적극)

다른 사람 명의로 명의신탁된 재산이라도 실질적으로 부부중 일방의 소유에 속하는 한 재산분할의 대상이 된다(1993. 6. 11. 제3부 판결 92므1054, 1061 (반소) 이혼, 이혼등).

4. 혼인파탄에 대한 귀책사유가 배우자 쌍방에게 있고 쌍방의 책임 정도가 대등하다고 판단하여 위자료청구를 기각한 원심판결을 수긍한 사례

혼인파탄에 대한 귀책사유가 배우자 쌍방에게 있고 쌍방의 책임 정도가 대등하다고 판단하여 위자료청구를 기각한 원심판결을 수긍한 사례(1994. 4. 26. 제2부 판결 93므1273 이혼및위자료 1280(반소) 이혼 및 위자료)

5. 가. 부부 일방의 특유재산이 재산분할의 대상이 될 수 있는지 여부

특유재산이라 할지라도 다른 일방이 적극적으로 그 특유재산의 유지에 협력하여 그 감소를 방지하였거나 그 증식에 협력하였다고 인정되는 경우에는 재산분할의 대상이 될 수 있다.

나. 가사를 전담하는 외에 가업으로 24시간 개점하는 잡화상연쇄점에서 경리업무를 전담하면서 잡화상 경영에 참가하여 가사비용의 조달에 협력하였다면 특유재산의 감소방지에 일정한 기여를 하였다고 할 수 있어 특유재산이 재산분할의 대상이 된다고 본 사례

가사를 전담하는 외에 가업으로 24시간 개점하는 잡화상연쇄점에서 경리업무를 전담하면서 잡화상 경영에 참가하여 가사비용의 조달에 협력하였다면 특유재산의 감소방지에 일정한 기여를 하였다고 할 수 있어 특유재산이 재산분할의 대상이 된다고 본 사례(1994. 5. 13. 제3부 판결 93므1020 이혼및위자료)

제 4 장   부모와 자

친자라 함은 자연적 혈연관계에 의거하는 친생자와 법률상 친생자에 준하는 법정친자를 포함하는 말이다.

법정친자는 친자에 준하여 법률이 특히 친자와 동일한 관계를 의제한 자이다. 과거 민법에서는 법정친자로서는 양친자(제772조)·계모자(제773조)·적모서자(제774조)의 세 가지를 규정하였으나 1990년 민법 개정시 계모자와 적모서자는 삭제하여 이제는 양친자만이 유일하게 법정친자로 남게 되었다.

그러다가 2005년 민법 일부개정에서는 친양자제도를 새롭게 도입하였다(제908조의 2~908조의 8).

일정한 요건을 갖춘 미성년자에 대하여 가정법원의 허가를 받으면 친생부모와의 친족관계를 단절하고 가족관계등록부에 양부모의 친생자로 된다. 친양자는 또 보통 입양과는 달리 양자가 양친의 성을 따른다.

또 2005년 개정민법은 자는 부의 성과 본을 따르는 것을 원칙으로 하되, 부모가 혼인신고를 할 때에 모의 성과 본을 따르기로 협의한 경우에는 모의 성과 본을 따르도록 하였다(제 781조 1항).

또한 성과 본의 변경제도를 도입하여 자의 복리를 위하여 자의 성과 본을 변경할 필요가 있을 때에는 부, 모 또는 자의 청구에 의하여 법원의 허가를 받아 이를 변경할 수 있도록 하였다(제781조 6항 본문).

제 1 절 친생자

　부모와 자녀의 관계가 혈연에 기초하고 있는 경우가 친생자관계이며, 혈연에 의지하지 않고 당사자의 의사에 기초한 친자관계, 즉 법정친자관계(양친자관계)와 구별된다. 친생자는 부모와 혈연관계에 있는 자로서 부모의 혼인상태에 따라서 혼인중의 출생자와 혼인 외의 출생자로 나누어진다.

　혼인중의 출생자는 다시 친생자의 추정을 받는 혼인중의 출생자와 친생자의 추정을 받지 않는 혼인중의 출생자로 나누어진다.

　친생자(legitimate child, eheliches Kind, enfant légitime)는 법률상 혼인중에 출생한 자이다. 아내가 혼인중에 포태한 자는 남편의 자로 추정하고(제844조 1항), 남편은 친생부인의 소에 의해서만 이 추정을 부인할 수 있다(제 847조~제853조). 친생자는 상속에 있어서 상속인이 수인인 때에는 균분으로 받으며 여자의 경우는 남자의 상속분과 같다(제1009조 1항).

◈ 친생자의 추정을 받는 혼인중의 출생자

제844조 【남편의 친생자의 추정】

① 아내가 혼인 중에 임신한 자녀는 남편의 자녀로 추정한다.

② 혼인이 성립한 날부터 200일 후에 출생한 자녀는 혼인 중에 임신한 것으로 추정한다.

③ 혼인관계가 종료된 날부터 300일 이내에 출생한 자녀는 혼인 중에 임신한 것으로 추정한다.

[전문개정 2017.10.31.]

[2017.10.31. 법률 제14965호에 의하여 2015.4.30. 헌법재판소에서 헌법불합치 결정된 이 조를 개정함.]

■ § 844. 혼인중의 출생자

- 혼인중의 출생자란 법이 인정한 혼인생활로부터 출생한 자를 말한다
- 아내가 혼인 중에 임신한 자녀는 남편의 자녀로 추정한다
- 혼인성립의 날로부터 200일 후에 출생한 자녀는 혼인 중에 임신한 것으로 추정한다
- 혼인관계가 종료된 날부터 300일 이내에 출생한 자녀는 혼인 중에 임신한 것으로 추정한다
- 관련법조 : [출생신고] 가족관계등록법 §44~§54, [친생자 출생신고] 가족관계등록법 §46

1. 혼인 중의 출생자의 의의

민법은 친생자를 혼인중의 출생자와 혼인외의 출생자로 대별한다.

혼인중의 출생자란 법률혼관계에 있는 부부 사이에서 태어난 자이다. 혼인중의 출생자에는 생래(生來)의 혼인중의 출생자(출생시부터 혼인중의 출생자의 신분을 취득하는 자)와 준정(準正)에 의한 혼인중의 출생자(제855조 제2항, 출생시에는 혼인 외의 출생자였으나, 부모의 혼인과 부의 인지에 의해서 혼인중

의 출생자의 신분을 취득하는 자)가 있다. 생래의 혼인중의 출생자에는 '친생 자의 추정을 받는 혼인중의 출생자'와 '친생자의 추정을 받지 않는 혼인중의 출생자' 및 '친생자의 추정이 미치지 않는 자'가 있다. 혼인신고를 하지 않은 경우의 자는 혼인외의 출생자이다.

2. 혼인 중 출생자의 구분

(1) 친생자의 추정을 받는 혼인중의 출생자

자가 부의 친생자의 추정을 받기 위해서는 일정한 요건을 갖추어야 한다.

일정한 조건이란 자의 출생이 「혼인성립의 날로부터」, 즉 혼인신고가 수리된 날(제812조)로부터 「200일 후」 즉 혼인신고서 수리일의 익일부터 세어 201일째 내지 그 이후일 것, 「또는 혼인관계종료의 날로부터」, 즉 혼인이 부의 사망이라든가 부부의 이혼 등으로 인하여 해소된 날의 익일부터 세어서 「300일 이내」 즉 300일째 내지 그 이전일 것이며, 이러한 자는 처가 혼인중에 포태한 것으로 추정한다.

처가 포태하여 출산한 자라도 일단 부의 자임을 입증하여야 한다는 것은 용이한 일은 아니다. 이 어려운 입증을 면제하기 위한 입법기술이 이른바 친생자 추정제도이다. 따라서 상기의 조건을 구비한 자는 부의 자, 즉 친생자가 아니라고 다투어진 경우에 자 측에서 친생자란 입증을 하지 못하더라도 그 점을 다툰 측에서 친생자가 아니라는 반증을 제출하여야 한다.

그러므로 대부분의 경우 친생자의 추정을 받는 혼인중의 출생자의 지위는 상당히 안정된 것이다. 예컨대 본조에 의하여 혼인중의 자, 즉 친생자로 추정된 자가 사실은 그 부부 사이의 자가 아닌 경우라 하더라도 부는 반드시 그 요건이 엄격한 친생부인의 소(제846조)에 의하여 그 친생자임을 다투지 않으면 안된다(대판 2000. 8. 22. 2000므292). 친생자관계부존재확인의 소로써 다툴 수 없다.

그 반면 친생자의 추정과 관련하여 가족관계등록공무원에게는 신고에 대한 실질적 심사권이 없기 때문에 실무를 취급함에 있어서는 혼인신고의 유무와 출생일로부터 역산한 포태시기만으로 친생자인가의 여부를 형식적으로 구별할 수 밖에 없으므로 혼인외의 자, 즉 부 이외의 者의 子임이 사실상 명확하더라도 법률상으로는 움직이기 어려운 부의 자가 되는 불합리한 경우가 일어날 수 있다.

참고로 헌법재판소는 혼인 종료 후 300일 이내에 출생한 자를 전남편의 친생자로 추정하는 민법 제844조 제2항(2017년 10월 31일 일부 개정 전 민법) 중 "혼인관계종료의 날로부터 300일 내에 출생한 자"에 관한 부분이 모가 가정생활과 신분관계에서 누려야 할 인격권, 혼인과 가족생활에 관한 기본권을 침해하는지에 대하여 '민법 제정 이후의 사회적·법률적·의학적 사정변경을 전혀 반영하지 아니한 채, 이미 혼인관계가 해소된 이후에 자가 출생하고 생부가 출생한 자를 인지하려는 경우마저도, 아무런 예외 없이 그 자를 전남편의 친생자로 추정함으로써 친생부인의 소를 거치도록 하는 심판대상조항은 입법형성의 한계를 벗어나 모가 가정생활과 신분관계에서 누려야 할 인격권, 혼인과 가족생활에 관한 기본권을 침해한다.'며 헌법불합치결정을 하였다(헌재 2015. 4. 30. 2013헌마623). 이에 국회는 2017년 10월 31일 제854조의2 및 제855조의2를 신설하여 혼인관계가 종료된 날부터 300일 이내에 출생한 자녀에 대하여 어머니와 어머니의 전(前) 남편은 친생부인의 허가 청구를, 생부(生父)는 인지의 허가 청구를 할 수 있도록 하여 친생부인의 소보다 간이한 방법으로 친생추정을 배제할 수 있도록 하여 헌법재판소의 결정 취지를 반영하였다.

(2) 친생자의 추정을 받지 않는 혼인중의 출생자

혼인이 성립한 날로부터 200일이 되기 전에 출생한 자는 친생자의 추정을 받지 못한다. 따라서 요건이 엄격한 친생부인의 소가 아니라 요건이 완화된 친생자관계부존재확인의 소에 의해서 법률상의 부자관계를 소멸시킬 수 있다. 즉, 이해관계인은 누구나 소를 제기할 수 있으며, 소를 제기할 수 있는 기간(出訴其間)도 제한되어 있지 않다.

3. 친생추정의 범위

(1) 문제점

부의 친생자로 추정되면, 친생부인의 소에 의해서만 그 추정을 깰 수 있다. 그러나 친생부인의 소는 제소기간이 제한이 있어, 그 제소기간이 도과하면 친생자가 아님이 명백한 경우까지도 친생자임을 부인할 수 없어 부의 행복추구권 등의 침해가 너무 크다. 따라서 이러한 친생추정의 범위를 제한하여 제소기간의 제한이 없는 친자관계부존재확인의 소에 의해 친자관계를 부인할 수 있게 해야 하는 것이 아닌가 하는 점과 관련하여 견해가 대립한다.

(2) 학설대립

1) 무제한설

친생자추정은 획일적, 형식적으로 판단해야 함을 이유로, 제844조의 요건을 갖춘 출생자의 경우에는 누구나 친생추정을 받는다고 하는 견해이다. 종래 대법원의 태도이다(대판 1975. 7. 22. 75다65 등).

2) 제한설

(가) 외관설 : 포태기간 중에 부가 실종 중이거나 수감 또는 외국 체류 중이거나, 사실상 이혼상태에 있다는 등 외관상 동서의 결여가 객관적으로 명백한 경우에 한해 추정이 미치지 않는다고 하는 입장이다. 다수설과 판례의 입장이다.

(나) 혈연설 : 진실한 혈연관계를 고려하여, 부의 생식불능, 혈액형의 배치 등과 같이 개별적, 구체적인 심사의 결과 정상적인 부부관계가 존재하지 않는 것이 명백한 경우까지 친생자추정이 미치지 않는 것에 포함시키는 견해이다.

(다) 절충설 : 원칙적으로는 외관설에 입각하여 해석하면서도 가정의 평화와 진실주의와의 조화를 위해, 가정이 이미 붕괴되어 있는 경우에는 혈연설에 따르는 견해이다.

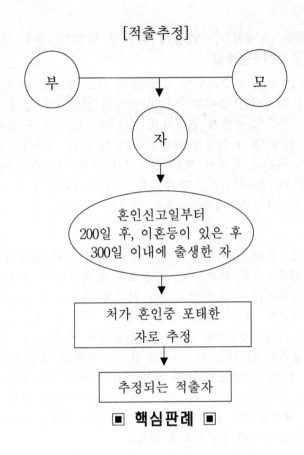

[적출추정]

혼인신고일부터
200일 후, 이혼등이 있은 후
300일 이내에 출생한 자

처가 혼인중 포태한
자로 추정

추정되는 적출자

■ 핵심판례 ■

■ [부의 친생자의 추정]

1. 시부모를 모시고 살면서 1년에 한번 정도 찾아오는 부를 만나 온 처가 혼인 중에 포태한 자식의 친생추정 여부

민법 제844조 제1항의 이른바 친생추정은 부부 중 한쪽이 장기간 외국에 거주하고 있었다든가, 사실상 이혼하여 남남처럼 살고 있다는 등 동서의 결여로 인하여 처가 부의 자식을 포태할 수 없음이 외관적으로 명백한 경우가 아닌 한 혼인중에 처가 포태한 자식에게 모두 적용되는 것으로서 단순히 부부가 평상시에 별거하고 있다는 등의 사정만으로는 위 친생추정을 받지 아니하는 사유가 될 수 없다고 할 것이므로, 청구인은 갑과 혼인한 후 다른 여자와 부첩관계를 맺고 평소에 갑과는 별거하고 있었으나 갑이 청구인의 부모를 모시고 본가에서 거주하는 관계로 1년에 한번 정도로 찾아와 만났다면 이 부부 사이는 처가 부의 자식을 포태할 수 없음이 객관적으로 명백할 정도로 동서의 결여가 있다고는 할 수 없는 것이므로 갑이 혼인중에 포태하였음이 명백한 피청구인은 청구인의 친생자로 추정받는다고 할 것이다(1990. 12. 11. 제2부 판결 90므637 친생부인).

2. 처가 부의 자를 포태할 수 없음이 외관상 명백한 경우 부가 그 출생자의 친자관계를 부인하는 방법

민법 제 844조는 부부가 동거하여 처가 부의 자를 포태할 수 있는 상태에서 자를 포태한 경우에 적용되는 것이고 부부의 한쪽이 장기간에 걸쳐 해외에 나가 있거나 사실상의 이혼으로 부부가 별거하고 있는 경우등 동서의 결여로 처가 부의 자를 포태할 수 없는 것이 외관상 명백한 사정이 있는 경우에는 그 추정이 미치지 아니하므로 이 사건에 있어서 처가 가출하여 부와 별거한지 약 2년 2개월 후에 자를 출산하였다면 이에는 동조의 추정이 미치지 아니하여 부는 친생부인의 소에 의하지 않고 친자관계부존재확인소송을 제기할 수 있다.

[반대의견]

민법 제844조는 제846조 이하의 친생부인의 소에 관한 규정과 더불어 혼인중에 포태한 자를 일률적으로 부의 자로 추정하는 일반원칙을 정하고 부가 이를 부인하는 예외적 경우에는 친생부인의 소에 의하여 사실을 입증하여 이를 번복할 수 있게 하고 있으므로 일반원칙에 어긋난 예외적 경우를 미리 상정하여 위 추정을 제한적으로 해석하는 것은 위 법조의 근본취지에 반하고, 위 제844조 소정의 혼인은 모든 법률혼을 의미하므로 그 추정범위를 부부가 정상적인 혼인생활을 영위하는 경우로 제한함은 법조의 명문에 반하고, 나아가 친생부인의 소의 제기기간의 제한은 부자관계의 신속한 확정을 위한 것임에도 이를 이유로 오히려 친생 추정의 규정을 제한적으로 해석하려고 하는 것은 본말을 전도한 것이다(대법원 1983. 7. 12. 선고 82므59 전원합의체 판결).

<판례전문(1983. 7. 12. 82므59)>

[청구인, 상고인] 청구인

[피청구인, 피상고인] 피청구인

[원심판결] 서울고등법원 1982. 10. 4 선고 82르21 판결

[제1심심판] 수원지방법원 1981. 12. 30 선고 81드388 심판

[주   문] 원심판결을 파기한다.

　　제1심 심판을 취소하고, 사건을 수원지방법원 합의부에 환송한다.

[이   유] 원고의 상고이유 제1점을 본다.

　　원심판결 이유에 의하면, 원심은 그 채택한 증거에 의하여 청구인과 청구외 1은 1931. 5. 30 혼인신고를 마친 법률상의 부부였다가, 1980. 2. 29 수원지방법원에서의 이혼심판확정에 따라 동년 3.11 이혼신고가 이루어진 사실을 인정한 다음 청구인은 주위적 청구로서, 청구외 1은 1941. 10.경 청구외 2와 눈이 맞아 가출을 하여 그 이래 청구인과 별거중 1944. 1. 15에 피청구인을 출산하였으므로, 피청구

인은 청구인의 친자관계가 부존재함을 확인을 구한다고 주장하나 청구인의 주장에 의하더라도 피청구인은 청구외 1이 청구인과의 법률상의 부부관계가 계속 중 포태한 자이니 이는 민법 제844조 제1항의 규정에 의하여 청구인의 친생자로 추정된다 할 것이고, 이러한 자의 친생을 부인하려면 동법 제847조 제1항의 규정에 따라 친생부인의 소에 의할 수 밖에 없다 할 것이므로 이건 주된 청구는 부적법하다고 하여 결론을 같이 한 제1심 심판을 유지하고 이에 대한 청구인의 항소를 기각하였다.

생각컨대, 민법 제844조는 친생자(혼인중의 출생자)의 추정에 관하여 ①처가 혼인중에 포태한 자는 부의 자로 추정한다. ② 혼인성립의 날로부터 200일 후 또는 혼인관계 종료의 날로부터 300일내에 출생한 자는 혼인중에 포태한 것으로 추정한다고 규정하고 제846조 이하에 그 추정을 받는 경우의 친생부인의 소를 규정하고 있으나 위 제844조는 부부가 동거하여 처가 부(부 이하 같다)의 자를 포태할 수 있는 상태에서 자를 포태한 경우에 적용되는 것이고 부부의 한쪽이 장기간에 걸쳐 해외에 나가 있거나 사실상의 이혼으로 부부가 별거하고 있는 경우등 동서의 결여로 처가 부의 자를 포태할 수 없는 것이 외관상 명백한 사정이 있는 경우에는 그 추정이 미치지 않는다고 할 것이다. 왜냐하면 위 제844조는 제846조 이하의 친생부인의 소에 관한 규정과 더불어 부부가 정상적인 혼인생활을 영위하고 있는 경우를 전제로 가정의 평화를 위하여 마련한 것이라 할 것이어서 그 전제사실을 갖추지 아니한 위와 같은 경우에 까지 이를 적용하여 요건이 엄격한 친생부인의 소에 의하게 함은 도리어 제도의 취지에 반하여 진실한 혈연관계에 어긋나는 부자관계의 성립을 촉진시키는등 부당한 결과를 가져올 수 있기 때문이다. 위 견해에 저촉되는 종전의 당원 견해(1968. 2. 27 선고 67므34 판결, 1975. 7. 22 선고 75다65 판결등)는 이를 변경하기로 한다. 이 사건에 있어서 청구인의 주장에 의하면 피청구인의 모인 청구외 1이 위에서와 같은 이유로 가출을 하여 그때부터 청구인과 별거하였고 별거한지 약 2년 2개월 후에 피청구인을 출산하였다는 것이므로 위와 같은 경우에는 위에서 설시한 바와 같이 위 제844조의 추정이 미치지 아니하고 따라서 친자관계부존재 확인소송을 제기할 수 있다고 보아야 할 것인데 원심이 그 판시와 같은 이유로 부적합하다고 판단하였음은 필경 친생자의 추정에 관한 법리를 오해하고 본안에 들어가 심리하지 아니한 위법이 있다 할 것이어서 논지는 이유있다.

이리하여 나머지 예비적 청구에 관한 상고이유를 살펴볼 것 없이 원심판결을 모두 파기하고 당원이 스스로 판결하기로 하는바, 기록에 의하면 제1심은 위 원심판시와 같은 취지로 친생자관계 부존재확인을 구하는 이 사건 심판청구는 부적법하다 하여 그 소를 각하하고 있으나 이는 위와 같은 위법이 있어 유지할 수 없는 것이므로 제1심 심판을 취소하고, 다시 심리판단케 하기 위하여 사건을 제1심인 수원지방법원 합의부에 환송하기로 한다.

이 판결에는 관여법관중 대법원판사 유태홍, 대법원판사 이일규, 대법원판사 김

중서, 대법원판사 전상석의 아래와 같은 반대의견을 제외한 전원의 의견이 일치
되었다.

대법원판사 유태홍, 대법원판사 이일규, 대법원판사 김중서, 대법원판사 전상석
의 반대의견은 다음과 같다.

민법 제844조가 그 제1항에 처가 혼인중에 포태한 자(자, 이하 같다)는 부(부,
이하 같다)의 자로 추정한다. 그 제2항에 혼인성립의 날로부터 200일후 또는 혼인
관계 종료의 날로부터 300일내에 출생한 자는 혼인중에 포태한 것으로 추정한다
고 규정한 것은 근원적으로 부부간의 정절과 가정의 평화를 기대하는 법의 정신
을 그 바탕으로 하며 혼인을 비롯한 우리나라 신분법체계에 연유하는 것으로 풀
이된다. 부부간의 정절의무는 그 가정의 평화와 가족제도의 유지에 필수불가결한
것이며 따라서 혼인중에 포태한 자는 당연히 그 부의 자일 수 밖에 없는 것이므
로 민법은 이를 일률적으로 부의 자로 추정하고 남편이 그 가정의 파탄에 불구하
고 그 가정의 비밀을 들추면서까지 부자관계를 부인하는 경우에는 친생부인의 소
에 의하여 위 추정을 번복하고 신분관계질서의 신속한 안정을 위하여 이와 같은
친생부인의 소제기에 제척기간을 정하고 있는 바이므로(민법 제846조, 제847조)
이 친생부인의 소에서 추정을 번복하는 사실을 증명하여 이 추정을 뒤집을 수가
있는 것이니 이 민법 제844조의 명문에 반하면서까지 이를 제한적으로 해석하여
야 할 이유가 있다고 할 수 없다.

또 우리나라의 신분법체계는 혼인에 있어서도 호적의 신고로서 그 효력이 생하
도록 되어 있어 이와 같은 우리 민법체계상 위 민법 제844조의 혼인중 이라는 혼
인은 법률상 유효한 혼인을 말하는 것이며 사실혼을 뜻하는 것이 아님이 명백하
여 사실상 부부관계가 있다고 하더라도 혼인신고가 없으면 그 사이에 출생한 자
는 혼인외의 자일수 밖에 없고 혼인신고가 된 법률상 혼인중의 자라고 하더라도
그 성립후 200일이 경과한 후에 출생한 자가 아니면 역시 친생자라고 할 수 없고
또 혼인관계가 종료하였다고 하더라도 그 날로부터 300일 이내에 출생한 자는 혼
인중에 포태한 것으로 볼 수 밖에 없는 것이어서 이는 앞에서 논급한바와 같이
부부간의 정절을 바탕으로 하여 부부관계의 순수성과 질서를 위하는 한편 신고에
의하여 혼인의 효력이 생하게 한 신분관계 법률체계의 당연한 귀결인 것이다. 그
러함에도 불구하고 이를 다수의견과 같이 제한적으로 해석한다면 이 두가지 측면
에서 우리나라 혼인제도 내지 가족제도에 적지 않은 혼란을 초래할 우려가 있다.
다수의견은 위 민법 제844조는 부부가 정상적인 혼인관계를 영위하고 있는 경우
를 전제로 하고 있다고 하는바 과연 혼인관계는 원만한 양성간의 성적결합을 바
탕으로 하는 것이며 한편으로는 정절 의무라는 도덕적 윤리관념에 의하여 유지되
는 것이므로 그러한 까닭에 이와 같은 혼인관계에서 출생한 자를 부의 친생자로
추정하는 것은 오히려 당연한 원칙이고 이 일반원칙에 어긋나는 예외적 경우를
미리 상정하여 이 친생추정을 제한적으로 해석하려는 것은 위 법조의 근본취지에
반하는 것이다. 정상적인 혼인관계가 전제되지 않은 예컨대 처의 간통사실이 있

다는 등 예외적 사정이 있고 그 부가 부자관계를 부인한다면 친생부인의 소로 그 사실을 증명하여 위 추정을 뒤집을 수 있는 것이므로 굳이 예외적 사정을 들어 추정을 제한적으로 해석할 이유가 있다고 할 수 없다. 물론 이와 같은 예외적 사정이 남편의 자를 포태할 수 없는 명백한 사실에 의하여 부자관계를 부정할수 밖에 없는 경우에도 진실에 반하는 부자관계가 법에 의하여 유지된다는 것은 일견 불합리한 것으로 우리의 생활감정상 허용될 수 없는 것이기는 하나 위와 같이 이 추정을 번복할 수 있는 길이 마련되어 있는 이상 이와 같은 불합리는 별로 문제시될 것이 없으므로 친생자 추정의 일반원칙을 정한 위 법 제844조의 규정과 친생관계를 부인하는 예외적 경우를 정한 민법 제846조의 규정의 각 취지에 반하는 해석은 피해야 한다고 생각된다.

다수의견은 친생부인의 소의 제척기간을 정한 민법 제847조의 규정을 들어 위 친생추정의 규정은 부부가 정상적인 혼인생활을 영위하고 있는 경우를 전제로 가정의 평화를 위하여 마련한 것이라 할 것이어서 부부사이에 정상적인 혼인생활이 결여된 경우에까지 이를 적용하여 요건이 엄격한 친생부인의 소에 의하게 함은 도리어 제도의 취지에 반하여 부당한 결과를 가져올 수 있기 때문이라고 하나 요건이 엄격하다고 하는 이유인 친생부인의 소는 그 자의출생을 안 날로부터 1년 이내에 이를 제기하도록 한 규정은 이와 같이 소제기기간을 제한함으로써 부자관계를 신속하게 확정하게 하여 신분관계 질서의 안정을 기하려 한 것으로 이 규정을 이유로 친생추정의 규정을 제한적으로 해석하려는 것은 본말을 전도한 것이라는 의혹을 씻을 수 없다. 그 제도의 요건을 엄격하게 규정한 취지를 져버리고 그를 피하기 위하여 아예 친생추정규정의 적용을 해석론에 의하여 해제한다면 이는 본말을 전도하는 탈법적 방편에 불과하다는 비난을 어찌 면할 것인가. 친생추정의 원칙이 있는 까닭에 그 추정을 번복하는 예외적인 경우를 다루는 친생부인의 길을 마련한 것이며 이와 같은 상관적 관계가 없다면 도시 민법 제846조, 제847조가 정하는 친생부인의 소는 그 존재의의를 찾을 수가 없다.

부부는 정절을 바탕으로 존립하며 가정의 순결은 부부의 정절에 의하여 유지되는 것이다. 친생추정의 규정은 필경 이와 같은 철리에 입각한 것이며 이를 제한적으로 해석할 때 우리 전래의 순풍양속은 그 설 땅을 잃게 된다는 생각에서 종래 무제한설에 입각한 당원의 일관된 견해는 유지되어야 하고 이에 터잡은 원심판시는 정당하다고 하여 다수의견에 동조할 수 없는 뜻을 밝히는 것이다.

대법관   유태흥(재판장) 이일규 김중서 정태균 강우영 이성렬 전상석 이정우 윤일영 김덕주 신정철 이회창 오성환

◈ 부(父)를 정하는 소

제845조【법원에 의한 부의 결정】

재혼한 여자가 해산한 경우에 제844조의 규정에 의하여 그 자의 부를 정할 수 없는 때에는 법원이 당사자의 청구에 의하여 이를 정한다. <개정 2005. 3. 31>

■ § 845. 부를 정하는 소

- 재혼한 여자가 해산한 경우 친생자의 추정이 중복되어 전부, 후부 어느쪽을 부로 할 것인가에 대하여 처지가 곤란해진다
- 그래서 이것을 가정법원이 결정하도록 하였다
- 이 경우에는 우선 조정을 신청하여야 하며 조정이 성립되지 않으면 판결로써 한다
- 관련법조 : 가소 §26~2§9, §2①-나-5

1. 의 의

제844조는 혼인성립의 날로부터 200일 후 또는 혼인관계종료의 날로부터 300일 내에 출생한 자는 처가 혼인중에 포태한 것으로 추정하고, 따라서 부의 자로 추정된다고 규정하고 있다.

그런데 2005년의 민법일부개정에 의하여 재혼금지0기간의 규정(구 민법 제811조)이 삭제되었기 때문에, 재혼한 여자가 해산한 경우, 출생의 날이 후혼성립의 날로부터 200일 후이고, 또한 전혼의 종료의 날로부터 300일 내일 수가 있다.

이 경우 전혼의 부의 자로 추정되는 동시에 후혼의 부의 자로도 추정되므로 이중의 추정을 받는 지위에 있다(부성추정의 충돌). 이와 같은 경우에는 당사자의 청구에 의하여 가정법원이 자의 부를 결정한다(제845조). 이 경우에는 우선 조정을 신청하여야 하며(가사소송법 제2조 다류사건), 조정이 성립되지 않으면 판결로써 한다(동법 제49조, 민사조정법 제36조).

이와 같이 재혼한 여자가 해산한 경우에 전술한 친자추정의 규정에 의하여

그 자의 부를 정할 수 없는 때에는 법원이 당사자의 청구에 의하여 이를 정하는데, 이것이 「부를 정하는 소」이다(가소 제27조). 이 소는 자, 모, 모의 배우자 또는 모의 전배우자가 이를 제기할 수 있다(가사소송법 제27조 1항).

2. 절 차

(1) 조정전치주의

소송을 제기하기 전에는 우선 조정을 신청하여야 하며(가소 2조 1항 나류 사건 5호, 50조). 조정이 성립되지 않으면 판결로써 한다(가소 49조, 민조 36조). 그리고 자의 부가 모의 전배우자나 현배우자 어느쪽으로 확정되더라도 자는 친생자이다.

(2) 소제기권자 및 소의 상대방

부를 정하는 소를 제기할 수 있는 사람은 자, 모, 모의 배우자, 모의 전배우자이다(가사소송법 제27조 1항). 자가 제기하는 경우에는 모, 모의 배우자 및 전배우자를 상대방으로 하고, 모가 제기하는 경우에는 배우자 및 전배우자를 상대방으로 한다(동조 2항). 모의 배우자가 제기하는 경우에는 모 및 그 전배우자를 상대방으로 하며, 전배우자가 제기하는 경우에는 모 및 그 배우자를 상대방으로 한다(동조 3항). 상대방이 될 사람 중에 사망한 자가 있을 때에는 생존자를 상대방으로 하고, 생존자가 없는 때에는 그 사망을 안 날로부터 2년 내에 검사를 상대방으로 하여 소를 제기할 수 있다(동조 4항).

(3) 판결의 효력범위

판결의 효력은 제3자에게도 미친다(가사소송법 제21조). 이와 같이 대세적 효력을 가지므로, 확정판결 후에는 친생부인의 소를 제기할 수 없다.

조정의 성립만으로는 부를 정하는 효력은 생기지 않는다(동법 제59조 2항 단서).

(4) 가족관계등록부 정정 신청

소를 제기한 사람은 판결확정의 날로부터 1개월 이내에 판결의 등본 및 그 확정증명서를 첨부하여 가족관계등록부의 정정을 신청하여야 한다(가족관계등록법 제107조).

◆ 친생부인의 소의 제기권자

제846조【자의 친생부인】

부부의 일방은 제844조의 경우에 그 자가 친생자임을 부인하는 소를 제기할 수 있다. <개정 2005. 3. 31>

■ § 846. 친생부인의 소의 소제기자

• 부부의 일방이 소제기 가능
• 관련법조 : [부인권행사] 가소, §26, §28 §2①-나-6, [부인의 소를 제기할 수 있는 자] 가소 §28, §23, [부인소송 계속중의 夫의 사망과 소송의 수계] 가소 §28, §16, [본조의 경우의 출생신고] 가족관계등록법 §47

1. 의 의

제844조가 규정하는 친생자추정에 의하여 부의 친생자로 추정되는 자라도, 실제에 있어서 부의 자가 아닌 경우에는 부를 이른바「친생부인의 소」에 의하여 친생자임을 부인할 수 있다.

즉, 친생자의 추정을 받는 혼인중의 출생자는 친생부인의 소에 의하지 않으면 친생자임을 부인할 수 없다.

처가 혼인중에 포태한 자는 부의 자로 추정된다(제844조 1항). 그러나 처가 혼인기간 중 간통을 하여 자를 출산한 경우처럼 법규정에 의한 친생자추정과 현실이 일치하지 않는 경우가 있다. 민법은 이러한 취지에서 진실의 혈연관계와 일치하지 않는 친자관계의 부인권을 부와 자의 모에게 인정하고 있다.

2005년 민법개정 전까지는 부에게만 친생부인권이 인정되어 가부장적 태도라는 비판이 있어 왔는데, 2005년 개정민법은 모 자신의 이익은 물론 자의 복리를 위해서 모에게도 친생부인권을 인정하게 되었다(제846조). 종전 규정에 의하면 예를 들어서 처가 혼인중에 부 아닌 제3자의 자를 포태, 출산하여 부부가 이혼한 경우까지도 부에게만 친생부인권을 인정하였다.

2. 절 차

친생부인을 하기 위해서는 우선 가정법원에 조정을 신청하여야 하며(가사소송법 제2조 1항 나류사건), 조정이 성립되지 않으면 판결로써 한다(동법 제49조, 민사조정법 제36조).

(1) 친생부인의 소와 출생신고

친생부인의 소를 제기한 때에도 출생신고를 하여야 한다(가족관계등록법 제47조).

혼인 중에 처가 부가 아닌 다른 남자와의 사이에서 임신한 출생자에 대하여 친생부인의 소를 제기한 때라도 출생신고를 하여야 하는바, 이 경우의 출생신고는 친생자임을 승인하는 것이 아니다.

(2) 친생부인권자

가. 원 칙

친생부인의 소는 부 또는 처만이 제기할 수 있다(제846조).

종전에는 부만이 친생부인의 소를 제기할 수 있었다. 그러나 2005년의 민법일부개정에 의하여 이제 처도 친생부인의 소를 제기할 수 있는 원고적격을 가지게 되었다. 자에게는 친생부인권이 인정되지 않는다.

나. 예 외

부 또는 처가 피성년후견인인 경우에는 그 후견인이 성년후견감독인의 동의를 얻어 친생부인의 소를 제기할 수 있으며, 성년후견감독인이 없거나 동의할 수 없을 때에는 가정법원에 그 동의를 갈음하는 허가를 청구할 수 있다(제848조 1항). 후견인이 친생부인의 소를 제기하지 않은 때에는, 피성년후견인은 성년후견종료의 심판이 있은 날부터 2년 내에 친생부인의 소를 제기할 수 있다(동조 2항). 그리고 부 또는 처가 유언으로 친생부인의 의사를 표시한 때에는 유언집행자는 친생부인의 소를 제기하여야 한다(제850조). 부가 자의 출생 전에 사망하거나 부 또는 처가 친생부인의 사유가 있음을 안 날로부터 2년 내에 사망한 경우에는, 부 또는 처의 직계존속이나 직계비속에 한하여 그 사망을 안 날로부터 2년 내에 친생부인의 소를 제기할 수 있다(제851조).

(3) 소의 상대방

친생부인의 소의 상대방(피고)은 부부 중 일방 또는 자(子)이다. 상대방이
될 자가 모두 사망한 때에는 그 사망을 안 날로부터 2년 내에 검사를 상대
로 하여 친생부인의 소를 제기할 수 있다(제847조 2항). 자가 직계비속 없
이 사망한 경우에는 친생부인의 소를 제기할 실익이 없으나, 직계비속을
남기고 사망한 경우에는 부인의 소를 제기할 필요가 있다.

(4) 제소기간

친생부인의 소는 그 사유가 있음을 안 날부터 2년 내에 이를 제기하여야
한다(제847조 1항).

(5) 재판 및 판결의 효력

가. 재 판

원고는 친생자로 추정받는 자와 부 사이에 친자관계가 없다는 사실을 주장
하고 입증해야만 한다. 포태기간으로 추정되는 기간 동안의 별거사실, 부의
생식불능, 친자관계가 존재하지 않음을 증명하는 유전자감정결과 등이 친생부
인의 근거가 될 수 있다. 부와 자 사이에 친자관계가 존재하지 않는다는 사실
만 주장하고 입증하면 되며, 그 자의 부가 누구인가를 증명할 필요는 없다.

나. 판결의 효력

친생부인의 조정이 성립되었다고 하여도, 이는 본인이 임의로 처분할 수
없는 사항에 관한 것이라 할 것이므로, 친생부인의 효력이 발생되지 않는
다(대판 1968. 2. 27. 67므34).

친생부인의 판결이 확정되면 자는 혼인 외의 출생자가 된다. 그 효과는 형
성적인 것이며, 제3자에 대해서도 효력을 가진다(가사소송법 제21조). 친생부
인의 판결이 확정되기 전에는 누구도 부와 친생자의 추정을 받는 자 사이에
친자관계가 존재하지 않음을 주장할 수 없다. 따라서 생부라 할지라도 친생부
인의 판결이 확정되기 전에는 자를 인지할 수 없다(대판 1978. 10. 10. 78므29).

(6) 가족관계등록부의 정정

판결이 확정되면 그 자는 모의 혼인 외의 출생자가 되므로, 가족관계등록

부를 정정하여야 한다. 즉 친생부인의 소를 제기한 사람은 판결확정일부터 1개월 이내에 판결의 등본 및 그 확정증명서를 첨부하여 등록부의 정정을 신청하여야 한다(가족관계등록법 제107조).

▣ 핵심판례 ▣

■ [자의 친생부인]

1. 친생자관계 부존재확인의 소의 기판력이 인지청구의 소에도 미치는지 여부(소극)

친생자관계 부존재확인청구사건에서 이 사건 인지청구사건 청구인과 소외망 (갑) 간에는 친생자 관계가 없는데도 친생자 관계가 있는 것처럼 호적상 기재되어 있다는 이유를 들어 이해관계있는 소외 (을)이 청구인을 상대로 친생자관계 부존재확인의 소를 제기하여 그 친생자관계 부존재의 판결이 확정된 바 있다 하더라도 동 판결의 기판력은 이 사건 인지청구에는 미치지 아니한다(1982. 12. 14. 제2부 판결 82므46 인지).

2. 교통사고 피해자의 호적부상 표현상속인과 손해배상채권 포기의 합의를 하고 합의금을 지급한 후 친생자관계부존재확인판결에 기하여 진정한 상속인이 등재된 경우, 위 합의 및 합의금 지급의 효력

가. 가해자가 교통사고로 사망한 피해자의 호적부상 상속인에게 사고로 인한 손해배상금으로 금원을 지급하고, 그와 그 나머지 손해배상채권을 포기하고 민·형사상 합의를 하였으므로, 친생자관계부존재확인의 소에 의하여 새로 피해자의 상속인으로 확정된 자들의 청구는 이유 없다는 가해자의 주장 속에는 호적부상 상속인에 대한 가해자의 변제 및 손해배상채권 포기의 합의는 표현상속인과의 합의로서 채권의 준점유자에 대한 변제의 법리에 따라 유효하여 가해자는 위 사고로 인한 손해배상책임에서 면책되어야 한다는 주장이 포함된 것으로 보아야 한다고 한 사례.

나. 가해자가 교통사고로 사망한 피해자의 호적부상 표현상속인과 손해배상채권 포기의 합의를 하고 합의금을 지급한 후 친생자관계부존재확인판결에 기하여 진정한 상속인이 등재된 경우, 호적부상 표현상속인과 합의를 하고 합의금을 지급할 당시에는 가해자로서는 망인의 진정한 상속인을 알지 못하여 호적부상 표현상속인을 진정한 상속인인 것으로 오인하였고 또 이와 같이 오인한 데는 정당한 사유가 있었다고 할 것이므로 가해자는 변제에 관한 한 선의이며 무과실이라고 할 것이고, 따라서 가해자의 변제는 준점유자에 대한 변제로서 유효하다(대판 1995. 3. 17. 93다32996).

◆ 친생부인의 소의 상대방 및 출소기간

제847조 【친생부인의 소】

① 친생부인의 소는 부 또는 처가 다른 일방 또는 자를 상대로 하여 그 사유가 있음을 안 날부터 2년내에 이를 제기하여야 한다.

② 제1항의 경우에 상대방이 될 자가 모두 사망한 때에는 그 사망을 안 날부터 2년내에 검사를 상대로 하여 친생부인의 소를 제기할 수 있다. [전문개정 2005. 3. 31]

■ § 847. 소의 상대방 및 출소기간

• 소의 상대방 : 다른 일방 또는 자이나 이들이 모두 사망한 때에는 검사
• 출소기간 : 사유가 있음을 안 날부터 2년 내에 또는 상대방이 될 자가 사망
       한 때에는 그 사망을 안 날부터 2년 내에 제기하여야 한다
• 관련법조 : [부인의 소] 가소 §26, §28, §2①-나-6

(1) 소의 상대방

친생부인의 소의 피고는 부부 중 일방 또는 자이다(제847조 1항).

상대방이 될 자가 모두 사망한 때에는 그 사망을 안 날부터 2년 내에 검사를 상대로 하여 친생부인의 소를 제기할 수 있다(제847조 2항).

(2) 출소기간

친생부인의 소는 그 사유(즉 자가 부(夫)의 친생자가 아니라는 사실)를 안 날부터 2년 내에 이를 제기하여야 한다(제847조 1항).

상대방이 될 자가 모두 사망한 때에는 그 사망을 안 날부터 2년 내에 검사를 상대로 하여 친생부인의 소를 제기할 수 있다(동조 2항).

친생부인의 소가 제기되었을 때 당사자 사이에 다툼이 없다면 제척기간의 경과여부를 정밀하게 검토할 필요없이 청구를 인용할 수 있을 것이며, 다툼이 있는 경우에는 원고측에서 사유를 안 날로부터 2년이 경과하지 않았다는 점을 증명하여야 할 것이다.

  2005년 민법일부개정 전의 제847조는 '부인의 소는 자 또는 그 친권자인 모를 상대로 하여 그 출생을 안 날로부터 1년 내에 제기하여야 한다'라고 되어 있었다. 헌법재판소는 1997년에 "자의 출생을 안 날로부터 1년 내"에 친생부인의 소를 제기하여야 한다는 개정 전의 민법 제847조 제1항에 대해서 부의 인격권 및 행복추구권 등을 침해한다는 이유로 헌법불합치결정을 선고하면서, 개정될 때까지 그 적용을 중지시킨 바 있다. 이에 따라 제847조가 2005. 3. 31. 전문개정되었다.

▣ 핵심판례 ▣

■ [친생부인의 소]

호적부에 자로 기재된 경우 친생자의 추정

피청구인이 부 청구외 망(갑) 모 청구외 망(을) 사이에서 출생한 자로 호적상에 기재되어 있다면 피청구인은 위 망(갑)의 친생자로 추정되고 더우기 위 망(갑)이 그 생시에 그 부분 호적기재를 정정한 바 없고 그동안 오랜 세월이 경과한 경우라면 위와 같은 추정은 번복하기 어렵다(1984. 2. 28. 제2부 판결 83므13 친생자관계부존재확인).

◆ 피성년후견인의 친생부인의 소 제기방법

제848조【성년후견과 친생부인의 소】

① 남편이나 아내가 피성년후견인인 경우에는 그의 성년후견인이 성년후견 감독인의 동의를 받아 친생부인의 소를 제기할 수 있다. 성년후견감독인 이 없거나 동의할 수 없을 때에는 가정법원에 그 동의를 갈음하는 허가 를 청구할 수 있다.

② 제1항의 경우 성년후견인이 친생부인의 소를 제기하지 아니하는 경우에 는 피성년후견인은 성년후견종료의 심판이 있은 날부터 2년 내에 친생 부인의 소를 제기할 수 있다. [전문개정 2011.3.7.]

■ § 848. 피성년후견인의 경우 친생부인의 소

• 소제기자 : 후견인이 성년후견감독인의 동의를 얻어 제기, 만약 후견인이 부 인의 소를 제기하지 않은 때에는 피성년후견인은 성년후견종료의 심판이 있 은 날로부터 2년 내에 부인의 소를 제기할 수 있다
• 출소기간 : 성년후견종료의 심판이 있은 날로부터 2년내

부 또는 처가 피성년후견인인 경우에는, 자가 출생하였다는 사실조차 알지 못 하는 것이 보통이므로, 그 후견인이 성년후견감독인의 동의를 얻어 부인의 소를 제기할 수 있다. 후견인이 친생부인의 소를 제기하지 않는 때에는 피성년후견인 은 성년후견종료의 심판이 있은 날로부터 2년 내에 친생부인의 소를 제기할 수 있다.

◈ 자가 사망한 경우의 친생부인의 소 제기

제849조 【자사망후의 친생부인】

자가 사망한 후에도 그 직계비속이 있는 때에는 그 모를 상대로, 모가 없으면 검사를 상대로 하여 부인의 소를 제기할 수 있다.

■ § 849. 자(子) 사망 후의 친생부인

• 소의 상대방 : 직계비속이 있는 때에는 그 모를 상대로 그 모가 없다면 검사를 상대로 부인의 소를 제기

子가 사망한 후에 그 직계비속이 없으면 그 이상 부인의 실익이 없으나, 만약 子에게 직계비속이 있는 경우에는 파양·상속 문제와 관련이 있고 또 혈족관계를 명백히 할 필요가 있으므로 子의 사망 후에도 이를 부인할 실익이 있는 것이다.

▣ 핵심판례 ▣

■ [자 사망 후의 친생부인]

가. 이혼소송의 재심소송에서 당사자의 일방이 사망하였다면 그 재산상속인들이 그 소송절차를 수계할 수 있는지 여부(소극)

　　혼인관계와 같은 신분관계는 성질상 상속될 수 없는 것이고 그러한 신분관계의 재심당사자의 지위 또한 상속될 성질의 것이 아니므로 이혼소송의 재심소송에서 당사자의 일방이 사망하였더라도 그 재산상속인들이 그 소송절차를 수계할 까닭이 없는 것이다.

나. 신분관계소송에서 상대방이 사망한 경우 검사를 상대방으로 하도록 하는 소송제도의 입법취지

　　신분관계소송에 있어서는 재산상의 분쟁의 경우와는 달리 위법한 신분관계가 존속함에도 그 상대방이 될 자가 사망하였고 그 법률관계는 상속되지 않아 소송의 상대방이 될 자가 존재하지 않는 경우에는 관련된 다수 이해관계인들의 이익을 위하여 공익의 대표자인 검사를 소송의 상대방으로 하여 소송을 하는 방법으로 이를 바로잡는 방안이 마련되어 있는데 이는 위법한 신분관계가 존재하는 경우에 이를 다툴 구체적 상대방이 없다는 이유로 방치하는 것은 공익에 반하므로

공익의 대표자인 검사를 상대로 하여 소송을 제기하게 하고자 함에 있는 것이다.

다. 이혼심판이 확정된 경우, 그 심판에 재심사유가 있지만 그 재심피청구인 이 될 청구인이 사망하였거나 재심소송의 계속중 본래 소송의 청구인이 며 재심피청구인이었던 당사자가 사망하였다면 검사로 하여금 그 소송을 수계하도록 함이 합당한지 여부(적극)

위 "나"항의 신분관계소송에 관한 입법취지에 비추어 보면, 이혼의 심판이 확 정된 경우에 그 심판에 재심사유가 있다면 그 확정판결에 의하여 형성된 신분관 계(정당한 부부관계의 해소)는 위법한 것으로서 재심에 의하여 그 확정판결을 취소하여 그 효력을 소멸시키는 것이 공익상 합당하다고 할 것이므로 그 재심피 청구인이 될 청구인이 사망한 경우에는 위에서 본 규정들을 유추적용하여 검사 를 상대로 재심의 소를 제기할 수 있다고 해석함이 합리적이라고 할 것이고 같 은 이치에서 재심소송의 계속중 본래 소송의 청구인이며 재심피청구인이었던 당 사자가 사망한 경우에는 검사로 하여금 그 소송을 수계하게 함이 합당하다고 할 것이다.

라. 이혼심판이 확정된 후 재심소송의 제1심 계속중 재심사유가 있었지만 이 혼청구인이 사망한 경우, 제1심이 취하여야 할 조치

이혼심판에 대한 재심소송의 제1심 계속중 이혼청구인이 사망하였다면, 제1심으 로서는 청구인의 상속인들로 하여금 청구인을 수계하도록 할 것이 아니라 검사 로 하여금 청구인의 지위를 수계하도록 하여 재심사유의 존재 여부를 살펴보았 어야 하고 심리한 결과 재심사유가 있다고 밝혀진다면 재심대상심판을 취소하여 야 하며 이 단계에서는 이미 혼인한 부부 중 일방의 사망으로 소송이 그 목적물 을 잃어버렸기 때문에 이를 이유로 소송이 종료되었음을 선언하였어야 한다 (1992. 5. 26. 제2부 판결 90므1135 이혼).

◈ 유언집행자에 의한 친생부인의 소

제850조 【유언에 의한 친생부인】

부 또는 처가 유언으로 부인의 의사를 표시한 때에는 유언집행자는 친생부인의 소를 제기하여야 한다. <개정 2005. 3. 31>

■ § 850. 유언으로 표시된 친생부인의 소

- 부인권자 : 유언집행자
- 관련법조 : [친생부인] §846, §847, [유언집행] §1091 이하

부 또는 처가 유언으로 부인의 의사를 표시한 때에는 유언집행자가 친생부인의 소를 제기하여야 한다.

본조의 취지는 자가 아직 태아인 경우에 부가 죽음에 직면하여 자의 출생시까지 생존할 가능성이 없으며, 따라서 부가 자기의 사후에 태아에 대하여 재산을 상속시키고 싶지 않을 때에 부로 하여금 태아를 부인시켜서 그 상속권을 저지시키는 길을 열어 주자는 것이다.

◈ 부가 자의 출생 전에 사망하거나 부 또는 처가 출소기간 내에 사망한 경우 친생부인권자

제851조【부의 자 출생 전 사망 등과 친생부인】

부가 자의 출생 전에 사망하거나 부 또는 처가 제847조 제1항의 기간내에 사망한 때에는 부 또는 처의 직계존속이나 직계비속에 한하여 그 사망을 안 날부터 2년내에 친생부인의 소를 제기할 수 있다. [전문개정 2005. 3. 31]

■ § 851. 부가 사망한 때의 친생부인

• 부가 자의 출생 전에 사망하거나 부 또는 처가 제847조 1항의 출소기간 내에 사망한 경우
• 부인권자 : 부 또는 처의 직계존속이나 직계비속
• 출소기간 : 그 사망을 안 날로부터 2년내

부가 자의 출생전에 사망하거나 부 또는 처가 제847조 제1항의 기간(자가 부 (夫)의 친생자가 아니라는 사실을 안 날로부터 2년)내에 사망한 때에는 부 또는 처의 직계존속이나 직계비속에 한하여 친생부인의 소를 제기할 수 있다(제851조).

친생부인의 소의 관할은 자의 보통재판적 소재이다. 부 또는 처가 이미 친생부인의 소를 제기하고 있었을 경우에도 본조에 의하여 부 또는 처의 직계존속이나 직계비속이 그 소송절차를 승계할 수 있을 것이다.

제4장 부모와 자   259

◈ 승인에 의한 친생부인권의 상실

제852조【친생부인권의 소멸】

자의 출생 후에 친생자임을 승인한 자는 다시 친생부인의 소를 제기하지 못한다. [전문개정 2005. 3. 31]

■ § 852. 승인에 의한 부인권의 상실

• 부인권은 자의 출생 후에 친생자임을 승인한 때에는 소멸한다
• 관련법조 : [친생부인권] §846

자의 출생 후에 친생자임을 승인한 때에는 그 후 다시 부인할 수 없다.

친생부인의 소를 제기한 때에도 출생신고를 하여야 하는데(가족관계등록법 제47조), 출생신고를 한 것 자체가 친자의 승인으로 되는 것이 아님은 당연하다. 가족관계등록법 제47조는 친생부인의 소가 제기된 경우에도 부 또는 모가 출생신고의무를 지키지 않으면 안된다는 것을 규정한 것이다.

이 경우 출생신고를 하였다고 하여 승인이 되는 것은 아니다. 승인은 제844조의 추정을 받는 자가 자기의 자라는 것을 인정하는 의사표시를 말한다. 승인의 상대방은 처(자의 모)라고 보는 것이 보통이겠지만, 子 또는 기타의 者에 대해서 승인의 의사표시를 해도 상관없다. 승인의 효과는 부인권의 소멸이다. 따라서 부와 부의 자인 추정을 받은 자 사이의 부자관계는 확정되며, 누구도 그 자의 친생여부를 다툴 수 없다.

2005년의 민법일부개정 전에는 친생부인소송종결 후에도 친생자의 승인을 할 수 있었으나(구 민법 제853조) 이 규정은 삭제되었다.

제853조 삭제 <2005. 3. 31>

종전규정 제853조【소송종결 후의 친생승인】

부는 부인소송의 종결 후에도 그 친생자임을 승인할 수 있다.

◈ 사기·강박으로 인한 친생부인의 취소

제854조【사기, 강박으로 인한 승인의 취소】

제852조의 승인이 사기 또는 강박으로 인한 때에는 이를 취소할 수 있다. <개정 2005. 3. 31>.

■ § 854. 친생자승인의 취소

- 친생자의 승인이 사기 또는 강박으로 인한 경우에는 취소할 수 있다
- 관련법조 : [친생승인] §852, §853, [사기 강박에 의한 의사표시] §110, [취소] §140~§146

사기 또는 강박에 의한 승인은 누가 사기 또는 강박하였는가를 구별하지 않고 취소할 수 있다. 그리고 그 취소의 효과는 선의의 제3자에게도 대항할 수 있다(가소 제21조 참조).

취소권의 행사방법과 그 존속기간에 대해서는 규정하지 않고 있으므로 취소하려면 반드시 소의 방법에 의할 필요가 없다고 보며, 외부에 대하여 취소의 의사표시를 하면 된다.

승인의 취소후에도 부는 제847조가 규정하는 기간내에는 친생부인의 소를 제기할 수 있다. 이 기간이 만료한 후에 승인을 취소한 때에는 승인의 취소후 지체없이 부인의 소를 제기할 수 있다고 보아야 할 것이다.

◈ 친생부인의 허가 청구

제854조의2 【친생부인의 허가 청구】

① 어머니 또는 어머니의 전(前) 남편은 제844조 제3항의 경우에 가정법원에 친생부인의 허가를 청구할 수 있다. 다만, 혼인 중의 자녀로 출생신고가 된 경우에는 그러하지 아니하다.

② 제1항의 청구가 있는 경우에 가정법원은 혈액채취에 의한 혈액형 검사, 유전인자의 검사 등 과학적 방법에 따른 검사결과 또는 장기간의 별거 등 그 밖의 사정을 고려하여 허가 여부를 정한다.

③ 제1항 및 제2항에 따른 허가를 받은 경우에는 제844조 제1항 및 제3항의 추정이 미치지 아니한다.

[본조신설 2017.10.31.]

■ § 854의2. 친생부인의 허가 청구

• 혼인관계가 종료된 날부터 300일 이내에 출생한 자녀는 혼인 중에 임신한 것으로 추정 → 어머니 또는 어머니의 전 남편은 가정법원에 친생부인의 허가 청구 가능(단, 혼인 중의 자녀로 출생신고가 된 경우에는 제외)
• 친생부인의 허가 청구시 가정법원은 과학적 방법에 따른 검사결과 또는 그 밖의 사정을 고려하여 허가 여부 결정 → 허가시 친생 추정이 미치지 않게 됨
• 관련법조 : [남편의 친생자의 추정] §844

1. 신설취지

헌법재판소는 2017년 10월 개정 전 「민법」 제844조 제2항 중 혼인관계종료의 날부터 300일 이내에 출생한 자는 혼인중에 포태(胞胎)한 것으로 추정하는 부분에 대하여 헌법불합치결정(2013헌마623)을 하였다. 이미 혼인관계가 해소된 이후에 자가 출생하고 생부가 출생한 자를 인지하려는 경우마저도, 아무런 예외 없이 그 자를 전남편의 친생자로 추정함으로써 친생부인의 소를 거치도록 하는 것은 모가 가정생활과 신분관계에서 누려야 할 인격권, 혼인과 가족생활

에 관한 기본권을 침해한다는 것이다. 이에 국회는 2017년 10월 31일 제854조
의2를 신설하여 혼인관계가 종료된 날부터 300일 이내에 출생한 자녀에 대하여
어머니와 어머니의 전(前) 남편은 친생부인의 허가 청구를 할 수 있도록 하여
친생부인의 소보다 간이한 방법으로 친생추정을 배제할 수 있도록 하였다.

2. 친생부인의 허가 청구

민법 제844조 제3항에 의해 혼인관계가 종료된 날부터 300일 이내에 출생한
자녀는 혼인 중에 임신한 것으로 추정한다. 이때 어머니 또는 어머니의 전(前)
남편은 가정법원에 친생부인의 허가를 청구할 수 있다. 다만, 혼인 중의 자녀
로 출생신고가 된 경우에는 그러하지 아니하다.

3. 가정법원의 친생부인 허가 여부 결정

가정법원은 혈액채취에 의한 혈액형 검사, 유전인자의 검사 등 과학적 방법
에 따른 검사결과 또는 장기간의 별거 등 그 밖의 사정을 고려하여 허가 여부
를 정한다.

4. 친생부인 허가의 효과

가정법원으로부터 친생부인의 허가를 받은 경우에는 혼인관계가 종료된 날
부터 300일 이내에 출생한 자녀라고 하더라도 친생추정이 미치지 않는다.

◆ 혼인외 출생자에 대한 인지

제855조 【인지】

① 혼인외의 출생자는 그 생부나 생모가 이를 인지할 수 있다. 부모의 혼인이 무효인 때에는 출생자는 혼인외의 출생자로 본다.

② 혼인외의 출생자는 그 부모가 혼인한 때에는 그때로부터 혼인중의 출생자로 본다.

▣ 예 규 ▣

■ **타인의 친생자녀로 추정되는 사람에 대한 인지여부**

(대법원 가족관계등록예규 제121호)

법률상 타인의 친생자녀로 추정되는 사람은 그 부(父)에 대한 친생부인의 소의 판결이 확정되기 전에는 아무도 인지할 수 없다.

■ **한국인이 외국인을 인지한 경우의 사무처리지침**

(대법원 가족관계등록예규 제126호)

대한민국 국민인 부 또는 모가 외국인을 인지하는 경우 피인지자는 인지신고에 의하여 대한민국의 국적을 취득하는 것이 아니므로 인지자의 일반등록사항란에 인지사유와 피인지자의 성명 및 출생연월일을 기록하여 두었다가 나중에 국적취득신고(피인지자 미성년자인 경우) 또는 귀화신고(피인지자 성년자인 경우)가 있을 때에 피인지자의 가족관계등록부를 작성하여야 한다.

■ § 855. 인지

• 인지란 혼인외에 출생한 자를 그 생부 또는 생모가 자기의 자라고 인정하는 행위
• 임의인지, 강제인지
• 준정이란 혼인외의 출생자가 그 생부와 생모의 혼인을 원인으로 하여 혼인중의 자로서의 신분을 취득하는 것을 말하며 후혼인지라고도 한다
• 관련법조 : [인지신고의 기재사항] 가족관계등록법 §55, [인지에 관한 준거법] 국제사법 §41

1. 인지의 의의

인지라 함은 혼인외에 출생한 자를 그 생부 또는 생모가 자기의 자라고 인정하는 것으로, 사실혼의 부자관계를 법률상의 부자관계로 높이는 행위이다.

혼인 외의 출생자와 생모간의 친자관계는 해산에 의해서 당연히 발생하므로, 별도의 인지가 필요하지 않다. 기아와 같은 경우에는 모의 인지가 필요하겠지만, 이 경우에도 인지에 의해서 비로소 모자관계가 발생하는 것은 아니며, 모자관계를 확인하는 의미에 그친다.

인지에 의하지 않으면 혼인 외의 출생자와 생부 사이에는 법률상의 부자관계가 발생하지 않는다. 따라서 사실상 부자관계라는 것이 명백한 경우에도 인지가 없으면 친자관계에서 발생하는 효과, 즉 부양·친권·상속 등의 문제는 생길 여지가 없다(대판 1981. 5. 26. 80다2515).

2. 인지의 종류

우리민법은 인지에 임의인지와 강제인지의 2종을 인정한다.

인지권자가 스스로 이러한 의사를 표시하는 경우를 임의인지라고 하고, 소송에 의하여 강제로 인지의 효과가 발생하는 경우를 강제인지(재판상 인지)라고 한다.

(1) 임의인지

부 또는 모가 혼인외에 출생한 자를 자기의 자로써 승인하는 준법률행위(사실통지)이다.

인지될 수 있는 자는 혼인 외의 출생자이다. 그러나 다른 사람의 친생자로 추정받고 있는 경우에는 가족관계등록부상의 부에 의해서 친자관계가 부인된 후가 아니면 인지할 수 없다. 친생자의 추정을 받지 않는 혼인중의 출생자의 경우에는 친생자관계부존재확인의 소에 의해서 가족관계등록부상의 부와 자 사이에 친자관계가 존재하지 않는다는 것이 확정된 후가 아니면 인지신고가 수리되지 않는다. 다른 사람이 이미 인지한 경우에는 인지에 대한 이의의 소를 제기하여 판결이 확정된 다음에 인지할 수 있다. 인지될 자가 미성년자이든 성년자이든 본인의 의사를 묻지 않고 인지할 수 있다.

상대방이 없는 단독행위이지만 혼인·입양 등과 마찬가지로 신고(창설적 신고)함으로써 효력이 생기는 요식행위이다(제859조 1항).

인지는 유언으로도 할 수 있다(제859조 2항).

부는 포태중에 있는 자에 대하여도 인지할 수 있다(제858조). 구법에서는 성년인 자에 대해서는 자의 승인을 얻어야만 인지할 수 있다고 하였으나 (구법 제782조) 현행민법에서는 이 규정을 폐지하였으므로 자가 미성년자이거나 성년자이거나를 불문하고 인지할 수 있다.

(2) 강제인지

사실상의 부가 임의인지를 원하지 않는 경우에는 혼인외의 출생자, 그 직계비속 또는 이러한 자의 법정대리인이 인지의 소에 의하여 사실상의 부자관계의 존재를 확정하여 법률상의 부자관계의 창설을 강제할 수 있다(제863조).

이 권리를 보통 인지청구권이라고 부른다. 인지의 소는 형성의 소이다. 그러나 모에 대한 인지는 확인의 소이다. 모자관계의 발생은 자의 출생에 의하여 당연히 발생하기 때문이다.

3. 인지의 방식

인지는 가족관계등록법에 의한 신고를 요하는 요식행위이다.

따라서 신고하지 않는 한, 인지의 의사표시는 법률상 효력이 없다. 신고가 수리되면 가족관계등록부에 기록되지 않더라도 효력이 발생한다. 인지는 유언에 의해서도 할 수 있다(제859조 2항). 유언에 의한 인지의 경우에는 유언의 효력이 발생한 때, 즉 유언자가 사망한 때에 인지의 효력이 발생한다(제1073조 1항). 유언집행자는 취임일로부터 1월 이내에 인지에 관한 유언서등본 또는 유언녹음을 기재한 서면을 첨부하여 신고하여야 한다(제859조 2항 후단).

부가 혼인 외의 출생자에 대하여 친생자출생신고를 한 때에는 그 신고는 인지신고의 효력이 있다(가족관계등록법 제57조). 혼인 외의 출생자에 대한 부의 출생신고는 인지의 효력이 있는 창설적 신고이므로, 부가 출생신고를 할 수 없는 경우에는 부 이외의 다른 자가 부를 대리하여 출생신고를 할 수 없다.

부가 처 이외의 다른 여자와의 관계에서 출생한 자를 처와의 관계에서 태어난 친생자로 출생신고하였을 때에도, 혼인중의 출생자는 되지 않지만 인지의 효력은 발생한다. 부모의 혼인이 무효가 되면 그 혼인에서 태어난 자는 혼인외의 출생자가 되지만(제855조 1항), 출생신고가 있었을 때에는 인지의 효력이 있다(대판 1971. 11. 15. 71다1983).

4. 준 정

(1) 준 정

혼인중의 출생자이기 위해서는 모자관계·부자관계·부모의 혼인관계의 3가지 요건을 필요로 한다. 그러나 이 가운데 하나의 요건의 결여로 인하여 혼인외의 출생자로 되어 있는 자도 나중에 그 요건이 구비된다면, 혼인중의 출생자로 승격시켜도 무방할 것이며, 이는 혼인외의 출생자의 보호란 면에서도 바람직한 일이다.

이것이 준정제도가 존재하는 이유이다. 우리 민법도 이를 규정하여 「혼인외의 출생자는 그 부모가 혼인한 때로부터 혼인중의 출생자로 본다」고 규정함으로써, 이른바 혼인에 의한 준정만을 명문화하고 있으나, 혼인중의 준정과 혼인해소 후의 준정도 인정하여야 할 것이다. 그리고 자가 이미 사망한 경우에 대해서도 준정이 인정된다(제857조). 그리하여 사망한 혼인외의 출생자의 직계비속은 부모의 적손으로서의 지위를 취득하게 된다.

(2) 준정의 효력

준정의 효력이란 혼인외의 출생자가 혼인중의 출생자로서의 지위를 취득하게 되는 것을 말한다. 혼인에 의한 준정에 경우에는 명문에 의하여 부모가 혼인한 때로부터 혼인중의 출생자가 된다.

혼인중의 준정과 혼인해소 후의 준정의 경우에도 마찬가지로 부모가 혼인한 때로부터 혼인중의 출생자가 된다고 보아야 할 것이다.

▣ 핵심판례 ▣

■ [인지]

구 민법 당시 유언으로 혼인외 출생자를 인지한 것으로 본 사례

구 민법 적용 당시에 인지는 인지자의 생전행위 또는 유언에 의하여 할 수 있는
것이고 유언의 방법에 관하여 특별한 방식이 없었으므로 부가 생전에 혼인외 출
생자를 자신의 친자로 인정하였고, 그가 생모에게 그 출생신고를 부탁하고 사망
하여 생모가 부의 유언에 따라 그의 사후에 유언집행자로서 호적에 부의 자로 신
고하였다면, 위 유언에 의한 인지는 적법히 효력을 발생하였다고 볼 것이다(1991.
3. 27. 제1부 판결 91다728 토지소유권이전등기말소).

◈ 인지의 허가 청구

제855조의2 【인지의 허가 청구】

① 생부(生父)는 제844조 제3항의 경우에 가정법원에 인지의 허가를 청구할 수 있다. 다만, 혼인 중의 자녀로 출생신고가 된 경우에는 그러하지 아니하다.

② 제1항의 청구가 있는 경우에 가정법원은 혈액채취에 의한 혈액형 검사, 유전인자의 검사 등 과학적 방법에 따른 검사결과 또는 장기간의 별거 등 그 밖의 사정을 고려하여 허가 여부를 정한다.

③ 제1항 및 제2항에 따라 허가를 받은 생부가 「가족관계의 등록 등에 관한 법률」 제57조 제1항에 따른 신고를 하는 경우에는 제844조 제1항 및 제3항의 추정이 미치지 아니한다.

[본조신설 2017.10.31.]

■ § 855의2. 인지의 허가 청구

• 혼인관계가 종료된 날부터 300일 이내에 출생한 자녀는 혼인 중에 임신한 것으로 추정 → 생부(生父)는 가정법원에 인지의 허가 청구 가능(단, 혼인 중의 자녀로 출생신고가 된 경우에는 제외)
• 인지의 허가 청구시 가정법원은 과학적 방법에 따른 검사결과 또는 그 밖의 사정을 고려하여 허가 여부 결정 → 허가를 받은 생부가 친생자출생의 신고를 하면 어머니의 전 남편의 친생 추정이 미치지 않게 됨
• 관련법조 : [남편의 친생자의 추정] §844

1. 신설취지

헌법재판소는 2017년 10월 개정 전 「민법」 제844조 제2항 중 혼인관계종료의 날부터 300일 이내에 출생한 자는 혼인중에 포태(胞胎)한 것으로 추정하는 부분에 대하여 헌법불합치결정(2013헌마623)을 하였다. 이미 혼인관계가 해소된 이후에 자가 출생하고 생부가 출생한 자를 인지하려는 경우마저도, 아무런 예외 없이 그 자를 전남편의 친생자로 추정함으로써 친생부인의 소를 거치

도록 하는 것은 모가 가정생활과 신분관계에서 누려야 할 인격권, 혼인과 가족생활에 관한 기본권을 침해한다는 것이다. 이에 국회는 2017년 10월 31일 제855조의2를 신설하여 혼인관계가 종료된 날부터 300일 이내에 출생한 자녀에 대하여 생부는 인지의 허가 청구를 할 수 있도록 하여 친생부인의 소보다 간이한 방법으로 친생추정을 배제할 수 있도록 하였다.

2. 인지의 허가 청구

민법 제844조 제3항에 의해 혼인관계가 종료된 날부터 300일 이내에 출생한 자녀는 혼인 중에 임신한 것으로 추정한다. 이때 생부는 가정법원에 인지의 허가를 청구할 수 있다. 다만, 혼인 중의 자녀로 출생신고가 된 경우에는 그러하지 아니하다.

3. 가정법원의 인지 허가 여부 결정

가정법원은 혈액채취에 의한 혈액형 검사, 유전인자의 검사 등 과학적 방법에 따른 검사결과 또는 장기간의 별거 등 그 밖의 사정을 고려하여 허가 여부를 정한다.

4. 인지 허가의 효과

가정법원으로부터 인지의 허가를 받은 생부가 「가족관계의 등록 등에 관한 법률」 제57조 제1항에 따라 친생자출생의 신고를 하면 어머니의 전 남편의 친생 추정이 미치지 않게 된다.

◈ 피성년후견인이 인지하는 방법

제856조【피성년후견인의 인지】

아버지가 피성년후견인인 경우에는 성년후견인의 동의를 받아 인지할 수 있다. [전문개정 2011.3.7.]

■ § 856. 피성년후견인의 인지권

- 인지는 사실의 승인이므로 의사능력을 필요로 한다
- 피성년후견인은 후견인의 동의를 얻어야 한다

사실상의 부(생부)가 미성년자나 피한정후견인일지라도 의사능력이 있는 한 법정대리인의 동의 없이 인지할 수 있다. 다만 피성년후견인은 의사능력이 회복되어 있더라도 후견인의 동의를 얻어야 한다.

의사능력이 없는 자는 인지할 방법이 없다. 법정대리인이라 할지라도 이에 대리하여 인지할 수 없다. 모에 대해서는 규정하는 바 없으나 기아와 같은 특수한 경우에 모가 인지하는 것은 본조가 준용된다고 보아야 할 것이다.

◆ 자가 이미 사망한 경우의 인지

제857조【사망자의 인지】

자가 사망한 후에도 그 직계비속이 있는 때에는 이를 인지할 수 있다.

■ § 857. 사망한 자의 인지

- 사망한 자를 인지하는 것은 인지를 남용하여 인지자가 상속의 이익을 꾀하는 일이 있으므로 원칙적으로 안된다
- 그러나 사망한 자에게 직계비속이 있는 때에는 인지할 수 있다
- 관련법조 : [사망한 자의 인지신고] 가족관계등록법 §55-2

사망한 자에 대한 인지는 무의미한 것이므로 원칙적으로 허용되지 않으나, 사망한 자에게 직계비속이 있는 때에는 인지가 허용된다. 그 직계비속은 부의 상속상의 권리를 취득할 수 있기 때문이다. 이 경우에도 구법하에서는 그 직계비속이 성년자일 때에는 그 승낙을 요하였으나, 현행 민법하에서는 이를 인정하지 않는다.

사망한 자를 인지한 경우에는 그 자의 출생시부터 부와의 사이에 친자관계가 존재했던 것으로 되므로, 인지자와 사망한 자(피인지자)의 직계비속 사이에 혈족관계가 인정되고, 그들간에 상속, 부양 등의 법률효과가 발생한다.

사망한 자를 인지한 경우에도 가족관계등록법 제55조에 따라 인지신고를 하여야 한다.

◈ 포태중인 자의 인지

제858조【포태중인 자의 인지】

부는 포태중에 있는 자에 대하여도 이를 인지할 수 있다.

▣ 예 규 ▣

■ **유언에 의하여 인지된 태아가 인지신고 전에 출생한 경우의 처리지침**

(대법원 가족관계등록예규 제124호)

태아인지의 유언이 있었으나 유언집행자가 그 신고를 하기 전에 자녀가 출생한 때에는 유언집행자는 법정기간 내에 유언서의 등본을 첨부하여「가족관계의 등록 등에 관한 법률」제57조의 출생신고를 하여야 한다.

■ **인지신고된 태아가 사산한 경우의 사무처리지침**

(대법원 가족관계등록예규 제125호)

인지신고를 한 태아의 사산에 대하여는「가족관계의 등록 등에 관한 법률」제60조에 따라 출생신고의무자로부터 사산신고를 하게 하여야 한다. 이 경우 시 (구)·읍·면의 장은 이 사산신고를 수리할지라도 가족관계등록부에 기록을 요하지 아니하므로 특종신고 서류편철장에 편철하여야 한다.

■ § 858. 포태중인 자가 피인지자인 경우의 인지

- 부는 포태중인 자에 대하여도 인지할 수 있다
- 관련법조 : [태아의 인지신고] 가족관계등록법 §56, [인지된 태아사산] 가족관계등록법 §60

(1) 의 의

포태중인 자도 인지될 수 있다(제859조). 자의 출생 전에 부가 사망할 가능성이 있을 때에 부에게 태아를 인지할 수 있도록 허용하는 것은 부뿐만 아니라, 자와 모에게도 유리하다고 할 수 있다. 부의 사후에 인지청구의 소를 제기하는 번거로움을 피할 수 있기 때문이다.

태아에 대한 인지는 부만이 할 수 있으며 모는 인지할 수 없다. 왜냐하면 모가 자기 태내에 있는 자를 인지하는 것은 불가능하지는 않지만 불필요하기 때문이다.

(2) 신 고

가. 신고서의 기재사항

태내에 있는 자녀를 인지할 때에는 신고서에 그 취지, 모의 성명 및 등록기준지를 기재하여야 한다(가족관계등록법 제56조).

나. 인지된 태아의 사산

인지된 태아가 사체로 분만된 경우에는 출생의 신고의무자는 그 사실을 안 날부터 1개월 이내에 그 사실을 신고하여야 한다. 다만, 유언집행자가 인지신고를 하였을 경우에는 유언집행자가 그 신고를 하여야 한다(가족관계등록법 제60조).

◈ 인지의 효력발생요건

제859조 【인지의 효력발생】

① 인지는 「가족관계의 등록 등에 관한 법률」의 정하는 바에 의하여 신고
함으로써 그 효력이 생긴다. <개정 2007. 5. 17>

② 인지는 유언으로도 이를 할 수 있다. 이 경우에는 유언집행자가 이를 신
고하여야 한다.

▣ 예 규 ▣

■ 가족관계등록이 되어 있지 않은 망부(亡父)를 상대로 한 인지판결이 확정된 경우의
처리지침

(대법원 가족관계등록예규 제123호)

모의 혼인외 출생자로 가족관계등록부가 작성된 사람이 가족관계등록이 되어 있지 아니
한 채 사망한 부를 상대(검사를 피고로 한다)로 인지재판을 청구하여 그 판결이 확정된
경우에는 피인지자의 가족관계등록부 일반등록사항란에 인지사유를 기록하고 부란에 부
의 성명을 기록하여야 한다.

■ 일본에 거주하는 한국인 남자가 일본인 여자와의 혼인외 출생자를 일본에서 인지하
는 절차

(대법원 가족관계등록예규 제127호)

1. 일본에서 거주하는 한국인 남자와 일본 여자 사이에서 출생한 혼인외 자가(일본인 모
호적에 입적되어) 있는 경우 일본에서 부가 인지신고하는 방식은 「국제사법」 제17조
에 따라야 한다.
2. 처리 절차는 「가족관계의 등록 등에 관한 법률」 제35조 및 제36조와 「가족관계의 등
록 등에 관한 규칙」 제70조에 따라야 한다.

■ § 859. 인지의 방식

• 인지는 가족관계의등록등에관한법률에 정하는 바에 의해 신고함으로써 그 효
력이 생긴다
• 인지는 유언으로도 할 수 있다
• 관련법조 : [인지신고] 가족관계등록법 §55, [유언에 의한 인지신고] 가족관
계등록법 §59

인지는 가족관계등록법의 정하는 바에 의하여 신고함으로써 효력이 생기므로 요식행위이다. 자를 인지할 수 있는 자는 그 자의 진정한 부 또는 모이다. 신고가 수리되면 혼인신고와 마찬가지로 가족관계등록부에 기재되지 않더라도 효력이 생긴다고 보아야 한다.

인지는 유언으로도 할 수 있으며(유언인지) 이 경우 유언집행자가 이를 신고하여야 한다.

인지는 요식행위이므로 가족관계등록법이 정하는 방식에 좇아서 신고를 하지 않는 한 법률상의 효과는 생기지 않는다.

(1) 인지신고서의 기재사항 및 첨부서류

가. 인지신고서의 기재사항(가족관계등록법 제55조 1항)

인지신고서에는 다음 사항을 기재하여야 한다.

① 자녀의 성명·성별·출생연월일·주민등록번호 및 등록기준지(자가 외국인인 때에는 그 성명·성별·출생연월일 및 국적 및 외국인등록번호)

② 사망한 자녀를 인지할 때에는 사망연월일, 그 직계비속의 성명·출생연월일·주민등록번호 및 등록기준지

③ 부가 인지할 때에는 모의 성명, 등록기준지 및 주민등록번호

④ 인지 전의 자녀의 성과 본을 유지할 경우 그 취지와 내용

⑤ 민법 제909조 제4항 또는 제5항에 따라 친권자가 정하여진 때에는 그 취지와 내용

나. 첨부서류

위 가.의 ④와 ⑤의 경우에는 신고서에 그 내용을 증명하는 서면을 첨부하여야 한다. 다만 가정법원의 성·본 계속사용허가심판 또는 친권자를 정하는 재판이 확정된 때에는 그 취지를 신고하여야 한다(가족관계등록법 제55조 2항).

2005년 개정 민법 제781조 제5항은 혼인 외의 출생자가 인지된 경우에도 종전의 성과 본을 그대로 사용할 수 있도록 규정하고, 제909조 5항은

인지청구의 소의 경우 직권으로 친권자를 정하도록 규정하고 있으므로 이와 같은 규정을 두게 된 것이다.

법원의 친권자지정을 증명하는 서면으로 신고서에 첨부하여야 할 것은 재판의 등본 및 확정증명서이다.

(2) 유언에 의한 인지의 신고(가족관계등록법 제59조)

유언에 의한 인지의 경우에는 유언집행자는 그 취임일부터 1개월 이내에 인지에 관한 유언서 등본 또는 유언녹음을 기재한 서면을 첨부하여 신고를 하여야 한다.

▣ 핵심판례 ▣

■ [인지의 효력발생]

섭외적 인지신고의 방식

섭외사법 제20조 제1항, 제2항에 의하여 인지의 요건과 효력은 부의 본국법에 의하되 인지의 방식은 법률행위 방식에 관한 같은 법 제10조에 따라야 할것인즉, 같은 조 제1항에는 법률행위의 방식은 그 행위의 효력을 정한 법에 의한다고 규정하고 제2항에는 행위지법에 의하여 한 법률행위의 방식은 전항의 규정에 불구하고 이를 유효로 한다고 규정하고 있으므로, 외국에서 하는 한국인의 인지는 한국법이 정한 방식에 따라 외국에 주재하는 한국의 재외공관의 장에게 인지신고를 할 수도 있고 행위지인 외국법이 정하는 방식에 따라 그 나라 호적공무원에게 인지신고를 할 수도 있다(1988. 2. 23. 제3부 판결 86다카737 부동산소유권이전등기 말소등기).

◈ 인지의 효력발생시기

제860조【인지의 소급효】

인지는 그 자의 출생시에 소급하여 효력이 생긴다. 그러나 제3자의 취득한 권리를 해하지 못한다.

■ § 860. 인지의 효과

• 인지신고에 의하여 부와 혼인외의 출생자 사이의 법률상의 친자관계가 출생시에 소급하여 발생한다
• 그러나 인지의 소급효는 제3자가 이미 취득한 권리를 해하지 못한다.

(1) 인지의 효과

인지는 그 자의 출생시에 소급하여 효력이 생긴다. 즉 인지신고에 의하여 부 및 특수한 경우에 있는 모와 혼인외의 출생자 사이의 사실상의 친자관계는 법률상의 친자관계가 처음부터 있었던 것과 동일하게 된다.

이 인지의 효과에 의하여 영향을 받는 법률관계는 다음과 같다.

가. 자의 친권자

개정 민법은 혼인 외의 자의 친권에 관한 규정을 다음과 같이 변경하였다.

혼인 외의 출생자가 생부의 인지를 받기 전에는 모가 친권자가 되지만(제909조 1항), 생부의 인지를 받게 되면 부모의 협의로 친권자를 정하여야 하고 협의할 수 없거나 협의가 이루어지지 않는 경우에는 가정법원은 직권으로 또는 당사자의 청구에 따라 친권자를 지정하여야 한다(제909조 4항). 재판상 인지의 경우에는 가정법원이 직권으로 친권자를 정한다(제909조 5항).

그리고 종전에는 부가 인지한 경우에는 혼인 외의 출생자는 부가에 입적한다(구 민법 제781조 1항). 인지된 혼인 외의 출생자에게 배우자나 직계비속이 있을 때에는 그 가의 호주승계를 할 자가 아니면 부가에 입적하지 않고 신호적을 편제한다고 해석되었다.

그러나 이와 같은 호적변동은 2008년 1월 1일부터 호주제가 폐지됨에

따라 함께 사라지게 되었다.

(2) 인지된 자의 성과 본

2005년 개정민법 제781조 5항은 "혼인 외의 출생자가 인지된 경우 자는 부모의 협의에 따라 종전의 성과 본을 계속 사용할 수 있다. 다만, 부모가 협의할 수 없거나 협의가 이루어지지 아니한 경우에는 자는 법원의 허가를 받아 종전의 성과 본을 계속 사용할 수 있다"고 규정하고 있다. 즉, 2005년 개정민법은 혼인 외의 자가 인지된 경우에도 인지 전에 사용했던 성을 유지할 수 있는 길을 마련하였다.

개정민법은 여전히 부계혈통주의를 채택하고 있으므로, 혼인 외의 자가 인지되면 부의 성을 따르는 것이 원칙이다. 그러나 혼인 외의 자의 부모가 협의하면 자는 인지되기 전에 사용하던 성을 그대로 유지할 수 있다.

종전에는 인지되지 않은 혼인 외의 자는 모의 성과 본을 따르고, 생부가 인지한 경우에는 부의 성과 본을 따르도록 되어 있었다(구 민법 제781조).

나. 부 양

인지의 소급효가 직접 영향을 미치는 것은 부양관계이다. 인지에 의하여 부는 자가 출생한 때로부터 자에 대하여 부양의무를 지는 것이 된다.

부모가 자의 부양에 관하여 그 자력에 따라 비용을 분담하여야 하므로, 부가 분담했어야 하였던 인지이전의 양육비에 대해서 모는 부에 대하여 부당이득으로서 반환청구를 할 수 있다고 보아야 한다.

판례는 과거의 부양료의 구상을 인정하지 않았으나, 이를 변경하여 인정하게 되었다(대결 1994. 5. 13. 91스21(전원합의체)).

(3) 인지의 효력발생시기

가. 소급효

인지는 그 자의 출생시기에 소급하여 그 효력이 생긴다(제860조 본문).

따라서 인지된 자는 태어날 때부터 인지자(父)와의 사이에 친자관계가 있었던 것으로 된다.

인지의 소급효는 특히 상속과 관련하여 큰 의미가 있다. 부의 사후에 혼

인 외의 출생자가 인지청구의 소를 제기하여 인지판결이 확정된 경우에 인
지의 소급효에 의하여 그 자는 부의 사망시에 상속권을 취득한 것으로 되
는데, 다른 공동상속인이 상속재산을 아직 분할, 처분하지 않은 경우에는
이들을 상대로 하여 자신의 상속권을 주장할 수 있다(제999조의 상속회복
청구권). 또한 다른 공동상속인들이 상속재산을 이미 분할, 처분을 한 경우
에는 자신의 상속분에 상당하는 가액의 지급을 청구할 수 있다(제107조).

사망한 자를 인지한 경우(제857조)와 태아를 인지한 경우에도 그 효력은
출생시부터 발생한다.

나. 소급효의 제한

인지의 소급효는 제3자의 기득권과 충돌할 우려가 있으므로 민법은 인
지의 소급효로써 제3자가 이미 취득한 권리를 해하지 못한다는 예외를 규
정하고 있다.

구법에서는 가를 중심으로 한 신분관계가 여러 가지 재산과 결부되어
있었기 때문에 이 예외규정은 상당한 효용을 발휘하였으나 신법에서는 그
적용례를 그다지 찾아 볼 수 없으므로 무의미하다는 학설이 있다.

즉 민법은「상속개시후 인지에 의하여 상속인이 된 자가 상속재산의 분
할을 청구할 경우에 다른 공동상속인이 이미 분할 기타 처분을 한 때에는
그 상속분에 상당하는 가액의 지급을 청구할 권리가 있다」(제1014조)는
규정을 두어 실질적으로 재산상속의 길을 스스로 보장하고 있다.

▣ 핵심판례 ▣

■ [인지의 소급효]

**혼인 외의 출생자가 부의 사망 후 인지의 소에 의하여 친생자로 인지받은
경우 피인지자보다 후순위 상속인인 피상속인의 직계존속이나 형제자매
는 피인지자의 출현으로 자신이 취득한 상속권을 소급하여 잃게 되는지
여부(적극)**

민법 제860조는 인지의 소급효는 제3자가 이미 취득한 권리에 의하여 제한받는다
는 취지를 규정하면서 민법 제1014조는 상속개시 후의 인지 또는 재판의 확정에
의하여 공동상속인이 된 자는 그 상속분에 상응한 가액의 지급을 청구할 권리가
있다고 규정하여 제860조 소정의 제3자의 범위를 제한하고 있는 취지에 비추어

볼 때, 혼인 외의 출생자가 부의 사망 후에 인지의 소에 의하여 친생자로 인지받은 경우 피인지자보다 후순위 상속인인 피상속인의 직계존속 또는 형제자매 등은 피인지자의 출현과 함께 자신이 취득한 상속권을 소급하여 잃게 되는 것으로 보아야 하고, 그것이 민법 제860조 단서의 규정에 따라 인지의 소급효 제한에 의하여 보호받게 되는 제3자의 기득권에 포함된다고는 볼 수 없다(1993. 3. 12. 제3부 (카) 판결 92다48512 손해배상(자)).

◈ 인지의 취소사유 및 절차

제861조【인지의 취소】

사기, 강박 또는 중대한 착오로 인하여 인지를 한 때에는 사기나 착오를 안 날 또는 강박을 면한 날로부터 6월내에 가정법원에 그 취소를 청구할 수 있다. <개정 2005. 3. 31>

■ § 861. 인지의 무효와 취소

- 인지를 한 자는 일단 인지한 이상 그 인지를 취소할 수 없으나 사기, 강박 또는 중대한 착오로 인하여 인지한 경우에는 취소할 수 있다
- 그 취소를 하려면 사기나 착오를 안 날 또는 강박을 면한 날로부터 6월 이내에 가정법원에 그 취소를 청구할 수 있다
- 인지의 취소를 하려면 가정법원에 우선 조정을 신청하여야 하며 조정이 성립되지 않으면 판결로써 한다
- 관련법조 : [인지취소의 소] 가소 §2①나-7, §50, §21, §26

본조는 인지를 취소할 수 있는 경우를 규정하고 있다.

1. 인지의 무효

(1) 의 의

민법에는 인지의 무효에 관한 규정이 없으나, 가사소송법 제26조 제1항과 제28조는 인지무효의 소에 관해서 규정하고 있다.

다음과 같은 경우에는 인지가 무효가 된다고 할 것이다.

① 생부 또는 생모 아닌 자가 그 명의를 도용하여 한 인지신고도 무효이다. 생모가 임의로 생부의 친생자로 출생신고한 경우에는 생부는 인지무효청구를 할 수 있다(대판 1999. 10. 8. 98므1698).

② 생부 아닌 자가 자신이 생부라고 칭하고 한 인지는 무효이다. 그러나 판례는 친생자가 아닌 자에 대한 인지라도 인지신고 당시 당사자 사이에 입양의사의 합치가 있고 기타 입양의 실질적 성립요건이 모두 구비된 경우라면 입양의 효력이 있는 것으로 해석한다(대판 1992. 10.

23. 92다29399).

(2) 인지무효의 소

인지의 무효는 혼인무효의 경우처럼 당연무효이다. 따라서 인지무효판결
이 있기 전에도 다른 소에서 선결문제로서 주장할 수 있다(대판 1992. 10.
23. 92다29399). 그러나 가족관계등록부정정을 위해서는 인지무효의 소를
제기하여 확인판결을 받아야 한다. 인지무효의 소는 가정법원에 제기하여
야 하며 조정을 거치지 않는다. 확인소송이지만 판결의 기판력은 제3자에
게도 미친다(가사소송법 제121조 1항). 원고가 될 수 있는 자는 당사자 및
그 법정대리인 또는 4촌 이내의 친족이다(가사소송법 제28조, 제23조). 인
지무효의 소의 상대방은 인지자가 제기하는 경우에는 자, 자가 제기하는
경우에는 인지자, 제3자가 제기하는 경우에는 인지자와 자이다. 일방이 사
망하였을 때에는 다른 일방만을 상대로 하고, 상대방이 될 사람이 모두 사
망하였을 때에는 검사를 상대로 한다(가사소송법 제28조, 제24조).

2. 인지의 취소

(1) 취소사유

인지는 취소할 수 있는가? 인지를 한 자는 일단 인지한 이상 그 인지를
취소할 수 없는 것이 원칙이나 민법은 사기·강박 또는 중대한 착오로 인
하여 인지한 경우에는 취소할 수 있는 것으로 하고 있다.

여기에서 사기·강박이라 함은, 인지할 의사를 결정시킬 목적으로 인지자
에게 허위의 사실을 고지하여 착오에 빠지게 하거나 악의를 예고하여 공포
심을 일으키게 한 것을 말하고, 사기자 또는 강박자는 인지를 받는 자이거
나 제3자이거나를 불문한다.

중대한 착오라 함은, 그러한 일이 없었더라면 인지하지 않았으리라고 믿
을 수 있을 정도의 착오를 뜻한다.

(2) 인지취소의 절차

취소를 하려면 사기나 착오를 안 날 또는 강박을 면한 날로부터 6월 이
내에 가정법원에 취소를 청구하여야 한다(제861조).

인지를 취소하려면 우선 가정법원에 조정을 신청하여야 하며(가사소송법 제2조 1항 나류사건) 조정이 성립되지 않으면 소를 제기할 수 있다. 인지취소 판결의 효력은 제3자에게도 미친다(가사소송법 제21조). 인지취소의 소의 원고는 인지자이며, 피고는 자가 될 것이다. 조정의 성립만으로는 인지취소의 효력이 생기지 않는다(동법 제59조 2항).

(3) 취소의 효과

인지취소의 판결이 확정되면 인지는 처음부터 무효가 되며, 그 효력은 누구에게나 미친다(가사소송법 제21조). 따라서 인지에 의하여 발생한 친자관계는 처음부터 없었던 것으로 되므로, 이에 기초한 모든 효과(준정, 친족관계의 발생 등)도 소급하여 소멸한다.

◈ 인지에 대한 이의

제862조 【인지에 대한 이의의 소】

자 기타 이해관계인은 인지의 신고있음을 안 날로부터 1년내에 인지에 대한 이의의 소를 제기할 수 있다.

■ § 862. 인지에 대한 이의

- 자 기타의 이해관계인이 인지신고가 있음을 안 날로부터 1년내에 인지에 대한 이의의 소를 제기할 수 있다(민법)
- 당사자 및 그 법정대리인 또는 4촌 이내의 친족은 인지무효 또는 무효확인의 소를 제기할 수 있다(가소§2①가-3, §28에 의한 §23의 준용)
- 관련법조 : [인지무효, 취소] 가소 §2①가-3, §28에 의한 §23 준용, [인지에 대한 이의] 가소 §26, §28, §2①나-8

진실에 반하는 인지는 무효이다. 혼인 외의 자의 생부가 아닌 사람이 이를 인지한 경우에는 자 및 이해관계인이 인지에 대한 이의의 소를 제기하여 사실에 반하는 부자관계를 제거할 수 있다.

인지에 대한 이의의 소를 제기할 수 있는 자는 자 기타 이해관계인이다. 「이해관계인」이란 진실에 반하는 인지가 형식상 존재하기 때문에 신분상 불이익을 입는 입장에 있는 자를 말한다. 인지자 본인은 이해관계인은 아니나 인지의 무효를 주장할 수 있다.

소의 상대방은, 자가 원고인 경우에는 인지자이며, 인지자가 사망한 경우에는 검사가 된다. 이해관계인이 원고인 경우에는 인지자 및 자의 쌍방이 상대방이 되고, 일방이 사망한 경우에는 생존자, 쌍방이 모두 사망한 경우에는 검사가 상대방이 된다.

인지에 대한 이의의 소를 제기할 때에는 사전에 가정법원에 조정신청을 하여야 한다(가사소송법 제2조 1항 나류사건).

인지에 대한 이의의 소는 인지신고 있음을 안 날로부터 1년 내에 제기하여야 하며, 인지자가 사망하여 검사를 상대로 하는 경우에는 사망을 안 날로부터 2년

내에 하여야 한다.

인지에 대한 이의의 판결이 확정되면 소를 제기한 사람은 판결확정일로부터 1개월 이내에 판결의 등본 및 그 확정증명서를 첨부하여 등록부의 정정을 신청하여야 한다(가족관계등록법 제107조).

▣ 핵심판례 ▣

■ [인지에 대한 이의의 소]

친생자 출생신고에 의한 인지의 효력을 다투는 방법

인지에 대한 이의의 소 또는 인지무효의 소는 민법 제855조 제1항, 호적법제60조의 규정에 의하여 생부 또는 생모가 인지신고를 함으로써 혼인외의 자를 인지한 경우에 그 효력을 다투기 위한 소송이며, 위 각 법조에 의한 인지신고에 의함이 없이 일반 출생신고에 의하여 호적부상 등재된 친자관계를 다투기 위하여는 위의 각 소송과는 별도로 민법 제865조가 규정하고 있는 친생자관계부존재확인의 소에 의하여야 할 것인바, 호적법 제62조에 부가 혼인외의 자에 대하여 친생자 출생신고를 한 때에는 그 신고는 인지의 효력이 있는 것으로 규정되어 있으나, 그 신고가 인지신고가 아니라 출생신고인 이상 그와 같은 신고로 인한 친자관계의 외관을 배제하고자 하는 때에도 인지에 관련된 소송이 아니라 친생자관계부존재확인의 소를 제기하여야 한다(1993. 7. 27. 제1부 판결 91므306 친생자관계부존재확인).

◆ 강제인지(재판상 인지)

제863조 【인지청구의 소】

자와 그 직계비속 또는 그 법정대리인은 부 또는 모를 상대로 하여 인지청구의 소를 제기할 수 있다.

■ § 863. 강제인지

- 부 또는 모가 임의로 인지하지 않은 때에는 재판으로 인지를 강제할 수 있다
- 소를 제기할 수 있는 자 : 혼인외의 출생자, 그 직계비속, 자 또는 그 직계비속의 법정대리인
- 피청구인 : 부 또는 모
- 소의 제기기간 : 부의 생존중에는 언제든지 청구 가능, 그러나 부 또는 모의 사망을 안 날로부터 2년이 경과하였을 때에는 인지청구의 소를 제기할 수 없다
- 관련법조 : [인지청구의 소] 가소 §26, §28, §2①나-9, [인지의 재판과 신고] 가족관계등록법 §58, §55

본조는 강제인지, 즉 부 또는 모가 인지하지 않은 때에는 재판으로 인지를 강제할 수 있음을 규정한 것이다.

인지청구의 소는 사실상의 친자관계의 인정에 기초하여 판결로 법률상 친자관계를 형성하는 것이다.

1. 인지의 소

부가 임의로 인지하지 않은 때에는 재판으로 인지를 강제할 수 있다. 이것이 강제인지 혹은 재판상의 인지라고 불리우는 제도이다.

판례는 당초에 이 소를 인지의 의사표시를 청구하는 이행의 소로 해석하였으나, 그 후 의사능력없는 금치산자에 대한 인지청구의 소를 적법한 것으로 하였으며, 또 민법이「인지청구의 소를 제기할 수 있다」고 규정하고 동시에 사후인지제도가 인정되어 있기 때문에(제864조) 인지청구의 소가 이행의 소가 아닌 것이 명백해졌다.

이 변천이야말로 인지를 될 수 있는 대로 제한하려는 주관주의적 인지론에서 인지를 널리 인정하여 사생자의 구제를 꾀하려는 객관주의적 인지론에의 추이를 가리키는 것이다. 인지의 소는 친자관계의 존재를 확인하여 판결로써 비로소 법률상의 친자관계를 창설하기 때문에 형성의 소이다.

2. 인지의 소의 당사자

(1) 인지의 소를 제기할 수 있는 자 : 첫째로 혼인외의 출생자, 둘째로 그 자의 직계비속(단 자의 사망후에 제함), 셋째 자 또는 그 직계비속의 법정대리인(자 또는 그 직계비속이 의사무능력자인 경우)이다.

자가 친생자의 추정을 받고 있는 때에는 자기의 생부를 알고 있는 경우에도 인지청구의 소를 제기할 수 없고, 부 또는 모가 친생부인의 소를 제기하여 친생부인의 판결이 확정된 후에야 자는 비로소 생부를 상대로 인지청구를 할 수 있다(대판 1968. 2. 27. 67므34 참조).

모가 임의로 친생자로 출생신고를 한 경우에 생부가 인지무효의 소를 제기하여 승소판결이 확정되었다고 해도 그 판결의 기판력은 인지청구에는 미치지 않으므로 그 경우에는 자는 인지청구를 할 수 있다(대판 1999. 10. 8. 98므1698).

(2) 피청구인 : 부 또는 모이다. 부 또는 모가 금치산자인 경우에는 그 후견인으로 하여금 부 또는 모를 대리시켜 소의 상대방으로 할 수 있다. 부 또는 모의 사망후 상대방이 없으면 검사가 상대방이 된다.

3. 부정의 항변

인지청구에는 예로부터 「부정의 항변」 내지 「다수관계자의 항변」이 인정되어 있었다.

부로 지목된 피청구인이 피청구인 또는 청구인의 모에게는 다른 남자가 있었다는 항변을 제출하면, 원고는 다른 남자와 관계가 없었다는 것을 입증하여야만 하였다. 그러나 일반적으로 관계가 없었다고 하는 증명은 관계가 있었다고 하는 증명보다 더 곤란하다. 피고 이외의 모든 남자와 관계가 없었다는 것 등은 도저히 증명할 수 있는 일이 아니다. 따라서 「부정의 항변」을 인정한다는 것은 혼인외의 출생자에게 부의 수색을 단념시키는 것과 동일한 결과가 된다.

그러므로 부자관계가 있었다는 점이 인지청구의 요건사실이고, 이 요건사실이 포태기에 청구인과 관계가 있었다는 점, 다른 남자와 관계가 없었다는 점, 혈액형에 모순이 없다는 점 등 몇 가지 간접사실의 입증에 의하여 추인되면 인지청구를 인정하여야 한다고 본다.

4. 인지청구의 소의 제기기간

부의 생존 중에는 언제든지 인지청구의 소를 제기할 수 있다. 인지청구권은 포기가 인정되지 않으므로 권리실효의 법리가 적용되지 않는다(대판 2001. 11. 27. 2001므1353). 그러나 부 또는 모의 사망을 안 날로부터 2년이 경과하였을 때에는 인지청구의 소를 제기할 수 없다(제864조 1항).

5. 재판상 인지 신고

인지의 재판이 확정된 경우에는 소를 제기한 사람은 재판의 확정일로부터 1월 이내에 재판서 등본 및 그 확정증명서를 첨부하여 그 취지를 신고하여야 하며, 신고서에는 재판확정일을 기재하여야 한다(가족관계등록법 제58조 1항·2항).

그 소의 상대방도 재판서의 등본 및 확정증명서를 첨부하여 인지의 재판이 확정된 취지를 신고할 수 있다(동조 3항).

재판상 인지는 확정에 의하여 효력이 생기므로 위 신고는 보고적 신고이다.

▣ 핵심판례 ▣

■ [인지청구의 소]

1. 인지소송과 처분권주의의 제한

인지소송은 부와 자와의 간에 사실상의 친자관계의 존재를 확정하고 법률상의 친자관계를 창설함을 목적으로 하는 소송으로서 친족, 상속법상 중대한 영향을 미치는 인륜의 근본에 관한 것이고 공익에도 관련되는 중요한 것이기 때문에 이 소송에서는 당사자의 처분권주의를 제한하고 직권주의를 채용하고 있는 것이므로 당사자의 입증이 충분하지 못할 때에는 가능한 한 직권으로 사실조사 및 필요한 증거조사를 하여야 한다(1985. 11. 26. 제2부 판결 85므8 인지).

2. 부 또는 모가 사망한 경우의 인지청구의 소의 제기기간

민법 제864조의 그 사망을 안 날로부터 1년 내라는 것은 그 청구인이 자인 경우 그 연령이나 능력여하에 불구하고 사망한 사실을 안 날로부터 1년(현행 2년 : 저자 주) 내에 인지청구를 하여야 한다는 뜻이라고 볼 수 없고, 그 사망사실을 알고서 인지청구 등 자기의 신분행위를 할 수 있는 의사능력이 있는 자가 사망사실을 안 때로부터 1년(현행 2년 : 저자 주) 내에 인지청구의 소를 제기할 수 있다는 뜻으로 해석함이 타당하다(대판 1977. 3. 22. 76므261).

◈ 부모가 사망한 경우의 인지청구의 방법

제864조 【부모의 사망과 인지청구의 소】

제862조 및 제863조의 경우에 부 또는 모가 사망한 때에는 그 사망을 안 날로부터 2년내에 검사를 상대로 하여 인지에 대한 이의 또는 인지청구의 소를 제기할 수 있다. <개정 2005. 3. 31>

■ § 864. 부모의 사망과 소의 제기기간

- 피청구인 : 부 또는 모가 사망하여 상대방이 없는 때에는 검사이다
- 소의 제기기간 : 부 또는 모가 사망하여 상대방이 없을 때에는 그 사망을 안
  날로부터 2년내에 한하여

본조는 인지에 대한 이의의 소에 있어서 인지를 받은 자가 소를 제기하는 경우에 인지한 부 또는 모가 사망한 때에는 그 사망을 안 날로부터 2년 내에 검사를 상대로 소를 제기할 수 있음을 규정한 것이다.

부가 사망한 후에 혼인 외의 출생자와 부 사이의 친자관계를 발생시키는 방법은 부의 사망을 안 날로부터 2년 이내에 검사를 상대로 인지청구의 소를 제기하는 것뿐이며, 생모가 혼인 외의 출생자를 상대로 하여 친생자관계존재확인의 소(사망한 부와 자 사이에 친생자관계가 존재한다는 확인을 구하는 소)를 제기하는 것은 허용되지 않는다(대판 1997. 2. 14. 96므738).

1. 인지의 소의 당사자

 (1) 소를 제기할 수 있는 자 : 혼인외의 출생자, 그 직계비속, 자 또는 그 직계비속의 법정대리인이다.

 (2) 피청구인 : 부 또는 모가 사망하여 상대방이 없는 때에는 검사이다.

2. 인지청구의 소의 제기기간

 그러나 부 또는 모가 사망하여 상대방이 없을 때에는 그 사망을 안 날로부터 2년 내에 한하여 검사를 상대로 인지청구의 소를 제기할 수 있다. 사후인지의 출소기간에 제한이 있을 뿐이고, 자의 출생후의 기간의 경과에는 아무런 제한이 없다.

▣ 핵심판례 ▣

■ [부모의 사망과 인지청구의 소]

부의 사망으로 검사를 상대로 인지의 소를 제기하는 경우에 있어서의 관할법원

부가 이미 사망하여 민법 제864조에 의하여 검사를 상대로 인지의 소를 제기하는 경우에는 부 사망 당시 부의 보통재판적있는 지의 지방법원의 전속관할에 속하고 당초부터 부의 보통재판적이 없거나 알 수 없는 때에는 대법원 소재지의 지방법원의 관할에 전속한다(1989. 2. 14. 제3부 판결 87므32 인지).

◆ 인지받은 자의 양육책임 및 면접교섭권

제864조의 2 【인지와 자의 양육책임 등】

제837조 및 제837조의2의 규정은 자가 인지된 경우에 자의 양육책임과 면접교섭권에 관하여 이를 준용한다. [본조신설 2005. 3. 31]

■ § 864조의 2. 인지와 자의 양육책임

- 인지된 경우 부모의 협의로 양육자 지정
- 협의 불가능한 경우 : 당사자의 청구 또는 직권에 의하여 가정법원이 양육에 관한 사항을 정함

본조는 2005년 민법 개정시에 신설된 조문으로, 혼인 외의 자가 인지된 경우에 그 자의 양육책임에 관하여 이혼시의 양육책임에 관한 규정인 제837조와 면접교섭권에 관한 규정인 제837조의2를 준용하도록 한 것이다.

혼인 외의 출생자가 인지된 경우에 그 자의 양육에 관하여는 우선 부모가 협의하여 정할 수 있다. 협의가 되지 않거나 협의할 수 없는 때에는 가정법원이 당사자의 청구 또는 직권에 의하여 양육에 관한 사항을 정한다. 면접교섭에 관한 사항도 이와 같은 방식으로 정한다. 또한 가정법원은 자의 복리를 위하여 필요하다고 인정하는 경우 당사자의 청구 또는 직권에 의하여 면접교섭을 제한하거나 배제할 수 있다(제864조의 2에 의한 제837조 및 제837조의 2의 준용).

◈ 친생자 추정을 받지 않는 자에 대한 친생자관계존부확인의 소

제865조 【다른 사유를 원인으로 하는 친생자관계존부확인의 소】

① 제845조, 제846조, 제848조, 제850조, 제851조, 제862조와 제863조의 규정
에 의하여 소를 제기할 수 있는 자는 다른 사유를 원인으로 하여 친생
자관계존부의 확인의 소를 제기할 수 있다.

② 제1항의 경우에 당사자일방이 사망한 때에는 그 사망을 안 날로부터 2
년내에 검사를 상대로 하여 소를 제기할 수 있다. <개정 2005. 3. 31>.

■ § 865. 친생자관계존부확인의 소

• 친생자 추정을 받지 않는 자에 대하여 친생부인의 소와는 다른 사유를 원인
으로 한 친생자 관계의 부존재를 확인하는 소
• 성질 : 확인의 소
• 소송물 : 법률관계로서의 친자관계 그 자체
• 당사자 : 신분관계에 있어서의 확인의 이익의 존부에 의하여 당사자적격 판정
• 출소기간 제한의 유무 : 제한없음
• 심리 : 직권주의 채용
• 인용판결 : 친생자관계의 존재 또는 부존재에 기판력판결효력 제3자에게도
　　　　　　미침
• 소의 변경여부 : 사실심 변론종결시까지 가능
• 반소도 가능
• 인공수정자, 채외수정자, 대리출산 등의 새로운 문제대두
• 관련법조 : [소송절차] 가소 §26, §28, §2①가-4

1. 의 의

　친생부인의 소는 혼인중의 친생자의 추정을 받은 자에 대하여 혼인중의 출
생자인 것을 부인하는 소송이다. 모의 남편 또는 남편이었던 者가 子 또는 그
친권자인 모를 상대로 그 자의 부가 아님을 주장하며 친권관계의 소급적 소멸
을 청구하는 형성의 소이다(제847조).

친생자관계존부확인의 소란, 특정인 사이에 법률상의 친생자관계의 존부가 현재 명백하지 않은 경우에 친생자관계존부의 확인을 구하는 소이다.

2. 사 유

(1) 의 의

친생자관계존부확인의 소는 부를 정하는 소(제845조), 친생부인의 소(제846조, 제848조, 제850조, 제851조), 인지에 대한 이의 의 소(제862조), 인지청구의 소(제863조)의 목적과 저촉되지 않는 다른 사유를 원인으로 하여, 가족관계등록부상의 기재를 정정함으로써 신분관계를 명백히 할 필요가 있는 경우에만 제기할 수 있다.

그리고 이 소는 제척기간이 없으며, 당사자의 일방이 사망한 경우에는 예외로 그 사망을 안 날로부터 2년내에 검사를 상대로 소를 제기할 수 있다.

(2) 친생자관계존부확인의 소를 제기할 수 있는지 여부가 문제되는 사례

1) 친생자관계 존부확인의 소를 제기할 수 있는 경우

가. 다른 부부 사이에 태어난 자로 가족관계등록부상 잘못 기재되어 있는 경우

예컨대 병원에서 신생아가 바뀐 경우처럼 갑 부부 사이에서 출생한 혼인중의 출생자인데, 을 부부 사이에서 태어난 자로 가족관계등록부상 기재가 되어 있는 경우에는, 갑 부부에 대하여 친생자관계존재확인청구를 할 수 있다(대판 1981. 12. 22. 80므103참조).

나. 허위의 출생신고에 의해서 가족관계등록부상 친자관계로 기재되어 있는 경우

예컨대 부가 다른 여자와의 관계에서 출생한 혼인 외의 출생자를 처와의 관계에서 태어난 혼인중의 출생자인 것처럼 출생신고를 한 경우처럼 허위의 친생자 출생신고에 의해서 가족관계등록부상 친자관계로 기재되어 있는 경우에 친생자관계부존재확인의 소를 제기할 수 있다(대판 1984. 5. 15. 84므4).

다. 혼인 외의 자에 대한 친생자 출생신고에 의해 발생한 인지의 효력을 다투고자 하는 경우

가족관계등록법 제57조에 의하면 혼인 외의 자에 대하여 친생자 출생신고를 한 때에는 그 신고는 인지의 효력이 있는 것으로 규정되어 있으나, 그 신고가 인지신고가 아니라 출생신고인 이상 그와 같은 신고로 인한 친자관계의 외관을 배제하고자 하는 때에도 인지에 관련된 소송이 아니라 친생자관계부존재확인의 소를 제기하여야 한다(대판 1993. 7. 27. 91므306).

라. 친생자 추정을 받지 않는 혼인 중의 출생자의 경우

혼인성립의 날로부터 200일이 되기 전에 출생한 자에 대해서는 친생추정이 되지 않는데, 이 경우 친생자관계부존재확인의 소를 제기할 수 있다.

마. 친생자 추정이 미치지 않는 자의 경우

부가 장기간 해외출장 중이어서 처가 부의 자를 포태할 가능성이 전혀 없는 상태에서 포태되어 태어난 혼인중의 출생자에 대해서는 친생자의 추정이 미치지 않는데, 이 경우 친생자관계부존재확인의 소를 제기할 수 있다(대판 1988. 5. 10. 88므85 참조).

친생자의 추정이 미치지 않는 자도 역시 법률상의 부를 상대로 하여 친생자관계부존재확인의 소를 제기할 수 있다(대판 1988. 5. 10. 88므85).

바. 양친자관계의 존부를 확인할 필요가 있는 경우 이 경우에도 친생자관계존부확인의 소에 준하여 양친자관계존부확인의 소를 제기할 수 있다.

판례는 양친자 중 일방이 원고로 되어 양친자관계존부확인의 소를 제기하는 경우에는 친생자관계존부확인소송에 준하여 양친자 중 일방이 다른 일방을 피고로 하여야 한다고 한다(대판 1993. 7. 16. 92므372).

2) 친생자관계 존부확인의 소를 제기할 수 없는 경우

가. 혼인 중 처가 포태한 자에 대하여 친생추정을 번복시키고자 하는 경우

민법 제844조 1항의 친생자 추정의 규정, 즉 혼인 중 처가 포태한 자에 대한 부(夫)의 자로서의 친생추정은 다른 반증을 허용하지 않는 강한 추정이므로, 이와 같은 추정을 번복하기 위해서는 부(夫)측에서 민법 제846조,

제847조가 규정하는 친생부인의 소를 제기하여 그 확정판결을 받아야 하며, 친생부인의 소의 방법이 아닌 친생자관계존재확인의 소의 방법에 의하여 그 친생자관계의 부존재확인을 소구하는 것은 부적법하다(대판 1992. 7. 24. 91므566).

나. 혼인 외의 출생자에 대해 친자관계를 창설하려는 경우

혼인 외의 출생자와 생부와의 친자관계는 인지에 의해서 비로소 발생한다. 따라서 혼인 외의 출생자의 경우 부자관계를 창설하기 위해서는 인지청구의 소를 제기하여야 하며, 친생자관계존재확인의 소에 의할 수 없다(대판 1997. 2. 14. 96므738).

다. 양친자관계를 해소하려는 경우

친생자 출생신고가 입양의 효력을 갖는 경우, 양친부부중 일방이 사망한 후 생존하는 다른 일방이 사망한 일방과 양자 사이의 양친자관계 해소를 위한 재판상 파양에 갈음하는 친생자관계부존재확인의 소를 제기할 이익이 없다(대판 2001. 8. 21. 99므2230).

3. 소송절차

(1) 소의 제기

친생자관계의 존부를 확인하려면 가정법원에 소를 제기하여야 한다(가사소송법 제2조 1항 가류사건). 조정전치주의가 적용되지 않으므로 소를 제기하기 전에 조정을 거치지 않는다.

친생자관계존부확인의 소를 제기할 수 있는 기간에는 제한이 없으나, "당사자의 일방이 사망한 때에는 그 사망을 안 날로부터 2년 내에 검사를 상대로 하여 소를 제기할 수 있다"(제865조 제2항).

(2) 당사자 적격

가. 원 고

친생자관계존부확인의 소는 부를 정하는 소(제845조), 친생부인의 소(제846조, 848조, 850조, 851조), 인지에 대한 이의의 소(제862조), 인지청구의 소(제863조)의 규정에 의해서 원고적격이 인정되는 사람이 제기할 수 있다.

따라서 부 또는 처, 부 또는 처의 후견인, 부 또는 처의 유언집행자, 부 또는 처의 직계존속 및 직계비속, 부 또는 모, 자, 자의 법정대리인, 자의 직계비속 및 기타 이해관계인이 친생자관계존부확인의 소를 제기할 수 있다.

부모가 자를 상대로 친생자관계존재확인의 소를 제기할 때에도 부모 쌍방이 공동원고가 되어야 한다.

제3자도 이해관계가 있으면 친생자관계존부확인의 소를 제기할 수 있는데, 판례는 이해관계인의 범위와 관련하여 제777조 규정에 의한 친족이라면 누구나 원고로서 소를 제기할 수 있는 소송상의 이익이 있다는 입장을 취하고 있다(대판(전원합의체) 1981. 10. 13. 83므60).

나. 피 고

자가 친생자관계존재확인의 소를 제기하는 경우 부모가 생존해 있다면 부모 쌍방을 공동피고로 하여야 한다.

당사자 일방이 사망한 때에는 그 사망을 안 날로부터 2년 내에 검사를 상대로 하여 소를 제기할 수 있다.

제3자가 이해관계인으로서 친생자관계부존재확인의 소를 제기하는 경우에는 부모의 자 모두를 피고로 한다(대판 1987. 5. 12. 87므7). 그러나 부모 중 일방이 자 사이에 친자관계가 존재하는 경우에는 친자관계가 없는 다른 일방과 자만을 상대로 하여 친생자관계부존재확인의 소를 제기하여야 한다.

부모와 자 쌍방이 모두 사망한 경우에는 '당사자 쌍방 모두가 사망한 사실을 안 날로부터 2년내에' 검사를 상대로 하여 친생자관계존부확인의 소를 제기할 수 있다(대판 2004. 2. 12. 2003므2503 참조).

(3) 가족관계등록부의 정정 신청

판결이 확정되면 소를 제기한 사람은 판결의 확정일로부터 1개월 이내에 판결의 등본 및 그 확정증명서를 첨부하여 가족관계등록부의 정정을 신청하여야 한다(가족관계등록법 제107조).

4. 판결의 효력

친생자관계의 존부확인과 같이 가사소송법의 가류 가사소송사건에 해당하는 청구는 성질상 당사자가 임의로 처분할 수 없는 사항을 대상으로 하는 것이므로, 이에 대하여 조정이나 재판상 화해가 성립되더라도 효력이 생기지 않는다.

판결의 효력은 제3자에게도 미친다(가사소송법 제21조).

■ 핵심판례 ■

■ [다른 사유를 원인으로 한 친생자관계존부확인의 소]

1. 상속을 원인으로 한 지분소유권확인청구에 생모와 자 간의 친자관계존재확인청구가 반드시 전제되어야 하는지 여부(소극)

생모와 자 간의 친자관계는 자연의 혈연으로 정해지는 것이어서 상속을 원인으로 한 지분소유권확인청구에 친자관계존재확인청구가 반드시 전제되어야 하는 것은 아니다(1992. 2. 25. 제1부 판결 91다34103 소유권이전등기).

2. 가. 생모자관계의 인정방법

생모와 자 간의 친자관계는 자연의 혈연으로 정해지므로, 반드시 호적부의 기재나 법원의 친생자관계존재확인판결로써만 이를 인정하여야 한다고 단정할 수 없다.

나. 특별한 직업이나 재산도 없는 사람이 당해 재산의 취득자금 출처에 관하여 납득할 만한 입증을 하지 못하고 그 직계존속에게 증여할 만한 재력이 있는 경우, 재산을 그 재력 있는 자로부터 증여받았다고 추정함의 당부(적극)

특별한 직업이나 재산도 없는 사람이 당해 재산의 취득자금 출처에 관하여 납득할 만한 입증을 하지 못하고, 그 직계존속에게 증여할 만한 재력이 있는 경우에는 그 재산을 그 재력 있는 자로부터 증여받았다고 추정함이 옳다.

다. 행정소송에 있어서의 직권조사의 범위

행정소송법 제26조는 '법원은 필요하다고 인정할 때에는 직권으로 증거조사를 할 수 있고, 당사자가 주장하지 아니한 사실에 대하여도 판단할 수 있다'고 규정하여 변론주의의 일부 예외를 인정하고 있으므로, 행정소송에서는 법원이 필요하다고 인정할 때에는 당사자가 명백히 주장하지 아니한 사실도 기록에 나타난 자료를 기초로 하여 직권으로 판단할 수 있다.

라. 증여재산가액의 평가시점이 되는 준용규정인 구 상속세법(1988. 12. 26. 법률 제4022호로 개정되기 전의 것) 제9조 제2항 소정의 '증여세 부과 당시의가액'의 의미

증여세에 준용되는 구 상속세법(1988. 12. 26. 법률 제4022호로 개정되기 전의
것) 제9조 제2항에 의하면, 증여세신고의무를 해태한 경우에는 증여재산의 가
액을 증여세 부과 당시의 가액으로 평가하여야 하는데, 위 '증여세 부과 당
시'란 '과세관청이 증여재산이 있음을 알고 증여세를 부과할 수 있는 때'를
의미하고, 여기에서 '과세관청이 증여재산이 있음을 안 날'이란 원칙적으
로 '소관 과세관청이 당해 재산을 증여재산으로 파악하게 된 과세자료를 접
수한 날'을 말하되, 다만 과세자료의 수집과 절차를 규정한 상속세법 제22
조 내지 제24조와 그 시행령 제16조 및 제17조 등을 비롯한 각종 법령이나
재산제세조사사무처리규정 등 국세행정기관 내부의 업무처리지침 등을 제대
로 준수하지 아니함으로 인하여 그 과세자료가 소관 과세관청에 송부되지 아
니하거나 늦게 송부된 경우에는, 구 상속세법 제9조 제2항의 입법취지와 국
세기본법 제15조, 제18조 제1항 및 제19조의 정신에 비추어 볼 때, '업무처리
가 정상적으로 이루어졌더라면 그 과세자료가 소관 과세관청에 접수되었을
것으로 인정되는 때'를 말한다.

마. 위 "라" 항의 법조항의 적용범위

위 "라" 항의 제9조 제2항은 조세법률주의의 원칙상 증여세 부과 당시의 가
액이 증여 당시의 가액보다 낮은 경우에도 그 적용이 있다(1992. 7. 10. 제3부
판결 92누3199 증여세등부과처분취소).

3. 의부가 재혼한 처의 자를 입양하기도 하고 그 입양신고의 방편으로 친생자로서 출생신고를 한 경우 친생자관계부존재확인의 이익이 있는지 여부

의부가 재혼한 처의 자를 입양하기로 그 대락권자인 생모(처)와 합의항여 그 입양
신고의 방편으로 친생자로서의 출생신고를 한 경우에는 출생신고에 의해서 입양의
효력이 있게 되고, 그 양친자관계를 해소하여야 하는 등의 특단의 사정이 없는 한
친생자관계의 부존재확인을 구할 이익이 없다(대판 1991. 12. 13. 91므153).

4. 가. 혼인중 처가 포태한 자에 대하여 부의 자로 추정시키는 민법 제844조 제1항의 친생추정을 번복시킬 수 있는 적법한 소(=친생부인의 소)

민법 제844조 제1항의 친생자 추정의 규정 즉 혼인중 처가 포태한 자에 대한
부의 자로서의 친생추정은 다른 반증을 허용하지 않는 강한 추정이므로, 처
가 혼인중에 포태한 이상 그 부부의 한 쪽이 장기간에 걸쳐 해외에 나가 있
거나 사실상의 이혼으로 부부가 별거하고 있는 경우 등 동서의 결여로 처가
부의 자를 포태할 수 없는 것이 외관상 명백한 사정이 있는 경우에만 그러한
추정이 미치지 않을 뿐, 이러한 예외적인 사유가 없는 한 아무도 그 자가 부
의 친생자가 아님을 주장할 수 없고, 따라서 이와 같은 추정을 받고 있는 상
태에서는 위 추정과 달리 다른 남자의 친생자라고 주장하여 인지를 청구할
수 없으며, 그리고 이와 같은 추정을 번복하기 위하여서는 부측에서 민법 제
846조, 제847조가 규정하는 친생부인의 소를 제기하여 그 확정판결을 받아야

하며, 친생부인의 소의 방법이 아닌 민법 제865조 소정의 친생자관계부존재
확인의 소의 방법에 의하여 그 친생자관계의 부존재확인을 소구하는 것은 부
적법하다.

나. 위 "가" 항의 친생부인의 소가 아닌 친생자관계부존재확인의 심판을
선고받아 확정된 경우 그 심판의 효력 및 그 확정심판의 효과로서 친
생자로서의 추정이 깨어지는지 여부(적극)

위 "가" 항의 부적법한 청구일지라도 법원이 그 잘못을 간과하고 청구를 받
아들여 친생자관계가 존재하지 않는다는 확인의 심판을 선고하고 그 심판이
확정된 이상 이 심판이 당연무효라고 할 수는 없는 것이며, 구 인사소송법
(1990. 12. 31. 법률 제4300호 가사소송법에 의하여 폐지) 제35조, 제32조에 의
하여 위 확정심판의 기판력은 제3자에게도 미친다고 할 것이어서 위 심판의
확정으로 누구도 소송상으로나 소송 외에서 친생자임을 주장할 수 없게 되었
다고 할 것이니 이제는 위 확정심판의 기판력과 충돌되는 친생자로서의 추정
의 효력은 사라져버렸다(1992. 7. 24. 제3부 판결 91므566 인지및부양료).

5. 가. 호적상의 성을 바꾸는 방법

호적상의 성을 바꾸는 것은 친족법상 또는 상속법상 중대한 영향을 미치는
호적기재사항의 정정이므로 호적법 제123조에 의하여 확정판결을 받아 정정
하여야 할 것이지 법원의 허가를 얻어 정정할 수 있는 것이 아니다.

나. 호적에 생부모 아닌 사람들 사이에서 출생한 것으로 기재된 경우의
정정방법

호적에 생부모 아닌 다른 사람들 사이에서 출생한 것으로 잘못 기재된 경우
의 호적정정방법은, 호주가 호적상 부모를 상대로 호적법 제123조에 의한 친
생자관계부존재확인심판의 정본 및 확정증명서를 첨부하여 호적정정신청을
함으로써 자신에 대한 호적기재를 말소정리하고, 생부로 하여금 자신을 혼인
외 자로 출생신고를 하게 하여 생부의 성과 본을 따르거나, 생부가 사망 등
으로 출생신고를 할 수 없는 경우에는 호적법 제116조에 의하여 법원의 허가
를 얻어 취적신고를 함으로써 생부의 호적에 입적하거나 생부의 성과 본에
따른 신호적을 편제한 다음에, 호주의 호적 중 그 처자의 호적기재까지 말소
하고, 그의 가족 전부를 생부의 호적(또는 호주 자신 명의의 신호적)에 가족
으로 이기하는 동시에 위 호적상 부의 호적 중 위 호주의 신분사유란에 친생
관계부존재확인 심판사유를 기재하고 동인의 호적기재를 말소하라는 호적정
정신청을 하여 법원의 허가를 받아 그 정정절차를 밟으면 된다(1992. 8. 17.
제2부 판결 92스13 호적정정).

6. 가. 양친자관계를 창설하려는 명백한 의사가 있고 입양의 실질적 성립요
건이 모두 구비되었지만 입양신고 대신 친생자출생신고를 한 경우 입

양으로서의 효력 유무(적극)

당사자 사이에 양친자관계를 창설하려는 명백한 의사가 있고 기타 입양의 실질적 성립요건이 모두 구비된 경우 입양신고 대신 친생자출생신고가 있다면 형식에 다소 잘못이 있더라도 입양의 효력이 있다.

나. 위 "가"항과 같이 입양의 효력이 인정되었지만 그 후 당사자간에 친생자관계부존재확인의 확정판결이 있는 경우 양친자관계의 존재를 주장할 수 있는지 여부(소극)

위 "가"항과 같이 입양의 효력이 인정되더라도 그 후 당사자간에 친생자관계부존재확인의 확정판결이 있는 경우에는 그 확정일 이후부터는 양친자관계의 존재를 주장할 수 없다(1993. 2. 23. 제2부(가) 판결 92다51969 소유권이전등기말소).

7. 가. 양친자 중 일방이 사망한 경우 양친자관계존부확인소송의 피고적격

양친자 중 일방이 원고로 되어 양친자관계존재확인의 소를 제기하는 경우에는 친생자관계존부확인소송의 경우에 준하여 양친자 중 다른 일방을 피고로 하여야 할 것이고, 피고가 되어야 할 다른 일방이 이미 사망한 경우에는 역시 친생자관계존부확인소송의 경우를 유추하여 검사를 상대로 소를 제기할 수 있다.

나. 양친자관계존재확인의 확정판결에 기한 호적정정의 가부

양자와 사망한 양부모 사이에 양친자관계가 존재함을 확인하는 확정판결이 있는 경우 제소자는 호적법 제123조의 정하는 바에 따라 호적정정의 신청을 할 수 있고, 양부모가 사망하였다고 하여 호적정정을 하지 못할 이유는 없다.

다. 위 "가"항의 경우의 출소기간

민법 제864조와 제865조 제2항은 인지청구의 소와 친생자관계존부확인의 소에 관하여 당사자 일방이 사망한 경우에 검사를 상대로 하여 소를 제기할 수 있음을 규정하면서 그 소제기는 사망사실을 안 날로부터 1년 내에 하여야 하는 것으로 출소기간을 정하고 있으므로, 양친자관계존재확인의 소에 있어 위 각법조의 유추적용에 의하여 검사를 상대로 하는 소제기를 허용하는 경우에도 그 각 법조가 정하는 출소기간의 적용을 받는 것으로 해석함이 타당하다 (1993. 7. 16. 제3부 판결 92므372 양친자관계존재확인).

8. 친생자 출생신고에 의한 인지의 효력을 다투는 방법

인지에 대한 이의의 소 또는 인지무효의 소는 민법 제855조 제1항, 호적법제60조의 규정에 의하여 생부 또는 생모가 인지신고를 함으로써 혼인외의 자를 인지한 경우에 그 효력을 다투기 위한 소송이며, 위 각 법조에 의한 인지신고에 의함이 없이 일반 출생신고에 의하여 호적부상 등재된 친자관계를 다투기 위하여는 위의 각 소송과는 별도로 민법 제865조가 규정하고 있는 친생자관계부존재확인의 소에 의하여야 할 것인바, 호적법 제62조에 부가 혼인외의 자에 대하여 친생자 출생신고를 한 때에는 그 신고는 인지의 효력이 있는 것으로 규정되어 있으나, 그 신고가 인지신고가 아니라 출생신고인 이상 그와 같은 신고로 인한 친자관계의 외관을 배제하고자 하는 때에도 인지에 관련된 소송이 아니라 친생자관계부존재확인의 소를 제기하여야 한다(1993. 7. 27. 제1부 판결 91므306 친생자관계부존재확인).

9. 친생자관계부존재확인청구를 소권남용을 이유로 배척할 수 있는지 여부 (소극)

가사소송절차에 준용되는 구 민사소송법(2002. 1. 26. 법률 제6626호로 전문 개정되기 전의 것) 제1조에서는 당사자와 관계인은 신의에 좇아 성실하게 이에 협력하여야 한다고 규정하여 가사소송에 있어서도 신의칙이 적용됨을 선언하고 있으므로 이러한 신의칙에 위배한 소권의 행사는 허용되지 아니한다 할 것이나, 법원의 재판을 받을 권리는 헌법상 보장된 기본권에 속하는 이상 실체법상의 권리를 실현하기 위한 소송의 제기에 대하여 이를 신의칙에 반하는 소권의 남용이라고 판단함에 있어서는 신중을 기하여야 할 것이고, 특히 친족법상 친자관계의 존부를 다투는 소송에 있어서는, 친자관계가 신분관계의 기본이 되는 것으로 단순히 친자 상호간의 관계뿐만 아니라 친족간의 상속문제 기타 친족관계에 기초한 각종 법률관계에도 영향을 초래할 수 있으므로 진실한 신분관계를 확정하는 것은 그 자체가 법이 의도하고 있는 정당한 행위로서, 소송의 결과 위 각종 법률관계에 영향을 미치는 것은 정당한 신분관계의 회복에 당연히 수반되는 것에 다름 아니라 할 것이니 이를 두고 그 소송의 동기나 목적이 소권남용의 의도에서 비롯된 것으로 단정지어 비난할 사유가 되지 못하고, 또한, 법에서 친족에 의한 친생자관계부존재확인의 소에 대하여는 특별히 제소기간에 제한을 두지 아니한 취지에 비추어 비록 친자관계의 직접 당사자인 호적상 부모가 사망한 때로부터 오랜 기간 경과한 후에 위 소를 제기하였다 하더라도 그것만으로 신의칙에 반하는 소송행위라고 볼 수 없다 할 것이므로, 달리 특별한 사정이 없는 한 친생자관계부존재확인의 소가 소권의 남용이라는 명목으로 쉽게 배척되어서는 안 될 것이다(대법원 2004. 6. 24. 선고 2004므405 판결).

제 2 절   양   자

양자(adoptive child, adopted child ; angenommenes Kind ; adopté, fils adoptif)는 입양에 의하여 혼인중의 자로서의 신분을 취득하는 법률상 의제된 법정친자이다. 양자는 친생자와 동일한 법률상의 효력이 부여된다. 양자에 대하여 의제된 부모로 된 자를 양부모(양부·양모)라고 한다. 양자는 입양일자로부터 양친의 혼인중의 자와 동일한 신분을 취득하며, 양자의 배우자·직계비속과 그 배우자는 양자의 양가에 대한 친계를 기준으로 하여 친족관계가 발생한다(제772조). 그러나 양자의 생가의 부모 그 밖의 혈족에 대한 친족관계는 여전히 유지되고, 양친자관계는 입양이 취소되거나 파양한 경우에 소멸된다(제776조). 존속이나 연장자의 양자로 할 수 없으며(제877조), 미성년자를 양자로 하려면 부모의 동의를 얻어야 한다(제870조). 양자는 양가의 재산을 상속할 수 있음은 물론 친가의 상속권도 가진다.

2005년 민법 개정시 친양자제도가 도입되었다(제908조의 2~제908조의 8). 친양자제도는 양자와 친생부모와의 관계가 완전히 단절되고 양자가 법적으로뿐만 아니라 실제 상황에 있어서도 양친의 '친생자와 같이'가 완전의 입양가족의 구성원으로 흡수·동화되는 제도이다. 따라서 양자는 양부의 성과 본을 따를 뿐만 아니라 가족관계등록부에도 양친의 친생자로 기재된다.

제 1 관 입양의 요건

입양(adoption ; Adoption ; adoption)은 부모와 그 혼인중의 자간의 친생관계
와 동일한 법률관계를 당사자간에 설정할 것을 목적으로 하는 창설적 신분행위
이다. 자연의 혈연이 없음에도 불구하고 있는 것과 같이 법적으로 의제하는 제
도가 입양이다. 현행 양자법은 자의 복리증진을 위한 자를 위한 양자제도가 지
배적이다. 또한 1990년 개정민법은 사후양자(제867조)·서양자(제876조)·직계비
속장남의 입양금지(제875조)·호주상속양자의 동성동본성(제877조 2항)·유언양
자(§880), 호주상속양자의 파양금지(제898조 2항) 등을 모두 폐지하였다.

입양의 성립요건은 다음과 같다.

(1) 실질적 성립요건 : ① 당사자 사이에 입양합의가 있을 것(제883조 1호),
  ② 양친은 성년자일 것(제866조), ③ 미성년자 입양에 대한 부모의 동의를
  받을 것(제870조 1항), ④ 성년양자도 부모의 동의를 얻을 것(제870조 1
  항), ⑤ 미성년자 입양에는 가정법원의 허가를 받을 것(제867조 1항), ⑥
  피성년후견인은 성년후견인의 동의를 얻을 것(제873조), ⑦ 배우자가 있는
  자는 공동으로 입양을 할 것(제874조 1항), ⑧ 양자는 양친의 존속 또는
  연장자가 아닐 것

(2) 형식적 요건 : ① 입양의 신고를 할 것(제878조 1항). 신고의 방식과 수리
  는 혼인의 경우와 동일하다. ② 입양의 무효와 취소에 관하여도 혼인의
  무효·취소와 거의 동일하다. ③ 입양이 성립되면 양자는 가족관계의등록
  등에관한법률의 규정에 정한 바에 의하여 신고함으로써 효력이 생기며(요
  식행위), 신고는 당사자 쌍방과 성년자인 증인 2인이 연서한 서면으로 하
  여야 한다(제878조 2항). 양자의 효과로는 양자와 양친 사이에 법정친자관
  계가 발생하고 이러한 기본적인 효과에 따라서 양자·그 직계비속이나 배
  우자와 양친의 혈족·인척 사이에도 법정친족관계가 발생하여(제772조),
  자연혈족의 경우와 동일하게 부양의무가 발생한다(제974조). 양자가 미성
  년자인 경우에는 생부나 생모의 친권을 벗어나서 양부 또는 양모의 친권
  에 복종하게 된다(제909조 1항·2항·5항).

◆ 입양의 실질적 요건 : 양친은 성년자일 것

제866조【입양을 할 능력】

성년이 된 사람은 입양(入養)을 할 수 있다. [전문개정 2012.2.10.]

■ 예 규 ■

■ 친생자 입양에 관한 사무처리지침

(대법원 가족관계등록예규 제130호)

1. 입양은 혼인중의 출생자와 같은 신분을 취득하게 하는 창설적 신분행위이므로 자신의 친생자녀라도 혼인중의 출생자가 아닌 사람은 입양할 수 있을 것이나 혼인중의 출생자에 대해서는 이러한 가족관계를 창설할 필요가 없으므로 이혼한 모가 전혼중에 출생한 혼인중의 자를 입양할 수는 없다.
2. 1995. 3. 22. 이전의 종전「대법원 호적예규」에 따라 이혼한 생모가 혼인중 출생한 자를 단독으로 입양한 경우, 그 입양해소가 되지 아니한 경우에도 생모와 재혼한 부(夫)가 그 양자를 입양할 수 있다.
3. 제2항 전단에 따라 생모가 혼인중 출생자를 입양한 후 사망한 경우에도, 그 입양의 해소 없이 제3자가 그 양자를 입양할 수 있다.
4. 제3항의 경우 가족관계등록공무원은 새로운 입양신고가 수리되면 양자의 특정등록사항란 양모란의 생모 겸 양모 성명을 직권말소한 후 그 란에 새로운 양모의 성명을 기록한 다음, 양자의 일반등록사항란에 아래와 같이 기록한다.
   또한 양자의 일반등록사항란에는 현재 효력있는 최초 입양사유 외에도 새롭게 이루어진 입양사류를 기록하여야 한다.

기 타	【입양 신고일】 ○년 ○월 ○일 【직권기록내용】 새로운 입양신고에 의하여 기존양모성명 말소

5. 제3항에 따른 새로운 양친자관계가 파양된 경우에는 그 파양의 가족관계등록부 기록이 이루어진 후에 제4항에 따라 말소되었던 양모의 기록을 다시 기록하여야 한다.
6. 배우자의 전혼중에 출생한 혼인중의 자를 입양하고자 할 때에는「민법」제874조제1항의 규정에도 불구하고 친생자 관계가 없는 배우자 일방이 단독으로 입양할 수 있다.
7. 혼인외 자는 생모 및 생모와 혼인한 외국인 배우자가 함께 입양할 수 있다.

■ § 866. 입양의 실질적 요건

- 양친은 성년자일 것
- 구민법에 있어서와 같이 양친이 기혼남자일 필요는 없으며, 성년자이면 남녀, 기혼, 미혼, 유자, 무자를 불문하고 누구든지 양친이 될 수 있다
- 미성년자라 할지라도 혼인을 한 경우에는 성년으로 보는 경우에는 여기서 말하는 성년으로 보지 않는다(김주수, 반대 : 김용한)
- 관련법조 : [입양신고] 가족관계등록법 §61, §62 [양자와 국적] 국적 §12-6 단, [입양준거법] 국제사법 §43, 입양특례법

본조는 양친은 성년자이어야만 입양을 할 수 있음을 규정한 것이다.

입양을 하기 위해서는 기혼이어야만 하는 것은 아니고, 자녀의 유무도 문제가 되지 않는다.

양친이 될 수 있는 자는 입양성립시에 만 19세에 달해 있어야 한다. 만약 양부가 될 자가 배우자가 있어서 공동입양을 하여야 할 경우에는 부부가 모두 성년에 달해 있어야 한다. 본조에 위반한 입양신고는 수리되지 않으며 잘못 수리되면 취소를 청구할 수 있다.

미성년자라 할지라도 혼인을 한 경우에는 성년으로 보므로 양친이 될 수 있다는 견해(김용한)가 있으나, 양자제도의 취지에 비추어 보아 혼인에 의하여 성년으로 보는 경우(제826조의 2)에는 여기에서 말하는 성년자로 보지 않는 것이 타당하다(동지, 김주수).

▣ 핵심판례 ▣

■ **[양자를 할 능력]**

자식이 나병에 걸려서 가출한 경우 양자를 들이는 것이 관습이었는지 여부

자식이 나병에 걸려서 가출하여 사실상 없는 것과 같은 경우에는 양자를 들이는 것이 우리의 관습이었다고 할 수 없다(1994. 4. 26. 제1부 판결 93다32446 배분금).

<판례전문(1994. 4. 26. 93다32446)>

[원고 피상고인] 이남채

[피상고인, 상고인] 전주이씨호암명호공파종친회

[원심판결] 울고등법원 1993. 5. 25. 선고 92나49999 판결

[주   문] 상고를 기각한다.

상고비용은 피고의 부담으로 한다.

[이   유] 상고이유(상고이유보충서는 상고이유서 제출기간이 도과된 후에 제출되었으므로 상고이유를 보충하는 범위내에서)를 본다.

1. 상고이유 제1점의 1에 대한 판단

원심이 그 설시와 같은 이유로 원고가 피고의 종중원이 아닌 소외 망 이수헌의 양자로 들어갔으므로 피고의 종중원이 아니라고 하는 피고의 주장을 배척하였음은 기록상 정당한 것으로 수긍할 수 있고, 거기에 종원 자격에 대한 법리를 오해한 위법이 있다 할 수 없다.

자식이 나병에 걸려서 가출하여 사실상 없는 것과 같은 경우에는 양자를 들이는 것이 우리의 관습이었다고 할 수 없고 또, 타가에 출계한 자는 생부의 선조를 시조로 하는 종중에는 속하지 않는다 할 것이나(당원 1983. 2. 22. 선고 81다584 판결   ; 1987. 4. 14. 선고 84다카750 판결 등 참조), 입양이 무효인 경우에는 그 입양에 의하여 생부의 선조를 시조로 하는 종중의 종원 자격을 상실하지 않는다고 할 것이고 사실상 양자로 행세한 것만으로 생부의 선조를 시조로 하는 종중의 종원 자격을 상실한다고 할 수 없다. 논지는 모두 이유 없다.

2. 상고이유 제1점의 2와 제2점에 대한 판단

원심은 피고 종중에서는 보상금의 분배를 요구하는 원고가 위 이수헌의 양자로 출계하였다는 이유로 별도의 임원회를 열어 원고의 신청을 거부하기로 하면서 원고에게 보상금을 분배하기 위하여는 다시 임시총회의 결의를 거치도록 결의한 사실을 인정할 수 있으나, 이는 원고가 피고 종중의 종원이 아님을 전제로 한 결의일 뿐 원고가 종원임에도 보상금을 원고에게 지급하지 않기로 하는 결의가 있었

다고 볼 수 없고, 원고가 피고 종중의 종원인 이상 종중규약 및 종친회재산관리위원회 규약에 의하여 발생한 원고의 분배청구권을 정당한 이유없이 박탈할 수도 없다고 판단하고 있다.

기록에 비추어 대조하여 보면 원심의 위 사실인정과 판단은 정당하다고 수긍이 가고, 거기에 소론과 같은 심리미진 등의 위법이 있다고 할 수 없다. 논지는 이유 없다.

3. 상고이유 제1점의 3에 대한 판단

비법인 사단인 종중의 토지에 대한 수용보상금은 종원의 총유에 속하고, 위 수용보상금의 분배는 총유물의 처분에 해당하므로 정관 기타 규약에 달리 정함이 없는 한 종중총회의 분배결의가 없으면 종원이 종중에 대하여 직접 분배청구를 할 수 없음은 소론과 같으나, 원심이 확정한 바와 같이 종중 토지에 대한 이 사건 토지의 수용보상금을 그 판시와 같은 방식으로 종원에게 분배하기로 결의한 것이라면, 그 분배대상자라고 주장하는 종원은 종중에 대하여 직접 분배금의 청구를 할 수 있다고 할 것이다.

그리고 장차 분배청구를 할 종원이 더 있을지도 모른다는 사유만으로 분배대상자가 확정되지 않았다고 할 수도 없고, 피고 종중에서 분배하기로 정한 금액을 이미 다른 종원들에게 지급하였다 하더라도 이행불능으로 되었다고 할 수도 없다. 논지는 모두 이유 없다.

4. 그러므로 상고를 기각하고 상고비용은 패소자의 부담으로 하기로 하여 관여 법관의 일치된 의견으로 주문과 같이 판결한다.

대법관 김주한(재판장) 배만운
김석수   정귀호(주심)

참조판례

대법원 1983. 2. 22. 선고 81다584 판결(공1983, 580)
1987. 4. 14. 선고 84다카750 판결(공1987, 773)
1992. 4. 14. 선고 91다28566 판결(공1992, 1567)
대법원 1992. 7. 14. 선고 92다534 판결(공1992, 2392)

◈ 입양의 실질적 요건 : 미성년자 입양에 대한 가정법원의 허가

제867조【미성년자의 입양에 대한 가정법원의 허가】

① 미성년자를 입양하려는 사람은 가정법원의 허가를 받아야 한다.

② 가정법원은 양자가 될 미성년자의 복리를 위하여 그 양육 상황, 입양의 동기, 양부모(養父母)의 양육능력, 그 밖의 사정을 고려하여 제1항에 따른 입양의 허가를 하지 아니할 수 있다. [본조신설 2012.2.10.]

■ § 867. 가정법원의 허가

- 미성년자 입양 : 가정법원의 허가 필요
- 가정법원의 입양 허가 불허 : 가정법원은 양육 상황, 입양의 동기, 양부모의 양육능력, 그 밖의 사정을 고려하여 입양의 허가를 하지 아니할 수 있음

미성년자를 입양하려는 사람은 가정법원의 허가를 받아야 한다. 이 때 가정법원은 양자가 될 미성년자의 복리를 위하여 그 양육상황, 입양의 동기, 양부모(養父母)의 양육능력, 그 밖의 사정을 고려하여 제1항에 따른 입양의 허가를 하지 아니할 수 있다. 이는 부적격자에 의한 입양을 막기 위한 것이다.

제868조 삭제 <1990. 1. 13>

종전규정 제868조【사후양자 선정권자의 순위】

전조 제1항의 경우에 배우자가 없거나 또는 사후양자를 선정하지 아니한다는 의사표시를 한 때에는 직계존속이 이를 선정하고 직계존속이 없으면 친족회가 이를 선정할 수 있다. 이 경우에 직계존속 또는 친족회가 사후양자를 선정함에는 법원의 허가를 얻어야 한다.

◈ 입양의 실질적 요건 : 입양의 의사표시

제869조【입양의 의사표시】

① 양자가 될 사람이 13세 이상의 미성년자인 경우에는 법정대리인의 동의를 받아 입양을 승낙한다.

② 양자가 될 사람이 13세 미만인 경우에는 법정대리인이 그를 갈음하여 입양을 승낙한다.

③ 가정법원은 다음 각 호의 어느 하나에 해당하는 경우에는 제1항에 따른 동의 또는 제2항에 따른 승낙이 없더라도 제867조제1항에 따른 입양의 허가를 할 수 있다.

1. 법정대리인이 정당한 이유 없이 동의 또는 승낙을 거부하는 경우. 다만, 법정대리인이 친권자인 경우에는 제870조제2항의 사유가 있어야 한다.

2. 법정대리인의 소재를 알 수 없는 등의 사유로 동의 또는 승낙을 받을 수 없는 경우

④ 제3항제1호의 경우 가정법원은 법정대리인을 심문하여야 한다.

⑤ 제1항에 따른 동의 또는 제2항에 따른 승낙은 제867조제1항에 따른 입양의 허가가 있기 전까지 철회할 수 있다. [전문개정 2012.2.10.]

■ § 869. 입양의 의사표시

• 양자로 될 자가 13세 이상의 미성년자인 때에는 법정대리인의 동의를 받아 입양을 승낙한다.
• 양자로 될 자가 13세 미만인 때에는 그 법정대리인이 그에 갈음하여 입양의 승낙을 할 수 있다
• 대락권자는 법정대리인, 즉 친권자 또는 후견인이다
• 이에 위반한 입양은 무효이다.

1. 신분행위의 대리

신분행위는 의사능력이 있으면 단독으로 할 수 있고(금치산자의 유언) 대리

를 인정하지 않는 것이 원칙이다. 그러나 법률상 일정한 연령에 달함으로써 의사능력의 존재를 의제하는 것이 보통이다(혼인연령·양친연령·유언능력 등). 때에 따라서는 타인의 동의가 요구되는 경우도 있다(미성년자인 자의 혼인에 대한 부모의 동의). 또 신분행위에 있어서도 대리가 인정되는 경우가 있다. 즉 13세 미만자의 입양·파양의 대락이 그것이다(제899조).

2. 입양의 대락

영아 또는 유아가 양자로 되는 일은 양자제도의 목적에 비추어 당연히 일어날 수 있고, 또 우리나라에서도 「강보에 싸인채」의 양자를 바람직하다고 하는 것이 현실이다. 이러한 양자입양은 계약적인 양자법하에서는 예외적인 경우로 취급하지 않을 수 없다.

스스로 의사에 의거하지 아니하고 신분행위가 행해진 경우이기 때문에 성년에 달하면 그 행위를 스스로 취소할 수 있다고 하는 입법례도 있다. 그러나 근데 양자법의 이념에서 말하자면, 이와 같은 유아양자가 원칙인 것이고, 이에 대응하는 제도로는 양자입양을 계약이 아닌 공적인 제도로서 구성하는 것을 생각할 수 있다.

제도로 해 버리면 대락자에 의한 대락이라는 계약법적 처리는 불필요하고, 실친의 존부 또는 그 승낙 등은 입양성립시의 중요한 자료로서 입양성립의 전제조건으로 고려되게 된다.

우리민법은 양자입양을 계약으로 보는 사고방식을 유지하고 있고, 그 결과 양자가 될 자가 13세 미만인 때에는 법정대리인이 그에 갈음하여 입양을 승낙하도록 하고 있다. 파양의 경우에도 마찬가지이다. 참고로 개정 전 민법에서는 15세 미만을 기준으로 하였으나, 2012년 2월 10일 민법 개정시 13세 미만으로 변경되었다.

이 대락의 성질은 영아나 유아에 대해서는 대리라고 밖에 할 수 없으나, 학령기에 달하면 대락은 동의에 가깝게 되고, 대락자는 보통의 대리에 있어서와 마찬가지로 완전히 대리인으로서의 지위만을 갖는가에 대해서 대부분 본인적 요소도 포함하게 된다. 이것은 입양의 예약불이행 등에 있어서 특히 문제가 된다.

3. 대락권자

(1) 법정 대리인

입양의 대락을 할 수 있는 자(者)는 자(子)의 법정대리인(친권자 또는 후견인)이다. 부모가 공동으로 친권을 행사할 때에는 공동으로 대락하여야 하고, 부모 일방의 소재 불명 또는 의사표시불능인 때에는 다른 일방의 대락만으로 충분하다.

입양대락은 자녀의 신분사항에 관한 것이기 때문에 재산관리권을 박탈당한 친권자라도 대락권은 있지만, 재산관리권만을 가진 후견인(제946조)은 대락을 할 수 없다. 그리고 부모는 반드시 동일한 가족관계등록부내에 있을 것을 요하지 않으므로, 이혼한 부모에게도 대락권은 있으며 친권자가 아닌 부모도 대락권을 가진다. 따라서 혼인외의 출생자인 경우에는 모가 대락한다. 모가 미성년자인 때에는 친권대행자인 모의 친권자가 대락한다.

아동이 아동복지시설에 수용되어 있는 때에는 아동복지시설의 장이 친권을 행사할 수 있으므로 아동복지시설의 장이 대락할 수 있다.

(2) 후견인의 대락시 가정법원의 감독에 관한 규정 삭제

개정 전 민법에서는 후견인이 법정대리인으로서 대락을 할 때에는 가정법원의 허가를 받아야 한다고 규정하고 있었다(제869조 단서). 그러나 동 규정은 2012년 2월 10일 민법 개정시 삭제되었다.

4. 대락을 받지 않은 입양의 효력

13세 미만의 자가 법정대리인의 승낙이 없이 입양된 때에는 그 입양은 무효이다(제883조 2호).

대락은 일종의 대리이므로, 대락권이 없는 자가 한 대락은 일종의 무권대리라고 볼 수 있다. 그러므로 자가 스스로 입양당사자가 될 수 있는 15세(현행 민법에 의할 때 13세)에 이르러 무효인 입양을 추인하면(묵시적으로라도) 그 입양은 소급하여 유효가 된다(대판 1990. 3. 9. 89므389).

▣ 핵심판례 ▣

■ [15세(현행 민법에 의할 때 13세) 미만자의 입양승낙]

1. 15세 미만의 자에 대하여 후견인의 승낙없이 한 입양을 그 양자가 15세가 된 후 묵시적으로 추인한 것으로 본 사례

청구외 망 갑이, 태어난지 약 3개월된 상태에서 부모를 알 수 없는 기아로 발견되어 경찰서에서 보호하고 있던 피청구인을 입양의 의사로 경찰서장으로부터 인도받아 자신의 친생자로 출생신고하고 양육하여 왔는데 피청구인이 15세가 된 후 위 망인과 자신 사이에 친생자관계가 없는 등의 사유로 입양이 무효임을 알면서도 위 망인이 사망할 때까지 아무런 이의도 하지 않았다면 적어도 묵시적으로라도 입양을 추인한 것으로 보는 것이 상당하다(1990. 3. 9. 제3부 판결 89므389 친생자관계부존재확인).

2. 입양대락권자의 대락이 없었지만 양자가 15세에 이르러 입양을 추인한 경우 그 입양의 효력 여부

부모를 알지 못하는 아이를 데려다 키우면서 자신의 친생자로 출생신고를 한 경우, 자가 15세 이후에도 계속하여 양모를 어머니로 여기고 생활하는 등 입양의 실질적인 요건을 갖춘 이상, 자는 그가 15세가 된 이후에 양모가 한 입양에 갈음하는 출생신고를 묵시적으로 추인하였다고 봄이 타당하고, 일단 추인에 의하여 형성된 양친자관계는 파양에 의하지 않고는 이를 해소시킬 수 없다(대판 1997. 7. 11. 96므1151).

◆ 입양의 실질적 요건 : 미성년자 입양에 대한 부모의 동의

제870조 【미성년자 입양에 대한 부모의 동의】

① 양자가 될 미성년자는 부모의 동의를 받아야 한다. 다만, 다음 각 호의 어느 하나에 해당하는 경우에는 그러하지 아니하다.

   1. 부모가 제869조제1항에 따른 동의를 하거나 같은 조 제2항에 따른 승낙을 한 경우

   2. 부모가 친권상실의 선고를 받은 경우

   3. 부모의 소재를 알 수 없는 등의 사유로 동의를 받을 수 없는 경우

② 가정법원은 다음 각 호의 어느 하나에 해당하는 사유가 있는 경우에는 부모가 동의를 거부하더라도 제867조제1항에 따른 입양의 허가를 할 수 있다. 이 경우 가정법원은 부모를 심문하여야 한다.

   1. 부모가 3년 이상 자녀에 대한 부양의무를 이행하지 아니한 경우

   2. 부모가 자녀를 학대 또는 유기(遺棄)하거나 그 밖에 자녀의 복리를 현저히 해친 경우

③ 제1항에 따른 동의는 제867조제1항에 따른 입양의 허가가 있기 전까지 철회할 수 있다. [전문개정 2012.2.10.]

■ § 870. 미성년자 입양에 대한 부모의 동의

- 원칙 : 양자가 될 미성년자는 부모의 동의를 받아야 한다.
- 예외 : 부모가 13세 이상의 미성년자의 입양승낙에 대한 동의를 하거나 13세 미만의 자에게 입양대락을 한 경우, 부모가 친권상실의 선고를 받은 경우, 부모의 소재를 알 수 없는 등의 사유로 동의를 받을 수 없는 경우에는 부모의 동의를 받지 않아도 된다.
- 부모의 동의는 입양의 허가가 있기 전까지 철회 가능
- 관련법조 : 입양특례법 §4, §8

양자가 될 미성년자는 부모의 동의를 받아야 한다. 여기의 부모는 친권자에

한정되지 않는다. 다만, 예외적으로 부모가 13세 이상의 미성년자의 입양승낙에 대한 동의를 하거나 13세 미만의 자에게 입양대락을 한 경우, 부모가 친권상실의 선고를 받은 경우, 부모의 소재를 알 수 없는 등의 사유로 동의를 받을 수 없는 경우에는 부모의 동의를 받지 않아도 된다.

이러한 입양 동의는 입양허가가 있기 전까지 철회할 수 있다.

그리고 가정법원은 일정한 사유가 있는 경우에는 부모가 동의를 거부하더라도 입양의 허가를 할 수 있다. 이 경우 가정법원은 부모를 심문하여야 한다. 이러한 경우로는 부모가 3년 이상 자녀에 대한 부양의무를 이행하지 아니한 경우, 부모가 자녀를 학대 또는 유기(遺棄)하거나 그 밖에 자녀의 복리를 현저히 해친 경우이다.

▣ 핵심판례 ▣

■ [입양의 동의]

가. 조선민사령 제11조의2가 시행된 1940. 2. 11. 이후의 이성양자의 허용 여부

조선민사령 제11조의2(1939. 11. 10. 신설되어 1940. 2. 11.부터 시행)는 제1항에서 "조선인의 양자연조에 있어서 양자는 양친과 성을 같이할 것을 요하지 않는다. 그러나 사후양자의 경우에는 그러하지 아니하다"라고 규정함으로써 사후양자가 아니면 양친과 성을 달리하는 이성의 자도 양자로 하는 것이 허용됨을 명백히 하였으므로, 1940. 2. 11.부터는 사후양자가 아닌 한 이성의 자도 양자로 할 수 있다.

나. 구 관습상 남자자손이 있는 자가 한 입양의 효력 및 양자가 부모와 호주의 동의를 얻지 못한 입양의 효력

민법이 시행되기 전의 관습에 의하면, 남자 자손이 없는 자만이 양자를 할 수 있고, 또 양자가 될 자는 부모와 호주의 동의를 얻어야 하며, 이와 같은 요건을 갖추지 못한 입양은 무효로 하였다.

다. 입양의 요건이나 입양의 무효와 취소에 관한 민법규정에 소급효가 인정되는지 여부

민법 부칙(1958. 2. 22.) 제2조, 제18조의 각 규정내용에 의하면 입양의 요건이나 입양의 무효와 취소의 사유에 관한 민법의 규정에는 소급효가 인정되어 민법 시행일 전에 신고된 입양에 무효나 취소의 원인이 되는 사유가 있는지의 여부는 원칙적으로 민법의 규정에 의하여 판단하되, 다만 이미 구법에 의하여 입양의 효력이 생긴 경우에는 부칙 제2조 단서에 따라 그 효력에 영향을 미치지 아니하는 것으로 해석되므로, 민법 시행일 전에 신고된 입양에 관하여 그 당시의 구법에 의하면 무효의 원인이 되는 사유가 있었더라도 민법의 규정에 의하면 그것이 무효의 원인이 되지 아니할 경우에는, 적어도 민법 시행일까지 입양에 따르는 친자적 공동생활관계가 유지되고 있었다면 무효인 그 입양이 소급하여 효력을 가진 것으로 전환되고, 다만 민법에 의하여 취소의 원인이 되는 사유가 있는 때에는 민법의 규정에 의하여 이를 취소할 수 있을 뿐이나 그 취소기간은 민법 시행일로부터 기산한다.

라. 입양이 유효한 경우 친생자관계부존재확인의 소의 적부

친생자로 출생신고를 한 것이 입양신고로서의 기능을 발휘하여 입양의 효력이 발생하였다면 파양에 의하여 양친자관계를 해소할 필요가 있는 등의 특별한 사정이 없는 한, 호적의 기재를 말소하여 법률상 친자관계의 존재를 부정하게 되는 친생자관계부존재확인의 소는 확인의 이익이 없는 것으로서 부적법하다(1994. 5. 24. 전원합의체 판결 93므119 친생자관계부존재확인).

<판례전문(1994. 5. 24. 93므119)>

[원고, 상고인] 김갑순

[소송대리인 변호사] 유근완

[피고, 피상고인] 문영수

[소송대리인 변호사] 문진탁

[원심판결] 서울고등법원 1992. 12. 15. 선고 91르3130 판결

[주   문] 상고를 기각한다.

상고비용은 원고의 부담으로 한다.

[이   유] 원고 소송대리인의 상고이유 제1점과 제2점에 대하여 함께 판단한다.

1. 원심은, 원고와 망 소외 1(1985. 4. 6.사망)은 1938. 9. 28. 혼인신고를 마친 부부로서 그 사이에 소외 2(1974. 12. 28.사망. 원심판결서에 ″1975. 3. 24.사망″으로 기재된 것은 오기로 보인다)를 둔 사실, 소외 3은 소외 4와의 사이에서 1936. 4. 24. 혼인외의 아들인 피고를 출산하여 양육하다가 1936. 11.경 망 소외 1과 부첩관계를 맺으면서 망 소외 1과 함께 피고를 양육하였으며 망 소외 1도 피고를 친자식처럼 생각하여 피고의 이름도 직접 지어준 사실, 망 소외 1은 1945년경부터는 소외 3과 피고를 원고와 망 소외 2 등이 살고 있는 집으로 데리고 들어가서 5인이 같은 집에서 생활을 하게 되었는데, 원고와 망 소외 1은 피고를 친자식으로, 망 소외 2는 피고를 친동생으로 대하였으며 피고도 또한 그들을 부모 또는 형으

로 대하면서 생활하던 중 망 소외 1은 1954. 7. 29. 원고와 소외 3의 동의아래 피고를 자신과 원고 사이에서 태어난 것처럼 출생신고를 한 사실, 피고는 망 소외 2가 사망한 후에 그의 딸들이 결혼할 때 작은아버지로서 망 소외 2를 대신하여 결혼식장에 데리고 들어갔고, 망 소외 1의 작은아들로서 그의 회갑 등 집안의 대소사에 모두 참여하였으며 그의 장례식 때에는 상주로서 장례를 치르는 등 그의 아들로서의 역할을 다하였고, 망 소외 1은 생존시 새로 만든 문씨가문의 족보에도 피고를 자신의 작은아들로 등재하였으며 생전에 비석을 만들면서도 피고를 작은아들로 올려놓는 등 이 사건 소송이 제기되기 전에는 원고를 비롯한 망 소외 1의 집안 사람중 아무도 피고가 망 소외 1의 작은아들이라는 점에 대하여 이의를 제기하지 아니하였던 사실, 그러다가 망 소외 2의 처인 소외 5가 1990. 4.경 망 소외 1의 유산인 토지를 자신의 큰 사위에게 매매하는 문제로 피고와의 사이에 불화가 생기자 급기야 원고가 1990. 5. 22. 원고 및 망 소외 1과 피고 사이에 친생자관계가 존재하지 않음의 확인을 구하는 이 사건 소송을 제기한 사실 등을 인정한 다음, 피고의 출생신고가 된 1954년 당시 시행되던 의용민법에 의하면 이성양자(이성양자)가 인정되지 않았으므로 그 기간 동안에 성이 다른 사람을 친생자로 신고하여도 입양의 효력은 발생할 수 없고(대법원 1970. 3. 24. 선고 69다1400 판결 참조), 따라서 망 소외 1이 피고를 양자로 할 의사로 위와 같이 친생자로 출생신고를 하였으며 거기에 입양의 실질적요건이 모두 구비되었다고 하더라도 그 출생신고에 의하여는 입양의 효력이 발생할 수 없으나, 원고 및 망 소외 1이 피고가 동성(동성)이 아님을 알고서도 피고를 양자로 할 의사로 친생자로 출생신고를 하였고, 이성양자가 허용되는 현행 민법이 시행된 후 피고의 출생신고에 대하여 망 소외 1은 사망할 때까지, 원고는 현행 민법이 시행된지 30년이 경과하도록 아무런 이의를 제기하지 않고 피고와의 양친자관계를 유지하여 왔다면, 원고는 피고에 대한 입양의사로 한 위 출생신고를 현행 민법 시행 이후에 묵시적으로라도 추인하였다고 보는 것이 상당하고(대법원 1990. 3. 9. 선고 89므189 판결 참조), 이와 같은 경우에는 그 양친자관계를 해소하여야 하는 등의 특단의 사정이 없는 한 친생자관계의 부존재확인을 구할 이익이 없을 뿐만 아니라(대법원 1991. 12. 13. 선고 91므153 판결 참조), 원고로서는 피고에 대한 출생신고를 한 이래 36년간 피고와의 양친자관계를 유지해 오다가 이제 새삼스럽게 그 정정을 구하는 것은 신의성실의 원칙에 반하는 결과가 되므로 원고의 이 사건 소를 제기할 수 있는 권리는 이제 소멸되었다고 봄이 상당하다는 이유로, 원고의 이 사건 소를 각하하였다.

2. 현행 민법이 시행되기 전의 조선민사령(1912. 3. 18. 제령 제7호) 제11조는 친족 및 상속에 관한 사항에 대하여는 관습에 의하도록 규정하고 있었던바, 우리나라의 종전의 관습에 의하면 이성양자(이성양자)제도는 원칙적으로 인정되지 아니하였고 다만 환관가(환관가) 등에 한하여 이성양자가 허용되던 때가 있었으나, 1915. 4. 1. 개정 민적법이 시행됨에 따라 그 제도도 철폐되었으므로, 1915. 4. 1.부터는 이성의 자(자)를 양자로 하는 것이 법률상 허용되지 아니하였다.

그러나 1939. 11. 10. 신설되어 1940. 2. 11.부터 시행된 조선민사령 제11조의2는

제1항에서 "조선인의 양자연조(양자연조)에 있어서 양자(양자)는 양친(양친)과 성 (성)을 같이할 것을 요하지 않는다. 그러나 사후양자의 경우에는 그러하지 아니하 다"라고 규정함으로써 사후양자가 아니면 양친과 성을 달리하는 이성의 자도 양 자로 하는 것이 허용됨을 명백히 하였으므로, 1940. 2. 11.부터는 사후양자가 아닌 한 이성의 자도 양자로 할 수 있게 되었다고 할 것이다.

따라서 종전에 당원이 1967. 4. 24. 자 65마1163 결정 ; 1967.10.31. 자 67마823 결정 ; 1968. 1. 31. 선고 67다1940 판결; 1968. 11. 26. 선고 68다1543 판결 ; 1970. 3. 24. 선고 69다1400 판결 ; 1970. 6. 30. 선고 69므67 판결 ; 1977. 7. 26. 선고 77 다433 판결 ; 1992. 10. 23. 선고 92다29399 판결 등에서 판시한 의견중 이와 견해 를 달리하여 조선민사령 제11조의2가 시행된 후에도 현행 민법이 시행되기 전날 인 1959. 12. 31.까지는 이성의 자를 양자로 하는 것이 허용되지 않았다는 취지로 해석한 의견은 변경하기로 한다.

3. 그러나 민법이 시행되기 전의 관습에 의하면 남자 자손이 없는 자만이 양자 를 할 수 있고(서자가 있는 경우는 별론으로 한다), 또 양자가 될 자는 부모와 호 주의 동의를 얻어야 하며, 이와 같은 요건을 갖추지 못한 입양은 무효로 하였다. 그런데 원심이 확정한 사실에 의하면 망 소외 1이 피고의 출생신고를 할 당시에 그에게는 이미 본처인 원고와의 사이에서 출생한 아들인 망 소외 2(1932. 6. 20. 생)가 있었고, 또 피고가 망 소외 1의 양자가 되는데 대하여 그의 부모와 호주의 동의를 얻었음을 인정할 만한 자료를 기록에서 찾아볼 수 없다. 기록에 의하면 망 소외 1이 피고의 출생신고를 할 당시에 피고는 이미 소외 4의 호적에 그의 혼 인외의 출생자로도 기재되어 있었음을 알 수 있으므로, 비록 피고의 생모인 소외 3이 위 입양에 동의를 하였다고 하더라도, 그와 같은 사실만으로는 피고가 망 소 외 1의 양자가 되는데 대하여 동의권자의 동의를 적법하게 얻은 것으로 볼 수는 없을 것이다.

그러므로 망 소외 1이 피고를 양자로 할 의사로 원고와의 사이에서 출생한 친 생자로 허위의 출생신고를 하였고, 또 망 소외 1과 피고 사이에 입양의 합의가 있었다고 하더라도, 망 소외 1이 피고의 출생신고를 할 당시에는 망 소외 1 및 원고와 피고 사이에 입양의 효력이 발생하였다고 볼 수는 없을 것이다.

4. 그러나 1960. 1. 1.부터 시행된 민법 부칙 제2조는 "본법은 특별한 규정있는 경우 외에는 본법 시행일 전의 사항에 대하여도 이를 적용한다. 그러나 이미 구 법에 의하여 생긴 효력에 영향을 미치지 아니한다"고 규정하고 있고, 부칙 제18조 에는 "본법 시행일 전의 혼인 또는 입양에 본법에 의하여 무효의 원인이 되는 사 유가 있는 때에는 이를 무효로 하고 취소의 원인이 되는 사유가 있는 때에는 본 법의 규정에 의하여 이를 취소할 수 있다. 이 경우에 취소기간이 있는 때에는 그 기간은 본법 시행일로부터 기산한다(제1항). 본법 시행일 전의 혼인 또는 입양에 구법에 의한 취소의 원인이 되는 사유가 있는 경우에도 본법의 규정에 의하여 취 소의 원인이 되지 아니할 때에는 본법 시행일 후에는 이를 취소하지 못한다(제2

항)."고 규정되어 있는바, 위 각 규정내용에 의하면 입양의 요건이나 입양의 무효와 취소의 사유에 관한 민법의 규정에는 소급효가 인정되어 민법 시행일 전에 신고된 입양에 무효나 취소의 원인이 되는 사유가 있는지의 여부는 원칙적으로 민법의 규정에 의하여 판단하되, 다만 이미 구법에 의하여 입양의 효력이 생긴 경우에는 부칙 제2조 단서에 따라 그 효력에 영향을 미치지 아니하는 것으로 해석된다(당원 1980. 1. 29. 선고 79므11 판결 참조).

따라서 민법 시행일 전에 신고된 입양에 관하여 그 당시의 구법에 의하면 무효의 원인이 되는 사유가 있었더라도 민법의 규정에 의하면 그것이 무효의 원인이 되지 아니할 경우에는, 적어도 민법 시행일까지 입양에 따르는 친자적 공동생활관계가 유지되고 있었다면 무효인 그 입양이 소급하여 효력을 가진 것으로 전환되고, 다만 민법에 의하여 취소의 원인이 되는 사유가 있는 때에는 민법의 규정에 의하여 이를 취소할 수 있을 뿐이나 그 취소기간은 민법시행일로부터 기산할 따름이라고 보아야 할 것이다.

그런데 민법에 의하면 입양의 요건으로 양친이 될 자에게 다른 남자 자손이 없어야만 된다고 규정하고 있지는 아니하고, 양자가 될 자는 부모 또는 다른 직계존속의 동의를 얻어야 하도록 규정하고 있기는 하지만(제870조 제1항), 입양이 그 규정에 위반한 때에도 입양무효의 원인이 되는 것은 아니고 입양취소의 원인이 되는 것에 지나지 아니하므로(제884조 제1호), 원심이 사실을 확정한 바와 같이 망 소외 1이 피고를 양자로 할 의사로 친생자로 출생신고를 하였고 원고와 그 당시 15세가 넘었던 피고 사이에 입양의 합의가 있었으며, 민법이 시행된 1960. 1. 1.까지도 망 소외 1 및 원고와 피고가 사실상의 양친자관계를 유지하고 있었다면, 민법이 시행됨과 함께 망 소외 1과 원고가 피고를 양자로 한 것은 효력을 가진 것으로 전환되었다고 할 것이고, 그 입양에 대하여 피고의 부모 등의 동의를 얻지 못하였다고 하더라도 그것을 원인으로 한 입양취소청구권은 민법 시행일로부터 기산하여 민법 제894조 소정의 6월의 취소기간이 경과함으로써 소멸하였다고 할 것이므로, 망 소외 1 및 원고와 피고 사이에는 법률상 양친자관계가 존재하는 것으로 확정되었다고 할 것이다.

5. 그렇다면 망 소외 1이 피고를 친생자로 출생신고를 한 것은 입양신고로서의 기능을 발휘한다고 할 것이므로 망 소외 1 및 원고와 피고 사이에 입양의 효력이 발생하였다고 할 것이고(당원 1977. 7. 26. 선고 77다492 전원합의체판결 참조), 따라서 파양에 의하여 그 양친자관계를 해소할 필요가 있는 등의 특별한 사정이 없는 한, 위 호적의 기재를 말소하여 법률상 친자관계의 존재를 부정하게 되는 이 사건 친생자관계부존재확인의 소는 확인의 이익이 없는 것으로서 부적법하다 고 하지 않을 수 없다(당원 1988. 2. 23. 선고 85므86 판결 ; 1990. 7. 27. 선고 89므1108 판결 ; 1991. 12. 13. 선고 91므153 판결 등 참조).

원심판결에 소론과 같이 신분행위의 추인 또는 소송상 신의칙에 관한 법리를 오해하거나 변론주의를 위배한 위법이 있다고 하더라도 원고의 이 사건 소가 부적법한 것이라는 이유로 각하한 결론은 정당하므로, 논지는 모두 받아들일 수 없다.

6. 그러므로 원고의 상고를 기각하고 상고비용은 패소자인 원고의 부담으로 하기로 관여 법관의 의견이 일치되어 주문과 같이 판결한다.

대법관	윤관(재판장)	
대법관	김상원	배만운
	안우만	김주한
	윤영철	김용준(주심)
	김석수	박만호
	천경송	정귀호
	안용득	

참조판례

가. 대법원 1967. 4. 24. 자 65마1163 결정(집15①민334)(변경)

　　1967. 10. 31. 자 67마823 결정(집15③민247)(변경)

　　1968. 1. 31. 선고 67다1940 판결(집16①민31)(변경)

　　1968. 11. 26. 선고 68다1543 판결(집16③민240)(변경)

　　1970. 3. 24. 선고 69다1400 판결(집18①민254)(변경)

　　1970. 6. 30. 선고 69므6,7 판결(변경)

　　1977. 7. 26. 선고 77다433 판결(변경)

　　1992. 10. 23. 선고 92다29399 판결(공1992, 3230)(변경)

나. 대법원 1977 .6. 7. 선고 76다2878 판결(공1977, 10152)

다. 대법원 1980. 1. 29. 선고 79므11 판결(공1980, 12605)

라. 대법원 1977. 7. 26.선고 77다492 전원합의체 판결(공1977, 10219)

　　1990. 7. 27. 선고 89므1108 판결(공1990, 1791)

　　1991. 12. 13. 선고 91므153 판결(공1992, 517)

◈ 입양의 실질적 요건 : 성년자 입양에 대한 부모의 동의

제871조 【성년자 입양에 대한 부모의 동의】

① 양자가 될 사람이 성년인 경우에는 부모의 동의를 받아야 한다. 다만, 부모의 소재를 알 수 없는 등의 사유로 동의를 받을 수 없는 경우에는 그러하지 아니하다.

② 가정법원은 부모가 정당한 이유 없이 동의를 거부하는 경우에 양부모가 될 사람이나 양자가 될 사람의 청구에 따라 부모의 동의를 갈음하는 심판을 할 수 있다. 이 경우 가정법원은 부모를 심문하여야 한다. [전문개정 2012.2.10.]

■ § 871. 성년자의 입양

- 원칙 : 양자가 될 사람이 성년인 경우에도 부모의 동의를 받아야 한다.
- 예외 : 부모의 소재를 알 수 없는 등의 사유로 동의를 받을 수 없는 경우에는 동의를 받지 않아도 무방하다.

양자가 될 사람이 성년인 경우에도 부모의 동의를 받아야 한다. 다만, 부모의 소재를 알 수 없는 등의 사유로 동의를 받을 수 없는 경우에는 동의를 받지 않아도 무방하다.

한편, 가정법원은 부모가 정당한 이유 없이 동의를 거부하는 경우에 양부모가 될 사람이나 양자가 될 사람의 청구에 따라 부모의 동의를 갈음하는 심판을 할 수 있다. 이 경우 가정법원은 부모를 심문하여야 한다.

제872조 삭제 <2012.2.10>

종전규정 제872조 【후견인과 피후견인간의 입양】

후견인이 피후견인을 양자로 하는 경우에는 가정법원의 허가를 얻어야 한다.

◈ 입양의 실질적 요건 : 피성년후견인의 입양

제873조【피성년후견인의 입양】

① 피성년후견인은 성년후견인의 동의를 받아 입양을 할 수 있고 양자가
될 수 있다.

② 피성년후견인이 입양을 하거나 양자가 되는 경우에는 제867조를 준용한다.

③ 가정법원은 성년후견인이 정당한 이유 없이 제1항에 따른 동의를 거부하
거나 피성년후견인의 부모가 정당한 이유 없이 제871조제1항에 따른 동
의를 거부하는 경우에 그 동의가 없어도 입양을 허가할 수 있다. 이 경우 가
정법원은 성년후견인 또는 부모를 심문하여야 한다. [전문개정 2012.2.10.]

■ § 873. 피성년후견인의 입양

• 입양은 입양 당사자 자신의 독립의사에 의하는 것이 원칙이다.
• 다만 피성년후견인은 후견인의 동의를 얻어야 입양당사자가 될 수 있다.

피성년후견인은 성년후견인의 동의를 받아 입양을 할 수 있고 양자가 될 수
있다. 그런데 피성년후견인이 입양을 하거나 양자가 되는 경우에는 가정법원의
허가를 받아야 한다. 이 때 가정법원은 양자가 될 피성년후겨인의 복리를 위하
여 그 양육상황, 입양동기, 양부모의 양육능력, 그 밖의 사정을 고려하여 입양허
가를 하지 않을 수 있다.

그리고 가정법원은 성년후견인이 정당한 이유 없이 동의를 거부하거나 피성년
후견인의 부모가 정당한 이유 없이 동의를 거부하는 경우에 그 동의가 없어도
입양을 허가할 수 있다. 이 경우 가정법원은 성년후견인 또는 부모를 심문하여
야 한다.

◆ 입양의 실질적 요건 : 배우자 있는 자는 공동으로 양자를 하고, 양자
　　　　　　　　　가 될 때에는 다른 일방의 동의를 얻을 것

제874조【부부의 공동 입양 등】

① 배우자가 있는 사람은 배우자와 공동으로 입양하여야 한다.

② 배우자가 있는 사람은 그 배우자의 동의를 받아야만 양자가 될 수 있다. [전
문개정 2012.2.10.]

■ § 874. 부부공동입양

• 배우자 있는 자는 공동으로 양자를 하여야 하며, 양자가 될 때에는 다른 일
방의 동의를 얻어야 한다.

본조는 배우자가 있는 자가 양자를 할 때에는 배우자와 공동으로 하여야 하
고, 배우자가 있는 자가 양자가 될 때에는 다른 일방의 동의를 얻어야 한다고
규정하고 있다.

이른바 부부공동입양의 원칙을 채용한 것이나, 이것은 처의 입양에 대한 관여
를 인정하지 않았던 구법의 태도를 지양하고 부부공동체를 직시한 것으로서의
의의가 있으며 부부평등의 원칙을 실현할 것이라 할 수 있다. 그러나 다음과 같
은 문제점이 지적되고 있다.

첫째, 부가 처의 친생자(가봉자)를 양자로 할 때에는 처와 공동입양을 하여야
하느냐는 의문이 있다. 이 경우에는 그 자는 이미 처와 친생모자관계에 있기 때
문에 양모자관계를 발생시킬 실익이 없으므로 부단독으로 입양행위를 할 수 있
다고 해석하여야 할 것이다.

둘째, 처의 부재 기타의 사유로 공동으로 입양행위를 할 수 없는 때에, 부부쌍
방의 명의로 부 일방이 한 입양의 효과는 표의불능의 상태에 있었던 처에게도
발생한다. 이것은 공동입양에 대한 예외라는 점에서 남용의 위험이 크다는 비판
이 가해지고 있다(개정전 2항 참조).

이 규정에 위반한 입양신고는 수리가 거부되지만(제881조), 일단 수리가 되면
배우자가 취소를 청구할 수 있다.

▣ 핵심판례 ▣

■ 부부의 공동의사에 기하지 아니하고 출생신고의 방식으로 한 입양의 효력

입양이 개인간의 법률행위임에 비추어 보면 부부의 공동입양이라고 하여도 부부 각자에 대하여 별개의 입양행위가 존재하여 부부 각자와 양자 사이에 각각 양친자관계가 성립한다고 할 것이므로, 부부의 공동입양에 있어서도 부부 각자가 양자와의 사이에 민법이 규정한 입양의 일반 요건을 갖추는 외에 나아가 위와 같은 부부 공동입양의 요건을 갖추어야 하는 것으로 풀이함이 상당하므로, 처가 있는 자가 입양을 함에 있어서 혼자만의 의사로 부부 쌍방 명의의 입양신고를 하여 수리된 경우, 처의 부재 기타 사유로 인하여 공동으로 할 수 없는 때에 해당하는 경우를 제외하고는, 처와 양자가 될 자 사이에서는 입양의 일반요건 중 하나인 당사자 간의 입양합의가 없으므로 입양이 무효가 되고, 한편 처가 있는 자와 양자가 될 자 사이에서는 입양의 일반 요건을 모두 갖추었어도 부부 공동입양의 요건을 갖추지 못하였으므로 처가 그 입양의 취소를 청구할 수 있으나, 그 취소가 이루어지지 않는 한 그들 사이의 입양은 유효하게 존속한다(대법원 1998. 5. 26. 선고 97므25 판결).

제875조 삭제 <1990. 1. 13>

 종전규정 제875조【직계장남자의 입양금지】

호주의 직계비속장남자는 본가의 계통을 계승하는 경우외에는 양자가 되지 못한다.

제876조 삭제 <1990. 1. 13>

 종전규정 제876조【서양자】

① 여서로 하기 위하여 양자를 할 수 있다. 이 경우에는 여서인 양자는 양친의 가에 입적한다.

② 전항의 경우에 양친자관계의 발생, 소멸은 혼인관계의 발생, 소멸에 따른다. 그러나 입양의 무효·취소 또는 파양은 혼인관계에 영향을 미치지 아니한다.

◆ 입양의 실질적 요건 : 양자는 양친의 존속 또는 연장자가 아닐 것

제877조【입양의 금지】

존속이나 연장자를 입양할 수 없다. [전문개정 2012.2.10.]

■ § 877. 양자의 제한

• 양자는 양친의 존속 또는 연장자가 아니어야 한다.
• 입양당사자가 부부인 경우에는 부부쌍방에 대하여 이 요건이 충족되어야 한다.
• 이에 위반한 신고는 수리되지 않으나 잘못 수리되면 무효이다.
• 관련법조 : 입양특례법 §2

본조는 양자는 양친의 존속 또는 연장자가 아닐 것을 규정하고 있다.

여기서 존속은 직계와 방계를 모두 포함한다.

(1) 연장자 양자란 자기보다 나이가 많은 자를 양자로 하는 것이다. 그러나 양친보다 나이가 많은 자는 관습상으로나 법규상으로는 양자로 할 수 없다.

(2) 존속은 직계이건 방계이건 불문한다. 연소자라도 존속이면 양자로 할 수 없다. 그러나 비속인 것을 요하지 않으므로(소목지서) 형제항렬에 있건, 자 내지 손자의 항렬에 있건 연장자가 아닌 한 양자로 할 수 있다. 자기의 자도 혼인외의 출생자의 신분을 얻게 됨으로 실익이 있으나, 이미 혼인중의 출생자인 자는 양자로 할 실익이 없다.

(3) 이 규정에 위반한 입양신고는 수리되지 않으나 잘못하여 수리가 된 경우 무효이다(제883조 2호).

▣ 핵심판례 ▣

- **[양자의 금지]**

1. 1940. 2. 11. 조선민사령이 시행된 후 현행민법 시행 전이라도 사후양자가 아니면 양친과 성을 달리하는 이성의 자도 양자로 할 수 있는지 여부

1915년 4월 1일부터는 이성의 자를 양자로 하는 것이 법률상 허용되지 아니하였으나, 1939. 11. 10. 신설되어 1940. 2. 11.부터 시행된 조선민사령 제11조의2는 제1항에서 "조선인의 양자연조에 있어서 양자는 양친과 성을 같이할 것을 요하지 않는다. 그러나 사후양자의 경우에는 그러하지 아니하다"라고 규정함으로써 사후양자가 아니면 양친과 성을 달리하는 이성의 자도 양자로 하는 것이 허용됨을 명백히 하였으므로, 1940. 2. 11.부터는 사후양자가 아닌 한 이성의 자도 양자로 할 수 있게 되었다(종전에 이와 견해를 달리하여 조선민사령 제11조의2가 시행된 후에도 현행 민법이 시행되기 전날인 1959. 12. 31.까지는 이성의 자를 양자로 하는 것이 허용되지 않았다는 취지로 해석한 의견은 변경하기로 한다)(1994. 5. 24. 전원합의체 판결 93므119 친생자관계부존재확인).

2. 종래의 관습인 소목지서에 반하여 재종손자를 사후양자로 선정하는 행위의 공서양속 위배 여부(소극)

민법은 존속 또는 연장자를 양자로 하지 못하도록 규정하고 있을 뿐 소목지서를 요구하고 있지는 아니하므로 재종손자를 사후양자로 선정하는 행위가 위법하다고 할 수 없고, 사후양자가 소목지서에 어긋나는 것이 우리의 종래의 관습에 어긋난다고 하여도 민법은 위와 같이 양자의 요건을 완화하고 있으므로 이것이 공서양속에 위배되어 무효라고 할 수 없다(대법원 1991. 5. 28. 선고 90므347 판결).

◈ 입양의 형식적 요건 : 입양신고

제878조【입양의 성립】

입양은 「가족관계의 등록 등에 관한 법률」에서 정한 바에 따라 신고함으로써 그 효력이 생긴다. [전문개정 2012.2.10.]

▣ 예 규 ▣

■ **한국인이 외국인의 양자로 된 경우의 가족관계등록부 폐쇄 여부**

(대법원 가족관계등록예규 제133호)

한국인이 외국인의 양자가 되었다 하더라도 그 국적을 취득할 때까지는 우리나라의 국적을 상실하는 것이 아니므로 가족관계등록부를 폐쇄해서는 안되고, 입양사유만을 기록하여야 한다.

■ § 878. 입양의 형식적 요건

- 입양은 혼인의 경우와 마찬가지로 가족관계의등록등에관한법률에 정한 바에 의하여 신고함으로써 효력이 발생한다
- 대락입양은 제869조의 규정에 의하여 대락한 자와 양친이 될 자가 위와 같은 형식으로 신고하여야 한다
- 신고는 서면으로 하는 것이 원칙이나 구술로써도 할 수 있다
- 관련법조 : [신고] 가족관계등록법 §61,§ 62, [입양효과] 입양특례법 §6, [외국에서 입양신고] 가족관계등록법 §34~§36, 입양특례법 §9

(1) 입양의 형식적 요건 : 입양신고

입양은 가족관계의 등록 등에 관한 법률에 정한 바에 의하여 신고함으로써 그 효력이 생긴다.

(2) 입양시 입양신고를 하지 않고 친생자 출생신고를 한 경우의 문제

우리 사회에서는 입양을 하는 경우에 입양신고를 하지 않고 친생자 출생

신고를 하는 것이 대부분이다. 이 경우 그 효력의 여부가 문제된다.

1) 판례의 태도

판례는 처음에는 허위의 친생자 출생신고에 대하여 입양의 효력발생을 인정하였으나 그 후 태도를 바꾸어 이를 부정하였다가 전원합의체판결을 통하여 다시 인정하게 되었다(대판 1977. 7. 27. 77다492).

판례에 의하면 '당사자가 양친자관계를 창설할 의사로 친생자 출생신고를 하고 거기에 입양의 실질적 요건이 모두 구비되어 있다면 그 형식에 다소 잘못이 있더라도 입양의 효력이 발생하고 양친자관계는 파양에 의하여 해소될 수 있는 점을 제외하고는 법률적으로 친생자관계와 똑같은 내용을 갖게 되므로 이 경우의 허위의 친생자 출생신고는 법률상의 친자관계인 양친자관계를 공시하는 입양신고의 기능을 발휘하게 된다'고 한다(대판 1988. 2. 23. 85므86).

2) 친생자출생신고가 입양으로서의 효력을 발생하기 위한 요건

판례는 다음의 요건을 갖추어야 한다고 한다(대판 1984. 5. 15. 84므4).

① 입양의 요건으로서 민법이 규정하는 실질적 요건을 갖추었을 것

② 양친자 사이에 사실상의 친자관계가 형성되었을 것

즉 양육·감호 등 양친자로서의 신분적 생활사실이 수반되어야 할 것

3) 관련문제

가. 입양의 의사로서 한 친생자출생신고의 경우 친생자부존재확인의 이익이 있는지 여부

위와 같은 경우 진실에 부합하지 않는 친생자로서의 호적기재가 법률상의 친자관계인 양친자관계를 공시하는 효력을 갖게 된다면 파양에 의하여 그 양친자관계를 해소할 필요가 있는등 특별한 사정이 없는 한 그 호적기재 자체를 말소하여 법률상 친자관계의 존재를 부인하게 되는 친생자관계부존재확인청구는 허용될 수 없다(대판 1988. 2. 23. 85므86).

나. 파양사유가 있는 경우에는 친생자관계부존재확인의 청구를 할 수 있는지 여부

판례는 부정적인 태도를 취하고 있는데, 허위의 친생자출생신고에 의해

서 양친자관계가 발생한 경우에는 파양사유가 있다고 하더라도 당사자간
에 협의상 파양의 신고가 있거나 재판상 파양의 판결이 있기 전에는 파양
의 효력이 생길 수 없다고 한다(대판 1989. 10. 27. 89므440).

다. 친생자로 출생신고를 할 당시 입양의 실질적 요건을 갖추지 못하였지만 후에 그 요건을 갖춘 경우 입양의 효력 인정 여부

친생자로 출생신고를 할 당시에 입양의 실질적 요건을 갖추지 못하였다
면 입양의 효력이 발생하지 않지만, 그 후에 입양의 실질적 요건을 갖추게
된 때에는 출생신고를 한 때로 소급하여 입양의 효력이 인정된다. 예컨대
입양의 방편으로 친생자출생신고를 할 당시에는 법정대리인의 대락이 없
어서 입양의 효력이 인정될 수 없었다고 해도, 자가 15세에 달하여 즉, 스
스로 입양당사자가 될 수 있는 연령에 이르러 무효인 입양을 추인하면, 그
입양은 소급하여 유효가 된다.

판례는 "기아로 발견된 유아를 경찰서장으로부터 인도받아 친생자로 출
생신고를 하고 양육한 경우, 경찰서장은 대락권자가 아니므로 입양의 무효
사유에 해당한다고 볼 수 있으나, 아이가 15세가 된 이후에 그와 같은 사
정을 알면서도 양친자관계를 유지하였다면 무효인 입양을 묵시로 추인하
였다고 볼 수 있다. 무효인 신분행위를 추인하는 경우 그 효력은 소급한다
고 해석하는 것이 타당하므로, 무효인 입양을 추인한 때에는 출생신고로
소급하여 입양의 효력이 발생한다"고 하였다(대판 1990. 3. 9. 89므389).

▣ 핵심판례 ▣

■ [입양의 효력발생]

1. 조선민사령이 시행되기 전의 입양의 효력발생 요건에 관한 관습 및 그에 관한호적 기재

조선민사령(1922. 7. 1.시행)이 시행되기 전에는 양자될 자의 실친과 양친될 자 및
그 호주가 있으면 그 호주와 합의를 보고, 관례에 따라 근친자가 회합하여 양가
의 조선사당에 고함으로써 입양의 효력이 생기는 것이 관습이라 할 것이므로, 호
적에 양자로 입양하였다고 기재되었는지의 여부는 입양의 효력발생에 아무런 영
향이 없다(1991. 10. 25. 제3부 판결 91다25987 소유권이전등기).

2. 양친자관계를 창설하려는 명백한 의사가 있고 입양의 실질적 성립요건이
   모두 구비되었지만 입양신고 대신 친생자출생신고를 한 경우 입양으로서
   의 효력 유무(적극)

   당사자 사이에 양친자관계를 창설하려는 명백한 의사가 있고 기타 입양의 실질적
   성립요건이 모두 구비된 경우 입양신고 대신 친생자출생신고가 있다면 형식에 다
   소 잘못이 있더라도 입양의 효력이 있다(1993. 2. 23. 제2부(가) 판결 92다51969
   소유권이전등기말소).

3. 조선민사령 시행 당시 입양합의 후 입양신고 대신 한 친생자 출생신고의
   입양으로서의 효력 유무(적극)

   양자로 삼기로 하면서 친생자인 것처럼 출생신고가 있던 때에 조선민사령이 적용
   되고 있었다 하여 위 출생신고에 의하여 입양의 효력이 발생할 수 없는 것은 아
   니다(1993. 4. 27. 제1부 판결 92므389 친생자관계부존재확인).

4. 가. 당사자가 입양의 의사로 친생자 출생신고를 한 경우, 입양신고로서의
      효력이 발생하기 위한 요건

      당사자가 양친자관계를 창설할 의사로 친생자 출생신고를 하고 거기에 입양
      의 실질적 요건이 모두 구비되어 있다면 그 형식에 다소 잘못이 있더라도 입
      양의 효력이 발생하고, 양친자관계는 파양에 의하여 해소될 수 있는 점을 제
      외하고는 법률적으로 친생자관계와 똑같은 내용을 갖게 되므로 이 경우의 허
      위의 친생자 출생신고는 법률상의 친자관계인 양친자관계를 공시하는 입양신
      고의 기능을 발휘하게 되는 것이지만, 여기서 입양의 실질적 요건이 구비되
      어 있다고 하기 위하여는 입양의 합의가 있을 것, 15세 미만자는 법정대리인
      의 대낙이 있을 것, 양자는 양부모의 존속 또는 연장자가 아닐 것 등 민법
      제883조 각 호 소정의 입양의 무효사유가 없어야 함은 물론 감호·양육 등
      양친자로서의 신분적 생활사실이 반드시 수반되어야 하는 것으로서, 입양의
      의사로 친생자 출생신고를 하였다 하더라도 위와 같은 요건을 갖추지 못한
      경우에는 입양신고로서의 효력이 생기지 아니한다.

   나. 당사자 간에 무효인 신고행위에 상응하는 신분관계가 실질적으로 형
      성되어 있지 아니한 경우, 무효인 신분행위에 대한 추인의 의사표시
      만으로 그 무효행위의 효력을 인정할 수 있는지 여부(소극)

      친생자 출생신고 당시 입양의 실질적 요건을 갖추지 못하여 입양신고로서의
      효력이 생기지 아니하였더라도 그 후에 입양의 실질적 요건을 갖추게 된 경
      우에는 무효인 친생자 출생신고는 소급적으로 입양신고로서의 효력을 갖게
      된다고 할 것이나, 민법 제139조 본문이 무효인 법률행위는 추인하여도 그
      효력이 생기지 않는다고 규정하고 있음에도 불구하고, 입양 등의 신분행위
      에 관하여 이 규정을 적용하지 아니하고 추인에 의하여 소급적 효력을 인정

하는 것은 무효인 신분행위 후 그 내용에 맞는 신분관계가 실질적으로 형성되어 쌍방 당사자가 이의 없이 그 신분관계를 계속하여 왔다면, 그 신고가 부적법하다는 이유로 이미 형성되어 있는 신분관계의 효력을 부인하는 것은 당사자의 의사에 반하고 그 이익을 해칠 뿐만 아니라, 그 실질적 신분관계의 외형과 호적의 기재를 믿은 제3자의 이익도 침해할 우려가 있기 때문에 추인에 의하여 소급적으로 신분행위의 효력을 인정함으로써 신분관계의 형성이라는 신분관계의 본질적 요소를 보호하는 것이 타당하다는 데에 그 근거가 있다고 할 것이므로, 당사자 간에 무효인 신고행위에 상응하는 신분관계가 실질적으로 형성되어 있지 아니한 경우에는 무효인 신분행위에 대한 추인의 의사표시만으로 그 무효행위의 효력을 인정할 수 없는 것이다.

다. 양친자관계를 창설할 의사로 친생자 출생신고를 하였으나, 감호·양육 등 양친자로서의 신분적 생활사실이 계속되지 아니하여 입양의 실질적인 요건을 갖추었다고 볼 수 없을 뿐 아니라, 친생자로 신고된 자가 입양에 갈음하는 출생신고를 묵시적으로 추인하였다고 보기 어렵다는 이유로 입양신고로서의 효력을 부정한 사례

양친자관계를 창설할 의사로 친생자 출생신고를 하였으나, 감호·양육 등 양친자로서의 신분적 생활사실이 계속되지 아니하여 입양의 실질적인 요건을 갖추었다고 볼 수 없을 뿐 아니라, 친생자로 신고된 자가 입양에 갈음하는 출생신고를 묵시적으로 추인하였다고 보기 어렵다는 이유로 입양신고로서의 효력을 부정한 사례(대법원 2004. 11. 11. 선고 2004므1484 판결).

5. 가. 입양의 의사로 친생자 출생신고를 하고 입양의 실질적 요건이 구비된 경우, 입양의 효력 발생 여부(적극)

당사자 사이에 양친자관계를 창설하려는 명백한 의사가 있고 기타 입양의 실질적 성립요건이 모두 구비된 경우 입양신고 대신 친생자 출생신고가 있다면 형식에 다소 잘못이 있더라도 입양의 효력이 있다.

나. 친생자 출생신고가 입양의 효력을 갖는 경우, 양친 부부 중 일방이 사망한 후 생존하는 다른 일방이 사망한 일방과 양자 사이의 양친자관계의 해소를 위한 재판상 파양에 갈음하는 친생자관계부존재확인의 소를 제기할 이익이 있는지 여부(소극)

민법 제874조 제1항은 "배우자 있는 자가 양자를 할 때에는 배우자와 공동으로 하여야 한다."고 규정함으로써 부부의 공동입양원칙을 선언하고 있는바, 파양에 관하여는 별도의 규정을 두고 있지는 않고 있으나 부부의 공동입양원칙의 규정 취지에 비추어 보면 양친이 부부인 경우 파양을 할 때에도 부부가 공동으로 하여야 한다고 해석할 여지가 없지 아니하나(양자가 미성년자인 경우에는 양자제도를 둔 취지에 비추어 그와 같이 해석하여야 할 필요성이 크다), 그렇게 해석한다고 하더라도 양친 부부 중 일방이 사망하거나 또는 양친이 이혼한 때에는 부부의 공동파양의 원칙이 적용될 여지가 없다고 할 것이고, 따라서 양부가 사망한 때에는 양모는 단독으로 양자와 협의상 또는 재판상 파양을 할 수 있으되 이는 양부와 양자 사이의 양친자관계에 영향을 미칠 수 없는 것이고, 또 양모가 사망한 양부에 갈음하거나 또는 양부를 위하여 파양을 할 수는 없다고 할 것이며, 이는 친생자부존재확인을 구하는 청구에 있어서 입양의 효력은 있으나 재판상 파양 사유가 있어 양친자관계를 해소할 필요성이 있는 이른바 재판상 파양에 갈음하는 친생자관계부존재확인청구에 관하여도 마찬가지라고 할 것이다. 왜냐하면 양친자관계는 파양에 의하여 해소될 수 있는 점을 제외하고는 친생자관계와 똑같은 내용을 갖게 되는데, 진실에 부합하지 않는 친생자로서의 호적기재가 법률상의 친자관계인 양친자관계를 공시하는 효력을 갖게 되었고 사망한 양부와 양자 사이의 이러한 양친자관계는 해소할 방법이 없으므로 그 호적기재 자체를 말소하여 법률상 친자관계를 부인하게 하는 친생자관계존부확인청구는 허용될 수 없는 것이기 때문이다(대법원 2001. 8. 21. 선고 99므2230 판결).

제879조 삭제 <1990. 1. 13>

종전규정 제879조 【사후양자의 신고】

사후양자를 선정한 때에는 그 선정권자가 전조의 규정에 의하여 신고하여야 한다.

제880조 삭제 <1990. 1. 13>

종전규정 제880조 【유언에 의한 양자】

양자는 유언으로도 이를 할 수 있다. 이 경우에는 유언집행자가 제878조의 규정에 의하여 신고하여야 한다.

◈ 입양신고의 수리가 거부되는 경우

제881조【입양신고의 심사】

제866조, 제867조, 제869조부터 제871조까지, 제873조, 제874조, 제877조, 그 밖의 법령을 위반하지 아니한 입양 신고는 수리하여야 한다. [전문개정 2012.2.10.]

■ § 881. 입양신고의 심사

- 대서는 가족관계등록공무원이 수리를 거부하여야 할 것이나 그것이 분명하지 않아서 일단 수리된 이상은 유효하다고 보아야 할 것이다
- 신고서의 제출은 다른 사람에게 위탁하거나 우송해도 상관없다
- 입양신고는 입양의 실질적 요건과 기타 법령에 위반하지 않고 있는 것을 인정한 후가 아니면 수리할 수 없다
- 관련법조 : [신고] 가족관계등록법 §61, §62, [특례] §8, §9

가족관계등록공무원은 입양신고에 하자가 없는 것을 확인한 후가 아니면 이를 수리해서는 안된다. 하자있는 신고의 불수리는 가족관계등록공무원의 권리인 동시에 그 의무이다. 여기서「그 밖의 법령」이란 가족관계등록법, 가사소송법 등을 가리킨다. 가족관계등록공무원은 형식적 심사권, 즉 신고의 형식적 합법성에 대해서만 심사권이 있고 신고사항의 실체적 진실성을 심사할 권능(실질적 심사권)은 없다고 할 것이다.

◈ 외국에서의 입양신고

제882조【외국에서의 입양신고】

외국에서 입양 신고를 하는 경우에는 제814조를 준용한다. [전문개정 2012.2.10.]

▣ 예 규 ▣

■ 재외동포가 외국인에게 입양될 경우의 신고절차

(대법원 가족관계등록예규 제132호)

주독일 우리나라 교민이 독일인에게 입양되고자 할 때에는 「국제사법」제43조에 따라 입양의 효력은 양친(독일인)의 본국법에 의할 것이나 그 방식은 행위지법에 의할 수 있으므로 독일연방공화국법에 따라 입양절차를 마친 후 그 증서를 받아 정해진 사항을 기재한 입양신고서에 이를 첨부하여 주독일 우리나라 공관 또는 등록기준지 시(구)·읍·면의 장에게 제출할 수 있다.

■ § 882. 외국에 있는 자의 입양신고

- 외국에 있는 자의 입양신고는 혼인신고에 관한 §814의 규정을 준용한다
- 관련법조 : [재외한국인신고] 가족관계등록법 §34~§36, [특칙] 재외국민등 록법

외국에 있는 자의 입양신고는 혼인신고에 관한 제814조의 규정을 준용한다(제882조).

본조는 당사자 쌍방이 우리나라 사람으로서 외국에 있는 경우의 신고에 관한 것이다. 따라서 그 일방이 한국인이고 다른 일방이 외국인인 경우와, 일방이 외국에 있고 다른 일방이 한국에 있는 경우는 적용되지 않는다. 제814조가 준용되는 결과 입양신고를 대사·공사 또는 영사에게 할 수 있다. 입양신고를 수리한 대사·공사 또는 영사는 지체없이 그 신고서류를 본국의 재외국민 가족관계등록사무소에 송부하여야 한다.

◆ 입양의 효력

제882조의2【입양의 효력】

① 양자는 입양된 때부터 양부모의 친생자와 같은 지위를 가진다.

② 양자의 입양 전의 친족관계는 존속한다.

[본조신설 2012.2.10.]

■ § 882의2. 입양의 효력

• 법정혈족관계의 창설 : 입양신고일부터 양부모의 친생자와 같은 지위
• 양자의 생가친족과의 관계 : 존속

(1) 법정혈족관계의 창설

양자는 입양된 때부터, 즉 입양신고일부터 양부모의 친생자와 같은 지위를 가진다. 또한 양부모의 혈족 · 인척과의 사이에도 친족관계가 발생한다.

(2) 양자의 생가친족과의 관계

양자의 입양 전의 친족관계는 존속한다. 따라서 생가의 친족에 대한 부양 관계 · 상속 관계 등은 그대로 존속한다. 이에 따라 양자는 친생부모와 양부모 모두의 상속인이 될 수 있고, 양자가 직계비속이나 배우자 없이 사망하게 되면 친생부모와 양부모가 모두 공동상속인이 된다.

제 2 관   입양의 무효와 취소

입양의 무효란 입양이 법률에 정한 사유가 있는 경우에 무효로 되는 것을 말한다. 민법상 무효원인으로는 (1) 당사자간에 입양의 합의가 없는 때(제883조 1호), (2) 미성년자를 입양하려는 사람이 가정법원의 허가를 받지 않고 입양한 경우와 피성년후견인이 입양을 하거나 양자가 되면서 가정법원의 허가를 받지 않은 경우(제883조 2호, 제867조 1항), (3) 13세 미만의 자가 양자가 될 경우에 대락권자인 법정대리인의 승낙을 받지 못한 때(제883조 2호, 제869조 2항), (4) 양자가 양친의 존속이거나 연장자일 때(제883조 2호, 제877조) 등이 있다. 입양의 무효는 혼인의 무효와 같이 당연무효이지만 다툼이 있는 경우에는 가정법원에 입양무효확인의 소를 제기할 수 있다(가소 제2조 1항 가류사건 5호). 이 판결의 효력은 제3자에게도 미친다(가소 제21조). 재판이 확정되면 소를 제기한 자는 판결의 확정일로부터 1월 내에 판결의 등본 및 확정증명서를 첨부하여 그 취지를 신고하여야 한다. 입양이 무효로 된 때에는 당사자의 일방은 과실이 있는 상대방에 대하여 재산상·정신상의 손해배상을 청구할 수 있다(제806조, 제897조).

입양의 취소는 법률에 정한 사유가 있는 경우에 특정의 청구권자가 가정법원에 입양의 취소를 청구함으로써 그 심판에 의하여 일단 성립되었던 양친자관계를 취소시키는 것이다. 민법상 취소원인으로는 (1) 미성년자가 입양을 한 경우(제884조 1항 1호, 제866조), (2) 양자가 될 사람이 13세 이상의 미성년자인 경우에 법정대린의 동의를 받지 않고 입양승낙을 한 경우(제884조 1항 1호, 제869조 1항), (3) 법정대리인의 소재를 알 수 있는데도 알 수 없다고 하는 등의 사유로 가정법원으로부터 입양의 허가를 받아 양자가 된 경우(제884조 1항 1호, 제869조 3항 2호), (4) 양자가 될 미성년자가 부모의 동의를 받지 않은 경우(제884조 1항 1호, 제870조 1항), (5) 양자가 될 성년자가 부모의 동의를 받지 못한 경우(제884조 1항 1호, 제871조 1항), (6) 피성년후견인이 입양을 하거나 양자가 되면서 성년후견인의 동의를 받지 않은 경우(제884조 1항 1호, 제873조 1항), (7) 배우자가 있는 사람이 배우자와 공동으로 입양하지 않았거나 배우자가 있는 사람이 양자가 되면서 배우자의 동의를 받지 않은 경우(제884조 1항 1호, 제874

조), (8) 입양 당시 양부모와 양자 중 어느 한쪽에게 악질이나 그 밖에 중대한 사유가 있음을 알지 못한 경우(제884조 1항 2호), (9) 사기 또는 강박으로 인하여 입양의 의사표시를 한 경우(제884조 1항 3호)이다.

입양취소의 효력은 입양성립일에 소급하지 않는다(제897조, 제824조). 입양으로 인하여 발생한 가족관계는 그 취소로 인하여 소멸한다(제776조).

◈ 입양이 무효로 되는 경우

제883조【입양무효의 원인】

다음 각 호의 어느 하나에 해당하는 입양은 무효이다.

1. 당사자 사이에 입양의 합의가 없는 경우

2. 제867조제1항(제873조제2항에 따라 준용되는 경우를 포함한다), 제869
조제2항, 제877조를 위반한 경우 [전문개정 2012.2.10.]

■ § 883. 입양의 무효

- 당사자간에 입양의 합의가 없는 때
- 미성년자를 입양하려는 사람이 가정법원의 허가를 받지 않고 입양한 경우와
피성년후견인이 입양을 하거나 양자가 되면서 가정법원의 허가를 받지 않은
경우
- 13세 미만인 자가 양자가 될 때에 대낙권자의 승낙을 받지 않은 때와 양자가
양친의 존속이거나 연장자일 때
- 관련법조 : [입양의 준거법] 국제사법 §43

1. 입양 무효의 원인

본조는 입양의 무효원인으로서, ① 당사자 사이에 입양의 합의가 없을 때, ②
미성년자를 입양하려는 사람이 가정법원의 허가를 받지 않고 입양한 경우와 피
성년후견인이 입양을 하거나 양자가 되면서 가정법원의 허가를 받지 않은 경
우, ③ 13세 미만의 자가 양자가 될 경우에 대락권자인 법정대리인의 승낙을
받지 못한 때, ④ 양자가 양친의 존속이거나 연장자일 때를 규정하고 있다.

(1) 당사자간에 입양의 합의가 없는 때(제1호)

1) 의 의

입양이 성립하기 위해서는 당사자 사이에 입양의사의 합치가 있어야 한다.
입양의사란 실질적으로 양친자로서의 생활관계를 형성하려는 의사를 말한다.
이것은 입양의 실질적 성립요건이다. 따라서 당사자 사이에 입양의사의 합치

가 없는 경우에는 입양신고가 수리되었다고 해도 무효이다.

2) 입양의 합의가 없어 입양이 무효로 되는 경우

가. 가장입양

"입양신고가 고소사건으로 인한 처벌 등을 모면하게 할 목적으로 호적상 형식적으로만 입양한 것처럼 가장하기로 하여 이루어진 것일 뿐 당사자 사이에 실제로 양친자로서의 신분적 생활관계를 형성한다는 의사의 합치는 없었던 것이라면, 이는 당사자간에 입양의 합의가 없는 때에 해당하여 무효라고 보아야 할 것이다."(대판 1995. 9. 29. 94므1553)

나. 당사자들이 모르는 사이에 제3자가 입양신고를 한 경우

이 경우에는 당사자들 사이에 입양의 합의가 없으므로 당연히 무효이다. 판례는 제3자가 입양신고를 한 사건에 대하여 "입양 등의 신분행위에 당사자간에 있어서 무효인 신고행위에 상응하는 신분관계가 실질적으로 형성되어 있지 않고 또 앞으로도 그러할 가망이 없는 경우 무효인 신분행위에 대한 추인의 의사표시만으로 무효행위의 효력을 인정할 수 없다"고 하였다(대판 1991. 12. 27. 91므30).

다. 부부 중 일방(夫)이 다른 일방(妻)이 모르는 사이에 입양신고를 한 경우

이 경우 양자와 다른 일방(妻) 사이에는 입양의 합의가 없으므로 그 관계에서는 입양은 무효이다(대판 1998. 5. 26. 97므25).

라. 양친자의 일방이 사망한 후에 이루어진 입양신고(대결1981. 6. 11. 80스10)

마. 일방이 입양의사를 철회한 후에 이루어진 입양신고(대판 1991. 12. 27. 91므30)

(2) 가정법원의 허가를 받지 않은 경우(제2호)

미성년자를 입양하려는 사람은 가정법원의 허가를 받아야 하고, 피성년후견인이 입양을 하거나 양자가 되는 경우에도 가정법원의 허가를 받아야 한다. 이 경우 가정법원의 허가를 받지 않은 경우에는 입양은 무효이다.

(3) 대락권자의 승낙이 없는 때(제2호)

양자가 될 자가 13세 미만인 때에는 법정대리인이 그에 갈음하여 입양의 승낙을 하여야 하는데(제869조), 대락권자의 승낙을 받지 않은 입양은 무효이다. 판례는 인지되지 않은 혼인 외의 자가 친권자인 생모의 승낙 없이 허위의 친생자출생신고의 방법으로 입양된 사건에서 이를 무효라고 하였다(대판 2000. 6. 9. 99므1633). 다만, 양자가 15세(현행 민법에 의할 때 13세)에 달한 후에도 사실상의 양친자관계를 유지하며 무효인 입양을 명시적 또는 묵시적으로 추인한 때에는 신고시로 소급하여 입양의 효력이 인정된다(대판 1997. 7. 11. 96므1151).

(4) 양자가 양친의 존속이거나 연장자인 때(제2호)

양자가 양친의 존속이거나 연장자인 입양은 무효이다.

2. 입양무효의 효과

입양무효는 당연무효로서 당사자와 제3자는 입양무효확인판결이 없어도 다른 소송에서 선결문제로서 입양의 무효를 주장할 수 있다.

(1) 입양무효의 소

입양무효확인의 소를 제기할 수도 있다(가사소송법 제2조 1항 가류사건).

제소권자는 당사자 및 그 법정대리인 또는 4촌 이내의 친족이다. 피고는 양친자의 일방이 소를 제기하는 때에는 양친자의 다른 일방이 되며, 다른 일방이 사망한 때에는 검사이다. 제3자가 소를 제기하는 때에는 양친자 쌍방을 상대로 하고, 양친자의 일방이 사망한 때에는 생존자를 상대로 한다. 양친자 쌍방이 모두 사망한 때에는 검사를 상대로 한다(가사소송법 제31조, 제23조, 제24조).

(2) 등록부의 정정신청

입양무효의 소의 판결이 확정되면 소를 제기한 사람은 판결의 확정일로부터 1개월 이내에 판결의 등본 및 확정증명서를 첨부하여 가족관계등록부의 정정을 신청하여야 한다.

▣ 핵심판례 ▣

■ [입양무효의 원인]

고아를 데려다 키우던 중 친생자로 신고한 경우, 이를 입양신고된 것으로 볼 수 있는지 여부(소극)

데려다 키운 고아가 장성하여 혼기가 가까와지자 소외 망인이 자신과 내연관계에 있는 자의 호적에 자신을 생모로 하여 내연관계에 있는 자의 친생자로 신고하였다 하더라도 이로써 위 고아가 위 망인의 양자로 입양신고된 것이라고 해석할 수는 없다(1984. 11. 27. 제1부 판결 84다458 건물명도).

◈ 입양을 취소할 수 있는 경우

제884조 【입양취소의 원인】

① 입양이 다음 각 호의 어느 하나에 해당하는 경우에는 가정법원에 그 취소를 청구할 수 있다.

1. 제866조, 제869조제1항, 같은 조 제3항제2호, 제870조제1항, 제871조제1항, 제873조제1항, 제874조를 위반한 경우

2. 입양 당시 양부모와 양자 중 어느 한쪽에게 악질(惡疾)이나 그 밖에 중대한 사유가 있음을 알지 못한 경우

3. 사기 또는 강박으로 인하여 입양의 의사표시를 한 경우

② 입양 취소에 관하여는 제867조제2항을 준용한다. [전문개정 2012.2.10.]

■ § 884. 입양의 취소

• 미성년자가 입양을 하였을 때
• 양자가 될 사람이 13세 이상의 미성년자인 경우에 법정대리인의 동의를 받지 않고 입양승낙을 한 경우
• 법정대리인의 소재를 알 수 있는데도 알 수 없다고 하는 등의 사유로 가정법원으로부터 입양의 허가를 받아 양자가 된 경우
• 양자가 될 미성년자가 부모의 동의를 받지 않은 경우
• 양자가 될 성년자가 부모의 동의를 받지 못한 경우
• 피성년후견인이 입양을 하거나 양자가 되면서 성년후견인의 동의를 받지 않은 경우
• 배우자와 공동으로 하지 않고 양자를 한 때와 배우자가 있는 자가 다른 일방의 동의를 얻지 않고 양자가 된 때
• 입양당시에 양부모와 양자 중 어느 한쪽에게 악질 기타 중대한 사유가 있음을 알지 못한 때
• 사기 또는 강박으로 인하여 입양의 의사표시를 한 경우

본조는 입양을 취소할 수 있는 경우를 규정한 것이다.

입양취소는 혼인의 취소와 마찬가지로 법정의 취소원인이 있는 경우에 특정
의 취소청구권자가 가정법원에 우선 조정을 신청하지 않으면 안된다(본조, 가소
제2조 1항 나류사건 10호, 50조). 취소의 방법은 혼인의 취소와 동일하다.

1. 입양요건의 결여

입양요건을 결여한 경우로서 다음과 같은 때에 취소할 수 있다.

(1) 미성년자가 입양을 하였을 때 : 취소권자는 양부모, 양자와 그 법정대리
인 또는 직계혈족이나, 양친이 성년에 달한 후에는 취소청구권이 소멸
한다.

(2) 양자가 될 사람이 13세 이상의 미성년자인 경우에 법정대리인의 동의
를 받지 않고 입양승낙을 한 경우 : 취소권자는 양자나 동의권자이나,
양자가 성년이 된 후 3개월이 지나거나 사망하면 취소를 청구하지 못
하고, 또한 그 사유가 있음을 안 날부터 6개월, 그 사유가 있었던 날부
터 1년이 지나면 취소를 청구하지 못한다.

(3) 법정대리인의 소재를 알 수 있는데도 알 수 없다고 하는 등의 사유로
가정법원으로부터 입양의 허가를 받아 양자가 된 경우 : 양자나 동의권
자가 취소를 청구할 수 있으나, 양자가 성년이 된 후 3개월이 지나거나
사망하면 취소를 청구하지 못하고, 또 그 사유가 있음을 안 날부터 6개
월, 그 사유가 있었던 날부터 1년이 지나면 취소를 청구하지 못한다.

(4) 양자가 될 미성년자가 부모의 동의를 받지 않은 경우 : 양자나 동의권
자가 취소를 청구할 수 있으나, 양자가 성년이 된 후 3개월이 지나거나
사망하면 취소를 청구하지 못하고, 또 그 사유가 있음을 안 날부터 6개
월, 그 사유가 있었던 날부터 1년이 지나면 취소를 청구하지 못한다.

(5) 양자가 될 성년자가 부모의 동의를 받지 못한 경우 : 동의권자가 취소
를 청구할 수 있으나, 양자가 사망하면 취소를 청구할 수 없고, 또 그
사유가 있음을 안 날부터 6개월, 그 사유가 있었던 날부터 1년이 지나
면 취소를 청구하지 못한다.

(6) 피성년후견인이 입양을 하거나 양자가 되면서 성년후견인의 동의를 받
지 않은 경우 : 피성년후견인이나 성년후견인이 취소를 청구할 수 있으

나, 성년후견개시의 심판이 취소된 후 3개월이 지나면 취소를 청구하지 못하고, 그 사유가 있음을 안 날부터 6개월, 그 사유가 있었던 날부터 1년이 지나면 취소를 청구하지 못한다.

(7) 배우자가 있는 사람이 배우자와 공동으로 입양하지 않았거나 배우자가 있는 사람이 양자가 되면서 배우자의 동의를 받지 않은 경우 : 배우자가 취소를 청구할 수 있으나, 그 사유가 있음을 안 날부터 6개월, 그 사유가 있었던 날부터 1년이 지나면 취소를 청구하지 못한다.

(8) 부부의 일방과 입양의 상대방과의 사이에 요건위반이 있을 경우에 그 입양의 전체가 취소될 수 있는가, 그렇지 않으면 취소사유가 있는 입양 당사자의 입양만 취소될 수 있고, 취소사유가 없는 입양당사자의 입양은 그대로 유효로 될 것이냐가 문제이다. 입양제도의 중요한 목적이 양자에게 친생자와 같은 부모를 주고, 따뜻하고 행복한 가정을 마련해 주는 데 있는 것임을 생각할 때에 전체적으로 취소된다고 해석하는 것이 좋을 것이다.

2. 양친자의 악질 기타 중대한 사유

입양당시에 양부모와 양자 중 어느 한쪽에게 악질 기타 중대한 사유가 있음을 알지 못한 때에는 취소할 수 있다. 양친자에게 성병·정신병 등의 불치의 악질이 있거나, 그 밖에 상습적인 강도범이었다든가, 또는 성적 불구자라든가 해서 도저히 건전한 양친자관계를 유지할 수 없는 사유가 입양당시에 양친자에게 있음을 알지 못하고 있다가 입양후에 알게 된 경우에는 이것을 원인으로 취소를 청구할 수 있다.

여기서 「중대한 사유」란 그러한 사유가 존재하는 것을 입양당시에 알았더라면 도저히 입양하지 않았으리라는 정도의 것이면 된다고 본다. 취소권자는 양친자의 일방이나 그 사유가 있음을 안 날로부터 6월을 경과하면 취소청구권이 소멸한다.

3. 사기 또는 강박으로 인하여 입양의 의사표시를 한 때

입양이 사기 또는 강박으로 인하여 된 때에는 혼인의 경우와 마찬가지로 취소할 수 있다. 취소권자는 사기 또는 강박으로 인하여 입양을 한 자이나, 사기를 안 날 또는 강박을 면한 날로부터 3월을 경과한 때에는 취소청구권은 소멸한다.

재판이 확정되면 신고를 요하는 것은 입양무효의 경우와 마찬가지이다. 즉 재판이 확정되면 소를 제기한 자는 판결의 확정일로부터 1월 이내에, 판결의 등본 또는 확정증명서를 첨부하여 그 취지를 신고하여야 한다(가족관계등록법 제65조, 제63조, 제58조).

◆ 입양의 취소권자 : 미성년자가 입양을 하였을 때

제885조【입양 취소 청구권자】

양부모, 양자와 그 법정대리인 또는 직계혈족은 제866조를 위반한 입양의
취소를 청구할 수 있다. [전문개정 2012.2.10.]

■ § 885. 입양취소권자

• 미성년자가 양자를 하였을 때의 취소권자
• 양부모, 양자와 그 법정대리인 또는 직계혈족
• 관련법조 : 가소 §30, §31

양자를 하려면 양친은 성년자이어야 한다(제866조). 부부가 입양을 하는 경우
에는 부부가 모두 성년에 달해 있어야 한다(제874조 참조).

미성년자가 양자를 하였을 때(제884조 1호)에는 취소청구권자는 양부모, 양자
와 그 법정대리인 또는 직계혈족이다. 양친이 성년에 달한 후에는 취소권이 소
멸한다. 이와 관련되었던 사후양자제도(구 제867조, 제868조)는 1990년 폐지·삭
제되었다.

◆ 입양의 취소권자 : 동의권자의 동의 없는 입양의 경우

제886조 【입양 취소 청구권자】

양자나 동의권자는 제869조제1항, 같은 조 제3항 제2호, 제870조 제1항을
위반한 입양의 취소를 청구할 수 있고, 동의권자는 제871조 제1항을 위반한
입양의 취소를 청구할 수 있다. [전문개정 2012.2.10.]

■ § 886. 입양취소권자

• 양자가 될 사람이 13세 이상의 미성년자인 경우에 법정대리인의 동의를 받지
  않고 입양승낙을 한 경우 : 양자, 동의권자
• 법정대리인의 소재를 알 수 있는데도 알 수 없다고 하는 등의 사유로 가정법
  원으로부터 입양의 허가를 받아 양자가 된 경우 : 양자, 동의권자
• 양자가 될 미성년자가 부모의 동의를 받지 않은 경우 : 양자, 동의권자
• 양자가 될 성년자가 부모의 동의를 받지 못한 경우 : 동의권자
• 관련법조 : 가소 §30, §31, §2①나-10

양자가 될 사람이 13세 이상의 미성년자인 경우에 법정대리인의 동의를 받지
않고 입양승낙을 한 경우에 양자나 동의권자가 취소를 청구할 수 있다. 다만,
양자가 성년이 된 후 3개월이 지나거나 사망하면 취소를 청구하지 못하고, 또한
그 사유가 있음을 안 날부터 6개월, 그 사유가 있었던 날부터 1년이 지나면 취
소를 청구하지 못한다.

법정대리인의 소재를 알 수 있는데도 알 수 없다고 하는 등의 사유로 가정법
원으로부터 입양의 허가를 받아 양자가 된 경우에 양자나 동의권자가 취소를
청구할 수 있으나, 양자가 성년이 된 후 3개월이 지나거나 사망하면 취소를 청
구하지 못하고, 또 그 사유가 있음을 안 날부터 6개월, 그 사유가 있었던 날부터
1년이 지나면 취소를 청구하지 못한다.

양자가 될 미성년자가 부모의 동의를 받지 않은 경우에 양자나 동의권자가
취소를 청구할 수 있으나, 양자가 성년이 된 후 3개월이 지나거나 사망하면 취
소를 청구하지 못하고, 또 그 사유가 있음을 안 날부터 6개월, 그 사유가 있었던
날부터 1년이 지나면 취소를 청구하지 못한다.

양자가 될 성년자가 부모의 동의를 받지 못한 경우에는 동의권자가 취소를 청구할 수 있으나, 양자가 사망하면 취소를 청구할 수 없고, 또 그 사유가 있음을 안 날부터 6개월, 그 사유가 있었던 날부터 1년이 지나면 취소를 청구하지 못한다.

◈ 입양의 취소권자 : 피성년후견인이 성년후견인의 동의 없이 입양하거
나 양자가 된 경우

제887조【입양 취소 청구권자】

피성년후견인이나 성년후견인은 제873조제1항을 위반한 입양의 취소를 청
구할 수 있다. [전문개정 2012.2.10.]

■ § 887. 입양취소권자

• 피성년후견인이 입양을 하거나 양자가 되면서 성년후견인의 동의를 받지 않
은 경우 : 피성년후견인이나 성년후견인
• 관련법조 : 가소 §30, §31, §2①나-10

피성년후견인은 성년후견인의 동의를 받아 입양을 할 수 있고 양자가 될 수
있고, 피성년후견인이 입양을 하거나 양자가 되는 경우에는 가정법원의 허가를
받아야 한다. 이 때 피성년후견인이 입양을 하거나 양자가 되면서 성년후견인의
동의를 받지 않은 경우에는 피성년후견인이나 성년후견인이 입양의 취소를 청
구할 수 있다.

◈ 입양의 취소권자 : 부부의 공동입양의 경우

제888조 【입양 취소 청구권자】

배우자는 제874조를 위반한 입양의 취소를 청구할 수 있다.

[전문개정 2012.2.10.]

■ § 888. 입양의 취소권자

• 배우자와 공동으로 하지 않고 양자를 한 때와 배우자가 있는 자가 다른 일방
의 동의를 얻지 않고 양자가 된 때 : 배우자
• 관련법조 : 가소 §30, §31

본조는 공동입양요건을 위반한 입양의 효력에 관하여 규정한 것이다.

배우자 있는 자는 양자를 할 때에는 배우자와 공동으로 하여야 하고, 배우자
있는 자가 양자가 될 때에는 다른 일방의 동의를 얻어야 한다(제874조).

배우자 있는 자가 단독으로 입양신고를 한 때에는 수리가 거부된다(제881조).
그러나 잘못하여 단독입양신고가 수리된 경우에는 배우자가 그것을 취소할 수
있다(제884조 1호). 그리고 부가 부부쌍방의 명의로 할 만한 조건이 없음에도
불구하고 부부쌍방의 명의로써 입양신고를 한 경우에도 배우자가 그것을 취소
할 수 있다(제884조 1호, 본조).

배우자있는 자가 단독으로 하는 입양신고는 수리가 거부되지만, 잘못하여 수리
되는 예가 적지 않을 것이다(특히 부부가 양자가 되어야 하는 경우에 있어서).

이러한 입양신고는 입양의사는 있으면서도 입양신고가 되지 않은 경우에 속
하며(공동입양의 원칙을 알고 있으며 부부공동으로 입양을 한 경우이다), 장기
간경과 후에 입양을 무효로 하는 것은 극히 불합리하므로 최근의 호적실무에
있어서는 신고당사자와 신고가 되어 있지 않은 배우자가 함께 추완신고를 하면
처음부터 유효한 입양으로 취급하고 있다. 다만 이 취급은 한정적이어서 추완신
고를 하여야 할 자 중에서 사망자가 있으면 추완은 허용되지 않는다.

호주의 직계비속장남자가 본가 아닌 다른 가의 양자가 되는 직계비속장남자
의 입양금지규정은 1990년 폐지·삭제되었다.

◈ 입양취소청구권의 소멸 : 양자를 한 미성년자가 성년에 달한 경우

제889조【입양 취소 청구권의 소멸】

양부모가 성년이 되면 제866조를 위반한 입양의 취소를 청구하지 못한다.
[전문개정 2012.2.10.]

■ § 889. 입양취소청구권의 소멸

• 미성년자가 양자를 하였을 때 : 양친이 성년에 달한 후에는 취소청구권이 소멸
• 관련법조 : 가소 §30, §31

입양을 하려면 양친이 될 자는 성년자이어야 한다(제866조). 기혼자일 필요도 없고 자녀의 유무도 묻지 않으나 반드시 성년자이어야 한다. 양부모가 만 20세가 되지 않은 경우에는 부모로서의 양육능력을 갖추고 있다고 보기 어렵기 때문이다.

미성년자가 양자를 하였을 때에는 입양의 취소사유이다(제884조 1호). 그리고 양부모, 양자와 그 법정대리인 또는 직계혈족의 그 취소를 청구할 수 있다(제885). 그러나 이들 취소청구권자의 입양취소권은 양자를 하였던(즉, 양친이었던) 미성년자가 성년에 달한 때에는 소멸된다(제889조).

제890조 삭제 <1990. 1. 13>

종전규정 제890조【동전】

제867조, 제868조의 규정에 위반한 입양은 그 사유 있음을 안 날로부터 6월, 그 사유 있은 날로부터 1년을 경과하면 그 취소를 청구하지 못한다.

◈ 입양취소청구권의 소멸

제891조【입양 취소 청구권의 소멸】

① 양자가 성년이 된 후 3개월이 지나거나 사망하면 제869조제1항, 같은 조 제3항 제2호, 제870조 제1항을 위반한 입양의 취소를 청구하지 못한다.

② 양자가 사망하면 제871조제1항을 위반한 입양의 취소를 청구하지 못한다.

[전문개정 2012.2.10.]

■ § 891. 입양취소청구권의 소멸

• 13세 이상의 미성년자가 법정대리인의 동의를 받지 않고 양자가 된 경우, 법정대리인의 소재를 알 수 있는데도 알 수 없다고 하는 등의 사유로 가정법원으로부터 입양의 허가를 받아 양자가 된 경우, 양자가 될 미성년자가 부모의 동의를 받지 않은 경우 : 양자가 성년이 된 후 3개월이 지나거나 사망하면 취소청구권 소멸
• 성년자가 부모의 동의를 받지 않고 양자가 된 경우 : 양자가 사망하면 취소청구권 소멸
• 관련법조 : 가소 §30, §31

13세 이상의 미성년자가 법정대리인의 동의를 받지 않고 양자가 된 경우, 법정대리인의 소재를 알 수 있는데도 알 수 없다고 하는 등의 사유로 가정법원으로부터 입양의 허가를 받아 양자가 된 경우, 양자가 될 미성년자가 부모의 동의를 받지 않은 경우에 양자나 동의권자가 취소를 청구할 수 있는데, 이 때 양자가 성년이 된 후 3개월이 지나거나 사망하면 취소청구권이 소멸한다.

또한 성년자가 부모의 동의를 받지 않고 양자가 된 경우에 동의권자가 취소를 청구할 수 있으나, 양자가 사망하면 취소청구권이 소멸한다.

제892조 삭제 <2012.2.10>

[종전규정] 제892조【동전】

제872조의 규정에 위반한 입양은 후견의 종료로 인한 관리계산의 종료후 6
월을 경과하면 그 취소를 청구하지 못한다.

◆ 입양 취소 청구권의 소멸

제893조【입양 취소 청구권의 소멸】

성년후견개시의 심판이 취소된 후 3개월이 지나면 제873조 제1항을 위반한 입양의 취소를 청구하지 못한다. [전문개정 2012.2.10.]

■ § 893. 입양 취소 청구권의 소멸

• 피성년후견인이 입양을 하거나 양자가 되면서 성년후견인의 동의를 받지 않은 경우 : 성년후견개시의 심판이 취소된 후 3개월이 지나면 취소 청구권이 소멸한다.
• 관련법조 : 가소 §30, §31

피성년후견인이 입양을 하거나 양자가 되면서 성년후견인의 동의를 받지 않은 경우에는 피성년후견인이나 성년후견인이 취소를 청구할 수 있다. 그러나 성년후견개시의 심판이 취소된 후 3개월이 지나면 취소 청구권이 소멸한다.

◈ 입양 취소 청구권의 소멸

제894조 【입양 취소 청구권의 소멸】

제869조 제1항, 같은 조 제3항 제2호, 제870조 제1항, 제871조 제1항, 제873조 제1항, 제874조를 위반한 입양은 그 사유가 있음을 안 날부터 6개월, 그 사유가 있었던 날부터 1년이 지나면 그 취소를 청구하지 못한다. [전문개정 2012.2.10.]

■ § 894. 입양취소청구권의 소멸

- 13세 이상의 미성년자가 법정대리인의 동의를 받지 않고 양자가 된 경우, 법정대리인의 소재를 알 수 있는데도 알 수 없다고 하는 등의 사유로 가정법원으로부터 입양의 허가를 받아 양자가 된 경우, 양자가 될 미성년자가 부모의 동의를 받지 않은 경우, 양자가 될 성년자가 부모의 동의를 받지 못한 경우, 피성년후견인이 입양을 하거나 양자가 되면서 성년후견인의 동의를 받지 않은 경우, 배우자가 있는 사람이 배우자와 공동으로 입양하지 않았거나 배우자가 있는 사람이 양자가 되면서 배우자의 동의를 받지 않은 경우 : 그 사유가 있은 것을 안 날로부터 6월, 그 사유가 있은 날로부터 1년을 경과하면 취소청구권이 소멸
- 관련법조 : 가소 §30, §31

13세 이상의 미성년자가 법정대리인의 동의를 받지 않고 양자가 된 경우, 법정대리인의 소재를 알 수 있는데도 알 수 없다고 하는 등의 사유로 가정법원으로부터 입양의 허가를 받아 양자가 된 경우, 양자가 될 미성년자가 부모의 동의를 받지 않은 경우, 양자가 될 성년자가 부모의 동의를 받지 못한 경우, 피성년후견인이 입양을 하거나 양자가 되면서 성년후견인의 동의를 받지 않은 경우, 배우자가 있는 사람이 배우자와 공동으로 입양하지 않았거나 배우자가 있는 사람이 양자가 되면서 배우자의 동의를 받지 않은 경우에 취소사유가 인정되나, 이 경우라도 그 사유가 있음을 안 날부터 6개월, 그 사유가 있었던 날부터 1년이 지나면 그 취소를 청구하지 못한다.

제895조 삭제<1990. 1. 13>

[종전규정] 제895조【동전】

제875조의 규정에 위반한 입양은 그 사유 있음을 안 날로부터 1년, 그 사유있은 날로부터 3년을 경과하면 그 취소를 청구하지 못한다.

◈ 입양 취소 청구권의 소멸

제896조【입양 취소 청구권의 소멸】

제884조 제1항 제2호에 해당하는 사유가 있는 입양은 양부모와 양자 중 어느 한 쪽이 그 사유가 있음을 안 날부터 6개월이 지나면 그 취소를 청구하지 못한다. [전문개정 2012.2.10.]

■ § 896. 취소청구권자와 취소청구권의 소멸

• 입양당시에 양부모와 양자 중 어느 한 쪽에게 악질 기타 중대한 사유가 있음을 알지 못한 때
• 취소권자 : 양부모와 양자 중 이를 몰랐던 자
• 그 사유가 있음을 안 날로부터 6월을 경과하면 취소청구권이 소멸
• 관련법조 : 가소 §30, §31

입양당시에 양부모와 양자 중 어느 한 쪽에게 악질(惡疾) 기타 중대한 사유가 있음을 알지 못한 때에는 양부모나 양자가 취소할 수 있다(제844조 1항 2호). 그러나 그 사유가 있음을 안 날부터 6개월이 지나면 취소를 청구하지 못한다.

◈ 입양의 취소로 인한 손해배상청구권 등

제897조【준용규정】

입양의 무효 또는 취소에 따른 손해배상책임에 관하여는 제806조를 준용하고, 사기 또는 강박으로 인한 입양 취소 청구권의 소멸에 관하여는 제823조를 준용하며, 입양 취소의 효력에 관하여는 제824조를 준용한다. [전문개정 2012.2.10.]

■ § 897. 사기, 강박으로 인한 취소청구와 그 소멸

• 취소권자 : 사기 또는 강박으로 인하여 입양을 한 자
• 사기를 안 날 또는 강박을 면한 날로부터 3월을 경과한 때에는 취소를 청구하지 못한다.
• 입양취소의 효력은 입양성립일에 소급하지 않는다.

(1) 사기, 강박으로 인한 입양취소

입양이 사기, 강박으로 된 때의 취소권자는 사기 또는 강박으로 인하여 입양을 한 자이나, 사기를 안 날 또는 강박을 면한 날로부터 3월을 경과한 때에는 취소청구권은 소멸한다(제823조 준용). 입양취소의 효력은 입양성립일에 소급하여 발생하지 않고 장래를 위하여 효력이 생긴다(제824조 준용).

(2) 입양의 무효 또는 취소로 인한 손해배상청구

입양이 무효 또는 취소된 경우에는 당사자 일방은 과실있는 상대방에 대하여 이로 인한 손해배상을 청구할 수 있으며, 그것은 재산상의 손해 이외에 정신상의 고통도 포함되며, 정신상의 고통에 대한 배상청구권은 양도 또는 승계할 수 없다는 것은 약혼해제의 경우와 같다. 그러나 당사자간에 이미 그 배상에 관한 계약이 성립되거나 소를 제기한 후에는 그러하지 아니하다(제806조 준용).

제4장 부모와 자   359

제 3 관   파 양

　파양은 양친자관계성립 후에 생긴 사유로 양친자관계를 해소하는 것이다. 파양은 입양성립후에 생긴 사유로 인하여 입양을 해소하는 것이며, 입양의 취소와 구별되어야 한다. 파양의 효과는 입양으로 인하여 생긴 양자관계의 효과를 장래에 향하여 소멸시킨다. 파양으로 양자와 양친간 및 양자와 양친의 혈족간과의 친족관계가 종료하고, 양자의 배우자 및 직계비속과 양친 및 그 혈족과의 친족관계도 종료된다(제776조). 따라서 그 사이의 친족관계·부양관계·상속관계도 소멸한다. 그러나 혼인장애는 남는다(제809조 2항). 민법상 파양에는 협의상 파양과 재판상 파양이 있으며 가사소송법상의 조정상 파양이 있다.

제 1 항 협의상 파양

협의상 파양은 입양의 당사자가 협의에 의하여 하는 파양이다(제898조 1항). 입양의 당사자는 그 원인여하를 묻지 않고 협의로써 파양을 할 수 있다(제898조). 그 성립요건은 (1) 실질적 요건으로 ① 당사자간에 협의(합의)가 있을 것(제898조), ② 피성년후견인은 성년후견인의 동의를 얻을 것(제902조)이며, (2) 형식적 요건으로 파양신고를 해야 한다(제904조, 제878조, 가족관계등록법 제64조). 가족관계등록법상의 신고에 의하여 효력을 발생하는 바 신고의 방식은 혼인신고에 준한다(제903조). 그 무효·취소의 사유·절차 등은 협의상의 이혼에 있어서와 같다.

◈ 파양의 실질적 요건 : 당사자 사이에 파양의사의 합치가 있을 것

제898조 【협의상 파양】

양부모와 양자는 협의하여 파양(罷養)할 수 있다. 다만, 양자가 미성년자 또는 피성년후견인인 경우에는 그러하지 아니하다.[전문개정 2012.2.10.]

▣ 예 규 ▣

■ **외국인에게 입양된 사람이 파양되는 경우의 사무처리지침**

(대법원 가족관계등록예규 제136호)

한국인이 미국인의 양자가 되어 미국의 국적을 취득한 후라면 양자는 우리 국적을 상실(「국적법」 제15조제2항제2호)한 것이므로 파양하더라도 우리나라 가족관계등록부에는 파양의 기록을 할 것이 아니라 국적회복의 절차를 취해야 될 것이고, 외국 국적 취득 전이라면 파양신고는 미국 당국에서 발행한 그 국적 취득 전이라는 증명서와 미국법에 의하여 파양이 허용되는 증명서(「국제사법」 제43조)를 첨부하여 신고하여야 한다.

■ § 898. 협의상 파양

- 입양의 당사자가 협의에 의하여 하는 파양
- 관련법조 : [파양신고와 효력발생] 가족관계등록법 §64, [파양준거법] 국제사법 §43

양친자관계는 파양에 의해서 해소된다.

협의상 파양은 입양의 당사자가 협의에 의하여 하는 파양이다. 입양의 당사자는 그 원인 여하를 묻지 않고 합의로써 파양을 할 수 있다.

「협의에 의하여」파양한다는 뜻은 파양의사의 합치에 의하여 파양한다는 뜻이다. 호주가 된 양자는 파양을 할 수 없었으나, 1990년 폐지, 삭제되었다. 파양의사에는 어떤 조건이나 기한을 부가할 수 없으며, 어떤 방편을 위한 가장파양은 파양의사의 합치가 없으므로 무효이다.

파양당사자는 원칙적으로 양친자이며, 입양당사자가 아니었던 양친의 배우자(배우자 없는 자가 단독입양하였으나 그 후 혼인한 경우)는 파양당사자가 될 수 없다.

▣ 핵심판례 ▣

■ [협의상 파양]

제3자를 사실상 양자로 여겨 왔다는 사실만으로써 기존의 양친자관계가 소멸되었다고 볼 수 있는지 여부(소극)

양부의 가에서 제3자를 사실상 양자인 것처럼 여겨 왔다 하여 그로써 곧바로 이미 성립되어 있던 양부모와 피청구인 사이의 양친자관계가 소멸되었다고 볼 수 없다(1993. 4. 27. 제1부 판결 92므389 친생자관계부존재확인).

제899조 삭제 <2012.2.10>

종전규정 제899조 【15세 미만자의 협의상 파양】

① 양자가 15세 미만인 경우에는 제869조에 따라 입양을 승낙한 사람이 양자를 갈음하여 파양의 협의를 하여야 한다. 다만, 입양을 승낙한 사람이 사망하거나 그 밖의 사유로 협의를 할 수 없을 때에는 생가(生家)의 다른 직계존속이 이를 하여야 한다.

② 제1항에 따른 협의를 미성년후견인이나 생가의 다른 직계존속이 하는 경우에는 가정법원의 허가를 받아야 한다

제900조 삭제 <2012.2.10>

종전규정 제900조 【미성년자의 협의상 파양】

양자가 미성년자인 때에는 제871조의 규정에 의한 동의권자의 동의를 얻어 파양의 협의를 할 수 있다.

제901조 삭제 <2012.2.10>

종전규정 제901조 【준용규정】

제899조 및 제900조의 경우 직계존속이 수인인 때에는 제870조 제2항을 준용한다.

◆ 피성년후견인의 협의상 파양

제902조【피성년후견인의 협의상 파양】

피성년후견인인 양부모는 성년후견인의 동의를 받아 파양을 협의할 수 있다. [전문개정 2012.2.10.]

■ § 902. 금치산자 피성년후견인의 협의상 파양

• 금치산자는 피성년후견인인 양부모는 성년후견인의 동의를 얻어 파양의 협의를 할 수 있다.
• 파양의 협의에는 의사능력이 필요하다.

양부모가 피성년후견인인 경우에는 성년후견인의 동의를 받아 파양을 협의할 수 있다. 반면, 양자가 피성년후견인인 경우에는 협의상 파양이 인정되지 않으며 재판상 파양만 허용된다. 협의당시에 의사능력이 없으면 후견인의 동의를 얻더라도 무효이다. 본조에 위반한 신고는 수리되지 않는다. 그러나 가족관계등록공무원에게는 실질적 심사권은 없다.

◈ 파양신고의 심사

제903조 【파양신고의 심사】

제898조, 제902조, 그 밖의 법령을 위반하지 아니한 파양 신고는 수리하여야 한다. [전문개정 2012.2.10.]

■ § 903. 파양신고의 수리

• 가족관계등록공무원은 파양이 파양의 실질적 요건(§898, §902) 및 기타 법령에 위반하지 않으면 수리하여야 한다.

• 그러나 수리되면 취소의 규정이 없으므로 파양의사의 합치가 존재하는 한, 계속해서 유효하다고 보아야 한다.

가족관계등록공무원은 파양이 파양의 실질적 요건(제898조, 제902조) 및 기타 법령에 위반하지 않으면 수리하여야 한다(제903조).

가족관계등록공무원은 파양신고의 수리에 있어서 신고의 방식, 그 요건을 갖추었는지의 여부를 심사한 후에 이에 위반함이 없으면 수리하여야 한다. 이 경우의 심사권은 형식적인 면에만 국한된다.

따라서 당사자 사이에 파양의사합치의 유무, 후견인의 동의유무심사 등 실질적인 것은 심사에서 제외된다. 신고가 잘못 수리된 경우의 효력에 대해서는 규정하는 바 없으므로 유효하다고 보아야 할 것이다. 그러나 사기 또는 강박으로 인한 파양은 청구를 취소할 수 있다.

파양의 의사를 결여하는 파양, 즉 의사무능력자의 파양, 어떤 방편을 위한 가장 파양, 조건부 파양, 당사자가 모르는 사이에 제3자가 한 파양 따위는 신고가 수리되더라도 무효이다. 무효의 주장에 대해서는 이혼의 경우와 마찬가지로 다루어야 한다(가사소송법 제2조, 제50조).

◈ 협의상 파양의 성립 등

제904조【준용규정】

사기 또는 강박으로 인한 파양 취소 청구권의 소멸에 관하여는 제823조를 준용하고, 협의상 파양의 성립에 관하여는 제878조를 준용한다. [전문개정 2012.2.10.]

■ § 904. 파양신고의 효력

- 사기 또는 강박으로 인한 파양은 사기 또는 강박당한 자가 그 파양의 취소를 청구할 수 있다. 그 취소권은 사기를 안 날 또는 강박을 면한 날로부터 3월 이내에 행사하지 않으면 안된다.
- 협의상 파양이 유효하게 성립하기 위해서는 가족관계등록법에 정한 바에 의하여 신고함으로써 그 효력이 생긴다.

(1) 사기 또는 강박으로 인한 파양취소권

사기 또는 강박으로 인한 파양은 사기 또는 강박 당한 자가 그 파양을 취소할 수 있다. 그 취소권은 사기를 안날 또는 강박을 면한 날로부터 3월 이내에 행사하지 않으면 안된다(제823조의 준용). 취소의 방법은 이혼의 취소의 경우와 같다(가소 제2조 1항 나류사건 11호, 50조). 취소의 효과는 소급한다.

(2) 파양의 효력발생 요건 : 파양신고

파양은 가족관계의 등록 등에 관한 법률에 정한 바에 의하여 신고함으로써 성립한다(제878조).

제 2 항 재판상 파양

　재판상 파양은 법률이 정한 파양원인에 기인하여 양자와 양친간의 소송에 의하여 행해지는 파양이다. 즉 입양당사자는 법정의 파양원인에 의거하여 타방을 상대방으로 하여 가정법원에 파양재판을 청구할 수 있다(제905조, 가소 제2조 1항, 나류사건 12호). 제905조는 파양원인으로 (1) 양부모가 양자를 학대 또는 유기하거나 그 밖에 양자의 복리를 현저히 해친 경우, (2) 양부모가 양자로부터 심히 부당한 대우를 받은 경우, (3) 양부모나 양자의 생사가 3년 이상 분명하지 아니한 경우, (4) 그 밖에 양친자관계를 계속하기 어려운 중대한 사유가 있는 경우를 들고 있는데 이들 사유가 있는 경우에도 법원은 일체의 사정을 고려하고 양친관계의 계속을 상당하다고 인정할 때에는 파양의 청구를 기각한다(이른바 상대적 파양원인). 파양의 소에 관하여는 가사소송법에 특칙이 있다(가소 제30조, 제31조).

◈ 재판상 파양의 원인

제905조 【재판상 파양원인】

양부모, 양자 또는 제906조에 따른 청구권자는 다음 각 호의 어느 하나에 해당하는 경우에는 가정법원에 파양을 청구할 수 있다.

1. 양부모가 양자를 학대 또는 유기하거나 그 밖에 양자의 복리를 현저히 해친 경우

2. 양부모가 양자로부터 심히 부당한 대우를 받은 경우

3. 양부모나 양자의 생사가 3년 이상 분명하지 아니한 경우

4. 그 밖에 양친자관계를 계속하기 어려운 중대한 사유가 있는 경우

[전문개정 2012.2.10.]

■ § 905. 재판상 파양의 원인

• 양부모가 양자를 학대 또는 유기하거나 그 밖에 양자의 복리를 현저히 해친 경우
• 양부모가 양자로부터 심히 부당한 대우를 받은 경우
• 양부모나 양자의 생사가 3년 이상 분명하지 아니한 경우
• 그 밖에 양친자관계를 계속하기 어려운 중대한 사유가 있는 경우
• 관련법조 : [재판상 파양신고] 가족관계의등록등에관한법률 §66, §58, [파양의 준거법] 국제사법 §43

(1) 재판상 파양의 원인

재판상 파양은 법률에 정하여진 파양원인에 의하여 파양을 재판상 청구하는 것을 말한다. 재판상 파양원인에 관하여 민법은 혼인원인과 마찬가지로 상대적·추상적 파양원인주의를 채용하고 있다.

민법은 양친자의 일방이 법원에 파양을 청구할 수 있는 재판상 파양원인으로써 ① 양부모가 양자를 학대 또는 유기하거나 그 밖에 양자의 복리를 현저히 해친 경우, ② 양부모가 양자로부터 심히 부당한 대우를 받은 경우,

③ 양부모나 양자의 생사가 3년 이상 분명하지 아니한 경우, ④ 그 밖에 양친자관계를 계속하기 어려운 중대한 사유가 있는 경우를 규정하고 있다.

제3자의 파양청구권에 대해 판례는「재판상 파양청구권자는 본조 및 제906조에 의하여 준용되는 제899조에 의하여 양친과 양자에 한정되고, 다만 양자가 15세 미만인 경우에 한하여 입양을 승낙한 자가 이에 갈음하여 파양을 청구할 수 있도록 되어 있을 뿐이며, 구민사소송법 제37조에 의하여 준용되는 같은 법 제26조, 제27조는 혼인의 무효 및 취소의 소의 당사자에 관한 규정으로서 입양의 무효·취소에 관한 소에는 준용할 수 있으나, 이와 성질을 달리하는 파양의 소에는 준용할 수 없다 할 것이다」(대판 1970. 5. 26. 68므31)라고 판시하여 제3자의 파양청구권을 부인하고 있다.

(2) 신고(가족관계등록법 제66조, 제58조)

파양의 재판이 확정된 경우에 소를 제기한 사람은 재판의 확정일로부터 1개월 이내에 재판서의 등본 및 확정증명서를 첨부하여 그 취지를 신고하여야 한다.

그 소의 상대방 재판서의 등본 및 확정증명서를 첨부하여 파양의 재판이 확정된 취지를 신고할 수 있다.

재판상 파양은 확정에 의하여 효력이 생기므로 재판상 파양의 신고는 보고적 신고이다.

◈ 파양 청구권자

제906조【파양 청구권자】

① 양자가 13세 미만인 경우에는 제869조제2항에 따른 승낙을 한 사람이 양자를 갈음하여 파양을 청구할 수 있다. 다만, 파양을 청구할 수 있는 사람이 없는 경우에는 제777조에 따른 양자의 친족이나 이해관계인이 가정법원의 허가를 받아 파양을 청구할 수 있다.

② 양자가 13세 이상의 미성년자인 경우에는 제870조제1항에 따른 동의를 한 부모의 동의를 받아 파양을 청구할 수 있다. 다만, 부모가 사망하거나 그 밖의 사유로 동의할 수 없는 경우에는 동의 없이 파양을 청구할 수 있다.

③ 양부모나 양자가 피성년후견인인 경우에는 성년후견인의 동의를 받아 파양을 청구할 수 있다.

④ 검사는 미성년자나 피성년후견인인 양자를 위하여 파양을 청구할 수 있다.

[전문개정 2012.2.10.]

■ § 906. 파양 청구권자

- 양자가 13세 미만인 경우 : 입양대락을 한 사람이 양자를 갈음하여 파양 청구
- 양자가 13세 이상의 미성년자인 경우 : 미성년자 입양에 대한 동의를 한 부모의 동의를 받아 파양 청구
- 양부모나 양자가 피성년후견인인 경우 : 성년후견인의 동의를 받아 파양 청구
- 검사 : 미성년자나 피성년후견인인 양자를 위하여 파양 청구 가능

파양청구소송의 당사자는 양부모와 양자이며, 제3자는 파양을 청구할 수 없다. 다만, 민법은 파양청구권자와 관련하여 제906조의 특별규정을 두고 있다. 그 내용은 다음과 같다.

(1) 양자가 13세 미만인 경우

입양대락을 한 사람이 양자를 갈음하여 파양을 청구할 수 있다. 다만, 파

양을 청구할 수 있는 사람이 없는 경우에는 민법 제777조에 따른 양자의 친족이나 이해관계인이 가정법원의 허가를 받아 파양을 청구할 수 있다.

(2) 양자가 13세 이상의 미성년자인 경우

미성년자 입양에 대한 동의를 한 부모의 동의를 받아 파양을 청구할 수 있다. 다만, 부모가 사망하거나 그 밖의 사유로 동의할 수 없는 경우에는 동의 없이 파양을 청구할 수 있다.

(3) 양부모나 양자가 피성년후견인인 경우

성년후견인의 동의를 받아 파양을 청구할 수 있다.

(4) 미성년자나 피성년후견인인 양자를 위한 검사의 청구

검사는 미성년자나 피성년후견인인 양자를 위하여 파양을 청구할 수 있다.

◈ 재판상파양청구권의 소멸

제907조 【파양 청구권의 소멸】

파양 청구권자는 제905조 제1호·제2호·제4호의 사유가 있음을 안 날부터 6개월, 그 사유가 있었던 날부터 3년이 지나면 파양을 청구할 수 없다. [전문개정 2012.2.10.]

■ § 907. 재판상 파양청구권의 소멸

• 재판상 파양원인(§905 1, 2, 4)은 이를 안 날로부터 6월, 그 사유가 있은 날로부터 3년을 경과하면 파양청구권이 소멸한다.

본조는 이혼청구권의 소멸에 관한 제842조와 그 취지를 같이하는 규정이다. 그러나 이혼청구권의 소멸은 6월, 2년이나 파양청구권의 소멸은 6월, 3년이다.

양부모나 양자의 생사불명을 사유로 하는 경우를 제외하고 다른 법정사유로써 하는 파양재판의 청구는 다른 일방이 그 사유를 안 날로부터 6개월, 그 사유가 있은 날로부터 3년이 지나면 하지 못한다. 이처럼 기간에는 두가지가 있는데 6개월의 단기는 파양사유를 안 날로부터 기산하고, 3년의 장기는 파양사유의 완성시부터 기산한다. 파양사유가 계속하여 존재하는 경우에는 위의 제척기간은 기산할 수 없을 것이다.

◆ 재판상 파양으로 인한 손해의 배상청구

제908조【준용규정】

재판상 파양에 따른 손해배상책임에 관하여는 제806조를 준용한다. [전문개정 2012.2.10.]

■ § 908. 파양의 효과

- 재판상 파양을 한 때에 당사자 일방은 과실있는 상대방에 대하여 이로 인하여 발생한 손해배상을 청구할 수 있다.
- 약혼해제의 경우와 같다.

(1) 친족관계의 소멸

파양에 의하여 입양으로 인한 친족관계는 소멸한다(제776조).

양부가 사망한 후에 양모가 파양한 경우처럼 양친의 일방에 사망한 후에 생존 양친이 단독으로 파양한 경우 그 파양의 효력이 사망한 양친과의 사이에도 미치는지가 문제되는데, 판례는 이를 부정한다(대판 2001. 8. 21, 99므2230).

양부모의 일방이 단독으로 양자와 파양한 경우에도 다른 일방과 양자 사이의 양친자관계는 그대로 존속된다. 판례는 양부모가 이혼하여 양모가 부의 가를 떠난다고 해서 양친자관계가 해소되는 것은 아니라고 하였다(대판 2001. 5. 24, 2000므1493(전원합의체)).

(2) 입양으로 인하여 발생한 법률효과의 소멸 및 친생부모의 친권의 부활

입양으로 인하여 양친과의 사이에서 발생한 법률효과, 즉 부양·상속·친권관계 등은 소멸한다.

양자가 미성년자이면 친생부모의 친권이 부활한다.

(3) 재판상 파양으로 인한 손해배상청구권

재판상 파양의 경우 약혼해제로 인한 손해배상청구권에 관한 규정(제806조)이 준용된다(제908조).

제 4 관   친양자

친양자제도는 입양의 형식의 면이나 효과의 면에서 양자를 양부모의 친생자와 동일하게 하고 생부모와의 관계가 단절되도록 하는 양자제도의 한 형태를 말한다. 기존의 양자제도는 양자는 양부모의 성과 본을 따를 수 있는 제도가 규정되어 있지 않았고, 양자임이 호적에 기재되어 공개되는 점 등의 문제가 있어 양자임이 공개되지 않고 양자가 양부모의 성과 본을 따를 수 있는 입양제도의 필요성이 꾸준히 제기되어 왔다. 이에 2005년 개정민법에서 친양자제도를 도입하게 되었고 2008년 1월 1일부터 시행에 들어갔다.

친양자제도는 입양을 원하는 부부들이 입양의 사실을 외부에 알리지 아니하면서도 입양아를 친생자와 같이 보이게 하려는 의사를 존중할 필요성과 입양촉진및절차에관한특례법상 양부의 성과 본을 따를 수 있다고 하여도 양자라는 사실이 호적에 공시되는 현실적 여건하에서, 입양아동을 보호함과 아울러 입양을 원하는 부부들의 실질적 의사에 부합하는 입양제도를 만들기 위하여 도입된 것이다.

◈ 친양자 입양의 요건 및 절차

제908조의2 【친양자 입양의 요건 등】

① 친양자(親養子)를 입양하려는 사람은 다음 각 호의 요건을 갖추어 가정법원에 친양자 입양을 청구하여야 한다.

1. 3년 이상 혼인 중인 부부로서 공동으로 입양할 것. 다만, 1년 이상 혼인 중인 부부의 한쪽이 그 배우자의 친생자를 친양자로 하는 경우에는 그러하지 아니하다.

2. 친양자가 될 사람이 미성년자일 것

3. 친양자가 될 사람의 친생부모가 친양자 입양에 동의할 것. 다만, 부모가 친권상실의 선고를 받거나 소재를 알 수 없거나 그 밖의 사유로 동의할 수 없는 경우에는 그러하지 아니하다.

4. 친양자가 될 사람이 13세 이상인 경우에는 법정대리인의 동의를 받아 입양을 승낙할 것

5. 친양자가 될 사람이 13세 미만인 경우에는 법정대리인이 그를 갈음하여 입양을 승낙할 것

② 가정법원은 다음 각 호의 어느 하나에 해당하는 경우에는 제1항제3호·제4호에 따른 동의 또는 같은 항 제5호에 따른 승낙이 없어도 제1항의 청구를 인용할 수 있다. 이 경우 가정법원은 동의권자 또는 승낙권자를 심문하여야 한다.

1. 법정대리인이 정당한 이유 없이 동의 또는 승낙을 거부하는 경우. 다만, 법정대리인이 친권자인 경우에는 제2호 또는 제3호의 사유가 있어야 한다.

2. 친생부모가 자신에게 책임이 있는 사유로 3년 이상 자녀에 대한 부양의무를 이행하지 아니하고 면접교섭을 하지 아니한 경우

3. 친생부모가 자녀를 학대 또는 유기하거나 그 밖에 자녀의 복리를 현저히 해친 경우

③ 가정법원은 친양자가 될 사람의 복리를 위하여 그 양육상황, 친양자 입

양의 동기, 양부모의 양육능력, 그 밖의 사정을 고려하여 친양자 입양이 적당하지 아니하다고 인정하는 경우에는 제1항의 청구를 기각할 수 있다. [전문개정 2012.2.10.]

▣ 예 규 ▣

■ 친양자 입양재판에 따른 사무처리지침

(대법원 가족관계등록예규 제373호)

제1장 총칙

제1조(목적)
　이 지침은 친양자 입양·파양에 관한 신고절차 및 친양자 입양·파양의 경우의 가족관계등록부의 기록, 일반입양과의 관계, 친양자입양관계증명서의 발급요건 등에 관한 사무처리지침을 정함을 목적으로 한다.

제2장 친양자 입양

제2조(입양신고)
　「민법」 제908조의2 에 따라 친양자 입양을 하고자 하는 사람은 친양자 입양 재판의 확정일부터 1개월 이내에 재판서의 등본 및 확정증명서를 첨부하여 친양자 입양신고를 하여야 한다.

제3조(친양자의 가족관계등록부)
① 제2조 의 친양자 입양신고가 있는 경우 시(구)·읍·면의 장은 친양자의 가족관계등록부를 폐쇄하고 친양자에 대하여 가족관계등록부를 재작성하여야 한다. 이때 폐쇄되는 가족관계등록부의 친양자 본인의 성명란에 "친입양"문언이 표시되도록 하여야 한다.
② 친양자의 가족관계등록부를 재작성함에 있어서 친양자의 폐쇄된 가족관계등록부의 가족관계등록부사항란 및 일반등록사항란에 기록된 사항만을 전부 이기하는 것을 원칙으로 한다. 다만, 인지, 친권, 미성년후견, 성본변경, 친양자 입양한 양부 또는 양모의 배우자가 아닌 친생부모에 관한 가족관계증명서의 정정사항의 기록은 이기하지 아니한다. 친권자지정 또는 미성년후견인지정의 기록이 있는 경우 친권 또는 미성년후견종료의 기록 후 이기하지 아니한다
③ 시(구)·읍·면의 장은 친양자의 가족관계등록부의 부모란에는 양부모의 성명 등 특정등록사항을 기록하여야 하며, 친생부모란에 친생부모의 성명 등 특정등록사항을 기록하여야 한다. 또한 친생부모란은 친양자입양관계증명서에만 현출되도록 하여야 한다.
④ 제1항에 따라 폐쇄된 친양자의 가족관계등록부에 대한 등록사항별 증명서의 발급은 제15조의 요건을 충족하는 경우 이외에는 허용되지 않는다.

제4조(친양자의 성과 본)

제3조에 따라 친양자의 가족관계등록부를 재작성함에 있어서 친양자는 양부의 성과 본을 따른다. 다만, 양부모가 혼인신고시 자녀가 모의 성과 본을 따르기로 협의한 경우에는 모의 성과 본을 따른다.

제5조(친생부모의 가족관계등록부에 대한 기록)

① 시(구)·읍·면의 장은 친생부모의 가족관계등록부의 자녀란에서 친양자 입양된 자녀를 말소하여 가족관계증명서에 현출되지 않도록 하여야 한다.

② 제1항의 말소사유는 일반등록사항란에 기록하되 친양자 입양관계증명서에 현출되도록 하여야 한다.

제6조(양부모의 가족관계등록부에 대한 기록)

① 시(구)·읍·면의 장은 친양자 입양을 한 양부모의 가족관계등록부에 친양자입양사유를 기록하고, 친양자의 성명 등 특정등록사항을 기록하여 가족관계증명서에는 친양자가 자녀로, 친양자입양관계증명서에는 친양자로 현출되도록 하여야 한다.

② 친양자 입양사유는 친양자입양관계증명서에 현출되도록 하여야 한다.

제7조(양자가 친양자로 입양된 경우)

① 「민법」 제866조 부터 제882조의2 까지에 따라 입양(이하 "일반입양"이라 한다)된 양자가 다시 친양자로 입양이 되는 경우에는 친양자의 가족관계등록부 및 일반입양을 한 양부모의 가족관계등록부에 입양종료사유를 기록하고 그 사유는 입양관계증명서의 일반등록사항란에 현출되도록 하여야 한다.

② 친양자 입양으로 인한 입양종료사유를 기록할 때에는 일반입양을 한 양부모의 가족관계등록부의 자녀란 및 양자란에서 친양자로 입양된 자녀를 말소하여 가족관계증명서에 현출되지 않도록 하여야 한다. 또한 양자의 가족관계등록부에서 친생부모와 일반입양의 양부모의 특정등록사항을 말소하고 친양자 입양의 양부모의 성명 등 특정등록사항을 기록한다.

③ 친생부모의 가족관계등록부 및 친양자 입양을 한 양부모의 가족관계등록부에 대한 기록은 제5조와 제6조를 따른다.

④ 일반입양된 양자가 친양자로 입양이 되는 경우에 친양자의 가족관계등록부는 제3조와 제4조에 따라 재작성하여야 하고, 재작성시 일반입양에 관한 기록도 이기하지 아니한다.

제3장 친양자 입양의 파양 및 취소

제8조(파양신고)

「민법」 제908조의5 에 따라 친양자 파양의 재판이 확정된 경우, 소를 제기한 사람은 재판의 확정일부터 1개월 이내에 재판서의 등본 및 확정증명서를 첨부하여 파양신고를 하여야 한다.

제9조(친양자의 가족관계등록부에 대한 기록)

① 제8조의 친양자 파양신고가 있는 경우 시(구)·읍·면의 장은 친양자의 가족관계등록부에 파양사유를 기록하고, 친양자 입양으로 인한 양부모를 말소하고 친생부모의 성명 등 특정등록사항을 부활 기록하여야 한다. 파양사유는 친양자입양관계증명서에 현출되도록 하여야 한다.

② 파양된 친양자의 폐쇄된 가족관계등록부에 인지, 친권, 미성년후견, 성본변경, 가족관계증명서의 친생부모의 정정사항의 기록이 있는 경우에는 이기하여야 한다. 다만, 친양자가 파양신고 당시에 미성년인 경우에는 친권종료 및 미성년후견종료의 기록을 이기한 후 친권자, 미성년후견인 또는 그 임무대행자를 지정하거나 선임하는 재판을 다시 받아야 한다

제10조(파양된 친양자의 성과 본)

　친양자 파양신고에 따라 친양자의 성과 본은 원래의 성과 본으로 정정하여 기록하고, 친양자에게 직계비속이나 배우자가 있는 경우에는 그 직계비속의 가족관계등록부에 성·본 변경 사유를 기록하여 기본증명서에 현출되도록 하고, 배우자의 경우에는 혼인사유에 배우자 성이 변경된 취지를 기록하여 혼인관계증명서에 현출되도록 한다.

제11조(친생부모의 가족관계등록부에 대한 기록)

　제8조의 친양자 파양신고가 있는 경우 시(구)·읍·면의 장은 친생부모의 가족관계등록부에 친양자 파양사유를 기록하고 친양자 파양된 자녀의 성명 등 특정등록사항을 부활 기록하여야 하며, 파양사유는 친양자 입양관계증명서에 현출되도록 하여야 한다.

제12조(양부모의 가족관계등록부에 대한 기록)

　제8조의 친양자 파양신고가 있는 경우 시(구)·읍·면의 장은 친양자 입양을 한 양부모의 가족관계등록부에 친양자 파양사유를 기록하고, 파양된 친양자를 말소하여 가족관계증명서에 현출되지 않도록 하여야 하고, 파양사유는 친양자 입양관계증명서에 현출되도록 하여야 한다.

제13조(친양자의 파양과 일반입양 부활의 경우 등)

① 종전 일반입양이 된 상태에서 친양자 입양이 이루어지고 친양자 입양이 파양된 경우 파양한 친양자의 가족관계등록부의 양부모란에 일반입양의 양부모의 성명 등 특정등록사항을 부활 기록하여야 하며, 그 사유를 일반등록사항란에 기록하되 입양관계증명서에 현출되도록 하여야 한다.

② 제1항의 경우 일반입양의 양부모의 가족관계등록부의 양자란에도 파양한 친양자의 성명 등 특정등록사항을 기록하고 그 사유를 일반등록사항란에 기록하되 입양관계증명서에 현출되도록 하여야 한다.

③ 제1항과 제2항에도 불구하고 친양자 파양의 경우에 친양자 입양 전의 양부모와 친양자입양의 양부모가 동일인인 경우에는 친생부모와의 친족관계 만을 부활기록하고 일반입양관계는 부활기록하지 아니한다.

제14조(준용)

　제9조부터 제13조까지는 친양자 입양취소신고의 경우에 준용한다. 다만, 제13조제3항은 그러하지 아니하다.

제4장 친양자입양관계증명서의 발급

제15조(친양자입양관계증명서의 교부제한)

① 친양자입양관계증명서의 발급에 관한 사무처리 절차에 대하여는「 등록사항별 증명서의 발급 등에 관한 사무처리지침」 제3조를 준용한다.

제5장 폐쇄등록부의 기록에 관한 특례

제16조(폐쇄등록부에 대한 기록)

사망, 부재(실종)선고의 사유로 등록부가 폐쇄되었고 그 이후 등록부가 폐쇄된 사람의 자녀가 친양자 입양되었을 경우에는, 그 폐쇄등록부에 친양자 입양으로 자녀가 말소된 사유를 기록하여야 한다.

제6장 친양자의 가족관계등록부의 재작성에 관한 특례

제17조(재작성)

친양자입양한 자녀의 가족관계등록부의 기록사항을 이 예규와 다르게 이기한 경우 시·읍·면의 장은 별지 서식에 따라 감독법원으로부터 재작성을 승인받은 후 이 예규에 따라 재작성을 하여야 한다.

■ § 908조의 2. 친양자 입양의 조건

- 친양자를 하려면 본조 1항의 친양자를 입양하려는 사람이 일정한 요건을 갖추어 가정법원에 청구를 하여야 한다.
- 가정법원은 친양자로 될 자의 복리를 위하여 친양자 입양이 적당하지 아니하다고 인정되는 경우에는 친양자 입양청구를 기각할 수 있다.
- 관련법조 : [친양자의 입양신고] 가족관계등록법 §67

---

1. 친양자 제도의 의의

2005년 개정민법은 친양자제도를 새롭게 도입하였다. 친양자 제도는 양자와 친생부모와의 관계가 완전히 단절되고 양자가 법적으로 뿐만 아니라 실제 생활에 있어서도 양친의 친생자와 같이 입양가족의 구성원으로 흡수·동화되는 제도이다. 보통입양과는 달리 친양자 입양을 하는 경우에는 양자가 양친의 성과 본을 따를 뿐만 아니라 가족관계등록부에도 양친의 친생자로 기재된다.

친양자 제도의 근본 목적은 양자와 친생자 사이에 존재할 수 있는 모든 종류의 차별을 없애고 양자에게 친생자와 같은 양육환경을 만들어 주는데 있다.

양자와 친생부모 및 그 혈족의 친족관계는 친양자 입양이 법원에 의해 선고된 때부터 종료된다.

2. 친양자 입양의 요건(제908조의2 제1항)

(1) 3년 이상 혼인중인 부부로서 공동으로 입양할 것(제1호)

친양자를 하기 위해서는 부부가 혼인한 지 3년 이상이 지나야 한다. 양자가 건강하게 성장하기 위해서는 입양가정의 안정이 필수적으로 요구되는데, 혼인기간이 3년 이상 지속된 경우에는 그 가정이 비교적 안정되어 있을 것으로 보는 것이다. 입양당사자는 보통양자에 있어서와 마찬가지로 부부가 공동으로 된다.

(2) 1년 이상의 혼인 중인 부부의 일방이 그 배우자의 친생자를 친양자로 하는 경우의 특칙(제1호 단서)

부부의 일방이 배우자의 친생자를 친양자로 입양하는 경우에는 1년 이상의 혼인지속기간이 요구되며, 이 경우에는 부부공동입양의 원칙이 적용되지 않는다. 따라서 부부의 일방은 배우자의 친생자를 단독으로 입양할 수 있다. 부부의 일방이 배우자의 친생자를 입양하는 경우에는 배우자와 자녀 사이에는 이미 친생자관계가 성립되어 있으므로, 굳이 친양자 입양이라는 절차를 거칠 필요가 없기 때문이다.

(3) 친양자로 될 자가 미성년자일 것(제2호)

미성년자인지의 여부는 친양자 입양을 허가하는 심판의 확정시를 기준으로 한다.

2012년 2월 10일 민법 개정 전에는 15세 미만의 자만 친양자로 입양할 수 있었으나, 민법 개정시에 그 대상을 미성년자 전체로 확대하였다.

독일민법과 스위스민법에 의하면 미성년자는 누구나 완전양자(우리나라의 친양자에 해당)로 입양할 수 있고, 프랑스민법은 만 15세를 입양가능연령으로 규정하고 있으나, 이에 대한 폭넓은 예외를 인정하여 규정의 경직성을 완화하고 있다(김주수 · 김상용 P337).

(4) 친양자로 될 자의 친생부모가 친양자 입양에 동의할 것(제3호)

다만, 부모와 친권이 상실되거나 사망 그 밖의 사유(예:장기간 행방불명 등)로 동의할 수 없는 경우에는 그러하지 아니하다(제3호 단서).

친양자로 될 자의 친생부모가 공동친권자인 경우에는 법정대리인으로서 입양승낙을 하게 될 것이므로, 이와 별도의 동의는 필요하지 않다. 그러나 예컨대 부모가 이혼하여 부가 친권자로 정해진 상태에서 자녀를 양육하고 있다가 친양자 입양을 승낙하는 때에는 모는 친권자가 아니므로 법정대리인으로 대락권을 갖지 못한다.

인지되지 않은 혼인 외의 자와 생부 사이에는 법률상 친족관계가 없으므로, 이 경우의 생부는 친생자 입양에 동의할 수 있는 친생부모에 해당되지 않는다. 따라서 인지되지 않은 혼인 외의 자가 친양자로 입양될 때에는 친권자인 모의 승낙만 있으면 되며, 생부의 동의는 필요하지 않다고 해야 한다.

(5) 친양자가 될 사람이 13세 이상인 경우에는 법정대리인의 동의를 받아 입양을 승낙할 것(제4호)

(6) 친양자가 될 사람이 13세 미만인 경우에는 법정대리인이 그를 갈음하여 입양을 승낙할 것(제5호)

(7) 가정법원의 허가

민법은 보통양자제도는 입양을 양친과 양자 사이의 사적인 신분계약으로 규정하고 있다. 따라서 당사자(양친과 양자될 자) 사이에 입양의사가 합치되고, 그 밖의 입양요건이 구비된 경우에는 당사자의 입양신고에 의해서 입양이 성립된다.

그러나 국가기관에 의한 사전심사와 통제가 이루어지지 않는 상황에서 입양제도는 본래의 목적과는 달리 오히려 자녀의 복리에 반하는 수단으로 악용될 수 있으므로, 이러한 사태를 막기 위하여 민법은 친양자 입양을 당사자의 사적인 계약으로 하지 않고, 자녀의 복리를 위하여 반드시 법원의 선고(허가)에 의하여 성립하도록 하였다.

◈ 친양자 입양의 효력

제908조의3 【친양자 입양의 효력】

① 친양자는 부부의 혼인중 출생자로 본다.

② 친양자의 입양 전의 친족관계는 제908조의2 제1항의 청구에 의한 친양자 입양이 확정된 때에 종료한다. 다만, 부부의 일방이 그 배우자의 친생자를 단독으로 입양한 경우에 있어서의 배우자 및 그 친족과 친생자 간의 친족관계는 그러하지 아니하다.

■ § 908조의 3. 친양자 입양의 효력

- 친양자는 부부의 혼인 중 출생자로 본다.
- 친양자의 입양 전의 친족관계는 입양이 확정된 때에 종료한다.
- 단, 부부의 일방이 그 배우자의 친생자를 단독으로 입양한 경우 배우자 및 그 친족과 친생자 사이의 친족관계는 소멸하지 않는다.

(1) 친양자에게 부부의 혼인 중 출생자로서의 지위부여

친양자는 부부의 혼인 중 출생자로 본다(제908조의 3 제1항). 이 규정은 친양자 입양의 근본 취지를 나타내고 있는 것으로 볼 수 있다. 이에 따라 친양자는 양친의 성을 따르게 된다. 제781조에 의하면 자는 부의 성과 본을 따르되, 다만 부모가 혼인신고시 모의 성과 본을 따르기로 협의한 경우에는 모의 성과 본을 따르게 되는데, 친양자에 대해서도 이 규정이 그대로 적용된다. 즉 혼인신고시 부모(양친)가 별도의 협의를 하지 않은 경우에는 양부의 성과 본을 따르고, 모의 성과 본을 따르기로 협의한 때에는 양모의 성과 본을 따른다.

친양자는 양친의 성과 본을 따를 뿐만 아니라 가족관계등록부에도 양친의 친생자로 기재되어 외부에 양자라는 사실이 공시되지 않는다.

(2) 친양자와 양부모의 친족 사이 친족관계 발생

친양자와 양부모의 친족 사이에도 당연히 친족관계가 발생하며, 부양·상속 등의 효과가 따른다.

(3) 친생부모 등과의 친생관계 종료

친양자의 입양 전의 친족관계 즉 친생부모 및 그 혈족과의 친족관계는 친양자 입양이 법원에 의하여 확정된 때에 종료한다. 다만 부부의 일방이 그 배우자의 친생자를 단독으로 입양한 경우에 있어서 배우자 및 그 친족과 친생자간의 친족관계는 그러하지 아니하다(제908조의3 제2항).

부가 처의 출생자(전혼관계에서 출생한 자 또는 인지된 혼외자)를 친양자로 입양하였다면, 친양자로 입양된 자와 생부 및 생부의 친족간의 친족관계는 소멸한다. 그러나 모자관계 및 모의 친족에 대한 자의 친족관계는 소멸하지 않는다.

◈ 친양자 입양의 취소

제908조의4 【친양자 입양의 취소 등】

① 친양자로 될 사람의 친생(親生)의 아버지 또는 어머니는 자신에게 책임이 없는 사유로 인하여 제908조의2제1항제3호 단서에 따른 동의를 할 수 없었던 경우에 친양자 입양의 사실을 안 날부터 6개월 안에 가정법원에 친양자 입양의 취소를 청구할 수 있다.

② 친양자 입양에 관하여는 제883조, 제884조를 적용하지 아니한다. [전문개정 2012.2.10.]

■ § 908조의 4. 친양자 입양의 취소절차

• 친생부모가 자신에게 책임 없는 사유로 친양자 입양에 동의할 수 없었던 경우에 친양자 입양의 취소를 청구할 수 있다.

• 입양의 무효원인(제883조), 입양 취소의 원인(제884조)에 관한 규정은 친양자 입양에 적용하지 아니한다.

(1) 취소사유

친양자로 입양된 자의 친생부모가 자신에게 책임이 없는 사유로 인하여 친양자 입양에 동의를 할 수 없었던 경우에는 친양자 입양의 사실을 안 날로부터 6월 내에 친양자 입양의 취소를 청구할 수 있다(제908조의4 제1항).

이러한 경우에 해당되는 사유로는 실종된 아동이 보호시설에 있다가 보호시설의 장이 후견인으로서 친양자 입양승낙을 하여 친양자로 입양된 경우를 들 수 있다.

이러한 경우에는 친생부모의 친권이 소멸된 것으로 볼 수 없으므로, 친생부모가 법정대리인으로서 입양대락을 해야 하는데, 이러한 승낙없이 친양자 입양이 성립되었으므로 그 입양은 무효라고 볼 수 있다. 제908조의4 제2항은 '제883조(입양무효의 원인) 및 제884조(입양취소의 원인)의 규정은 친양자 입양에 관하여 이를 적용하지 아니한다'라고 규정하고 있다. 따라서 부모가 친양자 입양의 사실을 안 날로부터 6월 내에 가정법원에 친양자 입양의 취소를 청구할 수 있을 뿐이다.

(2) 보통양자의 취소에 관한 규정의 적용 배제

보통양자의 취소에 관한 규정은 친양자에 대해서는 적용되지 않는다(제908조의4 제2항).

보통양자에 있어서는 미성년자가 입양한 경우(제866조)에는 취소사유가 되는데, 친양자 입양은 법원의 심판을 거칠 뿐만 아니라, 일정한 기간 혼인 생활을 계속한 부부에 대해서만 입양자격이 인정되므로, 미성년자가 친양자 입양을 하는 경우는 거의 없다고 할 것이므로 이 규정은 친양자 입양에 적용되지 않는다.

또한 제870조(입양의 동의), 제871조(미성년자입양의 동의), 제872조(후견인과 피후견인과의 입양), 제873조(피성년후견인의 입양), 제874조(부부의 공동입양)의 규정에 위반한 경우의 취소 역시 친양자 입양에는 적용되지 않는다.

엄격한 친양자 입양절차상 이들 규정을 위반한 경우의 취소권을 별도로 인정할 필요가 없다.

보통양자에 있어서는 '입양 당시 양친자의 일방에게 악질 기타 중대한 사유가 있음을 알지 못한 때(제884조 2호)'에는 입양을 취소할 수 있으나, 이 규정도 친양자 입양에는 적용되지 않는다. 친양자 입양에 의해서 양자가 된 자는 마치 양부모의 가정에서 출생한 것과 같이 다루어져야 하므로, 입양 당시에 알지 못한 질병이 있다는 등의 이유로 입양을 취소하는 것은 친양자제도의 본질과 맞지 않는다. 보통양자의 경우에는 '사기 또는 강박으로 인하여 입양의 의사를 표시한 때(제884조 3호)' 입양을 취소할 수 있으나, 친양자 입양 성립은 가정법원의 심판절차를 거치므로, 사기나 강박으로 인하여 입양의사를 표시하는 경우는 예상하기 어렵다.

(3) 신 고

친양자의 입양취소의 재판이 확정된 경우 소를 제기한 사람은 재판의 확정일로부터 1개월 이내에 재판서의 등본 및 확정증명서를 첨부하여 친양자의 입양취소 신고를 하여야 한다(가족관계등록법 제70조, 제69조).

◈ 친양자의 파양사유

제908조의5 【친양자의 파양】

① 양친, 친양자, 친생의 부 또는 모나 검사는 다음 각호의 어느 하나의 사유가 있는 경우에는 가정법원에 친양자의 파양을 청구할 수 있다.

  1. 양친이 친양자를 학대 또는 유기하거나 그 밖에 친양자의 복리를 현저히 해하는 때

  2. 친양자의 양친에 대한 패륜행위로 인하여 친양자관계를 유지시킬 수 없게된 때

② 제898조 및 제905조의 규정은 친양자의 파양에 관하여 이를 적용하지 아니한다. [본조신설 2005. 3. 31]

■ § 905조의 5. 친양자의 파양사유 및 파양절차

- 양친이 친양자를 학대 또는 유기하거나 친양자의 복리를 현저히 해하는 때
- 가정법원이 친양자의 파양친양자의 양친에 대한 패륜행위로 인하여 친양자관계를 유지시킬 수 없게 된 때청구

(1) 친양자 파양사유

양친, 친양자, 친생의 부 또는 모나 검사는 다음 각호의 어느 하나의 사유가 있는 경우에는 가정법원에 친양자의 파양을 청구할 수 있다(제908조의5 제1항).

가. 양친이 친양자를 학대 또는 유기하거나 그 밖에 친양자의 복리를 해하는 때(제1호)

이것은 친양자를 위한 파양사유이다. 양친의 신체적 학대, 과도한 징계, 적절한 의식주를 제공하지 않고 양자를 방임하는 것, 양자에게 범죄를 교사하는 것, 양친 자신이 범죄행위로 인하여 장기간 복역해야 하기 때문에 양자를 양육할 수 없는 사정, 양친이 약물중독 등으로 양자를 양육할 수 없는 경우 등이 이 사유에 해당할 수 있다. 그러나 양친의 이혼은 파양사

유가 되지 않는다.

나. 친양자의 양친에 대한 패륜행위로 인하여 친양자관계를 유지시킬 수 없게 된 때(제2호)

친양자제도의 본질에 비추어 볼 때 패륜행위로서 파양이 인정되기 위해서는 양친에 대한 양자의 반인륜적 행위가 상속을 위해 양친을 살해하려고 시도하는 등 매우 심각한 정도에 이르러야 할 것이다.

(2) 파양절차

가. 파양청구권자

파양청구권자는 양친, 친양자, 친생의 부 또는 모 및 검사이다(제908조의5 제1항).

나. 재 판

가정법원은 위 가.의 두 가지 파양사유 중 하나가 있다고 판단되는 경우에는 파양청구를 인용한다. 그러나 파양사유가 인정되는 경우에도 친양자의 복리를 위하여 그 양육상황, 파양의 동기, 양친과 친생부모의 양육능력 그 밖의 사정을 고려하여 적당하지 않다고 인정되는 경우에는 파양청구를 기각할 수 있다(제908조의6, 제908조의2 제2항).

다. 협의파양 규정의 적용배제

제898조(협의상 파양) 및 제905조(재판상 파양)의 규정은 친양자의 파양에 관하여 이를 적용하지 아니한다(제908조의5 제2항).

친양자의 본질에 비추어 볼 때 협의파양은 인정될 수 없다.

양친과 양자의 계약을 통해 성립하는 보통양자와는 달리 국가(즉, 가정법원)의 허가에 의해서 성립하는 친양자의 경우에는 양친자관계는 당사자의 합의만으로 해소될 수 없으며, 반드시 국가(법원)에 의한 허가를 필요로 하게 된다.

(3) 파양신고

친양자 파양의 재판이 확정된 경우 소를 제기한 사람은 재판의 확정일로부터 1개월 이내에 재판서의 등본 및 확정증명서를 첨부하여 파양신고를 하여야 한다. 신고서에는 재판확정일을 기재하여야 한다. 또 소의 상대방도 친양자 파양의 재판이 확정된 취지를 신고할 수 있다(가족관계등록법 제69조).

◆ 자녀의 복리를 위한 친양자 입양취소·파양청구의 기각

제908조의6 【준용규정】

제908조의2 제3항은 친양자 입양의 취소 또는 제908조의5 제1항 제2호에 따른 파양의 청구에 관하여 이를 준용한다. <개정 2012.2.10.>

[본조신설 2005. 3. 31]

§ 908조의 6. 준용규정

- 친양자의 입양취소 청구에 §908의2 제3항 준용
- 파양의 청구에 §908의2 제3항 준용

(1) 친양자 입양의 취소청구를 받은 가정법원은 취소사유가 있다고 인정되더라도, 친양자로 된 자의 복리를 위하여 '그 양육상황, 친양자 입양의 동기, 양친의 양육능력, 그 밖의 사정을 고려하여' 친양자 입양의 취소가 적당하지 않다고 인정되는 경우에는 취소청구를 기각할 수 있다(제909조의6에 의한 제908조의2 제3항 준용).
법원은 친양자로 된 자의 복리를 고려하여 친양자 입양의 취소가 친양자로 된 자의 양육환경 및 장래에 미칠 영향을 세심하게 검토한 후 취소여부를 결정지어야 할 것이다.

(2) 친양자의 양친에 대한 패륜행위로 인하여 친양자 관계를 유지할 수 없게 되어 파양의 청구를 하는 경우(제908조의5 제1항 2호)에도 위 (1)과 같다.

◈ 친양자 입양의 취소 및 파양의 효력

제908조의7 【친양자 입양의 취소·파양의 효력】

① 친양자 입양이 취소되거나 파양된 때에는 친양자관계는 소멸하고 입양 전의 친족관계는 부활한다.

② 제1항의 경우에 친양자 입양의 취소의 효력은 소급하지 아니한다. [본조 신설 2005. 3. 31]

■ § 908조의 7. 친양자 입양의 취소, 파양의 효력

• 친양자 관계 소멸, 입양 전 친족관계 부활
• 친양자 입양 취소의 효력의 비소급효

(1) 친양자 입양이 취소되면 친양자 입양에 의해서 발생한 친족관계는 소멸하고, 입양 전의 친족관계가 부활한다(제908조의7 제1항). 이에 따라 친생부모가 친권자가 되고, 자는 친생부모의 성을 따르게 된다. 친양자 입양의 취소의 효력은 소급하지 않는다(동조 2항).

(2) 친양자관계가 파양된 때에는 친양자 입양으로 인하여 발생한 친족관계는 소멸하고 입양 전의 친족관계가 부활한다(제908조의7 제1항). 그 결과 친생부모가 자의 친권자가 되고, 자의 성도 친생부모를 따라 변경되지 않을 수 없다. 그러나 이러한 결과는 현실적으로 적지 않은 문제를 야기할 수 있다.

◆ 양자에 관한 규정 중 친양자에 준용되는 규정

제908조의8 【준용규정】

친양자에 관하여 이 관에 특별한 규정이 있는 경우를 제외하고는 그 성질에 반하지 아니하는 범위 안에서 양자에 관한 규정을 준용한다.

■ § 908조의 8. 준용규정

• 친양자의 성질에 반하지 아니하는 범위 안에서 양자에 관한 규정의 준용

'친양자에 관하여 이 관에 특별한 규정이 있는 경우를 제외하고는 그 성질에 반하지 아니하는 범위안에서 양자에 관한 규정을 준용한다(제908조의8).'

이에 따르면 우선, 친양자에 관한 친족편 제4장 제2절 제4관에 보통양자에 관한 규정을 적용하지 않는다는 명문의 규정이 있는 경우에는, 보통양자에 관한 규정의 적용이 당연히 배제된다. 여기에 해당되는 보통양자에 관한 규정은 입양무효에 관한 제883조, 입양취소에 관한 제884조, 협의파양에 관한 제898조, 재판상 파양에 관한 제905조 등이다. 그러므로 친양자 입양에 대해서는 입양무효확인청구는 인정되지 않는다. 친양자 입양의 취소에 관해서는 별도의 규정이 있으므로(제908조의4), 보통양자에 관한 취소규정은 적용되지 않는다. 또 친양자의 파양에 대해서도 별도의 규정이 있으며, 보통양자에 적용되는 협의상 파양이나 재판상 파양의 규정은 적용되지 않는다. 명문의 규정으로 적용을 배제하지 않는 경우에도 보통양자에 관한 규정 중에서 친양자의 성질에 반하거나 친양자 규정과 모순되는 규정은 친양자에 적용될 수 없다. 여기에 해당되는 규정은 제866조, 제869조, 제870조, 제871조, 제872조, 제873조, 제878조, 제881조, 제882조 등이다. 그렇다면 보통양자에 관한 규정 가운데 친양자에 준용될 수 있는 규정은 제877조 제1항 중에서 존속을 양자로 할 수 없다는 부분에 한정될 것으로 보인다.

제 3 절   친 권

친권(right and duties of the parents ; elterliches Gesalt ; puissance paternelle)은 부 또는 모가 자를 보호·양육하고 그 재산을 관리하는 것을 내용으로 하는 권리의무의 총칭이다(제909조~제927조). 연혁적으로는 가부(家父)의 절대적 지배권력의 제도에서 발달한 것이지만 오늘날은 부모로서의 의무를 다하는 권리로 이해된다. 민법은 친권에 복종하는 자를 미성년자와 양자에 한정하고 있다(제909조 1항·5항). 친권의 내용은 다음과 같다.

(1) 자의 보호·교양(제913조)·거소지정(제914조)·징계(제915조)·영업허가(제8조 1항) 등의 자의 신분에 관한 권리의무를 가지며, (2) 자의 특유재산을 관리할 수 있다(제916조). 다만 친권자와 자의 이해가 상반되는 경우(제921조) 및 자에 대한 무상증여자가 친권자의 관리권을 배제한 경우(제918조)에는 그 재산에 관하여 관리권을 갖지 못한다. 또한 재산행위라도 그 자의 행위를 목적으로 하는 채무를 부담할 경우에는 자 자신의 동의가 필요하다(제920조). 자가 성년이 되면 친권자는 그 친권을 잃으나 친권자는 정당한 사유가 있을 때에는 법원의 허가를 얻어 그 법률행위의 대리권과 재산관리권을 사퇴할 수 있다(제927조 1항).

친권남용 따위의 중대한 사유가 있을 때에는 법원은 자의 친족 또는 검사의 청구에 의하여 친권상실의 선고를 할 수 있으며(제924조), 또 관리가 소홀했을 때에는 관리권의 상실을 선고할 수 있다(제925조).

제 1 관   총 칙

친권을 행사하는 자를 친권자라고 한다.

(1) 미성년자의 친권은 부모가 공동으로 행사하나, 부모의 의견이 일치되지 않을 때에는 당사자의 청구에 의하여 가정법원이 정한다(제909조 1항·2항). 부모의 일방이 친권을 행사할 수 없을 때에는 다른 일방이 행사한다(제909조 3항).

(2) 혼인외의 자가 인지된 경우와 부모가 이혼한 경우에는 부모가 협의로 친권을 행사할 자를 정하고, 협의할 수 없거나 협의가 이루어지지 않으면 가정법원은 직권으로 또는 당사자의 청구에 의하여 친권자를 지정한다(제909조 4항). 추정된 부로부터 인지되지 않은 혼인외의 자는 생모가 친권을 행사한다. 왜냐하면 모자관계는 사실자체로 결정되기 때문이다.

(3) 양자의 경우에는 양부모가 친권자가 된다(제909조 1항). 오늘날 세계 여러 나라의 양자법은 양자가 친가로부터 단절하는 완전양자화의 추세에 있다.

◆ 미성년자의 친권자 및 친권행사방법

제909조 【친권자】

① 부모는 미성년자인 자의 친권자가 된다. 양자의 경우에는 양부모가 친권자가 된다. <개정 2005. 3. 31>

② 친권은 부모가 혼인중인 때에는 부모가 공동으로 이를 행사한다. 그러나 부모의 의견이 일치하지 아니하는 경우에는 당사자의 청구에 의하여 가정법원이 이를 정한다.

③ 부모의 일방이 친권을 행사할 수 없을 때에는 다른 일방이 이를 행사한다.

④ 혼인외의 자가 인지된 경우와 부모가 이혼하는 경우에는 부모의 협의로 친권자를 정하여야 하고, 협의할 수 없거나 협의가 이루어지지 아니하는 경우에는 가정법원은 직권으로 또는 당사자의 청구에 따라 친권자를 지정하여야 한다. 다만, 부모의 협의가 자의 복리에 반하는 경우에는 가정법원은 보정을 명하거나 직권으로 친권자를 정한다. <개정 2005. 3. 31, 2007. 12. 21>

⑤ 가정법원은 혼인의 취소, 재판상 이혼 또는 인지청구의 소의 경우에는 직권으로 친권자를 정한다. <개정 2005. 3. 31>

⑥ 가정법원은 자의 복리를 위하여 필요하다고 인정되는 경우에는 자의 4촌 이내의 친족의 청구에 의하여 정하여진 친권자를 다른 일방으로 변경할 수 있다. <신설 2005. 3. 31>

■ § 909. 친권자

- 친권이라 함은 부모가 미성년의 자에 대하여 가지는 신분상, 재산상의 보호와 감독을 내용으로 하는 권리의무를 말한다.
- 친권공동행사의 원칙 : 본조 2항, 3항
- 혼인외의 출생자의 친권자 : 본조 4항
- 가정법원의 직권에 의한 친권자 지정 : 본조 5항
- 자의 복리를 위한 가정법원의 친권자 지정 : 본조 6항
- 관련법조 : [후견의 특례] 입양특례법 §12

1. 친권에 따르는 자

친권에 따르는 자는 미성년자인 자(子), 즉 친생자와 양자이다(제909조 1항).

미성년자가 혼인하면 성년에 달한 것으로 보므로(제826조의 2), 친권에 따르지 않는다.

2. 친권자

(1) 친생자의 친권자

혼인 중의 출생자의 친생부모는 미성년자인 자의 친권자가 된다. 친족은 부모가 혼인 중인 때에는 부부가 공동으로 이를 행사하고, 부모의 의견이 일치하지 아니하는 경우에는 당사자의 청구에 의하여 가정법원이 이를 정한다(제909조 1항·2항).

(2) 양자의 친권자

양자의 경우에는 양부모가 친권자가 된다(제909조 1항).

양자는 양부모가 혼인중에는 양부모의 공동친권에 따른다. 양부모의 일방이 사실상 또는 법률상 친권을 행사할 수 없는 경우에는 다른 일방의 친권에 따른다. 양친의 일방이 법률상·사실상 친권을 행사할 수 없는 경우나 양친의 일방이 사망한 경우에 다른 일방이 단독친권자가 된다.

그리고 양부모가 이혼하는 경우, 혼인이 무효가 되거나 취소되는 경우에 양자의 친권자를 정하는 방법도 혼인중의 출생자의 경우와 같다.

양부모(친생부모가 공동친권자가 된 후)의 일방이 사망한 때에는 다른 일방이 단독친권자가 된다(제909조 3항). 양자와 양친이 파양을 하면 친생친이 단독친권자가 된다.

(3) 혼인 외의 출생자의 친권자

① 인지되지 않은 혼인 외의 자에 대해서는 모가 단독친권자가 된다.

② 혼인 외의 자가 인지된 경우에는 부모의 협의로 친권자를 정하여야 하고, 협의할 수 없거나 협의가 이루어지지 아니하는 경우에는 가정법원은 직권으로 또는 당사자의 청구에 따라 친권자를 지정하여야 한다(제

909조 4항).

혼인 외의 자가 인지되는 경우에는 친권자를 정하는 방법은 2007년 개정민법에 의해서 새롭게 규정된 것이다. 우선, 임의인지의 경우, 즉 부가 스스로 인지하는 경우에는 부모의 협의로 친권자를 정하여야 한다. 이 경우 단독친권으로 하든 공동친권으로 하든 자유로이 정할 수 있다고 보아야 할 것이다. 그러나 부모가 협의를 할 수 없거나(예컨대 의사능력이 없는 경우) 협의가 이루어지지 않은 경우에는 당사자는 가정법원에 그 지정을 청구하거나 가정법원이 직권으로 친권자를 지정하여야 한다.

2. 친권의 행사방법

(1) 친권공동행사의 원칙

부모가 혼인중인 때에는 공동으로 친권을 행사해야 하며, 어느 일방이 단독으로 친권을 행사해서는 안 된다. 부모의 의견이 일치하지 않는 경우에는 당사자의 청구에 의하여 가정법원이 결정한다(제909조 2항). 부모의 일방이 친권을 행사할 수 없을 때에는 다른 일방이 단독으로 친권을 행사한다(제909조 3항).

"부모의 일방이 친권을 행사할 수 없을 때"란 사실상 행사할 수 없는 경우(예 : 부모의 심신상실, 장기부재 등)와 법률상 행사할 수 없는 경우 모두를 포함하는 의미로 이해된다. 법률상 친권을 행사할 수 없는 경우로는 친권상실선고를 받은 경우(제924조), 친권행사금지가처분결정을 받은 경우와 성년후견개시 심판을 받은 경우를 포함한다. 한정후견개시의 심판을 받은 경우에도 자의 재산관리권, 재산상 법률행위의 대리권 및 동의권 등은 행사할 수 없다고 보아야 할 것이다.

(2) 부모가 이혼하였을 때의 친권행사

① 부모가 협의이혼한 경우에는 부모의 협의로 친권자를 정하여야 하고, 협의할 수 없거나 협의가 이루어지지 아니하는 경우에는 가정법원은 직권으로 또는 당사자의 청구에 따라 친권자를 지정하여야 한다. 다만, 부모의 협의가 자의 복리에 반하는 경우에는 가정법원은 보정을 명하거나 직권으로 친권자를 정한다(제909조 4항).

제909조 4항은 협의이혼시 친권자 지정을 의무화하고 있는데, 이는 협의나 법원의 심판에 의하여 친권자를 정하도록 의무화함으로써 친권자가 정해지지 않은 상태에서 이혼이 성립되는 것을 허용하지 않겠다는 취지로 해석된다. 2005년 민법개정 전에는 "부모가 이혼한 경우에는 부모의 협의로 친권을 행사할 자를 정하고 협의할 수 없거나 협의가 이루어지지 아니하는 경우에는 당사자의 청구에 의하여 가정법원이 이를 정한다(구 민법 제909조 4항)."고 규정되어 있다. 따라서 당시에는 부모가 이혼할 때 친권자에 대해서 협의할 의무도, 협의가 되지 않은 경우에도 가정법원에 지정을 청구해야 할 의무도 없었다. 즉, 친권자를 정하지 않은 상태에서 이혼하는 것이 얼마든지 가능하였는데, 이는 결국 자녀를 친권의 공백상태에 방치하는 결과를 가져왔다. 2007년 민법개정으로 인하여 부모가 협의할 수 없거나 협의가 이루어지지 아니하는 경우 가정법원이 직권으로 친권자를 지정할 수 있도록 하였다.

② 재판상 이혼의 경우에는 가정법원이 직권으로 친권자를 지정한다(제909조 5항).

③ 이혼 후 단독친권자로 되어 있던 부모의 일방이 사망한 때에는 생존하고 있는 다른 일방이 자동으로 친권자가 된다는 것이 개정법 시행 전의 판례(대판 1994. 4. 29, 94다1302)와 실무의 입장이었다. 이와 같이 친권이 자동으로 부활된다는 점은 많은 문제점을 내포하고 있었고, 이에 이와 같이 자동으로 친권이 부활하는 것을 막기 위해 2011년 5월 19일 민법 일부 개정시 제909조의2를 신설하였다.

(3) 혼인이 취소된 경우의 친권자 지정

혼인이 취소된 경우에도 재판상의 이혼의 경우와 마찬가지로 가정법원이 직권으로 친권자를 정한다(제909조 5항). 혼인이 무효가 된 경우에 대하여는 민법에 규정이 없으나, 가사소송법 제25조에 의하여 이혼의 경우와 동일하게 다루어진다.

3. 친권자의 변경

가정법원은 자의 복리를 위하여 필요하다고 인정되는 경우에는 자의 4촌 이내의 친족의 청구에 의하여 정하여진 친권자를 다른 일방으로 변경할 수 있다

(제909조 6항).

(1) 의 의

친권자의 변경이란 제909조 제4항과 제5항에 의하여 일단 정해진 친권자를 조정 또는 심판에 의하여 다른 일방이 변경하는 것을 말한다. 부모의 협의나 가정법원의 심판에 의하여 친권자가 정해졌지만, 그 후 자의 복리에 비추어 볼 때 부적당하다고 인정되는 경우에는, 가정법원은 4촌 이내의 친족의 청구에 의하여 친권자를 다른 일방으로 변경할 수 있다(제909조 5항). 종전의 법 규정과는 달리 당사자의 협의에 의한 친권자변경을 인정하지 않는다.

(2) 청구권자

친권자의 변경을 청구할 수 있는 자는 4촌 이내의 친족이다. 친권자가 되려는 부 또는 모, 현재의 친권자, 그 밖의 자의 4촌 이내의 친족은 자의 복리를 위하여 필요하다고 인정될 때에는 가정법원에 친권자의 변경을 청구할 수 있다(제909조 6항, 가사소송법 제2조 1항 마류사건).

▣ 핵심판례 ▣

■ [친권자]

구 관습상 사실상 재혼한 모의 친권상실 여부

구 관습상 모가 사실상 재혼하여도 동일 호적 내에 있는 미성년의 자녀에 대한 친권을 상실하지 아니한다(1993. 12. 14. 제2부판결 93다43361 소유권이전등기말소).

◈ 친권자의 지정 등

제909조의2 【친권자의 지정 등】

① 제909조 제4항부터 제6항까지의 규정에 따라 단독 친권자로 정하여진 부모의 일방이 사망한 경우 생존하는 부 또는 모, 미성년자, 미성년자의 친족은 그 사실을 안 날부터 1개월, 사망한 날부터 6개월 내에 가정법원에 생존하는 부 또는 모를 친권자로 지정할 것을 청구할 수 있다.

② 입양이 취소되거나 파양된 경우 또는 양부모가 모두 사망한 경우 친생부모 일방 또는 쌍방, 미성년자, 미성년자의 친족은 그 사실을 안 날부터 1개월, 입양이 취소되거나 파양된 날 또는 양부모가 모두 사망한 날부터 6개월 내에 가정법원에 친생부모 일방 또는 쌍방을 친권자로 지정할 것을 청구할 수 있다. 다만, 친양자의 양부모가 사망한 경우에는 그러하지 아니하다.

③ 제1항 또는 제2항의 기간 내에 친권자 지정의 청구가 없을 때에는 가정법원은 직권으로 또는 미성년자, 미성년자의 친족, 이해관계인, 검사, 지방자치단체의 장의 청구에 의하여 미성년후견인을 선임할 수 있다. 이 경우 생존하는 부 또는 모, 친생부모 일방 또는 쌍방의 소재를 모르거나 그가 정당한 사유 없이 소환에 응하지 아니하는 경우를 제외하고 그에게 의견을 진술할 기회를 주어야 한다.

④ 가정법원은 제1항 또는 제2항에 따른 친권자 지정 청구나 제3항에 따른 후견인 선임 청구가 생존하는 부 또는 모, 친생부모 일방 또는 쌍방의 양육의사 및 양육능력, 청구 동기, 미성년자의 의사, 그 밖의 사정을 고려하여 미성년자의 복리를 위하여 적절하지 아니하다고 인정하면 청구를 기각할 수 있다. 이 경우 가정법원은 직권으로 미성년후견인을 선임하거나 생존하는 부 또는 모, 친생부모 일방 또는 쌍방을 친권자로 지정하여야 한다.

⑤ 가정법원은 다음 각 호의 어느 하나에 해당하는 경우에 직권으로 또는 미성년자, 미성년자의 친족, 이해관계인, 검사, 지방자치단체의 장의 청구에 의하여 제1항부터 제4항까지의 규정에 따라 친권자가 지정되거나 미성년후견인이 선임될 때까지 그 임무를 대행할 사람을 선임할 수 있다. 이 경

우 그 임무를 대행할 사람에 대하여는 제25조 및 제954조를 준용한다.

1. 단독 친권자가 사망한 경우

2. 입양이 취소되거나 파양된 경우

3. 양부모가 모두 사망한 경우

⑥ 가정법원은 제3항 또는 제4항에 따라 미성년후견인이 선임된 경우라도 미성년후견인 선임 후 양육상황이나 양육능력의 변동, 미성년자의 의사, 그 밖의 사정을 고려하여 미성년자의 복리를 위하여 필요하면 생존하는 부 또는 모, 친생부모 일방 또는 쌍방, 미성년자의 청구에 의하여 후견을 종료하고 생존하는 부 또는 모, 친생부모 일방 또는 쌍방을 친권자로 지정할 수 있다.

[본조신설 2011.5.19.]

■ § 909의2. 친권자의 지정

- 일반 입양 취소·파양, 일반입양의 양부모 사망, 친양자 입양 취소·파양 : 제909조의2 2항이 적용되어 친권자 지정 청구 및 가정법원의 심판을 통해 친생부모가 친권자가 될 수 있음.
- 친양자의 양부모 사망 : 제909조의2 2항이 적용되지 않음(제909조의2 2항 단서 참조). 따라서 후견이 개시됨.

1. 본조 신설 이유

부모가 이혼한 후 일방이 단독친권자가 되었으나 이후 그 친권자가 사망하면 부 또는 모 중 생존한 다른 일방이 친권자가 되는지 혹은 후견이 개시되는지에 대하여 논의가 있었고, 개정법 시행 전의 판례와 실무는 생존한 다른 일방의 친권이 부활된다는 입장이었다(대판 1994. 4. 29. 94다1302 참조). 이러한 친권의 자동 부활은 다른 일방이 부적격자일지라도 친권을 행사하게 되는 등 여러 문제가 있었고, 이러한 친권의 부활을 막기 위해 2011년 5월 19일 민법 일부 개정시 친권자의 지정에 관한 제909조의2를 신설하였다. 이 규정은 2013년 7월 1일부터 시행되고 있다.

2. 주요 내용

(1) 정해진 단독 친권자가 사망한 경우(제909조의2 1항)

혼인 외의 자가 인지된 경우와 부모가 이혼하는 경우, 혼인의 취소·재판상 이혼 또는 인지 청구의 소의 경우, 정해진 친권자를 다른 일방으로 변경한 경우에 단독 친권자로 정해진 부모의 일방이 사망한 경우에는, 생존하는 부 또는 모, 미성년자, 미성년자의 친족이 그 사실을 안 날부터 1개월, 사망한 날부터 6개월 내에 가정법원에 생존하는 부 또는 모를 친권자로 지정할 것을 청구할 수 있다(제909조의2 1항). 만약 이 기간 내에 친권자 지정의 청구가 없을 때에는 가정법원은 직권으로 또는 미성년자·미성년자의 친족·이해관계인·검사·지방자치단체의 장의 청구에 의하여 미성년후견인을 선임할 수 있다. 이 경우 생존하는 부 또는 모, 친생부모 일방 또는 쌍방의 소재를 모르거나 그가 정당한 사유 없이 소환에 응하지 아니하는 경우를 제외하고 그에게 의견을 진술할 기회를 주어야 한다(제909조의2 3항).

가정법원은 제909조의2 1항에 따른 친권자 지정청구나 3항에 따른 후견인 선임청구가 생존하는 부 또는 모, 친생부모 일방 또는 쌍방의 양육의사 및 양육능력, 청구 동기, 미성년자의 의사, 그 밖의 사정을 고려하여 미성년자의 복리를 위하여 적절하지 아니하다고 인정하면 청구를 기각할 수 있다. 이 경우 가정법원은 직권으로 미성년후견인을 선임하거나 생존하는 부 또는 모, 친생부모 일방 또는 쌍방을 친권자로 지정하여야 한다(제909조의2 4항).

가정법원은 제909조의2 3항 또는 4항에 따라 미성년후견인이 선임된 경우라도 미성년후견인 선임 후 양육상황이나 양육능력의 변동, 미성년자의 의사, 그 밖의 사정을 고려하여 미성년자의 복리를 위하여 필요하면 생존하는 부 또는 모, 친생부모 일방 또는 쌍방, 미성년자의 청구에 의하여 후견을 종료하고 생존하는 부 또는 모, 친생부모 일방 또는 쌍방을 친권자로 지정할 수 있다(제909조의2 6항).

(2) 입양취소·파양·양부모가 모두 사망한 경우

입양이 취소되거나 파양된 경우 또는 양부모가 모두 사망한 경우 친생부모 일방 또는 쌍방, 미성년자, 미성년자의 친족은 그 사실을 안 날부터 1개

월, 입양이 취소되거나 파양된 날 또는 양부모가 모두 사망한 날부터 6개
월 내에 가정법원에 친생부모 일방 또는 쌍방을 친권자로 지정할 것을 청
구할 수 있다. 다만, 친양자의 양부모가 사망한 경우에는 그러하지 아니하
다(제909조의2 2항).

(3) 후견인 임무 대행자 선임

가정법원은 ① 단독 친권자가 사망한 경우, ② 입양이 취소되거나 파양된
경우, ③ 양부모가 모두 사망한 경우 중 어느 하나에 해당하는 경우에 직
권으로 또는 미성년자, 미성년자의 친족, 이해관계인, 검사, 지방자치단체의
장의 청구에 의하여 제909조의 2 1항부터 4항까지의 규정에 따라 친권자가
지정되거나 미성년후견인이 선임될 때까지 그 임무를 대행할 사람을 선임
할 수 있다. 이 경우 그 임무를 대행할 사람에 대하여는 부재자의 재산관
리인에 관한 제25조 및 가정법원의 후견사무에 관한 처분을 규정한 제954
조를 준용한다(제909조의2 5항).

◈ 친권의 효력 : 자의 친권의 대행

제910조 【자의 친권의 대행】

친권자는 그 친권에 따르는 자에 갈음하여 그 자에 대한 친권을 행사한다. <개정 2005. 3. 31.>

■ § 910. 친권대행

- 친권자는 그 친권에 따르는 자에 갈음하여 그 자(혼인외의 출생자)에 대한 권한을 행사한다.
- 대행의 형식은 친권에 따르는 자의 이름으로 하여야 할 것이다.

종전에는 친권에 '복종하는'이라고 규정되어 있었으나 2005년 개정민법은 친권에 '따르는'이라고 표현을 바꾸어 친권이 더 이상에 부모의 자녀에 대한 지배권이 아니며, 자녀의 복리실현을 위하여 부모에게 안정된 부모의 의무인 동시에 권리라는 점을 분명히 하고 있다.

친권은 자의 신상 및 재산상의 보호를 목적으로 하는 것이기 때문에 미성년자로 하여금 그 임무에 임하게 하는 것은 불합리하다. 그리하여 본조에서 「친권자는 그 친권에 따르는자(미성년자인 자)에 갈음하여 그 자[미성년인 자(子)가 낳은 혼인 외의 출생자]에 대한 친권을 행사한다」고 하여 제1차적으로 친권적 친권대행을 규정하고 이러한 친권자가 없는 경우에는 2차적으로 미성년자의 후견인이 친권을 행사한다고 하여(제948조 1항) 후견적 친권대행을 규정하고 있다.

구법하에서는 미성년자인 자가 혼인을 하더라도 친권에 복종하여야 함에는 변함이 없었기 때문에 친권을 행사할 수 없는 경우가 적지 않게 발생하였음으로 친권대행이 널리 문제가 되었으나 현행민법하에서는 미성년인 자라도 일단 혼인을 하면 성년으로 볼 수 있기 때문에(제826조의2)친권대행의 문제는 미성년인 자가 혼인외의 출생자를 가지게 된 경우에 한하여 일어나게 된다.

모의 친권을 모의친권자인 친부모가 대행하고 있는 경우에, 모가 사망한 때에는 조부모가 계속하여 친권을 대행하는 것이 아니라 후견이 개시된다. 조부모가 행사한 친권은 모에 대한 친권이 아니고, 모의 친권자체를 행사한 것이기 때문이다. 친권을 대행시키고 있는 미성년인 자가 스스로 친권자로서 그 자의 대리행위를 한 경우에는 무권대리가 되고(따라서 표현대리의 문제가 일어나는 경우도 있다), 친권대행자가 친권을 남용하거나 현저한 비행이 있을 때 또는 부적당한 관리로 인하여 자의 재산을 위태롭게 한 때에는 친권상실신고에 준하여(제924조, 제925조) 대행권의 상실을 청구할 수 있다고 해석하여야 할 것이다.

친권이 대행되는 미성년자인 자에게 현저한 비행이 있더라도 친권상실선고는 받지 않는다. 미성년자인 어버이의 비행으로 대행친권이 소멸하는 것은 불합리하기 때문이다. 친권의 사퇴도 대행자에 대해서는 허용된다. 그러나 미성년친권자가 친권을 사퇴하는 것은 허용되지 않는다고 보아야 한다.

◆ 친권의 효력 : 법정대리권

제911조【미성년자인 자의 법정대리인】

친권을 행사하는 부 또는 모는 미성년자인 자의 법정대리인이 된다.

■ § 911. 미성년자인 자의 법정대리인

• 친권자인 부 또는 모는 미성년자인 자의 법정대리인이 된다
• 친권자는 자의 재산관리와 자의 재산상의 법률행위를 대리한다.
• 그러나 신분상의 행위에 대해서는 법률이 특별히 인정한 예외를 제외하고는
  친권자라 하더라도 이를 대리할 수 없다.

본조는 신분상의 행위의 대리에 관하여 규정한 것이다.

신분상의 행위에 대해서는 법률이 특별히 인정한 예외를 제외하고는 친권자라 하더라도 이를 대리할 수 없다. 신분행위는 타인이 대신할 수 없는 것이 원칙이기 때문이다.

법률이 특히 대리를 인정하고 있는 경우는 다음과 같다. ① 모인 친권자가 친생부인의 소의 피고가 되는 경우(제847조), ② 인지청구의 소(제863조), ③ 15세 미만인 자의 입양을 대락하는 경우(제869조), ④ 미성년자가 양친이 되는 입양을 취소하는 경우(제855조), ⑤ 친권의 승인·포기(제1090조, 제1020조), ⑥ 혼인 연령위반에 대한 취소(제817조) 등이다.

그밖에 친권자는 가사소송법에 의하여 법정대리인의 자격으로 ① 혼인무효 및 이혼무효의 소(가사소송법 제23조), ② 인지에 대한 이의의 소, ③ 인지무효의 소, ④ 입양무효의 소를 제기할 수 있다.

이 밖에 가사소송법의 규정에 의하여 친권자로서보다도 부모로서 동의권을 가지는 경우가 있다.

◈ 친권행사의 기준 : 자의 복리를 위한 친권행사

제912조 【친권행사와 친권자 지정의 기준】

① 친권을 행사함에 있어서는 자의 복리를 우선적으로 고려하여야 한다. <개정 2011.5.19.>

② 가정법원이 친권자를 지정함에 있어서는 자(子)의 복리를 우선적으로 고려하여야 한다. 이를 위하여 가정법원은 관련 분야의 전문가나 사회복지기관으로부터 자문을 받을 수 있다. <신설 2011.5.19.>

■ § 912. 친권행사와 친권자 지정의 기준

• 친권은 더 이상 부모의 자녀에 대한 지배권이 아니며, 자녀의 복리실현을 위해 부모에게 인정된 부모의 의무이자 권리라는 점을 천명

본조는 현재 친자법의 중심이념을 명문으로 선언한 것이다.

2005년 개정민법은 "친권을 행사함에 있어서는 자의 복리를 우선적으로 고려하여야 한다"는 규정을 신설하여, 친권이 더 이상 부모의 자녀에 대한 지배권이 아니며, 자녀의 복리실현을 위하여 부모에게 인정된 부모의 의무인 동시에 권리라는 점을 분명히 밝히고 있다.

따라서 부모는 자의 복리에 적합하도록 친권을 행사할 의무를 부담하며, 위와 같은 의무에 위반하는 때에는 아동보호의 의무를 지고 있는 국가가 개입하여, 경우에 따라서는 친권을 상실시킴으로써 자녀를 보호하고 있다.

제 2 관 친권의 효력

친권은 자의 복리를 위하여 부모에게 인정된 특수한 법적 지위이며, 총괄적인 지위이지만 그 내용은 자의 신분에 관한 것과 재산관리에 관한 것으로 나눌수 있다. 입법론적으로 부모(경우에 따라서 제3자, 후견인), 각각의 입장에 따라 신분과 재산관리를 분리시킬 수 있고, 특히 부모가 부부가 아닌 때에는 그 쪽이 실제적인 것이나, 현행법은 친권이란 총괄적인 지위를 인정하는 입장을 고집하고 있다.

◈ 친권의 효력 : 자의 보호 · 교양의 권리 · 의무

제913조 【보호 · 교양의 권리의무】

친권자는 자를 보호하고 교양할 권리의무가 있다.

■ § 913. 보호 · 교양의 권리 · 의무

• 친권의 근본취지를 표시
• 보호는 주로 신체에 대한 보호이고, 교양은 정신의 발달을 꾀하는 것으로 해석되나, 요컨대 자의 정신, 육체 모두 건전한 인간으로 육성하는 것이다.
• 관련법조 : [후견인의 미성년자에 대한 보호 · 교양권리의무] 보호시설에 있는 고아의 후견직무에 관한 법률 §2, §3, [보호, 교양] 헌 §31②, 교육법 §96, §164

본조는 「친권자는 자를 보호하고 교양할 권리 · 의무가 있다」고 규정한다. 즉 친권자의 보호 · 교양의 권리 · 의무를 규정한 것이다.

보호는 주로 신체에 대한 보호이고, 교양이란 주로 정신의 발달을 꾀하는 것을 의미하지만, 육체적 성장과 정신적 향상은 서로 불가분의 관계에 있으므로 보호와 교양을 관념적으로 준별할 필요는 없다.

본조에 관해서는 다음과 같은 점이 문제가 된다.

첫째, 보호 · 교양권은 친권의 내용을 이루고 있는 개개의 권리의 하나인가 하는 문제이다. 거소지정권 · 징계권 · 재산관리권 · 친권대행권 등을 총괄적으로 보호 · 교양이라고 하는 것인가 그렇지 않으면 보호 · 교양은 이러한 개개의 권리와 병존하는 특수적 · 개별적인 친권의 효력의 하나에 불과한 것인가 하는 것이다.

앞의 견해에 따르는 것이 무난할 것이다. 근대적 의미에서의 친권의 특질은 권력적 · 지배적인 것으로서 발생 · 발전해 온 친권의 성격을 배제하고 부모의 자연적 후견으로서 오직 부와 모와 자 사이의 보호 · 교양관계로서 이해되는 것이고, 본조가 특히 「권리 · 의무가 있다」고 명정하고 있는 것도 그것을 명확히 하려고 한 것에 지나지 않기 때문이다. 따라서 거소지정권이라고 하더라도 그것은 자의 보호·교양을 위함이며, 동시에 거소를 지정하는 것은 친권자의 권리임과 동시에 의무라고 해석하여야 한다.

둘째, 본조에서 말하는 자의 보호의 내용범위와 이혼이나 혼인의 취소 또는 인지의 경우에 부모의 협의 또는 조정에 의하여 정해진 자의 보호와의 관계이다.

셋째, 친권자의 보호·교양의 권리의무와 보호·교양에 필요한 비용의 부담과의 관계이다. 양자는 관념상으로나 실제상으로나 구별되어야 한다. 전자는 친권의 작용이고, 후자는 부모가 당연히 부담하여야 할 미성년인 자에 대한 생활보호 의무에 근거를 둔 것이기 때문이다.

보호할 자와 보호의 비용을 부담할 자와는 반드시 일치하지 않아도 무방하다. 부모는 혼인중에 별거한 경우는 물론이고, 이혼이나 인지를 한 경우에 부모의 일방이 단독친권자 또는 보호권자가 되었다 하더라도 그에 관계없이 부모 쌍방은 각자 자기의 자력에 따라 보호·교양에 필요한 비용을 부담하여야 한다. 이혼의 경우가 문제되는 일이 많다. 특히 자의 부모가 이혼하고 모가 자를 양육하고 있을 때에 부가 친권자로서 모에 대하여 자의 인도청구를 할 수 있는데, 이경우에는 제반사정을 비추어 자의 복리를 특히 고려하여야 한다.

▣ 핵심판례 ▣

- **책임능력 있는 미성년자에 대한 감독의무자의 손해배상책임의 요건 및 입증책임**

  미성년자가 책임능력이 있어 그 스스로 불법행위책임을 지는 경우에도 그 손해가 당해 미성년자의 감독의무자의 의무위반과 상당인과관계가 있으면 감독의무자는 일반불법행위자로서 손해배상책임이 있고 이 경우에 그러한 감독의무위반사실 및 손해발생과의 상당인과관계의 존재는 이를 주장하는 자가 입증하여야 한다(대법원 1994. 2. 8. 선고 93다13605 판결).

◈ 친권의 효력 : 거소지정권

제914조 【거소지정권】

자는 친권자의 지정한 장소에 거주하여야 한다.

■ § 914. 거소지정권

- 친권자가 미성년자인 자를 충분히 보호, 양육할 수 있도록 자는 친권자가 지정한 장소에 거주하여야 한다
- 관련법조 : [거주, 이전의 자유] 헌 §14

친권자가 미성년의 자를 적절하게 보호·교양하기 위해서는 자에게 적당한 거소를 지정·제공하여야 한다.

친권자는 자에게 의사능력이 있는 경우에 한하여 거소지정권을 행사할 수 있다. 그러나 자 친권자의 거소지정에 복종하지 않는 경우에 이를 강제할 방법은 없다. 그리고 주소는 생활의 본거로서 객관적으로 정하여져야 할 곳이기 때문에 변식능력있는 미성년자에게 있어서는 친권자가 지정한 거소가 반드시 미성년자의 주소가 된다고 할 수 없다.

즉 자가 친권자의 거소지정에 복종하지 않는 경우에 의사능력이 있는 자에 대해서는 강제집행을 할 수 없으나, 친권자는 일반의 사회관념상 인정되는 방법과 정도를 실력으로써 강제적으로 자를 지정한 장소에 데려갈 수 있으며, 또 징계권에 의하여 적당한 강제수단을 쓸 수 있다고 본다. 다만 유아에 대해서는 친권자의 거소지정에 복종하도록 명한 재판에 의하여 강제집행하는 것은 무방할 것이다(가사소송법 제42조).

◈ 친권의 효력 : 징계권

제915조 【징계권】

친권자는 그 자를 보호 또는 교양하기 위하여 필요한 징계를 할 수 있고, 법원의 허가를 얻어 감화 또는 교정기관에 위탁할 수 있다.

■ § 915. 징계권

- 친권자는 자를 징계할 수 있다.
- 징계의 방법 : ① 필요한 징계를 친권자 자신이 하는 것이고, ② 가정법원의 허가를 얻어 감화 또는 교정기관에 위탁하는 것이다.
- 관련법조 : [신체의 자유] 헌 §12, [감화, 교정기관 위탁] 소년 §4, §30, [교정 및 교사징계권] 교육 §76

본조는 징계에 관하여 규정한 것이다.

친권자는 자를 보호 또는 교양하기 위해 필요한 범위내에서 스스로 그 자를 징계할 수 있으나, 그것은 어디까지나 자의 보호 또는 교양이란 목적을 달성하는데 필요한 최소한도의 것이어야 하므로 그 한도를 초과하면 친권의 남용으로서 친권상실의 원인이 된다(제924조).

뿐만 아니라 경우에 따라서는 자에 대하여 불법행위로 인한 손해배상의 책임을 지게되며, 또 형법상의 폭행·상해·체포·감금 등의 범죄를 구성하게 되기도 한다. 부가 친권자인 경우에 모는 징계권이 없다고 해석되나 모에게도 자의 교육상 필요한 징계는 적법하다고 보아야 할 것이다.

가정법원이 감화 또는 교정기관에 위탁을 허가하는 때에는 친권자에 대하여 미성년자의 교육과 감호에 필요하다고 인정되는 사항을 지시할 수 있다. 그리고 가정법원이 필요하다고 인정할 때에는 위의 허가 또는 기타 지시를 취소하거나 변경할 수 있다(가사소송규칙 제66조).

▣ 핵심판례 ▣

1. 징계권의 행사로 볼 수 없는 사례

4세인 아들이 대소변을 가리지 못한다고 닭장에 가두고 전신을 구타한 것은 친권자의 징계권 행사에 해당한다고 볼 수 없다(대판 1969. 2. 4. 68도1793).

2. 친권자가 자에게 야구방망이로 때릴 듯한 태도를 취하면서 "죽여 버린다."고 말한 경우, 협박죄를 구성하는지 여부(적극)

친권자는 자를 보호하고 교양할 권리의무가 있고(민법 제913조) 그 자를 보호 또는 교양하기 위하여 필요한 징계를 할 수 있기는 하지만(민법 제915조) 인격의 건전한 육성을 위하여 필요한 범위 안에서 상당한 방법으로 행사되어야만 할 것인데, 스스로의 감정을 이기지 못하고 야구방망이로 때릴 듯이 피해자에게 "죽여 버린다."고 말하여 협박하는 것은 그 자체로 피해자의 인격 성장에 장해를 가져올 우려가 커서 이를 교양권의 행사라고 보기도 어렵다(대법원 2002. 2. 8. 선고 2001도6468 판결).

◈ 친권의 효력 : 자의 특유재산의 관리

제916조 【자의 특유재산과 그 관리】

자가 자기의 명의로 취득한 재산은 그 특유재산으로 하고 법정대리인인 친권자가 이를 관리한다.

■ § 916. 재산관리

• 법정대리인인 친권자는 자가 자기명의로 취득한 특유재산을 관리한다.
• 재산관리는 자기의 재산에 관한 행위와 동일한 주의로서 하여야 한다.

미성년자가 자기의 명의로 취득한 특유재산은 친권자가 관리한다(제916조).

자의 특유재산이란 미성년자가 상속이나 유증으로 취득하였거나 친권자나 그 이외의 사람으로부터 증여된 것과 미성년자가 자기의 노동으로 얻은 재산을 말한다.

친권자의 재산관리란 넓은 의미에서 사실상의 관리행위를 한다거나, 대리인으로써 법률행위를 한다거나 또는 자가 자기 스스로 법률행위를 하는 것에 동의를 준다거나 하는 따위를 말한다. 자의 재산을 처분하는 행위도 포함된다. 그러나 자의 임금은 대리하여 받을 수 없다고 해석된다(근로기준법 제54조).

관리권을 행사할 수 없는 재산에는 ① 영업이 허락된 경우의 그 영업에 관한 재산, ② 범위를 정하여 처분을 허락한 재산, ③ 무상으로 자에게 재산을 수여한 제3자가 친권자의 관리에 반대하는 의사표시를 하고 수여한 재산, ④ 친권자가 관리권을 사퇴한 경우 따위가 있다.

관리권의 행사가 적당하지 않을 때에는 관리의 부적당으로 관리권의 상실, 친권의 남용으로서 친권상실의 제재규정이 있다. 자의 재산으로부터 수취한 과실은 자의 양육, 재산관리의 비용과 상계된다. 재산관리에 관한 주의의무는 자기의 재산에 관한 행위와 동일한 주의로써 한다.

이 주의의무는 선량한 관리자의 주의의무보다 낮다.

제917조 삭제 <1990.1.13>

종전규정 제917조【미성년자의 처의 재산관리】

미성년인 자가 그 처의 재산을 관리하는 경우에는 법정대리인인 친권자가 자에 가름하여 그 재산을 관리한다.

◈ 제3자에 의한 친권자의 재산관리권의 배제

제918조 【제3자가 무상으로 자에게 수여한 재산의 관리】

① 무상으로 자에게 재산을 수여한 제3자가 친권자의 관리에 반대하는 의사를 표시한 때에는 친권자는 그 재산을 관리하지 못한다.

② 전항의 경우에 제3자가 그 재산관리인을 지정하지 아니한 때에는 법원은 재산의 수여를 받은 자 또는 제777조의 규정에 의한 친족의 청구에 의하여 관리인을 선임한다.

③ 제3자의 지정한 관리인의 권한이 소멸하거나 관리인을 개임할 필요있는 경우에 제3자가 다시 관리인을 지정하지 아니한 때에도 전항과 같다.

④ 제24조 제1항, 제2항, 제4항, 제25조 전단 및 제26조 제1항, 제2항의 규정은 전2항의 경우에 준용한다.

■ § 918. 제3자에 의한 관리권의 배제

• 제3자가 무상으로 자에게 재산을 수여하고 친권자의 관리에 반대하는 의사를 표시한 때에는 친권자는 그 재산을 관리하지 못한다.
• 제3자가 친권자의 관리권을 배제하면서 관리인을 지정하지 않거나 제3자가 지정한 관리인의 권한이 소멸하였거나 또는 관리인을 개임할 필요가 있는 경우에, 제3자가 다시 관리인을 지정하지 않을 때에는 재산의 수여를 받은 자 또는 §777의 규정에 의한 친족의 청구에 의하여 가정법원이 관리인을 선임한다.
• 가정법원이 선임한 관리인의 직무권한, 담보제공의무 및 보수청구권에 관해서는 부재자의 재산관리인의 규정이 준용된다(§24①②④, §25 전단, §26①②).

본조는 제3자에 의한 관리권의 배제에 관하여 규정한 것이다.

즉 「무상으로 자에게 재산을 수여한 제3자가 친권자의 관리에 반대하는 의사를 표시한 때에는 친권자는 그 재산을 관리하지 못한다」. 관리금지의 의사표시는 증여행위에서 하지 않으면 안된다. 다만 구두에 의한 증여인 경우에는 구두에 의하여 금지하여도 무방하다.

관리권의 배제는 대리권과 동의권도 배제한다는 의미이므로, 관리권이 배제된 친권자는 자를 대리하여 당해 재산을 관리처분 한다거나 자의 처분에 대한 동의 등의 행위도 할 수 없게 된다.

친권자의 관리권을 배제하면서 관리인을 지정하지 않거나 제3자가 지정한 관리인의 권한이 소멸하거나 개임할 필요가 있는 경우에 제3자가 다시 관리인을 지정하지 아니한 때에는 재산의 수여를 받은 자 또는 제777조의 「친족의 범위」의 규정에 의한 친족의 청구에 의하여 가정법원이 관리인을 선임한다. 그리고 무상으로 자에게 재산을 수여한 제3자는 친권자인 부 또는 모의 관리권을 배제한 경우에도 그 재산으로부터의 이익과 그 재산의 관리와 자의 양육비와의 상계를 금지한다는 의사를 표시할 수 있고, 이 때에는 그 재산에 대한 수익과 관리·양육비를 정확하게 계산하여야 한다.

가정법원이 선임한 관리인의 직무권한, 담보제공의무 및 보수청구권에 관해서는 부재자의 재산관리인의 규정, 즉 재산목록작성(제24조 1항), 재산보존에 필요한 처분(제2항), 비용지급(제4항), 관리행위의 범위(제25조 전단), 관리인의 담보제공(제26조 1항), 관리인의 보수(제2항) 등이 준용된다.

◆ 재산관리권의 종료시 위임종료시의 처리의무(제691조)와 대항요
건(제692조)의 준용

제919조 【위임에 관한 규정의 준용】

제691조, 제692조의 규정은 전3조의 재산관리에 준용한다.

§ 919. 재산관리권의 종료

• 재산관리의 권한이 종료하였을 때에는 위임종료시의 처리의무(§691)와 위임
종료시의 대항요건(§692)의 규정이 준용된다.

본조는 관리권이 종료하였을 때의 처리의무와 관리권종료의 대항요건은 위임
종료시의 처리의무(제691조)와 대항요건(제692조)의 규정이 준용되는 것으로 규
정하고 있다.

친권자의 재산관리권은 자가 성년에 달하거나, 친권자가 친권 또는 관리권을 상
실한 경우(제924조, 제925조) 및 재산관리권을 사퇴한 경우에(제927조) 소멸한다.

재산관리종료시의 처분의무 및 관리종료의 대항요건에 대해서는 위임에 관한
규정이 준용된다(제919조에 의한 제691조, 제692조의 준용). 즉 재산관리의 임무
가 종료한 경우에 급박한 사정이 있는 때에는 친권자, 또는 재산관리인, 이들의
상속인이나 법정대리인은 자, 그 상속인 또는 법정대리인이 재산관리사무를 처
리할 수 있을 때까지 그 사무의 처리를 계속하여야 한다(제691조 준용). 재산관
리의 임무가 종료한 경우에 그 종료의 사유가 친권자 또는 관리인 편에 있건
자편에 있건 불문하면 이를 상대방에게 통지하거나 상대방이 이를 안 때가 아
니면 이로써 상대방에게 대항하지 못한다(제692조).

법정대리인인 친권자의 권한이 소멸한 때에는 그 자의 재산에 대한 관리의
결산을 명백히 하여 자의 현존재산이 얼마인가를 확정하여 보고하여야 한다. 그
때 그 자의 재산으로부터 수취한 과실은 그 자의 양육·재산관리의 비용과 상
계한 것으로 본다(제924조).

◆ 친권의 효력 : 자에 대한 대리권의 동의권

제920조 【자의 재산에 관한 친권자의 대리권】

법정대리인인 친권자는 자의 재산에 관한 법률행위에 대하여 그 자를 대리한다. 그러나 그 자의 행위를 목적으로 하는 채무를 부담할 경우에는 본인의 동의를 얻어야 한다.

■ § 920. 자에 대한 대리권과 동의권

- 친권자는 미성년인 자의 재산에 관한 법률행위에 대하여 그 자를 대리한다.
- 친권자의 대리행위가 자의 행위를 목적으로 하는 채무를 부담할 경우에는 자 자신의 동의를 얻어야 한다.
- 친권자는 미성년자인 자를 대리하여 근로계약을 대리할 수 없다
- 관련법조 : [대리권이 제한되는 경우] 근로기준법 §67, §68

본조는 친권자의 자에 대한 대리권과 동의권에 관하여 규정한다.

친권자는 자의 재산에 관한 법률행위에 대하여 그 자를 대리한다. 친권상실선고를 받은 부모(제924조)나 재산관리권이 없는 친권자는 대리권을 갖지 못한다(제925조, 제927조). 친권자를 후견인과 함께 법정대리인이라고 부르는 것은 이 때문이다. 그리고 친권자는 자를 대리할 뿐만 아니라 자가 의사능력을 가진 경우에는 이에 동의하는 권한도 가지고 있다.

본조의 문언에 의하면 일견 친권자의 재산관리권과 대리권이 서로 대립하는 권리인 것처럼 볼 수 있으나, 양자는 서로 대립하는 권리가 아니라 대리권은 관리권에서 파생하는 권리라고 해석하여야 한다. 따라서 관리권이 없는 친권자는 대리권도 가질 수 없게 된다.

(1) 친권자가 갖는 대리권은 자의 소유재산에 관한 법률행위에 한하지 않고 널리 자의 재산에 영향을 미치는 재산상의 법률행위에 미친다.

그러므로 자를 대신하여 제3자에게 재산을 증여하거나, 재산상의 소송행위, 교환, 대차에 관해서도 대리권을 가질 뿐만 아니라, 상속의 포기·승인에도 대리권이 미친다.

본조는 「재산에 관한 법률행위」라고 하고 있으므로 친권자의 법정대리는 재산행위에 한하며, 원칙적으로 신분행위에는 미치지 아니한다.

(2) 민법은 친권자의 대리권에 하나의 제한을 두어, 자의 행위를 목적으로 하는 채무를 부담할 경우, 예컨대 자가 노무자가 되는 근로계약이나 자가 위임인이 되는 위임계약 등을 친권자가 자의 대리인으로서 체결하는 경우는 자의 동의를 얻어야 한다고 하고 있다.

그러나 이 규정은 근로기준법이 친권자에 대하여 자의 근로계약의 대리체결을 금지하였기 때문에(근로기준법 제67조 1항) 적용의 여지가 거의 없다. 그리고 친권에 있어서의 최대한의 폐해는 대리권의 남용이다.

친권자가 자기를 위하여 자의 이름으로 막대한 채무를 부담한 것과 같은 경우에는 자는 심한 손해를 입게 된다. 그리하여 판례는 친권자의 대리행위가 친권남용이 될 경우에는 그 효과는 자에게 미치지 아니한다고 판시했다 (대판 1964. 6. 8. 64다177).

▣ 핵심판례 ▣

■ [자의 재산에 관한 친권자의 대리권]

1. 친권자의 대리행위의 방식

친권을 행사하는 부친은 미성년자인 아들의 법정대리인이 되며, 그 법정대리인은 미성년자의 승낙을 받을 필요 없이 법정대리인의 이름으로 법률행위를 할 수 있음은 물론 미성년자 본인 이름으로 법률행위를 한 경우에도 법정대리인이 그 행위를 한 이상 미성년자에게 대하여 법률행위의 효과가 발생한다(대판 1962. 9. 20. 62다333).

2. 친권자 본인이 부상을 입어 가해자측과 합의를 하는 경우 미성년자인 자녀의 고유의 위자료에 대해서도 합의를 할 수 있는지 여부

친권자 본인이 부상을 입어 손해배상에 관하여 가해자측과 합의를 하는 경우 특별한 사정이 없는 한 미성년자인 자녀들의 고유의 위자료에 관하여도 그 친권자가 법정대리인으로서 함께 합의하였다고 본다 (대판 1975. 6. 24. 74다1929).

3. 친권자가 자의 유일한 재산을 제3자에게 증여한 경우 그 행위의 효력여부

법정대리인인 친권자가 자의 유일한 재산을 그 사실을 아는 제3자에게 증여한 행위는 친권의 남용으로서 그 효과는 자에게 미치지 않는다(대판 1997. 1. 24. 96다43928).

4. 가. 법률의 규정에 의하여 권리의무가 승계되는 경우 소송상 지위의 승계 여부

법인의 권리의무가 법률의 규정에 의하여 새로 설립된 법인에게 승계되는 경우에는 특단의 사유가 없는 한 계속중인 소송에 있어서 그 법인의 법률상의 지위도 새로 설립된 법인에게 승계된다.

나. 소송수계신청에 대한 재판의 요부

소송수계신청의 적법 여부는 법원의 직권조사사항으로서 조사결과 수계가 이유 없다고 인정한 경우에는 이를 기각하여야하나 이유 있을 때에는 별도의 재판을 할 필요 없이 그대로 소송절차를 진행할 수 있는 것이다.

다. 재판에서 소송수계인을 권리승계참여인으로 표시한 위법이 있는 경우 사건에 미치는 영향

전 당사자인 정읍군의 권리의무를 승계한 정주시가 소송수계신청한 후 법원이 정주시를 당사자로 취급하여 소송을 진행한 이상 판결에 전당사자를 표시한 후 정주시를 권리승계참가인으로 표시하였다고 하여도 이는 당사자 표시를 잘못한 데 불과하고, 종전 당사자의 2회 불출석으로 항소가 취하되는 것은 아니다.

라. 성년인 자를 위하여 모가 법정대리한 행위의 효력

피고의 모가 1935. 5. 2.생인 피고의 법정대리인의 자격으로 피고 소유의 본건 토지를 소외회사에 매도한 1956. 11. 9.에는 피고가 이미 성년이었으므로 위 매매계약은 무권대리행위에 불과하고, 그 효력이 당연히 피고에게 미친다고 할 수 없다(1984. 6. 12. 제3부 판결 83다카1409 원인무효에 인한 소유권이전등기말소등).

5. 모와 미성년자인 딸이 함께 있는 자리에서 주민등록등본을 첨부하여 도피 중이던 부의 채무를 연대하여 지급하기로 하는 지불각서를 작성·교부해 준 경우, 모가 딸의 위 의사표시에 대하여 법정대리인으로서 묵시적으로 동의한 것으로 볼 수 있는지 여부

모와 미성년자인 딸이 함께 있는 자리에서 주민등록등본을 첨부하여 도피 중이던 부의 채무를 연대하여 지급하기로 하는 지불각서를 작성·교부해 준 경우, 모가 딸의 위 의사표시에 대하여 법정대리인으로서 묵시적으로 동의한 것으로 본다(대판 2000. 4. 11. 2000다3095).

6. 가. 법정대리인인 친권자가 자의 유일한 재산을 그 사실을 아는 제3자에게 증여한 행위가 친권의 남용으로서 무효인지 여부(적극)

친권자인 모가 미성년자인 자의 법정대리인으로서 자의 유일한 재산을 아무런 대가도 받지 않고 증여하였고 상대방이 그 사실을 알고 있었던 경우, 그 증여행위는 친권의 남용에 의한 것이므로 그 효과는 자에게 미치지 않는다.

나. 위 '가'항의 경우, 친권의 상실 여부(소극) 및 그 후 친권자가 법정대리인으로서 증여에 기하여 이루어진 소유권이전등기의 말소를 구하는 것이 금반언의 원칙에 반하는지 여부(소극)

위 '가'항의 경우, 친권자의 법정대리권의 남용으로 인한 법률행위의 효과가 미성년인 자에게 미치지 아니한다고 하여 그 친권자의 친권이 상실되어야 하는 것은 아니며, 친권자가 자의 법정대리인으로서 소송대리인을 선임하여 그 증여에 기하여 이루어진 소유권이전등기의 말소를 구하는 소를 제기하였다고 하여 이를 금반언의 원칙에 어긋난 것으로 볼 수도 없다(대법원 1997. 1. 24. 선고 96다43928 판결).

◈ 공동친권자의 일방이 공동명의로 한 행위의 효력

제920조의2 【공동친권자의 일방이 공동명의로 한 행위의 효력】

부모가 공동으로 친권을 행사하는 경우 부모의 일방이 공동명의로 자를 대리하거나 자의 법률행위에 동의한 때에는 다른 일방의 의사에 반하는 때에도 그 효력이 있다. 그러나 상대방이 악의인 때에는 그러하지 아니한다.

■ § 920조의 2.

• 부모의 일방이 공동명의로 자를 대리하거나 자의 법률행위에 동의한 때에는 다른 일방의 의사에 반하는 때에도 그 효력이 있지만 상대방이 악의인 때에는 효력이 생기지 않는다.

1990년 민법 개정으로 공동친권자의 일방이 공동명의로 한 행위의 효력에 관하여 본조를 신설하였다. 이 제도는 표현적 공동대리 또는 표현적 공동동의로서 그 요건은 ① 친권자의 일방이 공동명의를 사용하였을 것, ② 공동명의를 사용하는 것에 대하여 다른 일방이 동의가 없었을 것, ③ 상대방이 선의일 것을 요한다. 따라서 친권자의 일방이 다른 일방의 동의없이 공동명의로 자를 대리하거나 자의 법률행위에 동의한 때에는 다른 일방의 의사에 반하더라도 상대방이 선의인 한 그대로 효력이 발생한다.

◈ 친권자와 자(子) 사이 또는 수인의 자 사이의 이해상반행위에 대한 친권의 제한

제921조 【친권자와 그 자간 또는 수인의 자간의 이해상반행위】

① 법정대리인인 친권자와 그 자사이에 이해상반되는 행위를 함에는 친권자는 법원에 그 자의 특별대리인의 선임을 청구하여야 한다.

② 법정대리인인 친권자가 그 친권에 따르는 수인의 자 사이에 이해상반되는 행위를 함에는 법원에 그 자 일방의 특별대리인의 선임을 청구하여야 한다. <개정 2005. 3. 31>

■ § 921. 친권의 제한

- 이해상반행위의 경우에는 친권자의 법정대리권을 제한하고 친권자가 특별대리인의 선임을 가정법원에 청구하여 이 특별대리인과 친권자와의 사이에 거래를 하여야 한다.
- 이해상반행위란 : ① 친권자를 위해서는 이익이 되고 미성년자를 위해서는 불이익한 행위
  ② 친권에 따르는 자의 일방을 위해서는 이익이 되고 다른 일방을 위해서는 불이익한 행위
- 관련법조 : [특별대리인선임청구] 가소 §2①라-11, 가소규§68

1. 본조의 취지

친권에 따르는 자와 친권자 자신 또는 그 친권에 복종하는 다른 자와의 이익이 충돌하는 경우에는 친권자에게 공정한 친권의 행사를 기대할 수 없다.

친권자가 자기 또는 다른 자의 이익을 위하여 자의 이익을 희생시킬 우려가 있기 때문이다. 그리하여 민법은 이해상반행위에 대하여 이러한 경우에는 친권자의 법정대리권을 제한하고, 친권자가 특별대리인의 선임을 가정법원에 청구하여(가사소송법 제2조 1항 라목사건 11호), 그 특별대리인과 친권자와의 사이에 거래를 하도록 하고 있다.

특별대리인을 선임하지 아니하고, 친권자 스스로 이해상반의 자를 대리하여

행한 행위는 무권대리이며, 본인의 추인이 없는 이상 본인에 대한 효력은 발생하지 않는다.

이해상반행위란 「친권자를 위해서 이익이 되고, 미성년자를 위해서 불이익한 행위」 또는 「친권에 복종하는 자의 일방을 위해서 이익이 되고 다른 일방을 위해서 불이익한 행위」를 말하며, 이해는 상반하더라도 부모에게 불이익하고 자에게만 이익인 경우는 포함하지 않는다(예컨대 친권자인 부모가 자에게 재산을 증여하는 것과 같은 경우, 이점에서 본조는 제124조 보다도 적용범위가 좁다).

제3자와의 계약이건, 단독행위이건 불문하며(이 의미에서 본조는 제124조보다도 적용범위가 넓다), 또 재산상의 이익에 관한 것이건, 신분상의 이익에 관한 것이건 묻지 않는다.

2. 이해상반행위

(1) 의 의

이해상반행위란 행위의 객관적 성질상 친권자와 자(子)사이 또는 친권에 복종하는 수인의 자 사이에 이해의 대립이 생길 우려가 있는 행위를 가리키는 것으로서, 친권자의 의도나 그 행위의 결과 실제로 이해의 대립이 생겼는지의 여부를 묻지 않는다(대판 1996. 11. 22. 96다10270).

법정대리인인 친권자와 그 자(子) 사이의 이행상반의 유무는 전적으로 그 행위 자체를 객관적으로 관찰하여 판단하여야 할 것이지 그 행위의 동기나 연유를 고려하여 판단할 것은 아니다(대판 2002. 1. 11. 2001다65960).

(2) 이해상반행위를 판단하는 기준

1) 학설의 태도

가. 형식적 판단설

이해상반행위의 성립여부는 그 행위자체 또는 행위의 외형만으로 결정하여야 하는 것이고, 당해 행위를 하기에 이른 친권자의 의도 또는 그 행위의 실질을 고려해서는 안 된다는 견해이다. 행위의 동기 등은 외형상 나타나지 않는 것이 대부분이므로 실질적 판단설에 따르게 되면 거래의 상대방의 이익을 해하게 됨을 근거로 한다.

나. 실질적 판단설

이해상반행위의 성립여부는 행위의 형식 여하를 불문하고 친권자의 의도 또는 행위의 실질적 효과 등을 고려하여 실질적으로 판단해야 한다는 견해이다. 형식적 판단설에 따르면 친권자가 그 외형만을 이해상반하지 않는 것으로 꾸미기만 하면 특별대리인의 선임을 피할 수 있어 미성년자인 자의 이익을 해하게 됨을 근거로 한다.

다. 실질관계 고려한 형식적 판단설(절충설)

일단 형식적 판단에 의할 것이지만, 형식적으로는 이해상반행위에 해당하지 않더라도 그 행위의 실질관계를 객관적으로 고려할 때 그로 인하여 비교적 용이하게 이해상반성이 예측되면 이해상반행위로 보지만, 형식적으로 이해상반행위에 해당하더라도 실질적으로 명백히 이해상반성이 없다면 이해상반행위로 되지 않는다는 견해이다. 행위가 실질적으로 자의 재산에 의한 변제나, 담보설정과 마찬가지의 결과가 되거나 사후에 구상관계가 발생하는 경우 등 용이하게 이해상반성이 예측되면 이해상반행위로 인정한다.

2) 판례의 태도

친권자인 모가 자신이 연대보증한 차용금 채무의 담보로 자신과 자의 공유인 토지 중 자신의 공유지분에 관하여는 공유지분권자로서, 자의 공유지분에 관하여는 그 법정대리인의 자격으로 각각 근저당권설정계약을 체결한 경우, 위 채권의 만족을 얻기 위하여 채권자가 위 토지 중 자의 공유지분에 관한 저당권의 실행을 선택한 때에는, 그 경매대금이 변제에 충당되는 한도에 있어서 모의 책임이 경감되고, 또한 채권자가 모에 대한 연대보증책임의 추구를 선택하여 변제를 받은 때에는, 모는 채권자를 대위하여 위 토지 중 자의 공유지분에 대한 저당권을 실행할 수 있는 것으로 되는바, 위와 같이 친권자인 모와 자 사이에 이해의 충돌이 발생할 수 있는 것이, 친권자인 모가한 행위 자체의 외형상 객관적으로 당연히 예상되는 것이어서, 모가 자를 대리하여 위 토지 중 자의 공유지분에 관하여 위 근저당권설정계약을 체결한 행위는 이해상반행위로서 무효라고 보아야 한다(대법원 2002. 1. 11. 선고 2001다65960 판결).

이와 관련하여 판례는 기본적으로 형식적 판단설에 입각하고 있다고 평가

된다(김형배, 1589쪽). 그러나 '외형상 객관적으로 당연히 예상되는 등'의 판시를 이유로 실질관계 객관전 고려설의 입장이라거나, 이에 영향을 받은 판례라고 보는 견해도 있다.

(3) 이해상반행위에 해당하는지 여부가 문제되는 경우

1) 이행상반행위로 인정된 사례

가. 수인의 미성년자인 자(子)를 대리하여 상속재산분할의 협의를 하는 행위(대판 1993. 4. 13. 92다54524)

"공동상속인인 친권자와 미성년인 수인의 자 사이에 상속재산분할협의를 하게 되는 경우에는 미성년자 각자마다 특별대리인을 선임하여 각 특별대리인이 각 미성년자인 자를 대리하여 상속재산분할의 협의를 하여야 한다. 만약 친권자가 수인의 미성년자의 법정대리인으로서 상속재산분할협의를 한 것이라면, 이는 민법 제921조에 위반된 것으로서 이러한 대리행위에 의하여 성립된 상속재산분할협의는 피대리자(미성년자인 자) 전원에 의한 추인이 없는 한 무효이다."

나. 자(子)의 재산관리에 관한 포괄적 위임을 받은 부(父)가 자신의 채무지급을 위하여 자와 공동으로 어음을 발행하는 행위(대판 1971. 2. 23. 70다2916)

다. 친권자가 자기의 영업자금을 마련하기 위하여 미성년자인 자(子)를 대리하여 그 소유 부동산을 담보로 제공, 저당권을 설정하는 행위(대판 1971. 7. 27. 71다1113)

라. 친권자인 모가 자신이 연대보증한 채무의 담보로 자신과 자(子)의 공유인 토지 중 자의 공유지분에 관하여 법정대리인의 자격으로 근저당권 설정계약을 체결한 행위

친권자인 모가 자신이 연대보증한 차용금 채무의 담보로 자신과 자의 공유인 토지 중 자신의 공유지분에 관하여는 공유지분권자로서, 자의 공유지분에 관하여는 그 법정대리인의 자격으로 각각 근저당권설정계약을 체결한 경우, 위 채권의 만족을 얻기 위하여 채권자가 위 토지 중 자의 공유지분에 관한 저당권의 실행을 선택한 때에는, 그 경매대금이 변제에 충당되는 한도에 있어서 모의 책임이 경감되고, 또한 채권자가 모에 대한 연대보증책임의 추구를 선택하여 변제를 받은 때에는, 모는 채권자를 대위하여 위 토지 중 자의 공유지분에 대한 저당권을 실행할 수 있는 것으로 되는 바, 위와 같이 친권자인 모와 자 사이에 이해의 충돌이 발생할 수 있는 것이, 친권자인 모가 한 행위 자체의 외형상 객관적으로 당연히 예상되는 것이어서, 모가 자를 대리하여 위 토지 중 자의 공유지분에 관하여 위 근저당권설정계약을 체결한 행위는 이해상반행위로서 무효라고 보아야 한다. (대판 2002. 1. 11. 선고 2001다65960 판결)

마. 피상속인의 처가 미성년자인 자(子)와 공동상속인이 되어, 그 자(子)의 친권자로서 상속재산 분할협의를 하는 행위(대판 1993. 4. 13. 92다54524)

바. 친권자가 자기의 영업자금을 마련하기 위하여 미성년자인 자(子)를 대리하여 그 소유 부동산을 담보로 제공, 저당권을 설정하는 행위(대판 1971. 7. 27. 71다1113)

2) 이해상반행위에 해당되지 않는다고 한 사례

가. 미성년자의 친권자인 모가 자기 오빠의 제3자에 대한 채무의 담보로서 미성년자인 자의 부동산에 근저당권을 설정하는 행위

미성년자의 친권자인 모가 자기 오빠의 제3자에 대한 채무의 담보로 미성년자 소유의 부동산에 근저당권을 설정하는 행위가, 채무자를 위한 것으로서 미성년자에게는 불이익만을 주는 것이라고 하더라도 민법 제921조 제1항에 규정된 '법정대리인인 친권자와 그 자 사이에 이해상반되는 행위'라고 볼 수는 없다(대판 1991. 11. 26. 91다32466).

판례의 취지는 위의 근저당권 설정으로 직접 이익을 얻는 자는 친권자인 모의 오빠이지, 모 자신이 아니므로 이해상반행위가 아니라는 점이다.

나. 친권자인 모가 자신이 대표이사로 있는 주식회사의 채무보증을 위하여 자신과 미성년자인 자의 공유재산을 담보로 제공한 행위

친권자인 모가 자신이 대표이사로 있는 주식회사의 채무 담보를 위하여 자신과 미성년인 자의 공유재산에 대하여 자의 법정대리인 겸 본인의 자격으로 근저당권을 설정한 행위는, 친권자가 채무자 회사의 대표이사로서 그 주식의 66%를 소유하는 대주주이고 미성년인 자에게는 불이익만을 주

는 것이라는 점을 감안하더라도, 그 행위의 객관적 성질상 채무자 회사의 채무를 담보하기 위한 것에 불과하므로 친권자와 그 자 사이에 이해의 대립이 생길 우려가 있는 이해상반행위라고 볼 수 없다.(대판 1996. 11. 22. 선고 96다10270 판결)

다. 법정대리인인 친권자가 부동산을 미성년자인 자(子)에게 명의신탁하는 행위

"법정대리인인 친권자가 부동산을 미성년자인 자에게 명의신탁하는 행위는 친권자와 사이에 이해상반되는 행위에 속한다고 볼 수 없으므로, 이를 특별대리인에 의하여 하지 아니하였다고 하여 무효라고 볼 수는 없다."(대판 1998. 4. 10. 선고 97다4005 판결)

(4) 이해상반행위의 효력

친권자와 자 사이에 상반되는 행위를 특별대리인에 의하지 않고 친권자가 스스로 대리한 경우에는 무권대리행위로서 무효가 된다. 다만, 본인의 추인이 있으면 유효로 된다고 해석하는 것이 타당할 것이다(대판 2001. 6. 29. 2001다28299). 추인은 성년에 달한 자 본인이 하는 것이 원칙이다.

(5) 특별대리인의 선임

법정대리인인 친권자가 그 친권에 따르는 수인의 자 사이에 이해상반되는 행위를 함에는 법원에 그 자 일방의 특별대리인의 선임을 청구하여야 한다(제921조 2항).

이 경우 이해상반행위의 당사자는 쌍방이 모두 친권에 복종하는 미성년자인 경우이어야 하고, 이때에는 친권자가 미성년자 쌍방을 대리할 수 없는 것이므로 그 어느 미성년자를 위하여 특별대리인을 선임하여야 한다는 것이지 성년이 되어 친권자의 친권에 복종하지 아니하는 자와 친권에 복종하는 미성년자인 자 사이에 이행상반이 되는 경우가 있다 하여도 친권자는 미성년자를 위한 법정대리인으로서 그 고유의 권리를 행사할 수 있으므로 그러한 친권자의 법률행위는 같은 조항 소정의 이해상반행위에 해당한다 할 수 없다(대판 1989. 9. 12. 88다카20844).

▣ 핵심판례 ▣

■ [친권자와 그 자간 또는 수인의 자간의 이해상반행위]

1. 미성년자인 자와 동순위의 공동상속인인 모가 미성년자인 자의 친권자로서 상속재산분할협의를 하는 행위가 민법 제921조 소정의 '이해상반되는 행위'에 해당하는지 여부(적극)

피상속인의 처가 미성년자인 자와 동순위로 공동상속인이 된 경우에 미성년자인 자의 친권자로서 상속재산을 분할하는 협의를 하는 행위는 민법 제921조 소정의 "이해상반되는 행위"에 해당하므로 특별대리인을 선임받아 미성년자를 대리하게 하여야 한다(1993. 3. 9. 제2부(타) 판결 92다18481 소유권이전등기).

2. 가. 민법 제921조의 "이해상반행위"의 의의

민법 제921조의 "이해상반행위"란 행위의 객관적 성질상 친권자와 자 사이 또는 친권에 복종하는 수인의 자 사이에 이해의 대립이 생길 우려가 있는 행위를 가리키는 것으로서 친권자의 의도나 그 행위의 결과 실제로 이해의 대립이 생겼는가의 여부는 묻지 아니한다.

나. 공동상속인인 친권자와 미성년인 자 사이의 공동상속재산분할협의가 "가"항의 이해상반행위인지 여부(적극)

공동상속재산분할협의는 행위의 객관적 성질상 상속인 상호간에 이해의 대립이 생길 우려가 있는 행위라고 할 것이므로 공동상속인인 친권자와 미성년인 수인의 자 사이에 상속재산분할협의를 하게 되는 경우에는 미성년자 각자마다 특별대리인을 선임하여 각 특별대리인이 각 미성년자인 자를 대리하여 상속재산분할의 협의를 하여야 한다.

다. 민법 제921조에 위반된 공동상속재산분할협의의 효력

친권자가 수인의 미성년자의 법정대리인으로서 상속재산분할협의를 한 것이라면 이는 민법 제921조에 위반된 것으로서 이러한 대리행위에 의하여 성립된 상속재산분할협의는 피대리자 전원에 의한 추인이 없는 한 무효이다(1993. 4. 13. 제2부 판결 92다54524 부당이득금반환).

3. 자가 친권자에게 부동산을 증여할 때 특별대리인에 의하지 않기 때문에 이전등기가 무효라는 점의 입증책임

전 등기명의인이 미성년자이고 당해 부동산을 친권자에게 증여하는 행위가 이해상반행위라 하더라도 일단 친권자에게 이전등기가 경료된 이상, 특별한 사정이 없는 한, 그 이전등기에 관하여 필요한 절차를 적법하게 거친 것으로 추정된다(대판 2002. 2. 5. 2001다72029).

4. 가. 적모가 친생자 아닌 미성년자와의 사이에 이해상반행위를 함에 있어 미성년자를 대리할 수 있는지 여부

적모는 구 민법(1990. 1. 13. 법률 제4199호로 개정되기 전의 것) 제909조 제2항에 의하여 자기의 친권에 복종하는 친생자가 아닌 미성년자를 대리하여 법률행위를 할 수 있다 하여도, 적모가 그와 미성년자 사이에 이해가 상반되는 행위를 함에 있어서는 친족회의 동의를 얻어 미성년자를 대리할 수는 없고 민법 제921조에 의하여 미성년자를 위하여 특별대리인을 선임하여야 한다

나. 민법 제921조 소정의 이해상반행위의 의미

민법 제921조의 이해상반행위란 행위의 객관적 성질상 친권자와 그 자 사이 또는 친권에 복종하는 수인의 자 사이에 이해의 대립이 생길 우려가 있는 행위를 가리키는 것으로서 친권자의 의도나 그 행위의 결과 실제로 이해의 대립이 생겼는가의 여부는 묻지 아니하는 것이라 할 것인바, 공동상속재산분할협의는 그 행위의 객관적 성질상 상속인 상호간의 이해의 대립이 생길 우려가 있는 행위이다.

다. 적모와 미성년자인 수인의 자 사이의 상속재산분할협의시 특별대리인 1인이 수인의 자를 대리한 경우 분할협의의 효력

적모와 미성년자인 수인의 자 사이에 상속재산분할협의를 하게 되는 경우에는 미성년자 각자마다 특별대리인을 선임하여 그 각 특별대리인이 각 미성년자를 대리하여 상속재산분할의 협의를 하여야 하고, 만약 특별대리인 1인이 수인의 미성년자를 대리하여 상속재산분할협의를 하였다면 이는 민법 제921조에 위반된 것으로서 이러한 대리행위에 의하여 성립된 상속재산분할협의는 피대리자의 전원에 의한 추인이 없는 한 무효이다(1994. 9. 9. 제2부 판결 94다6680 소유권이전등기말소).

〈판례전문(1994. 9. 9. 94다6680)〉

[원고, 상고인] 백경은 외 2인

[원고들 소송대리인] 법무법인 충청종합법률사무소

[담당변호사] 김태영 외 2인

[피고, 피상고인] 이양순 외 10인

[피고들 소송대리인] 변호사 김교형

[원심판결] 대전고등법원 1993. 12. 28. 선고 93나2993 판결

[주   문] 원심판결을 파기하고, 사건을 대전고등법원에 환송한다.

[이   유] 원고들 소송대리인의 상고이유를 판단한다.

원심판결 이유에 의하면 원심은, 거시증거를 종합하여 판시 각 토지는 원래 소외 망 인의 소유였던 사실, 소외 망인이 1988. 11. 22. 사망하여 처인 피고 1, 처와의 사이에 출생한 장남인 피고 2, 차남인 피고 3, 출가한 딸인 피고 4, 소외 1과의 사실상 혼인관계에서 출생한 혼인 외의 출생자들인 원고들, 소외 2와의 사실상 혼인관계에서 출생한 혼인 외의 출생자들인 소외 3, 4가 망인의 공동재산상속인이 된 사실, 소외 5가 1989. 6. 20. 청주지방법원(89느115호 사건)에 의하여 당시 미성년자이던 원고 2, 3, 소외 3, 4의 특별대리인으로 선임된 사실, 소외 5가 위 미성년자들의 특별대리인으로서 같은 달 22.경 나머지 재산상속인들인 원고 1, 피고 1, 2, 3 등과 망인의 상속재산분할에 관하여 협의한 결과 상속재산을 원심판시와 같이 분할하기로 하여 이 사건 부동산에 관하여 그 판시와 같이 피고 1, 2, 3, 4의 각 명의로 상속재산분할을 원인으로 한 소유권이전등기가 되고, 그 중 일부 부동산에 관하여는 위 등기에 터잡아 위 피고들을 제외한 나머지 피고들 명의로 소유권이전등기가 된 사실을 인정한 다음, 나아가 다음과 같은 원고들의 주장 즉 상속재산분할 당시 원고 2, 3 등 미성년자들에 대하여는 친권자인 피고 1이 법률행위 대리권을 포함한 동인들에 대한 친권을 행사하여야 하나, 위 피고는 적모에 불과하므로 그 경우 구 민법(1990. 1. 13. 법률 제4199호로 개정되기 전의 것) 제912조에 의하여 후견인에 대한 규정이 적용되므로 민법 제950조에 따라 친족회의 동의를 얻어 피고 1이 원고 2, 3 등을 대리하여야 함에도 불구하고, 이러한 절차를 거침이 없이 법원에 의하여 위 원고들 등의 특별대리인으로 선임된 소외 5가 위 원고들을 대리하여 상속재산의 분할 협의에 관여하였으니 위 상속재산분할협의는 무효이거나 취소할 수 있는 법률행위에 해당하고, 따라서 위 상속재산분할협의를 원인으로 하여 마쳐진 피고 1, 2, 3, 4 명의의 각 소유권이전등기 및 이에 터잡아 이루어진 나머지 피고들 명의의 각 소유권이전등기는 원고들의 상속지분 범위 내에서 무효이므로 말소되어야 한다는 주장에 대하여, 원심은 적모가 자기의 친생자가 아닌 미성년자 등을 대리하여 법률행위를 하여야 할 경우에 구 민법 제912조에 의하여 후견인에 관한 규정이 준용되어야 할 것임은 원고들 주장과 같지만, 이 사건 상속재산협의분할과 같이 적모나 후견인이 그와 미성년자 내지 피후견인과의 사이에 서로 이해가 상반되는 행위를 함에 있어서는 친권자와 그 친자 사이에서와 마찬가지로 민법 제921조를 유추적용하여 미성년자 내지 피후견인을 위하여 특별대리인을 선임하여야 한다고 하여 원고들의 위 주장을 배척하였다.

살피건대, 적모는 위 구 민법 제909조 제2항에 의하여 자기의 친권에 복종하는 친생자가 아닌 미성년자를 대리하여 법률행위를 할 수 있다 하여도 적모가 그와 미성년자 사이에 이해가 상반되는 행위를 함에 있어서는 친족회의 동의를 얻어 미성년자를 대리할 수는 없고, 민법 제921조에 의하여 미성년자를 위하여 특별대리인을 선임하여야 하고, 민법 제921조의 이해상반행위란 행위의 객관적 성질상 친권자와 그 자 사이 또는 친권에 복종하는 수인의 자 사이에 이해의 대립이 생길 우려가 있는 행위를 가리키는 것으로서 친권자의 의도나 그 행위의 결과 실제로 이해의 대립이 생겼는가의 여부는 묻지 아니하는 것이라 할 것인바, 공동상속재산분할협의는 그 행위의 객관적 성질상 상속인 상호간의 이해의 대립이 생길 우려가 있는 행위라고 할 것이므로 공동상속인인 적모와 미성년자인 자 사이에 상속재산분할협의를 하게 되는 경우에는 미성년자를 위하여 특별대리인을 선임하여 그 특별대리인이 미성년자를 대리하여 상속재산분할의 협의를 하여야 함은 원심판단과 같다(당원 1993. 3. 9. 선고92다18481 판결 참조).

그러나 적모와 미성년자인 수인의 자 사이에 상속재산분할협의를 하게 되는 경우에는 미성년자 각자마다 특별대리인을 선임하여 그 각 특별대리인이 각 미성년자를 대리하여 상속재산분할의 협의를 하여야 하고 만약 특별대리인 1인이 수인의 미성년자를 대리하여 상속재산분할협의를 한 것이라면 이는 민법 제921조에 위반된 것으로서 이러한 대리행위에 의하여 성립된 상속재산분할협의는 피대리자의 전원에 의한 추인이 없는 한 무효라 할 것인바(당원 1993. 4. 13. 선고 92다54524 판결 참조), 소외 5 1인이 미성년자인 원고 2, 3, 소외 3, 4 등 전원을 대리하여 상속재산분할의 협의를 한 이 사건에 있어 원심은 피대리인들의 추인사실을 확정한 바도 없이 위 상속재산분할협의를 유효하다고 하였으니 원심은 결국 민법 제921조의 법리를 오해하여 판결결과에 영향을 미친 잘못을 저지른 것이라 할 것이고 이를 지적하는 취지도 포함된 논지는 이유 있다.

그러므로 원심판결을 파기하고 사건을 원심법원에 환송하기로 하여 관여 법관의 일치된 의견으로 주문과 같이 판결한다.

대법관   박만호(재판장) 박준서
김형선(주   심) 이용훈

참조판례
가.나.다. 대법원 1993. 4. 13. 선고 92다54524 판결(공1993상, 1392)
가. 대법원 1987. 3. 10. 선고 85므80 판결(공1987, 645)
1993. 3. 9. 선고 92다18481 판결(공1993상, 1143)

5. 가. 친권자인 모가 자신이 연대보증한 채무의 담보로 자신과 자의 공유인 토지 중 자의 공유지분에 관하여 법정대리인의 자격으로 근저당권설정계약을 체결한 행위가 민법 제921조 제1항 소정의 '이해상반행위'에 해당하는지 여부(적극)

친권자인 모가 자신이 연대보증한 차용금 채무의 담보로 자신과 자의 공유인 토지 중 자신의 공유지분에 관하여는 공유지분권자로서, 자의 공유지분에 관하여는 그 법정대리인의 자격으로 각각 근저당권설정계약을 체결한 경우, 위 채권의 만족을 얻기 위하여 채권자가 위 토지 중 자의 공유지분에 관한 저당권의 실행을 선택한 때에는, 그 경매대금이 변제에 충당되는 한도에 있어서

모의 책임이 경감되고, 또한 채권자가 모에 대한 연대보증책임의 추구를 선택하여 변제를 받은 때에는, 모는 채권자를 대위하여 위 토지 중 자의 공유지분에 대한 저당권을 실행할 수 있는 것으로 되는바, 위와 같이 친권자인 모와 자 사이에 이해의 충돌이 발생할 수 있는 것이, 친권자인 모가 한 행위 자체의 외형상 객관적으로 당연히 예상되는 것이어서, 모가 자를 대리하여 위 토지 중 자의 공유지분에 관하여 위 근저당권설정계약을 체결한 행위는 이해상반행위로서 무효라고 보아야 한다.

나. 민법 제921조 제1항 소정의 '이해상반행위' 여부의 판단에 있어서 행위의 동기나 연유를 고려하여야 하는지 여부(소극)

법정대리인인 친권자와 그 자 사이의 이해상반의 유무는 전적으로 그 행위 자체를 객관적으로 관찰하여 판단하여야 할 것이지 그 행위의 동기나 연유를 고려하여 판단하여야 할 것은 아니다(대법원 2002. 1. 11. 선고 2001다65960 판결).

◈ 친권자의 법률행위의 대리권 또는 재산관리권 행사시 주의의무

제922조 【친권자의 주의의무】

친권자가 그 자에 대한 법률행위의 대리권 또는 재산관리권을 행사함에는 자기의 재산에 관한 행위와 동일한 주의를 하여야 한다.

■ § 922. 재산관리, 대리권행사에 대한 주의의무

• 친권자는 미성년인 자의 재산에 관한 법률행위의 대리권 또는 재산관리를 행사함에는 자기의 재산에 관한 행위와 동일한 주의로써 하여야 한다.

친권자의 관리권은 원칙적으로 자의 일체의 재산에 미친다. 다만 친권자와 그 자 사이에 이익이 상반되는 행위(예컨대 친권자가 자기 채무를 위하여 자의 부동산에 저당권을 설정하는 것과 같은 경우)에 대해서는 친권자에게 대리권이 없고, 친권자는 자를 위하여 법원에 그 자의 특별대리인의 선임을 신청하여, 그 특별대리인을 상대로 하여 거래하여야 한다(제921조 1항).

친권자가 자의 재산을 관리하는 관계는 위임과 유사한 관계에 있다고 생각할 수 있다.

친권은 친자 사이의 밀접한 관계를 기초로 하기 때문에 민법은(친권자가 재산관리권을 행사함에 있어서는)「자기의 재산에 관한 행위와 동일한 주의」로써 하여야 한다(이 점은 후견인과 다르다)고 규정하였으며, 또 친권종료시에 행하는 관리계산에 대해서도 자의 재산으로부터 수취한 과실과 그 자의 양육 및 재산관리비용과 상계한 것으로 본다고 하여 친권자의 엄밀한 계산의무를 면제하고 있다(제923조, 이에 반하여 후견에는 계산에 대하여 감독적 제한이 가해지고 있다). 이것은 자연의 애정을 담보로 한 것이라고 할 수 있다.

친권자가 이 주의의무에 위반하여 자에게 손해를 주면 손해배상의 책임을 진다. 이 책임은 불법행위상의 책임이라고 보는 것이 좋을 것이다. 부적당한 관리는 이 경우에 따라 대리권과 재산관리권의 상실원인이 된다(제925조).

◈ 친권자의 동의를 갈음하는 재판

제922조의2 【친권자의 동의를 갈음하는 재판】

가정법원은 친권자의 동의가 필요한 행위에 대하여 친권자가 정당한 이유 없이 동의하지 아니함으로써 자녀의 생명, 신체 또는 재산에 중대한 손해가 발생할 위험이 있는 경우에는 자녀, 자녀의 친족, 검사 또는 지방자치단체의 장의 청구에 의하여 친권자의 동의를 갈음하는 재판을 할 수 있다. [본조신설 2014.10.15.]

■ § 922의2. 친권자의 동의를 갈음하는 재판

- 친권자의 동의가 필요한 행위에 대하여 친권자가 정당한 이유 없이 동의하지 아니하여 자녀의 생명, 신체 또는 재산에 중대한 손해가 발생할 위험이 있는 경우
- 자녀, 자녀의 친족, 검사 또는 지방자치단체의 장의 청구에 의하여 가정법원은 친권자의 동의를 갈음하는 재판을 할 수 있음.

2014년 10월 15일 민법 일부 개정시 신설된 규정으로서, 가정법원은 친권자의 동의가 필요한 행위에 대하여 친권자가 정당한 이유 없이 동의하지 아니하여 자녀의 생명·신체 등에 중대한 손해가 발생할 위험이 있는 경우에는 자녀 또는 검사 등의 청구에 의하여 친권자의 동의를 갈음하는 재판을 할 수 있도록 하였다.

일정한 행위에 대한 친권자의 동의를 갈음하는 재판 제도를 도입함으로써 부모의 친권이 유지되도록 하면서도 자녀의 생명 등을 보호하기 위한 조치가 가능하여 질 것으로 기대된다.

◆ 친권자의 권한 소멸시 계산의무

제923조 【재산관리의 계산】

① 법정대리인인 친권자의 권한이 소멸한 때에는 그 자의 재산에 대한 관리의 계산을 하여야 한다.

② 전항의 경우에 그 자의 재산으로부터 수취한 과실은 그 자의 양육, 재산관리의 비용과 상계한 것으로 본다. 그러나 무상으로 자에게 재산을 수여한 제3자가 반대의 의사를 표시한 때에는 그 재산에 관하여는 그러하지 아니하다.

■ § 923. 재산관리권의 종료

- 법정대리인 친권자의 권한이 소멸한 때에는 그 자의 재산에 대한 관리의 계산을 하여야 한다.
- 즉 재산관리에 대하여 행하여 온 수지의 계산을 명백히 하고, 자의 현존재산이 얼마인가를 확정하여 보고하여야 한다
- 그 때에 그 자의 재산으로부터 수취한 과실은 그 자의 양육, 재산관리의 비용과 상계한 것으로 본다.
- 그러나 무상으로 자에게 재산을 수여한 제3자는 친권자의 수익권을 부정할 수 있으며, 그때에는 친권자는 그 재산으로부터 수취한 과실을 자의 양육재산관리비용과 상계할 수 없다.

친권자의 권한이 소멸한 때(자가 성년자가 된 때, 친권자가 친권상실선고를 받은 때 등)에는 그 동안 자의 재산을 관리하면서 생긴 수입과 지출 등을 정확하게 계산하고, 현재의 재산상황을 확정하여 보고하여야 한다(제923조 1항).

친권자의 재산관리권은 자의 재산상의 수익권까지를 포함할 것인가?

본조 2항(본문)이 「그 자의 재산으로부터 수취한 과실은 그 자의 양육 및 재산관리의 비용과 상계한 것으로 본다」고 규정하고 있는 점으로 미루어 수익의 잉여는 친권자의 소득으로 해석하는 견해가 있다.

그러나 「상계」는 어떤 채권과 이에 대한 반대채권을 대등한 액에서 소멸시킨

다는 것을 의미하는 것이기 때문에, 이 단어를 근거로 하여 친권자의 수익권을 인정하는 것은 타당한 해석이라고 할 수 없고, 더욱이 수익권을 인정하려면 부당하게 자의 이익을 해하는 결과를 초래하게 되므로, 자를 위한 친자법의 기본정신에 반하게 된다.

그래서 최근에는 친권자의 수익권을 부정하는 견해가 유력하다. 즉 자를 위한 친자법에서는 재산관리권도 또한 자의 복지를 위한 제도로 생각하여야 하는 까닭에 친권자가 자의 재산관리비용과 자의 양육비용의 지급이상의 수익을 자기 몫으로 할 수 없고, 자의 재산으로 남겨두었다가 자가 성장한 후 자에게 인도하여야 한다는 것이다.

그리고 현행법의 해석으로는 친권자는 자가 성년에 달하였을 때 현존하고 있는 재산의 전부를 자에게 반환하여야 하지만, 양육과 관리비용을 지급하고 남은 재산만이라도 상관이 없다(그러나 이러한 비용을 명확하게 계산한다는 것은 현실적으로 매우 곤란할 것이다)는 것이 본조 2항에서 말하는「상계」의 취지라고 해석하게 된다(이 점에 대해서 독일민법 제1649조는 친권자의 수익권을 부정하면서 수익의 잉여분을 친권자자신 및 생활을 공동으로 하고 있는 미혼인 미성년의 형제자매의 생활비에 충당할 수 있는 길을 열고 있다. 친권자의 수익권이 나아갈 방향으로써 고려할 가치가 있다). 무상으로 자에게 재산을 수여한 자3자가 상계금지의 의사표시를 한 때에는 친권자는 그 재산에 대하여는 양육·재산관리비용과 상계하지 못한다.

제 3 관   친권의 상실, 일시 정지 및 일부 제한

친권은 자의 복리를 지키기 위한 의무적 성격을 내용으로 하므로 친권자가 친권행사에 부적당하여 자의 이익을 해하는 경우에는 이것을 강제적으로 박탈하는 것을 인정하였다. 이것이 친권상실의 제도이다.

또한 2014년 10월 15일 민법의 일부 개정시 친권의 일시 정지 제도 및 친권의 일부 제한 제도가 도입되어 시행되고 있다.

◈ 친권의 상실 또는 일시 정지의 선고

제924조【친권의 상실 또는 일시 정지의 선고】

① 가정법원은 부 또는 모가 친권을 남용하여 자녀의 복리를 현저히 해치거나 해칠 우려가 있는 경우에는 자녀, 자녀의 친족, 검사 또는 지방자치단체의 장의 청구에 의하여 그 친권의 상실 또는 일시 정지를 선고할 수 있다.

② 가정법원은 친권의 일시 정지를 선고할 때에는 자녀의 상태, 양육상황, 그 밖의 사정을 고려하여 그 기간을 정하여야 한다. 이 경우 그 기간은 2년을 넘을 수 없다.

③ 가정법원은 자녀의 복리를 위하여 친권의 일시 정지 기간의 연장이 필요하다고 인정하는 경우에는 자녀, 자녀의 친족, 검사, 지방자치단체의 장, 미성년후견인 또는 미성년후견감독인의 청구에 의하여 2년의 범위에서 그 기간을 한 차례만 연장할 수 있다. [전문개정 2014.10.15.]

■ § 924. 친권의 상실 또는 일시 정지의 선고

• 친권 상실, 일시 정지 선고의 요건 : 친권의 남용, 자녀의 복리를 현저히 해치거나 해칠 우려가 있을 것, 자녀·자녀의 친족·검사 또는 지방자치단체의 장의 청구
• 친권 상실 선고의 보충성 : 친권상실의 선고는 친권의 일시정지, 친권의 일부 제한, 대리권·재산관리권의 상실선고 또는 그 밖의 다른 조치에 의해서는 자녀의 복리를 충분히 보호할 수 없는 경우에만 가능
• 친권 일시 정지 선고의 보충성 : 친권의 일시정지는 제922조의2에 따른 동의를 갈음하는 재판 또는 그 밖의 다른 조치에 의해서는 자녀의 복리를 충분히 보호할 수 없는 경우에만 가능
• 관련법조 : [상실선고와 신고] 가족관계등록법 §79②, [친권상실선고] 가소 §2①마-6

1. 친권의 상실 또는 일시 정지 선고의 원인

부 또는 모가 친권을 남용하여 자녀의 복리를 현저히 해치거나 해칠 우려가

있는 경우이어야 한다.

공동친권인 경우 이러한 원인무효의 판단은 부·모를 나누어 생각하여야 하고, 상실선고 또한 따로따로 행하여야 한다. 수인의 자에 대한 친권을 행사하는 경우에는 그 중 1인에 대한 친권상실만을 선고할 수 있다.

친권은 미성년자인 자의 양육과 감호 및 재산관리를 적절히 함으로써 그의 복리를 확보하도록 하기 위한 권리이자 의무의 성질을 갖는 것으로서, 친권상실사유의 해당 여부를 판단함에 있어서도 친권의 목적이 자녀의 복리보호에 있다는 점이 판단의 기초가 되어야 한다(대결 1993. 3. 4. 93스3).

(1) 친권의 남용

가. 의 의

친권의 남용이란 친권 본래의 목적인 자의 복리실현을 현저히 반하는 방식으로 친권을 행사하는 것을 말한다.

친권의 남용으로 인정되기 위해서는 친권자의 고의 또는 과실이 요구되는지에 관해서는 견해가 대립된다. 부모로서의 의무를 게을리 하여 자의 복리를 위태롭게 한 때에는 당연히 과실이 인정된다고 보아야 할 것이다.

나. 친권남용에 해당하는 사례

1) 친권자인 생부가 생모와 혼인 외의 출생자를 유기하여 오다가 생모가 생부를 상대로 양육비 청구를 하자 이에 대항하기 위하여 유아인도 청구를 하는 행위(대판 1979. 7. 10. 79므5).

2) 자의 유일한 재산을 아무런 대가를 받지 않고 증여한 행위

친권자인 모가 미성년자인 자의 법정대리인으로서 자의 유일한 재산을 아무런 대가도 받지 않고 증여하였고 상대방이 그 사실을 알고 있었던 경우, 그 증여행위는 친권의 남용을 위한 것이므로 무효이다(대판 1997. 1. 243. 96다43928).

(2) 자녀의 복리를 현저히 해치거나 해칠 우려가 있을 것

부나 모가 친권을 남용하여 자녀의 복리를 현저히 해치거나 해칠 우려가 있어야 한다.

2. 친권상실 또는 일시 정지 선고의 절차

(1) 친권상실 또는 일시 정지 선고의 청구

가. 청구권자 및 상대방

가정법원은 자녀, 자녀의 친족, 검사 또는 지방자치단체의 장의 청구에 의하여 그 친권의 상실 또는 일시 정지를 선고할 수 있다.

또한 아동복지법 제18조에 의하여 시·도지사, 시장·군수·구청장 또는 검사는 친권상실선고를 청구할 수 있다. 친권상실선고를 청구하고자 하는 경우에는 먼저 조정을 신청하여야 한다(가사소송법 제2조 1항 마류사건). 청구의 상대방은 친권자이다.

나. 사전처분

친권(또는 친권 중 법률행위의 대리권 및 재산관리권) 상실에 관한 심판 청구 또는 조정의 신청이 있는 경우에 가정법원·조정위원회 또는 조정담당판사는 사건의 해결을 위하여 특히 필요하다고 인정한 때에는 직권 또는 당사자의 신청에 의하여 상대방 기타 관계인에 대하여 현상을 변경하거나 물건을 처분하는 행위의 금지를 명할 수 있고, 사건에 관련된 재산의 보존을 위한 처분, 관계인의 감호와 양육을 위한 처분 등 적당하다고 인정되는 처분을 할 수 있다(가사소송법 제62조 1호). 가정법원이 할 수 있는 사전처분에는 친권행사의 정지가 포함된다. 그러나 이러한 처분은 집행력을 갖지 않으며(동법 제62조 5항) 이에 위반할 경우 과태료의 제재를 받게 될 뿐이다(동법 제67조 1항).

(2) 친권상실선고의 보충성·최후성

친권상실의 선고는 친권의 일시정지, 친권의 일부제한, 대리권·재산관리권의 상실선고 또는 그 밖이 다른 조치에 의해서는 자녀의 복리를 충분히 보호할 수 없는 경우에만 할 수 있다(제925조의2 1항).

(3) 친권의 일시정지의 보충성

친권의 일시정지는 제922조의2에 따른 동의를 갈음하는 재판 또는 그 밖의 다른 조치에 의해서는 자녀의 복리를 충분히 보호할 수 없는 경우에만 할 수 있다(제925조의2 2항).

3. 친권상실선고 및 친권의 일부정지의 효과

(1) 친권상실선고의 효과

친권상실을 선고한 심판이 확정되면, 당해 친권자의 친권은 소멸한다. 공동친권자인 부모의 일방이 친권상실선고를 받은 때에는 다른 일방이 단독친권자가 되며, 공동친권자인 부모 쌍방이 모두 친권상실선고를 받거나 단독친권자가 친권상실선고를 받은 경우에는 후견이 개시된다.

(2) 친권의 일시정지의 효과

가정법원이 친권의 일시정지를 선고할 때에는 자녀의 상태, 양육상황, 그 밖의 사정을 고려하여 그 기간을 정하여야 한다. 이 경우 그 기간은 2년을 넘을 수 없다. 자녀의 복리를 위하여 친권의 일시 정지 기간의 연장이 필요하다고 인정하는 경우에는 가정법원은 자녀, 자녀의 친족, 검사, 지방자치단체의 장, 미성년후견인 또는 미성년후견감독인의 청구에 의하여 2년의 범위에서 그 기간을 한 차례만 연장할 수 있다.

친권의 일시정지의 선고가 있으면 친권자는 정지된 기간 동안 친권을 행사하지 못한다. 친권의 일시정지가 선고된 경우에도 부모의 자녀에 대한 그 밖의 권리와 의무는 변경되지 않는다(제925조의 3).

▣ **핵심판례** ▣

■ [친권상실의 선고]

1. 가. 친권상실선고에 있어 고려하여야 할 요소

친권은 미성년인 자의 양육과 감호 및 재산관리를 적절히 함으로써 그의 복리를 확보하도록 하기 위한 부모의 권리이자 의무의 성격을 갖는 것으로서, 민법 제924조에 의한 친권상실선고사유의 해당 여부를 판단함에 있어서도 친권의 목적이 자녀의 복리보호에 있다는 점이 판단의 기초가 되어야 하고, 설사 친권자에게 간통 등의 비행이 있어 자녀들의 정서나 교육 등에 악영향을 줄 여지가 있다 하더라도 친권의 대상인 자녀의 나이나 건강상태를 비롯하여 관계인들이 처해 있는 여러 구체적 사정을 고려하여 비행을 저지른 친권자를 대신하여 다른 사람으로 하여금 친권을 행사하거나 후견을 하게 하는 것이 자녀의 복리를 위하여 보다 낫다고 인정되는 경우가 아니라면 섣불리 친권상실을 인정하여서는 안 된다.

나. 자녀들의 양육과 보호에 관한 의무를 소홀히 하지 아니한 모의 간통 행위로 말미암아 부가 사망하는 결과가 초래된 사실만으로써는 모에 대한 친권상실선고사유에 해당한다고 볼 수 없다 한 사례

자녀들의 양육과 보호에 관한 의무를 소홀히 하지 아니한 모의 간통행위로 말미암아 부가 사망하는 결과가 초래된 사실만으로써는 모에 대한 친권상실선고사유에 해당한다고 볼 수 없다(1993. 3. 4. 제3부(사) 결정 93스3 친권상실).

2. 친권상실선고의 청구권을 포기하는 계약의 효력 여부

친권은 당사자가 임의로 포기하거나 사퇴할 수 있는 것이 아니고, 친권 등의 상실선고청구권의 포기도 허용되지 않는다(대판 1977. 6. 7. 76므34).

3. 남편 등과의 불화로 집을 나가 별거한 이후 남편이 교통사고로 사망하자 보상금을 전부 수령하여 거의 다 소비하여 버리는 등 자녀들의 부양에 대하여 전혀 노력하지 않는 모에게 자식들에 대한 친권을 행사시킬 수 없는 중대한사유가 있다고 본 사례

모가 남편 및 그 시부모들과의 불화로 남편과 자식들을 남겨두고 집을 나가 별거한 이후에는 전혀 자녀들을 돌보지 않았을 뿐 아니라 남편이 교통사고로 사망하게 되었는데도 그 장례식에 참석하지도 않았고 장래문제를 의논하러 자녀들이 찾아가도 만나주지도 않으면서 남편의 교통사고에 대한 보상금을 전부 수령하여 거의 다 소비하여 버리는 등 자녀들의 부양에 대하여 전혀 노력하지 않고 있고, 자녀들도 동거시 자신들에게 가혹하게 대하였던 모를 불신하며 현재와 같이 할아버지 밑에서 보호양육되기를 희망하고 있다면, 모에게 자식들에 대한 친권을 행사시킬 수 없는 중대한 사유가 있다고 본 사례(대법원 1991. 12. 10. 선고 91므641 판결).

◈ 친권의 일부 제한의 선고

제924조의2 【친권의 일부 제한의 선고】

가정법원은 거소의 지정이나 징계, 그 밖의 신상에 관한 결정 등 특정한 사항에 관하여 친권자가 친권을 행사하는 것이 곤란하거나 부적당한 사유가 있어 자녀의 복리를 해치거나 해칠 우려가 있는 경우에는 자녀, 자녀의 친족, 검사 또는 지방자치단체의 장의 청구에 의하여 구체적인 범위를 정하여 친권의 일부 제한을 선고할 수 있다. [본조신설 2014.10.15.]

■ § 924의2. 친권의 일부 제한의 선고

- 거소의 지정이나 징계, 그 밖의 신상에 관한 결정 등 특정한 사항에 관하여 친권자가 친권을 행사하는 것이 곤란하거나 부적당한 사유가 있어 자녀의 복리를 해치거나 해칠 우려가 있는 경우
- 자녀, 자녀의 친족, 검사 또는 지방자치단체의 장의 청구
- 가정법원은 구체적인 범위를 정하여 친권의 일부 제한을 선고할 수 있음.

(1) 의의

가정법원은 거소의 지정이나 징계, 그 밖의 신상에 관한 결정 등 특정한 사항에 관하여 친권자가 친권을 행사하는 것이 곤란하거나 부적당한 사유가 있어 자녀의 복리를 해치거나 해칠 우려가 있는 경우에는 자녀, 자녀의 친족, 검사 또는 지방자치단체의 장의 청구에 의하여 구체적인 범위를 정하여 친권의 일부 제한을 선고할 수 있다. 이 규정은 2014년 10월 15일 민법 일부 개정시 신설된 규정으로서, 친권자의 동의를 갈음하는 재판 제도로는 해결할 수 없는 사안이지만 친권을 전부 상실시킬 필요가 없는 경우에 자녀의 생명 등을 보호하기 위한 필요 최소한도의 친권 제한 조치로 친권 중 일부를 제한하는 것이 가능하게 되었다.

(2) 친권의 일부 제한의 보충성

친권의 일부 제한은 제922조의2에 따른 동의를 갈음하는 재판 또는 그 밖의 다른 조치에 의해서는 자녀의 복리를 충분히 보호할 수 없는 경우에만 할 수 있다(제925조의2 2항).

(3) 친권의 일부제한선고의 효과

가정법원이 친권의 일부제한선고를 할 때에는 구체적인 범위를 정해서 해야 한다. 이러한 선고가 있으면 친권자는 그 범위에서 친권을 행사하지 못한다. 친권의 일부제한이 선고된 경우에도 부모의 자녀에 대한 그 밖의 권리와 의무는 변경되지 않는다(제925조의 3).

◈ 대리권, 재산관리권의 상실사유

제925조【대리권, 재산관리권 상실의 선고】

가정법원은 법정대리인인 친권자가 부적당한 관리로 인하여 자녀의 재산을 위태롭게 한 경우에는 자녀의 친족, 검사 또는 지방자치단체의 장의 청구에 의하여 그 법률행위의 대리권과 재산관리권의 상실을 선고할 수 있다. <개정 2014.10.15.>

■ § 925. 대리권과 재산관리권의 상실

- 법정대리인인 친권자가 부적당한 관리로 인하여 자녀의 재산을 위태롭게 한 때는 자녀의 친족, 검사 또는 지방자치단체의 장의 청구에 의하여 가정법원이 그 법률행위의 대리권과 재산관리권의 상실을 선고한다.
- 이 경우에도 우선 가정법원에 조정을 신청하여야 한다
- 관련법조 : [상실선고와 신고] 가족관계등록법 §79 ②

가정법원은 법정대리인인 친권자가 부적당한 관리로 인하여 자녀의 재산을 위태롭게 한 경우에는 자녀의 친족, 검사 또는 지방자치단체의 장의 청구에 의하여 그 법률행위의 대리권과 재산관리권의 상실을 선고할 수 있다(제925조).

관리권을 박탈하기 위해서는 친권자의 부적당한 관리로 인하여 자의 재산을 위태롭게 한 사실이 있어야 한다. 관리권만의 상실선고를 받은 채권자는 이후에는 관리권이 없으므로 사실상 보호권만을 행사할 수 있게 된다.

공동친권의 경우에는 이후 재산관리권은 다른 일방이 단독으로 행사하게 되고, 단독친권의 경우에는 재산관리권에 대해 후견인 개시된다(제928조).

대리권·재산관리권 상실선고를 청구하려면 우선 가정법원에 조정을 신청하여야 한다(가소 제2조 1항 마류사건 6호, 50조). 청구권자는 자의 친족(제777조)이다. 자는 직접 당사자가 되지 않는다. 이러한 경우에 친권은 자의 신분에 관한 것과 재산에 관한 것으로 나누어 친권자와 후견인에서 분속하게 된다.

제925조에 따른 대리권·재산관리권의 상실선고는 제922조의 2에 따른 동의를 갈음하는 재판 또는 그 밖의 다른 조치에 의해서는 자녀의 복리를 충분히 보호

할 수 없는 경우에만 할 수 있다(제925조의2 2항).

관리권의 상실에 관한 재판이 확정되면 그 재판을 청구한 사람이 그 내용을 신고하여야 한다(가족관계등록법 제79조 2항).

◆ 친권 상실 선고 등의 판단 기준

제925조의 2【친권 상실 선고 등의 판단 기준】

① 제924조에 따른 친권 상실의 선고는 같은 조에 따른 친권의 일시 정지, 제924조의2에 따른 친권의 일부 제한, 제925조에 따른 대리권·재산관리권의 상실 선고 또는 그 밖의 다른 조치에 의해서는 자녀의 복리를 충분히 보호할 수 없는 경우에만 할 수 있다.

② 제924조에 따른 친권의 일시 정지, 제924조의2에 따른 친권의 일부 제한 또는 제925조에 따른 대리권·재산관리권의 상실 선고는 제922조의2에 따른 동의를 갈음하는 재판 또는 그 밖의 다른 조치에 의해서는 자녀의 복리를 충분히 보호할 수 없는 경우에만 할 수 있다.

[본조신설 2014.10.15.]

■ § 925의2. 친권 상실 선고 등의 판단 기준

- 친권 상실 선고의 보충성 : 친권의 일시 정지, 친권의 일부 제한, 대리권·재산관리권의 상실 선고 또는 그 밖의 다른 조치에 의해서는 자녀의 복리를 충분히 보호할 수 없는 경우에만 할 수 있다.
- 친권의 일시 정지·친권의 일부제한·대리권, 재산관리권 상실 선고의 보충성 : 제922조의2에 따른 동의를 갈음하는 재판 또는 그 밖의 다른 조치에 의해서는 자녀의 복리를 충분히 보호할 수 없는 경우에만 할 수 있다.

친권 상실의 선고는 친권의 일시 정지, 친권의 일부 제한, 대리권·재산관리권의 상실 선고 또는 그 밖의 다른 조치에 의해서는 자녀의 복리를 충분히 보호할 수 없는 경우에만 할 수 있다.

또한 친권의 일시 정지·친권의 일부제한·대리권, 재산관리권 상실 선고는 제922조의2에 따른 동의를 갈음하는 재판 또는 그 밖의 다른 조치에 의해서는 자녀의 복리를 충분히 보호할 수 없는 경우에만 할 수 있다.

◆ 부모의 권리와 의무

제925조의3 【부모의 권리와 의무】

제924조와 제924조의2, 제925조에 따라 친권의 상실, 일시 정지, 일부 제한 또는 대리권과 재산관리권의 상실이 선고된 경우에도 부모의 자녀에 대한 그 밖의 권리와 의무는 변경되지 아니한다. [본조신설 2014.10.15.]

■ § 925의3. 부모의 권리와 의무

• 친권의 상실, 일시 정지, 일부 제한 또는 대리권과 재산관리권의 상실이 선고된 경우 : 부모의 자녀에 대한 그 밖의 권리와 의무는 변경되지 않음.

친권의 상실, 일시 정지, 일부 제한 또는 대리권과 재산관리권의 상실이 선고된 경우에도 부모의 자녀에 대한 그 밖의 권리와 의무는 변경되지 않는다.

◆ 친권, 대리권, 재산관리권의 회복

제926조【실권 회복의 선고】

가정법원은 제924조, 제924조의2 또는 제925조에 따른 선고의 원인이 소멸된 경우에는 본인, 자녀, 자녀의 친족, 검사 또는 지방자치단체의 장의 청구에 의하여 실권(失權)의 회복을 선고할 수 있다. [전문개정 2014.10.15.]

■ § 926. 실권회복

- 친권의 상실·일시정지·일부제한 또는 대리권, 재산관리권의 상실선고가 있은 후 그 선고의 원인이 소멸된 경우 : 가정법원은 일정한 자의 청구에 의하여 실권의 회복을 선고할 수 있다.
- 청구권자 : 본인, 자녀, 자녀의 친족, 검사 또는 지방자치단체의 장
- 이 경우에도 가정법원에 우선 조정을 신청하여야 한다.
- 실권회복에 관한 소의 상대방은 현재 친권, 법률행위대리권 및 재산관리권을 행사하는 자 또는 후견인이 될 것이다
- 관련법조 : [실권회복과 신고] 가족관계등록법 §79 ②

친족상실, 일시정지, 일부제한과 대리권·관리권의 상실, 즉 친권박탈의 원인이 소멸한 때에는 가정법원은 본인, 자녀, 자녀의 친족, 검사 또는 지방자치단체의 장의 청구에 의하여(검사는 포함되지 않는다) 실권회복을 선고할 수 있다.

실권회복의 선고에 의하여 친권은 당연히 회복된다. 단독친권으로 되어 있었으면 공동친권이 되고, 후견이 개시되어 있었으면 후견은 당연히 종료된다. 이 경우에도 가정법원이 우선 조정을 신청하여야 한다(가사소송법 제2조 1항, 마류 사건 6호 50조).

실권회복에 관한 소의 상대방은 현재 친권, 법률행위대리권 및 재산관리권을 행사하는 자 또는 후견인이다. 다만 실권자가 친권을 회복할 여지가 없는 경우, 예컨대 자가 성년에 달하였거나 성년후견개심의 심판을 받았거나 또는 가를 달리한 경우 등에는 청구를 허용해서는 안된다. 실권선고의 원인이 소멸하였는가의 여부는 가정법원이 구체적인 사안에 관하여 판정한다. 가정법원이 실권선고의 원인이 소멸하였다고 인정하면 실권의 회복을 선고하고 소멸하지 않았다고 인정하면 그 청구를 기각한다.   친권이나 관리권의 회복에 관한 재판이 확정된 때에는 그 재판을 청구한 사람이 그 내용을 신고하여야 한다(가족관계등록법 제79조 2항).

◆ 법률행위의 대리권과 재산관리권의 사퇴와 회복

제927조 【대리권, 관리권의 사퇴와 회복】

① 법정대리인인 친권자는 정당한 사유가 있는 때에는 법원의 허가를 얻어 그 법률행위의 대리권과 재산관리권을 사퇴할 수 있다.

② 전항의 사유가 소멸한 때에는 그 친권자는 법원의 허가를 얻어 사퇴한 권리를 회복할 수 있다.

■ § 927. 대리권, 관리권의 사퇴와 회복

• 친권자는 부 또는 모를 불문하고 정당한 사유가 있는 때에는 가정법원의 허가를 얻어서 그 법률행위의 대리권과 재산관리권을 사퇴할 수 있다.
• 정당한 사유로서는 해외여행과 같은 장기부재나 중병 또는 복역등이 해당된다.
• 사퇴의 사유가 소멸하면 가정법원의 허가를 얻어서 사퇴한 권리를 회복할 수 있다.
• 관련법조 : [법원의 허가] 가소 §2①라12

본조는 친권의 사퇴에 관하여 규정한 것이다.

(1) 친권은 부모의 의무이므로 자의로 사퇴하는 것을 허용할 수 없다. 그러나 이것은 자의 복지를 위하여 멋대로 친권을 포기하는 것을 방지하려는 취지이며, 친권의 사퇴를 절대적으로 금지한다는 것을 의미하는 것은 아니다.

민법은 정당한 사유가 있는 때(예컨대 장기부재, 중병, 복역 등)에는 가정법원의 허가를 얻어 그 법률행위의 대리권과 재산관리권을 사퇴할 수 있는 것으로 하고, 동시에 그러한 사유가 소멸한 때에는 가정법원의 허가를 얻어서 사퇴한 권리를 회복할 수 있는 것으로 하고 있다.

신상보호권만을 사퇴하는 것은 허용되지 않는다. 보호권 없는 관리권만 인정하는 것은 친권의 본질에 반하기 때문이다. 가정법원의 허가기준은 여기에서도 자의 이익이 중심이 된다.

(2) 대리권과 재산관리권의 사퇴는 가족관계등록법상 신고를 요한다(동법 제79조 2항).

여기의 신고는 혼인·인지신고와 마찬가지로 창설적 신고이며, 가정법원의 사퇴선고에 의하여 사퇴의 효력이 발생하는 것은 아니다.

공동친권자의 일방이 대리권과 재산관리권을 사퇴한 경우에는 다른 일방의 단독관리로 되고, 공동친권자의 쌍방 또는 단독친권자가 사퇴한 경우에는 후견이 개시되는 것은 친권상실의 경우와 동일하다.

(3) 대리권과 재산관리권을 사퇴한 후에 그 사퇴의 이유가 되었던 사유가 소멸한 경우에는 가정법원의 허가를 얻어 사퇴한 권리를 회복할 수 있다.

대리권·관리권을 회복한 때에도 사퇴의 경우와 마찬가지로 허가서의 등본을 첨부하여 그 취지를 신고하여야 한다. 이로써 친권자는 대리권·관리권을 행사할 수 있게 되고, 후견이 개시되어 있었던 경우에는 후견은 종료된다.

◆ 친권의 상실, 일시 정지 또는 일부 제한과 친권자의 지정 등

제927조의2 【친권의 상실, 일시 정지 또는 일부 제한과 친권자의 지정 등】

① 제909조제4항부터 제6항까지의 규정에 따라 단독 친권자가 된 부 또는 모, 양부모(친양자의 양부모를 제외한다) 쌍방에게 다음 각 호의 어느 하나에 해당하는 사유가 있는 경우에는 제909조의2제1항 및 제3항부터 제5항까지의 규정을 준용한다. 다만, 제1호의3·제2호 및 제3호의 경우 새로 정하여진 친권자 또는 미성년후견인의 임무는 제한된 친권의 범위에 속하는 행위에 한정된다. <개정 2014.10.15.>

1. 제924조에 따른 친권상실의 선고가 있는 경우

1의2. 제924조에 따른 친권 일시 정지의 선고가 있는 경우

1의3. 제924조의2에 따른 친권 일부 제한의 선고가 있는 경우

2. 제925조에 따른 대리권과 재산관리권 상실의 선고가 있는 경우

3. 제927조제1항에 따라 대리권과 재산관리권을 사퇴한 경우

4. 소재불명 등 친권을 행사할 수 없는 중대한 사유가 있는 경우

② 가정법원은 제1항에 따라 친권자가 지정되거나 미성년후견인이 선임된 후 단독 친권자이었던 부 또는 모, 양부모 일방 또는 쌍방에게 다음 각 호의 어느 하나에 해당하는 사유가 있는 경우에는 그 부모 일방 또는 쌍방, 미성년자, 미성년자의 친족의 청구에 의하여 친권자를 새로 지정할 수 있다.

1. 제926조에 따라 실권의 회복이 선고된 경우

2. 제927조제2항에 따라 사퇴한 권리를 회복한 경우

3. 소재불명이던 부 또는 모가 발견되는 등 친권을 행사할 수 있게 된 경우

[본조신설 2011.5.19.] [제목개정 2014.10.15.]

■ § 927의2. 친권의 상실, 일시 정지 또는 일부 제한과 친권자의 지정 등

• 단독 친권자로 정해진 부나 모, 또는 양부모 모두가 친권상실 등의 사유로 친권을 행사할 수 없게 되는 경우에 다른 일방이나 양자의 친생부모가 친권자로 되는지는 앞에서 살핀 이혼 등의 경우에 단독 친권자로 정해진 자가 사망한 때와 마찬가지로 문제가 있다. 이에 2011년 5월 19일 민법 일부 개정시에 제927조의2를 신설하여 문제를 해결하였다.

(1) 제909조 4항부터 6항까지의 규정에 따라 단독 친권자로 정해진 부 또는 모, 양부모(친양자의 양부모 제외) 쌍방에게 다음과 같은 사유가 있는 경우

단독 친권자로 정해진 부 또는 모, 양부모(친양자의 양부모 제외) 쌍방에게 ① 친권상실의 선고가 있는 경우, ② 친권 일시 정지의 선고가 있는 경우, ③ 친권 일부 제한의 선고가 있는 경우, ④ 대리권과 재산관리권 상실의 선고가 있는 경우, ⑤ 대리권과 재산관리권을 사퇴한 경우, ⑥ 소재불명 등 친권을 행사할 수 없는 중대한 사유가 있는 경우 중 어느 하나에 해당하는 사유가 있는 경우에는 다음과 같이 처리한다.

1) 생존하는 부 또는 모, 미성년자, 미성년자의 친족은 그 사실을 안 날부터 1개월, 사망한 날부터 6개월 내에 가정법원에 생존하는 부 또는 모를 친권자로 지정할 것을 청구할 수 있다(제927조의2 1항, 제909조의2 1항). 다만, 제909조의2 2항은 준용되지 않기 때문에 양부모 쌍방에게 일정한 사유가 생겨도 친권자 지정을 청구하지 못한다.

2) 제909조의2 1항의 기간 내에 친권자 지정의 청구가 없을 때에는 가정법원은 직권으로 또는 미성년자, 미성년자의 친족, 이해관계인, 검사, 지방자치단체의 장의 청구에 의하여 미성년후견인을 선임할 수 있다. 이 경우 생존하는 부 또는 모, 친생부모 일방 또는 쌍방의 소재를 모르거나 그가 정당한 사유 없이 소환에 응하지 아니하는 경우를 제외하고 그에게 의견을 진술할 기회를 주어야 한다(제927조의2 1항, 제909조의2 3항). 또한 가정법원은 친권자 지정 청구나 후견인 선임청구가 미성년자의 복리를 위하여 적절하지 않다고 인정하면 청구를 기각할 수 있으며(제927조의2 1항, 제909조

의2 4항), 단독친권자가 사망한 경우, 입양이 취소되거나 파양된 경우, 양부모가 모두 사망한 경우 중 어느 하나에 해당하는 경우에 직권으로 또는 미성년자, 미성년자의 친족, 이해관계인, 검사, 지방자치단체의 장의 청구에 의하여 친권자가 지정되거나 미성년후견인이 선임될 때까지 그 임무를 대행할 사람을 선임할 수 있다(제927조의2 1항, 제909조의2 5항).

이 때 친권 일부 제한의 선고가 있는 경우, 대리권과 재산관리권 상실의 선고가 있는 경우, 대리권과 재산관리권을 사퇴한 경우 새로 정하여진 친권자 또는 미성년후견인의 임무는 제한된 친권의 범위에 속하는 행위에 한정된다(제927조의2 1항 단서).

(2) 위 (1)에 따라 친권자가 지정되거나 미성년후견인이 선임된 후 단독 친권자이었던 부 또는 모, 양부모 일방 또는 쌍방에게 실권의 회복이 선고되거나, 사퇴한 권리를 회복하거나, 소재불명이던 부 또는 모가 발견되는 등 친권을 행사할 수 있게 된 경우

이러한 경우 그 부모 일방 또는 쌍방, 미성년자, 미성년자의 친족의 청구에 의하여 친권자를 새로 지정할 수 있다(제927조의2 2항).

제 5 장　　후　견

후견(tutela ; guardianship ; Vormundschaft ; tutelle)이란 제한능력자나 그 밖에 보호가 필요한 사람을 보호하는 것이다. 후견은 사회적 생활능력이 없는 자를 보호하기 위한 제도이므로 친족적 또는 신분적 요소보다는 재산법적 요소가 많다. 후견의 직무를 행하는 것을 후견의 기관이라고 하고 이에는 집행기관과 감독기관이 있다. 전자로는 후견인, 후자로는 가정법원과 후견감독인이 있다.

후견제도는 2011년 3월 7일 민법 개정시 전면 개정되었다. 개정된 민법에 따르면, 후견은 법정후견과 임의후견의 두 가지가 인정된다. 법정후견에는 미성년후견·성년후견·한정후견·특정후견이 있으며, 임의후견에는 후견계약에 의한 후견이 있다.

제 1 절   미성년후견과 성년후견

제 1 관 후견인

후견인(tutor ; guardian ; Vormund ; tuteur)은 후견사무를 직접 행하는 기관이다. 후견에는 미성년자후견, 성년후견, 한정후견, 특정후견이 있다.

◆ 미성년자의 후견의 개시사유

제928조【미성년자에 대한 후견의 개시】

미성년자에게 친권자가 없거나 친권자가 제924조, 제924조의2, 제925조 또는 제927조제1항에 따라 친권의 전부 또는 일부를 행사할 수 없는 경우에는 미성년후견인을 두어야 한다. <개정 2014.10.15.>

[전문개정 2011.3.7.]

▣ 예 규 ▣

■ 계모와 적모의 친권 효력 여부

(대법원 가족관계등록예규 제178호)

민법상 1991. 1. 1.부터 계모와 적모는 미성년자의 모가 아니어서 그 친권이 소멸되므로 그 미성년자의 생모 그 밖의 친권자가 없다면 후견이 개시된다.

■ 친권자나 선순위 법정후견인이 행방불명인 경우의 후견개시신고방법

(대법원 가족관계등록예규 제179호)

미성년자의 친권자가 모두 장기간 행방불명인 경우에는 친권자가 없는 때에 해당하여 후견이 개시되므로, 민법에 정해진 후견순위에 따라 후견인으로 될 사람이 친권자의 행방불명을 증명하는 서면(예 : 행방불명으로 직권말소된 주민등록표 등본 또는 이장, 통장, 반장 작성의 확인서 등)을 첨부하여 후견개시신고를 하여야 하며, 선순위 법정후견인이 후견개시 전에 행방불명된 경우에는「민법」제937조제6호에 해당하는 사유가 있음을 증명하는 서면(위와 같은 서면 등)을 첨부하여 다음순위 법정후견인이 후견개시신고를 하여야 한다.

■ 후견인이 된 자의 후견개시신고 요부

(대법원 가족관계등록예규 제180호)

후견인이 된 자는 지정, 법정, 선정을 묻지 않고 모두 후견개시신고를 하여야 한다.

■ § 928. 미성년자 후견의 개시

• 친권자가 없는 때 : ① 사실상-사망, 행방불명, 심신상실 등
　　　　　　　　　　② 법률상-친권상실선고 등
• 친권자가 친권의 전부 또는 일부를 행사할 수 없는 때 :
　　① 친권 상실
　　② 단독친권자의 친권 일시 정지
　　③ 단독친권자의 친권 일부 제한
　　④ 단독친권자가 대리권·재산관리권을 상실
　　⑤ 단독친권자가 대리권·재산관리권을 사퇴한 경우
• 관련법조 : [후견개시의 신고] 가족관계등록법 §80, [보호시설에 있는 아동의
　　　　　　후견] 보호시설에 있는 미성년자의 후견직무에 관한 법률

1. 후견의 의의

후견이라 함은 독립한 생활능력이 없는 자의 보호감독을 위하여 특정한 자
(후견인)를 두어 그 감호에 임하게 하는 제도이다. 후견제도도 다른 가족법상
의 제도와 마찬가지로 역사적 산물이며, 인간의 사회생활의 구조의 변화와 함
께 변화하여 왔다.

후견의 기능은 그 기초의 추이에 따라서 일반적으로「후견인을 위한 후견」
(자연적 후견) 혹은「가를 위한 후견」에서「피후견인을 위한 후견」이라는 근
대적 후견에로의 과정을 거쳐 변천하여 왔다고 할 수 있다.

가장의 통제권이 강대하였던 시대에는 독립생활능력을 갖지 못한 유년자·
부녀자 및 정신박약자는 모두 가장의 지배와 보호하에 있었으므로 이러한 가
족개인을 위해서 특별히 후견인을 둘 필요는 없었으며, 단지 가장 자신이 유
약한 경우에만 특별한 보호기관을 필요로 했던 것이다. 이것이 후견제도의 시
작이다.

이 가장권이 붕괴되고 가족단체의 통제가 완화되기 시작하면서 이로부터 친
권과 부권이 유리, 독립하게 된 결과 친권에도 부권에도 복종하지 않는 자들
을 위한 후견이 필요하게 되었다.

2. 후견인

미성년자에 대한 친권자가 없거나 친권자가 친권의 전부 또는 일부를 행사할 수 없는 경우에는 미성년후견인을 두어야 한다. 미성년후견인은 지정 미성년후견인, 선임 미성년후견인의 순으로 미성년자의 후견인이 된다.

후견은 후견개시의 원인이 된 사실이 발생한 때부터 개시된다. 친권자의 사망으로 인한 후견개시는 그 사망시부터, 친권자의 대리권, 재산관리권 상실로 인한 후견개시는 그 선고가 효력을 발생한 때부터이다. 후견개시의 신고는 가족관계등록법 제80조에 정한 바에 의하여 후견인이 그 취임일로부터 1개월 이내에 하여야 한다.

3. 미성년자의 후견개시 원인

미성년자에 대하여 친권자가 없거나 친권자가 친권의 전부 또는 일부를 행사할 수 없는 경우에는 그 후견인을 두어야 한다(제928조).

(1) 미성년자에 대하여 친권자가 없을 때

친권자가 없는 것으로 볼 수 있는 경우는 단독친권자가 사망한 때, 단독친권자가 친권상실선고를 받은 때 등이다.

부모 쌍방이 동시에 사망하거나 친권을 상실하면 후견이 개시된다. 부모가 공동으로 친권을 행사하는 때에는 일방이 사망하거나 친권을 상실하더라도 다른 일방이 친권을 행사하므로 후견은 개시되지 않는다.

미성년자의 친권자가 친권을 행사할 수 없는 경우라도 친권대행자(제910조)가 있는 때에는 후견이 개시되지 않는다.

양자의 친권자는 양부모가 되므로, 친생부모의 친권은 소멸한다. 따라서 친권자인 양부모가 모두 사망하는 경우와 같이 친권자가 없는 때에는 후견이 개시되며 친생부모의 친권이 자동으로 부활하는 것이 아니다.

(2) 친권자가 친권의 전부 또는 일부를 행사할 수 없을 때

친권자가 친권을 상실한 경우에는 후견이 개시된다. 다만, 공동친권자가 동시에 친권을 상실한 때나 단독친권자가 친권을 상실하거나 성년후견개시의 심판을 받은 때에 그러한 것이며, 공동친권자인 부모 중 일방이 친권을 상실한 때에는 다른 일방이 단독친권자가 되므로 그렇지 않다. 단독친권자의 친권이 일시 정지되거나, 단독친권자의 친권이 일부 제한되거나, 단독친권자가 대리권·재산관리권을 상실하였거나, 단독친권자가 대리권·재산관리권을 사퇴한 경우에는 그 부분에 대하여 후견이 개시된다.

◆ 성년후견심판에 의한 후견의 개시

제929조【성년후견심판에 의한 후견의 개시】

가정법원의 성년후견개시심판이 있는 경우에는 그 심판을 받은 사람의 성년후견인을 두어야 한다. [전문개정 2011.3.7.]

■ § 929. 성년후견심판에 의한 후견의 개시

- 가정법원의 성년후견개시심판이 있는 경우 피성년후견인의 성년후견인을 두어야 한다.
- 관련법조 : [후견개시의 신고] 가족관계등록법 §80

가정법원의 성년후견개시 심판이 있는 경우에는, 그 심판을 받은 사람, 즉 피성년후견인의 성년후견인을 두어야 한다.

◈ 후견인의 수와 자격

제930조【후견인의 수와 자격】

① 미성년후견인의 수(數)는 한 명으로 한다.

② 성년후견인은 피성년후견인의 신상과 재산에 관한 모든 사정을 고려하여 여러 명을 둘 수 있다.

③ 법인도 성년후견인이 될 수 있다. [전문개정 2011.3.7.]

■ § 930. 후견인의 수와 자격

• 미성년후견인 : 1명
• 성년후견인 : 여러 명 가능, 법인도 성년후견인이 될 수 있음

후견인은 후견사무를 집행하는 기관이다.

(1) 미성년후견인의 수와 자격

미성년후견인의 수는 한 명으로 한다. 미성년후견인은 자연인에 한하며, 법인은 미성년후견인이 될 수 없다.

(2) 성년후견인의 수와 자격

성년후견인은 피성년후견인의 신상과 재산에 관한 모든 사정을 고려하여 여러명을 둘 수 있다. 또한 법인도 성년후견인이 될 수 있다. 이러한 점은 미성년후견인의 경우와 구별된다.

◆ 친권을 행사하는 부모는 유언으로 미성년자의 후견인을 지정할 수 있는가?

제931조 【유언에 의한 미성년후견인의 지정 등】

① 미성년자에게 친권을 행사하는 부모는 유언으로 미성년후견인을 지정할 수 있다. 다만, 법률행위의 대리권과 재산관리권이 없는 친권자는 그러하지 아니하다.

② 가정법원은 제1항에 따라 미성년후견인이 지정된 경우라도 미성년자의 복리를 위하여 필요하면 생존하는 부 또는 모, 미성년자의 청구에 의하여 후견을 종료하고 생존하는 부 또는 모를 친권자로 지정할 수 있다.

[전문개정 2011.5.19.]

§ 931. 지정 미성년후견인

• 최후로 친권을 행사하는 자, 즉 그 자의 사망으로 친권을 행사할 자가 없어지는 관계에 있는 자는 유언으로써 후견인을 지정할 수 있다.
• 그러나 법률행위의 대리권과 재산관리권이 없는 자는 그 지정을 할 수 없다.

(1) 지정 미성년후견인

미성년자에 대하여 친권을 행사하는 부모는 유언으로 미성년자의 후견인을 지정할 수 있는데(제931조 제1항), 이와 같이 지정된 후견인(지정후견인)은 제1순위 후견인이 된다. 미성년자에 대하여 친권을 행사하는 부모만이 유언으로 후견인을 지정할 수 있으므로, 친권상실 등의 이유로 친권을 행사할 수 없는 부모는 후견인을 지정할 수 없다.

법률행위의 대리권과 재산관리권이 없는 부모의 일방은 후견인을 지정할 수 없다(제931조 제1항 단서). 왜냐하면 이 경우에는 재산의 관리에 관하여 후견이 개시되어 있고, 또 친권자가 사망하면 후견인은 피후견인의 신분상에 대해서도 임무를 수행하게 되기 때문이다.

후견인의 지정은 반드시 유언으로 하여야 하며, 민법이 규정한 유언의 방식에 따라야 한다. 후견인을 지정하는 유언의 효력은 유언자의 사망시에 발생하므로, 지정된 사람은 이 때 후견인에 취임한다.

지정후견인은 후견인 취임일로부터 1개월 이내에 지정에 관한 유언서, 그 등본 또는 유언녹음을 기재한 서면을 첨부하여 후견개시의 신고를 하여야 한다(가족관계등록법 제82조).

후견은 개시원인의 발생에 의하여 당연히 개시하므로, 후견개시신고는 보고적 신고이다.

(2) 가정법원의 친권자 지정

가정법원은 유언에 의해 미성년후견인이 지정된 경우라도 미성년자의 복리를 위하여 필요하면 생존하는 부 또는 모, 미성년자의 청구에 의하여 후견을 종료하고 생존하는 부 또는 모를 친권자로 지정할 수 있다.

◈ 선임 미성년후견인

제932조【미성년후견인의 선임】

① 가정법원은 제931조에 따라 지정된 미성년후견인이 없는 경우에는 직권으로 또는 미성년자, 친족, 이해관계인, 검사, 지방자치단체의 장의 청구에 의하여 미성년후견인을 선임한다. 미성년후견인이 없게 된 경우에도 또한 같다.

② 가정법원은 제924조, 제924조의2 및 제925조에 따른 친권의 상실, 일시 정지, 일부 제한의 선고 또는 법률행위의 대리권이나 재산관리권 상실의 선고에 따라 미성년후견인을 선임할 필요가 있는 경우에는 직권으로 미성년후견인을 선임한다. <개정 2014.10.15.>

③ 친권자가 대리권 및 재산관리권을 사퇴한 경우에는 지체 없이 가정법원에 미성년후견인의 선임을 청구하여야 한다.

[전문개정 2011.3.7.]

■ § 932. 미성년후견인의 선임

• 미성년후견인의 순위 : 지정 미성년후견인, 선임 미성년후견인의 순으로 미성년자의 후견인이 된다.

미성년자의 후견인은 지정 미성년후견인, 선임 미성년후견인의 순으로 된다. 가정법원은 유언에 의해 지정된 미성년후견인이 없는 경우에는 직권으로 또는 미성년자, 친족, 이해관계인, 검사, 지방자치단체의 장의 청구에 의하여 미성년후견인을 선임한다. 사망이나 결격, 사임 등의 이유로 미성년후견인이 없게 된 경우에도 이와 같다(제932조 제1항).

친권의 상실선고, 일시정지선고, 일부제한선고 또는 대리권·재산관리권의 상실선고에 따라 미성년후견인을 선임할 필요가 있는 경우에는 가정법원은 직권으로 미성년후견인을 선임한다(제932조 제2항). 또한 친권자가 대리권·재산관리권을 사퇴한 경우에는 지체없이 가정법원에 미성년후견인의 선임을 청구하여야 한다(제932조 제3항).

제933조 삭제 <2011.3.7>

종전규정 제933조 【금치산등의 후견인의 순위】

금치산 또는 한정치산의 선고가 있는 때에는 그 선고를 받은 자의 직계혈족, 3촌이내의 방계혈족의 순위로 후견인이 된다.

제934조 삭제 <2011.3.7>

종전규정 제934조 【기혼자의 후견인의 순위】

기혼자가 금치산 또는 한정치산의 선고를 받은 때에는 배우자가 후견인이 된다. 그러나 배우자도 금치산 또는 한정치산의 선고를 받은 때에는 제933조의 순위에 따른다.

제935조 삭제 <2011.3.7>

종전규정 제935조 【후견인의 순위】

① 제932조 내지 제934조의 규정에 의한 직계혈족 또는 방계혈족이 수인인 때에는 최근친을 선순위로 하고, 동순위자가 수인인 때에는 연장자를 선순위로 한다.

② 제1항의 규정에 불구하고 양자의 친생부모와 양부모가 구존한 때에는 양부모를 선순위로, 기타 생가혈족과 양가혈족의 촌수가 동순위인 때에는 양가혈족을 선순위로 한다.

◈ 성년후견인의 선임

제936조 【성년후견인의 선임】

① 제929조에 따른 성년후견인은 가정법원이 직권으로 선임한다.

② 가정법원은 성년후견인이 사망, 결격, 그 밖의 사유로 없게 된 경우에도 직권으로 또는 피성년후견인, 친족, 이해관계인, 검사, 지방자치단체의 장의 청구에 의하여 성년후견인을 선임한다.

③ 가정법원은 성년후견인이 선임된 경우에도 필요하다고 인정하면 직권으로 또는 제2항의 청구권자나 성년후견인의 청구에 의하여 추가로 성년후견인을 선임할 수 있다.

④ 가정법원이 성년후견인을 선임할 때에는 피성년후견인의 의사를 존중하여야 하며, 그 밖에 피성년후견인의 건강, 생활관계, 재산상황, 성년후견인이 될 사람의 직업과 경험, 피성년후견인과의 이해관계의 유무(법인이 성년후견인이 될 때에는 사업의 종류와 내용, 법인이나 그 대표자와 피성년후견인 사이의 이해관계의 유무를 말한다) 등의 사정도 고려하여야 한다.

[전문개정 2011.3.7.]

■ § 936. 성년후견인의 선임

• 성년후견개시의 심판이 있는 경우 : 가정법원이 직권으로 성년후견인 선임
• 성년후견인이 사망, 결격, 기타 사유로 없게 된 경우 : 가정법원 직권 또는 피성년후견인, 친족, 이해관계인, 검사, 지방자치단체의 장의 청구에 의하여 성년후견인 선임
• 가정법원의 성년후견인 추가 선임 : 가정법원은 필요하다고 인정하면 직권, 또는 피성년후견인, 친족, 이해관계인, 검사, 지방자치단체의 장, 성년후견인의 청구에 의하여 추가로 성년후견인 선임 가능

(1) 피성년후견인의 후견인

성년후견개시의 심판이 있는 경우에 성년후견인은 가정법원이 직권으로

선임한다(제936조 제1항). 또한 가정법원은 성년후견인이 사망, 결격, 그 밖
의 사유로 없게 된 경우에도 직권으로 또는 피성년후견인, 친족, 이해관계
인, 검사, 지방자치단체의 장의 청구에 의하여 성년후견인을 선임한다(제
936조 제2항).

(2) 추가 성년후견인 선임

가정법원은 성년후견인이 선임된 경우에도 필요하다고 인정하면 직권으
로 또는 피성년후견인, 친족, 이해관계인, 검사, 지방자치단체의 장, 성년후
견인의 청구에 의하여 추가로 성년후견인을 선임할 수 있다(제936조 제3
항).

(3) 성년후견인 선임시 고려사항

가정법원이 성년후견인을 선임할 때에는 피성년후견인의 의사를 존중하
여야 하며, 그 밖에 피성년후견인의 건강, 생활관계, 재산상황, 성년후견인
이 될 사람의 직업과 경험, 피성년후견인과의 이해관계의 유무 등의 사정
도 고려하여야 한다(제936조 제4항). 법인이 성년후견인이 될 때에는 사업
의 종류와 내용, 법인이나 그 대표자와 피성년후견인 사이의 이해관계의
유무를 고려하여야 한다.

◈ 후견인이 될 수 없는 자

제937조 【후견인의 결격사유】

다음 각 호의 어느 하나에 해당하는 자는 후견인이 되지 못한다.

<개정 2016.12.20.>

1. 미성년자

2. 피성년후견인, 피한정후견인, 피특정후견인, 피임의후견인

3. 회생절차개시결정 또는 파산선고를 받은 자

4. 자격정지 이상의 형의 선고를 받고 그 형기(刑期) 중에 있는 사람

5. 법원에서 해임된 법정대리인

6. 법원에서 해임된 성년후견인, 한정후견인, 특정후견인, 임의후견인과 그 감독인

7. 행방이 불분명한 사람

8. 피후견인을 상대로 소송을 하였거나 하고 있는 사람

9. 제8호에서 정한 사람의 배우자와 직계혈족. 다만, 피후견인의 직계비속 은 제외한다.

[전문개정 2011.3.7.]

▣ 예 규 ▣

■ **외국인의 후견인 자격 여부**

(대법원 가족관계등록예규 제184호)

후견의 직무 성질상 외국인은 후견인이 될 수 없다,

■ § 937. 후견인의 결격사유

- 미성년자
- 피성년후견인, 피한정후견인, 피특정후견인, 피임의후견인
- 회생절차개시결정 또는 파산선고를 받은 자
- 자격정지 이상의 형의 선고를 받고 그 형기 중에 있는 자
- 법원에서 해임된 법정대리인
- 법원에서 해임된 성년후견인, 한정후견인, 특정후견인, 임의후견인과 그 감독인
- 행방이 불분명한 사람
- 피후견인을 상대로 소송을 하였거나 하고 있는 사람
- 피후견인을 상대로 소송을 하였거나 하고 있는 사람의 배우자와 직계혈족(단, 피후견인의 직계비속은 제외)

본조는 후견인이 될 수 없는 자를 규정한 것이다.

후견인은 상당한 능력이 있고 또한 충실하게 피후견인의 이익을 꾀할 수 있는 자라야 하기 때문에 본조는 그와 같은 요건을 현저하게 결여한 것이라고 인정되는 자를 열거한 것이다. 결격사유는 다음과 같다.

① 미성년자, ② 피성년후견인, 피한정후견인, 피특정후견인, 피임의후견인, ③ 회생절차개시결정 또는 파산선고를 받은 자, ④ 자격정지 이상의 형의 선고를 받고 그 형기(刑期) 중에 있는 사람, ⑤ 법원에서 해임된 법정대리인, ⑥ 법원에서 해임된 성년후견인, 한정후견인, 특정후견인, 임의후견인과 그 감독인, ⑦ 행방이 불분명한 사람, ⑧ 피후견인을 상대로 소송을 하였거나 하고 있는 사람, ⑨ ⑧에서 정한 사람의 배우자와 직계혈족(단, 피후견인의 직계비속은 제외)

참고로 제937조 제8호에서 규정하고 있는 후견인의 결격사유와 관련하여 2016년 12월 20일 민법 일부 개정 전 법률에서는 "피후견인을 상대로 소송을 하였거나 하고 있는 자 또는 그 배우자와 직계혈족"을 후견인의 결격사유로 규정하고 있었다. 이에 따라 피후견인의 배우자가 피후견인을 상대로 이혼 청구 소송 등을 하였거나 하고 있다는 이유만으로 피후견인의 직계비속은 후견인이 될 수 없게 되어 사안에 따라 구체적 타당성에 맞지 아니하는 측면이 있었다. 이에 2016년 12월 20일 민법 일부 개정시 피후견인의 직계비속은 그 직계혈족이 피후견인을 상대로 소송을 하였거나 하고 있더라도 후견인 결격사유에 해당되지 않도록 하였다.

◆ 후견인의 대리권 등

제938조 【후견인의 대리권 등】

① 후견인은 피후견인의 법정대리인이 된다.

② 가정법원은 성년후견인이 제1항에 따라 가지는 법정대리권의 범위를 정할 수 있다.

③ 가정법원은 성년후견인이 피성년후견인의 신상에 관하여 결정할 수 있는 권한의 범위를 정할 수 있다.

④ 제2항 및 제3항에 따른 법정대리인의 권한의 범위가 적절하지 아니하게 된 경우에 가정법원은 본인, 배우자, 4촌 이내의 친족, 성년후견인, 성년후견감독인, 검사 또는 지방자치단체의 장의 청구에 의하여 그 범위를 변경할 수 있다.

[전문개정 2011.3.7.]

■ § 938. 피후견인의 대리권 등

• 미성년후견인과 성년후견인은 피후견인의 법정대리인이 된다.
• 성년후견인의 법정대리권 범위 : 가정법원은 성년후견인이 가지는 법정대리권의 범위를 정할 수 있다.
• 성년후견인의 피성년후견인 신상에 관한 결정 권한의 범위 : 가정법원은 성년후견인이 피성년후견인의 신상에 관하여 결정할 수 있는 권한의 범위를 정할 수 있다.
• 가정법원의 법정대리인의 권한 범위 변경 : 법정대리인의 권한의 범위가 적절하지 아니하게 된 경우에 본인, 배우자, 4촌 이내의 친족, 성년후견인, 성년후견감독인, 검사 또는 지방자치단체의 장의 청구에 의하여 가정법원은 그 범위를 변경할 수 있다.

후견인은 피후견인의 법정대리인이 된다(제938조 제1항). 이 때의 후견인은 미성년후견인과 성년후견인을 의미한다. 즉, 한정후견인과 특정후견인은 당연히 피후견인의 법정대리인이 되지는 않는다.

　가정법원은 성년후견인이 가지는 법정대리권의 범위를 정할 수 있으며(제938조 제2항), 성년후견인이 피성년후견인의 신상에 관하여 결정할 수 있는 권한의 범위를 정할 수 있다(제938조 제3항). 만약 피성년후견인의 상태가 호전된 경우와 같이 법정대리인의 권한의 범위가 적절하지 아니하게 된 경우에 가정법원은 본인, 배우자, 4촌 이내의 친족, 성년후견인, 성년후견감독인, 검사 또는 지방자치단체의 장의 청구에 의하여 그 범위를 변경할 수 있다(제938조 제4항).

▣ 핵심판례 ▣

■ [후견인의 대리권]

가. 미성년자의 재산에 관한 법정대리인의 법률행위와 미성년자를 위한 행위라는 추정

　　미성년자의 법정대리인의 법률행위는 미성년자를 위하여 한 행위로 추정되므로 후견인의 피후견인 재산에 관한 처분행위는 피후견인인 미성년자를 대리하여 한 행위로서 미성년자에 대하여 그 효과가 발생한다.

나. 개정 민법 시행에 따른 이혼한 모의 친권의 부활과 후견인의 임무 종료

　　1991. 1. 1.부터 개정된 민법이 시행되면서 이혼한 모의 친권제한에 관한 구 민법(1990. 1. 13. 법률 제4199호로 개정되기 전의 것) 제909조 제5항이 삭제되고, 부칙(1990. 1. 13.) 제9조가 규정됨으로써 이혼으로 인하여 모가 친권을 상실하고 후견이 개시된 경우라도 개정된 민법의 시행일부터는 모의 친권이 부활되어 모가 전 혼인 중의 자에 대하여 친권자로 되고 후견인의 임무는 종료된다(1994. 4. 29. 제3부 판결 94다1302 소유권이전등기).

◈ 후견인의 사임

제939조【후견인의 사임】

후견인은 정당한 사유가 있는 경우에는 가정법원의 허가를 받아 사임할 수 있다. 이 경우 그 후견인은 사임청구와 동시에 가정법원에 새로운 후견인의 선임을 청구하여야 한다. [전문개정 2011.3.7.]

§ 939. 후견인의 사임

• 후견인은 정당한 사유가 있는 때에는 법원의 허가를 얻어 이를 사임할 수 있다.
• 정당한 사유 : 예컨대 후견인의 노령, 질병 또는 원거리 거주등 때문에 피후견인의 보호에 대하여 배려를 할 수 없게 된 경우
• 새로운 후견인의 선임 청구 : 사임하려는 후견인은 사임청구와 동시에 가정법원에 새로운 후견인의 선임을 청구해야 함
• 관련법조 : [허가의 절차] 가소 §2① 2. 가. 19호

1. 후견인은 정당한 사유가 있는 경우에는 가정법원의 허가를 얻어 사임할 수 있다.

후견인의 지위는 권리인 동시에 의무인 강제부담이기 때문에 임의로 그 지위를 사임할 수 없는 것이 원칙이나, 정당한 사유가 있는 경우에 한하여 사임이 인정된다. 후견인의 임의적 사임을 인정하게 되면 미성년자, 피성년후견인의 보호를 결여하게 되어 후견제도 본래의 취지에 어긋나게 된다.

2. 사유

(1) 사임의 사유에 관하여는 구법(제907조)은 남녀에 차별을 두었었다. 즉, 여자에 대해서는 자유로 사퇴할 수 있음을 인정하고 남자 후견인에게는 사퇴의 정당한 사유로 ① 피후견인의 주소 이외에서의 공무종사(원거리 거주), ② 선순위자의 후견인 결격사유의 소멸, ③ 10년 이상의 금치산 후견을 예시하였으나, 현행 민법은 이것을 고쳐서 남녀의 차별없이 후견인은 정당한 사유, 예컨대 후견인의 노령, 중병 등, 즉 피후견인의 보호에 대하여 필요한 배려를 할 수 없게 된 경우가 있으면 가정법원의

허가를 얻어 사임할 수 있도록 함으로써 가정법원에 대하여 포괄적인 재량권을 주었다.

(2) 본조는 사임의 정당한 사유를 예시하지 않았으므로 무엇이 정당한 사유에 해당하는가는 구체적인 경우에 따라 고려되어야 할 것이다. 다만 구민법에서 열거한 전기의 사유가 일단의 기준이 될 것이다.

요컨대 정당한 사유란 자기의 생활을 희생하지 않고는 후견인의 임무를 집행하는 것이 곤란한 사정이다. 다만 친권자(주로 부모), 부 또는 처가 후견인인 경우와 일반후견의 경우는 사퇴의 정당한 사유에 대해서도 다소 표준이 구별되어야 할 것이다. 또한 본조는 여러 외국법과 같이 단순히 취임할 때의 후견인수거절만을 가리키는(독일민법 제1786조는 이를 명언한다) 데 그치지 않고 재임중에도 적용된다.

3. 사퇴에는 가정법원의 허가를 얻어아 한다(가소 제2조 1항 2. 가. 19호).

허가심판의 효력은 고지에 의하여 생기나(가소 제40조), 사퇴의 불허가심판에 대해서는 항고할 수 있다(가소 제43조). 사퇴의 불허가에도 불구하고 후견사무를 이행하지 않은 경우에는 해임사유(제940조)가 되는 것은 말할 나위도 없으나, 피후견인은 의무위반에 기인하여 손해배상을 청구할 수 있다(제956조, 제681조 참조).

4. 새로운 후견인 선임 청구

가정법원의 허가를 받아 사임하려는 후견인은 사임청구와 동시에 가정법원에 새로운 후견인의 선임을 청구하여야 한다. 2011년 3월 7일 민법 개정시 법정후견인이 폐지됨으로 인하여, 피후견인의 보호에 공백이 생길 염려가 있어 이와 같은 규정을 둔 것이다.

◆ 후견인의 변경

제940조【후견인의 변경】

가정법원은 피후견인의 복리를 위하여 후견인을 변경할 필요가 있다고 인정하면 직권으로 또는 피후견인, 친족, 후견감독인, 검사, 지방자치단체의 장의 청구에 의하여 후견인을 변경할 수 있다. [전문개정 2011.3.7.]

■ § 940. 후견인의 변경

• 피후견인의 복리를 위하여 후견인을 변경할 필요가 있는 경우 가정법원은 후견인을 변경할 수 있다.
• 가정법원의 직권 또는 피후견인, 친족, 후견감독인, 검사, 지방자치단체의 장의 청구

본조의 후견인 변경제도는 2005년 민법일부개정시에 현행후견제도의 문제점을 해결하기 위하여 하나의 개선책으로 도입되었다.

(1) 후견인변경의 의의 및 취지

가정법원은 피후견인의 복리를 위하여 후견인을 변경할 필요가 있다고 인정하면 직원으로 또는 피후견인, 친족, 후견감독인, 검사, 지방자치단체의 장의 청구에 의하여 후견인을 변경할 수 있다(제940조). 이로써 피후견인의 복리에 무관심한 사람이 자동으로 후견인이 되는 결과 발생할 수 있는 문제점을 완화시키는 효과를 꾀하고 있다. 즉, 후견인변경제도의 목적은 피후견인의 복리 실현에 가장 적합한 사람으로 하여금 후견의 임무를 수행하게 하려는 데 있다.

(2) 후견인변경의 사유

피후견인의 복리를 위하여 후견인을 변경할 필요가 있는 경우에 변경할 수 있다.

후견인의 변경이 필요한가의 여부는 피후견인의 복리라는 관점에서 결정되어야 한다. 후견인으로서 임무를 수행하는 데 적당하지 않은 사유가 있

는 경우뿐만 아니라 후견인 이외의 제3자가 후견인으로서 보다 적합한 경우도 후견인의 변경 사유가 된다.

후견인의 변경 사유는 개정 전 제940조 규정의 후견인해임 사유보다 넓은 의미로 해석되므로 개정 전 제940조가 규정하고 있었던 현저한 비행, 부정행위, 기타 후견의 임무를 감당할 수 없는 사유 등은 당연히 후견인의 변경 사유에 포함된다.

(3) 청구권자

가정법원이 직권으로 또는 피후견인, 친족, 후견감독인, 검사, 지방자치단체의 장의 청구에 의하여 후견인을 변경할 수 있다.

(4) 후견인 변경신고

후견인이 변경된 경우에는 그 재판을 청구한 사람 또는 그 재판으로 후견인으로 정하여진 사람이 그 내용을 신고 하여야 한다(가족관계등록법 제81조 3항, 제79조 2항).

제 2 관   후견감독인

　미성년후견과 성년후견의 경우 후견감독기관으로 가정법원과 후견감독인이 있다. 후견감독인 제도는 2011년 3월 7일 민법개정시에 친족회제도가 폐지되면서 새롭게 신설된 제도이다.

◈ 미성년후견감독인의 지정

제940조의2 【미성년후견감독인의 지정】

미성년후견인을 지정할 수 있는 사람은 유언으로 미성년후견감독인을 지정
할 수 있다. [본조신설 2011.3.7.]

■ § 940의2. 미성년후견감독인의 지정

• 미성년후견감독인의 순위 : 지정 미성년후견감독인 → 선임 미성년후견감독인

미성년후견인을 지정할 수 있는 사람은 유언으로 미성년후견감독인을 지정할
수 있다(제940조의2). 이를 지정 미성년후견감독인이라고 한다.

◆ 미성년후견감독인의 선임

제940조의3 【미성년후견감독인의 선임】

① 가정법원은 제940조의2에 따라 지정된 미성년후견감독인이 없는 경우에 필요하다고 인정하면 직권으로 또는 미성년자, 친족, 미성년후견인, 검사, 지방자치단체의 장의 청구에 의하여 미성년후견감독인을 선임할 수 있다.

② 가정법원은 미성년후견감독인이 사망, 결격, 그 밖의 사유로 없게 된 경우에는 직권으로 또는 미성년자, 친족, 미성년후견인, 검사, 지방자치단체의 장의 청구에 의하여 미성년후견감독인을 선임한다.

　[본조신설 2011.3.7.]

■ § 940의3. 미성년후견감독인의 선임

• 지정 미성년후견감독인이 없는 경우에 가정법원이 선임 가능
• 가정법원은 직권으로 또는 미성년자, 친족, 미성년후견인, 검사, 지방자치단체의 장의 청구에 의하여 선임 미성년후견감독인 선임 가능

가정법원은 지정 미성년후견감독인이 없는 경우에 필요하다고 인정하면 직권으로 또는 미성년자, 친족, 미성년후견인, 검사, 지방자치단체의 장의 청구에 의하여 미성년후견감독인을 선임할 수 있다(제940조의3 제1항).

또한 가정법원은 미성년후견감독인이 사망, 결격, 그 밖의 사유로 없게 된 경우에는 직권으로 또는 미성년자, 친족, 미성년후견인, 검사, 지방자치단체의 장의 청구에 의하여 미성년후견감독인을 선임한다(제940조의3 제2항).

가정법원이 후견감독인을 선임할 때에는 피후견인의 의사를 존중하여야 하며, 그 밖에 피후견인의 건강, 생활관계, 재산상황, 후견감독인이 될 사람의 직업과 경험, 피후견인과의 이해관계의 유무 등의 사정도 고려하여야 한다(제940조의7, 제936조 제4항).

◈ 성년후견감독인의 선임

제940조의4 【성년후견감독인의 선임】

① 가정법원은 필요하다고 인정하면 직권으로 또는 피성년후견인, 친족, 성년후견인, 검사, 지방자치단체의 장의 청구에 의하여 성년후견감독인을 선임할 수 있다.

② 가정법원은 성년후견감독인이 사망, 결격, 그 밖의 사유로 없게 된 경우에는 직권으로 또는 피성년후견인, 친족, 성년후견인, 검사, 지방자치단체의 장의 청구에 의하여 성년후견감독인을 선임한다. [본조신설 2011.3.7.]

■ § 940의4. 성년후견감독인의 선임

• 가정법원은 직권으로 또는 피성년후견인, 친족, 성년후견인, 검사, 지방자치단체의 장의 청구에 의하여 선임 성년후견감독인 선임 가능

가정법원은 필요하다고 인정하면 직권으로 또는 피성년후견인, 친족, 성년후견인, 검사, 지방자치단체의 장의 청구에 의하여 성년후견감독인을 선임할 수 있다(제940조의4 제1항).

그리고 성년후견감독인이 사망, 결격, 그 밖의 사유로 없게 된 경우에는, 가정법원은 직권으로 또는 피성년후견인, 친족, 성년후견인, 검사, 지방자치단체의 장의 청구에 의하여 성년후견감독인을 선임한다(제940조의4 제2항).

◈ 후견감독인의 결격사유

제940조의5【후견감독인의 결격사유】

제779조에 따른 후견인의 가족은 후견감독인이 될 수 없다.

[본조신설 2011.3.7.]

■ § 940의5. 후견감독인의 결격사유

• 후견인의 결격사유인 자는 후견감독인의 결격사유에 해당한다(제940조의7, 제
  937조)
• 이 외에 제779조에 따른 후견인의 가족 역시 후견감독인이 될 수 없다.
→ 배우자, 직계혈족 및 형제자매
→ 직계혈족의 배우자, 배우자의 직계혈족 및 배우자의 형제자매로서 후견인
  과 생계를 같이 하는 자

후견감독인에 후견인의 결격사유에 관한 제937조가 준용되므로 후견인의 결
격사유에 해당하는 자는 후견감독인이 될 수 없다(제940조의7, 제937조).

그 외에 제779조에 따른 후견인의 가족 역시 후견 감독인이 될 수 없다(제940
조의5). 따라서 배우자·직계혈족·형제자매와 직계혈족의 배우자·배우자의 직
계혈족 및 배우자의 형제자매로서 후견인과 생계를 같이 하는 자도 후견감독인
이 될 수 없다.

◆ 후견감독인의 직무

제940조의6 【후견감독인의 직무】

① 후견감독인은 후견인의 사무를 감독하며, 후견인이 없는 경우 지체 없이 가정법원에 후견인의 선임을 청구하여야 한다.

② 후견감독인은 피후견인의 신상이나 재산에 대하여 급박한 사정이 있는 경우 그의 보호를 위하여 필요한 행위 또는 처분을 할 수 있다.

③ 후견인과 피후견인 사이에 이해가 상반되는 행위에 관하여는 후견감독인이 피후견인을 대리한다.

[본조신설 2011.3.7.]

■ § 940의6. 후견감독인의 직무

- 후견인의 사무 감독, 후견이 없는 경우 가정법원에 후견인의 선임 청구
- 피후견인의 신상이나 재산에 급박한 사정이 있는 경우 필요한 행위 또는 처분
- 후견인과 피후견인간 이해 상반되는 행위에 대한 피후견인 대리

후견감독인은 후견인의 사무를 감독하며, 후견인이 없는 경우 지체 없이 가정법원에 후견인의 선임을 청구하여야 한다(제940조의6 제1항). 후견감독인의 감독내용으로는 재산조사와 재산목록 작성에 대한 참여, 후견인과 피후견인 사이의 채권 · 채무를 제시받음, 미성년후견감독인의 경우 미성년자의 보호 · 교양방법 등에 관한 동의, 후견인이 일정한 행위를 대리하거나 동의하는 데 대한 동의와 그 위반행위의 취소, 후견인이 피후견인에 대한 제3자의 권리를 양수하는 데 대한 동의와 그 위반행위의 취소, 후견인의 임무수행에 관한 보고와 재산목록의 제출요구와 피후견인의 재산상황 조사, 후견사무종료시의 관리계산에 대한 참여, 피후견인의 신체침해 의료행위에 대한 동의 등이다.

후견감독인은 피후견인의 신상이나 재산에 대하여 급박한 사정이 있는 경우 그의 보호를 위하여 필요한 행위 또는 처분을 할 수 있다(제940조의6 제2항).

또한 후견인과 피후견인 사이에 이해가 상반되는 행위에 관하여는 후견감독인이 피후견인을 대리한다(제940조의6 제3항).

◈ 위임 및 후견인 규정의 준용

제940조의7【위임 및 후견인 규정의 준용】

후견감독인에 대하여는 제681조, 제691조, 제692조, 제930조제2항·제3항, 제936조제3항·제4항, 제937조, 제939조, 제940조, 제947조의2제3항부터 제5항까지, 제949조의2, 제955조 및 제955조의2를 준용한다. [본조신설 2011.3.7.]

■ § 940의7. 위임 및 후견인 규정의 준용

• 후견감독인에 대하여는 위임 및 후견인 규정의 일부를 준용한다.

후견감독인에 대하여는 위임 및 후견인 규정의 일부를 준용한다. 준용되는 규정은 다음과 같다.

• 수임인의 선관의무(제681조)
• 위임종료시의 긴급처리(제691조)
• 위임종료의 대항요건(제692조)
• 후견인의 수와 자격(제930조 제2항, 제3항)
• 성년후견인의 선임(제936조 제3항, 제4항)
• 후견인의 결격사유(제937조)
• 후견인의 사임(제939조)
• 후견인의 변경(제940조)
• 피성년후견인의 신상결정 등(제947조의2 제3항부터 제5항)
• 성년후견인이 여러 명인 경우 권한의 행사 등(제949조의2)
• 후견인에 대한 보수(제955조)
• 지출금액의 예정과 사무비용(제955조의2)

제 3 관   후견인의 임무

후견인의 임무는 미성년자 후견인의 임무와 성년후견인의 임무로 나누어진다.

미성년자 후견인의 임무는 (1) 후견인이 취임하였을 때에 하는 것으로서 ① 재산의 조사와 그 목록작성. ② 후견인에 의한 채권·채무의 제시가 있으며, (2) 미성년자의 신분에 관한 권리의무로서 ① 친권자와 동일한 권리의무. ② 신분상의 행위의 대리권·동의권, (3) 미성년자의 재산에 관한 권리의무로서 ① 피후견인의 법정대리인이 되며 피후견인의 재산을 관리하고 재산에 관한 법률행위에 대하여 피후견인을 대리한다. 그리고 ② 후견인은 피후견인의 행위에 대하여 동의를 함에 후견감독인이 있을 경우 그의 동의를 얻어야 하는 제한이 있다(제950조). 또는 ③ 피후견인에 대한 제3자의 권리를 양수함에 있어서 후견감독인이 있을 경우 그의 동의를 얻어야 한다. 그 밖에 (4) 친권의 대항, (5) 재산관리에 관한 후견인, (6) 가정법원의 감독, (7) 보수를 받을 권리 등이 있다.

성년후견인의 임무로서는 (1) 재산조사와 그 목록작성, (2) 채권·채무의 제시의무, (3) 신상 및 신분행위에 관한 사무, (4) 신분상의 행위의 대리권·동의권, (5) 재산관리권·대리권, (6) 보수청구권 등이 있다.

◆ 후견인의 임무 : 재산조사 및 목록작성

제941조 【재산조사와 목록작성】

① 후견인은 지체 없이 피후견인의 재산을 조사하여 2개월 내에 그 목록을 작성하여야 한다. 다만, 정당한 사유가 있는 경우에는 법원의 허가를 받아 그 기간을 연장할 수 있다.

② 후견감독인이 있는 경우 제1항에 따른 재산조사와 목록작성은 후견감독인의 참여가 없으면 효력이 없다. [전문개정 2011.3.7.]

■ § 941. 재산의 조사와 그 목록작성

• 후견인의 취임시의 재산조사와 목록작성의무
• 가정법원의 재산조사와 목록작성에 관한 법정기간의 연장허가
• 후견감독인이 있는 경우 재산조사와 목록작성에 대한 참여

(1) 후견인은 취임후 지체없이 피후견인의 재산을 조사하여, 2월 내에 그 목록을 작성하여야 한다. 그러나 정당한 사유가 있는 때에는 가정법원의 허가를 얻어 그 기간을 연장할 수 있다.

본조는 후견인이 취임한 때의 의무를 규정한 것이며, 피후견인은 미성년자, 피성년후견인에 관한 것이다. 즉, 동조는 미성년후견인과 성년후견인이 피후견인의 재산에 대한 포괄적인 관리권한을 갖기 때문에 공정성을 확보하기 위해서 규정한 것이므로, 한정후견인과 특정후견인의 경우에는 동조가 적용되지 않는다.

(2) 「재산조사」는 후견인이 된 것을 안 때부터 지체없이 착수하여야 한다. 후견인에 관해서는 지정 또는 선임의 어느 후견인이건 묻지 않는다. 조사는 피후견인의 재산의 종류·수량·가격·소재 등에 관하여 행하여진다. 조사를 함에 있어서 후견감독인이 있는 경우에는 후견감독인의 참여가 없으면 효력이 없다(본조 제2항). 참여란 조사에 대하여 감독하는 것을 뜻한다.

(3) 조사에 의하여 명백히 된 재산은 서면에 이를 기록하여 목록을 작성하여야

한다. 재산목록의 작성은 재산의 조사에 착수한 후 2개월이내에 하여야 하나, 피후견인의 재산이 다액이거나 복잡하거나 하여 정당한 사유가 있는 경우에는 가정법원의 허가를 얻어 그 기간을 연장할 수 있다(본조 제1항 가소 제2조 제1항, 2호, 가. 라류사건 20호). 재산목록의 작성에 있어서 그 엄정을 기하기 위하여 그 조사에 있어서와 마찬가지로 후견감독인이 있는 경우에는 후견감독인의 참여가 있어야 한다.

(4) 재산의 조사와 재산목록의 작성에 있어서는 후견감독인이 있는 경우에는 후견감독인의 참여가 있어야 한다. 따라서 참여가 없는 재산 조사와 목록작성은 무효이며, 사후의 승인으로써 유효가 되는 것은 아니다.

◈ 후견인의 임무 : 후견인의 후견감독인에 대한 채권·채무의 제시

제942조 【후견인의 채권, 채무의 제시】

① 후견인과 피후견인 사이에 채권·채무의 관계가 있고 후견감독인이 있는 경우에는 후견인은 재산목록의 작성을 완료하기 전에 그 내용을 후견감독인에게 제시하여야 한다.

② 후견인이 피후견인에 대한 채권이 있음을 알고도 제1항에 따른 제시를 게을리한 경우에는 그 채권을 포기한 것으로 본다. [전문개정 2011.3.7.]

■ § 942. 후견인에 의한 채권·채무의 제시

• 후견인과 피후견인간의 채권·채무의 제시
• 후견인이 피후견인에 대한 채권이 있음을 알고도 이 제시를 게을리한 때에는 그 채권을 포기한 것으로 본다.

(1) 목록작성의 공정을 기하기 위하여 후견인과 피후견인 사이에 채권·채무의 관계가 있고 후견감독인이 있는 때에는 후견인은 재산목록의 작성을 완료하기 전에 그 내용을 후견감독인에게 제시하여야 한다. 후견인이 피후견인에 대한 채권 있음을 알면서도 그 제시를 해태한 때에는 그 채권을 포기한 것으로 본다.

제941조와 본조는 후견인이 취임당시에 하여야 할 의무에 대하여 규정한 것이며, 미성년후견과 성년후견에 관한 것이다.

후견인이 피후견인(미성년자, 피성년후견인)의 재산목록을 작성할 때에 가장 적정을 기하기 어려운 것은 후견인과 피후견인 사이의 채권·채무관계의 조사이다. 후견인은 피후견인의 무능력을 이용하거나, 피후견인에 대한 자기의 채권은 과대하게, 채무는 과소하게 또는 이미 변제한 것을 아직 받지 않은 것처럼 계상하거나 피후견인의 자기(후견인)에 대한 채권의 증거를 인멸하여 채권을 면하는 등의 우려가 있을 것이다. 이러한 것을 방지하기 위하여 본조는 후견인에게 후견감독인이 있는 경우 후견감독인에게 재산목록의 작성을 완료하기 전에 피후견인과의 사이에 채권·채무관계의 내용을 제시하는 의무를 과한 것이다.

여기서 말하는 채권과 채무는 그 종류를 불문하나, 재산목록의 작성을 완료하기 전에 성립한 것이라야 한다. 그리고 이 제시의 의무는 후견인이 취임 당시에 할 의무이므로, 후견개시의 경우뿐만 아니라 후견인 경질의 경우에도 본조의 적용이 있다.

(2) 본조에 위반하여 후견인이 피후견인에 대하여 채권이 있음을 알고도 이의 제시를 게을리한 때에는 그 채권을 포기한 것으로 본다. 따라서 이러한 경우 그 채권은 재산목록의 작성을 완료하기 전에 성립한 것이라야 하며, 또 후견인이 그 채권이 있음을 전혀 알지 못하였기 때문에 제시하지 않았을 때에는 본조의 제재가 없는 것은 물론이다. 재산목록의 작성을 완료하기 전에 성립한 채권·채무의 존재를 후견인이 재산목록의 작성을 완료한 후에 안 때에는, 후견감독인이 있는 경우 후견감독인에게 제시하여야 하는 것은 물론이다. 알게 된 후 곧 제시를 하지 않는 경우에는 위와 같은 제재가 과해지는 것으로 해석할 것이다.

(3) 후견인임무후 피후견인의 포괄적 재산취득의 경우에도 본조를 준용한다(제944조 참조).

◆ 후견인의 재산에 관한 권한행사의 제한

제943조 【목록작성전의 권한】

후견인은 재산조사와 목록작성을 완료하기까지는 긴급필요한 경우가 아니면 그 재산에 관한 권한을 행사하지 못한다. 그러나 이로써 선의의 제3자에게 대항하지 못한다.

■ § 943. 재산조사와 목록작성 전의 권한

- 후견인은 목록작성을 완료하기까지는 긴급필요한 경우가 아니면 그 재산에 관한 권한을 행사하지 못한다
- 긴급필요하지 않은 행위는 무권대리행위가 되는데 그 행위가 무효라고 하여 이로써 선의의 제3자에게 대항하지 못한다
- 긴급필요한 경우 : 소멸시효의 중단, 채권자대위, 쓰러지려는 가옥의 수선, 채무자의 재산의 압류 등

(1) 후견인은 목록작성을 완료하기까지는 긴급필요한 경우가 아니면 그 재산에 관한 권한을 행사하지 못한다.

　본조는 후견인이 취임당시로부터 재산목록의 작성을 끝낼 때까지 그 동안에 가지는 권한으로서 긴급필요한 경우에만 할 수 있는 것을 규정한 것이며, 미성년후견, 성년후견에 관한 것이다.

　본조에서 말하는 「긴급필요한 경우」란 재산목록의 완성전에 이를 하지 않으면 피후견인의 신분 또는 재산에 관하여 후일에 이를 회복하기 어려운 불이익을 가져오는 경우를 말한다. 예컨대 소멸시효의 중단, 붕괴하려는 가옥의 수선, 채무자의 재산의 압류, 채권자대위 등이 이에 해당한다.

(2) 재산목록작성전에 후견인이 한 행위가 긴급필요한 것인 경우에는 그 행위의 효력이 피후견인에게 미치는 것은 말할 것도 없으나, 그 권리행사가 긴급필요한 것이 아닌 경우에는 그것은 무권대리행위가 되며, 피후견인이 능력회복 후에(미성년자가 성년자가 된 경우 등)에 추인을 하지 않는 한 무효이다. 그러나 이 권한상의 제재는 이것으로써(후견인이 아직 재산조사와 목록작성을 완료하지 않았기에, 긴급필요한 경우가 아닌 경우의 권리행사는 무효라

는 것) 선의의 제3자에게 대항하지 못한다. 즉 선의의 제3자가 그 행위의 상
대방인 때에 한하여 제3자의 보호를 위하여 피후견인에게도 그 행위의 효력
이 미치는 것이다. 여기서 선의의 제3자란 후견인과 피후견인 이외의 자로
서, 후견인이 아직 재산목록의 작성을 완료하지 않았기 때문에 후견인으로
서의 당연한 권한에 위와 같은 제한이 있는 것을 알지 못하고(선의), 후견인
이 피후견인을 대리하여 한 법률행위의 상대방이 된 자를 말한다.

◈ 후견인 취임 후 피후견인이 포괄적 재산을 취득한 경우 재산목록 작성 등의 의무

제944조【피후견인이 취득한 포괄적 재산의 조사등】

전3조의 규정은 후견인의 취임후에 피후견인이 포괄적 재산을 취득한 경우에 준용한다.

■ § 944. 후견인의 취임 후의 의무

• 후견인의 취임후에도 피후견인이 포괄적 재산을 취득한 경우 – 예컨대 상속, 포괄적유증 – 에는 후견인은 그 재산목록을 작성하는 등 취임당시와 동일한 의무를 가진다.
• 관련법조 : [포괄적 재산취득] §1005, §1078

(1) 후견인 취임 당시의 사무에 관한 규정은 후견인이 취임한 후에 피후견인이 포괄재산을 취득한 경우(상속·포괄적 수증 등)에 준용된다.

본조는 후견인 재임중의 의무로서, 피후견인이 포괄적 재산을 취득한 경우에 후견인의 취임당시의 의무를 규정한 전3조(제941조, 제942조, 제943조)를 준용할 것을 밝힌 규정이며, 미성년후견, 성년후견에 관한 것이다.

전3조의 규정은 모두 후견인이 취임당시에 할 의무이며, 후견인 취임후의 재산변동에 관해서는 재산조사와 목록의 작성, 채권·채무의 제시 등의 의무는 지지 않는다. 다만 후견인은 후견감독인 또는 가정법원의 일반적 감독을 받게 되어 있다(제953조, 제954조). 그러나 피후견인이 포괄적 재산을 취득한 경우에 그 내용은 매우 복잡하고, 피후견인의 종래의 재산상태에 큰 변동을 미치므로, 이에 대해서는 특별히 그 내용을 명확히 할 필요가 있다. 그래서 피후견인이 포괄적 재산을 취득한 경우에 한하여 후견계속중인 경우에도 후견인은 이에 관하여 후견인 취임당시와 마찬가지의 의무를 지도록 하였다.

포괄적 재산의 취득이란, 피후견인이 상속, 포괄적 유증을 받거나(포괄적 수증) 또는 영업을 양도받거나 하는 것처럼 수개의 권리의무의 집합을 일괄하여 그대로 승계하는 것을 말하며 개개의 권리의 취득 또는 의무의 부담은 아니다. 포괄적 재산의 취득이라고 하지만 그 속에는 채무, 특히 후견인과 피후견인 사이에 채무관계도 있을 수 있는 것이다.

(2) 피후견인이 포괄적 재산을 취득하였을 때에는, 후견인은 이를 안 때부터 지체없이 그 내용을 조사하여 2개월 이내에 그 목록을 작성하여야 한다(제941조 제1항 본문). 다만 그 기간은 정당한 사유가 있는 때 가정법원의 허가를 얻어 연장할 수 있다. 재산의 조사와 목록의 작성은 후견감독인이 있는 경우 후견감독인의 참여가 없으면 무효이다(제941조 제2항 참조).

(3) 피후견인이 취득한 포괄적 재산 중에 후견인의 피후견인에 대한 채권 또는 채무가 있는 때에는 재산목록의 작성을 완료하기 전에 그 내용을 후견감독인이 있는 경우 후견감독인에게 제시하여야 한다. 만약 채권이 있음을 알고도 제시를 게을리한 때에는 그 채권은 포기한 것으로 본다(제942조 참조).

(4) 재산조사와 목록작성을 완료하기 전까지는 피후견인이 취득한 포괄적 재산에 관하여 긴급필요한 경우에 한하여 그 재산에 관한 권한을 행사할 수 있다. 다만 이로써(긴급필요한 경우가 아니기에 그 재산에 관한 권한행사가 무효라는 것) 선의의 제3자에게 대항할 수는 없다(제943조 참조).

◈ 미성년자의 신분에 관한 후견인의 권리의무

제945조【미성년자의 신분에 관한 후견인의 권리의무】

미성년후견인은 제913조부터 제915조까지에 규정한 사항에 관하여는 친권자와 동일한 권리와 의무가 있다. 다만, 다음 각 호의 어느 하나에 해당하는 경우에는 미성년후견감독인이 있으면 그의 동의를 받아야 한다.

  1. 친권자가 정한 교육방법, 양육방법 또는 거소를 변경하는 경우

  2. 미성년자를 감화기관이나 교정기관에 위탁하는 경우

  3. 친권자가 허락한 영업을 취소하거나 제한하는 경우

[전문개정 2011.3.7.]

■ § 945. 미성년자 후견인의 임무

• 보호, 교양의 권리의무(§913 준용)
• 거소지정권(§914 준용)
• 징계권(§915 준용)
• 미성년후견감독인이 있을 경우 그의 동의를 받아야 하는 경우 : 친권자가 정한 교육방법, 양육방법 또는 거소를 변경하는 경우, 미성년자를 감화기관이나 교정기관에 위탁하는 경우, 친권자가 허락한 영업을 취소하거나 제한하는 경우

미성년자의 후견인은 친권자와 동일한 권리의무를 갖는다. 따라서 후견인은 미성년자를 보호·교양하고(제913조), 거소를 지정하며(제914조), 필요한 범위 내에서 징계권을 행사한다거나(제915조), 영업을 허가하는 등의 권리의무를 갖는다.

다만 후견인과 피후견인 사이에 친자 사이에서 볼 수 있는 것과 같은 애정을 기대할 수 없음을 고려하여, 일정한 경우(후견인 취임전에 피후견인의 친권자가 정한 교양방법 또는 거소를 변경하거나, 피후견인을 감화 또는 교정기관에 위탁하거나 친권자가 허락한 영업을 취소 또는 제한하는 경우 등)에는 미성년후견감독인이 있을 경우 그의 동의를 얻도록 하고 있다.

그리고 후견인은 그 직무를 수행하기 위해서 의사능력이 없는 피후견인을 부당하게 억류한 자에 대하여는 인도청구권이 있으며, 후견인이 피후견인을 보

호·교양하기 위한 비용은 부모 또는 그 밖의 부양의무자의 부담이다.

후견인이 피후견인을 보호·교양하기 위한 비용은 후견인이 부담해야 하는 것이 아니고 부모 또는 그 밖의 부양의무자가 부담해야 한다. 그러나 후견인 자신이 친족으로서 부양의무를 지는 경우(제974조 이하)가 있을 수 있다. 후견에 대해서는 제681조가 일반적으로 준용되므로, 후견인은 피후견인의 신상에 관하여 후견임무를 수행함에 있어서도 선량한 관리자의 주의를 하여야 한다.

◈ 친권 중 일부에 한정된 후견

제946조 【친권 중 일부에 한정된 후견】

미성년자의 친권자가 제924조의2, 제925조 또는 제927조제1항에 따라 친권 중 일부에 한정하여 행사할 수 없는 경우에 미성년후견인의 임무는 제한된 친권의 범위에 속하는 행위에 한정된다. [전문개정 2014.10.15.]

■ § 946. 친권 중 일부에 한정된 후견

• 친권자가 친권 중 일부에 한정하여 행사할 수 없는 경우(친권의 일부제한선고, 대리권·재산관리권의 상실선고, 대리권·재산관리권 사퇴)에 미성년후견인의 임무 : 제한된 친권의 범위에 속하는 행위에 한정

　친권자가 친권의 일부제한선고를 받거나(제924조의2), 법률행위의 대리권과 재산관리권을 상실했거나(제925조) 사퇴한 경우(제927조 1항)에는 후견인은 재산에 관한 권한 즉, 피후견인의 재산관리·재산행위의 대리 및 동의의 권한만 가지고 자의 신분상에 관한 친권은 계속하여 친권자가 행사한다. 미성년후견인의 임무는 제한된 친권의 범위에 속하는 행위에 한정된다(제946조). 예를들어 친권자가 대리권·재산관리권의 상실선고를 받은 경우에 미성년후견인의 임무는 재산에 관한 행위에 한정되며, 신분에 관하여는 여전히 친권자가 친권을 행사한다.

◈ 피성년후견인의 복리와 의사존중

제947조【피성년후견인의 복리와 의사존중】

성년후견인은 피성년후견인의 재산관리와 신상보호를 할 때 여러 사정을 고려하여 그의 복리에 부합하는 방법으로 사무를 처리하여야 한다. 이 경우 성년후견인은 피성년후견인의 복리에 반하지 아니하면 피성년후견인의 의사를 존중하여야 한다. [전문개정 2011.3.7.]

■ § 947. 피성년후견인의 복리와 의사존중

• 성년후견인이 피성년후견인의 복리와 의사를 존중하지 않을 경우 : 가정법원은 후견인을 변경할 수 있고(제940조), 후견인의 임무수행에 관하여 필요한 처분을 할 수 있다(제954조).

성년후견인은 피성년후견인의 재산관리와 신상보호를 할 때 여러 사정을 고려하여 그의 복리에 부합하는 방법으로 사무를 처리하여야 한다(제947조 1문). 이 경우 성년후견인은 피성년후견인의 복리에 반하지 않으면 피성년후견인의 의사를 존중해야 한다(제947조 2문). 성년후견인이 피성년후견인의 복리와 의사를 존중하지 않으면, 가정법원은 후견인을 변경할 수 있을 것이다(제940조). 또한 후견인의 임무수행에 관하여 필요한 처분을 할 수 있을 것이다(제954조).

◆ 피성년후견인의 복리와 의사존중

제947조의2 【피성년후견인의 신상결정 등】

① 피성년후견인은 자신의 신상에 관하여 그의 상태가 허락하는 범위에서 단독으로 결정한다.

② 성년후견인이 피성년후견인을 치료 등의 목적으로 정신병원이나 그 밖의 다른 장소에 격리하려는 경우에는 가정법원의 허가를 받아야 한다.

③ 피성년후견인의 신체를 침해하는 의료행위에 대하여 피성년후견인이 동의할 수 없는 경우에는 성년후견인이 그를 대신하여 동의할 수 있다.

④ 제3항의 경우 피성년후견인이 의료행위의 직접적인 결과로 사망하거나 상당한 장애를 입을 위험이 있을 때에는 가정법원의 허가를 받아야 한다. 다만, 허가절차로 의료행위가 지체되어 피성년후견인의 생명에 위험을 초래하거나 심신상의 중대한 장애를 초래할 때에는 사후에 허가를 청구할 수 있다.

⑤ 성년후견인이 피성년후견인을 대리하여 피성년후견인이 거주하고 있는 건물 또는 그 대지에 대하여 매도, 임대, 전세권 설정, 저당권 설정, 임대차의 해지, 전세권의 소멸, 그 밖에 이에 준하는 행위를 하는 경우에는 가정법원의 허가를 받아야 한다. [본조신설 2011.3.7.]

■ § 947의2. 피성년후견인의 신상결정 등

- 신상에 관한 피성년후견인 본인 결정의 우선 : 피성년후견인은 자신의 신상에 관하여 그의 상태가 허락하는 범위에서 단독으로 결정(§947조의2 1항)
- 성년후견인의 보충적인 결정 권한 : 가정법원은 성년후견인이 피성년후견인의 신상에 관하여 결정을 할 수 있는 권한의 범위를 정할 수 있고(§938 3항), 그 범위가 적절하지 않게 된 경우 본인·배우자·4촌 이내의 친족·성년후견인·성년후견감독인·검사 또는 지방자치단체의 장의 청구에 의하여 그 범위를 변경할 수 있다(§938 4항)
- 가정법원의 감독 : 성년후견인이 피성년후견인을 치료 등의 목적으로 정신병원이나 그 밖의 다른 장소에 격리하려는 경우(§947의2 2항), 피성년후견인의 신체를 침해하는 의료행위에 대하여 피성년후견인이 동의할 수 없어 성년후견인이 대신하여 동의하는 경우 의료행위의 직접적인 결과로 피성년후견인이 사망하거나 상당한 장애를 입을 위험이 있을 때(§947의2 4항), 성년후견인이 피성년후견인을 대리하여 피성년후견인이 거주하고 있는 건물 또는 그 대지에 대하여 매도, 임대, 전세권 설정, 저당권 설정, 임대차의 해지, 전세권의 소멸, 그 밖에 이에 준하는 행위를 하는 경우(§947의2 5항) 가정법원의 허가를 받아야 한다.

(1) 신상에 있어서 피성년후견인 본인 결정의 우선

피성년후견인은 자신의 신상에 관하여 그의 상태가 허락하는 범위에서 단독으로 결정한다(제947조의2 제1항).

(2) 성년후견인의 보충적 결정 권한

민법은 피성년후견인이 스스로 신상결정을 할 수 없는 상태에 있는 경우에는 그를 갈음하여 성년후견인이 보충적으로 결정을 할 수 있도록 권한을 부여하는 절차를 규정하고 있다. 즉, 가정법원은 성년후견인이 피성년후견인의 신상에 관하여 결정할 수 있는 권한의 범위를 정할 수 있고(제938조 3항), 이에 따른 법정대리인의 권한의 범위가 적절하지 아니하게 된 경우에 가정법원은 본인, 배우자, 4촌 이내의 친족, 성년후견인, 성년후견감독인, 검사 또는 지방자치단체의 장의 청구에 의하여 그 범위를 변경할 수 있다(제938조 4항).

(3) 가정법원의 감독

민법은 신상 결정의 중요한 유형에 대하여 가정법원이 감독할 수 있는 규정을 두고 있다.

1) 피성년후견인을 격리하려는 경우

성년후견인이 피성년후견인을 치료 등의 목적으로 정신병원이나 그 밖의 다른 장소에 격리하려는 경우에는 가정법원의 허가를 받아야 한다(제947조의 2 2항). 2011년 3월 7일 개정 전 민법에서는 긴급을 요할 상태인 때에는 사후허가를 청구할 수 있다는 규정을 두었으나, 개정법에서는 이를 삭제하였다. 따라서 반드시 사전허가가 필요한 것으로 해석된다.

2) 피성년후견인의 신체를 침해하는 의료행위

피성년후견인의 신체를 침해하는 의료행위에 대하여 피성년후견인이 동의할 수 없는 경우에는 성년후견인이 그를 대신하여 동의할 수 있다(제947조의 2 3항). 이 때 피성년후견인이 의료행위의 직접적인 결과로 사망하거나 상당한 장애를 입을 위험이 있을 때에는 가정법원의 허가를 받아야 한다. 다만, 허가절차로 의료행위가 지체되어 피성년후견인의 생명에 위험을 초래하거나 심신상의 중대한 장애를 초래할 때에는 사후에 허가를 청구할 수 있다(제947조의2 4항).

3) 피성년후견인이 거주하고 있는 건물 또는 대지에 대한 매도, 임대, 전세권 설정 등의 행위

성년후견인이 피성년후견인을 대리하여 피성년후견인이 거주하고 있는 건물 또는 그 대지에 대하여 매도, 임대, 전세권 설정, 저당권 설정, 임대차의 해지, 전세권의 소멸, 그 밖에 이에 준하는 행위를 하는 경우에는 가정법원의 허가를 받아야 한다(제947조의2 5항). 이는 엄밀한 의미에서는 신상결정의 문제는 아니지만, 피성년후견인의 주거에 영향을 크게 미치는 행위로서 신상 보호와 관련이 있기 때문에 동 조에서 함께 규정하고 있는 것이다.

◆ 미성년자의 후견인의 친권대행

제948조 【미성년자의 친권의 대행】

① 미성년후견인은 미성년자를 갈음하여 미성년자의 자녀에 대한 친권을 행사한다.

② 제1항의 친권행사에는 미성년후견인의 임무에 관한 규정을 준용한다.

[전문개정 2011.3.7.]

■ § 948. 친권의 대행

- 미성년후견인도 미성년자를 갈음하여 그 자에 대한 친권을 행사한다.
- 그 관계는 친권자가 자에 갈음하여 친권을 행사하는 경우와 마찬가지이다.
- 다만 이 경우에는 후견인의 임무에 관한 규정을 준용한다.
- 관련법조 : [후견인의 임무] §941~945, §950~955

후견인은 피후견인인 미성년자에게 자가 있는 경우에는 미성년자에 갈음하여 그 자에 대한 친권을 행사한다. 그 관계는 친권자가 미성년자인 자에 갈음하여 친권을 행사하는 경우와 마찬가지이다.

후견인이 피후견인에 갈음하여 그 자에 대한 친권을 행사함에는 미성년자의 후견인의 임무에 관한 규정을 준용한다.

대행을 개시할 때에 대행되는 친권에 따르는 자(즉 피후견인의 자)의 재산을 조사하여 채권·채무를 제시하여야 한다(제914조, 제942조). 신상보호에 있어서는 후견인의 취임 전에 피후견인의 친권자가 친권을 대행할 때에 정한 교양방법 또는 거소를 변경하는 경우와 피후견인의 친권자가 친권을 대행할 때에 허락한 영업을 취소 또는 제한하는 경우에는 미성년후견감독인이 있을 경우 그의 동의를 얻어야 한다(제945조 단서). 그 자의 재산상의 행위의 대리와 동의에 대하여 미성년후견감독인이 있을 경우 그의 동의를 얻어야 할 경우가 있으며(제950조), 그 자에 대한 제3자의 권리를 양수하는 것도 역시 미성년후견감독인이 있을 경우 그의 동의를 얻어야 한다(제951조). 그리고 후견감독인은 그 대행사무에 대해서도 재산목록의 제출명령 기타의 감독권을 가진다(제953조). 또 후견인은 그 대행사무에 대해서 보수를 받을 수 있다(제955조).

◆ 후견인의 임무 : 재산관리권과 대리권

제949조 【재산관리권과 대리권】

① 후견인은 피후견인의 재산을 관리하고 그 재산에 관한 법률행위에 대하여 피후견인을 대리한다.

② 제920조 단서의 규정은 전항의 법률행위에 준용한다.

■ § 949. 재산관리권 및 재산적 법률행위의 대리권

- 후견인은 피후견인의 재산을 관리하고 그 재산에 관한 법률행위에 대하여 피후견인을 대리한다.
- 피후견인의 행위를 목적으로 하는 채무를 부담할 경우에는 피후견인의 동의를 얻어야.
- 미성년자의 근로계약에 대하여도 친권자의 경우와 같이 계약을 체결할 수 없다(근로기준법 §53①).
- 관련법조 : [영업대리] 상 §8

후견인은 피후견인의 재산을 관리하고, 그 재산에 관한 법률행위에 대하여 피후견인을 대리한다. 그리고 미성년후견에 있어서는 미성년자의 특정한 행위에 대하여 동의권을 갖는다(제5조, 제6조, 제8조).

이와 같은 후견인은 그 재직중 친권자와 마찬가지로 광범위한 권한을 가지나, 친권의 경우보다도 많은 제한이 가해진다.

우선 친권자와 같은 제한으로서는 피후견인의 행위를 목적으로 하는 채무를 부담할 경우에는 피후견인의 동의를 얻어야 한다(제949조 2항에 의한 제920조 단서의 준용). 본인의 동의능력은 의사능력이 있으면 된다. 동의없이 한 행위는 무권대리행위이며, 본인의 추인이 있을 때까지 본인에 대하여 효력이 미치지 않는다.

피후견인의 재산에 관한 법률행위나 소송행위를 대리할 때에 후견인은 피후견인의 명의로 하여야 한다(대판 1965. 7. 6. 65다919). 920, 집 13권 2집 15면.

◆ 성년후견인이 여러 명인 경우 권한의 행사 등

제949조의2 【성년후견인이 여러 명인 경우 권한의 행사 등】

① 가정법원은 직권으로 여러 명의 성년후견인이 공동으로 또는 사무를 분장하여 그 권한을 행사하도록 정할 수 있다.

② 가정법원은 직권으로 제1항에 따른 결정을 변경하거나 취소할 수 있다.

③ 여러 명의 성년후견인이 공동으로 권한을 행사하여야 하는 경우에 어느 성년후견인이 피성년후견인의 이익이 침해될 우려가 있음에도 법률행위의 대리 등 필요한 권한행사에 협력하지 아니할 때에는 가정법원은 피성년후견인, 성년후견인, 후견감독인 또는 이해관계인의 청구에 의하여 그 성년후견인의 의사표시를 갈음하는 재판을 할 수 있다.

[본조신설 2011.3.7.]

■ § 949의2. 성년후견인이 여러 명인 경우 권한의 행사

• 성년후견인의 수 : 성년후견인은 피성년후견인의 신상과 재산에 관한 모든 사정을 고려하여 여러 명을 둘 수 있다(§930 2항).
• 성년후견인이 여러 명인 경우 가정법원은 여러 명의 성년후견인이 공동으로 또는 사무를 분장하여 권한을 행사하도록 정할 수 있다(§949의2 1항).
• 가정법원의 성년후견인의 의사표시를 갈음하는 재판 : 여러 명의 성년후견인이 공동으로 권한을 행사하여야 하는 경우에 어느 성년후견인이 피성년후견인의 이익이 침해될 우려가 있음에도 법률행위의 대리 등 필요한 권한행사에 협력하지 아니할 때에는 가정법원은 피성년후견인, 성년후견인, 후견감독인 또는 이해관계인의 청구에 의하여 성년후견인의 의사표시를 갈음하는 재판을 할 수 있다(§949의2 3항).

성년후견인은 피성년후견인의 신상과 재산에 관한 모든 사정을 고려하여 여러 명을 둘 수 있다(제930 제2항). 반면, 미성년후견인의 수(數)는 한 명이다(제930조 제1항).

성년후견인이 여러 명인 경우 가정법원은 직권으로 여러 명의 성년후견인이 공동으로 또는 사무를 분장하여 그 권한을 행사하도록 정할 수 있고(제949조의2

제1항), 직권으로 이 결정을 변경하거나 취소할 수 있다(동조 제2항).

만약 여러 명의 성년후견인이 공동으로 권한을 행사하여야 하는 경우에 어느 성년후견인이 피성년후견인의 이익이 침해될 우려가 있음에도 법률행위의 대리 등 필요한 권한행사에 협력하지 아니할 때에는 가정법원은 피성년후견인, 성년후견인, 후견감독인 또는 이해관계인의 청구에 의하여 그 성년후견인의 의사표시를 갈음하는 재판을 할 수 있다(제949조의2 제3항).

◈ 이해상반행위

제949조의3【이해상반행위】

후견인에 대하여는 제921조를 준용한다. 다만, 후견감독인이 있는 경우에는 그러하지 아니하다.

[본조신설 2011.3.7.]

■ § 949의3. 이해상반행위

- 후견인에 대하여 「친권자와 그 자간 또는 수인의 자간의 이해상반행위」를 규정하고 있는 §921를 준용(단, 후견감독인이 있는 경우 예외)
- 후견인과 피후견인의 사이에 이해상반되는 행위를 하는 경우 후견인은 법원에 피후견인의 특별대리인의 선임을 청구
- 후견인이 그의 후견을 받는 수인의 피후견인 사이에 이해상반되는 행위를 하는 경우에는 법원에 피후견인 일방의 특별대리인의 선임을 청구
- 관련법조 : 가소 §2 1항, 2. 가. 라류사건 16)

미성년후견인과 성년후견인에 대하여는 「친권자와 그 자간 또는 수인의 자간의 이해상반행위」를 규정하고 있는 §921를 준용한다.(제949조의3 본문) 따라서 후견인과 피후견인의 사이에 이해상반되는 행위를 하는 경우 후견인은 법원에 피후견인의 특별대리인의 선임을 청구하여야 하고, 후견인이 그의 후견을 받는 수인의 피후견인 사이에 이해상반되는 행위를 하는 경우에는 법원에 피후견인 일방의 특별대리인의 선임을 청구하여야 한다.

다만, 후견감독인이 있는 경우에는 그가 피후견인을 대리하게 되므로(제940의 6 제3항 참조) 특별대리인의 선임을 청구할 필요가 없다(제949의3 단서).

◆ 후견감독인의 동의를 필요로 하는 행위

제950조【후견감독인의 동의를 필요로 하는 행위】

① 후견인이 피후견인을 대리하여 다음 각 호의 어느 하나에 해당하는 행위를 하거나 미성년자의 다음 각 호의 어느 하나에 해당하는 행위에 동의를 할 때는 후견감독인이 있으면 그의 동의를 받아야 한다.

  1. 영업에 관한 행위

  2. 금전을 빌리는 행위

  3. 의무만을 부담하는 행위

  4. 부동산 또는 중요한 재산에 관한 권리의 득실변경을 목적으로 하는 행위

  5. 소송행위

  6. 상속의 승인, 한정승인 또는 포기 및 상속재산의 분할에 관한 협의

② 후견감독인의 동의가 필요한 행위에 대하여 후견감독인이 피후견인의 이익이 침해될 우려가 있음에도 동의를 하지 아니하는 경우에는 가정법원은 후견인의 청구에 의하여 후견감독인의 동의를 갈음하는 허가를 할 수 있다.

③ 후견감독인의 동의가 필요한 법률행위를 후견인이 후견감독인의 동의 없이 하였을 때에는 피후견인 또는 후견감독인이 그 행위를 취소할 수 있다.

[전문개정 2011.3.7.]

■ § 950. 대리권과 동의권의 제한

- 후견인이 다음의 행위를 대리하거나 미성년자의 다음의 행위에 동의함에는 후견감독인이 있으면 그의 동의를 얻어야 한다.
  ① 영업에 관한 행위, ② 금전을 빌리는 행위, ③ 의무만을 부담하는 행위, ④ 부동산 또는 중요한 재산에 관한 권리의 득실변경을 목적으로 하는 행위, ⑤ 소송행위, ⑥ 상속의 승인, 한정승인 또는 포기 및 상속재산의 분할에 관한 협의
- 후견감독인의 동의가 필요한 행위에 대하여 후견감독인이 동의를 하지 아니하는 경우 : 가정법원은 후견인의 청구에 의하여 후견감독인의 동의를 갈음하는 허가를 할 수 있다.
- 위의 제한에 위반한 때에는 피후견인 또는 후견감독인이 이를 취소할 수 있다.
- 관련법조 : [영업과 동의] 상 §6, §8, [차재, 보증] 어음 §30, §32, §77③, 수표 §25~§27, [소송행위] 민소 §52①

후견인은 일정한 경우에 후견감독인이 있을 경우 그의 친족회의 동의를 얻지 않으면 대리행위를 할 수 없다. 이에 위반한 법률행위는 취소할 수 있다.

또한 미성년 후견인이 미성년자의 「일정한 중요한 행위」에 대하여 동의를 하는 경우에는 후견감독인이 있을 경우 그의 동의를 얻어야 하며, 이에 위반한 때에 미성년자 또는 후견감독인이 그 행위를 취소할 수 있다.

「일정한 중요한 행위」는 다음과 같다.

① 영업에 관한 행위

② 금전을 빌리는 행위

③ 의무만을 부담하는 행위

④ 부동산 또는 중요한 재산에 관한 권리의 득실변경을 목적으로 하는 행위

⑤ 소송행위

⑥ 상속의 승인, 한정승인 또는 포기 및 상속재산의 분할에 관한 협의

후견감독인의 동의를 필요로 하는 경우에는 후견인이 이를 얻지 않고 대리행위를 하였을 때에는 피후견인 또는 후견감독인이 취소할 수 있으며, 행위의 상대방이 동의를 얻은 것으로 믿은데 과실이 없고 더욱이 그렇게 믿는데 정당한 이유가 있으면 제126조의 표현대리가 성립한다고 보아야 한다. 이와 관련하여 판례도 "민법 제126조 소정의 권한을 넘는 표현대리 규정은 거래의 안전을

도모하여 거래상대방의 이익을 보호하려는 데에 그 취지가 있으므로 법정대리
라고 하여 임의대리와는 달리 그 적용이 없다고 할 수 없고, 따라서 한정치산자
의 후견인이 친족회의 동의를 얻지 않고 피후견인의 부동산을 처분하는 행위를
한 경우에도 상대방이 친족회의 동의가 있다고 믿은 데에 정당한 사유가 있는
때에는 본인인 한정치산자에게 그 효력이 미친다(대판 1997. 6. 27, 97다3828)"고
한다.

▣ 핵심판례 ▣

■ [법정대리권과 동의권의 제한]

1. 가. **사실상 의사능력 상실 상태에 있는 사람에 대하여 소송을 제기하는
   경우 특별대리인 선임신청의 가부**

   사실상 의사능력을 상실한 상태에 있어 소송능력이 없는 사람에 대하여 소송
   을 제기하는 경우에도 특별대리인을 선임할 수 있다.

   나. **민사소송법 제58조에 의하여 선임된 특별대리인의 대리권 범위**

   민사소송법 제58조에 의하여 선임된 특별대리인은 당해 소송에 있어서는 법
   정대리인으로서의 권한을 보유한다 할 것이므로 특별대리인은 당해 소송행위
   를 할 권한뿐만 아니라 당해 소송에 있어서 공격방어의 방법으로서 필요한
   때에는 사법상의 실체적 권리도 이를 행사할 수 있다 할 것이나, 무권리자의
   부동산처분행위에 대한 추인과 같은 행위는 부동산에 관한 권리의 소멸변경
   을 초래하는 것이어서 민법 제950조에 의한 특별수권이 없는 한 이를 할 수
   없다(1993. 7. 27. 제2부 판결 93다8986 소유권이전등기말소).

2. **한정치산자의 후견인이 친족회의 동의 없이 소를 제기한 후 소송행위를
   한 경우, 후견인이 한 제소 등 일련의 소송행위가 무효인지 여부(적극)**

   한정치산자의 후견인이 한정치산자의 이름으로 소송을 제기하는 등의 소송행위를
   함에는 친족회의 동의를 얻어야 하며 친족회의 동의를 얻지 아니한 채 제소하여
   사실심의 변론종결시까지 그 동의가 보정되지 아니하였다면 그 제소 등 일련의
   소송행위는 그에 필요한 수권이 흠결된 법정대리인에 의한 것으로서 절차적 안정
   이 요구되는 소송행위의 성격상 민법 제950조 제2항의 규정에도 불구하고 무효이
   다(대판 2001. 7. 27. 2001다5937).

3. 가. **친족회의의 동의 없는 후견인의 행위에 대한 취소권이 채권자대위권
   의 목적이 될 수 있는지 여부(소극)**

   후견인이 민법 제950조 제1항 각호의 행위를 하면서 친족회의 동의를 얻지

아니한 경우, 제2항의 규정에 의하여 피후견인 또는 친족회가 그 후견인의 행위를 취소할 수 있는 권리(취소권)는 행사상의 일신전속권이므로 채권자대위권의 목적이 될 수 없다.

나. 명의신탁의 대내적 효력 및 명의수탁자 사망시의 효과

명의신탁관계를 성립시키기 위한 신탁계약의 기본은 신탁자와 수탁자 사이의 내부관계에 있어서 그 목적물의 소유권은 언제나 신탁자가 보유하는 것이므로 그 목적물이 소유권과 관련되어 발생된 권리도 그들 내부관계에 있어서는 신탁자에게 귀속되는 것이므로, 신탁자가 그 신탁계약을 해지하면 수탁자는 그 권리를 신탁자에게 이전하여 줄 의무가 있고, 명의수탁자가 사망하면 그 명의신탁관계는 그 재산상속인과의 사이에 존속하게 된다(대법원 1996. 5. 31. 선고 94다35985 판결).

4. 가. 민법 제126조의 표현대리 규정이 법정대리에도 적용되는지 여부(적극)

민법 제126조 소정의 권한을 넘는 표현대리 규정은 거래의 안전을 도모하여 거래상대방의 이익을 보호하려는 데에 그 취지가 있으므로 법정대리라고 하여 임의대리와는 달리 그 적용이 없다고 할 수 없고, 따라서 한정치산자의 후견인이 친족회의 동의를 얻지 않고 피후견인의 부동산을 처분하는 행위를 한 경우에도 상대방이 친족회의 동의가 있다고 믿은 데에 정당한 사유가 있는 때에는 본인인 한정치산자에게 그 효력이 미친다.

나. 한정치산자의 후견인이 친족회의 동의 없이 그 피후견인인 한정치산자의 부동산을 처분한 경우에 발생하는 취소권의 행사에서 제척기간의 기산일인 '추인할 수 있는 날'의 의미

한정치산자의 후견인이 친족회의 동의 없이 피후견인인 한정치산자의 부동산을 처분한 경우에 발생하는 취소권은 민법 제146조에 의하여 추인할 수 있는 날로부터 3년 내에, 법률행위를 한 날로부터 10년 내에 행사하여야 하지만, 여기에서 '추인할 수 있는 날'이라 함은 취소의 원인이 종료한 후를 의미하므로, 피후견인이 스스로 법률행위를 취소함에 있어서는 한정치산선고가 취소되어 피후견인이 능력자로 복귀한 날로부터 3년 내에 그 취소권을 행사하여야 한다.

다. 민법 제126조 소정의 권한을 넘는 표현대리에 있어서 정당한 이유의 유무에 관한 판단기준시기 및 매수행위 당시 친족회의 동의에 관하여 전혀 확인하지 아니하여 후견인을 상대로 거래하는 매수인으로서 주의의무를 다하지 못한 과실이 있다고 본 사례

거래상대방이 후견인으로서 상당기간 피후견인의 재산을 관리하여 왔다고 할지라도 후견인을 상대로 중요한 재산적 가치를 가지는 한정치산자의 부동산을 매수하는 자로서는 친족회의 동의가 있었는지 여부를 확인하였어야 할 것인데도 막연히 부동산 중개업자를 통하여 거래상대방이 후견인으로 선임된 후 1년 이상 부동산의 관리를 전담하여 온 사실만을 확인하였을 뿐 친족회의 동의에 관하여는 전혀 확인하지 아니하였다면, 매수인은 후견인을 상대로 거래하는 자로서 마땅히 해야 할 주의를 다하지 못한 과실이 있다고 하지 않을 수 없으며, 또한 권한을 넘은 표현대리에 있어서 정당한 이유의 유무는 대리행위 당시를 기준으로 하여 판정하여야 하고 매매계약 성립 이후의 사정은 고려할 것이 아니므로, 피후견인이 위 매매로 인한 소유권이전등기를 경료하기에 앞서 그 거래에 관한 친족회원의 선임 및 친족회의 소집에 관한 법원의 심판을 받았고 그에 따라 작성된 친족회 의사록을 후견인으로부터 교부받았다고 할지라도 이로써 후견인이 매매 당시 친족회의 동의를 받았다고 믿을 만한 정당한 이유가 된다고 볼 수 없다고 한 사례.

라. 한정치산자가 한 '쌍방이 원만히 합의하였으므로 고소를 취소한다'는 내용의 고소취소장을 검찰 및 법원에 제출한 것이 취소할 수 있는 행위의 추인에 해당하는지 여부(소극)

한정치산자가 '횡령혐의로 고소한 바 있으나 쌍방 원만히 합의하였을 뿐만 아니라 피고소인이 범행에 대하여 깊이 반성하고 있으므로 고소 취소한다'는 내용의 고소취소장을 작성하여 제출할 때에도 아직 한정치산선고를 취소받기 전이므로 여전히 한정치산자로서 독립하여 추인할 수 있는 행위능력을 가지고 있지 못하였을 뿐더러, 고소 취소는 어디까지나 수사기관 또는 법원에 대하여 고소를 철회하는 의사표시에 지나지 아니하고 또 고소취소장에 기재된 문면의 내용상으로도 고소인이 매수인에 대하여 가지는 매매의 취소권을 포기한 것으로 보기 어렵다.

마. 가정법원이 소집하지 아니한 친족회 결의의 효력(무효)

민법 제966조에 의하면, 친족회는 본인 기타 이해관계인 등의 청구에 의하여 가정법원이 이를 소집하도록 규정되어 있으므로, 가정법원이 소집하지 아니한 친족회의 결의는 중대한 절차상의 하자가 있어 부존재 내지는 무효이다.

바. 동시이행의 항변권을 비쌍무계약에 확장하기 위한 요건

원래 쌍무계약에서 인정되는 동시이행의 항변권을 비쌍무계약에 확장함에 있어서는 양 채무가 동일한 법률요건으로부터 생겨서 공평의 관점에서 보아 견련적으로 이행시킴이 마땅한 경우라야 한다(대법원 1997. 6. 27. 선고 97다3828 판결).

◆ 피후견인의 재산 등의 양수에 대한 취소

제951조【피후견인의 재산 등의 양수에 대한 취소】

① 후견인이 피후견인에 대한 제3자의 권리를 양수(讓受)하는 경우에는 피후견인은 이를 취소할 수 있다.

② 제1항에 따른 권리의 양수의 경우 후견감독인이 있으면 후견인은 후견감독인의 동의를 받아야 하고, 후견감독인의 동의가 없는 경우에는 피후견인 또는 후견감독인이 이를 취소할 수 있다. [전문개정 2011.3.7.]

■ § 951. 피후견인의 재산 등의 양수에 대한 취소

- 후견인이 피후견인에 대한 제3자의 권리를 양수함에 있어서는 후견감독인이 있으면 그의 동의를 얻어야 한다.
- 이에 위반한 행위는 피후견인 또는 후견감독인이 취소할 수 있다.
- 이러한 행위는 피후견인과 후견인의 이익을 충돌시킬 염려가 있기 때문이다.
- 이 경우에도 최고권에 관한 규정의 준용이 있다(§952에 의한 §15의 준용).

후견인이 피후견인에 대한 제3자의 권리를 양수하는 경우에는 피후견인이 이를 취소할 수 있다(제951조 제1항). 이는 후견감독인이 없는 경우에 후견감독인의 동의가 없더라도 피후견인에 대한 제3자의 권리를 양수할 수 있으나, 피후견인과 후견인 사이의 이익이 충돌되는 경우이므로 피후견인에게 취소할 수 있는 기회를 부여한 것이다.

반면, 후견감독인이 있는 경우에는 피후견인에 대한 제3자의 권리를 후견인이 양수하는 경우에 후견감독인의 동의를 받아야 하고, 동의가 없는 경우에는 피후견인 또는 후견감독인이 이를 취소할 수 있다(제951조 제2항).

여기서 「양수」는 유상·무상을 묻지 않으며 권리의 양도(양수)를 목적으로 하는 법률행위에 의한 권리의 취득을 말한다. 따라서 상속, 유증, 저당권 실행 등에 의한 권리의 취득은 포함되지 않는다.

상대방은 후견감독인에 대하여 제15조에 따라 추인 여부의 확답을 촉구할 수 있다(제952조에 의한 제15조의 준용).

◆ 후견인의 상대방의 최고권

제952조【상대방의 추인 여부 최고】

제950조 및 제951조의 경우에는 제15조를 준용한다. [전문개정 2011.3.7.]

■ § 952. 상대방의 후견감독인에 대한 확답촉구권

• 후견인이 §950, §951의 행위를 한 경우에는 그 상대방의 후견감독인에 대한
추인여부의 최고에는 확답촉구권(§15)에 관한 규정이 준용된다.

후견인이 제950조, 제951조에 따라 일정한 행위를 하는 경우 후견감독인의 동의
를 받아야 하는 경우에 상대방은 후견감독인에 대하여 제15조에 따라 추인 여부
의 확답을 촉구할 수 있다(제952조).

◈ 후견감독인의 후견사무의 감독

제953조【후견감독인의 후견사무의 감독】

언제든지 후견인에게 그의 임무 수행에 관한 보고와 재산목록의 제출을 요구할 수 있고 피후견인의 재산상황을 조사할 수 있다. [전문개정 2011.3.7.]

■ § 953. 후견감독인의 후견감독내용

• 재산조사와 목록작성에 대한 참여
• 후견인과 피후견인간의 채권, 채무의 제소
• 법정대리권행사에 대한 동의 내지 취소
• 피후견인의 권리양수에 대한 동의 내지 취소
• 후견사무에 대한 보고 및 재산목록 제출요구
• 후견사무종료시의 관리계산에 대한 참여
• 미성년자의 보호, 교양방법 등에 관한 동의

본조는 후견사무의 감독에 관한 규정이다.

후견인은 후견감독인과 가정법원의 일반적 감독하에 있다. 즉 후견감독인은 언제든지 후견인에 대하여 그 임무수행에 관한 보고와 재산목록의 제출을 요구할 수 있고 피후견인의 재산상황을 조사할 수 있다.

여기서 말하는 후견의 임무는 피후견인의 신분상에 관한 사무 뿐만 아니라 재산상의 사무도 포함되므로, 이러한 사무일반에 대한 보고를 요구할 수도 있고, 또 특정한 사무에 관한 보고도 요구할 수 있으며, 보고는 정기적이 아니고 필요에 따라 할 수도 있다. 그리고 여기서 말하는 재산목록은 후견인이 취임당시에 작성한 재산목록과 피후견인이 포괄적 재산을 취득한 경우에 작성되는 재산목록을 포함한다.

◈ 가정법원의 후견사무에 관한 처분

제954조 【가정법원의 후견사무에 관한 처분】

가정법원은 직권으로 또는 피후견인, 후견감독인, 제777조에 따른 친족, 그 밖의 이해관계인, 검사, 지방자치단체의 장의 청구에 의하여 피후견인의 재산상황을 조사하고, 후견인에게 재산관리 등 후견임무 수행에 관하여 필요한 처분을 명할 수 있다. [전문개정 2011.3.7.]

■ § 954. 가정법원의 후견감독내용

- 후견인의 사임허가
- 후견인의 변경
- 재산조사와 목록작성에 관한 법정기간의 연장허가
- 성년후견인이 피성년후견인을 정신병원 등에 격리하려는 경우의 허가
- 피성년후견인이 의료행위의 직접적인 결과로 사망하거나 상당한 장애를 입을 위험이 있을 때의 허가
- 성년후견인이 피성년후견인을 대리하여 피성년후견인이 거주하고 있는 건물 또는 그 대지에 대하여 매도 등을 하는 경우의 허가
- 성년후견인이 여러 명인 경우의 그들의 권한행사방법 결정과 변경, 취소
- 여러 명의 성년후견인이 공동으로 권한을 행사하여야 하는 경우에 권한행사에 협력하지 않는 성년후견인의 의사표시를 갈음하는 재판
- 후견임무수행에 관한 필요한 처분명령
- 후견인에 대한 보수수여
- 후견사무종료시의 관리계산을 위한 법정허가의 연장허가
- 후견인의 순위 또는 결격에 대한 재판

가정법원은 직권으로 또는 피후견인, 후견감독인, 제777조에 따른 친족, 그 밖의 이해관계인, 검사, 지방자치단체의 장의 청구에 의하여 피후견인의 재산상황을 조사하고, 후견인에게 재산관리 등 후견임무 수행에 관하여 필요한 처분을 명할 수 있다(제954조).

필요한 처분이란 재산관리에 관한 처분, 즉 재산보전의 처분, 환가처분, 채권

의 집행등 뿐만 아니라 신분상에 관한 사무(피후견인의 양육, 교양 또는 요양, 감호 등)도 포함하며, 후견사무 전반에 걸쳐 후견사무의 적정한 처리를 실현시키기 위한 것이다.

◆ 후견인의 보수

제955조【후견인에 대한 보수】

법원은 후견인의 청구에 의하여 피후견인의 재산상태 기타 사정을 참작하여 피후견인의 재산 중에서 상당한 보수를 후견인에게 수여할 수 있다.

■ § 955. 보수청구권

- 가정법원은 후견인의 청구에 의하여 피후견인의 재산상태 기타 사정을 참작하여 피후견인의 재산 중에서 상당한 보수를 후견인에게 수여할 수 있다
- 구민법은 친족회가 후견인에 대한 보수를 지급할 수 있고, 또 후견인이 피후견인의 배우자, 직계혈족, 호주인 때에는 보수를 받을 수 없게 하였으나, 현행민법은 보수지급은 가정법원이 결정하도록 하고 또 보수지급에 관해서는 구민법과 같은 예외를 두지 않았다
- 관련법조 : [보수수여절차] 가소 §2① 2. 가. 라류사건 23호

후견인의 보수는 청구에 의하여 가정법원이 모든 사정을 참작하여 수여할 수 있다. 후견인에게 보수를 수여할 것인가의 여부는 피후견인의 재산상태 기타 신분, 지위, 후견인의 사무의 난이 등을 참작하여 가정법원이 결정한다.

보수의 액수는 상당한 액수이다. 구체적으로 어느 정도의 액수가 상당한가는 가정법원이 결정하는 것이다. 보수의 지출자는 피후견인이며, 보수는 피후견인의 재산중에서 지출되나 이 재산중에는 부양의무자로부터 지급되는 부양재산도 포함된다고 본다.

◈ 지출금액의 예정과 사무비용

제955조의2【지출금액의 예정과 사무비용】

후견인이 후견사무를 수행하는 데 필요한 비용은 피후견인의 재산 중에서 지출한다. [본조신설 2011. 3. 7.]

■ § 955의2. 지출금액의 예정과 사무비용

• 후견인이 후견사무를 수행하는 데 필요한 비용 : 피후견인의 재산 중에서 지출

후견인이 후견사무를 수행하는 데 필요한 비용은 피후견인의 재산 중에서 지출한다(제955조의2). 이는 2011년 3월 7일 민법 일부 개정시 신설된 규정이다.

◆ 후견인에 위임과 친권에 관한 규정 등의 준용

제956조【위임과 친권의 규정의 준용】

제681조 및 제918조의 규정은 후견인에게 이를 준용한다.

■ § 956. 후견인의 재산관리

- 후견인은 재임중 선량한 관리자의 주의를 가지고 피후견인의 재산을 관리하여야 한다(§681 준용).
- 제3자가 후견인의 관리에 반대하는 의사를 표시하여 피후견인에게 수여한 재산에 대해서는 후견인은 관리권을 가지지 못한다(§918 준용).

후견인은 후견이 종료하면, 가족관계등록법이 정하는 바에 따라서 1월 이내에 후견종료의 신고를 하여야 한다. 다만, 미성년자의 성년 도달로 인하여 후견이 종료된 경우에는 그러하지 아니하다(가족관계등록법 제83조). 그리고 후견인과 피후견인 사이의 이해상반행위에 대해서는 특별대리인의 선임을 가정법원에 청구하여야 한다.

이에 반하여 친권자보다도 무거운 제한이 가해지고 있는 경우로서는 후견인은 선량한 관리자의 주의의무를 가지고 피후견인의 재산을 관리하여야 한다(제956조에 의한 제681조의 준용). 이 점에서 자기재산과 동일한 주의의무를 지는 친권자와 다르다(제922조).

그리고 친권의 효력에 관한 제918조(제3자가 무상으로 자에게 수여한 재산의 관리)가 준용된다. 제3자가 무상으로 피후견인에게 재산을 수여하고 후견인의 관리에 반대하는 의사를 표시한 때에는 그 재산은 후견인의 관리에 속하지 않는다. 이 경우에 관리인을 지정하지 않았을 때에는 가정법원이 선임하는 관리인이 관리한다.

제 4 관 후견의 종료

후견의 종료에는 절대적 후견종료와 상대적 후견종료의 2종류가 있다. 후견의 절대적 종료란, 후견 그 자체가 종료하여 이후 후견을 필요로 하지 않는 경우이고, 후견의 상대적 종료라 함은 후견자체는 종료하지 아니하고 당해 후견인이 그 지위를 상실하므로 다른 후견인에 의하여 계승되는 경우를 말한다.

절대적 종료원인으로서는 피후견인이 무능력자로서의 보호를 필요로 하지 않게 된 경우와 피후견인에 본격적으로 친권을 행사할 수 있는 자가 생긴 경우이다.

이를 보다 구체적으로 말하면, 전자에는 피후견의 사망·실종선고, 미성년자의 성년도달, 혼인 및 성년후견종료의 심판 등이 포함되고, 후자에는 친권 또는 관리권 상실선고의 취소(제926조), 사퇴한 관리권의 회복(제927조), 행방불명이었던 친권자의 출현, 친권자의 성년후견종료의 심판(제11조), 후견에 복종하던 피후견인이 타인의 양자가 되어 양친의 친권에 복종하게 된 때, 기아였던 피후견인인 미성년자의 모가 판명된 경우 등이 있다.

상대적 종료는 후견인의 사망·실종선고·사퇴(제939조)·변경(제940조)·결격사유의 발생(제937조), 성년후견인이 후견인 이외의 자와 혼인한 때 등에 일어난다.

후견종료의 사유는 이를 다른 일방에게 통지하거나 또는 다른 일방이 이것을 안 때가 아니면 그 종료로써 다른 일방에게 대항할 수 없다(제959조에 의한 제692조의 준용).

종료원인 가운데에서 중요한 것은 후견인의 변경이다.

민법은 「가정법원은 피후견인의 복리를 위하여 후견인을 변경할 필요가 있다고 인정하면 직권으로 또는 피후견인, 친족, 후견감독인, 검사, 지방자치단체의 장의 청구에 의하여 후견인을 변경할 수 있다」고 규정하고 있다(제940조).

◈ 후견종료 후의 후견인의 임무 : 관리의 계산의무

제957조 【후견사무의 종료와 관리의 계산】

① 후견인의 임무가 종료된 때에는 후견인 또는 그 상속인은 1개월 내에 피후견인의 재산에 관한 계산을 하여야 한다. 다만, 정당한 사유가 있는 경우에는 법원의 허가를 받아 그 기간을 연장할 수 있다.

② 제1항의 계산은 후견감독인이 있는 경우에는 그가 참여하지 아니하면 효력이 없다. [전문개정 2011.3.7.]

■ § 957. 관리계산

- 후견종료후의 가장 중요한 절차
- 후견인 또는 그 상속인은 임무가 종료하였을 때부터 1월내에 관리의 계산을 하여야 한다
- 그러나 정당한 사유가 있는 때에는 가정법원의 허가를 얻어 그 기간을 연장할 수 있다
- 그리고 이 계산은 부정이 행하여지지 않고 정확할 것을 필요로 하므로 후견감독인이 있는 경우 그의 참여가 없으면 효력이 없다.
- 관련법조 : [후견종료신고] 가족관계등록법 §83, [허가절차] 가소 §2① 2. 가. 라류사건 24호

후견종료 후의 가장 중요한 절차로서 후견인 또는 그 상속인은 임무가 종료하였을 때부터 1월 내에 관리의 계산을 하여야 한다. 그러나 정당한 사유가 있는 때에는 가정법원의 허가를 얻어 그 기간을 연장할 수 있다(제957조 1항).

후견이 종료하면 그것이 절대적이건 상대적이건 묻지 않고, 후견인은 관리계산을 하고 재산을 피후견인에게 인도하여야 한다. 이 경우 친권의 종료의 경우와는 달리 후견인에게는 많은 의무와 감독적 규정이 설정되어 있다. 즉 후견이 종료한 때에는 후견인 또는 그 상속인은 후견감독인이 있는 경우 그의 참여하에서 원칙적으로 1개월 이내에 피상속인의 재산에 관한 관리의 계산을 하여야 한다.

그러나 이 관리계산의 보고를 누구에게 하여야 할 것인가에 대하여 민법은

규정한 바 없으나, 그 성질상 상대적 종료의 경우에는 후임의 후견인에게, 절대적 종료의 경우 중에서, 친권으로 이행하였을 때에는 친권자에게, 피후견인이 성년에 달하였을 때에는 그 본인에게, 사망한 경우에는 그 상속인에게 각각 보고하여야 한다고 해석하는 것이 타당하다.

관리계산을 완료하고 이를 보고하는 기간은 후견종료의 날로부터 1월 내이다. 다만 계산내용이 복잡하거나 또는 후견인에게 부득이한 사정이 있어서 이 기간을 연장하는 것이 상당하다고 인정되는 사유가 있는 때에는 가정법원의 허가를 얻어 그 기간을 연장할 수 있다.

관리의 계산은 부정이 행하여지지 않고 정확할 것을 필요로 하므로, 후견감독인이 있는 경우 그의 참여가 없으면 효력이 없다(제957조 2항).

◈ 후견종료 후의 후견인의 임무 : 계산종료시의 이자지급의무 등

제958조【이자의 부가와 금전소비에 대한 책임】

① 후견인이 피후견인에게 지급할 금액이나 피후견인이 후견인에게 지급할 금액에는 계산종료의 날로부터 이자를 부가하여야 한다.

② 후견인이 자기를 위하여 피후견인의 금전을 소비한 때에는 그 소비한 날로부터 이자를 부가하고 피후견인에게 손해가 있으면 이를 배상하여야 한다.

■ § 958. 이자의 부가와 금전소비에 대한 책임

• 후견인이 피후견인에게 지급할 금액이나 피후견인이 후견인에게 지급할 금액에는 계산종료의 날로부터 이자를 부가하여야 한다.
• 또 후견인이 자기를 위하여 피후견인의 금전을 소비한 때에는 그 소비한 날로부터 이자를 부가하고, 피후견인에게 손해가 있으면 이를 배상하여야 한다.

가정법원도 감독권의 작용으로서 그 계산서의 제출을 요구할 수 있다(제954조 참조).

후견인이 피후견인에게 지급할 금액이나 피후견인이 후견인에게 지급할 금액에는 계산종료의 날로부터 이자를 부가하여야 한다. 그리고 후견인이 자기를 위하여 피후견인의 금전을 소비한 때에는 그 소비한 날로부터 이자를 부가하고 피후견인에게 손해가 있으면 이를 배상하여야 한다.

즉, 후견인의 금전소비는 피후견인의 후견사무집행을 위하여 금전을 소비할 수 있는데 그친다. 이에 반하여 후견사무집행의 범위 밖에서 자기를 위하여 후견인이 피후견인의 금전을 소비하는 것은 불법행위이다.

◈ 후견인종료시의 긴급처리

제959조 【위임규정의 준용】

제691조, 제692조의 규정은 후견의 종료에 이를 준용한다.

■ § 959. 후견종료와 긴급처리

• 후견종료의 경우에는 급박한 사정이 있는 때에는 후견인, 그 상속인이나 법정대리인은 피후견인, 그 상속인이나 법정대리인이 스스로 그 사무를 처리할 수 있을 때까지 그 사무의 처리를 계속하여야 한다. 이러한 경우에는 후견의 존속과 동일한 효력이 있다(§691 준용).
• 후견종료의 사유는 이를 다른 일방에게 통지하거나 또는 다른 일방이 이것을 안 때가 아니면 그 종료로써 다른 일방에게 대항할 수 없다(§692 준용).

후견종료 대항요건에도 위임의 규정이 준용된다.

후견종료의 사유는 이를 다른 일방에게 통지하거나 또는 다른 일방이 이것을 안 때가 아니면 그 종료로서 다른 일방에게 대항할 수 없다(제959조에 의한 제692조의 준용). 사망(실종선고 포함) 등에 의한 후견종료에 있어서는 그 상속인 또는 법정대리인에게 통지하여야 한다.

후견의 임무종료후에 피후견인, 그 상속인이나 법정대리인이 그 사무를 처리할 수 있을 때까지는 후견인, 그 상속인이나 법정대리인은 「급박한 사정이 있는 때」에는 그 업무의 처리를 계속하여야 한다.

이러한 경우에는 후견의 존속과 동일한 효력이 있다(제691조 준용). 사무처리는 급박한 사정이 있는 때에 한하며, 그 범위를 넘어서는 안된다.

제 2 절   한정후견과 특정후견

후견제도는 2011년 3월 7일 민법 개정시 대폭 변경되었다. 개정 민법에 따르면 (2013년 7월 1일 시행), 후견에는 법정후견과 임의후견이 있고, 법정후견은 다시 미성년후견·성년후견·한정후견·특정후견으로 나뉜다. 그리고 임의후견은 후견계약에 의한 후견을 의미한다. 이하에서는 이 중 한정후견과 특정후견에 대하여 살펴본다.

◈ 한정후견의 개시

제959조의2 【한정후견의 개시】

가정법원의 한정후견개시의 심판이 있는 경우에는 그 심판을 받은 사람의 한정후견인을 두어야 한다. [본조신설 2011.3.7.]

■ § 959의2. 한정후견의 개시

• 한정후견개시의 심판 : 가정법원은 질병, 장애, 노령, 그 밖의 사유로 인한 정신적 제약으로 사무를 처리할 능력이 부족한 사람에 대하여 본인, 배우자, 4촌 이내의 친족, 미성년후견인, 미성년후견감독인, 성년후견인, 성년후견감독인, 특정후견인, 특정후견감독인, 검사 또는 지방자치단체의 장의 청구에 의하여 한정후견개시의 심판을 한다(§12 1항).

• 한정후견의 개시 : 가정법원의 한정후견개시의 심판이 있는 경우 피한정후견인의 한정후견인을 두어야 한다(§959의2).

가정법원은 질병, 장애, 노령, 그 밖의 사유로 인한 정신적 제약으로 사무를 처리할 능력이 부족한 사람에 대하여 본인, 배우자, 4촌 이내의 친족, 미성년후견인, 미성년후견감독인, 성년후견인, 성년후견감독인, 특정후견인, 특정후견감독인, 검사 또는 지방자치단체의 장의 청구에 의하여 한정후견개시의 심판을 한다(제12 제1항). 가정법원은 한정후견개시의 심판을 할 때 본인의 의사를 고려하여야 한다(제12조 제2항, 제9조 제2항).

가정법원은 이와 같이 한정후견개시의 심판이 있는 경우 피한정후견인의 한정후견인을 두어야 한다(제959조의2). 즉, 한정후견인을 두는 것은 필수적이다.

◈ 한정후견인의 선임 등

제959조의3 【한정후견인의 선임 등】

① 제959조의2에 따른 한정후견인은 가정법원이 직권으로 선임한다.

② 한정후견인에 대하여는 제930조제2항·제3항, 제936조제2항부터 제4항까지, 제937조, 제939조, 제940조 및 제949조의3을 준용한다.

[본조신설 2011.3.7.]

■ § 959의3. 한정후견인의 선임

• 가정법원 직권 선임 : 한정후견의 개시에 따른 한정후견인은 가정법원이 직권으로 선임
• 한정후견인은 여러 명을 선임할 수 있다.
• 법인도 한정후견인이 될 수 있다.
• 결격·사임·변경 : 미성년후견 및 성년후견과 내용이 동일하다.

(1) 한정후견인의 선임

한정후견의 개시에 따른 한정후견인은 가정법원이 직권으로 선임한다(제959조의3 제1항). 한정후견인은 성년후견인과 마찬가지로 여러 명을 둘 수 있고, 법인도 한정후견인이 될 수 있다(제959조의3 제2항, 제930조 제2항·제3항).

가정법원은 한정후견인이 사망, 결격, 그 밖의 사유로 없게 된 경우에도 직권으로 또는 피한정후견인, 친족, 이해관계인, 검사, 지방자치단체의 장의 청구에 의하여 한정후견인을 선임한다(제959조의3 제2항, 제936조 제2항). 가정법원은 한정후견인이 선임된 경우에도 필요하다고 인정하면 직권으로 또는 피한정후견인, 친족, 이해관계인, 검사, 지방자치단체의 장, 한정후견인의 청구에 의하여 추가로 한정후견인을 선임할 수 있다(제959조의3 제2항, 제936조 제3항). 가정법원이 한정후견인을 선임할 때에는 피한정후견인의 의사를 존중하여야 하며, 그 밖에 피한정후견인의 건강, 생활관계, 재산

상황, 한정후견인이 될 사람의 직업과 경험, 피한정후견인과의 이해관계의
유무(법인이 한정후견인이 될 때에는 사업의 종류와 내용, 법인이나 그 대
표자와 피한정후견인 사이의 이해관계의 유무를 말한다) 등의 사정도 고려
하여야 한다(제959조의3 제2항, 제936조 제4항).

(2) 한정후견인의 결격사유

한정후견인의 결격사유는 미성년후견인·성년후견인의 결격사유와 동일
하다(제959조의3 제2항, 제937조). 즉, 다음의 어느 하나에 해당하는 자는
한정후견인이 되지 못한다.

① 미성년자

② 피성년후견인, 피한정후견인, 피특정후견인, 피임의후견인

③ 회생절차개시결정 또는 파산선고를 받은 자

④ 자격정지 이상의 형의 선고를 받고 그 형기(刑期) 중에 있는 사람

⑤ 법원에서 해임된 법정대리인

⑥ 법원에서 해임된 성년후견인, 한정후견인, 특정후견인, 임의후견인과
그 감독인

⑦ 행방이 불분명한 사람

⑧ 피후견인을 상대로 소송을 하였거나 하고 있는 사람

⑨ ⑧에서 정한 사람의 배우자와 직계혈족. 다만, 피후견인의 직계비속은
제외한다.

(3) 한정후견인의 사임·변경

한정후견인의 사임이나 변경도 미성년후견인·성년후견인의 경우와 동일
하다(제959조의3 제2항, 제939조, 제940조). 즉, 한정후견인은 정당한 사유
가 있는 경우에는 가정법원의 허가를 받아 사임할 수 있으며, 이 경우 그
한정후견인은 사임청구와 동시에 가정법원에 새로운 한정후견인의 선임을
청구하여야 한다. 또한 가정법원은 피후견인의 복리를 위하여 한정후견인
을 변경할 필요가 있다고 인정하면 직권으로 또는 피한정후견인, 친족, 한

정후견감독인, 검사, 지방자치단체의 장의 청구에 의하여 한정후견인을 변
경할 수 있다.

(4) 한정후견인의 이해상반행위

이해상반행위의 경우의 특별대리인 선임에 관한 제949조의3도 한정후견
의 경우에도 준용한다(제959조의3 제2항, 제949조의3).

◆ 한정후견인의 대리권 등

제959조의4 【한정후견인의 이해상반행위】

① 가정법원은 한정후견인에게 대리권을 수여하는 심판을 할 수 있다.

② 한정후견인의 대리권 등에 관하여는 제938조제3항 및 제4항을 준용한다.

[본조신설 2011.3.7.]

■ § 959의4. 한정후견인의 대리권

• 가정법원의 대리권 수여 심판 : 가정법원은 한정후견인에게 대리권을 수여하
는 심판을 할 수 있다.
• 대리권의 범위 변경 : 가정법원은 한정후견인의 대리권의 범위가 적절하지
않게 된 경우에는 본인 · 배우자 · 4촌 이내의 친족 ·
한정후견인 · 한정후견감독인 · 검사 또는 지방자치단
체의 장의 청구에 의하여 그 범위를 변경할 수 있다.

피성년후견인과 달리 피한정후견인은 한정후견인의 동의를 얻어 유효한 법률
행위를 할 수 있다. 따라서 반드시 한정후견인에게 대리권이 인정되어야 할 필
요는 없다. 이에 제959조의4에서는 가정법원이 한정후견인에게 대리권을 수여하
는 심판을 할 수 있도록 하여(동조 제1항), 필요한 경우에 한해서 대리권을 수
여할 수 있도록 하였다. 한정후견인은 대리권을 수여받은 경우 그 범위에서 피
한정후견인의 법정대리인이 된다.

가정법원은 한정후견인의 권한의 범위가 적절하지 아니하게 된 경우에 가정
법원은 본인, 배우자, 4촌 이내의 친족, 한정후견인, 한정후견감독인, 검사 또는
지방자치단체의 장의 청구에 의하여 그 범위를 변경할 수 있다(제959조의4 제2
항, 제938조 제4항).

◈ 한정후견감독인

제959조의5【한정후견감독인】

① 가정법원은 필요하다고 인정하면 직권으로 또는 피한정후견인, 친족, 한
정후견인, 검사, 지방자치단체의 장의 청구에 의하여 한정후견감독인을
선임할 수 있다.

② 한정후견감독인에 대하여는 제681조, 제691조, 제692조, 제930조제2항·제
3항, 제936조제3항·제4항, 제937조, 제939조, 제940조, 제940조의3제2항,
제940조의5, 제940조의6, 제947조의2제3항부터 제5항까지, 제949조의2, 제
955조 및 제955조의2를 준용한다. 이 경우 제940조의6 제3항 중 "피후견
인을 대리한다"는 "피한정후견인을 대리하거나 피한정후견인이 그 행위
를 하는 데 동의한다"로 본다. [본조신설 2011.3.7.]

■ § 959의5. 한정후견감독인

- 가정법원은 필요하다고 인정하면 직권으로 또는 피한정후견인, 친족, 한정후
견인, 검사, 지방자치단체의 장의 청구에 의하여 한정후견감독인을 선임할 수
있다.
- 선임된 후견감독인이 없게 된 경우 : 한정후견감독인이 일단 선임되었다가
사망 등의 사유로 없게 된 경우, 가정법원은 직권으로 또는 피한정후견인, 친
족, 한정후견인, 검사, 지방자치단체의 장의 청구에 의하여 한정후견감독인을
다시 선임한다(§959의5 2항, §940의3 2항).

(1) 한정후견의 후견감독기관

한정후견의 경우 후견감독기관으로 가정법원과 한정후견감독인이 있다.

1) 가정법원의 후견감독

가정법원의 감독내용으로는 한정후견인의 선임 또는 추가선임, 한정후견인
의 사임허가, 한정후견인의 변경, 한정후견감독인의 선임 또는 추가선임, 한
정후견감독인의 사임허가와 변경 등이 있다.

2) 한정후견감독인의 후견감독

가정법원은 필요하다고 인정하면 직권으로 또는 피한정후견인, 친족, 한정후견인, 검사, 지방자치단체의 장의 청구에 의하여 한정후견감독인을 선임할 수 있다(제959조의5 제1항). 그리고 한정후견감독인이 사망·결격·그 밖의 사유로 없게 된 경우에는 가정법원은 직권으로 또는 피한정후견인, 친족, 한정후견인, 검사, 지방자치단체의 장의 청구에 의하여 한정후견감독인을 다시 선임한다(제959조의5 제2항, 제940조의3 제2항).

(2) 준용규정

한정후견감독인에 대하여는 성년후견인을 여러 명 둘 수 있다는 제930조 제2항, 법인도 성년후견인이 될 수 있다는 제930조 제3항, 성년후견인의 추가 선임에 관한 제936조 제3항. 성년후견인의 선임시의 고려사항에 관한 제936조 제4항, 후견인의 결격사유에 관한 제937조, 후견인의 사임에 관한 939조, 후견인의 변경에 관한 제940조, 미성년후견감독인이 사망 등의 사유로 없게 된 경우 새로운 미성년후견감독인 선임에 관한 제940조의3 제2항. 후견감독인의 결격사유에 관한 제940조의5, 후견감독인의 직무에 관한 제940조의6, 피성년후견인의 신체를 침해하는 의료행위에 대하여 피성년후견인이 동의할 수 없는 경우에 성년후견인이 대신하여 동의할 수 있다는 제947조의2 제3항, 이와 관련하여 피성년후견인이 의료행위의 직접적인 결과로 사망하거나 상당한 장애를 입을 위험이 있을 때에 가정법원의 허가를 받아야 한다는 제947조의2 제4항, 성년후견인이 피성년후견인을 대리하여 피성년후견인이 거주하고 있는 건물 또는 그 대지에 대하여 매도, 임대, 전세권 설정 등의 행위를 하는 경우 가정법원의 허가를 받아야 한다는 제947조의2 제5항, 성년후견인이 여러 명인 경우 권한의 행사 등에 관한 제949조의2, 후견인에 대한 보수에 관한 제955조, 지출금액의 예정과 사무비용에 관한 제955조의2를 준용한다. 이 밖에도 위임과 관련하여 수임인의 선관의무를 규정하고 있는 제681조, 위임종료시의 긴급처리에 대해 규정하고 있는 제691조, 위임종료의 대항요건을 규정하고 있는 제692조도 준용한다(제959조의5 제2항).

◆ 한정후견사무

제959조의6 【한정후견사무】

한정후견의 사무에 관하여는 제681조, 제920조 단서, 제947조, 제947조의2, 제949조, 제949조의2, 제949조의3, 제950조부터 제955까지 및 제955조의2를 준용한다. [본조신설 2011.3.7.]

■ § 959의6. 한정후견사무

• 준용규정 : 수임인의 선관의무(제681조), 자의 재산에 관한 친권자의 대리권(제920조 단서), 피성년후견인의 복리와 의사존중(제947조), 피성년후견인의 신상결정 등(제947조의2), 재산관리권과 대리권(제949조), 성년후견인이 여러 명인 경우 권한의 행사(제949조의2), 이해상반행위(제949조의3), 후견감독인의 동의를 필요로 하는 행위(제950조), 피후견인의 재산 등의 양수에 대한 취소(제951조), 상대방의 추인 여부 최고(제952조), 후견감독인의 후견사무의 감독(제953조), 가정법원의 후견사무에 관한 처분(제954조), 후견인에 대한 보수(제955조), 지출금액의 예정과 사무비용(제955조의2)

　　한정후견의 사무에 관하여는 수임인의 선관의무에 관한 제681), 자의 재산에 관한 친권자의 대리권에 관한 제920조 단서, 피성년후견인의 복리와 의사존중에 관한 제947조, 피성년후견인의 신상결정 등에 관한 제947조의2, 재산관리권과 대리권에 관한 제949조, 성년후견인이 여러 명인 경우 권한의 행사에 관한 제949조의2, 이해상반행위에 관한 제949조의3, 후견감독인의 동의를 필요로 하는 행위에 관한 제950조, 피후견인의 재산 등의 양수에 대한 취소에 관한 제951조, 상대방의 추인 여부 최고에 관한 제952조, 후견감독인의 후견사무의 감독에 관한 제953조, 가정법원의 후견사무에 관한 처분에 관한 제954조, 후견인에 대한 보수에 관한 제955조, 지출금액의 예정과 사무비용에 관한 제955조의2를 준용한다(제959조의6).

◆ 한정후견인의 임무의 종료 등

제959조의7【한정후견인의 임무의 종료 등】

한정후견인의 임무가 종료한 경우에 관하여는 제691조, 제692조, 제957조 및 제958조를 준용한다. [본조신설 2011.3.7.]

■ § 959의7. 한정후견인의 임무의 종료

• 준용규정 : 위임종료시의 긴급처리(제691조), 위임종료의 대항요건(제692조), 후견사무의 종료와 관리의 계산(제957조), 이자의 부가와 금전소비에 대한 책임(제958조)

민법은 한정후견인의 임무가 종료한 경우에 관하여 위임종료시의 긴급처리를 규정하고 있는 제691조, 위임종료의 대항요건을 규정하고 있는 제692조, 후견사무의 종료와 관리의 계산에 대해 규정하고 있는 제957조, 이자의 부가와 금전소비에 대한 책임을 규정하고 있는 제958조를 준용한다(제959조의7).

◆ 특정후견에 따른 보호조치

제959조의8 【특정후견에 따른 보호조치】

가정법원은 피특정후견인의 후원을 위하여 필요한 처분을 명할 수 있다.
[본조신설 2011.3.7.]

■ § 959의8. 특정후견에 따른 보호조치

• 가정법원은 피특정후견인의 후원을 위하여 필요한 처분을 명할 수 있다.
• 필요한 처분 : 특정후견인의 선임에 국한되는 것은 아니다.

가정법원은 질병, 장애, 노령, 그 밖의 사유로 인한 정신적 제약으로 일시적 후원 또는 특정한 사무에 관한 후원이 필요한 사람에 대하여 본인, 배우자, 4촌 이내의 친족, 미성년후견인, 미성년후견감독인, 검사 또는 지방자치단체의 장의 청구에 의하여 특정후견의 심판을 한다(제14조의2 제1항). 이러한 특정후견은 본인의 의사에 반하여 할 수 없다(동조 제2항).

특정후견의 심판을 하는 경우에는 특정후견의 기간 또는 사무의 범위를 정하여야 한다(동조 제3항).

특정후견심판이 있는 경우, 가정법원은 피특정후견인의 후원을 위하여 필요한 처분을 명할 수 있다(제959조의8). 이 때의 처분은 피특정후견인의 재산관리에 관한 것일 수도 있고, 신상보호에 관한 것일 수도 있다. 또한 반드시 특정후견인의 선임에 국한되지도 않는다. 따라서 특정후견인을 선임하지 않고도 가정법원이 직접 피특정후견인을 후원할 수 있다면, 특정후견인을 선임하지 않을 수도 있다.

◈ 특정후견인의 선임

제959조의9 【특정후견인의 선임 등】

① 가정법원은 제959조의8에 따른 처분으로 피특정후견인을 후원하거나 대리하기 위한 특정후견인을 선임할 수 있다.

② 특정후견인에 대하여는 제930조제2항·제3항, 제936조제2항부터 제4항까지, 제937조, 제939조 및 제940조를 준용한다. [본조신설 2011.3.7.]

■ § 959의9. 특정후견인의 선임

- 특정후견인의 선임 : 성년후견·한정후견의 경우와 달리 필수적인 것이 아니다.
- 특정후견인도 여러 명을 둘 수 있고, 법인도 특정후견인이 될 수 있다.

가정법원은 제959조의8에 따른 처분으로 피특정후견인을 후원하거나 대리하기 위한 특정후견인을 선임할 수 있다(제959조의9 제1항). 특정후견인의 선임은 법문에서 알 수 있듯이 성년후견·한정후견의 경우와 달리 필수적인 것이 아니다.

특정후견인도 여러 명을 둘 수 있고, 법인도 특정후견인이 될 수 있다(제959조의9 제2항, 제930조 제2항·제3항).

특정후견인에 대하여는 성년후견인의 선임에 관한 제93조 제2항부터 제4항, 후견인의 결격사유에 관한 제937조, 후견인의 사임에 관한 제939조, 후견인의 변경에 관한 제940조를 준용한다.

◆ 특정후견감독인

제959조의10 【특정후견감독인】

① 가정법원은 필요하다고 인정하면 직권으로 또는 피특정후견인, 친족, 특정후견인, 검사, 지방자치단체의 장의 청구에 의하여 특정후견감독인을 선임할 수 있다.

② 특정후견감독인에 대하여는 제681조, 제691조, 제692조, 제930조제2항·제3항, 제936조제3항·제4항, 제937조, 제939조, 제940조, 제940조의5, 제940조의6, 제949조의2, 제955조 및 제955조의2를 준용한다. [본조신설 2011.3.7.]

■ § 959의10. 특정후견감독인

• 특정후견감독인의 선임 : 가정법원 직권 또는 피특정후견인, 친족, 특정후견인, 검사, 지방자치단체의 장의 청구

(1) 특정후견감독인의 선임

가정법원은 필요하다고 인정하면 직권으로 또는 피특정후견인, 친족, 특정후견인, 검사, 지방자치단체의 장의 청구에 의하여 특정후견감독인을 선임할 수 있다(제959조의10 제1항). 이는 미성년후견감독인, 성년후견감독인, 한정후견감독인의 경우와 동일하다.

반면, 미성년후견감독인이나 성년후견감독인, 한정후견감독인이 사망, 결격, 그 밖의 사유로 없게 된 경우에는 직권으로 또는 법에서 규정하고 있는 청구권자의 청구에 의하여 후견감독인을 선임한다(제940조의3 제2항, 제940조의4 제2항. 제959조의5 제2항에 의한 제940조의3 제2항의 준용). 그러나 특정후견감독인이 사망, 결격, 그 밖의 사유로 없게 된 경우에는 이와 관련하여 규정하고 있지 않으며, 별도로 준용규정을 두고 있지도 않다.

(2) 특정후견감독인의 수와 자격

특정후견감독인은 피특정후견인의 신상과 재산에 관한 모든 사정을 고려하여 여러 명을 둘 수 있고, 법인도 특정후견감독인이 될 수 있다(제959조

의10 제2항, 제930조 제2항 · 제3항).

(3) 준용규정

특정후견감독인에 대하여는 제681조(수임인의 선관의무), 제691조(위임종료시의 긴급처리), 제692조(위임종료의 대항요건), 제930조제2항·제3항(후견인의 수와 자격), 제936조제3항·제4항(성년후견인의 선임), 제937조(후견인의 결격사유), 제939조(후견인의 사임), 제940조(후견인의 변경), 제940조의5(후견감독인의 결격사유), 제940조의6(후견감독인의 직무), 제949조의2(성년후견인이 여러 명인 경우 권한의 행사 등), 제955조(후견인에 대한 보수) 및 제955조의2(지출금액의 예정과 사무비용)를 준용한다.

◆ 특정후견인의 대리권

제959조의11 【특정후견인의 대리권】

① 피특정후견인의 후원을 위하여 필요하다고 인정하면 가정법원은 기간이나 범위를 정하여 특정후견인에게 대리권을 수여하는 심판을 할 수 있다.

② 제1항의 경우 가정법원은 특정후견인의 대리권 행사에 가정법원이나 특정후견감독인의 동의를 받도록 명할 수 있다. [본조신설 2011.3.7.]

■ § 959의11. 특정후견인의 대리권

• 대리권 수여의 심판 : 피특정후견인의 후원을 위하여 필요하다고 인정하면 가정법원은 기간이나 범위를 정하여 특정후견인에게 대리권을 수여하는 심판을 할 수 있다.

(1) 대리권 수여의 심판

피특정후견인의 후원을 위하여 필요하다고 인정하면 가정법원은 기간이나 범위를 정하여 특정후견인에게 대리권을 수여하는 심판을 할 수 있다(제959조의11 제1항). 대리권이 수여된 특정사무에 대해서도 피특정후견인의 행위능력이 제한되지는 않는다.

(2) 대리권 행사에 대한 제한

가정법원은 특정후견인의 대리권 행사에 가정법원이나 특정후견감독인의 동의를 받도록 명할 수 있다(제959조의11 제2항).

◆ 특정후견사무

제959조의12 【특정후견사무】

특정후견의 사무에 관하여는 제681조, 제920조 단서, 제947조, 제949조의2, 제953조부터 제955조까지 및 제955조의2를 준용한다. [본조신설 2011.3.7.]

■ § 959의12. 특정후견사무

• 준용규정 : 제681조(수임인의 선관의무), 제920조 단서(자의 재산에 관한 친권 자의 대리권), 제947조(피성년후견인의 복리와 의사존중), 제949조 의2(성년후견인이 여러 명인 경우 권한의 행사 등), 제953조(후견 감독인의 후견사무의 감독), 제954조(가정법원의 후견사무에 관한 처분), 제955조(후견인에 대한 보수), 제955조의2(지출금액의 예정 과 사무비용)

특정후견의 사무에 관하여는 제681조(수임인의 선관의무), 제920조 단서(자의 재산에 관한 친권자의 대리권), 제947조(피성년후견인의 복리와 의사존중), 제949조의2(성년후견인이 여러 명인 경우 권한의 행사 등), 제953조(후견감독인의 후견사무의 감독), 제954조(가정법원의 후견사무에 관한 처분), 제955조(후견인에 대한 보수), 제955조의2(지출금액의 예정과 사무비용)를 준용한다. 한정후견의 경우와 달리 준용되는 규정 중 신상보호에 관한 것은 없다.

◆ 특정후견인의 임무의 종료 등

제959조의13【특정후견인의 임무의 종료 등】

특정후견인의 임무가 종료한 경우에 관하여는 제691조, 제692조, 제957조 및 제958조를 준용한다. [본조신설 2011.3.7.]

■ § 959의13. 특정후견인의 임무의 종료

• 준용규정 : 제691조(위임종료시의 긴급처리), 제692조(위임종료의 대항요건), 제957조(후견사무의 종료와 관리의 계산) 및 제958조(이자의 부가 와 금전소비에 대한 책임)

(1) 특정후견의 종료심판

가정법원에 의해 정해진 특정사무가 처리되어 종결되거나 기간이 경과하면, 특정후견은 당연히 종료되며 별도의 종료심판을 요하지 않는다. 다만, 가정법원이 피특정후견인에 대하여 성년후견개시의 심판 또는 한정후견개시의 심판을 할 때에는 종전의 특정후견의 종료심판을 한다(제14조의3 제1항·제2항). 또한 후견계약의 본인이 피특정후견인인 경우에 가정법원은 임의후견감독인을 선임함에 있어서 특정후견의 종료 심판을 하여야 한다(제959조의20 제2항).

(2) 종료 후 절차

후견사무의 종료와 관리의 계산, 이자의 부가와 금전소비에 대한 책임, 후견사무종료시 위임규정의 준용 등은 미성년후견·성년후견·한정후견의 종료와 동일하다.

제 3 절   후견계약

후견계약은 질병, 장애, 노령, 그 밖의 사유로 인한 정신적 제약으로 사무를 처리할 능력이 부족한 상황에 있거나 부족하게 될 상황에 대비하여 자신의 재산관리 및 신상보호에 관한 사무의 전부 또는 일부를 다른 자에게 위탁하고 그 위탁사무에 관하여 대리권을 수여하는 것을 내용으로 하는 계약이다. 이러한 후견계약에 의한 후견을 법정후견(미성년후견·성년후견·한정후견)과 대비하여 임의후견이라고 한다.

이러한 임의후견제도는 2011년 3월 7일 민법 일부 개정시에 신설한 제도이다.

후견계약은 기본적으로 후견을 사무처리의 내용으로 하는 위임계약의 성질을 가진다고 할 수 있다. 따라서 원칙적으로 무상·편무계약이지만, 보수를 지급하기로 약정한 경우에는 유상·쌍무계약이 된다.

◈ 후견계약의 의의와 체결방법 등

제959조의14 【후견계약의 의의와 체결방법 등】

① 후견계약은 질병, 장애, 노령, 그 밖의 사유로 인한 정신적 제약으로 사무를 처리할 능력이 부족한 상황에 있거나 부족하게 될 상황에 대비하여 자신의 재산관리 및 신상보호에 관한 사무의 전부 또는 일부를 다른 자에게 위탁하고 그 위탁사무에 관하여 대리권을 수여하는 것을 내용으로 한다.

② 후견계약은 공정증서로 체결하여야 한다.

③ 후견계약은 가정법원이 임의후견감독인을 선임한 때부터 효력이 발생한다.

④ 가정법원, 임의후견인, 임의후견감독인 등은 후견계약을 이행·운영할 때 본인의 의사를 최대한 존중하여야 한다.

[본조신설 2011.3.7.]

■ § 959의14. 후견계약의 의의와 체결방법

- 후견계약의 의의 : 질병, 장애, 노령, 그 밖의 사유로 인한 정신적 제약으로 사무를 처리할 능력이 부족한 상황에 있거나 부족하게 될 상황에 대비하여 자신의 재산관리 및 신상보호에 관한 사무의 전부 또는 일부를 다른 자에게 위탁하고 그 위탁사무에 관하여 대리권을 수여하는 것을 내용으로 하는 계약
- 후견계약의 법정 성질 : 위임계약의 성질을 가지므로 원칙적으로 무상·편무계약이지만, 보수를 지급하기로 한 경우에는 유상·쌍무계약이 된다.
- 공정증서로 체결 : 요식계약
- 효력발생 : 가정법원이 임의후견감독인을 선임한 때부터 효력 발생

(1) 후견계약의 성립

후견계약의 당사자는 임의후견을 받을 본인과 임의후견인이 될 상대방이다. 따라서 이들 간에 의사표시의 합치가 있어야 한다. 임의후견인이 될 상대방은 여러 명일 수도 있고, 법이일 수도 있다.

민법은 후견계약이 본인의 생활에 미치는 영향이 크고, 분쟁이 발생하는 경우에 본인의 보호를 위하여 계약 체결을 신중하게 하도록 하여야 하며, 그 내용을 명확하게 하여 분쟁에 대비할 수 있도록 하기 위하여 후견계약을 공정증서로 체결하도록 하고 있다(제959조의14 제2항). 따라서 후견계약은 요식계약이다. 따라서 공정증서로 체결하지 않은 후견계약은 무효이다.

(2) 후견계약의 효력발생

민법은 가정법원이 임의후견감독인을 선임한 때부터 후견계약의 효력이 발생하는 것으로 규정하고 있다(제959조의14 제3항). 즉, 임의후견감독인의 선임은 후견계약에 대하여 법률이 부과하는 일종의 법정조건이라고 볼 수 있다. 만약 임의후견인이 법정후견인의 결격사유에 관한 제937조에 해당하는 자이거나 그 밖에 현저한 비행을 하거나 후견계약에서 정한 임무에 적합하지 않은 사유가 있는 자인 경우에는 가정법원이 임의후견감독인을 선임하지 않는다(제959조의17 제1항). 그 결과 후견계약의 효력 발생을 저지하게 되는 것이다.

◆ 임의후견감독인의 선임

제959조의15 【임의후견감독인의 선임】

① 가정법원은 후견계약이 등기되어 있고, 본인이 사무를 처리할 능력이 부족한 상황에 있다고 인정할 때에는 본인, 배우자, 4촌 이내의 친족, 임의후견인, 검사 또는 지방자치단체의 장의 청구에 의하여 임의후견감독인을 선임한다.

② 제1항의 경우 본인이 아닌 자의 청구에 의하여 가정법원이 임의후견감독인을 선임할 때에는 미리 본인의 동의를 받아야 한다. 다만, 본인이 의사를 표시할 수 없는 때에는 그러하지 아니하다.

③ 가정법원은 임의후견감독인이 없게 된 경우에는 직권으로 또는 본인, 친족, 임의후견인, 검사 또는 지방자치단체의 장의 청구에 의하여 임의후견감독인을 선임한다.

④ 가정법원은 임의후견임감독인이 선임된 경우에도 필요하다고 인정하면 직권으로 또는 제3항의 청구권자의 청구에 의하여 임의후견감독인을 추가로 선임할 수 있다.

⑤ 임의후견감독인에 대하여는 제940조의5를 준용한다. [본조신설 2011.3.7.]

■ § 959의15. 임의후견감독인의 선임

• 임의후견감독인의 선임 : 가정법원은 후견계약이 등기되어 있고, 본인이 사무를 처리할 능력이 부족한 상황에 있다고 인정할 때에는 본인, 배우자, 4촌 이내의 친족, 임의후견인, 검사 또는 지방자치단체의 장의 청구에 의하여 임의후견감독인을 선임한다.

• 본인의 사전 동의 : 본인이 아닌 자의 청구에 의하여 가정법원이 임의후견감독인을 선임할 때

가정법원은 후견계약이 등기되어 있고, 본인이 사무를 처리할 능력이 부족한 상황에 있다고 인정할 때에는 본인, 배우자, 4촌 이내의 친족, 임의후견인, 검사

또는 지방자치단체의 장의 청구에 의하여 임의후견감독인을 선임한다(제959조의
15 제1항). 이 때 본인이 아닌 자의 청구에 의하여 가정법원이 임의후견감독인
을 선임할 때에는 미리 본인의 동의를 받아야 한다(제959조의15 제2항 본문).
다만, 본인이 의사를 표시할 수 없는 때에는 그러하지 아니하다(제959조의15 제
2항 단서).

가정법원은 임의후견감독인이 없게 된 경우에는 직권으로 또는 본인, 친족,
임의후견인, 검사 또는 지방자치단체의 장의 청구에 의하여 임의후견감독인을
선임한다((제959조의15 제3항). 그리고 가정법원은 임의후견임감독인이 선임된
경우에도 필요하다고 인정하면 직권으로 또는 본인, 친족, 임의후견인, 검사 또
는 지방자치단체의 장의 청구에 의하여 임의후견감독인을 추가로 선임할 수 있
다(제959조의15 제4항).

다만, 임의후견감독인에 대하여는 후견감독인의 결격사유에 관한 제940조의5
를 준용하므로 재779조에 따른 후견인의 가족은 후견감독인이 될 수 없다(제959
조의15 제5항).

◆ 임의후견감독인의 직무 등

제959조의16 【임의후견감독인의 직무 등】

① 임의후견감독인은 임의후견인의 사무를 감독하며 그 사무에 관하여 가정법원에 정기적으로 보고하여야 한다.

② 가정법원은 필요하다고 인정하면 임의후견감독인에게 감독사무에 관한 보고를 요구할 수 있고 임의후견인의 사무 또는 본인의 재산상황에 대한 조사를 명하거나 그 밖에 임의후견감독인의 직무에 관하여 필요한 처분을 명할 수 있다.

③ 임의후견감독인에 대하여는 제940조의6 제2항·제3항, 제940조의7 및 제953조를 준용한다. [본조신설 2011.3.7.]

■ § 959의16. 임의후견감독인의 직무

- 임의후견인의 사무 감독
- 임의후견인의 사무에 관하여 가정법원에 정기적 보고

(1) 본인의 의사 존중

가정법원, 임의후견감독인은 후견계약을 운영함에 있어 본인의 의사를 최대한 존중하여야 한다(제959조의14 제4항 참조).

(2) 임의후견감독인의 사무

임의후견감독인은 임의후견인의 사무를 감독하며 그 사무에 관하여 가정법원에 정기적으로 보고하여야 한다(제959조의16 제1항). 또한 급박한 사정이 있는 경우에 본인의 보호를 위해 필요한 행위 또는 처분을 직접 할 수 있으며(제959조의16 제3항, 제940조의6 제2항), 임의후견인과 본인 사이에 이해가 상반되는 행위에 관하여는 임의후견감독인이 본인을 대리한다(제959조의16 제3항, 제940조의6 제3항).

임의후견감독인은 언제든지 임의후견인에게 그의 임무 수행에 관한 보고와 재산목록의 제출을 요구할 수 있고 본인의 재산상황을 조사할 수 있다

(제959조의16 제3항, 제953조). 이 밖에도 위임에 관한 제681조(수임인의 선관의무), 제691조(위임종료시의 긴급처리), 제692조(위임종료의 대항요건) 및 신상결정에 대한 제947조의2 제3항부터 제5항도 임의후견감독인에 준용한다(제959조의16 제3항, 제940조의7).

(3) 가정법원의 감독

가정법원은 필요하다고 인정하면 임의후견감독인에게 감독사무에 관한 보고를 요구할 수 있고 임의후견인의 사무 또는 본인의 재산상황에 대한 조사를 명하거나 그 밖에 임의후견감독인의 직무에 관하여 필요한 처분을 명할 수 있다(제959조의16 제2항). 법정후견의 경우 가정법원의 후견사무에 관한 처분에 관한 제954조의 규정에 따라 가정법원이 후견인에게 직접 재산관리 등 후견임무 수행에 관하여 필요한 처분을 할 수 있지만, 임의후견인은 본인이 선임한 자이므로, 가정법원이 직접 그 사무에 관여하지 않고, 대신 임의후견감독인에게 필요한 처분 등을 명하는 방법으로 임의후견인을 감독하는 것이다.

◈ 임의후견개시의 제한 등

제959조의17【임의후견개시의 제한 등】

① 임의후견인이 제937조 각 호에 해당하는 자 또는 그 밖에 현저한 비행을
하거나 후견계약에서 정한 임무에 적합하지 아니한 사유가 있는 자인 경우
에는 가정법원은 임의후견감독인을 선임하지 아니한다.

② 임의후견감독인을 선임한 이후 임의후견인이 현저한 비행을 하거나 그 밖
에 그 임무에 적합하지 아니한 사유가 있게 된 경우에는 가정법원은 임의
후견감독인, 본인, 친족, 검사 또는 지방자치단체의 장의 청구에 의하여 임
의후견인을 해임할 수 있다. [본조신설 2011.3.7.]

■ § 959의17. 임의후견개시의 제한 등

• 가정법원의 임의후견감독인 선임 거부: 임의후견인이 법정후견인의 결격사유에 관
　　　　　　　　　　　　　　　　한 제937조 각 호에 해당하는 자 또는 그
　　　　　　　　　　　　　　　　밖에 현저한 비행을 하거나 후견계약에서
　　　　　　　　　　　　　　　　정한 임무에 적합하지 아니한 사유가 있는
　　　　　　　　　　　　　　　　자인 경우
• 가정법원의 임의후견인 해임: 임의후견감독인을 선임한 이후 임의후견인이 현저
　　　　　　　　　　　　　　한 비행을 하거나 그 밖에 그 임무에 적합하지 아
　　　　　　　　　　　　　　니한 사유가 있게 된 경우에 임의후견감독인, 본
　　　　　　　　　　　　　　인, 친족, 검사 또는 지방자치단체의 장의 청구

(1) 가정법원의 임의후견감독인 선임 거부

　민법은 가정법원이 임의후견감독인을 선임한 때부터 후견계약의 효력이
발생하는 것으로 규정하고 있다(제959조의14 제3항). 만약 임의후견인이 법
정후견인의 결격사유에 관한 제937조에 해당하는 자이거나 그 밖에 현저한
비행을 하거나 후견계약에서 정한 임무에 적합하지 않은 사유가 있는 자인
경우에는 가정법원이 임의후견감독인을 선임하지 않는다(제959조의17 제1
항). 그 결과 후견계약의 효력 발생을 저지할 수 있게 되는 것이다. 이를

통하여 본인을 보호할 수 있다.

(2) 가정법원의 임의후견인 해임

임의후견감독인을 선임한 이후 임의후견인이 현저한 비행을 하거나 그 밖에 그 임무에 적합하지 아니한 사유가 있게 된 경우에는 가정법원은 임의후견감독인, 본인, 친족, 검사 또는 지방자치단체의 장의 청구에 의하여 임의후견인을 해임할 수 있다(제959조의17 제2항).

◈ 후견계약의 종료

제959조의18【후견계약의 종료】

① 임의후견감독인의 선임 전에는 본인 또는 임의후견인은 언제든지 공증인의 인증을 받은 서면으로 후견계약의 의사표시를 철회할 수 있다.

② 임의후견감독인의 선임 이후에는 본인 또는 임의후견인은 정당한 사유가 있는 때에만 가정법원의 허가를 받아 후견계약을 종료할 수 있다.

[본조신설 2011.3.7.]

■ § 959의18. 후견계약의 종료

- 임의후견감독인의 선임 전 : 언제든지 공증인의 인증을 받은 서면으로 후견계약 철회 가능
- 임의후견감독인의 선임 이후 : 정당한 사유가 있는 때에만 가정법원의 허가를 받아 후견계약 종료 가능

(1) 후견계약의 철회

임의후견감독인의 선임 전에는 본인 또는 임의후견인은 언제든지 공증인의 인증을 받은 서면으로 후견계약의 의사표시를 철회할 수 있다(제959조의18 제1항). 이는 당사자의 의사를 존중하여 후견계약의 효력이 발생하기 전에 한하여 철회를 인정하면서도, 철회의 의사표시를 신중하게 할 수 있도록 공증인의 인증을 받은 서면으로 하도록 하는 것이다.

(2) 후견계약의 종료

임의후견감독인의 선임 이후에는 본인 또는 임의후견인은 정당한 사유가 있는 때에만 가정법원의 허가를 받아 후견계약을 종료할 수 있다(제959조의18 제2항).

◈ 임의후견인의 대리권 소멸과 제3자와의 관계

제959조의19 【임의후견인의 대리권 소멸과 제3자와의 관계】

임의후견인의 대리권 소멸은 등기하지 아니하면 선의의 제3자에게 대항할 수 없다. [본조신설 2011.3.7.]

■ § 959의19. 임의후견인의 대리권 소멸과 제3자와의 관계

• 후견계약이 종료하면 임의후견인의 대리권은 당연 소멸된다. 다만, 이를 등기하지 않으면 선의의 제3자에게 대항할 수 없다.

후견계약이 종료하면 임의후견인은 대리권을 상실한다. 그러나 후견계약이 종료되었음에도 임의후견인이 대리행위를 하는 경우에 그와 거래한 상대방이나 본인의 보호가 문제된다. 이에 임의후견인의 대리권 소멸은 등기하지 않으면 선의의 제3자에게 대항할 수 없도록 하였다(제959조의19). 따라서 만약 등기를 하지 않았다면 선의의 제3자에게 과실이 있는 경우에도 본인은 계약상 책임을 져야 하고, 등기를 하였다면 제3자가 선의인 경우에도 본인은 제129조에 의한 표현대리의 책임을 부담하지 않을 수 있다. 이 규정은 제129조의 특칙이므로 이 경우에 제129조는 적용되지 않는다고 할 것이다.

◆ 후견계약과 성년후견 · 한정후견 · 특정후견의 관계

제959조의20 【후견계약과 성년후견 · 한정후견 · 특정후견의 관계】

① 후견계약이 등기되어 있는 경우에는 가정법원은 본인의 이익을 위하여 특별히 필요할 때에만 임의후견인 또는 임의후견감독인의 청구에 의하여 성년후견, 한정후견 또는 특정후견의 심판을 할 수 있다. 이 경우 후견계약은 본인이 성년후견 또는 한정후견 개시의 심판을 받은 때 종료된다.

② 본인이 피성년후견인, 피한정후견인 또는 피특정후견인인 경우에 가정법원은 임의후견감독인을 선임함에 있어서 종전의 성년후견, 한정후견 또는 특정후견의 종료 심판을 하여야 한다. 다만, 성년후견 또는 한정후견 조치의 계속이 본인의 이익을 위하여 특별히 필요하다고 인정하면 가정법원은 임의후견감독인을 선임하지 아니한다.

[본조신설 2011.3.7.]

■ § 959의20. 임의후견과 법정후견 사이의 관계

• 원칙 : 본인의 의사를 존중하여 최대한 후견계약을 유지
• 예외 : 임의후견을 통한 본인의 보호가 미흡한 경우에 법정후견이 개시될 수 있도록 하여 성년후견 · 한정후견이 개시된 때에는 후견계약을 종료

(1) 임의후견 우선

임의후견은 본인의 의사에 기한 것이므로 사적 자치의 원칙상 존중되어야 한다. 이에 후견계약이 있는 경우에는 원칙적으로 법정후견이 개시되지 않도록 하는 것이 바람직한데, 이를 「법정후견의 보충성」이라고 한다.

민법은 이러한 원칙에 따라 후견계약이 등기되어 있는 경우에는 가정법원은 '본인의 이익을 위하여 특별히 필요할 때에만' 임의후견인 또는 임의후견감독인의 청구에 의하여 성년후견, 한정후견 또는 특정후견의 심판을 할 수 있도록 하고 있다(제959조의20 제1항 1문). 즉, 원칙적으로는 후견계약이 등기되어 있는 경우 가정법원이 성년후견 · 한정후견 · 특정후견의 심판을 할 수 없도록 하고 있는 것이다.

또한 본인이 피성년후견인, 피한정후견인 또는 피특정후견인인 경우에 가정법원은 임의후견감독인을 선임함에 있어서 종전의 성년후견, 한정후견 또는 특정후견의 종료 심판을 하여야 한다고 하여(제959조의20 제2항 본문), 임의후견의 효력을 발생시키면서 법정후견을 종료시킬 수 있도록 규정하고 있다.

(2) 예외

본인의 복리의 관점에서 볼 때 법정후견이 행하여질 필요성이 큰 경우에는 법정후견에 의하여 본인을 보호하는 것이 필요하다. 이에 민법은 후견계약이 등기되어 있는 경우에 가정법원은 '본인의 이익을 위하여 특별히 필요할 때'에는 임의후견인 또는 임의후견감독인의 청구에 의하여 성년후견, 한정후견 또는 특정후견의 심판을 할 수 있다고 규정하고 있다(제959조의20 제1항 1문). 이 경우 후견계약은 본인이 성년후견 또는 한정후견 개시의 심판을 받은 때 종료된다(제959조의20 제1항 2문).

또한 본인이 피성년후견인, 피한정후견인 또는 피특정후견인인 경우에 본인이 임의후견감독인의 선임을 청구하더라도 성년후견 또는 한정후견 조치의 계속이 본인의 이익을 위하여 특별히 필요하다고 인정되면 가정법원은 임의후견감독인을 선임하지 아니하도록 규정하고 있다(제959조의20 제2항 단서).

제6장   친 족 회

친족회라 함은 무능력자의 보호 등 가족·동족집단의 중요한 사항을 결정하기 위하여 친족이 협의하는 합의체를 말한다. 친족회에 대하여 규정하고 있던 제6장(제960조~제973조)의 내용은 2011년 3월 7일 민법 일부 개정시 삭제되어 2013년 7월 1일부터 시행되었다.

제960조 삭제 <2011.3.7>

종전규정 제960조【친족회의 조직】
본법 기타 법률의 규정에 의하여 친족회의 결의를 요할 사유가 있는 때에는 친족회를 조직한다.

제961조 삭제 <2011.3.7>

종전규정 제961조【친족회원의 수】
① 친족회원은 3인이상 10인이하로 한다.

② 친족회에 대표자 1인을 두고 친족회원 중에서 호선한다.

③ 전항의 대표자는 소송행위 기타 외부에 대한 행위에 있어서 친족회를 대표한다.

제962조 삭제 <2011.3.7>

종전규정 제962조【친권자의 친족회원지정】
후견인을 지정할 수 있는 친권자는 미성년자의 친족회원을 지정할 수 있다.

제963조 삭제 <2011.3.7>

종전규정 제963조【친족회원의 선임】
① 친족회원은 본인, 그 법정대리인 또는 제777조의 규정에 의한 친족이나

이해관계인의 청구에 의하여 법원이 제777조의 규정에 의한 그 친족 또는 본인과 특별한 연고가 있는 자중에서 이를 선임한다. 그러나 전조의 규정에 의하여 친족회원이 지정된 때에는 그러하지 아니하다. <개정 2005. 3. 31>

② 전항의 규정에 의한 청구를 할 수 있는 자는 친족회의 원수와 그 선임에 관하여 법원에 의견서를 제출할 수 있다.

제964조 삭제 <2011.3.7>

┌─────┐
│종전규정│ 제964조【친족회원의 결격사유】
└─────┘

① 후견인은 후견의 계산을 완료한 후가 아니면 피후견인의 친족회원이 되지 못한다.

② 제937조의 규정은 친족회원에 준용한다.

제965조 삭제 <2011.3.7>

┌─────┐
│종전규정│ 제965조【무능력자를 위한 상설친족회】
└─────┘

① 미성년자, 금치산자 또는 한정치산자를 위한 친족회는 그 무능력의 사유가 종료할 때까지 계속한다.

② 전항의 친족회에 결원이 생한 때에는 법원은 직권 또는 청구에 의하여 이를 보충하여야 한다.

제966조 삭제 <2011.3.7>

┌─────┐
│종전규정│ 제966조【친족회의 소집】
└─────┘

친족회는 본인, 그 법정대리인, 배우자, 직계혈족, 회원, 이해관계인 또는 검사의 청구에 의하여 가정법원이 이를 소집한다. <개정 2005. 3. 31>

제967조 삭제 <2011.3.7>

┌─────┐
│종전규정│ 제967조【친족회의 결의방법】
└─────┘

① 친족회의 의사는 회원 과반수의 찬성으로 결정한다.

② 전항의 의사에 관하여 이해관계있는 회원은 그 결의에 참가하지 못한다.

③ 친족회원 과반수의 찬성으로 행한 서면결의로써 친족회의 결의에 가름한 경우에는 전조의 규정에 의하여 친족회의 소집을 청구할 수 있는 자는 2월내에 그 취소를 법원에 청구할 수 있다.

제968조 삭제 <2011.3.7>

종전규정 【친족회에서의 의견개진】

본인, 그 법정대리인, 배우자, 직계혈족, 4촌이내의 방계혈족은 친족회에 출석하여 의견을 개진할 수 있다. <개정 2005. 3. 31>

제969조 삭제 <2011.3.7>

종전규정 제969조 【친족회의 결의에 가름할 재판】

친족회가 결의를 할 수 없거나 결의를 하지 아니하는 때에는 친족회의 소집을 청구할 수 있는 자는 그 결의에 가름할 재판을 법원에 청구할 수 있다.

제970조 삭제 <2011.3.7>

종전규정 제970조 【친족회원의 사퇴】

친족회원은 정당한 사유있는 때에는 법원의 허가를 얻어 이를 사퇴할 수 있다.

제971조 삭제 <2011.3.7>

종전규정 제971조 【친족회원의 해임】

① 친족회원이 그 임무에 관하여 부정행위 기타 적당하지 아니한 사유가 있는 때에는 법원은 직권 또는 본인, 그 법정대리인, 제777조의 규정에 의한 본인의 친족이나 이해관계인의 청구에 의하여 그 친족회원을 개임 또는 해임할 수 있다.

② 법원은 적당하다고 인정할 때에는 직권 또는 본인, 그 법정대리인, 제777조의 규정에 의한 본인의 친족이나 이해관계인의 청구에 의하여 친족회원을 증원선임할 수 있다.

제972조 삭제 <2011.3.7>

종전규정 제972조【친족회의 결의와 이의의 소】
친족회의 소집을 청구할 수 있는 자는 친족회의 결의에 대하여 2월내에 이의의 소를 제기할 수 있다.

제973조 삭제 <2011.3.7>

종전규정 제973조【친족회원의 선관의무】
제681조의 규정은 친족회원에 준용한다.

제 7 장   부   양

부양(Unterhalf ; alimentaire)이라 함은 자기의 자력 또는 노력에 의하여 생활을 유지할 수 없는 자에 대한 경제적 급부(생활비지급·현물제공 등)를 말한다(제975조). 민법상 부양은 생활유지의 부양과 생활질서(부조)의 부양으로 나누어진다. 부부사이의 부양(제826조 1항)과 부모와 미성년자 사이의 부양 등이 전자에 속하고 친족사이의 부양(제974조 1호·3호)이 후자에 속한다.

부양의무는 다음과 같은 일정한 신분을 가지는 자 사이에서만 발생한다. (1) 직계혈족 및 배우자 사이(제974조 1호), (2) 생계를 같이 하는 그 밖의 친족사이(제974조 3호)에서 발생한다. 부양의무자가 수인인 경우에 부양을 할 자의 순위는 먼저 당사자의 협정으로 정하도록 한다(제976조 1항 전단). 그러나 협정이 성립되지 않거나 협정할 수 없는 때에는 당사자의 청구에 의하여 가정법원이 그 순위를 결정하고(제976조 1항, 가소 제2조 1항 2호 나. 마류 8호), 이 경우에 가정법원은 수인을 공동의 부양의무자로서 선정할 수 있다(제978조, 가소 제2조 1항 2호 나. 마류사건 8호).

부양을 받을 권리자가 수인 있는 경우에 부양의무자의 자력이 그 전원을 부양할 수 없는 때에도 역시 우선 당사자의 협정에 의하고 그것이 불가능하면 가정법원의 심판에 의하여 정하며, 그 후라도 가정법원은 그 협정이나 심판을 취소 또는 변경할 수 있다(제976조 1항 후단 2항, 제978조, 가소 제2조 1항 2호 나. 마류 8호).

부양액이나 부양방법에 대하여는 먼저 당사자 사이의 협정에 따라 정해지지만 협정이 이루어지지 않으면 당사자의 청구에 의하여 가정법원이 부양권리자의 생활정도와 부양의무자의 자력 그 밖의 여러 사정을 참작하여 정하게 된다(제977조, 가소 제2조 1항 2호 나. 마류 8호). 그러므로 사정에 따라서는 생활비를 지급함으로써 할 수 있을 것이고. 의식주 등 현물을 제공함으로써 할 수도 있다. 부양청구권은 양도·입질·상계를 할 수 없으며, 대리행사·상속도 할 수 없고, 압류도 할 수 없다.

◈ 부양당사자의 범위

제974조 【부양의무】

다음 각호의 친족은 서로 부양의 의무가 있다.

1. 직계혈족 및 그 배우자간

2. 삭제 <1990. 1. 13>

3. 기타 친족간(생계를 같이 하는 경우에 한한다).

■ § 974. 부양의 당사자

• 직계혈족 및 그 배우자간
• 생계를 같이 하는 친족간
• 그 밖에 개정전 민법에서는 호주와 가족간은 민법상 친족이 아닌자라도 부양의무를 인정하고 있었으나 이번 개정에서는 삭제되었음
• 관련법조 : [부양의무해태] 형 §271, §275, [부양의무관계의 준거법] 국제사법 §23, [부양의무에 관한 신민법적용] 부칙 §24

본조는 부양당사자에 관하여 규정한 것이다.

민법상 당연히 부양의무를 부담하는 것으로 되어 있는 부양당사자의 범위는 친족인 직계혈족 및 그 배우자 사이, 기타 생계를 같이하는 친족 사이로 하고 있다.

직계혈족 및 그 배우자 사이란 며느리와 시부모관계, 사위와 장인·장모관계, 친자관계(계부와 처의 자녀 사이, 계모와 부의 자녀 사이) 등을 의미한다.

부양의무는 모두 상호적이기 때문에, 부양의무를 부담하는 친족은 반대로 자기가 부양을 필요로 하는 경우에는 부양을 청구할 수가 있다.

부부 사이의 부양의무는 혼인의 성립에 의하여 당연히 발생하고, 부부인 동안에는 계속되는 것이다. 그러나 부부의 일방이 정당한 이유 없이 동거나 협력의 의무를 이행하지 아니하는 때에는 다른 일방이 그를 부양하지 않는 것에 대해 책임을 지지 않게 되는 경우도 있다.

부부로서의 생활의 실체는 있으나, 혼인의 신고가 없는 이른바 사실혼관계에 있는 부부 사이에도 부양의무는 존재한다.

일반 친족 사이의 부양의무는 생계를 같이하는 경우에 한한다.

생계를 같이 하는 경우란 공동의 가계내에서 생활하는 것을 의미한다고 해석될 수 있으므로, 동거하며 생활공동체관계에 있는 경우는 물론, 반드시 동거하지 않더라도 공동의 가계에 속한 때에는 이 범주에 포함될 수 있을 것이다.

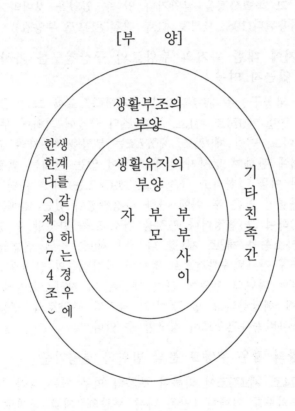

[부　　양]

생활부조의 부양

생활유지의 부양

자　부　부
　　모　부
　　　　사
　　　　이

기타 친족 간

한 계를 같이하는 경우에 (제974조)

▣ 핵심판례 ▣

■ [부양의무]

1. 가. 부의 부양의무 불이행으로 인한 자의 정신적 고통이 특별손해인지 여부

부양받을 권리는 일종의 신분적 재산권이므로 그 권리가 충족되지 않음에 관련되는 일반적인 정신상의 고통은 그 재산권의 실현에 의하여 회복되는 것이라고 봄이 상당하고 부의 자에 대한 부양의무불이행으로 인한 회복할 수 없는 정신적 손해는 특별사정으로 인한 손해이다.

나. 취하간주된, 부당한 친자관계부존재 확인소송으로 인하여 입은 정신상 고통에 대한 위자료 청구권

부당하게 소송을 당한 자가 입은 정신적 고통은 통상 승소에 의하여 회복되는 것이고 승소하여도 회복할 수 없는 정신상의 고통은 특별사정으로 인한 손해라고 볼 것이므로 부의 자에 대한 친자관계부존재확인의 소가 취하간주로 종료된 경우 위 소송으로 인한 자의 정신상의 고통에 대한 위자료는 소송제기자가 그 특별사정을 알았거나 알 수 있었을 것이라고 인정되는 경우에 한하여 허용된다(1983. 9. 13. 제2부 판결 81므78 부양료).

2. 가. 성년의 자에 대한 과거의 부양료의 구상청구를 가사비송사건으로 청구할 수 있는지 여부

청구인과 피청구인은 피부양자의 직계혈족으로서 그가 부양을 필요로 하는 경우에는 민법 제974조 제1호, 제975조의 규정에 의하여 부양의무를 부담한다고 할 것이고, 민법 제976조, 제977조는 부양을 할 자의 순위나 부양의 정도 또는 방법에 관하여 당사자 간에 협정이 없는 때에는 법원은 당사자의 청구에 의하여 이를 정한다고 규정하고, 제978조는 이에 관한 당사자의 협정이나 법원의 판결이 있은 후 이에 관한 사정변경이 있는 때에는 법원은 당사자의 청구에 의하여 그 협정이나 판결을 취소 또는 변경할 수 있다고 규정하고 있으며, 가사소송법 제2조 제1항 나. (2) 제8호는 위 민법규정에 의한 법원의 처분을 마류 가사비송사건으로 정하여 가정법원의 전속관할로 하고 있으므로, 성년에 달한 자녀의 부양에 관한 사항은 위 가사소송법의 규정에 의한 가사비송사건에 해당한다고 할 것이고, 과거의 부양료의 구상청구도 위 규정에 의하여 가사비송사건으로서 청구할 수 있다.

나. 위 "가"항의 경우 부양료 분담 범위의 결정기준

민법 제974조, 제975조에 의하여 부양의 의무 있는 자가 여러 사람인 경우에 그중 부양의무를 이행한 1인은 다른 부양의무자를 상대로 하여 이미 지출한 과거의 부양료에 대하여도 상대방이 분담함이 상당하다고 인정되는 범위에서 그 비용의 상환을 청구할 수 있는 것이고, 이 경우 법원이 분담비율이나 분담액을 정함에 있어서는 과거의 양육에 관하여 부모 쌍방이 기여한 정도, 자의 연령 및 부모의 재산상황이나 자력 등 기타 제반 사정을 참작하여 적절하다고 인정되는 분담의 범위를 정할 수 있다(1994. 6. 2. 제2부 결정 93스11 부양료청구심판에대한재항고).

<판례전문(1994. 6. 2. 93스11)>

[피청구인, 재항고인] 이종목

[청구인, 상대방] 김순자

[원심판결] 부산지방법원 1993. 4. 16. 자 92브6 심판

[주   문] 재항고를 기각한다.

[이   유] 재항고이유를 본다.

  1. 제1점에 대하여

기록과 원심결정 이유에 의하면, 원심은 청구인이 이혼한 전 남편인 피청구인을 상대로 하여 피청구인과의 혼인중에 낳은 딸인 사건외인의 치료비로 청구인이 지출한 비용의 구상을 구하는 이 사건은 민법 제837조 제1, 2항 소정의 자의 양육에 관한 사항의 변경을 구하는 것에 해당한다고 보아 이를 가사비송사건으로 심판하였음이 명백하다.

  그러나 민법의 위 규정에 의하여 가정법원의 심판의 대상이 될 수 있는 것은 그 자가 미성년자인 경우에 한하고 자가 성년이 된 경우에는 더 이상 위 규정의 적용대상이 될 수 없다 할 것인바, 기록에 의하면, 사건외인은 1970. 4. 30.생으로서, 청구인이 사건외인의 치료비를 지출한 것은 그가 성년에 달한 후인 1991년 초 부터인 것으로 보이므로, 원심이 청구인의 이 사건 청구를 위 규정에 의한 자의 양육에 관한 사항의 변경을 구하는 것에 해당하는 것으로 본 것은 잘못이라 할 것이다.

  그러나 다른 한편, 청구인과 피청구인은 사건외인의 직계혈족으로서 그가 부양을 필요로 하는 경우에는 민법 제974조 제1호, 제975조의 규정에 의하여 부양의무를 부담한다고 할 것이고, 민법 제976조, 제977조는 부양을 할 자의 순위나 부양의 정도 또는 방법에 관하여 당사자 간에 협정이 없는 때에는 법원은 당사자의 청구에 의하여 이를 정한다고 규정하고, 제978조는 이에 관한 당사자의 협정이나 법원의 판결이 있은 후 이에 관한 사정변경이 있는 때에는 법원은 당사자의 청구에 의하여 그 협정이나 판결을 취소 또는 변경할 수 있다고 규정하고 있으며, 가사소송법 제2조 제1항 나. (2) 8호는 위 민법규정에 의한 법원의 처분을 마류 가사비송사건으로 정하여 가정법원의 전속관할로 하고 있으므로, 성년에 달한 자녀의 부양에 관한 사항은 위 가사소송법의 규정에 의한 가사비송사건에 해당한다고 할 것이고, 과거의 부양료의 구상청구도 위 규정에 의하여 가사비송사건으로서 청구할 수 있다 고 할 것이므로(당원 1994. 5. 13. 자 92스21 전원합의체결정 참조), 원심이 당사자의 주장에 관계없이 직권으로 이 사건이 가사비송사건에 해당한다고 본 것은 결과에 있어서 정당하다. 소론이 들고 있는 당원 판례는 이 사건에 적절한 선례가 될 수 없다.

논지는 이유 없다.

2. 제2, 3점에 대하여,

민법 제974조, 제975조에 의하여 부양의 의무 있는 자가 여러 사람인 경우에 그 중 부양의무를 이행한 1인은 다른 부양의무자를 상대로 하여 이미 지출한 과거의 부양료에 대하여도 상대방이 분담함이 상당하다고 인정되는 범위에서 그 비용의 상환을 청구할 수 있는 것이고, 이 경우 법원이 분담비율이나 분담액을 정함에 있어서는 과거의 양육에 관하여 부모 쌍방이 기여한 정도, 자의 연령 및 부모의 재산상황이나 자력 등 기타 제반 사정을 참작하여 적절하다고 인정되는 분담의 범위를 정할 수 있다 고 보아야 할 것이다(위 전원합의체 결정 참조).

그런데 원심이 확정한 사실에 의하면 사건외인은 1991.초경 뇌종양으로 입원하여 치료를 받다가 1991. 10. 1. 사망하였는데 그 입원비 및 치료비 합계가 14,935,073원의 다액에 이르러 사건외인과 동거하던 청구인이 살던 집 등을 처분하여 이를 지급하였다는 것이므로, 비록 청구인이 이 사건 심판청구 제기 이전에 이 사건 치료비 등에 관하여 피청구인에게 청구를 한 바 없다고 하더라도 청구인으로서는 상당하다고 인정되는 범위 내에서는 피청구인에게 그 분담을 청구할 수 있다고 보아야 할 것이고, 그 외에 원심이 인정한 청구인과 피청구인의 재산정도, 수입, 연령 등 제반 사정을 참작하면 원심이 피청구인에게 청구인이 지출한 위 치료비 가운데 금 7,000,000원의 지급을 명한 것은 적정하다고 인정되고 거기에 소론이 지적하는 것과 같은 위법이 있다고 할 수 없다. 논지 또한 이유 없다.

3. 따라서 재항고를 기각하기로 하여 관여 법관의 일치된 의견으로 주문과 같이 결정한다.

대법관   천경송(재판장) 안우만(주심)
김용준   안용득

참조판례

대법원 1994. 5. 13. 자 92스21 전원합의체결정(공1994상, 1693)

3. 남편과의 동거의무를 저버리고 소생아를 데리고 별거하고 있는 처가 남편에게 자기 및 소생아의 부양료청구를 할 수 있는지 여부

부부는 서로 부양의무가 있음은 민법 974조에 명시되어 있고 처가 자활 능력이 없는 경우에는 남편이 처를 부양할 책임이 있다 할 것이나 처가 남편과의 동거의무를 스스로 저버리고 별거하고 있는 경우에는 남편에게 부양료 청구를 할 수 없고 남편의 인도요구에 불응하여 처가 그 소생아를 양육하였고 또 장래에도 계속 양육할 의도인 생모는 그의 부양의무를 이행하는 것이니 그에게 자활 능력이 있건 없건 또는 과거의 것이든 장래의 것이든 소생자의 아버지에게 그 부양료를 청구할 수 없다(대법원 1976. 6. 22. 선고 75므17, 18 판결).

◆ 부양의무자가 부양의무를 부담하기 위한 요건

제975조【부양의무와 생활능력】

부양의 의무는 부양을 받을 자가 자기의 자력 또는 근로에 의하여 생활을 유지할 수 없는 경우에 한하여 이를 이행할 책임이 있다.

■ § 975. 부양의무와 생활능력

• 친족관계 또는 가족관계에 있는 자 중 자기의 자력 또는 근로에 의하여 생활을 유지할 수 없는 자에 한하여 부양을 받을 권리를 인정한다.

부양이라 함은 자기의 자력 또는 노동에 의하여 생활을 유지할 수 없는 자에 대한 경제적 급부(생활비 지급·현물제공 등)를 말한다. 민법상 부양은 생활유지의 부양과 생활질서의 부양으로 나누어진다. 부부 사이의 부양(제826조 1항)과 부모와 미성년자 사이의 부양 등이 전자에 속하고 친족 사이의 부양(제974조 1·3호)이 후자에 속한다.

부양을 받으려는 자는 다른 사람으로부터 부양을 받지 않으면 안 될 필요(요부양상태)가 있어야 한다. 법률이 그 경우로서 자기의 자력 또는 근로에 의하여 생활을 유지할 수 없는 경우를 들고 있으며, 그 중 어느 쪽이건 부양을 받을 필요가 생긴 사유는 묻지 않는다.

◆ 부양의무자, 부양권리자의 순위

제976조 【부양의 순위】

① 부양의 의무있는 자가 수인인 경우에 부양을 할 자의 순위에 관하여 당사자간에 협정이 없는 때에는 법원은 당사자의 청구에 의하여 이를 정한다. 부양을 받을 권리자가 수인인 경우에 부양의무자의 자력이 그 전원을 부양할 수 없는 때에도 같다.

② 전항의 경우에 법원은 수인의 부양의무자 또는 권리자를 선정할 수 있다.

■ § 976. 부양당사자의 순위

- 당사자간의 협정으로, 그것이 없으면 법원이 결정
- 부양의무를 부담하는 자가 수인이 있는 경우 또는 부양을 받을 권리자가 수인이 있고 부양의무자의 자력으로 그 전원을 부양할 수 없는 경우에 있어서 적용됨
- 관련법조 : [부양순위에 관한 신민법 적용] 부칙 §24

본조는 부양당사자의 순위에 관하여 규정한 것이다.

1인 부양권리자에 대하여 부양의무자가 수인인 경우에 부양을 할 자의 순위에 관하여, 또 부양권리자가 수인인 경우에 부양의무자의 자력이 그 전원을 부양하기에 충분하지 아니한 때 부양을 받을 자의 순서에 관하여 당사자 사이에 협정이 없는 때에는 가정법원이 당사자의 청구에 의하여 이를 정하도록 하고 있다.

즉 어떤 사람에 관하여 부양을 할 의무가 있는 자가 수인인 경우에 부양의무자의 순위에 관하여는 제1차적으로 당사자 사이의 협정으로 정하고, 만약 당사자 사이의 협정으로 정하지 않는 때에는 제2차적으로 가정법원이 당사자의 청구에 의하여 그 순위를 정한다는 것이다.

가정법원이 부양의무자의 순위를 정함에 있어서는 우선 조정에 의하고 조정이 성립되지 않으면 심판에 의한다(가소 제2조 1항 2호 나. 마류사건 8호, 제50조). 부양을 받을 권리자가 수인인 경우에 부양의무자의 자력이 그 전원을 부양

할 수 없는 때에도 부양을 받을 권리자의 순위에 관하여도 마찬가지이다. 이 경우 법원은 수인의 부양의무자 또는 권리자를 선정할 수 있다. 협의의 방법과 가정법원이 순위를 정하는 데 있어서 아무런 기준은 없으며, 개개의 경우에 모든 사정을 고려하여 정하게 된다.

◆ 부양의 정도, 방법

제977조 【부양의 정도, 방법】

부양의 정도 또는 방법에 관하여 당사자간에 협정이 없는 때에는 법원은 당사자의 청구에 의하여 부양을 받을 자의 생활정도와 부양의무자의 자력 기타 제반사정을 참작하여 이를 정한다.

■ § 977. 부양의 정도와 방법

• 당사자간의 협정으로 그것이 없으면 법원이 결정
• 부양의 정도 : 부양의 내용은 의식주에 필요한 의료비, 최소한도의 문화비, 오락비, 교제비와 보통의 교육비가 포함된다
• 부양의 방법 : 대체로 동거부양과 금전급부부양으로 나눌 수 있다
• 관련법조 : [부양방법에 관한 신민법 적용] §부칙

1. 부양의 정도

부양의 정도는 주로 부양료 액수의 문제이다.

부양의 정도를 획일적으로 정하여 법문화한다는 것은 곤란한 일이다. 그리하여 민법은 부양의 정도와 방법에 관하여 명시하지 않고 당사자 사이의 협정으로 제1차로 정하고, 협정이 없는 때에는 가정법원의 심판에 의하여 부양의 정도를 정할 것을 제2차적으로 규정하고 있다.

이 때 그 판단의 기준으로서는 부양받을 자의 생활정도와 부양의무자의 자력 기타 제반사정이 고려된다.

같은 요부양자에 대한 관계에서도 부유한 자가 의무를 부담하는 경우에는 그렇지 않은 자가 의무를 부담하는 경우보다도 그 정도가 높아질 가능성이 있고, 반대로 동일한 의무자에 대해서도 질병 기타의 사유로 인하여 보다 많은 급부를 필요로 하는 자는 그렇지 않은 자보다도 높은 정도의 부양을 청구할 수 있다.

이러한 것 외에「기타 제반사정」에 어떠한 것이 포함되는가는 명확하지 않다. 그러나 대체로「제반사정」에는 부양권리자와 부양의무자와의 과거의 친분

이나 문제관계, 부양권리자의 생활이 곤궁하게 된 원인 등을 주로 생각할 수 있을 것이다.

수요 및 자력의 쌍방에 관하여 이른바 생활유지의무와 생활부조의무에는 그 기준에 상당한 차이가 있는 것도 시인하여야 할 것이다.

부양의 내용에는 의·식·주라고 하는 협의의 생활에 대한 것 외에 요양비, 통상의 교육비 등도 당연히 포함되지만, 사업상의 채무 등은 부양의무의 대상이 되지 않는다. 장례비용에 대해서도 명문의 규정은 없으나, 일반적으로 부양의무자가 부담하는 것으로 하고 있다.

2. 부양의 방법

법률상 의무로서의 부양은 매월 정기금의 형식으로 지급되는 것이 원칙이다. 경우에 따라서는 반년급이나 1년급의 형식도 가능하지만, 5년·10년 또는 그 이상의 장기간에 걸친 일시급은 부양제도의 목적에 비추어 보아 바람직하지 못하다.

금전에 의한 부양 이외에 쌀 기타 식량이나 의류 등을 현물로 급여하거나 부양권리자를 부양의무자로 하여금 인수하여 부양하는 인취부양도 의무자측의 사정여하에 따라서는 인정하여야 할 것이다. 또 의무자 소유가옥에 부양권리자를 무상으로 혹은 약간의 대가로써 거주케 한다거나 의무자 소유의 경작지의 경작을 부양권리자에게 인정하는 것도 경우에 따라서는 부양의무이행의 형태라고 생각할 수도 있다. 현실에 있어서는 이상의 제형태를 혼합한 형태의 부양이 행해지는 경우도 적지 않을 것이다.

금액급부 이외의 형태로서의 부양은 원칙적으로 협의 및 조정까지의 단계에서 인정할 수 있는 데 불과하고, 심판에 있어서는 금전 이외의 것으로서는 기껏해야 부양의무자가 희망하고 있는 경우에 현물의 급여를 명할 수 있는 데 지나지 않는다. 또 협의나 조정에서 인취부양을 정하는 경우에는 부양권리자와 부양의무자의 합의 이외에 그 결과로서 부양권리자와 동거하지 않으면 안되게 될 다른 자의 의향까지도 충분히 존중할 필요가 있을 것이다.

▣ 핵심판례 ▣

■ [부양의 정도, 방법]

1. 교육비의 부양료에 해당하는지 여부

부양의 정도나 방법은 당사자간에 협정이 없는 한 부양을 받을 자의 생활정도와 부양의무자의 자력 기타 제반사정을 참작하여 정하게 되어 있는 바, 부양을 받을 자의 연령, 재능, 신분, 지위 등에 따른 교육을 받는데 필요한 비용도 부양료에 해당된다(1986. 6. 10. 제2부 판결 86므46 양육비등).

2. 과거의 부양료도 청구할 수 있는지 여부

어떠한 사정으로 인하여 부모 중 어느 한 쪽만이 자녀를 양육하게 된 경우에, 그와 같은 일방에 의한 양육이 그 양육자의 일방적이고 이기적인 목적이나 동기에서 비롯한 것이라거나 자녀의 이익을 위하여 도움이 되지 아니하거나 그 양육비를 상대방에게 부담시키는 것이 오히려 형평에 어긋나게 되는 등 특별한 사정이 있는 경우를 제외하고는, 양육하는 일방은 상대방에 대하여 현재 및 장래에 있어서의 양육비 중 적정 금액의 분담을 청구할 수 있음은 물론이고, 부모의 자녀양육의무는 특별한 사정이 없는 한 자녀의 출생과 동시에 발생하는 것이므로 과거의 양육비에 대하여도 상대방이 분담함이 상당하다고 인정되는 경우에는 그 비용의 상환을 청구할 수 있다고 보아야 할 것이다.

다만 한 쪽의 양육자가 양육비를 청구하기 이전의 과거의 양육비 모두를 상대방에게 부담시키게 되면 상대방은 예상하지 못하였던 양육비를 일시에 부담하게 되어 지나치고 가혹하며 신의성실의 원칙이나 형평의 원칙에 어긋날 수도 있으므로, 이와 같은 경우에는 반드시 이행청구 이후의 양육비와 동일한 기준에서 정할 필요는 없고, 부모 중 한 쪽이 자녀를 양육하게 된 경위와 그에 소요된 비용의 액수, 그 상대방이 부양의무를 인식한 것인지 여부와 그 시기, 그것이 양육에 소요된 통상의 생활비인지 아니면 이례적이고 불가피하게 소요된 다액의 특별한 비용(치료비 등)인지 여부와 당사자들의 재산 상황이나 경제적 능력과 부담의 형평성 등 여러 사정을 고려하여 적절하다고 인정되는 분담의 범위를 정할 수 있다(대결(전원합의체) 1994. 5. 13. 92스21).

◈ 부양관계의 변경 또는 취소의 요건

제978조 【부양관계의 변경 또는 취소】

부양을 할 자 또는 부양을 받을 자의 순위, 부양의 정도 또는 방법에 관한 당사자의 협정이나 법원의 판결이 있은 후 이에 관한 사정변경이 있는 때에는 법원은 당사자의 청구에 의하여 그 협정이나 판결을 취소 또는 변경할 수 있다.

■ § 978. 부양관계의 변경과 취소

• 당사자간의 협정으로 그것이 없으면 법원이 결정
• 가정법원은 당사자의 협정 또는 판결이 있는 후일지라도 이에 관한 사정의 변경이 있을 경우에는 당사자의 청구에 의하여 그 협정이나 판결을 취소, 변경할 수 있다
• 관련법조 : [본조의 소] 가소 §2① 2. 나. 마류사건 8호, §50

부양을 할 자 또는 부양을 받을 자의 순위에 관한 당사자의 협정이나 법원의 판결이 있은 후 이에 관한 사정변경이 있는 때에는 법원은 당사자의 청구에 의하여 그 협정이나 판결을 취소 또는 변경할 수 있다. 이 경우 우선 조정을 하여야 한다. 부양의 정도 또는 방법에 관하여 당사자의 취업·실직·질병·상속 등이 사정의 변경이 있는 경우에 해당된다. 변경·취소청구권자는 양당사자이다.

취소 또는 변경의 심판은 장래에 향하여 효력을 가진다. 그런데 사정변경이 생긴 때로부터 조정·심판까지의 사이에 부양의무자가 사정변경을 주장하여 부양의무의 이행을 거부할 수 있느냐가 문제된다. 부양의무의 내용은 협정·조정 또는 심판으로 확정되는 것이므로, 협정·조정 또는 심판에 의하여 그 내용이 취소 또는 변경되기까지는 계속 부양의무를 이행하는 것이 원칙이지만, 사정변경이 현저한 경우에는 협정·조정 또는 심판이 있기 전에도 정해진 내용에 따른 이행을 거부할 수 있다고 보아야 할 것이다.

▣ 핵심판례 ▣

■ [부양관계의 변경 또는 취소]

가. 이혼하면서 처가 자녀의 양육을 맡기로 하되 자녀들에 대한 부양료로서 남편은 자녀들에게 그가 받는 봉급의 80퍼센트와 700퍼센트의 상여금을 막내인 자녀가 대학을 졸업할 때까지 매월 지급하기로 한 협정이 현저히 형평을 잃은 불공정한 법률행위가 아니라고 한 사례

부부간에 이혼하면서 당초에는 남편이 자녀의 양육을 맡기로 협정하였으나 사정이 바뀌어 처가 자녀의 양육을 맡기로 양육에 관한 협정을 변경하면서 자녀들에 대한 부양료로서 남편은 자녀들에게 그가 받는 봉급의 80퍼센트와 700퍼센트의 상여금을 막내인 자녀가 대학을 졸업할 때까지 매월 지급하기로 한 협정이 현저히 형평을 잃은 불공정한 것이어서 무효이거나 그 이행을 강요함이 형평에 반한다고 할 수 없다고 한 사례.

나. 부양권리자들이 부양의 방법과 정도에 관하여 당사자 사이에 이루어진 협정에 따라 그 협정의 이행을 구하는 사건에서 법원이 임의로 협정의 내용을 가감하여 부양의무자의 부양의무를 조절할 수 있는지 여부

부양권리자와 부양의무자 사이에 부양의 방법과 정도에 관하여 협정이 이루어지면 당사자 사이에 다시 협의에 의하여 이를 변경하거나, 법원의 심판에 의하여 위 협정이 변경, 취소되지 않는 한 부양의무자는 그 협정에 따른 의무를 이행하여야 하는 것이고, 법원이 그 협정을 변경, 취소하려면 그럴 만한 사정의 변경이 있어야 하는 것이므로, 부양권리자들이 위 협정의 이행을 구하는 사건에서 법원이 임의로 협정의 내용을 가감하여 부양의무자의 부양의무를 조절할 수는 없다.

다. 위 "가"항의 협정상 봉급의 80퍼센트라는 표현을 대학교수인 남편이 그가 근무하는 대학교에서 통상적인 근무를 하여 수령하게 되는 보수 전액, 즉 초과근무로 받게 되는 시간강사료를 제외한 모든 보수라고 해석한 사례

일반적으로 봉급이라는 단어를 아무 설명 없이 사용할 때에는 그 명목 여하에 불구하고 근로자가 통상적인 근로의 대가로 받는 금품 전부를 가리키는 것이므로, 위 "가"항의 협정상 봉급의 80퍼센트라는 표현을 대학교수인 남편이 그가 근무하는 대학교에서 통상적인 근무를 하여 수령하게 되는 보수 전액, 즉 초과근무로 받게 되는 시간강사료를 제외한 모든 보수라고 해석한 사례(대법원 1992. 3. 31. 선고 90므651, 668(병합) 판결).

◆ 부양청구권의 일신전속성

제979조 【부양청구권처분의 금지】

부양을 받을 권리는 이를 처분하지 못한다.

■ § 979. 부양청구권의 성질

- 부양받을 권리는 친족권의 일종이며 일반재산권과는 다르다
- 부양받을 권리는 일신전속권이다. 상속의 대상이 될 수 없다
- 부양을 받을 권리는 처분하지 못한다. 양도할 수 없고 채권자 대위권의 목적
  이 될 수 없으며, 또 포기할 수도 없다
- 부양받을 권리는 압류할 수 없다
- 부양받을 권리는 상계하지 못한다
- 부양받을 권리가 제3자에 의하여 침해된 경우에는 불법행위에 의한 권리침해
  에 관한 규정이 적용된다
- 관련법조 : [법률상 부양료와 압류금지] 민사집행법 §246, [부양의무자 파산
  과 부양료] 채무자회생법 §383

부양을 받을 권리는 친족권의 하나이다. 타인의 행위를 요청하는 것이므로 채권에 유사하며 일종의 재산권이라고 볼 수 있으나, 이러한 권리의 성질은 신분관계의 한도에서 인정되는 것이므로, 채권에 유사한 일종의 신분적 재산권이라고 보아야 한다.

부양을 받을 권리는 이러한 의미에서 보통의 재산권과 달라서 다음과 같은 특색을 가진다.

① 행사상에도 이른바 「일신전속권」으로서 채권자의 대위행사를 허용하지 않고(제404조 1항 단서) 또는 상속되지 않는다(제1005조 단서).

② 타인에게 양도할 수 없고 또 장래에 향하여 포기하지 못한다.

③ 강제집행에 있어서도 압류되지 않으며(민사집행법 제246조 1호), 파산재단에도 속하지 않는다(채무자회생법 제383조).

④ 부양을 받을 권리는 압류금지채권이므로 이를 수동채권으로 하는 상계가 금지된다(제497조 이하). 단, 이미 이행기가 도래한 양육비 청구권을 자동

채권으로 하는 상계는 가능하다(대판 2006. 7. 13, 2006므751). 그리고 부양을 받을 권리가 제3자에 의하여 침해되었을 경우에는 권리자는 그 제3자에 대하여 손해배상청구를 할 수 있는 것은 당연하다(제750조). 이 때 위자료는 특별손해이다.

▣ 핵심판례 ▣

■ [부양청구권처분의 금지]

1. 가. 가정법원의 심판에 의하여 구체적인 청구권의 내용과 범위가 확정된 후의 양육비 채권 중 이미 이행기에 도달한 양육비채권의 처분 가능 여부(적극)

이혼한 부부 사이에서 자(자)에 대한 양육비의 지급을 구할 권리는 당사자의 협의 또는 가정법원의 심판에 의하여 구체적인 청구권의 내용과 범위가 확정되기 전에는 '상대방에 대하여 양육비의 분담액을 구할 권리를 가진다'라는 추상적인 청구권에 불과하고 당사자의 협의나 가정법원이 당해 양육비의 범위 등을 재량적 형성적으로 정하는 심판에 의하여 비로소 구체적인 액수만큼의 지급청구권이 발생한다고 보아야 하므로, 당사자의 협의 또는 가정법원의 심판에 의하여 구체적인 청구권의 내용과 범위가 확정되기 전에는 그 내용이 극히 불확정하여 상계할 수 없지만, 가정법원의 심판에 의하여 구체적인 청구권의 내용과 범위가 확정된 후의 양육비채권 중 이미 이행기에 도달한 후의 양육비채권은 완전한 재산권(손해배상청구권)으로서 친족법상의 신분으로부터 독립하여 처분이 가능하고, 권리자의 의사에 따라 포기, 양도 또는 상계의 자동채권으로 하는 것도 가능하다.

나. 이혼한 부부 사이에 자(자)의 양육자인 일방이 상대방에 대하여 가지는 양육비채권을 상대방의 양육자에 대한 위자료 및 재산분할청구권과 상계한다고 주장한 사안에서, 가정법원의 심판에 의하여 구체적으로 확정된 양육비채권 중 이미 이행기가 도달한 부분에 한하여 이를 자동채권으로 하는 상계가 허용된다고 한 사례

이혼한 부부 사이에 자(자)의 양육자인 일방이 상대방에 대하여 가지는 양육비채권을 상대방의 양육자에 대한 위자료 및 재산분할청구권과 상계한다고 주장한 사안에서, 가정법원의 심판에 의하여 구체적으로 확정된 양육비채권 중 이미 이행기가 도달한 부분에 한하여 이를 자동채권으로 하는 상계가 허용된다고 한 사례(대법원 2006. 7. 4. 선고 2006므751 판결).

2. 가. 부모 중 한 쪽만이 자녀를 양육하게 된 경우 양육비 청구 이전의 과거의 양육비의 상환을 청구할 수 있는지 여부

[다수의견]

어떠한 사정으로 인하여 부모 중 어느 한 쪽만이 자녀를 양육하게 된 경우에, 그와 같은 일방에 의한 양육이 그 양육자의 일방적이고 이기적인 목적이나 동기에서 비롯한 것이라거나 자녀의 이익을 위하여 도움이 되지 아니하거나 그 양육비를 상대방에게 부담시키는 것이 오히려 형평에 어긋나게 되는 등 특별한 사정이 있는 경우를 제외하고는, 양육하는 일방은 상대방에 대하여 현재 및 장래에 있어서의 양육비 중 적정 금액의 분담을 청구할 수 있음은 물론이고, 부모의 자녀양육의무는 특별한 사정이 없는 한 자녀의 출생과 동시에 발생하는 것이므로 과거의 양육비에 대하여도 상대방이 분담함이 상당하다고 인정되는 경우에는 그 비용의 상환을 청구할 수 있다.

나. 위 "가"항의 과거의 양육비의 분담범위를 정하는 기준

한 쪽의 양육자가 양육비를 청구하기 이전의 과거의 양육비 모두를 상대방에게 부담시키게 되면 상대방은 예상하지 못하였던 양육비를 일시에 부담하게 되어 지나치고 가혹하며 신의성실의 원칙이나 형평의 원칙에 어긋날 수도 있으므로, 이와 같은 경우에는 반드시 이행청구 이후의 양육비와 동일한 기준에서 정할 필요는 없고, 부모 중 한 쪽이 자녀를 양육하게 된 경위와 그에 소요된 비용의 액수, 그 상대방이 부양의무를 인식한 것인지 여부와 그 시기, 그것이 양육에 소요된 통상의 생활비인지 아니면 이례적이고 불가피하게 소요된 다액의 특별한 비용(치료비 등)인지 여부와 당사자들의 재산 상황이나 경제적 능력과 부담의 형평성 등 여러 사정을 고려하여 적절하다고 인정되는 분담의 범위를 정할 수 있다(대법원 1994. 5. 13. 자 92스21 전원합의체결정).

<판례전문(대법원 1994. 5. 13. 자 92스21 전원합의체결정)>

[청구인, 재항고인] 청구인 소송대리인 변호사 오세도 외 1인

[상대방, 재항고인] 상대방

[사건본인] 사건본인

[원심결정] 대구지방법원 1992. 7. 16. 자 92브6 결정

[주   문] 재항고를 모두 기각한다.

[이   유] 재항고이유를 본다.

　상대방의 재항고이유 제1점에 대하여

기록을 살펴보면, 원심이 판시의 여러 사실을 인정하고, 원심이 인정한 사정에 사건본인의 원만한 성장, 인격형성 및 육체적 정신적 건강등 제반사정을 함께 참작

하여 현재 사건본인을 양육하고 있는 청구인을 사건본인의 양육자로 지정한 조처를 옳은 것으로 수긍할 수 있고, 거기에 채증법칙을 어기거나 양육자 지정에 관한 법리오해등의 위법사유가 있다고 할 수 없다. 따라서 논지는 이유 없다.

상대방의 재항고이유 제2점과 청구인의 재항고이유에 대하여

1. 부모는 그 소생의 자녀를 공동으로 양육할 책임이 있고, 그 양육에 소요되는 비용도 원칙적으로 부모가 공동으로 부담하여야 하는 것이며, 이는 부모 중 누가 친권을 행사하는 자인지 또 누가 양육권자이고 현실로 양육하고 있는 자인지를 물을 것 없이 친자관계의 본질로부터 발생하는 의무라고 할 것이다.

그러므로 어떠한 사정으로 인하여 부모 중 어느 한쪽만이 자녀를 양육하게 된 경우에, 그와 같은 일방에 의한 양육이 그 양육자의 일방적이고 이기적인 목적이나 동기에서 비롯한 것이라거나 자녀의 이익을 위하여 도움이 되지 아니하거나 그 양육비를 상대방에게 부담시키는 것이 오히려 형평에 어긋나게 되는등 특별한 사정이 있는 경우를 제외하고는, 양육하는 일방은 상대방에 대하여 현재 및 장래에 있어서의 양육비중 적정 금액의 분담을 청구할 수 있음은 물론이고, 부모의 자녀양육의무는 특별한 사정이 없는 한 자녀의 출생과 동시에 발생하는 것이므로 과거의 양육비에 대하여도 상대방이 분담함이 상당하다고 인정되는 경우에는 그 비용의 상환을 청구할 수 있다고 보아야 할 것이다.

다만 한쪽의 양육자가 양육비를 청구하기 이전의 과거의 양육비 모두를 상대방에게 부담시키게 되면 상대방은 예상하지 못하였던 양육비를 일시에 부담하게 되어 지나치고 가혹하며 신의성실의 원칙이나 형평의 원칙에 어긋날 수도 있으므로, 이와 같은 경우에는 반드시 이행청구 이후의 양육비와 동일한 기준에서 정할 필요는 없고, 부모 중 한쪽이 자녀를 양육하게 된 경위와 그에 소요된 비용의 액수, 그 상대방이 부양의무를 인식한 것인지 여부와 그 시기, 그것이 양육에 소요된 통상의 생활비인지 아니면 이례적이고 불가피하게 소요된 다액의 특별한 비용(치료비등)인지 여부와 당사자들의 재산 상황이나 경제적 능력과 부담의 형평성등 여러 사정을 고려하여 적절하다고 인정되는 분담의 범위를 정할 수 있다고 볼 것이다.

당원의 종전 판례중 상대방에게 과거의 양육비를 청구하지 못한다고 한 견해(1967. 1. 31. 선고 66므40 판결 ; 1967. 2. 21. 선고 65므5 판결 ; 1975. 6. 10. 선고 74므21 판결; 1977. 3. 22. 선고 76므14 판결 ; 1979. 5. 8. 선고 79므3 판결등)와 아버지의 인도요구에 불응하고 스스로 자녀를 양육한 생모는 자활능력이 있건 없건 또 과거의 것이든 장래의 것이든 소생자의 아버지에게 부양료를 청구할 수 없다고 한 견해(1976. 6. 22. 선고 75므17, 18 판결 ; 1985. 6. 11. 선고 84다카1536 판결 ; 1986. 3. 25. 선고 86므17 판결등)는 이를 변경하기로 한다.

2. 기록에 의하여 살펴보면, 원심이 청구인이 청구하는 바에 따라 상대방에게 청구인과 상대방이 이혼한 때부터 사건본인의 양육비의 일부를 분담하게 한 것은 위에서 본 법리에 따른 것으로서 정당하고, 거기에 위법사유가 있다고 할 수 없

다. 또 원심이 사건본인의 양육에 소요되는 비용을 월 금 250,000원으로 인정하고, 판시의 여러 사정을 참작하여 상대방에게 그중 약 3분의1에 해당하는 월 금 80,000원의 분담을 명한 조처도 정당한 것으로 수긍되고, 거기에 채증법칙을 어긴 위법이 있다거나 법리를 오해하여 상대방이 부담할 양육비를 지나치게 적게 산정하거나 또는 많게 산정한 위법이 있다고 할 수도 없다.

그리고 청구인과 상대방 사이의 이혼소송에서 상대방이 지급할 위자료를 산정함에 있어서 청구인이 사건본인을 양육하고 있다는 사정을 참작한 바 있다고 하여 청구인의 이 사건 청구가 양육비를 이중청구한 것이라고 할 수 없다. 논지는 모두 이유 없다.

상대방의 재항고이유 제3점에 대하여

이혼 당사자간의 자의 양육비에 관한 쟁송은 가사소송법 제2조 제1항 나목 (2) 마류 3호의 가사비송사건으로서 즉시항고의 대상이 되고, 가집행선고의 대상이 될 뿐 아니라(가사소송법 제42조, 제43조 제1항, 가사소송규칙 제94조), 본안사건에 대한 상소가 이유 없다고 판단되는 경우에는 가집행선고의 재판을 시정하는 판단을 할 수 없는 것이므로, 원심결정의 가집행선고가 위법하다고 주장하는 논지도 이유 없다.

그러므로 재항고를 모두 기각하기로 하여, 상대방의 재항고이유 제2점에 관하여 이견을 가진 대법관 김상원, 대법관 김주한, 대법관 윤영철, 대법관 정귀호를 제외한 관여대법관의 일치된 의견으로 주문과 같이 결정한다. 다수의견에 대하여는 대법관 김용준의 다음과 같은 보충의견이 있다.

[반대의견]

(대법관 김상원, 김주한, 윤영철, 정귀호의 반대의견)

1. 원심결정이유에 의하면, 이 사건은 상대방과 협의에 의한 이혼을 한 청구인이 그 혼인중에 태어난 아이를 혼자 양육하다가 가정법원에 위 아이의 양육에 관하여 청구인 자신을 그 양육자로 지정함과 아울러 아이의 아버지인 상대방으로 하여금 아이의 양육에 드는 비용을 부담하게 하는 내용의 심판을 구하는 사건임이 분명하고, 원심은 그 설시와 같은 이유로 아이의 어머니인 청구인을 양육자로 지정함과 아울러 아버지인 상대방이 부담하여야 할 양육비의 수액을 월 금 8만원으로 정하면서, 이 사건 심판청구서 부본이 상대방에게 언제 송달되었는지를 확정함이 없이 협의이혼 신고가 된 달 이후의 기간 전부에 해당하는 금액의 지급을 명하고 있다.

2. 양육에 관한 법원의 심판절차는 거의 예외없이 상당한 시일을 필요로 하므로 양육에 관한 법원의 심판이 고지되기 전의 것이라도 양육에 관한 협의의 요청이 있었던 때부터 또는 심판청구서의 부본이 상대방에게 송달된 때부터 그 후의 것은 이를 상대방에게 부담하게 하여도 좋을 것이지만, 협의의 요청이나 심판청구가 있기 전의 기간에 지출한 양육비에 대하여는 이를 법원의 심판으로서 상대

방에게 그 부담을 명할수는 없다고 본다.

왜냐하면, 민법 제837조 제1항, 제2항, 가사소송법 제2조 제1항 (나)목 (2)마류 3호, 같은 법 제3편(가사비송)의 여러 규정을 종합하면, 이혼한 당사자의 아이의 양육에 관하여 가정법원이 비송사건으로서 행하는 심판은 어디까지나 아이의 현재와 장래의 양육에 관한 사항을 정하거나 이미 정하여진 사항을 변경하는 절차이지, 지나간 과거에 마땅히 이행되었어야 할 부양에 관한 사항을 다시 정하거나 이미 지출된 비용의 분담에 관한 사항을 결정하는 절차가 아니기 때문이다.

뿐만 아니라 협의의 요청이나 심판청구가 있기 전에 지출된 비용의 상환청구는 성질상 민사소송 사항이고 가사소송법이 정한 가정법원의 관할 사항이 아니며, 가사소송법상 가사소송사건과 가사비송사건을 1개의 소로 제기할 수 있으나(가사소송법 제14조 1항), 가사비송사건에 민사소송을 병합할 수는 없는 것이다.

다수의견은 민사소송사건인 과거의 양육비의 상환청구를 가사비송사건 절차에서 한꺼번에 곁들여 처리할 수 있는 것으로 보거나 아니면 과거의 양육비의 상환청구를 가사비송사건으로 보는 전제에 서 있으나, 이는 가사소송법이 규정하는 바가 아닐 뿐만 아니라, 법원의 직권과 재량에 의하여 처리하는 가사비송사건의 본질에 비추어 보거나, 양육에 관한 심판절차에 이미 지출한 비용의 상환 문제를 함께 다루게 되면 아이의 건전한 정신적 육체적 성장과 아이의 최대 행복을 확보하고자 하는, 양육에 관한 심판의 원래의 과제가 흐려지게 될 우려가 있다는 점을 생각할 때, 다수의견의 이와 같은 견해에는 찬성할 수 없다.

그리고, 부모는 모두 자녀를 양육할 책임이 있고, 이러한 책임은 부모 각자의 고유한 책임이라 할 것이므로 부모의 어느 일방이 어떤 사정으로 혼자서 그 자녀를 양육하였다면 그 부모는 그 고유의 책임을 다한 것일 뿐이고 다른 일방의 양육책임을 대신 이행한 것이라고 볼 수는 없다 할 것이다. 따라서 과거에 이미 지출한 양육비의 상환을 구하려면 미리 이에 관한 협의가 이루어져 있거나 심판이 있던 경우에만 가능하고 그렇지 않으면 그 상환을 구할 수 없다고 할 것이다.

다수의견이 부모는 공동으로 그 자녀를 양육할 책임이 있다 하여 자녀양육 책임에 내부적인 분담비율이 있는 것임을 전제하고 있는 것에는 찬성할 수 없다.

3. 돌이켜 이 사건의 경우를 보면, 아이의 어머니인 청구인이 협의이혼을 함에 있어서, 그 아이를 맡아 기르고 있는 상태에서 그 양육에 관하여 상대방과 별다른 명시적인 협의를 한 바 없었다면, 협의이혼 당시에 당사자 사이에는 아이의 양육에 관하여 청구인이 종전과 같은 상태로 아이를 맡아 기르기로 하는 묵시적인 협의가 이루어졌던 것으로 보는 것이 상당하고, 따라서 이 사건 심판청구로 종전의 협의의 변경을 구하고 있는 것으로 보아야 할 것이므로, 이러한 취지의 심판청구가 상대방에게 송달되기 전의 기간에 이루어진 양육비의 지출에 대하여 이를 상대방에게 부담시키는 것은 아무런 법적인 근거가 없는 조처라고 아니할 수 없다.

다시 분명히 하거니와, 이 사건은 이혼한 당사자가 자의 양육에 관한 협의의 변경을 구하는 것이 아니면 법원에 자의 양육에 관한 사항의 결정을 구하는 가사비송사건이고, 한편 심판청구가 있기 전의 양육비에 관한 부분은 결국 청구인이 부양의무 없이 부양수요자에게 부양을 하였다 하여 그 부양의무 있는 자에게 그 부양료의 상환을 구하는 것으로서, 결코 가사심판사항이 아닌 것이다.

4. 여기에 덧붙여, 자의 양육에 관한 협의의 요청이나 변경심판을 청구하기 전에, 급박한 사정이나 그밖의 부득이한 사정으로 미처 그러한 협의의 요청이나 심판청구를 하지 못한 채 종전의 통상적인 양육비가 아닌 고액의 특별한 비용을 지출한 경우에 관하여 언급한다면, 그 지출한 일방이 혼자서 이를 부담하려는 것이 아니라 우선 상대방이 부담할 부분을 상대방을 위하여 지출한다는 의사로 한 것이라고 보여지고 또 정의와 형평의 관념에 비추어 보아 그 지출한 당사자에게만 부담하게 하는 것이 부당하다고 보여지는 등 특별한 사정이 있는 경우에 한하여, 그 적정한 상환을 허용할 수 있을 것이라고 본다(그렇더라도 이는 가사심판 사항은 아니다).

5. 그러므로, 원심이 청구인이 언제 상대방에게 협의의 요청을 하였는지 또는 이 사건 심판청구서 부본이 언제 상대방에게 송달되었는지를 심리 확정함이 없이, 심판청구서 부본이 송달되기 전에 청구인이 이미 지출한 양육비에 대하여까지 이를 상대방에게 부담하게 하였음은 필경 이혼 당사자의 자의 양육에 관한 협의나 심판의 본질에 대한 법리를 오해하고 심리를 다하지 아니한 것으로서 위법한 것이라 할 것이다. 따라서 이러한 점을 지적하는 상대방의 재항고이유 제2점은 이유가 있다 할 것이다.

대법관 김용준의 다수의견에 대한 보충의견

1. 소수의견은, 부모의 일방이 상대방에게 자의 양육에 관한 사항에 대하여 협의를 요청하거나 심판을 청구하지 아니한 채 자를 양육한 경우에 양육에 소요된 비용(이른바 과거의 양육비)의 상환을 청구하는 것은, 청구인이 부양의무 없이 부양수요자에게 부양을 하였다고 하여 그 부양의무가 있는 자에게 그 부양료의 상환을 청구하는 것이기 때문에 성질상 민사소송사항이고 가사소송법이 정한 가정법원의 관할사항이 아니며, 가사소송법상 가사소송사건과 가사비송사건을 1개의 소로 제기할 수 있으나(가사소송법 제14조 제1항), 가사비송사건에 민사소송사건을 병합할 수는 없는 것이므로, 과거의 양육비의 상환을 가사비송사건에 병합하여 청구할 수 없다는 취지로 주장하고 있으나, 이와 같은 견해는 다음과 같은 이유로 수긍하기 어렵다.

2. 민법 제837조에 의하면 이혼한 부부는 자(자)의 양육에 관한 사항을 협의에 의하여 정하여야 하고 협의가 되지 아니하거나 협의할 수 없는 때에는 가정법원이 당사자의 청구에 의하여 정하도록 규정되어 있는바, 가사소송법은 제2조 제1항 나. (2) 마류사건 제3호에서 민법 제837조의 규정에 의한 자의 양육에 관한 처분을 가사비송사건으로 규정하면서 그 처분의 대상이 되는 양육에 관한 사항을 장래의 것만으로 한정하고 있지 아니하고, 민법이 이혼한 부부의 일방만이 자를 양육하여 온 경우에 다른 일방(이 뒤에는 "상대방"이라고 약칭한다)과 사이에 과

거의 양육비를 분담하는 비율을 정하는데 관하여 달리 규정하고 있지도 아니하므로, 이혼한 부부 각자가 분담하여야 할 과거의 양육비의 비율이나 금액을 장래에 대한 것과 함께 정하는 것도 민법 제837조 제2항에 규정된 자의 양육에 관한 처분에 해당하는 것으로 보아, 가정법원이 자의 연령및 부모의 재산상황 등 기타 사정을 참작하여 심판으로 정하여야 할 것이지 지방법원이 민사소송절차에 따라 판정할 것은 아니라고 해석함이 상당하다.

3. 더욱이 소수의견이 취하고 있는 견해를 끝까지 관철한다면 가사심판청구서의 부본이 상대방에게 송달된 때부터 심판이 고지되기까지 사이에 부모의 일방이 지출한 양육비도 부양의무 없이 지출한 양육비인 점에서는 청구인이 심판을 청구하기 전에 지출한 과거의 양육비와 마찬가지이기 때문에, 그 양육비의 구상을 청구하는 것도 가사심판사항이 아니고 따라서 별도의 민사소송으로 청구하여야 된다는 결론에 이를 수밖에 없는데, 이와 같은 결론이 부당한 것임은 말할 것도 없을 뿐만 아니라, 법원이 장래의 양육비의 분담비율이나 분담액을 정함에 있어서는 과거의 양육에 관하여 부모 쌍방이 기여한 정도 등의 제반사정도 참작하여야 될 터인데, 과거의 양육비의 분담비율이나 분담액에 관하여는 별도의 민사소송절차를 취하도록 한다면, 장래의 양육비와 과거의 양육비가 서로 조화롭게 결정될 수 없게 되는 불합리한 점도 발생하게 될 것이다.

4. 가사비송사건에 관한 통칙규정인 가사소송법 제41조와 제42조는 가사비송사건에서도 금전의 지급을 청구할 수 있는 것을 전제로 금전의 지급을 명하는 심판은 채무명의가 된다고 규정함과 아울러 그 심판의 가집행선고에 관하여 규정하고 있고, 가사심판규칙 제92조도 마류 가사비송사건으로서 금전의 지급이나 물건의 인도 기타 재산상의 의무이행을 청구할 수 있다고 규정하고 있으므로, 가정법원이 민법 제837조 제2항에 따라 자의 양육에 관한 처분을 함에 있어서 양육비의 분담비율이나 분담액을 정함과 아울러 그 비율로 계산한 양육비의 지급을 명할 수 있음은 의문의 여지가 없을 뿐만 아니라, 만약 가정법원은 양육비의 분담비율이나 분담액만을 정할 수 있고 그와 같이 결정된 양육비의 지급은 그 후 다시 별도의 민사소송으로 청구하여야 한다고 해석한다면, 동일한 양육관계를 둘러싼 분쟁을 한꺼번에 해결하지 못하고 이중의 절차를 밟도록 요구하는 결과가 되어 소송경제의 이념에 비추어 보더라도 부당하므로, 양육비의 분담비율이나 분담액을 정하여 줄 것을 청구함과 아울러 그와 같이 확정된 양육비의 지급을 함께 청구하는 것도 마류 가사비송사건에 속한다고 보아야 할 것이다.

5. 다수의견도 위와 같은 견해를 전제로 하고 있으나, 소수의견이 수긍하기 어려운 이유를 들어 다수의견을 공격하고 있으므로, 다수의견이 취하고 있는 견해의 이론적인 근거를 보충의견으로 밝혀두는 것이다.

대법관   윤관(재판장) 김상원 배만운 안우만 김주한 윤영철 김용준 김석수 박만호 천경송 정귀호(주심) 박준서

제 8 장　　호주승계

2005년 3월 31일 민법의 일부 개정에 의하여 호주제가 폐지됨에 따라 제8장 호주승계도 폐지되었다.

제980조 삭제 <2005. 3. 31>

> 종전규정　제980조 【호주승계개시의 원인】
>
> 호주승계는 다음 각호와 같은 사유로 인하여 개시된다.
>
> 1. 호주가 사망하거나 국적을 상실한 때
>
> 2. 양자인 호주가 입양의 무효 또는 취소로 인하여 이적된 때
>
> 3. 여호주가 친가에 복적하거나 혼인으로 인하여 타가에 입적한 때
>
> 4. 삭제 <1990. 1. 13>

제981조 삭제 <2005. 3. 31>

> 종전규정　제981조 【호주승계개시의 원인】
>
> 호주승계는 피승계인의 주소지에서 개시된다. [시행일 : 2008. 1. 1.]

제982조 삭제 <2005. 3. 31>

> 종전규정　제982조 【호주승계회복의 소<개정 1990. 1. 13>】
>
> 1. 호주승계권이 참칭호주로 인하여 침해된 때에는 승계권자 또는 그 법정대리인은 호주승계회복의 소를 제기할 수 있다. <개정 1990. 1. 13.>
>
> 2. 전항의 호주승계회복청구권은 그 침해를 안 날로부터 3년, 승계가 개시된 날로부터 10년을 경과하면 소멸한다. <개정 1990. 1. 13.>

제983조 삭제 <1990. 1. 13>

제984조 삭제 <2005. 3. 31>

종전규정 제984조 【호주승계의 순위<개정 1990. 1. 13>】

호주승계에 있어서는 다음 순위로 승계인이 된다.<개정 1990. 1. 13.>

1. 피승계인의 직계비속남자

2. 피승계인의 가족인 직계비속여자

3. 피승계인의 처

4. 피승계인의 가족인 직계존속여자

5. 피승계인의 가족인 직계비속의 처

제985조 삭제 <2005. 3. 31>

종전규정 제985조 【동전】

1. 전조의 규정에 의한 동순위의 직계비속이 수인인 때에는 최근친을 선 순위로 하고 동친등의 직계비속중에서는 혼인중의 출생자를 선순위로 한다.

2. 전항의 규정에 의하여 순위동일한 자가 순인인 때에는 연장자를 선순 위로 한다. 그러나 전조제5호에 해당한 직계비속의 처가 수인인 때에 는 그 부의 순위에 의한다.

3. 양자는 입양한 때에 출생한 것으로 본다.

제986조 삭제 <2005. 3. 31>

종전규정 제986조 【동전】

제984조제4호의 직계존속이 수인인 때에는 최근친을 선순위로 한다.

제987조 삭제 <2005. 3. 31>

종전규정 제987조 【호주승계권이 없는 생모<개정 1990. 1. 13.>】

양자인 피승계인의 생모나 피승계인의 부와 혼인관계없는 생모는 피승계인 의 가족인 경우에도 그 호주승계인이 되지 못한다. 그러나 피승계인이 분가 또는 일가창립의 호주인 때에는 그러하지 아니하다. <개정 1990. 1. 13.>

제988조 삭제 <1990. 1. 13>

제989조 삭제 <2005. 3. 31>

[종전규정] 제989조【혼인외출생자의 승계순위<개정 1990. 1. 13.>】
제855조제2항의 규정에 의하여 혼인중의 출생자가 된 자의 승계순위에 관하여는 그 부모가 혼인한 때에 출생한 것으로 본다. <개정 1990. 1. 13.>

제990조 삭제 <1990. 1. 13>

제991조 삭제 <2005. 3. 31>

[종전규정] 제991조【호주승계권의 포기<개정 1990. 1. 13.>】
호주승계권은 이를 포기할 수 있다.

제992조 삭제 <2005. 3. 31>

[종전규정] 제992조【승계인의 결격사유<개정 1990. 1. 13.>】
다음 각호에 해당하는 자는 호주승계인이 되지 못한다. <개정 1990. 1. 13.>

1. 고의로 직계존속, 피승계인, 그 배우자 또는 호주승계의 선순위자를 살해하거나 살해하려는 자

2. 고의로 직계존속, 피승계인과 그 배우자에게 상해를 가하여 사망에 이르게 한 자

3. 삭제<1990. 1. 13.>

4. 삭제<1990. 1. 13.>

5. 삭제<1990. 1. 13.>

제993조 삭제 <2005. 3. 31>

[종전규정] 제993조【여호주와 그 승계인<개정 1990. 1. 13.>】
여호주와 사망 또는 이적으로 인한 호주승계는 제984조의 규정에 의한 직계비속이나 직계존속이 있는 경우에도 그 직계비속이 그가의 계통을 계승할 혈족이 아니면 호주승계인이 되지 못한다. 그러나 피승계인이 분

가 또는 일가를 창립한 여호주인 경우에는 그러하지 아니하다. <개정 1990. 1. 13.>

제994조 삭제 <2005. 3. 31>

종전규정 제994조 【승계권쟁송과 재산관리에 관한 법원의 처분】

1. 승계개시된 후 승계권의 존부와 그 순위에 영향있는 쟁송이 법원에 계속된 때에는 법원은 피승계인의 배우자, 4촌이내의 친족 기타 이해관계인의 청구에 의하여 그 승계재산의 관리에 필요한 처분을 하여야 한다. <개정 1990. 1. 13.>

2. 법원이 재산관리인을 선임한 경우에는 제24조 내지 제26조의 규정을 준용한다.

제995조 삭제 <2005. 3. 31>

종전규정 제995조 【승계와 권리의무의 승계<개정 1990. 1. 13.>】

호주승계인은 승계가 개시된 때로부터 호주의 권리의무를 승계한다. 그러나 전호주의 일신에 전속한 것은 그러하지 아니하다. <개정 1990. 1. 13.>

제996조 삭제 <1990. 1. 13>

제2편　상　속

제 2 편 상 속

제 1 장   상   속

상속(inheritance, succession ; Erbgang, Erbfolge : héreffĺditeffĺ succession) 이란 사망자 등의 재산을 승계하는 것을 말한다. 1990년 민법개정시에 호주승계 는 상속편에서 분리되어 친족편에 편입되었으나 실질적 의미에서는 상속이었다. 그러나 2005년 민법개정시에 호주승계제도는 폐지되어 이제 상속법은 재산상속 만을 규율하게 되었으며 상속법상 상속은 재산상속만을 의미한다. 상속의 형태 로는 상속인을 법정하는 법정상속주의와 피상속인에게 선출하게 하는 자유상속 주의가 있는데 법정상속주의에는 단독상속과 공동상속이 있다.

자유상속주의란 누구를 상속인으로 할 것인가가 피상속인의 자유의사에 맡겨 진 입법주의로, 법정상속주의에 대비되는 주의이다. 상속은 주로 재산의 상속이 므로 소유권의 자유·계약의 자유와 연계되어 유증의 자유가 인정되기에 이르 렀고, 영미법계에서는 상속인의 선정도 피상속인의 자유의사에 맡기고 있다. 거 기에서는 상속순위의 규정은 상속인의 지정이 없는 경우의 보충적 규정이 된다. 그러나 영미법에서도 부당한 유언의 효력은 제한되므로, 결과적으로는 대륙법계 와 별 차이가 없다.

제 1 절   총 칙

총칙은 상속이 언제 어디에서 행하여 지는가, 또는 상속인이 아닌 사람이 상속인처럼 행세하는 경우에 상속인은 어떤 권리로써 어떻게 대처해야 하는가, 그리고 상속재산의 관리에 필요한 비용은 어디에서 지급되는가 등에 관하여 규정하고 있다.

◈ 상속개시의 원인

제997조【상속개시의 원인】

상속은 사망으로 인하여 개시된다. <개정 1990. 1. 13>

▣ 예 규 ▣

■ **사망신고 적격자인「동거자」의 의미**

(대법원 가족관계등록예규 제187호)

「가족관계의 등록 등에 관한 법률」제85조 제2항의 동거자란 사망자의 가족관계등록부상의 가족뿐만 아니라 사실상 동거하는 사람을 말하는 것이며, 가족이 아니더라도 세대를 같이 하는 사람은 이를 신고할 수 있다.

■ **신고의무자 또는 신고적격자가 아닌 자의 사망신고**

(대법원 가족관계등록예규 제188호)

「가족관계의 등록 등에 관한 법률」제85조의 신고의무자나 신고의무자나 신고적격자도 없는 경우에 인우인이 제출한 사망신고는 이를 수리하지 못한다.

■ **사망의 사실을 증명할 만한 서면**

1. 「가족관계의 등록 등에 관한 법률」제84조 제3항의 "사망의 사실을 증명할 만한 서면"으로는 동(리)장 및 통장 또는 인우인 2명 이상의 증명서 등을 들 수 있다.
2. 6·25사변으로 인하여 사망한 사람은 사망을 목격한 사람 또는 사망을 확인한 사람 2명 이상의 증명서를 첨부하여 신고하게 할 수 있다.3. 위 1, 2항의 각 증명서에는 증명자의 주민등록번호 또는 출생연월일, 등록기준지와 주소를 기재하여야 하며, 별지양식을 참고로 할 것이다.

■ **재외국민이 외국에서 사망신고를 한 경우 그 수리증명만을 첨부하여 신고할 수 있는지 여부**

(대법원 가족관계등록예규 제195호)

재외국민의 사망신고를 거주지법(일본법)에 의하여 일본 당국에 신고하여 사망수리증명 등이 있는 경우에는 사망신고서에 그 증서만을 첨부하여 등록기준지 시(구)·읍·면에 신고할 수 있다.

■ § 997. 상속의 개시원인

- 사망
- 실종선고는 사망을 의제하기 때문에 상속의 원인이 된다.
- 다만 피상속인은 그 재산의 전부 또는 일부를 유언으로 상속인이 아닌 자에게 유증할 수 있다.

1. 상속, 상속권의 의의

(1) 상속의 의의

상속이란 피상속인의 사망에 의하여 상속인이 피상속인에 속하였던 모든 재산상의 지위(또는 권리의무)를 포괄적으로 승계하는 것을 말한다.

여기서 승계되는 것은 협의의 권리의무에 한정되지 않는다.

민법은 '피상속인의 재산에 관한 포괄적 권리의무를 승계한다'고 규정하고 있으나(제1005조 본문), 여기서 승계되는 것은 매도인이나 매수인의 지위, 대주나 차주로서의 법률관계 혹은 계약성립 전의 청약자로서의 지위 등을 포함한다.

그러나 피상속인의 일신에 전속한 권리의무는 승계되지 않는다(제1005조 단서).

(2) 상속권의 의의

상속권의 의의에 관해서는 견해가 대립된다.

① 상속개시로 상속재산을 승계한 상속인의 법적 지위를 의미한다고 하여, 이를 좁게 해석하는 견해와(곽윤직, 상속법, 9면), ② 상속개시 전에 상속인이 기대권으로 가지는 상속권과 상속개시 후에 상속인이 상속적 효과를 받을 수 있는 권리와 지위를 포함하는 것이라고 해석하는 견해가 그것이다.

본조는 상속의 개시시기에 관하여 규정한 것이다.

2. 상속의 개시원인

상속은 자연인의 사망에 의해서만 발생하게 된다. 구민법에서는 사람의 사

망외에 생전의 원인으로도 재산상속의 원인으로 하였으나 민법은 재산상속은
사망의 경우만을 상속개시의 원인으로 규정하고 있다.

(1) 실종선고는 사망으로 의제하므로 실종선고를 받은 자는 실종기간이 만
료할 때에 사망한 것으로 보아(제28조), 그것에 의하여 재산상속이 개시
된다. 그러나 실종자가 생존한다든가 또는 사망으로 본 시기와 다른 시
기에 사망한 것이 증명되면 청구에 의하여 실종선고가 취소된다. 이 경
우에는 상속인으로 생각된 자는 상속인이 아닌 것이 되어, 그 받은 이
익의 현존하는 한도에서 재산을 반환하지 않으면 안되며, 실종선고 후
그 취소 전에 악의로 한 행위는 그 효력을 잃고, 동시에 받은 이익에
이자를 붙여서 반환하고 손해가 있으면 배상하여야 한다(제29조 참조).

사망의 인정에 관하여 스위스 민법 제24조는 「시체를 본 자가 없는 경
우에도 사망이 확실하다고 믿을만한 상태 하에 있는 사람이 행방불명
이 되었을 때에는 그 사망은 증명된 것으로 본다」 라고 규정되어 있다.
우리 민법은 이러한 규정은 없으나, 실제의 취급상 상황에 의한 사망의
인정은 행하여지고 있다. 특히 전시중에는 종종 전시공보에 의하여 사
망한 것으로 다루어졌다.

위의 사망확인에 의하여 상속이 개시된 후 인정이 잘못이었다는 것이
명백히 되면 상속은 무효가 되는 것은 물론이다. 다만 그러한 경우에
전기 실종선고 취소의 효과의 규정이 준용되느냐의 여부는 규정이 없
어서 의문이나, 마찬가지로 해석하여야 할 것이다.

(2) 법인의 해산은 자연인의 사망에 해당하므로 법인의 해산에 의한 잔여재
산의 귀속은 상속과 비슷하나, 이것은 사람의 사망에 의한 재산의 당연
한 포괄승계가 아니므로, 법인의 해산은 상속의 개시원인이 아니다.

(3) 상속은 사람의 사망에 의하여 그 사람에게 속하였던 재산에 대하여 되
므로, 예컨대 무재산의 영아나 부랑아의 경우에는 사람이 사망하더라도
무재산이라면 상속이 개시될 여지가 없다. 다만 재산에는 적극재산 뿐
만 아니고 소극재산도 포함되므로 차금만이 남은 경우에도 상속은 개시
된다.

3. 상속의 개시시기

상속의 개시시기는 상속의 개시원인이 발생한 때, 즉 피상속인이 사망한 때 또는 사망으로 본 때(제27조·제28조)이다.

(1) 자연적 사망의 시기는 현실로 사망한 때이며 사망신고의 때가 아니다. 또 사망시에 법률상 당연히 상속은 개시되며, 상속인이 그것을 알고 있는지의 여부는 묻지 않는다. 그것은 무주의 재산이 일순간이라 존재하지 않도록 하기 위한 입법조치이다.

(2) 실종선고에 의하여 사망으로 보는 때에는 실종선고 확정시가 아니라 실종기간이 만료한 때(제27조·제28조, 가족관계등록법 제92조)이다. 실종선고에 의한 상속개시의 효과는 후에 실종선고가 취소된 때에는 처음부터 발생하지 않았던 것으로 된다.

(3) 사망의 시기는 보통은 사망신고에 첨부되는 사망진단서 또는 검안서에 의하여 명확히 되나(가족관계등록법 제84조), 경우에 따라서는 그 확정이 곤란한 경우가 생긴다. 수난·화재 기타 사변으로 인하여 사망한 자가 있는 경우에는 그를 조사한 관공서가 사망지의 시·읍·면의 장에게 사망의 보고를 한다(가족관계등록법 제87조). 이러한 경우에 종종 사망자의 인정 또는 실제의 사망시기의 인정을 잘못하는 경우가 있다. 이러한 경우 후에 다툼이 일어났을 때에는 증거에 의하여 재판상 확정하여야 한다. 특히 위난에 의하여 피상속인과 상속인이 사망하여 어느 쪽이 먼저 사망하였는가 불명한 경우에 상속에 중대한 영향을 끼치게 되고, 더구나 그 입증은 매우 곤란한 것이다.

이론상 동사자의 상속 - 예컨대 부와 자가 동일한 사고로 조난하여 사망한 경우 - 은 가장 문제가 되어 의용민법에서는 이와 같은 경우의 처치에 관하여 아무런 규정도 두지 않았기 때문에 다툼이 일어났을 경우, 사실상 먼저 상속을 한 자가 유리하게 되었던 것이다. 그러나 민법은 독일민법에 따라서 이러한 경우에 동시에 사망한 것으로 추정하였다(제30조). 구체적 사례는 그리 많지 않지만, 신상속법에서는 혈연상속인 배우자의 공동상속이 많이 행하여지므로 이 규정은 타당한 입법이다.

(4) 상속개시의 시기는 상속상의 제문재 해결의 중요한 표준이 된다. 즉, ①

상속개시의 장소는 피상속인의 주소지에서 개시한다(제998조). ② 상속인의 자격의 유무도 이 시기를 표준으로 하여 결정한다. 상속인은 이 시기에 생존하고 있든가 내지는 생존이 의제되어야 하며(계속의 원칙·동시존재의 원칙)(제1000조 3항), 또 이 시기에 상속순위(제1000조)에 있어야 하며, 또한 결격(제1004조)으로 인한 자격상실자가 아니어야 한다. ③ 상속재산·상속분을 산정하는 경우의 표준이 된다(제1008조·제1009조 등 참조). ④ 재산분리청구의 기간의 기산점이 된다(제1045조). ⑤ 상속회복청구권(제999조)의 기간은 그 침해를 안 날로부터 기산된다. ⑥ 상속재산의 분할, 상속포기의 효력은 이 시기에 소급하여 발생한다(제1015조·제1042조).

4. 상속의 형태

(1) 생전상속과 사망상속

생전상속이란 상속개시를 피상속인의 생존 중에 인정하는 형태이며, 사망상속이란 상속개시를 피상속인의 사망시로 하는 형태를 말한다. 근대적 상속제도는 사망상속을 원칙으로 한다. 우리 민법은 과거에 호주상속에 있어서 생전상속을 인정하고 있었다(구 제980조).

(2) 법정상속과 유언상속

법정상속이란 상속인이 될 자의 범위와 순위가 법률상 정해져 있는 상속형태를 말하며, 유언상속이란 상속인이 피상속인의 유언으로 지정되는 상속형태를 말한다. 현행상속법은 법정상속을 기본으로 하면서 유언제도를 인정하고 있지만, 유언으로 상속인을 지정하는 것이 허용되지 않으므로 엄격히 말하면 유언상속을 채용하고 있지 않다.

(3) 단독상속과 공동상속

단독상속이란 상속인이 1인으로 한정되어, 피상속인의 가장으로서의 지위나 유산 전부를 단독으로 승계하는 상속형태를 말하며, 공동상속이란 상속인이 복수인 경우 그들이 공동으로 상속하는 형태를 말한다. 우리 민법은 재산상속에 있어서 공동상속제를 채택하고 있다(호주제 폐지 전에는 호주상속시 단독상속제 채택).

(4) 강제상속과 임의상속

강제상속이란 상속인의 상속포기를 허용하지 않음으로써 상속을 강제하는 상속형태를 말하며, 임의상속이란 상속인의 상속포기를 인정하는 상속형태를 말한다. 현행 우리 민법상으로는 재산상속에 있어서 임의상속제만 인정된다.

◈ 상속이 개시되는 장소

제998조 【상속개시의 장소】

상속은 피상속인의 주소지에서 개시한다. [전문개정 1990. 1. 13]

■ § 998. 상속의 개시장소

- 피상속인의 주소지
- 이것은 주로 상속사건과 파산사건의 재판관할을 확정하는데 필요하다
- 또 상속세의 부과, 징수의 경우 상속재산의 가액을 평가하는 표준이 된다(§
  1~§3, §14, §16).
- 관련법조 : [상속개시지] 민소 §22

(1) 상속개시를 정하는 표준에는 사망지주의, 주소지주의가 있으나, 민법은 주
   소지주의를 채택하였다. 사망지는 항해 중의 경우 등에 불명확할 뿐만 아
   니라, 우연히 어디가 될는지 모른다. 그래서 생활의 근거되는 곳인 주소지
   (제18조)를 개시지로 하였다.

   그리고, 피상속인의 주소가 복수인 경우에 스위스민법은 최후의 주소지에
   의한다고 규정하고 있다(스위스민법 제528조). 이러한 규정이 없는 민법에서
   는 해석상 문제의 여지가 있으나, 스위스민법과 같이 해석하는 것이 좋을
   것이다. 또 피상속인의 주소를 알 수 없는 때 또는 한국에 주소가 없을 때
   에는 그 최후의 거소를 주소로 보고(제19조 · 제20조), 거소를 알 수 없는 때
   에는 그 사망지를 상속개시의 장소로 할 수 밖에 없을 것이다.

(2) 상속개시장소를 피상속인의 주소지로 한 것은 주로 상속사건(민소 제22조,
   가소법 제13조 1항)의 재판관할을 확정하는데 필요하다.

   피상속인의 주소를 알 수 없는 때 또는 한국에 주소가 없을 때에는 그
   최후의 거소를 주소로 보고(제19조, 제20조), 거소를 알 수 없을 때에는
   사망지를 상속개시의 장소로 할 수 밖에 없을 것이다.

상속에 관한 비용의 지급

제998조의 2 【상속비용】

상속에 관한 비용은 상속재산 중에서 지급한다. [본조신설 1990. 1. 13]

■ § 998조의 2. 상속비용

• 상속재산에 관한 비용이란 조세 기타의 공과, 관리비용, 청산비용, 소송비용, 재산목록작성비용, 유언집행비용 등이다.
• 이러한 비용은 모두 상속재산 중에서 지급한다.

본조는 상속비용에 관한 내용을 규정한 것이다.

(1) 1990년 개정 전의 민법에서는 제998조에서 상속개시의 장소와 비용에 관하여 동일조문에서 호주상속의 개시와 비용에 관해 규정한 「제981조와 제983조를 준용한다」고 규정하고 있었으나, 개정 민법에서는 상속개시의 장소에 관하여 제998조 그리고 상속비용에 관하여 제998조의 2로 각각 규정하고 있다. 상속에 관한 비용은 상속재산 중에서 지급한다.

본조에서 말하는 상속비용이란 상속재산의 관리 및 청산에 필요한 비용을 말한다. 조세 기타의 공과, 관리비용, 청산비용, 소송비용, 재산목록작성비용, 유언집행비용 따위이다. 장례비용은 직접으로는 상속에 관한 비용이라고는 할 수 없으나, 피상속인을 위한 비용으로 이에 포함된다고 본다. 이러한 비용은 모두 상속재산 중에서 지급하는 것이다.

(2) 이 규정은 한정승인·포기·상속재산의 파산·재산분리 등의 경우에 실익이 있다. 단순승인의 경우에는 상속인의 고유재산과 상속재산은 동일인에 귀속되므로, 어느 쪽에서 지출하더라도 결과에 있어서 큰 차이가 없다. 따라서 단순승인에 있어서는 이 문제가 생기지 않는다. 그러나 상속인이 다수 있을 때에는 누가 어떤 비율로 부담하느냐가 의문이며, 이 규정이 실익이 없다고 할 수 없다.

▣ 핵심판례 ▣

■ 장례비용이 민법 제998조의2 소정의 상속에 관한 비용에 해당하는지 여부(적극)

상속에 관한 비용은 상속재산 중에서 지급하는 것이고, 상속에 관한 비용이라 함은 상속재산의 관리 및 청산에 필요한 비용을 의미하는바, 장례비용도 피상속인이나 상속인의 사회적 지위와 그 지역의 풍속 등에 비추어 합리적인 금액 범위 내라면 이를 상속비용으로 보아야 한다(대판 2003. 11. 14. 선고 2003다30968).

◆ 상속회복청구권

제999조【상속회복청구권】

① 상속권이 참칭상속권자로 인하여 침해된 때에는 상속권자 또는 그 법정 대리인은 상속회복의 소를 제기할 수 있다.

② 제1항의 상속회복청구권은 그 침해를 안 날부터 3년, 상속권의 침해행위 가 있은 날부터 10년을 경과하면 소멸된다. <개정 2002. 1. 14> [전문개 정 1990. 1. 13]

■ § 999. 상속회복청구권

- 진정한 상속인이 그 상속권의 내용의 실현을 방해하고 있는 자에 대하여 상 속권을 주장함으로써 그 방해를 배제하고 현실로 상속권의 내용을 실현하는 것을 목적으로 하는 청구권
- 성질 : 상속회복을 위한 개별적 청구권의 집합에 불과
- 당사자 : ① 회복청구권자 - 상속권자와 그 법정대리인, 인지자, 상속분양수인
            ② 회복청구권의 상대방 참칭상속인 등
- 상속회복청구권의 소멸 : ① 상속회복청구권의 포기도 가능
                        ② 제척기간 - 그 침해를 안 날로부터 3년, 상속권 의 침해가 있는 날로부터 10년
- 관련법조 : [상속회복소] 민소 §22

본조는 상속회복청구권에 관하여 규정한 것이다.

1. 의의 및 입법취지

상속이 개시되었을 때 상속인이 아닌 자나 상속인의 자격을 가지고 있으나 정당한 상속순위에 있지 않은 자(이러한 자를 참칭상속인이라 한다)가 고의 또는 과실로 사실상의 상속을 하고 있는 경우 진정한 상속인은 참칭상속인에 대하여 상속회복청구를 할 수 있다(제999조 1항). 이를 상속회복청구권이라고 한다.

상속인은 상속개시와 동시에 상속재산에 속하는 권리를 당연히 승계하는 것 이기 때문에, 상속권이 침해되면, 상속재산을 구성하는 각각의 권리(물권·채

권)에 의거하여 개별적으로 그 회복을 청구하는 것으로 충분하고, 특별히 상속회복청구권이란 제도를 인정할 필요가 없다고 생각할 수 있다. 그러나 민법은 이와는 별도로 포괄적으로 상속인으로서의 지위를 부활시킬 수 있는 제도, 즉 상속회복청구권을 인정하고 있다(제999조).

왜 이러한 상속회복청구권을 인정할 필요가 있는 것일까? 상속회복청구권은 로마법이 창시한 제도로서, 독일민법이 계수하였고, 우리민법 또한 독일민법을 본받아 채택한 것이다.

이 제도의 근거는 첫째, 상속에 의하여 취득하는 재산은 포괄적이므로 상속권이 없는 자가 상속인을 승계하고 이를 점유한 때에는 그 개개의 권리를 조사하는 것이 곤란하기 때문에 진정한 상속인에게 일괄하여 그 회복을 청구하게 하는 것이 진정한 권리자를 위하여 실익이 있고, 둘째, 참칭상속인의 상속재산에 대한 권리·처분행위는 무권리자의 행위로서 당연히 무효이나 제3자에게는 진정한 상속인이 누구인가 판명할 수 없는 경우가 대부분이고, 오랜 기간이 지난 후에 진정한 상속인의 주장을 인정하는 것은 거래의 안전을 해한다. 그리하여 이러한 청구권을 인정함과 동시에 단기제척기간에 걸리게 함으로써 거래의 안전을 꾀한다는 데 그 목적이 있다.

상속회복청구권의 성질에 관하여는 형성권이란 설도 있으나, 청구권이라고 해석하여야 할 것이다.

상속재산전체의 인도를 포괄적으로 청구하는 데 한하지 않고, 상속재산 중의 특정재산에 대한 인도를 청구하는 경우에도 적어도 자기에게는 상속권이 있고, 상대방에게 상속권이 없음을 근거로 하여 상속재산의 인도를 청구하는 것이라면 상속회복청구권이라 할 수 있다. 통설과 판례는 참칭상속인으로부터 상속재산을 전득한 제3자도 회복청구의 상대방이 된다고 한다.

2. 법적 성질

상속회복청구소송이 참칭상속인의 지위를 부정하고 진정상속인의 상속자격을 확인하는데 불과한 확인의 소라는 견해도 있으나 이행의 소라는 것이 통설인데, 이처럼 이행의 소로 볼 경우에는 제척기간과 관련해 개별적인 물권적 청구권과의 관계가 문제된다.

(1) 학 설

1) 상속자격확정설

상속회복청구권은 상속인의 자격을 확정하는 권리이며 개별재산의 귀속에
관하여 다투는 권리가 아니라 상속자격을 확정하여 그 지위의 확인을 구하
는 권리라고 본다. 이 견해는 제999조 제2항의 제척기간이 경과된 후에도 이
행의 소로서의 물권적 청구권의 행사가 가능하다고 본다.

2) 상속재산반환청구권설

가. 집합적 권리설

상속회복청구권은 개별적 청구권의 집합에 불과하다고 보아, 상속재산의
회복을 위한 소는 포괄적으로 행해지든 개별적 청구권, 즉 소유권에 기한
물권적 청구권으로 행해지든 참칭상속인을 상대로 하는 것이라면 모두 제척
기간의 적용을 받는다고 보는 견해이다. 따라서 제999조의 제척기간이 경과
한 후에는 개별적 청구권에 기한 상속재산회복도 허용되지 않는다고 보아
법률관계의 조속한 안정을 상속회복청구권의 입법취지로 이해하게 된다.

나. 독립적 권리설

상속회복청구권은 상속법상의 고유한 청구권으로서 상속권을 청구원인
으로 하므로 소유권 등에 기한 물권적 청구권과 같은 개별적 청구권과는
성질이 다르다고 보는 견해이다. 이에 따르면 본 청구권이 제척기간에 걸
린 후에도 개별적 청구권인 소유권에 기한 물권적 청구권을 행사할 수 있
다고 본다.

(2) 판 례

청구형태가 어떠하든지 자기가 진정상속인이며 상대방이 참칭상속인인
것을 이유로 하여 상속재산의 인도를 구하는 것이면 모두 상속회복청구권
이라고 하면서 제척기간이 적용되어야 한다고 본다. 판례는 상속으로 인한
분쟁을 조기에 안정시킨다는 점에서 상속회복청구권의 제도적 취지를 찾는
다. 상속회복청구권은 물권적 청구권 기타의 재산권의 주장 등 개별적 청
구권의 집합으로서, 물권적 청구권과 상속회복청구권은 법조경합관계에 있
다고 한다(대판 1981.1.13, 80사26). 따라서 상속회복청구권의 제척기간이

경과하면 개별적 권리, 즉 소유권에 기한 물권적 청구권도 행사할 수 없게
되어 참칭상속인이 상속개시시부터 권리를 갖는다고 보는 것이다.

3. 상속회복청구권의 행사·절차

(1) 청구권자

상속회복청구권자는 상속권자 또는 그 법정대리인이다.

포괄적 수증자는 민법 제1078조에 의하여 상속인과 동일한 권리의무를
가지므로, 상속인의 상속회복청구권 및 그 제척기간에 관하여 규정한 민법
제999조는 포괄적 유증의 경우에도 유추적용된다(대판 2001. 10. 12. 2000다
22942).

진정한 상속인으로부터 상속분의 양도를 받은 자(제1011조)는 상속인에
준하여 직계비속이 있다고 보아야 할 것이나, 문제는 진정한 상속인으로부
터 특정 상속재산을 양수한 자(특정승계인)도 청구권자가 될 수 있는가 하
는 것이다.

상속회복청구권은 일신전속권이라고 해석하는 것이 통설이므로 상속인의
특정승계인은 상속회복청구권자가 될 수 없을 것이다. 단, 이 경우에도 참
칭상속인은 특정상속인에 대하여 시효를 원용할 수 있다고 해석하여야 할
것이다.

(2) 상속회복청구의 상대방 : 참칭상속인

상속회복청구의 상대방이 되는 참칭상속인이라 함은 재산상속인인 것을
신뢰케 하는 외관을 갖추고 있는 자나 상속인이라 참칭하여 상속재산의 전
부 또는 일부를 점유하는 자를 가리킨다(대판 1994. 3. 11. 93다24490). 이
러한 자는 당연히 상속회복청구의 상대방이 된다. 다만 상속재산을 점유하
지 않고 단지 상속권만을 다투는 자는 회복청구의 상대방이 되지 않는다.
상대방의 선의·악의, 과실의 유무는 묻지 않는다. 참칭상속인의 상속인도
참칭상속인이며 상속재산을 점유하는 한 상대방이 된다.

가. 참칭상속인에 해당하는 사례

① 공동상속인의 한 사람이 다른 상속인의 상속권을 부정하고 자기만이

상속권이 있다고 참칭하는 경우(대판 1994. 3. 11. 93다24490).

② 상속등기가 공동상속인 중 1인 명의로 경료된 경우

상속재산인 부동산에 관하여 공동상속인 중 1인 명의로 소유권 이전 등기가 경료된 경우 그 등기가 상속을 원인으로 경료된 것이라면 등기명의인의 의사와 무관하게 경료된 것이라는 등의 특별한 사정이 없는 한 그 등기명의인은 재산상속인임을 신뢰케 하는 외관을 갖추고 있는 자로서 참칭상속인에 해당된다(대판 1997. 1. 21. 96다4688).

나. 참칭상속인에 해당하지 않는 사례

① 서류를 위조하여 상속등기를 한 경우 : 사망자의 상속인이 아닌 자가 상속인인 것처럼 허위기재된 위조의 제적등본, 호적등본을 기초로 하여 상속인인 것처럼 꾸며 상속등기가 이루어진 경우(대판 1993. 11. 23, 93다34848). 이러한 사람을 민법 제999조가 규정하는 참칭상속인으로 인정한다면 제999조의 제척기간이 적용되어, 진정한 상속인이 상속회복청구를 할 수 없게 되므로 판례는 서류를 위조한 자를 참칭상속인의 범위에 포함시키지 않음으로써, 제999조에 의한 제척기간의 적용을 배제하고 진정한 상속인을 보호하고자 한 취지로 이해된다.

② 제3자가 서류를 위조하여 공동상속인 중 1명의 명의로 상속등기를 경료한 경우(대판 1994. 3. 11, 93다24490).

(3) 상속회복청구권의 상속 여부

상속권을 침해당한 상속인이 그 상속회복청구권을 행사하지 않고 사망한 경우에 그 자의 상속인이 이 상속회복청구권을 행사할 수 있는가가 문제된다. 다수설은 상속회복청구권의 일신전속적 성격으로 인하여 상속되지 않으나, 고유의 상속권침해로 이론구성을 한다. 이에 이하면 자신의 상속회복청구권의 기산점을 자신의 상속개시시점을 기준으로 삼을 수 있어 상속인에게 유리하다. 그런데 상속회복청구권을 상속받은 것으로 이론구성하면 피상속인의 상속권침해행위시를 기준으로 제척기간을 정하게 되어 상속인에게 불리하다. 판례는 호주승계회복청구권의 상속을 부정한 바 있다(대판 1990. 7. 27, 89므1191).

(4) 행사의 방법

청구의 내용은 청구권자가 상속인으로서 승계한 재산권 일체에 대하여 상대방의 방해를 배제하는 것이다. 언제나 소의 방법에 의하지 않으면 안 되는가에 대해서는 학설이 나뉘어 있으나, 재판 외의 청구로도 무방하다는 것이 통설이다(김주수). 공동상속의 경우는 반드시 공동상속인 전원이 공동으로 행사하여야 하는 것은 아니다. 즉, 필수적 공동소송은 아니다.

(5) 행사의 효과

가. 당사자간의 효과

판례에 의하면 상속회복청구권의 성질을 가지는 제1014조의 가액지급청구권 행사에 있어 상대방의 선의, 악의에 따라 반환범위가 달라지지 않는다고 한다. 즉, 제748조가 적용되지 않는다(대판 1993. 8. 24, 93다12). 따라서 선, 악 불문하고 모두 반환하여야 한다.

나. 제3자에 대한 효과

참칭상속인이 제3자에에 양도행위를 한 경우 제척기간이 경과하면 제3자는 무조건 보호된다. 다만 제척기간이 경과하기 전이라면 양도의 대상이 부동산인 경우는 등기에 공신력이 없으므로, 선의라도 반환해야 한다. 단 등기부취득시효에 의하여 보호될 수는 있다. 양도의 대상이 동산이라면 선의취득에 의해 보호될 수 있다. 반면 채무자가 참칭상속인에게 선의, 무과실로 변제하면 채권의 준점유자에 대한 변제로서 효력이 있다(제470조). 따라서 진정상속인은 참칭상속인에 대하여 부당이득반환청구권을 행사할 수 있을 뿐이다.

4. 상속회복청구권의 소멸

(1) 상속회복청구권은 그 침해를 안 날로부터 3년, 상속권의 침해행위가 있은 날로부터 10년을 경과하면 소멸된다(제999조 2항).

상속권의 침해를 안 날이란 자기가 진정상속인임을 알고 또 자기가 상속에서 제외된 사실을 안 때를 가리킨다(대판 1982. 2. 10. 79다2052).

(2) 구 규정은 상속이 개시된 날로부터 10년을 경과하면 상속회복청구권이 소멸하도록 되었는데, 이에 반하면 상속이 개시된 날로부터 10년이 경과한 시점에서 참칭상속인(또는 공동상속인 중의 일부)이 진정한 상속인의 상속권을 침해하면(예를 들어서 공동상속인 중의 1인이 다른 공동상속인을 배제하고 상속부동산에 대하여 단독등기를 하는 경우), 진정한 상속인은 상속회복청구를 할 수 있는 기회조차 가지 못한다는 문제가 있다. 즉, 상속회복청구권이 이미 제척기간의 경과에 의해서 소멸되었으므로, 참칭상속인은 진정한 상속인의 상속권을 침해하는 이유로, 헌법재판소는 진정상속인의 상속회복청구권에 관한 권리행사기간을 상속개시일로부터 10년으로 제한한 현행민법의 규정은 '기본권 제한의 입법한계를 일탈한 것으로서, 재산권을 보장한 헌법 제10조 제1항, 재판청구권을 보장한 헌법 제27조 제1항, 기본권의 본질적 내용의 침해를 금지한 헌법 제37조 제2항에 위반된다'고 하면서 이 규정은 '합리적인 이유없이 상속을 원인으로 재산권을 취득한 사람을 그 밖의 사유를 원인으로 재산권을 취득한 사람에 대해서 차별 취급하는 것으로 헌법 제11조 제1항의 평등의 원칙에 위배된다 할 것이다'라고 판시하고 제999조 제2항 중 '상속이 개시된 날로부터 10년' 부분은 헌법에 위반된다고 하였다[헌재 2001. 7. 9. 99헌마 9. 26.·84, 2000헌마 2000헌가 23(병합)].

▣ 핵심판례 ▣

■ [상속회복청구권]

1. 공동상속인 중의 1인이 피상속인의 인감증명서와 그 명의의 등기소요서류를 위조하여 제3자 앞으로 불법등기를 경료하였음을 청구원인으로 하여 위 제3자에게 그 등기의 말소를 구하는 소가 상속회복청구의 소에 해당하는지 여부(소극)

청구원인으로 주장하는 바가 피상속인이 사망하자 그 공동상속인 중의 1인이 함부로 망인의 인감증명서와 망인 명의의 등기소요서류를 위조하여 아무런 원인도 없이 제3자 앞으로 불법등기를 경료하였다고 하여 위 제3자에게 그 등기의 말소를 구하고 있는 것이라면 그 소는 상속회복청구의 소에 해당하지 아니한다(1991. 10. 22. 제2부 판결 91다21671 토지소유권이전등기말소등).

2. 소유권 이전등기에 의하여 재산상속인의 외관을 갖추었는지 여부의 판단 기준

소유권 이전등기에 의하여 재산상속인임을 신뢰케 하는 외관을 갖추었는지의 여부는 권리관계를 외부에 공시하는 등기부의 기재에 의하여 판단하여야 하므로, 비록 등기의 기초가 된 보증서 및 확인서에 취득원이 상속으로 기재되어 있다 하더라도 등기부상 등기원인이 매매로 기재된 이상 재산상속인임을 신뢰케 하는 외관을 갖추었다고 볼 수 없다(대판 1997. 1. 21. 96다4688).

3. 진정상속인이 주장하는 피상속인과 참칭상속인이 주장하는 피상속인이 다른 사람인 경우, 상속회복청구의 소라고 할 수 있는지 여부

상속회복청구의 소는 진정상속인과 참칭상속인이 주장하는 그 피상속인이 동일인임을 전제로 한다고 할 것인데, 진정상속인이 주장하는 피상속인과 참칭상속인이 주장하는 피상속인이 다른 사람인 경우에는 진정상속인의 청구원인이 진정상속인이 상속을 원인으로 부동산에 관한 소유권을 취득하였음을 전제로 한다고 하더라도 이를 상속회복청구의 소라고 할 수 없다(대판 1995. 4. 14. 93다5840).

4. 자신들의 상속분이 매도된 공동상속인이 상속분을 매수한 다른 공동상속인이나 제3자를 상대로 원인없이 경료된 이전등기의 말소를 구하는 소의 성질

민법 제999조, 제982조가 정하는 상속회복청구의 소는 진정한 상속인이 참칭상속인 또는 참칭상속인으로부터 상속재산을 양수한 제3자를 상대로 상속재산의 회복을 청구하는 소이므로 적법하게 상속등기가 마쳐진 부동산에 대하여 상속인의 일부가 다른 상속인 또는 제3자를 상대로 원인없이 마쳐진 이전등기의 말소를 구하는 소는 이에 해당하지 아니하여 민법 제982조 제2항이 정하는 소의 제기에 관한 제척문제의 적용이 없다(대판 1987. 5. 12. 86다카2443).

5. 사후양자나 정식으로 입양되지 아니한 양자가 양자로 행세하면서 양부의 상속재산을 처분한 것이 참칭상속인에 의한 재산상속침해에 해당하는지 여부

갑이 을을 양자로 삼아 그의 집에서 양육하고 족보에 그의 아들로 등재하였으나 법률상의 입양절차를 밟지 아니하고 있던 중 갑의 내외가 사망하자 을이 갑의 사후양자로 선정된 것처럼 갑의 호적부에 사후양자입양신고를 하였다가 이에 대한 무효심판이 확정되어 위 호적기재가 말소되었는바, 을은 갑의 사후양자로 등재된 이후 갑의 양자로 행세하면서 미등기로되어있던 갑소유의 부동산을 타에 임의로 처분하였다면 을이 사후양자나 정식으로 입양되지 아니한 이상 모두 갑의 유산상속권이 없는 것이 명백하므로 을이 갑의 양자로 행세하였다고 하더라도 민법 제982조의 '참칭' 상속인이 될 수 없고 또한 을의 위와 같은 갑의 상속재산처분행위가 민법 제999조의 이른바 '재산상속권침해'에 해당되지도 아니한다(대판 1987.

7. 21. 86다카2952).

6. **자신이 계쟁부동산의 진정한 상속인임을 전제로 상속으로 인한 소유권(지분권)의 귀속을 주장하여 상속을 원인으로 한 참칭상속인 명의의 소유권이전등기와 그로부터 위 부동산을 전득한 자 등 명의의 소유권이전등기의 말소를 청구하는 소가 구 민법(1990. 1. 13. 법률 제4199호로 개정되기 전의 것)상의 상속회복의 소에 해당한다고 한 사례**

원고들이 자신들만이 계쟁부동산의 원소유자 갑의 진정한 상속인임을 전제로 위 부동산에 관하여 상속으로 인한 소유권(지분권)의 귀속을 주장하면서, 갑의 참칭 상속인이라는 을과 그로부터 위 부동산을 전득한 제3자인 병 등을 상대로 상속을 원인으로 경료된 을 명의의 소유권이전등기와 그 등기를 기초로 하여 경료된 병 등 명의의 각 소유권이전등기의 말소를 청구하는 소는, 결국 원고들에게 위 부동 산의 소유권(지분권)이 귀속되었다는 주장이 상속을 원인으로 하는 것인 만큼, 이 는 구 민법(1990. 1. 13. 법률 제4199호로 개정되기 전의 것) 제999조 소정의 상속 회복의 소에 해당한다고 한 사례(1992. 9. 1. 제2부 판결 92다22923 토지소유권이 전등기말소).

7. **청구원인이 피고가 상속인과 아무런 관련이 없으면서도 부동산소유권이전 등기등에관한특별조치법상의 허위의 보증서에 기하여 경료한 소유권보존 등기가 원인무효임을 내세워 말소를 구한다는 것이라면 상속회복의 소에 해당하지 않는다고 한 사례**

원고가 청구원인으로, 피고가 참칭상속인임을 이유로 토지에 대한 피고 명의의 소유권보존등기의 말소를 구하는 것이 아니라 피고가 상속인과는 아무런 관련이 없으면서도 부동산소유권이전등기등에관한특별조치법상의 허위의 보증서에 기하 여 소유권보존등기를 경료하였으니 이는 원인무효이고 따라서 그 말소를 구한다 는 것이라면 이는 상속회복의 소에 해당하지 아니한다고 한 사례(1992. 9. 25. 제3 부 판결 92다18085 토지소유권이전등기말소등기).

8. **진정한 상속인이라 하여 상속에 의한 재산권의 귀속을 주장하고, 참칭상 속인이나 자기들만이 재산상속을 하였다는 일부 공동상속인들을 상대로 상속부동산에 관한 등기말소 등을 청구하는 경우 청구원인 여하에 불구하 고 구 민법(1990. 1. 13. 법률 제4199호로 개정되기 전의 것) 제999조 소 정의 상속회복청구의 소라고 볼 것인지 여부(적극)**

구 민법(1990. 1. 13. 법률 제4199호로 개정되기 전의 것)이 규정하는 상속회복의 소는 호주상속권이나 재산상속권이 참칭호주나 참칭재산상속인으로 인하여 침해 된 때에 진정한 상속권자가 그 회복을 청구하는 소를 가리키는 것이나, 재산상속 에 관하여 진정한 상속인임을 전제로 그 상속으로 인한 소유권 또는 지분권 등 재산권의 귀속을 주장하고, 참칭상속인 또는 자기들만이 재산상속을 하였다는 일 부 공동상속인들을 상대로 상속재산인 부동산에 관한 등기의 말소 등을 청구하는 경우에도, 그 소유권 또는 지분권이 귀속되었다는 주장이 상속을 원인으로 하는 것인 이상 그 청구원인 여하에 불구하고 이는 같은 법 제999조 소정의 상속회복청구의 소라고 해석함이 상당하다(1992. 10. 9. 제3부 판결 92다11046 소유권보존등기말소등).

9. 참칭상속인으로부터 상속재산을 전득한 제3자에 대해서 상속인이 상속재산의 반환을 청구하는 경우에 이 소의 성질

'법률상 무효로 되는 경우의 이중 호적에 등재된 진정상속인 아닌 사람이 재산상속인으로 끼어든 경우에도 이는 참칭상속인에 해당하는 것이라고 할것이며 또 재산상속에 관하여 진정한 상속인임을 전제로 그 상속으로 인한 소유권 또는 지분권 등 재산권의 귀속을 주장하고 참칭상속인 또는 자기들만이 재산상속을 하였다는 일부 공동 상속인들을 상대로 상속재산인 부동산에 관한 등기의 말소 등을 청구하는 경우에도 그 소유권 또는 지분권이 귀속었다는 주장이 상속을 원인으로 하는 것인 이상, 그 청구원인 여하에 불구하고, 이는 민법 제999조 소정의 상속회복청구의 소라고 해석함이 상당하다고 할 것이므로 이와 같은 경우에도 민법 제999조에 의하여 준용되는 민법 제982조 제2항 소정의 제척기간의 적용이 있는 것이라고 할 것이며,…진정상속인이 참칭상속인으로부터 상속재산을 양수한 제3자를 상대로 등기말소청구를 하는 경우에도 상속회복청구권의 단기의 제척기간이 적용되는것으로 풀이하여야 할 것이다. 왜냐하면, 상속회복청구권의 단기의 제척기간이 참칭상속인에게만 인정되고 참칭상속인으로 부터 양수한 제3자에게는 인정되지 않는다면, 거래관계의 조기안정을 의도하는 단기의 제척기간 제도가 무의미하게 될 뿐만 아니라 참칭상속인에 대한 관계에 있어서는 제척기간의 경과로 참칭상속인이 상속재산상의 정당한 권원을 취득하였다고 보면서 같은 상속재산을 참칭상속인으로부터 전득한 제3자는 진정상속인의 물권적 청구를 감수하여야 한다는 이론적 모순이 생기기 때문이다(대판(전원합의체) 1981. 1. 27. 79다854).

10. 가. 1942. 5. 29. 당시 토지대장에 기재된 소유권이전등록의 추정력

구 토지대장규칙(1914.4.25. 조선총독부령 제45호) 시행 당시인 1942.5.29. 토지대장에 소유권이전등록이 되어 있다면 당시 이미 그 명의자 앞으로 소유권이전등기가 마쳐져 있었고 따라서 그 무렵 소유권을 취득하였음을 의미한다.

나. 진정한 상속인임을 전제로 상속으로 인한 재산권의 귀속을 주장하고, 자기들만이 재산상속을 하였다는 일부 공동상속인들 또는 참칭상속인으로부터 상속재산을 양수한 제3자를 상대로 상속재산인 부동산에 관한 등기의 말소 등을 청구하는 경우 청구원인 여하에 불구하고 구 민법(1990. 1. 13. 법률 제4199호로 개정되기 전의 것) 제999조 소정의 상속회복청구의 소라고 볼 것인지 여부(적극)

재산상속에 관하여 진정한 상속인임을 전제로 상속으로 인한 지분권 등 재산권의 귀속을 주장하고, 자기들만이 재산상속을 하였다는 일부 공동상속인들 또는 참칭상속인으로부터 상속재산을 양수한 제3자를 상대로 상속재산인 부동산에 관한 등기의 말소 등을 청구하는 경우에 소유권 또는 지분권이 귀속되었다는 주장이 상속을 원인으로 하는 것인 이상 청구원인 여하에 불구하고 이는 구 민법(1990. 1. 13. 법률 제4199호로 개정되기 전의 것) 제999조 소정의상속회복청구의 소라고 해석함이 상당하다.

다. 상속회복청구의 소에 대한 제척기간의 준수 여부가 법원의 직권조사 사항인지 여부(적극) 및 제척기간 도과 후 제기된 소에 대한 법원의 조치(=소각하)

상속회복의 소는 상속권의 침해를 안 날로부터 3년, 상속개시된 날로부터 10년 내에 제기하도록 제척기간을 정하고 있는바, 이 기간은 제소기간으로 볼 것이므로, 상속회복청구의 소에 있어서는 법원이 제척기간의 준수 여부에 관하여 직권으로 조사한 후 기간도과 후에 제기된 소는 부적법한 소로서 흠결을 보정할 수 없으므로 각하하여야 할 것이다(1993. 2. 26. 제3부(마) 판결 92다3083 토지소유권이전등기말소등).

11. 상속인 중 1인이 피상속인 생전에 부동산을 매수하였다고 하여 이전등기를 경료한 경우 그 말소를 구하는 것이 상속회복청구의 소에 해당하는지 여부

상속인 중 1인이 피상속인의 생전에 그로부터 토지를 매수한 사실이 없음에도 불구하고 이를 매수하였다고 하여 부동산소유권이전등기등에관한특별조치법에 의한 이전등기를 경료하였음을 이유로 하여 나머지 상속인들을 대위하여 그 말소를 청구하는 소는 상속회복청구의 소에 해당한다고 볼 수 없다(1993. 9. 14. 제1부 판결 93다12268 소유권이전등기말소).

12. 상속인이 아닌 자가 위조의 제적등본 등을 기초로 상속등기를 한 경우 참칭상속인 해당 여부

사망자의 상속인이 아닌 자가 상속인인 것처럼 허위기재된 위조의 제적등본, 호적등본 등을 기초로 하여 상속인인 것처럼 꾸며 상속등기가 이루어진 사실만으로는 민법 제999조 소정의 참칭상속인에 해당한다고 할 수 없다(1993. 11. 23. 제1부 판결 93다34848 소유권이전등기말소등).

13. 상속인이 아닌 자가 위조된 호적등본을 첨부하여 경료한 상속등기의 말소를 구하는 소가 상속회복청구의 소인지 여부

갑이 그의 어머니의 성명이 을 등의 피상속인과 같은 이름으로서 사망한 것으로 기재된 호적등본을 첨부하여 재산상속을 원인으로 한 소유권이전등기 신청을 하여 갑에게 소유권이전등기가 경료된 경우 을이 공유자의 일원으로서 공유물의 보존을 위하여 갑 명의의 소유권이전등기 및 그에 터잡아 이루어진 병 명의의 근저당권설정등기의 말소를 구하는 소는 상속회복청구의 소라고 할 수 없다

(1994. 1. 14. 제3부 판결 93다49802 소유권이전등기말소).

14. 제3자가 서류를 위조하여 공동상속인 중 일인 명의로 상속등기를 경료한 경우 그 공동상속인이 참칭상속인인지 여부

상속회복청구의 상대방이 되는 참칭상속인이라 함은, 재산상속인인 것을 신뢰케 하는 외관을 갖추고 있는 자나 상속인이라고 참칭하여 상속재산의 전부 또는 일부를 점유하는 자를 가리키는 것으로서, 공동상속인의 한 사람이 다른 상속인의 상속권을 부정하고 자기만이 상속권이 있다고 참칭하는 경우도 여기에 해당한다 할 것이나, 부동산에 관하여 공동상속인의 한 사람인 갑 단독 명의로 경료된 소유권보존등기가 갑이 다른 상속인인 을의 상속권을 부정하고 자기만이 상속권이 있다고 참칭하여 경료한 것이 아니라 제3자가 갑의 의사와는 아무런 상관없이 관계서류를 위조하여 경료한 것이고, 달리 갑이 자기만이 상속한 것이라고 주장하였다고 볼만한 아무런 자료도 없다면, 갑을 상속회복청구의 소에서 말하는 참칭상속인이라고는 할 수 없다(1994. 3. 11. 제3부 판결 93다24490 소유권이전등기말소).

15. 상속회복청구권이 제척기간의 경과로 소멸한 경우 참칭상속인이 상속개시의 시로부터 소급하여 상속인의 지위를 취득하는 것인지 여부

상속회복청구권이 제척기간의 경과로 소멸하게 되면 상속인은 상속인으로서의 지위, 즉 상속에 따라 승계한 개개의 권리의무도 또한 총괄적으로 상실하게 되고, 그 반사적 효과로서 참칭상속인의 지위는 확정되어 참칭상속인이 상속개시의 시로부터 소급하여 상속인으로서의 지위를 취득한 것으로 봄이 상당하다(1994. 3. 25. 제3부 판결 93다57155 소유권이전등기).

16. 진정상속인이 주장하는 피상속인과 참칭상속인이 주장하는 피상속인이 동명이인인 경우 상속회복청구의 소인지 여부

상속회복청구의 소는 진정상속인과 참칭상속인이 주장하는 그 피상속인이동일인임을 전제로 한다고 할 것인데, 원고가 주장하는 그 피상속인과 피고가 주장하는 그 피상속인이 이름만 같을 뿐 다른 사람인 경우에는 원고의 청구원인이 원고가 상속을 원인으로 임야에 관한 소유권을 취득하였음을 전제로 한다 하더라도 이를 상속회복청구의 소라 할 수 없다(1994. 4. 15. 제3부 판결 94다798 소유권이전등기).

17. 상속개시일로부터 10년 이내에 상속회복청구권을 행사하여야 한다는 민법 제999조 제2항에 대한 헌법재판소의 위헌결정을 이유로 위 기간이 도과한 후에 제기된 상속회복청구의 소를 각하한 원심판결을 파기한 사례

헌법재판소는 2001. 7. 19.자 99헌바9·26·84, 2000헌바11, 2000헌가3, 2001헌가23(병합) 결정에 의하여 민법 제999조 제2항 중 "상속이 개시된 날부터 10년" 부

분과 구 민법(1990. 1. 13. 법률 제4199호로 개정되기 전의 것) 제999조에 의하여
준용되는 제982조 제2항 중 "상속이 개시된 날로부터 10년" 부분은 헌법에 위반
된다는 결정을 하였는바, 헌법재판소의 위헌결정의 효력은 위헌제청을 한 당해
사건, 위헌결정이 있기 전에 이와 동종의 위헌 여부에 관하여 헌법재판소에 위
헌여부심판제청을 하였거나 법원에 위헌여부심판제청신청을 한 경우만이 아니라
당해 사건과 따로 위헌제청신청은 하지 아니하였지만 당해 법률 또는 법률의 조
항이 재판의 전제가 되어 법원에 계속중인 사건과 위헌결정 이후에 위와 같은
이유로 제소된 일반 사건에도 미치는 것이므로 위 위헌결정으로 그 효력을 상실
한 민법 제999조 제2항을 적용하여 소를 각하하는 것은 위법하다(대판 2001. 10.
9. 99다17180).

18. **무허가건물대장의 효력 및 참칭상속인 또는 그로부터 무허가건물을 양수
한 자가 무허가건물대장에 건물주로 기재된 것이 상속회복청구의 소에
있어 상속권이 참칭상속인에 의하여 침해된 때에 해당하는지 여부(소극)**

무허가건물대장은 행정관청이 무허가건물 정비에 관한 행정상 사무처리의 편의
를 위하여 직권으로 무허가건물의 현황을 조사하고 필요 사항을 기재하여 비치
한 대장으로서 건물의 물권 변동을 공시하는 법률상의 등록원부가 아니며 무허
가건물대장에 건물주로 등재된다고 하여 소유권을 취득하는 것이 아닐 뿐만 아
니라 권리자로 추정되는 효력도 없는 것이므로, 참칭상속인 또는 그로부터 무허
가건물을 양수한 자가 무허가건물대장에 건물주로 기재되어 있다고 하여 이를
상속회복청구의 소에 있어 상속권이 참칭상속인에 의하여 침해된 때에 해당한다
고 볼 수 없다(대법원 1998. 6. 26. 선고 97다48937 판결).

19. **가. 사후의 피인지자에 의한 민법 제1014조 소정의 가액청구권의 성질**

민법 제1014조에 의하여, 상속개시 후의 인지 또는 재판의 확정에 의하여 공
동상속인이 된 자가 분할을 청구할 경우에 다른 공동상속인이 이미 분할 기
타 처분을 한 때에는 그 상속분에 상당한 가액의 지급을 청구할 권리가 있는
바, 이 가액청구권은 상속회복청구권의 일종이다.

나. 민법 제1014조의 가액의 산정 기준시점

민법 제1014조의 가액은 다른 공동상속인들이 상속재산을 실제처분한 가액 또
는 처분한 때의 시가가 아니라 사실심 변론종결시의 시가를 의미한다.

**다. 민법 제1014조의 가액에 부당이득반환의 범위에 관한 민법규정의 유추
적용 여부**

상속개시 후에 인지되거나 재판이 확정되어 공동상속인이 된 자도 그 상속재
산이 아직 분할되거나 처분되지 아니한 경우에는 당연히 다른 공동상속인들과
함께 분할에 참여할 수 있을 것인바, 민법 제1014조는 그와 같은 인지 이전에
다른 공동상속인이 이미 상속재산을 분할 기타의 방법으로 처분한 경우에는

사후의 피인지자는 다른 공동상속인들의 분할 기타 처분의 효력을 부인하지
못하게 하는 대신, 이들에게 그 상속분에 상당한 가액의 지급을 청구할 수 있
도록 하여 상속재산의 새로운 분할에 갈음하는 권리를 인정함으로써 피인지자
의 이익과 기존의 권리관계를 합리적으로 조정하는 데 그 목적이 있다 할 것
이고, 따라서 그 가액의 범위에 관하여는 부당이득반환의 범위에 관한 민법규
정을 유추적용할 수 없고, 다른 공동상속인들이 분할 기타의 처분시에 피인지
자의 존재를 알았는지의 여부에 의하여 그 지급할 가액의 범위가 달라지는 것
도 아니다.

라. 상속재산의 처분에 의한 조세부담을 민법 제1014조의 가액에서 공제할 것인지 여부

상속재산의 처분에 수반되는 조세부담은 상속에 따른 비용이라고 할 수 없고,
민법 제1014조에 의한 가액의 지급청구는 상속재산이 분할되지 아니한 상태를
가정하여 피인지자의 상속분에 상당하는 가액을 보장하려는 것이므로, 다른
공동상속인들의 분할 기타의 처분에 의한 조세부담을 피인지자에게 지급할 가
액에서 공제할 수 없고, 다른 상속인들이 피인지자에게 그 금액의 상환을 구
할 수도 없다(대법원 1993. 8. 24. 선고 93다12 판결).

20. 가. 진정한 상속인임을 전제로 그 상속으로 인한 재산권의 귀속을 주장하고, 참칭상속인 또는 자기들만이 재산상속을 하였다는 일부 공동상속인들을 상대로 상속재산인 부동산에 관한 등기의 말소 등을 청구하는 경우, 청구원인 여하에 불구하고 민법 제999조에 정한 상속회복청구의 소라고 해석하여야 하는지 여부(적극)

재산상속에 관하여 진정한 상속인임을 전제로 그 상속으로 인한 소유권 또
는 지분권 등 재산권의 귀속을 주장하고, 참칭상속인 또는 자기들만이 재산
상속을 하였다는 일부 공동상속인들을 상대로 상속재산인 부동산에 관한
등기의 말소(또는 진정명의 회복을 위한 등기의 이전) 등을 청구하는 경우
에, 그 소유권 또는 지분권이 귀속되었다는 주장이 상속을 원인으로 하는
것인 이상, 그 청구원인 여하에 불구하고 이는 민법 제999조에 정한 상속회
복청구의 소라고 해석함이 상당하다.

나. 구 민법 제996조에 규정된 제사용 재산의 승계가 본질적으로 상속에 해당하는지 여부(적극) 및 그에 관한 권리의 회복을 청구하는 경우, 민법 제999조 제2항의 제척기간이 적용되는지 여부(적극)

구 민법 제996조(1990. 1. 13. 법률 제4199호로 삭제)에 정한 이른바 제사용
재산은 일반상속재산과는 구분되는 특별재산으로서 대외적인 관계뿐만 아
니라 상속인 상호간의 대내적인 관계에서도 구 민법상의 호주상속인이 단
독으로 그 소유권을 승계하는 것이나, 위 규정에 의한 승계를 상속과는 완
전히 별개의 제도라고 볼 것이 아니라 본질적으로 상속에 속하는 것으로서

일가의 제사를 계속할 수 있게 하기 위하여 상속에 있어서의 한 특례를 규정한 것으로 보는 것이 상당하다. 따라서 그에 관하여 일반상속재산과는 다소 다른 특별재산으로서의 취급을 할 부분이 있다 하더라도, 상속을 원인으로 한 권리의무관계를 조속히 확정시키고자 하는 상속회복청구권의 제척기간 제도의 취지까지 그 적용을 배제하여야 할 아무런 이유가 없다

다. 민법 제1008조의3(구 민법 제996조)에 정한 '묘토인 농지'의 의미 및 '묘토인 농지'를 제사주재자로서 단독 승계하였음을 주장하는 자가 증명하여야 할 사항

민법 제1008조의3{구 민법 제996조(1990. 1. 13. 법률 제4199호로 삭제)}에 정한 '묘토인 농지'는 그 수익으로서 분묘관리와 제사의 비용에 충당되는 농지를 말하는 것으로서, 단지 그 토지상에 분묘가 설치되어 있다는 사정만으로 이를 묘토인 농지에 해당한다고 할 수는 없으며, 위 규정에 따라 망인 소유의 묘토인 농지를 제사주재자(또는 구 민법상의 호주상속인)로서 단독으로 승계하였음을 주장하는 자는, 피승계인의 사망 이전부터 당해 토지가 농지로서 거기에서 경작한 결과 얻은 수익으로 인접한 조상의 분묘의 수호 및 관리와 제사의 비용을 충당하여 왔음을 입증하여야 한다(대법원 2006. 7. 4. 선고 2005다45452 판결).

21. 인지심판 확정으로 상속회복청구권을 취득한 경우에 본조 제2항 소정 3년의 제척기간의 기산점

민법 982조 2항 소정의 그 침해를 안 날로부터 3년이 경과되면 상속회복청구권이 소멸된다는 취지의 규정중 침해를 안 날이라 함은 상속회복청구권을 가진 자가 침해를 안 날로부터 3년이 경과하면 동 청구권이 소멸된다는 취지이므로 상속회복 청구권이 없는 자가 침해사실을 알았다고 하더라도 이를 고려할 것 없이 상속회복청구권을 취득한 1973.1.5 인지 심판이 확정된 날로부터 침해사실을 안 것이라 할 것이고 인지의 효력이 소급한다 하여 위 제척기간 기산일을 달리 해석 할 수는 없다(대법원 1977. 2. 22. 선고 76므55 판결).

22. 상속회복청구권의 제척기간 기산점이 되는 민법 제999조 제2항에서의 '상속권의 침해를 안 날'의 의미와 판단 기준

상속회복청구권의 제척기간 기산점이 되는 민법 제999조 제2항 소정의 '상속권의 침해를 안 날'이라 함은 자기가 진정한 상속인임을 알고 또 자기가 상속에서 제외된 사실을 안 때를 가리키는 것으로서, 단순히 상속권 침해의 추정이나 의문만으로는 충분하지 않으며, 언제 상속권의 침해를 알았다고 볼 것인지는 개별적 사건에 있어서 여러 객관적 사정을 참작하고 상속회복청구가 사실상 가능하게 된 상황을 고려하여 합리적으로 인정하여야 한다(대법원 2007. 10. 25. 선고 2007다36223 판결).

23. **상속회복청구의 소의 제척기간의 기산점이 되는 '상속권의 침해행위가 있은 날'의 의미 및 제척기간의 준수 여부의 판단 기준**

민법 제999조 제2항은 "상속회복청구권은 그 침해를 안 날부터 3년, 상속권의 침해행위가 있은 날부터 10년을 경과하면 소멸한다."고 규정하고 있는바, 여기서 그 제척기간의 기산점이 되는 '상속권의 침해행위가 있은 날'이라 함은 참칭상속인이 상속재산의 전부 또는 일부를 점유하거나 상속재산인 부동산에 관하여 소유권이전등기를 마치는 등의 방법에 의하여 진정한 상속인의 상속권을 침해하는 행위를 한 날을 의미한다. 또한, 제척기간의 준수 여부는 상속회복청구의 상대방별로 각각 판단하여야 할 것이어서, 진정한 상속인이 참칭상속인으로부터 상속재산에 관한 권리를 취득한 제3자를 상대로 제척기간 내에 상속회복청구의 소를 제기한 이상 그 제3자에 대하여는 민법 제999조에서 정하는 상속회복청구권의 기간이 준수되었으므로, 참칭상속인에 대하여 그 기간 내에 상속회복청구권을 행사한 일이 없다고 하더라도 그것이 진정한 상속인의 제3자에 대한 권리행사에 장애가 될 수는 없다(대법원 2009. 10. 15. 선고 2009다42321 판결).

제 2 절 상속인 (개정 1990. 1. 13.)

피상속인으로부터 상속재산을 승계하는 자를 상속인이라 하는데 상속인의 상속순위는 다음과 같다.

(1) 제1순위자 : 제1순위의 상속인은 피상속인의 직계비속과 피상속인의 배우자이다(제1000조 1항 1호, 제1003조 1항). 피상속인의 직계비속이면 되고, 남녀에 의한 차별, 혼인중의 자와 혼인외의 자에 의한 차별, 연령의 고하에 의한 차별 등을 인정하지 않는다. 피상속인의 배우자의 상속분은 직계비속 또는 직계존속과 공동으로 상속할 때에 직계비속·존속의 상속분의 5할을 가산한다(제1009조 2항). 촌수의 차이가 있는 직계비속이 수인있는 경우에는 최근친자가 선순위의 상속인이 되고 동일한 촌수의 상속인이 수인있는 경우에는, 공동상속인이 된다(제1000조 2항). 태아는 상속순위에 관하여는 이미 출생한 것으로 본다(제1000조 3항).

1990년 민법개정전에는 배우자가 피상속인인 경우에 부는 그 직계비속과 동순위로 공동상속인이 되고 직계비속이 없는 때에는 단독상속인이 되던 것을 이 개정에서는 삭제하였다. 부가 피상속인 경우 배우자는 그 직계비속과 동순위로 공동상속인이 되고 직계비속이 없는 때에는 피상속인의 직계존속과 동순위로 되며 그 상속인이 없는 때에는 단독상속인이 된다(제1003조).

(2) 제2순위자 : 제2순위의 상속인은 피상속인의 직계존속이다. 피상속인의 직계존속이면 어떠한 차별도 없다. 직계존속이 수인있는 경우에는 최근친을 선순위로 하고 동일한 촌수의 상속인이 수인있는 경우에는 동순위로 공동상속인이 된다(제1000조 2항).

(3) 제3순위자 : 제3순위의 상속인은 피상속인의 형제자매이다(제1000조 1항 3호). 피상속인의 형제자매이면 되고 어떠한 차별도 없다. 형제자매가 수인있는 경우에는 동순위로 공동상속인이 된다(제1000조 2항 후단).

(4) 제4순위자 : 제4순위의 상속인은 피상속인의 4촌 이내의 방계혈족이다(제

1000조 1항 4호). 4촌 이내의 방계혈족 사이에서는 근친자는 원친자에 우선하여 상속인이 되고, 같은 촌수의 혈족이 수인있는 경우에는 동순위로 공동상속인이 된다. 그리고 여자에 대하여 상속분상의 차별도 없으며 상속순위상으로는 아무런 차별도 없다. 이 경우에도 역시 태아는 이미 출생한 것으로 간주한다.

◈ 상속의 순위

제1000조 【상속의 순위】

① 상속에 있어서는 다음 순위로 상속인이 된다. <개정 1990. 1. 13.>

1. 피상속인의 직계비속

2. 피상속인의 직계존속

3. 피상속인의 형제자매

4. 피상속인의 4촌이내의 방계혈족

② 전항의 경우에 동순위의 상속인이 수인인 때에는 최근친을 선순위로 하고 동친등의 상속인이 수인인 때에는 공동상속인이 된다.

③ 태아는 상속순위에 관하여는 이미 출생한 것으로 본다. <개정 1990. 1. 13.>

■ § 1000. 상속의 순위

- 직계비속
- 직계존속
- 형제자매
- 4촌 이내의 방계혈족
- 태아 : 이미 출생한 것으로 본다.

1. 상속순위

우리 민법상 상속인에는 혈족상속인과 배우자의 2종이 있으며, 후자는 언제나 상속인이고, 전자는 직계비속, 직계존속, 형제자매 순으로 상속인이 된다.

따라서 양자를 합해서 말할 때에는 제1순위는 직계비속과 배우자, 제2순위는 직계존속과 배우자, 제3순위는 형제자매, 제4순위는 4촌 이내의 방계혈족(1990년 개정전에는 8촌 이내의 방계혈족)이라고 하게 된다. 상속순위에서 특히 문제가 발생하는 것은 혈족상속인에 관한 경우이다.

2. 혈족상속인의 순위

(1) 제1순위 : 직계비속

제1순위의 상속인은 피상속인의 직계비속이다. 직계비속인 한 자연혈족이건 법정혈족이건 차별이 없으므로 친생자이건 양자이건, 또는 혼인중의 출생자이건 혼인외의 출생자이건 상관이 없으며, 또 남녀에 의한 차별, 연령의 고하에 의한 차별, 친권에의 복종여부에 의한 차별 등이 인정되지 아니하고, 또 기혼이건 미혼이건 그 상속순위에는 아무런 차별이 생기지 않는다. 다만 동일호적내에 있지 않는 여자의 상속분은 남자의 상속분의 4분의 1이었으나 1990년 민법 개정으로 이러한 차별은 폐지되었다. 그리고 1990년 민법 개정으로 계모자관계와 적모서자관계가 폐지되었으므로 상속권이 없다. 태아는 상속순위에 관하여는 이미 출생한 것으로 본다(제1000조 3항).

촌수의 차이가 있는 직계비속이 수인 있는 경우에는 최근친자가 선순위의 상속인이 되고, 동일한 촌수의 상속인이 수인 있는 경우에는 공동상속인이 된다. 그런데 손의 상속에 관하여, 자가 전원사망한 경우에는 자를 대습하여 손이 상속하는 것인가, 그렇지 않으면 이러한 경우에는 대습상속이 아니라 손의 고유한 상속권에 의거하여 상속하게 되는가에 대하여는 의문이 있다.

예컨대 직계비속인 자 중에서 1인이 상속개시 전에 사망하였고, 그에게 자가 있을 때에는 그 자가 망부를 대습하여 상속하게 되지만, 피상속인의 직계비속이 전원 사망하였거나 결격자가 된 경우에는 손은 대습상속을 하는가 본위상속을 하는가에 대하여 견해대립이 있는 바, 판례는 대습상속설을 취한다(대판 2001. 3. 9, 99다13157).

(2) 제2순위 : 직계존속

제2순위의 상속인은 피상속인의 직계존속이다.

피상속인의 직계존속이면 되고 어떠한 차별도 인정하지 않는 것은 직계비속의 경우와 동일하다. 따라서 이혼한 부모는 물론 양부모도 각각 상속권이 있다. 동일호적내에 있지 않은 직계비속 여자에 대해서는 상속분상의 차별이 있었으나, 1990년 민법규정으로 폐지되었다. 적모나 계모는 1990년 민법개정으로 상속권이 없어졌다.

직계존속이 수인인 경우에 촌수가 같으면 동순위 공동상속인이 되고, 촌수를 달리하면 최근친이 선순위상속인이 된다. 따라서 예컨대 부모와 조부모가 있는 경우에는 부모가 선순위상속권자가 되고, 동순위직계존속 사이에서의 우열은 없다. 친생부모와 양부모가 있을 때는 함께 동순위의 상속인이 된다. 계약형 불완전양자제도하에서는 양자를 상속할 직계존속에는 양부모뿐만 아니라 친부모도 포함된다(대판 1995. 1.20, 94마535). 반면 개정민법은 종전의 계약형 양자제도를 존치시키면서 복지형 양자제도로서 친양자제도를 신설하여 종전 생가와의 친족관계를 단절하는 완전양자제도를 도입하였다. 직계존속에 대하여는 대습상속을 인정하지 않는다. 따라서 부모 중 부만이 살아 있을 때에는 그 부가 모두 상속하며 모의 부모가 대습상속할 수 없다. 이때 부모가 모두 사망한 경우 조부모가 살아 있을 때에는 조부모가 상속하지만 이는 대습상속이 아니고 본위상속이다.

(3) 제3순위 : 형제자매

제3순위의 상속인은 피상속인의 형제자매이다.

피상속인의 배우자·직계비속·직계존속이 모두 없는 경우에는 피상속인의 형제자매가 제3순위로 상속인이 된다.

여기서 말하는 '형제자매'에 관하여 판례는 '민법 일부개정에 의하여 친족의 범위에서 부계와 모계의 차별을 없애고, 상속의 순위나 상속분에 관하여도 남녀 간 또는 부계와 모계 간의 차별을 없앤 점 등에 비추어 볼 때, 부계 및 모계의 형제자매를 모두 포함하는 것으로 해석하는 것이 상당하다'고 판시하였다. 따라서 어머니가 같고 아버지가 다른 경우 및 아버지가 같고 어머니가 다른 형제자매 사이에서도 상속이 이루어진다(대판 1997. 11. 28. 96다5421).

형제자매가 수인인 경우에는 동순위로 공동상속인이 되고, 형제자매의 직계비속에게는 대습상속이 인정된다(제1001조).

(4) 제4순위 : 4촌 이내의 방계혈족

제4순위의 상속인은 피상속인의 3촌부터 4촌 이내의 방계혈족이다. 피상속인

에게 형제자매 또는 그 직계비속(형제자매의 대습상속인)마저도 없는 때에는
피상속인의 4촌 이내의 방계혈족인 친족이 최종순위로 상속인이 된다.

(5) 배우자

배우자는 그 직계비속과 동순위로 공동상속인이 되고, 직계비속이 없는
경우에는 피상속인의 직계존속과 동순위로 공동상속인이 되며 피상속인의
직계비속도 직계존속도 없는 경우에는 단독상속인이 된다.

여기서 부와 처란 혼인신고를 한 법률상의 배우자를 말한다. 그러나 법률
상의 배우자라 할지라도 사망한 배우자와의 혼인이 무효가 된 경우에는 상
속권을 잃는다. 부부 일방의 사망 후에 혼인이 취소된 경우에 생존배우자
는 상속권을 잃게 되는가의 문제가 있는데, 판례는 혼인의 취소의 효력이
기왕에 소급하지 않는다는 민법 제824조를 근거로 하여 상속권을 잃지 않
는다고 판시하였다(대판 1996. 12. 23. 95다48308).

사실상의 이혼 중의 당사자 일방이 사망한 경우에도 다른 일방은 배우자로
서의 상속권이 있다고 보는 것이 판례의 태도이다(대판 1969. 7. 8. 69다427).

사실혼의 배우자에 대해서는 부 또는 처로서의 상속권이 인정되지 않는
다. 다만 상속인이 없는 경우에 특별연고자로서 상속재산의 전부 또는 일
부를 분여받을 수 있는 경우가 있을 뿐이다(제1057조의2).

▣ 핵심판례 ▣

■ [상속의 순위]

1. 가. 종중소유의 위토가 종손에게 상속된다는 관습이 있는지 여부(소극)

종중소유의 위토가 문중의 종손에게 상속된다는 관습은 없다.

나. 종중소유의 위토에 대하여 위토인허를 받지 아니하였다 하여 그 소유
권을 상실하는지 여부(소극)

전래되어 온 종중위토에 대하여 위토인허를 받지 아니하였다 하여 당연히 그
위토의 소유권을 상실한다 할 수는 없다(1991. 3. 27. 제2부 판결 91다3741 소
유권보존등기말소).

2. 민법 시행 전에 처가 이미 사망하고, 딸도 혼인하여 동일가적 내의 직계
   자손 없이 사망한 자의 동일가적 내에 가족이 있는 경우 망인의 유산을
   승계할자(=동일가적 내의 가족)

민법 시행 전에 처는 이미 사망하고, 딸도 혼인하여 동일가적 내의 직계자손 없
이 사망한 자의 유산은 구 관습법에 따라 망인의 동일가적 내에 있는 가족이 승
계하는 것이지, 동일가적 내에 없는 근친자인 출가녀에게 귀속한다고할 수 없다
(1992. 5. 12. 제1부 판결 91다41361 토지소유권이전등기말소).

3. 가. 피상속인의 사위가 피상속인의 형제자매보다 우선하여 단독으로 대습
   상속한다는 민법 제1003조 제2항이 위헌인지 여부(소극)

① 우리 나라에서는 전통적으로 오랫동안 며느리의 대습상속이 인정되어 왔
고, 1958. 2. 22. 제정된 민법에서도 며느리의 대습상속을 인정하였으며, 1990.
1. 13. 개정된 민법에서 며느리에게만 대습상속을 인정하는 것은 남녀평등・
부부평등에 반한다는 것을 근거로 하여 사위에게도 대습상속을 인정하는 것
으로 개정한 점, ② 헌법 제11조 제1항이 누구든지 성별에 의하여 정치적・
경제적・사회적・문화적 생활의 모든 영역에 있어서 차별을 받지 아니한다고
규정하고 있고, 헌법 제36조 제1항이 혼인과 가족생활은 양성의 평등을 기초
로 성립되고 유지되어야 하며 국가는 이를 보장한다고 규정하고 있는 점, ③
현대 사회에서 딸이나 사위가 친정 부모 내지 장인장모를 봉양, 간호하거나
경제적으로 지원하는 경우가 드물지 아니한 점, ④ 배우자의 대습상속은 혈
족상속과 배우자상속이 충돌하는 부분인데 이와 관련한 상속순위와 상속분은
입법자가 입법정책적으로 결정할 사항으로서 원칙적으로 입법자의 입법형성
의 재량에 속한다고 할 것인 점, ⑤ 상속순위와 상속분은 그 나라 고유의 전
통과 문화에 따라 결정될 사항이지 다른 나라의 입법례에 크게 좌우될 것은
아닌 점, ⑥ 피상속인의 방계혈족에 불과한 피상속인의 형제자매가 피상속인
의 재산을 상속받을 것을 기대하는 지위는 피상속인의 직계혈족의 그러한 지
위만큼 입법적으로 보호하여야 할 당위성이 강하지 않은 점 등을 종합하여
볼 때, 외국에서 사위의 대습상속권을 인정한 입법례를 찾기 어렵고, 피상속
인의 사위가 피상속인의 형제자매보다 우선하여 단독으로 대습상속하는 것이
반드시 공평한 것인지 의문을 가져볼 수는 있다 하더라도, 이를 이유로 곧바
로 피상속인의 사위가 피상속인의 형제자매보다 우선하여 단독으로 대습상속
할 수 있음이 규정된 민법 제1003조 제2항이 입법형성의 재량의 범위를 일탈
하여 행복추구권이나 재산권보장 등에 관한 헌법규정에 위배되는 것이라고
할 수 없다.

나. 동시사망으로 추정되는 경우 대습상속의 가능 여부(적극)

원래 대습상속제도는 대습자의 상속에 대한 기대를 보호함으로써 공평을 꾀하
고 생존 배우자의 생계를 보장하여 주려는 것이고, 또한 동시사망 추정규정도

자연과학적으로 엄밀한 의미의 동시사망은 상상하기 어려운 것이나 사망의 선후를 입증할 수 없는 경우 동시에 사망한 것으로 다루는 것이 결과에 있어 가장 공평하고 합리적이라는 데에 그 입법 취지가 있는 것인바, 상속인이 될 직계비속이나 형제자매(피대습자)의 직계비속 또는 배우자(대습자)는 피대습자가 상속개시 전에 사망한 경우에는 대습상속을 하고, 피대습자가 상속개시 후에 사망한 경우에는 피대습자를 거쳐 피상속인의 재산을 본위상속을 하므로 두 경우 모두 상속을 하는데, 만일 피대습자가 피상속인의 사망, 즉 상속개시와 동시에 사망한 것으로 추정되는 경우에만 그 직계비속 또는 배우자가 본위상속과 대습상속의 어느 쪽도 하지 못하게 된다면 동시사망 추정 이외의 경우에 비하여 현저히 불공평하고 불합리한 것이라 할 것이고, 이는 앞서 본 대습상속제도 및 동시사망 추정규정의 입법 취지에도 반하는 것이므로, 민법 제1001조의 '상속인이 될 직계비속이 상속개시 전에 사망한 경우'에는 '상속인이 될 직계비속이 상속개시와 동시에 사망한 것으로 추정되는 경우'도 포함하는 것으로 합목적적으로 해석함이 상당하다.

다. 피상속인의 자녀가 상속개시 전에 전부 사망한 경우 피상속인의 손자녀의 상속의 성격(대습상속)

피상속인의 자녀가 상속개시 전에 전부 사망한 경우 피상속인의 손자녀는 본위상속이 아니라 대습상속을 한다(대법원 2001. 3. 9. 선고 99다13157 판결).

◆ 상속인이 될 자가 사망하거나 결격자가 된 경우의 상속

제1001조【대습상속】

전조 제1항 제1호와 제3호의 규정에 의하여 상속인이 될 직계비속 또는 형제자매가 상속개시전에 사망하거나 결격자가 된 경우에 그 직계비속이 있는 때에는 그 직계비속이 사망하거나 결격된 자의 순위에 갈음하여 상속인이 된다. <개정 2014.12.30.>

■ § 1001. 대습상속

• 인정이유 : ① 공평의 이념, ② 정계상승이라는 상속의 본의
• 성질 : 자기고유의 권리
• 요건 : ① 상속인이 상속개시전에 사망하거나 결격자가 될 것
　　　　② 대습상속인은 피대습자의 직계비속이나 배우자일 것
　　　　③ 동순위의 공동상속인이 전부 상속개시전에 사망하거나 결격자가 된 경우에는 그 상속인이 직계비속에 대하여 대습상속인정
• 효과 : 대습상속인은 피대습자의 순위에 갈음하여 상속

1. 의 의

상속개시 전에 상속인이 그 지위를 잃게 되는 경우에 이 자의 상속인이 대신 상속하는 것이 대습상속 제도이며, 모든 나라에서 인정하고 있다.

상속개시 당시 살아 있었다면 상속인이 될 수 있었던 피상속인의 직계비속 또는 형제자매가 상속개시 전에 사망하거나 결격자가 된 경우에, 그 직계비속이 있는 때에는 그 직계비속이 사망하거나 결격된 자의 순위에 갈음하여 상속인이 된다(제1001조). 상속개시 전에 사망 또는 결격된 자의 배우자도 그 직계비속과 함께 동순위로 공동상속인이 되며, 그 직계비속이 없을 때에는 단독상속인이 된다(제1003조 2항). 이를 대습상속이라고 한다.

우리나라에서는 직계비속과 형제자매에 대해서 대습상속이 인정되어 있으나, 그 본질에 관하여 이의가 많은 제도이다.

2. 요 건

(1) 상속인이(피대습자) 상속개시 전에 사망하거나 결격자가 될 것

대습상속이 인정되기 위하여는 상속인이 될 자가 상속개시 전에 사망하거나 결격자가 되어야 한다(제1003조 2항). 즉 추정상속인이 상속개시 전에 사망·실종선고·결격 등의 사유로 상속권을 상실하고 있어야 하며, 대습상속인이 될 자는 실권한 추정상속인의 직계비속 또는 배우자이어야 한다. 외국의 입법례와는 달리 우리 민법상으로는 결격자(예 : 상속인이 고의로 상속인을 살해한 경우)의 상속인도 대습상속권이 있다.

(2) 대습상속인은 피대습자의 직계비속이나 배우자일 것

대습상속인은 피대습자의 직계비속이나 배우자이어야 한다.

직계비속은 상속개시시에 존재하고 있어야 하는 것이 원칙이지만 태아에게 상속권을 인정하는 민법의 취지에 따라 적어도 포태되어 있을 것을 요한다고 본다. 그리고 배우자는 법률상의 배우자이어야 하는 것이 당연하다.

동순위의 공동상속인이 전부 상속개시 전에 사망하거나 결격자가 된 경우에는 그 상속인의 직계비속에 대해서 당연히 대습상속이 인정되는지가 문제되는 바 판례는 '피상속인의 자녀가 상속개시 전에 전부 사망한 경우 피상속인의 손자녀는 본위상속이 아니라 대습상속을 한다고 봄이 상당하다'고 판시하였다(대판 2001. 3. 9. 99다13157).

직계존속에 대해서는 대습상속은 인정되지 않는다. 따라서 피상속인의 모가 이미 사망하고 부만 있을 때에는 부만이 상속하며, 모의 직계존속은 대습상속을 할 수 없다. 그리고 양부모가 사망하고 양자가 거액의 유산을 상속한 후 처와 직계비속 없이 사망한 경우에, 양자의 상속재산은 전부 친생부모가 상속하며, 양조부모가 생존해 있더라도 상속할 수 없다.

3. 대습상속인이 되는 자

(1) 제1순위의 재산상속인의 경우(제1001조, 제1000조 1항 1호) : 즉 상속인이 피상속인의 직계비속인 경우에 그 자가 상속개시 전에 사망하거나 결격자가 된 때에는 그 자의 직계비속이 대습상속인이 된다. 그러나 동순위의

공동상속인인 자가 모두 상속개시 전에 사망하거나 결격자가 된 경우는 대습상속제도는 실익이 없을 것이다. 왜냐하면 이 경우 피상속인의 손은 대습상속권이 아닌 본래의 상속권에 의하여 상속하게 된다고 해석할 수 있기 때문이다. 그러나 판례는 이 경우도 대습상속을 인정한다.

(2) 제3순위의 재산상속인의 경우(제1000조, 제1000조 1항 3호) : 즉 상속인이 피상속인의 형제자매인 경우에 그 자가 상속개시 전에 사망하거나 결격자가 된 때에는 그 직계비속이 대습상속인이 된다.

(3) 배우자 : 피상속인의 직계비속의 배우자는 부가 상속개시 전에 사망하거나 결격자가 된 경우에 그 직계비속과 공동으로 대습상속인이 되며 직계비속이 없는 경우에는 단독으로 대습상속이 된다(제1003조 2항). 1990년 민법 개정전에는 남편에 대하여는 인정하지 않고, 처에 대하여만 대습상속권을 인정하였는데 이를 1990년 민법 개정시에 개정하였다(1003조 제2항). 배우자는 법률상 혼인한 배우자이어야 하고, 사실혼 배우자는 대습상속할 수 없다. 배우자가 사망한 후 재혼한 경우는 인척관계가 소멸하므로 대습상속권이 없다.

4. 대습상속의 효과

대습상속에 의하여 대습자는 피대습자에게 예정되고 있는 상속분을 상속한다. 예컨대 장자의 자는 장자의 상속분을, 차자의 자는 차자의 상속분을 각각 자기의 상속분의 비율에 따라 받는다.

▣ 핵심판례 ▣

1. 가. 피상속인의 사위가 피상속인의 형제자매보다 우선하여 단독으로 대습상속한다는 민법 제1003조 제2항이 위헌인지 여부(소극)

① 우리 나라에서는 전통적으로 오랫동안 며느리의 대습상속이 인정되어 왔고, 1958. 2. 22. 제정된 민법에서도 며느리의 대습상속을 인정하였으며, 1990. 1. 13. 개정된 민법에서 며느리에게만 대습상속을 인정하는 것은 남녀평등·부부평등에 반한다는 것을 근거로 하여 사위에게도 대습상속을 인정하는 것으로 개정한 점, ② 헌법 제11조 제1항이 누구든지 성별에 의하여 정치적·경제적·사회적·문화적 생활의 모든 영역에 있어서 차별을 받지 아니한다고 규정하고 있고, 헌법 제36조 제1항이 혼인과 가족생활은 양성의 평등을 기초

로 성립되고 유지되어야 하며 국가는 이를 보장한다고 규정하고 있는 점, ③ 현대 사회에서 딸이나 사위가 친정 부모 내지 장인장모를 봉양, 간호하거나 경제적으로 지원하는 경우가 드물지 아니한 점, ④ 배우자의 대습상속은 혈족상속과 배우자상속이 충돌하는 부분인데 이와 관련한 상속순위와 상속분은 입법자가 입법정책적으로 결정할 사항으로서 원칙적으로 입법자의 입법형성의 재량에 속한다고 할 것인 점, ⑤ 상속순위와 상속분은 그 나라 고유의 전통과 문화에 따라 결정될 사항이지 다른 나라의 입법례에 크게 좌우될 것은 아닌 점, ⑥ 피상속인의 방계혈족에 불과한 피상속인의 형제자매가 피상속인의 재산을 상속받을 것을 기대하는 지위는 피상속인의 직계혈족의 그러한 지위만큼 입법적으로 보호하여야 할 당위성이 강하지 않은 점 등을 종합하여 볼 때, 외국에서 사위의 대습상속권을 인정한 입법례를 찾기 어렵고, 피상속인의 사위가 피상속인의 형제자매보다 우선하여 단독으로 대습상속하는 것이 반드시 공평한 것인지 의문을 가져볼 수는 있다 하더라도, 이를 이유로 곧바로 피상속인의 사위가 피상속인의 형제자매보다 우선하여 단독으로 대습상속할 수 있음이 규정된 민법 제1003조 제2항이 입법형성의 재량의 범위를 일탈하여 행복추구권이나 재산권보장 등에 관한 헌법규정에 위배되는 것이라고 할 수 없다.

나. 피상속인의 자녀가 상속개시 전에 전부 사망한 경우 피상속인의 손자녀의 상속의 성격(대습상속)

원래 대습상속제도는 대습자의 상속에 대한 기대를 보호함으로써 공평을 꾀하고 생존 배우자의 생계를 보장하여 주려는 것이고, 또한 동시사망 추정규정도 자연과학적으로 엄밀한 의미의 동시사망은 상상하기 어려운 것이나 사망의 선후를 입증할 수 없는 경우 동시에 사망한 것으로 다루는 것이 결과에 있어 가장 공평하고 합리적이라는 데에 그 입법 취지가 있는 것인바, 상속인이 될 직계비속이나 형제자매(피대습자)의 직계비속 또는 배우자(대습자)는 피대습자가 상속개시 전에 사망한 경우에는 대습상속을 하고, 피대습자가 상속개시 후에 사망한 경우에는 피대습자를 거쳐 피상속인의 재산을 본위상속을 하므로 두 경우 모두 상속을 하는데, 만일 피대습자가 피상속인의 사망, 즉 상속개시와 동시에 사망한 것으로 추정되는 경우에만 그 직계비속 또는 배우자가 본위상속과 대습상속의 어느 쪽도 하지 못하게 된다면 동시사망 추정 이외의 경우에 비하여 현저히 불공평하고 불합리한 것이라 할 것이고, 이는 앞서 본 대습상속제도 및 동시사망 추정규정의 입법 취지에도 반하는 것이므로, 민법 제1001조의 '상속인이 될 직계비속이 상속개시 전에 사망한 경우'에는 '상속인이 될 직계비속이 상속개시와 동시에 사망한 것으로 추정되는 경우'도 포함하는 것으로 합목적적으로 해석함이 상당하다.

다. 피상속인의 자녀가 상속개시 전에 전부 사망한 경우 피상속인의 손자녀는 본위상속이 아니라 대습상속을 한다(대판 2001. 3. 9. 선고 99다

13157).

2. 대습상속에 있어서 피대습자의 배우자가 대습상속의 상속개시 전에 사망하거나 결격자가 된 경우, 그 배우자에게 다시 피대습자로서의 지위가 인정되는지 여부(소극)

민법 제1000조 제1항, 제1001조, 제1003조의 각 규정에 의하면, 대습상속은 상속인이 될 피상속인의 직계비속 또는 형제자매가 상속개시 전에 사망하거나 결격자가 된 경우에 사망자 또는 결격자의 직계비속이나 배우자가 있는 때에는 그들이 사망자 또는 결격자의 순위에 갈음하여 상속인이 되는 것을 말하는 것으로, 대습상속이 인정되는 경우는 상속인이 될 자(사망자 또는 결격자)가 피상속인의 직계비속 또는 형제자매인 경우에 한한다 할 것이므로, 상속인이 될 자(사망자 또는 결격자)의 배우자는 민법 제1003조에 의하여 대습상속인이 될 수는 있으나, 피대습자(사망자 또는 결격자)의 배우자가 대습상속의 상속개시 전에 사망하거나 결격자가 된 경우, 그 배우자에게 다시 피대습자로서의 지위가 인정될 수는 없다(대법원 1999. 7. 9. 선고 98다64318, 64325 판결).

제1002조 삭제<1990. 1. 13>

종전규정 제1002조 【처가 피상속인인 경우의 상속인】

처가 피상속인인 경우에는 부는 그 직계비속과 동순위로 공동상속인이 되고 그 직계비속이 없는 때에는 단독상속인이 된다.

◆ 피상속인의 배우자의 상속순위는 어떻게 되는가?

제1003조【배우자의 상속순위】

① 피상속인의 배우자는 제1000조제1항제1호와 제2호의 규정에 의한 상속인이 있는 경우에는 그 상속인과 동순위로 공동상속인이 되고 그 상속인이 없는 때에는 단독상속인이 된다. <개정 1990. 1. 13>

② 제1001조의 경우에 상속개시전에 사망 또는 결격된 자의 배우자는 동조의 규정에 의한 상속인과 동순위로 공동상속인이 되고 그 상속인이 없는 때에는 단독상속인이 된다. <개정 1990. 1. 13>

■ § 1003. 배우자의 상속순위

- 법률상의 배우자
- 상속개시전에 사망 또는 결격된 자의 배우자도 그 직계비속과 함께 동순위로 공동상속인이 되며, 그 상속인이 없을 때는 단독상속인이 된다(대습상속)
- 관련법조 : 헌 §10

(1) 1990년 민법의 개정전에는 처가 사망한 경우와 부가 사망한 경우에 따라 달랐다. 즉, 처가 피상속인인 경우에는 부는 그 직계비속과 동순위로 공동상속인이 되고 직계비속이 없는 때에는 단독상속인이 되었다.

이 경우 망처는 법률상의 배우자이어야 하므로 예컨대 혼인외의 출생자의 생모가 사망하였다 하더라도 부는 그 자와 더불어 공동상속인이 될 수 없고, 혼인외의 자가 없더라도 단독상속인이 될 수 없었다.

처가 피상속인인 경우에는 처는 그 직계비속과 동순위로 공동상속인이 된다. 그러나 직계비속이 없는 때에는 부가 상속인인 경우와는 달리 처는 단독상속인이 되지 못하고, 피상속인의 직계존속도 없는 경우에 비로소 단독상속인이 되었다. 이 경우에는 법률상의 배우자 관계에 있는 자에 한하여 사실혼 관계에 있는 처에게는 상속권이 인정되지 아니하였었다.

(2) 이와 같은 규정은 남녀평등의 원칙에 반하여 다음과 같이 고쳤다. 즉 배우자는 그 직계비속과 같은 순위로 공동상속인이 되고, 직계비속이 없는

경우에는 피상속인의 직계존속과 같은 순위로 공동상속인이 되며, 피상속인의 직계존속도 없는 경우에는 단독상속인이 된다. 상속개시전에 사망 또는 결격된 배우자는 그 직계비속과 함께 같은 순위로 공동상속을 하며 직계비속이 없는 때에는 단독으로 대습상속을 한다.

◈ 상속인의 결격사유

제1004조 【상속인의 결격사유】

다음 각 호의 어느 하나에 해당한 자는 상속인이 되지 못한다. <개정 1990. 1. 13, 2005. 3. 31>

1. 고의로 직계존속, 피상속인, 그 배우자 또는 상속의 선순위나 동순위에 있는 자를 살해하거나 살해하려한 자

2. 고의로 직계존속, 피상속인과 그 배우자에게 상해를 가하여 사망에 이르게 한 자

3. 사기 또는 강박으로 피상속인의 상속에 관한 유언 또는 유언의 철회를 방해한 자

4. 사기 또는 강박으로 피상속인의 상속에 관한 유언을 하게 한 자

5. 피상속인의 상속에 관한 유언서를 위조 · 변조 · 파기 또는 은닉한 자

■ § 1004. 상속의 결격

• 상속인에 대하여 법정사유가 발생하였을 경우에 특별히 재판상의 선고를 기다리지 않고 법률상 당연히 그 상속인이 피상속인을 상속하는 자격을 잃는 것
• 상속결격의 사유
• 결격의 효과 : ① 상속의 자격상실. ② 동시에 수증결격도 되어 유증도 못받음. ③ 결격자 일신에만 미침. ④ 결격의 용서는 허용되지 않음.
• 관련법조 : [상속순위] 부칙 §25

1. 상속결격의 의의

상속인에게 법률이 정한 일정한 사유가 발생한 경우에, 특별히 재판상의 선고를 기다리지 않고 법률상 당연히 그 상속인이 피상속인을 상속하는 자격을 잃는 것을 상속결격이라고 한다. 고대 로마법에서도 인정되고 있었으나, 현대의 상속결격제도는 일정한 비행자로부터 상속권을 빼앗는 형식의 민사상의 제도로서 인정되고 있다. 이러한 제도의 근거가 어디 있는가 하는 것은 상속의 본질 내지 근거를 어떻게 해석하는가에 따라 다르다.

상속을 가족적 또는 혈족적 협동관계로써 설명하는 견해에 의하면 이러한 협동관계를 파괴하는 비행이 제재사유가 되고, 상속을 순전히 개인적 재산관계로 보는 견해에 의하면 개인법적 재산취득 질서를 어지럽게 하는 위법한 행위가 결격사유가 된다. 민법의 결격사유는 쌍방에 걸쳐 있으나 제도자체로서는 전설에 의하여 설명하는 것이 일반적이다.

2. 결격사유

피상속인 또는 선·동순위 상속인에 대한 부덕행위와 피상속인의 유언에 관한 부정행위로 나눌 수 있다.

(1) 피상속인 또는 선순위 상속인에 대한 부덕행위

① 고의로 직계비속, 피상속인, 그 배우자 또는 상속의 선순위나 동순위에 있는 자를 살해하거나 살해하려 하였을 것. 고의에 의한 살인이어야 하며 기수·미수를 불문한다. 고의의 범죄이어야 하므로 과실범인 상해치사는 이 요건을 충족시키지 못한다. 선순위자나 동순위자가 태아인 경우에는 낙태를 하면 상속결격사유에 해당한다(대판 1992. 5. 22. 92다2127). 그리고 '살해의 고의'외에 '상속에 유리하다는 인식'을 필요로 하는지가 문제되는데, 판례는 '살해의 고의'만 있으면 되고 '상속에 유리하다는 인식'은 요하지 않는다고 하였다(대판 1992. 5. 22. 92다2127).

② 고의로 직계비속, 피상속인과 배우자에게 상해를 가하여 사망에 이르게 하였을 것. 피해자는 가해자의 '직계존속, 피상속인과 그 배우자'이여야 한다. 상속의 선순위자나 동순위자는 여기서 제외된다. 따라서 상속의 선순위자나 동순위자에 대한 상해치사는 결격사유가 되지 않는다. 그리고 피해자가 직계존속, 피상속인, 그 배우자라는 사실을 알고 있어야 한다. 또한 상해만으로써는 결격사유가 되지 않는다.

(2) 피상속인의 유언에 관한 부정행위

① 사기·강박으로 피상속인의 상속에 관한 유언 또는 유언의 철회를 방해할 것. 피상속인의 유언에 관한 행위(유언을 하거나 또는 유언을 철회하는 것)를 사기 또는 강박으로 방해하여야 한다. 위의 방해행위

를 함에 있어서는 자기에게 상속에 의하여 상속재산을 귀속시키거나
또는 보다 한층 유리하게 귀속시키려는 고의가 있어야 한다. 사기자
에게는 피상속인을 기망하려는 의사와 기망함으로써 특정의 유언행위
를 시키지 않으려는 의사의 이단(二段)의 고의가 있어야 한다. 또 강
박자에게는 상대방에게 공포를 일으키게 하려는 의사와 공포로써 특
정의 유언행위를 시키지 않으려는 이단(二段)의 고의가 있어야 한다.

② 사기 또는 강박으로 피상속인의 상속에 관한 유언을 하게 하는 행위

피해자는 가해자의 '직계존속 피상속인과의 그 배우자' 이어야 한다. 상
속의 선순위자나 동순위자는 여기서 제외된다. 따라서 상속의 선순위자
나 동순위자에 대한 상해치사는 결격사유가 되지 않는다. 그리고 피해
자가 직계존속, 피상속인, 그 배우자라는 사실을 알고 있어야 한다.

③ 피상속인의 상속에 관한 유언서를 위조·변조·파기 또는 은닉하는
행위. 문제가 된 상속개시시에 본호의 행위가 없으면 유효하게 존재
하였을 유언서에 관한 것이어야 한다. 상속인이 유언서를 위조·변
조·파기 또는 은닉한 후에 피상속인이 그 유언을 철회한 경우에는
본호는 적용되지 않는다고 보아야 한다. 상속에 관하여 영향을 줄 염
려가 없기 때문이다.

결격사유는 이상에 한하며 기타 어떠한 행위도 결격사유는 되지 않는
다. 결격사유의 존부는 상속개시시를 기준으로 한다.

3. 상속결격의 효과

상속결격은 어떠한 절차도 요하지 않고, 법률상 당연히 발생한다. 기타 다음
과 같은 효과가 있다.

(1) 상속적 효과

특정한 상속관계에 있어서만 상속권을 잃게 될 뿐이고, 일반적인 상속권
은 그대로 결정된다. 예컨대 子를 살해한 者는 子에 대해서는 결격자가 되
지만 부모에 대해서는 상속권을 잃지 않는다.

그러나 부를 살해한 경우 부에 대해서와 동시에 모에 대해서도, 동순위
상속인의 살해인 점에서 결격이 될 가능성이 있다. 또 학설상 살해에 의한

결격자에 가름한 대습상속은 불가능하다는 데에 이설이 없다.

(2) 일신전속성

결격의 효과는 일신에만 그치므로, 그 상속인에게는 미치지 않는다. 따라서 결격자의 직계비속이나 배우자는 대습상속권을 잃지 않는다.

(3) 수증결격

상속결격자는 피상속인에 대하여 상속인이 될 수 없음과 동시에 수증결격자도 되므로(제1064조) 유증을 받을 수 없다.

(4) 제3자와의 관계

결격의 효과는 상속재산이 이미 제3자에게 귀속되어 있는 경우에도 미친다고 하는 것이 통설이다.

부동산등기에 공신력이 인정되지 않는 이상, 부득이한 결과이다.

4. 결격사유의 소멸

결격의 효과는 법률상 당연히 발생하는 것인 바, 피상속인이 상속결격자에 대하여 결격을 용서한다거나, 결격의 효과를 취소·면제하는 것은 허용되지 않는다는 것이 통설이다. 피상속인으로서는 생전증여를 할 수 밖에 없겠지만, 유증 등의 행위에는 용서의 효과를 인정하는 것이 타당하다는 반대론이 있다.

▣ 핵심판례 ▣

1. 가. 재산상속의 선순위나 동순위에 있는 태아를 낙태한 것이 구 민법 (1990. 1. 13. 법률 제4199호로 개정되기 전의 것) 제992조 제1호 및 제1004조 제1호 소정의 상속결격사유에 해당하는지 여부(적극)

   태아가 호주상속의 선순위 또는 재산상속의 선순위나 동순위에 있는 경우에 그를 낙태하면 구 민법(1990. 1. 13. 법률 제4199호로 개정되기 전의 것) 제992조 제1호 및 제1004조 제1호 소정의 상속결격사유에 해당한다.

   나. 상속결격사유로서 '살해의 고의' 이외에 '상속에 유리하다는 인식'을 필요로 하는지 여부(소극)

   규정들 소정의 상속결격사유로서 '살해의 고의' 이외에 '상속에 유리하다는 인식'을 필요로 하는지 여부에 관하여는, (1) 우선 같은 법 제992조 제1호 및 제1004조 제1호는 그 규정에 정한 자를 고의로 살해하면 상속결격자에 해당한다고만 규정하고 있을 뿐, 더 나아가 '상속에 유리하다는 인식'이 있어야 한다고까지는 규정하고 있지 아니하고, (2) 위 법은 "피상속인 또는 호주상속의 선순위자"(제992조 제1호)와 "피상속인 또는 재산상속의 선순위나 동순위에 있는 자"(제1004조 제1호) 이외에 "직계존속"도 피해자에 포함하고 있고, 위 "직계존속"은 가해자보다도 상속순위가 후순위일 경우가 있는바, 같은 법이 굳이 동인을 살해한 경우에도 그 가해자를 상속결격자에 해당한다고 규정한 이유는, 상속결격요건으로서 "살해의 고의" 이외에 '상속에 유리하다는 인식'을 요구하지 아니한다는 데에 있다고 해석할 수밖에 없으며, (3) 같은 법 제992조 제2호 및 이를 준용하는 제1004조 제2호는 "고의로 직계존속, 피상속인과 그 배우자에게 상해를 가하여 사망에 이르게 한 자"도 상속결격자로 규정하고 있는데, 이 경우에는 '상해의 고의'만 있으면 되고, 이 '고의'에 '상속에 유리하다는 인식'이 필요 없음은 당연하므로, 이 규정들의 취지에 비추어 보아도 그 각 제1호의 요건으로서 '살해의 고의' 이외에 '상속에 유리하다는 인식'은 필요로 하지 아니한다고 할 것이다(대판 1992. 5. 22. 선고 92다2127).

2. 민법 제1004조 제5호 소정의 '상속에 관한 유언서를 은닉한 자'의 의미

상속인의 결격사유의 하나로 규정하고 있는 민법 제1004조 제5호 소정의 '상속에 관한 유언서를 은닉한 자'라 함은 유언서의 소재를 불명하게 하여 그 발견을 방해하는 일체의 행위를 한 자를 의미하는 것이므로, 단지 공동상속인들 사이에 그 내용이 널리 알려진 유언서에 관하여 피상속인이 사망한지 6개월이 경과한 시점에서 비로소 그 존재를 주장하였다고 하여 이를 두고 유언서의 은닉에 해당한다고 볼 수 없다(대법원 1998. 6. 12. 선고 97다38510 판결).

제 3 절 상속의 효력

이 절은 상속의 결과 어떻게 되는가를 정한 것이다. 그리고 제1관에서는 상속의 일반적인 사항을 정하고, 제2관에서는 상속분을 정하고 다시 제3관에서는 수인의 상속인이 구체적으로 어떻게 재산분배를 받는가 하는 것을 규정하고 있다.

(1) 상속개시전 상속권 : 상속개시 전에 추정상속인이 가지는 상속에 대한 기대권으로서 현상대로 상속이 개시되면 상속인이 될 수 있다는 불확정한 권리이다.

(2) 상속개시후 상속권 : 상속의 결과 상속인이 취득한 포괄적인 권리로서(민법 제1005조) 상속개시에 의하여 발생하는 확정적인 권리이다.

제 1 관 일반적 효력

　여기에서는 상속의 일반적인 사항으로서 주로 어떠한 것이 상속되는가에 대한 것을 정하고, 다음에 상속인이 여러사람 있는 경우에는 유산을 우선 일단 상속인의 공동소유로 되는 것으로 하고 있다. 따라서 이 공동소유가 된 유산을 어떻게 분할하는가 하는 것을 정해 둘 필요가 있는 것이다.

◈ 상속의 효력 : 상속재산의 포괄승계

제1005조【상속과 포괄적 권리의무의 승계】

상속인은 상속개시된 때로부터 피상속인의 재산에 관한 포괄적 권리의무를 승계한다. 그러나 피상속인의 일신에 전속한 것은 그러하지 아니하다. <개정 1990. 1. 13>

■ § 1005. 상속의 효과

* 상속재산의 포괄승계
* 재산상속의 범위 : ① 재산적권리 – 물권, 무체재산권, 채권(일신전속적인 것은 제외), 형성권, 생명보험권, 사망퇴직금
  ② 재산적의무 – 일반적으로 상속
  ③ 재산적인 계약상의 지위 – 위임계약을 제외하고 원칙적으로 상속
  ④ 대리인의 지위 – 대리인의 지위, 본인지위, 무권대리인의 본인 상속, 본인의 무권대리인 상속
  ⑤ 사원권 – 공익권적 성격이 강한 사원권은 상속되지 않는다
  ⑥ 소송상의 지위 – 소송절차의 수계(민소 §233①)

Ⅰ. 상속의 효력

민법은 본조 이하에서 「상속의 효력」이란 제목하에 상속의 일반적 효력외에 상속분과 상속재산의 분할에 관한 규정을 두고 있다. 여기에서는 상속의 일반적 효력에 관하여 기술한다.

1. 상속재산의 포괄승계

상속인은 상속이 개시된 때로부터 피상속인의 재산법상의 재산에 관한 권리의무를 당연히 포괄적으로 승계한다(제1005조).

「당연히」라고 하는 것은 피상속인의 사망이나 자기가 상속인이란 것을 몰랐다 하더라도, 또 어떤 재산이 상속재산에 속하는지 알지 못한다 하더라도,

그리고 상속으로 인한 소유권취득의 등기를 할 수 없다 하더라도, 유산승계(적극재산뿐만 아니라 소극재산도 포함한다)의 효력이 발생하고, 상속재산이 전체로서 상속인에게 이전한다는 것을 의미한다.

상속귀속에 관하여는 이와 같은 포괄승계주의에 의하지 않고, 특별승계주의를 채택한 법제도 없지 않으나(영미법) 우리민법은 로마법 이래의 전통에 따라 포괄승계주의를 취하고 있는 것이다. 따라서 모든 상속재산은 피상속인의 사망에 의하여 포괄적으로 상속인에게 이전하고, 상속의 승인·포기는 상속재산전체를 대상으로 하게 된다.

2. 상속은 지위의 승계인가?

이상의 점과 관련하여 상속의 효과는 권리의무의 승계라고 하는 것으로 족한가, 혹은 「지위의 승계」라는 관념으로 설명하는 것이 옳은가 하는 것이 문제가 되는 경우가 있다. 즉, 상속의 효과는 상속재산을 구성하는 개개의 권리의무가 상속이란 하나의 원인에 의거하여 포괄적으로 상속인에게 승계되는 데 불과한 것인가, 그렇지 않으면 상속에 의하여 피상속인과 상속인이 동일한 법적 지위 혹은 상태에 서기 때문에 그 결과로서 상속인이 권리·의무를 승계하는 것인가라는 문제이다.

일반적으로 상속은 지위의 승계라고 관념되어 왔다. 그리고 이 관념을 원용하는 것이 생명침해에 대한 손해배상청구권과 부동산의 이동처분, 무권대리, 점유 등의 상속을 설명하는 데는 합리적이었다. 그러나 이러한 권리나 의무가 상속인에게 승계되는 것은, 반드시 「지위의 승계」라는 관념에서 논리필연적으로 도출되는 것은 아니다.

점유의 상속 등은 대개 법정책적 효과에 의거한 것이고, 기타 손해배상청구권의 상속 등에 관하여도 지위의 승계라고 하는 것만으로는 문제의 근본적 해결이 되지 않는다. 그렇다고 해서 상속을 엄격하게 권리·의무의 승계로 구성하는 지위승계설이 「로마법적인 인격몰각의 사상이고 봉건시대의 가의 승계의 이념이며 가족제도적 사상방식의 부활」이라고 하는 주장도 지나친 것으로 생각된다.

상속에 의한 권리의무 일체의 승계를 지위의 승계로 관념하는가의 여부는 거의 용어상의 문제인 것으로 생각된다.

상속의 목적으로서 문제가 되는 권리의무에 대해서는 이하에서 순차로 개별적으로 고찰하도록 하고, 여기서는 상속에 의한 권리의무의 이전은 포괄승계로 파악하면 충분하다고 본다. 즉 포괄승계는 재산전체를 일체로 하여 주체를 변경하는 것이기 때문에, 피상속인의 재산은, 포괄승계에 의하여 그 때까지 피상속인의 인격을 통하여 보존되어 온 단일성을 잃지 않고 그대로 상속인에게 이전한다.

이리하여 피상속인에게 유효하였던 재산법의 관계는 그대로 상속인에게 유효하고, 피상속인의 재산법상의 관계는 권리 및 의무의 주체인 인격 이외의 어떠한 것도 변경되는 일이 없다. 이것이 상속(의 효과)이라고 하면 충분할 것이라 생각된다.

3. 상속재산의 범위

(1) 재산적 권리

1) 물 권

물권은 원칙적으로 전부 상속된다. 점유권도 상속된다(제193조). 상속인이 승계하는 점유권은 피상속인의 점유권 그 자체이므로, 그 성질이나 하자도 그대로 승계한다. 판례도 '상속에 의하여 점유권을 취득한 경우에는, 상속인은 새로운 권원에 의하여 자기 고유의 점유를 시작하지 않는 한, 피상속인의 점유의 성질과 하자를 떠나 자기만의 점유를 주장할 수 없다'고 하였다(대판 1972. 6. 27. 72다535).

2) 채 권

일신전속적인 것(예 : 부양청구권)을 제외하고는 채권도 원칙적으로 상속된다. 상속되는지 여부가 문제되는 채권으로는 다음과 같은 것이 있다.

가. 이혼시의 재산분할청구권

이혼시의 재산분할청구권이 상속되는가가 문제된다. 판례는 이혼소송계속중에 원고가 사망한 경우에는 재산분할청구권이 상속될 여지가 없다고 한다. 그 이유는 재산분할청구권은 이혼의 성립을 전제로 하는 권리인데, 원고의 사망으로 이혼소송이 종료되었다면 재산분할청구권이 발생하였다고 볼 수 없다는 것이다(대판 1994. 10. 28. 94므246).

나. 정신적 손해배상청구권(위자료)

판례는 정신적 손해의 배상청구권(위자료)도 '피해자가 이를 포기하거나 면제하였다고 볼 수 있는 특별한 사정이 없는 한 생전에 청구의 의사표시를 할 필요없이 원칙적으로 상속한다'고 하고 있다(대판 1966. 10. 8. 66다1335).

다. 생명침해로 인한 재산적 손해의 배상청구권

피해자가 사망하게 되면, 그가 장래 얻을 수 있었을 수입을 잃게 되는데, 그 손해배상청구권은 먼저 피해자에게 발생하고, 그것이 상속인에게 상속되는 것인가(상속설), 아니면 일정한 범위의 사람에게 원시적으로 취득하는 것인가(고유피해설)가 문제된다. 판례는 상속설을 채용하고 있다.

즉, 판례는 '타인의 불법행위로 사망한 미성년자의 손해배상청구권을 부양의무자가 상속'한다고 하였다(대판 1977. 7. 22. 76다2285).

라. 생명침해로 인한 위자료청구권

문제가 되는 것은 피해자가 즉사한 경우인데 피해자는 사망시에 이미 권리주체가 아니므로 사망에 의한 손해배상청구권을 취득할 수 없으며, 따라서 상속인에 의한 상속도 있을 수 없는지가 관건이다. 이와 관련하여 판례는 '순간적이라고 할지라도 피해자로서의 정신적 고통을 느끼는 순간이 있었다 할 것'이라고 하여 아무리 즉사라 하여도 피해자가 치명상을 입을 때와 사망한 때와의 사이에는 이론상 또는 실제상 시간적 간격이 있는 것이며, 피해자는 치명상을 입었을 때에 곧 손해배상청구권을 취득하고, 피해자의 사망으로 그 청구권이 상속인에게 승계된다는 것이다(시간적 간격설). 피해자가 사망한 경우에, 그 유족에게는 고유의 위자료청구권이 생기는데, 이러한 경우에 판례는 '유족고유의 위자료청구권과 상속받은 위자료청구권은 함께 행사할 수 있다'고 한다(대판 1969. 4. 15. 69다268).

마. 생명보험의 경우

① 피상속인이 자기를 피보험자와 수령인으로 한 때 : 이 경우에는 보험금 청구권은 상속재산에 속하며, 상속인에 의하여 상속된다(대판 2002. 2. 8. 2000다64502).

② 보험계약에서 피상속인이 피보험자가 되고, 특정의 상속인을 수령인으로 하였을 때 : 이 경우에는 상속인이 보험금을 수령하는 것은 보

험계약의 효과이므로, 상속에 의한 것이 아니고 그 상속인 고유의 권
리에 의하여 취득하는 것이다. 따라서 그 상속인이 상속포기를 하더
라도 보험금을 수령할 수 있다(대판 2001. 12. 24. 2001다65755).

③ 피상속인이 수령인을 단지 '상속인'으로만 표시한 때 : 상속인이 개인
을 지정하였다고 볼 것인가 아니면 상속에 의하여 승계된다고 볼 것
인가가 문제된다. 전자의 경우라면 특정의 상속인의 고유재산이 되지
만, 후자로 본다면 상속재산이 된다. 판례는 기본적으로 피보험자의
사망시의 상속인의 고유재산이며, 따라서 상속재산에 속하지 않는다
고 보는 것이 타당하다고 한다(대판 2001. 12. 28. 2000다31502).

바. 부의금

사람이 사망한 경우에 부조금 또는 조위금 등의 명목으로 보내는 부의
금은 상호부조의 정신에서 유족의 정신적 고통을 위로하고 장례에 따르는
유족의 경제적 부담을 덜어줌과 아울러 유족의 생활안정에 기여함을 목적
으로 증여되는 것으로서, 장례비용에 충당하고 남는 것에 관하여는 특별한
다른 사정이 없는 한 사망한 사람의 공동상속인들이 각자의 상속분에 응
하여 권리를 취득하는 것으로 봄이 우리의 윤리감정이나 경험칙에 합치된
다고 할 것이다(대법원 1992. 8. 18. 선고 92다2998 판결).

(2) 재산적 의무

채무 기타 재산적 의무도 일반적으로 상속된다. 상속재산 중에 적극재산
이 없고, 채무만 있는 경우에도 당연히 상속된다. 그러나 채무자가 변경됨
으로써 이행의 내용이 변경되는 채무는 상속되지 않는다.

1) 보증채무

가. 연대보증

판례는 계속적 어음거래로 인하여 장래에 부담하게 될 채무에 관하여
보증기간의 정함이 없는 연대보증계약서에 있어서는 보증인의 지위는 특
별한 사정이 없는 한 상속인에게 상속된다고 할 수 없다고 한다(대판
2003. 12. 26. 2003다30784).

나. 통상의 보증채무

소비대차상이나 임대차상의 채무와 같은 통상의 채무에 대한 보증채무에는 상속성이 있다고 해석하여야 할 것이다.

다. 신원보증

신원보증계약은 신원보증인과 신원인 사이의 신용을 기초로 하여 성립하는 것으로서 일신전속적인 채무이다.

신원보증계약은 신원보증인의 사망으로 종료한다(신원보증법 제7조). 따라서 신원보증인의 신원보증계약상의 지위는 신원보증인의 사망으로 상속인에게 상속되지 않는다.

다만 신원보증인이 사망하기 전에 신원보증계약으로 인하여 이미 발생한 보증채무는 상속인에게 상속된다(대판 1972. 2. 29. 71다2747).

2) 손해배상채무와 벌금납부의무

이미 발생한 손해배상채무는 그 원인된 사실 여하를 막론하고 그 성질이 재산적 채무이므로 상속이 된다(대판 1959. 11. 26. 4292민상178). 그리고 벌금납부의무도 상속된다.

3) 주택임차권

주택임차인이 상속권자 없이 사망한 경우에 그 주택에서 가정공동생활을 하던 사실상의 혼인관계에 있는 자는 임차인의 권리와 의무를 승계하게 되었다. 그리고 임차인이 사망한 경우에 사망당시 상속권자가 그 주택에서 가정공동생활을 하고 있지 않은 때에는 그 주택에서 가정공동생활을 하던 사실상의 혼인관계에 있는 자와 2촌 이내의 친족은 공동으로 임차인의 권리와 의무를 승계한다. 그러나 위의 경우에 임차인이 사망한 후 1월 이내에 임대인에 대하여 반대의사를 표시한 때에는 예외이다(주책임대차보호법 제9조 1항~3항).

그리고 위의 경우에 임대차관계에서 생긴 채권·채무는 임차인의 권리의무를 승계한 자에게 귀속한다(동법 제9조 21항).

4) 소송상의 지위

소송은 당사자의 사망에 의하여 중단되나, 상속인, 상속재산관리인 기타 법률에 의하여 소송을 속행하여야 할 자는 소송절차를 수계(受繼)하지 않으면 안 된다(민사소송법 제233조 1항). 다만 소송의 목적인 권리관계가 피상속인의 일신에 전속하는 것인 경우에는 전체적인 소송은 종료한다.

II. 일신전속권

1. 의 의

본조는「피상속인의 일신에 전속한」권리의무를 상속재산에서 제외하여 상속인에게 승계되지 않는 것으로 하고 있다.

여기에서 일신전속권이라 함은 이른바 귀속상의 일신전속권(즉 피상속인 이외의 자에게 귀속하는 것을 인정할 수 없는 법률관계)을 의미하며, 행사상의 일신전속권과는 구별되는 것으로 설명하는 것이 보통이다. 그러나 귀속상의 일신귀속권이라 하더라도 상속성이 문제되는 경우도 있다. 예컨대 대리(제127조)·정기증여(제560조)·위임(제690조)·조합(제717조) 등은 당사자의 일방 또는 쌍방이 사망하면 소멸하는 것으로 되어 있으나, 특약으로 상속인이 승계하는 것은 무방하다고 해석하고, 내연의 처에 대한 부의 부양의무 등에 대해서도 상속성을 문제삼는 학자도 있다.

또 합명회사의 사원권(상법 제218조 3호), 합자회사의 무한책임사원의 사원권(상법 제269조)을 원칙적으로 상속되지 않으나, 정관에 정함이 있으면 상속인에게 승계할 수 있다고 해석할 수 있을 것이며, 합자회사의 유한책임의 사원권(상법 제283조), 주주권(상법 제335조)은 당연히 상속된다.

그러므로 본조 단서에서 말하는 일신전속권은 일단 귀속상의 일신전속권이라고 설명하더라도 피상속인의 상속재산에서 제외하여, 상속의 대상이 아닌 권리의무를 포괄적으로 일신전속권이라고 일컫는 쪽이 오히려 정확할 것이라고 본다.

2. 일신전속성이 문제되는 권리의무

어떠한 것이 일신전속성, 다시 말해서 상속성이 없는 권리의무인가에 대해서는 각각의 권리의무에 대해 개별적으로 검토하지 않으면 안된다. 대략 다음과 같다.

현행상속법은 재산승계의 법으로서의 위치를 확보하고 있기 때문에 일신전속권으로서 문제가 되는 일은 적어졌다고 하여도 과언이 아니다.

(1) 신분관계에 의거한 권리는 그 신분의 승계란 있을 수 없으므로 일반적으로 일신전속이다. 성명권, 자의 약혼·혼인·입양에 대한 부모동의권(제802조, 제808조, 제870조), 부부간의 계약취소권(제828조) 등이 그 예이다.

부양청구권도 일신전속권이나, 부양의무자가 부양의무를 지체하고 있는 경우의 부양청구권은 상속된다. 신분관계를 전제로 한 권리라 하더라도 재산적인 것은 당연히 상속된다. 예컨대 공동상속인의 1인이 상속재산의 분할 전에 상속분을 타인에게 양도한 경우의 다른 공동상속인의 양수인(제1011조), 상속의 한정승인 또는 포기를 하는 권리(제1031조) 등의 상속에 관한 권리는 그 예이다.

다수설은 상속회복청구권의 상속성에 관하여 그 상속성을 부인하고 상속권을 침해당한 자의 상속인은 별도로 자기의 상속권이 침해된 것을 이유로 하여 회복청구를 하여야 한다고 하고 있으나, 소수설은 침해된 것은 피상속인의 상속권이므로 그 상속회복청구권은 재산적인 권리로서 상속된다고 해석하여야 한다는 주장이 강하다. 이 문제는 상속회복청구권은 언제까지 존속시키는 것이 합목적적인가 하는 각도에서 검토되어야 하겠지만 결과적으로는 자기의 상속권이 침해된 사실을 안 날로부터 3년이 경과하면 회복청구권이 소멸하는 것을 인정하게 되어 상속성의 긍정에 의문이 있다.

(2) 피상속인의 인격에만 결합되어 있고 재산성 없는 권리는 상속되지 아니한다. 예컨대 유언자나 후견인·후견감독인의 권한 등은 일신에 전속한다.

(3) 기타 특정개인의 신뢰관계를 전제로 하는 관계도 일신전속적 성질이 강하다. 예컨대 사용대차(제614조)와 위임관계(제690조·단 제691조는 예외이다) 그리고 대리권 등이 그 예이다.

[일신전속권]

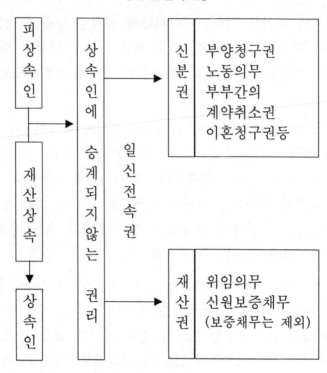

■ 핵심판례 ■

- [상속과 포괄적 권리의무의 승계]

1. 위자료청구권의 상속성을 인정한 사례

정신적 고통에 대한 피해자의 위자료 청구권도 재산상의 손해배상 청구권과 구별
하여 취급할 근거없는 바이므로 그 위자료 청구권이 일신 전속권이라 할 수 없고
피해자의 사망으로 인하여 상속된다 할 것이며 피해자의 재산상속인이 민법 제
752조 소정의 유족인 경우라 하여도 그 유족이 민법 제752조 소정 고유의 위자료
청구권과 피해자로 부터 상속받은 위자료 청구권을 함께 행사할 수 있다고 하여
그것이 부당하다 할 수 없고 피해자의 위자료 청구권은 감각적인 고통에 대한 것
뿐만 아니라 피해자가 불법 행위로 인하여 상실한 정신적 이익을 비재산 손해의
내용으로 할 수 있는 것이어서 피해자가 즉사한 경우라 하여도 피해자가 치명상
을 받은 때와 사망과의 사이에는 이론상 시간적 간격이 인정 될 수 있는 것이므
로 피해자의 위자료 청구권은 당연히 상속의 대상이 된다고 해석함이 상당하다
(대판 1969. 4. 15. 선고 69다268).

2. **장래에 부담하게 될 채무에 관하여 보증한도액과 보증기간의 정함이 없는 연대보증계약의 경우, 보증인의 사망 후에 생긴 주채무에 대하여 그 상속인이 보증채무를 승계하는지 여부(한정 소극)**

계속적 어음할인거래로 인하여 장래에 부담하게 될 채무에 관하여 보증한도액과 보증기간의 정함이 없는 연대보증계약에 있어서는 보증인의 지위는 특별한 사정이 없는 한 상속인에게 상속된다고 할 수 없으므로 연대보증인의 사망 후에 생긴 주채무에 대하여는 그 상속인이 보증채무를 승계하여 부담하지는 아니한다(대판 2003. 12. 26. 선고 2003다30784).

3. **피상속인 명의로 소유권이전등기가 경료되어 있는 경우 상속인의 등기부 취득시효기간**

상속인은 상속의 개시 즉 피상속인의 사망이라는 법률요건의 성립에 의하여 피상속인의 재산에 관한 포괄적 권리의무를 승계하고, 권리의 득실변경에 등기를 요건으로 하는 경우에도 상속인은 등기를 하지 아니하고도 상속에 의하여 곧바로 그 권리를 취득하는 것이므로 부동산에 관하여 피상속인 명의로 소유권이전등기가 10년 이상 경료되어 있는 이상 상속인은 부동산등기부 시효취득의 요건인 '부동산의 소유자로 등기한 자'에 해당 한다고 할 것이어서, 이 경우 피상속인과 상속인의 점유기간을 합산하여 10년을 넘을 때에 등기부취득시효기간이 완성된다(대판 1989. 12. 26. 선고 89다카6140).

4. **명의수탁자의 사망시 명의신탁관계의 상속**

명의수탁자가 사명하면 그 명의신탁관계는 그 재산상속인과의 사이에 존속한다(1981. 6. 23. 제2부 판결 80다2809 임야소유권이전등기말소등).

5. **사단법인의 사원의 지위는 양도 또는 상속할 수 없다는 민법 제56조의 규정이 강행규정인지 여부(소극)**

사단법인의 사원의 지위는 양도 또는 상속할 수 없다고 규정한 민법 제56조의 규정은 강행규정이라고 할 수 없으므로, 비법인사단에서도 사원의 지위는 규약이나 관행에 의하여 양도 또는 상속될 수 있다(대법원 1997. 9. 26. 선고 95다6205 판결).

◈ 상속인이 수인인 경우 그 재산의 소유형태

제1006조 【공동상속과 재산의 공유】

상속인이 수인인 때에는 상속재산은 그 공유로 한다. <개정 1990. 1. 13>

■ § 1006. 공동상속과 재산의 공유

- 수인의 공동상속인이 있는 경우에 공동상속인이 일단 공동적으로 상속재산을 승계하는 것
- 상속재산 공유의 성질 : ① 학설 - 공유설(다수설, 판례), 합유설(소수설)
  ② 결론 - 공유설이 타당. 다만 채권, 공동승계는 불가분채권, 채무나 연대채무로 보는 것이 타당

본조는 공동상속인 경우 상속재산의 소유형태에 관하여 규정한 것이다.

1. 총 설

상속에 의한 권리의무의 이전은 피상속인이 사망하는 순간에 당연히 생기므로, 상속인이 여러 명 있는 경우에는 상속인은 일단 상속재산을 공동으로 승계하지 않을 수 없다. 공동상속인은 나중에 협의나 심판을 통하여 상속재산을 분할할 수 있지만, 상속재산의 승계와 분할 사이의 시간적 간격을 없애는 것은 절대적으로 불가능하다. 따라서 상속인이 여러명인 경우에는 상속인은 일단 상속재산을 공동으로 상속할 수 밖에 없다. 이런 경우 공동상속인은 상속재산을 분할할 때까지 각자의 상속분에 따라서 공유하게 된다.

즉, 상속인이 수인인 때에는 상속재산은 그 공유로 한다(제1006조).

이 상속재산의「공유」를 어떻게 해석·구성할 것인가에 관해서는 유럽 각국의 입법주의 내지 해석론의 흐름에서 볼 수 있는 바, 공유주의와 합유주의와의 대립 내지 상호적 영향을 배경으로 하여(전자는 로마법적 공유개념 <Miteigentum> nach Bruehteilenz)에 의거하여 독일 보통법과 프랑스민법이 채용한 입법주의이고, 후자는 게르만법에 기원을 둔 합유 또는 합수적 공유 (Zigentum Zur Gesamten Hand)에서 유래되어 프로이센 일반법과 현행 독일 민법이 채용하고 있음) 우리 민법의 해석으로서도 종래부터 공유설과 합유설의 두 학설로 대립되어 있다.

공유설은 여기서 말하는「공유」를 물권법에서 말하는 통상의 공유와 같은 성질의 것(지분적 공유)라고 해석하는 것이다. 즉, 상속재산은 개개의 부동산·동산·채권·채무 등의 단순한 총칭에 불과하고, 포괄적인 일체를 이루는 것은 아니다.

상속의 개시에 의하여 각 공동상속인은 상속재산을 구성하는 개개의 부동산·동산 기타에 대하여 단독으로 자유롭게 처분할 수 있는 공동지분을 취득한다. 또 채권·채무도 불가분급부를 목적으로 하는 것 이외에는 상속개시에 의하여 당연히 공동상속인 사이에 분할된다고 한다(최식, 장경학, 곽윤직, 김용한, 김주수).

합유설은 상속재산의「공유」를 오히려 조합재산의 공유에 유사한 성격의 것으로 보는 견해이다. 즉 상속재산은 분할을 목적으로 하여 전체를 하나로 합친 재산이며 각상속인은 개개의 상속재산에 대한 지분을 처분할 수 없으나 상속재산 전체의 관념적·분책적인 일부의 상속분, 즉 전상속재산에 대하여 가지는 상속분을 처분할 수 있을 뿐이다. 또한 채권·채무도 그 급부내용이 가분인가 불가분인가를 불문하고 공동상속인 사이에 합유적으로 귀속한다고 한다.

소수설은 이같이 해석되는 상속재산「공유」를 게르만법의 개념을 빌어 합유라고 하고 있는 것이다(정광현, 이근식, 한봉희). 판례는 공유설을 취한다(대판 1997. 6. 24, 97다8809).

우리 민법의 규정은 처음부터 전자의 입장을 취하고 있는 것이 분명하다. 그러나 상속재산의 「공유」를 물권법상의 공유로 보건 혹은 이른바 합유로 보건 결정적인 이론적 설명은 거의 불가능하다.

2. 공유설과 합유설의 상위

상속재산의「공유」를 합유로 보아야 한다고 주장하는 논자는 그 본문상의 근거로서 제1015조와 제1017조의 양조항을 들고 있다. 즉 제1015조 본문은 개개의 상속재산에 대한 지분의 양도와 모순되고, 제1017조는 채권의 당연분할과 모순된다는 것이다.

따라서 이 양자를 모순 없이 설명하려면 각 공동상속인은 개개의 상속재산에 대한 지분을 처분할 수 없다고 보아야 하며, 따라서 채권·채무 또한 가분

이라 하더라도 당연히 분할되지 않고 요컨대 상속재산은 합유적으로만 공동상
속인에게 귀속한다고 볼 수 밖에 없다고 주장한다. 이에 대하여 공유론자는
제1017조는 불가분채권에 관한 규정이라고 보면, 가분채권의 당연분할과 모순
되지 않고, 또 제1015조의 단서의 규정은 공동상속인 각자가 개개의 상속재산
상의 자기의 지분을 단독으로 자유롭게 처분할 수 있다는 것을 전제로 하여
이해하여야 한다고 주장하고 있다.

　양설에 있어서 조문상의 최대의 논점은 제1015조의 이해의 방법이다.

　즉, (1) 합유설은 제1015조 본문을 상속재산분할의 효력이 상속개시시에 소
급한다고 규정한 것이라는 이른바 선언주의를 채용하고 있다고 한
다. 이 소급효의 이론을 관철하면 공동상속인이 상속재산분할 전에
개개의 상속재산에 대한 지분을 처분하여도 그 자가 분할에 의하여
그 재산을 취득할 수 없는 이상, 그 지분처분은 효력을 상실하게
된다. 요컨대 분할전의 지분분할을 인정하지 않는 입장을 취하고
있다고 한다.

　　　　고유의 공유라면 이전적 효력을 갖는 데 지나지 않음에도 불구하고
법이 특히 상기와 같은 결과를 초래하는 선언적 효력을 상속재산분
할에 부여한 것은 상속재산이 분할·청산이라는 공동목적을 위하여
결합된 재산이기 때문이며, 여기에서 합유의 징표를 인지할 수 있
다고 한다.

　　　(2) 이에 대하여 공유설을 취하는 학자는 제1015조 단서를 근거로 한다.
만약 상속재산공유를 합유라고 하면 전술한 바와 같이 개개의 부동
산·동산 등에 대한 지분의 처분은 무효인 것이 당연하고, 따라서
제3자의 이익을 해할 우려가 전혀 없다.

　　　　그럼에도 불구하고 민법이 「제3자의 권리를 해하지 못한다」는 단서
의 규정을 둔 것은, 민법이 지분분할의 유효를 인정하고 있음을 전
제로 한 증거라고 주장한다. 이러한 공격에 대하여 합유설의 논자
들은 다시, 상속재산은 합유인 것이 틀림없지만 법정책상 특별히
개개의 재산에 대한 지분의 처분을 유효한 것으로 하여 제3자의 이
익과 거래의 안전을 보호한 것이라고 답한다. 이렇게 되면 대내적
합유·대외적 공유설이라고 하는 유력한 견해에 접근한다.

그러나 명문의 규정이 없음에도 지분분할의 금지를 인정하는 것은 지극히 곤란한 일일 뿐만 아니라 지분의 분할을 인정하지 않는 것이 합유의 본질이기 때문에 대외적이긴 하여도 여하튼 처분을 유효하다고 한다면 그것은 이미 올바른 의미에서의 합유설은 아니라고 공유설의 논자들은 설명한다. 요컨대 본문의 존재이유를 둘러싸고 논의하는 한 양설은 약간의 문리상의 설명의 차이일 뿐 어느 쪽의 논리도 결정적인 것은 아니다.

문제는 실제상의 구체적인 상위인데, 상속재산「공유」를 고유의 공유로 볼 것인가 그렇지 않으면 합유로 볼 것인가의 차이는 첫째, 실제로는 각 공동상속인은 분할전에 개개의 재산에 대한 지분을 단독으로 자유롭게 처분할 수 있는가의 여부(양도·담보권의 설정, 그에 대한 압류가 가능한가)에 대한 점과, 둘째, 가분급부를 목적으로 한 상속채권이 상속개시로 인하여 법률상 당연히 공동상속인에게 분할귀속한다고 볼 수 있는가의 2가지 면으로 나타난다.

요컨대 후자에 관하여 말하자면 양설은 그 논리적 귀결로서 일단 분할채권설과 합유채권설로 나눌 수 있으나 이 양설의 구체적 상위는 각 상속인은 채무자에게 대하여 각자 단독으로 지분액만 이행을 청구할 수 있는가, 그렇지 않으면 전원공동으로만 전액 또는 일부의 이행을 청구(혹은 단독으로 전원을 위한 전부의 청구)할 수 있는가라는 점이다.

유체재산의 분할에 관하여는 어떠한가? 예컨대 공동상속인의 1인의 단독명의로 등기한 부동산을 제3자에게 양도하여 등기를 완료한 경우에 등기에 공신력이 없는 이상 다른 공동상속인은 공유설에 있어서는 자기의 지분에 대해, 합유설에서는 그 부동산 전체에 대하여 등기한 제3자에게 대항할 수 있다.

다시 말하면 공유설에서는 지분분할이 인정되므로 제3자(양수인)는 양도한 상속인의 지분에 대해서만 유효하게 권리를 취득하게 되며, 합유설에서는 지분분할이 인정되지 않기 때문에 이론적으로는 지분에 관한 권리취득마저 부정하게 된다. 그러나 이 경우에 합유설에 있어서도 제1015조 단서의 적용(전면적 또는 선의의 제3자에 대한 관계에서)을 인정하지 않을 수 없다면 양설의 차이는 그다지 큰 것이 아니다.

특히 공동상속인 전원의 명의로 등기한 경우에는 현행법하에서는 합유를 등기부상에 반영시킬 방법이 없고 고유의 공유등기로 하지 않을 수 없기 때문에, 이 경우 적어도 제3자에 대한 관계에서는 각 상속인이 공유지분을 갖는 것으로 처리하지 않을 수 없다. 그렇다고 한다면 결국 양론의 차이는 상당히 해소되게 된다.

상기 이론은 상속재산에 대한 담보권의 설정과 압류, 나아가서는 상속채권의 양도에 대해서도 적합하다.

3. 상속재산 「공유」의 법적 구성의 방향

상속재산 「공유」의 상태는 어디까지나 가까운 장래에 있을 총합적 분할(종국적 배분)이 예정되어 있는 상속재산에 대한 분할시까지의 과도적·잠정적인 공동소유관계이며, 고유의 공유와는 많든 적든 간에 그 취지를 달리하는(상속재산 분할의 결과 상속재산의 일부 또는 전부가 상속인들의 공유로 된 경우에 비로소 고유의 공유의 법리가 적용된다) 것은 양론 모두 인정하여야 한다. 이 경우 확실히 공유적 구성이 현행법에 보다 충실하다고 할 수 있으나, 상기 상속재산 내지 상속재산 「공유」의 특수성을 적극적으로 법률구성에까지 높이려고 하는 합유설이 그 합목적성 때문에 입법론으로써 공유설보다 훨씬 뛰어남은 물론 해석론으로서도 유력하다는 것을 부정할 수 없다.

요컨대 분할 전의 물건과 권리에 대한 지분분할이나 채무의 개별적 변제를 인정하지 않는 원칙하에서는 분할시까지 상속재산의 일체성을 유지하면 상속채무와 상속재산관리비용 등을 청산한 후에 공동상속인 사이에서 상속재산을 분배할 수 있다(독일민법 제2024조, 제2047조). 또 일반적으로 공평하며 구체적으로 적정한 분배를 간단하게 실행할 수 있을 뿐만 아니라 상속인 사망으로 인하여 발생되는 상속채권자의 불이익을 최소한으로 억제할 수도 있다.

분할시까지의 공동상속인의 재정부족에 대한 구제인 상속재산분할의 요청에 대해서는 전상속재산에 대하여 가진 상속분의 양도에 의해서도 충분하다고 할 수 있다.

이와 같이 합유적으로 해석하면 상속재산의 채권자와 공동상속인의 이익보호에 미흡해지고, 적정한 분할에까지 영향을 미칠 수 있게 된다. 그런데도 이 설은 현행법의 해석으로서 주장하는 것은 무리라고 하겠다. 민법은 상속재산을 권리의 객체로서의 특별재산으로 인정하고 있지 않을 뿐만 아니라 독일민법과 같은 청산적인 절차조차 규정하고 있지 않으므로, 상속재산의 포괄적 일체성을 곧 법률구성 위에 인정하는 것은 아무래도 무리이고, 또 상속재산「공유」를 상당히 약한 합유로 구성하여, 제1015조 단서의 적용을 인정하지 않을 수 없는 것으로 한다면 지분분할금지란 합유의 본래의 원칙을 실질적으로 파괴하게 될지도 모르기 때문이다.

그리고 이것은 공유설의 소급적 논거라고도 한다. 그러나 현행법의 개별적인 본문해석의 결과, 그다지 이동이 없다고 하더라도 이론적으로는 합목적적 내지 본래의 성질에 적합하도록 구성하여야 하고, 그렇게 한다면 동시에 상속재산의 합목적적인 법적분리를 위한 입법의 불비를 보완하면서 공동상속관계 전체를 자연스럽게 해석할 수 있지 않을까 생각한다.

▣ 핵심판례 ▣

- **[공동상속과 재산의 공유]**

1. 소송계속중 당사자인 피상속인이 사망한 경우 공동상속인 전원이 공동으로 수계하여야 하는지 여부 및 수계되지 아니한 상속인들에 대한 소송의 상태

소송계속중 당사자인 피상속인이 사망한 경우 공동상속재산은 상속인들의 공유이므로 소송의 목적이 공동상속인들 전원에게 합일확정되어야 할 필요적공동소송관계라고 인정되지 아니하는 이상 반드시 공동상속인 전원이 공동으로 수계하여야 하는 것은 아니며, 수계되지 아니한 상속인들에 대한 소송은 중단된 상태로 그대로 피상속인이 사망한 당시의 심급법원에 계속되어 있다(1993. 2. 12. 제3부(다) 판결 92다29801 구상금).

2. 가. 금전채무가 공동상속된 경우, 상속재산 분할의 대상이 될 수 있는지 여부(소극)

금전채무와 같이 급부의 내용이 가분인 채무가 공동상속된 경우, 이는 상속개시와 동시에 당연히 법정상속분에 따라 공동상속인에게 분할되어 귀속되는 것이므로, 상속재산 분할의 대상이 될 여지가 없다.

나. 상속재산 분할의 대상이 될 수 없는 상속채무에 대하여 공동상속인들

사이에 분할의 협의가 있는 경우, 그 협의의 의미

상속재산 분할의 대상이 될 수 없는 상속채무에 관하여 공동상속인들 사이에 분할의 협의가 있는 경우라면 이러한 협의는 민법 제1013조에서 말하는 상속 재산의 협의분할에 해당하는 것은 아니지만, 위 분할의 협의에 따라 공동상속인 중의 1인이 법정상속분을 초과하여 채무를 부담하기로 하는 약정은 면책적 채무인수의 실질을 가진다고 할 것이어서, 채권자에 대한 관계에서 위 약정에 의하여 다른 공동상속인이 법정상속분에 따른 채무의 일부 또는 전부를 면하기 위하여는 민법 제454조의 규정에 따른 채권자의 승낙을 필요로 하고, 여기에 상속재산 분할의 소급효를 규정하고 있는 민법 제1015조가 적용될 여지는 전혀 없다(대법원 1997. 6. 24. 선고 97다8809 판결).

◆ 공동상속재산의 상속분에 따른 분할귀속

제1007조【공동상속인의 권리의무 승계】

공동상속인은 각자의 상속분에 응하여 피상속인의 권리의무를 승계한다.

■ § 1007. 채권, 채무의 공동상속

- 채권의 공동승계 : 분할채권인 경우 채무자는 상속인의 1인이 그 상속분을 초과하여 변제한 것으로 해서 다른 공동상속인에게 대항할 수 없게 되어 불이익. 따라서 분할할 때까지는 공동상속인의 공동불가분채권으로 해석함이 타당
- 채무의 공동승계 : 분할채무만을 부담한다고 해석하면 채권자는 위험부담. 따라서 불가분채무 또는 채무부담으로 봄이 타당

본조는 전조에 이어 위 공유의 지분의 비율, 상속재산인 채권·채무의 당연분할의 비율, 불가분채권채무의 지분의 비율이 각 공동상속인의 상속분의 비율에 따른다는 것을 규정한 것이다.

1. 총 설

채권·채무의 공동상속에 대한 해석·구성은 한편으로는 상속재산공유의 법적 성질을 어떻게 보는가(단순한 공유로 보는가, 혹은 합유로 보는가)에 따라 다른 한편으로는 상속인과 상속채권자나 상속채무자와의 사이의 이익을 어떻게 조정·교량하는가와 관련하여 상당히 복잡한 문제이다.

그러나 불가분급부를 목적으로 한 채권·채무는 분할 귀속되지 않고, 각 공동상속인이 불가분채권을 취득하거나 불가분 채무자로서의 책임을 부담하게 된다. 이 점에 대해서는 거의 이론이 없다. 문제는 가분급부를 목적으로 하는 채권·채무, 특히 채무에 관해서이다.

금액채권 등의 가분채권·채무는 상속에 의하여 법률상 당연히 상속분에 따라 각 공동상속인에게 분할 귀속하고, 각 공동상속인은 그 분할된 부분에 대해 독립하여 채권·채무는 갖는다는 입장을 취하면, 각 상속인은 자기에게 분할된 채권에 대해서만 이행을 청구할 수 있고, 또 자유롭게 처분할 수도 있으며, 그것에 대해서는 상속인의 채권자에 의한 압류도 가능하다.

또 상속재산 채무에 관하여 상속채권자는 각 상속인에게 대하여 따라서 그 분할된 채무의 이행을 청구할 수 있을 뿐이고, 상속인 또한 그 만큼의 채무를 부담하는 데 그친다.

그러나 오늘날에 이르러서는 많은 학자가 이러한 결론에 대해 의문을 나타내고 있다. 즉 가분의 채권·채무라고 하더라도 상속에 의하여 당연히 분할된다고 해석하는 것은 타당하다고 할 수 없다는 것이다. 따라서 이러한 경우에는 가분의 채권·채무는 공동상속인에게 불가분적 내지 합유적으로 귀속한다고 해석하여야 한다.

2. 채권의 공동상속

채권의 공동상속에 관한 판례의 해석(분할채권설)에 대하여 만약 그렇게 해석하면 제1017조가 공문화한다는 취지의 비난은 그다지 강력한 반론이 될 수 없다 하더라도 다음과 같은 난점이 지적된다.

즉 각 상속인이 각각의 분할채권에 대해 개별적으로 변제를 받는다는 것은 협의 내지 심판에 의한 상속재산의 종국적 귀속을 결정한다는 법의 원칙 및 전상속재산을 통합적으로 감안하여 적정하게 분할한다는 방침에 비추어 바람직하지 못하다.

다시 채무자측에서 보면 공동상속인 중의 1인에게 그 상속분을 초과하여 변제한 것으로써 다른 공동상속인에게 대항할 수 없다는 위험·불이익을 부담하게 되고, 청구자의 상속분을 알 수 없는 채무자는 자주 곤혹스럽게 될 것이다. 이러한 실제상의 난점이 직접·간접의 논거로써 합유채권설과 불가분채권설이 주장된다.

불가분채권설에서는 각 공동상속인은 전원을 위하여 1인이 채권전액을 청구할 수 있고, 또 채무자는 상속인 1인에 대하여 전액을 변제할 수 있다(제409조).

그러나 이 설에 대해서는 공동상속조항의 관계에서 보아 바람직하지 못하다는 실제상의 난점이 있을 뿐만 아니라 가분채권이 왜 상속되면「성질상 불가분」이 되는가의 논거에 불충분하고, 사선주의에 빠지는 경향이 있다는 비판이 강하다.

그리하여 채권의 실제적 관리 및 분리의 면에서 상속재산공유의 특수성에 맞고 이론적으로도 충분한 근거를 갖는 합유설이 유력하게 주장된다.

합유채권설에서는 상속채권은 공동상속인 전원에게 합유적으로 귀속한다. 요컨대 그 양도나 이행청구는 공동상속인 전원이 공동으로 하여야 하고, 채무자는 상속인 전원에 대해서만 채무전액의 변제를 할 수 있다고 한다. 그러나 합유채권으로 해석하더라도 내용적으로는 불가분채권에 관한 규정이 유추적용된다고 해석하며 각 공동상속인이 전액의 이행청구를 할 수 있게 된다.

합유채권설을 취하면(합유채권의 이론구성에 있어서도 잠재적인 지분적 채권의 인정여부에 따라 견해가 나뉘지만) 이론적으로 각 상속인의 지분에 대하여 양도나 압류를 할 수 없게 되고 이 점이 제1015조 단서와의 관련에서 합유설의 난점이 되나, 제1015조 단서의 적용을 인정하여 지분채권의 양도와 압류를 유효로 해석하지 않을 수 없다.

3. 채무의 공동상속

채무의 공동상속에 관한 해석·구성에 있어서는 공동상속재산을 단순한 공유 또는 합유 어느 쪽으로 파악·구성하는가 하는 이론적인 관점과 함께, 피상속인(채무자)의 사망의 결과로 발생하는 불이익을 상속채권자측과 공동상속인측의 어느쪽에 귀속시킬 것인가라는 실제상의 이익교량이 크게 영향을 미치므로, 이에 관한 견해는(일단 분해채무설과 불가분채무설로 대별할 수 있으나) 복잡하게 나뉘어 있다.

불가분급부를 목적으로 하는 상속채무가 법률상 당연히 각 공동상속인 사이에서 분할된다면, 1인의 공동상속인이 이행하지 않더라도, 다른 공동상속인의 부담이 그에 따라 증가하는 것이 아니므로, 상속으로 채권자측이 부당한 불이익을 입을 우려가 있다.

이와 같은 불이익을 원래 상속재산을 담보로 하여 1개의 채권을 가진 채권자에게 귀속하는 것은 부당하다는 실제상의 배려를 직접 혹은 간접의 논거로 하여 ① 현행법상 상속채무가 각 상속인에게 분할승계되는 것을 인정하지 않을 수 없으나, 공동상속인은 그것과 함께 분할 전의 상속재산을 담보로 하는 불가분적 책임(합유적 채무)을 부담한다는 견해가 있고(일부의 합유론자의 견해), ② (합유론의 논자의 일부에서) 상속채무는 그것이 가분급부를 목적으로 할 때에도 불가분채무로 된다고 설명하는 자가 있고, ③ 합유채무설을 주장하는 자도 있고, ④ 연대채무설(독일민법을 모범으로 한다)과 준공유설도 주장된다.

이것들 중에서 준공유설은 다수당사자의 채무관계에 관한 우리 민법의 규정에 비추어 무리이고, 상당히 유력한 주장인 불가분채무설에 대해서 말하자면, 상속채무의 목적이 성질상 불가분(제409조)이라고 하는 이론적 근거가 약한 점은 어찌되었든 상속인의 책임을 상속재산의 범위에 한정하는 일 없이 실제상 단순승인을 원칙으로 하고 이는 우리 상속법의 원칙에 비추어 상속채무를 불가분채무 또는 연대채무로 구성하고, 상속채권자는 공동상속인 중의 1인에 대하여 채무전액의 변제를 청구할 수 있다고 해석하는 것은 상속인을 지나치게 불이익하게 하고, 상속채권자 쪽을 지나치게 보호하게 된다는 비판을 받을 수 있다.

이익교량의 견지에서는 오히려 합유채권설 (④설 혹은 ①설)쪽이 타당하다고 생각된다.

합유채권설에서는 상속채무는 분할 전의 상속재산전체를 담보(책임)로 하여 공동상속인 전원에게 합유적으로 귀속하게 되고, 상속채권자는 상속인 전원에 대하여 그 이행을 청구하여야 하고, 채권의 전액에 관한 상속재산에 대하여 강제집행을 할 수 있다(상속인은 전원 공동으로 전액채무를 부담하거나 그 책임은 상속재산의 범위에 한한다).

그러나 합유채무의 이행청구에 대하여 불가분채무에 관한 규정을 유추적용하여야 한다고 해석하면 상속채권자측은 공동상속인의 1인에 대한 합유채권 전액의 이행청구를 할 수 있게 된다. 나아가 상속채무의 합유적 귀속을 인정하는 경우 상속채권자는 상속재산에 의하여 만족을 얻는 것 외에 각 공동상속인의 개별재산에 의해서도 만족을 얻을 수 있는가가 이론상 문제로 된다.

독일민법과 같이 상속재산의 합유에 상속재산의 청산이란 목적까지 부담시키는 경우에는 그 청산이 완료할 때까지 상속채권자는 각 공동상속인에게 이행을 청구할 수 없게 되지만(독일민법 제2059조 1항 1문), 우리 민법에 있어서는 합유의 취지를 청산에 이르기까지 미치게 할 수 없기 때문에 합유설을 취하더라도 상속채권자는 상속재산에 의한 전액의 만족과 각 공동상속인의 개별재산에 의한 분할액만의 만족은 어느 쪽으로도 가능하다는 해석이 유력하다(①설).

4. 채무와 상속재산의 분할

가분의 채권·채무가 상속개시와 동시에 법률상 당연히 공동상속인간에 분할 귀속한다는 해석을 순이론적으로 부연설명하면 이것들은 이미 상속재산 분할의 대상이 될 여지가 없다고 생각할 수도 있다. 그러나 상속재산의 「공유」(공유 또는 합유)의 상대는 장래에 타당한 배분을 하기 위한 경과적인 조치이며, 채권·채무라 하더라도 전상속재산을 각 상속인 상호의 사정을 고려하면서 총합적으로 행하는 분할의 과정에 포함시킬 수 있으며, 분할에 의하여 그 종국적인 귀속이 확정된다는 것이 법의 방침이라고 생각하여야 할 것이다.

채권에 관해서는 이 원칙대로 처리하여도 전혀 지장이 없으나 상속채무에 대해서는 약간의 문제가 있다. 채무를 분할하여, 무자력인 상속인에게 채무를 인수케 함으로써 상속채권자를 해할 우려가 있기 때문이다. 그러나 적극적 재산과 소극적 재산이 경제적·유기적으로 관련성을 가지고 있는 경우(예컨대 공동상속인 중의 일부의 자에게 귀속시키는 것이 바람직한 주택이나 농지 등과 이에 관련한 차입금)라든가, 적극재산분배의 불균형을 상속채무의 부담으로써 추완하는 경우 등은 채무까지도 분할대상에 포함시키는 것이 간명·적정한 분할로서 바람직하다고 생각되므로 원리적으로는 총합분할의 원칙이 채무에 관해서도 타당하다.

단 면책적인 채무인수는 채권자의 동의가 없으면 효력을 발생하지 않는 것이기 때문에, 채무의 분할을 결정하는 협의는 채권자에 대한 관계에서는 채권자의 동의하에서 또는 채권자의 동의를 조건으로 하여 효력을 발생한다고 해석하여야 한다. 이 경우 채권자의 동의가 없는 한 공동상속인 상호간에 있어서의 채무의 내부분담의 결정으로서의 효력을 갖는 데 불과하다. 바꾸어 말하면 채권자는 각 상속인에 대하여 상속분에 따라 이행을 청구할 수도 있고, 또 분할에 의한 채무의 이전을 인정하여 채무를 인수한 상속인에게 이행을 청구할 수도 있다는 것이다(일종의 중첩적 채무인수). 다만 심판절차에서 채무가 분할대상이 될 수 있는가의 여부는 의문이다.

5. 본조가 「공동상속인은 각자의 상속분에 응하여 피상속인의 권리의무를 승계한다」고 한 것은 각 공동상속인 권리는 권리의 상속분에 따라 의무는 의무의 상속분에 따라 각각 별도로 승계한다는 취지까지도 포함하고 있는 것으로 해석하여야 할 것이다.

◆ 특별수익자의 상속분 산정

제1008조【특별수익자의 상속분】

공동상속인 중에 피상속인으로부터 재산의 증여 또는 유증을 받은 자가 있는 경우에 그 수증재산이 자기의 상속분에 달하지 못한 때에는 그 부족한 부분의 한도에서 상속분이 있다. <개정 1977. 12. 31>

■ § 1008. 증여 또는 유증을 받은 자의 상속분

- 특별수익자의 상속분의 산정
- 특별수익의 범위 : ① 보험금. ② 사망퇴직금.
- 특별수익의 평가시기와 방법 : ① 상속개시시 기준
  - ② 수익자의 과실에 의한 증여물의 멸실, 변형이 있는 경우는 원상대로 존재한다고 의제하여 평가
  - ③ 불가항력에 의한 멸실, 변형의 경우에는 가산되지 않는다
  - ④ 금전으로 증여된 경우는 화폐가치의 변동도 고려
- 특별수익자가 있는 경우의 공동상속인간의 상속채무의 분담방법 : 채무는 § 1008가 아니라 §1009의 원칙으로 법정상속분에 따라 승계

1. 상속분의 의의

상속분이란 전 상속재산의 분량적인 일부를 말한다.

상속분은 보통, 예컨대 상속재산의 2분의 1, 3분의 1과 같이 상속개시시에 있어서의 상속재산 전체의 가액에 대한 계수적 비율에 의하여 표시된다.

상속분은 피상속인의 의사 또는 법률의 규정에 의하여 정해진다. 전자를 지정상속분이라고 하고, 후자를 법정상속분이라고 한다.

상속인이 여러 명인 경우에 상속분은 민법규정에 의해서 정해진다. 동순위 상속인 사이의 상속분은 동일하며, 배우자의 상속분은 직계비속(또는 직계존

속)의 상속분에 5할을 가산한다. 예를 들어서 상속인으로서 피상속인의 배우자
와 두 자녀가 있다면, 배우자의 상속분은 3/7, 두 자녀의 상속분은 각각 2/7이
된다. 이들 공동상속인은 상속이 개시되면 각자의 상속분에 따라 상속재산을
공유하게 된다.

2. 특별수익자의 상속분

본조는 특별수익자의 상속분의 산정에 관하여 규정한 것이다.

(1) 공동상속인중에 피상속인으로부터 재산의 증여 또는 유증을 받은 자가
있는 경우에 그 수증재산이 자기의 상속분에 달하지 못한 때에는 그 부
족한 부분의 한도에서 상속분이 있다(제1008조).

본조의 취지는 공동상속인들 사이의 공평을 기하기 위하여 그 수증
재산을 상속분의 선급으로 다루어 구체적인 상속분을 산정함에 있어 이
를 참작하도록 하려는 데 있다(대판 1996. 2. 9. 95다17885).

즉 유증 또는 혼인·양자입양을 위한 증여, 생계의 자본으로서의 (생
전)증여는 통상 상속재산의 양도로서의 의미를 갖는다고 할 수 있으므
로, 공동상속인간의 공평을 꾀하기 위하여 상속분 산정에 있어서 이것들
을 산입하도록 한 것이다.

이것은 증여재산의 반환의무라고 하며, 그 방법으로서는 현물반환주의
와 충당계산주의가 있으나 우리 민법은 충당계산주의를 취하고 있다고
할 수 있다

예컨대 공동상속인 중 상기와 같은 증여 또는 유증을 받은 자(이른바
특별수익자)가 존재하는 경우, 상속개시시에 현재하는 상속재산(유증의
목적물까지도 포함한 재산)의 가액에 생전증여의 가액을 합한 것을 상
속재산으로 보고, 이를 기준으로 하여 지정 또는 법정의 상속비율에 따
라「본래의 상속분」(「합산상의 상속분」)을 산정, 이 본래의 상속분액
에서 특별수익인 유증 또는 증여의 가액을 공제한 잔액을 가지고 그 특
별수익자의「현실의 상속분」(또는「종국의 상속분」)으로 하는 것이다.

이 경우에 만약 유증 또는 증여의 가격이 본래의 상속분과 대등한
경우에는 증여를 받은 상속인은 상속분을 받을 수 없는 반면 초과한
경우에는 증여를 받은 상속인은 초과액을 반환하여야 한다. 또 특별수

익자의 수증액이 본래의 상속분과 대등하거나 그 이하이면 수증자는
그 부족한 부분의 한도에서 상속분이 있게 된다. 그 구체적인 상속분
계산례를 들어 보면 다음과 같다.

① 처 M과 4인의 W·X·Y·Z가 공동상속인이고, 상속재산은 1,600만
원이며, 자 W에게는 혼인을 위한 증여로서 400만원을, 자 X에게는
생계의 자본으로서 200만원, 처 M에게는 유증으로서 300만원을 각
각 주었을 경우, 각자의 상속재산분할액과 상속이익은 다음과 같다.

<합산요령>

상속인 $\boxed{E=(A+B)\times C-(B+D)}$ 구체적 재산상의 상속이익

$$\frac{\text{상속분}}{\text{계}1,300} \quad \text{분 배 액}$$

처(M) : $(1{,}600+400+200)\times \frac{2}{11} - 300 = 300 \qquad \frac{3}{13} \quad 1{,}300\times \frac{3}{13} = 300$

　　　　300+300=600

남자(W) : $(1{,}600+400+200)\times \frac{2}{11} - 400 = 0 \qquad 0 \quad 1{,}300\times 0 = 0$

　　　　0+400=400

차남(X) : $(1{,}600+400+200)\times \frac{2}{11} - 200 = 200 \qquad \frac{2}{13} \quad 1{,}300\times \frac{2}{13} = 200$

　　　　200+200=400

3남(Y) : $(1{,}600+400+200)\times \frac{2}{11} - 0 = 400 \qquad \frac{4}{13} \quad 1{,}300\times \frac{4}{13} = 400$

　　　　400+ 0 =400

4남(Z) : $(1{,}600+400+200)\times \frac{2}{11} - 300 = 300 \qquad \frac{4}{13} \quad 1{,}300\times \frac{4}{13} = 400$

400+ 0 =400

② 처 M에 대하 300만원의 유증, 자 X에 대한 200만원의 증여 대신에 자 W가 500만원의 증여를 받았다고 하면, W는 법정상속분 400만원을 넘는 증여를 받고 있다. 이와 같은 경우, W는 100만원을 M·X·Y·Z에게 반환하지 않으면 안된다고 하는 문제가 생긴다. 그러나 W가 상속포기를 하게 되면 반환의무를 지지 않고, 증여에 의하여 얻은 재산을 보유할 수 있으므로 특별수익자인 W를 제외하고 상속분산정을 하면 된다.

③ 위의 예에서 자 W가 500만원의 유증을 받았다고 하면, 역시 자기 법정상속분의 초과분 100만원을 반환하여야 하지만, W가 상속을 포기한 경우에는 반환의무가 없어지므로 유증에 의하여 얻은 재산은 그대로 보유할 수 있게 된다. 따라서 M·X·Y·Z의 상속이익은 다음과 같이 된다.

	구체적 상속분	재산상의 분배액	상속이익	
처(M) :	$\frac{1}{3}$	$(1,600-500) \times \dfrac{3}{3+2+2+2} = \dfrac{1100}{3}$		$\dfrac{1100}{3}$
장남(W) :	0	0		500
차남(X) :	$\frac{2}{9}$	$(1,600-500) \times \dfrac{3}{3+2+2+2} = \dfrac{2200}{9}$		$\dfrac{2200}{9}$
3남(Y) :	$\frac{2}{9}$	차남 X와 동일	$\dfrac{2200}{9}$	$\dfrac{2200}{9}$
4남(Z) :	$\frac{2}{9}$	차남 X와 동일	$\dfrac{2200}{9}$	$\dfrac{2200}{9}$

(2) 구체적으로 어떠한 증여가 반환의 대상이 되는가는 이론적으로는 그것이 일부의 상속인에 대한 특별이익의 공여로 보아야 할 것인가, 아니면

상속재산의 선급으로 볼 것인가를 일단 고려하여 공평의 견지에서 결정하여야 한다.

따라서 특별이익의 공여로 보아야 할 특별한 사정이 없는 한, 상속재산의 선급으로 볼 수 있을 정도로 큰 가격의 증여는 원칙적으로 반환하여야 할 증여로 해석하여야 하고, 또 그 사회적 성격에서 엄격하게 보아 상속재산의 선급이라고 볼 수 없는 경우에도 공평의 견지에서 반환하여야 할 증여라고 해석하여야 한다.

혼인에 즈음하여 받은 증여는 지참금 기타 지참재산 뿐만 아니라 의류·가재도구·침구 등도 반환할 증여에 포함된다.

보통의 교육비는 부양의무의 범위내의 것이라고 하나, 고등교육을 받기 위한 비용은 생계의 자본의 일종이라고 할 수 있다.

(3) 반환할 증여의 평가시기에 대한 입법례로서는 증여시로 한 것(독일민법)과 상속개시시의 가격에 따라 평가하는 것(스위스민법)과의 2종류가 있으나, 우리 민법에서는 이에 대해 규정하는 바 없으므로 해석상의 문제가 되나, 통설은 상속개시시로 해석하고 있으며 이에 대해 거의 이론이 없다. 실무례도 대체로 그러하다. 따라서 증여의 목적물의 가격은 대부분의 경우, 증여시로부터 상속개시시까지의 사이에 자연적으로 증감하는 것이라면, 후자는 관점에서 평가된다.

이에 반하여 수증자의 행위에 의하여 목적물을 멸실하였거나 그 가격에 증감을 초래한 경우에는 증여의 목적물이 상속개시당시에도 여전히 증여당시의 상태대로 존재하는 것으로 가정하여 평가하여야 할 것이다. 다만 현금에 대해서는 상속개시시에 증여시의 금액이 액면 그대로 존재하는 것으로 계산하면 화폐가치의 변동이 극심한 시대에서는 현금을 가진 자와, 토지나 가옥을 가진 자와의 심한 불공평이 일어나므로 금전은 증여시의 금액을 상속개시시의 화폐가치로 환산한 가액으로 평가하여야 할 것이다.

또 증여받은 2,000만원으로 가옥을 구입해 두고 있었던 바, 그 가옥이 상속개시시에 이르러 3,000만원이 된 경우나, 인위적으로 멸실된 경우에도 목적물은 2,000만원이란 금전이기 때문에 위와 같이 평가된 금전을 반환하면 된다.

▣ 핵심판례 ▣

- **[특별수익자의 상속분]**

1. 특별수익의 평가시기와 방법

공동상속인 중에 피상속인으로부터 재산의 증여 또는 유증 등의 특별수익을 받은 자가 있는 경우에는 이러한 특별수익을 고려하여 상속인별로 고유의 법정상속분을 수정하여 구체적인 상속분을 산정하게 되는데, 이러한 구체적 상속분을 산정함에 있어서는 상속개시시를 기준으로 상속재산과 특별수익재산을 평가하여 이를 기초로 하여야 할 것이고, 다만 법원이 실제로 상속재산분할을 함에 있어 분할의 대상이 된 상속재산 중 특정의 재산을 1인 및 수인의 상속인의 소유로 하고 그의 상속분과 그 특정의 재산의 가액과의 차액을 현금으로 정산할 것을 명하는 방법(소위 대상분할의 방법)을 취하는 경우에는, 분할의 대상이 되는 재산을 그 분할시를 기준으로 하여 재평가하여 그 평가액에 의하여 정산을 하여야 할 것이다(대결 1997. 3. 21. 96스62).

2. 특별수익자가 있는 경우의 구체적인 상속분의 산정

민법 제1008조에서 "공동상속인 중에 피상속인으로부터 재산의 증여 또는 유증을 받은 자가 있는 경우에 그 수증재산이 자기의 상속분에 달하지 못한 때에는 그 부족한 부분의 한도에서 상속분이 있다"고 규정하고 있는 바, 이는 공동상속인 중에 피상속인으로부터 재산의 증여 또는 유증을 받은 특별수익자가 있는 경우에 공동상속인들 사이의 공평을 기하기 위하여 그 수증재산을 상속분의 선급으로 다루어 구체적인 상속분을 산정함에 있어 이를 참작하도록 하려는 데 그 취지가 있다. 위 규정의 적용에 따라 공동상속인 중에 특별수익자가 있는 경우의 구체적인 상속분의 산정을 위하여는, 피상속인이 상속개시 당시에 가지고 있던 재산의 가액에 생전 증여의 가액을 가산한 후, 이 가액에 각 공동상속인별로 법정상속분율을 곱하여 산출된 상속분의 가액으로부터 특별수익자의 수증재산인 증여 또는 유증의 가액을 공제하는 계산방법에 의하여 할 것이고, 여기서 이러한 계산의 기초가 되는 "피상속인이 상속개시 당시에 가지고 있던 재산의 가액"은 상속재산 가운데 적극재산의 전액을 가리키는 것으로 보아야 옳다(대판 1995. 3. 10. 선고 94다16571).

3. 가. 특별수익자의 상속분에 관한 민법 제1008조의 취지

민법 제1008조의 취지는 공동상속인 중에 피상속인으로부터 재산의 증여 또는 유증을 받은 특별수익자가 있는 경우에, 공동상속인들 사이의 공평을 기하기 위하여 그 수증 재산을 상속분의 선급으로 다루어 구체적인 상속분을 산정함에 있어 이를 참작하도록 하려는 데 있다.

나. 공동상속인 중에 피상속인으로부터 특별수익을 한 자가 있는 경우, 민법 제1114조의 적용 여부(소극)

공동상속인 중에 피상속인으로부터 재산의 생전 증여에 의하여 특별수익을 한 자가 있는 경우에는 민법 제1114조의 규정은 그 적용이 배제되고, 따라서 그 증여는 상속개시 1년 이전의 것인지 여부, 당사자 쌍방이 손해를 가할 것을 알고서 하였는지 여부에 관계없이 유류분 산정을 위한 기초재산에 산입된다.

다. 유류분 산정의 기초가 되는 증여재산의 가액 산정 시기

원심이 유류분 산정의 기초가 되는 증여 부동산의 가액 산정 시기를 피상속인이 사망한 상속개시 당시의 가격으로 판시한 것은 정당하다.

라. 공동상속인 및 공동상속인이 아닌 제3자가 피상속인으로부터 각 증여 또는 유증을 받은 경우, 각자의 유류분반환 의무의 범위

유류분 권리자가 유류분반환청구를 함에 있어 증여 또는 유증을 받은 다른 공동상속인이 수인일 때에는 민법이 정한 유류분 제도의 목적과 민법 제1115조 제2항의 취지에 비추어 다른 공동상속인들 중 각자 증여받은 재산 등의 가액이 자기 고유의 유류분액을 초과하는 상속인만을 상대로 하여 그 유류분액을 초과한 금액의 비율에 따라서 반환청구를 할 수 있다고 하여야 하고, 공동상속인과 공동상속인이 아닌 제3자가 있는 경우에는 그 제3자에게는 유류분이라는 것이 없으므로 공동상속인은 자기 고유의 유류분액을 초과한 금액을 기준으로 하여, 제3자는 그 수증가액을 기준으로 하여 각 그 금액의 비율에 따라 반환청구를 할 수 있다고 하여야 한다(1996. 2. 9. 판결 95다17885 유류분반환).

＜판례전문(1996. 2. 9. 95다17885)＞

[원고, 피상고인] 김기범 외 3인

[피고, 상고인] 김선기 외 2인 (피고들 소송대리인 변호사 오욱환)

[원심판결] 서울고법 1995. 3. 22. 선고 94나19978 판결

[주   문] 상고를 모두 기각한다. 상고비용은 피고들의 부담으로 한다.

[이   유] 1. 피고들 소송대리인의 상고이유에 대하여 판단한다.

가. 제1점에 대하여

원심판결을 기록에 비추어 검토하여 보면, 소론이 지적하는 점에 관한 원심의 인정과 판단은 정당한 것으로 수긍이 되고, 거기에 유류분 제도의 법리를 오해한 위법이 있다고 볼 수 없다. 논지는 이유가 없다.

나. 제2점에 대하여

기록에 의하면 소외 망 김운서의 이 사건 상속재산 중 금 21,176,325원이 예금된 통장을 원고 김기범이 보관하면서 이 돈으로 위 망인의 장례비용, 묘역단장, 앞으로의 묘지 관리 등에 사용하기로 약정한 사실은 있으나 나아가 위 사실만으로는 원고들이 유류분을 포기하였다거나 유류분을 포기하기로 하는 약정이 있었다고 보기 어렵고, 거기에 유류분 포기의 점에 대하여 심리를 다하지 아니하여 판결 결과에 영향을 미친 위법이 있다고도 할 수 없다. 논지도 이유가 없다.

다. 제3, 4점에 대하여

원심이 그 거시 증거에 의하여 피고들과 소외 김상기, 김혁기(김혁기는 원심판결문에 누락되어 있음)가 피상속인인 소외 망 김운서의 생전에 증여받은 각 부동산과 현금은 이른바 공동상속인의 특별수익분으로서 원고들의 유류분을 산정함에 있어서 기초가 되는 재산에 산입되어 유류분반환 청구의 대상이 되므로 피고들은 자신의 유류분을 초과하는 범위 내에서 원고들의 유류분반환 청구에 응할 의무가 있다고 판시하면서 위 망인이 원고들에게도 서울 금호동의 가옥, 광주군 초월면의 가옥, 충북 음성 소재 가옥의 매각대금 등을 증여하였고, 그 외에도 원고들의 요구시마다 금원을 지급한 바 있으므로 이러한 증여재산의 가액도 모두 유류분 산정의 기초재산에 포함시켜야 하며, 한편 피고 강태원이 받은 금 50,000,000원은 김운서가 같은 피고와 사실혼관계를 맺으면서 지급하기로 한 약정금 채무의 이행으로서 받은 것으로서 위 유류분 산정의 기초재산에서 제외하여야 한다는 피고들 소송대리인의 주장을 모두 배척하였는바, 관계 증거를 기록과 대조 검토하여 보면, 원심의 위 인정 판단은 정당한 것으로 수긍이 되고, 원심판결에 소론과 같이 채증법칙에 위배하였거나 심리를 다하지 아니하여 판결 결과에 영향을 미친 위법이 있다고 할 수 없다.

한편 민법 제1118조에 의하여 준용되는 민법 제1008조에서 "공동상속인 중에 피상속인으로부터 재산의 증여 또는 유증을 받은 자가 있는 경우에 그 수증재산이 자기의 상속분에 달하지 못한 때에는 그 부족한 부분의 한도에서 상속분이 있다."고 규정하고 있는바, 이는 공동상속인 중에 피상속인으로부터 재산의 증여 또는 유증을 받은 특별수익자가 있는 경우에 공동상속인들 사이의 공평을 기하기 위하여 그 수증재산을 상속분의 선급으로 다루어 구체적인 상속분을 산정함에 있어 이를 참작하도록 하려는 데 있다고 할 것이므로(당원 1995. 6. 30. 선고 93다11715 판결 참조), 공동상속인 중에 피상속인으로부터 재산의 생전 증여에 의하여 특별수익을 한 자가 있는 경우에는 민법 제1114조의 규정은 그 적용이 배제된다고 할 것이고, 따라서 그 증여는 상속개시 1년 이전의 것인지 여부, 당사자 쌍방이 손해를 가할 것을 알고서 하였는지 여부에 관계없이 유류분 산정을 위한 기초재산에 산입된다고 할 것이다.

같은 취지의 원심판단은 정당하고, 거기에 유류분을 산정함에 있어서 특별수익자의 상속분에 관한 법리를 오해의 위법이 있다고 할 수 없다. 논지는 모두 이유가 없다.

라. 제5점에 대하여

기록에 의하면 원고들과 피고들이 이 사건 상속재산인 예금채권을 위 망 김운서의 장례비용 및 기타 묘소 관리비용으로 사용하기로 하되 원고 김기범이 이를 보관하기로 하였는바, 위 원고가 위 돈으로 위 망인 등의 비석을 세우고 묘역을 단장하는 등으로 일부를 사용하였다면, 위 원고의 개인의 이익을 위하여 이를 임의로 사용하였다고 보기 어려울 뿐만 아니라, 나아가 이를 보관하던 중 자기의 개인의 이익을 위하여 이를 소비하였다고 하더라도 위 원고의 유류분 침해액에서 이를 공제하여야 하는 것은 아니다. 논지는 이유가 없다.

마. 제6점에 대하여

원심이 유류분 산정의 기초가 되는 이 사건 증여 부동산의 가액 산정 시기를 피상속인이 사망한 상속개시 당시의 가격으로 판시한 것은 정당하고 거기에 소론이 주장하는 것처럼 증여재산의 가액 산정에 관한 법리를 오해한 위법이 있다고 할 수 없다. 이 점에 관한 논지도 이유가 없다.

바. 그런데 민법 제1113조 제1항은 유류분은 피상속인의 상속개시시에 있어서 가진 재산의 가액에 증여재산의 가액을 가산하고 채무의 전액을 공제하여 이를 산정한다고 규정하고 있고, 제1115조 제1항은 유류분 권리자가 피상속인의 제1114조에 규정된 증여 및 유증으로 인하여 그 유류분에 부족이 생긴 때에는 부족한 한도에서 그 재산의 반환을 청구할 수 있다고 하고, 제2항은 제1항의 경우에 증여 및 유증을 받은 자가 수인인 때에는 각자가 얻은 증여 가액의 비례로 반환하여야 한다고 규정하고 있으므로, 유류분 권리자가 유류분반환 청구를 함에 있어 증여 또는 유증을 받은 다른 공동상속인이 수인일 때에는 민법이 정한 유류분 제도의 목적과 위 제1115조 제2항의 취지에 비추어 다른 공동상속인들 중 각자 증여받은 재산 등의 가액이 자기 고유의 유류분액을 초과하는 상속인만을 상대로 하여 그 유류분액을 초과한 금액의 비율에 따라서 반환청구를 할 수 있다고 하여야 할 것이고 (당원 1995. 6. 30. 선고 93다11715 판결 참조), 공동상속인과 공동상속인이 아닌 제3자가 있는 경우에는 그 제3자에게는 유류분이라는 것이 없으므로 공동상속인은 자기 고유의 유류분액을 초과한 금액을 기준으로 하여, 제3자는 그 수증가액을 기준으로 하여 각 그 금액의 비율에 따라 반환청구를 할 수 있다고 하여야 할 것이다.

따라서 원심이 피고들이 반환하여야 할 유류분액을 산정함에 있어서 원고들의 유류분 청구권의 행사로 피고들 및 위 김상기, 김혁기에 대한 위 각 증여는 원고들의 유류분을 침해하는 범위 내에서 실효되었다 할 것이고, 수증자가 수인인 경우 수증자들의 반환의무는 수증가액의 비율에 따른다고 하면서 피고들은 각 원고들에게 원고들의 각 유류분 침해액에 위 망인의 피고들 및 위 김상기, 김혁기에 대한 증여액 전체를 분모로 하고 피고들의 각 수증액을 분자로 한 비율을 곱한 금원을 반환하여야 할 의무가 있다고 판단한 것은 유류분산정 방법에 관한 법리를 오해한 위법이 있다고 할 것이다.

그러나 위 유류분 산정 방법에 따라 피고들이 원고들에게 유류분 침해액으로 반환하여야 할 금액을 계산하여 보면, 원심판결에서 인용된 금액보다 오히려 더 많은 금액을 피고들이 지급하여야 하는 결과가 되나, 피고들만이 상고한 이 사건에서 피고들에게 불리하게 판결할 수는 없으므로 원심판결을 그대로 둔 채 이 점만 지적해 둔다.

2. 이에 상고를 모두 기각하고 상고비용은 패소한 피고들의 부담으로 하기로 관여 법관의 의견이 일치되어 주문과 같이 판결한다.

대법관   김형선(재판장)   박만호(주심)

박준서   이용훈

◈ 기여분제도

제1008조의 2 【기여분】

① 공동상속인 중에 상당한 기간 동거·간호 그 밖의 방법으로 피상속인을 특별히 부양하거나 피상속인의 재산의 유지 또는 증가에 특별히 기여한 자가 있을 때에는 상속개시 당시의 피상속인의 재산가액에서 공동상속인의 협의로 정한 그 자의 기여분을 공제한 것을 상속재산으로 보고 제1009조 및 제1010조에 의하여 산정한 상속분에 기여분을 가산한 액으로써 그 자의 상속분으로 한다. <개정 2005. 3. 31>

② 제1항의 협의가 되지 아니하거나 협의할 수 없는 때에는 가정법원은 제1항에 규정된 기여자의 청구에 의하여 기여의 시기·방법 및 정도와 상속재산의 액 기타의 사정을 참작하여 기여분을 정한다.

③ 기여분은 상속이 개시된 때의 피상속인의 재산가액에서 유증의 가액을 공제한 액을 넘지 못한다.

④ 제2항의 규정에 의한 청구는 제1013조 제2항의 규정에 의한 청구가 있을 경우 또는 제1014조에 규정하는 경우에 할 수 있다. [본조신설 1990. 1. 13]

■ § 1008조의 2. 기여분

- 상당한 기간·동거·간호 그 밖의 방법으로 피상속인을 특별히 부양하거나 재산의 유지 또는 증가에 특별히 기여한 자가 있을 경우에는 이를 상속분의 산정에 고려하는 제도
- 입법취지 : 공동상속인 사이의 실질적 평등
- 기여분권리자의 범위 : ① 공동상속인에 한한다

  ② 수인이라도 상관없다

  ③ 대습상속인도 기여분권리자가 될 수 있지만 피대습자의 기여도 주장할 수 있다.
- 기여의 정도 : 통상의 기여가 아니라 특별한 기여
- 기여분의 결정 : ① 공동상속인의 협의. ② 심판
- 기여분의 포기 : 상속재산분할이 종료할 때까지 언제든지 가능하다.
- 기여분과 유언과의 관계 : 유언에 의한 기여분의 결정은 법률상 효력이 없다.

본조는 기여상속인의 상속분에 관하여 규정한 것이다.

1. 기여분의 의의

기여분이란 공동상속인 중에서 상당한 기간 동거, 간호 그 밖의 방법으로 피상속인을 특별히 부양하거나 피상속인의 재산의 유지 또는 증가에 관하여 특별히 기여한 자가 있을 경우에는, 이를 상속분의 산정에 관하여 고려하는 제도이다. 즉 피상속인이 상속개시 당시에 가지고 있던 재산의 가액에서 기여상속인의 기여분을 공제한 것을 상속재산으로 보고 상속분을 산정하여, 이 산정된 상속분에다 기여분을 보탠 액을 기여상속인의 상속분으로 하는 것이다.

기여분제도는 공동상속인 중에서 상속재산의 유지 등에 기여한 상속인에 대하여 더 많은 몫을 인정함으로써 공동상속인 간의 공평을 실현하는 제도라고 할 수 있다.

스위스민법은 부모와 공동생활을 하며 노동하여 재산을 축적한 재산상속인은 그 대상을 명시의 의사표시에 의하여 포기하지 않는 한 부모의 상속재산의 분할에 있어서 적당한 보상을 청구할 수 있도록 하고 있다(스위스민법 제633조).

1990년의 가족법 개정에서 기여분 제도를 신설하였다.

2. 기여분권리자

기여분권리자는 공동상속인 중에서 상당한 기간 동거, 간호 그 밖의 방법으로 피상속인을 특별히 부양하거나 피상속인의 재산의 유지 또는 증가에 관하여 특별히 기여한 자이다. '상당한 기간 동거, 간호 그 밖의 방법으로 피상속인을 특별히 부양하거나'는 2005년의 민법일부개정에 의하여 신설된 것이다. 이와 같이 기여분권리자는 공동상속인에 한하므로, 공동상속인이 아닌 자는 아무리 상당한 기간 동거, 간호 그 밖의 방법으로 피상속인을 특별히 부양하거나 피상속인의 재산의 유지 또는 증가에 기여하였더라도 기여분의 청구를 할 수 없다. 예컨대 사실혼의 배우자, 포괄적 수증자 등은 상속인이 아니므로, 기여분권리자가 될 수 없다.

기여분권리자는 한 사람에 한하지 않는다.

3. 기여의 내용과 정도

(1) 상당한 기간 동거, 간호 그 밖의 방법으로 피상속인을 특별히 부양했어야 한다. 판례는 성년인 자가 장기간 부모와 동거하면서 생계유지의 수준을 넘는 부양자 자신과 같은 생활수준을 유지하는 부양을 한 경우 특별히 부양한 자로 보고 있다(대판 1998. 12. 8. 97므513·520, 97느12).

이 경우 상속인의 특별한 부양은 그 자체로서 기여분의 요건을 충족시킨다고 보아야 할 것이다. 따라서 부양을 통하여 피상속인의 재산의 유지나 증가에 기여할 필요는 없다.

(2) 상속인이 피상속인의 재산의 유지나 증가에 특별히 기여한 경우이다. 이 경우에는 상속인의 기여가 상속재산의 유지나 증가로 이어졌어야 한다.

(3) 기여의 정도는 통상의 기여가 아니라, 특별한 기여가 아니면 안 된다. 특별한 기여로 인정되기 위해서는, 공동상속인이 상속재산을 본래의 상속분에 따라 분할하는 것이 명백히 기여자에게 불공평하다고 인식되는 정도에 이르러야 한다.

4. 기여분의 결정 및 상속분의 산정

기여분을 결정하기 위해서는 우선 전공동상속인이 협의하여야 한다(제1008조의 2 제1항).

공동상속인 사이에서 기여분에 관한 협의가 되지 않거나 협의할 수 없는 때에는 가정법원은 기여자의 청구에 의하여 기여분을 정한다(동조 2항).

상속재산의 가액에서 공동상속인의 협의에 의하거나 또는 조정·심판에 의하여 정해진 기여분을 공제한 것을 상속재산으로 보고, 민법 제1009조(법정 상속분) 및 제1010조(대습상속분)의 규정에 의하여 산정한 상속분에 기여분을 가산한 액으로써 기여상속인의 상속분으로 한다(동조 1항).

기여분은 상속이 개시된 때의 피상속인의 재산가액에서 유증의 가액을 공제한 액을 넘지 못한다. 이 제한은 기여분보다 유증을 우선시키기 위한 것이다. 예컨대 상속재산이 5,000만원이고 유증이 2,000만원이면 기여분의 가액은 3,000만원을 넘어서는 안 된다. 이때 기여자가 2인이라도 이들의 기여분의 합계가 3,000만원을 넘어서는 안 된다. 기여분의 결정청구와 상속재산분할청구는 병합

심리하는 것이 타당하며 제1008조의 2 제4항은 이를 규정하고 있다.

▣ 핵심판례 ▣

■ [기여분]

1. 가. 상속개시 전에 이루어진 상속포기약정의 효력

유류분을 포함한 상속의 포기는 상속이 개시된 후 일정한 기간 내에만 가능하고 가정법원에 신고하는 등 일정한 절차와 방식에 따라야만 그 효력이 있으므로, 상속개시 전에 이루어진 상속포기약정은 그와 같은 절차와 방식에 따르지 아니한 것으로 그 효력이 없다.

나. 기여상속인이 민법 소정의 방식에 따라 기여분이 결정이 되기 전에 유류분반환청구소송에서 상속재산 중 자신의 기여분에 대한 공제항변을 할 수 있는지 여부

공동상속인 중 피상속인의 재산의 유지 또는 증가에 관하여 특별히 기여하거나 피상속인을 특별히 부양한 자가 있는 경우 그 기여분의 산정은 공동상속인들의 협의에 의하여 정하도록 되어 있고, 협의가 되지 않거나 협의할 수 없는 때에는 기여자의 신청에 의하여 가정법원이 심판으로 이를 정하도록 되어 있으므로 이와 같은 방법으로 기여분이 결정되기 전에는 유류분반환청구소송에서 피고가 된 기여상속인은 상속재산 중 자신의 기여분을 공제할 것을 항변으로 주장할 수 없다(1994. 10. 14. 제2부 판결 94다8334 소유권이전등기말소).

2. 부동산의 취득과 유지에 있어 처로서 통상 기대되는 정도를 넘어 특별히 기여한 경우에 해당되지 않는다고 한 사례

망인은 공무원으로 종사하면서 적으나마 월급을 받아 왔고, 교통사고를 당하여 치료를 받으면서 처로부터 간병을 받았다고 하더라도 이는 부부간의 부양의무 이행의 일환일 뿐, 망인의 상속재산 취득에 특별히 기여한 것으로 볼 수 없으며, 또한 처가 위 망인과는 별도로 쌀 소매업, 잡화상, 여관업 등의 사업을 하여 소득을 얻었다고 하더라도 이는 위 망인의 도움이 있었거나 망인과 공동으로 이를 경영한 것이고, 더욱이 처는 위 망인과의 혼인생활 중인 1976.경부터 1988.경까지 사이에 상속재산인 이 사건 부동산들보다 더 많은 부동산들을 취득하여 처 앞으로 소유권이전등기를 마친 점 등에 비추어 보면, 위 부동산의 취득과 유지에 있어 위 망인의 처로서 통상 기대되는 정도를 넘어 특별히 기여한 경우에 해당한다고는 볼 수 없다(대결 1996. 7. 10. 자 95스30, 31).

◆ 분묘 등의 승계권자

제1008조의 3【분묘등의 승계】

분묘에 속한 1정보이내의 금양임야와 600평이내의 묘토인 농지, 족보와 제구의 소유권은 제사를 주재하는 자가 이를 승계한다. [본조신설 1990. 1. 13]

■ § 1008조의 3. 분묘등의 승계

• 종래의 상속법은 분묘 등의 승계는 호주가 하는 것으로 되어 있었으나, 1990. 개정 상속법에서는 제사를 실제로 주재하는 자가 승계하도록 되었다.

본조는 1990년 개정민법에서 신설된 조문이다.

분묘에 속한 1정보 이내의 금양임야와, 600평 이내의 묘토인 농지, 족보와 제구의 소유권은 포괄승계에 의하지 않고 그 소유권은 제사를 주재하는 자에게 승계된다.

민법개정에는 호주상속인이 이를 승계하는 것으로 규정하고 있었으나, 개정법은 조상의 제사를 모시는 것을 가족 중 누구든 할 수 있는 것으로 규정하는 한편 실제로 모시는 자에게 승계권을 인정한 것이다.

여기에서 누가 제사를 주재하는 자인지가 문제된다. 이에 관하여 판례는, 재사주재자는 우선적으로 망인의 공통상속인들 사이의 협의에 의해 정해져야 하되, 협의가 이루어지지 않는 경우에는 제사주재자의 지위를 유지할 수 없는 특별한 사정이 있지 않은 한 망인의 장남이 제사 주재자가 되고, 공동상속인들 중 아들이 없는 경우에는 망인의 장녀가 제사 주재자가 된다고 한다(대판 2008. 11. 20, 2007다27670(전합)).

금양임야란 벌목을 금지하고 나무를 기르는 임야를 말한다. 묘토는 위토라고 보통 말하며, 제사 또는 이에 관계되는 사항을 집행·처리하기 위하여 설정된 토지를 말한다. 족보란 일자의 역사를 표시하고 가계의 연속을 실증하기 위한 책부를 말한다.

▣ 핵심판례 ▣

- **[분묘 등의 승계]**

1. 금양임야에 관하여 상속인들 공동 명의로 재산상속을 원인으로 하여 경료 된소유권이전등기의 효력(=무효)

임야가 피상속인의 사망과 동시에 금양림야로 되어 호주상속인에게 소유권이 승계된 것이라면 위 임야는 망인의 상속재산과는 구분되어 구 민법 제996조(1990. 1. 13. 법률 제4199호로 삭제)에 의하여 호주상속인에게 단독으로 승계된 것이라 할 것이므로 상속인들의 공동 명의로 재산상속을 원인으로 한 소유권이전등기가 경료되었다면 이는 적법한 원인이 없는 무효의 등기이다(1993. 5. 25. 제1부 판결 92다50676 토지소유권이전등기말소등).

2. 구 민법(1990. 1. 13. 법률 제4199호로 개정되기 전의 것)상 분묘에 부속된 비석의 소유자

구 민법(1990. 1. 13. 법률 제4199호로 개정되기 전의 것)상 분묘의 수호, 관리권은 망인의 호주상속인에게 있고, 분묘에 부속된 비석은 분묘와 일체를 이루는 제구로서 호주상속인의 소유로 된다(1993. 8. 27. 제1부 판결 93도648 재물손괴).

3. 구 민법 제996조 소정의 분묘에 속한 묘토의 인정기준

구 민법(1990. 1. 13. 법률 제4199호로 개정되기 전의 것) 제996조 소정의 분묘에 속한 묘토의 범위는 호주상속인(개정 민법이 적용되는 경우에는 제사주재자)을 기준으로 600평 이내의 농지를 의미하는 것이 아니라 봉사의 대상이 되는 분묘 매1기당 600평 이내를 기준으로 정하여야 한다(1994. 4. 26. 제2부 판결 92누19330 토지초과이득세부과처분취소).

4. 제사주재자의 결정 방법

[다수의견] 제사주재자는 우선적으로 망인의 공동상속인들 사이의 협의에 의해 정하되, 협의가 이루어지지 않는 경우에는 제사주재자의 지위를 유지할 수 없는 특별한 사정이 있지 않은 한 망인의 장남(장남이 이미 사망한 경우에는 장남의 아들, 즉 장손자)이 제사주재자가 되고, 공동상속인들 중 아들이 없는 경우에는 망인의 장녀가 제사주재자가 된다.

[대법관 박시환, 대법관 전수안의 반대의견] 제사주재자는 우선 공동상속인들의 협의에 의해 정하되, 협의가 이루어지지 않는 경우에는 다수결에 의해 정하는 것이 타당하다.

[대법관 김영란, 대법관 김지형의 반대의견] 민법 제1008조의3에 정한 제사주재자라 함은 조리에 비추어 제사용 재산을 승계받아 제사를 주재하기에 가장 적합한 공동상속인을 의미하는데, 공동상속인 중 누가 제사주재자로 가장 적합한 것인가

를 판단함에 있어서 공동상속인들 사이에 협의가 이루어지지 아니하여 제사주재자의 지위에 관한 분쟁이 발생한 경우에는 민법 제1008조의3의 문언적 해석과 그 입법 취지에 충실하면서도 인격의 존엄과 남녀의 평등을 기본으로 하고 가정평화와 친족상조의 미풍양속을 유지·향상한다고 하는 가사에 관한 소송의 이념 및 다양한 관련 요소를 종합적으로 고려하여 개별 사건에서 당사자들의 주장의 당부를 심리·판단하여 결정하여야 한다(대법원 2008. 11. 20. 선고 2007다27670 전원합의체 판결).

제 2 관 상속분

상속분이란 동순위의 공동상속인 각자가 전상속재산에 대하여 가지는 승계의 비율을 말한다(제1009조). 일반적으로는 그 비율을 말하지만 그 비율에 의하여 구체적인 수액인 지분을 상속분이라고도 한다. 다만 어느 것이나 구체적인 재산이 아니고 추상적인 재산의 범위를 가리킨다. 상속분은 먼저 지정(유언)에 의하여 정해지지만(지정상속분), 지정이 없는 경우에는 민법의 규정에 의하여 정해진다(법정상속분).

◈ **피상속인의 상속분에 대한 지정이 없으면 상속분은 어떻게 정하는가?**

제1009조【법정상속분】

① 동순위의 상속인이 수인인 때에는 그 상속분은 균분으로 한다.<개정 1977. 12. 31, 1990. 1. 13>

② 피상속인의 배우자의 상속분은 직계비속과 공동으로 상속하는 때에는 직계비속의 상속분의 5할을 가산하고, 직계존속과 공동으로 상속하는 때에는 직계존속의 상속분의 5할을 가산한다. <개정 1990. 1. 13>

③ 삭제 <1990. 1. 13>

■ § 1009. 법정상속분

• 상속분의 지정이 없는 경우에는 민법의 규정에 의하여 결정된다.
• 동순위의 상속인이 수인인 때에는 그 상속분은 균분으로 한다.
• 피상속인의 배우자의 상속분은 직계비속과 공동으로 상속하는 때에는 직계비속의 상속분의 5할을 가산하고, 직계존속과 공동으로 상속하는 때에는 직계존속의 상속분의 5할을 가산한다.

법정상속분은 피상속인이 공동상속인의 상속분을 지정하지 않았을 경우에 민법의 규정에 의하여 결정되는 상속분이다. 우리 민법은 동순위의 상속인이 수인 있는 때에는 그 상속분은 균분하는 것을 원칙으로 한다. 그러나 다음과 같은 예외가 있다.

피상속인의 배우자의 상속분은 직계비속과 공동으로 상속하는 때에는 직계비속의 상속분의 5할을 가산하고, 직계존속과 공동으로 상속하는 때에도 직계존속의 상속분의 5할을 가산한다. 또 1977년 민법개정으로 유류분제도가 신설되었으므로 유류분에 반하는 지정을 할 수 없다.

개정전에는 호주상속인의 상속분은 5할을 가산하였으나, 1990년 개정민법은 이를 삭제하여 호주의 지위를 약화시켰다. 1977년 개정으로 남녀상속분 차별을 없앴지만, 피상속인과 동일 가적내에 있지 않은 여자의 상속분은 남자의 1/4에 불과했다. 그러나 1990년 개정으로 이를 폐지하였다.

[상 속 분 예]

상속분의 결정에 관하여 설명한 바를 구체적으로 예시하면 다음과 같다(다음은 모든 경우에 상속재산을 6000만이라고 하고, 가족중에 분가 또는 입양으로 인한 한적자가 없다고 가정한다).

(a) 장남M·차남N·장녀V·차녀W가 공동상속하는 경우
　　비율은 M : N : V : W = 1 : 1 : 1 : 1
　　M·N·V·W의 상속분은 각각 6000만원×1/4 = 1500만원

(b) 유처B·장남M·장녀V가 공동상속하는 경우
　　비율은 B : M : V = 1.5 : 1 : 1
　　B의 상속분은 6000만원×1.5/3.5 = 2571만원(약)
　　M·V의 상속분은 각각 6000만원×1/3.5 = 1714만원(약)

(c) 유부 A·장남M·차녀V가 공동상속하는 경우
　　비율은 A : M : V = 1 : 1 : 1
　　A·M·V의 상속분은 각각 6000만원×1/3 = 2000만원

(d) 유처B·시부X·시모Y가 공동상속하는 경우
　　비율은 B : X : Y = 1.5 : 1 : 1
　　B의 상속분은 6000만원×1.5/3.5=2571만원(약)

(e) 장남M과 차남N이 있었으나 차남N은 상속개시전에 이미 사망하고 그 자에게 처V와 장남E·차남F가 있는 경우
　　비율은 M : N = 1 : 1　　M·V의 상속분은 각각 6000만원×1/2 = 3000만원
　　그러나 N이 사망하였으므로 그 자의 상속분 즉 3000만원의 한도에서 대습상속이 개시된다. 따라서 비율은 V : E : F = 1.5 : 1 : 1
　　V의 상속분은 3000만원×1.5/3.5 = 1286만원(약)
　　E·F의 상속분은 각각 3000만원×1/3.5 = 857만원(약)
　　만약 양자E·F가 없다면 처V의 상속분은 3000만원이다(M의 상속분은 언제나 다름이 없다).

▣ 핵심판례 ▣

■ [법정상속분]

가. 구 민법 제1009조 제2항 소정의 "동일 가적 내에 없는 여자"의 의미

구 민법 제1009조 제2항(1990. 1. 13. 법률 제4199호로 개정되기 전의 것)이 "동일 가적 내에 없는 여자의 상속분은 남자의 상속분의 4분의 1로 한다"라고 규정하여 동일 가적 내에 없는 여자에 대하여 그 상속분을 현저하게 낮추고 있는 것은 이른바 출가외인이라는 옛 관념과 가산이 타가로 이산되는 것을 되도록 적게 하고자 하는 의도에서 연유된 것이라고 풀이되고 여기서 "동일 가적 내에

없는 여자"라는 것은 상속할 지위에 있는 여자가 혼인 등 사유로 인하여 타가에 입적함으로써 피상속인의 가적에서 이탈하여 가적을 달리한 경우를 지칭하는 것이다.

나. 친가에 복적한 생모가 "동일 가적 내에 없는 여자"에 해당되는지 여부

피상속인의 공동재산상속인으로는 그의 생모로서 피상속인의 사망 전에 피상속인의 부와 이혼, 친가에 복적하여 동일 가적 내에 없는 갑, 피상속인의 계모로서 동일 가적 내에 있는 을이 있는 경우 갑의 상속분을 을의 상속분의 4분의 1이라고 판단한 것은 옳다(1993. 9. 28. 제2부 판결 93다6553 손해배상(자)).

◆ 대습상속인의 상속분

제1010조 【대습상속분】

① 제1001조의 규정에 의하여 사망 또는 결격된 자에 갈음하여 상속인이 된 자의 상속분은 사망 또는 결격된 자의 상속분에 의한다. <개정 2014.12.30.>

② 전항의 경우에 사망 또는 결격된 자의 직계비속이 수인인 때에는 그 상속분은 사망 또는 결격된 자의 상속분의 한도에서 제1009조의 규정에 의하여 이를 정한다. 제1003조 제2항의 경우에도 또한 같다.

■ § 1010. 대습상속분

- 대습상속인의 상속분은 피대습상속인의 상속분에 의한다
- 피대습상속인의 직계비속이 수인인 때에는 그 상속분은 피대습상속인의 상속분의 한도에서 법정상속분(1009)에 의하여 정한다
- 배우자가 대습상속하는 경우에도 또한 같다

대습상속은 상속인인 직계비속 또는 형제자매가 상속개시전에 사망하거나 결격자가 된 경우에 그 자의 배우자와 직계비속에 의하여 행하여진다.

대습상속인의 상속분은 피대습상속인의 상속분에 의한다. 그리고 피대습상속인의 직계비속이 수인인 때에는 그 상속분은 피대습상속인의 상속분의 한도에서 전술한 방법(제1009조 참조)에 의하여 결정된다. 배우자가 대습상속하는 경우에도 동일하다.

본조 제2항은 직계비속이 수인 있을 경우와 배우자가 있을 경우에 관한 규정이다.

◈ 상속분의 양도와 양수

제1011조 【공동상속분의 양수】

① 공동상속인 중에 그 상속분을 제3자에게 양도한 자가 있는 때에는 다른 공동상속인은 그 가액과 양도비용을 상환하고 그 상속분을 양수할 수 있다.

② 전항의 권리는 그 사유를 안 날로부터 3월, 그 사유있은 날로부터 1년내에 행사하여야 한다.

■ § 1011. 상속분의 양도와 양수

• 상속분의 양도 : ① 상속인 지위의 양도

　　　　　　　　② 단, 상속채무는 병존적 채무인수

　　　　　　　　③ 공동상속인에게 통지(대항요건)

• 상속분의 양수 : ① 양수의 요건 – 공동상속인중의 한 사람이 그 상속분을 무단양도, 공동상속인 이외의 제3자에게 양도, 상속재산 분할전

　　　　　　　　② 양도권의 행사 – 형성권, 일부양수는 불허, 채권자의 대위행사도 불허, §1011②

　　　　　　　　③ 양수의 효과 – 양도인 이외의 공동상속인 전원에 그 상속분에 따라 귀속

본조는 상속분의 양수에 관한 규정이다.

(1) 공동상속인 중의 1인이 그 상속분을 다른 공동상속인에게 양도한 때에는 별 문제가 없으나, 제3자에게 양도하면, 다시 말해서 공동상속인으로서의 지위가 제3자에게 이전하면 타인이 상속재산의 관리·분할에 참여하게 되므로 분쟁이 일어나기 쉬워 상속재산의 관리·분할 등에 관련한 분규를 심화시키고, 경우에 따라서는 구체적으로 타당한 분할을 방해하는 결과가 될 우려가 있다.

그리하여 민법은 이러한 경우에 다른 공동상속인은 상속분의 가액 및 양도비용을 상환하고 양도된 상속분을 양수할 수 있도록 하였다. 그러나 이

양수는 거래의 안전을 심히 위협할 위험성을 안고 있는 제도이기 때문에 양수권의 행사는 상속분을 양도한 것을 안 날로부터 3월, 또는 그 양도일로부터 1년의 단기 제척기간에 걸리는 것으로 하였다.

(2) 상속분을 양수함에는 상속분의 가액 및 제3자가 상속분을 양수함에 있어서 사용한 비용을 상환하지 않으면 안된다.

상속분의 가액이란 제3자가 지급한 대가가 아니고, 양수권행사 당시에 있어서의 시가이다. 외국의 입법례는 대부분 매각의 경우에 한하여 양수를 인정하고 있으나 우리 민법은 무상양도의 경우도 포함하고 있고, 이 경우에도 가액(시가)의 상환을 요한다.

양수권은 형성권이므로 상속분의 양수인 또는 전득자에 대한 일방적 의사표시로써 행사된다. 상속분의 시가 및 비용을 상환(제공)함과 동시에 양수의 의사표시를 하면 상대방은 당연히 상속분을 잃고, 그 상속분은 다른 공동상속인 전원에게 상속분의 비율에 따라 귀속된다.

양수권은 귀속상의 일신전속이 아니라 행사상의 일신전속권이다. 따라서 양수권자가 사망한 때에는 그 상속인도 양수권을 승계할 수 있지만 양수권자의 채권자가 대위행사하는 것은 허용되지 않는다.

(3) 양수권의 행사에 의하여 제3자에게 양도된 상속분은 양도인 이외의 공동상속인 전부에 그 상속분에 따라 귀속한다. 공동상속인 중 한 사람이 단독으로 행사하더라도 그 사람에게만 귀속하는 것은 아니다. 또 그 행사에서 쓴 상속분의 가액과 비용도 상속분에 따라 공동상속인이 부담한다. 그리고 이 양수권의 행사는 양도인과 제3자 사이의 양도행위를 무효로 하는 것은 아니다.

(4) 여기서 말하는 '상속분의 양도'란 상속재산분할 전에 적극재산과 소극재산을 모두 포함한 상속재산 전부에 관하여 공동상속인이 가지는 포괄적 상속분, 즉 상속인 지위의 양도를 의미하므로, 상속재산을 구성하는 개개의 물건 또는 권리에 대한 개개의 물권적 양도는 이에 해당하지 아니한다(대법원 2006. 3. 24. 선고 2006다2179 판결).

제 3 관   상속재산의 분할

상속재산분할(Auseindersetzung der Erbschaft ; Partage)은 공동상속의 경우에 일단 그 상속인의 공유가 된 유산을 상속분에 따라 분할하여 각 상속인의 재산으로 하는 것이다(제1012~1018조). 상속재산의 분할요건은 (1) 상속재산에 대하여 공동소유관계가 있어야 한다. (2) 공동상속인은 확정되어야 한다. (3) 분할의 금지가 없어야 한다.

피상속인은 유언으로 상속재산의 분할방법을 정하거나 또는 이를 정할 것을 제3자에게 위탁할 수 있는데 이 경우 외에는 공동상속인의 협의에 의하나, 협의가 조정되지 않으면 가정법원에 분할청구를 신청한다(가소 제2조 1항 마류 10호, 50조). 그러나 피상속인 또는 법원은 일정기간, 즉 상속개시의 날로부터 5년을 초과하지 않는 기간 내에서만 상속재산의 분할을 금지할 수 있다(제1012조). 분할을 청구할 수 있는 자는 상속을 승인한 공동상속인이다. 포괄적 수증자도 분할을 청구할 수 있다(제1078조).

공동상속인의 대습상속인 또는 상속분을 양도받은 제3자 및 상속인의 채권자도 상속인을 대위하여 분할청구를 할 수 있다. 분할은 상속재산에 속하는 물건·권리의 종류 및 성질·각 상속인의 직업 그 밖에 모든 사정을 참작하여 행한다. 따라서 일반의 공유물의 분할과 같이 현물분할을 원칙으로 하는 것이 아니라 어느 자가 전답을 취하고, 다른 자가 현금을 취한다는 가격분할이라도 무방하다. 판례는 성질상 나눌 수 있는 금전채권이나 금전채무는 상속개시와 동시에 분할된다고 하지만 학설은 반대한다. 분할의 효력은 상속개시된 때에 소급하나 그 때까지는 제3자가 취득한 권리는 해치지 못한다(제1015조).

◆ 상속재산의 분할방법 : 유언에 의한 분할

제1012조【유언에 의한 분할방법의 지정, 분할금지】

피상속인은 유언으로 상속재산의 분할방법을 정하거나 이를 정할 것을 제3자에게 위탁할 수 있고 상속개시의 날로부터 5년을 초과하지 아니하는 기간내의 그 분할을 금지할 수 있다.

■ § 1012. 유언에 의한 분할

- 각 공동상속인의 상속분에 적용
- 피상속인의 유언에 의한 분할금지의 기간내가 아닐 것

상속재산의 분할은 공동상속의 경우에 일단 그 상속인의 공유가 된 유산을 상속분에 따라 분할하여 각 상속인의 재산으로 하는 것이다(제1012~제1018조). 상속재산의 분할요건은 ① 상속재산에 대하여 공동소유관계가 있어야 한다. ② 공동상속인이 확정되어야 한다. ③ 분할의 금지가 없어야 한다. 피상속인은 유언으로 상속재산의 분할방법을 정하거나 또는 이를 정할 것을 제3자에게 위탁할 수 있는데 이 경우 외에는 공동상속인의 협의에 의하나, 협의가 조정되지 않으면 가정법원에 분할 청구를 신청한다(가소 제2조 1항 1 가류사건 10호, 50조). 그러나 피상속인 또는 법원은 일정기간, 즉 상속개시의 날로부터 5년을 초과하지 않는 기간 내에서만 상속재산의 분할을 금지할 수 있다.

분할금지는 절대적인 금지이건 다수결에 의한 분할을 허용하는 상대적 금지이건 묻지 않으며, 또 상속재산의 전부에 대한 금지이건 그 일부에 대한 금지이건 묻지 않는다. 일부금지의 경우에는 금지되지 않는 다른 부분에 대하여 분할을 하는 것은 상관없다. 5년을 초과하는 분할금지의 유언이 있었다면 분할금지를 무효로 할 것이 아니라, 5년의 기간동안 분할을 금지하는 유언으로 보아야 할 것이다.

▣ 핵심판례 ▣

1. 생전행위에 의한 상속재산의 분할방법 지정의 효력

피상속인은 유언으로 상속재산의 분할방법을 정할 수 있지만, 생전행위에 의한 분할방법의 지정은 그 효력이 없어 상속인들이 피상속인의 의사에 구속되지 않는 다(대판 2001. 6. 29. 2001다28299).

2. 상속재산에 관한 협의분할에 의하여 공동상속인 중 일부가 고유의 상속분을 초과하는 재산을 취득한 경우, 이 초과분은 다른 공동상속인으로부터 증여받은 것으로 보아야 하는지 여부(소극) 및 상속재산 분할협의의 성립요건

공동상속인 상호간에 상속재산에 관하여 협의분할이 이루어짐으로써 공동상속인 중 일부가 고유의 상속분을 초과하는 재산을 취득하게 되었다고 하여도 이는 상속개시 당시에 소급하여 피상속인으로부터 승계받은 것으로 보아야 하고 다른 공동상속인으로부터 증여받은 것으로 볼 수 없다 할 것인바, 그러한 상속재산 분할협의는 상속인 전원이 참여하여야 하나, 반드시 한 자리에서 이루어질 필요는 없고, 순차적으로 이루어질 수도 있다(대법원 2001. 11. 27. 선고 2000두9731 판결).

◈ 상속재산의 분할방법 : 협의에 의한 분할

제1013조【협의에 의한 분할】

① 전조의 경우외에는 공동상속인은 언제든지 그 협의에 의하여 상속재산을 분할할 수 있다.

② 제269조의 규정은 전항의 상속재산의 분할에 준용한다.

■ § 1013. 협의에 의한 분할

- 협의에 참여하여야 할 자 : ① 공동상속인 전원. ② 포괄적 수증자
  - ③ 분할전의 상속분의 양수인
  - ④ 상속인의 지위 또는 그 기초인 친족관계에 다툼이 있는 자(제외설, 분할금지설, 참가설)
  - ⑤ 현재 상속인 지위를 보유하고 있지 않으나, 상속인이라는 것을 주장하여 다투고 있는 자
  - ⑥ 상속인인 태아(정지조건설, 해제조건설)
- 협의의 방법 : 제한없다. 단, §921
- 분할의 기준 : ① 반드시 각 공동상속인의 상속분에 적응하여 분할할 필요가 없다
  - ② 상속재산 채무의 협의분할도 가능하나 면책적 인수는 상속채권자에게 대항할 수 없다
- 분할협의의 무효, 취소 : ① 무효사유 - 무자격자의 분할참가, 상속인의 일부배제, 통장허위표시 등
  - ② 취소사유 - 착오, 사기, 강박 등
- 분할청구 : §269 준용

(1) 의 의

공동상속인은 유언에 의한 분할방법의 지정·분할방법지정의 위탁이 없는 경우, 위탁을 받은 자가 지정을 실행하지 않는 경우, 분할방법의 지정·분할방법지정의 위탁을 한 유언이 무효인 경우, 그리고 유언에 의한 분할금지가 없는 경우 등에는 분할요건이 갖추어지면 언제든지 협의에 의하여

상속재산을 분할할 수 있다(제1013조 1항).

(2) 협의의 방법

상속재산분할협의는 일종의 계약이므로 상속인 전원이 참여하여야 한다. 그러나 반드시 한자리에서 이루어질 필요는 없고, 순차적으로 이루어질 수도 있으며(대판 2001. 11. 27. 2000두9731), 상속인 중 한 사람이 만든 분할 원안을 다른 상속인들이 후에 돌아가며 승인을 해도 무방하다. 또 공동상속인들이 이미 이루어진 상속재산 분할협의의 전부 또는 일종의 전원의 합의에 의하여 해제한 다음 다시 새로운 분할협의를 할 수 있다(대판 2004. 7. 8. 2002다73203).

(3) 분할의 대상

피상속인이 남겨 놓은 재산의 전부가 분할의 대상이 된다.

(4) 분할절차

공동상속인 사이에서 상속재산분할협의가 성립되지 않는 때에는 각 공동상속인은 가정법원에 분할을 청구할 수 있다(제1013조 2항에 의한 제269조 [공유물분할의 방법]의 준용).

가정법원에 분할을 청구하는 경우에 각 공동상속인은 먼저 조정을 신청하여야 하고(가사소송법 제2조 1항 마류사건 10호, 50조), 조정이 성립되지 않으면 심판을 청구할 수 있다(가사소송법 제60조).

심판분할은 가정법원에 의한 강제적 분할인 점에서 협의나 조정에 의한 분할과 그 성질이 다른 반면, 법원의 재량에 의한 적당한 분배란 점에서 비송적 색채가 강하다.

▣ 핵심판례 ▣

■ [협의에 의한 분할]

1. 상속재산 분할협의의 방법

공동상속인 상호간에 상속재산에 관하여 협의분할이 이루어짐으로써 공동상속인 중 일부가 고유의 상속분을 초과하는 재산을 취득하게 되었다고 하여도 이는 상속개시 당시에 소급하여 피상속인으로부터 승계받은 것으로 보아야 하고 다른 공동상속인으로부터 증여받은 것으로 볼 수 없다 할 것인바, 그러한 상속재산 분할협의는 상속인 전원이 참여하여야 하나, 반드시 한 자리에서 이루어질 필요는 없고, 순차적으로 이루어질 수도 있다(대판 2001. 11. 27. 선고 2000두9731).

2. 공동상속인인 친권자와 미성년인 수인의 자 사이의 상속재산 분할협의의 절차

상속재산에 대하여 그 소유의 범위를 정하는 내용의 공동상속재산 분할협의는 그 행위의 객관적 성질상 상속인 상호간의 이해의 대립이 생길 우려가 있는 민법 제921조 소정의 이해상반되는 행위에 해당하므로 공동상속인인 친권자와 미성년인 수인의 자 사이에 상속재산 분할협의를 하게 되는 경우에는 미성년자 각자마다 특별대리인을 선임하여 그 각 특별대리인이 각 미성년자인 자를 대리하여 상속재산분할의 협의를 하여야 하고, 만약 친권자가 수인의 미성년자의 법정대리인으로서 상속재산 분할협의를 한 것이라면 이는 민법 제921조에 위반된 것으로서 이러한 대리행위에 의하여 성립된 상속재산 분할협의는 적법한 추인이 없는 한 무효라고 할 것이다(대판 2001. 6. 29. 선고 2001다28299).

3. 가. 상속재산 분할협의의 전부 또는 일부를 합의해제한 후 다시 새로운 분할협의를 할 수 있는지 여부(적극)

상속재산 분할협의는 공동상속인들 사이에 이루어지는 일종의 계약으로서, 공동상속인들은 이미 이루어진 상속재산 분할협의의 전부 또는 일부를 전원의 합의에 의하여 해제한 다음 다시 새로운 분할협의를 할 수 있다.

나. 상속재산 분할협의가 합의해제된 경우에도 민법 제548조 제1항 단서의 규정이 적용되는지 여부(적극)

상속재산 분할협의가 합의해제되면 그 협의에 따른 이행으로 변동이 생겼던 물권은 당연히 그 분할협의가 없었던 원상태로 복귀하지만, 민법 제548조 제1항 단서의 규정상 이러한 합의해제를 가지고서는, 그 해제 전의 분할협의로부터 생긴 법률효과를 기초로 하여 새로운 이해관계를 가지게 되고 등기·인도 등으로 완전한 권리를 취득한 제3자의 권리를 해하지 못한다(대판 2004. 7. 8. 선고 2002다73203).

4. 상속재산에 관한 협의분할에 의해 공동상속인 중 일부가 고유 상속분을 초과하는 재산을 취득한 경우 이 초과분은 다른 공동상속인으로부터 증여받은 것으로 보아야 할 지의 여부(소극)

공동상속인 상호간에 상속재산에 관하여 협의분할이 이루어짐으로써 공동상속인 중 일부가 고유의 상속분을 초과하는 재산을 취득하게 되었다고 하여도 이는 상속개시 당시에 소급하여 피상속인으로부터 승계받은 것으로 보아야 하고 다른 공동상속인으로부터 증여받은 것으로 볼 수 없다(1996. 2. 9. 판결 95누15087 증여세

부과처분취소).

<판례전문(1996. 2. 9. 95누15087)>

[원고, 피상고인] 이행자 외 1인

[피고, 상고인] 익산세무서장 (명칭변경 전 이리세무서장)

[원심판결] 광주고법 1995. 9. 7. 선고 95구138 판결

[주   문] 상고를 기각한다. 상고비용은 피고의 부담으로 한다.

[이   유] 상고이유를 본다.

원심판결 이유에 의하면, 원심은 거시증거에 의하여, 소외 망 장세종이 1981. 12. 6. 사망함으로써 1982. 5. 13. 상속재산인 이 사건 제1 및 제2 부동산에 관하여 그의 상속인인 원고들과 소외 장영문, 장영찬, 장지영 모두에게로 법정상속지분에 의한 소유권이전등기가 경료되었다가, 1993. 1. 12. 제1 부동산에 관하여는 원고 이행자의 단독명의로, 제2 부동산에 관하여는 원고 장영권의 단독명의로 각각 같은 달 8.자 협의분할에 의한 상속을 원인으로 한 소유권경정등기가 경료된 사실을 인정한 다음, 원고들은 달리 특별한 사정이 없는 한 협의분할에 의한 상속으로서 각각 제1 및 제2 부동산을 취득하였다고 할 것이고, 공동상속인 상호간에 상속재산에 관하여 협의분할이 이루어짐으로써 공동상속인 중 일부가 고유의 상속분을 초과하는 재산을 취득하게 되었다고 하여도 이는 상속개시 당시에 소급하여 피상속인으로부터 승계받은 것으로 보아야 하고 다른 공동상속인으로부터 증여받은 것으로 볼 것은 아니어서, 원고들이 각자 고유의 상속분을 초과하여 취득한 부분을 나머지 공동상속인들로부터 증여받은 것으로 보고 한 이 사건 처분은 위법하다고 판단하였다.

관계 법령과 기록에 비추어 살펴보면, 원심의 위 사실인정과 판단은 옳은 것으로 여겨지고(대법원 1992. 3. 27. 선고 91누7729 판결, 1994. 3. 22. 선고 93누19535 판결, 1995. 4. 28. 선고 94다23524 판결 등 참조). 그 과정에 소론과 같은 법리오해 및 심리미진의 위법이 있다고 할 수 없다.

논지는 모두 이유 없다.

그러므로 상고를 기각하고, 상고비용은 패소자의 부담으로 하기로 하여 관여 법관의 일치된 의견으로 주문과 같이 판결한다.

대법관 안용득(재판장) 천경송
지창권   신성택(주심)

5. **공동재산상속인들 간에 피상속인의 소유였던 부동산에 대한 경매분할을 청구하는 사건에 있어서 생전의 증여계약사실이 인정되나 소유권이전등기가 경료되지 아니한 경우, 위 부동산이 상속재산에서 제외되는지 여부 (소극)**

   공동재산상속인들 간에 피상속인의 소유였던 부동산에 대한 경매분할을 청구하는 사건에 있어서 생전의 증여계약사실이 인정된다 하더라도 그 계약에 따른 소유권이전등기가 없었다면 위 부동산이 상속재산에서 제외된다고 할 수 없다(1991. 7. 12. 제3부 판결 90므576 상속재산분할).

6. **협의분할에 의하여 취득한 상속재산 중 고유의 상속분을 초과하는 부분을 다른 공동상속인들로부터 증여받은 것으로 볼 것인지 여부**

   민법 제1013조에 의하면 공동상속인은 피상속인이 유언으로 상속재산의 분할방법을 정하거나 분할을 금지한 경우 외에는 언제든지 협의에 의하여 상속재산을 분할할 수 있다고 규정하고 있고 같은 법 제1015조는 상속재산의 분할은 상속개시된 때에 소급하여 효력이 있다고 규정하고 있으므로 공동상속인들 상호간에 상속재산에 관하여 협의분할이 이루어짐으로써 공동상속인 중 1인이 고유의 상속분을 초과하는 재산을 취득하더라도 이는 상속개시 당시 피상속인으로부터 승계받은 것으로 보아야 하고 다른 공동상속인으로부터 증여받은 것으로 볼 것은 아니다 (1993. 9. 14. 제2부 판결 93누10217 증여세등부과처분취소).

7. **상속개시 후 타인의 대위에 의한 법정상속지분대로의 상속등기가 이루어진 상태를 방치하여 두었다가 10년이 지난 후 위 등기내용과 다른 협의분할에 의한 등기를 하였더라도 증여세 부과대상이 되지 않는다고 한 사례**

   상속개시 후 타인의 대위에 의한 법정상속지분대로의 상속등기가 이루어진 상태를 방치하여 두었다가 10년이 지난 후 위 등기내용과 다른 협의분할에 의한 등기를 하였더라도 증여세 부과대상이 되지 않는다고 한 사례(1994. 3. 22. 제1부 판결 93누19535 증여세부과처분취소).

◈ 상속재산 분할의 효과 : 분할 후의 피인지자 등의 청구권

제1014조 【분할후의 피인지자등의 청구권】

상속개시후의 인지 또는 재판의 확정에 의하여 공동상속인이 된 자가 상속재산의 분할을 청구할 경우에 다른 공동상속인이 이미 분할 기타 처분을 한 때에는 그 상속분에 상당한 가액의 지급을 청구할 권리가 있다.

■ § 1014. 분할후의 피인지자 등의 청구

• 상속개시후의 인지 또는 재판의 확정에 의하여 공동상속인이 된 자는 이미 분할 기타 처분을 한 때에는 그 상속분에 상당한 가액의 지급을 청구할 권리가 있다.

피상속인의 사망 후 혼인 외의 출생자가 인지되는 경우가 있다(사후인지에 의하여 인지된 자, 피상속인의 생전에 인지청구의 소가 제기되어 피상속인의 사후 판결에 의하여 인지된 자). 인지의 효력은 출생시에 소급하므로(제860조), 피인지자도 당연히 상속개시당시부터 상속인의 지위를 갖는 것으로 된다. 그리고 재판의 확정에 의하여 공동상속인이 된 자도 상속개시당시부터 당연히 공동상속인이었던 것으로 된다. 따라서 상속개시 후에 인지 또는 재판의 확정에 의하여 공동상속인이 된 자도 아직 상속재산분할 전이면 당연히 상속인의 한 사람으로서 다른 공동상속인과 함께 상속재산분할에 참가할 권리가 주어진다. 그러나 인지 또는 재판의 확정 이전에 이미 다른 공동상속인이 분할 기타 처분을 한 경우에는 분할을 다시 할 것인가의 문제가 생긴다.

민법은 인지 또는 재판의 확정에 의하여 공동상속인이 된 자에게 다른 공동상속인에 대하여 가액에 의한 지급을 청구할 수 있는 권리를 인정하였다(제1014조).

이 가액청구권은 상속회복청구권의 일종이다(대판 1993. 8. 24. 93다12). 제1014조는 그와 같은 인지 이전에 다른 공동상속인이 이미 상속재산을 분할 기타의 방법으로 처분한 경우에는 사후의 피인지자는 다른 공동상속인들의 분할 기타 처분의 효력을 부인하지 못하게 하는 대신, 이들에게 그 상속분에 상당한 가액의 지급을 청구할 수 있도록 하여 상속재산의 새로운 분할에 가름하는 권리를 인정함으로써 피인지자의 이익과 기존의 권리관계를 합리적으로 조정하는 데 그 목적이 있다.

제1014조의 가액은 다른 공동상속인들이 상속재산을 실제처분한 가액 또는 처분한 때의 시기가 아니라 사실심 변론종결시의 시가를 의미한다(대판 1993. 8. 24. 93다12).

▣ 핵심판례 ▣

■ [분할후의 피인지자등의 청구권]

1. 가. 사후의 피인지자에 의한 민법 제1014조 소정의 가액청구권의 성질

민법 제1014조에 의하여, 상속개시 후의 인지 또는 재판의 확정에 의하여 공동상속인이 된 자가 분할을 청구할 경우에 다른 공동상속인이 이미 분할 기타 처분을 한 때에는 그 상속분에 상당한 가액의 지급을 청구할 권리가 있는바, 이 가액청구권은 상속회복청구권의 일종이다.

나. 민법 제1014조의 가액의 산정 기준시점

민법 제1014조의 가액은 다른 공동상속인들이 상속재산을 실제처분한 가액 또는 처분한 때의 시가가 아니라 사실심 변론종결시의 시가를 의미한다.

다. 민법 제1014조의 가액에 부당이득반환의 범위에 관한 민법규정의 유추적용 여부

상속개시 후에 인지되거나 재판이 확정되어 공동상속인이 된 자도 그 상속재산이 아직 분할되거나 처분되지 아니한 경우에는 당연히 다른 공동상속인들과 함께 분할에 참여할 수 있을 것인바, 민법 제1014조는 그와 같은 인지 이전에 다른 공동상속인이 이미 상속재산을 분할 기타의 방법으로 처분한 경우에는 사후의 피인지자는 다른 공동상속인들의 분할 기타 처분의 효력을 부인하지 못하게 하는 대신, 이들에게 그 상속분에 상당한 가액의 지급을 청구할 수 있도록 하여 상속재산의 새로운 분할에 갈음하는 권리를 인정함으로써 피인지자의 이익과 기존의 권리관계를 합리적으로 조정하는 데 그 목적이 있다 할 것이고, 따라서 그 가액의 범위에 관하여는 부당이득반환의 범위에 관한 민법규정을 유추적용할 수 없고, 다른 공동상속인들이 분할 기타의 처분시에 피인지자의 존재를 알았는지의 여부에 의하여 그 지급할 가액의 범위가 달라지는 것도 아니다.

라. 상속재산의 처분에 의한 조세부담을 민법 제1014조의 가액에서 공제할 것인지 여부

상속재산의 처분에 수반되는 조세부담은 상속에 따른 비용이라고 할 수 없고, 민법 제1014조에 의한 가액의 지급청구는 상속재산이 분할되지 아니한 상태를 가정하여 피인지자의 상속분에 상당하는 가액을 보장하려는 것이므로, 다른 공동상속인들의 분할 기타의 처분에 의한 조세부담을 피인지자에게 지급할 가액에서 공제할 수 없고, 다른 상속인들이 피인지자에게 그 금액의 상환을 구할 수도 없다(1993. 8. 24. 제1부 판결 93다12 소유권이전등기말소등).

2. 혼인 외의 출생자가 부의 사망 후 인지의 소에 의하여 친생자로 인지받은 경우 피인지자보다 후순위 상속인인 피상속인의 직계존속이나 형제자매는 피인지자의 출현으로 자신이 취득한 상속권을 소급하여 잃게 되는지 여부 (적극)

민법 제860조는 인지의 소급효는 제3자가 이미 취득한 권리에 의하여 제한받는다는 취지를 규정하면서 민법 제1014조는 상속개시 후의 인지 또는 재판의 확정에 의하여 공동상속인이 된 자는 그 상속분에 상응한 가액의 지급을 청구할 권리가 있다고 규정하여 제860조 소정의 제3자의 범위를 제한하고 있는 취지에 비추어 볼 때, 혼인 외의 출생자가 부의 사망 후에 인지의 소에 의하여 친생자로 인지받은 경우 피인지자보다 후순위 상속인인 피상속인의 직계존속 또는 형제자매 등은 피인지자의 출현과 함께 자신이 취득한 상속권을 소급하여 잃게 되는 것으로 보아야 하고, 그것이 민법 제860조 단서의 규정에 따라 인지의 소급효 제한에 의하여 보호받게 되는 제3자의 기득권에 포함된다고는 볼 수 없다(대법원 1993. 3. 12. 선고 92다48512 판결).

◆ 상속재산분할의 효과 : 분할의 소급효

제1015조【분할의 소급효】

상속재산의 분할은 상속개시된 때에 소급하여 그 효력이 있다. 그러나 제3
자의 권리를 해하지 못한다.

■ § 1015. 상속재산분할의 소급효

• 현물분할의 경우
• 제3자는 선의, 악의 불문하고 보호함

(1) 분할의 소급효

상속재산의 분할은 상속이 개시된 때에 소급하여 그 효력이 생긴다(제
1015본문). 따라서 상속재산분할의 협의·조정이 성립되거나 분할심판이 확
정되면 원칙적으로 상속재산 가운데의 각각의 재산은 상속개시시에 소급하
여 그것을 할당받은 자에게 귀속한다. 다시 말하면 각 상속인은 상속재산
위의 권리를 피상속인으로부터 직접 승계한 것이 된다.

민법은 통상의 공유물의 분할에 관하여 분할시에 공유자의 지분이 상호
에게 이전한다고 보는 이른바 이전주의를 취하고 있는 데 대하여 상속재산
의 분할에 대해서는 분할의 효과에 소급효를 주는 이른바 선언주의를 채용
한 것이다.

연혁적으로 볼 때 선언주의는 이전주의에서 생기는 불합리함을 제거하기
위하여 안출된 것이라 할 수 있다. 즉 이전주의를 취하면 공동상속인은 분
할에 의하여 취득한 목적에 대하여 다른 공동상속인이 한 처분의 효과를
감수하지 않으면 안되게 되기 때문에 이러한 결과를 피하기 위하여 선언주
의를 채용하고 지분의 처분은 공동상속인 전원의 동의를 요구한 것이다.

상속재산의 공유를 게르만 법적인 합유로 하면, 분할에 의하여 공동상속
인은 다른 공동상속인이 결정한 부담부목적을 취득하는 것은 당연하지만
상속재산의「공유」를 로마법적인 공유로 해두면서 분할의 선언적 효력이
란 법기술을 안출하여 게르만법적 합유로부터 생기는 것과 같은 결과를 인

정하려 한 것이다.

(2) 소급효의 제한

상속재산분할의 소급효는 제3자의 권리를 해하지 못한다(제1015조 단서).

분할의 소급효에 대해 합유이론을 취하면 공유이론의 수정을 위한 법기술이라 하더라도 현실적으로는 분할의 소급효가 거래의 안전(제3자의 이익)을 해하게 되는 것은 명백하다.

공동상속인 중의 1인이 분할의 결과로 자기에게 귀속하지 않게 된 재산에 대한 지분을 분할 전에 이미 제3자에게 처분했다면 분할의 소급효 인정은 무권리자의 처분으로 무효란 결과를 초래하여 제3자의 기득권 내지 거래의 안전을 해하게 된다. 이러한 위험을 저지하기 위하여 민법은 상속재산분할의 소급효는 제3자의 권리를 치해할 수 없다고 한 것이다.

그리하여 상속개시 후 분할시까지의 사이에서 공동상속인의 지분에 대한 권리를 취득한 제3자는 분할에 의하여 그 재산이 처분자 이외의 공동상속인에 귀속하게 되었다 하더라도 그 권리취득에 영향을 받지 않게 된다.

▣ 핵심판례 ▣

■ [분할의 소급효]

1. **협의분할에 의하여 공동상속인 중의 일부가 고유의 상속분을 초과하는 재산을 취득한 경우, 다른 공동상속인으로부터 증여받은 것으로 볼 것인지 여부(소극)**

    민법 제1015조에는 상속재산의 분할은 상속개시된 때에 소급하여 그 효력이 있다고 규정하고 있으므로, 공동상속인 상호간에 상속재산에 관하여 민법 제1013조의 규정에 의한 협의분할이 이루어짐으로써 공동상속인 중 일부가 고유의 상속분을 초과하는 재산을 취득하게 되었다고 하여도 이는 상속개시 당시에 소급하여 피상속인으로부터 승계받은 것으로 보아야 하고 다른 공동상속인으로부터 증여받은 것으로 볼 것이 아니다(1992. 3. 27. 제3부 판결 91누7729 증여세등부과처분취소).

2. **상속인이 상속재산의 협의분할 및 공유물분할에 의하여 각 취득한 공유지분에 대하여 피상속인의 소유권이전등기의무를 승계하는 범위**

    갑은 이 사건 임야 중 망 을이 소유하고 있던 2,250분의 1,435지분을 상속재산의 협의분할에 의하여 취득한 후 다시 공유물분할에 의하여 그 나머지 2,250분의 815 지분을 취득함으로써 이 사건 임야 전체의 단독소유자가 되었고 망 을은 망 병에게 이 사건 임야에 관하여 매매를 원인으로 한 소유권이전등기의무가 있었던 경우 위 임야 중 망 을이 소유하고 있던 2,250분의 1,435지분에 관하여는 갑이 이를 상속재산의 협의분할에 의하여 취득함으로써 위 지분에 대한 망 을의 소유권이전등기의무를 승계하였다 할 것이어서 그 소유권이전등기의무를 이행할 의무가 있다고 하겠으나 그 나머지 2,250분의 815지분에 관하여는 갑이 공유물분할에 의하여 이를 취득하였다고 하더라도 공유물분할에는 소급효가 없는 것이므로 그 지분 전체에 대한 망 을의 소유권이전등기의무를 그대로 승계하였다고 할 수 없으므로 결국 갑은 상속재산의 협의분할에 의하여 취득한 위 지분에다가 위 공유물분할로 취득한 지분 중 망 을의 공동상속인의 한 사람으로서의 법정상속분에 해당하는 부분을 합한 지분을 넘는 부분에 관하여는 소유권이전등기의무가 없다(1993. 7. 13. 제2부 판결 92다17501 소유권이전등기).

3. 가. **토지매매계약서상의 목적물 표시에도 불구하고 다른 토지를 특정하여 매매의 목적물로 하기로 하는 의사합치가 있었다고 본 사례**

토지매매계약서상의 목적물 표시에도 불구하고 다른 토지를 특정하여 매매의 목적물로 하기로 하는 의사합치가 있었다고 본 사례

나. **상속재산협의분할에 의하여 소유권이전등기가 경료된 경우 협의분할 이전에 피상속인의 장남으로부터 토지를 매수하였을 뿐 등기를 경료하지 아니한 자나 그 상속인들이 민법 제1015조 단서 소정의 상속재산분할의 소급효가 제한되는 "제3자"에 해당하는지 여부(소극)**

상속재산협의분할에 의하여 갑 명의의 소유권이전등기가 경료된 경우 협의분할 이전에 피상속인의 장남인 을로부터 토지를 매수하였을 뿐 소유권이전등기를 경료하지 아니한 자나 그 상속인들은 민법 제1015조 단서에서 말하는 "제3자"에 해당하지 아니하여 을의 상속지분에 대한 협의분할을 무효로 주장할 수 없다(1992. 11. 24. 제2부 판결 92다31514 소유권이전등기).

◆ 공동상속인의 매도인과 동일한 담보책임

제1016조 【공동상속인의 담보책임】

공동상속인은 다른 공동상속인이 분할로 인하여 취득한 재산에 대하여 그 상속분에 응하여 매도인과 같은 담보책임이 있다.

■ § 1016. 공동상속인의 담보책임

- 매도인과 동일한 담보책임
- §573,§ 574, §575③, §582, §583, §584 규정준용

상속재산분할의 소급효에 의해서 상속인이 분할받은 재산은 직접 피상속인으로부터 승계한 것으로 된다. 따라서 공동상속인은 서로 승계인이 아니므로, 본래는 서로 매도인이 매수인에 대한 것과 같은 담보책임은 생기지 않는다. 그러나 민법은 상속인 상호간의 공평을 기하기 위하여 특히 상호적인 담보의무를 규정하였다.

공동상속인은 다른 공동상속인이 분할로 인하여 취득한 재산에 대하여 그 상속분에 응하여 매도인과 같은 담보책임이 있다(제1016조). 상속재산분할은 반드시 법정상속분대로 실행되는 것이 아니므로 공평을 기하기 위해서, 여기서 말하는 상속분이란, 법정상속분이 아니라 상속인이 상속재산분할에 의하여 취득한 재산액을 말한다고 보아야 한다.

그리고 각 공동상속인이 담보책임을 지게 되는 사유는 상속개시 전부터 존재하는 사유이건 분할당시에 존재하였던 사유이건 묻지 않는다. 매도인과 같은 담보책임의 내용으로서는 단지 손해배상의 책임일뿐 아니라 분할계약의 전부 또는 일부의 해제권을 포함한다. 즉 분할의 목적물에 숨은 하자가 있는 경우에는 그것을 취득한 공동상속인은 다른 공동상속인에 대하여 손해배상을 청구할 수 있는 이외의 그 하자 때문에 분할계약을 한 목적을 달성할 수 없는 때에는 계약해제도 할 수 있다.

◆ 상속채무자의 자력에 대한 담보책임

제1017조 【상속채무자의 자력에 대한 담보책임】

① 공동상속인은 다른 상속인이 분할로 인하여 취득한 채권에 대하여 분할 당시의 채무자의 자력을 담보한다.

② 변제기에 달하지 아니한 채권이나 정지조건있는 채권에 대하여는 변제를 청구할 수 있는 때의 채무자의 자력을 담보한다.

■ § 1017. 상속채무자의 자력에 대한 담보책임

• 분할에 의하여 채권을 받은 공동상속인이 채무자의 무자력으로 인하여 그 채권을 회수할 수 없는 경우에는 다른 공동상속인은 그 상속분에 응하여 분할 당시의 채무자의 자력을 담보한다.
• 분할당시 이미 변제기에 달한 채권에 대해서는 분할당시에 있어서의 채무자의 자력을 담보로 하면 되나, 분할당시에 변제기에 달하지 않은 채권이나 정지조건이 있는 채권에 대해서는 변제를 청구할 수 있는 때의 채무자의 자력을 담보한다.

본조는 상속채무자의 자력에 대한 담보책임에 대하여 규정한 것이다.

공동상속인은 다른 공동상속인이 분할로 인하여 취득한 채권에 대하여 분할 당시의 채무자의 자력을 담보한다. 즉, 분할에 의하여 채권을 받은 공동상속인이 채무자의 무자력으로 인하여 채권을 회수할 수 없는 경우에는, 다른 공동상속인은 그 상속분에 응하여 분할 당시의 채무자의 자력을 담보로 한다. 변제기에 달하지 아니한 채권이나 정지조건부채권에 대하여는 변제를 청구할 수 있는 때의 채무자의 자력을 담보한다.

분할에 의하여 받은 채권은 상속채권인 한 지명채권이건 지시채권이건 또는 유가증권상의 채권이건 묻지 않는다. 또 공동상속인이 이 담보책임을 지기 위해서는 채무자의 무자력이 채권자인 상속인의 책임에 기인하지 않아야 하고 채무자의 자력이 다른 공동상속인의 책임재산에 의하여 담보되고 있지 않아야 한다.

◆ 담보책임이 있는 공동상속인 중 자력이 없는 자가 있는 경우 그 부담부분의 분담방법

제1018조 【무자력공동상속인의 담보책임의 분담】

담보책임있는 공동상속인중에 상환의 자력이 없는 자가 있는 때에는 그 부담부분은 구상권자와 자력있는 다른 공동상속인이 그 상속분에 응하여 분담한다. 그러나 구상권자의 과실로 인하여 상환을 받지 못한 때에는 다른 공동상속인에게 분담을 청구하지 못한다.

■ § 1018. 무자력공동상속인의 담보책임의 분담

• 담보책임이 있는 공동상속인중에 상환의 자력이 없는 자가 있는 때에는 그 부담부분은 구상권자와 자력이 있는 다른 공동상속인이 그 상속분에 응하여 부담한다.

• 다만 구상권자의 과실로 인하여 상환을 받지 못한 때, 즉 담보책임이 있는 자가 자력이 있는 동안에 구상권을 행사하지 않은데 대하여 구상권자에게 과실이 있는 경우에는 그 손해는 구상권자 자신이 부담하여야 하며 다른 공동상속인에게 그 분담을 청구하지 못한다.

본조는 전2조에 의하여 담보책임을 지는 공동상속인 중에 무자력자가 있는 경우에 있어서는 담보책임의 분담에 관한 규정이다.

담보책임있는 공동상속인 중에 상환 자력이 없는 자가 있는 때에는 그 부담부분은 구상권자와 자력있는 다른 공동상속인이 그 상속분에 응하여 분담한다. 그러나 구상권자의 과실로 인하여 상환을 받지 못하는 때에는 그 손해는 구상권자 자신이 부담해야 하고 다른 공동상속인에게 그 분담을 청구할 수 없다.

공동상속인의 무자력은 그 고유재산의 채무초과, 상속재산분할 후에 있어서의 자력의 감소로 인하여 생긴다. 그런데 공동상속인 갑, 을, 병 3인 중에서 갑이 분할 받은 재산의 하자가 6천만원이므로 갑, 을, 병에게 각 2천만원의 손해배상을 청구하였으나, 병이 무자력이었다면 병이 상환할 수 없는 2천만원을 구상권자와 자력에 있는 공동상속인 을이 그 상속분에 응하여 각 1천만원씩 분담하게 되며, 결국 A는 B에게 3천만원의 지급을 청구하게 된다.

[무자력공동상속인의 담보책임분담례]

> A·B·C·D 4인의 평등상속분의 상속인이 상속재산을 분할하였
> 는데, A가 취득한 재산 중의 채권 120만원이 그 변제기에 있어서
> 지급불능이 되었다고 하면 B·C·D는 각자의 상속분에 응하여 4
> 분의 1, 즉 30만원씩을 통상하여야 한다.
>
> 그리고 만약 B·C·D 중 B가 무자력으로 통상이 불능한 경우에
> 는 A·C·D는 B의 통상액 30만원을 각자의 상속분에 응하여 3분
> 의 1, 즉 10만원씩을 분담하게 되어 결국 A·C·D는 각각 40만원
> 을 통상하여야 한다. 그러나 B의 무자력이 A의 과실로 인한 경우
> 에는 A는 30만원 전부를 혼자서 부담하여야 한다.

제 4 절   상속의 승인 및 포기

상속의 포기는 상속의 효력의 부인, 즉 피상속인의 권리의무가 자기에게 이전되는 상속의 효력을 소멸시키는 의사표시이며, 상속의 승인(Annahme der Erbschaft ; acceptation dela succession)은 상속개시후에 상속인이 상속을 수락하는 의사표시를 하는 것이다. 상속은 사람의 사망에 의하여 당연히 개시되지만 유산이 채무초과인 경우에는 상속인에게 불이익하게 되므로 민법은 상속의 승인・포기를 상속인의 의사에 의하여 선택시킨다(제1019조 이하).

상속의 승인에는 상속인이 아무런 이의없이 피상속인의 채무에 대하여 무한책임을 지는 단순승인과 피상속인의 채무에 대하여 상속에 의하여 얻은 재산을 한도로 하는 유한책임을 지는데 그치는 한정승인의 두 가지가 있다.

상속의 승인은 법률행위이므로 상속인이 무능력자인 경우에는 법정대리인이 동의하여야 하며, 동의없는 승인은 나중에 취소할 수 있다. 또 승인은 상속재산의 전부에 대하여 하며, 그 일부에 대해서만 하는 것은 허용되지 아니한다. 또 승인은 상속개시있음을 안 날로부터 원칙으로 3개월 이내에 함을 요하며(제1019조 1항 본문), 승인을 할 때까지는 자기의 고유재산에 대하는 것과 동일한 주의로써 상속재산을 관리하여야 한다(제1022조 본문).

제 1 관 총 칙

상속의 승인·포기는 상대방 없는 일방적 의사표시로 이 의사표시는 상속개시 후에만 할 수 있는 것이며, 상속개시 전에는 할 수 없다. 상속인이 승인 또는 포기를 함에는 상속법상의 일반행위능력의 원칙에 따라 재산법상의 행위능력이 있어야 한다. 그리고 상속의 승인이나 포기가 있을 때까지는 누가 상속인인가 아직 불확정한 것이며, 상속의 승인을 한 자는 그것에 의하여 비로소 상속인이 된 것으로 확정되고 유산을 승계하게 된다.

◆ 상속의 승인이나 포기를 할 수 있는 기간

제1019조 【승인, 포기의 기간】

① 상속인은 상속개시있음을 안 날로부터 3월내에 단순승인이나 한정승인 또는 포기를 할 수 있다. 그러나 그 기간은 이해관계인 또는 검사의 청구에 의하여 가정법원이 이를 연장할 수 있다.<개정 1990. 1. 13>

② 상속인은 제1항의 승인 또는 포기를 하기 전에 상속재산을 조사할 수 있다. <개정 2002. 1. 14>

③ 제1항의 규정에 불구하고 상속인은 상속채무가 상속재산을 초과하는 사실을 중대한 과실없이 제1항의 기간내에 알지 못하고 단순승인(제1026조제1호 및 제2호의 규정에 의하여 단순승인한 것으로 보는 경우를 포함한다)을 한 경우에는 그 사실을 안 날부터 3월내에 한정승인을 할 수 있다. <신설 2002. 1. 14>

■ § 1019. 승인, 포기의 기간

- 「상속개시 있음을 안 날」이란 상속개시의 사실과 자기가 상속인이 된 사실을 인식한 날
- 기간의 기산점에 대한 특칙 : §1020, §1021
- 기간의 연장 : 이해관계인 또는 검사의 청구에 의하여 가정법원이 3개월의 기간을 연장할 수 있다
- 관련법조 : [연장의 허가] 가소 §2① 2. 가. 라류사건 30호

(1) 상속의 승인의 의의

가. 단순승인의 의의

단순승인이란 피상속인의 권리의무를 무제한 무조건적으로 승계하는 상속형태 또는 이를 승인하는 상속방법을 말한다.

상속인이 단순승인을 하면 상속의 효력을 전면적으로 승인하는 것이기 때문에, 상속에 의하여 승계한 채무, 즉 피상속인의 채무 전부를 상속재산으로써 변제할 수 없을 경우에는 자기의 고유재산으로써 변제하지 않으면

안 된다.

민법은 단순승인을 상속의 본래적 형태로 보고 있다.

나. 한정승인의 의의

한정승인이란 상속인이 상속으로 인하여 취득한 재산의 한도에서 피상속인의 채무와 유증을 변제하는 상속 또는 그와 같은 조건으로 상속을 승인하는 것을 말한다.

(2) 상속승인 또는 포기의 기간

본조는 상속인의 상속승인 또는 포기의 기간에 관한 규정이다.

상속인은 상속개시 있음을 안 날로부터 3월 이내에 단순승인이나 한정승인 또는 포기를 할 수 있다. 그러나 그 기간을 이해관계인 또는 검사의 청구에 의하여 가정법원이 이를 연장할 수 있다(제1019조 1항).

개인주의사회에서는 개인의 의사를 무시하고 권리의무의 승계를 강제할 수 없으므로, 상속의 승인 또는 포기제도가 인정되는데, 상속인이 상속의 승인 또는 포기 중 어느 한쪽을 결정하지 않는 한 상속관계는 확정되지 않는다.

그렇게 되면 상속채권자 등의 이해관계인이 곤란하게 되므로 민법은 상속인이 상속개시 있음을 안 날로부터 원칙적으로 3월 이내에 승인·포기를 하도록 할 것이다.

여기서 "상속개시 있음을 안 날"이라 함은 상속인이 상속개시의 원인되는 사실의 발생(즉, 피상속인의 사망)을 알게 됨으로써 자기가 상속인이 되었음을 안 날을 말하는 것이고, 상속재산의 유무를 안 날을 뜻하거나 상속포기제도를 안 날을 의미하는 것은 아니다(대판 1988. 8. 25. 88스11, 12, 13).

(3) 기간 내에 승인 또는 포기의 결정을 하지 않는 경우의 효과

상속인이 상속개시 있음을 안 날로부터 3월 이내에 상속의 승인 또는 포기의 결정을 하지 않으면 단순승인을 한 것으로 본다(제1026조 2호).

(4) 특별한정승인제도의 신설

상속인이 중대한 과실없이 상속채무의 초과사실을 알지 못하고 단순승인

을 한 경우에는 상속인에게 다시 한정승인을 할 수 있는 기회를 주는 것
이 타당하다. 이러한 취지에서 2002년 민법일부개정에 의하여 특별한정승
인제도가 신설되었다. 이에 따라 상속인이 중대한 과실없이 상속채무가
적극재산을 초과한다는 사실을 알지 못한 상태에서 단순승인을 한 경우에
는 그 사실을 안 날로부터 3월 내에 한정승인을 할 수 있도록 하였다(제
1019조 3항).

(5) 상속개시 전에 이루어진 상속포기 약정의 효력

유류분을 포함한 상속의 포기는 상속이 개시된 후 일정한 기간 내에만 가
능하고 가정법원에 신고하는 등 일정한 절차와 방식에 따라야만 그 효력이
있으므로, 상속개시 전에 이루어진 상속포기 약정은 그와 같은 절차와 방식
에 따르지 아니한 것으로 그 효력이 없다(대판 1994. 10. 14. 94다8334).

▣ 핵심판례 ▣

■ [승인, 포기의 기간]

1. 가. 민법 제1019조 제1항의 "상속개시 있음을 안 날"의 의미

민법 제1019조 제1항의 상속개시 있음을 안 날이라 함은 상속인이 상속개시
의 원인되는 사실의 발생(즉 피상속인의 사망)을 알게됨으로써 자기가 상속
인이 되었음을 안 날을 말하는 것이지 상속재산의 유무를 안 날을 뜻하거나
상속포기제도를 안 날을 의미하는 것은 아니다.

나. 민법 소정의 방식에 따르지 아니한 상속포기의 효력

상속의 포기는 민법에 그 방식이 법정되어 있으므로 이에 따라서 행하여져야
유효하고 그렇지 못한 경우에는 효력이 없다(1988. 8. 25. 제1부 판결 88스10,
11, 12, 13 재산상속포기).

2. 민법 부칙(2002. 1. 14.) 제3항 소정의 상속인이 상속채무가 상속재산을 초과하는 사실을 중대한 과실 없이 민법 제1019조 제1항의 기간 내에 알지 못하였다는 점에 대한 입증책임의 소재(=상속인)

민법 제1019조 제3항은, " 제1항의 규정에 불구하고 상속인은 상속채무가 상속재
산을 초과하는 사실을 중대한 과실 없이 제1항의 기간 내에 알지 못하고 단순승
인(제1026조 제1호 및 제2호의 규정에 의하여 단순승인한 것으로 보는 경우를 포
함한다.)을 한 경우에는 그 사실을 안 날부터 3월 내에 한정승인을 할 수 있다."

고 규정하고 있고, 민법 부칙(2002. 1. 14.) 제3항은, "1998년 5월 27일부터 이 법 시행전까지 상속개시가 있음을 안 자 중 상속채무가 상속재산을 초과하는 사실을 중대한 과실 없이 제1019조 제1항의 기간 내에 알지 못하다가 이 법 시행 전에 그 사실을 알고도 한정승인 신고를 하지 아니한 자는 이 법 시행일부터 3월 내에 제1019조 제3항의 개정규정에 의한 한정승인을 할 수 있다."고 규정하고 있는바, 상속인이 상속채무가 상속재산을 초과하는 사실을 중대한 과실 없이 민법 제1019 조 제1항의 기간 내에 알지 못하였다는 점은 위 법 규정에 따라 한정승인을 할 수 있는 요건으로서 그 입증책임은 채무자인 피상속인의 상속인에게 있다(2003. 9. 26. 제1부 판결 2003다30517).

3. 상속인의 한정승인 또는 상속포기가 없는 동안의 채권자의 대위권 행사에 의한 상속등기를 거부할 수 있는지 여부

상속인 자신이 한정승인 또는 포기를 할 수 있는 기간내에 상속등기를 한때에는 상속의 단순승인으로 인정된 경우가 있을 것이나 상속등기가 상속재산에 대한 처분행위라고 볼 수 없으니 만큼 채권자가 상속인을 대위하여 상속등기를 하였다 하여 단순승인의 효력을 발생시킬 수 없고 상속인의 한 정승인 또는 포기할 수 있는 권한에는 아무런 영향도 미치는 것이 아니므로 채권자의 대위권행사에 의한 상소등기를 거부할 수 없다(대판 1964. 4. 3. 63마54).

◆ 제한능력자의 승인, 포기의 기간의 기산점

제1020조 【제한능력자의 승인, 포기의 기간】

상속인이 제한능력자인 경우에는 제1019조제1항의 기간은 그의 친권자 또는 후견인이 상속이 개시된 것을 안 날부터 기산(起算)한다.

[전문개정 2011.3.7.]

■ § 1020. 기간의 기산점에 관한 특칙

• 「상속이 개시된 것을 안 날」이란 상속인이 상속개시의 사실과 자기가 상속인이 된 사실을 인식한 날이란 뜻으로 해석한다.
• 특 칙 : 상속인이 제한능력자인 경우에는 그의 친권자 또는 후견인이 상속개시 있음을 안 날로부터 기산하게 된다.

문제는 상속인이 제한능력자인 경우이다. 이 경우 제한능력자인 상속인을 중심으로 고려기간을 기산하여 단순승인의 효과를 발생시킨다면 제한능력자에게 대단히 가혹한 결과가 된다. 따라서 상속인이 제한능력자인 경우에는 그의 친권자 또는 후견인이 상속개시의 사실을 안 날로부터 고려기간이 진행된다고 해석하여야 할 것이다.

즉, 상속인이 태아인 경우에는 그 태아의 출생 후 법정대리인이 태아를 위하여 상속이 개시된 사실을 안 날로부터, 상속인이 미성년자, 피한정후견인, 피성년후견인인 경우에는 그 법정대리인 그의 친권자 또는 후견인이 제한능력자를 위하여 개시된 것을 알면서 기간연장의 신청을 하지 않고, 포기나 한정승인의 절차를 밟지 않고, 3개월을 경과하면 그 제한능력자는 단순승인을 한 것으로 본다.

◆ 상속인이 승인이나 포기를 하지 아니하고 사망한 때의 상속승인, 포기의 기산점

제1021조 【승인, 포기기간의 계산에 관한 특칙】

상속인이 승인이나 포기를 하지 아니하고 제1019조 제1항의 기간내에 사망한 때에는 그의 상속인이 자기의 상속개시있음을 안 날로부터 제1019조제1항의 기간을 기산한다.

■ § 1021. 기간의 기산점에 관한 특칙

• 상속인이 승인이나 포기를 하지 않고 3개월의 기간내에 사망한 때에는 그의 상속인이 자기의 상속개시가 있음을 안 날로부터 3개월을 기산하게 된다.

본조는 피상속인 A의 사망으로 인하여 제1의 상속이 개시하고 상속인B가 제1019호 1항 소정의 기간내에 아직 상속의 한정승인 또는 포기의 신고를 하지 않고 사망하였을 때에 제2의 상속에 있어서의 B의 상속인 C가 제1, 제2의 양상속에 관하여 승인 또는 포기를 하여야 할 기간의 기산점에 관하여 제1019조의 특칙을 정한 것이다.

처분기간 중 상속인이 승인이나 포기를 하지 아니한 채 사망한 때에는 그의 상속인이 자기의 상속개시가 있음을 안 날로부터 고려기간을 다시 기산한다.

포기의 신고는 가정법원이 수리함으로써 효력을 발생하는 것이기 때문에 신고서를 제출한 것만으로는 아직 포기는 일어나지 않는다.

따라서 제2의 상속인은 자기의 상속의 승인, 포기와 자기의 피상속인의 승인·포기를 각각 별도로 동일기간내에 할 수 있게 된다. 다만 제1의 상속을 승인하고 제2의 상속을 포기할 수는 없다.

◆ 상속인의 상속재산 관리시 주의의무의 정도

제1022조【상속재산의 관리】

상속인은 그 고유재산에 대하는 것과 동일한 주의로 상속재산을 관리하여
야 한다. 그러나 단순승인 또는 포기한 때에는 그러하지 아니하다.

■ § 1022. 상속재산의 관리

• 상속재산의 관리는 상속인은 그 고유재산에 대하는 것과 동일한 주의로 상속
  재산을 관리하여야 한다.
• 그 후 단순승인을 하면 관리의무소멸, 한정승인의 경우 관리의무존속(§
  1031), 포기경우(§1044)

민법은 당연상속주의를 채용하고 있으므로 상속의 개시와 동시에 상속재산은
법률상 당연히 상속인에게 귀속하는 것이므로 본조는 상속인에게 단순승인 및
포기하기 전까지 상속재산의 관리의무를 과하도록 규정한 것이다.

(1) 피상속인의 재산은 상속이 개시됨과 동시에 상속인에게 이전하지만, 언제
    나 즉시 상속인의 재산에 혼입하는 것은 아니므로 이러한 경우 어떠한 형
    태로든 상속재산에 대한 관리가 필요하게 되는 것이다.

    민법은 상속재산의 관리에 대해 상속의 승인・포기 전 혹은 상속포기 후
    (제1044조)에 있어서의 상속재산을 보존하기 위한 관리와 한정승인(제
    1028조~제1040조) 또는 재산분할청구(제1045조 이하), 그리고 상속인의
    부존재(제1053조 이하)의 경우에 있어서의 청산을 위한 관리 등에 대해
    특별한 규정을 두고 있다.

    그리하여 단순승인이 행해진 경우의 관리가 문제가 되나 그 경우에도 단
    순상속이면 상속재산은 상속인의 고유재산과 혼동해 버리기 때문에 그
    관리의 문제는 일어나지 않는다. 그러나 공동상속인 경우에는 상속재산이
    곧 상속인을 따라 각 공동상속인의 고유재산과 혼동하는 것이 아니라 상
    속의 분할이 완료할 때까지는 공동상속인 전원에게 공유적으로 귀속하고
    협의 내지 심판에 의하여 상속재산의 종국적인 귀속을 결정한다는 원칙
    하에 있기 때문에 이 원칙에 상응하는 상속재산의 관리가 요청된다.

이 점에 관하여 현행법은 거의 공백에 가까운 상태에 있으므로 공동상속인은「공유」하는 상속재산에 대해 공동의 관리권을 가짐과 동시에 분할할 때까지 상속재산의 실질적인 일체성을 유지하여 원만·타당한 분할이 되도록 협력할 의무란 의미에서의 관리의무를 법률상 부담한다는 데에는 의문의 여지가 없다고 하더라도 상속재산 전체를 일체로 하여 합목적적으로 관리하기 위한 법기술은 해석상·입법상 이후의 커다른 과제가 될 것이다.

(2) 공동상속한 상속재산의 관리에 관하여는 민법에 규정한 바 없으므로 공유물의 관리에 관한 규칙이 적용된다.

상속재산의 관리는 원칙적으로 공동상속인 각자의 상속분의 비율에 따라 다수결에 의하여 관리한다(제265조 본문, 통상의 관리인 이용·개량행위 등이 이에 해당한다). 공유물에 변경을 가하기 위해서는 전원의 동의가 필요하다(제264조).

상속재산의 처분도 변경행위의 일종이므로 공동상속인 전원이 공동으로 하지 않으면 안된다. 이에 반하여 상속재산의 보존행위는 각 공동상속인이 단독으로 할 수 있다(제265조 단서). 특정행위가 이러한 관리행위 중 구체적으로 어디에 해당하는가, 즉 현상유지 행위인가, 통상의 관리 혹은 개량·이용행위인가 또는 변경행위에 해당하는가는 상속재산의 상태 내지 상속재산이 처해진 구체적인 상황에 비추어 판단하여야 한다.

상속재산의 이같은 공동관리가 불편하고 번잡하다거나 또는 이해관계인에게 미칠 영향을 피하려면 공동상속인 전원의 합의(변경행위까지도 포함시킨 경우) 또는 과반수의 합의(보존행위 또는 통상의 관리행위만인 경우)로서, 공동상속인 중의 일부의 자 또는 제3자에게 그 관리를 위탁할 수 있다. 그리고 경우에 따라서 가정법원은 이해관계인 또는 검사의 청구에 의하여 상속재산의 보존에 필요한 처분(재산의 봉인이나 환가로 가능)을 명할 수 있고, 재산관리인을 선임할 수도 있다(제1023조 1항, 가소 제2조 1항 라류사건 27호).

(3) 상속재산에 필요한 주의의무는 선량한 관리자의 주의가 아니라 자기 고유의 재산에 대하는 것과 동일한 주의로서 충분하다. 즉, 상속인은 자기의

고유재산과 구별하여 상속재산을 관리·보존하여야 하지만 통상의 재산관리인보다 그 주의의무가 경감되고 있다.

상속재산은 법률상 당연히 상속인에게 승계되며, 본인의 의사에 의함이 없이 관리의무가 발생하는 것이므로 그 주의의무도 보통의 경우보다는 일단 경감되는 것이다.

상속재산의 관리비용에 대해서는 각 공동상속인이 그 상속분의 비율에 따라 부담하여야 한다(제266조 1항)고 하는 학설도 적지 않으나,「상속재산에 관한 비용」의 일부이므로 상속재산에서 변제하여야 할 것이며, 그래도 여전히 부족액이 있는 때에는 각 상속인이 상속분에 따라 부담하여야 할 것이다.

◈ 상속재산의 보존에 필요한 처분

제1023조 【상속재산보존에 필요한 처분】

① 법원은 이해관계인 또는 검사의 청구에 의하여 상속재산의 보존에 필요한 처분을 명할 수 있다.

② 법원이 재산관리인을 선임한 경우에는 제24조 내지 제26조의 규정을 준용한다.

■ § 1023. 법원에 의한 보존에 필요한 처분

- 가정법원은 이해관계인 또는 검사의 청구에 의하여 언제나 상속재산의 보존에 필요한 처분을 명할 수 있다.
- 이 처분의 한 방법으로서 가정법원이 상속재산관리인을 선임한 경우에는 부재자를 위한 재산관리인에 관한 §24 내지 §26의 규정이 준용된다.

본조는 법원에 의한 상속재산 보존에 필요한 처분에 관하여 규정한 것이다.

이는 포기의 부차적 효과이다. 그리고 상속재산관리외에 가정법원은 이해관계인 또는 검사의 청구에 의하여 상속재산의 보존에 필요한 처분을 명할 수 있으며, 부재자의 재산관리인에 준하는 관리인을 선임할 수도 있다.

여기서 '이해관계인'이란 상속채권자, 공동상속인, 상속포기에 의하여 상속인이 될 자(차순위 상속인 등) 등 법률상 이해관계가 있는 자를 가리킨다.

보존에 필요한 처분에는 상속재산에 관한 봉인, 환가 기타의 처분금지, 점유이전금지, 재산목록의 작성·제출 등이 있다. 이 가정법원의 권한은 상속인이 한정승인·포기할 때까지에 한한다고 해석된다. 판례는 제1023조 소정의 상속재산 보존에 필요한 처분은 상속개시 후 고려기간이 경과되기 전에 한하여 할 수 있고, 그 심판에서 정한 처분의 효력은 심판청구를 할 수 있는 시적 한계시(즉 고려기간이 경과하기 전)까지만 존속한다고 한다(대판 1999. 6. 10. 99므1). 가정법원이 재산관리인을 선임한 경우에는 부재자의 재산관리에 관한 제24조 내지 제26조의 규정이 준용된다.

◆ 상속의 승인 또는 포기의 취소금지

제1024조【승인, 포기의 취소금지】

① 상속의 승인이나 포기는 제1019조 제1항의 기간내에도 이를 취소하지 못한다. <개정 1990. 1. 13>

② 전항의 규정은 총칙편의 규정에 의한 취소에 영향을 미치지 아니한다. 그러나 그 취소권은 추인할 수 있는 날로부터 3월, 승인 또는 포기한 날로부터 1년내에 행사하지 아니하면 시효로 인하여 소멸된다.

■ § 1024. 승인, 포기의 취소

• 승인, 포기의 취소금지 : 상속의 승인과 포기를 일단 한 이상은 3개월의 기간 내에도 이것을 취소할 수 없다.
• 승인 또는 포기의 철회는 허용되지 않으나, 총칙편의 규정에 의한 승인 또는 포기의 취소에는 영향을 미치지 않는다.
• 취소권의 소멸 : 이 취소권은 추인할 수 있는 날로부터 3월, 승인 또는 포기 한 날로부터 1년내에 취소권을 행사하지 않으면 시효로 인하여 소멸한다.

본조는 상속의 승인과 포기는 비록 3개월의 고려기간 내에서도 취소할 수 없다는 것을 규정하고 있다.

만약 취소를 인정하게 되면 이해관계인의 신뢰를 배반하게 되어 심각한 피해가 생길 염려가 있기 때문이다.

1. 취소의 의미

제1019조 1항의 상속의 승인 및 포기를 한 이상 고려기간중이라 하더라도 그 철회는 허용되지 않는다. 일단 승인이나 포기가 행해진 때에는 그에 따라 상속관계는 확정되어 버리기 때문이다. 즉 본조 1항에서「승인이나 포기는 제1019조 1항 기간 내에도 이를 취소하지 못한다」고 한 경우의 취소는 철회의 의미이다. 여기서 제1019조 1항의 고려기간은 3개월이다.

2. 민법 총칙편의 규정에 의한 취소

철회는 허용되지 않지만, 총칙편의 규정에 의한 취소에는 영향을 미치지 아니한다. 총칙편의 규정에 의한 취소는 미성년자나 피한정후견인이 법정대리인의 동의 없이 승인·포기를 한 경우(제5조, 제13조), 피성년후견인이 승인·포기를 한 경우(제10조), 착오·사기·강박에 의하여 선택이 행해진 경우이며(제109조, 제110조), 이 때에는 취소권자가 그 승인 또는 포기를 취소할 수 있다.

취소권자는 제140조에 의하여 제한능력자, 착오로 인하거나 사기·강박에 의하여 의사표시를 한 자, 그의 대리인 또는 승계인이다. 상속에 의한 재산관계를 빨리 안정시키기 위해서 본조는 취소기간을 추인할 수 있는 날로부터 3월, 승인 또는 포기한 날로부터 1년내에 취소권을 행사하지 않으면 시효로 인하여 소멸하도록 하여 보통의 경우보다 단축시켰다.

민법에는 취소의 방법에 대한 규정이 없으나, 한정승인 또는 포기의 신고가 수리된 가정법원에 취소신고를 하여 가정법원이 전에 수리한 신고를 취소하는 심판을 한다(가사소송법 제1항 라류사건).

제 2 관 단순승인

단순승인이란 상속인이 피상속인의 권리의무를 무제한 무조건으로 승계하는 상속형태 또는 이를 승인하는 상속방법을 말한다. 단순승인으로 상속인은 피상속인의 권리의무를 승계하게 되고(제1025조), 나중에 취소(철회)할 수 없게 된다. 그리고 상속재산과 상속인의 고유재산은 완전히 일체화된다. 단순승인에는 특별한 신고를 요하지 아니한다. 다음의 사유가 있는 경우에는 상속인이 단순승인을 한 것으로 보게된다(제1026조). 즉 (1) 상속인이 상속재산에 대한 처분행위를 한 때, (2) 상속인이 상속개시 있음을 안 날로부터 3월내에 한정승인 또는 포기를 하지 아니한 때, (3) 상속인이 한정승인 또는 포기를 한 후에 상속재산을 은닉하거나 부정소비하거나 고의로 재산목록에 기입하지 아니한 때 등이다. 그러나 상속인이 상속을 포기함으로 인하여 차순위상속인이 상속을 승인한 때에는 위의 (3) 의 사유는 승인으로 보지 아니한다(제1027조).

◈ 상속의 단순승인과 효과 : 제한없이 피상속인의 권리의무 승계

제1025조【단순승인의 효과】

상속인이 단순승인을 한 때에는 제한없이 피상속인의 권리의무를 승계한다.
<개정 1990. 1. 13>

■ § 1025. 단순승인의 효과

• 피상속인의 권리, 의무를 무제한, 무조건으로 승계하는 상속형태 또는 이것을
  승인하는 상속방법
• 효 과 : 단순승인의 효과가 확정되면 설사 그 후에 한정승인, 포기의 신고가
  수리되더라도 그것은 무효이다.

본조는 단순승인의 효과를 규정하고 있다.

단순승인이란 상속인이 상속재산의 승계를 무조건적으로 수락하는 것을 말한
다. 단순승인으로 피상속인의 권리의무를 승계하게 되고, 나중에 취소(철회)할
수 없게 된다. 그리고 상속재산과 상속인의 고유재산은 완전히 일체화된다. 단
순승인에는 특별한 신고를 요하지 아니한다.

여기서「제한없이」란 무제한·무조건이란 뜻이다. 따라서 단순승인을 한 상속
인은 피상속인이 가지고 있던 적극재산을 승계함과 동시에 소극재산, 즉 채무에
대해서도 제한없는 책임을 지며, 설사 상속재산이 상속채무를 전부 변제할 수
없는 경우에도 그것을 이유로 채무의 이행을 거부할 수 없으며, 상속채권자는
상속재산에 대해서뿐만 아니라 상속인의 고유재산에 대해서도 강제집행을 하여
변제를 받을 수 있다.

단순승인의 효과는 확정되면, 설사 그 후에 한정승인·포기의 신고가 수리되
었더라도, 그것은 무효이다.

◈ 상속의 단순승인을 한 것으로 보는 사유

제1026조【법정단순승인】

다음 각호의 사유가 있는 경우에는 상속인이 단순승인을 한 것으로 본다. <개정 2002. 1. 14>

1. 상속인이 상속재산에 대한 처분행위를 한 때

2. 상속인이 제1019조제1항의 기간내에 한정승인 또는 포기를 하지 아니한 때

3. 상속인이 한정승인 또는 포기를 한 후에 상속재산을 은닉하거나 부정소비하거나 고의로 재산목록에 기입하지 아니한 때

■ § 1026. 법정단순승인

• 상속인이 상속재산에 대한 처분행위를 한 때
• 상속인이 승인 또는 포기를 하여야 할 기간내에 한정승인 또는 포기를 하지 않을 때
• 상속인이 한정승인 또는 포기를 한 후에 상속재산을 은닉하거나 부정소비나 고의로 재산목록에 기입하지 않은 때

1. 의 의

상속인에게 ① 상소재산의 처분. ② 고려기간의 경과. ③ 상속재산의 은닉·부정소비 등의 사유가 있었던 경우에는 상속인에게 단순승인의 의사가 있었는가를 불문하고 상속인이 단순승인을 한 것으로 본다. 즉 이러한 사유가 있는 경우에는 상속인은 한정승인이나 포기할 수 있는 권리를 잃게 되며, 이미 행해진 한정승인이나 포기도 그 효력을 상실하게 되는 것이다. 이것을 법정단순승인이라고 한다.

다수설은 단순승인은 한정승인과 마찬가지로 의사표시에 의한 효과로 보고(단, 불요식의 의사표시이다) 법정단순승인은 법률상 의제된 것이라고 생각하고 있다.

현행법의 해석으로는 법정단순승인은 상속인의 의사표시에 의한 효과가 아

니라 본조가 규정한 일정한 조건이 구비되면 당연히 발생하는 법률효과라고 해석하여야 한다. 그렇게 함으로써 단순승인을 상속의 본래적 모습이라고 생각하는 민법의 태도에도 부합하고, 또 민법이나 가족관계등록법에서 단순승인의 의사표시에 관한 규정을 두고 있지 않는 것도 수긍할 수 있게 된다.

2. 법정단순승인의 원인(제1026조)

(1) 상속인이 상속재산에 대한 처분행위를 한 때(제1호)

상속인이 상속재산의 전부나 일부를 처분한 때에는 향후 선택의 자유를 상실하고 단순승인의 효과가 확정된다. 그러나 보존행위 또는 제619조에 규정된 정도의 단기임대차는 허용된다고 해석하여도 무방할 것이다. 상속인은 단순승인을 하지 않는 이상 상속재산의 처분을 할 수 없기 때문에 상속재산을 처분한 경우에는 단순승인의 효과를 발생시키는 것이 타당하다. 또한 상속재산을 처분하더라도 여전히 한정승인이나 포기의 자유가 인정된다고 하면 상속채권자와 후순위상속인의 이익을 해할 우려가 있기 때문이다.

본조 1호는 한정승인 또는 포기를 하기 이전의 처분에 대해서만 적용되므로 그 이후의 처분은 본조 3호의 문제이다. 다음의 사항들이 문제가 된다.

① 첫째, 여기에서 처분은 어느 정도의 처분을 의미하는 것인가 하는 점이다. 처분은 목적물의 소비·파훼 등의 사실적 처분행위 및 재산권의 양도·물권의 설정 등의 법률적 처분행위를 포함한다고 본다. 그리고 상속인이 미성년자이거나 피성년후견인인 경우에는 상기처분행위의 판정도 법정대리인의 대리행위를 기준으로 한다.

② 둘째, 수인의 공동상속인이 있는 경우에 그 중 일부의 자가 상기와 같은 처분행위를 했을 때 본호가 어떻게 적용되는가가 문제로 된다. 이러한 경우에 다른 상속인까지 단순승인을 한 것을 보는 것은 가혹하고, 그렇다고 해서 그 자만을 제외한 다른 공동상속인 사이에서 한정승인을 하도록 허용하는 것도 불합리하다(제1029조 참조).

그리하여 1인이라도 한정승인을 할 수 있는 권리를 가지고 있는 이상, 여전히 공동상속인 모두가 한정승인을 할수 있는 권리는 상실하지 않는다고 해석하고 처분행위를 한 상속인에 대해서는 상속재산을 가지고 변제를 받을 수 없었던 채권액에 관하여 자기의 상속분에 응하여 자기의 고유재산으로써 변제의 책임을 지도록 해야 한다고 주장되고 있다. 그러나 제1029조의 취지를 엄격하게 해석하는 경우에는 모든 공동상속인은 한정승인을 할 수 있는 권리를 상실하며 한정승인을 할 수 없게 된 공동상속인은 상속포기에 의하여 구제를 받을 수 있을 뿐이다.

③ 셋째. 처분행위가 무효이거나 취소할 수 있는 행위인 경우이다. 처분행위가 무효인 경우에는 단순승인이 되지 않는다. 그러나 처분행위가 취소할 수 있는 경우에는 취소하면 다시 한정승인도 취소할 수 있게 된다. 그러나 처분행위의 무효·취소에 의하여 단순승인의 효과가 취소됨으로써 재산변동에 커다란 혼란이 야기되어 제3자의 이익을 해할 위험이 크다.

처분행위의 무효·취소는 일단 발생한 단순승인의 효과를 부정하는 것은 아니라고 해석하여야 할 것이다.

(2) 상속인이 승인 또는 포기를 하여야 할 기간 내에 한정승인 또는 포기를 하지 않은 때(제2호)

고려기간이 연장되어 있는 경우에는 연장된 기간이 도과한 때이다.

상속인이 한정승인도 포기하지 않은 채 고려기간을 도과한 때에는 상속은 단순승인을 한 것으로 본다. 민법은 상속인의 단순승인을 상속의 원칙으로 인정하고 있으므로 당연한 결과이며 또 상속인의 상속개시 후 일정한 기간내에 승인이나 포기를 하지 않으면 안된다는 구성을 취하고 있기 때문에(제1019조 1항 전단) 그 기간 내에 승인도 포기도 하지 않은 경우에는 상속의 원칙적 형태에 따라서 당연히 단순승인으로 되는 것으로 한 것이다.

이 경우 한정승인의 고려기간을 언제까지 볼 것인가가 문제가 되는데 최후에 기간이 만료되는 자를 표준으로 하여 결정하여야 한다고 본다.

1인의 공동상속인의 기간초과로서 다른 공동상속인의 한정승인에 대한 단순승인의 경우와 다르다.

본조 제2호에 대해서 헌법재판소는 상속인의 재산권과 사적자치권을 제한한다는 이유로 헌법불합치결정을 선고하고, 입법자가 이 규정을 개정할 때까지 이 조항의 적용을 중지하도록 명하여, 2000년 1월 1일 이후에는 효력을 상실하였다. 그러나 2002년 민법일부개정에 의하여, 제1019조 제1항의 규정에도 불구하고 상속인이 상속재산을 초과하는 사실을 중대한 과실없이 제1항의 기간 내에 알지 못하고 단순승인(제1026조 제1호 및 제2호에 의하여 단순승인한 것으로 보는 경우를 포함한다)을 한 경우에는 그 사실을 안 날로부터 3월내에 한정승인을 할 수 있게 되었기 때문에(제1019조 3항), 동일한 내용의 규정이 신설되어 개정민법 시행 후에는 다시 적용되게 되었다.

(3) 상속인이 한정승인 또는 포기를 한 후에 상속재산을 은닉하거나 부정소비하거나 고의로 재산목록에 기입하지 아니한 때(제3호)

한정승인 또는 포기를 한 자가 그 후에 상속재산의 전부 또는 일부를 은닉하거나 부정하게 소비하거나 또는 고의로 재산목록에 기입하지 아니한 때에는 한정승인 혹은 포기의 효과가 발생한 후라 하더라도 한정승인 또는 포기는 무효가 되고, 단순승인을 한 것이 된다.

상속채권자 또는 후순위상속인의 이익을 희생시키면서까지 배신행위를 한 상속인을 보호할 필요가 없기 때문이다. 문제점은 다음과 같은 점이다.

① 「은닉하거나」, 「부정소비하거나」, 「고의로」라고 하는 것은 모두 불성실한 행위를 의미한다. 여기에서 「은닉」이란 쉽게 그 재산의 존재를 알 수 없게 만드는 것을 말하며, 「부정소비」라 함은 상속채권자의 불이익을 의식하고 상속재산을 소비하는 일종의 처분행위이며 사실상의 처분뿐만 아니라 법률상의 처분도 포함된다.

상속인에게 법률상 대리인이 있으면 법률상 대리인의 부정행위도 상속인에게 효과를 미치므로 상속인은 단순승인을 한 것으로 볼 수 있다.

② 한정승인을 한 후에 공동상속인 중의 일부가 부정행위를 한 경우에는 한정승인의 효력은 그대로 지속되고 부정행위를 한 자만이 자기의 상속분의 비율에 따라 무한책임을 부담한다.

▣ 핵심판례 ▣

1. 법정단순승인 사유인 민법 제1026조 제3호 소정의 '고의로 재산목록에 기입하지 아니한 때'의 의미

법정단순승인 사유인 민법 제1026조 제3호의 소정의 '고의로 재산목록에 기입하지 아니한 때'라는 것은 한정승인을 함에 있어 상속재산을 은닉하여 상속채권자를 사해할 의사로써 상속재산을 재산목록에 기입하지 않은 것을 의미한다(대판 2003. 11. 14. 2003다30968).

2. 가. 한정승인 또는 포기 후에 한 상속재산의 처분행위가 법정단순승인 사유에 해당하기 위한 요건

민법 제1026조 제1호는 상속인이 한정승인 또는 포기를 하기 이전에 상속재산을 처분한 때에만 적용되는 것이고, 상속인이 한정승인 또는 포기를 한 후에 상속재산을 처분한 때에는 그로 인하여 상속채권자나 다른 상속인에 대하여 손해배상책임을 지게 될 경우가 있음은 별론으로 하고, 그것이 같은 조 제3호에 정한 상속재산의 부정소비에 해당되는 경우에만 상속인이 단순승인을 한 것으로 보아야 한다.

나. 민법 제1026조 제3호 소정의 '상속재산의 부정소비'의 의미

민법 제1026조 제3호에 정한 '상속재산의 부정소비'라 함은 정당한 사유 없이 상속재산을 써서 없앰으로써 그 재산적 가치를 상실시키는 행위를 의미한다.

다. 상속인이 상속재산을 처분하여 그 처분대금 전액을 우선변제권자에게 귀속시킨 것이라면, 그러한 상속인의 행위를 상속재산의 부정소비에 해당한다고 할 수 없다고 한 사례(대법원 2004. 3. 12. 선고 2003다63586 판결).

◈ 법정단순승인의 예외

제1027조 【법정단순승인의 예외】

상속인이 상속을 포기함으로 인하여 차순위 상속인이 상속을 승인한 때에는 전조 제3호의 사유는 상속의 승인으로 보지 아니한다.

■ § 1027. 법정단순승인의 제외

- 상속인이 포기를 한 후에 이로 인하여 상속인이 된 자가 승인을 한 후에는 먼저 상속인이 부정행위를 하더라도 단순승인의 효력은 발생하지 않는다.
- 그것은 제1의 상속인이 승인한 것으로 보아 제2의 상속인의 승인을 무효로 하는 것은 적당하지 않기 때문이다.
- 다만 이 경우의 제2의 상속인은 제1의 상속인에 대하여 은닉한 재산의 인도, 소비한 재산의 배상 등을 청구할 수 있다.

본조는 어떤 상속인이 포기를 한 후에 그 자가 상속재산의 전부 또는 일부를 은닉하거나 부정소비하더라도 그 은닉 또는 소비행위가 그 자의 포기에 의하여 상속인이 된 자가 상속의 승인을 한 후인 경우에는 포기한 자를 단순승인을 한 것으로 보지 않는다는 뜻이다.

상속인이 상속을 포기함으로 인하여 새로이 상속인이 된 자가 승인을 한 후에는 먼저 상속인이 상기 부정행위를 하더라도 단순승인의 효력은 발생하지 아니한다. 즉 제1의 상속인의 포기가 그대로 효력을 지속하므로 제2의 상속인의 상속이 유효하게 되는 것이다. 제2의 상속인이 승인을 번복하고, 제1의 상속인의 상속을 단순승인으로서 부활시키는 것은 모든 방면에서 보아 부적당하기 때문이다. 제2의 상속인이 제1의 상속인(부정행위를 한 자)에 대하여 은닉 또는 소비한 재산의 반환을 청구할 수 있는 것은 당연한 결과이다. 그렇게 하지 않으면 승인한 자의 상속권을 침해하게 되고, 또 그렇게 하더라도 채권자들을 해하지 않기 때문이다. 다른 상속인이 한정승인을 한 경우에도 이미 재산목록이 작성되고 있을 것이므로 이것은 은닉 또는 소비하더라도 채권자를 해할 염려는 없다. 다만 이 경우에 제2의 상속인이 제1의 상속인에 대하여 은닉한 재산의 인도, 소비한 재산의 배상 등을 청구할 수 있는 것은 말할 나위도 없다.

제 3 관 한정승인

한정승인이란 상속인이 상속재산의 한도에서 피상속인의 채무와 유증을 변제한다고 하는 조건을 붙여서 상속을 수락하는 것을 말한다(제1028조). 한정승인은 상속개시가 있음을 안 날(보통은 피상속인의 사망의 날)로부터 3개월 이내에 상속재산의 목록을 첨부하여 가정법원에 신고하여야 한다(제1030조). 상속인이 수인인 때에는 각 상속인은 그 상속분에 응하여 취득할 재산의 한도에서 그 상속분에 응한 피상속인의 채무와 유증을 변제할 것을 조건으로 상속을 승인할 수 있다(제1029조).

한정승인이 있으면 한정승인자는 승인을 한 날로부터 5일 내에 상속채권자와 수증자에 대하여 일정한 기간(2개월 이상으로 하여야 한다) 내에 그 채권 또는 수증을 신고하지 않으면 청산에서 제외한다고 하는 공고를 하고(제1032조 1항), 이에 응한 자에게 변제를 한다. 그러나 이 공고와는 별도로 알고 있는 채권자에 대하여는 각각 그 채권신고를 최고하여야 하며, 또 알고 있는 채권자를 그냥 청산에서 제외할 수는 없다(제1032조 2항, 제89조). 변제는 제1로 저당권 등의 우선권을 가진 채권자, 제2로 일반채권자, 제3으로 수증자, 제4로 신고를 하지 아니한 채권자의 순으로 한다(제1034조 이하).

◆ 상속의 한정승인의 효과

제1028조【한정승인의 효과】

상속인은 상속으로 인하여 취득할 재산의 한도에서 피상속인의 채무와 유증을 변제할 것을 조건으로 상속을 승인할 수 있다. <개정 1990. 1. 13>

■ § 1028. 한정승인의 효과

- 상속인이 상속으로 인하여 얻은 재산의 한도에서 피상속인의 채무와 유증을 변제하는 상속 또는 그와 같은 조건으로 상속을 승인하는 것
- 취 지 : 원래 민법은 단순승인을 원칙으로 하고 있으나, 피상속인의 채무가 상당히 많은 경우에 그 전부를 상속인이 부담하여야 한다는 것은 상속인에게 너무 가혹하므로 상속인을 보호할 목적으로 한정승인제도가 마련된 것이다.

본조는 한정승인의 효과에 관한 규정이다.

한정승인이란 상속인이 상속으로 인하여 얻은 재산의 한도에서 피상속인의 채무와 유증을 변제하는 상속 또는 그와 같은 조건으로 상속을 승인하는 것을 말한다.

피상속인의 채무는 상속에 의하여 상속인 자신의 채무로 되며, 상속재산은 상속인의 고유재산과 혼합하여 상속인의 재산이 되는 것이 상속효과의 원칙이다. 따라서 만약 상속재산이 채무초과인 경우에는 상속인의 고유재산을 잠식하게 되고, 상속인의 고유재산이 채무초과인 경우에는 plus의 상속재산을 잠식하게 되는 것은 당연하다.

상속채무가 적어서 상속이 상속인에게 유리한 경우에는 문제가 없다 또 상속재산이 minus인 것이 명확하면 상속인이 상속을 포기하면 되고, 상속재산이 plus인가 minus 인지가 불명확하다든가 채무초과인 경우에 이 한정승인제도가 효과를 발휘한다.

한정승인은 단순승인과 같이 피상속인의 책임을 무한정 승계하지 않고, 상속재산을 한도로 한 유한책임제도이다. 요컨대 채무초과의 상속에서 상속인을 보

호하기 위하여 본디 상속인이 부담할 상속채무의 무한책임은 상속재산을 한도로 한 유한책임으로 전환한 것이다. 이러한 의미에서 볼 때 한정승인은 채권자의 이익을 희생하여 상속인의 보호를 목적으로 한 것이다.

본조에서 말하는 「상속으로 인하여 취득할 재산」이란 상속개시시에 피상속인의 재산에 속한 일체의 권리·의무이다. 그러나 피상속인의 일신에 전속한 것은 제외한다(제1005조 참조).

피상속인의 사망으로 인하여 상속인이 취득한 재산이라도 상속에 의하여 취득한 것이 아닌 한, 상속재산에 속하지 아니한다. 예컨대 상속인이 유족의 자격으로 취득하는 손해배상청구권 등은 상속인의 고유재산으로 취급된다. 그 외에 특히 문제가 되는 것을 지적해 둔다.

① 피상속인을 피보험자로 한 생명보험금청구권은 수취인이 결정되는 방법에 따라 다르다. 즉 피상속인이 상속인을 보험금수취인으로 지정한 경우에는 보험금 금액은 상속재산에 속하지 않는다. 보험금수취인을 지정하지 않고 보험계약자(동시에 피보험자)가 사망한 때에는 보험금청구권은 상속의 효과로서 상속인에게 귀속하고 보험금금액이 상속재산에 속하게 된다.

② 상속인이 임차권을 상속한 때에는 상속개시시까지의 임료채무는 상속채무로써 상속재산의 부채가 되나 상속개시 후의 임료는 상속인 고유의 채무이다.

③ 상속재산에서 발생한 과실도 당연히 상속재산에 포함된다. 또한 법률상 상속재산에서 발생한 과실과 동일하게 취급하여야 할 재산권, 예컨대 주식에 대한 이익배분청구권도 상속재산에 들어간다.

④ 피상속인으로부터 상속개시전에 부동산의 양도를 받은 제3자도 그 이전에 대해서 상속채권자에게 대항할 수 없으므로 그 부동산은 여전히 상속재산이 된다.

상속인이 수인인 때에는 각 상속인은 그 상속분에 응하여 취득할 재산의 한도에서 그 상속분에 응한 피상속인의 채무와 유증을 변제할 것을 조건으로 상속을 승인할 수 있다. 한사람 한사람의 상속분에 관한 청산절차가 상당히 번잡한 흠은 있으나, 상속의 개인주의원칙에 비추어 타당한 규정이다.

상속인이 한정승인을 하려면 3개월 기간내에 상속재산의 목록을 첨부하여 가정법원에 한정승인의 신고를 하여야 한다. 한정승인 신고는 대리인도 할 수 있다. 상속채무뿐만 아니라 상속인이 상속인으로서 부담한 채무도 역시 피상속인의 채무가 된다. 즉 유언의 검인과 집행 등에 관한 비용, 피상속인의 장례비용과 같은 것이 그것이다. 그리고 피상속인의 채무인 한 그것이 상속개시 후에 구체적으로 발생한 것이라도 상관없다. 예컨대 피상속인의 주주의 지위를 승계한 자가 부담하는 미납입주금지급의무는 설사 상속개시후에 구체적으로 발생한 경우에는 상속채무인 것이다. 한정승인을 한 상속인은 상속에 의하여 얻은 재산의 한도에서만 피상속인의 채무와 유증의 변제를 하면 된다.

▣ 핵심판례 ▣

1. 상속의 한정승인에 있어서 상속재산이 없거나 그 상속재산이 상속채무의 변제에 부족한 경우 상속채무 전부에 대한 이행판결을 선고하여야 하는지 여부(적극)

상속의 한정승인은 채무의 존재를 한정하는 것이 아니라 단순히 그 책임의 범위를 한정하는 것에 불과하기 때문에, 상속의 한정승인이 인정되는 경우에도 상속채무가 존재하는 것으로 인정되는 이상, 법원으로서는 상속재산이 없거나 그 상속재산이 상속채무의 변제에 부족하다고 하더라도 상속채무 전부에 대한 이행판결을 선고하여야 하고, 다만, 그 채무가 상속인의 고유재산에 대해서는 강제집행을 할 수 없는 성질을 가지고 있으므로, 집행력을 제한하기 위하여 이행판결의 주문에 상속재산의 한도에서만 집행할 수 있다는 취지를 명시하여야 한다(대판 2003. 11. 14. 2003다30968).

2. 한정승인이 이루어진 경우 상속채권자가 상속재산에 관하여 한정승인자로부터 담보권을 취득한 고유채권자에 대하여 우선적 지위를 주장할 수 있는지 여부(소극)

[다수의견] 법원이 한정승인신고를 수리하게 되면 피상속인의 채무에 대한 상속인의 책임은 상속재산으로 한정되고, 그 결과 상속채권자는 특별한 사정이 없는 한 상속인의 고유재산에 대하여 강제집행을 할 수 없다. 그런데 민법은 한정승인을 한 상속인(이하 '한정승인자'라 한다)에 관하여 그가 상속재산을 은닉하거나 부정소비한 경우 단순승인을 한 것으로 간주하는 것(제1026조 제3호) 외에는 상속재산의 처분행위 자체를 직접적으로 제한하는 규정을 두고 있지 않기 때문에, 한정승인으로 발생하는 위와 같은 책임제한 효과로 인하여 한정승인자의 상속재산 처분행위가 당연히 제한된다고 할 수는 없다. 또한 민법은 한정승인자가 상속재산으로 상속채권자 등에게 변제하는 절차는 규정하고 있으나(제1032조 이하), 한정승인만으로 상속채권자에게 상속재산에 관하여 한정승인자로부터 물권을 취득한

제3자에 대하여 우선적 지위를 부여하는 규정은 두고 있지 않으며, 민법 제1045조 이하의 재산분리 제도와 달리 한정승인이 이루어진 상속재산임을 등기하여 제3자에 대항할 수 있게 하는 규정도 마련하고 있지 않다. 따라서 한정승인자로부터 상속재산에 관하여 저당권 등의 담보권을 취득한 사람과 상속채권자 사이의 우열관계는 민법상의 일반원칙에 따라야 하고, 상속채권자가 한정승인의 사유만으로 우선적 지위를 주장할 수는 없다. 그리고 이러한 이치는 한정승인자가 그 저당권 등의 피담보채무를 상속개시 전부터 부담하고 있었다고 하여 달리 볼 것이 아니다.

[대법관 김영란, 박시환, 김능환의 반대의견] 한정승인자의 상속재산은 상속채권자의 채권에 대한 책임재산으로서 상속채권자에게 우선적으로 변제되고 그 채권이 청산되어야 한다. 그리고 그 반대해석상, 한정승인자의 고유채권자는 상속채권자에 우선하여 상속재산을 그 채권에 대한 책임재산으로 삼아 이에 대하여 강제집행할 수 없다고 보는 것이 형평에 맞으며, 한정승인제도의 취지에 부합한다. 이와 같이, 상속채권자가 한정승인자의 고유재산에 대하여 강제집행할 수 없는 것에 대응하여 한정승인자의 고유채권자는 상속채권자에 우선하여 상속재산에 대하여 강제집행할 수 없다는 의미에서, 상속채권자는 상속재산에 대하여 우선적 권리를 가진다. 또한 한정승인자가 그 고유채무에 관하여 상속재산에 담보물권 등을 설정한 경우와 같이, 한정승인자가 여전히 상속재산에 대한 소유권을 보유하고 있어 상속채권자가 그 재산에 대하여 강제집행할 수 있는 한에 있어서는, 그 상속재산에 대한 상속채권자의 우선적 권리는 그대로 유지되는 것으로 보아야 한다. 따라서 한정승인자의 고유채무를 위한 담보물권 등의 설정등기에 의하여 상속채권자의 우선적 권리가 상실된다고 보는 다수의견은 상속채권자의 희생 아래 한정승인자로부터 상속재산에 관한 담보물권 등을 취득한 고유채권자를 일방적으로 보호하려는 것이어서, 상속의 한정승인 제도를 형해화시키고 제도적 존재 의미를 훼손하므로 수긍하기 어렵다(대법원 2010. 3. 18. 선고 2007다77781 전원합의체 판결).

◆ 공동상속인의 한정승인의 방식

제1029조【공동상속인의 한정승인】

상속인이 수인인 때에는 각상속인은 그 상속분에 응하여 취득할 재산의 한
도에서 그 상속분에 의한 피상속인의 채무와 유증을 변제할 것을 조건으로
상속을 승인할 수 있다.

■ § 1029. 공동상속인의 한정승인

- 상속인이 수인인 때에는 각 상속인은 그 상속분에 응하여 취득할 재산의 한
  도에서 그 상속분에 응한 피상속인의 채무와 유증을 변제할 것을 조건으로
  상속을 승인할 수 있다.
- 한사람 한사람의 상속분에 관한 청산절차가 상당히 번잡한 흠은 있으나, 상
  속의 개인주의 원칙에 비추어 타당한 규정이다.

본조는 상속인이 수인인 때에도 각 상속인이 각각 독립적으로 자기의사에 따
라 그 상속분에 응하여 한정승인을 할 수 있도록 규정한 것이다.

상속인이 수인인 때에는 각 상속인은 그 상속분에 응하여 취득할 재산의 한
도에서 그 상속분에 응한 피상속인의 채무와 유증을 변제할 것을 조건으로 상
속을 승인할 수 있다. 이 경우 공동상속인 중 일부는 한정승인을 하고 또 다른
일부는 단순승인을 하게 된다면 상속재산관리가 극히 복잡하게 된다는 흠은 있
으나 상속이 개인주의적 규정이란 점에서 그 타당성을 찾을 수 있다.

입법례로서는 한정승인은 공동상속인이 전원이 공동으로 하여야 한다는 일본
민법(일민 제923조)과 1인이 한정승인을 한 경우에는 다른 공동상속인에게도 동
일한 효과를 의제하는 중국민법(중국민법 제1154조 2항), 그리고 개별적 한정승
인을 인정한 우리나라민법(본조)과 프랑스민법(프랑스민법 제870조)이 있다.

◈ 한정승인의 방식

제1030조 【한정승인의 방식】

① 상속인이 한정승인을 함에는 제1019조 제1항 또는 제3항의 기간내에 상속재산의 목록을 첨부하여 법원에 한정승인의 신고를 하여야 한다. <개정 2005. 3. 31>

② 제1019조 제3항의 규정에 의하여 한정승인을 한 경우 상속재산 중 이미 처분한 재산이 있는 때에는 그 목록과 가액을 함께 제출하여야 한다. <신설 2005. 3. 31>

■ § 1030. 신고기간

• 상속인이 한정승인을 하려면 3개월의 기간내에 상속재산의 목록을 첨부하여 가정법원에 한정승인의 신고를 하여야 한다.
• 방식에 위배된 한정승인의 의사표시는 무효이다.

본조는 한정승인의 방식을 정한 것이다.

상속인이 한정승인을 하려면 제1019조 1항의 고려기간 또는 제3항의 기간 중에 상속재산의 목록을 첨부하여 가정법원에 한정승인의 신고를 하여야 한다. 신고는 신고의 수리를 청구하는 것이며, 수리는 심판에 의한다.

가정법원은 신고가 신고자의 진의에 의한 것인가의 여부와 법정의 형식적 요건을 구비하고 있는가의 여부를 심리하여야 한다. 그리하여 신고가 형식적 요건을 구비하고 있으면 수리하고(가소 제2조 1항 다류사건 28호), 요건불비인 경우에는 이를 각하한다.

가정법원은 신고의 내용이나 동기 등에 관한 정당성 여부와 필요의 유무를 심사할 권한은 없다. 신고수리의 심판이 있으면 그 때부터 유효하게 한정승인이 성립한 것으로 볼 수 있다. 그러나 이것은 일단 공증이기 때문에 만약 법률상의 무효원인이 있으면 이해관계인은 보통의 민사소송에 의하여 그 효력을 주장할 수 있다.

이처럼 한정승인에 일정한 방식을 요구하고 있는 것은 한정승인의 효과가 상속채권자와 수증자에게 중대한 영향을 미치기 때문이다. 그리고 채무자 회생 및 파산에 관한 법률은 파산선고 전에 파산자를 위하여 상속이 개시된 경우에는 파산자가 파산선고 후에 한 단순승인이나 포기도 파산재단에 대해서는 한정승인의 효력이 생긴다고 규정하고 있다(동법 제385조·제386조). 그러나 이 경우에도 모든 법률관계에 대해서 한정승인을 한 것으로 보는 것은 아니다.

상속인이 중대한 과실없이 상속채무의 초과사실을 알지 못하고 단순승인을 한 경우에는 한정승인을 할 수 있는데(제1019조 3항), 이 때에는 상속재산의 목록 이외에 이미 처분한 상속재산의 목록과 가액을 함께 제출하여야 한다(제1030조 2항).

◆ 한정승인의 효과 : 재산상 권리의무의 불소멸

제1031조【한정승인과 재산상권리의무의 불소멸】

상속인이 한정승인을 한 때에는 피상속인에 대한 상속인의 재산상 권리의무는 소멸하지 아니한다.

■ § 1031. 한정승인의 효과

- 상속에 의하여 얻은 재산의 한도에서만 책임(책임없는 채무)
- 한정승인을 할 경우에는 상속인과 피상속인과의 권리의무는 혼동으로 인하여 소멸하지 않는다.

(1) 책임경감

한정승인을 한 상속인은 상속에 의하여 취득한 재산의 한도에서만 피상속인의 채무와 유증을 변제하면 된다. 그러나 이는 상속인이 채권자나 유증을 받은 자에 대하여 자기의 고유재산으로 변제할 책임이 없다는 의미일 뿐이며, 채무자로서는 전액을 승계하고 있는 것이다. 따라서 채권자는 한정승인자에 대하여 채권의 전액을 청구할 수 있으며, 법원으로서도 상속채무 전액에 대하여 이행판결을 선고하게 되지만, 상속재산의 한도에서만 집행할 수 있다는 취지를 명시하여야 한다. 따라서 한정승인을 한 상속인의 고유재산에 대해서는 강제집행을 할 수 없으며, 만약 강제집행을 한 경우에는 그 배제를 청구할 수 있다. 반대로 상속인의 채권자는 상속재산에 대하여 집행을 할 수 없다(대결 2003. 11. 14. 2003다30968).

한정승인자의 책임경감은 상속인이 피상속인으로부터 승계하거나 또는 그 유언에 의하여 부담한 채무에 대해서만 생기는 것이며, 상속인이 상속의 효과로서 부담하게 된 모든 의무, 예컨대 임차인의 지위를 승계한 결과 상속의 날 이후 생기는 차임의무 등에 대해서는 상속인 고유의 채무로서 무한책임을 져야 한다.

(2) 재산상 권리의무의 불소멸

상속인이 한정승인을 한 때에는 피상속인에 대한 상속인의 재산상 권리의무는 소멸하지 않는다(제1031조). 한정승인은 상속인의 재산과 피상속인의 재산을 분리하려는데 그 목적이 있기 때문이다. 반면에 단순승인을 한 경우에는 상속인은 피상속인의 권리의무를 그대로 승계하게 되므로, 상속인이 피상속인에 대하여 가졌던 재산상의 권리의무는 혼동으로 인하여 소멸한다.

한정승인은 상속의 고유재산을 보호하는 것임과 동시에 상속채권자를 위하여 상속재산을 확보할 것을 목적으로 하는 제도이기 때문에 상속인과 피상속인 사이의 권리의무는 소멸하지 않고 존재하며 혼동도 일어나지 않는다.

그 결과 피상속인의 상속인에 대한 채권은 상속재산의 일부를 구성하게 되고, 상속인의 피상속인에 대한 채권은 상속채권으로 취급된다. 따라서 피상속인에 대하여 채무를 부담하고 있는 경우에는 이를 변제하여야 하고, 채권을 갖고 있으면 다른 채권자와 마찬가지로 청산에 참가하여 배당변제를 받게 된다.

◆ 한정승인에 의한 청산절차 : 채권자에 대한 공고, 최고

제1032조 【채권자에 대한 공고, 최고】

① 한정승인자는 한정승인을 한 날로부터 5일내에 일반상속채권자와 유증받은 자에 대하여 한정승인의 사실과 일정한 기간내에 그 채권 또는 수증을 신고할 것을 공고하여야 한다. 그 기간은 2월이상이어야 한다.

② 제88조 제2항, 제3항과 제89조의 규정은 전항의 경우에 준용한다.

■ § 1032. 채권자에 대한 공고와 최고

• 한정승인자는 한정승인을 한 날로부터 5일내에 상속채권자와 유증받은 자에 대하여 한정승인의 사실과 일정한 기간내에 그 채권 또는 수증을 신고할 것을 공고하여야 하며 그 기간은 2개월 이상이어야 한다.

• 다만 상속인이 수인이어서 상속재산관리인이 법원에 의해 선임된 경우에는 공고할 5일의 기간은 관리인이 그 선임을 안 날로부터 기산된다.

본조는 한정승인에 대한 청산절차의 제1순서로서, 상속채무의 액과 채권자를 명백히 하기 위한 수단으로서 한정승인자에 공고와 최고의 의무를 과하고, 그 구체적 방법을 규정한 것이다.

한정승인을 한 자는 한정승인을 한 날로부터 5일 이내에 상속채권자 및 유증받은 자에 대하여 한정승인을 하였다는 사실과 2개월 이내의 일정한 기간을 정하고 그 기간 내에 그 채권 또는 유증을 신고할 것을 공고하여야 한다. 그러나 상속인이 수인인 경우에 상속재산관리인이 가정법원에 의하여 선임된 때에는 공고할 5일의 기간은 관리인이 선임을 안 날로부터 기산된다(제1040조 3항 단서). 청산법인의 채권신고의 공고와 최고에 관한 제88조의 2, 3항과 제89조의 규정이 준용된다.

공고에는 채권자 또는 수증자가 기간내에 신고하지 않으면 청산에서 제외된다는 것을 표시하여야 하며(제88조 2항 준용), 공고의 방법은 법원의 등기사항의 공고의 경우와 동일하게 하여야 한다(제88조 3항 준용). 다만 한정승인자가 알고 있는 채권자는 신고가 없더라도 제외할 수 없으며, 어떠한 채권자와 유증받은 자에 대해서는 공고이외에 각각 별도로 신고의 최고를 하여야 한다(제89조 준용).

◆ 한정승인에 의한 청산절차 : 최고기간 중의 변제거절권

제1033조【최고기간 중의 변제거절】

한정승인자는 전조제1항의 기간만료전에는 상속채권의 변제를 거절할 수 있다.

■ § 1033. 변제거절권

- 한정승인을 하면 변제거절권
- 승인, 포기를 안하고 있는 고려기간 중에는 변제거절권 있다고 해석
- 고려기간중 채무나 유증의 변제를 한 경우에는 단순승인으로 본다.

한정승인을 한 자는 전항 제1항의 최고신고기간이 만료되기 전에는 상속채권자와 유증받은 자에 대하여 상속채권의 변제를 거절할 수 있다. 그러므로 채권신고기간 중에는 채권자는 상속재산에 대하여 강제집행을 할 수 없다고 본다. 다만 질권·저당권 등의 담보물권을 가지는 채권자는 신고기간만료 전에도 그 담보물권의 실행으로서 목적물의 경매를 할 수 있다고 본다. 이러한 채권자는 배당변제에 있어서 우선적 취급을 받을 뿐만 아니라, 상속재산의 액에 관계없이 목적물 외에 독립적 권리를 행사할 수 있기 때문이다.

◆ 채권신고기간 만료 후의 변제

제1034조【배당변제】

① 한정승인자는 제1032조 제1항의 기간만료후에 상속재산으로서 그 기간 내에 신고한 채권자와 한정승인자가 알고 있는 채권자에 대하여 각 채권액의 비율로 변제하여야 한다. 그러나 우선권있는 채권자의 권리를 해하지 못한다.

② 제1019조 제3항의 규정에 의하여 한정승인을 한 경우에는 그 상속인은 상속재산 중에서 남아있는 상속재산과 함께 이미 처분한 재산의 가액을 합하여 제1항의 변제를 하여야 한다. 다만, 한정승인을 하기 전에 상속채권자나 유증받은 자에 대하여 변제한 가액은 이미 처분한 재산의 가액에서 제외한다. <신설 2005 3. 31>

■ § 1034. 채권신고기간 경과 후의 우선배당

• 한정승인자는 채권신고 기간만료 후에 한정승인자가 알고 있는 채권자에 대하여 상속재산으로써 채권액의 비율로 변제하여야 한다.
• 그러나 우선 있는 채권자의 권리를 해하지 못한다.

제1032조 제1항에 규정된 채권신고기간의 만료 후 상속재산에 대한 채권자와 그 채권총액이 확정된다. 한정승인자는 이 확정된 채무에 기초하여 각 채권자와 수증자에게 변제하여야 한다. 그 변제의 순서는 첫째, 우선권이 있는 채권(본조 1항 단서), 다음에 일반채권(본조 1항 본문), 끝으로 유증(제1036조)이다.

신고기간이 만료되었을 때에는 한정승인자는 그 기간 내에 신고한 채권자와 한정승인자가 알고 있는 채권자중 선취득권·저당권 등의 우선권을 가지고 있는 채권자에게 상속재산으로써 먼저 변제를 하고, 그 잔여재산을 가지고 일반채권액의 비율에 따라 배당변제한다.

한정승인자가 본조 소정의 변제의 순서, 방법에 위반하여 변제함으로써 채권자에게 손해를 준 경우에는 그 손해를 배상할 책임이 있으며, 또 악의의 변제를 받은 채권자에 대해서는 다른 채권자에 의한 구상의 문제가 생긴다.

　제1019조 제3항의 규정에 의하여 특별한정승인을 한 경우에는 그 상속인은 상속재산 중에서 남아 있는 상속재산과 함께 이미 처분한 재산의 가액을 합하여 배당변제를 하여야 한다(제1034조 2항 본문). 다만, 특별한정승인을 하기 전에 상속채권자나 유증받은 자에 대하여 변제한 가액은 이미 처분한 재산의 가액에서 제외된다(동조 단서).

　특별한정승인을 하기 전에 상속인이 특정의 상속채권자나 유증받은 자에 대하여 변제함으로써 다른 상속채권자에게 손해가 발행한 경우에는 그 손해를 배상하여야 한다(제1038조 1항 후단).

◈ 변제기 전의 채무 등의 변제방법

제1035조【변제기전의 채무등의 변제】

① 한정승인자는 변제기에 이르지 아니한 채권에 대하여도 전조의 규정에 의하여 변제하여야 한다.

② 조건있는 채권이나 존속기간의 불확정한 채권은 법원의 선임한 감정인의 평가에 의하여 변제하여야 한다.

■ § 1035. 변제기 전의 채무 등의 변제

- 한정승인자는 변제기에 이르지 않은 채권에 대하여도 §1034의 규정에 의하여 변제하여야 한다.
- 조건있는 채권이나 존속기간이 불확정한 채권은 법원의 선임한 감정인의 평가에 의하여 변제하여야 한다.

상속인이 신청한 청산이기 때문에 한정승인자는 변제기에 이르지 아니한 채권에 대해서도 액면에 따라 변제하여야 한다. 채권자는 채권의 전액에 대하여 배당변제를 받을 수 있다고 본다. 즉 기간까지의 중간이자를 공제하지 않는다.

조건부채권이나 존속기간이 불확정한 채권도 가정법원이 선임한 감정인의 평가에 따라 현재의 가격으로 변제하여야 한다. 조건부채권이란 조건의 성부에 의하여 성립하거나(정지조건부) 소멸하는(해제조건부) 채권이다. 존속기간이 불확정한 채권이란 「종생간」 「필요한 동안」 「실업하고 있는 동안」란 식으로 명확히 기간이 정해져 있지 않은 채권을 말한다.

◈ 수증자에 대한 변제방법

제1036조 【수증자에의 변제】

한정승인자는 전2조의 규정에 의하여 상속채권자에 대한 변제를 완료한 후
가 아니면 유증받은 자에게 변제하지 못한다.

■ § 1036. 수증자에의 변제

- 한정승인자는 §1034, §1035의 규정에 의하여 상속채권자에 대한 변제를 완료
한 후가 아니면 유증받은 자에게 변제하지 못한다.

한정승인의 경우의 상속재산의 변제의 순서는 첫째로 우선권을 가지는 채권
자, 다음이 보통의 상속채권자(제1034조), 최후가 수증자이다. 즉 피상속인은 권
리를 완전히 변제할 수 없는 재산상태이면 유증을 할 여지도 없다고 본다. 이것
이 본조의 취지이다. 유증을 받은 자에 대한 변제를 상속채권자의 후위에 놓은
것은, 만약 이를 동순위로 하면 상속채권자를 사해할 목적으로 유증이 행하여질
염려가 다분히 있기 때문이다.

이와 같이 상속채권자에 대한 변제를 완료한 후 유증받은 자에게 변제하여야
한다. 그런데 유증의 목적물이 특정물일 때에는 특정유증을 물권적 효력을 갖는
것으로 해석한 이상, 상속개시와 동시에 채권은 수증자에게 이전하기 때문에 이
규정은 불특정물의 유증에 관한 것으로 해석할 수 밖에 없을 것이다. 이 순위에
위반하여 변제하였을 때에는 한정승인자와 변제를 받은 유증자는 책임을 지게
된다(제1038조).

◆ 상속재산으로 변제하는 경우 환가방법 : 경매

제1037조【상속재산의 경매】

전3조의 규정에 의한 변제를 하기 위하여 상속재산의 전부나 일부를 매각할 필요가 있는 때에는 민사집행법에 의하여 경매하여야 한다. <개정 1997. 12. 13, 2001. 12. 29>

■ § 1037. 상속재산의 경매

• 채권자 또는 수증자에게 변제하기 위하여 상속재산의 전부 또는 일부를 매각할 필요가 있을 때에는 민사집행에 의하여 경매하여야 한다.

상속에 의하여 얻은 재산은 그 내용, 종류가 잡다하여 배당변제를 함에 있어서는 이러한 각종의 상속재산을 환가하여 상속재산의 총액을 산출하여야 할 경우가 많다.

상속채권자에게 변제하기 위하여 상속재산의 전부나 일부를 매각하여 환가할 필요가 있을 때에는 민사집행에 의하여 경매하여야 한다. 경매의 방법에 의하는 것은 가능한 고가로 공평하게 환가하도록 하기 위함이다.

본조에 위반하여 경매에 의하지 않고 상속재산을 매각한 경우 매매의 효력은 어떻게 되는지가 문제된다 한정승인자의 위반행위는 한정승인의 이익을 박탈하든가 그렇지 않으면 손해배상의 책임을 과하든가 해서 제재를 가하고 있으며, 또 매매의 효력은 무효로 한다면 정을 알지 못하는 상대방을 해하게 되어 거래의 안전을 무시하게 되므로 매매당사자 사이에서는 유효하다. 다만 이 규정의 취지에서 그 매매가 타당하지 않다고 생각되는 경우에는 한정승인자는 경매에 붙였다면 얻을 수 있었을 가액과 임의매각에 의하여 얻은 가액과의 차액에 대하여 불법행위에 의한 손해배상책임을 지는 것으로 볼 수 있다.

◆ 부당변제로 인한 책임

제1038조 【부당변제 등으로 인한 책임】

① 한정승인자가 제1032조의 규정에 의한 공고나 최고를 해태하거나 제1033조 내지 제1036조의 규정에 위반하여 어느 상속채권자나 유증 받은 자에게 변제함으로 인하여 다른 상속채권자나 유증 받은 자에 대하여 변제할 수 없게 된 때에는 한정승인자는 그 손해를 배상하여야 한다. 제1019조 제3항의 규정에 의하여 한정승인을 한 경우 그 이전에 상속채무가 상속재산을 초과함을 알지 못한 데 과실이 있는 상속인이 상속채권자나 유증받은 자에게 변제한 때에도 또한 같다. <개정 2005. 3. 31>

② 제1항 전단의 경우에 변제를 받지 못한 상속채권자나 유증 받은 자는 그 사정을 알고 변제를 받은 상속채권자나 유증받은 자에 대하여 구상권을 행사할 수 있다. 제1019조 제3항의 규정에 의하여 한정승인을 한 경우 그 이전에 상속채무가 상속재산을 초과함을 알고 변제받은 상속채권자나 유증받은 자가 있는 때에도 또한 같다. <개정 2005. 3. 31>

③ 제766조의 규정은 제1항 및 제2항의 경우에 준용한다. <개정 2005. 3. 31>

■ § 1038. 한정승인자의 책임, 구상권

• 한정승인자가 §1032의 규정에 의한 공고나 최고를 해태하거나 §1033 내지 §1036의 규정에 위반하여 어느 상속채권자나 유증받은 자에게 변제함으로 인하여 다른 상속 채권자나 유증받은 자에 대하여 변제할 수 없게 된 때에는 한정승인자는 그 손해를 배상해야 한다. 행사기간에 관해서는 §766를 준용한다.
• 상속재산 청산, 변제 등에 관한 규정위반으로 변제를 못받은 상속채권자나 수증자는 악의로 변제 받은 상속채권자나 수증자에게 구상권을 행사할 수 있다.

한정승인자는 제1032조에 의하여 한정승인한 날로부터 5일이내에 일부채권자와 유증을 받은 자에 대하여 한정승인의 사실과 2개월 이상의 소정기간 내에 그 채권 또는 수증을 신고할 것을 공고하고, 이미 알고 있는 채권자에 대한 개개의 최고를 할 의무가 있으나, 한정승인자가 제1032조의 공고·최고 등의 절차를 해태하거나 최고기간 내에 변제를 함으로써 상속채권자나 유증받은 자에 대하여 정당한 변제를 받을 수 없게 한 때에는 한정승인자는 그들에게 그 손해를 배상하여야 한다.

한정승인자가 만약 기간이 만료하기 전에 변제를 함으로 인하여 다른 상속채권자나 유증받은 자에 대하여 변제할 수 없게 된 때에는 이로 말미암아 생긴(제1038조 1항) 손해를 배상하여야 한다. 이 경우에 변제를 받지 못한 상속채권자나 유증받은 자는 그 사정을 알고 변제를 받은 상속채권자나 유증을 받은 자에 대하여 구상권을 행사할 수 있다(제1038조 2항).

제1019조 제3항에 의하여 특별한정승인을 하는 경우, 그 이전에 상속채무가 상속재산을 초과함을 알지 못한데 과실이 있는 상속인이 상속채권자나 유증 받은 자에게 변제한 경우에도 이로 말미암아 다른 상속채권자나 유증받은 자에게 발생한 손해를 배상하여야 한다(제1038조 1항 후단). 그리고 그 이전에 상속채무가 상속재산을 초과함을 알고 변제받은 상속채권자나 유증받은 자가 있을 때에도, 변제를 받지 못한 상속채권자나 유증받은 자는 위의 자에 대하여 구상권을 행사할 수 있다(제1038조 2항 후단).

위의 손해배상청구권과 구상권에는 모두 불법행위의 규정이 적용되어, 손해를 안 날로부터 3년 내에 행사하지 않으면 시효로 인하여 소멸하되, 변제의 날로부터 10년을 경과하면 또한 마찬가지로 소멸한다(제1038조 3항, 제766조).

◈ 신고하지 않은 자에 대한 변제

제1039조 【신고하지 않은 채권자등】

제1032조 제1항의 기간내에 신고하지 아니한 상속채권자 및 유증받은 자로서 한정승인자가 알지 못한 자는 상속재산의 잔여가 있는 경우에 한하여 그 변제를 받을 수 있다. 그러나 상속재산에 대하여 특별담보권있는 때에는 그러하지 아니하다.

■ § 1039. 불신고자에 대한 변제

- §1032①의 기간내에 신고하지 아니한 상속채권자 및 유증받은 자로서 한정승인자가 알지 못한 자는 상속재산의 잔여가 있는 경우에 한하여 그 변제를 받을 수 있다.
- 그러나 상속재산에 관하여 특별담보권이 있는 때에는 그러하지 아니하다.

본조는 제1032조 1항에 규정된 채권신고 기간내에 신고하지 않은 채권자와 유증받은 자로서 한정승인자가 알지 못한 자의 지위를 규정하고 있다.

채권신고기간 내에 신고하지 않은 채권자와 유증받은 자로서 한정승인자가 알지 못한 자는 상속재산의 잔여가 있는 경우에 한하여 그 변제를 받을 수 있다. 그러나 상속재산에 대하여 질권, 저당권 등 특별담보권을 가지고 있을 때에는 그 담보가격의 한도에서 변제를 받는다.

변제의 순서와 비율에 대하여는 규정하는 바 없으므로 어떤 채권자에게 먼저 변제하더라도 그것은 유효하다. 다만 채권자가 수인이 있는데 잔여재산이 채권총액보다 부족할 경우에는 신의성실의 원칙상 각채권액의 비율에 응하여 배당변제를 하여야 한다고 보아야 한다. 그리고 본조 단서는 신고를 하지 않거나 한정승인자가 알지 못한 상속채권자라 할지라도 상속재산에 대하여 질권·저당권 등의 특별담보권을 가지고 있을 때에는 그 담보가액의 한도에서 변제를 받는다고 규정하고 있는데 이는 담보물권의 효력으로서 당연한 것이다. 따라서 본조단서는 단지 주의규정에 불과하다.

◈ 공동상속재산의 관리인 선임

제1040조 【공동상속재산과 그 관리인의 선임】

① 상속인이 수인인 경우에는 법원은 각 상속인 기타 이해관계인의 청구에 의하여 공동상속인 중에서 상속재산관리인을 선임할 수 있다.

② 법원이 선임한 관리인은 공동상속인을 대표하여 상속재산의 관리와 채무의 변제에 관한 모든 행위를 할 권리의무가 있다.

③ 제1022조, 제1032조 내지 전조의 규정은 전항의 관리인에 준용한다. 그러나 제1032조의 규정에 의하여 공고할 5일의 기간은 관리인이 그 선임을 안 날로부터 기산한다.

■ § 1040. 상속재산의 관리

• 한정승인을 한 경우에 상속인은 그 고유재산에 대하는 것과 동일한 주의로 상속재산을 관리하여야 한다.
• 한정승인자가 수인인 경우에는 가정법원은 각 상속인 기타 이해관계인의 청구에 의하여 공동상속인 중에서 상속재산관리인을 선임할 수 있다.
• 법원이 선임한 관리인은 공동상속인을 대표하여 상속재산의 관리와 채무의변제에 관한 모든 행위를 할 권리, 의무가 있다.
• 관련법조 : [선임절차] 가소 §2① 2. 가. 라류사건 34호

본조는 한정승인후의 상속재산의 관리에 관하여 규정한 것이다.

한정승인을 한 경우에 상속인은 그 고유재산에 대하는 것과 동일한 주의로 상속재산을 관리하여야 한다. 한정승인자는 선임자와 거의 같은 지위에 서게 되므로 위임에 관한 규정이 유추적용된다고 해석한다. 한정승인자가 수인인 경우에는 가정법원은 각 상속인 기타 이해관계인의 청구에 의하여 공동상속인 중에서 상속재산관리인을 선임할 수 있다. 그리고 법원이 선임한 관리인은 공동상속인을 대표하여 상속재산의 관리와 채무의 변제에 관한 모든 행위를 할 권리·의무가 있다.

따라서 관리인의 지위는 다른 공동상속인으로부터 위임된 것은 아니지만, 거의

수임자와 같은 입장에 있으므로 위임에 관한 규정이 유추적용된다고 본다. 이러한 관리인은 상속채권자와 유증받은 자에 대한 채무변제가 끝날 때까지의 기간은 단독상속인이 한정승인을 한 경우와 똑같은 입장에 있으므로 제1022조, 제1032조 내지 제1039조를 이러한 관리인에게 준용하고 있다. 그러나 제1032조의 규정에 의하여 공고할 5일의 기간은 관리인이 그 선임을 안 날로부터 기산된다.

제 4 관   포 기

　상속의 포기(Ausschlagung der Erbschaft ; renonciationa á la succession)는 상속이 개시된 후에 상속인이 행하는 상속거부의 의사표시이다. 즉, 상속재산에 속하는 모든 권리의무의 승계를 거부하고, 처음부터 상속인이 아니었던 것으로 하려는 단독의 의사표시이다. 민법은 상속재산이 채무초과인 경우를 고려하여 상속의 승인이나 포기를 상속인에게 선택하게 한다(제1019조). 상속의 포기를 할 수 있는 자는 상속권이 있고 또 상속순위에 해당한 자에 한한다.

　상속인이 상속을 포기한 때에는 이해관계인 또는 검사 등에 의하여 가정법원에 대한 기간연장의 청구가 없는 한, 상속개시된 것을 안 날로부터 3월 내에 가정법원에 포기의 신고를 하여야 한다(제1041조, 제1019조 1항). 상속의 포기는 상속이 개시된 때에 소급하여 그 효력이 발생한다(제1042조). 따라서 상속포기자는 상속개시당초부터 상속인이 아닌 것으로 확정된다. 포기한 상속재산의 귀속은 상속인이 수인인 경우에 어느 상속인이 상속을 포기한 때에는 그 상속분은 다른 상속인의 상속분의 비율로 그 상속인에게 귀속된다(제1043조).

　유처와 혈족상속인을 분리하여 별도로 다루고 있는 제1003조 1항과 제1009조 2항 등을 제1043조의 법문에 적당히 보충하여 해석할 필요가 있다. 즉「상속인이 수인인 경우」란 제1순위의 상속인인 직계비속이라든가 제3순위의 상속인인 형제자매가 수인있는 경우를 의미하며, 또「다른 상속인」중에는 유처는 포함되지 않는다. 상속을 포기한 자는 그 포기로 인하여 상속인이 된 자가 상속재산을 관리할 수 있을 때까지 재산의 관리를 계속하여야 한다(제1044조 1항).

◆ 상속의 포기양식과 절차

제1041조 【포기의 방식】

상속인이 상속을 포기할 때에는 제1019조 제1항의 기간내에 가정법원에 포기의 신고를 하여야 한다. <개정 1990. 1. 13>

■ § 1041. 상속의 포기방식과 절차

• 신고의 성질 : 보고적 신고가 아니라 창설적 신고
• 포기무효확인의 소 : 가사소송법에 규정없고 검사를 상대로 제기할 수 있으므로 다른 소송의 전제로서만 주장할 수 있음
• 관련법조 : [신고수리] 가소 §2① 2. 가. 라류사건 32호, §45

본조는 상속의 포기의 방식과 절차에 관한 규정이다.

재산상속인이 상속을 포기할 때에는 일정한 기간 내에 가정법원에 포기의 신고를 하여야 한다. 포기는 3월의 고려기간 내에 가정법원에 포기의 신고라는 형식으로 하여야 한다. 고려기간을 경과하거나 또는 그 기간 중에 상속재산을 처분하면 단순승인으로 보게 되므로, 이러한 경우에는 포기할 수 없다. 포기는 반드시 가정법원에 대한 신고로써 하여야 하며, 사인(私人)에 대해서 하는 것은 무효이다. 그리고 한정승인과 달리 재산목록의 첨부는 필요없다. 포기는 반드시 상속개시 후에 하여야 한다. 또 포기의 이유를 표기할 필요는 없다. 포기는 신고의 수리라는 심판에 의하여 성립한다. 따라서 포기신고서를 제출하기만 하고 수리하기 전에 그 제출자가 사망하였을 때에는 수리할 수 없다고 해석하여야 한다. 일단 한 포기는 취소할 수 없다. 그리고 상속개시전의 포기는 설사 신고가 잘못 수리되었더라도 아무런 효력도 생기지 않는다. 재판외에서 한 임의의 의사표시로는 포기의 효력이 생기지 않는다. 다른공동상속인과 포기의 계약을 하는 것도 효력이 없다.

◈ 상속포기의 효과 : 소급효

제1042조【포기의 소급효】

상속의 포기는 상속개시된 때에 소급하여 그 효력이 있다.

■ § 1042. 포기의 소급효

- 포기자는 처음부터 상속인이 아니었던 것으로 된다.
- 즉 상속재산에 속한 여러 가지 적극재산도, 채무 기타의 소극적인 재산도 모두 승계하지 않았던 것이 된다.

본조는 포기의 효과에 관하여 규정한 것이다.

상속의 포기에 의하여 포기자는 처음부터 상속인이 아니었던 것으로 된다. 포기자는 기대권적 상속권조차 취득하지 않았던 것으로 본다는 의미이다. 따라서 대항의 문제도 일어나지 않는다. 그러나 포기자의 자로부터 대습상속권을 빼앗는 결과를 초래하게 되는가에 대해서는 문제가 있다.

포기의 효력에 위와 같은 소급효를 인정한 것은 포기의 심판이 행하여지는 것이 상속개시 후 다소의 시일이 경과한 후의 일이고, 포기가 성립한 때로부터 그 효력을 생기게 하면 위에서 말한 경과기간중에는 포기자에 의하여 상속되어 있던 것으로 되어 포기라는 제도를 둔 취지에 어긋나기 때문이다.

▣ 핵심판례 ▣

1. 채무자인 피상속인의 제1순위 상속인인 자 전원이 상속을 포기한 경우, 차순위인 손들이 그 채무를 상속한다고 한 사례

   채무자인 피상속인이 그의 처와 동시에 사망하고 제1순위 상속인인 자 전원이 상속을 포기한 경우, 상속을 포기한 자는 상속 개시시부터 상속인이 아니었던 것과 같은 지위에 놓이게 되므로 같은 순위의 다른 상속인이 없어 그 다음 근친 직계비속인 피상속인의 손들이 차순위의 본위 상속인으로서 피상속인의 채무를 상속하게 된다(대판 1995. 9. 26. 95다27769).

2. 가. 손해배상청구권과 손해배상의무가 상속에 의해 동일인에게 귀속되는 경우 혼동으로 소멸하는지 여부

피해자의 보험자에 대한 직접청구권의 전제가 되는 피해자의 운행자에 대한 손해배상청구권이 위 손해배상청구권과 손해배상의무가 상속에 의하여 동일인에게 귀속하는 경우에 혼동으로 소멸하지 않고, 예외적으로 가해자가 피해자의 상속인이 되는 등 특별한 경우에 한하여 손해배상청구권과 손해배상의무가 혼동으로 소멸하고 그 결과 피해자의 보험자에 대한 직접청구권도 소멸한다.

나. 상속포기를 하지 않았으면 혼동으로 소멸하였을 권리가 상속포기로 인해 소멸하지 않게 된 경우 그 상속포기의 효력 여부

가해자가 피해자의 상속인이 되어 피해자의 자신에 대한 손해배상청구권과 손해배상의무가 혼동으로 소멸하였더라도 적법하게 상속을 포기한 경우 위 손해배상청구권과 이를 전제로 하는 보험자에 대한 직접청구권이 소멸하지 않는다. 상속포기를 하지 아니하였더라면 혼동으로 소멸하였을 개별적인 권리가 상속포기로 인하여 소멸하지 않게 되었더라도 그 상속포기가 신의칙에 반하여 무효라고 할 수 없다(대판 2005. 1. 14. 선고 2003다38573, 38580).

3. 가. 상속개시 전에 한 상속포기약정의 효력(무효)

유류분을 포함한 상속의 포기는 상속이 개시된 후 일정한 기간 내에만 가능하고 가정법원에 신고하는 등 일정한 절차와 방식을 따라야만 그 효력이 있으므로, 상속개시 전에 한 상속포기약정은 그와 같은 절차와 방식에 따르지 아니한 것으로 효력이 없다.

나. 상속개시 전에 상속포기약정을 한 다음 상속개시 후에 상속권을 주장하는 것이 신의칙에 반하는지 여부(소극)

상속인 중의 1인이 피상속인의 생존시에 피상속인에 대하여 상속을 포기하기로 약정하였다고 하더라도, 상속개시 후 민법이 정하는 절차와 방식에 따라 상속포기를 하지 아니한 이상, 상속개시 후에 자신의 상속권을 주장하는 것은 정당한 권리행사로서 권리남용에 해당하거나 또는 신의칙에 반하는 권리의 행사라고 할 수 없다(대법원 1998. 7. 24. 선고 98다9021 판결).

4. 민법 제1019조 제1항의 법정기간을 경과한 상속포기 신고를 상속재산의 협의분할로 볼 것인지 여부(적극)

상속재산을 공동상속인 1인에게 상속시킬 방편으로 나머지 상속인들이 한 상속포기 신고가 민법 제1019조 제1항 소정의 기간을 경과한 후에 신고된 것이어서 상속포기로서의 효력이 없다고 하더라도, 공동상속인들 사이에서는 1인이 고유의 상속분을 초과하여 상속재산 전부를 취득하고 나머지 상속인들은 이를 전혀 취득하지 않기로 하는 내용의 상속재산에 관한 협의분할이 이루어진 것으로 보아야 한다(대법원 1996. 3. 26. 선고 95다45545, 45552, 45569 판결).

◈ 상속포기의 효과 : 포기한 상속재산의 다른 상속인에의 귀속

제1043조【포기한 상속재산의 귀속】

상속인이 수인인 경우에 어느 상속인이 상속을 포기한 때에는 그 상속분은 다른 상속인의 상속분의 비율로 그 상속인에게 귀속된다.

■ § 1043. 포기한 상속재산의 귀속

- 수인의 공동상속인 중 일부의 상속인이 포기한 경우에 그 직계비속은 대습상속할 수 없다.
- 처와 독자가 상속인인 경우에 독자가 상속을 포기하면
  ① 독자의 직계비속이 있으면 그와 공동상속인이 되고(이때 직계비속은 본상속을 하는 것임에 주의)
  ② 직계비속이 없으면 처가 단독상속
  ③ 그러나 피상속인(망부)의 직계존속이 있으면 유처는 아들과 공동상속

　상속의 포기는 소급효가 있다. 따라서 상속포기자는 상속개시 당초부터 상속인이 아닌 것으로 확정된다. 포기한 상속재산의 귀속은 상속인이 수인인 경우에 어느 상속인이 상속을 포기한 때에는 그 상속분은 다른 상속인의 상속분의 비율로 그 상속인에게 귀속된다. 유처와 혈족상속인을 분리하여 별도로 다루고 있는 제1003조 1항과 제1009조 2항 등을 본조의 법문에 적당히 보충하여 해석할 필요가 있다. 즉「상속인이 수인인 경우」란 제1순위의 상속인인 직계비속이라든가 제3순위의 상속인 형제자매가 수인있는 경우를 의미하며, 또「다른 상속인」중에는 유처는 포함되지 않는다. 상속을 포기한 자는 그 포기로 인하여 상속인이 된 자가 상속재산을 관리할 수 있을 때까지 재산의 관리를 계속하여야 한다(제1044조 1항).

　위에서 말한 상속포기의 효과는 일종의 강행규정으로서 당사자는 포기에 있어서 위에서 말한 것과 다른 효과를 주는 것은 민법이 명문으로 규정하지 않으므로 인정되지 않는다고 보아야 할 것이다. 자기의 상속분을 특정인에게 주려는 경우에는 상속분의 양도로써 할 수 있을 것이다. 공동상속인 중의 한사람에게 양도하면 포기한 것과 동일한 효과를 가져올 수 있다.

◈ 포기한 상속재산의 관리계속의무

제1044조【포기한 상속재산의 관리계속의무】

① 상속을 포기한 자는 그 포기로 인하여 상속인이 된 자가 상속재산을 관리할 수 있을 때까지 그 재산의 관리를 계속하여야 한다.

② 제1022조와 제1023조의 규정은 전항의 재산관리에 준용한다.

■ § 1044. 포기한 상속재산의 관리계속의무

- 상속을 포기한 자는 그 포기로 인하여 상속인이 된 자가 상속재산을 관리할 수 있을 때까지 그 재산의 관리를 계속하여야 한다.
- 자기의 고유재산과 대하는 것과 동일한 주의로 관리하여야 한다.
- 가정법원은 이해관계인 또는 검사의 청구에 의하여 상속재산의 보존에 필요한 처분을 명할 수 있다. 그 처분으로서 관리인을 둘 경우의 권한등은 상속의 승인, 포기 이전의 재산관리인의 경우와 마찬가지이다(§1023준용).

본조는 상속을 포기한 자에 대하여 차순위의 상속인이 관리를 시작할 수 있을때까지 상속재산의 관리를 계속할 의무에 관한 것이다.

포기자는 상속을 포기하더라도 다른 공동상속인 또는 차순위의 상속인이 상속재산을 관리할 수 있을 때까지 자기의 고유재산에 대한 것과 동일한 주의로 상속재산을 관리하여야 한다.

그 관리에 있어서는 제1022조와 제1023조가 준용되므로 포기자는 자기의 고유재산에 대하는 것과 동일한 주의로 상속재산을 관리하여야 한다(제1022조 준용). 그리고 가정법원은 이해관계인 또는 검사의 청구에 의하여 상속재산의 보존에 필요한 처분을 명할 수 있다. 그 처분으로서 관리인을 둔 경우의 권한 등은 상속의 승인, 포기 이전의 재산관리의 경우와 마찬가지이다(제1023조 준용).

제 5 절   재산의 분리

　재산분리(separatio bonorum ; sefflparation des patrimonines)란 상속에 의한 상속재산과 상속인의 고유재산과 혼합을 방지하기 위하여 상속개시 후에 상속채권자·수증자 또는 상속인의 채권자의 청구에 의하여 상속재산과 상속인의 고유재산을 분리하여 상속재산에 관한 청산을 목적으로 하는 재판상의 처분을 말한다. 상속이 개시되면 원칙적으로 상속재산은 상속인의 고유재산과 혼합되므로, 상속인은 피상속인의 채권자(상속채권자)나 수증자에 대하여서와 상속인 자신의 채권자에 대하여 혼합된 전재산을 가지고 변제하여야 한다. 이 경우에 상속인이 채무초과이면, 상속채권자·수증자는 상속인의 채권자 때문에 자기의 채권의 완전한 만족을 받지 못하게 될 우려가 있다. 반대로 상속재산이 채무초과이면, 상속인의 채권자가 불리하게 된다. 재산분리는 이와 같은 상속채권자·수증자 또는 상속인의 채권자의 불이익을 방지하기 위한 것이다.

　가정법원에 대하여 상속재산과 상속인의 고유재산과의 분리를 청구할 수 있는 자는 상속채권자·수증자·상속인의 채권자이다(제1045조 1항). 재산분리의 청구기간은 상속이 개시된 날로부터 3개월 내에 하여야 함을 원칙으로 한다(제1045조 1항).

　그러나 상속개시 후 3월의 기간이 경과하더라도 재산상속인이 승인이나 포기를 하지 않는 동안은 재산분리의 청구를 할 수 있다(제1045조 2항). 재산분리의 대상이 되는 재산은 상속개시 당시에 피상속인에게 속하고 있던 모든 재산이 된다. 상속채권자·수증자·또는 상속인의 채권자에 의한 재산분리의 청구가 있는 경우에는 가정법원의 분리명령에 의하여 일정한 절차를 밟아, 상속재산과 상속인의 고유재산이 아직 혼합되지 아니한 경우에는 상속인은 그 상태로 유지해야 하고 이미 혼합된 경우에는 두 재산을 분리하여야 한다. 법원에 의하여 재산분리의 명령이 있는 때에는 피상속인에 대한 상속인의 재산상 권리의무는 소멸되지 않는다(제1050조). 따라서 분리된 상속재산과 상속인의 고유재산은 그것이 권리자에게 전득될 때까지 상속인은 관리자로서의 권리의무를 계속하여 지게 된다. 또 단순승인을 한 상속인은 재산분리의 명령이 있는 때에는 상속재산에 대하여 자기의 고유재산과 동일한 주의로써 관리하여야 한다(제1048조 1항).

상속인은 상속재산의 분리청구기간만료전 또는 상속채권자와 수증자에 대한 공고기간만료전에는 상속채권자와 수증자에 대하여 변제를 거절할 수 있다(제1051조 1항). 재산분리의 청구기간과 상속채권자에 대한 공고기간만료 후에 상속인은 상속재산을 가지고 재산분리의 청구 또는 그 기간 내에 신고한 상속채권자·수증자·상속인이 알고 있는 상속채권자·수증자에 대하여 각 채권액 또는 수증액의 비율로 변제하여야 한다(제1051조 2항 본문). 그러나 우선권있는 채권자의 권리를 해칠 수 없으므로(제1051조 2항 단서), 질권자·저당권자 등에 대하여는 상속재산으로써 우선적으로 변제하여야 한다. 상속채권자와 유증받은 자는 상속재산만으로는 채권 전액의 변제를 받을 수 없는 경우에 한하여 상속인의 고유재산으로부터 채권의 변제를 받을 수 있다(제1052조).

◆ 상속재산의 분리청구권

제1045조 【상속재산의 분리청구권】

① 상속채권자나 유증받은 자 또는 상속인의 채권자는 상속개시된 날로부터 3월내에 상속재산과 상속인의 고유재산의 분리를 법원에 청구할 수 있다.

② 상속인이 상속의 승인이나 포기를 하지 아니한 동안은 전항의 기간경과 후에도 재산의 분리를 법원에 청구할 수 있다.<개정 1990. 1. 13>

■ § 1045. 재산분리의 청구

• 청구권자 : 가정법원에 대하여 상속재산과 상속인의 고유재산과의 분리를 청구할 수 있는 자는 상속채권자, 수증자, 상속인의 채권자이다.

• 상대방 : 청구의 상대방에 대해서는 규정하는 바 없으나, 상속인 또는 상속 재산의 관리인, 파산관재인, 유언집행자라고 보아야 한다.

• 청구기간 : 재산분리의 청구기간은 상속이 개시된 날로부터 3개월내에 하여야 함을 원칙으로 한다. 그러나 상속개시 후 3개월의 기간이 경과하더라도 재산상속인이 승인이나 포기를 하지 않는 동안은 재산분리의 청구를 할 수 있다

• 심판 : 재산분리의 청구가 있으면 가정법원은 재산분리를 명하는 심판을 하여야 한다.

본조는 상속재산의 분리청구에 관한 규정이다.

재산분리란 상속개시 후에 상속채권자나 유증받은 자 또는 상속인의 채권자의 청구에 의하여 상속재산과 상속인의 고유재산을 분리시키는 가정법원의 처분을 말한다.

(1) 청구권자

재산분리의 청구권자는 제1종 재산분리에 있어서는 상속채권자와 유증받은 자이고, 제2종 재산분리에 있어서는 상속인의 채권자이다. 재산분리청구권은 일신전속권이 아니기 때문에 상속채권자들의 상속인에 의해서 청구되

는 경우도 발생한다.

(2) 청구기간

청구기간은 상속의 승인·포기와는 달리 상속이 개시된 날, 즉 피상속인이 사망한 날로부터 3월 내이다. 그러나 상속인이 상속의 승인이나 포기를 하지 않은 동안은 3개월의 기간을 경과한 후라도 재산분리가 허용된다.

(3) 상대방

청구의 상대방에 대해서는 규정하는 바 없으나, 상속인 또는 상속재산의 관리인, 파산관재인, 유언집행자라고 보아야 할 것이다. 상속인이 수인 있으면 공동으로 상대방이 된다. 설사 그 중에서 한 사람 또는 수인인 한정승인을 하고 있더라도 마찬가지이다.

(4) 심 판

재산분리의 청구가 있으면 가정법원은 상속재산과 상속인의 고유재산의 상태 기타의 사정을 종합하여 그 필요성을 판단한 후에 재산분리를 명하는 심판을 하여야 한다.

◈ 재산분리의 효과 : 재산분리의 공고와 최고

제1046조【분리명령과 채권자등에 대한 공고, 최고】

① 법원이 전조의 청구에 의하여 재산의 분리를 명한 때에는 그 청구자는 5일내에 일반상속채권자와 유증받은 자에 대하여 재산분리의 명령있은 사실과 일정한 기간내에 그 채권 또는 수증을 신고할 것을 공고하여야 한다. 그 기간은 2월이상이어야 한다.

② 제88조 제2항, 제3항과 제89조의 규정은 전항의 경우에 준용한다.

■ § 1046. 재산분리의 공고와 최고

• 가정법원이 재산분리를 명하는 심판을 하면 청구자는 5월 이내 일반상속채권자와 유증을 받은 자에 대하여 재산분리의 명령이 있은 사실과 2개월 이상의 일정한 기간을 정하고 그 기간내에 그 채권 또는 수증을 신고할 것을 공고하여야 한다.

• 재산분리의 공고절차에 있어서는 비영리법인의 해산에 관한 규정이 준용된다.

재산분리의 청구가 있으면 가정법원은 상속재산과 상속인의 고유재산의 상태 기타의 사정을 종합하여 그 필요성을 판단한 후에 재산분리를 명하는 심판을 하여야 한다(가소 제2조 제1항 라류사건 31호).

가정법원이 재산분리를 명하는 심판을 하면 청구자는 5일 이내에 일반상속채권자와 유증을 받은 자에 대하여 재산분리의 명령이 있는 사실과 2개월 이상의 일정한 기간을 정하여 그 기간 내에 그 채권 또는 수증을 신고할 것을 공고하여야 한다.

재산분리의 공고절차에 있어서는 비영리법인의 해산에 관한 규정이 준용되어 분리공고는 법원의 등기사항의 공고와 동일한 방법으로 하여야 하며(제88조 3항 준용), 청구자는 일반상속채권자나 유증받은 자에 대하여 소정의 신고기간 내에 신고하지 않으면 배당변제에서 제외된다는 것을 공고중에 표시하여야 한다(제1046조 2항에 의한 제88조 2항의 준용).

분리청구자는 알고 있는 상속채권자 또는 유증받은 자에 대해서는 각각 별도로 채권신고를 최고하여야 한다(제1046조 2항에 의한 제89조의 준용). 그리고 배당가입의 신고는 공고를 한 자에 대해서가 아니고, 상속인에 대하여 하여야 한다(제1051조 2항 참조).

신고를 기다려야 할 기간은 2개월 이상이어야 한다. 이 기간내에는 청구를 한 상속채권자·수증자는 물론 신고한 자라 할지라도 상속인은 변제의 청구에 대하여 거절할 수 있다.

◈ 재산분리의 효과 : 상속재산의 관리

제1047조 【분리후의 상속재산의 관리】

① 법원이 재산의 분리를 명한 때에는 상속재산의 관리에 관하여 필요한 처분을 명할 수 있다.

② 법원이 재산관리인을 선임한 경우에는 제24조 내지 제26조의 규정을 준용한다.

■ § 1047. 상속재산의 관리

• 가정법원이 재산의 분리를 명한 때에는 재산분리를 청구한 자는 상속재산보전을 위한 가처분신청을 할 수 있으나, 가정법원은 상속재산의 관리에 관하여 필요한 처분을 명할 수 있다.
• 재산관리의 한 방법으로서 법원이 재산관리인을 선임한 경우에는 부재자의 재산관리에 관한 규정(§24 내지§ 26)이 준용된다.
• 관련법조 : [법원의 처분] 민집 §300 이하, 가소 §2① 라류사건 32호

재산분리의 명령이 있으면 상속인은 단순승인을 한 후에도 상속재산을 관리할 의무를 지는 것이지만 상속인이 하는 관리에 대하여 불충분하다고 생각되는 경우에는 채권자·수증자의 이익보호를 위하여 본조는 각종의 처분을 할 수 있도록 하고 있다.

가정법원이 재산의 분리를 명할 때에는 상속재산의 관리에 관하여 필요한 처분을 명할 수 있다. 재산분리청구의 목적이 상속인의 재산과 상속재산을 분리하여 그것을 상속채권자와 유증을 받은 자 또는 상속인의 채권자에게 변제하자는 것이므로, 여기에서 말하는 관리에 관한 처분도 그 목적에 따르는 처분이 아니면 안된다. 예컨대 관리인을 선임하여 관리시킨다든가, 재산목록의 작성, 상속재산의 봉인, 파손하기 쉬운 물건의 환가같은 것이다. 재산관리의 한 방법으로서 법원이 재산관리인을 선임한 경우에는 부재자의 재산관리에 관한 제24조 내지 제26조의 규정이 준용된다.

◈ 재산분리명령이 있은 후의 상속인의 관리의무의 정도

제1048조【분리후의 상속인의 관리의무】

① 상속인이 단순승인을 한 후에도 재산분리의 명령이 있는 때에는 상속재산에 대하여 자기의 고유재산과 동일한 주의로 관리하여야 한다.

② 제683조 내지 제685조 및 제688조제1항, 제2항의 규정은 전항의 재산관리에 준용한다.

■ § 1048. 상속인의 관리의무

- 상속인이 단순승인을 한 후에도 재산분리의 명령이 있는 때에는 상속재산에 대하여 자기의 고유재산과 동일한 주의로 관리하여야 한다.
- 이 경우의 상속인의 관리의무는 위임에 의한 수임인의 관리의무와 비슷하므로 수임인의 권리의무에 관한 §683내지 §685 및 §688①, ②의 규정이 준용된다.

원래 상속개시 후라도 상속인은 단순승인을 할 때까지는 상속재산을 처분할 수 없는 것이지만, 단순승인을 하면 그 후는 자유로 상속재산을 처분할 수 있는 것이다. 그러나 단순승인을 한 후에도 재산분리의 명령이 있는 때에는 상속인은 관리의무만지고 처분행위는 금지된다고 보아야 한다.

따라서 분리된 상속재산과 상속인의 고유재산은 그것이 권리자에게 이전된 때까지 상속인은 관리자로서의 권리의무를 계속하여 지게된다. 또 단순승인을 한 상속인은 재산분리의 명령이 있는 때에는 상속재산에 대하여 자기의 고유재산과 동일한 주의로써 관리하여야 한다.

따라서 상속인은 재산분리명령의 통지가 도달한 후로는 상속재산의 관리의무를 지므로 그 후에는 상속재산의 처분행위는 금지된다고 보아야 한다. 이 경우의 상속재산의 관리의무는 위임에 의한 수임인의 관리의무와 비슷하므로 수임인의 권리의무에 관한 제683조 내지 제685조[수임인의 의무] 및 제688조 제1항·제2항[수임인의 비용상환청구권]의 규정의 준용이 있다.

◈ 재산분리의 대항요건

제1049조【재산분리의 대항요건】

재산의 분리는 상속재산인 부동산에 관하여는 이를 등기하지 아니하면 제3
자에게 대항하지 못한다.

■ § 1049. 재산분리의 대항요건

- 재산의 분리는 상속재산인 부동산에 관해서는 이를 등기하지 않으면 제3자에
  게 대항하지 못한다.
- 여기서 제3자란 상속인의 채권자 뿐만 아니라 모든 제3자를 포함한다고 보아
  야 한다.
- 관련법조 : [재산분리등기] 부동산등기법 §2, §29

재산의 분리는 상속재산인 부동산에 관해서는 그 등기를 하지 않으면 제3자
에게 대항하지 못한다. 그러므로 본조는 한편으로는 재산분리의 사실을 보증하
고 한편으로는 제3자의 이익을 보호하는 것을 목적으로 규정하고 있는 것이다.

재산분리의 대항요건은 등기에 의하도록 하고 있으나, 부동산등기법에는 그
절차가 규정되어 있지 않기 때문에 상속인에 대한 처분제한의 등기(부동산 등기
법 제2조)를 하면 충분하다고 해석하고 있다.

등기권리자는 재산분리의 청구자이며 등기의무자는 상속인이지만 등기권리자
만이 신청할 수도 있다. 여기서 제3자란 상속인의 채권자뿐만 아니라 모든 제3
자를 포함한다. 동산에 대해서는 아무런 규정이 없으나 제249조의 선의취득의
원칙이 적용된다.

◆ 분리의 효과 : 상속인의 관리의무의 계속

제1050조【재산분리와 권리의무의 불소멸】

재산분리의 명령이 있는 때에는 피상속인에 대한 상속인의 재산상 권리의무는 소멸하지 아니한다.

■ § 1050. 상속인의 권리의무의 계속

• 상속인의 피상속인에 대한 재산상 권리의무의 계속
• 가정법원이 재산의 분리를 명한 때에는 피상속인에 대한 상속인의 재산상 권리의무는 소멸하지 않는다.

재산분리의 명령이 있는 때에는 피상속인에 대한 상속인의 재산상의 권리의무는 소멸하지 않는다(제1050조).

본조는 가정법원이 재산의 분리를 명한 때에도 상속인의 재산상 권리의무는 계속됨을 규정한 것이다.

가정법원에 의한 재산분리의 명령이 있는 때에는 피상속인에 대한 상속인의 재산상 권리의무는 소멸되지 않는다. 한정승인과 마찬가지로 재산의 분리는 상속재산과 상속인의 고유재산과를 분리시킬 필요가 있기 때문에 상속인이 피상속인에 대해서 가지는 권리의무도 재산분리의 경우에는 혼동에 의하여 소멸하지 않도록 한 것이다.

◈ 변제의 거절과 배당변제

제1051조【변제의 거절과 배당변제】

① 상속인은 제1045조 및 제1046조의 기간만료전에는 상속채권자와 유증받은 자에 대하여 변제를 거절할 수 있다.

② 전항의 기간만료후에 상속인은 상속재산으로써 재산분리의 청구 또는 그 기간내에 신고한 상속채권자, 유증받은 자와 상속인이 알고 있는 상속채권자, 유증받은 자에 대하여 각채권액 또는 수증액의 비율로 변제하여야 한다. 그러나 우선권 있는 채권자의 권리를 해하지 못한다.

③ 제1035조 내지 제1038조의 규정은 전항의 경우에 준용한다.

■ § 1051. 변제의 거절과 배당변제

• 변제거절권 : 상속인은 상속재산의 분리청구기간(1045)과 상속채권자와 유증받은 자에 대한 공고기간(1046)이 만료하기 전에는 상속채권자와 유증받은 자에 대하여 변제를 거절할 수 있다.

• 배당변제 : 재산분리의 청구기간과 상속채권자와 유증받은 자에 대한 공고기간이 만료한 후에는 상속인은 상속재산을 가지고 재산분리의 청구자 또는 그 기간내에 신고한 상속채권자, 수증자와 상속인이 알고 있는 상속채권자, 수증자에 대하여 각 채권액 또는 수증액의 비율로 변제하여야 한다.

상속인은 상속재산의 분리청구기간과 상속채권자와 유증받은 자에 대한 공고기간이 만료하기 전에는 상속채권자와 유증받은 자에 대하여 변제를 거절할 수 있다.

재산분리의 청구기간과 상속채권자와 유증받은 자에 대한 공고기간이 만료한 후에는 상속인은 상속재산으로써 재산의 분리를 청구하였거나 또는 그 기간내에 신고한 상속채권자, 유증받은 자와 상속인이 알고 있는 상속채권자, 유증받은 자에 대하여 각 채권액 또는 유증액의 비율로 변제하여야 한다. 그러나 질권·저당권 등의 우선권이 있는 채권자에 대하여는 재산분리로써 우선적으로 변제하여야 한다. 그리고 배당변제의 절차는 한정승인의 경우의 변제방법과 비슷하므로 한정승인의 경우의 변제에 관한 제1035조 내지 1038조의 규정이 준용된다.

◈ 고유재산으로부터의 변제

제1052조 【고유재산으로부터의 변제】

① 전조의 규정에 의한 상속채권자와 유증 받은 자는 상속재산으로써 전액의 변제를 받을 수 없는 경우에 한하여 상속인의 고유재산으로부터 그 변제를 받을 수 있다.

② 전항의 경우에 상속인의 채권자는 상속인의 고유재산으로부터 우선변제를 받을 권리가 있다.

■ § 1052. 고유재산으로부터의 변제

- 상속채권자와 수증자는 상속재산으로써 채권전액의 변제를 받을 수 없는 경우에 한하여 상속인의 고유재산으로부터 그 변제를 받을 수 있다.
- 이 경우에 상속인의 채권자는 상속인의 고유재산으로부터 우선변제를 받을 권리가 있다.

재산의 분리를 청구하였거나 신고기간 내에 상속채권자, 유증받은 자와 상속인이 알고 있는 상속채권자, 유증받은 자는 상속재산으로 전액의 변제를 받을 수 없는 경우에 한하여, 상속인의 고유재산으로부터 변제를 받을 수 있다(제1052조 1항). 다만 상속재산으로부터는 상속인의 채권자가 상속채권자와 유증받은 자보다 우선하여 변제를 받는다.

이와 같은 것은 상속인이 한정승인을 하지 않은 경우에 한하는 것은 말할 나위도 없다. 그러나 상속인이 파산선고를 받은 경우에는 재산의 분리가 있을 때라도 상속채권자와 유증받은 자는 그 채권의 전액에 관하여 파산채권자로서 그 권리를 행사할 수 있다(채무자회생 및 파산에 관한 법률 제434조). 재산분리의 청구, 배당가입의 신고를 하지 않은 자는 상속인의 채권자에 우선하지 않으며, 평등한 지위에서 채권의 전액에 관하여 변제를 받을 수 있다고 본다.

제 6 절 상속인의 부존재(개정 1990. 1. 13)

상속인부존재(succession vacante)라 함은 재산상속인의 존재여부가 분명하지 아니한 상태를 말한다(제1053조 1항). 상속개시 후 재산상속의 존부가 불분명한 경우에는 상속인을 수색하기 위하여 일정한 절차가 필요할 뿐만 아니라, 상속재산의 최후의 귀속자인 국고를 위하여 또는 상속채권자와 수증자 등의 이익을 위하여 상속재산에 대한 관리와 청산을 할 필요가 있다. 따라서 민법은 재산상속인부존재제도를 설정하여 상속인의 수색을 위하여 일정한 공고절차와 함께 상속재산의 관리·청산의 절차에 관한 규정을 두고 있다.

(1) 상속재산의 관리 : ① 재산상속인의 존부가 분명하지 않는 때에는 가정법원은 제777조에 의한 피상속인의 친족 기타 이해관계인 또는 검사의 청구에 의하여 상속재산관리인을 선임하고 지체없이 이를 공고하도록 되어 있다(제1053조 1항). ② 재산관리인의 권리의무에 관하여는 부재자를 위한 재산관리인에 관한 규정이 준용된다(제1053조 2항). 그리고 재산관리인은 상속채권자나 수증자의 청구가 있는 때에는 언제든지 상속재산의 목록을 제시하고 그 상황을 보고할 의무가 있다(제1054조). 관리인의 임무는 그 상속인이 상속을 한 때에 종료하고(제1055조 1항), 이 경우에는 관리인은 지체없이 그 상속인에 대하여 관리의 계산을 하게 되어 있다(제1055조 2항).

(2) 상속재산의 청산 : ① 법원이 상속재산관리인의 선임을 공고한 후 3개월 내에 상속인의 존부를 알 수 없는 때에는 관리인은 지체없이 일반상속채권자와 수증자에 대하여 2개월 이상의 기간을 정하여 그 기간내에 채권 또는 유증을 신고할 것을 공고하게 되어 있다(제1056조 1항). 이 경우의 공고절차는 비영리법인의 해산에 관한 규정이 준용된다(제1056조 2항). ② 관리인은 채권신고최고의 공고절차를 취한 후 한정승인의 경우와 동일한 방법으로써 상속채권자 또는 수증자에 대하여 변제를 하게 되어 있다(제1056조 2항). ③ 재산관리인 선임에 관한 공고와 이에 후행하는 청산공고기간이 경과하여도 상속인의 존부를 알 수 없는 때에는 가정법원은 관리인의 청구에 의하여 1년 이상의 기간을 정하여 상속인이 있으면 그 기

간내에 권리를 주장할 것을 공고하게 되어 있다(제1057조).

(3) 상속재산의 국가귀속 : 위의 기간내에 상속권을 주장하는 자가 없는 때에
  는 상속재산은 국가에 귀속한다(제1058조 1항). 그리고 상속재산이 국가에
  귀속된 후에는 상속재산으로 변제를 받지 못한 상속채권자나 유증을 받은
  자가 있는 때에도 그 변제를 국가에 청구할 수 없다(제1059조).

◆ 상속인의 존부가 분명하지 아니한 때의 그 상속재산의 관리방법

제1053조【상속인없는 재산의 관리인】

① 상속인의 존부가 분명하지 아니한 때에는 법원은 제777조의 규정에 의한 피상속인의 친족 기타 이해관계인 또는 검사의 청구에 의하여 상속재산 관리인을 선임하고 지체없이 이를 공고하여야 한다. <개정 1990. 1. 13>

② 제24조 내지 제26조의 규정은 전항의 재산관리인에 준용한다.

■ § 1053. 상속재산의 관리

- 관리인의 선임
- 관리인의 권리의무 : §24내지 §26의 규정 준용
- 관련법조 : [관리인 선임] 가소 §2① 2. 가. 라류사건 37호, 비송 §19

(1) 제도의 취지

본조는 상속인의 존부가 분명하지 아니한 상속재산의 관리에 관한 규정이다. 신원불명의 자가 사망한 경우와 같이 명실공히 상속인의 존부가 분명하지 않을 경우뿐만 아니라, 가족관계등록법상 상속인이 없는 것이 명백한 경우도 포함된다.

상속이 개시되면 상속재산은 당연히 상속인에게 귀속하게 되는데, 상속이 개시하여도 상속인이 없는(정확하게는 불분명한) 경우가 있다. 이 경우 상속인이 없다고 해서 상속재산을 그대로 방치해 둘 수는 없다.

유증을 받은 자가 있을지도 모르며, 상속채권자가 나올지도 모른다. 그리고 상속인이 출현하지 않는 경우에는 상속재산의 귀속을 어떻게 하여야 하는가도 또한 문제가 된다.

이 제도를 둔 것은, 한편으로는 상속인을 수색하거나 또는 그 확정을 구하는 동시에 다른 한편으로는 상속재산을 관리하고 상속채권자와 유증받은 자에게 변제하는 등의 처리를 하기 위해서이다.

(2) 관리인 선임

민법은 재산상속인의 존부가 분명하지 않을 때에는 가정법원은 제777조 [친족의 범위]의 규정에 의한 피상속인의 친족 기타 이해관계인 또는 검사의 청구에 의하여 상속재산관리인을 선임하여야 한다고 규정하고 있다.

선임은 가정법원의 심판에 의하며(가소 제2조 1항 2. 가. 라류사건 37호), 관리인이 선임된 때에는 가정법원은 이를 지체없이 공고하여야 한다(제1053조 1항 후단, 가소 제2조 1항 2. 가. 라류사건 37호).

(3) 관리인의 권리의무

관리인은 원칙적으로 부재자의 재산관리인과 동일한 권리의무를 가진다.

상속재산관리인의 본질은 부재자의 재산관리인과 같기 때문에 상속재산관리인에게는 부재자재산관리인의 직무·권한·담보제공·보수 등에 관한 규정이 그대로 준용된다(제1053조 2항에 의한 제24조 내지 제26조의 준용).

제24조가 준용되는 결과 상속재산관리인은 그 관리하는 상속재산의 목록을 작성할 의무가 있으나 그 비용은 상속재산에서 지출할 수 있다. 또 가정법원은 상속재산의 보존에 필요하다고 인정되는 처분을 관리인에게 명할 수 있다. 제25조가 준용되는 결과 관리인은 보존행위 또는 이용·개량을 목적으로 하는 행위는 자유로 할 수 있으나, 이 권한을 넘는 행위를 하기 위하여는 가정법원의 허가를 얻을 필요가 있다. 제26조가 준용되는 결과 가정법원은 상속재산의 관리와 반환에 관하여 관리인에게 상당한 담보를 제공하게 할 수 있다. 또 가정법원은 여러 가지 사정을 고려하여 상속재산으로 상당한 보수를 관리인에게 지급할 수 있다.

◈ 관리인의 재산목록제시와 상황보고의무

제1054조 【재산목록제시와 상황보고】

관리인은 상속채권자나 유증받은 자의 청구가 있는 때에는 언제든지 상속재산의 목록을 제시하고 그 상황을 보고하여야 한다.

■ § 1054. 관리인의 권리의무

• 관리인은 원칙적으로 부재자의 재산관리인과 동일한 권리의무를 가진다.
• 상속채권자나 유증받은 자의 청구가 있을 때에는 언제든지 상속재산의 목록을 제시하고 그 상황을 보고하여야 한다.

상속재산의 관리인은 상속재산의 관리와 청산을 하나 관리청산의 상황은 상속채권자와 유증받은 자에게 있어서 이해관계가 매우 크다. 그래서 본조는 관리인에게 재산목록작성의 의무이외에 상속채권자와 유증받은 자의 청구가 있는 때에는 상속재산관리인에게는 상속재산의 목록을 제시하고 그 상황을 보고할 의무가 있음을 규정한 것이다.

그러므로 관리인은 상속채권자나 유증받은 자 이외의 자로부터 이러한 청구를 받더라도 이에 응할 필요는 없다. 재산상황의 보고를 요하는 비용에 대해서는 명문의 규정이 없으나, 제1053조에서 준용된 제24조 규정의 취지는 본조의 경우에 타당하다. 관리인의 귀책사유로 인하여 본조의 의무에 위반하여 상속채권자나 유증받은 자가 손해를 입은 경우에는 이들에 대하여 관리인 자신이 직접 책임을 져야 한다고 본다.

◆ 관리인의 임무종료

제1055조【상속인의 존재가 분명하여진 경우】

① 관리인의 임무는 그 상속인이 상속의 승인을 한 때에 종료한다.

② 전항의 경우에는 관리인은 지체없이 그 상속인에 대하여 관리의 계산을 하여야 한다.

■ § 1055. 관리인의 권리의무

• 상속인의 존재가 분명해지면 상속재산관리인의 임무는 종료하나 상속인이 나타남으로써 바로 종료하는 것이 아니고 그 상속인이 상속의 승인을 한 때에 비로소 종료한다.
• 상속인이 승인하면 관리인은 지체없이 그 상속인에 대하여 관리의 계산을 하여야 한다.

이론상은 상속인 출현과 동시에 선임된 관리인의 임무는 소멸시켜도 좋을 것이지만 상속인은 상속을 포기할지도 모르고, 만약 포기하면 다시 상속인의 존부가 분명하지 않은 상태를 초래하게 될 것이므로 실제의 편의상 본조는 관리인의 임무를 상속인의 출현과 동시에 소멸시키지 않고 상속인이 상속의 승인을 한 때에 소멸하는 것으로 규정하였다.

상속인의 존재가 분명해지면 상속재산관리인의 임무는 종료하지만 상속인의 출현으로 즉시 종료하는 것이 아니고, 그 상속인의 상속을 승인한 때에 비로소 종료한다. 이것은 상속인이 상속을 포기함으로써 다시 상속인의 부존재상태가 일어나지 않게 하려는 배려이다.

그렇다고 한다면 상속인이 상속을 승인할 때까지는 본인과 관리인이 병존한다는 결과가 된다. 상속인이 상속을 승인하면 관리인은 지체없이 그 상속인에 대하여 관리의 계산을 하여야 한다.

제1057조가 정하는 기간내에 상속인 또는 포괄수증자가 나타나지 않을 경우에는 상속재산의 청산을 끝맺고, 잔여재산이 생겼을 때에는 이를 국가에 인도할 때까지, 또 잔여재산이 생길 여지가 없을 때에는 상속채권자 또는 유증받은 자에 대한 변제를 종료할 때까지 관리인의 임무는 소멸하지 않는다.

◆ 상속인 없는 재산의 청산절차

제1056조 【상속인없는 재산의 청산】

① 제1053조 제1항의 공고있은 날로부터 3월내에 상속인의 존부를 알 수 없는 때에는 관리인은 지체없이 일반상속채권자와 유증받은 자에 대하여 일정한 기간내에 그 채권 또는 수증을 신고할 것을 공고하여야 한다. 그 기간은 2월이상이어야 한다.

② 제88조 제2항, 제3항, 제89조, 제1033조 내지 제1039조의 규정은 전항의 경우에 준용한다.

■ § 1056. 상속재산의 청산절차

- 청산을 위한 공고
- 변제의 순서, 방법 : §1033 내지 §1039의 규정 준용
- 상속인 수색의 공고(§1057)

본조는 상속재산의 청산절차에 관하여 규정한 것이다.

(1) 상속인의 수색

상속재산관리절차는 상속인수색절차와 상속재산청산절차의 2면을 가지고 있다. 상속인수색은 3회에 걸친 공고에 의하여 행해진다.

먼저 ① 상속재산관리인이 선임되면 가정법원은 지체없이 관리인의 선임을 공고하게 된다(제1053조 1항 후단). ② 그 공고를 한 날로부터 3월 이내에 상속인의 존부를 알 수 없는 때에는 관리인은 2개월 이상의 기간을 정하여 일반상속채권자와 유증받은 자에 대하여 채권 또는 수증을 신고할 것을 공고하여야 한다.

이상의 ①, ②는 모두 간접적으로 상속인의 출현을 기대한다는 의미를 가지고 있다. 공고의 방법 및 절차는 청산법인의 채권신고의 공고, 최고에 관한 제88조 2항·3항, 제89조의 규정이 준용된다.

(2) 상속재산의 청산

청산은 본조 1항에 의거하여 상속재산관리인이 한 채권신고공고를 시작

으로 하여 공고기간 내에 신고한 상속채권자·유증받은 자 및 보증인이 알고 있는(신고의 유무를 불문한다) 상속채권자·유증받은 자에게 배당변제를 한다(제1051조 2항 참조). 기간 만료전에는 관리인은 변제거절권을 가진다(제1033조).

그 이후에 잔여재산이 있으면 이른바 제2차 청산으로서 신고도 하지 않고, 관리인이 모르고 있었던 상속채권자 및 유증받은 자에게 변제하게 된다(그 기간은 1년 이상이어야 한다).

변제기에 이르지 아니한 채권의 변제, 재산분리의 환가방법, 채권신고기간만료 전의 변제로 인한 관리인의 배상책임을 모두 한정승인의 경우와 동일하게 취급된다(제1034조 내지 제1037조·제1039조 준용).

채무자의 사정에 의한 청산인 점에서 한정승인에 의한 청산과 공통하고 있기 때문이다.

◈ 상속인 수색의 공고

제1057조【상속인수색의 공고】

제1056조 제1항의 기간이 경과하여도 상속인의 존부를 알 수 없는 때에는 법원은 관리인의 청구에 의하여 상속인이 있으면 일정한 기간내에 그 권리를 주장할 것을 공고하여야 한다. 그 기간은 1년 이상이어야 한다. <개정 2005. 3. 31>

■ § 1057. 상속인 수색의 공고

• 관리인 선임의 제1회 공고와 상속채권자와 유증받은 자에 대한 청구의 신고를 최고하는 제2회 공고를 한 후, 그 공고기간이 경과하여도 상속인의 존부를 알 수 없는 때에는 가정법원은 관리인의 청구에 의하여 1년 이상의 일정한 기간을 정하고 상속인이 있으면 그 기간내에 그 권리를 주장할 것을 공고하여야 한다.

• 관련법조 : [공고절차] 가소 §2① 2. 가. 라류사건 38호

관리인선임의 제1회 공고와 상속채권자와 유증받은 자에 대한 청구의 신고를 최고하는 제2회의 공고를 한 후, 이 공고기간이 경과하면 상속재산은 청산되며, 그와 동시에 가정법원은 다시 관리인의 청구에 의하여 1년 이상의 기간을 정하여 상속인의 수색을 위한 최후의 공고를 한다. 2005년 민법 개정시에 공고기간을 2년에서 1년으로 단축하였다.

다만, 이 공고는 관리인이 상속재산을 청산한 후 잔여재산이 있는 경우에만 하여야 할 것이며, 상속채권자나 유증받은 자에게 변제한 후 잔여재산이 없는 때에는 할 필요가 없다. 왜냐하면 잔여재산이 전혀 없는 경우에는 상속인을 찾을 필요가 없다고 생각하기 때문이다.

◆ 특별연고자에 대한 분여제도

제1057조의 2【특별연고자에 대한 분여】

① 제1057조의 기간내에 상속권을 주장하는 자가 없는 때에는 가정법원은 피상속인과 생계를 같이 하고 있던 자, 피상속인의 요양간호를 한 자, 기타 피상속인과 특별한 연고가 있던 자의 청구에 의하여 상속재산의 전부 또는 일부를 분여할 수 있다. <개정 2005. 3. 31>

② 제1항의 청구는 제1057조의 기간의 만료후 2월이내에 하여야 한다. <개정 2005. 3. 31> [본조신설 1990. 1. 13]

■ § 1057조의 2. 특별연고자에 대한 분여

• 특별연고자 : ① 양로원 ② 사실상의 처
　　　　　　　③ 간호하던 자 ④ 사실상의 양자
• 재산분여의 상당성 : 분여하려면 우선 청구인이 특별연고자로 인정되어 가정법원이 재산분여를 상당하다고 인정하는 경우 일체의 사정 고려, 가정법원의 자유로운 판단에 맡겨진다
• 청구절차 : §1057의 기간이 만료된 후 2월 이내에 가정법원에 청구
• 재산분여의 효과 : 청구인에게 상속재산의 전부 또는 일부가 분여, 현물분여가 보통, 대금분여도 가능. 상속인이 아니므로 상속채무 등의 업무는 승계않음
• 분여심판을 청구하지 않고 사망한 경우 : 특별연고자의 지위가 인정되지 않으며 상속의 대상이 되는 지위나 권리가 없음

(1) 본 제도의 취지

90년 개정민법 전에는 상속인수색공고가 있은 후 공고기간 내에 상속권을 주장하는 자가 없는 때에는 상속재산이 국가에 귀속되도록 하고 있었다. 그러므로 사실혼의 배우자나 사실상의 양자와 같이, 피상속인과 생계를 같이하였거나 피상속인을 요양간호한 자, 기타 피상속인과 특별한 연고가 있었던 자라고 해도 법률상 상속인이 아니기 때문에, 피상속인의 재산을

받지 못하는 부당한 결과가 초래되었다. 이에 1990년 개정민법은 제1057조의 2를 신설하여 특별연고자에 대한 분여를 인정하였다.

가정법원은 피상속인과 생계를 같이 하고 있던 자, 피상속인의 요양간호를 한 자 기타 피상속인과 특별한 연고가 있던 자의 청구에 의하여 상속재산의 전부 또는 일부를 분여할 수 있다. 이것이 특별연고자에 대한 상속재산분여제도이다. 특별연고자가 상속재산의 분여를 받는 지위에 따르는 상속재산분여청구권도 일반적인 권리와 동일한 성질을 가지고 있다.

(2) 특별연고자의 범위

본조 1항은 특별연고자로서, '피상속인과 생계를 같이하고 있던 자', '피상속인의 요양간호를 한 자', '기타 피상속인과 특별한 연고가 있던 자'를 들고 있는데, 이는 예시이다. 어떤 자가 특별연고자인가를 결정하는 것은 가정법원의 재량에 맡겨져 있다.

(3) 청구절차 및 법원의 분여처분

재산분여를 원하는 자는 제1057조의 기간이 만료된 후 2월 이내에 가정법원에 재산분여청구를 하여야 한다(제1057조의 2 제2항). 가정법원에서는 특별연고자의 분여청구권이 인정되면 상속재산의 전부 또는 일부에 대한 분여처분이 있게 된다. 이 처분에 의한 금액 그 밖의 급부심판은 집행력을 가지며(가소 제41조), 부동산등기 등의 권리이전도 단독으로 청구할 수 있게 된다. 그리고 특별연고자가 분여받은 재산은 원시취득으로 보아, 변제를 받지 못한 상속채권자나 수증자는 이에 대하여 아무런 청구도 할 수 없다고 보아야 한다.

◈ 상속재산이 국가에 귀속되는 경우

제1058조 【상속재산의 국가귀속】

① 제1057조의2의 규정에 의하여 분여되지 아니한 때에는 상속재산은 국가에 귀속한다. <개정 2005. 3. 31>

② 제1055조 제2항의 규정은 제1항의 경우에 준용한다. <개정 2005. 3. 31>

■ § 1058. 상속재산의 국가귀속

- 원시취득
- 적극재산만 취득
- 제1순위 내지 제4순위의 상속인이 없는 경우에는 상속재산은 국가에 귀속한다.

제1057조의 2의 규정에 의하여 분여되지 아니한 때에는 상속재산, 즉 청산종료 후의 잔여재산은 국가에 귀속한다. 여기서 상속재산이란 청산종료 후의 잔여재산(적극재산)을 말한다. 적극재산이라도 특허권이나 저작권과 같은 무채재산권은 상속인이 없이 사망하면 소멸하므로 상속재산에 포함되지 않는다.

관리인의 임무도 종료되므로 관리인은 지체없이 관리의 계산을 하여야 한다 (제1058조 2항에 의한 제1055조 2항의 준용). 상속재산의 잔여재산이 국가에 귀속한 이상 상속재산으로 변제받지 못한 상속채권자나 유증을 받은 자가 있더라도 국가에 대하여 그 변제를 청구하지 못한다.

▣ 핵심판례 ▣

■ [상속재산의 국가 귀속]

1. 민법에 규정된 재산상속인이 존재하지 아니한 경우 상속재산의 귀속

민법 제5편 제2장에는 재산상속에 관한 규정이 있으며, 거기에 열거되어 있는 재산상속인이 존재하지 아니한 경우에는 민법 제1058조에 의하여 상속재산이 국가에 귀속한다고 보아야지 다른 최근친자에게 귀속된다고 할 수 없다(1990. 11. 13. 제1부 판결 90다카26867소유권확인).

2. 부동산소유자가 행방불명된 경우 그 부동산을 국가의 소유로 하기 위한 절차

부동산소유자가 행방불명된 경우, 국가가 그의 사망 및 상속인의 부존재에 대한 입증없이 단순히 국유재산법 제8조에 따른 무주부동산의 공고절차만을 거쳐 그 부동산을 국가의 소유로는 할 수 없다고 하고 있다(대판 1997. 11. 28. 97다23860).

3. 무주의 토지의 경우에도 상속인 부존재의 경우에 적용되는 민법 제1053조 내지 제1058조 소정의 절차를 거쳐야 국유로 되는지 여부(소극)

무주의 토지는 민법 제252조 제2항에 의하여 국유로 되는 것이고, 토지 소유자가 존재하였으나 그의 상속인의 존부가 분명하지 아니한 경우에 적용되는 민법 제1053조 내지 제1058조 소정의 절차를 밟아야만 국유로 되는 것은 아니므로, 무주의 토지라고 인정을 한 이상 그 토지를 국유라고 하기 위하여 상속인 부존재의 경우에 필요한 절차를 밟았는지를 별도로 심리할 필요는 없다(대법원 1997. 11. 28. 선고 96다30199 판결).

◆ 국가귀속재산에 대한 변제청구의 금지

제1059조【국가귀속재산에 대한 변제청구의 금지】

전조 제1항의 경우에는 상속재산으로 변제를 받지 못한 상속채권자나 유증을 받은 자가 있는 때에도 국가에 대하여 그 변제를 청구하지 못한다.

■ § 1059. 국가귀속재산에 대한 변제청구금지

• 일단 국가에 귀속되면 상속재산으로 변제를 받지 못한 상속채권자나 유증을 받은 자가 있더라도 국가에 대하여 그 변제를 청구하지 못한다.

• 다만 상속채권자나 유증받은 자의 권리는 소멸하는 것이 아니므로 보증인 등이 있는 경우에는 이에 대하여 변제를 청구할 수 있다.

　가정법원에 의한 상속인 수색의 공고에 정해진 이상의 기간 내에 상속권을 주장하는 자가 없으면 상속인 수색은 중단되고 상속재산, 즉 청산종료 후의 잔여재산은 국가에 귀속한다(제1058조 1항). 이 경우 관리인은 지체없이 관할국가기관에 대하여 관리의 계산을 하여야 한다(제1058조 2항에 의한 제1055조 2항의 준용).

　상속재산이 일단 국가에 귀속되면 상속재산으로 변제를 받지 못한 상속채권자는 유증받은 자가 있는 때에는 국가에 대하여 그 변제를 청구하지 못한다. 다만, 상속채권자나 유증받은 자의 권리는 소멸하는 것은 아니므로 보증인 등이 있는 경우에는 이에 대하여 변제를 청구할 수 있다. 국가귀속의 시기에 대해서 문제가 있다. 의견상 시기를 명확하게 하기 어려운 결점은 있지만, 잔여재산이 관리인에 의하여 국가에 인계되었을 때를 국가귀속시기로 보는 것이 민법상 물권변동의 형식주의에 비추어 타당하다고 본다.

제 2 장　유 언

유증(testamentun ; will ; Testamen ; testament)이란 유증자의 사망과 동시에 일정한 효과를 발생시키는 것을 목적으로 하는 상대방이 없는 단독행위를 말한다. 사유재산제도에 입각한 재산처분의 자유의 한 형태로서 사람이 생전뿐 아니라 유언에 의하여 사후의 법률관계(주로 재산관계)까지 지배하는 것을 인정한 것이다. 그러나 법률은 유언으로 할 수 있는 사항을 다음과 같이 한정하고 있다.

(1) 상속에 관한 사항 : ① 상속재산분할방법의 지정 또는 위탁(제1012조 전단), ② 상속재산분할금지(제1012조 후단).

(2) 상속 이외의 유산의 처분에 관한 사항 : ① 유증(제1074조 이하), ② 재단법인의 설립(제47조 2항), ③ 신탁의 설정(신탁법 제2조).

(3) 신분상의 사항 : ① 인지(제859조 2항), ② 친생부인(제850조), ③ 후견인의 지정(제931조), ④ 미성년후견감독인의 지정(제940조의2).

(4) 유언의 집행에 관한 사항 : 유언집행자의 지정 또는 위탁(제1093조). 또한 본인의 최종의사인가를 명확히 해 둘 필요에서도 엄격한 방식이 요구된다(유언의 요식성 : 제1060조 참조). 일단 한 유언도 자유로이 철회할 수 있고, 이 철회권을 포기하지 못하게 되어 있다(제1108조 참조).

민법은 유언의 해석에 관하여도 엄격히 기준을 정하고 있다. 즉 전후의 유언이 저촉되거나 유언 후의 생전행위가 유언과 저촉되는 경우에는 그 저촉된 부분의 전유언은 이를 철회한 것으로 본다든가(제1109조), 유언의 목적이 된 권리가 유언자의 사망 당시에 상속재산에 속하지 아니한 때에는 유언은 그 효력이 없다(제1087조 1항 본문)는 등의 규정이 그것이다. 그러나 유증이 임종시에 행하여지는 것이 많은 우리 나라의 실정에서 본다면 내용이 불명확한 경우도 적지 않다.

제 1 절   총 칙

　본절에서는 유언에 관한 일반적인 사항으로서 ① 유언에는 방식이 필요하다
는 것, ② 유언을 할 수 있는 자는 어떠한 자인가 하는 것(유언능력), ③ 유언으
로 유산을 누구인가에게 주는 것(유증)을 할 수 있는 것, ④ 기타 여러 가지를
규정하고 있다.

◆ 유언의 효력발생요건

제1060조【유언의 요식성】

유언은 본법의 정한 방식에 의하지 아니하면 효력이 생하지 아니한다.

■ § 1060. 유언의 방식

- 형식엄격주의
- 요식행위
- 관련법조 : [유언으로 할 수 있는 행위] §47②, §48②, §859②, §931, § 1012, §1093, 신탁 §2, [준거법] 국제사법 §27

유언은 유언자의 사망과 동시에 일정한 법률효과를 발생시키는 것을 목적으로 일정한 방식에 따라서 하는 상대방 없는 단독행위이다. 유언의 효력은 유언자의 사후에 발생하지만 유언이 법률행위로서 성립하는 것을 그 표시행위가 완료하였을 때이다. 유언은 민법이 정한 방식에 의하지 아니하면 효력이 생기지 아니한다. 민법이 규정한 유언방식은 모두 다섯 가지이며(제1065조), 유언자는 그 중 어느 것인가에 따라서 유언하여야 하는 것이다.

유언은 유언자의 사후에 효력을 발생하기 때문에 유언의 진부나 내용 등에 관한 유언의 효력이 다투어진 때에는 유언자가 직접 그 진의를 밝힐 수 없으므로 입증이 대단히 어렵게 된다. 여기에서 유언자의 진의를 확보하기 위하여 일정한 방식을 요구함으로써 위조·변조에 대한 다툼의 발생을 예방하려고 하였다. 동시에 특정한 방식을 규정함으로써 중요한 사항에 관한 유언을 될 수 있는 한 신중하게 하도록 한 것이다. 특히 유언의 요식성은 방식자유의 원칙에 대한 하나의 예외가 되어 있다. 민법이 인정하는 유언방식에는 자필증서, 녹음, 공정증서, 비밀증서, 구수증서 등 다섯 가지가 허용되고 있다(제1065조).

▣ 핵심판례 ▣

■ [유언의 요식성]

1. 구 민법 당시 유언으로 혼인외 출생자를 인지한 것으로 본 례

구 민법 시행 당시 부가 혼인외 출생자를 친자로 인정하고 자기의 출생자로 출생신고를 해달라고 부탁했으나 그 신고가 지연되어 오던 중 부가 사망하고 그 후 유처가 유언집행자로서 그 자를 부와 자기 사이의 출생자로 신고하였다면 유언방식에 관하여 특별한 규정이 없었던 구민법 시행 당시에 있어서는 위와 같은 경우 부가 유언으로 그 자를 인지한 것으로 볼 것이다(1986. 3. 11. 제3부 판결 85므101 친생자관계부존재확인).

2. 유언자의 진정한 의사에 합치하나 민법 제1065조 내지 제1070조에 정해진 요건과 방식에 어긋나는 유언의 효력(무효)

민법 제1065조 내지 제1070조가 유언의 방식을 엄격하게 규정한 것은 유언자의 진의를 명확히 하고 그로 인한 법적 분쟁과 혼란을 예방하기 위한 것이므로, 법정된 요건과 방식에 어긋난 유언은 그것이 유언자의 진정한 의사에 합치하더라도 무효라고 하지 않을 수 없다(대법원 2006. 3. 9. 선고 2005다57899 판결).

◆ 유언을 할 수 있는 연령

제1061조 【유언적령】

만17세에 달하지 못한 자는 유언을 하지 못한다.

■ § 1061. 유언적령

- 만 17세에 달하면 유언능력자가 된다.
- 만 17세 미달자와 의사능력이 없는 자의 유언은 무효이다.

유언은 다른 계약에 있어서와 마찬가지로 의사표시이기 때문에 의사능력이 없는 사람은 유언은 하더라도 그것은 무효이다. 그러나 무능력한자라 할지라도 의사능력, 즉 자기가 한 유언이 어떤 결과를 가져오는가에 대한 판단능력만 있으면 되는 것이다. 다만, 민법은 만 17세에 달하면 유언능력이 있다고 보고 있다. 따라서 누구라도 만 17세 이상이면 자유롭게 유언할 수 있게 된다.

유언은 유언능력 있는 자가 하면 그대로 유효하고, 유언능력이 없는 자, 즉 만 17세 미만인 자 또는 의사능력이 없는 자가 한 유언은 무효이다. 또 만 17세 미만의 자가 의사능력이 있더라도 또 법정대리인의 동의를 얻더라도 그 유언은 무효이다.

유언능력이 필요한 시기에 대해서는 민법이 규정하는 바 없으나, 유언을 할 때에 존재하면 된다고 하겠다. 유언은 성립시와 효력발생시(유언자 사망시) 또는 그 후에 정지조건이 성취한 때(제1073조)와의 사이에 상당한 시간이 경과하는 경우가 많다.

그 때문에 언제 유언능력이 있으면 좋은가 하는 문제가 생긴다. 유언시에 의사능력이 있으면 된다고 해석하는 이상, 그 이후에 의사능력을 상실하더라도 유언은 그대로 유효하다.

유언은 본인의 의사를 존중하는 것이므로 유언의 대리는 허용되지 않는다. 따라서 법정대리인이라고 하더라도 유언무능력자에 갈음하여 유언을 하거나 또는 유효한 동의를 줄 수 없다.

◆ 제한능력자의 유언능력

제1062조 【제한능력자의 유언】

유언에 관하여는 제5조, 제10조 및 제13조를 적용하지 아니한다. [전문개정 2011.3.7.]

■ § 1062. 제한능력자의 유언

- 유언할 때 존재
- 대리는 허용되지 않는다.
- 행위능력에 관한 규정은 유언에는 적용없다.

유언은 유언자의 의사표시를 요소로 한 법률행위이다. 그리하여 유언을 하려면 유언자에게 적어도 의사능력, 요컨대 유언이란 어떠한 것인가를 일단 판단할 수 있는 능력이 필요한 것은 말할 나위도 없다. 그리고 유언에는 이 의사능력만 있으면 충분하고, 다시 그 이상의 판단능력을 요하지 아니한다. 요컨대 유언에 대해서는 행위능력에 관한 일반원칙의 적용이 배제되고, 의사능력만 있으면 누구라도 단독으로 독립하여 유언을 할 수 있는 것이다. 그래서 민법은 미성년자에 관한 제5조, 피성년후견인에 관한 제10조, 피한정후견인에 관한 제13조의 규정은 유언에 적용하지 않도록 하고 있다.

◈ 피성년후견인의 유언능력

제1063조 【피성년후견인의 유언능력】

① 피성년후견인은 의사능력이 회복된 때에만 유언을 할 수 있다.

② 제1항의 경우에는 의사가 심신 회복의 상태를 유언서에 부기(附記)하고 서명날인하여야 한다. [전문개정 2011.3.7.]

■ § 1063. 유언능력

- 피성년후견인은 그 의사능력이 회복된 때에 한하여 유언할 수 있다.
- 유언무능력자, 즉 만 17세 미달자와 의사능력이 없는 자의 유언은 무효이다.

피성년후견인은 심신상실의 상태에 있는 자이지만, 의사능력이 있는 때에는 단독으로 유언할 수 있다. 의사능력이 없는 법률행위는 무효이므로 본조는 당연한 규정이다.

미성년자·피한정후견인은 물론 피성년후견인이라 하더라도 그 의사능력을 회복하고 있는 한 단독으로 독립하여 유효하게 유언할 수 있다. 그러나 피성년후견인이 유언을 한 때에는 의사가 심신 회복의 상태를 유언서에 부기하고 기명날인하여야 한다. 이와 같이 유언능력을 의사능력만으로 충분하다고 하고 있는 것은 유언이 유언자가 자유롭게 표시한 최종의 의사를 존중하는 제도임과 동시에 유언은 유언자에게 직접 불이익을 발생시키는 것도 아니므로 제한능력자의 이익을 특히 보호하기 위한 제한능력제도의 취지를 유언에까지 인정할 필요는 없기 때문이다.

본조는 민법이 정하는 모든 방식의 유언에 적용된다. 그러나 유언을 할 때에 심신상실의 상태에 있지 않았다는 것은 자필증서에서는 전문을 자필할 때이고, 공정증서유언에서는 공증인에게 구수하는 때라는 것을 의심할 바 없다.

◆ 수증자의 능력

제1064조 【유언과 태아, 상속결격자】

제1000조 제3항, 제1004조의 규정은 수증자에 준용한다. <개정 1990. 1. 13>

■ § 1064. 수증자의 능력

- 원칙적으로 유언자의 사망당시 생존, 단 태아는 유증에 관해서 이미 출생한 것으로 보므로 태아에게 유증할 수 있다.
- 수증결격 : §1004 준용
- 수증능력 : 유증의 이익을 향수할 수 있는 능력
- 의사능력불요, 권리능력만 있으면 가능(의사무능력자, 법인, 태아)

유증의 이익을 받은 자, 즉 수증자의 능력에 관해서 규정한 것이 본조이다.

유증을 받은 자가 수증인(Vermachtnisnehmer, devisee, legatee, leftgataire)이다. 자연인과 법인을 불문하고 유증의 효력 발생시기에 존재하는 권리능력자이면 수증자가 될 수 있다.

수증자는 상속의 경우와 마찬가지로 원칙적으로 유언자가 사망할 때에, 즉 유언의 효력이 발생할 때에 생존하고 있지 않으면 안된다. 다만 태아는 유증에 관해서도 이미 출생한 것으로 보므로(제1064조에 의한 제1000조 3항의 준용), 태아에게도 유증할 수 있다. 그러나 태아가 사산한 때에는 처음부터 유증을 받지 않았던 것이 된다.

미포태아를 수증자로 할 수 있는가에 관해서는 학설이 대립하고 있으나, 권리관계의 확정이란 취지에서 부정설이 타당하다. 수증자는 포괄수증자와 특정수증자가 있다.

상속인의 결격사유에 대한 제1004조는 수증자에게 준용된다. 이것은 상속의 경우와 마찬가지로 유언자와 유언을 훼손하는 것과 같이 특히 중대한 행위를 한 자는 수증자로 인정할 수 없다는 취지에서이다. 그러나 학설에는, 상속인으로서 결격사유가 있는 것을 알면서도 여전히 피상속인이 결격자에게 유증한 경우까지 수증능력을 부인하는 것은 그 합리적 근거가 없다고 하는 유력한 설도 있다는 것을 주의하여야 한다

제 2 절 유언의 방식

 유언의 방식이라 함은 요식행위인 유언에 관하여 민법이 요구하고 있는 일정한 방식을 말한다. 민법이 요구하는 일정한 방식에 따르지 않으면 유언은 무효가 된다(제1060조 참조). 그러나 근소한 차질로 인하여 무효로 하는 것은 오히려 부당하므로 판례는 법률의 규정을 약간 부드럽게 해석하는 경향이 있다. 유언의 방식에는 보통 방법으로서 자필증서·녹음·공정증서·비밀증서와 구수증서의 5종이 있다(제1065조).

(1) 자필증서에 의한 유언은 유언자가 유언의 전문과 연월일·주소·성명을 자서하고 날인을 하는 방식에 의한 유언이다(제1066조 1항). 자필증서에 의한 유언을 집행하기 위하여는 반드시 가정법원에 의한 검인절차를 받도록 되어 있다(제1091조, 가소 제2조 1항 2. 가. 라류 41호). 그리고 자필증서에서 문자를 삽입하거나 유언문을 삭제 또는 변경하는 경우에는 유언자가 이를 자서하고 날인하도록 되어 있다(제1066조 2항).

(2) 녹음에 의한 유언은 유언자가 유언의 취지, 그 성명과 연월일을 구술하고 이에 참여한 증인이 유언의 정확함과 그 성명을 구술하는 방식에 의한 유언이다(제1067조). 금치산자가 그 의사능력이 회복되어 녹음에 의한 유언을 하는 경우에는 참여한 의사는 심신회복의 상태를 유언서에 부기하고 서명날인하는 대신에(제1063조) 그 취지를 녹음해야 할 것이다. 이 방법에 의한 유언은 인간이 생존 당시의 육성을 사후에도 들을 수 있을 뿐만 아니라, 복잡한 내용의 유언까지도 간단히 할 수 있는 점으로 과학적인 혜택이 크다 하겠다.

(3) 공정증서에 의한 유언은 유언자가 증인 2인이 참여한 공증인의 면전에서 유언의 취지를 구수하고 공증인이 이를 필기·낭독하여 유언자와 증인이 그 정확함을 승인한 후 각자가 서명 또는 기명날인하는 방식에 의한 유언이다(제1068조). 공정증서에 의한 유언은 자기가 유언증서를 작성하지 않아도 할 수 있는 유언의 방식이며 또한 유언의 존재를 명확히 하고 내용

을 확보할 수 있는 점이 특징이라고 할 수 있다. 유언의 확실을 기하는 점에서 유용한 방식이다. 또 유언의 집행에 있어서는 검인절차가 필요없다는 장점이 있지만 반면에 유언내용이 타인에게 누설되기 쉽고 상당한 비용이 소요된다는 단점도 있다.

(4) 비밀증서에 의한 유언은 유언자가 필자의 성명을 기입한 증서를 엄봉·날인하고 이를 2인 이상의 증인의 면전에 제출하여 자기의 유언서인 것을 표시한 후 그 봉서표면에 제출연월일을 기재하고 유언자와 증인이 각자 서명 또는 기명하고 날인하는 방식에 의한 유언이다(제1069조 1항).

이 비밀증서에 의한 유언방식은 자기의 성명을 자서할 수 있는 자이면 모두 할 수 있을 뿐만 아니라, 자필증서에 의한 유언방식과 공정증서에 의한 유언방식을 절충한 유언방식이므로 유언내용의 비밀을 유지하고, 그 누설을 방지하는 동시에 유언의 존재와 내용을 확실하게 할 수 있는 장점이 있다. 그리고 비밀증서의 방식에 의하여 작성된 유언봉서는 그 표면에 기재된 날로부터 5일 내에 공증인 또는 법원서기(현주사보이상직)에게 제출하여 그 봉인상에 확정일자인을 받도록 되어 있다(제1069조 2항).

비밀문서에 의한 유언에 있어서 그 방식상 요건을 흠결한 경우에는 비밀문서유언으로서의 효력이 발생하지 못한다. 그러나 민법은 비밀증서로는 흠결이 있더라도 그 증서가 자필증서의 방식에 적합한 때에는 자필증서에 의한 유언으로서 효력을 인정한다(제1071조). 따라서 무효로 된 비밀증서유언이 자필증서유언으로서 전환되기 위하여는 유언서전문과 연월일·주소·성명의 자서와 날인이 있어야 한다.

(5) 구수증서에 의한 유언은 질병, 기타 급박한 사유로 인하여 자필증서·녹음·공정증서 또는 비밀문서 등의 방식으로써 유언을 할 수 없는 경우에 유언자가 2인 이상의 증인의 참여로 그 1인에게 유언의 취지를 구수하고 그 구수를 받은 자가 이를 필기·낭독하여 유언자와 증인이 그 정확함을 승인한 후 각자가 서명 또는 기명하고 날인하는 방식에 의한 유언이다(제1070조 1항). 구수증서의 방식에 의한 유언은 그 증인 또는 이해관계인이 급박한 사유가 종료한 날로부터 7일 내에 가정법원에 검인을 신청하도록 되어 있다(제1070조 2항, 가소 제2조 1항 2. 가. 라류 40호).

◈ 유언의 보통방식

제1065조【유언의 보통방식】

유언의 방식은 자필증서, 녹음, 공정증서, 비밀증서와 구수증서의 5종으로
한다.

■ § 1065. 민법상 유언방식

- 자필증서에 의한 유언
- 녹음에 의한 유언
- 공정증서에 의한 유언
- 비밀증서에 의한 유언
- 구수증서에 의한 유언
- 관련법조 : [준거법] 국제사법 §27, [경과규정] 부칙 §26

유언은 본조에 정하는 5종의 방식에 의한다. 즉 통상의 경우에는 자필증서·
녹음·공정증서·비밀증서 중에서 어느 하나의 형식을 밟아서 유언서를 작성해
야 한다. 특별한 방식으로는 위와 같이 보통방식에 의할 수 없는 경우 질병 기
타 사유로 인하여 구수증서에 의하는 것이 허용된다.

민법은「유언은 본법의 정한 바에 의하지 아니하면 효력이 생기지 아니한
다」(제1060조)고 규정하여, 유언에 일정한 방식을 요구하고, 이 방식에 따르지
아니한 유언은 무효로 한다. 유언이 요식행위로 되어 있는 것은 오로지 법기술
상의 이유에서이다. 원래 근대법에서는 당사자가 법률행위를 할 때에는 방식에
관한 제한이 없는 것이 원칙이다.

또 유언은 유언자의 최종의사의 실현을 확보하는 제도이기 때문에 유언자의
진의를 자유롭게 탐구하는 편이 바람직할지도 모른다.

이러한 점들을 생각해 볼 때, 굳이 유언에 일정한 방식을 요구할 필요도 없을
것이다. 그러나 유언은 많은 유산의 처치에 관계하기 때문에 위조나 변조될 위
험이 많으며, 더욱이 유언자의 사후에 효력을 발생하므로, 유언의 진의가 다투
어질 때, 유언자가 직접 그 진의를 밝힐 수 없어 입증이 매우 곤란해진다. 유언
의 방식은 이를 예방하고, 유언자의 진의를 확보하기 위한 법기술인 것이다.

민법은 유언의 방식으로서 모두 다섯가지를 확정, 꽤 정밀한 규정을 두고 있다. 유언자가 그 사정에 따라 선택할 수 있도록 한 것이다.

유언에 방식이 인정되어 있는 취지에서 미루어 볼 때, 유언에는 가능한 한 엄격한 방식을 요구함과 동시에 엄격하게 해석하는 것이 바람직하다. 그러나 지나치게 방식에 치우치면 유언을 한다는 사실에 대하여 저항을 느낄 뿐만 아니라 모처럼 유언을 하더라도 약간의 방식위반으로 유언이 무효가 되는 경우가 많을 것이다. 그 결과, 도리어 유언자의 진의의 확보가 곤란해질 우려가 있다. 특히 우리나라에서는 임종의 자리에서 유언하는 사례가 대부분이기 때문에 이러한 폐단이 특히 두드러진다.

◆ 유언의 방식 : 자필증서에 의한 유언

제1066조 【자필증서에 의한 유언】

① 자필증서에 의한 유언은 유언자가 그 전문과 년월일, 주소, 성명을 자서하고 날인하여야 한다.

② 전항의 증서에 문자의 삽입, 삭제 또는 변경을 함에는 유언자가 이를 자서하고 날인하여야 한다.

■ § 1066. 자필증서에 의한 유언

• 가장 간단한 방식이며 그 요건은 유언자가 그 전문과 연월일, 주소, 성명을 자서하고 날인하는 것이다.
• 전문자서
• 연월일의 자서
• 성명의 자서
• 날인
• 기재 변경 : 2항
• 단점 : 자필증서에 의한 유언은 가장 간편하기는 하나 문자를 모르는 자는 이 방법을 쓸 수 없는 것, 유언증서의 유무가 유언자의 사후에 쉽게 판명되지 않는 것, 또 위조, 변조의 위험이 많은 것이 결점이다.

자필증서에 의한 유언은 유언의 방식 가운데 가장 간단한 방식으로서 유언자가 유언서의 전문과 연월일, 주소, 성명을 자서하고 날인함으로써 성립하는 유언이다. 이것은 문자를 이해하고 쓸 수만 있으면, 누구나 언제, 어디에서라도 유언할 수 있는 방식이다.

(1) 유언자는 유언서의 전문을 자서하여야 한다. 이것은 절대적 요건이다. 유언자의 자서는 간단하게 흉내낼 수 없는 필적으로 유언자의 유언의 의사 및 내용을 명확하게 하기 위하여 요구된다. 그리하여 이것이 모호해질 우려가 있는 경우에는 유언의 효력이 문제가 된다. 그리고 타인이 대필하거나 타이프라이터나 맹인용 점자기를 사용한 유언은 자필증서로 인정되지 않으므로 무효라고 해석된다.

유언자 본인이 쓴 것이면 타인의 손에 의지하여 쓴 유언이나, 타인이 쓴 것을 그대로 배껴 쓴 유언도 자서로 보아 무방할 것이다.

(2) 연월일을 자서하여야 한다. 연월일은 유언성립시의 유언능력의 유무의 판정과 유언의 전후를 확정하는 데에 대단히 중요한 요건이다. 연월일이 없는 유언서는 무효이다. 그러나 연월일은 반드시 정확하게 기입할 필요는 없으며, 연월일을 확실하게 판명할 수 있는 한, 예컨대「만 70세의 생일」이라든가「결혼식 날」등 특정사건의 날짜로 표시하여도 무방하다.

(3) 성명을 자서하여야 한다. 유언자의 동일성을 명확하게 하고, 유언이 유언자의 의사에 의한 것임을 나타내기 위한 요건이다. 따라서 성명의 자서는 유언자의 동일성을 명백하게 밝힐 수 있는 정도의 것이면 충분하다.

가족관계등록부상의 성명·호나 자, 아호, 예명 등을 사용하여도 상관없으며 성과 이름을 다 쓰지 않더라도 전후의 사정으로 유언자가 누구인가를 알 수 있는 표시이면 정식의 성명의 표시로 본다.

경우에 따라서는 성명외에 사회적 지위로 직업 등을 부기할 필요가 있을 수도 있을 것이다.

(4) 날인은 타인이 대신하여도 상관없다. 인은 반드시 인장일 필요가 없으며, 무인으로도 무방하다.

(5) 자필증서에 문자의 삽입·삭제 또는 변경을 할 때에는 유언자가 이를 자서하고 날인하여야 한다. 증서의 기재 자체로 보아 명백한 오기(誤記)를 정정함에 지나지 않는 경우에는 그 정정부분에 날인을 하지 않았다고 하더라도 그 효력에 영향을 미치지 않는다(대판 1998. 5. 29. 97다38053).

◆ 유언의 방식 : 녹음에 의한 유언

제1067조【녹음에 의한 유언】

녹음에 의한 유언은 유언자가 유언의 취지, 그 성명과 년월일을 구술하고
이에 참여한 증인이 유언의 정확함과 그 성명을 구술하여야 한다.

■ § 1067. 녹음에 의한 유언

• 장점 : 유언자의 육성을 사후에도 그대로 보존할 수 있고 녹음기만 있으면
  간편하게 할 수 있다.
• 단점 : 녹음된 것이 잘못하면 소멸되어 버리는 흠이 있다.
• 요건 : 유언자가 유언의 취지, 그 성명과 연월일을 구술하고 이에 참여한 증
  인이 유언의 정확함과 그 성명을 구술하는 것이다.

녹음에 의한 유언의 요건은 유언자가 유언의 취지, 그 성명과 연월일을 구
술하고 이에 참여한 증인이 유언의 정확함과 그 성명을 구술하는 것이다(제
1067조).

이 방식의 유언은 문명의 이기를 사용하는 유언의 방식으로서 유언자의 육성
을 사후에도 그대로 보존할 수 있다는 점과 녹음기만 있으면 언제 어디서나 누
구라도 간편하게 유언할 수 있는 장점이 있으나, 녹음된 것이 자칫 잘못하면 소
멸되어 버리는 단점이 있다.

피성년후견인이 그 의사능력이 회복되어 녹음에 의한 유언을 할 때에는 의사
는 심신회복의 상태를 녹음기에 구술하는 방법으로 하여야 할 것이다.

◆ 유언의 방식 : 공정증서에 의한 유언

제1068조 【공정증서에 의한 유언】

공정증서에 의한 유언은 유언자가 증인 2인이 참여한 공증인의 면전에서 유언의 취지를 구수하고 공증인이 이를 필기낭독하여 유언자와 증인이 그 정확함을 승인한 후 각자 서명 또는 기명날인하여야 한다.

■ § 1068. 공정증서에 의한 유언

• 자기가 유언증서를 작성하지 않아도 할 수 있는 유언의 방식
• 요건 : ① 증인 2인의 참여가 있을 것
        ② 유언자가 공증인의 면전에서 유언의 취지를 구술할 것
        ③ 공증인이 유언자의 구술을 필기하여 이것을 유언자의 증인앞에서 낭독할 것
        ④ 유언자와 증인이 필기가 정확함을 승인한 후 각자 서명 또는 기명날인할 것
• 공증인은 그 사무소에서 직무를 행하는 것이 원칙이지만(공증인법 §17), 유언의 경우에는 그 적용이 없으며(공증인법 §56), 따라서 공정증서에 의한 유언을 작성할 경우에는 출장을 요구할 수도 있다.
• 관련법조 : [공증인] 공증인법 §2, §11, [공정증서에 의한 유언작성] 공증인법 §25, §39, §56, §17②, [공정증서와 참여인] 공증인법 §29, [공증인의 진술녹음, 증서작성방법] 공증인법 §34 이하, [재외국민의 공증특칙] 재외공관공증법

공정증서에 의한 유언이 유효하기 위해서는 다음의 요건을 갖추어야 한다.

(1) 증인 2인의 참여가 있을 것

반드시 2인이어야 하고 증인이 한 사람밖에 참여하지 않았을 때에는 그 유언은 무효이다.

(2) 유언자가 공증인의 면전에서 유언의 취지를 구술할 것

구수는 유언자가 유언의 취지를 구술하는 것이다.

적법한 구수가 있었는가는 특히 공증인의 필기와의 관계에서 문제가 된다. 구수가 없었다고 판단되면 그 유언은 물론 무효이다.

원칙적으로 유언자가 구술한 것을 그대로 공증인이 필기하여야 한다. 그러나 유언자의 구수가 확실하지 않으면, 공증인이 질문하는 것은 허용된다. 그리고 이에 대한 유언자의 응답의 취지를 필기하여야 한다. 단 공증인의 질문이 유도적이거나 유언자의 응답이 불확실한 경우에는 구수가 있었다고 할 수 없을 것이다.

(3) 공증인이 유언자의 구술을 필기하여, 이를 유언자와 증인 앞에서 낭독할 것

공증인이 미리 유언자가 작성한 문안(文案)을 받고 유언자가 구수하는 것을 들은 다음 이것으로써 필기에 갈음하는 것과 같이, 구술과 필기가 앞뒤로 바뀌어도 상관없다고 본다. 다만 판례는 "유언의 내용을 친족 중의 한 사람이 공증인에게 말하면, 공증인이 유언자에게 그 취지를 말하여 주고 '그렇습니까?'라고 물으면 유언자는 말은 하지 않고 고개만 끄덕끄덕하여, 이 내용을 공증인의 사무원이 필기하고 공증인이 낭독하는 방식으로 작성한 것은 유언자가 공증인에게 구수한 것으로 볼 수 없다"고 한다(대판 1980. 12. 23. 80므18).

(4) 유언자와 증인이 필기가 정확함을 승인한 후 각자 서명 또는 기명날인할 것

유언자 및 증인은 유언서의 기재가 정확함을 승인하여야 한다. 그리고 이 승인 후 각자 서명 또는 기명·날인하여야 한다. 이 경우 유언자는 반드시 본인이 기명·날인하지 않아도 무방하나, 증인의 경우는 반드시 본인이 하여야 한다. 서명할 수 없는 자는 실제상 증인이 될 수 없기 때문이다.

공증증서 유언은 이상의 절차를 밟으면 유효하게 성립한다.

공증인법에는 이외에 증서작성의 절차에 대해 상세하게 규정하고 있으나, 이러한 요건을 모두 갖추지 않더라도 상기의 절차에 따르고 있는 이상 유언은 유효하다.

▣ 핵심판례 ▣

■ [공정증서에 의한 유언]

1. 민법 제1068조 소정의 '공정증서에 의한 유언'이 유효하기 위한 요건

가. 민법 제1060조는, "유언은 본법의 정한 방식에 의하지 아니하면 효력이 발생하지 아니한다."고 규정하여 유언에 관하여 엄격한 요식성을 요구하고 있는바, 민법이 유언의 한 방식으로 규정하고 있는 제1068조 소정의 '공정증서에 의한 유언'이 유효하기 위해서는 ① 증인 2인의 참여가 있을 것, ② 유언자가 공증인의 면전에서 유언의 취지를 구수(구수)할 것, ③ 공증인이 유언자의 구수를 필기해서 이를 유언자와 증인에게 낭독할 것, ④ 유언자와 증인이 공증인의 필기가 정확함을 승인한 후 각자 서명 또는 기명날인할 것 등을 필요로 한다.

나. 공정증서에 기재된 내용과 같은 유언의 구수가 있었는지에 관하여 강력한 의심이 들뿐만 아니라, 유언의 구수가 있었다고 하더라도 '공증인이 유언자의 구술을 필기해서 이를 유언자와 증인에게 낭독할 것'과 '유언자와 증인이 공증인의 필기가 정확함을 승인할 것'이라는 요건을 갖추지 못하였고, '유언자가 서명 또는 기명날인할 것'이라는 요건도 갖추지 못하여 민법 제1068조 소정의 '공정증서에 의한 유언'의 방식에 위배되었다는 이유로 공정증서에 의한 유언을 무효이다(대판 2002. 10. 25. 2000다21802).

2. 유언집행자가 유언에 참여하는 증인이 될 수 있는지 여부

공정증서에 의한 유언에 있어서는 2인 이상의 증인이 참여하여야 하는데, 유언에 참여할 수 없는 증인결격자의 하나로 민법 제1072조 제1항 제3호가 규정하고 있는 '유언에 의하여 이익을 받을 자'라 함은 유언자의 상속인으로 될 자 또는 유증을 받게 될 수증자 등을 말하는 것이므로, 유언집행자는 증인결격자에 해당한다고 볼 수 없다(대판 1999. 11. 26. 선고 97다57733).

3. 공증업무를 취급하는 변호사가 반혼수상태로 병원에 입원중인 유언자에게 유언취지를 묻자 유언자가 고개를 끄덕거린 것만으로 민법 제1068조 소정의 공정증서가 작성된 것이라고 볼 수 없으므로 그 유언은 무효라고 한 사례

공증업무를 취급하는 변호사가 반혼수상태로 병원에 입원중인 유언자에게 유언취지를 묻자 유언자가 고개를 끄덕거린 것만으로 민법 제1068조 소정의 공정증서가 작성된 것이라고 볼 수 없으므로 그 유언은 무효라고 한 사례(1993. 6. 8. 제2부 판결 92다8750 유언무효).

◆ 비밀문서에 의한 유언의 방식 : 비밀증서에 의한 유언

제1069조 【비밀증서에 의한 유언】

① 비밀증서에 의한 유언은 유언자가 필자의 성명을 기입한 증서를 엄봉날인하고 이를 2인이상의 증인의 면전에 제출하여 자기의 유언서임을 표시한 후 그 봉서표면에 제출 년월일을 기재하고 유언자와 증인이 각자 서명 또는 기명날인 하여야 한다.

② 전항의 방식에 의한 유언봉서는 그 표면에 기재된 날로부터 5일내에 공증인 또는 법원서기에게 제출하여 그 봉인상에 확정일자인을 받아야 한다.

■ § 1069. 비밀증서에 의한 유언

• 유언자가 필자의 성명을 기입한 증서를 엄봉, 날인하고 이를 2인 이상의 증인의 면전에 제출하여 자기의 유언서인 것을 표시한 후 봉서표면에 제출연월일을 기재하고 유언자와 증인이 각자 서명 또는 기명하고 날인하는 방식이다

• 요건 : ① 유언자가 필자의 성명을 기입한 증서를 엄봉날인할 것

② 엄봉한 날인증서를 2인 이상의 증인의 면전에 제출하여 자기의 유언서임을 표시할 것

③ 봉서표면에 유언서의 제출연월일을 기재하고 유언자와 증인이 각자 서명 또는 기명, 날인할 것

④ 비밀증서에 의한 유언봉서는 그 표면에 기재된 날로부터 5일내에 공증인 또는 가정법원서기에게 제출하여 그 봉인상에 확정일자인을 받을 것

• 관련법조 : [공증인과 인증] 공증인법 §57~§62, [공증인] 공증인법 §2, §11

유언자가 필자의 성명을 기입한 증서를 엄봉날인하고 이를 2인 이상의 증인의 면전에 제출하여 자기의 유언서임을 표시한 후 그 봉서표면에 제출 연월일을 기재하고 유언자와 증인이 각각 서명 또는 기명날인하여 작성한 것을 비밀증서에 의한 유언이라 한다.

이 방식의 유언은 다음과 같은 순서와 절차에 의하여 성립한다.

(1) 유언자가 필자의 성명을 기입한 증서를 엄봉·날인할 것.

유언자는 증서 그 자체를 자서할 필요가 없으며, 연월일·주소의 기재도 필요하지 않는다. 다만 필자의 성명을 반드시 기입하여야 한다. 증서의 전문과 연월일, 주소, 성명도 자서하고 날인함으로써 자필증서의 방식에 적합한 때에는 비밀증서로서의 방식에 흠결이 있는 경우라도 자필증서로서 유효하게 된다(제1071조).

(2) 엄봉한 날인증서를 2인 이상의 증인의 면전에 제출하여 자기의 유언서임을 표시할 것.

(3) 봉서표면에 유언서의 제출 연월일을 기재하고 유언자와 증인이 각자 서명 또는 기명날인할 것.

(4) 비밀증서에 의한 유언봉서는 그 표면에 기재된 날로부터 5일 내에 공증인 또는 법원서기에게 제출하여 그 봉인상에 확정일자를 받을 것.

① 유언서의 유언자가 자서한 것은 물론 타인이 대필한 것, 타이프라이터, 맹인용 점자기를 사용한 유언도 유효하다.

② 유언서의 엄봉·날인은 유언자 자신이 하여야 한다. 봉인에는 증서에 사용한 것과 동일한 인장을 사용하여야 하며, 서로 다른 인장을 사용한 유언은 무효이다.

③ 공증절차는 공정증서유언의 경우와 거의 비슷하다.

④ 유언서의 가제정정 등의 변경은 자필증서유언에 준한다고 해석하여야 할 것이다(제1066조 2항 참조).

⑤ 그 밖에 증인에 관하여는 전술한 공정증서에 의한 유언의 경우의 증인과 같은 제한이 있다(제1072조).

◈ 구수증서에 의한 유언의 방식 : 구수증서에 의한 유언

제1070조 【구수증서에 의한 유언】

① 구수증서에 의한 유언은 질병 기타 급박한 사유로 인하여 전4조의 방식에 의할 수 없는 경우에 유언자가 2인이상의 증인의 참여로 그 1인에게 유언의 취지를 구수하고 그 구수를 받은 자가 이를 필기낭독하여 유언자의 증인이 그 정확함을 승인한 후 각자 서명 또는 기명날인하여야 한다.

② 전항의 방식에 의한 유언은 그 증인 또는 이해관계인이 급박한 사유의 종료한 날로부터 7일내에 법원에 그 검인을 신청하여야 한다.

③ 제1063조 제2항의 규정은 구수증서에 의한 유언에 적용하지 아니한다.

■ § 1070. 구수증서에 의한 유언

- 이것은 질병 기타 급박한 사유로 인하여 앞의 4가지 유언의 방식에 의하여 유언을 할 수 없는 특별한 경우에만 인정되는 방식이다.
- 요건 : ① 질병 기타 급박한 사유로 인하여 다른 방식에 의한 유언을 할 수 없을 것
  ② 2인 이상의 증인의 참여로 그 1인에게 유언의 취지를 구수하여야 할 것
  ③ 구수를 받은 자가 이를 필기, 낭독하여 유언자와 증인이 그 정확함을 승인한 후 각자가 서명 또는 기명, 날인할 것
  ④ 구수증서에 의한 유언은 그 증인 또는 이해관계인이 급박한 사유가 종료한 날로부터 7일 이내에 가정법원에 그 검인을 신청할 것
  ⑤ 금치산자가 구수증서에 의한 유언을 하는 경우에는 그 의사능력이 회복되어야 한다.
- 관련법조 : [검인절차] 가소 §2① 2. 가. 라류사건 40호

구수증서에 의한 유언은 질병 기타 급박한 사유로 인하여 전4조의 제방식으로 유언할 수 없는 특별한 경우에만 인정되는 유언의 방식으로서, 유언자가 2인 이상의 증인의 참여로 그 1인에게 유언의 취지를 구수하고 그 구수를 받은 자가 이를 필기·낭독하여 유언자와 증인이 그 정확함을 승인한 후 각자 서명 또

는 기명날인함으로써 성립하는 유언이다.

(1) 질병 기타 급박한 사유로 인하여 다른 방식에 의한 유언을 할 수 없어야 한다.「기타 급박한 사유」란 예컨대 유언자가 전염병으로 인하여 교통이 차단된 장소에 있는 경우, 종군중인 경우, 부상당한 경우, 조난당한 선박 중에 있는 경우 등이다.

(2) 2인 이상의 증인의 참여가 있어야 하고, 유언자는 그 1인에게 유언의 취지를 구수하여야 한다. 따라서 증인이 1인밖에 참여하지 아니한 유언은 무효이다.

(3) 구수를 받은 자가 이를 필기·낭독하고, 유언자와 증인이 그 정확함을 승인한 후 각자가 서명 또는 기명하고 날인하여야 한다.

(4) 구수증서의 방식에 의한 유언은 그 증인 또는 이해관계인의 급박한 사유가 종료한 날로부터 7일 이내에 가정법원에 검인을 신청하여야 한다.

　가정법원은 이 검인을 심판으로써 한다(가소 제2조 1항 2. 가. 라류 40호). 이 경우 가정법원의 검인은 유언의 진부에 관하여 되도록 빨리 심사하여 두고자 하는 취지에 지나지 않기 때문에 가정법원의 검인을 거쳤다 하더라도 유언의 무효확인을 청구할 수 있다. 가정법원의 검인심판은 유언의 유효여부를 판단하는 심판이 아니라 단순히 유언의 진부를 판단하는 심판이기 때문이다.

(5) 금치산자가 구수증서에 의한 유언을 하는 경우에 있어서도 그 의사능력이 회복되어 있어야 하지만(제1063조 1항), 의사가 심신회복의 상태를 유언서에 부기하고 서명·날인하여야 하는 것을 그 요건으로 하지는 않는다(제1070조 3항에 의한 제1063조 2항의 부적용). 이러한 경우까지 예외없이 의사가 참여하여야 한다면 사실상 유효한 유언성립은 거의 불가능하게 되기 때문이다.

◼ 핵심판례 ◼

▪ [구수증서에 의한 유언]

1. 갑이 병원에서 비서로 하여금 유언을 받아쓰게 하여 유언서를 작성하고 사망한 후 갑의 처의 촉탁으로 합동법률사무소에서 정서된 유언서에 대하여 인증을 받았다면 갑의 유언은 민법 제1070조 제1항 소정의 구수증서에 의한 유언이라 할 것인데 같은조 제2항의 기간 내에 법원의 검인을 받았다고 볼 증거가 없어 그 효력이 없다고 한 사례

갑이 입원하고 있던 병원에서 그가 대표이사로 재직하던 회사의 부사장과 비서인 을을 참석하게 하여 을로 하여금 계쟁토지를 병의 단독 소유로 한다는 등의 유언을 받아쓰게 하여 유언서를 작성한 후 갑이 사망하자 을은 그 사망 직후 같은 회사 직원으로 하여금 위 유언서를 정서하게 하였고 정서된 유언서는 합동법률사무소에서 갑의 처의 촉탁에 의하여 그 사본이 원본과 상위 없다는 내용의 인증을 받은 경우 갑의 유언은 민법 제1070조 제1항에 정한 구수증서에 의한 유언인데 같은 조 제2항에 따라 유언의 증인 또는 이해관계인이 급박한 사정이 종료한 날로부터 7일 이내에 법원의 검인을 받았다고 인정할 증거가 없어 갑의 유언은 그 효력이 없다고 한 사례(1992. 7. 14. 제2부 판결 91다39719 소유권지분이전등기).

2. 가. 유언자의 진정한 의사에 합치하나 민법 제1065조 내지 제1070조에 정해진 요건과 방식에 어긋나는 유언의 효력(무효)

민법 제1065조 내지 제1070조가 유언의 방식을 엄격하게 규정한 것은 유언자의 진의를 명확히 하고 그로 인한 법적 분쟁과 혼란을 예방하기 위한 것이므로, 법정된 요건과 방식에 어긋난 유언은 그것이 유언자의 진정한 의사에 합치하더라도 무효라고 하지 않을 수 없다.

나. 증인이 제3자에 의하여 미리 작성된, 유언의 취지가 적혀 있는 서면에 따라 유언자에게 질문을 하고 유언자가 동작이나 간략한 답변으로 긍정하는 방식이 민법 제1070조에서 정한 '유언취지의 구수'에 해당하는지 여부

민법 제1070조 소정의 '구수증서에 의한 유언'은 유언자가 2인 이상의 증인의 참여로 그 1인에게 유언의 취지를 구수하고 그 구수를 받은 자가 이를 필기낭독하여 유언자와 증인이 그 정확함을 승인한 후 각자 서명 또는 기명날인하여야 하는 것인바, 여기서 '유언취지의 구수'라 함은 말로써 유언의 내용을 상대방에게 전달하는 것을 뜻하는 것이므로, 증인이 제3자에 의하여 미리 작성된, 유언의 취지가 적혀 있는 서면에 따라 유언자에게 질문을 하고 유언자가 동작이나 간략한 답변으로 긍정하는 방식은, 유언 당시 유언자의 의사능력이나 유언에 이르게 된 경위 등에 비추어 그 서면이 유언자의 진의

에 따라 작성되었음이 분명하다고 인정되는 등의 특별한 사정이 없는 한 민
법 제1070조 소정의 유언취지의 구수에 해당한다고 볼 수 없다.

**다. 유언 당시에 자신의 의사를 제대로 말로 표현할 수 없는 유언자가 유
언취지의 확인을 구하는 변호사의 질문에 대하여 고개를 끄덕이거나
"음", "어" 라고 말한 것만으로는 민법 제1070조가 정한 유언의 취
지를 구수한 것으로 볼 수 없다고 한 사례**

유언 당시에 자신의 의사를 제대로 말로 표현할 수 없는 유언자가 유언취지
의 확인을 구하는 변호사의 질문에 대하여 고개를 끄덕이거나 "음", "어"
라고 말한 것만으로는 민법 제1070조가 정한 유언의 취지를 구수한 것으로
볼 수 없다고 한 사례(대법원 2006. 3. 9. 선고 2005다57899 판결).

◈ 비밀증서에 의한 유언이 그 방식에 흠결이 있는 경우에 자필증서에 의한 유언으로의 전환의 요건

제1071조 【비밀증서에 의한 유언의 전환】

비밀증서에 의한 유언이 그 방식에 흠결이 있는 경우에 그 증서가 자필증서의 방식에 적합한 때에는 자필증서에 의한 유언으로 본다.

■ § 1071. 비밀증서에 의한 유언의 전환

• 비밀증서에 의한 유언이 증서의 전문과 연월일, 주소, 성명도 자서하고 날인함으로써 자필증서의 방식에 적합한 때에도 비밀증서로서의 방식에 흠결이 있는 경우라도 자필증서로서 유효하게 된다.

유언자가 어느 사람에게도 유언의 내용을 비밀로 할 것을 바란 나머지 분실을 피하려고 한 경우에 자필증서유언으로서 요건을 구비하면서도 비밀증서로 하려는 경우가 있다. 이때 비밀문서에 의한 유언이 그 방식에 흠결이 있는 경우에도 그 증서가 자필증서의 방식에 적합할 때에는 자필증서에 의한 유언으로 본다. 이것은 이른바 무효행위의 전환의 일례이다.

자필증서유언으로 되기 위하여는 제1066조에서 말한 것처럼 유언서전문과 연월일, 주소, 성명의 자서와 날인이 있어야 한다. 그런데 여기서 주의하여야 할 것은 비밀증서 자체에 연월일과 주소를 필요로 하지 않고 다만 봉서표면에 제출 연월일을 기재하게 된다. 따라서 전환의 경우 유언성립의 혼동을 가져올 우려가 있는데, 유언성립의 날은 유언서가 쓰여진 연월일이며, 봉서표면에 기재된 제출 연월일이 아니다.

◆ 유언에 참여하는 증인이 되지 못하는 자

제1072조 【증인의 결격사유】

① 다음 각 호의 어느 하나에 해당하는 사람은 유언에 참여하는 증인이 되지 못한다.

  1. 미성년자

  2. 피성년후견인과 피한정후견인

  3. 유언으로 이익을 받을 사람, 그의 배우자와 직계혈족

② 공정증서에 의한 유언에는 「공증인법」에 따른 결격자는 증인이 되지 못한다. [전문개정 2011.3.7.]

■ § 1072. 유언증인의 자격(결격자)

• 미성년자
• 피성년후견인과 피한정후견인
• 유언에 의해 이익받을 자, 그 배우자의 직계혈족
• 공정증서에 의한 유언의 경우 공증인법에 의한 결격자
• 관련법조 : [공증인법에 의한 결격자] 공증인법 33③, [유언과 참여인] 공증인법 §29, §33, §56

본조는 유언의 증인의 결격사유에 관하여 규정하고 있다.

자필증서에 의한 유언을 제외하고 유언을 할 때에는 어떤 방식에 의하건 모두 증인의 참여를 요한다. 녹음에 의한 유언·공정증서에 의한 유언·비밀증서에 의한 유언·구수증서에 의한 유언 등을 법률상 유효하게 성립시키려면 1인 또는 그 이상의 증인의 참여가 필요하다(제1067조, 제1068조, 제1069조 제1070조 참조).

증인이 참여하지 아니한 유언은 방식의 위반으로서 무효가 된다. 이와 같이 증인의 참여는 유언의 성부에 관해 직접 영향을 미치는 중대한 의의를 가지고 있다. 증인은 유언의 내용을 인지하고 유언이 유언자의 진의에 기한 진정한 것임을 증명하는 것이므로, 증인은 유언서작성의 절차에 처음부터 끝까지 관여하

여야 한다.

유언의 증인은 유언의 효력을 좌우하므로, 누구나 증인이 될 수는 없는 것이다. 그리하여 민법은 다음과 같은 사유가 있는 자에 대하여는 증인으로서의 자격을 부인하였다.

① 미성년자, ② 피성년후견인과 피한정후견인, ③ 유언에 의하여 이익을 받을 자, 그 배우자와 직계혈족, ④ 공정증서에 의한 유언에는 공증인법에 의한 실격자

①, ②가 증인으로서 부적당한 것은 당연하다. ③은 유언자체에 이해관계를 가지고 있기 때문에 결격자가 된 것이다.

④의 결격자를 세분하면 ㉠ 미성년자, ㉡ 공증인 결격자, ㉢ 서명할 수 없는 자, ㉣ 촉탁사항에 관하여 이해관계가 있는 자, ㉤ 촉탁사항에 관하여 대리인 또는 보조인이나 대리인 또는 보조인이었던 자, ㉥ 공증인이나 촉탁인 또는 그 대리인의 배우자, 친족 동거의 호주 또는 가족, 법정대리인, 피용자 또는 대리인, ㉦ 공증인의 보조인 등이다.

이들은 ㉠㉡㉢을 제외하고는 유언의 비밀을 알고 있을 뿐만 아니라 공증인의 지휘에 따르거나 그 세력범위 내에 있는 자들이므로, 특별한 영향을 줄 우려가 있기 때문이다.

본조의 결격자의 열거는 한정적 열거이므로, 이 이외의 자는 누구라도 유언의 증인이 될 자격이 있다. 따라서 유언집행자도 증인으로서 참여할 수 있다. 결격자가 참여한 경우, 결격자 이외의 증인만으로는 법정수에 달하지 아니하면 그 유언 전부가 무효라고 해석하여야 할 것이다.

▣ 핵심판례 ▣

■ [증인의 결격사유]

공증참여자가 유언자와 친족의 관계에 있다 하여도 유언자의 청구에 의할 경우에는 공증인법에 의한 공증참여인 결격자가 아닌지 여부(적극)

민법 제1072조는 제1항에서 일반적으로 유언에 참여하는 증인이 될 수 없는 자를

열거하는 외에, 제2항에서 공정증서에 의한 유언의 경우에는 공증인법에 의한 참여인 결격자는 증인이 되지 못한다고 따로이 규정하고 있는바, 한편 공증인법 제33조 제3항은 본문에서 공증시 참여인이 될 수 없는 자의 하나로 공증촉탁인의 친족을 들면서도 단서에서 '공증촉탁인이 공증에 참여시킬 것을 청구한 경우'에는 예외적으로 같은 법 제33조 제3항 본문 규정의 적용이 배제됨을 규정하고 있어, 결국 공증참여자가 유언자와 친족의 관계에 있다 하더라도 유언자의 청구에 의할 경우에는 공증인법에 의한 공증참여인 결격자가 아니라고 보아야 할 것이다(1992. 3. 10. 제2부 판결 91다45509 소유권이전등기말소).

제 3 절   유언의 효력

이 절에서는 모든 유언에 통하는 사항으로 제1073조에 유언은 언제부터 효력이 있는가 하는 것을 정하고, 다음의 규정에서 유증은 어떠한 효력을 가지는가 하는 것을 규정하고 있다.

유증(legatum ; devise, legacy ; Vermächtnis ; legs)이란 유언자가 유언에 의하여 재산을 수증자에게 무상으로 증여하는 단독행위를 말한다. 유증에 의하여 재산을 받는 자를 수증자라 하며, 유증을 이행하는 상속인을 유증의무자라고 한다. 유증은 자유이므로 (1) 재산의 전부 또는 일부를 그 비율액(유산의 몇분의 몇)으로 증여하는 포괄적 유증과 (2) 특정한 재산을 증여하는 지정유증을 할 수 있으며, 수증자를 각각 포괄적 수증자·특정수증자라고 한다. 또한 수증자에게 일정한 부담을 지우는 부담부유증도 가능하다. 포괄적 수증자는 재산상속인과 동일한 권리의무가 있으므로(제1078조), 포괄적 유증을 하면 유언에 의하여 정해진 비율의 상속분을 가지는 상속인이 1인 증가했다고 생각하면 된다.

포괄적 유증의 효과는 다음과 같다.

(1) 상속인과 같이 유언자의 일신에 전속한 권리의무를 제외하고 그 재산이 속한 모든 권리의무를 승계한다(제1005조). 이 승계는 유언의 효력이 발생하는 동시에 당연히 생기고(물권적 효력) 유증의무자의 이행의 문제가 생기지 아니한다.

(2) 그리고 포괄적 수증자와 상속인, 포괄적 수증자와 다른 포괄적 수증자와의 사이에는 공동상속인 상호간에 있어서와 동일한 관계가 생긴다. 즉 상속재산의 공유관계가 생기고(제1006조, 제1007조), 분할의 협의를 하게 된다(제1013조 1항).

(3) 유증의 승인·포기에 관하여도 재산상속의 단순 또는 한정승인·포기에 관한 규정(제1019조 이하)이 적용되므로 단순 또는 한정의 승인·포기를 할 필요가 있고, 이것을 가정법원에 신고하지 않으면 단순한 포괄적 유증 승인이 있은 것으로 보게 된다. 이와 같이 포괄적 수증자의 권리의무의

내용에 있어서는 상속인과 거의 차이가 없다. 그러나 수증자가 상속개시 전에 사망한 경우에는 원칙적으로 유증이 실효되므로 대습상속이 인정되지 않는다는 점이 상속과 다르다.

수증자란 유언에 의한 증여(유증)를 받는 자를 말한다. 자연인뿐만 아니라 법인도 수증자가 될 수 있다. 상속인과 동일한 결격사유가 인정된다(제1064조, 제1004조). 또 수증자는 유언의 효력을 발생한 때(유언자가 사망한 때)에 생존해 있어야 한다. 유언자의 사망 전에 수증자가 사망한 경우에는 수증자인 지위의 승계(일종의 대습수증)는 인정되지 아니하므로 결국 유증은 그 효력이 생기지 아니한다(제1089조 1항). 그러나 유언 중에 특히 수증자의 상속인의 승계는 인정한다는 뜻을 표시하고 있으며(보충유증) 그것에 따른다. 또 태아는 유증에 있어서도 이미 출생한 것으로 보게 된다(제1064조, 제988조). 따라서 태아에게 유증할 수도 있다. 수증자에는 포괄적 유증을 받는 포괄적 수증자와 특정유증을 받는 특정수증자가 있다. 수증자에게 인도할 때까지 유증의 목적물은 상속인이 점유·관리하게 되는데 이 때에도 상속인이 그것을 사용·수익하는 것은 허용되지 아니한다(제1080조 이하). 또 특정수증자는 상속인에 대하여 유언자의 사망 후에 언제든지 유증을 승인 또는 포기할 수 있고(제1074조 1항), 승인이나 포기는 유언자의 사망시에 소급하여 효력이 생긴다(제1074조 2항). 그 외에 수증자에게 채무를 지우는 부담부유증의 제도가 있으며(제1088조), 이 경우에는 부담시킨 채무를 이행하지 않으면 유증이 취소될 수가 있다.

◈ 유언의 효력발생시기

제1073조 【유언의 효력발생시기】

① 유언은 유언자가 사망한 때로부터 그 효력이 생긴다.

② 유언에 정지조건이 있는 경우에 그 조건이 유언자의 사망후에 성취한 때에는 그 조건성취한 때로부터 유언의 효력이 생긴다.

■ § 1073. 유언의 효력발생시기

- 사망한 때부터
- 조건 또는 기한이 있는 유언 : ① 정지조건이 있는 유언 - 조건이 사망후에 성취된 경우 조건성취 때부터
    ② 기한이 있는 유언 - 기한의 도래시
- 관련법조 : [준거법] 국제사법 §27①, [경과규정] 부칙 §26

유언은 유언자가 사망한 때로부터 그 효력이 생긴다. 즉 유언자가 그의 생전에 일정한 방식에 따라서 의사표시를 한 때에는 유언으로서 성립은 하지만, 유언자의 생전에는 아무런 효력이 발생하지 아니하므로, 유언자의 생전에는 유언의 효력을 다툴 수 없을 것이다.

유언자의 사후의 법률관계를 본인의 의사표시에 따라 규율하려는 제도의 취지에서 보더라도 그 이전에는 아무런 효력도 인정할 필요가 없기 때문이다.

유언은 그 내용이 신분에 관한 행위인 경우와 같이, 그 성질이 허용하지 않는 경우를 제외하고는 조건이나 기한이 있어도 무방하다.

유증은 유언에 의한 행위이므로, 유언자가 사망한 때로부터 그 효력이 발생하는 것이 보통이나, 정지조건부유증인 경우에는 유언자의 사망후에 그 조건에 성취한 때로부터 유언의 효력이 생긴다. 정지조건이 있는 유언이란 것은, 예컨대 아무개가 혼인할 때에는 특정의 부동산을 준다는 것과 같은 경우이다.

정지조건부유증인 경우에, 그 조건이 유언자 사망 후에 성취된 때에는 그 조건이 성취한 때로부터 유언의 효력이 생긴다고 규정하고 있으나 이는 정확하지 않다. 이 경우에도 유언은 유언자 사망시에 효력이 생기고, 수증자는 정지조건

부권리를 취득하는 것이다.

　해제조건이 있는 유언에 관하여 명문의 규정이 없으나 유언에 해제조건이 있
으면 유언은 유언자가 사망한 때로부터 효력이 생기며, 그 조건이 사망후에 성
취하였을 때에는 조건이 성취할 때부터 효력을 잃는다고 보아야 한다.

◆ 유증의 승인, 포기

제1074조 【유증의 승인, 포기】

① 유증을 받을 자는 유언자의 사망후에 언제든지 유증을 승인 또는 포기할 수 있다.

② 전항의 승인이나 포기는 유언자의 사망한 때에 소급하여 그 효력이 있다.

■ § 1074. 유증의 승인, 포기의 자유

• 시기, 방법에 제한이 없다.
• 일부포기도 가능
• 무능력자 보호(§5, §10, §13, §950), 법정대리인 가능
• 채권자 대위권, 취소권, 추인권의 객체

1. 유증은 단독행위이므로, 수증자는 그것을 승인하여야 할 의무는 없으며, 포기는 자유이다.

유증의 포기는 유언자의 사망 후 언제든지 할 수 있다. 유언이 수증자에게 유리한 경우에도 본인의 의사를 무시하면서까지 강제하여서는 아니된다는 취지이고, 그럼으로써 유증이 단독행위이기 때문에 일어나는 폐해를 시정하게 된다. 구체적으로 보면, 포괄수증자는 상속인과 동일한 권리의무를 갖기 때문에 유증의 승인과 포기도 상속의 승인 및 포기의 규정(제1019조 내지 제1044조)이 준용되는 결과 유증의 승인, 포기에 관한 제1074조 내지 제1077조는 특정수증자에 관해서만 적용되게 된다. 승인에 관하여 민법상 특별한 규정이 없다. 이것은 포기를 하지 아니하는 한 모두 승인한 것으로 보게 되므로 특별히 승인의 사실을 규정할 필요가 없다는 입법자의 의도일지도 모른다.

그러나 승인이 있었는가의 여부는 특히 수증자의 상속인의 승인·포기권 및 유증의 승인 및 포기의 취소에 관련한 권리의무에 중대한 차이를 발생시키게 되므로 승인의 관념을 명확하게 해둘 필요가 있다.

승인은 어떤 방법으로 하든 상관이 없다. 즉 수증자의 행위로써 유증의 이익을 받을 의사를 명확하게 하는 것은 명시적이건 묵시적이건, 직접적이건 간

접적이건 불문하고, 모두 승인으로 본다.

예컨대 유증의무자에게 한 서면이나 구두에 의한 유증의 승인, 채권자·채무자에 대하여 한 자기가 유증을 승인하였다는 명언, 유증의 목적물을 이의없이 수령한 경우, 유증의무자에 대한 유증의 이행청구 등은 모두 승인으로 보아야 하는 것들이다.

2. (1) 민법은 수증자에게 유증의 이익의 포기를 인정하고 있다.

유증은 그 자체가 완전한 법률행위(단독행위)이므로 수증자의 의사여하와 상관없이 당연히 효력이 생기지만, 그 의사에 반해서까지 권리의 취득을 강제하여서는 안되기 때문이다. 유증 가운데, 상속재산과 거의 구별할 수 없는 포괄유증의 승인과 포기에 관하여는 상속에 관한 승인, 포기의 규정이 준용되므로 유증의 포기에 관한 표현의 규정은 특정유증에 관한 것이라고 해석하여야 할 것이다.

(2) 포기의 시기 : 수증자는 유언자의 사망 후에는 언제든지 유증을 포기할 수 있다.

유언자의 사망 후라면 언제든지 포기할 수 있다고 한 것은 상속의 포기, 따라서 포괄유증의 포기를 「상속개시 있음을 안 날로부터 3개월내」에 하도록 한 것(제1019조)과 다르다.

그러나 이에 대해서는 유증의무자 기타의 이해관계인에게 최고권이 인정되고 있어 이들은 상당한 기간을 정하여 그 기간 내에 유증의 승인 또는 포기를 확답할 것을 수증자에게 최고할 수 있고 만약 수증자가 그 기간 내에 유증의무자에 대하여 최고에 대한 확답을 하지 아니한 때에는 유증을 승인한 것으로 보도록(제1077조)하고 있다. 상당한 기일이 경과한 후의 포기는 권리관계의 불안정을 초래하기 때문이다.

또한 유언자가 포기에 대한 기간을 정한 때에는 그 의사에 따라야 한다. 그러나 포기의 자유를 박탈하는 것과 같은 유언자의 의사표시가 인정될 수 없음은 물론이다.

(3) 포기의 방식 : 포기의 방식에 대해서는 별다른 규정이 없다.

① 포기의 의사표시는 수증자가 유증의무자 기타의 자의 최고를 받고 있

는 경우와 그렇지 아니한 경우 그 어느 쪽이든 유증의무자 또는 유언 집행자에 대한 포기의 의사표시로서 충분하다고 해석한다.

포괄유증의 포기를 가정법원에 대한 신고로 하는 것(제1041조)과 다르다. 그리고 전술한 유언집행자에 대한 의사표시에 대해서는 문제가 있고, 부정적으로 해석하는 설도 있으나, 유언집행자의 권한·임무 등으로 미루어 생각할 때 유효하다고 할 것이다.

② 미성년자, 피한정후견인, 피성년후견인 등의 제한능력자가 유증의 포기를 하는 때에는, 당해 조항에 의한 제한에 따라야 한다(제5조, 제10조, 제13조, 제905조).

③ 포괄유증의 승인·포기는 무조건이며 무기한으로 하여야 하며, 불가분의 원칙의 적용이 있는 것은 상속의 경우와 마찬가지이지만, 특정유증에 대해서는, 그 목적물이 가분인 경우에는 그 일부분만의 승인·포기를 금지할 이유가 없다.

④ 어떠한 유증에도 자유로운 포기가 인정되는가 하는 문제는 당연히 긍정되어야 한다. 채무면제의 유증에 대해서만은 의문이 있다. 이 경우 대부분의 학자는 포기할 수 없다고 본다.

(4) 포기의 효력

유증의 포기를 한 경우, 유언자의 사망시에 소급하여 그 효력이 생긴다. 그렇지 않으면 유언자의 사망시로부터 포기에 이르기까지 수증자의 권리가 발생하므로 유증의 포기에 의하여 이익을 받는 자는 수증자로부터 그 권리를 취득하는 결과가 되어 이상한 결과가 된다. 이리하여 포기함으로써 잠정적인 수증자의 권리의 소멸이 확정되어 수증자는 처음부터 유증을 받지 않았던 것이 된다. 승인의 경우는, 이미 발생한 유증의 효력을 확인하는 것이다.

【서식】유증의 포기를 하는 서식의 예

유증포기의 의사표시서

　귀하의 피상속인　도　군　면　리　번지 이길수가　　년　월
　　일의 유언서로써 본인에 대하여 하하를 유증한다는 취지의 유언에 관
하여 그 유증을 승인 또는 포기하는가의 의사표시를 요구하는 최고를　　년
　　　월　　일 받았는 바, 본인은 위 유증을 포기하기로 결정하였으므로 이
에 포기의사를 표시합니다.

　　　　　　　　　　서기　　　년　월 일

　　　　　　　　　　　주　소

　　　　　　　　　　　　　　　수증인　이　남　수　⑪

주　소

　　　이　길　수　상속인　유증의무자　이　광　혁　귀하

▣ 핵심판례 ▣

■ [유증의 승인, 포기]

1. 가. 수증자에게 소유권이전등기를 경료한 후의 증여계약의 해제와 위 계약이나 등기의 효력에 대한 영향 유무(소극)

토지에 대한 증여는 증여자의 의사에 기하여 수증자에게 소유권이전등기가 경료됨으로써 이행이 완료되므로 증여자가 그 이행 후 증여계약을 해제하였다 하더라도 증여계약이나 그에 의한 소유권이전등기의 효력에 아무런 영향을 받지 아니한다.

나. 피상속인과 상속인 사이의 증여는 유증 내지 사인증여의 의미로 보아야 하는지 여부(소극)

증여자와 수증자의 관계가 피상속인과 상속인의 관계에 있다하여 이를 특별한 사정이 없는 한 유증 내지는 사인증여의 의미로 보아야 한다고 할 수는 없다(1991. 8. 13. 제2부 판결 90다6729 토지소유권이전등기말소등기).

2. 포괄적 유증과 특정유증의 구별 기준 및 특정유증을 받은 자의 법적 지위 및 그가 유증받은 부동산에 대하여 직접 진정한 등기명의 회복을 원인으로 한 소유권이전등기청구권을 행사할 수 있는지 여부(소극)

가. 유증이 포괄적 유증인가 특정유증인가는 유언에 사용한 문언 및 그 외 제반 사정을 종합적으로 고려하여 탐구된 유언자의 의사에 따라 결정되어야 하고, 통상은 상속재산에 대한 비율의 의미로 유증이 된 경우는 포괄적 유증, 그렇지 않은 경우는 특정유증이라고 할 수 있지만, 유언공정증서 등에 유증한 재산이 개별적으로 표시되었다는 사실만으로는 특정유증이라고 단정할 수는 없고 상속재산이 모두 얼마나 되는지를 심리하여 다른 재산이 없다고 인정되는 경우에는 이를 포괄적 유증이라고 볼 수도 있다.

나. 포괄적 유증을 받은 자는 민법 제187조에 의하여 법률상 당연히 유증받은 부동산의 소유권을 취득하게 되나, 특정유증을 받은 자는 유증의무자에게 유증을 이행할 것을 청구할 수 있는 채권을 취득할 뿐이므로, 특정유증을 받은 자는 유증받은 부동산의 소유권자가 아니어서 직접 진정한 등기명의의 회복을 원인으로 한 소유권이전등기를 구할 수 없다(대판 2003. 5. 27. 2000다73445).

◆ 유증의 승인, 포기의 취소 금지

제1075조 【유증의 승인, 포기의 취소금지】

① 유증의 승인이나 포기는 취소하지 못한다.

② 제1024조 제2항의 규정은 유증의 승인과 포기에 준용한다.

■ § 1075. 유증의 승인, 포기의 취소금지

- 유증의 승인이나 포기는 취소하지 못한다.
- §1024② 준용 : 민법총칙의 취소가능
- 제척기간 : 소멸시효설도 있음. §1024② 단서

(1) 유증의 승인 및 포기는 일단 표시된 이상 취소하지 못한다. 이것은 상속인이 상속의 승인, 포기에 관하여 일단 적법하고 유효한 의사표시를 한 이상 취소할 수 없는 것과 같은 취지이다. 그러나 취소할 수 없는 것은 적법하고 유효한 의사표시에 한하며, 그 의사표시에 하자가 있는 경우와 법정의 방식을 갖추지 아니한 경우에는 민법총칙의 규정에 의하여 취소할 수 있다(제1075조 2항에 의한 제1024조의 준용). 그 취소권은 추인할 수 있는 날로부터 3월, 승인 또는 포기한 날로부터 1년내에 행사하지 않으면 소멸한다.

(2) 채권자를 사해할 목적으로 유증을 포기한 수증자의 채권자는 그 포기행위의 취소를 가정법원에 청구할 수 있다(가정법원에 청구하여 그 포기행위를 취소할 수 있다. 제406조 1항 본문의 준용).

◆ 수증자의 상속인의 승인, 포기

제1076조【수증자의 상속인의 승인, 포기】

수증자가 승인이나 포기를 하지 아니하고 사망한 때에는 그 상속인은 상속분의 한도에서 승인 또는 포기할 수 있다. 그러나 유언자가 유언으로 다른 의사를 표시한 때에는 그 의사에 의한다.

■ § 1076. 수증자의 상속인의 승인, 포기

• 본문 : 상속분의 한도에서
• 단서 : 다른 의사표시

유증의 승인·포기는 유증받을 자의 권리이며, 또 상속인은 피상속인의 권리를 상속개시의 상태에서 승계하는 것이다. 그러므로 유증의 승인이나 포기를 하지 않고 사망한 때에는 그 승인이나 포기할 수 있는 권리는 그 상속인에게 승계되므로 유언으로 다른 의사를 표시하지 않은 이상, 각 상속인은 자기의 상속분의 한도에서 승인 또는 포기할 수 있다(제1076조 본문).

상속분에 관해서는 제1009조의 규정에 따른다. 이 경우에 유언자가 유언으로 다른 의사를 표시한 때에는 그 의사에 의한다. 예컨대 수증자가 사망한 경우에는 수증자의 상속인은 그 승인 또는 포기를 할 수 없다든가, 상속인 중 특정한 자만이 승인 또는 포기할 수 있다고 정하는 것과 같은 것이다.

◆ 유증의무자의 최고권

제1077조 【유증의무자의 최고권】

① 유증의무자나 이해관계인은 상당한 기간을 정하여 그 기간내에 승인 또
는 포기를 확답할 것을 수증자 또는 그 상속인에게 최고할 수 있다.

② 전항의 기간내에 수증자 또는 상속인이 유증의무자에 대하여 최고에 대
한 확답을 하지 아니한 때에는 유증을 승인한 것으로 본다.

■ § 1077. 유증의무자의 최고권

- 유증의무자나 이해관계인은 상당한 기간을 정하여 그 기간내에 승인 또는 포
기를 확답할 것을 수증자 또는 그 상속인에게 최고할 수 있다.
- 그리고 그 기간내에 수증자 또는 그 상속인이 유증의무자에 대하여 최고에
대한 확답을 하지 않을 때에는 유증을 승인한 것으로 본다.

특정적 수증자가 유언의 효력발생후 언제든지 그 유증을 승인 또는 포기할
수 있지만, 이와 같이 기간의 제한없이 선택권을 행사할 수 있는 것은 유증의무
자는 물론 기타 이해관계인에게는 항상 불안정한 위치에 있게 되므로 매우 곤
란한 일이다.

그래서 이에 대해서는 유증의무자 기타의 이해관계인(보충유증의 후순위수증
자·유증의무자의 채권자 등)에게 최고권이 인정되고 있어 이들은 상당한 기간
을 정하여 그 기간 내에 유증의 승인 또는 포기를 확답할 것을 수증자에게 최
고할 수 있고 만약 수증자가 그 기간 내에 유증의무자에 대하여 최고에 대한
확답을 하지 아니한 때에는 유증을 승인한 것으로 보도록 하고 있다. 상당한 기
일이 경과한 후의 포기는 권리관계의 불안정을 초래하기 때문이다.

또한 유언자가 포기에 대한 기간을 정한 때에는 그 의사에 따라야 한다. 그러나
포기의 자유를 박탈하는 것과 같은 유언자의 의사표시가 인정될 수 없음은 물론
이다. 최고의 방식에 대해서는 별다른 규정이 없다. 최고는 수증자에게 도달함으
로써 그 효력이 생긴다. 최고에 대한 의사표시는 유증의무자에 대해서 한 경우에
만 유효하다. 승인에 대해서는 별다른 규정이 없다. 승인의 방법은 불문한다. 그리
고 승인의 의사표시는 명시이건 묵시이건, 또 직접이든 간접이든 묻지 않는다.

◈ 포괄적 유증을 받은 자의 권리의무

제1078조【포괄적 유증자의 권리의무】

포괄적 유증을 받은 자는 상속인과 동일한 권리의무가 있다. <개정 1990. 1. 13>

■ § 1078. 포괄적 유증

• 상속재산의 전부 또는 일정한 비율액의 유증
• 효과 : ① 상속인과 동일한 권리의무
　　　　　② 포괄적 유증의 승인, 포기에는 §1019~§1044 규정이 적용
　　　　　③ 조건, 기한을 붙일 수 있으며 대습유증은 인정안됨
　　　　　④ 유증의 무효, 실효 등의 경우 그 재산은 상속인에게 귀속한다
　　　　　⑤ 유증의 이행없이 당연히 수증자에게 귀속

　포괄적 유증이란 상속재산의 전부 또는 일정한 비율액의 유증이다. 사실혼의 처에게 상속재산의 4분의 1을 준다든가 가봉자에게 자기직계비속과 동일한 비율의 것을 준다든가 하는 것이 그 예이다.

　포괄수증자는 상속인과 동일한 권리의무를 취득한다. 즉 포괄수증자는 이름은 수증자이지만, 실제는 유증의 형식에 의한 유산상속인이며, 포괄유증은 그 지정이라고 볼 수 있다.

　그리하여 우리 민법은 명목상 법정상속주의를 채택하고 있으나, 실질적으로 상속인의 지정과 동일한 효력이 있는 포괄유증을 인정함으로써 어느 정도까지 유언상속주의를 채택하고 있다고도 할 수 있다.

　이와 같이 포괄유증은 일종의 재산상속이라고 생각할 수 있으므로, 권리의무의 승계는 상속의 경우와 마찬가지로 물권적이며, 특별한 의사표시가 없는 한 고유권까지도 승계한다. 여기에서 주의하지 않을 수 없는 것은, 포괄수증자는 재산의 권리의 승계만이 아니라 의무까지도 승계한다는 것이다. 즉 채무가 있을 때에는 유증자는 변제하지 않으면 안된다. 프랑스의 학설은 이와 같이 해석하고 있으나 반대론도 있다. 반대론에 의하면 수증자는 상속인이 아니라 단지 재산의 이전을 받는 자이며, 피상속인의 지위를 승계하는 자가 아니므로 채무를 부담하

는 이유가 없다는 것이다.

그러나 유언자가 권리재산의 전부, 혹은 일부를 유증하기로 정한 경우, 그 포괄재산은 자신의 부담을 아울러 유증할 의사였다고 보아야 할 것이다. 만약 그렇지 않다고 하면, 법정상속인은 재산의 전부 혹은 일부를 상실한 경우에도 채무를 모두 승계하지 않을 수 없게 되어, 상속인의 이익을 몹시 해할 뿐만 아니라 상속채권자는 변제를 청구할 방법이 없게 되어, 거래의 안전까지도 해하게 되므로 지극히 불합리하기 때문이다. 문제점을 다음에서 분설한다.

(1) 포괄수증자는 수증분에 따라 포괄적으로 당연히 승계하므로 유증의무자의 이행의 문제가 일어날 여지가 없다.

(2) 유증은 유류분에 관한 규정에 반할 수 없으나 피상속인이 유류분을 갖는 상속인이 있음에도 불구하고 전재산을 포괄유증하더라도 유증이 전부 무효가 되도 유류분을 침해한 한도에서 무효가 되는 것도 아니다.

유류분권리자의 재산반환청구가 있는 때에 비로소 유류분의 비율에 따라 상속재산을 취득한 그 상속인과의 사이에서 공동상속인과 마찬가지의 관계를 발생시킬 뿐이다. 즉 유증을 받은 자가 수인인 때에는 각자가 얻은 유증가액의 비례에 따라 반환하면 되는 것이다(제1115조).

(3) 유증의 승인·포기에도 상속의 승인·포기에 관한 규정이 적용된다(제1019조 내지 제1044조)

(4) 상속분에 관하여도 포괄수증자는 상속인과 동일하게 취급된다.

(5) 유증의 포괄수증자의 부담은 유증의 목적이 가액을 초과하지 않는 범위 내에서만 부담의 의무를 진다.

(6) 기타의 경우에 있어서는 상속의 경우와 동일하므로 유증의 이행을 필요로 하지 않고 유증받은 재산은 수증자에게 귀속한다. 즉 물권적 효력이 생기는 것이다. 따라서 부동산에 있어서는 등기, 동산에 있어서는 인도의 절차를 거치지 않고 소유권을 취득하게 되는 것이다.

◆ 수증자의 과실취득권

제1079조 【수증자의 과실취득권】

수증자는 유증의 이행을 청구할 수 있는 때로부터 그 목적물의 과실을 취득한다. 그러나 유언자가 유언으로 다른 의사를 표시한 때에는 그 의사에 의한다.

■ § 1079. 과실취득권

- 수증자는 유증의 이행을 청구할 수 있는 때로부터 그 목적물의 과실을 취득한다.
- 그러나 유언자가 유언으로 이와는 다른 의사를 표시한 때에는 그 의사에 의한다.

본조는 특정적 유증의 수증자의 권리를 완전히 실현·완성시키기 위하여 둔 규정이다. 유언의 내용이 과실을 생기게 하는 물건 또는 권리인 경우, 유증의 이행이 늦더라도 유증의 목적물이 수증자에게 처음부터 귀속하고 있었던 것과 같은 이익을 얻게 하려는 취지이다.

수증자는 유증의 이행을 청구할 수 있는 때부터 그 목적물의 과실을 취득한다. 과실은 천연과실이건 법정과실이건 묻지 않는다. 유증의 이행을 청구할 수 있는 때란 단순유증의 경우에는 유언자가 사망하였을 때이며, 조건이 있는 유증의 경우에는 조건이 성취한 때, 시기가 있는 유증의 경우에는 기한이 도래하였을 때이다. 청구할 수 있는 때로부터 과실의 취득권을 얻는 것이며, 현실로 이행을 청구하였느냐의 여부를 따지는 것은 아니다. 그러므로 이때부터 이후에 있어서는 유증의무자가 유증의 목적물의 과실을 수취하였을 때에는 수증자에게 인도할 채무를 지며, 이에 대하여는 제387조에 의하여 지체의 책임을 진다.

그러나 유언자가 유언으로 다른 의사를 표시한 때에는 그 의사에 의한다. 다른 의사란 예컨대 시기가 있는 유증의 경우에 유언자가 사망한 때로부터 과실을 취득시킨다든가 혹은 단순유증의 경우에 유증의 목적물을 점유한 때로부터 과실을 취득시킨다는 등의 의사를 가리킨다.

◆ 유증의무자의 과실수취비용상환청구권

제1080조【과실수취비용의 상환청구권】

유증의무자가 유언자의 사망후에 그 목적물의 과실을 수취하기 위하여 필요비를 지출한 때에는 그 과실의 가액의 한도에서 과실을 취득한 수증자에게 상환을 청구할 수 있다.

■ § 1080. 비용상환청구권

• 유증의무자가 유언자의 사망 후에 그 목적물의 과실을 수취하기 위하여 필요비를 지출한 때에는 그 과실의 가액의 한도에서 과실을 취득한 수증자에게 상환을 청구할 수 있다.

유증의무자가 유언자의 사망 후에 그 목적물의 과실을 수취하기 위하여 필요비를 지출한 때에는 그 과실의 가액에 한도에서 과실을 취득한 수증자에게 상환을 청구할 수 있다(제1080조).

유증의무자가 유증자의 사망 후에 그 목적물의 과실을 수취하기 위하여 지출한 통상의 필요비는 과실의 가액을 초과하지 않는 한도 내에서 상환하여야 한다. 그리고 필요비의 상환은 과실의 가액이 한도내에서만 하는 것이고 그 초과부분은 상환할 필요가 없다. 유증의무자가 수증자에 대한 과실수취비용상환청구권은 유언자가 사망한 후 생긴 필요비에 한하여 할 수 있다. 여기에서의 필요비란 과실을 수취하기 위하여 지출된 모든 비용을 말한다. 그리고 유증의 목적물은 물건뿐만 아니라 권리도 포함한다.

◆ 유증의무자의 비용상환청구권

제1081조【유증의무자의 비용상환청구권】

유증의무자가 유증자의 사망후에 그 목적물에 대하여 비용을 지출한 때에는 제325조의 규정을 준용한다.

■ § 1081. 비용상환청구권

• 유증의무자가 유언의 사망후에 그 목적물에 대하여 비용을 지출한 때에는 유치권자의 비용상환청구권에 관한 §325의 규정이 준용된다.

수증자는 목적물에 대하여 유증의무자가 유증자의 사망 후에 지출한 필요비와 유익비를 상환하여야 한다. 가액의 한도에 대해서는 유치권에 관한 제325조의 규정이 준용된다. 즉 유증의무자가 필요비를 지출한 경우에는 수증자에 대하여 그 전액을, 또 유익비를 지출한 경우에는 그 가액의 증가 현존한 경우에 한하여 수증자의 선택에 좇아 그 지출한 금액이나 증가액의 상환을 청구할 수 있다.

◆ 불특정물 유증의무자의 담보책임

제1082조 【불특정물유증의무자의 담보책임】

① 불특정물을 유증의 목적으로 한 경우에는 유증의무자는 그 목적물에 대하여 매도인과 같은 담보책임이 있다.

② 전항의 경우에 목적물에 하자가 있는 때에는 유증의무자는 하자없는 물건으로 인도하여야 한다.

■ § 1082. 불특정물의 유증의무자의 담보책임

• 추탈, 하자담보책임
• 손해배상만 문제
• 해제는 무의미(불가)

본조는 유증이 불특정물을 목적으로 하는 때에 불특정물에 대하여 유증의무자가 매도인과 같은 담보책임을 지도록 하는 동시에 목적물에 하자가 있는 경우에는 하자없는 물건으로 인도하도록 규정한 것이다.

불특정물을 유증의 목적으로 한 경우에는 유증의무자는 그 목적물에 대하여 매도인과 같은 담보책임이 있다. 따라서 유증의무자는 수증자에 대하여 추탈담보책임을 부담하며, 또 목적물에 하자가 있는 때에는 하자없는 물건으로 인도하여야 한다.

하자없는 물건으로 인도할 수 없는 때에는 유증의무자는 손해배상의 책임이 있다. 유증이 특정물을 목적으로 하는 때에는 유증의무자에게 이러한 담보책임이 없다. 특정유증은 그 물건 또는 권리를 유언자 사망 당시의 상태에서 인도하는 것인 이상 당연한 것이다. 증여의 경우의 담보책임과 동일하다.

◆ 유증의 물상대위성

제1083조【유증의 물상대위성】

유증자가 유증목적물의 멸실, 훼손 또는 점유의 침해로 인하여 제3자에게 손해배상을 청구할 권리가 있는 때에는 그 권리를 유증의 목적으로 한 것으로 본다.

■ § 1083. 유증의 물상대위성

- 유증자가 유증목적물의 멸실, 훼손 또는 점유의 침해로 인하여 제3자에게 손해배상을 청구할 권리가 있는 때에는 그 권리를 유증의 목적으로 한 것으로 본다.
- 관련법조 : [점유침해로 인한 배상청구권] 상 §638

유증에는 물상대위성이 있는 것을 원칙으로 한다. 즉 유증목적물의 멸실·훼손 또는 점유의 침해로 인한 유언자가 가지고 있는 제3자에 대한 청구권을 곧 유증의 목적물로 보도록 규정한 것이 본조이다.

유증목적물의 멸실, 훼손 또는 점유의 침해로 인하여 유증자가 제3자에 대하여 손해배상청구권을 취득한 때에는 그 권리를 유증의 목적으로 한 것으로 본다(제1083조). 목적물의 멸실에는 목적물에 대한 소유권의 소멸을 포함한다. 유증의 목적물이 유언 당시에 이미 멸실·훼손되어 있는 경우에는 유증자가 제3자에 대하여 손해배상청구권을 가지고 있더라도 이 규정은 적용되지 않는다. 이러한 손해배상청구권은 유언의 효력발생과 동시에 수증자에게 귀속한다. 다만 이 규정이 적용되는 것은 목적물의 멸실 등이 유언서의 작성후에 생기고, 또한 그 손해배상청구권이 존속하고 있는 때이다. 본조는 유언자의 의사해석의 문제이므로 유언자가 유언으로 다른 의사표시를 한 때에는 그 의사에 의한다.

◈ 채권의 유증의 물상대위성

제1084조【채권의 유증의 물상대위성】

① 채권을 유증의 목적으로 한 경우에 유언자가 그 변제를 받은 물건이 상속재산 중에 있는 때에는 그 물건을 유증의 목적으로 한 것으로 본다.

② 전항의 채권이 금전을 목적으로 한 경우에는 그 변제받은 채권액에 상당한 금전이 상속재산 중에 없는 때에도 그 금액을 유증의 목적으로 한 것으로 본다.

■ § 1084. 채권의 유증의 물상대위

• 금전이외의 채권 : 본조 1항
• 금전채권 : 본조 2항

───────────────────────────

본조는 채권으로써 유증의 목적으로 한 경우를 규정한다. 본조 제1항은 금전 채권 이외의 채권에 관한 규정으로서 특정물을 목적으로 하는 채권이건 불특정물을 목적으로 하는 채권이건 묻지 않는다.

금전채권을 유증의 목적으로 한 경우에 유증자가 그 변제를 받은 물건이 상속재산 중에 있는 때에는 그 변제금액에 상당하는 금액이 유산 중에 존재하지 않더라도 그 금액을 유증의 목적으로 한 것으로 본다. 즉 유증의 목적이 된 채권이 금전을 목적으로 하는 경우 그 변제 받은 채권액에 상당한 금전이 상속재산 중에 없을 때에는 그 금전을 유증의 목적으로 한 것이라고 볼 수 있으므로, 유증의무자는 상속재산중에 그 금전이 없는 경우 다른 재산을 환가한다든가 또는 융통하여 수증자에게 변제하지 않으면 안된다.

유언자가 유언으로 이와 다른 의사를 표시한 때에는 그 의사에 의한다(제1086조).

◆ 제3자의 권리의 목적인 물건 또는 권리의 유증

제1085조【제3자의 권리의 목적인 물건 또는 권리의 유증】

유증의 목적인 물건이나 권리가 유언자의 사망당시에 제3자의 권리의 목적인 경우에는 수증자는 유증의무자에 대하여 그 제3자의 권리를 소멸시킬 것을 청구하지 못한다.

■ § 1085. 권리소멸청구권의 부인

- 유증의 목적인 물건이나 권리가 유언자의 사망 당시에 제3자의 권리의 목적인 경우에는 수증자는 유증의무자에 대하여 그 제3자의 권리를 소멸시킬 것을 청구하지 못한다.
- 이 규정도 유언자의 의사를 추측한 것이므로 유언자가 유언으로 다른의사를 표시한 때 그 의사에 의한다.

유증은 유언자가 다른 의사를 표시하지 않는 한 유증의 목적인 물건 또는 권리는 유언자의 사망당시의 현상으로서 수증자에게 인도하려고 한 것이므로 이것은 당연한 규정이다.

유증의 목적이 유언자의 사망당시에 제3자의 권리의 목적으로 되어 있는 경우에는 수증자는 유증의무자에 대하여 그 권리의 소멸을 청구하지 못한다. 이는 매매와 같은 유상계약과는 달리 유증의 무상성을 반영한 것이다. 제3자의 권리는 물권이라도 좋고 채권이라도 좋다.

제3자의 권리의 목적이 된 시기는 유언서 작성전이고 후이건 묻지 않는다. 따라서 유언자가 그 목적물에 관하여 제3자가 권리를 가지고 있는 것을 알건 모르건 묻지 않는다. 이 규정도 유언자의 의사를 추측한 것이므로 유언자가 유언으로 다른 의사를 표시한 때에는 그 의사에 의한다. 예컨대 유언자가 유증의무자에 대하여 유증의 목적물에 관하여 제3자가 가지는 모든 권리를 제거하여 완전한 권리로서 수증자에게 인도하도록 유언한 경우에는 그에 따른다.

◆ 유언자가 제1083조 ~ 제1085조의 규정과 다른 의사표시를 한 경우

제1086조 【유언자가 다른 의사표시를 한 경우】

전3조의 경우에 유언자가 유언으로 다른 의사를 표시한 때에는 그 의사에 의한다.

■ § 1086. 유언자가 다른 의사를 표시한 경우

• 앞의 3조의 경우에 유언자가 유언으로 다른 의사를 표시한 경우에는 그 의사에 의한다.

본조는 유언자가 전3조의 규정과 다른 의사표시를 한 경우의 유증의 효력에 관한 규정이다. 상기 제규정은 유증자의 의사를 추정한 규정이기 때문에, 이와 다른 유증자의 의사표시가 있으면 당연히 그에 따라야 한다.

즉 제1083조 내지 제1085조의 규정은 유증의 물상대위성, 채권의 유증의 물상대위성 및 제3자의 권리의 목적인 물건이나 권리의 유증에 관한 일반원칙을 규정하고 있으나, 이러한 규정은 선량한 풍속 기타 사회질서에 영향이 없는 당사자 사이의 편의에 관한 규정이고 유언자가 유언에 의한 이러한 문제에 관해 특별한 의사표시를 하지 않은 경우의 보충적 규정이다.

◆ 상속재산에 속하지 아니한 권리의 유증의 효력

제1087조【상속재산에 속하지 아니한 권리의 유증】

① 유언의 목적이 된 권리가 유언자의 사망당시에 상속재산에 속하지 아니한 때에는 유언은 그 효력이 없다. 그러나 유언자가 자기의 사망당시에 그 목적물이 상속재산에 속하지 아니한 경우에도 유언의 효력이 있게 할 의사인 때에는 유증의무자는 그 권리를 취득하여 수증자에게 이전할 의무가 있다.

② 전항 단서의 경우에 그 권리를 취득할 수 없거나 그 취득에 과다한 비용을 요할 때에는 그 가액으로 변상할 수 있다.

■ § 1087. 상속재산에 속하지 않은 권리의 유증

- 원칙 : 본조 1항 본문
- 예외 : 본조 1항 단서, 2항
- 권리소멸청구권의 부인 : 목적물은 상속재산에 속하나 제3자의 제한물권, 임차권 등의 권리의 대상이 된 경우, 그러나 유증자에게 이들 권리의 소멸청구권 있으면 다른 의사표시 없으면 종된 권리로서 수증자에게 이전

특정적 유증의 내용에 관하여 유증의 목적이 된 권리가 유언자의 사망 당시에 상속재산에 속하지 않을 때에는 그 유증은 효력이 없다. 즉 유증의 내용은 유언의 효력이 발생할 때를 표준으로 하여 그 범위가 확정되는 것을 원칙으로 하는 것이다.

따라서 유언자가 유언 당시에는 사망할 때까지 취득하여 유증하려는 의사를 가지고 타인이 소유하는 동산 또는 부동산을 유증의 목적으로 하였으나, 사망할 때까지 목적물을 취득할 수 없었을 경우나, 유언 당시에는 틀림없이 유언자의 소유에 속하여 있었으나 그 후 권리의 변동이 있어서 유증의 효력이 발생한 때에는 타인의 소유에 속하고 있는 경우, 등에는 모두 유증의 목적물의 인도가 불가능하므로, 유증의 효력이 생기지 않는다. 그러나 유언자가 자기의 사망 당시에 그 목적물이 상속재산에 속하지 아니한 경우에도 유언의 효력을 있게 할 의

사인 때에는 유언집행자는 그 권리를 취득하여 수증자에게 이전할 의무가 있고, 유언의무자가 그 권리를 취득할 수 없거나 또는 그 취득에 과다한 비용을 요할 때에는 수증자에게 그 가액으로 변상할 수 있다. 이것도 유언자의 의사를 추측한 것이므로 유언자가 다른 의사를 표시한 때에는 그 의사에 의하여야 한다.

과다여부는 목적물의 가격을 표준으로 정해야 할 것이다. 그러나 처음부터 권리의 취득을 시도하지 않고 가액을 변상할 수는 없다고 할 것이다. 목적물의 가액의 산정은 시가에 의한다.

◆ 부담있는 유증의 수증자의 책임의 범위

제1088조 【부담있는 유증과 수증자의 책임】

① 부담있는 유증을 받은 자는 유증의 목적의 가액을 초과하지 아니한 한
도에서 부담한 의무를 이행할 책임이 있다.

② 유증의 목적의 가액이 한정승인 또는 재산분리로 인하여 감소된 때에는
수증자는 그 감소된 한도에서 부담할 의무를 면한다.

■ § 1088. 부담의 한도

• 초과부분만 무효
• 부담 이행기의 시가 표준

부담있는 유증이란 유언자가 유언증서 중에서 수증자에게 자기, 그 상속인 또
는 제3자를 위하여 일정한 의무를 이행하는 부담을 과한 유증이다. 부담있는 유
증은 수증자에 대하여 한편으로는 이익을 주지만, 다른 한편으로는 부담의 구속
을 받게 하는 것이다. 그러나 부담있는 이행을 기다리지 않고 유증의 효력이 생
긴다. 또 부담의 불이행을 해제조건으로 하는 조건있는 유증도 아니므로, 부담
의 불이행이 있더라도 유증이 당연히 효력을 잃는 것은 아니다. 부담있는 유증
은 단지 의무를 부담시킬 뿐이며, 유증의 효력의 발생 또는 소멸을 정지시키는
조건있는 유증이 아니다.

부담부 유증에 있어서는 부담은 목적물의 가액을 초과할 수 없다. 부담이 유
증의 목적의 가액을 초과한 때에는 그 초과한 부분만 무효가 된다. 따라서 부담
있는 수증자는 그 부분의 이행을 거절할 수 있고, 이미 초과하여 이행한 것의
반환을 청구할 수 있다.

유증의 목적물의 가액이 한정승인 또는 재산분리로 인하여 감소된 때에는 수
증자는 그 감소된 한도에서 부담할 의무를 면한다.

상속인이 한정승인을 하거나 상속채권자 등이 재산분리를 청구하면 수증자는
상속채권자에게 변제한 후가 아니면 변제를 받을 수 없으므로 완전한 변제를
받는 것은 대개의 경우 불가능하다.

◆ 유증의 무효원인

제1089조 【유증효력발생전의 수증자의 사망】

① 유증은 유언자의 사망전에 수증자가 사망한 때에는 그 효력이 생기지 아니한다.

② 정지조건있는 유증은 수증자가 그 조건 성취전에 사망한 때에는 그 효력이 생기지 아니한다.

■ § 1089. 유증의 효력

• 수증자가 유언자의 사망전에 사망한 경우에는 유증의 효력은 생기지 않는다.
• 또 정지조건 있는 유증에 있어서도 수증자가 그 조건 성취전에 사망한 경우에는 유증의 효력은 생기지 않는다.

유증에는 특유한 무효원인이 세 가지 있으며, 모두 유언자의 의사해석의 문제이다.

(1) 유증에 특유한 무효원인은 다음과 같다.

① 유언자보다 수증자가 먼저 사망한 경우, ② 정지조건부 유증에 있어서는 그 조건성취 전에 수증자가 사망한 경우, ③ 유증의 목적물이 유언자가 사망한 때에 상속재산에 속하지 않은 경우이다.

(2) 정지조건부 유증에 있어서 수증자가 그 조건성취 전에 사망하면 수증자가 취득한 조건부권리는 이론상 그 상속인에게 상속되어야 한다. 그러나 민법은 유언자의 의사는 특정인에게 재산을 주는 것으로 보고 조건성취 전에 수증인이 사망한 때에는 그 효력이 생기지 아니한다고 규정하였다. 그러나 유언자는 이것과 다른 의사를 표시해 둘 수도 있다. 상속개시전에 상속인이 사망하면 그 직계비속이 대습상속하는 것과 달라서 수증자가 유증자보다 먼저 사망한 때에는 수증자의 상속인은 대습수증자가 되지 않고 유증의 효력이 상실되는 경우로서는 유언의 효력발생시에 수증자가 수증결격자가 될 때이다.

(3) 시기부인 유증은 그 기한도래 전에 수증자가 사망하더라도 유증은 무효가 되지 아니하면, 수증자의 상속인에게 승계된다.

◈ 유증의 무효 · 실효의 효과

제1090조 【유증의 무효, 실효의 경우와 목적재산의 귀속】

유증이 그 효력이 생기지 아니하거나 수증자가 이를 포기한 때에는 유증의 목적인 재산은 상속인에게 귀속한다. 그러나 유언자가 유언으로 다른 의사를 표시한 때에는 그 의사에 의한다.

■ § 1090. 유증의 무효, 실효의 효과

- 본문 : 상속인에게
- 단서 : 다른 의사표시

유증의 효력이 생기지 않거나, 수증자가 이를 포기한 때에는 유증의 목적인 재산은 상속인에게 귀속한다(제1090조 본문).

본조의 적용이 있는 것은 ① 유증이 그 효력이 생기지 않을 때이다. 즉 유언능력이 없는 자가 유증을 한 때, 수증자가 유언의 효력발생시에 결격자인 때 등이 그것이다. ② 특정적 유증의 포기에 의하여 그 효력이 없어진 때이다.

수증자가 유증의 효력발생 전에 사망한 경우에는 유증의 효력은 생기지 않지만 유증은 상속이 아니므로, 이 경우 수증자의 상속인은 수증자를 대습하여 유증을 받을 수는 없다. 그러나 유증자의 의사로써 수증자의 상속인을 보충수증자로 지정할 수는 있다.

유증이 무효인 경우에는 수증자가 받을 수 있었던 부분을 상속인에게 귀속시키는 것을 원칙으로 하지만, 유언자가 유언으로 그것과 다른 의사를 표시한 때에는 그 의사에 따른다. 즉 유언자가 무효가 되는 유증의 목적물을 다른 수증자에게 귀속시킨다든가 그 밖에 제3자나 사회단체에 귀속시키는 경우에는 그 의사표시에 따라야 하는 것이다.

▣ 핵심판례 ▣

가. 유증의 방식에 관한 민법 제1065조 내지 제1072조가 사인증여에 준용되는지 여부(소극)

민법 제562조는 사인증여에 관하여는 유증에 관한 규정을 준용하도록 규정하고 있지만, 유증의 방식에 관한 민법 제1065조 내지 제1072조는 그것이 단독행위임을 전제로 하는 것이어서 계약인 사인증여에는 적용되지 아니한다.

나. 포괄유증의 효력에 관한 민법 제1078조가 포괄적 사인증여에도 준용되는지 여부(소극)

민법 제562조가 사인증여에 관하여 유증에 관한 규정을 준용하도록 규정하고 있다고 하여, 이를 근거로 포괄적 유증을 받은 자는 상속인과 동일한 권리의무가 있다고 규정하고 있는 민법 제1078조가 포괄적 사인증여에도 준용된다고 해석하면 포괄적 사인증여에도 상속과 같은 효과가 발생하게 된다. 그러나 포괄적 사인증여는 낙성·불요식의 증여계약의 일종이고, 포괄적 유증은 엄격한 방식을 요하는 단독행위이며, 방식을 위배한 포괄적 유증은 대부분 포괄적 사인증여로 보여질 것인바, 포괄적 사인증여에 민법 제1078조가 준용된다면 양자의 효과는 같게 되므로, 결과적으로 포괄적 유증에 엄격한 방식을 요하는 요식행위로 규정한 조항들은 무의미하게 된다. 따라서 민법 제1078조가 포괄적 사인증여에 준용된다고 하는 것은 사인증여의 성질에 반하므로 준용되지 아니한다고 해석함이 상당하다(대법원 1996. 4. 12. 선고 94다37714, 37721 판결).

제 4 절 유언의 집행

이 절에서는 주로 유언의 효력이 생긴후에 유언의 내용을 실현시키기 위하여 어떻게 하는가 하는 사무적인 집행방법이 정해져 있다. 그리고 그 집행은 유언집행자가 담당한다.

유언집행자(executor, adminstator ; Testamentsvollstrecker ; exécuteur testamentaire)란 유언의 내용을 실현시키기 위한 직무권한을 가진 자를 말한다. 위임계약의 수임인의 지위에 있다. 유언집행자는 유언자가 직접 지정하거나 유언자의 위탁을 받아 제3자가 지정한 지정유언집행자(제1093조)와, 유언자 또는 제3자에 의하여 지정된 유언집행자가 없는 경우에 상속인이 당연히 취임하게 되는 법정유언집행자(제1095조), 그리고 유언집행자가 없는 경우 또는 사망 기타의 사유로 인하여 유언집행자가 없게 된 경우에 가정법원이 선임하는 선임유언집행자(제1096조)의 세 가지가 있다.

제한능력자(미성년자·피성년후견인·피한정후견인)와 파산자는 유언집행자가 되지 못한다(제1098조). 지정 또는 선임에 의한 유언집행자는 상속인의 대리인으로 보는 동시에 유언집행자의 관리처분 또는 상속인과의 법률관계에 대하여는 위임관계의 규정을 준용하고 있다(제1103조). 즉 유언집행자는 유언의 집행에 필요한 모든 행위를 할 권리의무가 있다. 지정 또는 선임에 의한 유언집행자는 정당한 사유가 있는 때에는 가정법원의 허가를 얻어 그 임무를 사퇴할 수 있고(제1105조), 또 지정 또는 선임에 의한 유언집행자가 그 임무를 해태하거나 적당하지 아니한 사유가 있는 때에는 가정법원은 상속인 기타의 이해관계인의 청구에 의하여 유언집행자를 해임할 수 있다(제1106조).

◆ 유언의 집행 : 유언증서 · 녹음의 검인

제1091조【유언증서, 녹음의 검인】

① 유언의 증서나 녹음을 보관한 자 또는 이를 발견한 자는 유언자의 사망 후 지체없이 법원에 제출하여 그 검인을 청구하여야 한다.

② 전항의 규정은 공정증서나 구수증서에 의한 유언에 적용하지 아니한다.

■ § 1091. 유언의 검인

• 유언집행의 준비절차
• 유언의 증서나 녹음을 보관한 자 또는 이를 발견한 자는 유언자의 사망 후 지체없이 가정법원에 제출하여 그 검인을 청구하여야 한다.
• 검인은 유언증서나 녹음의 외형을 검증하여 그 성립, 존재를 확보하는 절차에 그치기 때문에 공정증서나 구수증서에 의한 유언에는 검인이 필요없다.

본조는 유언의 검인에 관하여 규정한 것이다.

1. 의 의

검인이란 유언의 집행 전에 유언서의 상태를 확정하고 후일에 위조 · 변조를 예방하고 그 보존을 확실하게 할 것을 목적으로 하는 행위이다. 따라서 검인의 실질은 유언의 형식, 태양 등 오직 유언의 방식에 관한 일체의 사실을 조사하여 유언서 자체의 상태를 명확하게 할 뿐이며, 유언내용의 전부, 효력의 유효 등 유언서의 실체상의 효과를 판단하는 것이 아닌 일종의 증거보전절차이다. 그러므로 검인을 거쳤다고 해서 유언의 유효성이 인정된 것은 아니다. 또 유언서의 내용 · 형성이 어떠하든 검인의 신청을 각하할 수 없다. 이와 같이 검인은 증거보전절차이므로 유언의 의의를 심사하는 확인과는 다르다.

2. 절 차

(1) 유언서와 녹음을 보관한 자 또는 이를 발견한 상속인은 상속의 개시를 안 후 지체없이 유언서나 녹음을 가정법원에 제출하여 그 검인을 청구하여야 한다. 그러나 발견자가 상속인이 아닌 때에는 검인신청의 의무는 없다.

공정증서나 구수증서에 의한 유언에 관하여는 이 절차가 면제된다.

(2) 검인의 신청은 상속개시지의 가정법원에 하여야 한다(가소규 제86조). 신청을 받은 가정법원은 유언의 방식에 관한 모든 사실을 조사하고, 그 결과에 의거하여 일정한 법정사항을 기재한 조서를 작성하여야 한다(가 소규 제86조 3항, 제87조).

검인을 함에 있어서 입회인은 필요하지 않으나 입회하지 아니한 신청 인, 상속인, 수증자 기타 이해관계인 등에게 검인한 사실을 통지하여야 한다(가소규 제88조 1항). 유언의 검인의 청구를 각하한 심판에 대하여 는 수증자 기타 이해관계인은 유언의 검인에 대하여 즉시항고를 할 수 있다.

[검   인]

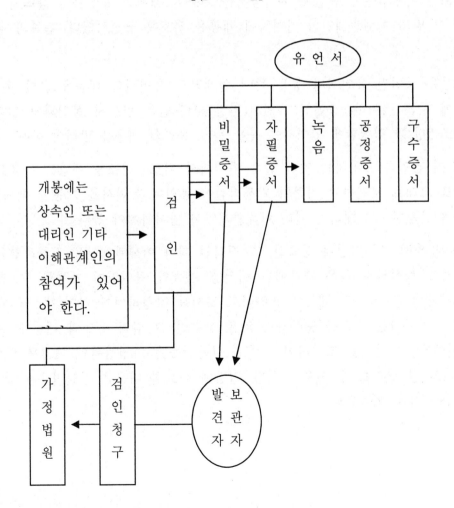

◈ 유언의 집행 : 유언증서의 개봉

제1092조【유언증서의 개봉】

법원이 봉인된 유언증서를 개봉할 때에는 유언자의 상속인, 그 대리인 기타 이해관계인의 참여가 있어야 한다.

■ § 1092. 유언의 개봉

- 유언집행의 준비절차
- 가정법원이 봉인된 유언증서를 개봉할 때에는 유언자의 상속인, 그 대리인 기타 이해관계인의 참여가 있어야 한다.

본조는 가정법원은 봉인된 유언증서를 개봉할 때에는 유언자의 상속인 그 대리인 그 밖의 이해관계인의 참여하에 개봉을 하도록 규정하였다. 검증의 취지와 같다.

개봉은 봉인된 유언서의 봉을 뜯어 언제라도 유언서의 내용을 밝힐 수 있는 상태에 두는 것이다. 봉인된 유언서(비밀증서유언은 반드시 봉인되어 있다. 제1069조 2항)를 집행함에 있어서는 봉을 뜯고 유언의 내용을 밝혀야 한다.

그 때 검인을 요청하는 것과 같은 취지에서 위조·변조를 예방하고 유언서의 형상을 그대로 보전하기 위하여 가정법원이 봉인된 유언서를 개봉할 때에는 유언자의 상속인·그 대리인 기타 이해관계인이 참여하여야 한다.

가정법원이 개봉기일에 상속인, 그 대리인 기타 이해관계인을 소환하였음에도 불구하고 출석하지 않을 경우에는 이러한 자들의 참여없이 개봉할 수 있다고 해석하여야 할 것이다. 개봉에 관하여도 조서를 작성하여야 하며(가소규 제87조 1항), 가정법원은 개봉시 출석하지 않은 상속인 그 밖의 유언의 내용에 관계있는 자에게 그 사실을 고지하여야 하고 상속인등은 가정법원의 허가를 얻어 작성된 조서를 열람할 수 있을 것이다. 열람에 필요한 비용은 검인비용과 같이 상속재산 중에서 지출된다.

◈ 유언집행자의 지정방식

제1093조 【유언집행자의 지정】

유언자는 유언으로 유언집행자를 지정할 수 있고 그 지정을 제3자에게 위탁할 수 있다.

■ § 1093. 유언집행자의 지정

• 유언자는 유언으로 유언집행자를 지정할 수 있고 그 지정을 제3자에게 위탁할 수 있다.

---

1. 유언의 집행의 의의

유언의 집행이란 유언의 내용을 법적으로 실현하는 수단이다. 즉 유언에 의하여 표시된 유언자의 의사를 구체적으로 실현하는 행위를 말한다.

2. 유언집행자의 의의

유언에는 유언의 효력발생과 동시에 유언자의 의사가 실현되어 집행을 필요로 하지 아니하는 것이 있다. 그러나 많은 경우에 이전등기를 한다든가, 물건을 인도한다거나 하여 무엇인가 특별한 행위를 요한다. 이와같이 유언의 취지를 실현시키기 위한 특별한 절차를 유언의 집행이라고 하며, 이를 실현하기 위하여 특별한 임무를 맡은 자를 유언집행자라고 한다. 유언집행자는 유언의 최종의사의 수행을 임무로 하므로 유언자의 신분관계 및 재산관계에 관한 최종의사의 실현을 충실히 담당하여야 한다.

3. 유언집행자의 결정

유언집행자는 유언자가 가장 신임하는 자 중에서 지정될 것이다. 유언자는 유언으로 유언집행자를 지정할 수 있고 그 지정을 제3자에게 위탁할 수 있다.

유언집행자는 자연인에게 한하지 않고 때로는 재산에 관한 유언의 집행을 신탁회사가 담당할 수 있다. 그러나 자연인이라도 결격사유가 있는 자, 즉 무능력자 및 파산자는 유언집행자가 될 수 없다. 유언집행자의 지정 또는 그 지정의 제3자에 대한 위탁은 반드시 유언으로 하여야 하며 이 유언은 집행되어야 할 유언과 동일한 필요는 없다.

◆ 위탁에 의한 유언집행자의 지정

제1094조 【위탁에 의한 유언집행자의 지정】

① 전조의 위탁을 받은 제3자는 그 위탁있음을 안 후 지체없이 유언집행자를 지정하여 상속인에게 통지하여야 하며 그 위탁을 사퇴할 때에는 이를 상속인에게 통지하여야 한다.

② 상속인 기타 이해관계인은 상당한 기간을 정하여 그 기간내에 유언집행자를 지정할 것을 위탁받은 자에게 최고할 수 있다. 그 기간내에 지정의 통지를 받지 못한 때에는 그 지정의 위탁을 사퇴한 것으로 본다.

■ § 1094. 위탁에 의한 유언집행자의 지정

• 지정을 위탁받은 제3자는 그 위탁있음을 안 후 지체없이 유언집행자를 지정하여 상속인에게 통지하여야 하며, 그 위탁을 사퇴할 때에는 이를 상속인에게 통지하여야 한다.

• 유언집행자가 지정되지 않고 그대로 시일이 경과되면 상속인 기타의 이해관계인은 매우 곤란하므로 상당한 기간을 정하여 그 기간내에 유언집행자를 지정할 것을 위탁받은 자에게 최고할 수 있으며, 그 기간내에 지정의 통지를 받지 못한 때에는 그 지정의 위탁을 사퇴한 것으로 본다.

전조에 의하여 지정위탁의 유언의 효력이 생기더라도 지정된 자는 당연히 유언집행자를 지정하여야 할 임무가 지워지는 것은 아니며 이를 승낙함으로써 비로소 그 임무를 부담하는 것이다. 따라서 민법은 유언집행의 신속을 기하기 위하여 위탁받은 제3자에 대해서 본조에 의한 의무를 지도록 규정하였다.

위탁을 받은 제3자는 그 위탁있음을 안 후 지체없이 유언집행자를 지정하여 상속인에게 통지하여야 한다.

유언집행의 신속을 위하여 상속인 또는 이해관계인으로 하여금 지정을 위탁받은 제3자에게 상당한 기간을 정하여 지정을 최고할 수 있다. 그 최고기간 내에 상속인이 통지를 받지 못한 때에는 그 지정의 위탁을 사퇴한 것으로 본다. 왜냐하면 지정위탁자가 유언집행자를 지정할 수 없다고 볼 수 있기 때문이다.

여기서 이해관계인이란 상속인 이외의 상속채권자, 수증자, 수증자의 채권자 등 유언집행자에 대하여 이해관계를 가진 자를 말한다. 상당한 기간이란 유언집행자의 지정을 위탁받은 제3자가 상속인에게 회답함에 충분한 기간을 말한다. 따라서 이것은 구체적 사정에 응하여 객관적으로 판단되어야 할 것인데, 이를테면 지정거주자의 거주지의 원근, 직업, 건강상태 등을 고려하여야 할 것이다. 그리고 최고는 문서에 의하건 구두로 하건 상관없다.

◈ 유언에 의하여 유언집행자를 지정하지 않은 때의 유언집행자

제1095조【지정유언집행자가 없는 경우】

전2조의 규정에 의하여 지정된 유언집행자가 없는 때에는 상속인이 유언집행자가 된다.

■ § 1095. 지정유언집행자가 없는 경우

• 상속인
• 유언자 또는 유언자의 위탁을 받은 제3자의 지정에 의한 유언집행자가 없는 때에는 상속인이 유언집행자가 된다.

본조에서 유언집행자가 없는 때란 ① 제1093조의 규정에 의하여 유언자가 유언으로 유언집행자를 지정하지 않든가, 그 지정을 제3자에게 위탁하지 않은 경우, ② 제3자에게 위탁하였더라도 그 위탁 받은 자가 수락을 하지 않고 사퇴한 경우, ③ 유언집행자를 지정할 것을 위탁받은 자가 상속인 기타 이해관계인으로부터 최고를 받고도 최고기간내에 유언집행자 지정의 통지를 하지 않은 경우이다.

유언의 집행에는 친생부인(제850조), 인지(제859조 2항), 입양(제880조) 등의 경우를 제외하면 반드시 유언집행자를 별도로 임명하여야 하는 것은 아니다. 상속인 자신이 유언을 집행할 수 있는 경우도 있다. 그러나 유언집행은 상속인의 이익에 반하는 경우도 있으므로 특별히 유언집행자를 정할 필요가 있는 경우가 대부분이다. 그래서 입법론으로는 유언집행자가 없는 경우에 상속인은 유언을 집행함에 있어서 그 관계자의 사이에 이해가 상반되므로 가정법원의 선임에 의하는 것이 타당할 것이다. 따라서 본조의 입법이유는 그 의미가 없다고 할 수 있다.

◈ 법원이 유언집행자를 선임하는 경우

제1096조【법원에 의한 유언집행자의 선임】

① 유언집행자가 없거나 사망, 결격 기타 사유로 인하여 없게 된 때에는 법원은 이해관계인의 청구에 의하여 유언집행자를 선임하여야 한다.

② 법원이 유언집행자를 선임한 경우에는 그 임무에 관하여 필요한 처분을 명할 수 있다.

■ § 1096. 선임유언집행자

• 유언집행자가 없거나 사망, 결격 기타 사유로 인하여 없게 된 때에는 가정법원은 이해관계인의 청구에 의하여 유언집행자를 선임한다.
• 가정법원이 이와 같이 유언집행자를 선임한 경우에는 그 임무에 관하여 필요한 처분을 명할 수 있다.

유언집행자가 없거나 사망·결격 기타 사유로 인하여 없게 된 때에는 이해관계인의 청구에 의하여 가정법원의 심판으로 유언집행자를 선임하여야 한다.

가정법원이 위와 같이 유언집행자를 선임한 경우에는 그 임무에 관하여 필요한 처분을 명할 수 있다. 필요한 처분이란 유언집행자가 그 임무를 수행하는데 필요한 처분을 말한다.

여기서 「유언집행자가 없다」는 것은 상속인이 없는 경우일 것이다. 「사망·결격 기타 사유」중에서 「결격사유」로서는 제한능력자 또는 파산자를 말하며, 「기타사유」로서는 유언집행자가 임무종료전에 사퇴하거나 해임된 경우 등이다. 여기서 이해관계인이란 상속인, 상속채권자, 수증자, 수증자의 채권자 등 유언의 집행에 관하여 이해관계를 가지는 자를 말한다. 이 청구는 상속개시지의 가정법원에 이를 하여야 할 것이다. 청구를 받은 가정법원은 유언집행자의 선임을 필요로 하는 경우에는 반드시 이를 선임하여야 한다. 당해 유언의 무효가 일견 명백한 때에는 선임청구를 각하할 수도 있다고 본다. 선임청구를 각하한 심판에 대해서는 신청인 기타 이해관계인은 즉시항고를 할 수 있다.

가정법원이 이와 같이 유언집행자를 선임한 경우에는 그 임무에 관하여 필요한 처분을 명할 수 있다(제1096조 2항). 필요한 처분이란 유언집행자가 그 임무를 수행하는 데 필요한 처분을 말한다.

▣ 핵심판례 ▣

■ [법원에 의한 유언집행자의 선임]

1. 2인의 유언집행자중 1인이 단독으로 한 공동유언집행자의 추가선임신청의 당부

유언집행자가 2인인 경우 그 중 1인이 나머지 유언집행자의 찬성 내지 의견을 청취하지 아니하고도 단독으로 법원에 공동유언집행자의 추가선임을 신청할 수 있다 할 것이므로 이러한 단독신청행위가 공동유언집행방법에 위배되었다거나 기회균등의 헌법정신에 위배되었다고 볼 수 없다(1987. 9. 29. 제4부 판결 86스11 유언집행자해임청구각하심판에대한재항고).

2. 누구를 유언집행자로 선임하느냐의 문제가 법원의 재량에 속하는지 여부

민법 제1096조에 의한 법원의 유언집행자 선임은 유언집행자가 전혀 없게 된 경우뿐만 아니라 유언집행자의 사망, 사임, 해임 등의 사유로 공동유언집행자에게 결원이 생긴 경우와 나아가 결원이 없어도 법원이 유언집행자의 추가선임이 필요하다고 판단한 경우에 이를 할 수 있는 것이고, 이 때 누구를 유언집행자로 선임하느냐는 문제는 민법 제1098조 소정의 유언집행자의 결격사유에 해당하지 않는 한 당해 법원의 재량에 속하는 것이다(대결 1995. 12. 4. 95스32).

◆ 유언집행자의 승낙, 사퇴의 방식

제1097조 【유언집행자의 승낙, 사퇴】

① 지정에 의한 유언집행자는 유언자의 사망후 지체없이 이를 승낙하거나 사퇴할 것을 상속인에게 통지하여야 한다.

② 선임에 의한 유언집행자는 선임의 통지를 받은 후 지체없이 이를 승낙하거나 사퇴할 것을 법원에 통지하여야 한다.

③ 상속인 기타 이해관계인은 상당한 기간을 정하여 그 기간내에 승낙여부를 확답할 것을 지정 또는 선임에 의한 유언집행자에게 최고할 수 있다. 그 기간내에 최고에 대한 확답을 받지 못한 때에는 유언집행자가 그 취임을 승낙한 것으로 본다.

■ § 1097. 유언집행자의 결정

- 유언자 또는 위탁받은 제3자에 의하여 지정된 유언집행자는 유언의 사망후 지체없이 이를 승낙하거나 사퇴할 것을 상속인에게 통지하여야 한다.
- 그리고 유언집행자가 미정인 채 수일을 경과하면 상속인 기타 이해관계인은 지장이 많으므로 상당한 기간을 정하여 그 기간내에 승낙여부를 확답할 것을 지정에 의한 유언집행자에게 최고할 수 있다. 그 기간내에 최고에 대한 확답을 받지 못한 때에는 유언집행자가 그 취임을 승낙한 것으로 본다.
- 가정법원의 선임에 의한 유언집행자는 선임의 통지를 받은 후 지체없이 이를 승낙하거나 사퇴할 것을 가정법원에 통지하여야 한다 .
- 이 경우에 유언집행자가 미정인 채로 있으면 이해관계인은 지장이 많으므로 상당한 기간을 정하여 그 기간내에 승낙여부를 확답할 것을 선임에 의한 유언집행자에게 최고할 수 있다. 그 기간내에 최고에 대한 확답을 받지 못한 때에는 유언집행자가 그 취임을 승낙한 것으로 본다.

지정유언집행자나 선임유언집행자는 그 지정 또는 선임을 수락할 것인가의 여부가 본인의 자유의사에 의한 결정에 맡겨져 있으므로 만일 지정 또는 선임의 수락여부를 지연하면 유언의 집행이 곤란하게 되어 상속인 또는 그 밖의 이해관계인에게 적지 않은 피해를 주게 될 우려가 있다.

따라서 유언자 또는 위탁받은 제3자에 의하여 지정된 유언집행자는 유언집행자의 사망 후 지체없이 이를 승낙하거나 퇴임할 것을 상속인에게 통지하여야 한다.

지정 또는 선임된 유언집행자에게는 취임의 의무가 주어져 있는 것은 아니다. 그러므로 상속인 또는 이해관계인은 상당한 기간을 정하여 승낙여부의 확답을 최고할 수 있고, 그 기간 내에 최고에 대한 확답을 받지 못한 때에는 유언집행자가 그 취임을 승낙한 것으로 본다.

유언집행자가 회답을 보낼 상대방에 대하여 민법에 명문의 규정은 없으나 사무처리의 편의상 상속인에 한한다고 해석되어야 할 것이다. 그러나 지정을 위탁받은 제3자(지정위탁자)에게 회답하여도 무방할 것이다.

◈ 유언집행자가 될 수 없는 자

제1098조【유언집행자의 결격사유】

제한능력자와 파산선고를 받은 자는 유언집행자가 되지 못한다.

[전문개정 2011.3.7.]

■ § 1098. 유언집행자의 결격

- 의사무능력자는 유언집행자가 될 수 없다.
- 제한능력자 : 미성년자, 피성년후견인, 피한정후견인, 파산자
- 그 밖의 자, 즉 상속인, 유언집행자의 지정을 위탁받은 자, 법인 등은 유언집행결격자가 아니다.

　　유언집행자는 제한능력자와 파산자 이외의 자연인이 되는 것이 원칙이나 경우에 따라서는 상속인, 지정위탁자 그리고 법인도 유언집행자가 될 수 있을 것이다. 그러나 제한능력자가 아니더라도 의사무능력자인 광인이나 백치는 유언집행자가 될 수 없을 것이다.

　　제한능력자(미성년자·피성년후견인·피한정후견인)와 파산선고를 받은 자는 유언집행자가 되지 못한다. 민법총칙에서 대리인은 행위능력자에 한하지 않는다는 원칙에 대한 예외이다. 결격자를 유언집행자로 지정한다면 그것은 당연히 무효가 되므로 가정법원도 결격자를 유언집행자로 선정할 수 없다. 그러나 결격자가 유언집행자로서 한 행위는 원칙적으로 무효하나, 일종의 무권대리로 보아 상속인이 추인할 때에는 유효하게 된다고 해석하여도 무방할 것이다.

◆ 유언집행자의 임무착수의 시기

제1099조 【유언집행자의 임무착수】

유언집행자가 그 취임을 승낙한 때에는 지체없이 그 임무를 이행하여야 한다.

■ § 1099. 유언집행자의 임무착수

• 유언집행자가 그 취임을 승낙한 때에는 지체없이 그 임무를 이행하여야 한다.

─────

지정유언집행자나 선임유언집행자가 유언집행자로 취임하느냐의 여부는 전적으로 본인들의 자유의사에 달려있다. 그러나 일단 취임을 승낙한 이상은 상속인 또는 이해관계인에게 미치는 영향이 크므로 유언집행의 신속을 기하기 위하여 유언집행자가 그 취임을 승낙한 때에는 지체없이 그 임무를 이행하여야 한다.

그리고 유언집행자가 승낙하여야 할 상대방은 상속인에 한한다고 보아야 할 것이며, 승낙의 의사표시없이 유언집행에 착수한 경우에는 이것을 승낙한 것으로 보아야 한다. 유언집행자가 취임을 승낙한 때에는 지체없이 유언의 내용실현을 위한 사무에 착수하여야 할 권리의무가 있으므로 이를 위반하였을 때에는 수임인의 선관의무위반 등의 책임이 생긴다.

민법은 유언인지의 경우 취임일로부터 1월 이내에 인지신고를 하여야 한다는 의무를 부과하였다.

◆ 유언집행자의 재산목록작성

제1100조【재산목록작성】

① 유언이 재산에 관한 것인 때에는 지정 또는 선임에 의한 유언집행자는 지체없이 그 재산목록을 작성하여 상속인에게 교부하여야 한다.

② 상속인의 청구가 있는 때에는 전항의 재산목록작성에 상속인을 참여하게 하여야 한다.

■ § 1100. 재산목록의 작성

• 유언이 재산에 관한 것인 때에는 지정 또는 선임에 의한 유언집행자는 지체없이 그 재산목록을 작성하여 상속인에게 교부하여야 한다.
• 상속인의 청구가 있을 때에는 재산목록작성에 상속인을 참여하게 하여야 한다.

유언이 재산에 관한 것일 때 지정 또는 선임유언집행자는 상속재산의 상황을 명백히 하기 위하여 취임후 지체없이 재산목록을 작성하여 이를 상속인에게 교부하도록 하였다. 따라서 상속인은 이 자료를 통하여 상속재산의 가액을 파악할 수 있게 되고 상속을 승인 또는 포기할 것인지의 여부를 결정하게 된다.

그 임무의 내용은 다음과 같다. 먼저 상속재산의 목록을 작성하여 상속인에게 교부하여야 한다. 상속인의 청구가 있으면 상속인을 재산목록작성에 참여하게 하여야 한다.

즉 재산목록의 작성은 유언집행자 단독으로 하는 것이 원칙이겠지만 상속인이 참여를 청구한 때에는 상속인 참여하에서 재산목록을 작성하도록 하였다. 상속인의 참여를 인정한 것은 재산목록작성의 공정을 기하려는 취지에서 나온 것이라고 생각된다.

◈ 유언집행자의 권리의무

제1101조【유언집행자의 권리의무】

유언집행자는 유증의 목적인 재산의 관리 기타 유언의 집행에 필요한 행위를 할 권리의무가 있다.

■ § 1101. 유언집행자의 권리의무 일반

• 유언집행자는 유증의 목적인 재산의 관리 기타 유언의 집행에 필요한 행위를 할 권리의무가 있다.

유언집행자의 임무는 유언자의 최종의 의사를 유언의 본지에 좇아서 집행하는데 있다. 이 때문에 유언집행자는 여러 가지 권리의무를 가진다. 본조는 일반적인 유언집행자의 권리의무를 규정한다.

이 재산목록에 따라서 유언집행자는 상속재산을 관리하고, 유언집행자에 필요한 일체의 행위를 할 권리·의무가 있다.

상속등기의 말소청구, 채권증서의 인도 등의 권리주장과 유증된 물건에 관한 채권의 이행을 수령하는 등의 수령행위, 그리고 소송·가처분신청, 재단법인설립을 위한 절차 등, 재판상·재판외의 일체의 행위를 할 수 있는 것이다.

유언집행자의 권리의무의 범위는 법률의 규정에 의하여 정해지는 경우에도 유언집행자는 유언자의 의사에 따라서 집행하는 것이므로 법정의 범위를 제한하더라도 상관없다. 따라서 유언집행자의 권리의무의 범위는 유언의 취지여하에 따라서 정해지는 것이며, 이에 제한을 가할 수 있는 것이다.

◈ 유언집행자가 수인인 경우 임무의 수행

제1102조【공동유언집행】

유언집행자가 수인인 경우에는 임무의 집행은 그 과반수의 찬성으로써 결정한다. 그러나 보존행위는 각자가 이를 할 수 있다.

■ § 1102. 공동유언집행자

• 유언집행자가 수인인 경우에는 임무의 집행은 그 과반수의 찬성으로써 결정한다.
• 가부동수로써 과반수를 얻을 수 없는 경우에는 이를 해임하여 새로 유언집행자를 선임한다.
• 그러나 보존행위는 각자가 이를 할 수 있다.

유언집행자가 수인인 경우에는 임무의 집행은 그 과반수의 찬성으로써 결정한다(제1102조 본문). 가부동수로서 과반수를 얻을 수 없는 경우에는 유언집행자를 해임하여 새로 유언집행자를 선임하거나 유언집행자를 추가 선임할 수 밖에 없을 것이다(제1102조 본문). 그러나 보존행위는 각자가 단독으로 독립하여 할 수 있다(동조 단서). 이러한 행위는 이것을 그대로 방치하여 둔다면 후에 구제할 수 없는 손해가 생길 염려가 있으므로 각자 단독으로 할 수 있도록 한 것이다.

◆ 유언집행자의 법률상 지위

제1103조 【유언집행자의 지위】

① 지정 또는 선임에 의한 유언집행자는 상속인의 대리인으로 본다.

② 제681조 내지 제685조, 제687조, 제691조와 제692조의 규정은 유언집행
자에 준용한다.

■ § 1103. 유언집행자의 지위

• 유언집행자는 상속인의 대리인으로 본다(학설대립, 민법규정).
• 유언집행자의 관리처분권 또는 상속인과의 법률관계에 대해서는 위임관계의
규정, 즉 §681 내지 §685, §687, §691 및 §692의 규정을 유언집행자에 준
용한다.

유언집행자가 이러한 행위를 함에 있어서는 상속인의 대리인으로 본다. 이 규
정을 어떻게 해석할 것인가? 다시 말해서 유언집행자의 법적지위를 어떻게 보
는가에 관하여는 법률구성상 많은 문제가 있다.

학설도 ① 유언자의 대리인설, ② 임무설, ③ 신탁법상의 수탁자와 동일시하
는 설 등으로 나뉘어 있다. 그러나 여하튼 유언집행자는 실질적으로는 유언자의
대리인이지만 우리 민법에서는 사자의 인격을 인정하지 않기 때문에 편의상 상
속인을 본인으로 하여 집행의 효과를 상속인에게 귀속시키면서 적정하게 집행
할 수 있도록 하기 위하여 의제한 것이다(이근식, 한봉희, 김주수).

유언집행자는 집행에 관한 개개의 행위에 대하여 제3자에게 위임할 수 있다.
그러나 자기에 갈음할 자를 후임하는 것은 유언자가 후임을 인정하였거나 부득
이한 사유가 있는 경우에 한한다(제1103조 2항에 의한 제682조의 준용).

유언집행자는 상속인의 대리인으로 보는 결과 위임에 관한 규정이 준용된다.
즉 선량한 관리자로서의 주의의무(제681조), 복임권의 제한(제682조), 상속인 또
는 수증자에 대한 사무보고의무(제683조), 취득물을 인도, 이전할 의무(제684조),
금전소비(제685조), 비용선급청구권(제687조), 위임종료시의 긴급처리(제691조),
위임종료의 대항요건(제692조)의 규정이 준용된다.

▣ **핵심판례** ▣

- **유증 목적물 관련 소송에서의 유언집행자의 당사자 적격 유무(적극) 및 민법 제1103조 제1항의 규정 취지**

유언집행자는 유증의 목적인 재산의 관리 기타 유언의 집행에 필요한 모든 행위를 할 권리의무가 있으므로, 유증 목적물에 관하여 경료된, 유언의 집행에 방해가 되는 다른 등기의 말소를 구하는 소송에 있어서는 유언집행자가 이른바 법정소송담당으로서 원고적격을 가진다고 할 것이고, 유언집행자는 유언의 집행에 필요한 범위 내에서는 상속인과 이해상반되는 사항에 관하여도 중립적 입장에서 직무를 수행하여야 하므로, 유언집행자가 있는 경우 그의 유언집행에 필요한 한도에서 상속인의 상속재산에 대한 처분권은 제한되며 그 제한 범위 내에서 상속인은 원고적격이 없다고 할 것이다. 민법 제1103조 제1항은 "지정 또는 선임에 의한 유언집행자는 상속인의 대리인으로 본다."고 규정하고 있으나, 이 조항은 유언집행자의 행위의 효과가 상속인에게 귀속함을 규정한 것이지, 유언집행자의 소송수행권과 별도로 상속인 본인의 소송수행권도 언제나 병존함을 규정한 것은 아니다(대법원 2001. 3. 27. 선고 2000다26920 판결).

◆ 유언집행자의 보수지급방법

제1104조 【유언집행자의 보수】

① 유언자가 유언으로 그 집행자의 보수를 정하지 아니한 경우에는 법원은 상속재산의 상황 기타 사정을 참작하여 지정 또는 선임에 의한 유언집행자의 보수를 정할 수 있다.

② 유언집행자가 보수를 받는 경우에는 제686조 제2항, 제3항의 규정을 준용한다.

■ § 1104. 유언집행자의 보수

• 유언자가 유언으로 그 집행자의 보수를 정하지 않은 경우에는 가정법원은 상속재산의 상황 기타 사정을 참작하여 지정 또는 선임에 의한 유언집행자의 보수를 정할 수 있다.
• 위의 보수에 관해서는 위임의 경우에 수임인의 보수에 관한 규정이 준용된다.

유언집행자에 대한 보수는 유언자가 정하지 아니하면 가정법원이 상속재산액의 다소, 사무의 복잡성 여부, 유언집행자의 신분지위, 수입 등 일체의 사정을 고려하여 정할 수 있다. 이 경우에 유언집행자가 보수를 희망하지 않는다면 무보수가 된다. 유언집행자의 보수에 대하여는 수임인의 보수청구에 관한 규정이 준용된다.

유언집행자는 유언집행의 사무를 종료한 후가 아니면 그 보수를 청구하지 못하며, 기간으로 보수를 정한 때에는 그 기간이 경과한 후에 이를 청구할 수 있다(제686조 2항). 그리고 유언집행자가 사무를 처리하는 중에 유언집행자에게 책임없는 사유로 인하여 사무가 종료된 때에는 유언집행자는 이미 처리한 사무의 비율로 보수를 청구할 수 있다(제686조 3항).

◆ 유언집행자의 사퇴

제1105조【유언집행자의 사퇴】

지정 또는 선임에 의한 유언집행자는 정당한 사유 있는 때에는 법원의 허가를 얻어 그 임무를 사퇴할 수 있다.

■ § 1105. 사퇴

- 지정 또는 선임에 의한 유언집행자는 정당한 사유가 있는 때에는 가정법원의 허가를 얻어 그 임무를 사퇴할 수 있다.
- 사퇴의 정당한 사유 : 질병, 공무, 외국여행, 원거리에 있는 곳으로의 이전으로 인하여 유언집행의 임무를 수행할 수 없게 된 경우
- 관련법조 : [허가절차] 가소 §2① 2. 가. 라류사건 46호, §40

지정 또는 선임에 의한 유언집행자는 정당한 사유가 있는 때에는 가정법원의 허가를 얻어 그 임무를 사퇴할 수 있다.

사퇴의 정당한 사유로서는 질병·공무·외국여행·원거리 거주등의 이유로 유언집행의 임무를 수행할 수 없는 경우를 말한다. 이것은 가정법원의 심판으로써 하며, 사퇴의 효력은 허가의 심판의 고지에 의하여 생긴다. 사퇴허가의 심판에 대하여 불복신청은 원칙적으로 불가능하나 사퇴청구를 각하한 심판에 대하여는 즉시항고를 할 수 있을 것이다.

◆ 유언집행자의 해임사유 및 절차

제1106조【유언집행자의 해임】

지정 또는 선임에 의한 유언집행자에 그 임무를 해태하거나 적당하지 아니한 사유가 있는 때에는 법원은 상속인 기타 이해관계인의 청구에 의하여 유언집행자를 해임할 수 있다.

■ § 1106. 유언집행자의 해임

- 지정 또는 선임에 의한 유언집행자에게 그 임무를 해태하거나 적당하지 않은 사유가 있는 때에는 가정법원은 상속인 기타 이해관계인의 청구에 의하여 유언집행자를 해임할 수 있다.
- 이리하여 유언집행자가 없게 된 때에는 가정법원은 이해관계인의 청구에 의하여 새로운 유언집행자를 선임한다(§1096①).

지정유언집행자나 선임유언집행자는 그 임무를 해태하거나 유언집행자로서 적당하지 아니한 사유가 있는 때에는 가정법원은 상속인 기타 이해관계인의 청구에 의하여 유언집행자를 해임할 수 있다. 이리하여 유언집행자가 없게 된 때에는 가정법원은 이해관계인의 청구에 의하여 새로운 유언집행자를 선임한다.

새로운 유언집행자가 선임될 때까지의 사이에서 종래의 유언집행자가 부담하게 될 선관의무와 퇴임 또는 해임의 대항에 대해서는 위임에 관한 규정이 준용된다.

위임에 있어서 각 당사자가 항상 해지할 수 있다는 법리와 취지를 달리한다. 여기서도 이해관계인이란 상속채권자, 수증자, 수증자의 채권자 등 유언의 집행에 관하여 이해관계를 가진 자를 말한다. 해임은 상속인 또는 이해관계인의 청구에 의하여 상속개시지의 가정법원의 심판으로 하게 된다. 그리고 해임의 효력은 해임의 심판이 유언집행자에게 고지된 때에 생긴다.

◈ 유언집행비용의 지급방법

제1107조【유언집행의 비용】

유언의 집행에 관한 비용은 상속재산 중에서 이를 지급한다.

■ § 1107. 유언집행비용

• 유언의 집행에 관한 비용은 상속재산 중에서 이를 지급한다.

유언의 집행에 관한 비용은 상속재산 중에서 이를 지급한다(제1107조). 유언집행에 관한 비용으로서는 유언증서의 검인청구비용(§1091), 상속재산목록작성비용(§1100), 상속재산의 관리비용(§1101), 유언집행자의 보수(§1104), 권리이전을 위한 등기, 등록비용, 유언의 집행에 관하여 생긴 소송비용 등이 있다.

제 5 절 유언의 철회

유언은 사람의 최종의 의사를 존중하는 제도이므로 유언자가 유효한 유언을 한 후라도 생전에는 언제든지 아무런 이유가 없더라도 자유로이 그 전부 또는 일부를 철회할 수 있다. 효력이 발생하지 않는 동안의 의사표시의 철회는 원칙적으로 자유이지만, 유언의 경우에는 특히 그 자유가 강조되어 유언자는 그 철회권을 포기할 수 없도록 하였다. 따라서 유언자는 유언을 철회하지 않는다는 계약을 체결하더라도 그 계약은 무효이다. 유언이 사람의 최종의 의사를 존중하는 제도이므로 이것은 당연한 것이다.

◈ 유언의 임의철회

제1108조 【유언의 철회】

① 유언자는 언제든지 유언 또는 생전행위로써 유언의 전부나 일부를 철회할 수 있다.

② 유언자는 그 유언을 철회할 권리를 포기하지 못한다.

■ § 1108. 유언의 철회

- 방식 : 임의철회
- 효과 : ① 유언은 처음부터 없었던 것과 같은 효과
　　　　② 철회의 효과 처음의 유언이 효력 부활

유언은 유언자의 최종의사를 존중하는 제도이며 또한 단독행위이기 때문에 한 번 유언을 하였더라도 그 후에 유언자에게 유언당시와 다른 사정변경이 생겨 그 의사를 변경하고자 할 때에는 후행의사에 의하여 선행의사를 배척하고 선행유언서에 표시된 의사의 효력이 발생하는 것을 방지하고 있다. 이것을 유언의 철회라고 한다. 특히 유언자가 임의로 철회하는 것이므로 이것을 임의철회라고 부른다.

유언자는 언제든지 유언 또는 생전행위로써 유언의 전부 또는 일부를 철회할 수 있다. 유언자는 유효한 유언을 한 후라도 그 생전에는 언제든지 자유롭게 유언을 철회할 수 있는 것이다.

유언자에게 유언철회의 자유가 인정되고 있는 것은, 유언은 사람의 최종의사를 존중하며 그 실현을 보장하기 위한 제도이므로 보다 후에 표시될 필요가 있기 때문이다. 유언철회의 자유는 이른바 유언자유의 원칙의 일면이다.

이 철회의 자유를 완전하게 확보하기 위하여 민법은 유언을 철회할 권리를 포기하지 못하도록 하고 있다. 요컨대 이 철회권의 포기는 유언자를 구속하지 아니하며, 설사 이를 포기하더라도 그 후 다시 유언을 철회하는 것은 자유인 것이다. 그런데 유언은 유언자의 사후에야 비로소 효력이 생긴다(제1073조 1항).

유언의 철회는 아무런 특별한 조항이 없음에도 불구하고 유언자가 철회의 유언 기타 생전행위로써 일단 유효하게 성립된 유언의 효력발생을 저지하는 것이다.

◈ 유언의 법정철회

제1109조 【유언의 저촉】

전후의 유언이 저촉되거나 유언후의 생전행위가 유언과 저촉되는 경우에는 그 저촉된 부분의 전유언은 이를 철회한 것으로 본다.

■ § 1109. 법정철회

- 전후의 유언이 저촉되는 경우
- 유언후의 생전행위가 유언과 저촉되는 경우

민법은 위의 임의철회 이외에 다음과 같은 경우에만 법률상 당연히 유언의 철회가 있는 것으로 보고 있다. 이것을 법정철회라고 한다. 법정철회는 유언자의 최종의사를 확보하며, 또한 미리 다툼을 피하려는데 그 취지가 있다. 유언철회는 다음과 같은 세 가지 방법이 인정되어 있다.

첫째, 앞의 유언과 저촉하는 내용의 유언을 한 경우이다. 전후 유언이 저촉한 경우에는 그 저촉된 부분의 전의 유언은 철회한 것으로 본다. 전후의 유언이 저촉되는 경우란 동일인이 전후 두 개의 유언을 하였는데, 그 내용이 서로 모순되며 양립하기 힘든 상황을 포함하고 있는 경우를 말한다. 예컨대 A에 대하여 유증의 유언을 한 후, 다시 동일한 대상을 B에게 유증하는 유언을 한 경우이다.

둘째, 유언후의 생전행위가 유언과 저촉되는 경우에는 그 저촉된 부분의 전유언은 이를 철회한 것으로 본다(제1109조 후단). 여기서 생전행위란 유언자가 생존 중에 유언의 목적인 특정의 물건에 대하여 한 처분을 말하며, 그것이 유상이건 무상이건 묻지 않는다. 예컨대 A에게 유증의 유언을 한 후, 같은 대상물을 B에게 증여 또는 매각한 경우이다.

양자가 저촉되기 위해서는 생전처분이 확정적으로 효력을 발생한 경우이어야 한다. 이들 경우에는 나중의 행위가 직접적으로 유언과 저촉되지 않더라도, 유언자의 태도 전체를 미루어 보아 유언을 철회할 의사가 있었다고 볼 수 있는 경우에도 철회된 것으로 본다.

셋째, 유언자가 고의로 유언증서나 유증의 목적물을 파훼한 때에는 그 파훼한 부분에 관한 유언은 철회한 것으로 본다(제1110조).

▣ 핵심판례 ▣

1. 포괄유증의 경우 그 유증 속에 포함되는 개개의 물건을 처분하면 그 유증이 철회된 것으로 보아야 하는지 여부

망인이 이 사건 유언증서를 작성한 후 재혼하였다거나, 이 사건 유언증서에서 피고에게 유증하기로 한 소외 한일여객운송주식회사의 주식을 처분한 사실이 있다고 하여 이 사건 제1토지에 관한 유언을 철회한 것으로 볼 수 없다(대판 1998. 5. 29. 97다38503).

2. 유언 후의 생전행위가 유언과 저촉되어 그 저촉된 부분의 전 유언이 철회된 것으로 보기 위한 요건과 그 저촉 여부 및 범위에 관한 판단 기준

유언 후의 생전행위가 유언과 저촉되는 경우에는 민법 제1109조에 의하여 그 저촉된 부분의 전(전)유언은 이를 철회한 것으로 보지만, 이러한 생전행위를 철회권을 가진 유언자 자신이 할 때 비로소 철회 의제 여부가 문제될 뿐이고 타인이 유언자의 명의를 이용하여 임의로 유언의 목적인 특정 재산에 관하여 처분행위를 하더라도 유언 철회로서의 효력은 발생하지 아니하며, 또한 여기서 말하는 '저촉'이라 함은 전의 유언을 실효시키지 않고서는 유언 후의 생전행위가 유효로 될 수 없음을 가리키되 법률상 또는 물리적인 집행불능만을 뜻하는 것이 아니라 후의 행위가 전의 유언과 양립될 수 없는 취지로 행하여졌음이 명백하면 족하다고 할 것이고, 이러한 저촉 여부 및 그 범위를 결정함에 있어서는 전후 사정을 합리적으로 살펴 유언자의 의사가 유언의 일부라도 철회하려는 의사인지 아니면 그 전부를 불가분적으로 철회하려는 의사인지 여부를 실질적으로 집행이 불가능하게 된 유언 부분과 관련시켜 신중하게 판단하여야 한다(대법원 1998. 6. 12. 선고 97다38510 판결).

◆ 유언증서 등의 파훼로 인한 유언의 철회

제1110조【파훼로 인한 유언의 철회】

유언자가 고의로 유언증서 또는 유증의 목적물을 파훼한 때에는 그 파훼한 부분에 관한 유언은 이를 철회한 것으로 본다.

■ § 1110. 파훼로 인한 유언의 철회

• 법정철회
• 유언자가 유언증서 또는 유증의 목적물을 고의로 파훼한 경우

본조는 전조와 마찬가지로 법정철회의 경우로서 첫째 유언자가 고의로 유언증서를 파훼하거나, 둘째 유증목적물을 파훼한 때에는 그 파훼된 부분에 대하여 유언을 취소한 것으로 보고 있다.

첫째, 유언자가 고의로 유언증서를 파훼한 때에는 파훼된 부분이 철회된 것을 본다. 이러한 경우에는 유언자가 유언을 철회할 의사로 이러한 행위를 하였다고 볼 수 있기 때문에 철회의 효력이 생기는 것이다. 그러므로 유언자의 의사에 의하지 아니하고 유언증서가 파훼된 경우에는 유언의 철회로는 되지 않는다고 해석하여야 할 것이다.

또한 유언의 철회가 타인의 사기 또는 강박에 의한 경우에는 그 내용이 신분상의 것이면 인지취소(제861조), 입양취소(제884조 3호) 등의 규정을 유추적용하고 재산상의 것일 때에는 민법총칙상의 일반원칙에 의하여 각각 취소함으로써 이를 부활시킬 수 있다고 하여야 할 것이다.

둘째, 유언자가 고의로 유증의 목적물을 파훼한 때에도 마찬가지이다. 유증목적물의 파훼란 물건을 형체적으로 멸실, 파손하는 것이 주가 되겠지만, 경제적 가치를 잃게 하는 것도 파훼라고 볼 수 있다. 파훼는 유언자 본인이 하여야 하므로 불가항력 또는 유언자가 시키지 않은 제3자에 의하여 파훼된 경우에는 유언서 파훼의 경우와 달라서 이해관계인은 유언서에 의하여 제3자에 대한 손해배상청구가 가능하다고 할 것이다. 고의란 유언자가 유증의 목적물임을 알면서 이것을 파훼하는 것을 말한다.

▣ 핵심판례 ▣

■ **유언증서가 그 성립 후에 멸실 또는 분실된 경우 그 유언의 효력**

유언자가 생전에 유언증서를 고의로 파훼함으로써 유언을 철회하였다고 볼 수 없는 이상, 유언자가 그 성립 후에 멸실되거나 분실되었을 사유만으로는 유언이 실효되는 것은 아니고 이해관계인은 유언증서의 내용을 입증하여 유언의 유효를 주장할 수 있다(대판 1996. 9. 20. 96다1119).

◆ 부담 있는 유언의 철회방법

제1111조【부담있는 유언의 취소】

부담있는 유증을 받은 자가 그 부담의무를 이행하지 아니한 때에는 상속인 또는 유언집행자는 상당한 기간을 정하여 이행할 것을 최고하고 그 기간내에 이행하지 아니한 때에는 법원에 유언의 취소를 청구할 수 있다. 그러나 제3자의 이익을 해하지 못한다.

■ § 1111. 부담있는 유언의 취소

* 부담있는 유증 : 유언자가 유언증서 중에서 수증자에게 자기, 그 상속인 또는 제3자를 위하여 일정한 의무를 이행하는 부담을 과한 유증
* 부담있는 유증을 받은 자가 그 부담의무를 이행하지 않은 때에는 상속인 또는 유언집행자는 상당한 기간을 정하여 이행할 것을 최고하고, 그 기간내에 이행하지 않은 때에는 가정법원에 유언의 취소를 청구할 수 있다
* 이익있는 제3자에게 대항불가
* 관련법조 : 가소 §2① 2. 가. 라류사건 48호

본조는 채무의 불이행을 이유로 하는 계약의 해제와 유사하므로 수증자가 부담의 의무를 이행하지 않으면 이것을 취소하도록 하는 것이 가능하다. 그래서 본조는 이러한 취지에서 규정된 것이라고 볼 수 있다.

본조에 규정된 유증에 특유한 취소원인은 부담부 유증을 받은 자가 그 부담의무를 이행하지 아니하여 상속인이 상당한 기간을 정하여 이행할 것을 최고하였음에도 여전히 이행하지 아니한 경우에 일어난다. 이때 상속인은 유언의 취소를 상속개시지 관할 가정법원에 청구할 수 있다.

취소의 심판이 있으면 유언은 소급하여 무효가 된다.

본조에 규정된 부담있는 유언의 취소는 유증에만 인정되는 특유한 취소원인이다. 따라서 본조의 취소는 제1108조 내지 제1110조에서처럼 철회의 의미가 아니고 민법총칙에 규정된 취소와 동일한 성격을 갖는다. 즉 이미 발생된 유언의 효력을 소멸시키는 행위인 것이다. 그러므로 본조의 규정은 유증의 효력에 관계되는 것이므로 제1088조 다음에 규정되어야 마땅하다. 그러나 수증자로부터 이

미 제3자가 취득한 이익은 그대로 보호된다. 주의할 것은 부담있는 유증을 받은 자가 그 부담의무를 이해하지 아니한 때, 그 부담을 이행하지 아니한다고 하여 곧 유증의 효력을 상실하는 것은 아니라는 점이다.

제3장   유류분(신설 1977. 12. 31.)

유류분(Pflichtteil ; réserve légale)이란 일정한 상속인을 위하여 법률상 유보된 상속재산의 일정부분을 말한다. 피상속인의 사망 후에 있어서의 상속인의 생활을 보장하고 또 상속인간의 공평을 도모하기 위하여 인정된 제도이며, 피상속인은 아무리 자기의 재산이라고 하여도 유류분을 침해하면서 처분할 수 없는 것이다. 즉 일정한 근친에게 재산을 상속시키는 것이 사회적으로 보다 합리적이므로 법정상속주의가 채용되고, 이를 유지하기 위하여는 재산의 일정부분을 상속권자를 위하여 보류하지 않으면 안된다. 유류분은 이러한 요구를 조화시키기 위한 제도이다.

그런데 유류분은 모든 상속순위자에게 인정되는 것이 아니고, 제3순위의 재산상속인, 즉 피상속인의 형제자매에 이르기까지만 인정된다(제1000~제1003조 참조). 유류분권리자는 피상속인의 증여 및 그 유증으로 인하여 그 유류분에 부족이 생긴 때에는 부족한 한도에서 그 재산의 반환을 청구할 수 있다(제1115조). 이것을 부족분에 대한 반환청구권이라고 한다. 이 경우에 유증 및 증여를 받은 자가 수인인 때에는 각자가 얻은 유증가액의 비율로 반환하여야 한다(제1115조 2항).

그리고 증여에 대하여는 유증을 반환받은 후가 아니면 이것을 청구할 수 없다(제1116조). 위의 반환청구권은 유류분권리자가 상속의 개시와 반환하여야 할 증여 또는 유증을 한 사실을 안 때로부터 1년, 또는 상속이 개시한 때로부터 10년을 경과하면 시효에 의하여 소멸된다(제1117조).

유류분권리자의 순위와 유류분의 비율은 상속인으로서의 순위에 따라서 각각 차이가 있다(제1112조).

(1) 피상속인의 직계비속은 그 법정상속분의 2분의 1(제1112조 1호).
(2) 피상속인의 배우자는 그 법정상속분의 2분의 1(제1112조 2호).
(3) 피상속인의 직계존속은 그 법정상속분의 3분의 1(제1112조 3호).
(4) 피상속인의 형제자매는 그 법정상속분의 3분의 1(제1112조 4호).

그리고 유류분은 태아에 대해서도 인정된다. 대습상속인도 피대습자의 상속분의 범위내에서 유류분을 가진다(제1118조에 의한 제1001조, 제1010조의 준용).

　이상과 같은 모든 경우에 유류분권을 행사할 수 있는 자는 재산상속의 순위상 상속권이 있는 자이어야 한다. 즉 예컨대 제1순위 상속인인 직계비속이 있는 경우에는 제2순위 상속인인 직계존속에 대해서는 유류분권이 인정되지 않는다.

　유류분의 산정방법은 다음과 같다.

(1) 유류분은 피상속인의 상속개시시에 있어서 가진 재산의 가액에 증여재산의 가액을 가산하고 채무의 전액을 공제하여 이를 산정한다(제1113조 1항).

(2) 조건부의 권리 또는 존속기간이 불확정한 권리는 가정법원이 선임한 감정인의 평가에 의하여 그 가격을 정한다(제1113조 2항).

(3) 증여는 상속개시 전의 1년간에 행한 것에 한하며 그 가격을 산정한다(제1114조 전문). 그러나 당사자 쌍방이 유류분권리자에 손해를 가할 것을 알고 증여를 한 때에는 1년 전에 한 것도 함께 산정한다(제1114조 후문).

(4) 공동상속인 중에 피상속인으로부터 특별수익분을 받은 것이 있으면 그것은 비록 상속개시 1년 전의 것이라고 하더라도 모두 산입하게 된다(제1118조, 제1008조).

◈ 유류분권리자와 유류분

제1112조 【유류분의 권리자와 유류분】

상속인의 유류분은 다음 각호에 의한다.

　1. 피상속인의 직계비속은 그 법정상속분의 2분의 1

　2. 피상속인의 배우자는 그 법정상속분의 2분의 1

　3. 피상속인의 직계존속은 그 법정상속분의 3분의 1

　4. 피상속인의 형제자매는 그 법정상속분의 3분의 1

　[본조신설 1977. 12. 31]

■ § 1112. 유류분

• 피상속인의 직계비속 : 그 법정상속분의 2분의 1
• 피상속인의 배우자 : 그 법정상속분의 2분의 1
• 피상속인의 직계존속 : 그 법정상속분의 3분의1
• 피상속인의 형제자매 : 그 법정상속분의 3분의 1

1. 의 의

　유류분이란 상속인이 상속에 즈음하여, 법률상 취득하도록 보장되어 있는 상속재산상의 이익의 일정액으로서, 피상속인의 증여 또는 유증에 의해서도 이 이익은 침해될 수 없는 것이다. 피상속인에게 유증의 자유를 인정하되, 피상속인의 사후 유족의 생활보장을 위하여 일정한 범위에서 제한을 가할 필요가 있다. 이러한 이유에서 인정된 것이 유류분제도이다. 즉, 상속이 개시되면 일정한 범위의 상속인(피상속인의 배우자. 직계비속, 직계존속, 형제자매)에 대해서는 상속재산 중에서 일정한 비율을 확보할 수 있는 권리가 인정된다. 예를들면 피상속인의 갑이 전 재산을 종교단체에 유증하였다면, 갑의 배우자와 자녀들은 상속재산의 1/2에 대해서는 종교단체를 상대로 반환청구를 할 수 있다. 상속의 근거를, 피상속인의 재산형성에 상속인이 기여하였다는 점, 피상속인과 상속인은 생활공동체를 형성하고 있었으므로 피상속인의 사후에도 부양의 필요성이 있다는 점에서 구한다면, 유류분제도의 존재이유는 자연스럽게 인정될 수 있다. 유류분은 유언자유의 원칙에 대해서 중대한 제한을 가하는 제도이다.

2. 유류분권리자와 유류분

유류분권리자는 피상속인의 직계비속, 배우자, 직계존속, 형제자매이다. 우리 민법은 1977년 민법의 일부개정으로 유류분제도를 도입하였다. 민법의 유류분제도는 개인재산처분의 자유, 거래의 안전과 가족생활의 안정, 가족재산의 공정한 분배라는 서로 대립하는 요구의 타협, 조정을 바탕으로 성립한 것이다.

유류분제도는 1977년 일부 개정민법 공포 후 1년이 경과한 날인 1979년 1월 1일 이후에 개시되는 상속에 대하여 적용하도록 하였다(부칙<1977. 12. 31.> 제1호). 민법이 인정하는 상속인의 유류분은 다음과 같다.

① 피상속인의 직계비속은 그 법정상속분의 2분의 1. ② 피상속인의 배우자는 그 법정상속분의 2분의 1. ③ 피상속인의 직계존속은 그 법정상속분의 3분의 1. ④ 피상속인의 형제자매는 그 법정상속분의 3분의 1이다.

◈ 유류분 산정의 기초가 되는 재산

제1113조【유류분의 산정】

① 유류분은 피상속인의 상속개시시에 있어서 가진 재산의 가액에 증여재산의 가액을 가산하고 채무의 전액을 공제하여 이를 산정한다.

② 조건부의 권리 또는 존속기간이 불확정한 권리는 가정법원이 선임한 감정인의 평가에 의하여 그 가격을 정한다. [본조신설 1977. 12. 31]

■ § 1113. 유류분 산정의 기초가 되는 재산

- 상속개시시에 가진 재산 : 적극재산을 의미
- 가산되는 증여 : ① 특별수익
  ② 증여와 같은 실질을 갖는 제3자를 위한 사인처분
  ③ 상당하지 않은 대가로 한 유상행위
- 공제되는 채무 : 상속채무(공법상의 채무도 포함)

본조는 유류분의 산정에 관하여 규정한 것이다.

1. 유류분권리자와 유류분의 산정

(1) 유류분권리자는 피상속인의 직계비속, 배우자와 직계존속 및 형제자매이다. 태아와 대습상속인도 유류분을 갖는다. 그리고 상속결격자와 상속포기자가 제외되는 등 모두 상속인에 관한 규정에 따른다. 포괄수증자는 상속인과 동일한 권리의무를 갖지만 상속인은 아니므로 유류분권리자가 아니다.

(2) 유류분의 비율은, 피상속인의 직계비속이나 배우자가 상속인인 경우에는 각각 그 법정상속의 2분의 1이고, 피상속인의 직계존속 및 형제자매가 상속인인 경우에는 각각 그 법정상속분의 3분의 1이다.

2. 산정의 기초

유류분의 액을 산출하기 위해서는 우선 산정의 기초가 되는 피상속인의 재산의 액을 확정하여야 한다. 유류분은 피상속인의 상속개시시에 있어서 가진 재산의 가액에 증여재산의 가액을 가산하고 채무의 전액을 공제하여 이를 산정한다(제1113조).

(1) 피상속인이 상속개시시에 가진 재산

산정의 제1차적 기초는 피상속인이 상속개시시에 가지는 재산이다.

① 상속개시시에 있어서 가진 재산이란 상속재산 중의 적극재산을 의미한다. 그리고 증여계약이 이행되지 않아서 상속개시 당시에 소유권이 피상속인에게 남아 있는 재산은 당연히 '피상속인이 상속개시시에 있어서 가진 재산'에 포함되는 것이므로 수증자가 공동상속인이든 제3자이든 가리지 않고 모두 유류분산정의 기초가 되는 재산을 구성한다(대판 1996. 8. 20. 96다13682).

대법원은 유류분 산정의 기초가 되는 증여 부동산의 가액 산정시기를 피상속인이 사망한 상속개시 당시의 가격으로 판시한 바 있다(대판 1996. 2. 9. 95다17885).

② 다만 분묘에 속한 1정보 이내의 금양임야와 600평 이내의 묘토인 농지, 족보와 제구의 소유권은 상속재산을 구성하지 않으므로 여기서 제외된다(제1008조의 3).

③ 유증의 목적인 재산은 상속개시시에 현존하는 재산으로 취급한다. 결제의 간명과 평가의 공평을 기하여, 조건부권리 또는 존속기간이 불확정한 권리의 가액은 가정법원이 선임한 감정인의 평가에 따른다. 예컨대 피상속인으로부터 승계한 채무 가운데에 갑의 일생동안 월 50,000원의 부양료를 지급하기로 한 채무가 있었다고 하면, 앞으로 갑의 생존가능한 연한의 추측에 의하여 부양료 채무의 가액이 정해지는 것이므로, 이러한 경우에 채무를 어느 정도로 견적할 것인가에 대하여 상속인간 및 상속인과 제3자 사이에 이해가 대립할 우려가 있기 때문에, 이것을 감정인의 공평한 평가에 맡기는 것이다. 같은 취지에서 연대채무와 추심불명확한 채권 등의 가액도 감정인의 평가에 의하여 결정하여야 할 것이다. 감정평가에 관하여는 민법은 아무것도 규정한 바 없으므로 감정인은 그의 자유재량에 따라 객관적인 거래가액을 기준으로 하여 평가하여야 한다. 따라서 피상속인이 유언으로 평가방법을 지정했다 하더라도 그것은 아무 효력이 없다. 저당권이 설

정되어 있는 부동산의 증여가액은 특별한 사정이 없는 한 증여잔액에서 저당권잔액을 공제한 잔액이라고 해석하여야 한다.

(2) 증여재산

상속개시 전의 1년간에 행하여진 것에 한하여 그 가액을 산정한다.

당사자쌍방이 유류분권리자에게 손해를 가할 것을 알고 증여를 한 때에는 1년 전에 한 것도 산입한다(제1114조).

3. 산정방법

(1) 부채가 적극재산을 초과하지 아니하는 경우에는 적극재산에 증여재산의 가액을 가산한 총액에서 부채의 금액을 공제하는 순서에 의한다.

(2) 부채가 적극재산을 초과하는 경우에는 수증자를 두텁게 보호해야 한다는 이유에서 다음의 3설이 있다.

① 제1설은 (1)과 동일한 순서로 하는 산정방법으로 결국 유류분은 언제나 0이 된다.

② 제2설은 먼저 적극재산에서 부채를 공제하여, 그 잔액인 0을 기초로 하여 증여재산을 가산하는 방법이다.

③ 제3설은 본조에 의하여 산출된 것은 유류분이 아닌 자유분으로 보고, 전액반환청구의 대상이 된다고 한다. 이렇게 하여, 회복된 증여부분에서 부채와 적극재산과의 차액을 공제한 잔액이 유류분이라고 한다. 요컨대 이 경우는 그 성격상 피상속인은 상속인 및 채권자에 대하여 자유롭게 처분할 수 있는 재산부분을 갖지 않았다고 보는 제3설이 타당할 것이다.

4. 평 가

평가에 관하여는 조건부의 권리 또는 존속기간이 불확정한 권리는 가정법원이 선임한 감정인의 평가에 의하여 그 가격을 정한다. 평가방법에 있어서 감정인은 자유재량에 의하여 객관적 거래가액을 표준으로 하여 평가하여야 한다.

▣ 핵심판례 ▣

■ 유류분액을 산정함에 있어서 반환의무자가 증여받은 재산의 시가 산정의 기준시기(=상속개시 당시) 및 그 증여받은 재산이 금전일 경우 가액 산정 방법

유류분반환범위는 상속개시 당시 피상속인의 순재산과 문제된 증여재산을 합한 재산을 평가하여 그 재산액에 유류분청구권자의 유류분비율을 곱하여 얻은 유류분액을 기준으로 하는 것인바, 그 유류분액을 산정함에 있어 반환의무자가 증여받은 재산의 시가는 상속개시 당시를 기준으로 하여 산정하여야 한다. 따라서 그 증여받은 재산이 금전일 경우에는 그 증여받은 금액을 상속개시 당시의 화폐가치로 환산하여 이를 증여재산의 가액으로 봄이 상당하고, 그러한 화폐가치의 환산은 증여 당시부터 상속개시 당시까지 사이의 물가변동률을 반영하는 방법으로 산정하는 것이 합리적이다(대법원 2009. 7. 23. 선고 2006다28126 판결).

◆ 유류분에 산입되는 증여

제1114조 【산입될 증여】

증여는 상속개시전의 1년간에 행한 것에 한하여 제1113조의 규정에 의하여 그 가액을 산정한다. 당사자 쌍방이 유류분권리자에 손해를 가할 것을 알고 증여를 한 때에는 1년전에 한 것도 같다. [본조신설 1977. 12. 31]

■ § 1114. 가산되는 증여

• 상속개시 전의 1년간에 한 선의의 증여
• 유류분 권리자에게 손해를 줄 것을 알고 한 증여

본조는 유류분산정의 기초가 되는 재산 중에서 증여재산에 관하여 규정한 것이다.

(1) 상속개시전 1년 이내에 한 증여는 당사자의 의사여하를 불문하고 무조건 산입된다(제1114조 본문). 이러한 증여에 관하여는 유류분권리자는 당사자의 악의를 입증할 책임을 면한다. 본문에서 말하는 증여는 증여계약(제554조 이하)뿐만 아니라 널리 기부행위(제47조), 무상으로 이익을 주는 의사표시, 무상의 채무면제 등과 같은 무상처분을 포함한다. 보통의 의례적인 것은 여기에 포함되지 않는다.

(2) 1년 전의 증여라도 당사자 쌍방이 유류분권리자에게 손해를 가할 것을 알고 증여한 것은 그 가액이 가산된다. 유류분권리자에게 손해를 가할 것을 안다고 함은, 증여당사자가 법률을 알고 있는가를 묻지 않고, 객관적으로 유류분권리자에게 손해를 가할 가능성이 있다는 사실관계를 인식하는 것을 의미하고, 유류분권리자에게 손해를 가할 의도가 있어야 하는 것까지는 요하지 않는다. 증여당사자의 악의의 유무는 증여당시의 사정에 따라 판단하여야 한다. 당사자 쌍방이 증여당시 증여재산의 가액이 유류분에 상당하는 잔존재산의 가액을 초과한다는 사실을 인식하고 있고 더욱이 장래 상속이 개시될 때까지 그 재산에 아무런 변동이 일어나지 않는다거나 적어도 증가하지 않을 것이라는 예견을 한 사실이 없는 한, 당사자의 악의는 인정될 수 있다고 본다.

　그리고 이러한 경우의 악의의 입증책임은 반환청구권을 행사하는 유류분

권리자에게 있다.

(3) 상당하지 않은 대가로써 한 유상행위도 당사자 쌍방이 유류분권리자에게 손해를 가한다는 것을 알면서 한 것에 한하여 상당한 대가를 공제한 가액을 증여로 볼 수 있으므로 이것도 가산된다.

상당하지 않은 대가였는지는 행위시의 시가에 의하여 결정된다. 예컨대 2,000만원 상당의 부동산이 1,000만원으로 매매된 경우에는 나머지 1,000만원을 증여한 것으로 보고 그 1,000만원을 가산한다.

피상속인은 이미 대금 1,000만원을 받았으며, 그 1,000만원은 피상속인의 재산중에 남아있기 때문이다.

(4) 생명보험금수취인의 무상지정 및 수취권의 무상양도의 경우에 보험금청구권은 수취인이 그 고유의 권리에 의거하여 피보험자의 사망을 원인을 하여 취득하는 것이며 피상속인으로부터 승계취득하는 것이 아니므로 보험금청구권은 유류분산정에 고려되어야 할 것이 아니라는 설도 있으나, 피보험자가 수취인을 지정하지 않고 사망한 때에는 상속재산의 일부가 되고 또 유언으로써 수취인을 지정한 때에는 유증이 되므로, 생전처분으로 한 수취인의 무상지정 또는 수취권의 무상양도도 적극재산에 가산하여야 한다는 설이 유력하다.

▣ 핵심판례 ▣

1. 유류분액의 산정에 있어서 증여재산의 시가 산정의 기준시기(=상속개시시) 및 원물반환이 불가능하여 가액반환을 명하는 경우, 그 가액 산정의 기준시기(=사실심 변론종결시)

유류분반환범위는 상속개시 당시 피상속인의 순재산과 문제된 증여재산을 합한 재산을 평가하여 그 재산액에 유류분청구권자의 유류분비율을 곱하여 얻은 유류분액을 기준으로 하는 것인바, 이와 같이 유류분액을 산정함에 있어 반환의무자가 증여받은 재산의 시가는 상속개시 당시를 기준으로 산정하여야 하고, 당해 반환의무자에 대하여 반환하여야 할 재산의 범위를 확정한 다음 그 원물반환이 불가능하여 가액반환을 명하는 경우에는 그 가액은 사실심 변론종결시를 기준으로 산정하여야 한다(대판 2005. 6. 23. 2004다51887).

2. 유류분 산정시 산입될 '증여재산'에 아직 이행되지 아니한 증여계약의 목적물이 포함되는지 여부(소극)

유류분 산정의 기초가 되는 재산의 범위에 관한 민법 제1113조 제1항에서의 '증여재산'이란 상속개시 전에 이미 증여계약이 이행되어 소유권이 수증자에게 이전된 재산을 가리키는 것이고, 아직 증여계약이 이행되지 아니하여 소유권이 피상속인에게 남아 있는 상태로 상속이 개시된 재산은 당연히 '피상속인의 상속개시시에 있어서 가진 재산'에 포함되는 것이므로, 수증자가 공동상속인이든 제3자이든 가리지 아니하고 모두 유류분 산정의 기초가 되는 재산을 구성한다(대법원 1996. 8. 20. 선고 96다13682 판결).

3. [1] 구체적으로 유류분반환청구 의사가 표시되었는지를 판단하는 방법

구체적으로 유류분반환청구 의사가 표시되었는지는 법률행위 해석에 관한 일반원칙에 따라 의사표시의 내용과 아울러 의사표시가 이루어진 동기 및 경위, 당사자가 의사표시에 의하여 달성하려고 하는 목적과 진정한 의사 및 그에 대한 상대방의 주장·태도 등을 종합적으로 고찰하여 사회정의와 형평의 이념에 맞도록 논리와 경험의 법칙, 그리고 사회일반의 상식에 따라 합리적으로 판단하여야 한다. 상속인이 유증 또는 증여행위가 무효임을 주장하여 상속 내지는 법정상속분에 기초한 반환을 주장하는 경우에는 그와 양립할 수 없는 유류분반환청구권을 행사한 것으로 볼 수 없지만, 상속인이 유증 또는 증여행위의 효력을 명확히 다투지 아니하고 수유자 또는 수증자에 대하여 재산분배나 반환을 청구하는 경우에는 유류분반환의 방법에 의할 수밖에 없으므로 비록 유류분 반환을 명시적으로 주장하지 않더라도 그 청구 속에는 유류분반환청구권을 행사하는 의사표시가 포함되어 있다고 해석함이 타당한 경우가 많다.

[2] 공동상속인이 아닌 제3자에게 한 증여에 관하여 유류분반환청구가 인정되기 위한 요건

공동상속인이 아닌 제3자에 대한 증여는 원칙적으로 상속개시 전의 1년간에 행한 것에 한하여 유류분반환청구를 할 수 있고, 다만 당사자 쌍방이 증여 당시에 유류분권리자에 손해를 가할 것을 알고 증여를 한 때에는 상속개시 1년 전에 한 것에 대하여도 유류분반환청구가 허용된다. 증여 당시 법정상속분의 2분의 1을 유류분으로 갖는 직계비속들이 공동상속인으로서 유류분권리자가 되리라고 예상할 수 있는 경우에, 제3자에 대한 증여가 유류분권리자에게 손해를 가할 것을 알고 행해진 것이라고 보기 위해서는, 당사자 쌍방이 증여 당시 증여재산의 가액이 증여하고 남은 재산의 가액을 초과한다는 점을 알았던 사정뿐만 아니라, 장래 상속개시일에 이르기까지 피상속인의 재산이 증가하지 않으리라는 점까지 예견하고 증여를 행한 사정이 인정되어야 하고, 이러한 당사자 쌍방의 가해의 인식은 증여 당시를 기준으로 판단하여야 한다(대법원 2012. 5. 24. 선고 2010다50809 판결).

◆ 유류분의 보전 : 유류분 반환청구권

제1115조 【유류분의 보전】

① 유류분권리자가 피상속인의 제1114조에 규정된 증여 및 유증으로 인하여 그 유류분에 부족이 생긴 때에는 부족한 한도에서 그 재산의 반환을 청구할 수 있다.

② 제1항의 경우에 증여 및 유증을 받은 자가 수인인 때에는 각자가 얻은 유증가액의 비례로 반환하여야 한다. [본조신설 1977. 12. 31]

■ § 1115. 유류분권리자의 반환청구권

• 형성권

• 채권자대위권의 대상

본조는 유류분의 반환청구권에 관하여 규정한 것이다.

1. 의 의

유류분의 가액이 산정되어도 유증이나 증여가 많음으로 말미암아 유류분의 가액이 상속인에게 귀속할 수 없게 되는 경우가 있을 수 있다.

이 경우를 유류분의 침해라고 하며, 이와 같이 유류분을 침해하는 유증 또는 증여에 대하여 유류분권리자가 그 유류분을 주장할 수 있는 방법이 유류분 반환청구인 것이다. 즉 유류분반환청구권이란 유류분권리자가 받은 상속재산이 유류분을 침해하는 증여 또는 유증으로 인하여 그 유류분에 부족이 생긴 때에 그 부족한 한도에서 재산의 반환을 청구할 수 있도록 유류분권리자에게 주어진 권리이다.

이와 같은 경우에 유류분을 침해한 무상처분을 당연히 무효라고 볼 수도 있겠으나, 민법은 유류분권리자에게 그 이익을 강제하는 것도 적당하지 않다고 보아 유류분의 보전을 유류분권리자의 의사에 맡기고 있다.

2. 성 질

(1) 유류분반환청구권은 유류분의 보전에 필요한 한도에서 피상속인이 한 유증 또는 증여의 효력을 실효시켜 그 목적이 된 재산의 가액을 회복하

는 권리이다.

반환청구권은 규정상 「반환을 청구할 수 있다」고 하고 있어 일견 청구권과 같아 보이지만, 이 반환청구는 상대방의 승낙을 구하는 청구권이 아니라 유류분권리자의 일방적인 의사표시로서, 자유분을 초과한 피상속인의 처분을 절대적으로 실효하게 한다는 점에서 형성권으로 보아야 할 것이다. 따라서 반환청구권의 행사는 유증받은 자와 증여받은 자에 대한 의사표시로 한다. 그 유증·증여의 목적물이 이미 급부된 경우에는 물권적 청구권이나 부당이득반환청구권에 의거하여 반환을 청구할 수 있고, 아직 이행하지 아니하였으면 이행의 의무를 면한다.

(2) 반환청구권은 상속개시전에 피청구인이 한 유류분을 침해한 유증 또는 증여에 대하여 상속개시후에 행사되는 것이다. 따라서 상속인이 피상속인으로부터 일단 상속받은 재산인 이상, 설령 피상속인의 의사에 쫓아 제3자에게 이전하였다고 하더라도 유류분침해의 문제는 일어나지 않는다.

(3) 반환청구권자는 유류분권리자 및 그 승계인이다. 승계인이란 유류분권리자의 승계인, 그 상속분의 양수인, 포괄적 수증자, 반환청구권의 양수인 등이다.

유류분권리자의 채권자, 유류분권리자가 파산한 경우에는 파산관재인, 부재자의 재산관리인도 유류분권리자에 갈음하여 그 반환을 청구할 수 있다. 그러나 상속인이 한정승인한 경우에 상속채권자에 의한 반환청구권의 대위행사에 관하여는 견해가 나뉘어 있으나, 적극적으로 해석하여야 할 것이다.

(4) 반환청구를 받는 상대방은 유증받은 자와 증여받은 자 및 그 상속인이다. 유언집행자가 있는 경우에는 유언집행자는 유언자의 의사를 대행하여 상속재산을 관리하는 성질을 갖고 있으므로, 포괄유증·특정유증을 묻지 않고 유언집행자를 반환청구의 상대방으로 보아도 무방하다는 것이 통설적 견해이다.

그리고 유증받은 자 또는 증여받은 자로부터 유증 또는 증여의 목적물을 양수한 자에 대해서는 목적물의 반환을 청구할 수 없다. 이것은 제3자, 나아가서는 거래의 안전을 보호하기 위한 취지에서이다.

3. 반환청구의 방법

유류분 반환청구의 행사는 재판상 또는 재판 외에서 상대방에 대한 의사표시의 방법으로 할 수 있고, 이 경우 그 의사표시는 침해를 받은 유증 또는 증여행위를 지정하여 이에 대한 반환청구의 의사를 표시하면 그것으로 족하고, 그 의사표시로 소멸시효의 진행도 중단된다(대판 1995. 6. 30. 93다11715).

(1) 반환청구의 상대방

반환청구의 상대방은 유류분을 침해한 유증받은 자와 증여를 받은 자 및 그 상속인이고, 유언집행자도 이에 포함된다고 해석된다. 유증 또는 증여를 받은 자로부터 목적물을 양수한 자가 악의인 경우에는 이 양수인에 대해서도 반환청구를 할 수 있다고 보아야 한다(대판 2002. 4. 26. 2000다8878).

(2) 반환청구의 범위

유류분의 보전은 유류분에 부족한 한도에서 하여야 한다. 따라서 증여의 일부만이 유류분을 침해하였을 때에는 그 침해의 정도내에서 반환을 청구할 수 있을 뿐이다.

(3) 유류분권리자가 수인인 경우의 반환청구방법

유류분권리자가 수인인 때에도 각 권리자가 갖는 반환청구권은 각각 독립한 것이므로, 1인이 행사하더라도 다른 권리자에게 전혀 영향을 미치지 않는다.

(4) 유류분의 반환방법

우리 민법은 유류분제도를 인정하여 제1112조부터 제1118조까지 이에 관하여 규정하면서도 유류분의 반환방법에 관하여 별도의 규정을 두지 않고 있는 바, 다만 제1115조 제1항이 "부족한 한도에서 그 재산의 반환을 청구할 수 있다"고 규정한 점 등에 비추어 반환의무자는 통상적으로 증여 또는 유증대상재산 그 자체를 반환하면 될 것이나 위 원물반환이 불가능한 경우에는 그 가액 상당액을 반환할 수 밖에 없다(대판 2005. 6. 3. 2004다51807).

증여를 받은 자가 수인인 경우에도 각자가 얻은 증여가액의 비례로 반환하여야 한다. 이 규정은 유증에 준하는 사인처분이 여러개 있는 경우에도 적용된다.

4. 효 력

(1) 유류분에 부족한 한도에서 유증과 증여의 효력이 소멸한다. 따라서 이미 이행된 증여(유증)의 목적물이 특정물인 경우에는 증여(유증)를 받은 자는 소유권을 유류분권리자에게 이전할 채무를 부담한다.

(2) 반환을 청구받은 증여(유증)를 받은 자는 그 목적물과 더불어 반환청구를 받은 날 이후의 과실에 대한 반환의무도 부담하여야 할 것이다.

(3) 상당하지 아니한 대가로 한 유상행위에 대하여는 그 대가를 상환하여야 할 것이다.

(4) 증여받은 자가 반환청구를 받기 전에 증여의 목적물을 이미 제3자에게 양도한 경우에는 그 대가를 청구할 수 있는데 그친다고 볼 것이다. 이것은 현물반환의 원칙에 대한 예외로서, 제3자의 보호와 거래의 안전을 위함과 동시에 유류분권리자의 이익을 위하여 더욱더 필요하다 하겠다. 증여받은 자가 증여의 목적물 위에 지상권이나 저당권과 같은 권리를 설정한 경우에도 마찬가지로 해석하여야 한다.

▣ 핵심판례 ▣

1. 유류분반환청구권 행사의 방법

가. 유류분반환청구권의 행사는 재판상 또는 재판 외에서 상대방에 대한 의사표시의 방법으로 할 수 있고, 이 경우 그 의사표시는 침해를 받은 유증 또는 증여행위를 지정하여 이에 대한 반환청구의 의사를 표시하면 그것으로 족하며, 그로 인하여 생긴 목적물의 이전등기청구권이나 인도청구권 등을 행사하는 것과는 달리 그 목적물을 구체적으로 특정하여야 하는 것은 아니고, 민법 제1117조에 정한 소멸시효의 진행도 그 의사표시로 중단된다.

나. 유류분액 및 그 침해액을 산정하기 위해서는 유류분 산정의 기초가 되는 전 재산의 가액에 대한 심리가 전제되어야 한다.

다. 유류분반환청구권의 행사에 의하여 반환되어야 할 유증 또는 증여의 목적이 된 재산이 타인에게 양도된 경우 그 양수인이 양도 당시 유류분권리자를 해함을 안 때에는 양수인에 대하여도 그 재산의 반환을 청구할 수 있다(대판 2002. 4. 26. 2000다8878).

2. **기여상속인이 민법 소정의 방식에 따라 기여분이 결정이 되기 전에 유류 분반환청구소송에서 상속재산 중 자신의 기여분에 대한 공제항변을 할 수 있는지 여부**

공동상속인 중 피상속인의 재산의 유지 또는 증가에 관하여 특별히 기여하거나 피상속인을 특별히 부양한 자가 있는 경우 그 기여분의 산정은 공동상속인들의 협의에 의하여 정하도록 되어 있고, 협의가 되지 않거나 협의할 수 없는 때에는 기여자의 신청에 의하여 가정법원이 심판으로 이를 정하도록 되어 있으므로 이와 같은 방법으로 기여분이 결정되기 전에는 유류분반환청구소송에서 피고가 된 기 여상속인은 상속재산 중 자신의 기여분을 공제할 것을 항변으로 주장할 수 없다 (대판 1994. 10. 14. 94다8334).

3. **상속재산분할청구 없이 유류분반환청구가 있다는 사유만으로 기여분결정 청구가 허용되는지 여부**

기여분은 상속재산분할의 전제문제로서의 성격을 갖는 것이므로 상속재산분할의 청구나 조정신청이 있는 경우에 한하여 기여분결정청구를 할 수 있고, 다만 예외 적으로 상속재산분할 후에라도 피인지자나 재판의 확정에 의하여 공동상속인이 된 자의 상속분에 상당한 가액의 지급청구가 있는 경우에는 기여분의 결정청구를 할 수 있다고 해석되며, 상속재산분할의 심판청구가 없음에도 단지 유류분반환청 구가 있다는 사유만으로는 기여분결정청구가 허용된다고 볼 것은 아니다(대판 1999. 8. 24. 99스28).

4. **가. 유류분의 반환방법**

우리 민법은 유류분제도를 인정하여 제1112조부터 제1118조까지 이에 관하여 규정하면서도 유류분의 반환방법에 관하여 별도의 규정을 두지 않고 있는바, 다만 제1115조 제1항이 '부족한 한도에서 그 재산의 반환을 청구할 수 있다.' 고 규정한 점 등에 비추어 반환의무자는 통상적으로 증여 또는 유증대상 재 산 그 자체를 반환하면 될 것이나 위 원물반환이 불가능한 경우에는 그 가액 상당액을 반환할 수밖에 없다.

나. 유류분액의 산정에 있어서 증여재산의 시가 산정의 기준시기(=상속개 시시) 및 원물반환이 불가능하여 가액반환을 명하는 경우, 그 가액 산 정의 기준시기(=사실심 변론종결시)

유류분반환범위는 상속개시 당시 피상속인의 순재산과 문제된 증여재산을 합 한 재산을 평가하여 그 재산액에 유류분청구권자의 유류분비율을 곱하여 얻 은 유류분액을 기준으로 하는 것인바, 이와 같이 유류분액을 산정함에 있어 반환의무자가 증여받은 재산의 시가는 상속개시 당시를 기준으로 산정하여야 하고, 당해 반환의무자에 대하여 반환하여야 할 재산의 범위를 확정한 다음 그 원물반환이 불가능하여 가액반환을 명하는 경우에는 그 가액은 사실심 변론종결시를 기준으로 산정하여야 한다.

다. 유류분으로 반환하여야 할 대상이 주식인 경우, 반환의무자가 피상속인으로부터 증여받은 주권 그 자체를 보유하고 있지 않다고 하더라도 그 대체물인 주식을 제3자로부터 취득하여 반환할 수 없다는 등의 특별한 사정이 없는 한 원물반환의무의 이행이 불가능한 것은 아니라고 한 사례

유류분으로 반환하여야 할 대상이 주식인 경우, 반환의무자가 피상속인으로부터 증여받은 주권 그 자체를 보유하고 있지 않다고 하더라도 그 대체물인 주식을 제3자로부터 취득하여 반환할 수 없다는 등의 특별한 사정이 없는 한 원물반환의무의 이행이 불가능한 것은 아니라고 한 사례.

라. 주식병합으로 발행된 신주권이 병합 전의 주식을 표창하고 그와 동일성을 유지하는지 여부(적극)

주식병합의 효력이 발생하면 회사는 신주권을 발행하고(상법 제442조 제1항), 주주는 병합된 만큼 감소된 수의 신주권을 교부받게 되는바, 이에 따라 교환된 주권은 병합 전의 주식을 여전히 표창하면서 그와 동일성을 유지한다(대법원 2005. 6. 23. 선고 2004다51887 판결).

5. 공동상속인 중 1인이 자신의 법정상속분 상당의 상속채무 분담액을 초과하여 유류분권리자의 상속채무 분담액까지 변제한 경우, 그러한 사정을 유류분권리자의 유류분 부족액 산정 시 고려할 것인지 여부(소극)

금전채무와 같이 급부의 내용이 가분인 채무가 공동상속된 경우, 이는 상속개시와 동시에 당연히 공동상속인들에게 법정상속분에 따라 상속된 것으로 봄이 타당하므로, 법정상속분 상당의 금전채무는 유류분권리자의 유류분 부족액을 산정할 때 고려하여야 할 것이나, 공동상속인 중 1인이 자신의 법정상속분 상당의 상속채무 분담액을 초과하여 유류분권리자의 상속채무 분담액까지 변제한 경우에는 유류분권리자를 상대로 별도로 구상권을 행사하여 지급받거나 상계를 하는 등의 방법으로 만족을 얻는 것은 별론으로 하고, 그러한 사정을 유류분권리자의 유류분 부족액 산정 시 고려할 것은 아니다(대법원 2013. 3. 14. 선고 2010다42624 판결).

◆ 반환청구의 순서

제1116조【반환의 순서】

증여에 대하여는 유증을 반환받은 후가 아니면 이것을 청구할 수 없다.

[본조신설 1977. 12. 31]

■ § 1116. 반환의 순서

• 유증과 증여가 있는 때
• 그 밖의 경우 : ① 유증이 수개인 때는 안분적으로 배분
                ② 증여가 수개인 때는 후의 증여부터 순차로 반환청구
                ③ 수개의 증여가 동시에 행해진 때는 안분적으로 배분

반환청구를 받게 되는 유증 또는 증여가 복수인 경우에는 거래의 안전을 고려하여 일정한 순서를 법정하고 있다.

(1) 증여에 대하여는 유증을 반환받은 후가 아니면 이것을 청구할 수 없다. 사인증여도 유증에 준하는 것으로 하여 증여보다 먼저 반환을 받게 된다고 해석하여야 할 것이다.

(2) 유증을 받은 자가 수인인 경우에는 각자가 얻은 유증가액의 비례로 반환하여야 할 것이다.

(3) 증여를 받은 자가 수인인 경우에도 유증과 마찬가지로 각자가 얻은 증여가액의 비례로 반환하여야 한다.

▣ 핵심판례 ▣

1. 유류분반환청구에 있어 사인증여를 유증으로 볼 수 있는지 여부(적극)

유류분반환청구의 목적인 증여나 유증이 병존하고 있는 경우에는 유류분권리자는 먼저 유증을 받은 자를 상대로 유류분침해액의 반환을 구하여야 하고, 그 이후에도 여전히 유류분침해액이 남아 있는 경우에 한하여 증여를 받은 자에 대하여 그 부족분을 청구할 수 있는 것이며, 사인증여의 경우에는 유증의 규정이 준용될 뿐만 아니라 그 실제적 기능도 유증과 달리 볼 필요가 없으므로 유증과 같이 보아

야 할 것이다(대판 2001. 11. 30. 2001다6947).

2. 가. 유류분으로 반환하여야 할 대상이 주식인 경우 원물반환의무 이행 가
능 여부

유류분으로 반환하여야 할 대상이 주식인 경우, 반환의무자가 피상속인으로
부터 증여받은 주권 그 자체를 보유하고 있지 않다고 하더라도 그 대체물인
주식을 제3자로부터 취득하여 반환할 수 없다는 등의 특별한 사정이 없는 한
원물반환의무의 이행이 불가능한 것은 아니다.

나. 주식병합으로 발행된 신주권이 병합 전의 주식을 표창하고 그와 동일
성을 유지하는지 여부(적극)

주식병합의 효력이 발생하면 회사는 신주권을 발행하고(상법 제442조 제1항),
주주는 병합된 만큼 감소된 수의 신주권을 교부받게 되는바, 이에 따라 교환
된 주권은 병합 전의 주식을 여전히 표창하면서 그와 동일성을 유지한다(대
판 2005. 6. 23. 2004다51887).

◆ 반환청구의 소멸시효

제1117조 【소멸시효】

반환의 청구권은 유류분권리자가 상속의 개시와 반환하여야 할 증여 또는 유증을 한 사실을 안 때로부터 1년내에 하지 아니하면 시효에 의하여 소멸한다. 상속이 개시한 때로부터 10년을 경과한 때도 같다.

[본조신설 1977. 12. 31]

■ § 1117. 유류분권리자의 반환청구권의 소멸

• 상속개시와 반환할 증여등을 안 때로부터 1년 혹은 상속개시일로부터 10년 내
• 제척기간(통설), 소멸시효기간(판례)

(1) 유류분의 반환청구권은 유류분권리자가 상속의 개시와 반환하여야 할 증여 또는 유증의 사실을 안 때로부터 1년 이내에 행사하지 않으면 시효에 의하여 소멸한다(제1117조 전단). '반환하여야 증여 등을 한 사실을 안 때'라 함은 증여 등의 사실 및 이것이 반환하여야 할 것임을 안 때라고 해석하여야 한다(대판 2001. 9. 14. 2000다66430·66447)

(2) 상속이 개시된 때로부터 10년을 경과하면 반환청구권은 소멸한다(제1117조 후단). 이 기간은 제척기간이라고 해석하는 것이 통설이지만 판례는 소멸시효라고 보고 있으며, 소멸시효의 진행도 그 의사표시로 중단된다고 한다(대판 1993. 4. 13. 92다3595).

유류분권리자는 유류분을 침해한 유증 또는 증여를 지정하여 이에 대한 반환청구의 의사를 표시하면 되고, 그 목적물을 구체적으로 특정할 필요는 없다. 이 의사표시는 재판상 또는 재판외에서 행사될 수 있다.

▣ 핵심판례 ▣

■ [소멸시효]

1. 유류분반환청구기간에 관한 민법 제1117조 후단 소정의 "10년"이 소멸시효기간인지 여부(적극)

민법 제1117조의 규정내용 및 형식에 비추어 볼 때 같은 법조 전단의 1년의 기간은 물론 같은 법조 후단의 10년의 기간도 그 성질은 소멸시효기간이다(1993. 4. 13. 제1부 판결 92다3595 소유권이전등기말소).

2. 유류분권리자가 수증자와의 재판과정에서 수증자의 증여 주장 및 그에 부합하는 증언의 존재를 알았다는 것만으로는 증여사실을 알았다고 할 수 없다고 한 사례

유류분권리자가 수증자와의 재판과정에서 수증자의 증여 주장 및 그에 부합하는 증언의 존재를 알았다는 것만으로는 증여사실을 알았다고 할 수 없다고 한 사례(1994. 4. 12. 제1부 판결 93다52563 소유권이전등기말소).

3. 가. 공동상속인 및 공동상속인이 아닌 제3자가 피상속인으로부터 각각 증여 또는 유증을 받은 경우, 각자의 유류분반환의무의 범위

유류분권리자가 유류분반환청구를 함에 있어 증여 또는 유증을 받은 다른 공동상속인이 수인일 때에는 각자 증여 또는 유증을 받은 재산 등의 가액이 자기 고유의 유류분액을 초과하는 상속인에 대하여 그 유류분액을 초과한 가액의 비율에 따라서 반환을 청구할 수 있고, 공동상속인과 공동상속인 아닌 제3자가 있는 경우에는 그 제3자에게는 유류분이 없으므로 공동상속인에 대하여는 자기 고유의 유류분액을 초과한 가액을 기준으로 하여, 제3자에 대하여는 그 증여 또는 유증받은 재산의 가액을 기준으로 하여 그 각 가액의 비율에 따라 반환청구를 할 수 있다.

나. 유류분반환청구권의 단기소멸시효기간의 기산점인 민법 제1117조의 '유류분권리자가 상속의 개시와 반환하여야 할 증여 또는 유증을 한 사실을 안 때'의 의미

민법 제1117조가 규정하는 유류분반환청구권의 단기소멸시효기간의 기산점인 '유류분권리자가 상속의 개시와 반환하여야 할 증여 또는 유증을 한 사실을 안 때'는 유류분권리자가 상속이 개시되었다는 사실과 증여 또는 유증이 있었다는 사실 및 그것이 반환하여야 할 것임을 안 때를 뜻한다.

다. 해외에 거주하다가 피상속인의 사망사실을 뒤늦게 알게 된 상속인이 유증사실 등을 제대로 알 수 없는 상태에서 다른 공동상속인이 교부한 피상속인의 자필유언증서 사본을 보았다는 사정만으로는 자기의

유류분을 침해하는 유증이 있었음을 알았다고 볼 수 없고, 그 후 유
언의 검인을 받으면서 자필유언증서의 원본을 확인한 시점에 그러한
유증이 있었음을 알았다고 본 사례

　해외에 거주하다가 피상속인의 사망사실을 뒤늦게 알게 된 상속인이 유증사
실 등을 제대로 알 수 없는 상태에서 다른 공동상속인이 교부한 피상속인의
자필유언증서 사본을 보았다는 사정만으로는 자기의 유류분을 침해하는 유증
이 있었음을 알았다고 볼 수 없고, 그 후 유언의 검인을 받으면서 자필유언
증서의 원본을 확인한 시점에 그러한 유증이 있었음을 알았다고 본 사례(대
법원 2006. 11. 10. 선고 2006다46346 판결).

◈ 유류분에 준용되는 규정

제1118조【준용규정】

제1001조, 제1008조, 제1010조의 규정은 유류분에 이를 준용한다. [본조신설 1977. 12. 31]

■ § 1118. 유류분

• 유류분은 태아에 대해서도 인정
• 대습상속인도 피대습자의 상속분의 범위내에서 유류분을 가진다.
• 공동상속인 중에 생전증여에 의한 특별수익자가 있는 경우 공동상속인간의
  유류분반환청구 : §1114 배제, §1008 준용

　태아도 살아서 출생하면 직계비속으로서 유류분을 가진다. 대습상속인도 피대습자의 상속분의 범위 내에서 유류분을 가진다(제1118조에 의한 제1001조, 제1010조의 준용). 이상과 같은 모든 경우에 유류분권을 행사할 수 있는 자는 재산상속의 순위상 상속권이 있는 자이어야 한다. 즉 예컨대 제1순위 상속인인 직계비속이 있는 경우에는 제2순위 상속인인 직계존속에 대해서 유류분권이 인정되지 않는다.

　공동상속인 중에 피상속인으로부터 특별수익분을 받은 것이 있으면 그것이 비록 상속개시 1년 전의 것이라고 하더라도 모두 산입하게 된다(제1118조, 제1008조). 이러한 것은 상속재산을 미리 준 것이 되므로 공동상속인 사이의 공평을 위해서 산입되어야 하는 것은 당연하다.

부　칙

제1조 【구법의 정의】
　부칙에서 구법이라 함은 본법에 의하여 폐지되는 법령 또는 법령중의 조항을
말한다.

제2조 【본법의 소급효】
　본법은 특별한 규정이 있는 경우외에는 본법 시행일전의 사항에 대하여도 이를
적용한다. 그러나 이미 구법에 의하여 생긴 효력에 영향을 미치지 아니한다.

제3조 【공증력있는 문서와 그 작성】
　① 공증인 또는 법원서기의 확정일자인있는 사문서는 그 작성일자에 대한 공
　　증력이 있다.
　② 일자확정의 청구를 받은 공증인 또는 법원서기는 확정일자부에 청구자의
　　주소, 성명 및 문서명목을 기재하고 그 문서에 기부번호를 기입한 후 일자
　　인을 찍고 장부와 문서에 계인을 하여야 한다.
　③ 일자확정은 공증인에게 청구하는 자는 법무부령이, 법원서기에게 청구하는
　　자는 대법원규칙이 각각 정하는 바에 의하여 수수료를 납부하여야 한다.
　　<개정 1970. 6. 18>
　④ 공정증서에 기입한 일자 또는 공무소에서 사문서에 어느 사항을 증명하고
　　기입한 일자는 확정일자로 한다.

제4조 【구법에 의한 한정치산자】
　① 구법에 의하여 심신모약자 또는 낭비자로 준금치산선고를 받은 자는 본법
　　시행일로부터 본법의 규정에 의한 한정치산자로 본다.
　② 구법에 의하여 농자, 아자 또는 맹자로 준금치산선고를 받은 자는 본법 시
　　행일로부터 능력을 회복한다.

제5조 【부의 취소권에 관한 경과규정】
　구법에 의하여 처가 부의 허가를 요할 사항에 관하여 허가없이 그 행위를 한
경우에도 본법 시행일후에는 이를 취소하지 못한다.

제6조 【법인의 등기기간】

법인의 등기사항에 관한 등기기간은 본법 시행일전의 사항에 대하여도 본법의 규정에 의한다.

제7조 【벌칙에 관한 불소급】

① 구법에 의하여 과료에 처할 행위로 본법 시행당시 재판을 받지 아니한 자에 대하여는 본법에 의하여 과태료에 처할 경우에 한하여 이를 재판한다.

② 전항의 과태료는 구법의 과료액을 초과하지 못한다.

제8조 【시효에 관한 경과규정】

① 본법 시행당시에 구법의 규정에 의한 시효기간을 경과한 권리는 본법의 규정에 의하여 취득 또는 소멸한 것으로 본다.

② 본법 시행당시에 구법에 의한 소멸시효의 기간을 경과하지 아니한 권리에는 본법의 시효에 관한 규정을 적용한다.

③ 본법 시행당시에 구법에 의한 취득시효의 기간을 경과하지 아니한 권리에는 본법의 소유권취득에 관한 규정을 적용한다.

④ 제1항과 제2항의 규정은 시효기간이 아닌 법정기간에 이를 준용한다.

제9조 【효력을 상실한 물권】

구법에 의하여 규정된 물권이라도 본법에 규정한 물권이 아니면 본법 시행일로부터 물권의 효력을 잃는다. 그러나 본법 또는 다른 법률에 특별한 규정이 있는 경우에는 그러하지 아니하다.

제10조 【소유권이전에 관한 경과규정】

① 본법 시행일전의 법률행위로 인한 부동산에 관한 물권의 득실변경은 이 법 시행일로부터 6년내에 등기하지 아니하면 그 효력을 잃는다.<개정 1962. 12. 31, 1964. 12. 31>

② 본법 시행일전의 동산에 관한 물권의 양도는 본법 시행일로부터 1년내에 인도를 받지 못하면 그 효력을 잃는다.

③ 본법 시행일전의 시효완성으로 인하여 물권을 취득한 경우에도 제1항과 같다.

▣ 핵심판례 ▣

■ [소유권이전에 관한 경과규정]

구 민법 시행 당시 부동산을 매수하였으나 민법 시행일로부터 6년 내에 등기하지 아니한 자의 권리관계

구 민법 시행 당시 부동산을 매수하였으나 민법 시행일로부터 6년 내에 등기하지 아니한 경우 민법 부칙 제10조에 따라서 위 매매에 의하여 취득한 위 부동산의 소유권을 상실하였다고 할 것이고, 다만 위 매매는 유효하므로 이에 기하여 매도인에 대한 채권으로서의 소유권이전등기청구권을 보유한다고 할 것이다(1992. 9. 1. 제2부 판결 92다24851 임야소유권확인).

제11조 【구관에 의한 전세권의 등기】

본법 시행일전에 관습에 의하여 취득한 전세권은 본법 시행일로부터 1년내에 등기함으로써 물권의 효력을 갖는다.

제12조 【판결에 의한 소유권이전의 경우】

소송으로 부칙제10조의 규정에 의한 등기 또는 인도를 청구한 경우에는 그 판결확정의 날로부터 6월내에 등기를 하지 아니하거나 3월내에 인도를 받지 못하거나 강제집행의 절차를 취하지 아니한 때에는 물권변동의 효력을 잃는다.

제13조 【지상권존속기간에 관한 경과규정】

본법 시행일전에 지상권설정행위로 정한 존속기간이 본법 시행당시에 만료하지 아니한 경우에는 그 존속기간에는 본법의 규정을 적용한다. 설정행위로 지상권의 존속기간을 정하지 아니한 경우에도 같다.

제14조 【존속되는 물권】

본법 시행일전에 설정한 영소작권 또는 부동산질권에 관하여는 구법의 규정을 적용한다. 그러나 본법 시행일후에는 이를 갱신하지 못한다.

제15조 【임대차기간에 관한 경과규정】

본법 시행일전의 임대차계약에 약정기간이 있는 경우에도 그 기간이 본법 시행당시에 만료하지 아니한 때에는 그 존속기간에는 본법의 규정을 적용한다.

제16조 【선취특권의 실효】

본법 시행일전에 구법에 의하여 취득한 선취특권은 본법 시행일로부터 그 효력을 잃는다.

제17조 【처의 재산에 대한 부의 권리】

본법 시행일전의 혼인으로 인하여 부가 처의 재산을 관리, 사용 또는 수익하는 경우에도 본법 시행일로부터 부는 그 권리를 잃는다.

제18조 【혼인, 입양의 무효, 취소에 관한 경과규정】

① 본법 시행일전의 혼인 또는 입양에 본법에 의하여 무효의 원인이 되는 사유가 있는 때에는 이를 무효로 하고 취소의 원인이 되는 사유가 있는 때에는 본법의 규정에 의하여 이를 취소할 수 있다. 이 경우에 취소기간이 있는 때에는 그 기간은 본법 시행일로부터 기산한다.

② 본법 시행일전의 혼인 또는 입양에 구법에 의한 취소의 원인이 되는 사유가 있는 경우에도 본법의 규정에 의하여 취소의 원인이 되지 아니할 때에는 본법 시행일후에는 이를 취소하지 못한다.

제19조 【이혼, 파양에 관한 경과규정】

① 본법 시행일전의 혼인 또는 입양에 본법에 의하여 이혼 또는 파양의 원인이 되는 사유가 있는 때에는 본법의 규정에 의하여 재판상의 이혼 또는 파양의 청구를 할 수 있다. 이 경우에 그 청구기간이 있는 때에는 그 기간은 본법 시행일로부터 기산한다.

② 본법 시행일전의 혼인 또는 입양에 구법에 의하여 이혼 또는 파양의 원인이 되는 사유가 있는 경우에도 본법의 규정에 의하여 이혼 또는 파양의 원인이 되지 아니하는 때에는 본법 시행일후에는 재판상의 이혼 또는 파양의 청구를 하지 못한다.

제20조 【친권】

성년에 달한 자는 본법 시행일로부터 친권에 복종하지 아니한다.

제21조 【모의 친권행사에 관한 제한의 폐지】

구 법에 의하여 친권자인 모가 친족회의 동의를 요할 사항에 관하여 그 동의 없이 미성년자를 대리한 행위나 미성년자의 행위에 대한 동의를한 경우에도 본법 시행일후에는 이를 취소하지 못한다.

제22조 【후견인에 관한 경과규정】

① 구 법에 의하여 미성년자 또는 금치산자에 대한 후견이 개시된 경우에도

그 후견인의 순위, 선임, 임무 및 결격에 관한 사항에는 본법 시행일로부
터 본법의 규정을 적용한다.

② 구 법에 의하여 준금치산선고를 받은 자에 대하여도 그 후견에 관한 사항
은 전항과 같다.

제23조 【보좌인등에 관한 경과규정】

구 법에 의한 보좌인, 후견감독인 및 친족회원은 본법 시행일로부터 그 지위
를 잃는다. 그러나 본법 시행일전에 구법의 규정에 의한 보좌인, 후견감독인
또는 친족회가 행한 동의는 그 효력을 잃지 아니한다.

제24조 【부양의무에 관한 본법적용】

구 법에 의하여 부양의무가 개시된 경우에도 그 순위, 선임 및 방법에 관한
사항에는 본법 시행일로부터 본법의 규정을 적용한다.

제25조 【상속에 관한 경과규정】

① 본법 시행일전에 개시된 상속에 관하여는 본법 시행일후에도 구법의 규정
을 적용한다.

② 실종선고로 인하여 호주 또는 재산상속이 개시되는 경우에 그 실종기간이
구법 시행기간중에 만료하는때에도 그 실종이 본법 시행일후에 선고된 때
에는 그 상속순위, 상속분 기타 상속에 관하여는 본법의 규정을 적용한다.

제26조 【유언에 관한 경과규정】

본법 시행일전의 관습에 의한 유언이 본법에 규정한 방식에 적합하지 아니한
경우에라도 유언자가 본법 시행일로부터 유언의 효력발생일까지 그 의사표시
를 할 수 없는 상태에 있는 때에는 그 효력을 잃지 아니한다.

제27조 【폐지법령】

다음 각호의 법령은 이를 폐지한다.

1. 조선민사령 제1조의 규정에 의하여 의용된 민법, 민법시행법, 연령계산에관
한법률
2. 조선민사령과 동령 제1조에 의하여 의용된 법령중 본법의 규정과 저촉되는
법조
3. 군정법령중 본법의 규정과 저촉되는 법조

제28조 【시행일】

　본법은 단기 4293년 1월 1일부터 시행한다.

부 칙 (1962. 12. 29)(1962. 12. 31)

　본법은 1963년 1월 1일부터 시행한다.

부 칙 (1964. 12. 31)

　이 법은 1965년 1월 1일부터 시행한다.

부 칙 (1970. 6. 18)

　이 법은 공포한 날로부터 시행한다.

부 칙 (1977. 12. 31)

　① 이 법은 공포후 1년이 경과한 날로부터 시행한다.

　② 이 법은 종전의 법률에 의하여 생긴 효력에 대하여 영향을 미치지 아니한다.

　③ 이 법 시행일전에 혼인한 자가 20세에 달한 때에는 그 혼인이 종전의 법
　　제808조 제1항의 규정에 위반한 때에도 그 취소를 청구할 수 없다.

　④ 이 법 시행일전에 혼인한 자가 미성년자인 때에는 이 법 시행일로부터 성
　　년자로 한다.

　⑤ 이 법 시행일전에 개시된 상속에 관하여는 이 법 시행일후에도 종전의 규
　　정을 적용한다.

　⑥ 실종선고로 인하여 상속이 개시되는 경우에 그 실종기간이 이 법 시행일
　　후에 만료된 때에는 그 상속에 관하여 이 법의 규정을 적용한다.

부 칙 (1984. 4. 10)

　① (시행일) 이 법은 1984년 9월 1일부터 시행한다.

　② (경과조치의 원칙) 이 법은 특별한 규정이 있는 경우를 제외하고는 이 법
　　시행전에 생긴 사항에 대하여도 이를 적용한다. 그러나 종전의 규정에 의
　　하여 생긴 효력에는 영향을 미치지 아니한다.

　③ (실종선고에 관한 경과조치) 제27조제2항의 개정규정은 이 법 시행전에 사
　　망의 원인이 될 위난이 발생한 경우에도 이를 적용한다.

　④ (전세권에 관한 경과조치) 제303조제1항, 제312조제2항·제4항 및 제312조
　　의2의 개정규정은 이 법 시행전에 성립한 전세권으로서 이 법 시행당시
　　존속기간이 3월이상 남아 있는 전세권과 존속기간을 정하지 아니한 전세

권에도 이를 적용한다. 그러나 이 법 시행전에 전세금의 증액청구가 있은
경우에는 제312조의2 단서의 개정규정은 이를 적용하지 아니한다.

부 칙 (1990. 1. 13)
　제1조 【시행일】 이 법은 1991년 1월 1일부터 시행한다.

◼ **핵심판례** ◼

◼ **[시행일]**

**가. 사후양자선정제도가 폐지된 개정민법(1990. 1. 13. 법률 제4199호) 시행
후 사후 양자선정을 위한 친족회원의 선임과 친족회의 소집을 구하는 심
판청구의 적부(소극)**

　사후양자선정제도가 폐지된 개정민법(1990. 1. 13. 법률 제4199호) 시행 후에는
사후양자선정을 위한 친족회원의 선임이나 친족회의 소집을 할 여지는 없으므로,
사후양자선정을 위한 친족회원의 선임과 친족회의 소집을 구하는 심판청구는 부
적법하다.

**나. 사후양자선정을 위한 친족회원의 선임과 친족회의 소집을 구하는 심판청
구가 개정민법 시행 전에 제기된 경우, 개정민법 시행 후에 개정 전의
민법을 적용하여 사후양자를 선정할 수 있는지 여부(소극) 및 이 경우
가사소송규칙 부칙 제3조나 제4조를 근거로 종전의 민법 규정을 적용하
여 사후양자를 선정할 수 있는지 여부(소극)**

　사후양자선정을 위한 친족회원의 선임과 친족회의 소집을 구하는 심판청구가 개
정민법 시행 전에 제기되었더라도 개정민법 시행 후에는 개정 전의 민법을 적용
하여 사후양자를 선정할 수 없고, 이 경우 가사소송규칙 부칙 제3조나 제4조를
근거로 종전의 민법규정을 적용하여 사후양자를 선정할 수 있다고 해석할 수도
없다.

**다. 폐가 또는 무후가 부흥을 위한 사후양자선정을 위한 친족회원의 선임청
구는 민법의 개정에 불구하고 인용되어야 하는지 여부(소극)**

　민법 개정으로 폐가 또는 무후가를 부흥하기 위한 사후양자에 관한 규정도 삭제,
폐지되고, 그 기재를 위한 호적법 제108조도 삭제되었으므로 폐가 또는 무후가
부흥을 위한 사후양자선정을 위한 친족회원의 선임청구는 민법의 개정에 불구하
고 인용되어야 한다고 할 수 없다(1991. 6. 28. 제1부 결정 91스2 친족회원선임
및 동 소집).

제2조 【이 법의 효력의 불소급】

이 법에 특별한 규정이 있는 경우를 제외하고는 이미 구법(민법중 이 법에 의하여 개정 또는 폐지되는 종전의 조항을 말한다. 이하 같다)에 의하여 생긴 효력에 영향을 미치지 아니한다.

제3조 【친족에 관한 경과조치】

구 법에 의하여 친족이었던 자가 이 법에 의하여 친족이 아닌 경우에는 이 법 시행일부터 친족으로서의 지위를 잃는다.

제4조 【모와 자기의 출생아닌 자에 관한 경과조치】

이 법 시행일전에 발생한 전처의 출생자와 계모 및 그 혈족·인척사이의 친족관계와 혼인외의 출생자와 부의 배우자 및 그 혈족·인척사이의 친족관계는 이 법 시행일부터 소멸한다.

제5조 【약혼의 해제에 관한 경과조치】

① 이 법 시행일전의 약혼에 이 법에 의하여 해제의 원인이 되는 사유가 있는 때에는 이 법의 규정에 의하여 이를 해제할 수 있다.

② 이 법 시행일전의 약혼에 구법에 의하여 해제의 원인이 되는 사유가 있는 경우에도 이 법의 규정에 의하여 해제의 원인이 되지 아니할 때에는 이 법 시행일후에는 해제를 하지 못한다.

제6조 【부부간의 재산관계에 관한이 법의 적용】

이 법 시행일전의 혼인으로 인하여 인정되었던 부부간의 재산관계에 관하여는 이 법 시행일부터 이 법의 규정을 적용한다.

제7조 【입양의 취소에 관한 경과조치】

이 법 시행일전의 입양에 구법에 의하여 취소의 원인이 되는 사유가 있는 경우에도 이 법의 규정에 의하여 취소의 원인이 되지 아니할 때에는 이 법 시행일후에는 취소를 청구하지 못한다.

제8조 【파양에 관한 경과조치】

① 이 법 시행일전의 입양에 이 법에 의하여 파양의 원인이 되는 사유가 있는 때에는 이 법의 규정에 의하여 재판상 파양의 청구를 할 수 있다.

② 이 법 시행일전의 입양에 구법에 의하여 파양의 원인이 되는 사유가 있는 경우에도 이 법의 규정에 의하여 파양의 원인이 되지 아니할 때에는 이

법 시행일후에는 재판상 파양의 청구를 하지 못한다.

제9조 【친권에 관한 이 법의 적용】

구법에 의하여 개시된 친권에 관하여도 이 법 시행일부터 이 법의 규정을 적용한다.

■ 핵심판례 ■

■ [친족에 관한 이 법의 과용]

1990. 1. 13. 개정된 민법 및 그 부칙 제9조와 구민법하 계모의 자에 대한 친권의 소멸시기

1990. 1. 13. 법률 제4199호로 개정된 민법과 그 부칙 제9조에 의하면, 계모자 관계로 인한 친계와 계모의 친권 행사에 관한 구 민법 제773조, 제912조의 규정은 삭제되어 계모의 자에 대한 친권은 위 개정 민법 시행일인 1991. 1. 1. 이후부터는 소멸되었다고 할 것이다(1991. 10. 11. 제3부 판결 91다24083 부당이득금).

제10조 【후견인에 관한 이 법의 적용】

구 법에 의하여 미성년자나 한정치산자 또는 금치산자에 대한 후견이 개시된 경우에도 그 후견인의 순위 및 선임에 관한 사항에는 이 법 시행일부터 이 법의 규정을 적용한다.

제11조 【부양의무에 관한 이 법의 적용】

구 법에 의하여 부양의무가 개시된 경우에도 이 법 시행일부터 이 법의 규정을 적용한다.

제12조 【상속에 관한 경과조치】

① 이 법시행일전에 개시된 상속에 관하여는 이 법 시행일후에도 구법의 규정을 적용한다.

② 실종선고로 인하여 상속이 개시되는 경우에 그 실종기간이 구법시행기간중에 만료되는 때에도 그 실종이 이 법 시행일후에 선고된 때에는 상속에 관하여는 이 법의 규정을 적용한다.

제13조 【다른 법령과의 관계】

이 법 시행당시 다른 법령에서 호주상속 또는 호주상속인을 인용한 경우에는 호주승계 또는 호주승계인을, 재산상속 또는 재산상속인을 인용한 경우에는 상속 또는 상속인을 각 인용한 것으로 본다.

부 칙 (2001. 12. 29)

이 법은 2002년 7월 1일부터 시행한다.

부 칙 (2002. 1. 14)

① (시행일) 이 법은 공포한 날부터 시행한다.

② (이 법의 효력의 불소급) 이 법은 종전의 규정에 의하여 생긴 효력에 영향을 미치지 아니한다.

③ (한정승인에 관한 경과조치) 1998년 5월 27일부터 이 법 시행전까지 상속개시가 있음을 안 자중 상속채무가 상속재산을 초과하는 사실을 중대한 과실없이 제1019조제1항의 기간내에 알지 못하다가 이 법 시행전에 그 사실을 알고도 한정승인 신고를 하지 아니한 자는 이 법 시행일부터 3월내에 제1019조제3항의 개정규정에 의한 한정승인을 할 수 있다. 다만, 당해 기간내에 한정승인을 하지 아니한 경우에는 단순승인을 한 것으로 본다.
[2002헌가22, 2002헌바40, 2003헌바19·46(병합), 2004. 1. 29. (2005. 12. 29 법률 제7765호)]

④ (한정승인에 관한 특례) 1998년 5월 27일 전에 상속 개시가 있음을 알았으나 상속채무가 상속재산을 초과하는 사실(이하 "상속채무 초과사실"이라 한다)을 중대한 과실 없이 제1019조제1항의 기간 이내에 알지 못하다가 1998년 5월 27일 이후 상속채무 초과사실을 안 자는 다음 각 호의 구분에 따라 제1019조제3항의 규정에 의한 한정승인을 할 수 있다. 다만, 각 호의 기간 이내에 한정승인을 하지 아니한 경우에는 단순승인을 한 것으로 본다. <신설 2005. 12. 29>

 1. 법률 제7765호 민법 일부개정법률(이하 "개정법률"이라 한다) 시행 전에 상속채무 초과사실을 알고도 한정승인을 하지 아니한 자는 개정법률 시행일부터 3월 이내

 2. 개정법률 시행 이후 상속채무 초과사실을 알게 된 자는 그 사실을 안 날부터 3월 이내

부 칙 (2005. 3. 31)

제1조 【시행일】

이 법은 공포한 날부터 시행한다. 다만, 제4편제2장(제778조 내지 제789조, 제 791조 및 제793조 내지 제796조), 제826조제3항 및 제4항, 제908조의2 내지 제 908조의8, 제963조, 제966조, 제968조, 제4편제8장(제980조 내지 제982조, 제 984조 내지 제987조, 제989조 및 제991조 내지 제995조)의 개정규정과 부칙 제7조(제2항 및 제29항을 제외한다)의 규정은 2008년 1월 1일부터 시행한다.

제2조 【이 법의 효력의 불소급】

이 법은 종전의 규정에 의하여 생긴 효력에 영향을 미치지 아니한다.

제3조 【친생부인의 소에 관한 경과조치】

① 제847조제1항의 개정규정에 의한 기간이 이 법 시행일부터 30일 이내에 만료되는 경우에는 이 법 시행일부터 30일 이내에 친생부인의 소를 제기 할 수 있다.

② 제847조 제1항의 개정규정이 정한 기간을 계산함에 있어서는 1997년 3월 27일부터 이 법 시행일 전일까지의 기간은 이를 산입하지 아니한다.

제4조 【혼인의 무효·취소에 관한 경과조치】

이 법 시행 전의 혼인에 종전의 규정에 의하여 혼인의 무효 또는 취소의 원 인이 되는 사유가 있는 경우에도 이 법의 규정에 의하여 혼인의 무효 또는 취소의 원인이 되지 아니하는 경우에는 이 법 시행 후에는 혼인의 무효를 주 장하거나 취소를 청구하지 못한다.

제5조 【친양자에 관한 경과조치】

종전의 규정에 의하여 입양된 자를 친양자로 하려는 자는 제908조의2제1항제 1호 내지 제4호의 요건을 갖춘 경우에는 가정법원에 친양자 입양을 청구할 수 있다.

제6조 【기간에 관한 경과조치】

이 법에 의하여 기간이 변경된 경우에 이 법 시행당시 종전의 규정에 의한 기간이 경과되지 아니한 때에는 이 법의 개정규정과 종전의 규정 중 그 기간 이 장기인 규정을 적용한다.

제7조 【다른 법률의 개정】

생략

부 칙 〔2005. 3. 31 제7428호(채무자 회생 및 파산에 관한 법률)〕

제1조 (시행일) 이 법은 공포 후 1년이 경과한 날부터 시행한다.

제2조 내지 제4조 생략

제5조 (다른 법률의 개정) ①내지 <38>생략

<39> 민법 일부를 다음과 같이 개정한다.

제937조제3호 및 제1098조중 "파산자"를 각각 "파산선고를 받은 자"로 한다.

<40>내지 <145>생략

제6조 생략

부 칙 〔2005. 12. 29 제7765호〕

① (시행일)이 법은 공포한 날부터 시행한다.

② (한정승인에 관한 경과조치)이 법의 한정승인에 관한 특례대상에 해당하는
자가 이 법 시행 전에 한정승인 신고를 하여 법원에 계속 중이거나 수리된
경우 그 신고 또는 법원의 수리결정은 효력이 있다.

부 칙 〔2007. 5. 17 제8435호(가족관계의 등록 등에 관한 법률)〕

제1조(시행일) 이 법은 2008년 1월 1일부터 시행한다. [단서생략]

제2조 내지 제7조 생략

제8조(다른 법률의 개정) ① 내지 ⑨ 생략

⑩ 민법 일부를 다음과 같이 개정한다.

제812조제1항 중 "호적법"을 "「가족관계의 등록 등에 관한 법률」"로 한다.
제814조제2항 중 "본적지를 관할하는 호적관서"를 "등록기준지를 관할하는
가족관계등록관서"로 한다.
제836조제1항·제859조제1항 및 제878조제1항 중 "호적법"을 각각 "「가족관
계의 등록 등에 관한 법률」"로 한다.

⑪ 내지 <39> 생략

제9조 생략

부 칙 〔2007. 12. 21 제8720호〕

제1조(시행일)

이 법은 공포한 날부터 시행한다. 다만, 제97조 및 제161조의 개정규정은 공포
후 3개월이 경과한 날부터 시행하고, 제836조의2, 제837조제2항부터 제6항까
지 및 제909조제4항의 개정규정은 공포 후 6개월이 경과한 날부터 시행한다.

제2조(효력의 불소급)

이 법은 종전의 규정에 따라 생긴 효력에 영향을 미치지 아니한다.

제3조(경과조치)

① 이 법 시행 당시 법원에 계속 중인 사건에 관하여는 이 법(제837조의 개정
규정을 제외한다)을 적용하지 아니한다.

② 이 법 시행 전의 행위에 대한 과태료의 적용에 있어서는 종전의 규정에
따른다.

③ 이 법 시행 당시 만 16세가 된 여자는 제801조 및 제807조의 개정규정에
도 불구하고 약혼 또는 혼인할 수 있다.

부 칙 <법률 제9650호, 2009.5.8.>

① (시행일) 이 법은 공포 후 3개월이 경과한 날부터 시행한다.

② (양육비부담조서 작성의 적용례) 제836조의2제5항의 개정규정은 이 법 시행
당시 계속 중인 협의이혼사건에도 적용한다.

부 칙 <법률 제10429호, 2011.3.7.>

제1조(시행일) 이 법은 2013년 7월 1일부터 시행한다.

제2조(금치산자 등에 관한 경과조치)

① 이 법 시행 당시 이미 금치산 또는 한정치산의 선고를 받은 사람에 대하여
는 종전의 규정을 적용한다.

② 제1항의 금치산자 또는 한정치산자에 대하여 이 법에 따라 성년후견, 한정
후견, 특정후견이 개시되거나 임의후견감독인이 선임된 경우 또는 이 법 시
행일부터 5년이 경과한 때에는 그 금치산 또는 한정치산의 선고는 장래를
향하여 그 효력을 잃는다.

제3조(다른 법령과의 관계)

이 법 시행 당시 다른 법령에서 "금치산" 또는 "한정치산"을 인용한 경우에는 성년후견 또는 한정후견을 받는 사람에 대하여 부칙 제2조제2항에 따른 5년의 기간에 한정하여 "성년후견" 또는 "한정후견"을 인용한 것으로 본다.

부 칙 <법률 제10645호, 2011.5.19.>

이 법은 2013년 7월 1일부터 시행한다.

부 칙 <법률 제11300호, 2012.2.10.>

제1조(시행일)

이 법은 2013년 7월 1일부터 시행한다. 다만, 제818조, 제828조, 제843조 및 제925조의 개정규정은 공포한 날부터 시행한다.

제2조(이 법의 효력의 불소급)

이 법은 종전의 규정에 따라 생긴 효력에 영향을 미치지 아니한다.

제3조(종전의 규정에 따른 입양 및 파양에 관한 경과조치)

이 법 시행 전에 제878조 또는 제904조에 따라 입양 또는 파양의 신고가 접수된 입양 또는 파양에 관하여는 종전의 규정에 따른다.

제4조(재판상 파양 원인에 관한 경과조치)

제905조의 개정규정에도 불구하고 이 법 시행 전에 종전의 규정에 따라 가정법원에 파양을 청구한 경우에 재판상 파양 원인에 관하여는 종전의 규정에 따른다.

제5조(친양자 입양의 요건에 관한 경과조치)

제908조의2 제1항 및 제2항의 개정규정에도 불구하고 이 법 시행 전에 종전의 규정에 따라 가정법원에 친양자 입양을 청구한 경우에 친양자 입양의 요건에 관하여는 종전의 규정에 따른다.

부 칙 <법률 제11728호, 2013.4.5.>

이 법은 2013년 7월 1일부터 시행한다.

부 칙 <법률 제12777호, 2014.10.15.>

제1조(시행일)

　이 법은 공포 후 1년이 경과한 날부터 시행한다.

제2조(친권 상실의 선고 및 친권의 상실 선고 등의 판단 기준에 관한 경과조치)

　이 법 시행 당시 가정법원에 진행 중인 친권의 상실 선고 청구 사건에 대해서는 제924조 및 제925조의2의 개정규정에도 불구하고 종전의 규정에 따른다.

부 칙 <법률 제12881호, 2014.12.30.>

　이 법은 공포한 날부터 시행한다.

부 칙 <법률 제13124호, 2015.2.3.> (가족관계의 등록 등에 관한 법률)

제1조(시행일)

　이 법은 2015년 7월 1일부터 시행한다.

제2조 생략

제3조(다른 법률의 개정)

　① 민법 일부를 다음과 같이 개정한다.

　제814조제2항 중 "등록기준지를 관할하는 가족관계등록관서"를 "재외국민 가족관계등록사무소"로 한다.

　② 생략

부 칙 <법률 제13125호, 2015.2.3.>

제1조(시행일)

　이 법은 공포 후 1년이 경과한 날부터 시행한다.

제2조(효력의 불소급)

　이 법은 종전의 규정에 따라 생긴 효력에 영향을 미치지 아니한다.

제3조(보증의 방식 등에 관한 적용례)

　제428조의2, 제428조의3 및 제436조의2의 개정규정은 이 법 시행 후 체결하거

나 기간을 갱신하는 보증계약부터 적용한다.

제4조(여행계약의 효력·해제 등에 관한 적용례)

제3편제2장제9절의2(제674조의2부터 제674조의9까지)의 개정규정은 이 법 시행 후 체결하는 여행계약부터 적용한다.

제5조(다른 법률의 개정)

보증인 보호를 위한 특별법 일부를 다음과 같이 개정한다.

제3조를 삭제한다.

제6조(「보증인 보호를 위한 특별법」의 개정에 따른 경과조치)

부칙 제5조에 따라 개정되는 「보증인 보호를 위한 특별법」의 개정규정에도 불구하고 이 법 시행 전에 체결되거나 기간이 갱신된 「보증인 보호를 위한 특별법」의 적용 대상인 보증계약에 대해서는 종전의 「보증인 보호를 위한 특별법」 제3조에 따른다.

부 칙 <법률 제13710호, 2016.1.6.>

이 법은 공포한 날부터 시행한다.

부 칙 <법률 제14409호, 2016.12.20.>

제1조(시행일)

이 법은 공포한 날부터 시행한다.

제2조(적용례)

제937조제9호의 개정규정은 이 법 시행 당시 법원에 계속 중인 사건에도 적용한다.

부 록 -민법용어

민법개요

　　민법은 사람의 재산관계 및 신분관계를 규정하는 일반사법이다. 이를 나누어 설명하면, 우선 민법은 사법에 속한다. 법을 공법과 사법으로 구분하는 것은 일반적으로 승인되고 있는 것이지만 종래 그 구별의 기준에 대하여는 이론이 있다. 법이 보호하여야 할 이익이 공익인가 사익인가를 기준으로 하여야 한다는 利益說(이익설), 법률관계의 한편의 주체가 국가 기타의 공익단체인 경우가 공법이고 그 반대의 경우가 사법이라고 하는 主體說(주체설), 권력복종의 관계를 규정하는 법이 공법이고 평등관계를 규정하는 법이 사법이라고 하는 關係說(관계설), 통치권의 발동에 관한 법이 공법이고 그렇지 않은 경우가 사법이라고 하는 通治關係說(통치관계설) 등이 그것이다. 사람의 생활관계에는 국민으로서의 생활관계와 인간으로서의 생활관계가 있다. 전자를 규율하는 법이 공법이고, 후자를 규율하는 법을 사법으로 보는 生活關係說(생활관계설)의 견해가 일반적이다. 본디 법을 공법과 사법으로 나누어 고찰하는 것은 정치사회와 경제사회 및 시민사회의 구별에 대응한 것으로 이와 같은 구별은 근대사회의 특질에서 기인하는 것이다.

　　다음에 민법은 사법 가운데에서도 이른바 일반사법에 속하는 법이다. 즉 상사관계를 제외한 인간으로서의 생활관계를 규율하는 법이 민법이다. 이러한 민법의 내용은 재산관계를 규율하는 부분(이른바 재산법)과 신분관계를 규율하는 부분(이른바 신분법 또는 가족법)으로 구성되어 있다. 결국 민법은 사람들의 일반적인 생활관계를 규율하는 법률인 것이다.

　　현행민법은 1958년 2월 21일 법률 제471호로 제정되어 수차례의 개정을 거쳐 오늘에 이르고 있다. 그 구성으로 제1편 총칙은 권리의 주체(인), 객체(물), 법률행위, 대리, 조건, 기한, 기간 및 시효 등에 관하여 규정하고 있다. 총칙으로서 가족법(신분법)에는 적용되지 않는 경우가 많다. 제2편은 물권으로 이른바 물권법정주의를 취하고 물권변동에 관하여 형식주의를 규정하여 소유권, 점유권, 용익물권 및 담보물권에 관하여 규정하고 있다. 제3편 채권편에서는 채권의 일반효력을 규정한 총칙과 채권발생의 원인인 계약, 사무관리, 부당이득 및 불법행위에 관하여 규정하고 있는 각칙으로 나누어져 있다. 그밖에 제4편, 제5편에서는 신분관계에 관한 부분인 친족, 상속에 관하여 규정하고 있다.

민   법

■ 총 칙

민법(民法)
영 ; civil law
독 ; Burgerliches Recht
불 ; droit civil

(1) 민법의 연혁 및 어원 : 민법은 독일어로(Bargerliches Recht나 Zivilrecht)라 부르며, 불어로는 droit civil이라고 부른다. 그러나 용어는 모두 로마법 ius civile를 번역한 것에 불과하다. 원래 ius civile(시민법)는 로마시민권을 가진 자에게만 적용되는 법체계로서 로마시민권이 없는 자와의 법률관계를 규율하는 법체계인 ius genti-um(만민법)과 대립하는 것이었다. 그후 ius civile의 점차 확대 적용되었으며 A. D. 212년에 제국내의 모든 자연인에게 시민권이 부여되면서 모든 국민에게 적용되는 법체계가 되었다. 그러나 그 내용은 로마의 법학자들이 ius privatum(사법)이라 부르던 개인과 그의 가족에 관한 사법에 제한되었던 것이다. 그후 근세 초에 이르러 로마법이 계수 되면서 공·사법의 구별을 알지 못하던 게르만 법체계에 공·사법의 구별을 가져왔다. 그리하여 ius civile는 사법(Privatrecht)에 부합하는 법률용어가 되었으며 18세기 이래로 제정된 여러 사법전은 ius civile를 번역한 용어로 불리우게 되었다. 이 용어가 퍼져가는데 가장 큰 역할을 한 것은 프랑스민법전(Code Civil)과 독일민법전(Bürgerliches Gesetzbuch : BGB)이다. 우리가 쓰고 있는 「民法」이라는 말은 일본인이 네덜란드어 Burgeryk Regt를 번역한 것이라고 한다.

(2) 민법의 의의 · 체계는 다음과 같다. ㉮ 사법이며 일반법이다. 사법이란 사적 생활관계를 규율하는 법으로 공적 생활관계를 규율하는 법으로 공적 생활관계를 규율하는 공법이나 노동생활관계·경제생활관계·복지생활관계를 배분적 정의에 입각하여 규율하는 사회법에 대치되는 개념이다. 또한 일반법이란 사람·장소·사물의 전반에 대해서 일반적으로 적용되는 법률로서 그 일부에만 적용되는 특별법에 대치되는 개념이다. ㉯ 재산법과 가족법을 포괄하는 일반법이다. 사회생활관계는 소유를 중심으로 하는 재산 관계와 친자부부 등의 가족을 중심으로 하는 가족관계의 두 분야로 나눌 수 있다. 민법은 이 두 분야를 모두 규제하는 법이다. ㉰ 행위규범이면서 재판규범이다. 민법은 사회의 불특정한 일반인을 대상으로 하는 법이므로 개인은 일상생활에서 반드시 지켜야한다(行爲規範). 그러나 이것이 지켜지지 않아 분쟁이 일어나서 법원에 소가 제기될 경우 민법은 법원이 판결할 수 있는 기준이 된다(裁判規範). ㉱ 실체법이다. 민법은 직접적으로 권리·의무에 관하여 정한 실체법이다. 그리고 실체법이 정한 내용을 법원이나 그 밖의 기관이 실현하는 절차를 정한 법이 민사소송법 등의 절차법이다. ㉲ 민법의 의의는 실질적 의미와 형식적 의미로 나눌 수 있다. 실질적 의미의 민법은 상법 등의 특별사법에 대한 개념으로 사법의 일반법을 말한다. 이

른바 실질적 의미의 민법이란 개인으로서의 일반적인 생활관계를 자유·평등을 기조로 하여 규정한 법이라고 할 수 있다. 형식적 의미의 민법은 민법이란 명칭을 가진 성문법전을 말한다. 즉 실질적 의미의 민법을 체계화하여 편찬한 법전을 뜻한다.

권리의 포기(權利의 抛棄)

자기가 가지는 권리를 소멸시키기 위하여 행하는 행위. 포기한다는 취지의 적극적 의사표시에 의하는 점에서 권리의 불행사와 구별된다. 권리를 포기하는 것은 원칙적으로 권리자의 자유이나 공권이나 家族權(身分權)과 같은 것은 그 성질상 포기할 수 없는 것을 원칙적으로 하며 재산권이라도 타인의 이익을 해치는 경우에는 포기할 수 없다.

> 인지청구권은 본인의 일신 전속적인 신분관계상의 권리로서 포기할 수 없고 포기하였다 하더라도 그 효력이 발생할 수 없는 것이므로 비록 인지청구권을 포기하기로 하는 화해가 재판상 이루어지고 그것이 화해조항에 표시되었다 할지라도 동 화해는 그 효력이 없다(**대법원 1987. 1. 20. 선고 85므70 판결**).

권리관계(權利關係)

권리관계라 함은 사람과 사람간에 있어서 법률상에 의무를 강제할 수 있는 관계를 말한다. 예컨대 甲·乙간에 매매계약이 성립한 때에는 매도인 채권자는 그 대금의 교부를 받을 권리가 있으므로 채무자인 매수인을 강제할 수가 있다. 즉 이 강제할 수 있는 관계가 권리관계인 것이다.

법정의무(法定義務)

법률·명령의 규정에 의하여 당연히 부담하는 의무. 예컨대 친권자가 자기집에 있는 미성년자인 자녀를 보호 감독하는 의무를 부담하는 것과 같다. 이 경우에 미성년자가 제3자에 대하여 끼친 손해에 관하여는 賠償責任(배상책임)을 진다(民 §755).

권한(權限)
독 ; Zuständigkeit, Kompetenz

타인을 위하여 그 자에 대하여 일정한 법률효과를 발생케 하는 행위를 할 수 있는 법률상의 자격이다(예 : 대리인의 代理權(대리권)·법인이사의 代表權(대표권)·사단법인사원의 決議權·선택채권의 選擇權(선택권) 등). 그러나 권리를 가지는 자가 타인을 위하여 그러한 효과를 발생시키는데 있어서 이익을 가지는 경우에는 권리라고 하여도 상관없다.

사법(私法)
영 ; private law
독 ; Privatrecht Zivilrecht
불 ; droit prive

사법이란 사인 상호간의 일상생활관계를 규율하는 법이다. 공법이 권력관계의 법·공익에 관한 법·국가에 관한 법인데 반해 사법은 법과 대등한 관계의 법·사익에 관한 법·사인에 관한 법으로 볼 수 있다. 구체적으로 말하면 민법과 상법 그 밖의 民事特別法(민사특별법)(어음법, 수표법 등)이 이에 해당된다(자세한 것은 공법 참조).

공법과 사법의 구별기준

학설	내용
이익설	보호하고자 하는 이익이 공인이냐 사익이냐를 기준으로 하는 견해로서, 공익을 보호하는 것이 공법, 사익을 보호하는 것이 사법이라고 본다.
성질설	법률관계의 성질에 따라 평등·대등한 관계를 규율하는 법이 사법, 불평등한 관계를 규율하는 법이 공법이라는 견해이다.
주체설	국가 기타 공공단체 상호간의 관계나 공공단체와 사인간의 관계를 규율하는 법이 공법, 사인과 사인간의 관계를 규율하는 법이 사법이라는 견해이다.
생활관계설	국민으로서의 생활관계를 규율하면 공법관계, 인류로서의 생활관계를 규율하면 사법관계로 보는 견해이다.

재산법 · 가족법
(財産法 · 家族法)

민법은 그 규제대상에 따라 재산법과 가족법으로 구성되어 있다. 개인간의 사회생활을 규율하는 사법관계는 경제적 생활관계(재산관계)와 가족적 생활관계(가족관계)로 크게 분류되는데, 전자를 규율하는 법규를 재산법이라 하고 후자를 규율하는 법규를 가족법(신분법)이라 한다. 민법상의 物權(물권)·채권법과 상법은 재산법의 주요한 것이고 민법상의 친족상속법은 가족법(신분법)의 주요한 것이다. 상속법은 재산의 상속 또는 死因處分(사인처분)을 규율하므로 재산법이라고도 볼 수 있으나 친족법과 밀접하게 관계하므로 보통 가족법(신분법)의 일부로 취급한다.

재산관계는 합리적인 경제관계이다. 따라서 경제행위에 대한 외적규범인 재산법은 보통 임의규정으로써 이루어지며 强行規定(강행규정)은 예외적으로 이루어진다. 반면에 가족관계는 비합리적인 전인격적인 결합관계이다. 따라서 사람의 가족생활에 대한 내적규범인 가족법(신분법)은 원칙적으로 강행규정으로 이루어지고 자유의사에 의한 행위는 혼인·결혼·입양파양 등 가족관계의 득실변경에 관해서만 인정될 뿐 그 밖의 가족관계의 이탈·변경은 원칙적으로 인정되지 않는다. 이와 같이 사적자치의 원칙이나 동적 안전의 존중 등은 주로 재산법 분야에 한한다. 재산법과 가족법(신분법)의 차이는 이와 같은 법률상의 지도원리의 차이에 의거한다. 民法總則(민법총칙)은 법전의 형식상으로는 물권·채권·친족상속 등 각편에 공통되는 일반규정을 두고 있으므로 민법전체의 통칙적 지위에 있다. 그러나 민법총칙은 주로 민법상의 재산법에 대한 통칙을 정한 것으로 가족법(신분법)에는 적용되지 않는 것이 많이 있다.

가족법에 적용되는 민법총칙 규정

(1) 법원에 관한 민법 제1조
(2) 신의칙 · 권리남용금지원칙에 관한 민법 제2조
(3) 주소에 관한 민법 제18조 내지 제21조
(4) 부재와 실종에 관한 민법 제22조 내지 제30조
(5) 물건에 관한 민법 제98조 내지 제102조
(6) 반사회질서의 법률행위 무효에 관한 민법 제103조
(7) 무효행위의 전환에 관한 민법 제138조
(8) 기간에 관한 민법 제155조 내지 제161조

민법전(民法典)

영 ; civil code
독 ; Burgerliches Gesetzbuch(BGB)
불 ; code civil

민법전은 민법의 명칭을 가진 법전을 말한다. 법전이라 함은 체계적으로 편집된 일단의 법률을 뜻한다. 민법전은 오편으로 되어 있고 각편이 장·절 등으로 편집된 본문 제1118조(총1106개조)와 부칙 28조 및 개정부칙으로 구성되어 있는 일대법전이다. 민법전을 보통 민법이라고 부르고 있다. 이 의미에서의 민법을 형식적 의미의 민법이라고 한다. 민법전에 수록되어 있는 조문을 그 대부분이 실질적 의미의 민법이지만 실질적 의미의 민법과 형식적 의미의 민법이 반드시 일치하는 것은 아니다. 예컨대 민법전 속에는 법인의 이사·감사·청산인에 대한 벌칙규정(民§97)·채권의 강제이행(§389)등과 같은 공법적인 규정도 포함되어 있다. 이러한 규정들은 공법규정이므로 실질적 의미의 민법은 아니다. 반대로 민법전에 수록되어 있는 것 이외에 관습법 내지 불문법으로서 실질적 의미의 민법도 존재한다. 즉 民法典(민법전)은 실질적 의미의 민법법규를 집대성한 것이지만 실질적 민법에 관한 규정을 모두 포괄하고 있지 못하여 利子制限法(이자제한법)·不動産登記法(부동산등기법)·遺失物法(유실물법)·供託法(공탁법)·信託法(신탁법) 등의 기타 단행법 속에 실질적 의미의 민법에 속하는 사항이 규정되어 있는가 하면 慣習法(관습법) 내지 不文法(불문법)으로서의 실질적 민법도 존재한다. 영국과 미국을 제외한 근대국가는 19세기초부터 완비된 민법전을 제정하여 사용하고 있다. 우리 나라 민법은 韓日合倂(한일합병) 이전까지는 經國大典(경국대전)·續大典(속대전) 등의

관습법이 있었을 뿐 근대적 의미의 민법전을 가지고 있지 못하였다. 그러다가 합방 후에는 조선민사령에 의하여 일본의 민법을 의용하여 사용하였다. 의용민법은 광복 후 군정법령 제21호 및 구헌법 제100조에 의해서 그대로 사용되다가 현행민법이 1958년 2월 22일에 법률 제471호로서 공포되고 1960년 1월 1일부터 시행됨으로써 폐지되었다. 1960년 1월 1일부터 민법전이 시행된 이래로 약 50년 동안 모두 17차(타법 개정으로 인한 개정 포함)에 걸친 개정이 있었다.

제1차 개정(1962 12. 29. 법률 제1237호)은 강제분가에 관한 民法 제789조 1항을 개정하여 법정분가에 관한 1개항을 신설하여 이를 1항으로 하고 종래의 강제분가의 규정을 2항으로 두었다. 제2차 개정(1962. 12. 31. 법률 제1250호)과 제3차 개정(1964. 12. 31 법률 제1668호)은 모든 부칙 제10조 1항이 정하는 등기기간을 연장한 것이다. 제4차 개정(1970. 6. 18. 법률 제2200호)도 부칙규정의 개정이다. 제5차개정(1977. 12. 31 법률 제3051호)은 가족법에 관한 상당히 큰 규모의 개정이었다. 그 내용은 (1) 성년자의 혼인에는 부모의 동의가 필요 없는 것으로 한 개정(民§808), (2) 成年擬制規定(성년의제규칙)의 신설(§826의2), (3) 夫婦의 所屬不分明財産을 부부의 고유재산으로 추정한 개정(§830②), (4) 협의이혼의 경우 가정법원의 확인을 얻도록 한 개정(§836①), (5) 子에 대한 친권을 원칙적으로 부부가 공동으로 행사하도록 한 개정(§909①②), (6) 특별수익자의 상속분의 단서를 삭제(§1008), (7) 遺妻의 법정상속분을 유리하게 조정하는 개정(§1009①②), (8) 遺留分制度의 신설(§1112~§1118) 등이다. 제6차 개정

(1984. 4. 10. 법률 제3723호)은 ㉮ 특별실종기간을 3년에서 1년으로 단축하고 항공기에 의한 실종을 특별실종에 추가하였고(§27), ㉯ 區分地上權規定(구분지상권규정)을 신설하였고(§289의2), ㉰ 전세권에 우선변제적 효력을 인정하여 投下資本回收(투하자본회수)를 보장하였고(§303), ㉱ 건물전세권자의 지위의 안정성을 보장하였고(§312), ㉲ 건물전세권의 法定更新制度(법정갱신제도) 및 傳貰金增減請求權制度(전세금증감청구권제도)를 신설하였다(§312의2). 제7차 개정(1990. 1. 13. 법률 제4199호)은 ㉮ 호주의 승계와 재산상속의 규정을 대폭 개정하였고, ㉯ 부부의 이혼시 자의 면접교섭권과 상속재산에 특별히 기여한 부분을 공제하는 규정을 신설하였고(§837의2, §1057의2), ㉰ 재산상속시 동순위인 경우에 남녀차별 없이 상속분은 균분(§1009)하도록 하였다. 제10차 개정(2001.12.29. 법률 제6544호)은 이사의 직무집행을 정지하거나 직무대행자를 선임하는 가처분을 하거나 그 가처분을 변경·취소하는 경우에는 주사무소와 분사무소가 있는 곳의 등기소에서 이를 등기하도록 하고(법 제52조의2 신설), 직무대행자는 가처분명령에 다른 정함이 있는 경우와 법원의 허가를 얻은 경우를 제외하고는 법인의 통상사무에 속하지 아니한 행위를 하지 못하도록 하였다(법 제60조의2 신설). 제11차 개정(2002. 1. 14일 법률 제6591호)은 ㉮ 상속회복청구권 기간을 그 침해를 안 날로부터 3년, 침해행위가 있은 날로부터 10년을 경과하면 소멸하도록 하였고, (§999③) ㉯ 상속채무가 상속재산을 초과하는 사실을 중대한 과실없이 상속개시일부터 3월의 기간동안 알지 못한 경우 그 사실을 안 날로부터 3월내에 한정승인을 할 수 있도록 하였다(§1019③신설). 제14차 개정(2005. 12. 29. 법률 제7765호)은 2002년 1월 14일에 신설된「민법」제1019조제3항, 이른바 특별한정승인제도(단순승인을 하거나 단순승인으로 간주된 후 한정승인을 할 수 있는 제도)는 동법 부칙 제3항에서 그 소급적용의 범위를 "1998년 5월 27일부터 이 법 시행(2002. 1. 14.)전까지 상속개시가 있음을 안 자"로 제한하고 있는데, 이러한 부칙 제3항은 1998년 5월 27일전에 상속개시가 있음을 알았으나 그 이후에 상속채무가 상속재산을 초과하는 사실을 안 자를 포함하는 소급적용에 관한 경과규정을 두지 아니하는 한 헌법에 위반된다는 헌법재판소의 결정(2004. 1. 29. 2002헌가22 등)이 있어 이에 해당하는 자에게도 특별한정승인의 기회를 부여하기 위해 개정한 것이다. 제16차 개정(2007.12.21. 법률 제8720호)은 헌법상의 양성평등원칙 구현을 위하여 남녀의 약혼연령 및 혼인적령을 일치시키는 한편, 신중하지 못한 이혼을 방지하기 위하여 이혼숙려기간 제도를 도입하고, 이혼 가정 자녀의 양육 환경을 개선하기 위하여 협의이혼시 자녀 양육사항 합의를 의무화하는 등 현행 규정의 운영상 나타난 일부 미비점을 개선·보완하기 위한 개정이다. 그리고 제17차 개정(2009.5.8. 법률 제9650호)은 이혼시 양육비를 효율적으로 확보하기 위해 양육비의 부담에 대하여 당사자가 협의하여 그 부담내용이 확정된 경우, 가정법원이 그 내용을 확인하는 양육비부담조서를 작성하도록 하려는 것이다(제836조의2에 제5항 신설).

이 외에도 미흡한 점을 보완하고, 현실에 맞도록 수정하는 등의 개정은 계속해서 이루어지고 있다. 2011년 3월 7일 개정을 통하여 기존의 금치산·한정치산 제도를 현재 정신적 제약이 있는 사람은 물론 미래에 정신적 능력이 약해질 상황에 대비하여 후견제도를 이용하려는 사람이 재산 행위뿐만 아니라 치료, 요양 등 복리에 관한 폭넓은 도움을 받을 수 있는 성년후견제로 확대·개편하고, 금치산·한정치산 선고의 청구권자에 후견감독인과 지방자치단체의 장을 추가하여 후견을 내실화하며, 성년후견 등을 요구하는 노인, 장애인 등에 대한 보호를 강화하고, 피성년후견인 등과 거래하는 상대방을 보호하기 위하여 성년후견 등에 관하여 등기로 공시하도록 하는 한편, 청소년의 조숙화에 따라 성년연령을 낮추는 세계적 추세와 「공직선거법」 등의 법령 및 사회·경제적 현실을 반영하여 성년에 이르는 연령을 만 20세에서 만 19세로 낮추었다. 또한 2012년 2월 10일 개정을 통하여 미성년자를 입양할 때에는 가정법원의 허가를 받도록 하고, 미성년자에 대한 파양은 재판으로만 할 수 있도록 하며, 부모의 소재를 알 수 없는 등의 경우에는 부모의 동의 없이도 입양이 가능하게 하는 등 입양제도를 ·개선하고, 친양자 입양 가능 연령을 현행 15세 미만에서 미성년자로 현실에 맞게 완화하는 한편, 중혼에 대한 취소청구권자에 직계비속을 추가하는 등 현행 제도의 운영상 나타난 미비점을 개선·보완하였으며, 2013년 4월 5일 개정을 통하여 유실물에 대하여 공고 후 1년 내에 소유자가 권리를 주장하지 않으면 습득자가 소유권을 가진다고 규정하고 있던 것을, 20년 전 최초로 유실물 규정이 제정된 때와는 달리 현재는 교통·통신망의 발달로 유실물이 소유자에게 반환되는 기간이 짧아지고 있으며, 유실물 중 고가의 전자기기 등은 시간이 지날수록 가치가 하락하므로 습득자의 권리를 보다 빨리 인정할 필요가 있는 점을 고려하여 유실물의 소유권이 습득자에게 귀속되는 기간을 1년에서 6개월로 단축하였다. 또한 2014년 10월 15일 개정을 통하여 부모의 학대나 개인적 신념 등으로 자녀의 생명·신체 등에 위해가 발생하는 경우에도 자녀의 보호를 위하여 친권의 상실 선고 외에는 활용할 수 있는 제도가 없었던 문제를 개선하고자, 친권을 일정한 기간 동안 제한하거나 친권의 일부만을 제한하는 제도 등을 마련하여 구체적인 사안별로 자녀의 생명 등을 보호하기 위하여 필요 최소한도의 친권 제한 조치가 가능하도록 하였으며, 2015년 2월 3일 개정을 통하여 일반 보증인을 보호하기 위하여 보증방식 및 근보증(根保證)에 관한 규정 등을 마련하는 한편, 생활 속에 대중화·보편화되어 계속적으로 증가하는 추세인 여행과 관련하여 여러 가지 법적 문제가 발생하고 있으나 이를 직접 규율하는 법령이 없어 여행자 보호에 취약한 부분이 있으므로 이를 보완하기 위하여 여행계약의 의의, 해제·해지, 담보책임에 관한 사항을 정하는 등 여행계약에 관한 기본적인 사항을 규정하였다. 2016년 1월 6일 개정에서는 견고한 건물 등의 소유 또는 식목(植木) 등을 목적으로 하는 토지임대차를 제외한 모든 임대차의 존속기간은 20년을 넘지 못한다고 규정한 제651조 제1항은 그 입법취지가 불분명하고 계약의 자유를 침해하므로 헌법에 위반된다는 헌법재판소의 결정(2011헌바234, 2013. 12. 26. 선고)을 반영하여 임대차 존속기간에 제한을 둔 관련 규정을 폐지하였다. 이어 2016년 12월 2일 개정을 통하여 자녀를 직접 양육하지 아니하는 부모 일방이 사망하거나 자녀를 직접 양육하지 아니하는 부모 일방이 피치 못할 사정으로 면접교섭권을 행사할 수 없을 때 그 부모의 직계존속이 가정법원의 허가를 받아 손자녀와 면접교섭이 가능하도록 하였고, 2016년 12월 20일 개정을 통하여 피후견인의 직계비속은 그 직계혈족이 피후견인을 상대로 소송을 하였거나 하고 있더라도 후견인 결격사유에 해당되지 않도록 하였다. 또한 2017년 10월 31일 개정을 통하여 「민법」 제844조 제2항 중 혼인관계종료의 날부터 300일 이내에 출생한 자는 혼인중에 포태(胞胎)한 것으로 추정하는 부분에 대한 헌법재판소의 헌법불합치결정(2013헌마623, 2015. 4. 30. 결정)의 취지를 반영하여 혼인관계가 종료된 날부터 300일 이내에 출생한 자녀에 대하여 어머니와 어머니의 전(前) 남편은 친생부인의 허가 청구를, 생부(生父)는 인지의 허가 청구를 할 수 있도록 하여 친생부인(親生否認)의 소(訴)보다 간이한 방법으로 친생추정을 배제할 수 있도록 하였다.

민법전의 구성

총칙	권리의 주체가 되는 사람, 객체가 되는 물건, 권리득실의 주원인이 되는 행위 등에 관해서 규정하고 있다.	
재산법	<물권> 물건을 직접적으로(사람의 행위를 媒介하지 않고서)동시에 배타적으로(일물일권주의의 원칙)지배하여 이익을 얻을 권리(점유권·소유권·지상권 등의 용익물권·질권·저당권 등의 담보물권)를 규정하고 있다.	
	<채권> 채권자가 채무자에게 일정한 행위(채무의 이행)를 청구하는 권리를 규정하고 있다. 특히 채권의 발생원인인 계약, 불법행위 등을 규정	
가족법	<친족법> 가족·부부·친생자·친족 등의 신분적 협동체에 관해서 규정하고 있다.	
	<상속법> 사망으로 인한 유산의 배우자·子나 孫·부모·형제자매 등으로의 이전과 유언에 관해서 규정하고 있다.	

민법전구성(편별) (民法典構成<編別>)

민법의 구성 내지 編別에는 로마식 「인스타투찌오네스식」(Institutionensystem)과 독일식 「판덱텐식」(Pandektensystem)이 있다. 로마식은 로마의 법률가인 「가이우스」(Gaius)가 「法學提要」(Instiutiones)에서 사법을 인법(ius personarum)과 물법(ins reirim)으로 나누고 이에 소송법(Ius actionum)을 첨가한데서 유래한다. 동로마의 「유스티니아누스」(Justinianus)황제는 이를 母法으로 법률편찬사업을 전개하여 「法學提要」(Institutiones)라는 법전을 만들었다. 이 법계에 속하는 것은 프랑스·이탈리아·스페인·포르투갈과 라틴제국의 민법전 등이다. 독일식은 독일의 사법학자가 로마법대전의 學說彙纂(Pandectae)에서 인용한 것이며 1863년의 Sachsen민법에서 비로소 채용하였는데 현행 독일민법전은 Bayern 민법초안식에 의하여 총칙·채권·물권·친족상속의 순위로 배열되고 있다. 이 법계에 속하는 것은 스위스민법과 동채무법, 네덜란드·오스트레일리아·터어키·중국·일본 등의 민법전이 있다. 우리 민법전은 독일식에 따르고 있다.

민법의 법원(民法의 法源)
영 ; source of civil law
독 ; Zivilrechtsquelle
불 ; source de dro it civil

法源이란 (1) 법의 존재형식이나 현상형태 (2) 법을 형성하는 원동력 (3) 법이 규범으로서의 가치가 인정될 수 있는 근원을 말한다. 법은 처음에 관습과 판례로 발달하여 불문법으로 존재하지만 문자로 기록되면서 통일적인 성문법이 제정되었다. 관습법과 판례법을 주요법원으로 하는 것이 不文法主義(불문법주의)이고, 문자로 기록한 법전을 주요법원으로 하는 것이 성문법주의이다. 불문법주의는 탄력적이어서 사회변동에 잘 대처할 수 있지만 법의 존재와 내용이 불명확하다. 성문법주의는 법의 존재와 내용이 명확하지만 법이 경직되어 사회변동에 잘 대처하기 어렵다. 우리 민법의 법원으로는 국가가 제정한 제정법으로서의 민법전 기타 特別民法諸法規則(특별민법제법규칙) 등의 成文民法(성문민법)과 慣習法(관습법)·判例法(판례법)·條理(조리) 등의 不文民法을 들 수 있다. 이러한 법원의 다양성으로 인한 혼란을 방지하기 위하여 우리 민법 제1조는 「민사에 관하여 법률에 규정이 없으면 관습법에 의하고, 관습법이 없으면 조리에 의한다」고 규정하고 있다.

관습법(慣習法)

영 ; Common law
독 ; Gewohnheitsrecht
불 ; droit coutumier

사회질서와 선량한 풍속에 반하지 않는 관습이 단순한 예외적·도덕적인 규범으로서 지켜질 뿐만 아니라 사회의 법적확신 내지 법적인식을 수반하여 법적확신 내지 법적인식을 수반하여 법의 차원으로 굳어진 것을 말한다. 관습법의 성립조건은 (1) 관행이 존재하여야 하고, (2) 관행에 대한 일반의 법적확신이 있어야 하며 (3) 관행이 사회질서에 위반하지 말아야 한다. 관습법은 성문법에 대하여 원칙적으로 보충적 효력을 가지는데 불과하다. 「민사에 관하여 법률에 규정이 없으면 관습법에 의하고 관습법이 없으면 조리에 의한다」고 규정한 민법 1조는 바로 이러한 의미이다. 따라서 성문법을 개폐할 변경적 효력은 없다고 보아야 한다. 그러나 다음의 경우에는 관습법이 법률과 동일한 효력을 가진다고 보아 실제로는 성문법과 모순되는 관습법이 성문법규를 제압하고 효력을 발휘하는 경우도 있다(民§106). 즉 (1) 법령 가운데 이러한 사항에 대해서는 관습에 의한다고 규정되어 있는 경우이다. 예컨대 관습에 의한 비용부담(§224)등이다. 또한 민법은 물권에 관하여는 관습법에 대하여 성문법 제1조에 대한 예외를 스스로 인정하고 있다(§185). (2) 법령에 아무런 규정이 없지만 변경적 효력이 인정되는 경우이다. 예컨대 讓渡擔保(양도담보)·明認方法(명인방법)·內錄關係(내록관계) 등이다. 또 상사에 관하여는 商慣習法(상관습법)은 상법에서는 우선하지 못하지만 민법에는 우선하여 적용된다(商§1).

관습법이란 사회의 거듭된 관행으로 생성한 사회생활규범이 사회의 법적 확신과 인식에 의하여 법적 규범으로 승인·강행되기에 이른 것을 말하고, 그러한 관습법은 법원(法源)으로서 법령에 저촉되지 아니하는 한 법칙으로서의 효력이 있는 것이고, 또 사회의 거듭된 관행으로 생성한 어떤 사회생활규범이 법적 규범으로 승인되기에 이르렀다고 하기 위하여는 헌법을 최상위 규범으로 하는 전체 법질서에 반하지 아니하는 것으로서 정당성과 합리성이 있다고 인정될 수 있는 것이어야 하고, 그렇지 아니한 사회생활규범은 비록 그것이 사회의 거듭된 관행으로 생성된 것이라고 할지라도 이를 법적 규범으로 삼아 관습법으로서의 효력을 인정할 수 없다(대법원 2005. 7. 21. 선고 2002다 1178 전원합의체 판결).

관습법의 효력

견해	내용
보충적 효력설	관습법은 성문법이 없는 경우 그것을 보충하는 효력만 인정하는 견해이다.
대등적 효력설	관습법은 성문법과 대등하며, 나아가 성문법을 개폐하는 효력을 인정하는 견해이다.
판례 (보충적 효력설)	가족의례준칙 제13조의 규정과 배치되는 관습법의 효력을 인정하는 것은 <u>관습법의 제정법에 대한 열후적, 보충적 성격</u>에 비추어 민법 제1조의 취지에 어긋나는 것이다(대법원 1983.6.14. 선고 80다3231 판결).

판례법(判例法)

영 ; case law, judgemade law
독 ; Judikaturrecht

판례란 법원이 소송사건에 대하여 법을 해석 적용하여 내린 판단을 말하며 판례법은 이러한 판례를 법원으로 인정할 경우에 판례의 형식으로 형성된 법이다. 영미법계에서는 판례를 가장 중요한 법원으로 한다. 그러나 성문법 중심의 우리 나라에서는 판례를 법원으로 할 것인가에 대하여 견해가 나누어진다. (1) 否定說 : 부정설은 ㉮ 입법과 사법은 엄격히 구분되므로 법원이 법을 정립하는 것은 삼권분립에 반하며, ㉯ 대법원의 법령에 대한 판단은 당해 사건에 한하여 하급심을 구속하기(法組§8) 때문에 장래의 재판에 있어서 그 판례가 법으로 원용되는 것은 아니라는 점을 근거로 든다. 따라서 판례는 법원을 구속하지 못할 뿐만 아니라 일반인에 대하여도 법으로서의 구속력을 갖지 않는다고 주장한다. (2) 肯定說 : 긍정설은 ㉮ 판례는 장래의 사상을 예정하여 추상적인 규범법을 정립하는 것이 아

니고 구체적인 소송사건에 대한 법의 적용과정을 통하여 법적 성격을 형성하여 가는 것이므로 삼권분립의 원칙에 반하지 않으며, ㉯ 우리 나라 대법원의 심판에서 판시한 법령의 해석은 그 사건에 관하여 하급심을 구속하며(法組§8), ㉰ 대법원은 판결의 변경에 신중을 기하므로 상당한 정도의 확실성을 인정할 수 있으며(법조§7①Ⅲ), ㉱ 이후의 판결이 사실상 선례를 따른다는 점을 근거로 든다. 일반적으로 하급법원이라 하더라도 재판권을 행사함에 있어서 상급법원의 판결에 구속되지 않는다. 그러나 같은 내용의 사건에 대하여 상급법원의 판례와 다르게 재판하면 상급심에서 파기되는 일이 많으므로 下級法院(하급법원)은 스스로 上級法院(상급법원)의 판결을 존중하게 된다. 또한 일반인도 패소하지 않기 위하여 판례에 따라 행동하여야 한다. 따라서 판례의 구속력은 사실상 매우 강하다. 그러나 대륙법계 국가인 우리나라에서는 판례의 법원성이 부정된다.

조리(條理)

영 ; naturalis ratio
독 ; Natur der Sache
불 ; nature des choses

조리는 사물의 성질·순서·도리·합리성 등의 본질적 법칙을 의미한다. 경우에 따라서는 經驗則(경험칙) · 公序良俗(공서양속) · 社會通念(사회통념) · 信義誠實(신의성실) · 社會秩序(사회질서) · 正義(정의) · 衡平(형평) · 法(법)의 체계적 조화 법의 일반원칙 등의 명칭으로 표현되는 일도 있다. 그 법원성에 대하여는 긍정설과 부정설이 있다. 아무리 완비된 성문법이라도 완전무결할 수 없다. 따라서 법의 흠결이 있을 경우에는 조리에 의하여 보

충하여야 한다. 민법 제1조는 「민사에 관하여 법률의 규정이 없으면 관습법에 의하고 관습법이 없으면 조리에 의한다」고 하여 민사재판에서 성문법도 관습법도 없는 경우에는 조리가 재판의 규범이 된다고 명문으로 규정하고 있으므로 조리는 보충적 효력을 가진다고 한다.

사권(私權)

영 ; private rights
독 ; subjektive private Rechte
불 ; droits privés ou civils

재산과 가족에 관한 법률관계, 즉 사법상 인정되는 권리로서 공권에 대치되는 권리이다. 법을 공법과 사법으로 나눌 수 있는 것과 마찬가지로 권리도 공권과 사권으로 나눌 수 있다. 민법상의 권리는 사권에 속한다. 사권 중에서 특히 재산권은 개인주의적 법률관에 있어서는 신성불가침의 권리로 생각되었다. 그러나 오늘날 법률이 사권을 인정하는 이유는 사회의 향상과 발전을 위한 필요 때문이다. 따라서 사권의 내용과 행사는 공공복리에 의하여 제한되고 이에 대한 위반은 권리의 남용으로 취급된다(民$3). 권리란 일정한 이익을 향유하기 위해서 주어진 법률상의 힘이므로 사권은 사법적 생활이익의 보호 또는 향유를 위하여 법률상 인정된 것이다. 때문에 사람의 사회적 생활이익이 대단히 다양한데 따라 사권도 여러 가지 표준에 의해 분류될 수 있다. 즉 사권은 내용에 따라 人格權(인격권)·財産權(재산권)·家族權(신분권)·社員權(사원권), 작용에 따라 支配權(지배권)·請求權(청구권)·形成權(형성권)·抗辯權(항변권)·효력범위에 따라 絶對權(절대권)·相對權(상대권)·이전성에 따라 一身專屬權(일신전속권)·非專屬權(비전속권)등으로 분류된다.

인격권(人格權)

영 ; personal rights
독 ; Persönlichkeitsrecht
불 ; droit de personnalite

권리자 자신의 인격적 이익향수를 보호의 목적으로 하는 사권이다. 인격권은 성질상 권리자 자신에게서 분리될 수 없는 일신전속권이므로 양도·처분할 수 없으며 시효의 대상도 되지 않는다. 민법 제751조는 타인의 신체·자유·명예를 침해한다면 불법행위가 성립된다고 규정하고 있다. 이는 인격권을 예시한 규정이므로, 이밖에도 생명·정조·신용·성명·초상 등에도 위의 인격권이 성립하다. 그리고 인격권은 사람이 법률상 인정되는 인격자라는 지위(Recht der Persönlichkeit)의 의미로 쓰이는 경우도 있겠으나 그것은 결국 권리능력과 같은 뜻이다.

> 인격권은 그 성질상 일단 침해된 후의 구제수단(금전배상이나 명예회복 처분 등)만으로는 그 피해의 완전한 회복이 어렵고 손해전보의 실효성을 기대하기 어려우므로, 인격권 침해에 대하여는 사전(예방적) 구제수단으로 침해행위 정지·방지 등의 금지청구권도 인정된다(대법원 1996. 4. 12. 선고 93다40614, 40621 판결).

성명권(姓名權)

독 ; namensrecht

자기의 성명을 사용함을 내용으로 하는 사권. 인격권의 하나로 지배권의 성질을 가지며, 권리자의 사용을 방해하는 자 또는 부당하게 이를 사용하는 자에 대하여는 방해배제 또는 손해배상의 청구권이 발생한다. 성명이 어떻게 정해지느냐는 민법 및 그 밖의 법률에 규정되어 있다. 또 타인의 성명을 무단히 상표에 사용할 수 없는 점에 관하여서는 상표법에 규정이 있다. 어떤 경우에 타인의 성명권을 침해한 것이 되느냐 함은 公序良俗(공서양속)을 표준으로 하여 당시의 구체적인 사정에 따라서 사회통념으로 정해야 한다.

재산권(財産權)
영 ; property right
독 ; Vermögensrechte
불 ; droits des patrimoines

●────────────

권리자의 인격이나 가족관계는 관계없이 금전적 가치를 목적으로 하고, 권리자체도 금전적 가치를 지니는 권리이다. 인격권·가족권(신분권)·사원권 등의 비재산권에 대립된다. 그러나 채권은 금전으로 가격을 산정할 수 없는 것도 목적으로 할 수 있는데(民§373), 이러한 채권도 재산권이라 할 수 있다(§162②). 한편 상속권(§1000)·부양청구권(§974)등은 재산적 가치를 내용으로 하고 있지만 인격이나 가족을 기초로 하는 권리이므로 재산권으로 취급하지 않는다. 재산권의 주요한 것은 물권·채권·무체재산권 등이다.

저작권(著作權)
영 ; copyright
독 ; Urheberrecht
불 ; droit k'auteur

●────────────

문학·학술·예술에 속하는 저작물에 대한 배타·독점적 권리로서 무체재산권의 일종이다. 문학·학술·예술의 범주에 속하지 않는 것은 特許權(특허권)·實用新案權(실용신안권)·意匠權(의장권)·商標權(상표권) 등의 객체가 된다. 저작물이란 문서·연설·회화·조각·공예·건축·지도·도형·모형·사진·악곡·악부·연주·가창·舞譜(무보)·脚本(각본)·演出(연출)·녹음필름·映畵(영화)와 텔레비전, 컴퓨터프로그램저작물, 그 밖의 학문 또는 예술의 범위에 속하는 일체의 물건을 말한다. 저작자의 창작에 대한 노고와 그것이 갖는 재산적 가치에 비추어 저작자에게 이러한 권리를 인정한 것이다. 저작권은 그 성질상 국제적인 것이므로 萬國著作權保護同盟條約(만국저작권보호동맹)이 체결되어 있다. 우리나라는 저작권법으로 보호하고 있다. 저작재산권으로 보호기간은 저작자가 생존하는 동안과 사망한 후 70년이며, 공동저작물의 저작재산권은 맨 마지막으로 사망한 저작자가 사망한 후 70년간 존속한다. 무명 또는 널리 알려지지 아니한 異明이 표시된 저작물과 업무상저작물의 저작재산권은 공표된때로부터 70년간 존속하며, 무명 또는 이명 저작물의 경우, 저작자가 사망한지 70년이 경과하였다고 인정할 만한 사유가 발생한 경우에는 그 저작재산권은 저작자 사망 후 70년이 경과하였다고 인정되는 때에 소멸한 것으로 본다. 그리고 업무상저작물의 경우 창작한 때부터 50년 이내에 공표하지 아니한 때에는 창작한 때부터 70년간 존속한다(著作§40, 41). 著作財産權은 전부 또는 일부를 양도할 수 있으며(著作§45①) 다른 사람에게 그 저작물의 이용을 허락할 수도 있다(著作§46①).

가족권(신분권)(家族權(身分權))

●────────────

부자부부 기타의 친족과 같은 일정한 가족적 지위에 따르는 생활적 이익을 내용으로 하는 권리로서 친족권과 상속권으로 나누어진다. 가족권(신분권)은 일신전속권이며 원칙적으로 본인이 행사하여야 하며 임의로 타인에게 양도·상속할 수 없다. 이 점에서 재산권과 다르며 인격권과 유사하다. 가족권(신분권)은 그 지위에 따른 포괄적인 권리가 아니라 개개의 권리의 총칭에 지나지 않는다. 따라서 그 가운데는 여러 권리가 포함되고 순수한 가족적인 것 이외에 扶養請求權(부양청구권)이나 財産管理權(재산관리권)과 같은 재산적 색채가 강한 것도 있다.

친족권(親族權)

친족관계의 일정한 지위에 따르는 이익을 향수할 것을 내용으로 하는 권리이다. 예를 들면 친족·후견인의 권리·배우자의 권리·부양청구권 등이다. 특정인에 대한 권리라는 점에서는 채권과 가깝지만 그 내용이 지배권이라는 점에서 물권과 유사하며 일반적으로는 포괄적인 동시에 의무적인 색채가 강한 것이 특색이다. 친족권이 타인으로부터 침해를 받게 되면 물권에서 물권적 청구권이 발생하는 것과 마찬가지로 가족법상의 청구권이 발생한다. 이 가족법상의 청구권은 그 기본이 되는 친족권과 법률상 운명을 같이 한다.

상속권(相續權)

상속인으로서의 지위에 따라서 발생하는 권리이다. 종래에는 호주상속권과 재산상속권으로 나누어졌지만 1990년 개정민법은 재산상속만을 상속이라하고 호주상속권은 호주승계권으로 명칭을 바꾸어 친족편에 편입시켰다. 민법상 상속권은 다음의 두 가지 뜻으로 사용된다. (1) 상속개시 전에 추정상속인이 가지는 기대권(희망권)으로서 장래에 현재대로 상속이 개시되면 상속이 될 수 있다는 불확정한 권리이지만 법률에 의하여 보호되고 있다(民§1000). (2) 상속개시 후에 상속인이 갖는 상속권으로 현실적인 권리이다(기득권). 이는 상속의 결과로 상속인이 취득한 포괄적인 권리로서(§1005) 상속개시에 의하여 발생하는 확정적인 권리이다. 따라서 이를 침해하는 자에 대하여는 상속회복을 청구할 수 있다(§999).

사원권(社員權)
독 ; Mitgliedschaftrecht

사단법인의 사원이 그 자격에 기인하여 법인에 대하여 가지는 권리의무와 이 권리의무를 발생하는 기본이 되는 사원의 법률상의 지위를 합하여 사원권이라고 부른다. 사원권은 내용상 (1) 법인의 목적을 달성하기 위하여 사원에게 인정되는 議決權(의결권)·業務執行權(업무집행권)과 같은 공익권과 (2) 사원 자신의 경제적 이익을 직접적으로 확보하기 위해 인정되는 利益配當請求權(이익배당청구권)·殘餘財産分配請求權(잔여재산분배청구권)과 같은 自益權(자익권)으로 나눌 수 있다. 민법상의 비영리법인에서는 공익권이 중요하나 영리법인 특히 주식회사 등에는 자익권이 중시되어 공익권은 부수적인 것이 된다. 따라서 공익권은 법인기관이 가지는 권한이라고 하고 자익권만이 사원권이며, 그것도 사원인 지위에서 생기는 개개의 권리라고 보면 족하다고 하는 이른바 社員權否認論(사원권부인론)도 있다.

> "사단법인의 사원의 지위는 양도 또는 상속할 수 없다"고 한 민법 제56조의 규정은 강행규정은 아니라고 할 것이므로, 정관에 의하여 이를 인정하고 있을 때에는 양도·상속이 허용된다(대법원 1992. 4. 14. 선고 91다26850 판결).

공익권(共益權)

독 ; gemeinnützige Recht

사원권의 일종으로서 법인자체 또는 사원의 공동의 목적을 위하여 존재하는 권리를 말한다. 예컨대 議決權(의결권)·少數社員權(소수사원권)·各種監督權(각종 감독권)· 業務執行權(업무집행권)(인적회사)등이 있다. 그러나 이것은 사원이 기관의 자격에서 가지는 권한이 아니라는 이유로 이를 부인하는 설도 있다.

자익권(自益權)

독 ; selbstnütziges Recht

사단법인의 사원 자신의 목적을 달성하기 위하여 부여된 권리로서 사원권의 일종이다. 예를 들면 利益配當請求權(이익배당청구권)· 殘餘財産處分請求權(잔여재산처분청구권)· 設備利用權등이다.

고유권(固有權)

라 ; iura singulorum, iura quaesta
독 ; Soderrecht, Einzelrecht

사단에 있어서 구성원이 가지는 권리로서, 그 구성원의 동의 없이 다른 구성원들이 다수결로써도 박탈할 수 없는 구성원의 권리를 말한다. 非營利法人(비영리법인)이나 公法人(공법인) 등에 있어서도 문제가 되지만 특히 주식회사의 주주의 고유권이 문제가 된다. 주식회사에 있어서는 회사가 원래 각사원의 개인적 이익 추구의 수단으로서 존재하는 것이므로 다수결에 의하여 각사원의 단체구성의 목적을 부인하는 것은 허용되지 않는다. 즉 고유권리론은 사원의 본질적 이익 보호를 위한 다수결원칙의 한계가 되는 것이다. 따라서 정관변경 또는 주주총회의 결의로써도 박탈할 수 없는 권리가 무엇인가에 대하여는 학설이 갈라져 있으나 결국 주식회사의 본질과 법률의 규정에 의하여 결정하는 수밖에 없다. 일반적으로 공익권 가운데 의결권은 다수결의 이론적 전제로서 법률의 규정에 의한 경우 이외에는 뺏을 수 없으며 그 이외의 권리도 정관에 의해 자치적 취급을 법정한 것 이외에는 박탈할 수 없다. 자익권 가운데에서도 株式自由讓渡權(주식자유양도권)·新株引受權(신주인수권)·株券交付請求權(주권교부청구권)·株式名義改書請求權(주식명의 개서청구권)등은 성질상 박탈할 수 없고 이익배당청구권을 영구히 정지하거나 이익배당청구권과 잔여재산분배청구권을 동시에 박탈하는 것은 허용되지 않는다. 어쨌든 이 문제는 실정법상 대부분 해결되어 있으며 그 이론상 실익은 그리 크지 않다. 고유권은 형사소송에서 변호권의 내용으로 사용되기도 한다.

지배권(支配權)

독 ; Herrschaftsrecht, Beherrschungsrecht

타인의 행위를 개재시키지 않고서 일정한 객체에 대하여 직접 지배력을 발휘할 수 있는 권리이다. 물권이 가장 전형적인 지배권이며, 그밖에 저작권이나 등기권 등의 무체재산권이 이에 속한다. 친권·후견권 등도 비록 사람을 대상으로 하지만 상대방의 의사를 억누르고 권리내용을 직접 실현하는 점에서 지배권이다. 인격권도 인격적 이익을 직접 지배하는 권리이므로 지배권이다. 지배권을 침해하는 자가 있을 경우에는 그 자에 대하여 손해배상청구권 및 방해제거청구권(예컨대 물권적 청구권)이 발생한다. 이밖에 지배인의 대리권(Prokura)도 지배권이라 불린다.

청구권(請求權)
독 ; Anspruch

특정인이 타인에 대하여 작위 또는 부작위를 요구할 수 있는 권리이다. 권리실현을 위하여 그 타인의 행위를 필요로 하는 점에서 객체를 직접지배하는 지배권과 근본적으로 다르다. 또한 타인이 청구에 응하지 않을 때에는 권리의 실현을 위하여 국가의 조력을 얻어야 한다. 채권은 그 대표적인 예이다. 다만, 채권은 모두 청구권이지만 청구권 모두가 채권은 아니다. 그 밖에 지배권인 물권이 어떠한 형태로 그 원만한 지배형태가 방해되었을 때에 생기는 물권적 청구권이나, 부양청구권(民§974)·부부간의 동거청구권(§826②) 등의 가족법상의 청구권도 이에 포함된다. 청구권 경합이란 동일한 경제적 목적을 가진 수개의 청구권이 공존하는 것이다. 특히 동일당사자간에 동일사실에 대한 다수의 청구권을 발생하는 요건을 충족시키는 경우에는 그 경합을 인정하느냐가 문제가 된다. 예컨대 임차인이 실화로 임차가옥을 불태우고 채무불이행과 불법행위가 겹쳐서 성립하는 경우이다. 이에 대하여 (1) 양쪽의 요건을 갖출 때에는 각각의 것을 원인으로 하여 두 가지의 손해배상청구권이 발생한다고 보아 두 가지 모두를 청구하거나 어느 한쪽만을 청구할 수 있도록 경합을 인정하는 청구권경합설과 (2) 당사자의 관계 또는 행위의 모습 등에 의하여 판단하여 어느 한쪽만이 발생한다는 경합을 인정하지 않는 법조경합설이 있다.

전세권자는 전세물인 가옥을 선량한 관리자의 주의로써 보관할 의무가 있고 계약이 해지되면 전세물을 반환하여야 하는 채무를 지는 것이므로 전세권자의 실화로 인하여 가옥을 소실케 하여 그 반환의무를 이행할 수 없게 된 때에는 한편으로는 과실로 인하여 전세물에 대한 소유권을 침해한 것으로서 불법행위가 되는 동시에 한편으로는 과실로 인하여 채무를 이행할 수 없게 됨으로써 채무불이행이 되는 것이다(대법원 1967. 12. 5. 선고 67다2251 판결).

비재산적 청구권(非財産的 請求權)

예컨대 유골인도청구권과 같이 금전적 가치가 없는 행위를 목적으로 하는 청구권일지라도 법률상 보호할 가치가 있는 이상 마땅히 법률상의 권리로서 유효하게 존재할 수 있는 것이다(民§373).

형성권(形成權)
독 ; Gestaltungsrecht

권리자의 일방적 의사표시에 의하여 새로운 법률관계의 형성, 즉 권리의 발생·변경·소멸이라는 일정한 법률효과를 발생시키는 권리이다. 가능권(Kannrecht)이라고도 한다. 형성권은 재산권도 가족권도 아니다. 형성권에는 (1) 권리자의 의사표시만으로써 효과를 발생하는 것, 예컨대 法律行爲同意權(법률행위동의권)(§5, §10)·取消權(취소권)(§140~§146)· 追認權(추인권)(§143~§145)·契約解止權(계약해지권)과 解除權(해제권)(§543)·相計權(상계권)(§492) · 매매의 一方豫約完結權(일방예약완결권)(§564)·約婚解除權(약혼해제권)(§805)·相續抛棄權(상속포기권)(§1041) 등과 (2) 법원의 판결에 의하여 비로소 효력이 발생하는 것, 예컨대 債權者取消權(채권자취소권)(§146)· 親生否認權(친생부인권)(§846)· 婚姻取消權(혼인취소권)(§816~§825)· 裁判上離婚權(재판상혼인권)(§840~§843)· 入養取消權(입양취소권)(§884~§897)· 裁判上罷養權(재판상파양권)(§905~§900)등이다. 이와 같이 재판에 의해서만 법률관계를 형성시키는 이유는 형성권 행사의 효과가 일반 제3자에게 미치는 영향이 크기 때문이다. 그리고 이 경우에 제기하는 소를 형성의 소라고 한다.

청구권으로 불리우나 형성권인 것

(1) 공유물분할청구권
(2) 지상권자, 토지임차권자의 지상물매수청구권
(3) 전세권자, 임차인, 전차인의 부속물매수청구권
(4) 지료, 전세금, 차임증감청구권
(5) 매매대금감액청구권(민법 제572조)
(6) 지상권설정자, 전세권설정자의 지상권소멸·전세권소멸청구권

항변권(抗辯權)

독 ; exceptio　불 ; Einrede

타인의 청구권의 행사를 거부할 수 있는 권리이며 청구거부권이나 반대권이라고도 한다. 항변권은 상대방의 권리를 승인하면서 그 행사로 인하여 상대방의 권리의 작용에 일방적인 변경을 주는 법률효과를 발생시키는 것이기 때문에 청구거절을 내용으로 하는 특수한 형성권으로 간주된다. 항변권에는 (1) 일시이행을 거절하여 청구권의 효력을 일시적으로 저지하는 연기의 효력을 발생시키는 延期的(연기적)·停

止的(정지적) 抗辯權(항변권)(dilatorische od. dauernde Einrede)과 (2) 영구적으로 이행을 거부하여 청구권소멸의 효력을 발생시키는 否定的(부정적)·永久權(영구권) 抗辯權(항변권) 혹은 滅却的(멸각적),抗辯權(항변권)(peremptorische od. dauernde Einrede)의 두 가지로 나눌 수 있다. 동시이행의 항변권(민§536). 보증인이 가지는 최고 및 檢索(검색)의 항변권(§437)등은 전자에 속한다. 후자의 예로 독일민법의 消滅時效(소멸시효)의 항변권(獨民§222), 우리 민법의 경우 한정승인의 항변권을 들 수 있다.

관리권(管理權)

관리권은 권리의 귀속과 행사·재산의 귀속과 관리가 법률적으로 분리한데서 발생한 권리개념이다. 관리권은 넓은 의미에서는 처분권까지 포함하지만(民§22, 211), 처분권과 대립시켜 처분권을 제외한 것을 관리권이라고도 한다. 후자의 의미에서 관리권은 재산권에 대한 처분권은 없고 다만 관리만을 내용으로 하는 권리이며, 보존행위·이용행위·개량행위 등이 여기에 해당한다(§118).

기대권(期待權)

독 ; Anwartschatsrecht

장래 일정한 사실이 발생하면 일정한 법률적 이익을 얻을 수 있다는 기대(희망)를 내용으로 하는 권리로서 희망권이라고도 한다. 조건(또한 기한)의 성부가 미정인 동안에 있어서의 지위(條件附權利(조건부권리) : 民§148, 149)가 주요한 것이나 상속의 개시 전에 있어서의 장래에 유산을 상속할 상속인의 지위도 이에

속한다. 시험에 합격하면 10만원을 준다는 계약이 체결된 때는 수험자는 시험에 합격만 하면 10만원을 받을 수 있다는 기대를 가지게 되는데 이 기대를 일종의 권리로서 인정한 것이다. 위의 사례에서 만일 돈을 주기로 약속한 자가 돈을 주지 않을 생각으로 합격을 방해하여 불합격을 시키더라도 그 약속에 관한 이상, 합격한 것으로 인정되기 때문에 10만원을 받을 수 있게 된다(§150①). 기대권의 보호는 권리의 종류에 따라 다르나 일반적으로 기대권(특히 조건부권리)은 그 이익을 침해당하지 않는다는 소극적 보호(§148)를 받는 이외에 일반적인 규정에 따라 이것을 처분·상속·보존담보로 제공할 수도 있다(§149).

기득권(既得權)

독 ; iura quasita
영 ; vested rights
독 ; wohlerworbene Rechte
불 ; droits acquis

사람이 이미 획득한 권리로서 국가라 할지라도 이를 침해할 수 없다고 한다. 기득권은 법률에 의해서 이미 주어진 권리이다. 주로 개인의 재산권에 대하여 주장되었다. 역사적으로는 사유재산의 확립에 이바지한 이론이다. 예를 들면 10년 이상 근무한 공무원은 퇴직연금을 받을 권리가 있다(公年§46① 본문). 그러므로 公務員年金法(공무원연금법)을 개정하여 25년 근속한 공무원에게 이 퇴직연금을 지급한다고 하여, 이미 10년이 넘은 공무원들에게까지 新法을 적용하게 되면 既得權(기득권)을 침해하는 결과가 된다. 나아가 이 개정법의 적용을 10년 전까지 소급시행하여 적용하면 현재 연금을 받는 자도 앞으로는 연금을 받지 못하게 될 것

이다. 오늘날 기득권의 불가침은 인정되지 않지만 입법정책상 기득권은 될 수 있는 한 존중되어야 한다. 法律不遡及(법률불소급)의 원칙에 입각한 것이다.

절대권 · 상대권(絶對權 · 相對權)

독 ; absoultes Recht·relative Recht
불 ; droit absolu·droit relatif

권리의 대외적 효력이 사회일반에 대하여 절대적으로 미치는가 혹은 특정인에 대하여 상대적으로 미치는가에 따라서 절대권과 상대권이 구별된다. 이 구별은 권리에 대한 의무자의 범위에 의한 분류로서 주로 사권에 관하여 행해진다. 절대권은 세상의 일반인을 의무자로 하여 대항할 수 있는 권리로서 對世權(대세권)이라고도 한다. 물권·인격권·무체재산권과 같은 지배권이 전형이다. 상대권은 권리의 내용이 특정인에 대한 일정한 행위를 위한 것이므로 그 특정인만을 의무자로 하여 대항할 수 있는 권리이다. 대인권이라고도 부르며 채권과 같은 청구권이 전형이다. 그러나 오늘날은 채권도 채무자 이외의 제3자에 의하여 침해받을 수 있으므로 절대권과 상대권의 구별은 명확한 것이 아니다.

일신전속권(一身專屬權)

독 ; höchstpersönliches Recht
불 ; droit exclusivement attaché `ala
  personne

권리가 그 귀속이나 행사에 대하여 특정한 권리주체에 전속하는가에 의한 구별이다. 일신전속권은 권리가 특정한 주체와의 사이에 특별히 긴밀한 관계가 있기 때문에 그 주체만이 향유·행사할 수 있는 권리이다. 일신전속권은 다음의 두 가지

로 나눌 수 있다. (1) 특정한 주체만이 향유할 수 있는 것이 享有專屬權(향유전속권)(귀속상의 일신전속권)이다. 즉 권리가 그 귀속에 있어서 권리자 자신의 신분·인격과 불가분의 관계에 있는 것이다(예 : 扶養請求權(부양청구권)·代理權(대리권) 등). 이는 양도·상속에 관하여 제한을 받지만 다시 ㉮ 양도 · 상속이 다같이 불가능한 것(예 : 親權(친권), 부부상호의 권리 등)과 ㉯ 양도만이 불능하고 상속이 가능한 것(예; 양도금지의 특약이 있는 채권 : 民§389①, ②§449, §1005 등)으로 나누어진다. (2) 특정한 주체만이 행사할 수 있는 것이 행사전속권(행사상의 일신전속권)이다. 즉 권리를 행사함에 있어서 권리자의 개인적 의사나 감정을 무시할 수 없는 권리이다. 이것은 채권과 대위권의 목적이 될 수 없다(§404①). 이들 두 종류의 일신전속권은 관점을 달리하므로 양쪽 모두를 포함하는 일신전속의 권리도 적지 않으나(예 : 친권 등의 기초권(신분권)에 많다), 행사에 관하여만 일신전속의 것(예 : 慰藉料請求權(위자료청구권)이라든가 향유에 관하여만 일신전속의 것(예 : 終身定期金債權(종신정기금채권))도 있다. 그리고 공권은 공익적인 취지에서 부여되는 결과로 권리주체와의 사이에 긴밀한 관계가 인정되어 일신전속적 성격을 가지는 일이 많다(俸給請求權(봉급청구권)·年金請求權(연금청구권) 따위). 인격권과 가족권(신분권)은 일신전속권이며 재산권은 원칙적으로 비전속권이다.

일신전속의무(一身專屬義務)

의무의 내용상 의무자 이외의 제3자가 이행할 수 없는 것이거나 의무자의 특수

한 신분에 결합된 것을 말한다. 상속의 대상이 되지 않는다. 예를 들면 특정의 화가가 그림을 그릴 채무나 부양의무 등이 있다.

의사자치(意思自治)

영 ; autonomy of the will
독 ; Parteiautonomie
불 ; autonomie dela volonte

일반적으로 개인의 사법관계를 그 의사에 의하여 자유로 규율하게 하는 것, 즉 사적자치 또는 사적 자치의 원칙을 뜻하는 바 국제사법에서 특히 이말이 쓰인다. 국제사법에서 의사자치라 함은 법률행위의 준거법을 당사자의 명시 또는 묵시의 의사로서 정하는 것을 뜻하며 당사자자치라고도 한다. 당사자가 법률행위에 의할 법률을 지정한 경우에 그 지정은 두 가지의 뜻을 가질 수 있다. 하나는 법률행위의 성립 및 효력 그 자체를 지배하는 법률의 지정이고, 다른 하나는 준거법을 정하는 대신에 어느 한 곳의 법률에 의하고자 하는 지정이다. 전자를 低觸法的指定(저촉법적지정)(kollisionsrechtliche Verweisung)이라 하고, 후자를 실질적 지정(Materiwllrechtliche)이라고 한다. 그러나 의사자치에 대한 이러한 논의를 부정하는 견해도 있다.

사적 자치의 원칙
(私的 自治의 原則)

영 ; principle of private autonomy
독 ; Prinzip der Privatautonomie

(法律行爲自由의 原則(법률행위자유의 원칙)·契約自由의 原則(계약자유의 원칙)·私法自治의 原則(사법자치의 원칙)·個人意思自治의 原則(개인의사자치의 원칙)·意思自治의 原則(의사자치의 원칙))사법상의 법

률관계, 특히 거래는 개인의 자유로운 의사에 따라 결정되어 자기책임하에 규율되는 것이 이상적이며 사적생활의 영역에는 원칙적으로 국가가 개입하거나 간섭하지 않는다는 근대사법의 원칙이다. 때문에 各人은 모두 평등한 권리와 의무를 가지며 자신이 소유하는 물건을 자유로이 지배하고, 자유의사의 자치로써 타인과 협력하며, 개인의 의사에 따른 행위, 특히 과실 있는 행위에 대하여서만 책임을 진다는 구조이다. 그 중에서 소유권의 절대성·계약의 자유·과실책임이란 세 가지는 개인주의법제의 3원칙이라고도 하며 우리사회를 규율하는 가장 기본적인 법원리이다. 그런데 당사자간의 사적자치는 계약에 의하여 달성되므로 사적 자치의 원칙은 주로 계약자유의 원칙(계약체결의 자유·계약상대방선택의 자유·계약내용결정의 자유·계약방식의 자유)으로 나타나지만, 개인이 사유하는 재산처분자유의 원칙과 상속법상의 유언자유의 원칙 등도 포함된다. 그러나 사법상의 거래관계는 各人의 의사에 맡긴다고 하더라도 그 의사가 잘못 표시된 경우 본인의 진의를 희생해서라도 외관을 신뢰한 자를 보호하지 않으면 거래의 안전을 해치게 된다. 또한 다수의 거래를 신속히 행하려고 할 때에는 미리 계약내용을 정해 두고 이와 다른 계약은 하지 않도록 할 필요가 있다(부합계약). 나아가서 공공의 질서와 선량한 풍속에 반하는 계약은 무효로 하여야 한다. 특히 불리한 계약을 본의 아니게 체결 당하기 쉬운 토지·건물의 임차인, 금전의 차용인 등은 특별히 보호할 필요가 있다. 사적 자치의 원칙은 이러한 경우에 각각 제한을 받게 된다. 즉 사법상의 권리의 행사가 실질적으로 부당하다고 생각되는 경우 명문의 유무에 관계없이 권리

에 대한 어떤 한계를 지어야 한다. 그리하여 오늘날은 信義誠實의 原則(신의성실의 원칙), 權利濫用禁止의 원칙(권리남용금지의 원칙), 無過失責任主義(무과실책임주의), 契約公正의 原則(계약공정의 원칙) 등에 의한 제한이 가해진다.

신의성실의 원칙 (信義誠實의 原則)

독 ; Treu und Glauben
불 ; bonne foi

「권리의 행사와 의무의 이행은 신의에 좇아 성실히 하여야 한다」(民§2①). 이것을 신의성실의 원칙 또는 신의칙이라고 한다. 신의성실이란 사회공동생활의 일원으로서 상대방의 신뢰를 헛되이 하지 않도록 성의를 가지고 행동하는 것이다. 이 원칙은 로마법에서 기원하였으며 특히 당사자의 신뢰관계를 기반으로 하는 채권법의 영역에서 채권행사와 채무이행에서 발생·발전한 법리이다. 근대사법에 있어서는 프랑스민법에서 처음으로 규정하였다. 그 근본사고방식은 권리남용의 법리와 공통된 점이 많이 있다. 즉 권리의 행사가 신의성실에 반하는 경우에는 權利濫用(권리남용)이 되는 것이 보통이며, 의무의 이행이 신의성실에 반하는 경우에는 의무이행의 책임을 지게 된다. 그밖에 권리의 남용도 실질적으로 신의성실에 반하는 경우에는 신의성실의 원칙에 적용을 받아야 하며 또한 공공의 질서와 선량한 풍속의 내용을 정하는 데에도 신의성실의 원칙을 적용한다. 신의나 성실의 구체적인 내용은 때나 장소가 변함에 따라 변화하는 것으로 결국 그 사회의 상식이나 일반통념에 따라 결정된다. 따라서 사정변경의 원칙과 실효의 원칙과 같은 원칙이 파생된

다. 그러나 그 중심은 권리의 공공성·사회성을 존중하려고 하는 데 있다.

> 신의성실의 원칙에 반하는 것 또는 권리남용은 강행규정에 위배되는 것이므로 당사자의 주장이 없더라도 법원은 직권으로 판단할 수 있다(대법원 1995. 12. 22. 선고 94다42129 판결).

사정변경의 원칙
(事情變更의 原則)
라 ; clausula rebus sic stantibus

법률행위의 성립당시 그 기초가 된 사정이 그 후 현저히 변화된 경우에 당초에 정하여진 행위의 효과를 그대로 유지·강제하는 것은 신의성실에 반하는 부당한 결과를 발생시킬 수 있다. 이 경우 법률행위의 효과가 새로운 사정에 적합하도록 변경할 것을 청구하거나 또는 해제·해지할 수 있다는 원칙이다. 그러나 스스로 약속한 것을 사정변경을 이유로 함부로 파기하는 것은 계약정의에 어긋나므로 그 적용에는 요건이 구비되어야 한다. 즉, (1) 당사자의 책임 없는 사유(예 : 인플레이션)로, (2) 계약당시에는 당사자가 예상할 수 없었던, (3) 현저한 사정의 변경이 발생한 경우일 것을 요한다. 그러나 계약의 변경을 용이하게 인정하면 거래안전을 해칠 우려가 있기 때문에 이 원칙은 신중하게 적용되어야 한다.

> 이른바 사정변경으로 인한 계약해제는, 계약성립 당시 당사자가 예견할 수 없었던 현저한 사정의 변경이 발생하였고 그러한 사정의 변경이 해제권을 취득하는 당사자에게 책임 없는 사유로 생긴 것으로서, 계약내용대로의 구속력을 인정한다면 신의

> 칙에 현저히 반하는 결과가 생기는 경우에 계약준수 원칙의 예외로서 인정되는 것이고, 여기에서 말하는 사정이라 함은 계약의 기초가 되었던 객관적인 사정으로서, 일방당사자의 주관적 또는 개인적인 사정을 의미하는 것은 아니다. 또한, 계약의 성립에 기초가 되지 아니한 사정이 그 후 변경되어 일방당사자가 계약 당시 의도한 계약목적을 달성할 수 없게 됨으로써 손해를 입게 되었다 하더라도 특별한 사정이 없는 한 그 계약내용의 효력을 그대로 유지하는 것이 신의칙에 반한다고 볼 수도 없다(대법원 2007. 3. 29. 선고 2004다31302 판결).

실효의 원칙(實效의 原則)
라 ; venire contre actum proprium
독 ; Verwirkung

권리를 포기한 것으로 인정할 만한 행위를 하거나 오랫동안 권리를 행사하지 않는 경우와 같이 권리의 행사가 없는 것으로 믿을 만한 정당한 사유가 있게 된 경우, 새삼스럽게 그 권리를 행사하는 것이 신의성실에 반한다고 인정되는 때에 그 권리의 행사를 권리남용으로서 허용하지 않는다는 원칙이다. 이 이론은 1차 대전 후 독일의 판례에서 나타나기 시작하였으며 영미법에 있어서의 이른바 禁反言(금반언)의 원칙(estoppel)과 그 취지가 같다.

> 실효의 원칙이라 함은 권리자가 장기간에 걸쳐 그 권리를 행사하지 아니함에 따라 그 의무자인 상대방이 더 이상 권리자가 그 권리를 행사하지 아니할 것으로 신뢰할 만한 정당한 기대를 가지게 되는 경우에 새삼스럽게 권리자가 그 권리를 행사하는 것은 법질서 전체를 지배
> 실효의 원칙이라 함은 권리자가 장기간

에 걸쳐 그 권리를 행사하지 아니함에따라 그 의무자인 상대방이 더 이상 권리자가 그 권리를 행사하지 아니할 것으로 신뢰할 만한 정당한 기대를 가지게 되는 경우에 새삼스럽게 권리자가 그 권리를 행사하는 것은 법질서 전체를 지배하는 신의성실의 원칙에 위반되어 허용되지 않는다는 것을 의미하는 것이므로, 종전 토지 소유자가 자신의 권리를 행사하지 않았다는 사정은 그 토지의 소유권을 적법하게 취득한 새로운 권리자에게 실효의 원칙을 적용함에 있어서 고려하여야 할 것은 아니다(대법원 1995. 8. 25. 선고 94다27069 판결).

권리의 남용(權利의 濫用)
영 ; abuse of right
독 ; Rechtsmissbrauch
불 ; abus de droit

겉으로는 권리의 행사처럼 보이지만 실질적으로는 공공의 복지에 반하기 때문에 권리행사라고 할 수 없는 경우를 말한다. 즉 사회적으로 타당하다고 생각되는 범위를 넘어서 권리자가 오로지 개인적 이기적 입장에서 권리를 행사하는 것이다. 이러한 권리의 행사에 대하여는 이것을 인용할 필요가 없거나 불법행위로서 損害賠償(손해배상)을 청구할 수 있다.

권리남용의 요건

문제점	권리남용이 되기 위해서 객관적 요건(권리의 존재, 권리의 행사, 권리행사로 인한 권리자의 이익과 상대방의 불이익 사이에 현저한 불균형)외에 주관적 요건(권리행사자의 가해목적)도 있어야 하는지 문제된다.
학설	일반적인 견해는 객관적 요건만 요구하고 주관적 요건은 요구하지 않는다(곽윤직, 이영준, 이은영).
판례	양자를 모두 요구한 판례(2002다62135)
	객관적 사정에 의해 주관적 요건을 추인할 수 있다고 한 판례(93다4366)
	주관적 요건을 요구하지 않은 판례(2002다59481)

권리남용금지의 원칙 (權利濫用禁止의 原則)
독 ; Vervot der Rechtsmissbrauch

「권리는 남용하지 못한다」(民§2②). 권리는 사회공동생활의 향상 발전을 위하여 인정되는 것이므로 그 행사는 신의성실에 좇아서 행하여져야 하고 그렇지 않을 경우에는 불법한 것으로서 금지되어야 한다는 원칙이다. 권리자유의 원칙을 근본적으로 수정하는 진정한 권리남용금지가 확립된 것은 권리의 공공성·사회성이 인정되면서부터이다. 즉 권리자의 주관적 의사(방해의 의사나 목적)를 표준으로 하는 시카아네(Schikane)금지의 법리와는 달리 객관적 입장에서 권리가 본래의 사회적 목적을 벗어난 행사가 있었는지에 여부를 표준으로 권리남용을 인정할 수 있게 되었기 때문이다.

사권행사의 한계 (私權行使의 限界)

近代民法에서는 所有權(소유권)을 중심으로 하는 사법상 재산권의 행사를 권리자의 자유에 일임하고 국가가 함부로 간섭하지 않는 것이 기본원칙이었다. 따라서 법률에 특별한 제한이 없는 이상 권리의 행사는 자유이며 이를 제한하기 위해서는 법률의 특별규정이 있어야한다고 여겼다. 그러나 실제 법률관계에 있어서 형식적으로는 권리행사로 보이지만, 실질적으로 부당하다고 인정될 때에는 법문의 규정유무를 막론하고 적당히 제한하여야 할 필요성이 대두되게 되었다. 이와 같은 필요성을 구체적으로 구현한 것이 민법상 양대 지주를 이루고 있는 권리남용의 금지와 신의성실의 원칙이다(民§2). 권리남용금지의 법리에 관하여 살펴보면, 소유권의 행사는 원칙적으로 자유이다. 그렇지만 개인의 자유에도 사회적으로 승인될 수 있는 내재적인 한계는 있는 것이므로 외형상으로 소유권행사로 보이는 경우에도 이 사회적 타당성의 한계를 벗어나게 되면 법률은 이에 대하여 보호할 수 없는 것이다. 신의성실의 원칙은 당사자간의 신뢰관계를 토대로 하는 채권법의 영역에서 특히 강조되어 온 것이며 채권의 행사와 채무의 이행에 관하여 발달하여온 법리이다. 이는 근본적으로는 권리남용금지와 공통된 원리에 입각하고 있는 것이다. 즉 쌍무계약에서 상대방이 완전한 채무를 이행하지 않는 한, 이 쪽에서도 반대급부를 거절할 수 있는 것은 분명히 법적으로 주어진 일종의 권리이지만(동시이행의 항변권의 경우) 상대방의 不完全履行(불완전이행)의 정도가 아주 경미한 경우에까지 이 같은 권리를 행사한다는 것은 실질적 형평의 관점에서 허용되지 않는다고 해석된다. 결론적으로 권리남용금지는 사회적인 관점에서의 제약인 데 반하여 信義誠實原則(신의성실원칙)은 채권관계의 내부에서 조정 조화하려는 데 취지가 있다는 점이 다르다고 할 수 있으나 양자는 동일한 기조 위에서 근대사법상 중대한 변화를 촉진해 온 지도원리였다. 위 민법상에서도 이 원리는 단순히 채권이나 물권 등 어느 일부에만 적용되는 것이 아니라 사권 전반에 대한 한계 및 민법 전반에 흐르는 지도원리로서 의의를 가진다.

권리(權利)
영 ; right 獨 ; (subjektives) Recht
불 ; droit(subjectif)

권리의 본질에 관하여는 (1) 의사의 힘 또는 의사의 지배라고 하는 意思說(의사설) (2) 법에 의하여 보호되는 이익이라는 利益說(이익설)(Thering) (3) 이익의 향수를 위하여 법에 의하여 일정한 사람에게 주어진 힘이라는 권리 法力說(법력설)(Emeccerus) 등으로 학설이 나누어진다. 권리의 본질을 논할 경우는 항상 법이 전제가 된다. 그러나 법이 과연 권리를 앞서느냐에 대하여는 ㉮ 18세기 개인주의·자연주의적 사회계약설에서 유래된 權利先存說(권리선존설) ㉯ 실정법만이 법이라는 법실증주의자들이 주장한 法先存說(법선존설) ㉰ Recht나 droit 등의 문자의 의미와 같이 객관적으로는 법을 의미하고 주관적으로는 권리를 의미한다는 同時存在說(동시존재설) 등의 학설이 있다. 권리사상은 중세의 의무본위의 사상으로부터 근세의 권리본위사상의 시대를 거쳐 다시 금세기 초엽부터 권리에는 의무가 따른다는 사상으로 발전하였다.

주된 권리(主된 權利)
영, principal right
독, Hauptrecht
불, droit principal

다른 권리에 대하여 종속관계에서는 권리를'종된 권리'라고 하는데 비해, 그 다른 권리를 말한다. 이것은 주종관계를 표준으로 분류한 것이다. 이것은 주종관계를 표준으로 분류한 것이다.'종된 권리'는 '주된 권리'의 존재를 전제로 하여 발생한다. 예컨대 질권과 저당권은 그의 피담보채권의'종된 권리'이고, 이자채권은 원본채권의'종된 권리'이다. '종된 권리'중에는 보증인에 대한 채권이나 질권·저당권 등과 같이'주된 권리'를 확보하기 위한 것이 있고, 또한 이자채권과 같이'주된 권리'의 확장으로 볼 수 있는 것이 있다.'종된 권리'는 그 발생·변경·소멸에 있어서 원칙적으로'주된 권리'와 운명을 같이 한다. 그러나 '종된 권리'도 발생 후 독립된 존재를 갖기에 이르면,'주된 권리'가 소멸된 후에도 독립하여 존재할 수 있다.

종된 권리(從된 權利)

영, accessory right
독, Nebenrecht
불, droit accessoire

어떤 법률행위의 효력이 발생하기 위하여 다른 법률행위의 존재를 필요로 하는 경우에 그 행위를 말한다.

권리본위사상(權利本位思想)

법의 이론 및 실제에 대하여 권리가 가지는 의의를 중요시하는 사상으로 의무본위사상에 대립한다. 이 사상은 일찍이 로마법에서 볼 수 있었으며 특히 근대에 이르러 개인주의적 사회관과 결부하여 지배적이 되었다.

의무본위사상(義務本位思想)

권리본위사상을 배척하는 의사로서, 법률생활에 있어서 지닌 의무의 뜻을 강조

하는 것이 특색인 바 의무는 법률상의 의무를 말할 때도 있고, 도덕상의 의무를 말할 때도 있다.

권리취득(權利取得)

권리가 특정한 주체와 법률적으로 결합하는 것이다. 즉 특정한 법률상의 인격자가 새로이 특정한 권리의 주체가 되는 것이다. 권리취득은 원시취득과 승계취득의 두 가지가 있다. 원시취득이란 타인의 권리를 기초로 하지 않고 새로이 권리를 취득하는 것을 뜻한다. 무주물선점(민법 제252조), 유실물습득(민법 제253조), 매장물발견(민법 제254조)에 따른 취득, 건물의 신축에 의한 소유권 취득 등을 예로 들 수 있다. 선의취득과 시효취득이 원시취득인지에 대해서는 견해가 대립하나 원시취득설이 다수설이다. 승계취득이란 타인의 권리에 기초하여 권리를 취득하는 것을 의미한다. 이 경우 종전 권리 위에 존재하던 제한이나 부담은 존속한다는 특징이 있다. 승계취득에는 종전의 권리자의 권리가 동일성을 유지하면서 새로운 권리자에게 이전되고 종전 권리자는 권리를 상실하게 되는 이전적 승계와 종전권리자는 권리를 유지하면서 그 권리에 대한 제한적인 권리를 신권리자가 취득하는 설정적 승계가 있다.

권리이전(權利移轉)

권리가 동일성을 잃지 않고 그 자체로 갑으로부터 을로 주체를 옮기는 것이다. 을로부터 본다면 권리취득 및 승계취득이다. 계약 그 밖의 법률행위나 법률규정에 의하여 일어난다.

권리변동(權利變動)

권리의 발생·소멸을 총칭한다. 이것을 권리주체로부터 보면 권리의 취득변경 · 상실 등이 된다. 권리의 변동은 여러 원인에 의하여 생기므로 개개의 권리의 변동을 발생케 하는 원인을 통일적으로 관념하여 법률요건이라고 한다.

권리경합(權利競合)
독, Konkurrenz Von Rechten

廣義(광의)로는 권리자인 1인이 타 권리자의 권리의 전부나 일부의 행사를 불능하게 하지 않으면 자기의 권리를 완전히 행사할 수 없는 상태, 즉 수인의 권리가 병존하는 것이다. 狹義(협의)로는 1인에게 동일한 목적을 가진 수개의 권리가 동시에 존재하는 경우이다. 협의의 권리경합에는 請求權競合(청구권경합), 形成權競合(형성권경합), 支配權競合(지배권경합) 등이 있다. 그러나 각개의 권리는 독립하여 존재하고, 서로 무관계하게 행사될 수 있으며, 또한 각 권리는 단독으로 시효 기타로 소멸할 수 있다. 예컨대 임차인 을이 임대차관계의 종료 후에도 임대인 갑에게 임차물을 반환하지 않은 경우, 갑은 임대차에 의한 반환청구권(민법 615조, 654조)과 함께 소유권에 기한 반환청구권(민법 213조)을 가지게 된다. 이때 갑은 양 청구권 중 어느 하나의 행사에 의해서도 목적을 달성할 수 있으므로 권리의 경합이 있게 되고, 어느 한 청구권의 실현으로 다른 청구권은 그 존재의 적을 잃어 소멸하게 된다.

권리의 포기(權利의 抛棄)

자기가 가지는 권리를 소멸시키기 위하여 행하는 행위, 포기한다는 취지의 적극적 의사표시에 의하는 점에서 권리의 불행사와 구별된다. 권리를 포기하는 것은 원칙적으로 권리자의 자유이나 공권이나 가족권(신분권)과 같은 것은 그 성질상 포기할 수 없는 것을 원칙으로 하며 재산권이라도 타인의 이익을 해치는 경우에는 포기할 수 없다.

권리의 주체(權利의 主體)
영, the subject of rights
독, Rechtssubjekt

일정한 이익을 향유하게 하기 위하여 법이 인정하는 힘의 귀속자, 즉 권리의 귀속자를 말하며, 의무의 주체와 대립된다. 권리의 주체가 될 수 있는 지위 또는 자격을 가리켜 권리능력 또는 인격이라고 하는데, 민법은 자연인뿐만 아니라, 사단과 재단 등의 법인에게도 권리능력을 인정하고 있다.

권리의 행사(權利의 行使)
독, Ausübung des Rechts

권리의 내용을 그 권리의 주체를 위하여 직접 실현하는 것을 말하며, 넓은 의미로는 권리를 처분하는 것도 포함한다. 권리의 행사는 신의성실에 좇아, 그 권리를 남용하여서는 안 된다(민법 제2조). 또 권리의 행사는 주체는 물론, 대리인이나 관리인 등 타인에 의해서도 행해진다. 권리행사의 형태는 그 권리의 내용에 따라 지배권(물권)의 경우는 사실행위, 청구권(채권)의 경우는 급부요구와 수령행위, 형성권의 경우는 의사표시이다.

권한(權限)

독 ; Zuständigkeit, Kompetenz

타인을 위하여 그 자에 대하여 일정한 법률효과를 발생케 하는 행위를 할 수 있는 법률상의 자격이다(예 : 대리인의 대리권·법인이사의 대표권·사단법인 사원의 결의권·선택채권의 선택권 등). 그러나 권리를 가지는 자가 타인을 위하여 그러한 효과를 발생시키는데 있어서 이익을 가지는 경우에는 권리라고 하여도 상관없다.

권원(權原)

영 ; title 독 ; Rechtstitel 불 ; titre

어떤 법률행위 또는 사실행위를 법률적으로 정당하게 하는 근거이다. 예컨대 타인의 토지에 건물을 부속시키는 권원은 地上權(지상권)·賃借權(임차권)이다(民§256). 그러나 점유에 관하여는 점유를 정당하게 하는가의 여부를 불문에 붙이고 점유하게 된 모든 원인을 포함한다.

권능(權能)

독 ; Befugnis

권리의 내용을 이루는 개개의 법률상의 힘이다. 예컨대 소유권은 권리이지만 그 내용인 使用權(사용권)·受益權(수익권)·處分權(처분권)등(民§211)은 권능이다. 따라서 권리의 내용이 하나의 권능으로 성립하는 경우에는 권리와 권능은 동일하다.

법정의무(法定義務)

법령의 규정에 의하여 당연히 지게되는 의무를 말한다. 예컨대 친권자가 자기 집에 있는 미성년자인 자녀를 보호 · 감독할 의무를 지는 것과 같다(民§755) · 이 경우에 미성년자가 제3자에 대하여 끼친 손해에 관하여는 감독의무자가 배상책임을 진다.

자연인(自然人)

영 ; natural person
독 ; natürliches Person
불 ; presonne physique

법이 권리능력을 인정하는 자연적 생활체로서의 인간을 말한다. 재단이나 사단인 법인에 대립하여 개인을 가리키는 데 쓰이는 개념이다. 옛날 노비와는 달리 근대 법에서 자연인은 출생부터 사망에 이르기까지 완전한 권리능력(인격)을 인정받는다(民§3). 그러나 외국인에 대해서는 예외적으로 권리능력을 제한할 수 있다. 반면에 태아는 자연인이 아님에도 불구하고 예외로 권리능력을 인정받을 수 있다(§762 참조).

능력(能力)

영 ; capacity 독 ; Fahigkeit 불 ; capacite

법률상 일정한 사유에 관한 사람의 자격. 예컨대 권리의 주체가 될 수 있는 자격을 권리능력, 유효한 법률행위를 할 수 있는 자격을 행위능력, 위법한 행위에 의한 책임을 질 수 있는 자격을 책임능력, 특히 불법행위에 의한 손해배상의무를 질 수 있는 자격을 불법행위능력, 형사책임을 질 수 있는 능력을 형벌능력이라고 한다. 그러나 민법에서 단순히 능력이라고 하면 행위능력을 말한다.

권리능력(權利能力)

독 ; Rechtsfähigkeit
불 ; capacité de jouissance des droits

권리나 의무의 주체가 될 수 있는 자격이나 지위를 말한다. 권리능력을 인격 또는 법인격이라고 한다. 민법 제3조가 「사람은 생존한 동안 권리와 의무의 주체가 된다」고 규정한 것은 권리능력을 의미한다. 민법에서 따로 무능력자라고 하는 말이 있으나 이것은 권리능력이 없는 자는 아니므로 주의하여야 한다. 권리능력은 자격을 의미하므로 현실적으로 권리의무를 취득하기 위한 활동을 함에 필요한 행위능력과 다르다. 권리능력을 가지는 자는 구체적으로 인간의 육체를 가진 자연인 그리고 회사·학교·사회법인·재단법인 등과 같은 법인의 두 가지로 나누어진다. (1) 자연인은 법률상의 인격자로서 그 성별·연령·계층의 구별이 없이 평등하게 권리능력이 인정된다(民§3). 자연인이 권리능력을 갖는 시기는 출생시이고 종기는 사망시다. 아직 출생하지 않은 태아는 원칙적으로 권리능력이 없다. 그러나 앞으로 태어날 태아의 보호를 위하여, 불법행위로 인한 손해배상청구, 상속, 유증 등의 경우에는 이미 태어난 것으로 간주하여 그 한도에서 권리능력을 가진다(§762, §1064, §100③). 즉 태아에게 유산을 준다고 하는 유언도 유효하다. (2) 법인은 사람의 결합체인 사단과 재단적 집단인 재단으로 나누어진다. 법인은 근대자본주의경제발전의 필연적 결과로서 조직적 활동체에 법률상의 인격을 부여하여 법률관계의 주체로 한 것이다(§31~97).

능력의 종류 \ 내용	의 미	구체적인 표준
의사능력	사물을 판단하고, 이에 따라 의사결정을 할 수 있는 능력	만 7세 정도 개별적으로 판단
행위능력	재산법상의 권리나 의무를 질 수 있는 행위(법률행위)를 혼자서 유효히 할 수 있는 능력	미성년(19세 미만)·피한정후견인·피성년후견인 등 제한능력자를 법정. 법정인은 정해진 목적의 범위 내
신분행위능력	신분법상의 행위능력	純身分的行爲에 대해서는 의사능력과 동일하다.
불법행위(책임)능력	행위의 책임을 변식할 수 있는 정신적 능력	책임능력에 관해서 판례는 14세 전후의 청소년에 대하여 책임능력이 있다고 보는 것(71다187)과 없다고 보는 것(78다1805)이 모두 존재한다. 책임능력은 불법행위 당시를 기준으로 개별적으로 판단하고 획일적인 기준은 없다.
권리능력	권리나 의무의 주체가 될 수 있는 지위나 자격	자연인(경우에 따라서는 출생 전의 태아도)과 법인이 가진다.

능력의 종류 \ 내용	능력 있는 경우	능력 없는 경우
의사능력	7세 정도라도 증여를 받을 수가 있다.	행위는 성립하지 않고 무효
행위능력	19세가 되면 일체의 재산거래 행위가 가능하다. 법인도 목적의 범위 내에서라면 가능하다.	행위를 취소할 수 있으며 취소되면 처음부터 무효가 된다.
신분행위능력	의사능력이 있으면 子의 인지가 가능함. 입양의 승락	無效. 訴에 의한 취소로부터 장래에 대해서만나 무효가 가능하도록 한 것이 많다.
불법행위(책임)능력	본인이 손해배상 등의 책임을 직접 부담한다.	본인은 책임이 없으며 감독의무를 懈怠한 법정감독의무자가 손해배상 등의 책임을 부담한다.
권리능력	권리를 가지며 의무를 부담한다.	권리를 갖지 못하며 또한 의무도 부담하지 않는다.

출생(出生)

●━━━━━━━━━━━━━

태아가 생명을 가지고 모체에서 완전히 분리되는 것을 말한다. 자연인은 출생과 동시에 권리능력을 취득한다(民§3). 따라서 자연인은 출생에 의하여 계급·신분·연령·성별 등에 관계없이 평등하게 재산을 소유할 수 있고 평등한 가족관계에 들어서게 된다. (1) 출생의 시기 : 출생은 보통 산모의 고통에서 시작하여 태아가 노출하고 스스로 호흡을 하게되는 과정을 거치므로 어느 시점을 출생으로 볼 것인가가 문제된다. 학설은 ㉮ 陣痛說(진통설)(형법의 통설), ㉯ 一部露出說(일부노출설), ㉰ 全部露出說(전부노출설)(민법상의 통설), ㉱ 獨立呼吸說(독립호흡설) 등이 있지만 현재 민법상의 통설은 전부노출설이다. 사법상으로는 사산인가 태아가 출생후에 사망하였는가에 따라 상속순위가 달라지므로 출생의 시기가 문제된다. 예컨대 다른 직계비속이 없이 태아만이 있는 동안에 父가 사망한 경우에 만약 태아가 출산하여 순간이지만 권리능력을 취득하였다면 母와 그 子가 共同相續人(공동상속인)이 되는데 비하여 사산이라면 母와 亡父의 직계존속이 공동 상속하게 된다(民§1000, §1003 등) (2) 출생의 증명 : 출생은 가족관계의 등록 등에 관한 법률에 따라 생후 1개월 이내에 신고하여야 한다(동법 제44조). 신고의무자는 다음과 같다. 즉, 혼인 중 출생자의 출생의 신고는 부 또는 모가 하여야 한다. 그리고 혼인 외 출생자의 신고는 모가 하여야 한다. 만약 이와 같이 신고를 하여야 할 사람이 신고를 할 수 없는 경우에는 동거하는 친족, 분만에 관여한 의사·조산사 또는 그 밖의 사람의 순위에 따라 신고를 하여야 한다(동법 제46조). 이 신고는 혼인·입양의 신고와는 달리 절차상의 관계에 지나지 않는다. 사람의 출생이라는 사실에 의하여 권리능력을 취득한다는 실체관계는 이로써 좌우되는 것이 아니다.

태아(胎兒)

라 ; nasciturus 영 ; unborn child
독 ; leibsfrucht 불 ; enfant concu

●━━━━━━━━━━━━━

母의 태내에서 아직 출생하지 않은 자이다. 즉 수태후 출생에 이르기까지의 자이다. 태아는 민법상 원칙적으로 권리능력이 인정되지 않는다(民§3). 그러나 이러한 원칙을 고집하면 태아에게 불이익하거나 인정에 반하는 경우가 일어난다. 여기에 각국의 민법은 다소 예외를 인정하여 일반적 보호주의 혹은 개별적 보호주의를 채택한다. 전자는 태아의 이익을 위하여 모든 법률관계에 있어서 태아가 이미 출생한 것으로 보는 주의로서 로마법의 원칙이었고 스위스민법이 이에 따른다(瑞民§21②) 후자는 중요한 법률관계에 관하여서만 개별적으로 출생한 것으로 보는 주의로서 독일민법(獨§1923, §1912 등)·프랑스민법(佛民§725, §906 등)·舊民法 등이 이에 따른다. 우리 민법은 개별적 보호주의를 택하여 (1) 불법행위에 기한 손해배상의 청구(民§762) (2) 상속(§1000③) (3) 대습상속(§1001) (4) 遺贈(§1064) (5) 死因贈與(§562) 등에 관하여 태아의 권리능력을 인정한다. 그러나 권리능력이 인정되는 태아가 출생하기까지의 법률상의 지위에 관하여는 (1) 태아로 있는 동안에는 아직 권리능력을 취득하지 못하나, 살아서 출생한 때에는 그의 권리능력취득의 효과가 문제의 사건이 발생한 시기까지 소급하여 생긴다는

停止條件說(정지조건설)(인격소급설)과 (2) 이미 출생한 것으로 간주되는 각 경우에 태아는 그 개별적 사항의 범위 안에서 제한된 권리능력을 가지며, 사산인 때에는 그 권리능력취득의 효과가 과거의 문제의 사건 시까지 소급하여 소멸한다고 보는 解除條件說(해제조건설)(제한적 인격설)이 대립된다. 대법원은 정지조건설의 태도를 취하고 있다(76다1365).

> 태아가 특정한 권리에 있어서 이미 태어난 것으로 본다는 것은 <u>살아서 출생한 때에 출생시기가 문제의 사건의 시기까지 소급하여 그 때에 태아가 출생한 것과 같이 법률상 보아 준다고 해석</u>하여야 상당하므로 그가 모체와 같이 사망하여 출생의 기회를 못가진 이상 배상청구권을 논할 여지 없다(**대법원 1976. 9. 14. 선고 76다1365 판결**).

외국인의 권리능력 (外國人의 權利能力)

외국인이란 대한민국의 국적을 갖지 않은 자를 말하며 외국의 국적을 가지는 자와 무국적자를 포함한다. 외국인의 권리능력에 대하여서는 상호주의와 평등주의로 나누어지지만 일반적으로는 내국인과 차별하지 않는 것이 보통이다. 우리 민법은 외국인의 권리능력에 관하여 아무런 규정을 두지 않고 있으나 헌법 제6조 제2항에 따라 내외국인 평등주의를 취하고 있다할 것이다. 그러나 경제적·군사적 이유에서 외국인의 권리능력에 대하여 특별법에 의거하여 제한하는 경우가 상당히 있다. 예를 들어 광업권의 경우, 그 외국인이 속하는 국가에서 대한민국 국민에 대하여 그 국가의 국민과 동일한 조건으로 광업권을 갖는 것을 인정하는 경우, 대한민국이 그 외국인에 대하여 광업권을 갖는 것을 인정하는 경우에는 그 외국인이 속하는 국가에서도 대한민국 국민에 대하여 그 국가의 국민과 동일한 조건으로 광업권을 갖는 것을 인정하는 경우, 조약 및 이에 준하는 것에서 광업권을 갖는 것을 인정하고 있는 경우에만 광업권을 가질 수 있다(광업§10조의2). 저작물의 경우, 외국인의 저작물은 대한민국이 가입 또는 체결한 조약에 따라 보호되고, 대한민국 내에 상시 거주하는 외국인의 저작물과 맨 처음 대한민국 내에서 공표된 외국인의 저작물도 저작권법에 따라 보호되지만, 이렇게 보호되는 외국인(대한민국 내에 상시 거주하는 외국인 및 무국적자는 제외한다)의 저작물이라도 그 외국에서 대한민국 국민의 저작물을 보호하지 아니하는 경우에는 그에 상응하게 조약 및 이 법에 따른 보호를 제한할 수 있다(저작§3). 그리고 대한민국 국민이 아닌 사람은 도선사가 될 수 없다(도선§6).

외국인의 서명날인에 관한 법률 (外國人의 署名捺印에 관한 法律)

1958년 7월 12일 법률 제488호로 공포되었다. 법령의 규정에 의하여 서명·날인(기명날인도 포함한다) 또는 날인만을 하여야 할 경우에 외국인은 서명만으로써 이에 대신할 수 있음을 규정한 법률이다. 서명에 있어서 제도의 차이에서 비롯되는 불편을 없애기 위한 것이다. 단, 그 외국인이 서명날인의 제도를 가지는 국가에 속하는 때에는 제외된다.

행위능력(行爲能力)

독 ; Geschäftsfähigkeit Handlungsfähigkeit
불 ; capacité d'exercice des droits

사법상 확정적으로 유효한 법률행위를 단독으로 행할 수 있는 능력으로 단순히 능력이라고도 한다. 특히 소송행위를 단독으로 할 수 있는 능력을 말한다(民訴 §51). 사람의 정적인 권리의 보호 · 존재을 위한 권리능력과는 달리 행위능력은 동적인 활동능력을 말한다. 자연인과 법인은 누구나 권리능력을 가진다. 그러나 반드시 행위능력도 가진다고 할 수는 없다. 민법은 행위능력이 제한되는 제한능력자로 미성년자·피성년후견인·피한정후견인을 규정하고 있으며 그 보호를 위하여 미성년자가 단독으로 행한 법률행위를 취소할 수 있도록 하는 등 일정한 경우 취소권을 규정하고 있다(民§5, §10, §13). 그렇지만 민법총칙의 능력의 규정은 재산법상의 행위에 관한 것으로 친족법·상속법상의 행위(가족법상의 행위)에는 원칙적으로 적용되지 않는다. 가족법상의 행위능력에 관하여는 각 행위의 성질에 비추어 가족법상의 독립적 입장으로부터 개별적으로 규정하고 있는바, 명문이 있는 경우 외에는 가족법상의 행위를 할 수 있는 의사능력이 있으면 행위능력을 인정하는 것이 통설이다(§788②, §800, §802, §807, §808, §835, §856, 등). 또 법인은 그 목적의 범위 내에 있어서 행위능력(불법행위능력)을 가진다(§35).

> 행위무능력자 제도는 사적자치의 원칙이라는 민법의 기본이념, 특히, 자기책임 원칙의 구현을 가능케 하는 도구로서 인정되는 것이고, 거래의 안전을 희생시키더라도 행위무능력자를 보호하고자 함에 근본적인 입법 취지가 있는바, 행위무능력자 제도의 이러한 성격과 입법 취지 등에 비추어 볼 때, 신용카드 가맹점이 미성년자와 신용구매계약을 체결할 당시 향후 그 미성년자가 법정대리인의 동의가 없었음을 들어 스스로 위 계약을 취소하지는 않으리라고 신뢰하였다 하더라도 그 신뢰가 객관적으로 정당한 것이라고 할 수 있을지 의문일 뿐만 아니라, 그 미성년자가 가맹점의 이러한 신뢰에 반하여 취소권을 행사하는 것이 정의관념에 비추어 용인될 수 없는 정도의 상태라고 보기도 어려우며, 미성년자의 법률행위에 법정대리인의 동의를 요하도록 하는 것은 강행규정인데, 위 규정에 반하여 이루어진 신용구매계약을 미성년자 스스로 취소하는 것을 신의칙 위반을 이유로 배척한다면, 이는 오히려 위 규정에 의해 배제하려는 결과를 실현시키는 셈이 되어 미성년자 제도의 입법 취지를 몰각시킬 우려가 있으므로, 법정대리인의 동의 없이 신용구매계약을 체결한 미성년자가 사후에 법정대리인의 동의 없음을 사유로 들어 이를 취소하는 것이 신의칙에 위배된 것이라고 할 수 없다(대법원 2007. 11. 16. 선고 2005다71659, 71666, 71673 판결).

한정능력자(限定能力者)

독일민법은 무능력자를 절대무능력자(7세 미만인 자 및 정신병으로 인한 금치산자)와 한정능력자로 분류하고, 전자의 행위는 무효, 후자의 행위는 취소하게 하고 있다(獨民§104이하, 114).

성년(成年)

영 ; full age
독 ; Volljahrigkeit
불 ; majorité

사람이 독립하여 법률행위를 할 수 있는 능력을 인정받는 연령을 말한다. 만19세에 달한 자는 성년이 된다(民§4). 연령계산에는 출생일을 산입한다. 따라서 성년이란 출생한 날부터 기산하여 19년째의 출생일 전날 하오 12시에 이르렀을 때에 도달한 것으로 본다(§4). 미성년자가 혼인한 때에는 성년자로 본다(§826의2). 성년이 되면 행위능력을 취득하는 이외에 여러 가지 효과가 있다(§866, §923 등).

성년선고(成年宣告)

라 ; venia aetatis
독 ; Volljahigkeitserklärung, Mündiger klärung

미성년자를 획일적으로 취급하는데서 오는 결함을 보충하기 위하여 일정한 조건하에서 미성년자를 성년자로 선언하여 완전한 행위능력을 부여하는 제도. 독일민법(§3, 4)·스위스민법(§15)은 이것을 인정하고 있으나 우리나라는 인정하고 있지 않다.

성년의제(成年擬制)

미성년자가 혼인함으로서 성년자로 의제되는 것(민법 826조의2)을 말한다. 1977년 민법의 일부개정에서 신설된 규정이다. 미성년자는 친권이나 후견에 복종하므로 혼인하더라도 부부의 일방 또는 쌍방이 미성년자인 경우는 부부의 생활이 제3자의 간섭을 받게 되어 부당하다. 또한 부부의 일방이 후견인이 되는 것도 부당하다. 왜냐하면 부부평등의 원칙에 위배하기 때문이다. 그러므로 미성년자도 혼인하면 친권 또는 후견을 벗어나서 행위능력을 가지는 것으로 한다. 성년의제의 적용범위는 민법에만 한정된다고 하는 것이 원칙이다. 그러나 소송능력 같은 것은 인정된다(민소법 55조). 혼인이 취소된 경우에도 혼인에 의해 취득한 능력을 없애는 것은 거래의 안전 등을 해칠 수 있으므로 성년의제의 효과는 소멸하지 않는다고 보아야 한다.

미성년자(未成年者)

영 ; infant, minor
독 ; Minder jähriger
불 ; mineur

만19세에 이르지 않은 자를 말한다(民§4). 미성년자는 판단능력이 불완전하므로 본인의 보호와 거래의 안전을 위하여 무능력자로 취급받으며 행위능력이 제한된다. 개개의 미성년자에게 행위능력을 완화하는 제도로서는 「성년선고」(스위스민법§15) 「자치산」(해방 : 佛民§477이하) 「혼인하면 성년이 된다」(스위스민법§14②)등이 있다. 미성년자의 보호자로는 제1차적으로 친권자, 제2차적으로는 후견인이 있으며 이 양자는 모두 법정대리인으로서 미성년자를 대신하여 행위하는 대리권과 미성년자의 행위를 완전히 유효하게 하는 동의권도 가진다. 즉 미성년자가 법률행위를 하려면 원칙적으로 법정대리인의 동의가 있어야 한다(§5①前段). 미성년자가 법정대리인의 동의를 얻지 않은 법률행위는 본인 또는 법정대리인이 취소할 수 있다(§5②). 의사능력을 가진 미성년자는 가족법상의 행위에 대하여 상당히 광범위한 능력을 인정받고 있다(§1061, §1062). 재산상의 행위에 있어서도 (1)

단순히 권리만을 얻거나 의무만을 면하는 행위(§5①但), (2) 법정대리인이 허가한 영업에 관한 행위(§8), (3) 법정대리인이 일정한 범위를 정하여 처분을 허락한 재산은 임의로 처분하는 행위를 할 수 있다(§6). 또 단순히 제3자에게 효과를 미치는 행위(§117) 등은 단독으로 완전 유효한 법률행위를 할 수 있다. 미성년자가 타인에게 손해를 가한 경우에 그 행위의 책임을 식별할 지능이 없는 때에는 손해의 책임을 지지 않는다(§753). 미성년자를 보호하는 것으로서 靑少年保護法(청소년보호법), 아동·청소년의 성보호에 관한 법률이 있다. 이 밖에 만19세를 한계로 하는 것은 아니나, 연소자아동은 노동법상의 보호를 받으며 소년은 형의 집행 및 수용자의 처우에 관한 법률상 특별한 취급을 받는다.

> 미성년자의 법률행위에 있어서 법정대리인의 묵시적 동의나 처분허락이 있다고 볼 수 있는지 여부를 판단함에 있어서는, 미성년자의 연령·지능·직업·경력, 법정대리인과의 동거 여부, 독자적인 소득의 유무와 그 금액, 경제활동의 여부, 계약의 성질·체결경위·내용, 기타 제반 사정을 종합적으로 고려하여야 할 것이고, 위와 같은 법리는 묵시적 동의 또는 처분허락을 받은 재산의 범위 내라면 특별한 사정이 없는 한 신용카드를 이용하여 재화와 용역을 신용구매한 후 사후에 결제하려는 경우와 곧바로 현금구매하는 경우를 달리 볼 필요는 없다(대법원 2007. 11. 16. 선고 2005다71659, 71666, 71673 판결).

의사능력(意思能力)
독 ; Willenfähigkeit

정상적인 인식력과 예기력으로 자기행위의 의미나 결과에 대하여 意思決定(의사결정)을 할 수 있는 능력을 말한다. 불법행위나 범죄를 범하는 경우에는 責任能力(책임능력)을 가리킨다. 술에 몹시 취한자나 미친 사람 또는 유아등은 이러한 능력이 없기 때문에 法律行爲(법률행위)를 해도 그것은 의사에 의한 행위라고 할 수 없으므로 무효이다. 즉 근대법에서 各人은 원칙적으로 자기의 의사에 기하여서만 권리를 취득하고 의무를 부담한다는 사적자치의 원칙을 취하므로 의사무능력자(책임무능력자)등이 행한 의사표시는 무효이고 불법행위책임이나 형사책임도 생기지 않는다. 다만 意思無能力者(의사무능력자)의 불법행위에 대하여는 그를 감독할 법정의무자가 그 법정행위에 대하여 책임을 지는 경우가 있다(民§755). 대체로 초등학교학생 정도이면 의사능력이 있는 것이라고 생각되지만 유언이나 혼인·입양 등과 같은 가족법상의 행위는 한층 더 성숙할 것이 필요하므로 이러한 경우에는 각각 법률로 규정하고 있다.

> 의사능력이란 자신의 행위의 의미나 결과를 정상적인 인식력과 예기력을 바탕으로 합리적으로 판단할 수 있는 정신적 능력 내지는 지능을 말하는 것으로서, 의사능력의 유무는 구체적인 법률행위와 관련하여 개별적으로 판단되어야 할 것이다(대법원 2002. 10. 11. 선고 2001다10113 판결).

불법행위능력(不法行爲能力)
독 ; Deliktsfähigkeit

불법행위로 인한 손해배상의 책임을 질 수 있는 능력이다. 자연인에 대하여는 책임능력이라는 용어가 일반적으로 사용되고 불법행위능력이란 말은 주로 법인에 대하여 사용된다. 자연인의 불법행위능력인 책임능력은 민법 제753조 내지 754조에 규정되어 있으며 법인의 불법행위능력은 민법 제35조 제1항에 규정되어 있다. →자세한 것은 채권법 참조

책임능력(責任能力)
독 ; Zurechnungsfähigkeit

위법행위로 인한 민사책임이나 형사책임을 질 수 있는 능력이다. 대개는 판단능력 혹은 의사능력을 기초로 하지만, 민사상의 책임능력과 형사상의 책임능력(→형법에서 설명)은 다르다. 불법행위에 의한 손해배상책임을 지게하기 위한 전제이며 자기의 행위가 불법한 가해로서 어떤 법적책임을 발생하는 것을 이해할 수 있는 능력이다. →자세한 것은 채권법 참조

수령능력(受領能力)
독 ; Empfangsfähigkeit

→ 채권법 참조

무능력자(無能力者), 제한능력자
독 ; Geschäftsungähiger
불 ; personne incapable

단독으로 권리나 의무를 가지기 위한 법률행위를 완전하게 할 수 있는 능력을 행위능력이라고 하며 행위능력이 제한되는 자를 제한능력자라고 한다. 개정 전 민법상으로는 행위무능력자로 未成年者(미성년자)·禁治産者(금치산자)·限定治産者(한정치산자)의 세 가지를 규정하고 있었다(民§5~§17). 그러나 2011년 3월 7일 법개정을 통하여 2013년 7월 1일부터 기존의 금치산·한정치산 제도를 현재 정신적 제약이 있는 사람은 물론 미래에 정신적 능력이 약해질 상황에 대비하여 후견제도를 이용하려는 사람이 재산행위뿐만 아니라 치료, 요양 등 복리에 관한 폭넓은 도움을 받을 수 있는 성년후견제로 확대·개편하였다. 이에 따라 현재는 단독으로 유효하게 법률행위를 할 수 있는 자인 '행위능력자'와 할 수 없는 자인 '제한능력자'를 나누고, 제한능력자가 단독으로 법률행위를 한 경우에는 그에게 의사능력이 있었는지 여부를 묻지 않고 그 행위를 취소할 수 있도록 하고 있다. 또한 이 획일적 기준을 외부에서 쉽게 인식할 수 있도록 객관화하여 상대방을 보호하고 있다. 이처럼 획일적 기준에 의하여 의사능력을 객관화한 제도가 행위능력제도 또는 제한능력자제도이다. 행위능력에 관한 민법총칙의 규정은 가족법상의 행위에는 원칙적으로 적용되지 않으므로 제한능력자일지라도 의사능력을 가진 자는 독립하여 완전히 유효한 가족법상의 행위를 할 수 있다.

의사무능력자(意思無能力者)

일반적으로 7세 미만의 자, 정신병자, 만취자 등은 의사능력이 없으므로 그 행위는 무효이고, 그 불법행위는 감독행위자가 책임을 진다(民§753~§755).

한정치산자(限定治産者)
영;quasi-incompetent   불 ; deminterdit

개정 전 민법에 의할 때 심신박약 또는 낭비자로서 자기나 가족의 생활을 궁박하게 할 염려가 있는 자에 대하여 본인·배우자, 4촌 이내의 친족후견인 또는 검사의

청구에 의하여 가정법원으로부터 한정치산
선고를 받은 자를 의미하였다. 보호기관은
후견인이며, 한정치산자의 행위무능력제한
은 미성년자와 같았으며, 한정치산의 원인
이 소멸하면 일정한 자의 청구에 의하여
법원은 그 선고를 취소하였다. 다만, 민법
개정을 통하여 2013년 7월 1일부터 한정
치산자의 개념은 제한능력자의 개념으로
대체되었으며 한정치산자는 피한정후견인
으로 용어가 변경되었다.

금치산자(禁治産者)

영; an incompetent
독; Entmündigter
불; interdit

개정 전 민법에 의할 때 금치산자란 心神
喪失(심신상실)의 상태에 있어 自己行爲
(자기행위)의 결과를 합리적으로 판단할
능력(意思能力)이 없는 者로서 본인·배우
자·四寸 이내의 친족·後見人(후견인)·
검사의 청구에 의하여 家庭法院(가정법원)
으로부터 禁治産(금치산)의 선고를 받은
者를 의미하였다. 정도가 약한 精神病者(정
신병자)라고 생각해도 무방하나 일단 선고
를 받으면 치유되더라도 선고를 취소받을
때까지는 아직 금치산자이다. 금치산자의
일체의 법률행위는 취소할 수 있었다. 따라
서 금치산자에게는 반드시 보호기관으로
후견인을 두어야 하는데 그 순위는 直系血
族(직계혈족), 三寸(삼촌) 이내의 傍系血族
(방계혈족)의 순으로 되어 있었다. 후견인
은 요양감호와 재산관리, 그리고 법률행위
를 대리하도록 정하고 있었다. 그런데 금치
산자도 정상으로 회복되었을 때에는 혼인,
이혼, 입양, 파양, 유언 등의 가족법상의
행위를 단독으로 유효하게 행할 수 있었다.
이 경우 후견인일지라도 가족법상의 행위
를 대리하여 행하는 것은 허용되지 아니하

였다. 다만, 민법 개정을 통하여 2013년 7
월 1일부터 금치산자의 개념은 제한능력자
의 개념으로 대체되었으며 금치산자는 피
성년후견인으로 용어가 변경되었다.

피한정후견인

피한정후견인은 질병·장애·노령·그 밖의
사유로 인한 정신적 제약으로 사무를 처
리할 능력이 부족한 사람으로서 일정한
자의 청구에 의하여 가정법원으로부터 한
정후견개시의 심판을 받은 자이다(民
§12). 피한정후견인은 원칙적으로 종국적·
확정적으로 유효하게 법률행위를 할 수
있다. 다만, 가정법원이 피한정후견인으
로 하여금 한정후견인의 동의를 받아야
할 행위의 범위를 정한 경우에는 예외이
다. 즉, 가정법원은 피한정후견인이 한정
후견인의 동의를 받아야 하는 행위의 범
위를 정할 수 있다(民§13①). 한정후견인
의 동의가 필요한 법률행위를 피한정후견
인이 한정후견인의 동의 없이 하였을 때
에는 그 법률행위는 취소할 수 있다. 다
만, 일용품의 구입 등 일상생활에 필요하
고 그 대가가 과도하지 않은 법률행위는
취소할 수 없다(民§13④).

피성년후견인

피성년후견인은 질병·장애·노령·그 밖의
사유로 인한 정신적 제약으로 사무를 처
리할 능력이 지속적으로 결여된 사람으로
서 일정한 자의 청구에 의하여 가정법원
으로부터 성년후견개시의 심판을 받은 자
이다(民§9). 피성년후견인은 가정법원이
다르게 정하지 않는 한 원칙적으로 종국
적·확정적으로 유효하게 법률행위를 할
수 없으며, 그의 법률행위는 원칙적으로

취소할 수 있다(民§10①). 단, 가정법원이 취소할 수 없는 피성년후견인의 법률행위의 범위를 정한 경우나(民§10③), 일용품의 구입 등 일상생활에서 필요하고 그 대가가 과도하지 않은 법률행위의 경우에는 성년후견인이 취소할 수 없다(民§10④).

관리능력(管理能力)

재산을 관리할 수 있는 법률상의 자격을 말한다. 누구나 원칙적으로 자기 재산에 대하여 관리능력을 가지며, 다만 무능력자의 관리능력은 부정된다.

주소(住所)
영 ; domicile 독 ; Wohnsitz 불 ; domicile

인간생활의 근거가 되는 곳을 주소라고 한다(民§18①). 주소의 설정·변경에는 정주의 사실외에 그곳을 생활관계의 중심으로 하고자 하는 의사가 필요하다고 하는 主觀說(주관설)(프랑스, 독일, 스위스)과 그러한 의사가 필요 없다고 하는 客觀說(객관설)이 대립하는데 객관설이 다수설(우리나라)이다. 주소는 반드시 1개에 한하지 않고 각각의 생활관계의 중심지가 그 관계에 있어서의 주소라고 생각해도 좋다. 법인에 관하여는 주된 사무소 또는 본점의 주소지가 주소로 된다(民§36, 商§171①). 예를 들면 부산에 가정을 가지고 있는 사람이 서울에 사무소를 가지고 있으면 가정생활관계의 주소는 부산이며 사무소의 주소는 서울이라고 해석된다. 주소를 정하는 실효성은 다음의 경우에 생긴다. (1) 不在나 失踪者(실종자)의 표준(民§22, §27) (2) 채무의 변제장소(§467) (3) 상속개시지(§998) (4) 어음행위의 장소(어음§1, §4, §21, §76③) (5) 재판관할의 표준(民訴§3·家訴§13, §22, §26, §30·家訴規§70·非訟§33, §72·破§96) (6) 민사소송법상의 부가기간(民訴§172②)(7) 귀화 및 국적회복의 요건(國籍§5, §7, §14) 등이다. 등록기준지는 가족법상의 개념으로 주소와 다르다. 거소와 가주소 등도 일정한 경우에 주소로 본다(民§19, §21). 즉 주소를 알 수 없는 자에 대하여는 거소를 주소로 본다. 거소 이외에 민법은 거래에 관하여 일정한 장소를 선정하여 가주소로 할 수 있도록 하였다.

우리 민법상 주소의 특성(민법 제18조)

실질주의	형식주의(주소를 정하는 표준에 관하여 신고와 같은 일정한 형식을 요구하는 것)와 달리 '생활의 근거가 되는 곳'을 주소로 함으로써 실질적 관계에 의해 정하는 실질주의에 따른다.
객관주의	민법은 정주의사를 요구하지 않으며, 무능력자를 위한 법정주소제도를 두지 않음 점을 고려할 때 객관주의를 취하고 있는 것으로 해석된다고 본다(통설).
복수주의	하나의 주소만 인정하는 단일주의와 달리 우리 민법은 복수의 주소를 인정하는 복수주의를 취하고 있다.

가주소(假住所)
독, erwählter
불, domicile provisoire)

거래의 편의상 당사자의 의사에 의해 설정되는 주소를 말한다. 이 거래관계에 있어서는 가주소가 주소로 인정되어 주소에 관하여 발생하는 효과가 생기게 된다(민법 21조).

거소(居所)
영 ; residence
독 ; Wohnort
불 ; résidence

거소란 주소와는 달리 사람이 다소의 기간 거주하는 장소로서 생활의 중심지이지만 그 장소와의 밀접한 정도가 주소에 미치지 않는 곳을 말한다. 거소의 법률적 의의는 (1) 주소를 알지 못한 경우(民§19)와 (2) 국내에 주소를 가지지 않는 내국인이건 내국인이 아니건 불문하고 국내에 있는 거소를 그 주소로 간주한다(§20).

부재자
영 ; absentee

종래의 주소 또는 거소를 떠나서 당분간 돌아올 가망이 없는 자를 말한다(民§22). 부재자제도는 부재자의 잔유재산을 적당하게 관리하면서 그의 귀가를 기다리기 위한 제도이며 그 운영은 법원 감독하에 행하여진다(§22~§29). 부재자의 재산관리는 부재자의 잔류재산에 대하여서 법률상의 관리권자(친권자나 후견인 등) 또는 위임에 의한 관리인이 있으면 문제가 없으나 만약 그가 재산의 관리인을 두지 않은 때에는 이해관계인이나 검사의 청구에 의해서 가정법원은 관리인의 선임 기타 필요한 처분을 명하여야 한다. 관리인은 부재자의 재산을 현상 그대로 유지하여 보전하기 위한 보존행위, 대리의 목적인 물건이나 권리의 성질을 변하지 않는 범위에서 이로부터 이익을 거두는 이용행위는 할 수 있다(§118). 그러나 재산의 處分行爲(처분행위)를 할 때에는 가정법원의 허가를 얻어야 한다(§25). 부재자가 관리인을 둔 경우에는 법원은 원칙적으로 간섭할 필요가 없으나 다음의 경우에는 법원이 개입·간섭한다. (1) 본인의 부재중에 재산관리인의 권한이 소멸한 경우에는 처음부터 관리인이 없었던 것과 마찬가지의 조치를 취한다(§22①후但). (2) 부재자의 생사가 분명하지 않게 된 때에는 본인의 감독이 미치지 못하므로 가정법원이 간섭하게 된다. 즉 법원은 재산관리인이나 이해관계인 혹은 검사의 청구에 의하여 재산관리인을 개임할 수 있다(§23). 부재자의 生死不明(생사불명)의 상태가 일정기간 계속되면 失踪宣告(실종선고)를 할 수 있게 된다.

위난실종(危難失踪)

실종선고의 요건인 실종기간은 보통실종에 있어서는 5년, 特別失踪(특별실종)에 있어서는 1년(民§27②)이다. 특별실종은 전쟁·선박의 침몰, 항공기의 추락, 그 밖의 사망의 원인으로 되는 위난에 당하여 생사불명인 자에 대하여 인정되는 바 실종기간은 위난이 소멸한 때부터 기산한다.

실종선고(失踪宣告)
독 ; Verschollenerklärung

부재자의 생사불명의 상태가 일정기간 계속되어 사망했을 것이라는 추측이 강한 경우 이해관계인(상속인·배우자·채권자·법정대리인·재산관리인 등)이나 검사의 청구에 의하여 가정법원이 행하는 선고이다(民§27). 부재자를 사망한 것으로 의제하여 그 가족이나 재산관계를 확정시키는 제도이다. 실종자를 중심으로 하는 재산관계나 가족관계를 오랫동안 불확실한 상태에 방치하여 두는 데서 오는 불합리성을 제거하기 위한 제도이다. 부재자의 생사불명의 기간이 보통실종의 경우에는 5년, 전쟁실종·선박실종·항공기실종·위난실종 등 특별실종에 대해서는 1년을 경과해야 선고할 수 있다(§27). 이 기간의 기산점은 普通失踪(보통실종)의 경우에는 최후의 소식이 있었을 때, 특별실종의 경우에는 전쟁이 끝난 날·선박이 침몰했을 때·항공기가 추락했을 때, 그 밖의 경우에는 위난이 사라진 때이다. 실종선고가 있으면 실종자는 실종기간이 만료한 때에 사망한 것으로 본다(§28). 따라서 비록 살아 있다고 하는 반증이 있더라도 선고가 취소되지 않는 이상에는 사망한 것으로 취급된다. 사망한 것이라고 인정되는 결과, 그자와 혼인하고 있는 자는 미망인이나 홀아비가 되어 재혼할 수 있게 되며 상속이 개시되고 실종자의 생명보험금도 지급된다. 선고후 실종자가 살아 있거나 실종기간 만료시와 다른 때에 사망한 것이 증명되었을 때에는 본인이나 이해관계인 또는 검사의 청구에 의하여 법원은 선고를 취소하여야 한다(家訴§2①나(1)Ⅲ, §44Ⅰ, §11·家訴規§53~§59·民§29①). 취소가 있으면 실종자는 처음부터 실종선고가 없었던 것과 동일한 것으로 된다. 즉 법률관계는 소급적으로 무효가 된다. 그러므로 재혼은 중혼으로 되어 취소되며 상속은 무효가 되고, 보험금은 반환하여야 한다. 다만 실종선고를 신뢰하였던 자는 보호할 필요가 있으므로 민법은 행위의 당사자가 선의(선고가 사실에 반하는 것을 알지 못한 것)로 행한 행위, 예컨대 재혼이라든가 실종자의 재산의 매각 등은 모두 그 효력에 영향이 없으며(民§29①但), 또 선고로 인하여 재산을 얻은 자 예컨대 상속인이나 보험금을 취득한 자 등은 그 재산이 감소했더라도 현재에 잔존하는 한도에서 반환하면 된다(民§29②). 그러나 악의인 때에는 그 받은 이익에 이자를 붙여서 반환하고, 손해가 있으면 이를 배상하여야 한다(民§29②).

민법 제29조 1항 단서의 '선의'의 의미

문제점	민법 제29조 1항 단서에서는 실종선고 취소의 경우 실종선고를 신뢰한 자를 보호하기 위하여 '실종선고 후 그 취소 전에 선의로 한 행위의 효력에 영향을 미치지 아니한다.'고 규정하고 있다. 여기에서 누가 선의 이어야 하는지 문제된다.	
단독행위	단독행위자가 선의이면 족하고, 상대방의 선의는 문제되지 않는다.	
재산법상 계약	쌍방 선의설 (다수설)	당사자 쌍방이 선의여야 위 조항에 의한 보호를 받는다는 견해이다.
	상대적 효력설	개별적, 상대적으로 판단하여 선의자는 보호되지만, 악의자는 취득한 물건 또는 이득을 실종자에게 반환해야 한다는 견해이다.
가족법상 계약 (예:재혼)	당사자 쌍방이 선의라야 그 계약이 유효라는 것이 통설이다.	

본다

법규에 의한 의제를 말하는 바,'간주한다'라고도 한다. 예컨대 A라는 사실과는 본질적으로 다른 B라는 사실을 법률상 A

라는 사실과 동일하게 취급하는 것이다. 추정과의 구별은, 추정은 법률상 일단 가정하는 것으로서, 만일 반증을 들면 그 가정된 효과는 번복되지만, '본다'고 할 때에는 반증을 들어도 법규가 의제한 효과를 뒤집을 수 없다는 데에 있다. 예컨대 '실종선고를 받은 자는 사망한 것으로 본다'(민법 제28조)고 할 때의 '본다'가 그 것이다. 이 경우 실종선고는 사망한 것으로 추정하는 것이 아니라, 사망한 것으로 보므로, 후일에 그 실종선고가 사실과 다르다는 것이 입증되더라도 그 실종선고를 취소하지 않는 한 사망이라는 법률적 효과를 소멸시키지는 못한다.

사망(死亡)

사생활기능의 절대적 종지를 말한다. 이는 자연인의 일반적 권리능력의 유일한 소멸원인이 된다. 사망의 시기를 결정하는 기준에 관해서는 법률에 규정하고 있지 않으므로 견해의 대립이 있다. 종래의 통설은 호흡과 혈액순환의 영구적 종지가 사망이 인정되는 시점이라고 한다. 이에 의하면 심장이 그 기능을 멈추고, 맥박이 정지하여야 사망에 이르게 된다. 그러나 현대 의학의 눈부신 발달과 함께 장기이식이 가능하게 되어 사망시기에 대한 새로운 주장이 제기되고 있는 바, 이 설을 뇌사설이라고 하는데 뇌기능의 종지시점을 사망시기로 보자는 견해이다. 사망의 유무나 시기와 관련하여 문제되는 것으로 다음의 세 가지가 있다. (1)2인 이상이 동일한 위난으로 사망한 경우에 누가 먼저 사망하였는지를 확정하는 것은 특히 상속문제와 관련하여 어려운 문제이다. 이에 관해 우리 민법은 2인 이상이 동일한 위난으로 사망한 경우에는 동시사망으로 추정한다라고 규정하여 문제를 해결하고 있다(민법 30조). (2)사망의 확증은 없지만 사망한 것이 거의 확실한 경우(수난화재)에, 그것을 조사한 관공서의 사망보고에 기하여 등록부에 기재함으로써 사망을 인정하는 제도로 인정사망제도가 있다. (3)사망의 개연성이 큰 경우에 관하여 실종선고라는 절차로 일정시기에 사망을 인정하는 제도로 실종선고제도가 있다.

동시사망(同時死亡)

동일한 위난에 의하여 사망한 수인의 사망자 중 사망의 전후를 증명할 수 없을 때에는 이들이 동시에 사망한 것으로 추정함을 말한다(§30). 태풍이나 화재·교통사고 등에는 종종 이러한 문제가 일어난다. 이 경우에 사망시기의 전후는 상속관계에 있어서 중요한 문제이지만 누가 먼저 사망하였는지 증명하기 곤란하다. 예컨대 남편과 그 외아들이 항공기 사고로 함께 사망했다고 하면 남편의 유산은 유처와 남편의 부모가 공동 상속하게 된다. 그러나 만약에 남편이 먼저 사망했다는 것을 증명할 수 있으면 남편의 유산은 유처와 아들에게 상속되며 다시 그 아들이 죽은 후에는 그 母에게 상속되기 때문에 결국 전체 유산이 처에게로 돌아가게 되지만 동시사망의 경우에는 유처와 남편의 부모가 유산을 공동 상속하게 된다. 입법례를 살펴보면, 로마법과 프랑스는 연소자가 먼저 살아 남은 것으로 추정하는 年少者生存推定主義(연소자생존추정주의)를 취하며(佛民§720), 독일과 스위스는 동시에 사망한 것으로 추정한다(독일실종법 §11, 瑞民§32②). 우리민법은 同時死亡(동시사망)으로 추정한다(民§30).

민법 제30조에 의하면, 2인 이상이 동일한 위난으로 사망한 경우에는 동시에 사망한 것으로 추정하도록 규정하고 있는바, 이 추정은 법률상 추정으로서 이를 번복하기 위하여는 동일한 위난으로 사망하였다는 전제사실에 대하여 법원의 확신을 흔들리게 하는 반증을 제출하거나 또는 각자 다른 시각에 사망하였다는 점에 대하여 법원에 확신을 줄 수 있는 본증을 제출하여야 하는데, 이 경우 사망의 선후에 의하여 관계인들의 법적 지위에 중대한 영향을 미치는 점을 감안할 때 충분하고도 명백한 입증이 없는 한 위 추정은 깨어지지 아니한다고 보아야 한다(**대법원 1998. 8. 21. 선고 98다8974 판결**).

인정사망(認定死亡)

수해·화재 그 밖의 사변으로 인하여 사망한 것이 확실한 경우에 그 조사를 집행한 관공서가 이를 사망이라고 인정하는 것을 말한다. 그 사체가 발견되지 않아 사망진단이 불가능하고 사망신고가 곤란한 때에 실종선고를 내리지 않고 사망으로 취급하는 점에 실익이 있다. 이때 사망한 자를 조사한 관공서는 지체없이 사망지의 시·읍·면장에게 사망보고를 하여야한다. 그러나 외국에서 사망이 있는 때에는 사망자의 등록기준지의 시·읍·면의 장에게 사망의 보고를 하여야한다.

뇌사설(腦死說)

뇌기능의 종국적인 훼멸 즉 뇌사(Hirntod)에 이른 때에 사람이 사망하였다고 하는 학설을 말한다. 뇌사설은 1968. 8. 9. 시드니에서 개최된 제22차 세계의사학회에서 채택된 시드니 선언에서 사망의 시기 결정에 대한 가장 유효하고 유일한 기준으로 추천되어, 현재 독일에서는 통설의 지위를 차지하고 있다. 최근 인체의 장기이식과 관련하여 논란이 일고 있으며 장기이식에관한법률이 1999년 2월 8일 제정되어 뇌사의 판정에 관한 절차를 규정하고 있다.

이해관계인(利害關係人)

이해관계인이란 특정사실에 대하여 법률상의 이해를 가진 자이다. 그 사실의 여하가 이미 가진 자기의 권리의무에 직접 영향을 미칠 위기에 있는 자이다(民 §22, §44, §63, §469②, §1053 등).

기아(棄兒)

부모 그 밖에 보호의 책임이 있는 자로부터 버려져서 양친을 알 수 없는 어린이를 말한다. 기아를 발견한 자 또는 기아발견의 통지를 받은 경찰공무원은 24시간 이내에 그 사실을 시·읍·면의 장에게 보고하여야 한다. 시·읍·면의 장은 所屬品·發見場所·發見年月日時그 밖의 상황·성별·출생의 추정년월일을 조서에 기재하여 이로써 出生申告(출생신고)를 대신하며, 민법의 규정에 의하여 기아의 성과 본을 창설한 후, 이름과 본적을 정하여 이를 등록부에 기록함으로써 새등록부가 편제된다(民§781④). 또 나중에 부 또는 모가 기아를 찾은 때에는 1개월 이내에 다시 출생신고를 제출하고 그 등록부의 정정을 신청하여야 한다. 그리고 어린이를 버리는 행위는 유기죄로 처벌된다.

법인(法人)

영 ; artificial person, juridicial
　　person, corporation
독 ; juristishe Person
불 ; personne morale ou juridique

●─────────

　법인이란 전형적인 권리능력의 주체인 자연인 이외의 것으로서 법인격(권리능력)이 인정된 것으로서 법인격(권리능력)이 인정된 것이다. 일정한 목적과 조직을 가진 사람의 결합인 단체(사단 또는 조합)와 일정한 목적을 위하여 조성된 재산(재단)도 각각 사회에서 중요한 역할을 담당하기 때문에 법률관계의 주체가 될 수 있다. 따라서 「사람」 이나 「재산」 의 결합체에 대하여 법률로써 권리능력을 부여하고 이를 법인이라 부른다. 법인의 본질에 대한 학설은 (1) 법인의 실재성을 부정하여, 그 본체는 결국 개인 또는 일정한 재산에 지나지 않는다는 法人不定說(법인부정설), (2) 자연인만이 본래의 법적 주체이고, 법인은 자연인을 의제하여 인정받은 데 불과하다고 하는 法人擬制說(법인의제설), (3) 법인은 법률의 의제가 아니라 자연인과 마찬가지로 현실의 사회에 시재한다고 하는 法人實在說(법인실재설) 등이 있다. 법인실재설이 오늘날의 통설이다. 국가나 지방자치단체·각종의 사회·노동조합이나 학교의 대부분은 모두 법인이다. 법인의 종류로는 (1) 공법인과 사법인 (2) 재단법인과 사단법인 (3) 영리법인과 비영리법인 (4) 외국법인과 내국법인 등이 있다. 법인은 법률의 규정에 의해서만 설립된다(民§31). 법인설립에 대한 입법주의로는 특허주의·허가주의·인가주의·준칙주의·자유설립주의 등이 있다. 우리 나라의 비영리법인에는 허가주의(§32), 영리법인에는 준칙주의(§39), 특수법인에는 특허주의(특별법에 의함)를 취하고 있다. 사단법인의 설립시에는 정관의 작성을, 재단법인의 설립에는 일정 재산의 출원出損(출손)과 定款(정관)의 작성이 필요하다. 법인의 해산은 (1) 存立期間의 滿了, (2) 정관에 정한 解散事由의 發生, (3) 목적인 사업의 성취나 불능, (4) 파산, (5) 설립허가의 취소, 이밖에 사단법인은 (6) 사원총회의 결의 (7) 사원이 없게 된 경우 등의 이유로 해산한다(§77~§79).

법인의제설(法人擬制說)

독 ; Fiktionstheorie

●─────────

　자연인인 개인만이 본래의 법적 주체이며, 법인은 법률이 자연인에 의제한 것에 지나지 않는다고 하는 법인이론. 사비니(Savigny)가 대표자이다. 법인의제설은 법인은 법률이 특히 인정한 경우에만 성립할 수 있다고 하므로 허가주의·특허주의의 이론적 기초가 된다. 법인 자체의 활동을 부정하여 법인은 대리인인 이사의 행위의 귀속점이 됨에 지나지 않는다. 따라서 법인의 활동범위를 좁게 한정하고 법인의 활동을 제한하기 쉽다. 즉 법인의 정관이나 기부행위의 목적으로 기재된 것을 중심으로 하여 그것에만 권리·의무를 가지며 활동할 수 있고 책임을 진다고 생각한다. 법인의제설에 따르면 당연히 법인의 불법행위능력을 부정하게 된다. 법인의제설은 근대 초에는 유력했으나 그후 法人實在說(법인실재설)이 이를 대신하게 되었다.

법인부정설(法人不定說)

독 ; Negationstheorie

●─────────

　법인의제설의 주장은 결국 법인은 독자적인 실체가 없다는 것이 된다. 따라서 그 실체를 법인을 구성하는 개인이나 재산에

서 찾으려는 학설이 나타났는데 이를 법
인부정설이라고 한다. 이 학설은 다시 (1)
無主財産說(무주재산설)(目的財産說(목적
재산설)(Brin), (2) 受益者主體說(수익자
주체설)(Thering), (3) 管理者主體說(관
리자주체설)(Höder)로 나누어진다. 법인
부정설은 법인의 사회적 실체를 파악하는
데 법인의제설보다 앞서며 다수주체자의
법률관계를 단순화하기 위한 법기술의 결
과가 법인이란 점을 명백히 한 견해이다.
그러나 법인부정설은 주로 재단을 대상으
로 하는 이론이므로 개인이나 재산 이외
에 사회적 활동을 영위하는 존재인 사단
에 대해서는 설명하지 못한다.

무주재산설(無主財産說)
독 ; Zweckvermögens theorie

브린쯔(Brinz)가 대표자이다. 교회법상
교회의 재산은 하나님이나 Christ에 속한
다는 사상에서 유래한다. 법인의 권리는
실제상 누구에게도 속하지 않고 다만 일
정한 목적에 의하여 결합된 재산이 있을
뿐이다. 따라서 법인의 실체는 일정한 목
적에 의하여 결합된 무주물의 재산자체이
고, 그 재산 외에 권리·의무의 주체를 인
정할 수 없다고 하는 학설이다.

수익자주체설
독 ; Genissenstheorie

예링(Jhering)이 대표자이다. 교회법상
교회의 재산은 빈민을 위한 것이라는 사
상에서 유래한다. 법인으로부터 이익을
얻고 있는 다수의 개인이 법인의 본체라
는 설이다.

관리자주체설(管理者主體說)
독 ; Amtstheorie,　Verwalterstheorie

휠더(Hölder)가 대표자이다. 교회법상교
회의 재산이 관리자인 司祭(사제) 등의
사유에 속한다는 사상에서 유래한다. 법
인의 본질에 관하여 법인의 실체는 법인
재산의 관리자라는 설이다. 법인의 실재
를 부정하고 법인의 권리와 이를 관리·처
분하는 관리인의 권리를 혼동하고 있다고
본다.

법인실재설(法人實在說)
독 ; Realitätstheorie

법인은 법률에 의해 의제된 空虛物(공
허물)이 아니라 실질을 가지는 사회적 실
체라고 하는 법인학설을 통틀어서 법인실
재설이라 한다. 즉 법인도 자연인과 더불
어 많은 일을 행하는 실재적인 것이므로
목적 그 자체가 아니라 목적을 수행하기
위하여 상당하다고 인정되는 일반에 대하
여 권리·의무를 가지고 행위하며 책임을
지는 것이라고 생각하는 학설이다. 법인
의제설에 대립하여 제창되었으며, 오늘날
에는 그것에 대신하여 지배적 위치를 차
지하고 있다. 법인의 실재를 무엇으로 보
느냐에 따라 (1) 유기체설(Gierke) (2)
조직체설(Michoud, Saleilles) (3) 사회적
작용설(我妻榮) 등으로 나누어진다. 조직
체설이 유력하다. 법인실재설은 법적 주
체인 실체를 갖춘 것을 법인으로 인정하
려고 하므로 준칙주의의 이론적 기초가
되며, 또 법인의 이사의 활동은 법인을
대표하는 것이므로 법인자체의 행위에 지
나지 않는 까닭에 법인의 불법행위의 능
력을 인정하게 된다.

> 법인은 기관에 의하여 독자의 행위를 할 수 있는 실체이므로 기관의 행위는 각 법인 자체의 행위가 되고, 다만 법인의 기관은 법인의 목적범위내의 행위이어야 된다는 제한이 있을 따름이다 (대판 1978. 2. 28. 77누155).

유기체설(사회유기체설, 단체설)
(有機體說, <社會有機體說, 團體說>)
독 ; Organischentheorie,
　　　Genossenschaftstheorie

기에르케(Gierke)가 대표자이다. 사회실제론에서 나온 법이론으로 단체를 사회적 유기체라고 보는 학설이다. 자연인이 자연적유기체로서 그 고유의 의사를 가지는 것과 마찬가지로 법인은 사회적 유기체인 團體人格者(단체인격자) 또는 綜合人格者(종합인격자)로서 존재하며 사실상 의사를 가지고 활동하고 있다. 따라서 자연적 유기체인 자연인과 동일하게 취급된다. 그러나 사회적 관념과 법률적 관념과의 명확한 구별이 없는 점에 難點이 있다. 즉 (1) 인간의 結合體(결합체)를 有機體(유기체)로 볼 것인가 또는 단체의사를 인정할 것인가는 사회학의 문제일 뿐 사회적 유기체에 법인격을 부여한 이유를 설명하지 못한다. (2) 사단의 구성원이 사단과는 별개의 사회적 존재를 갖는 동시에 사단도 그 구성원을 떠나서 독자적인 사회적 존재를 갖는 점을 유기체설은 설명하지 못한다. (3) 단체가 그 고유의 의사를 가지기 때문에 법인격을 인정한다는 것은 의사주체만이 권리주체가 될 수 있다는 법리를 벗어나지 못하는 것으로서 이 점에서는 법인의제설과 큰 차이가 없다. 단체주의 의사의 산물이다.

조직체설(調織體說)
독 ; Organisationstheorie

미슈(Michoud)와 살레이유(Saleilles)가 대표자이다. 법인의 실체를 有機體(유기체)로 보는 대신에 법률에 의한 組織體(조직체)로 보고 법인이 權利主體(권리주체)로서 적합한 조직체를 가지기 때문에 법률상 권리능력의 주체가 될 수 있다는 학설이다. 이 설은 유기체설이 사회학적 이론에 그치고 법률이론이 되지 못한 점을 시정하여 법률적 조직체라고 함으로써 유기체설보다 한걸음 앞선 이론이라 할 수 있다. 그러나 (1) 단체는 자연발생적으로 성립하며 독자의 생명을 가지고 활동하기 때문에 법률의 힘으로 함부로 금하거나 의제할 수 없는 실체를 가진다고 주장한 유기체설의 장점을 찾아볼 수 없다. (2) 법인에게 인격이 부여되는 이유도 충분히 설명하지 못한다.

사회적 가치설(社會的 價値說)

일본의 我妻榮 박사가 대표자이다. 법인은 자연인과 마찬가지로 사회적 작용을 담당하고 법적 주체인 사회적 가치를 가진다는 학설이다. 이 학설은 Köhler·Duguit 등의 사회연대사상을 토대로 한다. 그러나 사회적 작용이 법인의 사회적 가치를 결정하는 유일한 기준이 될 수는 없다고 하는 비판이 있다.

단체(團體)

다수의 사람으로 구성되고 공동의 목적을 가지는 결합체를 말한다. 이러한 사단에는 사단법인과 법인격 없는 사단이 있으며, 사단으로서의 실체를 갖추지 못한 조합도 있다. 조합은 그 구성원의 법적 지위가 단체와 어느 정도 독립성을 가지는 점에서 사단과 다르다.

단체법(團體法)
독 ; Genossenschaftsrecht,
　　Gemeinschaftsrecht
●━━━━━━━━━━━━━━━━━━

단체의 조직 · 운영을 규율하는 법으로서 개인법에 대한다. 그러나 이 말이 사용되는 것은 거기에 개인법과 다른 원리가 존재하기 때문이다. 이것은 기에르케(Gierke, Otto Von)가 게르만의 단체법에 대하여 강조한 것이며 그는 이러한 단체를 전체의 단일성과 부분의 복잡성과의 조직적 결합이라고 하였다. 오늘날 개인주의적인　近代的司法關係(근대적사법관계)를 수정하는 이론으로서 단체법이론이 제창되는 것도 이와 관련하기 때문이다.

게놋센샤프트
독 ; Genossenschaft
●━━━━━━━━━━━━━━━━━━

종합인(Gesampt person) 또는 실재적 종합인이라고도 한다. 다수인의 단체이며, 그 구성원이 변화할지라도 동일성을 잃지 않는 것은 법인과 마찬가지이다. 그러나 법인에서처럼 구성원과 별개의 인격을 가지는 것이 아니라 구성원의 총체 자체가 단일체로 인정되는 것으로 게르만의 촌락공동체가 그 예이다. 로마법의 법인에 대한 게르만법의 단체의 특색이다. 단체가 가지는 권리·의무에 관하여 살펴보면 법인에서는 단체원이라 함은 직접적인 관계가 없이 법인에 단독으로 귀속하는 데 대하여 게놋센샤프트에서는 그 단체에 총제적으로 귀속하고(그 소유형태는 총유라고 한다), 처분관리의 기능을 전체에게 사용·수익의 권능은 구성원에게 그 권능이 분속되어 있다.

공법인(公法人)
영 ; public corporation
독 ; juristische Person des öffentlichen
　　Rechts
불 ; personne morale du droit pulic
●━━━━━━━━━━━━━━━━━━

특별한 공공목적을 위하여 특별한 법적 근거에 의하여 설립된 법인이다. 사법인에 대한 것. 광의로는 국가와 공공단체를 모두 포함한 의미로 사용되고, 협의로는 공공단체와 같은 뜻으로, 最狹義(최협의)로는 공동단체 중에서 지방자치단체 이외의 것을 가리키는 말이다. 공법인에 대하여는 그 목적에 부합되는 한도 내에서 행정권을 부여할 수 있다. 공공조합 · 공사단이 그 예이다. 공법인은 국가의 특별한 감독, 공과금의 면제 등과 같이 사법인과는 다른 실정법상의 취급을 받는 경우가 많으나 그에 관한 모든 법률관계가 공법관계인 것은 아니고 그 사업의 실질적 내용, 실정법상의 규정 등에 의하여 구체적으로 결정하는 것이다.

사법인(私法人)
영 ; judicial person of private law
독 ; juristische Person des Privat rechts
불 ; personne morale civile
●━━━━━━━━━━━━━━━━━━

사법상의 법인이라는 의미로서 會社(회사)·非營利社團法人·非營利財團法人과　같이 그 내부의 법률관계(예컨대, 단체에 가입, 회비의 징수 등)에 국가 또는 공공단체의 강제적 권력작용이 가하여지지 않는 법인을 가리킨다. 법인을 공사의 2종으로 분류하는 것은 그 爭訟(쟁송)을 行政訴訟(행정소송)으로 볼 것인지, 민사소송으로 볼것인지, 또 공법을 적용할 것인지, 사법을 적용할 것인지 등을 결정하는 기준으로서 종래부터 다수의 학자들이 인정하여 온 방법이다. 그러나 그 强制的(강제적) 權力作用(권력작용)이 가하여지는 범위는 법인에 따라 차이가 있어 양자는 모든 점에서 법률적으로 다르게 다루어지는 것은 아니므로 양자의 구별도 그 점에 있어서는 대체적인 기준이 되는데 지나지 않는다. 사법인은 그 내부조직의 차이에 따라 사단법인과 재단법인으로 나누어지고, 그 목적에 따라 비영리법인과 영리법인으로 구별된다.

영리법인(營利法人)
독 ; Geschäftsverein,
wirtschaftlicher Verein

영리법인이란 영리를 목적으로 하는 사단법인을 말한다. 주로 구성원의 사익을 도모하고 법인의 기업이익을 구성원 개인에게 분배하여 경제적 이익을 구성원에게 돌아가게 하는 법인이다. 비영리법인에 대한다. 현행법상 재단법인은 영리를 목적으로 할 수 없으므로 영리법인은 사단법인에 한정되고 상법의 규정이 적용된다(民§32,§39). 따라서 영리법인은 상행위 기타 영리를 목적으로하여 설립한 사단인 회사를 말한다. 구법에서는 商行爲(상행위)를 목적으로 하는 사단법인을 상사회사라하고 상행위 이외의 영리행위(농업·어업·광업 등)를 목적으로 하는 것을 민사회사라하여 구별하였다. 그러나 상법에서는 民事會社(민사회사)를 의제상인으로 하여(商§5), 그 행위에 대하여서도 상행위에 관한 규정을 준용하도록 하였으므로(商§66) 구별의 실익이 없다. 비영리법인의 설립에는 허가주의가 취하여지고 있으나(民§32), 영리법인의 설립에는 준칙주의를 취한다(商§172). 따라서 법정의 절차에 따라 단체가 성립하는 때에는 당연히 영리법인이 성립한다. 근대법에 있어서의 영업의 자유, 단체설립의 자유의 사상을 표현한 것이다.

비영리법인(非營利法人)
독 ; nichtwirtschaftlicher Verein,   idealer
Verein, nichtwirtschaftliche Stiftung,
ideale Stifung

비영리법인이란 학술·종교·자선·기예·사교 기타 영리 아닌 사업, 즉 경제적 이익을 도모하는 것이 아닌 사업을 목적으로 하는 사단법인 또는 財團法人(재단법인)을 말한다(民§32). 우리 민법은 법인을 영리법인과 비영리법인으로 구분하고 있고(§32, §39), 비영리법인에는 공익법인과 비공익비영리법인(이른바 중간법인)의 두 가지가 있다. 公益法人(공익법인)에 출연 또는 기부한 재산에 대하여는 각종 세제상의 혜택을 주는 외에 공익적 견지에서 감독을 강화하고 있다(공익법인의 설립·운영에 관한 법률). 비영리법인의 설립은 허가주의를 따르고 있다.

공익법인(公益法人)
영 ; public artificial person,
public juridicial person
독 ; idealer Verein

사회일반의 이익, 즉 학술 · 종교 · 자선 · 기예 · 사교 그 밖의 공익을 목적으로 하는 법인을 말한다. 비영리법인의 일종으로 사단법인과 재단법인의 2종이 있다. 공익법인은 세법상 그 밖의 국가의 특별한 보호를 받으므로 그 설립에는 허가주의가 취해진다(民§32). 공익법인의 설립·운영에 관하여는 민법에 대한 특별법으로

「공익법인의 설립·운영에 관한 법률」 (1975. 12. 31. 법률 제2814호)이 제정되어 있다.

중간법인(中間法人)

공익법인도 영리법인도 아닌 법인을 말하는 것이나 우리 나라 현행민법은 이것을 인정하지 않는다. 즉 중간법인은 법인을 공익법인과 영리법인으로 분류하던 舊民法하에서 인정하였던 것이나 현행민법은 법인을 비영리법인과 영리법인으로 분류하여 중간법인을 비영리법인에 포함하였으므로 이 개념을 따로 인정할 실익이 없게 되었다. 舊民法하에서는 동업자라든지 동일한 사회적 지위에 있는 자의 공통된 이익의 증진을 목적으로 하는 단체는 특별법이 없으면 법인이 될 수 없었으며 권리능력 없는 사단에 불과하였고 그와 같은 단체중에서 특별법에 의하여 법인이 될 것으로 인정된 것이 중간법인이었다. 뿐만 아니라 중간에 존재하는 것으로써 공단·공사등이 있다.

자유설립주의(自由設立主義)
독 ; System der freien Körperschaftbidlung

法人設立(법인설립)에 관하여 아무런 제한을 두지 않고, 거래사회에서 자주적으로 활동하는 단체나 재단이 사실상 설립되면 법인격을 인정하는 주의이다. 결국 법인의 자유로운 설립을 허용하는 주의이다. 법인설립이 자유롭고 간편하지만 법인의 成否(성부) 및 내용이 불명확하여 거래의 안전을 해치므로 오늘날에는 이와 같은 주의를 채용하는 입법례는 거의 없다. 다만 스위스민법이 비영리사단법인의 설립에 이 주의를 채용할 뿐이다(瑞民

§60). 우리 나라 민법은 「법인은 법률의 규정에 의함이 아니면 성립하지 못한다」 (民§31)고 규정함으로써 자유설립주의를 명시적으로 배제하고 있다. 법인실재설을 기초로 주장되는 주의이다.

강제설립주의(强制設立主義)
독 ; Grundugszwangssystem

법률에 의하여 국가가 법인의 설립을 강제하는 주의이다. 국가는 일정한 단체의 구성원이 될 자에게 직접 이해관계가 없더라도 공익과 관계가 있을 경우 국가정책상 그 자에게 법인의 설립을 강제한다. 예컨대 수리조합, 상공회의소, 의사회, 변호사회, 변리사회 등이 있다. 강제설립주의는 특허주의와 같이 각각 특수한 사회작용을 담당하는 것이므로 이 주의는 일반법인에 대하여 채용하는 것은 곤란하고, 사회일반의 이해관계에 큰 영향을 미치는 경우에 한하여야 한다.

허가주의(許可主義)
독 ; Konzessionssystem

면허주의라고도 한다. 법인의 설립에 있어서 행정관청의 허가를 필요로 하는 주의이다. 특허주의와 준칙주의의 중간에 위치하는 것. 우리 나라 민법은 비영리법인에 대해 일반적으로 허가주의를 취하고 있다(民§32). 또한 학교법인과 증권거래소 등에도 허가주의를 채용하고 있다. 이 경우의 허가는 자유재량이라고 하나 최근에는 일단 허가를 요한다고 하면서 법률이 정하는 요건을 갖추고 있으면 행정관청은 반드시 허가하지 않으면 안된다고 정함으로써 準則主義(준칙주의)의 입장을 취하는 경향이 증가하고 있다.

민법은 제31조에서 "법인은 법률의 규정에 의함이 아니면 성립하지 못한다."고 규정하여 법인의 자유설립을 부정하고 있고, 제32조에서 "학술, 종교, 자선, 기예, 사교 기타 영리 아닌 사업을 목적으로 하는 사단 또는 재단은 주무관청의 허가를 얻어 이를 법인으로 할 수 있다."고 규정하여 비영리법인의 설립에 관하여 허가주의를 채용하고 있으며, 현행 법령상 비영리법인의 설립허가에 관한 구체적인 기준이 정하여져 있지 아니하므로, 비영리법인의 설립허가를 할 것인지 여부는 주무관청의 정책적 판단에 따른 재량에 맡겨져 있다. 따라서 주무관청의 법인설립 불허가처분에 사실의 기초를 결여하였다든지 또는 사회관념상 현저하게 타당성을 잃었다는 등의 사유가 있지 아니하고, 주무관청이 그와 같은 결론에 이르게 된 판단과정에 일응의 합리성이 있음을 부정할 수 없는 경우에는, 다른 특별한 사정이 없는 한 그 불허가처분에 재량권을 일탈·남용한 위법이 있다고 할 수 없다(**대법원 1996. 9. 10. 선고 95누18437**).

인가주의(認可主義)
독 ; System der Genehmigung

법률이 정한 요건을 구비하고 행정관청의 인가를 얻음으로써 법인으로 성립할 수 있게 하는 주의이다. 이에 대해 인가주의는 허가주의와 달리 법률이 정하는 요건을 갖추고 있으면 반드시 인가해 주어야 한다.

준칙주의(準則主義)
독 ; Normativsystem

법인설립에 관한 요건을 미리 정해놓고 그 요건을 구비한 사단 또는 재산을 설립하는 때에는 허가나 인가라는 특별한 행정처분을 요하지 않고 법인격을 인정하는 주의이다. 다만 그 조직·내용을 공시하기 위하여 등기 또는 등록을 성립요건으로 하는 것이 보통이다. 회사에 관하여는 特許主義(특허주의)에서 許可主義(허가주의)를 거쳐 오늘날에는 일반적으로 준칙주의가 채용되어 있다. 우리 나라는 민법에 의한 영리법인인 민사회사(民§39)·상법에 의한 영리법인인 이른바 회사(商§172)에 관하여 준칙주의가 채용되어 있는 외에 중소기업 등의 협동조합(中協§10)·勞動組合(노동조합및노동관계조정법§35, §36) 등이 이 주의를 채용한다. 인가주의가 行政官廳(행정관청)에 의한 사전심사가 있다는 절차상의 차이가 있을 뿐, 準則主義(준칙주의)와 認可主義(인가주의)와는 실질적인 차이는 없다.

특허주의(特許主義)
독 ; Oktroisystem

특정한 법인을 설립할 때마다 특별한 법률의 제정을 필요로 하는 주의로서 個別立法主義(개별입법주의)라고도 한다. 특허주의는 주로 국가의 재정·금융·상업 등에 관한 정책을 통제·강화하는 필요에서 국가가 정책상 특정한 國營企業(국영기업)에 독립성을 주는 것이다. 한국은행(한국은행법), 한국산업은행(한국산업은행법), 중소기업은행(중소기업은행법), 한국토지공사(한국토지공사법), 대한주택공사(대한주택공사법), 한국전력공사(한국전력공사법) 등이 이에 속한다. 특허주의에 의한 법인이 사기업의 형태, 특히 주식회사의 형식을 취하더라도 그것은 출자자나 주주의 이익만을 목적으로 하지는 않는다. 근대 초기에는 개인의 자유를 억압하는 것이 단체라는 사상에서

군주의 특허에 의해서만 단체의 주체성을 인정하였다. 따라서 오늘날의 특허주의는 역사적으로 근대초기에 볼 수 있었던 특허주의와는 실질적으로 다르다.

법인의 권리능력 (法人의 權利能力)

법인은 자연인에게만 있는 신체나 친족관계에 기인한 권리의무를 향유할 수는 없으나 법률이나 정관으로서 규정한 목적의 범위 내에서 권리와 의무의 주체가 된다(民§34).

성립요건(成立要件)

어떤 사물 또는 어떤 법률관계 등이 성립하는데 필요한 요식행위를 말한다. 예컨대 법인은 그 주된 사무소의 소재지에 설립등기(民§33)를 성립요건으로 하고, 상사회사(영리법인)는 본점소재지에서 설립등기(商§172)를 성립요건으로 하는 것과 같다.

사단법인(社團法人)
영 ; incorporated association
독 ; rechtsfähiger verein
불 ; association personnifeée

일정한 목적을 위하여 결합한 사람의 집단으로 권리능력(법인격)이 인정된 것을 말한다. 사단법인은 영리를 목적으로 하는 회사와 같이 상법의 적용을 받는 영리법인과, 비영리를 목적으로 하며 민법의 적용을 받는 비영리사단법인으로 나누어진다(民§32,§39 · 商§169). 일반적으로 사단법인이라고 하는 경우에는 비영리사단법인을 의미하므로 이를 중심으로 하여 설명하기로 한다. 사단법인의 설립은 설립자가 정관을 작성하여 주무관청의 허가를 얻어 주된 사무소의 소재지에 등기함으로써 성립한다. 따라서 주된 사무소의 소재지에 등기하지 않는 동안에는 법인의 설립을 주장할 수 없다. 사단법인은 기관에 의해서 행위 하는데 최고필수의 의사결정기관은 사원총회이며 이사는 적어도 매년 1회의 定期總會(정기총회)와 그밖에 필요에 따라, 특히 총사원 5분의 1이상의 요청이 있는 때에 臨時總會(임시총회)를 소집한다. 이사는 법인의 내부적 사무를 집행하고 대외적으로는 법인을 대표하는 상설필수기관이다. 법인의 재산상황이나 이사의 업무집행을 감사하는 기관으로서 감사가 있는데 이것은 필수기관은 아니다.

재단법인(財團法人)
독 ; Stifung

일정한 목적을 위하여 바쳐진 재산을 개인에게 귀속시키지 않고 독립적으로 운영하기 위하여 그 재산을 구성요소로하여 권리능력이 인정된 것을 말한다(民§32 이하). 재단법인은 영리법인으로서는 인정되지 않고 비영리법인 뿐이다(§32). 즉 종교·자선·학술·기예 그 밖의 영리 아닌 사업을 목적으로 하는 것에 한하여 인정되며 사립학교 · 의료법인 등에 그 예가 많다. 재단법인의 설립은 영리 아닌 사업을 목적으로 하여 재산을 출연하고 그 근본규칙인 정관을 만들어 주무관청의 허가를 얻어 주된 사무소 소재지에서 설립등기를 함으로써 법인은 성립한다. 사단법인과는 달라서 사원이나 사원총회는 없으며 정관에 따라 이사가 의사결정이나 업무집행 및 대외적으로 대표하는 일을 행한다.

재단(財團)

일정한 목적을 위하여 결합된 재산의 집합을 말한다. 재단은 두 가지로 생각할 수 있다. 즉 (1) 채권자와 기타 제3자의 권리를 보호하기 위하여 어떤 자의 사적 소유에 속하는 재산을 법률상 그 자의 다른 재산과 구별하여 다루는 경우(이른바 특별재산 또는 광의 목적재산)이다. 파산재단,, 각종의 재단저당의 목적이 되는 재단, 한정승인을 한 상속재산(民§1028~§1040), 상속인 없는 상속재산(§1053) 등이 이에 속한다. (2) 공익사회적 목적을 위하여 출연된 재산(이른바 목적재산)이 그 목적에 따라 통일적으로 관리되는 경우이며 실질적으로는 사적 소유를 이탈한 재산이다. 그러나 그것은 無主의 재산은 아니며 그 관리를 위한 형식적인 주체를 필요로 한다. 이것은 다시 (1) 신탁의 방법에 의한 것, (2) 법인조직에 의한 것, (3) 권리능력 없는 재단으로서 관리되는 것 등 세 가지 경우로 구별된다.

외국법인(外國法人)

영 ; foreign corporation
독 ; ausländische juristilsche Person
불 ; personne morale ´etrangére

내국법인이 아닌 법인을 말한다. 내국법인과 외국법인의 구별의 기준에 대하여서는 (1) 주사무소나 영업중심지가 국내에 있는지의 여부를 기준으로 하는 住所地主義(주소지주의) (2) 법인설립의 준거법이 내국법인지의 여부를 기준으로 하는 設立準據法主義(설립준거법주의), (3) 정관작성지가 국내인지의 여부를 기준으로 하는 定款作成地法主義(정관작성지법주의), (4) 설립자가 내국인이냐의 여부를 기준으로 하는 設立者國籍主義(설립자국

적주의) 등으로 나누어진다. 입법례로서는 (1) 대륙법계와 라틴아메리카의 다수국가와 (2) 영미법계와 일부 라틴아메리카의 국가가 주로 채용되고 있다. 우리나라는 통설적으로 외국에 주소가 있거나 외국법에 준거하여 설립된 법인이 외국법인이라 하고 있다(설립준거법주의와 주소지주의 절충설). 그러나 법인의 국적에 대한 개념은 유해무익하다하여 이를 부인하는 학설이 요즘 유력하게 주장되고 있다. 우리민법은 외국법인에 관하여 아무런 규정을 두고 있지 않은데 그것은 내외국법인평등주의를 당연한 것으로 받아들이고 있는 결과이다. 즉 외국법인 중에서 상사회사 등의 일정한 것은 우리 나라에서 설립을 인가하며 같은 종류의 한국법인과 동등한 사권을 향수할 수 있다. 다만 외국인이 향수할 수 없는 권리 및 법률 또는 조약에서 금지된 권리는 향수할 수 없다. 즉 외국법인이 향수할 수 있는 권리의 범위는 외국인과 동일하게 되어 있다. 따라서 내외국법인평등주의는 하나의 원칙일 뿐 법률이나 조약으로 권리나 행위능력 등을 제한할 수 있다. 외국법인은 국가의 감독을 받는다. 민법은 등기의 의무를 과하고(民§7Ⅰ), 상법은 외국회사에 관하여 상세한 규정을 두고 있다(商§614~§621).

내국법인(內國法人)

대한민국법에 의하여 설립되고 대한민국에 주소를 가진 법인을 말한다. 한국법인이라고도 한다. 외국법인에 대한 말이다. 내국법인과 외국법인의 구별표준에 관하여는 住所地說(주소지설) · 準據地說(준거지설) · 設立地說(설립지설) · 設立者의 國籍說(설립자의 국적설) 등 학설이

대립하고 있으나 외국에 주소가 있거나 외국법에 준거하여 설립된 법인을 외국법인이라고 하는 것이 통설이다.

사단(社團)

영 ; society, association
독 ; Verein
불 ; association

사람의 집합체로서 각 구성원(사원)을 초월하여 독립한 단일체로 존재하며 활동하는 단체이다. 따라서 사단은 그 사원의 변경에 무관하게 존속하게 된다. 사람의 집합체라는 점에서 민법상의 조합도 사단과 동일하지만 조합은 개개의 조합원을 초월한 독자의 존재가 아니라는 점에서 사단과 다르다. 사단은 사단자체가 권리·의무의 주체인 성격을 가지므로 법인이 될 요건을 갖추고 있다. 사단으로서 법인이 된 것을 사단법인, 법인이 되지 않은 것을 권리능력 없는 사단 또는 법인 아닌 사단이라고 한다.

권리능력없는 사단 (權利能力없는 社團)

영 ; unincorporated association
독 ; Verein ohne Rechtsfähigkeit
불 ; association sans personnalité civile

일정한 목적에 따라 결합한 집단이면서 권리능력을 가지지 않은 것을 말한다. 사단법인의 바탕이 되는 실체를 이루고 있기는 하지만 실질적으로 법인격을 갖추지 못한 사단이다. 인격 없는 사단 또는 법인 아닌 사단이라고도 한다. 영리를 목적으로 하지 않기 때문에 회사가 아니며 또는 설립등기를 하지 않기 때문에 사단법인이 되지 않는 학회 · 동창회 · 친목회 · 사교클럽이라든가, 장차 사단법인으로 될 것이라도 아직 절차를 마치지 않은 것이 이에 해당한다. 권리능력 없는 사단은 민법의 물건소유관계 이외에는 아무런 직접적 규정을 두지 아니하였다(民§275①). 그런데 권리능력 없는 사단은 개개인의 단순한 집합인 조합과는 달리 구성원 개개인을 초월한 독립적인 존재를 가지는 단체이므로, 사단법인과 본질을 같이 한다. 따라서 권리능력 없는 사단은 법인격이 없는 데서 오는 차이를 제외하고는 그 실질로 보아 될 수 있는 대로 사단법인에 가깝게 다루는 것이 적당하다. 그리하여 (1) 사단의 내부관계, 즉 총회의 결의, 구성원의 변동, 事務執行機關(사무집행기관) 또는 監督機關(감독기관)의 선거 등에는 사단법인의 규정이 적용된다. (2) 사단의 외부관리에 관하여는 대표자나 관리인이 정해져 있는 한, 소송상의 당사자능력이 있음은 명문으로 규정되어 있다(民訴§52). 그 밖의 사단의 대외적 교섭에 있어서도 사단의 규칙에 의하여 정해지는 대표기관에 의하여 대표되는 것은 사단법인의 경우와 동일하다. (3) 재단관계에 관하여는 법인이 아닌 사단의 사원이 집합체로서 물건을 소유할 때는 총유로 하되 총유에 관하여는 사단의 정관 기타의 규약에 의하는 외에(民§275) 그 재산은 사원총회의 결의에 의하여 관리·처분되고 각 사원은 정관 기타의 규약에 좇아 총유물을 사용·수익할 수 있으며(民§276) 총유물에 관한 사원의 권리의무는 사원의 지위를 취득상실함으로써 취득상실하게 된다. 構成員(구성원)은 회원 기타 단체의 규칙으로 정한 이상의 책임을 지지 않는 것으로 되어 있다. 不動産登記(부동산등기)에 관하여는 사단자체를 登記權利者(등기권리자) 또는 登記義務者(등기의무자)로 한다(不登§30). 권리능력 없는 사단도 직접 사단의 명의로 등기할 수 있다. 그러나 권리능력 없는 사단의 재산을 공시하기 위해서 예금채권 등에는 대표자의 성명에 사단대표자라는 직위를 써넣어 실질적으로는 사단채권이라는 것을 표시하는 방법이 관용되고 있다.

민법상의 조합과 법인격은 없으나 사단성이 인정되는 비법인사단을 구별함에 있어서는 일반적으로 그 단체성의 강약을 기준으로 판단하여야 하는바, 조합은 2인 이상이 상호간에 금전 기타 재산 또는 노무를 출자하여 공동사업을 경영할 것을 약정하는 계약관계에 의하여 성립하므로(민법 제703조) 어느 정도 단체성에서 오는 제약을 받게 되는 것이지만 구성원의 개인성이 강하게 드러나는 인적 결합체인 데 비하여 비법인사단은 구성원의 개인성과는 별개로 권리의무의 주체가 될 수 있는 독자적 존재로서의 단체적 조직을 가지는 특성이 있다 하겠는데 민법상 조합의 명칭을 가지고 있는 단체라 하더라도 고유의 목적을 가지고 사단적 성격을 가지는 규약을 만들어 이에 근거하여 의사결정기관 및 집행기관인 대표자를 두는 등의 조직을 갖추고 있고, 기관의 의결이나 업무집행방법이 다수결의 원칙에 의하여 행해지며, 구성원의 가입, 탈퇴 등으로 인한 변경에 관계없이 단체 그 자체가 존속되고, 그 조직에 의하여 대표의 방법, 총회나 이사회 등의 운영, 자본의 구성, 재산의 관리 기타 단체로서의 주요사항이 확정되어 있는 경우에는 비법인사단으로서의 실체를 가진다고 할 것이다(**대법원 1992. 7. 10. 선고 92다2431**).

종중(宗中)

공동선조의 분묘의 보존, 제사의 이행, 종원(족인)간의 친선 · 구조 및 복리증진을 도모하는 권리능력없는 사단인 가족단체를 말한다. 일종족 전체를 총괄하는 대종중 안에 대소의 분파에 따른 종중이 있는데, 지류종중을 일컬어 문중이라고 한다. 우리 민사소송법 제56조는 '법인 아닌 사단이나 재단으로서 대표자 또는 관리인이 있으면 그 이름으로 당사자가 될 수 있다'고 하여 종중 스스로에 당사자능력을 인정하며, 또 부동산등기법 제30조는 '종중문중 기타 대표자나 관리인이 있는 법인 아닌 사단이나 재단에 속하는 부동산의 등기에 관하여서는 그 사단 또는 재단을 등기권리자 또는 등기의무자로 하며, 이 등기는 그 사단 또는 재단의 명의로 그 대표자 또는 관리인이 이를 신청한다'고 규정하고 있다.

종중이란 공동선조의 분묘수호와 제사 및 종원 상호간의 친목 등을 목적으로 하여 구성되는 자연발생적인 종족집단이므로, 종중의 이러한 목적과 본질에 비추어 볼 때 공동선조와 성과 본을 같이 하는 후손은 성별의 구별 없이 성년이 되면 당연히 그 구성원이 된다고 보는 것이 조리에 합당하다(**대법원 2005. 7. 21. 선고 2002다1178 전원합의체 판결**).

종중재산(宗中財産)

종중이 소유한 매장 · 제사용의 토지·건물 제비의 재원인 전답이나 임야, 위토와 종산 등의 재산을 말한다. 여기서 위토란 그 수익으로 조상제사용으로 충당하기 위해 제공된 토지를, 종산은 조상분묘가 소재하는 곳으로 동종의 자손을 매장하기 위한 장소를 가리킨다. 종중 재산은 종중인 사회단체의 목적을 위한 재산이므로, 그 권리는 종중에 귀속되나, 종중이 권리능력없는 사단인 까닭에 종원 각자를 그 권리의 주체로 하게 된다. 따라서 종원 각자가 그 지분비례에 따라 사용수익할 수 있지만, 우리 민법 제275조는 이를 총유로 규정함으로써 이 지분의 분할과 양도는 종회의 결의에 의하여야 한다(민법 276조).

> 종중 소유의 재산은 종중원의 총유에 속하는 것이므로 그 관리 및 처분에 관하여 먼저 종중규약에 정하는 바가 있으면 이에 따라야 하고, 그 점에 관한 종중규약이 없으면 종중총회의 결의에 의하여야 하므로, 비록 종중 대표자에 의한 종중 재산의 처분이라고 하더라도 그러한 절차를 거치지 아니한 채 한 행위는 무효이고, 이러한 법리는 종중이 타인에게 속하는 권리를 처분하는 경우에도 적용된다(**대법원 1996. 8. 20. 선고 96다18656**).

정관(定款)

영 ; memorandum of association,
　　Certificate of incorporation
미 ; articles incorporation
독 ; Stazung, Statut
불 ; statut

단체나 법인의 조직·활동을 정하는 근본규칙(民§40, §42, §44, §45 · 商§178, §204, §269, §433, §543①, §584 등), 또는 이 규칙을 기재한 서면(民§40, §43 · 商§179, §270, §289, §543② 등)을 말한다. 법인의 설립을 담당하는 자인 설립자나 발기인 등이 정관을 정하여 서면에 기재하고 기명날인 또는 서명한다. 주식회사에서는 공증인의 인증을 받음으로써 효력이 생긴다(商§292). 정관의 기재사항에는 (1) 그 기재를 결하였을 때에는 그 정관이 무효가 되는 절대적 기재사항(民§40, §43 · 商§179, §270, §289, §543② 등), (2) 정관에 기재하지 않았을 때에는 그 사항이 법률상 효력을 발생하지 않는 상대적기재사항(民§41 · 商§290, §544등) (3) 정관에의 기재여부는 자유이지만 기재하였을 경우에는 정관변경절차를 거치지 않으면 개폐할 수 없는 임의적 기재사항이 있다. 민법의 사단법인인 경우에는 목적·명칭·사무소의 소재지 · 자산에 관한 규정·이사의 임면에 관한 규정 · 사원자격의 득실에 관한 규정, 존립시기나 해산사유를 정하는 때에는 그 시기 또는 사유는 반드시 기재해야 한다(民§40 I ~VII). 민법상 재단법인의 정관에도 목적 · 명칭 · 사무소의 소재지·자산에 관한 규정·이사의 임면에 관한 규정 등을 기재하여야 한다(§43).

> 사단법인의 정관은 이를 작성한 사원뿐만 아니라 그 후에 가입한 사원이나 사단법인의 기관 등도 구속하는 점에 비추어 보면 그 법적 성질은 계약이 아니라 자치법규로 보는 것이 타당하므로, 이는 어디까지나 객관적인 기준에 따라 그 규범적인 의미 내용을 확정하는 법규해석의 방법으로 해석되어야 하는 것이지, 작성자의 주관이나 해석 당시의 사원의 다수결에 의한 방법으로 자의적으로 해석될 수는 없다 할 것이어서, 어느 시점의 사단법인의 사원들이 정관의 규범적인 의미 내용과 다른 해석을 사원총회의 결의라는 방법으로 표명하였다 하더라도 그 결의에 의한 해석은 그 사단법인의 구성원인 사원들이나 법원을 구속하는 효력이 없다(**대법원 2000. 11. 24. 선고 99다12437**).

정관변경(定款變更)

영 ; alteration of memorandum
미 ; amendment of articles
독 ; Statutenänderung
불 ; modification desstatuts

●━━━━━━━━━━━━

　법인의 조직 · 활동의 근본규칙인 정관을 변경하는 것이다. 서면인 정관의 변경은 이에 따르는 사무집행의 일부에 불과하다. (1) 사단법인은 인적 결합체로서 자체의 내부적 질서를 결정할 독립된 의사를 가지므로 그 본질 및 법의 강제규정에 반하지 않는 한 정관을 변경할 수 있다. 변경의 방법은 사실의 변경에 의하여 당연히 변경되는 수도 있지만(예 : 사원의 사망, 商§179), 사원자체의 의사로 변경하는 것이 보통이다. 정관의 변경은 신중한 절차를 거쳐 행한다. 즉 비영리법인은 총사원의 3분의2 이상의 동의와 주무관청의 허가(民§42), 인적 회사에서는 총사원의 동의(商§204, §269), 물적 회사에서는 주주총회 또는 사원총회의 특별결의(商§434, §585 · 中協§42Ⅰ 등)를 요한다. 社團法人(사단법인)의 정관변경에서 문제가 되는 것은 정관에서 그 정관을 변경할 수 없다고 규정하고 있는 때에도 정관을 변경할 수 있느냐 하는 것이다. 사단법인의 본질상 이 경우에도 정관의 변경은 가능하며, 다만 총사원의 동의를 필요로 한다는 데 학자들 견해가 일치한다. (2) 財團法人(재단법인)의 정관은 원칙적으로 자유로이 변경할 수 없지만, 그 변경방법을 정관으로 정한 때에는 변경할 수 있다. 또한 재단법인의 목적달성 또는 그 재단의 보전을 위하여 적당한 때에는 명칭 또는 사무소의 소재지를 변경할 수 있다(民§45). 민법은 더 나아가 재단법인의 목적을 달성할 수 없는 때에는 설립자나 이사는 주무장관의 허가를 얻어 설립취지를 참작하여 법인의 목적·기타 정관의 규정까지도 변경할 수 있게 하고 있다(§46). 정관에 규정된 사항 가운데 등기한 것이 변경된 경우에는 등기도 변경하여야 한다(民§52, §49②商§183, §180, §269, §317④).

법인의 불법행위
(法人의 不法行爲)

●━━━━━━━━━━━━

　법인은 이사 그 밖의 대표자가 그 직무에 관하여 타인에게 가한 손해를 배상할 책임을 면하지 못한다(民§35①前段). 법인의 행위능력을 부정하는 의제설의 입장에서는 법인의 不法行爲(불법행위)를 인정하지 않는다. 그러나 법인에 대한 오늘날의 통설인 법인실재설의 입장에 따른 책임설에 의하여, 법인이 불법행위에 대하여 책임을 지는 경우도 점차 확장되는 경향이 있다. 불법행위의 요건은 다음과 같다. (1) 대표기관의 행위이어야 한다. 즉 이사 기타 대표자란 결국 대표기관이란 의미이다. 이사 이외의 대표자로는 임시이사(民§63), 특별대리인(§64), 청산인(§82)이 있다. (2) 직무에 관하여 타인에게 손해를 가해야 한다. 대표기관은 그가 담당하는 직무행위의 범위 내에서만 법인을 대표한다. 직무에 관하여라고 하는 말도 널리 외관상 법인의 기관의 행위라고 인정되는 행위이면 진정한 직무행위가 아니라도 이에 해당되며 또 이와 적당한 상호관계가 있는 것이라면 족하다고 해석된다. (3) 불법행위에 관한 일반적인 요건이 있어야 한다. 즉 고의나 과실이 있어야 하고, 가해행위가 위법해야 하며, 피해자가 손해를 입어야 한다. 이사의 행위에 의하여 법인이 불법행위의 책임을 지는 경우에 이

사 자신이 책임을 지는 것은 물론이며 법인도 이사와 함께 부진정연대채무를 지게 된다. 또한 공무원이「그 직무를 수행함에 대하여」불법행위를 하면 국가 또는 지방자치단체가 배상책임을 진다 (國賠§2①). 적어도 외형상으로 공무원 의 직무행위라고 보여 지는 것에는 정부 등에서 책임을 지는 것은 민법의 경우와 같은 것이나 공무원 자신은 책임을 지지 않는 것이 다르다.

대표(代表)

영 ; representation
독 ; Repräsentation
불 ; représentation

법인이나 단체의 기관이 기관으로서 행위 하였을 때 법률상 법인이나 단체가 행한 것과 동일한 효과를 발생시키는 경우에 그 기관을 법인 또는 단체의 대표라고 한다. 즉 이사나 대표이사의 행위는 대외적으로 비영리법인이나 회사의 행위로서 인정된다. 대리와 유사하지만, 대리가 서로 대등한 두 인격자간의 관계인데 반하여 기관은 법인과 대립되는 지위에 있는 것이 아니고 기관의 행위 자체를 법인의 행위로 간주하는 점에서 대리와 구별된다. 代表行爲(대표행위)는 법인의 행위 그 자체이므로 반드시 의사표시에 한하지 않고 불법행위나 사실행위에 대해서도 존재할 수 있다.

이사(理事)

영 ; director
독 ; Vorstand
불 ; directeeur, administrateur

이사란 법인에 있어서 대외적으로는 법인을 대표하여 법률행위를 행하며 대내적으로는 법인의 모든 업무를 집행하는 상설적 필수기관이다(民§57, §65, 商§382, §561, §562). 이사의 任免方法과 권한의 제한은 定款으로 정해진다. 즉 이사의 대표권은 제한할 수 있으나 그 제한은 반드시 정관에 기재하여야 하며 정관에 기재하지 않은 대표권의 제한은 무효이다(民§41). 법인은 이사를 통해 행위한다. 따라서 이사가 법인의 대표자로서 그 목적 범위 내에서 한 행위는 법인의 행위인 것이다. 목적범위내라 함은 정관에 기재되어 있지 않더라도 그 목적을 실현하는데 상당한 행위라면 포함된다는 의미이다. 이사가 직무행위에 관하여 타인에게 손해를 입히면 법인 자신의 불법행위로 되어 법인은 이사와 함께 손해를 배상할 책임을 진다(民§35). 이사는 선량한 관리자의 주의로 그 직무를 행하여야 하며(民§61), 이를 게을리 한 때에는 법인에 대하여 연대하여 손해배상의 책임을 진다(§65). 또한 이사가 법인과 이해가 상반되는 행위를 한 때에는 이해관계인 또는 검사가 법원에 청구하여 특별대리인을 선임 받아 그와 거래하지 않으면 안된다(民§64).

임시이사(臨時理事)

이사가 일시적으로 없거나 결원이 있어 이로 말미암아 손해가 생길 염려가 있는 때에 이해관계인이나 검사의 청구에 의하여 법원이 임시로 선임하는 이사를 말한다 (民§63). 직무권한은 이사와 동일하나 정식 이사가 선임되면 당연히 퇴임하게 된다.

감사(監査)

영 ; auditor
독 ; Aufsichtsrat
불 ; commissaire de surveilance

법인의 재산이나 업무집행상태를 심사

감독하는 기관으로 법인의 정관 또는 총회의 의결로써 둘 수 있는 임의기관이다. 그 직무는 (1) 법인의 재산상황의 감사, (2) 이사의 업무집행의 감사, (3) 재산상황이나 업무집행에 잘못된 점을 발견하면 총회 또는 주무관청에 보고하면 (4) 보고를 위하여 필요가 있으면 총회의 소집도 할 수 있다(民§67) 감사가 數人 있는 경우에는 각자 단독으로 직무를 수행한다.

의결기관(議決機關)

의사기관이라고도 하며, 법인의 의사를 결정하는 합의기관이다. 집행기관이사기관에 상대되는 말이다. 특히 공공단체의 기관에 관하여 사용하는 경우가 많다. 지방의회가 그 예이다. 사법인에서는 주주총회가 이에 해당한다. 의결기관의 의결은 執行機關(집행기관)을 구속하고, 집행기관은 그 의결을 집행할 의무를 진다.

법인의 해산(法人의 解散)

법인은 自然人(자연인)과 달리 사망이라는 문제가 일어나지 않지만 (1) 정관에 정한 해산사유가 발생하거나, (2) 법인의 목적사업을 성취하거나 목적달성이 불가능하거나, (3) 파산하거나, (4) 主務官廳(주무관청)으로부터 설립허가가 취소되거나, 이밖에 社團法人(사단법인)인 경우에는 (5) 社員總會(사원총회)의 해산결의가 있거나, (6) 사원이 한사람도 없어지게 된 경우 등의 이유로 해산한다(民§77, §79). 법인이 해산하게 되면 그것은 이미 적극적인 행동을 행할 수가 없어지며 재산관계를 정리하는 청산절차로 들어가게 된다.

법인의 청산(法人의 淸算)

해산한 법인이 잔무를 처리하고 재산을 정리하여 완전히 없어질 때까지의 절차를 청산이라 한다. 법인이 해산되면 청산법인은 재산정리를 위한 목적범위 내에서만 권리능력을 가질 뿐이다(民§81). 법인이 해산하게 되면 이사가 청산인이 된다(§82). 이사 가운데 청산인이 될 자가 없거나 청산인의 결원으로 손해가 생길 염려가 있는 때에는 법원은 직권 또는 이해관계인이나 검사의 청구에 의하여 청산인을 선임할 수 있다(§83). 청산인은 청산법인의 집행기관으로서 계속 중인 사무를 끝내게 하고 채권을 회수하며 채무를 변제하며 그 결과 잔여재산이 남는 경우에는 이것을 정관에 지정된 사람에게 주며, 정관에 지정된 자가 없거나 이를 지정하지 않은 때에는 주무관청의 허가를 얻어서(사단법인인 경우에는 총회결의도 필요하다), 그 법인의 목적과 같은 목적을 위하여 처분하며, 그것도 없거나 이를 지정하지 않은 때에는 국고에 귀속시킨다(§80). 이 청산의 완료에 의하여 법인은 소멸하게 된다(§81). 또한 법인이 채무를 변제할 수 없는 때에는 破産宣告(파산선고)를 신청하고 이를 공고하여야 한다(§93①).

> 청산종결등기가 경료된 경우에도 청산사무가 종료되었다 할수 없는 경우에는 청산법인으로 존속한다(**대법원 1980. 4. 8. 선고 79다2036**).

권리의 객체(權利의 客體)

권리의 실질적인 내용은 이익이다. 이 이익을 권리의 내용 또는 목적이라고 하고, 이 권리의 내용 또는 목적을 달성하기 위한 대상을 권리의 객체라고 한다. 즉 이 익발생의 대상이 권리의 객체이다. 예컨대 물권은 물건을 직접지배하는 것이 그의 목적 또는 내용이며 물건은 물권의 객체인 것이다. 이와 같이 권리의 객체는 권리의 목적, 내용 또는 종류에 따라 다르다. 즉 물권의 경우에는 물건, 채권의 경우에는 특정인의 행위(급부), 권리 위의 권리의 경우에는 권리, 형성권의 경우에는 법률관계, 無體財産權(무체재산권)의 경우에는 정신적 산물, 人格權(인격권)의 경우에는 권리주의, 親族權(친족권)의 경우에는 친족법상의 지위, 相續權(상속권)의 경우에는 상속재산 등이 권리의 객체이다.

물건(物件)

라 ; res 영 ; thing
독 ; Sache 불 ; chose

●───

물건에 대한 입법례로 로마법·프랑스민법(§516 이하)·스위스민법(§713) 등은 무체물도 포함시키고 있으나 독일민법(§90)은 물건을 유체물로 한정하고 있다. 우리 민법상 물건이란 유체물 및 전기·기타 관리할 수 있는 자연력을 말한다고 규정하고 있다(民§98). 따라서 민법상 물건이기 위해서는 유체물이나 관리가능한 자연력이어야 하고, 사람이 그것을 관리할 수 있어야 하며 인간 이외의 외계의 일부로서 지배 가능한 독립된 물건이어야 한다. 따라서 물건에는 사람의 오감에 의하여 지각할 수 있는 형태를 가지는 유체물과 전기·열·광·음향·향기·에너지·권리 등 무체물도 있는 것이다. 그러나 아무리 유체물이라 하더라도 日(일)·月(월)·星(성)·辰(진)·空氣(공기)·海洋(해양) 등 사람이 관리할 수 없는 것은

법률상의 물건의 개념에서 제외된다. 또한 민법은 인격절대주의를 취하고 있으므로 인체는 법률상 물건이 아니다. 또한 사체가 물건이냐 아니냐에 관해서는 어려운 문제가 있으나 물건이라는 데에 대체로 학설이 일치하고 있다. 우리민법은 물권거래의 안전을 위하여 一物一權主義(일물일권주의)를 취하고 있으므로 물건의 일부는 원칙적으로 권리의 객체가 되지 않고, 또 개별주의의 기초 위에서 경제적으로는 단일목적을 위하여 쓰여지고 있는 다수의 독립물의 집합도 원칙적으로 물건으로 취급되지 않는다. 그러나 오늘날의 경제적 발전은 민법을 수정한 특별법을 가지고 공장재단·철도재단 등 집합물을 1개의 물로서 취급하기에 이르렀다. 물건의 분류에 있어서 민법은 (1) 動産(동산)·不動産(부동산), (2) 主物(주물)·從物(종물), (3) 元物(원물)·果實(과실)의 3종을 인정하고 있으며, 그밖에 講學上 (1) 單一物(단일물)·合成物(합성물)·集合物(집합물), (2) 融通物(융통물)·不融通物(불융통물), (3) 可分物(가분물)·不可分物(불가분물), (4) 代替物(대체물)·부대체물, (5) 特定物(특정물)·不特定物(불특정물), (6) 消費物(소비물)·非消費物(비소비물) 등의 분류를 하고 있다.

단일물(單一物)

독 ; einfache Sachen
불 ; choses simples

●───

외형상 단일한 일체를 이루고 그 구성부분이 독립한 개성을 가지지 않는 물건을 단일물이라 한다. 합성물·집합물에 대한 개념이다. 책상·서적 등의 물건이 이에 해당한다. 단일물은 법률상 1개의 물건으로 취급되며 그 일부에 대해서는 독

립한 권리가 성립할 수 없다.

집합물(集合物)
라 ; universitas rerum distantium
독 ; Sachinbegriff, Gesamtsache
불 ; universalite

단일한 물건이 일정한 목적을 위하여 집합되어 경제적으로 하나의 물로서 독립적 가치가 있으며, 거래상으로도 일체로서 취급되는 것을 집합물이라 한다. 법률적으로는 소유권이나 그 밖의 물권은 일물일권주의가 원칙으로 되어 있으므로 집합물 위에 하나의 물권이 성립하는 것은 원칙적으로 인정되지 아니한다. 그러나 특정 기업시설 전부를 거래하거나 담보하는 경우에는 일물일권주의에 의하게 되면 번거롭고 또 기업의 가치를 전체로서 살릴 수가 없기 때문에 점차 집합물을 하나의 물건으로 인정하려는 경향이 있다. 공장의 시설일체를 담보로 하는 공장저당제도 등이 그 예이다. 그러나 이와같이 특별법에 의하여 공시방법이 인정된 경우외에 특별법이 없는 경우에도 집합물의 개념을 인정하여 이를 전체로서 하나의 물건으로 다룰 수 있는지 아니면 복수의 물건으로 다루어야 하는지 견해가 나뉜다(아래의 표 참조). 대법원은 집합물의 개념을 긍정하고 이를 하나의 물건으로 다루고 있다(87누1043참조).

특별법이 없는 경우 집합물 인정 여부

집합물 긍정설	집합물도 하나의 물건으로 다룰 수 있다고 보는 견해로서, 그 요건으로 집합물을 하나의 물건으로 다루어야 할 사회적 필요성의 존재, 그 범위를 특정할 수 있으며, 공시할 수 있는 방법이 있어야 함을 요구한다.
집합물 부정설	일물일권주의의 원칙상 집합물을 하나의 물건으로 볼 수 없다는 견해이다.
판례 (긍정설)	재고상품, 제품, 원자재 등과 같은 집합물을 하나의 물건으로 보아 이를 일정기간 계속하여 채권담보의 목적으로 삼으려는 이른바 집합물에 대한 양도담보권설정계약에 있어서는 그 목적동산을 종류, 장소 또는 수량지정 등의 방법에 의하여 특정할 수만 있다면 그 집합물 전체를 하나의 재산권으로 하는 담보권의 설정이 가능하다(대법원 1988.12.27. 선고 87누1043).

합성물(合成物)
라 ; res composita
독 ; zusammengesetzte Sachen
불 ; choses composees

각 구성부분이 개성을 잃지 않으나 결합하여 단일한 형태를 이루는 물건을 합성물이라 한다. 가옥 또는 보석을 장식한 가락지 등이그 예이다. 집합물과는 달리 단일물과 마찬가지로 법률상 1개의 물건으로 취급되며, 각 구성부분에 각각 다른 권리는 성립할 수 없다(民§257, §261). 각각 다른 소유자에 속하는 물건이 결합하여 합성물로 된 때에는 각자의 소유권의 존재를 인정할 수 없으며, 따라서 소유권의 변동을 일으킨다(民§256~§261).

부동산(不動産)

라 ; res immobiles
영 ; immovables
독 ; unbewegliche Sachen, Im mobilien
불 ; immeules

토지 및 그 정착물을 부동산이라 한다 (民§99①). 선박 · 자동차 · 항공기 · 건설기계 등은 원래는 동산이지만 부동산에 준하는 취급을 받는다(상법 · 자동차 등 특정동산저당법). 토지의 개수는 등기부에 따라 일필을 일개로 취급하며, 토지소유권은 정당한 이익 있는 범위 내에서 일필의 토지의 상하에 미친다(民§212). 동산과 부동산을 구별하는 근거는 (1) 사회경제상의 차이로 부동산은 동산에 비하여 그 가치가 일반적으로 크고 소재가 일정하게 되어 있다. (2) 물건의 공시방법의 차이로 동산이 인도인 데 대하여 부동산은 등기를 하여야 한다. (3) 동산에는 선의취득이 인정되지만 부동산에는 인정되지 않는다. (4) 동산에는 타물권의 설정이 인정되지 않지만 부동산에는 인정된다.

토지(土地)

라 ; praedium　　　영 ; land
독 ; Grundstück　　불 ; fonds de terre

토지란 일정한 범위에 걸친 지면에 정당한 이익이 있는 범위 내에서 그 수직의 상하(공중과 지하)를 포함시키는 것이다 (民§212). 토지는 그 자연적 성질로 인하여 그 정착물과 함께 부동산으로 되며 (§99①), 동산과 여러 가지 점에서 대립한다. 즉 토지의 구성물(암석·토사·지하수 등)은 토지와는 별개의 독립한 물건이 아니며, 토지의 소유권은 당연히 구성물에도 미친다. 특히 중세에는 토지에 대하여 많은 구속이 있었으나 근대에 들어서면서 소유권이 확립되면서 오늘날 토지소유자는 법령의 범위 내에서 자유로이 자신의 소유지를 사용·수익·처분을 할 수 있다 (§211). 다만 광물의 채굴권에는 토지소유자의 소유권이 미치지 못한다(鑛業§7). 미채굴광물의 성질에 대하여 국가의 배타적인 채굴취득허가권의 객체라는 견해와 국유에 속하는 독립한 부동산이라는 견해가 있다. 토지는 소유자가 사용수익하는 외에 지상권·지역권·임차권에 의하여 타인이 사용·수익할 수 있다. 그리고 인접지와의 사이에서 相隣關係(상린관계)가 발생한다. 토지등기부상의 등기는 물권변동의 효력발생요건이 된다(民§186). 또한 토지등기부의 토지표시에 기초가 되는 것은 토지대장이며 토지의 개수도 土地臺帳(토지대장)의 기재에 의하여 결정된다.

일필의 토지(一筆의 土地)

토지는 연속되어 있으므로 인위적으로 토지를 구획하여 그 일구획을 하나의 부동산으로 한다. 토지는 부동산이므로(民§99①). 토지에 관한 물권은 등기를 성립요건으로 한다(§186). 1개의 부동산의 물권관계는 1개의 용지에 등기하여 공시한다. 즉 일필에 등기하기 때문에 1개의 토지를 일필의 토지라고 한다. 일필의 토지를 수필로 분할하거나 수필의 토지를 일필로 합병하고자 하는 경우에는 불필이나 합필의 절차를 밟아야 한다. 즉 분필절차를 밟기 전에 일필의 토지 중 일부만의 양도·제한물권의 설정·시효취득을 할 수 없다.

정착물(定着物)

토지의 정착물은 부동산이다(民§99①). 토지의 정착물이란 토지에 계속적으로 부착하여 있고, 또 계속적으로 부착된 상태에서 사용되는 것이 사회통념상 인정되는 물건을 말한다. 건물·수목토지·토지에 부속된 기계등이다. 법적평가의 차이에 따라 두 종류로 나눌 수가 있다 (1) 토지의 일부로서 취급되는 것으로 다리·돌담·연못·도랑·뿌려진 씨앗이나 비료 등이다. (2) 토지와는 별도의 부동산으로 취급되는 것으로 건물이나 입목에 관한 법률에 의하여 등기된 수목의 집단이 있다. 건물은 언제나 독립한 부동산이다. 건물의 개수는 등기부에 있는 것이 아니라 사회통념에 따른다. 一棟의 건물의 일부라고 하더라도 다른 부분으로부터 독립하여 사용하여 거래되는 것과 같은 경우에는 그 부분에 대하여 민법은 구분소유를 인정하고 있다. 또 입목에 관한 법률에 의하여 등기되어 있지 않은 수목 내지 그 집단은 독립된 부동산은 아니나 판례는 당사자가 이와 같은 수목을 토지와는 별도로 거래하는 대상으로 하는 것을 인정하며 또 관습에 따라서 明認方法(명인방법)을 실시함으로써 그 거래에 따라서 얻은 수림의 처분권을 제3자에게 대항할 수가 있는 것이라고 하고 있다. 밭이나 논에서 베어내기 이전의 벼나 보리 등 곡식에 대하여도 판례법상으로 그와 같이 다루고 있다. 그러나 토지에 고착하지 않는 물건은 정착물이 아니고 動産(동산)이다.

건물(建物)

영; building 독; Gebäude
불; baátiment

토지의 정착물인 건조물로서 토지와 함께 부동산으로 인정된다(民§99①). 그 범위는 사회통념에 의하여 결정되는바 지붕과 담장이 있고, 거주저장 등의 목적에 쓰이는 것을 가리키며 지하가·가도밑에 있는 건물도 포함된다. 건물을 외국에서는 토지의 일부로 인정하나 우리 나라에서는 토지로부터 독립한 부동산으로 취급하여 독립적으로 등기할 수 있다(不登§14①). 이러한 취급은 거래에는 편리하지만 대지의 사용 등에 관하여는 복잡한 법률관계를 초래한다. 건물은 구조상 및 거래상 독립성이 있으며 1개의 건물로서 등기할 수 있고 또 거래를 할 수 있다. 판례에 의하면 (1) 건축중의 건물은 지붕과 겉벽이 이루어졌을 때 독립한 부동산이 되어 등기를 할 수 있으며, (2) 도급건축에서는 재료를 도급인이 제공한 경우 외에는 원칙으로 일단 수급인의 물건이 되며 양도한 때에 도급인에게 소유권이 이전한다고 한다. 건물을 개축하거나 장소를 이전할 경우에 동일성이 있느냐의 여부는 이전의 저당권이 그대로 미치느냐의 여부에 커다란 문제가 되는 바 이것도 社會通念(사회통념)에 의하여 결정할 수밖에 없다.

동산(動産)

라; res mobiles
영; movables, chattels(personal)
독; bewegliche Sachen, Fahrn issachen, Mobilen
불; meubles

不動産(부동산) 이외의 물건은 모두 동산이다(民§99②). 그러나 동산으로부터 부동산으로의 진행과정에 있는 건축중의 건물이나, 그 반대과정에 있는 철거중의 건물의 경우에는 그것이 동산인지 부동산인지를 식별하는 것이 곤란한 때가 있다. 따라서 추상적으로 말하면 건물의 용도에 따른 사용을 할 수 있는 상태에 있느냐가 구별의 표준이 될 것이다. 동산의 수효는 사회통념에 의한다. 곡식·된장·간장·술 등은 용기에 의하여 수효가 정해진다. 동산과 부동산은 여러 가지 점에서 법률상의 취급이 다르다. 그 가운데 가장 중요한 차이점은 물권의 공시방법 내지 그 효력에 있다. 부동산물권은 등기로써 공시된다. 따라서 등기를 하지 않으면 不動産物權變動(부동산물권변동)의 효력이 발생하지 않는다(民§186). 그러나 등기는 공신력이 없기 때문에 선의취득이 인정되지 않는다. 이에 대하여 동산권의 공시방법은 占有(점유)이다(民§200). 거래에 의하여 동산소유권을 얻은 자가 그 권리를 제3자에게 주장하기 위하여는 점유의 이전(인도)을 받을 필요가 있다(民§188, §523). 또한 비록 매도인에게 處分權(처분권)이 없더라도 매수인이 동산을 선의로 매수하여 점유의 이전을 받으면 그 동산의 所有權(소유권)을 취득한다(民§249).

동산·부동산의 법률상의 차이

구 분	부동산	동 산
용익물권의 설정	할 수 있다	할 수 없다
질권의 실행	경매법에 의한다	典執物을 직접 변제에 충당하는 경우(§338).
저당권의 설정	할 수 있다	원칙상은 할 수 없다.
공시방법	등 기	점유
대항력	등 기	점유의 이전
공신력	(등기부에 없다)	(점유에)있다

무체재산권(無體財産權)

독 ; Immaterialguterrecht, geistiges Eigentum

有體物(유체물)에 대한 배타적 지배권인 物權(물권)에 반하여 무체적 이익에 대한 배타적 지배권의 총칭이다. 특허권·실용신안권·상표권·의장권·저작권 등과 같이 지능적 창작물을 독점적으로 이용하는 것을 내용으로 하며 재산적인 가치를 가지지만 유체물을 지배하는 권리는 아니다. 일반적으로 법률이 정하는 바에 따라 등록함으로써 배타적인 지배권이 발생하며 물권에 준하는 취급을 받는다. 무체재산권 가운데 저작권을 제외한 것을 공업소유권이라고 한다. 무체재산권에 관하여는 국제적인 분쟁이 일어나기 쉬우므로 여러 가지 국제조약이 체결되어 있다.

무체물(無體物)

불 ; meubles incorporels

유체물 이외의 물건을 말한다. 舊民法은 독일민법을 따라서 무체물을 물건으로 인정하지 않았다(舊民§85). 그러나 물건의 관념을 유체물 이외에 미치게 할 필요가 생기게 되어 현행법은 유체물 및 전기 기타 관리할 수 있는 자연력을 물건으로 하여(民§98) 유체물뿐만 아니라 전기 기타 자연력 즉 열·광·원자력·풍력 등이 에너지와 같은 일정한 요건을 갖춘 무체물도 법률상의 물건으로 인정한다. 원래 무체물을 법률상 물건으로 인정할 것이냐는 로마법 이래로 입법례가 나누어져 있다. 프랑스민법(佛民§526, §529, §530)은 이것을 인정하였으나, 독일민법(獨民§90)은 이것을 부정하였다. 그러나 스위스민법은 다시 이것을 인정하여 법률상의 지배를 할 수 있는 자연력도 동산으로 하였고(瑞

民§713, §655), 우리 민법도 이에 따른 것이다. 형법상으로도 무체물은 재산죄의 객체가 된다.

유체물(有體物)

독 ; korperliche Gegenstände

●━━━━━━━━━━

공간의 일부를 차지하고 유형적 존재를 가지는 물건을 말한다. 고체·액체·기체 등과 같이 사람의 오관으로 인식할 수 있는 공간적·물리적인 의미에서의 존재인 물질을 유체물이라 한다. 舊民法은 물건을 유체물에 한정하였지만 현행민법은 전기·열·광·원자력·풍력 등의 관리할 수 있는 자연력도 물건으로 규정하고 있다(民§98). 또한 형법상으로 관리할 수 있는 동력은 절도죄의 객체인 재물로 취급된다.

융통물 · 불융통물 (融通物 · 不融通物)

라 ; res in commercio·res extra commercium
독 ; verkehrsfähige   Sachen·verkehrsunfä hige Sachen
불 ; choses aliénables·choses inaliénable

●━━━━━━━━━━

사법상의 거래의 객체가 될 수 있는 물건을 융통물, 그렇지 않은 물건을 불융통물이라고 한다. 불융통물의 주요한 것은 공용물(예 : 관청의 건물), 공공용물(예 : 도로·하천), 법령으로써 거래가 금지된 金製品(금제품)(예 : 아편·음란문서)등이 있다.

주물과 종물(主物과 從物)

독 ; Houptsache·Zubehör
불 ; chose principale·chose accessoire

●━━━━━━━━━━

물건의 사용방법을 보면 배와 노, 자물쇠와 열쇠, 시계와 시계줄, 칼과 칼집, 가옥과 창·덧문 등과 같이 별개의 물건상호간에 主從(주종)의 관계에 있는 경우가 적지 않다. 이와 같이 물건의 소유자가 그 물건의 상용에 공하기 위하여 자기소유인 다른 물건을 이에 부속한 때에는 그 물건을 주물이라 하고 主物(주물)에 부속된 다른 물건을 從物(종물)이라고 한다(民§100①). 민법은 법적 명확성과 거래의 안전을 위하여 그의 물권법질서는 단일물에서 출발하고 있다. 그러나 물건이 각각 경제상 독립적 존재를 가지고 있더라도 객관적·경제적 관계에 있어서 일방이 타방의 효용을 도와서 하나의 경제적 가치를 발휘하는 경우가 적지 않으며, 또한 그들은 서로 경제적 운명을 같이 하는 것이 보통이다. 여기에서 법률도 그들의 결합을 파괴하지 않고 사회경제상의 의의를 다할 수 있도록 법률적 운명을 같이 하도록 한 것이 이 이론이다. 주물과 종물을 구별하는 실익은 종물이 주물의 처분에 따르는 점에 있다(§100②). 처분이라 함은 소유권의 양도·임대차와 같은 채권적 처분도 포함한다. 민법은 주물위에 저당권이 설정된 경우 그 저당권의 효력이 종물에 까지 미침을 명문으로 해결하였다(§358). 따라서 가옥을 매매하거나 저당권이 설정되면 그 가옥 내의 창이라든가 덧문 등에도 효력이 미치게 되며, 저당권 설정 후의 종물에도 그 효력이 미친다. 다만 강행규정이 아니므로 당사자가 반대특약을 하여도 무방하다. 그리고 위의 규정은 통상의 경우를 예정하여 만들어진 것이므로 당사자가 주물의 처분을 함에 있어서 특히 종물의 처분을 유보하지 못하도록 하는 것은 아니다.

저당권의 효력이 미치는 저당부동산의 종물이라 함은 민법 제100조가 규정하는 종물과 같은 의미로서 어느 건물이 주된 건물의 종물이기 위하여는 주물의 상용에 이바지하는 관계에 있어야 하고, 주물의 상용에 이바지한다 함은 주물 그 자체의 경제적 효용을 다하게 하는 것을 말하는 것으로서, 주물의 소유자나 이용자의 사용에 공여되고 있더라도 주물 그 자체의 효용과 직접 관계가 없는 물건은 종물이 아니다(대법원 2000. 11. 2. 자 2000마3530).

종물(從物)
(독, Zubehör　불, chose accessoire)

민법은 거래의 안전과 명확성을 기하기 위하여 원칙적으로 단일물주의를 취하고 있으나, 서로 경제적 종속관계에 서 있는 복수의 물건에 대해 법률적으로 그 운명을 같이 하게 하기 위해 주물과 종물의 이론을 발전시켰다. 예컨대 자물쇠와 열쇠, 시계와 시계줄이 이러한 주물과 종물의 관계에 서 있다. 종물은 주물과 함께 동일한 소유자에게 속하며, 독립한 물건으로서 주물의 상용에 이바지하여야 한다(민법 100조1항). 종물은 주물과 그 법률적 운명을 같이하므로 주물에 대한 그 법률적 운명을 같이하므로 주물에 대한 소유권의 양도나 물권의 설정 및 매매·대체 등은 종물에도 그 효력을 미친다.

부가물(附加物)

抵當不動産(저당부동산)에 부수하여 그것과 일체를 이룬 물건을 뜻한다(民§358). 지상의 수목·주택의 조각 등과 같은 것이다. 부가물은 사회통념상 독립한 존재인 물건이 아니므로 그 부가가 抵當權設定(저당권설정)의 전후인지를 불문하고 특약이 없는 한 저당권의 효력이 이에 미친다.

특정물과 불특정물
(特定物과 不特定物)
독 ; bestimmte Sachen·unbestimmte Sachen
불 ; choses déterminées choses indéterminées

구체적인 거래에 있어서 당사자가 물건의 개성에 착안하여 지정한 목적물로 거래한 물건을 특정물이라 하고, 단순히 종류와 수량에 착안하여 그 개성을 묻지 않고 명시한 목적물로 거래한 물건을 불특정물이라 한다. 예컨대 「이 쌀」의 매매는 특정물의 매매이고 「쌀 한 가마」는 불특정물의 매매이다. 대체·부대체는 거래상의 객관적 구별임에 대하여 특정·부특정은 구체적인 거래에 있어서의 당사자의 주관적 구별인 점이 다르다. 구별의 실익은 주로 채권의 효력에 관하여 생긴다. 즉 목적물의 보관의무의 경중(民§374), 인도의 조건(§462, §467), 위험부담(§537, §538), 하자담보책임(§570) 등이다. 실제적으로 특정물·불특정물과 대체물·부대체물의 구별은 대체로 일치하나 대체물도 「이 쌀」이라고 지정하면 특정물로 되고, 부대체물도 단순히 「말 1필」이라 고하여 거래하면 불특정물이 된다. 種類債券(종류채권)이나 選擇債券(선택채권)에 있어서는 그 특정에 주의를 요한다(民§375, §380~§386).

원물과 과실(元物과 果實)

독 ; Substanz, Muttersache
불 ; chose originare
독 ; Früchte
불 ; fruits

수익을 낳게 하는 물건이 원물이고 그로부터 생기는 수익을 과실이라고 하는데, 물건의 경제적 효용에 따른 분류이다. 또한 과실은 그것이 생기는 근원에 따라 천연과실과 법정과실로 나누어진다.

천연과실(天然果實)

라 ; fructus naturales
독 ; natürliche Früchte
불 ; fruits naturels

원물에서 그 경제적 용도에 따라 자연적으로 수취되는 산출물을 천연과실이라고 한다(民§101①). 즉 논이나 밭에서 자라나는 쌀·보리·밀 등 곡식이라던가 젖소로부터 짜낸 우유 등이다.

미분리과실(未分離果實)

라 ; fructus stanteset pendentes
독 ; stehende und hängende fraüchte

미분리과실이라 함은 원물에서 분리되기 이전의 천연과실을 말한다. 원물에 부착되어 있으므로 원물인 부동산 또는 동산의 일부이다. 예를 들면 수확하기 전의 농작물이나 광물이라든지 벌채 전의 수목 또는 사육하고 있는 동물의 태아 등이다. 원물과 일체가 된 부동산 또는 동산이므로 원물과 일체로서 권리의 객체이며, 원물과 일체로서 거래의 대상이 되지만, 미분리과실만 거래할 수도 있다(분리전의 과실만의 매매계약이나 예약). 이 경우에는 분리를 시기(확정기한 또는 불확정기한)로 하는 계약이 된다. 분리수취권을

매수인으로 하는 뜻의 계약도 유효하다(民§102①). 미분리의 천연과실은 개념적으로는 독립의 물건은 아니나 학설이나 판례는 明認方法(명인방법)을 써서 미분리된 채 거래될 경우에는 독립의 물건인 지위를 인정하고 있다.

법정과실(法定果實)

라 ; fructus civiles
독 ; juristische Früchte
불 ; fruits civils

원물(원본)을 사용하게 한 대가로 수취하는 금전 그 밖의 물건을 법정과실이라고 한다(民§101②). 천연과실에 대립하는 말이다. 즉 임료·대지의 지료·임금의 이자 등이다.

원본(元本)

영 ; capital   독 ; Kapital   불 ; foonds

광의로는 사용에 공함으로써 수익을 낳는 재산을 말한다. 보통은 법정과실을 낳는 원물(예 : 地料에 대한 垈地), 그 중에서도 특히 이자에 대한 임금을 말하는데, 사용의 대가를 받는 특허권·전화가입권 등도 포함되는 점에서는 물건에 있어서의 원물보다 넓은 개념이다.

과실의 수취(果實의 收取)

(1) 천연과실의 수취할 권리여부는 「천연과실이 원물로부터 분리할 때」를 기준으로하여 정하여지며 이때에는 이것을 수취할 권리(예: 소유권임차권)를 가진 자에게 귀속된다(民§102①). 천연과실의 수취권자는 원물의 소유자(民§211), 선의점유자(民§201), 지상권자(§279), 전세권자(§303), 유치권자(§323), 질권자(§343, §355), 저당권자(§359), 매도인

(§587), 使用借主(§609), 임차인(§618), 특유재산의 관리자(§831), 친권자(§916~§923), 受贈者(§1079) 등이다. (2) 법정과실은 그 지급시기를 기준으로 하는 것이 아니라 수취할 수 있는 권리의 존속기간에 따라 일수의 비율로 취득한다(§102②). 즉 법정과실은 이것을 수취하는 권리의 존속기간일수의 비율로 각각 수취권자에게 귀속한다. 따라서 임대중의 건물이 양도되면 양도일 이전의 임대료는 전소유자가, 그 후의 임대료는 새로운 소유자가 각각 수취하게 된다. 그러나 이상의 규정은 특별한 규정(§587)이나 관습 또는 약정이 있는 경우에는 그에 따르게 된다.

대체물 · 부대체물 (代替物 · 不代替物)
라 ; resfungibiles·res nonfungibiles
독 ; vertretbare Sachen·unvertret bare Sachen
불 ; choses fongibles·chosesnon- fogibles

금전이나 미곡처럼 거래상 물건의 개성을 문제로 하지 않고 단순히 종류·품질·수량 등에 의하여 정하여지며 동종·동질·동량의 물건으로 바꾸어도 당사자에게 영향을 주지 않는 물건을 대체물이라하고, 이에 대하여 토지·예술품처럼 개성에 착안하여 같은 종류의 다른 물건으로 대체할 수 없는 물건을 부대체물이라고 한다. 특정물·불특정물의 구별과 약간 유사하나 당사자의 의사에 의하는 것이 아니라 物件(물건)의 객관적 성질에 의한 구별이라는 점에 차이가 있다. 즉, 대체물도 지정으로써 특정물이 될 수 있다. 이 구별의 실익은 消費貸借(소비대차) · 消費任置(소비임치) 등의 경우이다(民§598, §702).

목적물(目的物)

목적물이란 여러 가지 의미로 쓰이지만 대개 권리·의무 또는 법률행위의 직접 또는 간접적 대상을 가리키는 일이 많다. 물권의 목적물은 그것을 지배하는 직접적인 대상인 물건이지만 채권의 직접적 대상은 목적인 급부이며 목적물은 간접적인 대상에 지나지 않는다. 그러나 법문상 목적과 목적물은 혼용되고 있다.

법률행위(法律行爲)
독 ; Rechtsgeschäft
불 ; acte juridique

법률행위란 의사표시를 요소로 하는 사법상의 법률요건을 말한다. 일정한 권리 내지 법률관계의 창설·개폐를 목적으로 하는 의식적인 행위를 의사표시라고 한다. 법률행위는 일정한 법률효과의 발생을 목적으로 하는 한 개 또는 수 개의 의사표시를 불가결의 요소로 하는 법률요건 가운데 가장 중요한 것이다. 법률행위의 성립요건은 당사자·목적(내용)·의사표시이다. 따라서 법률행위가 이들 요건을 갖추어 확정적으로 완전한 효과를 나타내도록 하기 위하여서는 이것을 행하는 당사자가 행위능력을 가지며, 목적이 가능·적법하고 사회적 타당성을 가지며 확정 또는 확정할 수 있는 것이어야 하며 또한 의사표시가 그 결정에 하자 없이 완전하여야 하고 내심의 효과의사와 표시가 일치하여야 한다. (1) 의사표시의 결합의 상태에 따라 단독행위·계약·합동행위의 세 종류로 구별된다. 그러나 일방적인 행위인 단독행위로서 권리관계가 창설·개폐되는 경우는 계약의 취소·해제·추인·채무의 면제라고 하는 특수한 경우에 한하며, 통상적으로 합의(계약)에 의한다. 합동행위란 사단법인의 설립과 같이 의사표시가 병행 또는 집합하여 존재하는 경우이다. 이밖에도 여러 가지 표준에 의하여 ㉮ 要式行爲(요식행위)와 不要式行爲(불요식행위), ㉯ 有償行爲(유상행위)와 無償行爲(무상행위), ㉰ 有因行爲(유인행위)와 無因行爲(무인행위), ㉱ 生前行爲(생전행위)와 死後行爲(사후행위), ㉲ 獨立行爲(독립행위)와 補助行爲(보조행위) ㉳ 債權行爲(채권행위)와 物權行爲(물권행위), ㉴ 主된 行爲와 從된 行爲 등으로 분류된다. (2) 법률행위의 해석. ㉮ 행위를 인식할 수 없을 만한 미성년자나 미친자의 법률행위는 意思無能力者(의사무능력자)의 행위로서 무효가 된다. ㉯ 권한없는 자의 법률행위는 무효가 되지만 表見代理(표현대리)나 선의취득은 예외이다. ㉰ 행위방법이 법정되어 있는 경우에 그 방법에 의하지 않으면 불성립하거나 무효로 된다. 예를 들면 혼인·입양·인지는 가족법에 따라 신고하고, 상속의 포기나 취소는 법원에 신고하지 않는 한 성립하지 않는다(요식행위). 또한 질권설정은 목적물을 인도하지 않는 한 성립하지 아니하며(요물행위), 서면에 의하지 않는 증여나 법정대리인 내지 후견인의 동의가 없는 무능력자의 법률행위는 취소함으로써 무효가 된다. ㉱ 증거·관습·법률·조리를 적용해도 행위의 목적을 확정할 수 없는 경우에는 무효이다. ㉲ 소실한 가옥의 매매와 같이 행위의 목적을 실현할 수 없는 경우에는 무효이다. 실현할 수 있느냐의 여부는 행위당시를 기준으로 하여 정한다. ㉳ 행위의 전과정으로 보아서 그 법률행위가 公序良俗(공서양속)에 반하는 경우라든가 공공질서에 관한 사항을 정한 법규에 위반하는 경우에는 무효이다.

법률행위 자유의 원칙 (法律行爲 自由의 原則)

사적생활에 관하여는 국가권력이 개입하거나 간섭해서는 안되며, 사법의 법률관계는 개인이 그의 의사에 의해 다른 사람과 자유로이 법률관계를 형성할 수 있고, 개인이 의욕한 대로의 효과발생을 인정하는 것을 말한다. 이 법률행위 자유의 원칙은 계약에서 가장 뚜렷이 나타나기 때문에 계약자유의 원칙이라고도 한다. 이 원칙은 개인주의·자유주의를 기초로 하는 근대 사법의 기본원칙으로서 인류문화의 발전에 크게 기여하였으나, 자본주의경제의 발전은 빈부의 현격한 차이를 초래하는 등 여러 가지 폐단을 가져와 진정한 법률행위자유의 원칙은 기대할 수 없게 되었다. 이에 경제적 약자의 보호를 위해 법률행위 자유의 원칙은 각종 경제정책적·사회정책적 입법으로 제한 받고 있다.

부관(附款)
(독, Nebenbestimmung)

법률행위로부터 일반적으로 발생할 효과를 제한하기 위하여 의사표시 하는 데 있어서 표의자가 특히 부가한 제한을 말한다. 부관은 법률행위의 내용을 이루는 것으로서 부속적 지위에 있으나, 별개의 의사표시는 아니다. 부관에는 민법상 법률행위에 있어서 붙이는 경우와 행정행위에 붙이는 경우 2가지가 있다. 민법상 부관은 조건 및 기한이 그 주요한 것이나, 증여나 유증에 부가되는 부담도 그 부관의 일종이다. 행정행위에도 부관이 붙여지는데 여기에는 조건·기한·부담·취소권의 유보·법률효과의 일부배제 등이 있다.

불완전한 법률행위 (不完全한 法律行爲)

법률행위로서의 완전한 효력을 발생하지 못하는 법률행위를 말한다. 이에는 법률행위의 효력발생요건이 구비되지 못한 경우와, 효력발생요건은 구비되었지만 당사자들이 그 효력발생을 보류한 경우가 있다. 법률행위의 효력발생요건으로는 당사자가 행위능력자이어야 하며, 법률행위의 내용이 확정·가능·적법·타당하여야 하고, 내심의 효과의사와 외부의 표시가 일치하여야 한다. 이러한 요건을 구비하지 못한 법률행위는 불완전한 법률행위로 된다. 예컨대 미성년자가 단독으로 한 법률행위, 내용상 불확정·불가능·불법·부당한 행위, 하자있는 의사표시 등이 여기에 속한다. 다음으로 법률행위의 효력발생요건은 구비되었으나 당사자들이 완전한 효력발생을 보류하여 불완전한 법률행위로 되는 경우도 있다. 이것도 법률행위의 효력이 직접 완전하게 발생하지 않기 때문이다. 예컨대 의사표시에 제한 있는 법률행위, 즉 부관 있는 의사표시인 조건과 기한, 부담이 이에 속한다. 불완전한 법률행위는 그 효과로서 완전한 권리를 발생시키지 못하고, 단지 불완전한 권리를 발생시키는데 그친다. 불완전의 정도가 심한 것은 처음부터 무효로 된다.

사실행위(事實行爲)
독 ; Realakt

사실행위란 외부에 표시하지 않은 내심적 의사로써 일정한 사실을 행하는 것이며 법률요건중의 적법행위의 하나이다. 점유(民§192), 無主物先占(무주물선점)(§252①②), 과실의 취득(§102) 등

이다. 사실행위는 의사표시를 요하지 않는 다른 점에서 법률행위나 준 법률행위와 다르다. 그러나 학설 가운데는 준 법률행위를 표현행위와 비표현행위로 분류하여, 준 법률행위를 표현행위로, 사실행위를 비표현행위로 파악하는 입장도 있다. 준법률행위란 법률효과가 의사에 의하지 않고, 법률의 규정에 의하여 발생하는 것이므로 앞에서 말한 바와 같은 입장은 사무관리에 대하여는 타당하나 기타 사실행위에는 타당하지 않는 분류라고 할 수 있다. 사실행위는 일정한 사실상의 결과가 생기기만 하면 족하고 법률효과의 발생을 의욕하는 의사가 표현될 필요가 없으므로 무능력자라도 사실행위를 할 수 있다.

유상행위 · 무상행위 (有償行爲 · 無償行爲)

재산의 출연을 목적으로 하는 법률행위 가운데 일방의 법률행위의 내용의 이행(급부)이 대가(대상)를 수반하는 것은 유상행위라 하고, 대가를 수반하지 않는 것은 무상행위이다. 유상행위로는 매매·교환·임대차·고용·도급 등이 있으며, 무상행위로는 증여·사용대차 등이 있다. 유상행위는 대부분 유상계약(매매는 그 전형적인 것)인데 무상행위에는 증여 등의 무상계약 외에 遺贈(유증)·재단법인의 설립행위와 같은 무상의 단독행위가 있다. 또한 유상·무상의 구별은 보통 계약에 관하여 행하여지나(유상계약·무상계약), 성질상 단독행위라 할지라도 구별은 가능하다(예 : 一般遺贈(일반유증) · 負擔附遺贈(부담부유증).

의사표시(意思表示)
독 ; Willenserklärung
불 ; déclarationde volonté

의사표시는 일정한 법률효과의 발생을 의욕하여 이를 외부에 표시하는 행위로서 법률행위의 요소이다. 즉 당사자의 의사표시는 그 내용에 따라 일정한 법률효과, 이른바 권리·의무의 변동인 권리의 발생·변경·소멸을 발생시킨다. 예를 들면 「취소한다」나 「판다」, 「산다」하는 것은 모두 일정한 법률효과의 발생을 목적으로 하는 의사표시이다. 법률행위의 불가결한 요소로서 「언어, 문자」등에 의하여 명시적으로 행하여지는 것이 보통이지만, 「몸짓, 침묵」등 묵시적으로 행하여지는 것도 있다. 계약의 청약이나 승낙, 취소나 해소, 유언 등은 모두 의사표시이다. 의사표시를 단계적으로 분석하여 보면 의사표시는 먼저 (1) 어떤 동기에 의하여 일정한 법률효과의 발생을 목적으로 하는 의사(효과의사=표시자의 내심적 효과의사 즉 어떤 조건으로 매매한다는 의사)를 결정하고, 다음에 (2) 이 의사를 외부에 발표하고자 하는 의사(표시의사=표시행위의사 즉 표시행위를 하려는 의사)를 가지고 (3) 일정한 행위를 외부에 나타냄으로써(표시행위=외부 상대방에게 의사를 표명하는 행위) 성립한다. 이에 따라 객관적으로 판단된 효과의사(외부적 효과의사표시상의 효과의사)가 상대방에게 전하여지는 것이다. 이러한 3단계 중에서 의사표시의 본체가 무엇인가에 관해서는 견해가 나누어진다. 앞서 열거한 것 가운데 (1) 동기와 내심적 효과의사 및 표시의사는 주관적인 것으로 오직 표의자만이 알고 있으며 상대방은 알 수 없는 것이다. (2) 표시행위와 표시상의 효과의사는 동일한 것으로서 상대방이 객관적으로 인식 파악할 수 있다. 그리고 의사표시는 상대방과 교섭하기 위한 수단이므로 의사표시의 본질은 표시행위와 표시상의 효과의사에 중점을 두어야 한다. 따라서 표시행위 및 표시상의 효과의사가 인정되면 의사표시는 성립하고 비록 내심적 효과의사나 표시의사가 결격되었다 할지라도 원칙상 의사표시는 효력이 있다(民§107 참조).

그러나 내심적 효과의사와 표시상의 효과의사가 불일치한다든가(의사의 흠결), 자유로운 의사에 의거하지 않았을 경우(하자 있는 의사표시)에는 당해 법률행위는 무효 또는 취소할 수 있다(§107, §109). 즉 허위표시의 경우에는 일반적으로 이것을 의사표시로서의 가치를 인정할 필요가 없으므로 원칙상 무효로 한다(§108). 단 가족법상의 행위에는 예외적으로 본인의 효과의사를 특별히 존중하게 된다(§883). 또한 내심의 효과의사와 표시상의 효과의사의 차이로 인하여 특히 표의자의 책임을 부정할 경우에는 착오로서 취소할 수 있다(§109). 의사표시는 의사능력을 전제로 하고 있으므로 意思無能力者(의사무능력자)의 의사표시는 무효이다.

준법률행위(準法律行爲)
독 ; geschäftsähnliche Handlung

법률질서를 유지하기 위하여 당사자의 의사와는 관계없이 법률에 의하여 일정한 법률효과가 부여되는 자의 행위이다. 사람의 의사표시에 효과의사가 따르지 않으며 법률적 행위라고도 한다. 준법률행위는 의욕하였기 때문에 법률효과가 생긴다는 의사표시를 요소로 하는 법률행위와는 다르므로 의사표시의 통칙인 행위능력·착오·대리 등에 대한 규정은 원칙적으로 적용되지 않는다. 준법률행위에는 (1) 일정한 의식내용의 표현과 관련하여 일정한 효력이 인정되는 표현행위(의사통지·관념통지·감정표시)와 (2) 법률의 의사내용을 전제로 하는 일정한 행위의 객관적 가치에 중점을 두고 이에 일정한 법률효과가 인정되는 사실행위 즉 遺失物拾得(유실물습득)(民§253)·先占(선점)(§252)·사무관리(§734) 등이 있다.

의사통지(意思通知)
독 ; Willensmitteilung

각종의 최고, 이행의 청구 및 거절등과 같이 자기의 의사를 타인에게 통지하는 사법상의 행위를 말한다. 예를 들면 계약취소의 여부에 관한 確答促求(확답촉구)(§15)·債務履行請求(채무이행청구)(§387)·辨濟受領拒絶(변제수령거절)(§460但, §487) 등이 있다. 이러한 행위는 의사통지자의 원함에 관계없이 사법상일정한 효과를 발생시킨다. 즉 이행의 청구(최고)는 시효를 중단하고(§174), 채무자를 履行遲滯(이행지체)에 빠뜨려(§387②) 解除權(해제권)을 발생시킨다(§544). 그러나 이들 효과는 행위자가 그것을 원했기 때문에 발생한 것이 아니고, 법률에 의하여 행위자가 반드시 원하지 않더라도 발생한다는 점에서 의사표시와 다르다. 준법률행위의 일종이다.

의사의 실현(意思의 實現)
독 : Willensbetätigung,
　　Willensverwirklichung,
　　Willensäusserung

효과의사를 추측하여 판단(추단)하기에 족한 행위가 있기 때문에 의사표시로 취급되는 것을 말한다. 즉 의사표시로 취급되는 것을 말한다. 즉 의사표시와 같이 일정한 효과의사를 외부에 표시할 목적으로 행하여진 것으로 볼 수는 없는 행위이지만, 그것으로부터 일정한 효과의사를 추단할 수 있는 행위를 가리킨다. 이 의사실현에는 승낙의 의사를 표시하는 통지는 없으나, 승낙의 의사가 있음을 추단할 만한 행위가 있기 때문에 의사실현에 의한 계약의 성립을 인정하게 된다. 민법 532조는 청약자의 의사표시나 관습에 의하여 승낙의 통지를 필요로 하지 않는 경우에는 승낙의 의사표시로 인정되는 사실이 있는 때에 계약은 성립한다고 규정하고 있다. 의사실현으로 인정되는 경우는 예컨대, 청약과 동시에 송부된 물품을 소비하거나 또는 쓰기 시작하는 행위, 주문받은 상품을 송부하는 것, 여객으로부터의 청약을 받고 객실을 청소하는 경우 등을 들 수 있다. 의사실현으로 계약이 성립하는 시기는 의사실현의 사실이 발생한 때이다.

감정표시(感情表示)
독 ; Gefäusserung

용서와 같이 일정한 감정을 나타내는 행위를 말한다. 즉 이혼의 원인이 있어도 당사자의 일방이 용서하면 이혼의 소를 제기할 수 없게 되는 경우이다(民§841). 그 법률효과는 행위자의 원함과 관계없이 법률자체에 의하여 생기는 것이므로 의사표시가 아니다. 準法律行爲(준법률행위)의 일종이다.

관념통지(觀念通知)
독 ; Vorstellungsmitteilung

어떤 사실의 관념을 타인에게 표시하는 행위를 말한다. 사실의 통지라고도 한다. 예를 들면 사회총회나 주주총회의 소집통지(民§71, 商§363, §365)·채무의 승인(§168Ⅲ)·채권양도의 통지나 승낙(§450)·승낙연착의 통지(§528②, ③) 등이 있다. 이들 행위에서 생기는 법률효과는 통지자의 의욕여부와는 관계없이 법률에 의하여 직접 발생한다는 점에서 의사표시와 구별된다. 준 법률행위의 일종이다.

내재적 효과의사(內在的 效果意思)

표의자가 내심으로 진정 바라고 있는 의사를 말한다. 이것을 의사표시의 본체로 하는 것을 의사주의이론이라고 한다. 의사표시는 표의자의 의사가 표시행위를 통하여 그대로 표현되는 경우 즉 의사와 표시가 일치하는 때에 법률적 효과의사와 외부에 표시된 효과의사가 일치하지 않는 경우를 의사의 흠결이라고 한다.

의사해석(意思解釋)

법률행위나 계약의 해석에 의하여 당사자의 진의를 탐구하는 방법을 말한다. 때로는 입법자의 의사를 탐구하는 경우에 쓰이는 일도 있다. 즉 「법의 해석은 입법자의 의사해석으로 정해서는 안 된다」 라고 하는 경우가 그 예이다. 그러나 의사해석은 계약내용을 결정하는 표준으로 쓰인다. 「계약내용은 계약의 문자에 구애됨이 없이 의사해석에 의하여 정해야 한다」 라는 것이 그 예이다. 그러나 이 경우에도 당사자의 내심에 존재하는 의사를 탐구해야 한다는 것이 아니라, 증서나 법규정의 문언에 구애됨이 없이 당사자가 애초에 의욕한 진의를 구명하여 그 계약이 체결된 당시의 사정 아래서 거래관행과 신의칙에 따라 당사자가 보통 가지고 있다고 인정되는 합리적인 의사를 표준으로 해야 한다. 당사자의 보통의사에 따른 해석이라고도 한다.

> 법률행위의 해석은 당사자가 그 표시행위에 부여한 객관적인 의미를 명백하게 확정하는 것으로서, 사용된 문언에만 구애받는 것은 아니지만, 어디까지나 당사자의 내심의 의사가 어떤지에 관계없이 그 문언의 내용에 의하여 당사자가 그 표시행위에 부여한 객관적 의미를 합리적으로 해석하여야 하는 것이고, 당사자가 표시한 문언에 의하여 그 객관적인 의미가 명확하게 드러나지 않는 경우에는 그 문언의 형식과 내용 그 법률행위가 이루어진 동기 및 경위, 당사자가 그 법률행위에 의하여 달성하려는 목적과 진정한 의사, 거래의 관행 등을 종합적으로 고려하여 사회정의와 형평의 이념에 맞도록 논리와 경험의 법칙, 그리고 사회 일반의 상식과 거래의 통념에 따라 합리적으로 해석하여야 한다(대법원 2001. 3. 23. 선고 2000다40858).

의사표시수령능력(意思表示受領能力)
독 ; Empfangesfähigkeit

의사표시의 상대방이 의사표시를 인식할 수 있는 능력을 가리킨다. 그 정도는 행위능력보다 빈약해도 이론상 불편은 없다. 수동적인 능력이므로 의사능력이 있기만 하면 충분하지만 수령하면 법률효과가 수반되므로 민법은 의사표시의 상대방이 의사표시를 받은 때에 제한능력자인 경우에는 의사표시자는 그 의사표시로써 대항할 수 없도록 하고 있다. 다만, 그 상대방의 법정대리인이 의사표시가 도달한 사실을 안 후에는 그러하지 아니하다(民§112).

선량한 풍속 기타 사회질서 (善良한 風俗 其他 社會秩序)

영；public policy
독；öffentliche Ordnung und gute Sitten
불；orde public et bonnes moeurs

●━━━━━━━━━━━━━━━━━

선량한 풍속이란 사회의 일반적 도덕이나 윤리관념으로서 모든 국민에게 요구되는 최소한도의 도덕률을 말한다. 사회질서란 국가사회의 일반적 이익인 공공적 질서를 말한다. 양자는 그 내용과 범위가 대부분 일치하므로 이론상 구별하기 곤란하다. 따라서 민법은 사회질서를 중심개념으로 하고 선량한 풍속은 그 한 부분으로 파악하고 있다(民§103). 사회질서란 사회적 타당성 내지는 사회성을 의미한다. 법률은 사회질서와 융합할 것을 이상으로 하므로 사회질서를 유지하기 위한 수단이기 때문에 反社會的(반사회적)이라고 보여지는 행위를 인정하지 않는다.

따라서 (1) 사인의 행위가 법률적으로 승인되기 위하여는 사회질서에 위반하지 않는 것을 요건으로 하여야 한다. 즉 개개의 강행규정에 위반하지 않더라도 사회질서에 위반한 사항을 내용으로 하는 법률행위는 무효이며(§103), 사회질서에 반하는 방법으로 타인에게 손해를 가한 자는 불법행위의 책임을 지며, 권리의 행사도 사회질서에 반할 때에는 권리남용으로 된다. 그밖에 자구행위·詐欺(사기)·強迫(강박) 등의 사법상 행위가 위법인지 여부가 문제될 경우에 그 위법여부를 결정하는 표준은 사회질서에서 구하게 된다. 또한 범죄의 위법성도 실질에 있어서는 그 행위가 사회질서에 반하는 것을 실질적 요건으로 한다. 어떠한 행위가 반사회적인지를 상세히 설명하기는 곤란하나 대체로 그 기준은 다음과 같다. ㉮ 형법상 범죄로 되는 행위를 목적으로 하는 것. 예컨대 살인의 대가로서 금전을 주는 계약과 같은 것이다. 다만 사기나 협박에 의한 법률행위는 피해자가 취소함으로써 무효로 되는데 그친다(民§110). ㉯ 인륜·도덕에 반하는 행위를 목적으로 하는 것. 예컨대 일부일처제에 반하는 첩계약이나 본처와 이혼하고 나서 혼인한다는 약속으로 그때까지의 부양료를 줄 것을 내용으로 하는 계약과 같은 것이다. ㉰ 개인의 신체적·정신적 자유를 극도로 침해하는 행위를 목적으로 하는 것. 예컨대 인신매매나 매춘행위 혹은 경제적 활동의 자유를 과도히 제한하는 것이다. ㉱ 상대방의 급박하고 분별력이 없음을 틈타서 생존의 기초를 박탈하는 폭리행위를 목적으로 하는 것. ㉲ 현저한 사행적인 행위를 목적으로 하는 것. 예컨대 도박계약 등과 같은 것이다. ㉳ 기타 명예를 훼손하지 않는 대신으로 대가를 받는 계약이라든가 절의 주지의 지위를 대가로서 거래하는 행위 등과 같은 것이다.

(2) 法律規範(법률규범)의 내용이 社會秩序(사회질서)에 위반할 때에는 법으로서 효력이 인정되지 않을 것이다. 그러나 이 이론을 더욱 철저히 관철한다면 사회질서에 반한다는 이유로 실정법으로서 존재하는 법규의 효력을 부인하게 되는데 이는 법적 안정성을 해하고 오히려 사회질서를 문란하게 할 우려가 있다. 따라서 법률에 명문의 규정이 있는 경우(예 : 民訴§203Ⅲ)는 별문제이지만 일반적으로

이 이론을 과연 어떤 범위에서 인정할 것인가는 법해석론의 중심으로 다루어질 문제이다.

> 민법 제103조에 의하여 무효로 되는 반사회질서 행위는 <u>법률행위의 목적인 권리의무의 내용이 선량한 풍속 기타 사회질서에 위반되는 경우뿐만 아니라, 그 내용 자체는 반사회질서적인 것이 아니라고 하여도 법률적으로 이를 강제하거나 법률행위에 반사회질서적인 조건 또는 금전적인 대가가 결부됨으로써 반사회질서적 성질을 띠게 되는 경우 및 표시되거나 상대방에게 알려진 법률행위의 동기가 반사회질서적인 경우를 포함한다</u>(**대법원 2000. 2. 11. 선고 99다56833**).

임의법규(任意法規)

라 ; ius dispositivum
영 ; dispositive law
독 ; nachgiebiges Recht
불 ; droit facultatif

당사자의 의사에 의하여 그 적용을 배제할 수 있는 규정을 임의규정 또는 임의법규라고 한다. 공공의 질서에 관계되지 않는 규정이며 사적 자치를 원칙으로 하는 사법에 속하는 규정이 많다. 민법에서는 선량한 풍속 기타 사회질서에 관계없는 규정(民§105)을 임의규정이라고 하며, 계약에 관한 규정에 이를 널리 인정하고 있다. 임의규정은 그 작용으로부터 보충규정과 해석규정으로 나누어지나, 보충규정은 표시내용의 결함을 보충하는 기능을 하며, 해석규정은 표시내용의 불명료한 점을 일정한 의미로 해석하는 기능을 한다. 양자는 다같이 법률행위의 불완전한 것을 완전하게 하는 보완적 기능을 한다. 즉 임의법규는 당사자의 의사표시가 없

는 경우 또는 명확하지 않는 경우에 대비하여 그 공백부분을 메꾸거나 또는 명확하지 않은 부분을 분명하게 할 목적으로 만들어진 것이다(民§105). 규정중 「別段의 정함이 없는 때에는」 이나 「정관에 별단의 정함이 없는 때에는」 이라고 명기되어 있는 경우에는 그 임의 법규성은 명백하다. 그러나 그와 같이 명문이 없더라도 임의법규인 경우는 적지 않다. 채권편 특히 계약법의 대부분은 임의법규이다. 강행규정과 임의규정의 구별은 법문의 표현 및 기타 법규가 가지고 있는 가치 등을 고려하여 각 규정에 대하여 구체적으로 판단하는 수밖에 없다. 즉 사법이라 할지라도 물권의 종류·내용에 관한 규정(§185), 가족관계에 관한 규정(§826~§833, §909~§927, §1000~§1004). 특히 사회적 약자를 보호하고자 하는 규정(民§339) 등 기타 많은 강제규정들이 있다.

강행법규(强行法規)

라 ; ius cogens　　　　영 ; imperative
독 ; zwingendes Recht　불 ; droit impératif

당사자의 의사여부와 관계없이 강제적으로 적용되는 규정을 강제규정 또는 강제법규라고 한다. 일반적으로 공공질서에 관한 사항을 정한 법규이며 공법에 속하는 규정은 거의 강제법규이다. 그러나 공법이라 할지라도 민사소송법의 합의관할에 관한 규정(民訴§29①)과 같은 것은 임의규정이다. 강행법규에 위반되는 법률행위는 공공의 질서에 반하므로 무효이다(民§103, 105). 사유재산제의 가장 중요한 부분인 물권의 종류나 내용을 정하는 물권편(§185~§372)과 경제적인 약자를 보호하기 위하여 자유경쟁의 조정을 도모하는 모든 법규의 대부분은 강행법규의

예이다. 강행법규정은 그 효력에 있어서 단속규정과 구별된다. 양자는 다같이 일정한 행위를 금지하는 규정이지만 단속규정은 그 위반 행위를 한 자에 대하여 제제를 가하여 금지하는데 그칠 뿐이지만, 강제규정은 그 사법상의 효과를 부인한다. 즉 단속규정은 일정한 행위를 금지 혹은 제한하여 이에 위반하는 경우에 대비하여 벌칙을 설정하고 있기는 하지만 위반행위의 효력에 대해서는 아무런 규정을 두지 않고 있다. 이러한 종류의 이른바 단속규정이 사법상의 단속을 부정하는 취지인가에 대하여는 각각의 규정의 해석 즉 무효로 함으로써 얻을 수 있는 이익과 손실의 비교 등을 통해서 정한다. 이러한 의미에서 강행규정을 단속규정에 대하여 효력규정이라고도 한다.

탈법행위(脫法行爲)

광의로는 모든 법령의 금지규정을 潛脫(잠탈)하는 행위를 말한다. 협의로는 강제규정을 잠탈하는 행위를 말한다. 즉 직접적으로는 강행법규에 위반되지는 않지만 결과적으로 강행법규로 금지되어 있는 것과 동일한 효과를 발생시키는 행위로서 다른 수단을 통하여 합법성을 가장하는 행위를 말한다. 이른바 법망을 피해 가는 행위이다. 예컨대 공무원연금법이 금지하는 연금의 양도담보를 행하기 위하여 위임의 형식을 통하여 잠탈하려고 하는 행위이다. 탈법행위는 법률에 명문의 규정이 없는 경우에도 원칙적으로 무효이지만 명문으로 규정한 예도 많이 있다(예 : 公年金§32 등). 그러나 강행법규에 위반하는 것 같이 보이는 결과를 일으키는 행위일지라도 그 강행법규의 취지가 널리 이를 회피하는 수단까지도 금할 정도가 아닌 경우에는 그

행위를 탈법행위로서 무효로 할 필요는 없다. 예컨대 동산의 양도담보에 관한 효력을 인정하고 있는 경우와 같다.

폭리행위(暴利行爲)

독 ; Wucher　　불 ; lesion

타인의 窮迫(궁박)·輕率(경솔)·無經驗(무경험) 등을 이용하여 부당한 이익을 얻는 행위를 말한다. 궁박·경솔·무경험 등은 행위당사자의 사회적 지위, 직업 기타 법률행위 당시의 구체적 상황 등을 고려하여 판단할 것이다. 부당한 이익이라 함은 일반사회 통념상 정당한 이익을 현저히 초과하는 경우로서 사회적 공정성을 결한 것을 말한다. 법률행위의 윤리성과 공정성이 강조되는 오늘날의 법률에 있어서는 폭리행위는 공서양속위반이 되어 사법상 무효로 된다. 민법은 특별히 이에 관한 명문의 규정을 두고 있다(民§104). 또한 계약상의 금전대차의 이자에 관하여는 구 이자제한법에 특별한 제한을 두고 있으며 구 이자제한법(§1, §2) 독점규제 및공정거래에관한법률을 두어 일상생활에서 발생하기 쉬운 부당한 거래를 억제하고 있다.

민법 제104조에 규정된 불공정한 법률행위는 객관적으로 급부와 반대급부 사이에 현저한 불균형이 존재하고, 주관적으로 위와 같이 균형을 잃은 거래가 피해 당사자의 궁박, 경솔 또는 무경험을 이용하여 이루어진 경우에 성립하는 것으로서, 약자적 지위에 있는 자의 궁박, 경솔 또는 무경험을 이용한 폭리행위를 규제하려는 데에 그 목적이 있다 할 것이고, 불공정한 법률행위가 성립하기 위한 요건인 궁박, 경솔, 무경험은 모두 구비되어야 하는 것이 아니고

그 중 일부만 갖추어져도 충분하며, 여기에서 '궁박'이라 함은 '급박한 곤궁'을 의미하는 것으로서 경제적 원인에 기인할 수도 있고, 정신적 또는 심리적 원박의 상태에 있었는지 여부는 그의 신분과 재산상태 및 그가 처한 상황의 절박성의 정도 등 제반 상황을 종합하여 구체적으로 판단하여야 한다(대법원 1999. 5. 28. 선고 98다58825).

관습(慣習)

영 ; Custom
독 ; Gewohnheit
불 ; costume

사회생활상 계속반복하여 행해지며 어느 정도까지 일반인 또는 일정한 직업이나 계급에 속하는 사람을 구속하기에 이른 일종의 사회규범을 말한다. 관습이 사회의 법적 확신에 의하여 지지되어 일종의 법적 규범력을 취득하게 되면 관습이라 한다. 관습에까지 이르지 않았으나 얼마간 되풀이하여 반복된 사례는 관례라고 한다. 또한 관습으로서 행하여지고 있는 사항을 규범의 측면에서가 아니라, 행위의 측면에서 본 것이 관행이다. 관습은 법률행위의 해석에 있어서 중요한 구실을 한다(民§106). 관습은 법·도덕과 더불어 社會規範(사회규범)의 3형태를 이룬다.

사실인 관습(事實인 慣習)

독 ; verkehrssittn
불 ; usages admis dans les affaires

사회적으로 사실상 존재하는 관습이기는 하지만, 아직 법으로서 인정되지 않고 있는 것을 말한다. 따라서 민사상의 법원으로 인정되어 있는 관습법(民§1)은 아니며, 다만 법률행위의 내용을 확정함에 있어서 참고자료로 되는 업계나 각지의 관습을 사실인 관습이라고 한다. 법률행위의 해석에 있어서 법령중에 선량한 풍속 기타 사회질서에 관계없는 규정(임의규정)과 다른 관습이 있는 경우에 당사자의 의사가 명확하지 않은 때에는 그 관습에 의한다(§106). 즉 강행규정에 위반하지 않고 또한 임의규정 및 다른 관습이 있을 때에 당사자가 특히 그 관습에 의하지 않는다는 것을 명백히 한 경우를 제외하고는 그 관습은 임의규정에 우선한다. 반대로 법률행위의 당사자가 제반사정으로 보아서 관습에 따를 의사가 없다고 인정되는 경우에는 그 관습은 참고자료가 될 수 없다.

관습법이란 사회의 거듭된 관행으로 생성한 사회생활규범이 사회의 법적 확신과 인식에 의하여 법적 규범으로 승인·강행되기에 이르른 것을 말하고, 사실인 관습은 사회의 관행에 의하여 발생한 사회생활규범인 점에서 관습법과 같으나 사회의 법적 확신이나 인식에 의하여 법적 규범으로서 승인된 정도에 이르지 않은 것을 말하는 바, 관습법은 바로 법원으로서 법령과 같은 효력을 갖는 관습으로서 법령에 저촉되지 않는 한 법칙으로서의 효력이 있는 것이며, 이에 반하여 사실인 관습은 법령으로서의 효력이 없는 단순한 관행으로서 법률행위의 당사자의 의사를 보충함에 그치는 것이다(대법원 1983. 6. 14. 선고 80다3231).

명문(明文)

법령 중에서 어떤 사항을 명시적으로 규정하고 있는 조항을 가리켜 명문이라고 한다. 예컨대 민법 제1조 「민사에 관하여 법률의 규정이 없으면 관습법에 의하고, 관습법이 없으면 조리에 의한다」 던가 상법 제1조 「상사에 관하여 본법에 규정이 없으면 상관습법에 의하고, 상관습법이 없으면 민법의 규정에 의한다」 고 함과 같이 명시적인 조문을 명문이라고 한다.

보충규정(補充規定)
독 ; ergänzende Vorschrift

임의규정을 그 작용면에서 보아 당사자의 의사표시의 내용에 결여되어 있는 부분을 보충하기 위한 규정을 보충규정이라 한다. 당사자가 해당법규와 다른 정함을 두지 않았을 경우에 비로소 적용된다. 당사자의 의사표시가 불충분할 경우에 그것을 보충하여 생활관계를 합리적으로 규정하려고 하는 규정이다. 보충규정은 「다른 의사표시가 없으면」 「다른 규정이 없을 때」 「다른 약정이 없으면」 적용한다는 형식으로 규정하는 일이 많다(民§42, §358, §394, §829 등). 그러나 언제나 그러한 것은 아니며 결국 임의규정의 취지를 고려하여 정하여야 한다.

해석규정(解釋規定)
독 ; Auslegungsregel

임의규정을 그 작용면에서 보아 당사자의 의사표시의 내용이 불명확할 때 그것을 명백히 해석하기 위한 규정을 해석규정이라 한다. 해석규정은 「推定한다」 라는 형식으로 규정되는 일이 많다(民§398④ 등). 그러나 보충규정과 마찬가지로 결코 한정되어 있는 것은 아니며 임의규정의 취지를 고려하여 정하여야 한다.

최고(催告)
독 ; Nahnung
불 ; avertissement

상대방에 대하여 일정한 행위를 할 것을 요구하는 통지로서 그 성질은 상대방 있는 일방적 의사의 통지이다. 최고가 규정되어 있는 경우에는 일정한 효과가 부여된다. 최고는 두 가지로 나눌 수 있다. 첫째는 의무자에 대하여 의무의 이행을 최고하는 경우이다. 채권자가 채무자에 대하여 하는 이행의 청구가 그 예인데, 만약 채무자가 최고에 응하지 않는 경우에는 履行遲滯(民§387②, §603②), 시효의 중단(§174), 계약해제권의 발생(§544) 등의 효과가 생긴다. 즉 기한이 정해져 있지 아니한 채무는 최고가 있은 때가 기한으로 되며 상대방은 이행지체가 된다(§387②). 그런데 돈을 빌려 준 때에는 최고한 것만으로는 되지 않으며 상당한 유예기간을 두고 반환하라고 최고하지 않으면 안된다(§603②). 또 소멸시효가 진행되는 권리도 최고가 있으면 6개월 연장된다(§174). 이행지체를 이유로 계약을 해제할 때에도 상당한 기간을 정하여 최고하여야 한다(§544). 둘째는 권리자에 대하여 권리의 행사 또는 신고를 최고하는 경우이다. 만일 권리자가 최고에 응하지 않는 경우에는 그 효과로서 권리행사의 제한을 받는다. 이러한 경우로서의 제한능력자의 행위에 대한 상대방의 확답을 촉구할 권리(§15), 無勸代理行爲(무권대리행위)에 대한 추인의 최고(§131), 契約解除權(계약해제권)의 행사여부에 대한 최고(§552), 매매의 일방예약에 있어서의 매매완결의 최고(§564②, ③), 선택권행사의 최고(§381), 법인의 청산절차에 있어서 청산인이 하는 채권신고의 최고

(§88①, §89), 한정승인절차에 있어서 한정승인자가 일반상속채권자 및 유증자에 대하여 하는 권리신고의 최고(§1032), 상속인이 없는 경우에 있어서 상속재산관리인이 일반상속채권자 및 受贈者에 대하여 하는 권리 신고의 최고(§1056), 遺贈의 승인 및 포기의 최고(§1077), 상속인 기타 이해관계인이 하는 상속인 기타 이해관계인이 하는 유언집행자의 지정에 관한 최고(§1094②) 등이 있다.

추정(推定)
독 ; Vermutung   불 ; présomption

명확하지 않은 사실을 일단 존재하는 것으로 정하여 법률효과를 발생시키는 것을 말한다. 법률관계 또는 사실이 명확하지 아니한 경우에 일반적으로 존재한다고 생각되는 상태를 표준으로 하여 일단 법률관계 또는 사실에 대한 판단을 내려서 법률효과를 발생시키고 당사자간의 분쟁을 회피시키는 경우가 있는데 이렇게 이루어진 판단을 추정이라고 한다. 민법은 증명하기 곤란함을 완화하기 위하여 여러 가지사항을 추정하고 있다. 즉 2인 이상이 동일한 위난으로 사망했을 때에는 동시에 사망한 것으로 추정된다(民§153①). 부부의 누구에게 속한 것인지 분명하지 아니한 재산은 부부의 공유로 추정한다(§830②). 그러나 당사자는 반증을 들어서 그 추정을 번복시킬 수 있다. 이점에 있어서 법규상의 「본다」와 다른 것이다. 즉 「본다」의 경우에는 반증을 들어도 일단 발생한 법률효과는 번복되지 아니하나, 추정의 경우에는 반증에 의하여 법률효과도 번복된다. 추정된 사항이 진실에 반한다고 다투는 자는 반대증거를 제출하여야 한다.

의제 · 간주(擬制·看做)

진실에 반하는 사실이라고 하여도 법률상으로 특정되어 반대증거가 있어도 그 정한 사실을 변경시킬 수 없는 것을 의제라고 한다. 종래의 법문에서는 이러한 경우를 「간주한다」는 말로 표현해 왔으나 현재에는 「본다」는 말로 규정하고 있다. 실종선고를 받은 자는 비록 살아 있어도 사망한 것으로 보며(民§28), 미성년자가 혼인하면 성년으로 보고(民§826의 2), 태아는 손해배상의 청구권에 관하여는 이미 출생한 것으로 본다는 것과 같은 것이다.

법률요건 · 법률사실 (法律要件 · 法律事實)

권리변동의 원인인 사실을 法律要件(법률요건)이라 하며, 법률요건의 요소인 사실을 법률사실이라고 한다. 예를 들면 매매는 「당사자의 일방이 재산권을 상대방에게 이전할 것을 약속하고, 상대방이 이에 대하여 대금을 지급할 것을 약속함」으로써 성립하는 법률요건이며(民§563), 또 불법행위는 「고의 또는 과실로 인한 위법행위로 타인의 권리를 침해하여 손해를 입힘」으로써 성립하는 법률요건이다(§750). 이 경우에 「고의」라든가 「과실」 「權利侵害(권리침해)」와 같이 법률요건을 이루고 있는 개개의 사실을 법률사실이라고 한다. 즉 단독으로 혹은 다른 사실과 합쳐서 하나의 법률효과를 발생케 하는 사실이 법률사실이다. 법률요건은 수개의 법률사실의 결합으로 이루어질 경우(법률요건으로서의 계약은 청약승낙의 2개의 의사표시<법률사실>에 의하여 성립한다)와 1개의 법률사실이 그대로 법률요건이 되는 경우가 있다(유언·출생). 법률사실에는 사람의 정신작용에 의한 것(사람의 용태)과 그렇지 않은 것(사건)이 있으며, 용태는 다시 외부적 용태(행위)와 내부적 용태(심리상태)로 구분된다. 외부적 용태인 행위는 적법행위(의사표시·준법률행위)와 위법행위(債務不履行(채무불이행)·不法行爲(불법행위))로 나누어지며 법률사실로서 가장 중요하다.

법률효과(法律效果)

독 ; Rechtserfolg

일정한 법률요건에 의거하여 법률상 생기는 효과, 즉 일정한 경우에 「일정한 권리의 변동이 생기는 것」을 법률효과라고 한다. 예컨대 매매라고 하는 법률요건(계약)에 기인하는 법률효과는 목적물의 인도채무와 대금의 지급채무이다. 법률효과는 주로 권리·의무의 발생·변경·소멸인데, 親族法(친족법)상의 분신과 權利能力(권리능력)·行爲能力(행위능력) 등의 得失(득실)과 같은 것도 있다.

대항력(對抗力)

이미 유효하게 성립한 권리관계를 제3자가 부인하는 경우에 그 부인을 물리칠 수 없는 법률상의 권능을 대항력이라고 한다. 즉 일단 성립한 권리관계를 타인에게 주장할 수 있는 힘이다. 따라서 대항력을 결한 경우에는 타방으로부터 권리관계를 부인할 수 있는 가능성이 있다는 것을 의미하는 것이며, 실제로 부인하는가 안하는가는 부인하는 자의 자유라고 해석된다. 예컨대 통정허위표시에 있어서 선의의 제3자는 허위표시를 무효로 주장하든 유효로 주장하든 자유라고 한다(민법 108조 2항). 이러한 대항력은 제3자에 대해서 주장할 때도 있지만 당사자 사이에서도 사용되어진다. 전자인 지명채권양도의 통지나 승낙은 제3자에게 하는 것이며(민법 405조), 후자는 위임종료의 사유가 그에 해당된다(민법 692조).

대항하지 못한다.
(對抗하지 못한다)

이미 성립한 권리관계를 타인에 대하여 주장할 수 없는 것을 말하며 대항불능이라고도 한다. 예컨대 의사표시의 도달이 있는 경우 「상대방이 이를 받은 때에는 무능력자인 경우」에는 그 의사표시로써 대항하지 못한다는 것(民§112), 또는 상대방에 대한 추인, 예를 들면 無權代理人(무권대리인)에 대한 추인은 상대방에게 대항하지 못한다(§132). 그 밖에도 우선권 있는 채권자에 대항하지 못한다는 등 여러 규정이 있다. 그리고 '대항하지 못한다'는 말은 선의의 제3자를 보호하고 거래의 안전을 확보하려는 경우에 쓰인다(§129, §110③, §92②但, §108②). 그러나 제3자의 범위 및 대항하지 못한다'는 것의 효과에 관하여는 각각의 경우에 있어서 학설이 일치하지 않음을 주의하여야 할 것이다.

대항요건(對抗要件)

이미 발생하고 있는 권리관계를 타인에게 대하여 주장할 수 있는 요건이다. 즉 대항할 수 있는 사유(民§426①, §451①)로 말미암아 채무자가 그 부담부분에 대하여 채권자에게 면책을 주장할 수 있는 요건이다. 예컨대 어떤 연대채무자가 다른 연대채무자에게 통지 없이 변제 기타 자기재산으로 공동면책을 한 경우에는 채권자에게 대항할 수 있는 것, 또는 보증인이 주된 채무자의 항변으로 채권자에 대항하는 것 따위의 여러 규정이 있다(§433, §434, §452). 이 요건이 결여되어 있는 경우에는 상대방 또는 제3자에 대하여 계쟁의 권리관계의 성립을 부인할 수 있지만, 그 객관적인 성립이 방해되는 것은 아니다. 이 점이 성립요건과 다르며 주로 당사자간에 효력을 발생한 법률관계를 제3자에 대하여 주장하는 경우에 사용되며(예외 : §692), 그 본래의 작용은 법률관계의 변동을 제3자에게 공시하여 거래의 안전을 기하려는 데에 있다. 그러나 공시의 원칙을 실현하기 위한 공시방법 중에서 효력을 발생시키는 요건이 아니라 다만 대항하기 위한 요건일 뿐이다. 종래에는 법률행위에 의한 物權變動(물권변동)에 있어서 意思主義(의사주의)를 채택한 결과 등기(舊民§177)와 인도(舊民§178)가 대항요건이 되어 있었으나 현행민법은 形式主義(형식주의)를 채택한 결과 이것이 효력발생요건으로 되어 있다. 대항요건으로 사용되는 형태에는 채권양도에 있어서의 통지와 승낙(民§450, §451①), 저작권법에 있어서의 등록(著作§52) 등이 그 예이다.

요식행위 · 불요식행위 (要式行爲 · 不要式行爲)

법률행위를 구성하는 의사표시가 서면이나 그 밖의 일정한 방식에 따를 것을 요하는 것이 요식행위이며, 방식에 따를 것을 요하지 않는 것이 불요식행위이다. 현행민법은 계약자유의 원칙을 인정하므로 법률행위의 방식은 자유이며, 불요식이 원칙이다. 즉 특정한 방식을 필요로 한다고 규정되어 있는 경우 이외의 법률행위는 원칙적으로 불요식행위에 속한다. 예컨대 재산적 법률행위의 대부분은 불요식행위이다. 그러나 거래의 신속과 안전을 요하는 경우 등에 있어서는 일정한 방식을 갖춘 행위가 요구된다. 예컨대 혼인(民§812)·협의이혼(§836)·인지(§855)·입양(§878)·유언(§1060)·법인설립(§33)·정관작성(§40)·어음수표행위(§1, §2)등은 요식행위에 속한다. 그러나 증여는 불요식행위이기는 하지만 서면에 의하지 않는 경우에는 취소할 수 있다(民§555).

불요식행위(不要式行爲)
(독, formfreies Geschäft)

법률행위의 요소인 의사표시를 일정한 방식에 의해 행할 것을 필요로 하지 않는 행위를 말한다. 계약자유의 원칙적용의 한 면으로서, 방식의 자유가 인정되므로 일반적으로 법률행위의 방식은 자유, 즉 불요식이 원칙이다. 그러나 특히 혼인 등 당사자가 진정으로 행위할 것을 필요로 할 때, 유언·인지·정관작성·기부행위 등 법률관계를 명확하게 할 필요가 있는 때, 또는 외형을 신뢰하여 거래할 필요가 있는 어음수표 행위 등은 예외적으로 일정한 방식을 필요로 하는 것이므로 요식행위이다.

진의 아닌 의사표시 (眞意 아닌 意思表示, 비진의표시)

표의자가 의사와 표시의 불일치를 스스로 알면서 하는 의사표시를 말하며, 비진의표시라고도 한다. 표의자가 단독으로 행하고 상대방이 있더라도 그와 통정하지 않는다는 점에서 통정허위표시와 구별되고, 이러한 의미에서 진의 아닌 의사표시를 단독허위표시라고도 한다. 사교적인 명백한 농담이나, 배우의 무대위에서의 대사 등은 법률관계의 발생을 원하는 의사표시가 없음이 명백하므로 비진의 의사표시의 문제가 생기지 않으나, 상대방이나 제3자가 표의자의 진의 아님을 이해하리라는 기대하에서 행하는 회언은 비진의 표시가 된다. 비진의표시는 원칙적으로 의사표시의 효력에 영향을 미치지 않아 표시된 대로 법률행위의 효력이 발생하나(민법 107조 1항 본문), 상대방이 표의자의 진의 아님을 알았거나 이를 알 수 있었을 경우에는 무효이다(민법 107조 1항 단서). 그러나 비진의표시가 무효로 되는 때에도 선의의 제3자에 대해서는 그 무효로서 대항하지 못한다(민법 107조 2항).

> 진의 아닌 의사표시에 있어서의 '진의'란 특정한 내용의 의사표시를 하고자 하는 표의자의 생각을 말하는 것이지 표의자가 진정으로 마음 속에서 바라는 사항을 뜻하는 것은 아니므로 표의자가 의사표시의 내용을 진정으로 마음 속에서 바라지는 아니하였다고 하더라도 당시의 상황에서는 그것이 최선이라고 판단하여 그 의사표시를 하였을 경우에는 이를 내심의 효과의사가 결여된 진의 아닌 의사표시라고 할 수 없다(대법원 2001. 1. 19. 선고 2000다51919, 51926).

하자있는 의사표시 (瑕疵있는 意思表示)

타인의 사기 또는 강박에 의하여 행한 의사표시를 하자있는 의사표시라고 한다. 하자있는 의사표시는 어쨌든 표시행위에 상당하는 내심의 효과의사가 존재한다는 점에서 효과의 사자체를 결여하는 의사의 흠결과 구별된다. 내심적 효과의사의 형성과정에서 의사를 결정할 때에 동기가 자유롭지 못하고 타인의 부당한 간섭이 가하여진 경우에 표의자를 보호하기 위하여 민법은 이것을 취소할 수 있는 것으로 하였다(民§110①). (1) 사기에 의한 의사표시 : 타인의 欺罔(기망)으로 인하여 착오에 빠진 결과로 이루어진 의사표시로서 취소할 수 있다(§110①). 그러나 이 취소로써 선의의 제3자에게는 대항하지 못한다(§110③). 그리고 채무자가 보증인을 欺罔(기망)하여 보증계약을 체결시킨 경우와 같이 상대방 이외의 제3자가 사기를 하였을 경우에는 상대방이 사기의 사실을 알았거나 알 수 있었을 경우에만 취소할 수 있다(§110②). 이 경우에도 그 취소로써 선의의 제3자에게 행하지 못한다(§110③). (2) 강박에 의한 의사표시 : 상대방 또는 제3자의 강박에 의하여 공포심이 생겨 그 결과로 이루어진 의사표시이며 그 하자의 결과는 사기에 의한 경우와 동일하다(§110①, ②, ③).

사기에 의한 의사표시 (詐欺에 의한 意思表示)

사기에 의한 의사표시란 기망행위에 의해 표의자가 착오에 빠져 하는 의사표시를 의미한다. 이는 의사표시의 형성과정에 상대방의 기망이 존재함으로써 의사표시에 하자가 존재하는 것이다. 사기에 의한 의사표시에서 사기란 고의로 사람을 기망하여 착오에 빠지게 하는 행위를 뜻한다. 사기에 의한 의사표시에 해당하기 위해서는 사기자의 2단계의 고의(사기자가 표의자를 기망하여 착오에 빠지게 하려는 고의와 표의자로 하여금 그 착오에 기하여 의사표시를 하게 하려는 고의), 기망행위의 존재 및 기망행위의 위법성, 기망행위와 표의자의 착오 사이에 인과관계가 있어야 한다. 사기에 의한 의사표시를 한 자는 그 의사표시를 취소할 수 있다(민법 제110조 1항). 그러나 상대방 있는 법률행위에서 제3자의 사기에 의한 의사표시를 한 경우에는 상대방이 그 사실을 알았거나 알 수 있어야 표의자는 의사표시를 취소할 수 있다(민법 제110조 2항). 그러나 이 취소로써 선의의 제3자에게는 대항하지 못한다(민법 제110조 3항).

강박에 의한 의사표시
(強迫에 의한 意思表示)

표의자가 타인의 강박행위에 의하여 공포심을 가지게 되고, 그 해악을 피하기 위하여 마음에 없이 행한 진의 아닌 의사표시를 말한다. 표시와 의사의 불일치에 관하여 표의자에게 자각이 있는 점에서 착오나 사기의 경우와 다르고, 비진의표시(심리유보) 또는 허위표시에 가깝다. 강박에 의한 의사표시를 성립시키기 위하여는 다음의 요건이 필요하다. ①강박자의 고의 : 강박하여 공포심을 가지게 하고, 그 공포심으로 인하여 의사표시를 하게 하려는 고의가 필요하다. 강박자는 표의자의 상대방이거나 그 외의 제3자이거나를 묻지 않는다. ②강박행위가 있을 것 : 강박행위란 해악을 표시하여 상대방으로 하여금 공포심을 가지게 하는 행위를 말한다. 해악은 재산적 해악이거나 비재산적 해악이거나를 불문하고, 장래의 것이거나 현재의 것이거나를 불문한다. 침묵도 경우에 따라서는 강박행위로 될 수 있다. 강박행위가 사회적으로 위법할 것을 요구하는 것은 사기의 경우와 같다. ③표의자가 강박의 결과 공포심을 일으킬

것. ④공포심에 의하여 의사표시를 할 것 : 공포심과 의사표시 사이에 인과관계가 있어야 한다. 이상의 요건을 갖춘 강박에 의한 의사표시는 취소할 수 있다(민법 110조1항). 그러나 선의의 제3자에게는 그 취소로 대항하지 못한다(민법 110조2항).

의사주의 · 표시주의
독 ; Willenstheorie·(意思主義表示主義) Erklärungstheorie

민법이 사인간의 법률관계를 규율하는 데는 개인의사존중과 거래안전확보라는 두 가지 상반된 요건에 부딪히게 된다. 즉 당사자가 의도한대로의 법률효과를 인정하여 주는 것은 개인의 자유의사에 따라 법률관계를 규율한다는 근대사법상 의사자치의 사상에 적합한 것이기는 하지만, 반대로 상대방이나 제3자에게 뜻밖의 손실을 주는 등 거래의 안전을 희생시키는 결과가 생길 수 있다. 따라서 의사와 표시의 불일치가 있을 때 어느 쪽을 더 존중할 것이냐에 대하여 두 개의 주의가 대립한다. (1) 의사주의 : 표의자의 내심의 의사에 중점을 두고 이에 따라 법률효과를 부여해야 한다는 것이 의사주의이다. 개인의 내심적 효과의사(眞意)를 존중하고 의사에 합치하지 않은 표시는 무의미하고 따라서 무효라고 하는 개인주의적인 견해이다. 행위자는 개인적 이익·정적 이익보호는 기할 수 있으나 상대방 또는 제3자의 이익을 해할 우려가 있다. (2) 표시주의 : 표시된대로의 언행이나 문자를 중시하여 그에 따라 법률효과를 인정해야 한다는 주의이다. 즉 의사표시의 내용은 객관적 표시행위를 표준으로 하여 결정하여야 할 것이고 설사 행위자는 내심적 효과의사가 이와 상치되는 일

이 있다 하더라도 불가피하다고 하는 주의이다. 사회본위의 입장으로서 행위자의 개인적·정적 이익을 희생시키더라도 동적 안전(거래안전)을 도모하고자 한다. 근대 민법의 일반적 경향은 개인의사의 존중에서 거래안전의 확보로 옮겨지면서 의사주의에서 표시주의로 그 중점이 이행하였다. 우리 민법은 과거 의사주의에서 어느 정도 표시주의로 발전하기는 하였으나 아직 완전한 표시주의의 단계에는 이르지 못하였다.

의사와 표시와의 불일치의 경우를 민법에서 살펴보면, (1) 비진의 표시에 있어서는 표의자를 특히 보호할 필요가 없으므로 내심의 효과의사는 고려할 필요 없이 표시된 대로의 효과를 부여하여 상대방의 보호에 만전을 기하고 있으며(民§107① 본문), (2) 허위표시에서는 원칙적으로 무효로 하되, 그 내용을 알지 못한 선의의 제3자에게는 무효를 주장할 수 없게 하고 있다(民§108). 그리고 특히 문제되는 것은 (3) 착오인데 구법에서 의사주의를 따르고 있던 것을 현행민법은 표시주의로 바꾸었으며, 표의자의 이익과 상대방 및 제3자의 이익을 적절히 조화하고 있다. 즉 착오에 의한 의사표시는 법률효과에 아무런 영향을 미치지 않으나, 내용의 중요부분에 착오가 있는 때에는 취소할 수 있도록 한다. 그러나 표의자에게 중대한 과실이 있을 때에는 취소하지 못하며, 또 취소를 하였을 경우에도 선의의 제3자에게 대항할 수 없도록 하고 있다(§109). 이를 종합하여 볼 때 우리 민법은 표시주의원칙에서 서서 의사주의를 부분적으로 가미하고 있다. 그러나 가족법(신분법)에서는 표의자의 진의가 절대 존중되어야 하므로 총칙상 표시주의가 적용되지 않는다.

정적 안정 · 동적 안정 (靜的 安定 · 動的 安定)

정적 안정이란 현재 가지고 있는 권리를 보호하는 것이다. 예를 들면 제한능력자제도(民§5~§17)나 착오(§109)는 정적 안정을 제일의 목적으로 하는 제도이다. 동적 안정이란 거래상대방을 보호하는 것이다. 일정한 외관을 신뢰하여 거래한 자에게 그가 신뢰한 대로의 권리의 취득을 인정하는 제도이다. 예를 들면 이사의 대리권에 대한 제한의 대항요건(§60)·詐欺·强迫에 의한 의사표시(§110②, ③)·표현대리(§125, §126, §129)·선의취득(§249)·債權準占有者에의 변제(§471)·영수증소지자에의 변제(§471) 등의 제도가 있다. 상법상의 유가증권의 유통보호제도도 동적 안정 보호제도이다. 정적 안정과 동적 안정은 서로 대립하는 법제도이므로 입법정책상으로 양자의 조화점을 발견하여 실시하는 것이 타당하다. 그러나 기업거래관계에 있어서는 동적 안정이 중시되어야 한다.

묵시의 의사표시 (黙示의 意思表示)
독; stillschweigende Willenserklärung

적극적이고 명백한 말이나 글자에 의한 것이 아니라 주위의 사정으로 미루어 보아 비로소 알 수 있는 의사표시를 말한다. 즉, 적극적인 표시행위에 의하지 않는 의사표시이다. 묵시의 의사표시는 간접적 의사표시라고도 한다. 명시의 의사표시에 대하는 것이지만, 의사표시의 뜻은 그것이 이루어졌을 때의 모든 객관적 사정을 종합하여 판단해야 하는 것이므로 묵시의 의사표시도 원칙적으로 명시의 의사표시와 동일한 효력을 가진다. 그러나 일정한 형식이 요구되는 요식행위에 있어서는 명시된 의사표시에 의하지 아니하면 효력이 발생하지 않는다(民§812, §878, §1060).   ·

명시의 의사표시
(明示의 意思表示)

묵시의 의사표시에 상대되는 말이다. 예컨대 상대방의 매매청약에 대하여 「사겠다」고 적극적으로 의사표시를 하는 것은 명시적 의사표시이고, 지기 집에 배달된 신문을 아무말 없이 구독하는 것은 묵시에 의한 승낙의 의사표시이다.

은닉된 불합의(隱匿된 不合意)

계약의 당사자가 불합의의 존재를 모르는 경우로서, 무의식적 불합의라고도 한다. 이 경우에 당사자는 계약 내용에 관하여 합의가 있다고 믿지만 실제로는 그 합의가 없고 의사표시가 내용적으로 일치하지 않으므로 계약이 성립되지 않는다.

의사의 흠결(意思의 欠缺)
독 ; Willensmangel

표시상의 효과의사와 내심의 효과의사가 일치하지 않는 것이 의사의 흠결 또는 의사와 표시의 불일치라고도 한다. 이 경우 표시주의에 의하면 표시의사에 따라 유효한 것으로 성립하게 되지만 意思主義(의사주의)에 의하면 그 효과가 문제된다. 우리 민법은 折衷主義(절충주의) 입장에서 불일치의 態樣(태양)에 따라 사회 일반이익과 개인이익의 조화를 꾀하고 있다. 불일치는 (1) 표시자 자신이 의사와 표시와의 불일치를 자각하고 있는 의식적 불일치와 (2) 자각하고 있지 않은 무의식적 불일치로 나눌 수 있다. 단독으로 내심에 없는 것을 표시하는 비진의 의사표시(民§107)와 상대방과 통정하여 하는 통정허위표시(§108)는 의식적 불일치에 속하고 착오로 인한 의사표시(§109)는 무의식적 불일치에 속한다. 의사의 흠결에 있어서 착오는 표의자가 선의인 경우이며, 비진의 의사표시와 허위표시는 표의자가 惡意의 경우이다.

심리유보(心理留保)
라 ; reservatio mentalis
영 ; mental reservation

표의자가 진의가 아닌 것을 알면서도 행한 의사표시이다. 즉 표시와 내심적 의사가 일치하지 않는다는 것을 표의자 스스로가 알면서 하는 의사표시를 말한다. 진의를 마음속에 유보한 행위라는 의미에서 심리유보라고 하며 진의 아닌 意思表示(의사표시), 非眞意表示(비진의표시) 또는 單獨虛僞表示(단독허위표시)라고도 한다. 이것은 상대방을 속일 의도나 농담으로 행해진다. 그러나 그 동기가 어떠한 것이던지 심리유보는 표시한 대로의 효과를 발생하는 것을 원칙으로 한다(民§107 ① 본문). 다만 (1) 상대방이 의사자의 진의를 알고 있었던 경우나 (2) 비록 알지 못했다고 하더라도 보통 사람이라면 표의자의 진의를 알 수 있었을 것이라고 인정되는 경우에는 상대방을 보호할 필요가 없으므로 무효로 된다(§107①但). 그러나 이 무효는 선의의 제3자에게 대항하지 못한다(§107②). 가족법상의 행위(신분행위)에서는 절대적으로 본인의 의사를 존중하여야 하기 때문에 심리유보는 가족법상의 법률행위에는 적용되지 않는다(§815Ⅰ, §883Ⅰ). 또 상법에서는 거래 안전의 필요상 비진의 의사표시를 유효로 보는 경우도 있다(商§302③, §425①).

은닉행위(隱匿行爲)
독 ; verdedktes(dissimuliertes) Rechtsgeschäft

허위표시에 진의가 있는 행위가 숨어 있는 행위이다. 예를 들면 증여를 은닉하여 표면에서 매매를 가장하는 것과 같다. 은닉행위는 그 자신 법률행위의 요건을 갖출 때에는 그로써 효력을 발생한다.

가장행위(假裝行爲)
(영, simulation 독, scheingeschäft)

허위표시를 요소로 하는 법률행위를 말하며, 대표적인 예로서는 서로 통정하여 성립된 가장의 매매계약을 들 수 있다.

통정허위표시(通情虛僞表示)
라 ; simulation
독 ; Scheingeschäft, Simulation
불 ; simulation

표의자가 상대방과 통정하여 행한 진의 아닌 허위의 의사표시이다. 이러한 허위표시를 요소로 하는 법률행위를 통정허위표시 또는 가장행위라고 한다. 예를 들면 채권자의 압류를 면하기 위하여 타인과 통정하여 부동산의 소유명의를 타인에게 이전한 경우 그 매매는 허위표시에 속한다. 표의자 스스로가 의사와 표시의 불일치를 자각하고 있다는 점에서 비진의 표시와 같지만 상대방과의 통정에 대한 합의가 있다는 점에서 다르다. 허위표시는 원칙적으로 무효이다(民§108①). 그러나 사정을 알지 못하는 선의의 제3자를 보호하기 위하여 민법은 선의의 제3자에 대해서는 허위표시의 무효를 주장할 수 없게 하고 있다(民§108②). 여기서 말하는 제3자란 당사자 및 포괄승계인(상속인) 이외의 자로서 허위표시가 있은 후에 그 목적물에 대하여 이해관계를 가지게 된 자를 말한다.

착오(錯誤)
라 ; error   영 ; mistake
독 ; Irrtum   불 ; erreur

표의자가 내심의 의사와 표시의 내용이 일치하지 않는 것을 알지 못하고 행한 의사표시를 착오 또는 착오에 의한 의사표시라고 한다. 표의자가 의사와 표시의 불일치를 알지 못한다는 점에서 비진의 표시나 허위표시와 구별된다. 착오는 보통 다음과 같이 분류된다. (1) 내용의 착오 : 표시행위 자체에는 착오가 없으나 표시행위의 의미를 오해하는 경우이다. 예를 들면 보증채무와 연대채무를 같은 것이라고 오해하여 연대채무자가 될 것을 승낙하거나, 파운드와 달러가 같은 가치를 가지는 것이라고 믿고 100파운드로 살 것을 승낙한 경우이다. (2) 표시상의 착오 : 표시행위 자체를 잘못하여 내심적 효과의사와 표시상의 의사에 불일치가 생기는 경우이다. 예를 들면 10만원이라고 써야 할 때에 잘못하여 100만원이라고 써버린 경우처럼 오기 하거나 잘못 말한 따위와 같은 것이다. (3) 동기의 착오 : 의사표시를 하게된 동기에 착오가 있는 경우이다. 예를 들면 가까운 곳에 철도가 가설되는 것이라고 오해하여 토지를 비싼 값으로 사들인 경우이다. (4) 표시기관의 착오 : 예를 들면 전보에 의한 의사표시를 할 때에 전신기사의 잘못으로 표의자가 말한 바와 다른 내용을 상대방에게 전한 것과 같은 경우이다. 이러한 경우에는 표시상의 착오와 마찬가지로 취급된다. 그런데 착오에 의한 의사표시가 취소할 수 있는 것으로 되느냐 되지 않느냐 하는 것은 오로지 그 착오가 법률행위의 중요부분에 관한 것이냐 아니냐에 따라서 정하여진다는 것에 유의하여야 한다(民§109①). 착오의 적용범위는 재산행위에 한하고 가족법상의 행위(신분행위)에는 적용되지 않는다(§815, §883). 그러나 재산행위 가운데서도 행위의 외형에 신뢰하여 대량신속하게 이루어지는 상법상의 거래에 있어서는 착오의 법리가 배제되는 수도 있다(商§320, §427).

> 법률행위의 내용의 착오는 보통 일반인이 표의자의 입장에 섰더라면 그와 같은 의사표시를 하지 아니하였으리라고 여겨질 정도로 그 착오가 중요한 부분에 관한 것이어야 한다(**대법원 1998. 2. 10. 선고 97다44737**).

중요부분의 착오 · 요소의 착오 (重要部分의 錯誤 · 要素의 錯誤)

민법은 착오의 용태에 의하지 않고 「법률행위의 내용의 중요부분에 착오가 있는 때에는 그 법률행위를 취소할 수 있다」고 하였다(民§109). 舊民法은 이를 요소의 착오라 하였는데 같은 의미이다. 법률행위의 중요부분이 무엇인가는 표의자의 주관에 의하여 정해지는 것이기 때문에 구체적으로 지시하는 것은 곤란하다. 그러나 일반적으로 그 부분의 착오가 없었더라면 본인이 의사표시를 하지 않았을 뿐만 아니라 일반인도 하지 않았으리라고 생각되는 객관적 중요성을 말한다. 이러한 중요부분이 어떠한 것인가에 대하여 대체로 살펴보면 다음과 같다. (1) 당사자인 사람에 관한 착오 : 가족법상의 행위(신분행위)나 증여에 있어서는 상대방이 누구인가 중시된다. 보증계약에 있어서는 주된 채무자가 누구인가가 중시된다. 따라서 이러한 점의 착오는 일반적으로 중요부분의 착오가 될 것이다. (2) 목적물에 관한 착오 : 매매에 있어서는 사람보다도 목적물이나 대금을 더 중요시하고 있다. 목적물의 시장가액과 대금액과의 사이에 현저한 차이가 있을 경우에는 일반적으로 중요부분에 착오가 있는 것이라고 추정될 것이다. 그러나 자기의 판단에 의하여 행해지는 투기적인 매매는 이에 해당되지 않는다. 또 매매 후 이행 전에 매수인이 대금지급능력이 없다는 것이 판명된 경우에도 중요부분에 착오가 있는 것이라고 추정된다. 이에 대하여 금전대차 등에서는 임차인의 지급능력에 대한 착오는 중요부분의 착오가 되지 않는 것이 보통이다. (3) 내용의 중요부분의 착오 : 법률행위의 성질에 관한 중요부분의 착오를 말한다. 그러나 착오가 표의자의 중대한 과실로 인한 경우에는 의사표시의 취소를 할 수 없게 된다(民§109①).

> 법률행위의 중요 부분의 착오라 함은 표의자가 그러한 착오가 없었더라면 그 의사표시를 하지 않으리라고 생각될 정도로 중요한 것이어야 하고 보통 일반인도 표의자의 처지에 섰더라면 그러한 의사표시를 하지 않았으리라고 생각될 정도로 중요한 것이어야 한다(**대법원 1999. 4. 23. 선고 98다45546**).

내용의 중요부분의 착오 (內容의 重要部分의 錯誤)

의사표시의 내용 중에서 중요한 부분에 대해서 인식한 것과 사실이 불일치한 것을 말한다. 여기서 의사표시의 내용이란 당해 의사표시에 의하여 표의자가 달성하고자하는 사실적인 효과(효과의사)를 말한다. 또 내용의 중요부분이란 만약 그 부분에 관해서 착오가 없었더라면 표의자가 의사표지를 하지 않았을 뿐만 아니라 일반인도 하지 않았을 것이라고 여겨지는 부분을 말한다. 의사표시는 법률행위의 내용의 중요부분에 착오가 있는 때에는 취소할 수 있다(민법 109조 1항 본문). 그러나 그 착오가 표의자의 중대한 과실로 인한 때에는 취소하지 못한다(민법 109조 1항 단서). 중요부분에 관한 착오 여부는 당해 경우에 따라 구체적으로 판단해야 되지만, 일반적으로 중요부분의 착오의 예로 다음과 같은 것이 있다. (1) 혼인·입양매매·증여 등 개인에 중점을 두는 법률행위에 있어서 당사자인 사람에 대한 착오, (2)목적물의 동일성에 관한 착오, (3)목적물의 성상이나 내력이 거래상 중요한 의미를 가지고 있는 경우 이에 대한 착오, (4) 물건의 수량이나 가격 등에 관한 착오는 일반적으로 중요한 부분의 착오가 되지 않으나, 그 물건의 객관적인 가격이나, 예기된 수량과 상당히 큰 차이가 있는 경우와 같은 때에는 중요부분의 착오가 된다. (5)법률상태에 관한 착오, (6)법률행위의 성질에 관한 착오 등에는 중요부분의 착오가 인정된다.

사기(詐欺)
라 ; dolus
영 ; fraud, deceit, misrepresentation
독 ; Betrug
불 ; dol

타인을 고의로 기망하여 착오에 빠지게 하는 위법행위이다. 타인을 기망한다는 것은 사실의 은폐도 포함하지만 그 위법 여부는 경우에 따라 사회관념에 비추어 판단하여야 한다. 과대선전이나 과대광고는 모두 사실을 속이는 것이나 이를 보거나 듣는 쪽에서 과장되어 있다는 것을 예기할 수 있는 경우에는 사기로 되지 않는 것이 보통이다. 즉 사기가 성립되기 위해서는 타인을 欺罔(기망)하여 착오에 빠지게 하려는 고의가 있고 이로 인하여 타인이 착오에 빠졌음을 요한다. 이와 같이 표의자가 타인의 기망행위로 말미암아 착오에 빠진 상태에서 행한 의사표시가 사기에 의한 의사표시이다. 사기는 착오를 일으키지만 그 착오는 내심의 효과의사결정의 동기에 있을 뿐이고, 표시의 내용에 나타나지 않는 점에서 의사표시의 내용의 착오(民§109)와 다르다. 사기에 의한 의사표시는 강박에 의한 의사표시와 함께 하자있는 의사표시이다. 사기에 의한 피해자에게는 민법상 두 가지의 구제방법이 주어져 있다. (1) 사기에 의하여 입은 손해는 불법행위를 이유로 하여 배상시킬 수 있으며(§750), (2) 사기에 의한 의사표시는 하자 있는 의사표시로서 취소할 수 있다(§110①, §140, §141). 취소된 행위는 처음부터 무효로 되기 때문에(§141), 상대방이 계약의 이행을 요구해도 거절할 수 있으며 이미 이행을 끝냈다면 이행한 물건의 반환이라든가 등기의 취소를 청구할 수 있다. 그러나 이 취소는 일정한 제한이 있다. 즉 상대방 이외의 제3자가 사기를 행한 경우에는 상대방이 그 사실을 알았거나 또는 알 수 있었을 경우에 한하여 취소할 수 있고(§110②), 사기에 의한 의사표시는 선의의 제3자에게 대항할 수 없다(§110③). 또한 재산행위 가운데 외관을 신뢰하여 대량 신속하게 이루어지는 상법상의 거래행위에는 적용되지 않는 것도 있다. 예를 들면 주식인수의 취소제한(商§320), 가족법상의 행위(身分行爲)에 관하여는 따로 특칙이 있다.

기망(欺罔)

사람에게 착오를 일으키게 하는 행위를 말한다. 착오는 사실·가치·법률관계·법률효과에 관한 것을 불문하며 반드시 중요부분의 착오일 필요도 없다. 또한 언어나 거동을 통하여 적극적으로 허위의 사실을 날조하는 것 뿐만 아니라 소극적으로 진실한 사실을 숨기는 것도 기망이 된다. 그러나 단순한 의견의 진술이나 희망의 표명은 기망이 되지 않는다. 부작위에 의한 기망은 일반적으로 당해거래에 관하여 사회관념상 또는 법률상 요구되어 있는 신의성실의 의무에 위반하는 경우에 한하여 위법이 되지만 위법성이 阻却(조각)되는 경우가 많다.

사술(詐術)

사람을 기망하는 술책을 말하며, 개정 전 민법에서 사용되던 표현이다. 개정 민법에서는 속임수라고 표현하고 있다. 민법 제17조 제1항은 「제한능력자가 속임수로써 자기를 능력자로 믿게 한 경우에는 그 행위를 취소할 수 없다.」고 규정하고 있으며, 제2항은 「미성년자나 피한정후견인이 속임수로써 법정대리인의 동

의가 있는 것으로 믿게 한 경우에도 제1항과 같다.」고 규정하고 있다. 이 규정의 취지는 이러한 제한능력자는 보호할 가치가 없고, 오히려 상대방을 보호하여 거래의 안전을 도모하는 것이 타당하다는 데 있다. 따라서 판례는 이때의 사술(=속임수)을 사기보다도 넓게 해석하여, 일반인을 기망할 만큼 다소 교묘한 방법을 꾀함으로써 사술이 된다고 하고 있다.

강박(強迫)
라 ; metus
영 ; coercion, duress
독 ; Drohung
불 ; menance

사람을 고의로 위협하여 공포감을 일으키게 하는 위법한 행위를 말한다. 強迫行爲(강박행위)의 방법이나 위협의 종류는 사람이 공포를 야기시키는 것이면 어떠한 것이라도 무방하다. 그러나 그것이 위법한 행위인가의 여부는 구체적인 경우에 당하여 행위의 목적과 수단과를 상관적으로 고찰하여 사회통념에 비추어 판단할 문제이다. 채무를 면제하지 않으면 압류한다는가 부정행위를 고소고발한다든가 하는 행위는 권리의 행사이므로 비록 상대방이 공포심을 가지더라도 일반적으로 강박이 되지 아니한다. 그러나 그것이 부당한 이익을 얻기 위한 수단으로서 사용된 경우에는 강박이 된다. 이와 같이 표의자가 타인의 강박행위에 의하여 공포심을 가지게 됨으로써 그 해악을 피하기 위하여 행한 진의 아닌 의사표시가 강박에 의한 의사표시이다. 피해자(표의자)는 강박에 의한 의사표시를 취소할 수 있다(民§110①). 그러나 강박에 의한 의사표시의 취소는 선의의 제3자에 대하여 대항할 수 없다(§110②, ③).

도달주의(到達主義)

독 ; Empfangstheorie
불 ; systeme de la réception

의사표시는 상대방에게 의사표시가 도
달한 때, 즉 상대방의 지배권내에 들어간
때에 효력이 발생한다는 주의이며, 受信
主義(수신주의), 受領主義(수령주의)라고
도 한다. 여기서 도달이란 우편으로 배달
을 받았을 때와 같이 사회통념상 의사표
시를 了知할 수 있는 객관적 상태가 생겼
다는 것을 말한다. 예컨대 편지가 상대방
에게 배달되어 가족이나 동거인이 수령하
면 도달된 것으로 본다. 의사표시의 불도
착 또는 연착에 의한 불이익은 표의자에
게 돌아간다. 상대방 있는 의사표시는 보
통 표백(문서의 작성)·발신(投函(투함))·
도달(배달)·了知(讀了(독료))의　과정을
거치는데, 이 때에는 언제 의사표시의 효
과가 발생하는 것인가에 대하여 (1) 表
白主義(표백주의), (2) 發信主義(발신주
의), (3) 到達主義(도달주의), (4) 了知
主義(요지주의)의　4가지로　나누어진다.
(1)과 (4)는 한쪽으로 치우쳐 타당하지
않고 (2)는 신속한 거래에 응하여 다수
의 상대방을 획일적으로 취급하는 경우에
적당하지만 상대방에게 불리하다. 따라서
민법은 도달주의가 가장 적당하다고 보고
이것을 원칙으로 하고 있다(民§111). 이
와 같이 도달주의 원칙에 대하여는 다음
과 같은 점을 유의할 필요가 있다. 첫째
는, 다른 무효원인이 있으면 도달해도 효
과를 발생하지 않음은 물론이다. 둘째는
효력발생시기에 대하여 특별한 규정이 있
는 경우에는 그에 의한다. 그 중요한 것
을 들면 다음과 같다.
　(1) 상대방이 제한능력자인 때에는 그
법정대리인이 도달한 것을 알지 못하는

한 의사표시의 효력이 발생한 것을 주장
할 수 없다(§112). (2) 隔地者間(격지자
간)의 계약의 승낙과 같이 거래의 신속성
이 요구되는 경우에는 발신주의를 취하고
있다(§15, §131, §455②, §531). (3) 要
式行爲(요식행위)나　要物行爲(요물행위)
등은 소정의 요식을 거쳐서 물건을 인도
하지 않으면 효력이 생기지 않는다. (4)
발신후 도달 전에는 발신자가 임의로 의
사표시를 철회할 수 있지만 도달 후에는
표의자가 발신후 사망하거나 제한능력자
가 되어도 그 때문에 의사표시가 무효로
되지 아니한다(§111②). (5) 상대방의 행
방불명 등으로 그 소재를 알 수 없는 경
우에는 공시송달에 의하여 그 의사표시의
효력을 발생시킬 수 있다(§113). 셋째로
대화자간의 의사표시는 표백·발신·도달·요
지 사이에 시간적인 차이가 없으며, 상대
방이 없는 의사표시는 표백이 있을 뿐이
기 때문에 특별한 규정이 없다. 그런데 대
화자간의 의사표시도 도달 후에 상대방이
요지할 수 없는 경우가 있다. 따라서 이
경우에도 상대방이 알 수 있는 상태에 있
어야 효력이 생기는 것이라고 해석된다.

발신주의(發信主義)

의사표시가 발신되었을 때(서신을 우체
통에 넣은 때, 종이에 기록하여 전보국의
창구에 의뢰한 때)에 효력을 인정하는 주
의이다. 즉, 의사표시가 표의자의 지배범
위를 벗어나서 발신되면 효력을 발생한
다. 민법은 도달주의를 원칙으로 하고 있
지만(民§111①), 격지자에 대한 의사표시
의 효력발생시기에 관하여는 의사표시를
발신한 때에 의사표시의 효력이 발생하도
록 하고 있다.

도달주의·발신주의

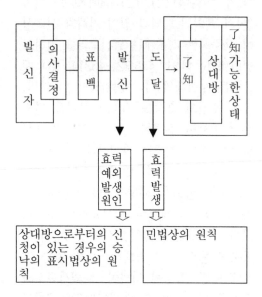

격지자 · 대화자
(隔地者 · 對話者)

의사표시가 발신되면 그것을 요지하기까지 다소의 시간이 필요한 자를 격지자라고 하며, 반면에 의사표시를 곧 알 수 있는 위치에 있는 자가 대화자이다. 공간적으로 상격하여 있다 하더라도 전화나 手旗信號(수기신호) 등에 의한 통신으로 상대방이 의사표시를 즉시 요지할 수 있는 상태에 있으면 대화자이다. 즉 민법(民§111①), 商法(商§52①) 등에서 격지자와 대화자를 구별하는 것은 단순히 공간의 격리를 문제삼고 있는 것이 아니라 시간적 간격을 기준으로 발신·수신과 납득이 동시에 행해지느냐의 여부를 문제삼고 있기 때문이다. 대화자간의 의사표시는 원칙적으로 바로 효력을 발생시키나, 격지자간의 의사표시는 원칙적으로 도달됨으로써 효력을 발생한다(民§111①). 그러나 거래의 신속을 필요로 하거나 상대방·제3자·채무자를 보호하여야 할 필요가 있을 때에는 예외적으로 발신주의를 취한다(民§15, §131, §455②, §531).

내용증명우편(內容證明郵便)

특수취급우편의 일종으로서 체신부가 당해 우편물인 문서의 내용을 등본에 의하여 증명하는 제도이다. 이는 일정한 내용을 가진 문서를 발송했다는 증거가 되며, 그 문서에 확정일자를 부여하는 효력이 있다

대리(代理)
영 ; agency, represntation
독 ; Stellvertrtung, Vertretung
불 ; repésentation

대리란 廣義(광의)로 타인(본인) 대신하여 어떤 행위를 하는 것을 말하지만 민법 총칙편에 정해진 대리란 대리인이 본인을 위한다는 것을 나타내어 의사표시를 하거나 의사표시를 받아 그 법률효과가 본인에게 직접 생기게 하는 것을 말한다(民§114~§136). 근대법에서 완성된 제도로서 본인의 행동범위를 넓게 확장하고, 또한 의사능력이 없는 자 등에게 대리인에 의한 거래의 길을 열어 주어 사적 자치를 확장·보완한다. 대리의 종류로는 任意代理(임의대리) · 法定代理(법정대리) · 共同代理(공동대리) · 復代理(복대리) · 雙方代理(쌍방대리) · 無權代理(무권대리) · 表見代理(표현대리) 등이 있다. 대리의 법률상의 특색을 보면 다음과 같다. (1) 대리인이 본인과 대립하는 지위에서 대리권을 가진다. 이 점에서는 대표와 다르다. 즉 법인의 이사는 법인을 위하여 여러 가지 의사표시를 하거나 의사표시를 받는데 그 방법이나 효과는 대리의 경우와 다를 바가 없지만 대리인이라고 하지 않고 대표자라고 한다. (2) 대

리인의 행위는 어디까지나 대리인의 의사에 의한 독자적인 행위이다. 이 점에서 타인을 위하여 의사표시에 관계하나 표의자 또는 의사표시를 받는 자의 보조자에 불과한 고문·상담역·使者(사자) 등과도 다르다. (3) 대리인이 권한 내에서 행한 행위의 효과(권리·의무)는 모두 직접 본인에게 귀속한다(民§114). 이 점에서 어떤 사람이 다른 사람을 개입시켜 물건을 점유하는 이른바 간접점유(§194)와도 다르다. (4) 대리는 의사표시를 하는 것(능동대리)과 의사표시를 받는 것(수동대리)에 한한다. 따라서 불법행위와 사무관리의 대리는 인정되지 않는다. (5) 원금보증이 없는 투자신탁을 취급하는 사회는 타인(투자자)을 위하여 증권류의 거래(의사표시)를 한다. 더욱이 그 거래에 의한 이익이나 손실은 모두 투자자에게 귀속하지만 그 거래는 회사가 자기의 이름으로 행한다. 따라서 효과도 법률상으로는 회사에 귀속하므로 대리와는 다르다. 그러나 법률상으로는 어떻든 사실상으로는 대리와 같으므로 이와 같은 경우를 간접대리라고 하기도 한다. (6) 법률행위 중에는 성질상 본인 스스로의 의사결정을 요하는 것이 있다. 婚姻(혼인)·양자입양·유언 등의 가족법상의 행위(신분행위)가 그 예인데 이러한 종류의 행위에는 대리가 허용될 수 없다. 그리고 재산상의 행위에도 특별한 이유로 대리행위가 금지되는 것이 있다(勤基§65①). (7) 대리인은 본인을 위한 것임을 표시하여 행위하는 것이 원칙이지만(현명주의 : 民§114), 상행위의 대리에는 이것이 불필요하다(商§48).

대리행위(代理行爲)

대리에 있어 행위의 당사자인 대리인과 상대방간의 법률관계를 말한다. 이러한 대리행위는 대리인이 본인을 위한 것임을 즉, 대리의사를 표시하여야 그 효력을 발생한다(민법 114조). 이를 현명행위라고 하는 데, 상행위에 있어서는 이 원칙이 적용되지 않는다. 일반적으로 통용되고 있는 대리인의 현명방법은 '갑의 대리인 을'인데, 반드시 본인의 성명을 명시하여야 하는 것은 아니며, 주위의 사정으로부터 본인이 누구인지를 알 수 있는 것으로 족하다. 대리인이 본인을 위한 것임을 즉, 대리의사가 표시되지 않는 대리인의 의사표시는 대리인 자신을 위한 것으로 간주된다(민법 115조 본문). 대리에 있어 법률행위의 당사자는 어디까지나 대리인이므로 의사표시에 관한 요건은 본인이 아니라 대리인에 관하여 정하여야 한다. 그러나 그러한 대리행위의 하자에서 생기는 효과(취소권·무효주장권 등)는 역시 본인에게 귀속하게 된다. 또한 대리에 있어서 본인은 법률행위의 당사자는 아니나, 법률행위가 직접 본인에게 귀속하므로, 선의·악의가 법률행위의 효력에 영향을 미치는 경우에는 비록 대리인이 선의이더라도, 본인이 악의이면 그 본인은 선의의 보호를 받을 자격이 없게 된다.

대리의사(代理意思)

자신이 한 법률행위의 효력을 직접 본인에게 귀속시키려는 대리인의 의사를 말한다. 대리행위는 본인을 위하여 하는 것이다. 즉 대리행위는 대리의사를 표시하여 행하여야 한다. 그러므로 갑의 대리인 을이라고 서명하거나, 갑회사 지배인 을이라고 하는 것과 같이 대리자격을 표시하는 문언을 표시·기재하여 서명하는 것이 대리의사표현의 보통의 형식이다. 대리의사를 표시하지 아니하고 한 행위는 표의자 자신의 법률행위로서 효력이 발생한다. 대리인이 본인을 위하여 함을 나타내야 한다는 것을 현명주의라고 한다(民 §114①).

사자(使者)
라 ; nuntius   영 ; assistant   독 ; Bote

사자는 표의자의 보조자로서 우편을 전함으로써 타인의 완성된 의사표시를 전달하거나 말을 전함으로써 타인이 결정한 의사를 상대방에게 표시하는 자이다. 법문에서 사자라는 말은 사용되고 있지 않으나 법률학에서는 표의자와 구별하기 위하여 사자라고 하는 말이 사용되고 있다. 사자가 잘못하여 다른 사람에게 편지를 전하거나, 다른 말을 전하면 의사표시는 도달하지 않은 것으로 된다. 상대방에게 의사표시의 내용을 잘못 전한 때에는 표의자의 착오와 같이 취급된다. 대리인과 유사하여 대리인의 규정이 유추적용될 수 있지만 대리인은 스스로 독립한 의사표시를 하는데 대하여 사자는 본인의 기관에 불과하다. 따라서 사자의 경우에는 본인이 행위능력이 있음을 요하며 착오·사기·강박·선의·악의 등에 관하여는 본인의 의사와 사자의 표시를 비교하여야 한다(民 §116). 또 가족법상의 행위(신분행위)와 같은 대리를 허용하지 아니하는 행위라도 사자는 허용될 때가 많이 있다.

법정대리(法定代理)
독 ; gesetzlicher Vertret
불 ; représent légal

본인의 의사와는 관계없이 법률이 정하는 바에 따라서 대리권이 발생하는 대리이다. 현대사회는 자기재산을 스스로 관리 운용하는 것이 원칙이지만 이 원칙을 끝까지 관철하는 것이 적당하지 않거나 관철할 수 없는 경우가 많이 있다. 예를 들면 미성년자의 이익을 위하여, 파산자는 채권자 등의 이익을 위하여, 관리자가 부재인 경우에는 부재자 및 이해관계인의 이익을 위하여, 각기 그들을 대신하여 재산을 관리하거나 법률행위를 행할 자가 필요하다. 법률은 이와 같은 경우에 대비하여 각각 대리인을 두도록 배려하고 있다. 이것이 法定代理制度(법정대리제도)이다.

법정대리인(法定代理人)
독 ; gesetzlicher Vertreter
불 ; représentant légal

법정대리권을 가지는 자이다. 즉 본인의 대리권수여에 의하지 않고 대리권을 부여받은 자이다. 법정대리인은 크게 다음의 세 가지가 있다. (1) 본인에 대하여 일정한 지위에 있는 자가 당연히 대리인이 되는 경우이다. 예컨대 친권자(民§909, §911, §916, §920), 후견인(§931~§936, §938) 등이 이에 속한다. (2) 법원의 선임에 의한 경우이다. 예컨대 부재자의 財産管理人(재산관리인)(§22,§23), 相續財産管理人(상속재산관리인)(§1023②, §1053), 遺言執行者(유언집행자)(§1096) 등이 이에 속한다. (3) 본인 이외의 일정한 지정권자의 지정에 의한 경우이다. 예컨대 指定後見人(지정후견인)(§931), 指定遺言執行者(지정유언집행자)(§1093, §1094) 등이 이에 속한다. 법정대리인은 임의대리인과 달리 복임권을 가진다.

임의대리(任意代理)

본인의 수권행위에 의하여 성립되는 대리

이다. 임의대리란 본인의 활동 영역을 확장 보충하는 하나의 수단이다. 즉 자기가 신뢰하는 대리인을 사용함으로써 시간을 절약하며 경험이나 지식의 부족을 보충할 수가 있기 때문이다. 본인이 대리권을 주는 행위를 수권행위라고 한다. 수권행위는 위임계약과 합체하여 있는 일이 많으므로 舊民法은 임의대리를 위임으로 인한 대리(위임대리)라 하였지만(舊民§104 등), 수권행위는 위임에 한하지 않고 조합·고용·도합 등의 계약과도 합체하여 있을 수 있고 그러한 계약 없이도 대리권의 수여만이 별도로 행하여질 수도 있으므로, 이 용어는 적당하지 않다. 그러므로 현행민법은 법률행위에 의하여 수여된 대리권(임의대리 : 民§128)이라는 말을 쓰고 있다. 더욱이 수권행위의 성질과 위임·고용 등의 계약과는 법률상으로 별개의 행위라고 해석된다. 그 결과 위임·고용 등의 계약이 무효가 되어도 수권행위는 당연히 무효로 되지 않는 경우가 있을 수 있다. 따라서 그 한도 내에서는 거래의 안전에 기여하게 된다. 대리권을 증명하는 수단으로서 종종 위임장이 교부되며 그 특수한 것으로 白紙委任狀(백지위임장)이 있다.

임의대리인(任意代理人)

본인의 의사에 기하여 대리권을 수여 받은 자를 임의대리인이라고 한다. 임의대리인의 대리권은 본인과 대리인간의 수권행위에 의하여 발생한다.

수권행위(授權行爲)
독 ; Bevollmächtigung

대리권을 수여하는 법률행위를 말한다. 위임 기타 대리권수여의 기초가 되는 행위(예 : 고용·조합)와 실제로 일체가 되어 존재하는 것이 보통이지만 이론상으로는 별개의 행위이다. 그 성질에 관하여는 계약설과, 단독행위설로 나누어진다. 독일민법(독일민법§167)과 스위스 채무법(스위스채무법§32)은 명문으로 단독행위라고 정하고 있으며, 우리나라 통설도 본인의 단독행위라고 보고 있다. 다만 구민법하에서는 위임과 유사한 무명계약으로 보는 설이 우세하였었다. 그리고 대리권을 수여한 증거로서 동시에 위임장을 교부하는 일이 많지만 그것이 수권행위의 요건은 아니다.

수권행위의 유인성·무인성

무인성설	본인과 대리인간의 대리권을 수여하게 된 기초적 법률관계가 무효이거나 취소가 되더라도 수권행위는 영향을 받지 않으므로 대리권은 존속한다고 보는 견해이다.
유인성설	본인과 대리인간의 대리권을 수여하게 된 기초적 법률관계가 무효이거나 취소되면 수권행위도 영향을 받아 실효된다고 보는 견해이다.
수권행위 이분설	수권행위를 본인이 대리인에게 하는 수권인 내부적 수권과 본인이 거래의 상대방에게 하는 수권인 외부적 수권으로 나누어 내부적 수권은 유인성을 가지나 외부적 수권은 무인성을 갖는다고 보는 견해이다.

백지위임장(白紙委任狀)

위임장의 기명사항 가운데 일부를 기재하지 않고 백지로 남겨 둔 채 그것을 일정한 사람으로 하여금 보완시키고자 하는 형식으로 된 위임장으로서 다음과 같은 종류가 있다. (1) 위임하는 사항을 백지로 하여 기재하지 않는 것. 어떤 사람에게 공정증서를 위임함에 있어서 위임사항을 쓰지 않고, 공증인의 지시에 따라 기입할 것을 그 사람에게 위임하는 것이 이에 속한다. 이런 경우에 만일 수임자가 위임받은 이외의 사항을 기입하면 대리권의 범위를 넘어 남용이 되지만, 공정증서에 의한 계약의 상대편에 대하여는 표현대리인이 되는 일이 많다(民§126 참조). 그러나 수임자는 위임자에 대하여 계약위반의 책임을 진다는 것은 말할 것도 없다. (2) 수임자 즉 위임하는 상대편을 백지로 하여 기재하지 않은 것. 주요한 경우가 세 가지가 있다. ㉮ 주식회사에 출석하지 않은 주주가 의결권을 행사할 대리인을 백지로 하여 회사에 보내는 것. ㉯ 기명주식을 양도함에 있어서 첨부된 명의개서의 백지위임장. ㉰ 계약당사자의 일방이 후일 그 계약에 관하여 분쟁이 생길 경우의 해결을 위하여 자기를 대리할 자를 백지로 해놓고, 그 결정은 상대편에 위임하는 것. 다만 이 경우에는 불공정한 법률행위로서 무효로 보아야 할 경우가 많을 것이다(民§104).

권이 있는 것처럼 보이는 소위 표현대리에 있어서는 유권대리와 같이 본인이 책임을 부담한다(§129, §125). 대리권의 발생은 법정대리의 경우 법률의 규정(§911)이나, 법원의 선임(§936) 또는 특정인의 지정(§931)에 의하여 일어나며, 任意代理(임의대리)의 경우 본인의 의사에 따른 授權行爲(수권행위) 등에 입각하여 발생한다. 대리권의 범위는 法定代理(법정대리)는 각각 법률의 규정에 의하고(예 :§920, §949), 임의대리는 그 수권능력의 내용에 의하여 정하여진다. 그러나 임의대리도 지배인이나 선장의 대리권은 법정되어 있다. 권한을 정하지 아니한 대리인은 관리행위만을 할 수 있다(§118). 그리고 자기계약쌍방대리의 금지(§124)도 대리권제한의 한 예이다. 대리권의 소멸은 본인의 사망·대리인의 사망·금치산·파산에 의하여 소멸하는 이외에(§127), 임의대리권은 그 원인된 법률관계의 종료나 수권행위의 철회에 의하여 소멸하게 되고(§128), 법정대리권은 친권의 剝奪의 경우 등 특별한 규정에 의하여 소멸한다(§924, §927). 상행위의 위임에 의한 대리권은 본인의 사망으로 인하여 소멸하지 않는다(商§50).

대리권(代理權)

영 ; agent, represntative
독 ; Stellvertreter, Bevollmächtiger
불 ; représentant

대리인이 가지는 대리행위를 할 수 있는 지위나 자격이다. 대리는 대리인이 행한 행위의효과가 직접 본인에게 귀속하는 제도이므로 대리인에게는 대리권이 필요하다. 대리권이 없는 대리행위를 무권대리라고 부르며 원칙상무효이나(民§130), 본인이 추인을 하면 이로서 대리권이 추완되고 무효하게 된다. 또한 표면상 대리

대리인(代理人)

영 ; agent, representative
독 ; Stellvertreter, Bevollmächtiger
불 ; représentant

대리를 할 수 있는 지위에 있는 자를 대리인이라고 한다. 대리는 본인을 대신하여 의사표시를 하는 제도이므로 대리인은 본인의 의사를 단순히 전달하는 사자와 다르다. 대리인의 행위는 효과만이 본인에게 귀속하므로 법인의 행위 그 자체가 되는 법인의 대표와도 다르다. 대리인은 스스로 의사표시를 할 수 있는 의사능

력이 있어야함은 물론이지만 행위능력은
없어도 무방하다. 왜냐하면 대리행위의
효과는 직접 본인에게 귀속하고 대리인
자신에게는 미치지 않으므로 대리인은 행
위능력자임을 요하지 않는다(民§117). 즉
대리인이 제한능력자로서 대리행위를 하
더라도 제한능력자의 이익이 침해될 염려
는 없기 때문이다. 또한 제한능력자의 대
리행위에는 법정대리인의 동의를 요하지
않는다. 따라서 대리인이 제한능력자였다
는 이유만으로는 본인이나 대리인은 물론
법정대리인도 그 대리행위를 취소할 수
없다. 다만 민법은 본인의 이익을 보호하
기 위하여 제한능력자가 법정대리인이 되
는 것을 금지하는 특칙을 정하는 경우가
많다(예 : 民§937).

(使者) 법문에는 사자라는 용어는 쓰지
않고 있으나 법학에서는 표의자와 구별하
기 위하여 사자라는 용어가 사용되고 있
다. 사자는 표의자의 보조자로서 편지를
전하던가, 말하는 것을 그대로 전하는 것
인데 그런 의미에서는 우편배달인이나 전
보의 전신기사와 같다. 사자가 잘못하여
다른 사람에게 편지를 전달하였다면 의사
표시는 당연히 도달하지 않은 것이 된다.
이에 대하여는 상대방에 대하여 의사표시
의 내용을 잘못 전했을 때에는 표의자의
착오와 같이 취급된다. 이에 반하여 대리
인은 표의자이므로 의사표시의 효력이 표
의자의 심리적 態樣-예를 들면 착오·사
기·강박·선의·악의 등-에 의하여 좌우되는
경우에도 본인이 아니고 오직 대리인을
표준으로 하여 정하여 진다.

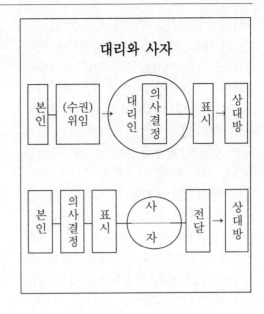

현명주의(顯明主義)

영 ; named principle disclosed principle
독 ; Offenheitsprinzip

대리인이 대리행위를 하는 경우에는 상
대방에게 본인을 위한 것임을 표시하여야
한다(民§114①). 이것을 현명주의라고 부
른다. 우리민법은 거래의 상대방을 보호
하기 위하여 이 주의를 채택하고 있다.
본인을 위한 것임을 표시한다는 것은 그
행위의 법률효과를 본인에게 귀속시키려
는 의사이므로 비록 대리인이 마음속으로
자기의 이익을 도모할 생각이었다고 하더
라도 그것만으로 대리행위가 무효로 되는
것은 아니다. 대리인이 대리의사를 표명
하지 않을 경우, 즉 현명하지 않고 행하
여진 대리인의 행위는 대리행위가 될 수
없다(民§115본문). 그러나 원래 현명주의
는 대리인의 입장에서 행동하는 것이라는
것을 상대방에게 알리기 위한 것이므로,
그러한 것을 상대방이 알거나 또는 알 수
있는 상태에 있으면 현명하지 않더라도
그 행위는 대리행위로서 효력을 발생한다

(§115但, §114①). 현명주의의 취지는 상대방이 대리인에 대하여 의사표시를 하는 경우에도 마찬가지로 적용되어, 상대방이 대리인에게 본인을 위한 것임을 표시하지 않으면 본인에 대하여 효력을 발생하지 않는다(§114②). 상법상의 대리에는 상거래의 개성의 희박성 때문에 현명주의를 취하지 않는다. 즉 상행위의 대리에 대하여는 「상행위의 대리인이 본인을 위한 것임을 표시하지 아니하여도 그 행위는 본인에 대하여 효력이 있다」고 하는 예외규정이 있다(商§48본문). 어음 행위에 있어서는 법률관계의 형식성 때문에 현명주의가 채택되고 있다(어8, 수§11). 본인을 위한 것임을 표시하는 의사표시는 명시적일 필요는 없으며 묵시적이라도 좋다(民§115但書). 수동대리의 경우에는 상대방이 대리인에 대하여 대리의사를 표시하여야 한다고 해석하여야 한다(§114②). 이 경우 대리인이 현명하여 수령하는 것이 불가능·불필요하기 때문이다.

관리행위(管理行爲)
불 ; actes d'administration

관리행위란 재산을 보존·이용·개량하는 행위를 말한다. 처분행위에 대한 개념이다. 부패하기 쉬운 물건을 매각하여 금전적 가치를 유지하는 것은 일종의 처분이지만 재산전체에서 보면 관리행위(보존행위)이다. (1) 보존행위 : 대리의 목적으로 되어 있는 재산의 현황을 유지하는 행위이다. 예컨대 가옥수리를 위한 도급·권리의 등기·시효의 중단 등 (2) 이용행위 : 대리의 목적인 재산의 성질을 변경하지 않는 한도에서 통상의 용법에 따라 이용하고 수익을 도모하는 행위이다. 예컨대 금전의 은행예금·가옥임대·황무지경

작 등 (3) 개량행위 : 대리의 목적인 재산의 성질을 변경하지 않는 범위에서 그 사용가치 또는 교환가치를 증가하는 행위이다. 예컨대 택지조성을 위한 도급·무이자채권을 이자부로 바꾸는 행위 등. 대리권의 범위는 수권행위의 내용을 둘러싸고 다툼이 많으며 이 경우 본인과 대리인 사이의 종래의 관계와 수권행위를 하게 된 사정 등을 통하여 대리권의 범위를 확정하여야 하지만 그래도 역시 불명확한 경우가 있다. 그래서 민법은 대리권의 범위를 확정할 수 없는 대리인은 管理行爲(관리행위)만을 할 수 있게 하였다(民§118).

처분행위(處分行爲)
독 ; Verfügungsgeschäft

처분행위는 두 가지로 나누어 볼 수 있다. (1) 관리행위에 대하는 관념 : 재산의 현황 또는 그 성질을 변하게 하는 사실적 처분행위(가옥의 파괴) 및 재산권의 변동을 발생하는 법률적 처분행위(가옥의 매각·주식의 入質(입질))를 총칭한다. 민법은 행위능력이나 권한을 정함에 있어서 때때로 이 관념을 사용한다(民§6, §149, §177, §619 등 참조). (2) 債務負擔行爲(채무부담행위)(Verflichtungsakt)에 대하는 관념 : 재산적 가치를 이전해야 할 채무를 발생함에 그치는 행위(채무부담행위)에 대하여 직접 이것을 이전하는 효과를 발생하는 행위를 가리킨다. 예컨대 매매에 있어서 목적물 이전채무·금전소유권이전을 하는 행위가 처분행위이다. 物權行爲(물권행위)에 유사한 관념이라고 할 수 있다.

복대리(復代理)

영 ; sub-agency, substitution
독 ; Substitution

복대리란 대리인이 자지가 가지고 있는 대리권의 범위 내에서 특정한 자를 선임하여 그에게 권한 내의 행위의 전부 혹은 일부를 행하게 하는 것이다(民§120~§123). 대리인 자신의 이름으로 선임한 본인의 대리인이다. 복 대리의 특색은 다음과 같다. (1) 대리인은 자기의 이름으로 복대리인을 선임하는 것이며, 따라서 복대리인의 선임은 대리행위는 아니다. 법정대리인은 자기의 책임으로 언제라도 복대리인을 선임하나(§122), 임의대리인은 본인의 허락이 있거나 부득이한 사유가 있는 경우에 한하여 복대리인을 선임할 수 있다(§120). 그 반면에 임의대리인은 복대리인의 선임·감독에 대하여 과실이 있는 경우에 한하여 책임을 지는데 그친다(§121). (2) 복대리인은 대리인의 대리가 아니라 본인의 대리인이며 따라서 복대리인의 대리행위의 효과는 직접 본인에게 미친다(§123). (3) 복대리인은 대리인과의 내부관계에 의거하여 대리인의 감독에 따라야 하는 것은 당연하나 나아가서는 본인과의 사이에 대리인·본인간의 내부관계(위임·고용 등)와 동일한 관계가 생긴다(民§123②).

복대리인(復代理人)

독 ; Unterbevollmächtigter, Substitut
불 ; sous-représntant

대리인에 의하여 선임된 대리인을 말한다. 대리인의 대리인이 아니고, 본인의 대리인이다. 따라서 복대리인의 행위의 효과는 모두 직접 본인에 대하여 발생한다. 그러나 대리인의 감독에 복종하고 보

수나 그 밖의 관계는 모두 대리인과의 사이에서 결정되며, 그 권한도 대리인의 권한을 초과할 수 없다.

복임권(復任權)

대리인이 복대리인을 선임할 수 있는 권능을 복임권이라고 한다. 法定代理(법정대리)의 경우에 언제나 복임권이 인정되나 임의대리의 경우에는 원칙적으로 인정되지 않으며 본인의 승낙이 있거나 부득이한 사유가 있을 경우에 한하여 인정하는데 불과하다(民§120). 복임권에 의거하여 복대리인을 선임한 경우에는 대리인은 그 선임·감독에 대하여 본인에게 책임을 진다(§121, §122).

자기계약(自己契約)

독 ; Selbstkontrahierung

법률행위의 당사자의 일방이 한편으로는 상대방을 대리하여 자기와 계약을 체결하게 하는 것이다. 즉 자기 혼자서 본인의 대리인도 되고 계약의 나머지 일방의 당사자도 되는 것이다. 상대방대리라고도 한다. 자기계약은 본인의 이익이 침해될 위험이 있기 때문에 쌍방대리와 더불어 금지되어 있다(民§124본문). 따라서 본인의 이익을 해치지 않는 경우에는 금지되지 않는다. 민법은 그 예로서 채무의 이행을 들고 있으나(§124但), 그에 한하지 않고 주식의 명의개서·친권자의 미성년자에 대한 증여 등도 본인의 이익을 해치지 않기 때문에 금지되지 않는다. 또한 본인이 사전 또는 사후에 자기계약을 허락한 경우에는 그 계약은 물론 유효하다.

쌍방대리
독 ; Doppelvertretung

갑의 대리인 을이 병의 대리인도 겸하여 을 한사람이 갑과 병간의 계약을 체결하는 경우이다. 민법은 본인의 이익을 해할 우려가 있기 때문에 원칙적으로 이것을 금지한다(民§124본문). 다만 본인의 이익을 해하지 않는 경우에는 예외로 한다. 민법은 그 예로서 단순한 채무의 이행을 들고 있으나(§124但書), 그에 한하지 않고 주식의 명의개서·등기신청 등도 이에 포함시킨다. 또한 본인이 雙方代理(쌍방대리)를 허락한 때에는 유효하며 허락이 없는 경우에도 절대무효로 되는 것이 아니고 무권대리행위로서 취급되어 그 추인이 인정된다. 그리고 법정대리인도 쌍방대리의 제약을 받으며 친권자후견인이 본인의 이해에 상반되는 행위를 할 경우에는 별도로 특별대리인을 선임한다는 특칙이 있다(§921①). 법인의 이사가 제3자의 대리인으로서 당해 법인과 거래하는 경우에도 쌍방대리인와 유사한데 이런 경우에도 특별대리인을 선임하여야 한다는 규정이 있다(民§64). 한편, 회사의 대표기관에 대하여는 이사회의 승인 등을 요건으로 하므로 쌍방 대리의 제한 규정은 적용되지 않는다(商§199, §269, §398, §564③).

민법 제124조는 "대리인은 본인의 허락이 없으면 본인을 위하여 자기와 법률행위를 하거나 동일한 법률행위에 관하여 당사자 쌍방을 대리하지 못한다."고 규정하고 있으므로 부동산 입찰절차에서 동일물건에 관하여 이해관계가 다른 2인 이상의 대리인이 된 경우에는 그 대리인이 한 입찰은 무효이다(대법원 2004. 2. 13. 자 2003마44).

표현대리(表見代理)
독 ; Scheivollmacht

대리권이 없음에도 불구하고 마치 대리권이 있는 것과 같은 외관을 나타내는 경우에 거래의 안전을 도모하기 위하여 본인에게 일정한 법률상의 책임을 지우는 제도이다(民§125, §126, §129). 대리권이 없는 자가 행한 대리행위는 무효이지만 대리권의 외관이 있는 경우에 본인은 그 無勸代理行爲(무권대리행위)에 대하여 무효를 주장할 수 없다. 이것이 표현대리이며 외형을 신뢰한 자를 보호한다는 점에서 선의취득과 동일한 원리에 입각한 제도이다. 표현대리는 다음의 세 가지 경우에 성립한다. (1) 대리권수여의 표시에 의한 표현대리 : 본인이 대리권을 수여하지 않았음에도 본인이 특정인(표현대리인)에게 대리권을 수여했다는 뜻을 제3자에게 표시한 경우이다. 이 경우 표현대리인이 표시된 대리권의 범위 내에서 제3자와 법률행위를 했을 때에는 본인에게 책임이 있다(§125 본문). 그러나 제3자가 대리권 없음을 알았거나 알 수 있었을 때에는 예외이다(§125但書). (2) 권한을 넘는 표현대리 : 대리권이 부여되었지만 대리인이 권한 외의 행위를 행한 경우이다. 이 경우에 권한이 있다고 믿을 만한 정당한 사유가 제3자에게 있을 때에는 본인에게 책임이 있다(§126). 법정대리의 경우에도 적용된다. (3) 대리권 소멸후의 표현대리 : 대리인이 대리권소멸 후에 대리행위를 하였을 경우이다. 이 때에도 상대방이 선의인 경우에 상대방은 본인에게 대리의 효과를 주장할 수 있으며 본인은 선의의 제3자에게 대항하지 못한다(§129 본문). 그러나 제3자가 과실로 인하여 그 사실을 알지 못한 경우에는 예외이다

(§129但書). 소멸하기 전에 가지고 있던 대리권을 넘어서 대리행위를 한 경우에는 민법 제126조와 결합하여 표현대리가 성립한다. 표현대리의 효과로서 상대방은 본인에 대하여 유효한 대리행위로서의 효과를 주장할 수 있지만, 표현대리도 무권대리로서 처리할 수도 있다. 그리고 표현대리인이 본인에 대하여 일반원칙에 따른 불법행위의 책임을 짐은 물론이다.

> 유권대리에 있어서는 본인이 대리인에게 수여한 대리권의 효력에 의하여 법률효과가 발생하는 반면 표현대리에 있어서는 대리권이 없음에도 불구하고 법률이 특히 거래상대방 보호와 거래안전 유지를 위하여 본래 무효인 무권대리행위의 효과를 본인에게 미치게 한 것으로서 표현대리가 성립된다고 하여 무권대리의 성질이 유권대리로 전환되는 것은 아니므로, 양자의 구성요건 해당사실 즉 주요사실은 다르다고 볼 수 밖에 없으니 유권대리에 관한 주장 속에 무권대리에 속하는 표현대리의 주장이 포함되어 있다고 볼 수 없다(**대법원 1983. 12. 13. 선고 83다카1489 전원합의체 판결**).

일상가사대리권(日常家事代理權)
(독, Schlüssegewalt)

일상적인 가사에 대하여 부부 상호간에 인정되는 대리권을 말한다. 일상가사의 범위에 대해서 학설과 판례는 대립한다. 이 일상가사대리권은 원래 게르만법의 '열쇠의 기능'이란 법리에서 발달한 것이다. 그러나 오늘날은 별산제를 채택하고 있는 나라가 많아서 거래안전의 보호목적이 아닌 일상가사비용에 대한 부부의 연대책임만을 인정하고 있다. 일반적으로 인정되고 있는 학설·판례상의 일상가사의 범위는 부부공동생활에 통상 필요로 하는 필수품들, 예를 들어 쌀·부식 등 식료품의 구입, 세금, 자녀의 양육, 가구의 구입 등을 범위로 보고, 일상생활비를 초과하는 전화가입권의 매도담보, 가옥의 임대, 입원 등은 포함되지 않는다고 본다. 현행 민법은 부부평등의 원칙에 따라 부부는 일상가사에 대해 서로 대리권이 있어서(민법 827조1항), 부부의 일방이 일상가사에 관해 제3자와 법률행위를 한 때는 다른 일방이 이에 대한 책임을 같이 지게 하고 있다(민법 832조).

공동대리(共同代理)
독 ;Gesamtvertretung,
　　Kollektivvertretung

수인의 대리인이 공동으로만 대리할 수 있는 경우이다. 따라서 공동대리에 있어서 대리인의 한 사람이 대리행위에 참여하지 않거나 또는 한 사람의 대리인의 의사표시에 결함이 있는 때에는 그 대리행위는 유효하지 않거나 대리행위 자체에 하자있는 것이 된다. 그러므로 각 대리인에게는 공동대리가 그 대리권에 대한 제한이 된다. 그러나 수인의 대리인이 있더라도 법규나 수권계약에서 특히 공동대리로 할 것을 정하고 있지 않은 경우에는 각자는 단독으로 대리할 권한을 가지는 것이라고 해석된다. 수동대리에 있어서도 공동으로만 상대방의 의사표시를 수령하여야 하는가에 관해서는 상대방 보호와 거래안전보호라는 입장에서 이를 부정하는 견해와 공동대리가 능동대리에 한정되는 것이 아니라는 입장에서 긍정하는 견해가 대립하고 있다(商§12②). 또 수인의 대리인이 있는 경우에는 공동대리로 한다는 법률의 규정이나 授權行爲(수권행위)의 특별한 정함이 없는 한 원칙적으로 단독대리이며 대리인 각자가 단독으로 본인을 대리한다(民§119). 공공대리의 제한에 위반하여 1인의 대리인이 단독으로 대리행위를 한 경우에는 권한을 넘는 無勸代理行爲(무권대리행위)가 된다.

공동대리

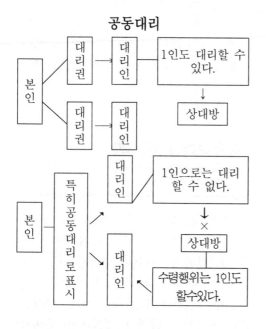

무권대리(無權代理)

독 ; vertretng ohne Vertretungsmacht
불 ; representation non-fondee

●─────────────

무권대리는 廣義(광의)로 대리권이 없는 자의 대리행위이다. 대리권이 전혀 없는 경우와 대리권의 범위를 벗어난 경우로 나눌 수 있다. 무권대리는 원래 본인이나 대리인에게 아무런 법률효과를 발생시킬 수 없으므로 무효이다. 다만, 무권대리인이 상대방에 대하여 불법행위상의 책임을 지는 데 불과하다. 그러나 민법은 거래안전과 상대방보호를 위하여 무권대리인과 본인 사이에 특수한 관계가 있는 경우에는 무권대리행위에 의한 법률효과를 인정하고 본

인에게 그 행위에 대하여 책임을 부담시키고 있는데 이를 표현대리라고 부른다(民§125, §126, §129). 그렇지 않을 경우에는 무권대리의 책임을 특히 무겁게 하였는데 이를 狹義(협의)의 무권대리라고 한다(民§130, §136). 협의의 무권대리는 그 행위가 계약인가 단독행위인가에 따라 법률규정이 다르다. (1) 계약의 무권대리 : 본인은 그 행위를 추인 또는 거절할 수 있다(§130, §132). 상대방에게 추인하면 제3자의 권리를 해하지 않는 한도에서 그 행위는 처음부터 유효하였던 것으로 되며(§133), 추인을 거절하면 그 행위는 무효로 확정된다. 무권대리인이 본인을 상속한 경우에는 추인을 거절할 수 없다. 반면에 선의의 상대방은 본인에게 추인의 최고권과 추인 전까지 계약의 상대방은 무권대리인에게 계약이행이나 손해배상을 선택적으로 청구할 수 있다(§135①). (2) 단독행위의 무권대리 : 유언이나 기부행위와 같이 상대방 없는 단독행위의 무권대리인 경우에는 완전히 무효이다. 그러나 상대방 있는 단독행위는 그 행위당시에 상대방이 대리인이라 칭하는 자의 무권리행위에 동의하였거나 그 대리권을 다투지 않은 때에는 계약의 경우와 동일하게 취급된다(§136 본문). 대리권없는 자의 그 동의를 얻어 단독행위를 한 때에도 같다(§136但).

능동대리(能動代理)

●─────────────

본인을 위하여 제3자에게 의사표시를 하는 대리이다. 적극대리라고도 부른다. 예컨대 본인을 대신하여 계약의 청약을 하는 것이 능동대리이다. 이 대리행위가 본인을 위한 것임을 표시하는 것은 능동대리에서는 대리인 자신이다. 수동대리에 대한 말이다.

무효(無效)

영 ; invalidity, nullity
독 ; Ungültigkeit, Nichtigkeit,
　　Unwirksamkeit
불 ; invalidité, nullité, infficacité

●───────────────

법률행위가 법률요건을 결하였기 때문에 당사자가 의도한 법률상의 효과가 발생하지 않는 것을 말한다. 무효는 목적으로 한 법률효과를 절대로 발생시키지 않는 점에서 추인에 의하여 유효하게 되는 취소와 다르다(民§139본문). 그러나 민법은 당사자가 그 무효를 알고 추인을 하였을 때에는 새로운 행위를 한 것으로 간주하고 장래에 있어서 유효한 것으로 한다(§139但書). 무효의 원인은 (1) 법률행위일반에 공통된 것으로 의사능력의 흠결·비진의 표시의 예외·허위표시·목적 위법·목적 불능·반사회질서행위 등이 있으며, (2) 특수한 법률행위에 한정되는 것으로 입양시 양자가 양친보다 연장자인 것(§883Ⅱ, §877①)·유언시 방법의 흠결(§1060) 등이 있다. 무효행위에 의하여 이미 이행된 경우에는 일반적으로 부당이익에 의하여 반환청구를 할 수 있다. 무효는 원칙적으로 누구에 대해서도 누구에 의해서 주장될 수 없는 것이 원칙이다(절대적 무효). 그러나 예외적으로 거래안전을 도모하기 위하여 무효의 효과를 특정한 제3자에게는 주장할 수 없도록 한 경우가 있다(§107②, §108② : 상대적 무효). 그밖에 전부무효와 일부무효로 나누어지기도 한다.

일부무효(一部無效)

독 ; teilweise Nichtigkeit

●───────────────

법률행위 가운데 일부분만이 무효로 되는 것이다. 법률행위의 일부에 관하여서만 무효원인이 있어도 전부무효로 되는 것이 원칙이지만, 그 무효부분이 없더라도 법률행위를 하였을 것이라고 인정될 때에는 그 부분만 일부무효가되고 나머지 부분은 무효가 되지 않는다(民§137). 그러나 나머지 부분만으로써는 그 목적을 이룰 수 없는 경우에는 전부를 무효로 하게 된다.

유동적 무효(流動的 無效)

●───────────────

유동적 무효란 현재는 무효이나 추후 허가(또는 추인)에 의해 소급하여 유효한 것으로 될 수 있는 것을 말한다. 이와 대비되는 것으로, 일단 유효하지만 후에 무효로 될 수 있는 것을 '유동적 유효'라고 한다. 우리 민법상 유동적 무효의 법적 근거로 들 수 있는 것은 '무권대리의 추인'에 관한 규정이다(§130 이하). 즉 대리권 없는 자가 타인의 대리인으로 한 계약은 본인이 이를 추인하기까지는 무효이나, 본인이 이를 추인하게 되면 계약시에 소급하여 그 효력이 발생하고, 그러나 추인을 거절하게 되면 본인에게 무효인 것으로 확정되는 점에서 그러하다.

대법원은 1991년에 처음으로 국토이용관리법의 적용과 관련하여 유동적 무효의 법리를 처음으로 도입하였다. 즉 동법은 규제지역에 속한 토지에 대한 거래시에는 허가를 받아야 하고, 이 허가를 받지 않고 체결한 계약은 무효로 하는데(동법 §21의3), 여기서 그 허가를 받기 전의 매매계약의 성격이 문제가 된 사안에서 "국토이용관리법상 허가를 받을 것을 전제로 하여 체결된 계약은 확정적으로 무효가 아니라, 허가를 받기까지 유동적 무효의 상태에 있고, 그 후 허가를 받게 되면 그 계약은 소급해서 유효한 것으로 되고, 허

가 후에 새로이 거래 계약을 체결할 필요
는 없다. 그러나 불허가가 된 때에는 무효
로 확정된다."고 하였다[대판(전원합의체)
1991. 12. 24. 90다12243)].

무효행위의 전환
(無效行爲의 轉換)
독 ; Konversion Umvwandlung

무효인 법률행위가 다른 법률행위의 요
건을 갖추고 있을 경우에 당사자가 무효
를 알았더라면 그 다른 법률행위를 하는
것을 의욕 하였으리라 인정될 경우에 그
다른 법률행위로서의 효력을 발생시키는
것을 말한다(民§138). 예컨대 발행어음의
법정요건이 흠결되어 있거나 비밀증서유
언으로서 무효인 유언을 각각 내용이나
방식을 보충하여 차용증서나 자필증서유
언으로 효력을 인정하는 것이다. 무효행
위의 전환은 당사자의 의도를 최대한 충
족시키면서 사적 자치의 원칙에 기초하고
있는 것이므로 公序良俗(공서양속)에 반
하는 무효인 경우와 같이 私人(사인)의
의사가 제약되는 행위까지 전환이 인정되
는 것은 아니다.

취소(取消)
독 ; Anfechtung
불 ; rescision

일단 유효하게 성립한 법률행위의 효력
을 일정한 이유에서 후에 행위시로 소급
하여 소멸케하는 특정인(취소권자)의 의
사표시를 말한다. 원래 취소라 함은 법률
행위 당사자가 제한능력자인 경우(民§5
②, §10, §13)·의사표시의 착오(§109①)·
사기나 강박(§110②)을 이유로 하여 그
법률행위의 효력을 소급적으로 무효로 하
는 것이며 민법 제140조 내지 제146조에

서 일반적으로 규정한 취소는 이러한 의
미이다. 그런데 민법은 원래무효인 것의
무효를 주장하는 의사표시(重婚(중혼)의
취소 : §818, §810), 완전히 유효하게 성
립한 행위의 효과를 소멸시키는 철회(미
성년자에 대한 영업허락의 취소 : §7·상속
의 승인이나 포기의 취소 : §1024)를 취
소라고 하고 있으나 이는 본래의미의 취
소가 아니며 따라서 민법 제140조 내지
제146조의 적용이 제한된다. 또한 가족법
상의 행위(신분행위)의 취소(혼인·입양의
취소 : §816, §823, §884, §897)는 특수
한 취소로서 일반적 취소와 구별되어 역
시 민법 제140조 내지 제146조의 적용이
제한된다. 취소할 수 있는 행위도 취소가
있기 전까지는 그 행위를 유효한 것으로
다루어야 한다. 또한 추인을 하여 취소권
이 포기되거나(民§143), 제소기간의 경과
로 취소권이 소멸되어(§146), 그 행위는
완전히 유효한 것으로 확정된다. 이 점이
무효인 행위와 전혀 다른 것이다.

그러나 취소되면 그 법률행위는 처음부
터 무효이었던 것으로 되고(民§141 본문),
당사자간에 일단 발생한 권리·의무는 처
음부터 발생하지 않았던 것으로 된다. 취
소권자는 제한능력자·착오 사기 및 강박
에 의해서 의사표시를 한 자, 이러한 자들
의 대리인 혹은 승계인이다(§140). 취소
의 방법은 그 법률행위를 취소한다는 의사
를 표시하면 되며(단독행위), 그밖에 아무
런 형식도 필요로 하지 않는 것이 원칙이
다. 다만 상대방이 확정되어 있으면 상대방
에 대한 의사표시로써 하여야 한다(§142).
이밖에 재판상의 소로써 취소의 청구를 하
지 않으면 안되는 것이 있다. 예를 들면 詐
害行爲(사해행위)(§406),   家族法上(가족법
상)의 行爲(행위)(身分行爲(신분행위, §816,
§825, §884, §897), 會社設立(회사설립)(商

§184, §269, §552), 株式總會決意(주식총회결의)(商§376~§379) 등의 특수한 취소에는 재판상의 취소가 요구된다. 취소의 효과는 그 행위가 처음부터 무효였던 것으로 취급된다. 그러나 혼인·입양의 취소(民§824, §897) 등의 소급효는 제한된다. 또한 취소의 효과는 절대적인 것이 원칙이지만 사기나 강박에 의한 의사표시의 취소가 선의의 제3자에게 대항할 수 없는 것과 같이 상대적인 때도 있다(民§110③). 취소할 수 있는 권리는 추인을 할 수 있는 때로부터 3년, 법률행위를 한 때로부터 10년이 달하면 소멸한다(民§146).

무효와 취소(비교)

무 효	취 소
효력없는 것으로 되는 것에 특정인의 주장이 필요없이 당연히 효력없음.	특정인의 주장이 (취소행위)있어야 효력이 없음.
모든 자는 처음부터 효력없는 것으로 취급됨	취소없는 동안은 효력있는 것으로 취급됨.
그대로 두어도 효력이 없는 것이 변함없음.	그대로 두면 무효로 할 수 없게 됨.

소급효(遡及效)
독 ; Rückwirkung
불 ; retroactivite, effet retroactif

법률행위 및 그 밖의 법률요건의 효력이 그 성립 이전으로 거슬러 올라가서 형성되는 것이다. 법률은 법률불소급의 원칙에 따라 소급효를 인정하지 않는 것이 원칙이다. 그러나 특정한 규정이 있는 경우에 한하여 인정된다. 예컨대 失踪宣告의 取消(民§29), 法律行爲取消(법률행위취소)(§141, §406), 追認(추인)(§133), 消滅時效(소멸시효)(§167, §147), 契約解除(계약해제)(§548), 相續財産(상속재산)의 分割(분할)(§1015) 등이 있다. 소급효가 인정되는 경우에는 원상회복의 권리·의무가 발생하는 것이 많다. 다만 반환의무가 현존하는 이익으로 제한되는 경우도 있다. 즉 무능력자는 그 행위로 인하여 받은 이익이 현존하는 한도에서 상환할 책임이 있다(§141但). 계속적 계약관계에서는 소급효가 인정되지 않는다. 혼인이나 입양의 취소에도 소급효는 인정되지 않는다(§824, §897). 법률을 시행할 때에도 예외적으로 소급효가 인정되는 경우가 있다.

철회(撤回)
영 ; revocation　　독 ; Widerruf

아직 종국적으로 법률효과를 발생하고 있지 아니한 의사표시를 그대로 장래에 효과가 발생하지 않게 하거나 일단 발생한 의사표시의 효력을 장래를 향하여 소멸시키는 表意者(표의자)의 일방적인 의사표시이다. 민법상으로는 철회도 취소라고 부른다. 그러나 取消(취소)는 일단 의사표시의 효과가 발생한 다음에 그 효과를 遡及的(소급적)으로 소멸시키는 것인데 대하여 철회는 다만 장래에 향하여서만 그 효과를 상실시키는 점에서 兩者(양자)가 서로 다르다. 예를 들면 法定代理人(법정대리인)은 미성년자에게 준 영업의 허가를 취소할 수 있는데(민§8②) 이는 이미 발생한 효력을 향해 저지시킨다는 의미이므로 철회이다. 또한 유언자는 언제든지 유언 또는 生前行爲(생전행위)로써 유언의 전부나 일부를 철회할 수 있다(§1108①). 철회가 허용되지 않는 경우에도 그 의사표시에 관하여 취소원인이 있을 때에는 취소할 수 있다(§1024②).

추인(追認)

영 ; ratihabitio, confirmatio
독 ; Genehmigung, Bestätigung
불 ; ratification, confirmation

불완전한 법률행위를 사후에 이르러 보충하여 완전하게 하는 일방적인 의사표시이다. 세 가지의 경우가 있다. (1) 취소할 수 있는 행위의 추인(民§143) : 취소할 수 있는 행위에 의하여 발생한 불확정한 효력을 취소할 수 없는 것으로 확정하는 단독행위이다. 이론상으로는 취소권의 포기란 의미이다. 따라서 취소할 수 있는 불안정한 상태의 행위는 이후에 취소할 수 없게 되고 법률관계는 유효한 것으로 확정된다(§143①). 추인을 할 수 있는 자는 취소권자이다(§140). 그리고 추인의 방법은 취소와 같다. 취소할 수 있는 행위에 대하여 일정한 사유가 발생한 때에는 추인한 것으로 보며(법정추인 : §145), 소급효가 있다. (2) 무권대리행위의 추인(§130, §133) : 무권대리행위가 대리권 있는 행위와 같은 효력을 발생시키도록 하는 단독행위이다. 즉 무권대리행위는 본인이 추인함으로써 처음부터 유권대리였던 것과 마찬가지의 법률효과가 발생한다. 무권대리행위의 추인은 무효인 행위를 유효로 하는 성질을 가진다는 점에서 취소할 수 있는 행위의 추인과 다르다. 소급효가 인정된다. (3) 무효행위의 추인 : 무효인 행위는 추인하여도 유효하게 되지 않는다. 그러나 무효원인이 없어진 후에 당사자가 그 법률행위가 무효인 것을 알고 이를 추인한 경우에 민법은 당사자의 의사를 추측하여 비소급적 추인을 인정하고 있다. 이것은 편의상 새로운 행위를 한 것으로 본다. 따라서 새로운 행위를 하는 경우와 동일한 요건을 갖추어야 하며, 요식행위는 새로운 형식을 갖추어야 한다.

법정추인(法定追認)

취소할 수 있는 행위에 관하여 사회사람들이 일반적으로 추인이라고 인정할 만한 행위가 행해졌을 경우 취소권자의 실제의 의사와는 아무런 관계도 없이 추인과 동일한 효과를 발생시키는 것을 말한다. 이것을 법정추인이라고 한다(民§145). 예컨대 미성년자가 행한 매매계약에 대하여 법정대리인인 친권자가 대금을 지급하거나 물품의 인도를 청구하거나 담보를 설정한 것과 같은 경우에는 취소권자(위의 예에서는 친권자)의 의사여하를 불문하고 추인과 동일한 효과가 생기며 취소할 수 있는 행위의 효과는 확정되는 것이다. 즉 이후에 (1) 그 의무의 전부 또는 일부를 이행하거나 이행의 청구를 한 때, (2) 更改契約(경개계약)을 하거나 담보를 제공한 때, (3) 그 행위로부터 얻은 권리를 양도한 때, 그리고 (4) 강제집행을 한 때에는 특별한 이의가 없는 한 추인한 것으로 보게 된다.

조건(條件)

라 ; comdicio   영 ; condition
독 ; Bedingung   불 ; condition

법률행위의 효력의 발생이나 소멸을 장래의 불확실한 사실의 成否에 걸리게 하는 경우에이사실을 조건이라고 한다. 예컨대 시험에「합격하면」이라는 것처럼 법률행위의 효력의 발생에 관한 것인 때에는 정지조건이라고 하며, 반대로「불합격하면」학비를 대주지 않겠다고 하는 것처럼 법률행위의 소멸에 관한 것인 때에는 해제조건이라고 한다. 조건은 그 성부가 불확실한 점에서 기한과 동일한 법률행위의 附款이기는 하지만 장래에 반드시 도달하는 기한과 다르다. 특수한 조건으로 不法條件(불법조건)·不能條件(불능조건)·隨意條件(수의조건)·法定條件(법정조건)·旣成條件(기성조건) 등이 있으나 뒤의 두 가지는 진정한 조건이 아니다. 법률행위에 조건을 붙이는 것은 자유이지만 혼인·입양어음행위(어§12①)와 같이 확실한 효과를 발생시킬 필요가 있는 행위에는 조건을 붙일 수 없다. 또한 해제라든가 취소와 같은 단독행위에 조건을 붙이는 것은 상대방에게 불리하게 되므로 조건을 붙일 수 없다. 조건부법률행위의 효력이 발생하거나 소멸하는 것은 조건이 성취한 때부터이다. 그러한 조건의 성취에 의하여 불이익을 받는 당사자가 고의로 그 조건의 성취를 방해하였을 경우에는 상대방은 그 조건이 성취된 것으로 주장할 수 있다(民§150①). 반대로 조건의 성취에 의하여 이익을 받을 자가 고의로 신의성실의 원칙에 반하여 조건을 성취하였을 때에는 상대방은 조건불성취를 주장할 수 있다(§150②).

조건은 법률행위의 효력의 발생 또는 소멸을 장래의 불확실한 사실의 성부에 의존케 하는 법률행위의 부관으로서 당해 법률행위를 구성하는 의사표시의 일체적인 내용을 이루는 것이므로, 의사표시의 일반원칙에 따라 조건을 붙이고자 하는 의사 즉 조건의사와 그 표시가 필요하며, 조건의사가 있더라도 그것이 외부에 표시되지 않으면 법률행위의 동기에 불과할 뿐이고 그것만으로는 법률행위의 부관으로서의 조건이 되는 것은 아니다(대법원 2003. 5. 13. 선고 2003다10797).

정지조건(停止條件)

라 ; condicio suspensiva
영 ; condition precedent
독 ; aufschiebende Bedingung
불 ; condition suspensive

●────────

법률행위의 효력의 발생을 장래의 불확실한 사실에 유보해 두는 조건으로, 조건이 성취될 때까지 법률행위의 효력의 발생을 정지시킨다. 예를 들면「혼인하면 이 집을 준다」고 하는 계약의「혼인하면」이라는 것이 정지조건이다. 장래에 발생할지도 모르는 사실(위의 예에서「혼인하면」)에, 법률행위를 한 위의 예에서 증여계약)효력을 발생케 하는 것을 말한다. 정지조건의 성취(혼인)에 의하여 법률행위는 그때부터 효력이 생기느냐 하는 것은 당사자의 특약에 따르게 되나 특약이 없으면 소급하지 아니한다(民§147③).

해제조건(解除條件)

라 ; condicio resolutiva
영 ; conditio subsequent
독 ; auflösende Bedingung
불 ; condition résolutoire

●────────

법률행위의 효력의 소멸을 장래의 불확실한 사실의 발생에 둔 조건이다. 예를 들면「낙제하면 급비를 중단하겠다」고 하는 계약의「낙제하면」이라고 하는 것이 해제조건이다. 장래에 발생할지도 모르는 사실(위의 예에서「낙제하면」)에 이미 생긴 법률행위(위의 예에서 급비계약)의 효력을 소멸케 하는 것을 말한다. 해제조건의 성취에 의하여 법률행위는 그때부터 효력을 잃게 되느냐 또는 소급하여 효력을 잃게 되느냐 하는 것은 당사자의 특약에 따르게 되나 특약이 없으면 소급하지 않는다(民§146③).

조건부법률행위(條件附法律行爲)

장래의 불확실한 사실의 성부에 효력의 발생(정지조건) 또는 소멸(해제조건)의 효과가 생기는 법률행위를 말한다. 그 효력은 조건의 성취 전과 성취 후에 따라 각각 다르다.

정지조건부법률행위 (停止條件附法律行爲)

장래의 불확실한 사실의 발생에 효력의 발생 여부가 결정되는 법률행위이다. 조건 성취에 의하여 이익을 받는 자는 기대권을 가지며 이 기대권은 보호된다. 따라서 불능한 정지조건을 붙인 법률행위는 무효이다(民§151①). 정지조건의 성취의 효력은 원칙적으로 소급하지 않지만, 당사자의 특약으로써 소급시킬 수 있다(民§147③).

해제조건부법률행위 (解除條件附法律行爲)

해제조건이 붙은 법률행위이다. 해제조건이 성취되면 그 법률행위의 효력은 당연히 소멸한다(民§147②). 성취가 불능한 해제조건을 붙인 법률행위는 무조건이며, 그 법률행위는 유효이다. 불법한 해제조건을 붙인 법률행위는 그 자체가 무효이다(§151).

가장조건(假裝條件)

외관상으로는 조건같이 보이지만 사실상으로는 조건이 아닌 것이다. 이에는 (1) 旣成條件(기성조건), (2) 不法條件(불법조건) (3)不能條件(불능조건), (4) 法定條件(법정조건) 등이 있다.

기성조건(旣成條件)
라 ; conditio in praesns vel
  n praeteritum collata

그 조건의 成否(성부)가 법률행위 당시에 이미 확정되어 있는 조건이다. 이러한 기성조건이 이미 성취되고 있는 경우에는 그것이 정지조건이라면 법률행위는 조건 없는 법률행위가 되며, 해제조건이라면 그 법률행위는 무효가 된다. 그러나 반대로 조건이 이미 불성취로 확정하여 있는 경우에는 그것이 정지조건이면 무효이며 해제조건이면 조건 없는 법률행위가 된다(民§151②, ③). 기성조건은 진정한 의미에서의 조건이라고 할 수 없다.

불법조건(不法條件)

조건이 붙여짐으로 인하여 행위의 전체가 위법성을 가지게 되어 선량한 풍속 기타 사회질서에 위반하는 것일 때에 이를 불법조건이라 한다. 예컨대 갑을 죽이면 백만원을 준다고 하는 것과 같은 경우이다. 조건인 사실자체가 불법한 것이 많은데 반드시 그렇다고 만은 볼 수 없다. 살인을 하지 않을 것을 조건으로 백만원을 준다고 하는 계약은 그 조건인 사실 자체만을 보면 아무런 불법이 되지 않으나 당연히 해서는 안될 비행을 특히 하지 않을 것을 조건으로 하여 돈을 주기 때문에 법률행위 전체로서 위법성을 띠게 되는 것이다. 이러한 條件附法律行爲(조건부법률행위)는 무효이다(民§151①).

불능조건(不能條件)

조건의 성취가 사실상·법률상·불가능한 조건이다. 예를 들면 물위를 걸으면 시계를 주겠다라는 것과 같이 사회통념상 그 현실이 불가능한 사실을 조건으로 하는 것이다. 불능조건을 정지조건으로 하는 법률행위는 법률행위전체가 무효이다. 기대권으로서의 가치를 가지지 않기 때문이다(民§151③). 또 불능조건을 해제조건으로 하는 법률행위는 조건 없는 법률행위가 된다(§151③). 불능의 해제조건만이 무효가 되기 때문에 일부무효가 된다.

법정조건(法定條件)

라 ; condicio iuris
독 ; Rechtsbedingung
불 ; condition de droit

법률이 법률요건으로 정하고 있는 사실을 법정조건이라고 한다. 즉 어떤 법률행위가 효력을 발생하기 위하여 필요한 조건을 미리 법률로써 규정하는 것이다. 예컨대 이행지체로 인한 계약의 해제를 위해서는 우선 최고를 하고 최고기간내에 이행하지 않는 경우 해제권이 발생하는데(民§544), 최고기간내의 불이행이 해제권 발생의 요건인데 이것을 법정조건이라고 한다. 본래 조건은 당사자가 법률행위의 내용으로서 임의로 정하는 것이므로 이것은 진정한 의미에서 조건으로 볼 수 없다. 따라서 최고기간내에 불이행할 때에는 이를 해제한다라고 하는 의사표시는 條件附解除(조건부해제)의 法律行爲(법률행위)라고 볼 수 없다.

수의조건(隨意條件)

라 ; condicio potestativa
독 ; Potestativbedingung
불 ; condition potestative

조건의 성부가 당사자의 일방적 의사만에 관계되는 것을 수의조건이라 한다. 이에 반하여 「내일 비가 온다면」과 같이 조건의 성부가 당사자의 의사로는 어떻게 할 수 없는 사실에 관계되게 하는 조건을 非隨意條件(비수의 조건)·偶成條件(우성조건)이라고 한다. 수의조건 가운데는 「마음이 내키면 시계를 주겠다」고 하는 것과 같이 조건의 성부가 단순히 당사자의 자의에 매여 있는 純粹隨意條件(순수수의조건)과 「여행할 때는 너를 동반하겠다」고 하는 것과 같이 어떤 사실적 상태의 성부를 당사자가 임의로 결정하여 이것을 조건으로 하는 單純隨意條件(단순수의조건)이 있다. 수의조건을 정지조건으로 하는 법률행위는 법률행위 전체가 무효이다. 기대권으로 파악할 필요가 없기 때문이다. 반면에 수의조건을 해제조건으로 하는 법률행위는 조건 없는 법률행위로서 해제조건만이 무효로 되어 일부무효가 된다.

조건부권리(條件附權利)

조건의 성부가 미정인 동안에 당사자일방은 조건의 성취로 일정한 이익을 얻게 될 「기대」를 가지게 된다. 이 권리를 조건부권리라고 하며 이른바 기대권 또는 희망권의 일종이다. 민법은 이를 권리로서 보호하고, 조건부의무를 지는 상대방이 조건부권리자의 이익을 해치는 것을 금지함과 동시에 조건부권리의무를 일반규정에 따라서 처분·보존·담보하는 것을 인정하였다(民§148, §149). 재산의 청산인 경우에는 조건부권리의 평가에 관하여 특칙이 있다(民§1035, 商§259④).

조건부채권(條件附債權)

채권관계의 발생이나 소멸이 조건의 성부에 달려 있는 채권이다(破§18, §238). 아직까지 성립하고 있지 않지만 장래 성립할지도 모른다는 기대가 걸려있는 채권(정지조건부채권)과 현재에 성립하고 있지만 장래 소멸될지도 모른다는 기대를 가지고 있는 채권(해제조건부채권)이 있다.

기한(期限)

라 ; dies
독 ; Termin, Zeitbestimmung   불 ; terme

법률행위효력의 발생·소멸 또는 채무의 이행을 장래 발생할 것이 확실한 사실에 의존하게 하는 법률행위의 부관이다(民§152~§154). 조건은 그 성취여부가 불확실한데 반하여 기한은 발생사실이 확실하다. 예를 들면 「비가 오면」 은 언젠가는 비가 올 것이므로 기한이지만, 「10월 이내에 비가 오면」 은 불확실하므로 조건이다. 기한은 도래시기가 언제인지 확실한 확정기한과 언제 도래할지 확실하지 않은 불확정기한의 두 가지가 있다. 「내년 2월 1일」 은 확정기한이며, 「갑이 사망하는 날」 은 불확정기한이 된다. 그리고 법률행위의 효력의 발생 또는 채무의 이행에 관한 기한을 시기라 하고, 법률행위의 효력소멸에 관한 기한을 終期(종기)라 한다(§152). 「내년 2월 1일부터 생활비를 지급하겠다」 고 할 때에는 내년 2월 1일은 시기가 되지만, 「갑이 사망할 때까지 생활비를 지급하겠다」 고 약속하였을 때 갑의 사망이라는 사실은 종기가 된다.

불확정기한(不確定期限)

독, ungewisse Zeitbestimmung
불, terme incertain)

기한으로 도래할 사실의 발생시기가 불확정한 기한을 말한다. 기한으로 도래할 사실은 장래 발생할 것이 객관적으로 확정되어야 하지만, 그 발생시기는 반드시 확정될 필요가 없다. 예컨대 '매년 1월 1일', '오늘부터 3개월 후'와 같이 발생할 시기가 달력 위에 처음부터 확정되어 있는 것을 확정기한이라 하고, '내가 죽을 때', '비가 온 때'와 같이 발생할 시기가 불확정한 기한을 불확정기한이라고 한다. 불확정기한도 도래할 것이 확정되어 있다는 점에서 성부 자체가 미확정인 조건과 다르다. 예컨대 '어떤 사람이 죽는다면'과 같은 것은 장래에 발생할 것이 객관적으로 확정되어 있는 사실을 조건으로 한 경우이지만, 그 본질은 조건이 아니라 불확정기한이다. 그러나 '어떤 사람이 올해 안에 죽는다면'과 같은 경우는 올해 안에 죽는다는 것이 불확정하기 때문에 진정한 조건이다. 불확정기한과 조건의 구별은 개념상으로는 명백하지만 구체적인 경우, 즉 채권계약에서 장래 발생할 것이 불확정한 사실이 발생한 때에 이행할 뜻을 약정한 경우에 이를 채무의 발생을 정지조건으로 할 것인가 또는 채무는 확정적으로 발생하고, 그 이행을 불확정기한으로 볼 것인가를 결정하는 것이 사실상 곤란한 경우가 많다. 이 경우 의사해석에 의해 결정할 문제이고, 당사자 사이에 장래 반드시 지급할 의사가 있는 때는 불확정기한이며, 당해 사실의 불발생의 경우에 채무를 면한다는 의사가 있을 때는 조건이다.

> 부관이 붙은 법률행위에 있어서 부관에 표시된 사실이 발생하지 아니하면 채무를 이행하지 아니하여도 된다고 보는 것이 상당한 경우에는 조건으로 보아야 하고, 표시된 사실이 발생한 때에는 물론이고 반대로 발생하지 아니하는 것이 확정된 때에도 그 채무를 이행하여야 한다고 보는 것이 상당한 경우에는 표시된 사실의 발생 여부가 확정되는 것을 불확정기한으로 정한 것으로 보아야 한다(대법원 2003. 8. 19. 선고 2003다24215).

기한부법률행위(期限附法律行爲)

기한을 붙인 법률행위를 말한다. 즉 법률행위의 당사자가 그 효력의 발생·소멸 또는 채무의 이행을 장래에 발생하는 것이 확실한 사실에 의존하게 하는 부관이 붙은 법률행위이다. 기한을 붙이는가의 여부는 원칙적으로 행위자의 자유이지만 기한을 붙일 수 없는 법률행위도 있다. 예를 들면 혼인이나 입양에는 기한을 붙일 수 없으며, 취소·추인·상계 등은 시기를 붙일 수 없다. 기한부법률행위는 기한의 도래 전에는 당사자는 기대권과 기한의 이익을 가지며 기한이 도래하면 종기부의 경우는 그 효력을 잃고 시기부의 경우는 그 효력이 발생한다(民§152). 기한은 도래하는 것이 결정되어 있으므로 조건부법률행위와 같이 미확정한 상태가 발생하지 않는다.

기한이익(期限利益)

기한이익이란 법률행위에 기한이 붙음으로써 당사자가 얻는 이익을 말한다. 기한이익은 채무자측에 있다고 추정된다(民§153①). 그러나 無償任置(무상임치)와 같이 채권자 측에만 있는 것과 利子附消費貸借(이자부소비대차)와 같이 채무자와 채권자 쌍방에 있는 것이 있다. 기한의 이익은 포기할 수 있으나 이자가 붙은 借金(차금)을 기한전에 변제할 경우는 貸主(대주)의 손해를 배상하지 않으면 안된다(§153②). 즉 기한의 이익이 상대방에게도 있는 경우에는 일방적으로 포기함으로써 상대방의 이익을 해하지 못한다(§153②但). 그리고 기한의 이익을 가진 채무자에 대하여 그 신용이 위험하게 될 일정한 사정 즉 채무자의 파산, 담보의 소멸·감소 담보제공의무의 불이행 등 그 신용을 잃는 사실이 있었을 때는 의무자는 기한의 이익이 박탈된다(§154, §148, §149).

시기·종기(始期·終期)

법률행위의 효력이 발생하는 시기 및 채무를 이행하는 시기를 시기라 하고, 법률효과가 소멸하는 시기를 終期(종기)라고 한다. 민법상의 기한에는 시기와 종기가 있는 바, 시기는 기한의 도래로 인하여 법률효과가 발생하며 종기는 기한의 도래로 인하여 소멸한다. 졸업할 때까지 매년 10만원씩 지급한다는 약속에서「졸업의 시기」는 채무의 종기에 해당한다.

기간(期間)
독 ; Frist　　　　불 ; délai

일정한 시점에서 다른 시점까지의 시간적인 간격을 의미한다. 시간은 지금부터 1년·1주간·1시간과 같이 시간의 경과를 내용으로 하므로 일정한 시점을 나타내는 기일과는 다르다. 기간은 시효나 연령과 같이 법률상 여러 가지 효과가 주어지므로 민법에 일반적인 계산방법을 정하고 법령·재판상의 처분 또는 법률행위에 특별한 규정이 없는 경우에는 이에 따르도록 하고 있다(民§155). 그 계산방법에는 두 가지 방법이 있다. (1) 自然法的 計算方法(자연법적 계산방법) : 시간을 시·분·초로 정한 때에는 그 시점부터 기산하여 정해진 시점까지 사실 그대로 계산하는 방법이다(§156). (2) 曆法的 計算方法(역법적 계산방법) : 日이상을 단위로 정한 경우에는 초일은 산입하지 않고 다음 날부터 계산하며 또 월 또는 년으로 단위를 정한 때는 日로 환산하지 않고 曆에 따라 계산하는 방법이다(§157, §160). 그러므로 주·월·년의 처음부터 기산하지 않을 때는 최후의 주·월·년에서 기산일에 해당하는 날의 전일을 만기로 한다. 예컨대 3월 20일에 지금부터 2개월이라고 하면 3월 21일부터 기산하여 5월 20일에 만료된다. 기간의 말일이 토요일 또는 공휴일에 해당하는 때에는 기간은 그 다음날로 만료일이 된다(§161). 위와 같은 기간계산의 원칙에는 예외가 있는데, 연령계산에 있어서는 초일을 산입하도록 되어 있으며(§158) 가족법상 신고기간은 신고사건발생일부터 기산하게 되어 있다. 재판의 확정일로부터 기간을 기산하여야 할 경우에 재판이 송달 또는 교부전에 확정된 때에는 그 송달 또는 교부된 날로부터 기산한다.

종기(終期)
독, Endtermin
불, terme final, terme extinctif)

시기에 상대되는 개념으로, 그 도래로써 법률행위의 효력이 소멸되는 기한(민법 150조2항)을 말한다.

기간의 기산점(期間의 起算點)

기간계산의 처음이 되는 시점이다. 만료점에 대한다. 민법은 기간이 시·분초를 단위로 하는 기간의 계산은 즉시를 기산점으로 하며(자연법적 계산방법 民§156), 일·주·월·년을 단위로 하는 기간의 기산점은 기간이 오전 0시로부터 시작하는 외에는 초일을 산입하지 않고 다음날로부터 기산한다(역법적 계산방법 民§157). 그러나 역법적계산방법에 관하여는 법령에 의하여 초일을 산입하는 것이 적지 않다(民

§158, 刑§84①, §85, 刑訴§66①但). 즉 기간이 오전 0시로부터 시작된 때에는 예외이며 연령계산에는 출산일을 산입한다. 가족법상 신고기간은 신고사건 발생일부터 기산하게 되어 있다.

기간의 만료점(期間의 滿了點)

기간계산이 끝나는 시점이다. 기산점에 대한다. 기간이 시·분초를 단위로 할 때에는 정해진 시·분·초의 종료를 만료점으로 하고(자연법적 계산방법), 일·주·월·년을 단위로 하는 경우에는 말일의 종료를 만료점으로 한다(역법적 계산방법). 말일의 종료라 함은 말일의 오후 12시가 경과함을 말한다(民§159). 일의 경우에는 당해 말일을 만료점으로 하고 주·월·년의 경우에는 曆에 따라 계산한다. 주, 월 또는 연의 처음으로부터 기간을 기산하지 아니하는 때에는 최후의 주, 월 또는 연에서 그 기산일에 해당한 날의 전일로 기간이 만료한다. 월 또는 년으로 정한 경우에 최종의 월에 해당일이 없는 때에는 그 월의 말일로 기간이 만료한다(§160). 말일이 토요일 또는 공휴일에 해당할 때에는 그 익일에 종료한다(§161).

역법적 계산법(曆法的 計算法)
라 ; computatio civil

기간을 역법상의 단위 즉 일·주·월·년에 따라 계산하는 방법이다. 자연적 계산방법에 대립한다. 자연적 계산방법에 비하여 정밀하지는 않지만, 장기의 계산에 편리한 방법이다. 민법은 기간이 일 이상의 단위로 정해질 때에는 역법적 계산방법에 따르도록 규정하고 있다(民§157~§161).

연령(年齡)

연령은 冊曆(책력)에 따라서 계산하는데 (民§160), 초일을 산입치 않는 민법상 기간의 일반적 계산방법과는 달리 초일, 즉 출생일부터 기산한다. 따라서 가령 4월 1일 출생한 자는 여섯 번째의 생일날 전일인 3월 31일이 만료함으로써 만 6세가 된다. 그밖에 일정한 연령에 이르면 공법상사법상의 자격능력을 취득하는 요건이 되는 일이 많다(선거권·행위능력의 취득 따위).

시효(時效)

라 ; usucapio, praescriptio
독 ; Verjährung
불 ; prescription

일정한 사실 상태가 일정기간 계속되어 온 경우에 그 사실상태가 진정한 권리관계와 합치하는지 여부를 묻지 않고 법률상 사실상태에 대응하는 법률효과를 인정하여 주는 제도이다. 즉 일정한 사실상태가 일정한 기간동안 계속함으로써 법률상으로 권리의 취득 또는 권리의 소멸이 일어나게 하는 법률요건을 시효라 한다. 시효에는 타인의 물건을 오랫동안 점유함으로써 권리를 취득하게 되는 취득시효와 장기간 권리를 행사하지 않음으로써 권리가 소멸되는 소멸시효가 있다. 민법은 소멸시효에 관하여는 총칙편의 마지막 장에 (民§162~§184), 취득시효에 관하여는 물권법에 소유권취득의 원인으로서 규정하고 있다(§245~§248). 이와 같은 시효제도를 두고 있는 근거는 (1) 일정한 사실의 영속상태를 기초로 하여 형성된 여러 가지 법률관계가 오랜 뒤에 진정한 권리자가 나타나서 이 사실상태를 뒤엎어버리게 되면 사회질서가 혼란에 빠진다는 점, (2) 영속한 사실상태가 과연 진정한 권리관계와 합치하는가 여부는 결국 소송에 의하여 가려지게 되는데 그 동안 증거자료의 散逸(산일)·滅失(멸실) 등 擧證(거증)의 곤란이 따른다는 점, (3) 권리를 가지고 있는 자는 오래도록 방치하고 권리행사를 하지 않는 것은 「권리위에 잠자는 자는 보호할 필요가 없다」 (Lex vigilantibus, non dormientibu-s, subvent)는 원리에서 보호의 가치가 없다는 점을 든다. 또 시효의 효과는 기산일로 소급하므로(民§167) 취득시효에서는 처음 점유를 하거나 권리행사를 한 때로부터 권리자였던 것이 되고, 소멸시효에서는 권리를 행사 할 수 있었던 때부터 소멸한 것이 된다. 시효의 완성을 방해하는 사유로는 시효의 중단과 정지가 있으며 이미 완성한 시효의 이익을 받지 않겠다는 의사표시, 즉 시효의 포기가 인정되고 있다 (民§184).

시효제도의 존재이유는 영속된 사실상태를 존중하고 권리 위에 잠자는 자를 보호하지 않는다는 데에 있고 특히 소멸시효에 있어서는 후자의 의미가 강하므로, 권리자가 재판상 그 권리를 주장하여 권리 위에 잠자는 것이 아님을 표명한 때에는 시효중단사유가 되는바, 이러한 시효중단사유로서의 재판상의 청구에는 그 권리 자체의 이행청구나 확인청구를 하는 경우만이 아니라, 그 권리가 발생한 기본적 법률관계에 관한 확인청구를 하는 경우에도 그 법률관계의 확인청구가 이로부터 발생한 권리의 실현수단이 될 수 있어 권리 위에 잠자는 것이 아님을 표명한 것으로 볼 수 있을 때에는 그 기본적 법률관계에 관한 확인청구도 이에 포함된다고 보는 것이 타당하다(**대법원 1992. 3. 31. 선고 91다32053 전원합의체 판결**).

시효의 정지(時效의 停止)
독 : Hemmung der Verjährung

시효기간의 만료시에 즈음하여 권리자에게 시효를 중단하는 것이 곤란한 사정이 있는 경우에 일정기간에 한하여 시효의 완성을 유예하는 것을 말한다. 이는 권리의 불행사가 권리자의 태만에 의한 것이라 할 수 없는 경우에 이를 보호하려는 하는 제도이다. 정지는 중단과 달리 이미 경과한 시효기간은 무효로 하지 않는다. 시효의 정지사유로는 다음과 같은 것이 있다. (1)시효기간 만료 전 6월내에 제한능력자의 법정대리인이 없는 때에는 그가 능력자가 되거나 법정대리인이 취임한 때로부터 6월내에는 시효가 완성하지 않는다(민법 179조). (2)제한능력자가 그의 재산을 관리하는 부모 또는 후견인에 대하여 갖는 권리에 있어서 그 자가 능력자가 되거나 후임의 법정대리인이 취임한 때로부터 6월내에는 시효가 완성하지 않는다(민법 180조1항). (3)부부의 일방의 그 배우자에 대한 권리는 혼인관계가 종료한 때로부터 6월내에는 소멸시효가 완성하지 않는다(민법 180조2항). 이는 부부 사이에서 시효중단절차를 밟는다는 것이 실제상으로는 용이하지 않기 때문이다. (4)상속재산에 속하는 권리나 그에 대한 권리는 상속인의 확정, 관리인의 선임 또는 파산선고가 있는 때로부터 6월내에는 시효가 완성하지 않는다(민법 181조). (5)그밖에 천재 기타 사변으로 인하여 시효를 중단할 수 없을 때에는 그 사유가 종료한 때로부터 1월내에는 시효가 완성하지 아니한다(민법 182조). 여기서 천재란 지진·홍수 등의 자연력을 의미하고, 기타 사변이란 폭동·전쟁 등과 동시할 수 있는 외부적 장애를 의미한다. 권리자의 질병·부재 등의 주관적 사유는 포함하지 않는다.

시효의 원용(時效의 援用)

시효의 이익을 받을 자가 시효의 이익을 받겠다고 하는 주장을 시효의 원용이라고 한다. 시효가 완성되어 권리나 의무가 득실 가능한 상태에 놓여 있더라도 당사자의 주장이 없는 이상 법원은 시효완성사실을 가지고 재판할 수 없는 것이다. 즉 소멸시효에서 채권을 10년간 행사하지 아니하면 소멸시효가 완성한다고 규정하였을 뿐 그 완성의 효력이 무엇인가는 불명하지만 소송의 경우에는 소멸시효의 완성으로 이익을 받을 자가 이를 주장하지 않으면 법원은 이를 재판의 기초로 할 수 없다고 보고 있다. 즉 시효의 완성과 시효의 원용의 성질에 관하여는 견해가 갈리고 있는데 (1) 絶對的 消滅說(절대적 소멸설)에 의하면 시효의 완성으로 권리가 절대적으로 소멸하는 것이며, 당사자가 주장하지 않는 동안에는 법원이 이를 재판의 기초로 할 수 없을 뿐이라고 한다. (2) 相對的 消滅說(상대적 소멸설)에 의하면 시효가 완성한 뒤에 이익을 받을 자가 원용을 하거나 이익을 포기함으로써 비로소 실체법상 권리관계가 확정하게 된다고 한다. 시효의 원용을 할 수 있는 자는 시효의 완성으로 권리를 취득하거나 의무를 면할 수 있는 이익이 있는 자에 한한다.

소멸시효(消滅時效)
라 ; praescriptio extinctiva
독 ; Verjährung
불 ; prescription extivctive

권리를 행사할 수 있음에도 불구하고

권리 불행사의 상태를 일정기간 계속함으로써 권리소멸의 효과를 생기게 하는 제도이다. 취득시효와 함께 널리 시효라고 불리운다. 소유권 외의 재산권은 모두 소멸시효에 걸리는 것이 원칙이지만 相隣權(상린권)·占有權(점유권)·物權的 請求權(물권적 청구권) · 擔保物權(담보물권)은 소멸시효에 걸리지 않는다.

(1) 채권의 시효기간은 ㉮ 민법은 10년(民§162①), 상사는 5년(商§64), ㉯ 의사 변호사의 직무에 관한 채권이나 운임 등의 특수한 채권에는 3년에서 1년까지의 단기의 시효기간이 인정된다(民§163, §164, 勤基§41), ㉰ 10년 이하의 短期時效(단기시효)가 인정되는 채권에 대하여서도 그에 대하여 確定判決(확정판결)이 있은 때에는 그 효과기간은 10년으로 된다(民§165①). (2) 채권 이외의 재산권의 소멸시효는 20년이 원칙이다(民§162②), ㉮ 소유권은 소멸시효에 걸리지 않지만 타인이 취득시효로 취득하는 결과로서 소멸하는 경우가 있다. 또한 ㉯ 점유권은 점유하고 있는 사실만으로 성립하며(民§192①), 점유를 계속하는 한 점유권이 소멸되지 않으므로 소멸시효의 적용이 없다(民§192②). ㉰ 유치권도 그 존속을 위하여 점유의 계속이 요구되며(民§320①), 점유를 상실하면 유치권도 소멸하므로(民§328) 소멸시효의 적용이 없다. ㉱ 담보물권은 피담보채권이 존속하는 한 독립하여 소멸시효에 걸리지 않는 것이 원칙이다(民§369). 결국 소멸시효에 걸릴 수 있는 물권은 地上權(지상권)·地域權(지역권)·傳貰權(전세권) 뿐이다. (3) 시효의 기산점은 권리를 행사할 수 있는 때부터이다(民§166②). (4) 消滅時效完成(소멸시효완성)의 효과에 관하여는 소멸시효가 완성함으로써 권리자체가 절대적으로 소멸한다는 절대적 소멸설과 권리자체가 소멸하는 것이 아니라 다만 시효로 인하여 이익을 받는 당사자에게 권리의 소멸을 주장할 수 있는 권리를 발생시킬 따름이라고 하는 상대적 소멸설이 대립되어 있다. 판례는 기본적으로 절대적 소멸설을 따르는 것으로 평가된다(65다2445참조). 다만, 상대적 소멸설의 논리에 따르는 판례도 존재한다(79다1863참조). 상대적 소멸설에 의할 때 소멸시효는 당사자가 권리의 소멸을 주장(소멸시효의 원용)함으로써 비로소 권리가 소멸한다. 그리고 당사자는 소멸시효로 인하여 받는 이익을 포기(소멸시효이익의 포기)할 수도 있다. 소멸시효는 그 기산일에 소급하여 효력이 생긴다(民§167).

> 당사자의 원용이 없어도 시효완성의 사실로서 채무는 당연히 소멸한다(**대법원 1966. 1. 31. 선고 65다2445**).

> 소멸시효기간 만료에 인한 권리소멸에 관한 것은 소멸시효의 이익을 받은 자가 소멸시효완성의 항변을 하지 않으면, 그 의사에 반하여 재판할 수 없다(**대법원 1980. 1. 29. 선고 79다1863**).

단기시효(短期時效)
독 ; kurze Verjährung

넓은 뜻으로는 일반채권의 시효기간인 10년(民§162①)보다 기간이 짧은 소멸시효를 말한다. 그러므로 단기시효에는 소멸시효가 5년인 일반상사채권(商§64)도 포함된다. 그러나 보통은 그보다 짧은 3년이하의 것을 가리킨다. 즉 우리 민법은 3년의 단기시효(§163)와 1년의 단기시효(§164)를 규정하고 있으며 상법에도 단기시효가 인정되고 있다(商§122, §662·어§70·수§51) 등). 그 취지는 보통 빈번하게 생기는 비교적 소액의 채권으로 수취증서의 교부·보존이 어려운 것에 대한 법률관계를 조속히 확정시켜 분쟁을 없애기 위한 것이다. 그러나 단기시효제도는 소액채권자에게는 불리한 제도이므로 간편하게 채권을 실현함으로써 소액채권자를 보호하기 위하여 소액사건심판법원을 설치·운영하고 있다. 또한 판결에 의하여 확정된 채권·파산절차에 의하여 확정된 채권, 재판상의 화해·조정 기타 판결과 동일한 효력이 있는 것에 의하여 확정된 채권은 단기소멸시효에 해당하는 것이라도 그 소멸시효는 10년으로 한다(民§165①, ②). 단 기한부채권에 있어서 기한에 이르기 전에 확정판결을 받은 경우와 같이 확정될 당시에 아직 변제기가 오지 않은 채권은 그러하지 아니하다(民§165③).

취득시효(取得時效)

라 ; prascriptio acquisitva,
　　usucapio
독 ; Ersitzung
불 ; prescription acquisitve

타인의 물건을 일정기간 계속하여 점유하는 자에게 그 소유권을 취득케하거나 소유권 이외의 재산권을 일정기간 계속하여 사실상 행사하는 자에게 그 권리를 취득케 하는 제도이다. 소멸시효와 함께 널리 시효라고 불린다. (1) 소유권의 소득시효의 요건은 다음과 같다. ㉮ 소유의 의사로서 점유하고 있으며 자주점유 이어야 한다. ㉯ 그 점유가 평온, 공연히 행해져야 한다. ㉰ 그 점유가 일정기간 계속되어야 한다. 그 기간은 ⓐ 부동산일 경우에는 점유자가 소유자로 등기가 되어 있지 않으면 20년이며 시효완료시 등기로써 소유권을 취득한다. 점유자가 소유자로 등기가 되어 있으면 10년만에 소유권을 취득한다(民§245). 이 경우에 점유

자가 처음 선의·무과실인 경우에는 10년, 그렇지 않은 경우에는 20년이다. ⓑ 동산의 경우에는 점유가 선의·무과실인 경우 5년, 그렇지 않은 경우 10년이다(§246). (2) 소유권 이외의 재산권의 취득시효의 요건은 소유권취득시효의 요건이 준용된다(§248). 따라서 부동산은 권리자로서 미리 등기되어 있는지의 여부에 따라 10년과 20년, 동산은 선의·무과실이냐에 따라 5년과 10년이다. 취득시효는 재산권에 한하여 적용되고 가족권(신분권)에는 적용되지 않는다. 직접 법률의 규정에 의하여 성립하는 재산권(예 : 점유권·유치권)과 법률에 의하여 시효취득이 금지된 재산권(예 : §294)은 취득시효의 목적이 될 수 없다. 또 재산적 지배권이 아닌 청구권(예 : 채권)과 형성권(예 : 취소권·해제권·해지권) 및 점유나 준점유를 수반하지 않는 물권(예 : 저당권) 등은 그 성질상 취득시효의 목적이 되지 않는다. 전세권은 사실상 그 예가 드물지만 이론상 시효취득을 인정하여야 한다는 견해가 유력하다. 취득시효의 요건을 갖추면 권리취득의 효력이 확정적으로 생긴다. 취득시효로 인한 권리취득은 원시취득이며 그 점유를 개시한 때에는 소급한다(民§247①).

이해관계인(利害關係人)

이해관계인이란 특정한 사실에 관하여 법률상의 이해를 가진 자를 말한다. 즉, 그 사실의 여하에 따라 이미 보유하고 있는 자기의 권리·의무에 직접적인 영향을 받는 자이다(民§22, §27, §44, §63, §963).

제척기간(除斥期間)

영 ; limitation   독 ; Ausschlussfrist
불 ; délai préfix

●━━━━━━━━━━━━━━━

어떤 권리에 대하여 법률이 예정하는 존속기간이다. 법정기간의 경과로써 당연히 권리의 소멸을 가져오는 것이다. 즉 권리의 존속기간인 제척기간이 만료하게 되면 그 권리는 당연히 소멸하는 것이 된다. 소멸시효와 비슷하지만 다음의 점이 다르다. (1) 제척기간에는 시효과 같은 포기·중단·정지라는 문제가 있을 수 없다. (2) 시효의 이익은 당사자가 원용함으로써 재판에서 고려되는 것이지만, 제척기간은 당연히 효력을 발생하기 때문에 법원은 이를 기초로 재판하지 않으면 안된다. 그러나 어느 것이 제척기간에 해당하는가의 구별은 용이하지 않다. 민법은 제척기간에 대하여 여러 곳에 분산적으로 규정하고 있을 뿐 체계적으로 규정한 바가 없다. 대략 법문에 「시효에 의하여」라고 규정된 것 이외에는 제척기간으로 해석되고 있다. 그 밖에도 조문에 관계없이 법문의 취지나 권리의 성질 등을 참작하여 실질적으로 판단해야 할 것이라는 견해도 있다. 占有保護請求權(점유보호청구권)(民§204③, §205③)·買受人의 擔保責任追求權(매수인의 담보책임추구권)(民§573, §575③)·賣渡人의 瑕疵擔保責任(매도인의 하자담보책임)(民§582)에 관한 기간 등은 제척기간의 예이다.

시효의 중단(時效의 中斷)

독 ; Unterbrechung der Verjährung

●━━━━━━━━━━━━━━━

시효의 진행 중에 시효의 기초가 되는 사실상태의 계속이 중단되는 어떤 사실(권리자의 권리행사·의무자의 의무승인)이 발생했을 경우에 시효기간의 진행을 중단시키는 것이다. 시효가 중단되면, 이미 진행한 시효기간은 효력을 전부 상실하게 되며, 그 중단사유가 종료하였을 때로부터 다시 시효기간을 계산하게 된다(民§178). 시효중단사유로는 (1) 민법이 정하고 있는 법정중단사유는 다음과 같다. ㉮ 청구(民§168Ⅰ) : 권리자가 시효의 완성으로 이익을 얻는 자에 대하여 그의 권리 내용을 주장하는 것이다. 즉 재판상의 청구인 소의 제기와 권리자가 의무자에 대하여 의무의 이행을 촉구하는 최고 등이 주요한 것이고 그 밖에도 지급명령·화해를 위한 소환·임의출석·파산절차의 참가(民§170~§174) 등이 있다. 다만 최고는 이를 한 후에 6개월 이내에 다시 소의 제기나 강제집행 등의 강력한 중단행위를 하여야 한다. ㉯ 압류, 가압류, 가처분(§168Ⅱ) : 압류는 확정판결 기타의 집행권원(채무명의)에 기하여 행하는 강제집행이며 가압류와 가처분은 강제집행을 보전하는 수단이다. ㉰ 승인(§168Ⅲ) : 즉 시효의 이익을 받을 당사자가 상대방의 권리의 존재를 인정하는 뜻을 표시하는 것이다(§177). (2) 자연중단사유는 취득시효완성의 요소인 점유 또는 준점유의 사실이 소멸하는 것이다(또는 점유의 상실). 이와 같은 법정중단사유는 취득시효와 소멸시효에 공통하는 것이고(§247②) 자연중단사유는 취득시효에 특유한 중단사유이다.

시효이익의 정지 (時效利益의 停止)

독 ; Hemmung der verjährung

●━━━━━━━━━━━━━━━

시효가 완성될 즈음에 권리자가 중단행위를 하는 것이 불가능하든가 현저하게 곤란한 사정이 있을 경우에 시효의 완성이 一時 猶豫(일시유예)되는 것이다(민§179~§182).

시효완성에 있어서의 권리자의 불이익을 막기 위하여 시효의 진행을 일시정지시키는 제도이다. 따라서 시효의 정지는 시효의 진행이 정지할 뿐이며 정지사유가 그치고 일정한 유예기간이 경과하면 시효가 완성한다. 즉 시효의 중단과 같이 경과한 기간이 효력을 잃게 되는 것이 아니라 일정기간 지나면 다시 시효가 계속 진행한다. 시효의 정지사유는 다음과 같다. (1) 제한능력자에게 法定代理人(법정대리인)이 없는 경우(민§179), (2) 제한능력자가 財産管理人(재산관리인)에 대하여 권리를 갖는 경우(§180①), (3) 부부간의 권리에 있어서 婚姻解消(혼인해소)가 있는 경우(§180②), (4) 相續人未確定(상속인미확정)·상속재산에 관리인의 선임 또는 破産宣告(파산선고)가 없는 경우(§181), (5) 천재 기타 사변으로 시효의 中斷(중단)이 불가능할 경우(§182)이다. 이 경우에 그 사유가 소멸한 때로부터 (1)~(4)의 경우에는 6월, (5)의 경우에는 1월간 시효는 완성하지 않는다. 민법은 시효의 정지를 해소시효에만 규정하고 취득시효에 관하여는 준용한다는 규정이 없다. 그러나 취득시효에 관하여 시효의 정지를 배척할 이유가 없으므로 취득시효의 완성으로 인한 권리를 상실하게 될 자에게도 소멸시효의 정지에 관한 규정을 유추적용하여야 한다.

시효이익의 포기
(時效利益의 抛棄)

시효로 생기는 법률상의 이익을 받지 않겠다는 일방적 의사표시이다. 이에 의하여 시효의 효과는 처음부터 없었던 것으로 확정된다.시효제도는 영속한 사실상태를 정당한 법률상태로 높여주는 것인데 당사자가 이익을 받기를 원치 않을 때에는 이를 강제할 아무런 이유가 없다. 오히려 당사자의 의사를 존중하는 것이 옳다. 이것이 포기를 인정하는 이유이다. 그러나 시효이익을 받을 수 있는 자를 억압하거나 관련자의 농간에 의한 진의 아닌 포기는 부당하므로 민법은 시효의 완성전에 미리 포기하는 것을 금하고 있다(民§184①). 시효이익의 포기방법은 어떤 것도 가능하다. 그런데 시효의 완성을 모르고 변제하였을 경우 이를 시효이익의 포기로 볼 것인지가 문제이다. 이 경우 이미 변제하였으므로 신의칙상 시효이익을 포기하지 않는다는 유보가 없는 한 포기로 보는 것이 타당하다.

물 권 법

물권(物權)
라 ; ius in re   영 ; real rights
독 ; Sachenrechte   불 ; droits réels

특정한 물건(또는 재산권)을 직접·배타적으로 지배하여 이익을 향수하는 것을 내용으로 하는 권리이다. 물권의 본질은 다음과 같다. (1) 그 목적물을 직접지배하는 권리이다. 직접 지배란 권리의 실현을 위하여 타인의 행위를 요하지 않는다는 뜻이다. 따라서 권리실현을 위하여 채무자의 행위를 요하는 채권과 다르다. (2) 배타적인 권리이다. 즉 동일물에 관하여 동일내용의 2개 이상의 물권이 동시에 존재할 수 없다(일물일권주의). 따라서 제3자를 해하지 않도록 엄격한 공시를 필요로 한다. 물권은 우선적 효력·소급적 효력을 가지고 있으므로 물권의 내용여하에 따라서 제3자에게 불의의 손해를 주지 않게 하기 위하여 물권의 종류 및 내용을 제한하여 당사자가 임의로 창설할 수 없으며, 오직 법률이나 관습법에 의해서만 창설된다(物權法定主義 : 民 §185). 물권은 크게 소유권과 用益物權(용익물권)(지상권·지역권·전세권) 및 擔保物權(담보물권)(유치권·질권·저당권) 그리고 사실상 지배관계에서 발생하는 점유권 등을 총칭한다. 물권에 있어서 직접지배의 대상은 특정·독립의 물건을 원칙으로 하지만 예외적으로 권리질권 같은 재산권과 재단저당 같은 물건의 집합일 수도 있다. 물권의 효력에는 (1) 내용이 충돌하는 물권 상호간에는 먼저 성립한 물권이 후에 성립한 물권보다 우선하는 효력을 가지며, 물권과 채권이 병존하는 경우에는 그 성립의 선후에 관계없이 언제나 물권이 우선한다는 우선적 효력을 가진다. (2) 물권의 내용의 실현이 방해되거나 방해될 염려가 있는 경우에 그 방해자에 대하여 방해의 제거를 청구하는 권리인 물권적 청구권이 있다.

준물권(準物權)

민법상의 물권은 아니지만 배타적인 이용을 내용으로 하며 특별법에 의하여 물권으로서의 취급을 받는 권리로서 광업권·조광권·채석권·어업권 등이 이에 속한다. 무체재산권은 배타적 지배권이지만 특별한 취급을 받으므로 따로 구별한다.

우선적 효력(優先的 效力)

물권은 채권이나 다른 후순위물권에 우선한다는 효력을 말한다. 먼저 채권에 우선하는 효력에 관하여 보면, 물권과 채권이 충돌하는 경우에는 언제나 물권이 우선한다. 비록 채권이 물권보다 먼저 성립하였더라도 마찬가지이다. 다만 물권의 채권에 대한 우선적 효력은 물권이 절대적 효력을 가지는데 비하여, 채권은 상대적 효력을 갖는데 불과하다는 점에서 유래하는 것이므로 채권이 등기 또는 가등기에 의하여 절대적 효력 유사의 지위를 가지게 되면 그 순위에 의해 우선적 효력을 정할 수밖에 없는 것이다. 예컨대 등기된 부동산임차권은 그 후에 성립하는 물권에 우선한다(민법 621조). 다음 물권 상호간의 우선적 효력에 대하여 보면, 동일한 물건 위에 성립하는 물권 상호간에 있어서는 시간적으로 먼저 성립한 물권이 후에 성립한 물권에 우선한다. 일물일권주의원칙에 의하여, 소유권이 동일한 물건 위에 두 개 이상 성립하는 것은 불가능하지만 제한물권의 경우에는 가능하다. 따라서 지상권·지역권·전세권 등의 용익물권과 담보물권 상호간에 있어서는 그 성립의 순위에 따라 우선적 효력이 인정된다. 예컨대 저당권 뒤에 성립한 지상권은 저당권의 실행으로 소멸하지만 지상권 뒤에 설정된 저당권이 실행되면 지상권은 소멸하지 않고 경락인의 소유부동산에 존속하게 된다.

광업권(鑛業權)

광업권이란 탐사권과 채굴권을 말한다(鑛業§3). 탐사권이란 등록을 한 일정한 토지의 구역에서 등록을 한 광물과 이와 같은 광상(鑛床)에 묻혀 있는 다른 광물을 탐사하는 권리이고 채굴권이란 광구에서 등록을 한 광물과 이와 같은 광상에 묻혀 있는 다른 광물을 채굴하고 취득하는 권리를 말한다(鑛業§3). 광업법에서 정하는 내용 이외에는 부동산에 관한 민법 기타의 법령의 규정이 준용된다(광업법

§10). 탐사권은 상속, 양도, 체납처분 또는 강제집행의 경우 외에는 권리의 목적으로 할 수 없고, 채굴권은 상속, 양도, 조광권·저당권의 설정, 체납처분 또는 강제집행의 경우 외에는 권리의 목적으로 할 수 없다(鑛業§11). 광업권의 존속기간은 7년을 넘을 수 없고, 채굴권의 존속기간은 20년을 넘을 수 없다. 채굴권자는 채굴권의 존속기간이 끝나기 전에 대통령령으로 정하는 바에 따라 지식경제부장관의 허가를 받아 채굴권의 존속기간을 연장할 수 있다. 이 경우 연장할 때마다 그 연장기간은 20년을 넘을 수 없다(鑛業§12). 광업권의 설정을 받으려는 자는 광업권의 종류를 정하여 대통령령으로 정하는 바에 따라 산업통상자원부장관에게 출원하고 그 허가를 받아야 하고, 광업권설정의 출원을 하는 자는 광업권설정출원서에 대통령으로 정하는 바에 따라 작성한 광상에 관한 설명서, 그 밖에 산업통상자원부령으로 정하는 서류를 첨부하여 산업통상자원부장관에게 제출하여야 한다(鑛業§15).

어업권(漁業權)

영 ; fishery 　　　　독 ; Fischereirecht
불 ; droit de peche

일정한 구역의 공유수면에서 수산동식물의 포획·채취 또는 양식사업 등의 일정한 어업을 독점·배타적으로 영위할 수 있는 권리이다. 임어업과는 다른 권리이다. 그 대상이 되는 어업에는 정치망어업, 해조류양식어업, 패류양식어업, 어류등 양식어업, 복합양식어업, 마을어업, 협동양식어업, 외해양식어업의 8종이 있다(水産§8①). 어업권은 물권으로 하고 토지에 관한 규정이 준용된다(수산업법§16). 어업권자에

대하여는 그 면허를 받은 어업에 필요한 범위에서 「공유수면 관리 및 매립에 관한 법률」에 따른 행위가 허용된다(水産§18). 어업권은 시장·군수·구청장의 면허를 받아 등록함으로써 취득된다(수산업법§8, §17). 면유효기간은 免許漁業(면허어업)은 10년이며, 수산자원보호와 어업조정에 관하여 필요한 사항을 대통령령으로 정하는 경우에는 각각 그 유효기간을 10년 이내로 할 수 있다(水産§14). 이와 같이 어업권은 물권적인 사권이기는 하지만 그 임대차가 금지되고(수산업법§33), 양도성 및 담보도 공익적·정책적 입장으로부터 강하게 제한된다(수산업법§19, 21), 그 밖에 수산업법은 어업권이 특수한 물권이라는 점에 비추어 여러 가지 상세한 규정을 둔다. 어업권자가 면허를 받은 사항 중 성명·주소 등 대통령령으로 정하는 사항을 변경하려면 농림수산식품부령으로 정하는 바에 따라 시장·군수·구청장에게 변경신고를 하여야 한다(水産§20).

입어권(入漁權)

어업권자와의 계약을 바탕으로 그 소유하는 共同漁業權(공동어업권) 또는 특정한 區劃漁業權(구획어업권)에 속하는 어장에서 그 어업권의 내용인 어업의 전부 또는 일부를 영위하는 권리이다. 공동어업의 어업권자는 종래의 관행에 의하여 그 어장에서 어업하는 자의 入業(입업)을 거절할 수 없다(水産§40①). 입어권은 어업권과 마찬가지로 물권으로 보며 어업원부에의 등록을 제3자에 대한 대항요건으로 한다.

출판권(出版權)
독 ; Verlagsrecht
불 ; droit d'edition

저작물을 인쇄 · 간행할 수 있는 독점·배타적인 권리로서 저작권상의 한 형태이다. 저작권법 상으로는 저작권자가 출판자에 대하여 설정행위에 의하여 부여하는 권리를 의미하기도 한다. 이러한 의미에서 출판권은 저작물을 인쇄 그 밖에 이와 유사한 방법으로 문서 또는 도화로 발행하는 독점권이다(著作§63). 또 출판권자는 출판권을 표시하기 위하여 원칙적으로 각출판물에 저작권자의 검인을 첨부하여야 하며 저작권을 양도받은 경우에는 그 취지를 출판물에 표시해야 한다. 특약이 없는 한 존속기간은 3년(저작권법§63의2)이며 득실·변경·입질 등은 등록을 하지 않으면 제3자에 대항 할 수 없다(저작권법§54). 그 법적 성질은 일종의 용익물권이다.

물권과 채권의 차이
(物權과 債權의 差異)

중요한 재산권에 속하는 물권과 채권의 차이점은 다음과 같다. (1) 물권은 타인의 행위를 거칠 필요 없이 물건을 직접 지배하는 권리인 반면에 채권은 특정인에 대하여만 급부를 청구할 수 있는 권리이다. 따라서 채권에는 배타성이 없지만 물권에는 배타성이 존재한다. (2) 물권은 그 사용·수익을 보장하기 위하여 물권적 청구권이 인정되지만, 채권은 배타성이 없으므로 모든 사람에게 권리보호를 주장할 수 있는 물권적 청구권을 인정할 수 없다. (3) 물권은 내용이 서로 양립할 수 없는 물권간에 병존할 수 없지만 채권은 동시에 수개의 같은 채권이 병존할 수 있다. 물권과 물권은 먼저 성립한 것이 우선하고, 물권과 채권은 언제나 물권이 우선한다. (4) 물권의 양도는 자유이지만 채권은 그렇지 못하다. (5) 물권은 이와 같이 채권에 비하여 광범하고 강한 효력을 가지므로, 일반인들을 보호하기 위하여 공시방법이 요청되며 또 그 종류를 법정하여 함부로 약정할 수 없도록 하고 있다(民§185). 그러나 채권은 법률이 규정하고 있는 것 이외에도 당사자의 계약에 의하여 얼마든지 정할 수 있는 점 등이 양자의 차이점이다.

동산물권 · 부동산물권
(動産物權 · 不動産物權)

그 객체가 되는 물건이 동산이면 動産物權(동산물권), 부동산이면 不動産物權(부동산물권)이라 한다. 특정한 동산 혹은 부동산을 직접 지배하는 배타적 권리이다. 근대민법은 양자를 구별하지 않고 통일적으로 취급하지만 그 경제적 가치 기타 물리적 성질에 있어서 상당한 차이가 있다. 우리 민법은 不動産物權(부동산물권)의 변동은 등기(民§186)함으로써 효력이 생기고, 동산물권의 변동은 의사표시에 합치된 인도(現實引渡(현실인도)·簡易引渡(간이인도)·占有改定(점유개정)·목적물반환청구권의 양도)에 의하여 그 효력이 생긴다(§188, §189, §190). 또한 用益物權(용익물권)은 동산에서는 성립되지 않고, 質權(질권)은 動産(동산)에서만 성립하며 抵當權(저당권)은 不動産(부동산)에서만 성립된다.

부동산물권(不動産物權)

물권의 객체가 부동산인 물권을 말한다.

게르만법에서는 부동산물권법과 동산물권법이 각각 다른 원리를 가지고 발달하였으나 로마법은 양자를 같은 원칙에 따라 통일적으로 규율하였으며, 근대민법도 양자를 통일적으로 규율하고 있다. 그러나 각국의 민법에 있어서 물권은 그 객체가 동산이냐 부동산이냐에 따라 실제로 상당한 대립을 보이고 있으며 우리 민법상 부동산물권을 규율하는 원리는 대체로 다음과 같다. (1)법률행위에 의한 부동산의 물권변동에 관하여는 등기라고 하는 엄격한 공시방법을 요구함으로써 거래의 안전을 도모하고, (2)부동산거래에 관하여는 선의취득제도를 채택하지 않음으로써 진정한 권리자를 보호하며, (3)부동산에 관하여는 법률에 의한 소유권 제한의 정도를 강화하고 있다. 이와 같은 부동산물권으로써 우리 민법상 규정되어 있는 것으로는 점유권·소유권·지상권·지역권·전세권·유치권·저당권 등이 있다.

물권적 효력 · 채권적 효력 (物權的 效力 · 債權的 效力)
독 ; dingliche Wirkung
불 ; shuldrechtiche Wirkung, obligatorische Wirkung

권리의 發生(발생) · 變更(변경) · 消滅(소멸)의 효력을 누구에게나 주장할 수 있는 것이면 물권적 효력이고, 단순히 당사자간에서만 주장할 수 있는 것이라면 채권적 효력이다. 예컨대 停止條件(정지조건)이 붙은 소유권의 이전행위에 있어서 조건의 성취와 함께 소유권이 이전할 때에 조건의 효력은 물권적이며, 단순히 일방이 타방에 대하여 소유권의 이전을 청구할 수 있을 때에는 채권적이다. 그러나 물권적이라는 말은 絶對的(절대적)·對世的(대세적)·이라는 뜻이고, 채권적이라고 말하는 것은 相對的(상대적)·對人的(대인적)이라는 뜻이므로 물권적 효력이 물권의 변동을 발생케 하는 경우에 한정하는 것은 아니다. 또한 물권적 효력이란 후에 이행을 남기지 않는 것을 말한다. 물권행위와 준물권행위에는 물권적 효력이 있다. 채권적 효력이란 후일에 이행을 남기는 것이다. 채권행위에는 원칙적으로 채권적 효력이 있지만 예외적으로 현실매매에는 채권행위와 동시에 매매가 이행되기 때문에 물권적 효력이 있다.

물권법(物權法)
독 ; Sachenrecht   불 ; droit des biens

물권법은 재산법의 一領域(일영역)으로 각종 재산에 대한 인간의 지배관계를 규율하는 법률이다. 형식적으로 물권법을 파악하면 민법 제2편 물권(§185~§372)이며, 이는 總則(총칙)·占有權(점유권)·所有權(소유권)·地上權(지상권)·地域權(지역권)·傳貰權(전세권)·留置權(유치권)·質權(질권)·抵當權(저당권)으로 구성된 제9장 188개조의 규정이다. 민법의 물권법 이외에 실질적으로 물권법에 속하는 특별법이 있다. 즉 不動産登記法(부동산등기법)·假登記擔保(가등기담보)에 관한 法律(법률)·工場抵當法(공장저당법)·鑛業財團抵當法(광업재단저당법)·自動車抵當法(자동차저당법)·航空機抵當法(항공기저당법)·建設機械抵當法(건설기계저당법)·鑛業法(광업법)·商法上의 留置權(상법상의 유치권)·質權(질권)에 관한 특칙 등이 있다. 물권법은 강제법규적 성질을 가지므로 같은 재산영역이라 하더라도 채권법과 완전히 다르다.

거래법(去來法)
독 ; Verkehrsrecht

재산거래에 관한 법률의 전체를 말한다. 재산법 중 靜的(정적)인 재산내용에 관한 特權立法(특권입법)이나 組織法(조직법)에 대하는 것으로 재산의 거래에 관한 법인 債權法(채권법)·行爲法(행위법) 등이 이에 속한다. 거래법에서는 거래의 안전 또는 동적 안전이 강조된다.

배타성(排他性)

특정 물건 위에 하나의 물권이 성립하면 그와 양립할 수 없는 내용을 가진 물권은 동시에 병존할 수 없다(일물일권주의). 물권에는 배타성이 있으나 채권은 없는 것이 원칙이다. 따라서 갑이라는 배우가 같은 시간에 다른 장소에 출연하기로 여러 개의 계약을 맺어도 그 수개의 채권은 평등하게 성립할 수 있다. 그러므로 결국 물권의 배타성은 물권과 채권을 구별하는 표준이 되어 왔다. 공유의 경우는 일물 위에 수개의 소유권이 병존하는 것처럼 보이지만 이 역시 하나의 소유권이 분량적으로 분할되어 수인에게 귀속하고 있는 상태이므로 물권의 배타성의 예외는 아니다. 이와 같은 물권의 배타성을 인정하려면 거래의 안전을 위하여 그 성립을 엄격히 할 뿐 아니라 물권의 성립을 제3자가 알 수 있도록 하는 외형, 즉 점유나 등기와 같은 공시방법이 필요하게 된다(§186, §188).

대세권 · 대인권 (對世權 · 對人權)

→ 絶對權·相對權(절대권·상대권)

절대권 · 상대권(絶對權 · 相對權)
독 ; absolutes Recht relative Recht
불 ; droit absolu·droit relatif

절대권은 널리 일반인에 대하여 효력이 있는 권리이며 對世權(대세권)이라고도 한다. 物權(물권) · 人格權(인격권) · 無體財産權(무체재산권) 등과 같은 지배권이 전형이다. 절대권은 그 내용이 특정의 법익을 직접 지배하는 것이므로 일반인의 不可侵義務(불가침의무)를 필요로 한다. 이에 반하여 상대권은 특정인에 대하여 주장할 수 있는 권리이며 대인권이라고도 한다. 채권과 같은 청구권이 그 전형적인 예이다. 즉 채권도 채무자 이외의 제3자에 의하여 침해될수 있으므로 오직 특정인(채무자)에 대하여서만 주장할 수 있는 권리라고 말할 수 없지만 특정인에 대한 관계가 그 거래의 중점이라는 것에는 변함이 없다. 권리에 대한 의무자의 범위에 의한 분류로서 주로 私權(사권)에 관하여 행해진다. 그러나 이 의무자의 범위는 그 권리가 권리로서 성립하기 위한 불가결의 내용을 말한다. 예컨대 소유권은 권리주체 이외의 모든 자에게 그 권리내용을 침해하지 않을 의무를 부담시키면 족하다는 것이다. 絶對權(절대권)에는 排他性(배타성)이 있지만 相對權(상대권)에는 배타성이 없는 것이 특색이다.

물권법정주의(物權法定主義)
독 ; numerus clausus der Sachenreshte

물권은 법률이나 관습법에 의하는 외에 임의로 창설하지 못한다는 주의이다. 물권의 종류나 내용은 민법 기타의 법률이 정하는 것에 한정함으로써 당사자가 그 밖의 물권을 자유롭게 창설할 수 없게 금지한다는 원칙이다(民§185). 즉 물권법에서는 채권법에서와 같은 계약자유의 원칙이 인정되지 않는다. 채권법상의 계약의 전형은 예외적인 것에 지나지 않지만, 물권법이 규정하는 물권의 종류와 내용은 확정적이고 정형적인 것이다. 이와 같이 채권법에서와 같은 계약자유의 원칙을 배척하고 物權法定主義(물권법정주의)를 택하는 근거는 다음과 같다. (1) 歷史的(역사적)·沿革的 理由(연혁적 이유) : 봉건적인 지배관계를 정리하여 토지에 관한 권리관계를 단순화함으로써 자유로운 소유권을 확립하고 봉건적 물권관계가 부활하는 것을 막기 위하여 물권의 법정화를 실현하였다. (2) 公示原則의 貫徹(공시원칙의 관철) : 물권은 배타적 지배권이므로 거래의 안전과 신속을 위하여 공시하여야 한다. 그런데 동산물권의 공시방법인 점유는 당사자가 자유롭게 창설하는 모든 물권을 공시한다는 것이 불가능하며, 부동산물권의 공시방법인 등기도 여러 형태의 물권을 공시할 수는 있지만 너무 복잡하면 혼란을 가져와 공시의 목적을 달성하지 못할 염려가 있다. 따라서 물권의 종류와 내용을 미리 법률로써 한정하여 당사자에게 선택의 자유만을 인정하는 것이 가장 적절한 것이다. 그러나 物權法定主義(물권법정주의)는 격변하는 사회의 수요에 맞지 않는 불편도 초래하게 되므로 현 실정에 맞도록 물권의 내용을 완화할 수 있도록 새로운 관습법에 의한 물권의 창설을 인정하였다. 다만 이 경우에도 특정의 공시방법을 갖추어야 한다. 민법 제185조는 강행규정이므로 이에 위반하는 행위는 무효가 된다(民§105).

민법 제185조는, "물권은 법률 또는 관습법에 의하는 외에는 임의로 창설하지 못한다."고 규정하여 이른바 물권법정주의를 선언하고 있고, 물권법의 강행법규성은 이를 중핵으로 하고 있으므로, 법률(성문법과 관습법)이 인정하지 않는 새로운 종류의 물권을 창설하는 것은 허용되지 아니한다(대법원 2002. 2. 26. 선고 2001다64165).

일물일권주의(一物一權主義)

한 개의 물건 위에는 동일한 내용의 물권이 동시에 두 가지 이상 성립하지 못한다는 원칙이다. 이 원칙을 일물일권주의라고 한다. 물권의 존재를 공시하여 거래의 안전을 기하기 위하여 필요한 것이기도 하다. 즉 (1) 하나의 물권 위에 동종의 서로 배척하는 내용의 물권이 두 가지 이상 성립할 수 없다. 물권의 排他的(배타적) 支配權(지배권)의 성격을 보장하기 위한 것이다. 그러나 내용이 모순되지 않는 물권, 예를 들면 所有權(소유권)과 地上權(지상권)의 兩立(양립)·順位(순위)가 붙여지는 저당권은 이 원칙에 반하지 않는다. (2) 수 개의 물건 (집합물) 위에 한 개의 물건은 성립하지 않으며, 물건의 일부에도 하나의 물건이 성립하는 일이 원칙적으로는 없다. 그러나 물건의 區分所有(구분소유)(民§215,§집합건물의 소유및관리에관한법률), 부동산의 일부 위의 傳貰權의 設定(전세권의 설정)(民§303, 不登§139①) 등은 예외이다. 또한 各種財團抵當法上(각종재단저당법상)의 集合物(집합물)(工場財團(공장재단)·鑛業財團(광업재단) 등)은 한 개의 물건으로 간주되며, 수목의 집단은 토지에 부착되어 있지만 독립된 부동산으로 인정되어 거래시에는 明認方法(명인방법)이 채택된다.

물상청구권(物上請求權)

→ 物權的 請求權(물권적 청구권)

물권적 청구권(物權的 請求權)
영 ; real action
독 ; dinglicher Anspruch
불 ; action réelle

물권의 내용의 실현이 어떤 사정으로 말미암아 방해 당하고 있거나 방해 당할 염려가 있는 경우에 물권자가 방해자에 대하여 그 방해의 제거 또는 예방에 필요한 일정한 행위를 청구할 수 있는 권리를 말한다. 물권적 청구권이라고도 한다. 물권적 청구권은 상대방에게 故意(고의)·過失(과실)이 있음을 필요로 하지 않으며 물권내용의 실현만을 그 본지로 하는 점에서 금전으로써 하는 손해배상을 내용으로 하는 불법행위에 의한 損害賠償請求權(손해배상청구권)과 다르다. 민법은 물권적 청구권으로 점유권에 기한 占有物返還請求權(점유물반환청구권) · 占有物妨害除去請求權(점유물방해제거청구권) · 占有物妨害豫防請求權(점유물방해예방청구권)을 규정하고(民§204~§206), 그 이외에 소유권에 기한 물권적 청구권으로 所有權返還請求權(소유권반환청구권)·所有物妨害除去請求權(소유물방해제거청구권) · 所有物妨害豫防請求權(소유물방해예방청구권)을 규정하고 있다(§213, §214). 이 규정들은 지상권과 전세권에 준용되며(§290, §319, §213, §214), 소유물방해제거청구권과 소유물방해예방청구권에 관한 규정은 지역권과 저당권에 준용한다(§301, §370, §214). 물권적 청구권의 종류는 본권에 기한 것과 점유권에 기한 것으로 나눌 수 있다. 또한 그 내용도 返還請求權(반환청구권)·妨害除去請求權(방해제거청구권)·妨害豫防請求權(방해예방청구권)의 세 가지로 나눌 수 있다. 물권적 청구권은 절대권에 관하여서 인정되는 것이고 따라서 물권 이외의 무체재산권과 인격권에 관하여도 인정된다. 이와 반대로 채권과 같은 상대권에는 인정되지 않는다.

물권적 청구권과 다른 청구권의 경합 (物權的 請求權과 다른 請求權의 競合)

물권침해의 사실이 있으면 물권적 청구권을 발생시키는 동시에 다른 청구권을 병발시키는 경우가 있다. (1) 불법행위와의 관계 : 물권의 침해가 고의·과실에 의하여 행하여진 경우에는 물권적 청구권이 성립하는 것과 동시에 불법행위로 인한 損害賠償請求權(손해배상청구권)이 발생한다(民§750). 이러한 경우에는 양청구권이 병립하는 것이며, 한쪽이 소멸되었다고 하여 다른 쪽이 당연히 소멸하는 것은 아니다. 그러나 침해자가 목적물을 반환하는 경우에는 손해배상의 범위가 축소될 수 있다. (2) 부당이익과의 관계 : 점유할 권리가 없는데도 타인의 물건을 점유하는 경우에는 물권적 청구권과 함께 不當利益返還請求權(부당이익반환청구권)이 발생하게 된다(民§741). 그런데 이 두 권리의 병존을 인정할 것인가에 관하여는 어려운 해석문제가 있으며, 여러 견해가 존재한다. (3) 계약 등과의 관계 : 계약 그 밖의 법률관계가 존재함으로써(예컨대,賃借權(임차권)·地上權(지상권)·傳貰權(전세권) 등) 물권침해의 상태가 정당한 권한에 의거하고 있는 경우에는 물권적 청구권이 발생하지 않는다. 그러나 그러한 법률관계가 종료하는 때에는 물권적 청구권은 그러한 법률관계에 의거하는 반환청구권과 병립하게 된다. 이 경우에 한쪽의 이행이 있으면 다른 쪽도 당연히 소멸한다.

물권적 반환청구권
(物權的 返還請求權)
라 ; rei vindicatio

목적물에 대한 지배, 즉 점유가 전부 침탈 당하고 있는 경우에 물권자는 침탈자에 대하여 그 점유의 반환을 청구할 수 있다(民 204, §213). 물권적 청구권의 한 형태이며, 물권에서 파생한 하나의 독립한 효력이다. 예를 들면 소유자가 도난 당하거나 소유자의 토지·가옥을 無斷使用(무단사용)·不法使用(불법사용)하는 경우에 이에 대한 반환청구권 및 인도청구권 등이 그 예이다.

물권적 방해제거청구권
(物權的 妨害除去 請求權)
라 ; actio negatoria

목적물에 대한 지배가 부분적으로 침해되고 있는 경우, 즉 占有侵奪(점유침탈) 이외의 방법으로써 그 지배가 방해 당하고 있는 경우에 물권자는 침탈자에 대하여 그 방해의 제거를 청구할 수 있다(民 §205, §214). 주로 부동산 특히 토지에 있어서 그 예가 많이 있다.

물권적 방해예방청구권
(物權的 妨害豫防請求權)

현실적으로 목적물에 대한 지배가 침해되고 있지는 않더라도 앞으로 침해당할 위험이 존재하는 경우에 물권자는 상대방에 대하여 그러한 원인이 되고 있는 상태 또는 행위의 예방을 청구 할 수 있다(民 §206, §214). 방해의 위험은 주로 부동산에 관하여 생긴다. 예를 들면 隣家의 담이 택지내로 무너지려는 경우 등이다.

가등기(假登記)된 청구권(請求權)

소유권·지상권·지역권·전세권·저당권·권리질권, 임차권의 설정·이전·변경 또는 소멸의 청구권을 보전하려할 때, 장래 일정한 조건하에 부동산물권을 취득할 수 있는 청구권이라고 부르기도 한다. 이러한 가등기된 청구권은 목적물이 특정되어 있고, 또 등기됨으로써 배타성이 부여되어 있다는 점에서 물권으로서의 일면을 갖추고 있으나, 청구권 자체는 채권적 성질을 가지는 것이므로 채권과 물권의 중간적 권리이다.

물권변동(物權變動)

물권의 동일성을 해하지 않는 범위내에서 물권의 主體(주체)·客體(객체) · 內容(내용) 및 작용에 대하여 생기는 변화를 말한다. 물권의 발생 · 변경 · 소멸의 총칭이다(이는 객체면에서 본 것이고, 주체면에서 보면 물권의 取得(취득) · 變更(변경) · 喪失(상실) 즉 得失變更(득실변경)이 된다). 민법상 물권의 취득원인에는 取得時效(취득시효)(§245, §248), 善意取得(선의취득)(§249, §251), 無主物(무주물)의 先占(선점)(§252), 附合(부합)(§256, §257), 混和(§258), 加工(가공)(§259), 遺失物拾得(유실물습득)(§253), 埋藏物發見(매장물발견)(§254), 相續(상속)(§1005) 등이 있고 민법 이외의 법률이 규정하는 것으로는 公用收用(공용수용), 沒收(몰수)(刑§48) 등이 있다. 물권변동에 관하여는 당사자의 의사표시만으로 그 효력이 발생한다는 의사주의와 의사표시 이외에 어떤 형식을 요한다는 형식주의가 있다. 舊民法은 의사주의(대항요건주의)를 취하고 있었으나, 현행민법은 거래의 안전을 보호하기 위하여 형식주의(성립요건주의)를 취하고 있다(§186, §188).

법률의 규정에 의한 물권변동
(法律의 規定에 의한 物權變動)

법률행위에 의하지 않은 물권변동을 총칭하는 것으로, 준법률행위 또는 사건에 의한 물권변동을 말한다. 즉 당사자의 의사와는 관계없이 일정한 목적 하에 일정한 요건이 갖추어지면 당연히 물권변동의 효과가 발생하도록 법률이 규정하고 있는 경우이다. 따라서 이 경우에는 등기 또는 인도가 없어도 물권변동은 효력을 발생한다(민법 187조). 법률의 규정에 의한 물권변동은 여러 곳에 산재하고 있다. 즉 민법상으로는 취득시효(민법 245조 이하), 소멸시효(민법 162조 이하), 혼동(민법 191조), 무주물선점(민법 252조), 유실물 습득(민법 253조), 매장물발견(민법 254조), 첨부(민법 256조 이하), 상속(민법 995조, 1005조) 등이 있고, 특별법상으로는 공용징수, 몰수(형법 48조), 경매(경매법 3조의1) 등이 있다.

법률행위에 의한 물권변동
(法律行爲에 의한 物權變動)

물권변동은 법률요건에 따라 법률행위·준법률행위·사건에 의해 발생하는데 그 중 가장 흔히 발생하고 중요한 것이 법률행위에 의한 물권변동이다. 이는 당사자의 의사에 의하여 일어나는 것이므로 사적자치의 원칙을 기본으로 하는 근대적 민법하에서 법률행위에 의한 물권변동이 중요한 의미를 가지는 것은 당연하다. 법률행위에 의한 부동산물권변동은 등기, 동산물권변동은 인도가 있어야 효력이 발생한다. 법률행위에 의한 부동산물권변동은 민법 제186조, 동산물권변동은 민법 제188조 내지 190조에 의해 규율된다. 그러나 점유권 및 유치권은 성질상 이에 의해 규율되지 않는다.

원시취득 · 승계취득
(原始取得 · 承繼取得)
독 ; originaler Rechtserwerb, ursprü nglicher Rechtserwerb·derivativer Rechtserweb, abgeleiterter Rechtserwerb

어떤 권리를 기존 권리와 관계없이 새로이 취득하는 것이 원시취득이다. 타인의 권리에 근거하지 않고 독립하여 취득하는 것이다. 無主物先占(民§252), 遺失物拾得(유실물습득)(§253), 善意取得(선의취득)(§249~§251), 時效取得(시효취득)(§245~§248)등이다. 이에 대하여 타인이 가지고 있는 기존의 권리에 의거하여 권리를 취득하는 것이 승계취득이다. 양도, 상속 등이다. 원시취득에 의하여 취득된 권리는 전혀 새로운 권리이므로 비록 그 前主의 권리에 어떠한 하자가 있었더라도 원시취득자에게 승계되지 않는다. 또한 취득한 물권의 객체가 타인의 지상권이나 저당권 등의 목적물로 되어 있었을 경우에도 원시취득함과 동시에 이들 부담은 모두 소멸한다. 승계취득은 前主가 보유하고 있는 권리를 그대로 취득하는 이전적 승계취득과 전주의 물건에 의거하여 이와 다른 새로운 물권을 승계하는 설정적 승계취득(예를 들면 소유자가 소유권에 의거하여 地上權(지상권)·傳貫權(전세권)을 타인에게 설정할 때에 타인의 지상권·전세권을 승계하는 경우)으로 나누어진다. 이와 같은 물권행위가 있으면 물권변동이 일어난다. 이전적 승계는 다시 包括承繼(포괄승계)(상속包括遺贈)와 特定承繼(특정승계)(양도)로 나누어진다.

설정적 취득(設定的取得)
독 ; konstitutiver Rechtserwerb

승계취득의 일종으로 창설적 취득이라고도 한다. 예를 들면 甲이 그 소유지에 乙을 위하여 저당권을 설정하는 경우와 같이 前主의 기존 권리에 기인하여 새로운 권리를 창설하여 승계인에게 취득시키는 것이다.

포괄승계 · 특정승계
(包括承繼 · 特定承繼)

승계취득의 형태이다. 포괄승계는 단일한 원인에 의하여 전주의 모든 권리·의무의 전체를 일괄적으로 승계하는 것이며 일반승계라고도 한다. 이에는 상속포괄유증회사합병 등이 있다. 포괄승계의 승계인을 포괄승계인이라고 한다. 한편 각개의 권리·의무를 개별적인 원인에 의하여 승계하는 것을 특정승계라 한다. 예컨대 매매에 의한 승계와 같은 것이다. 특정승계의 승계인을 특정승계인이라고 한다. 그리고 포괄승계에 있어서 포괄승계인은 법률상 거의 전주와 동일시되므로, 개개의 권리·의무를 일괄승계한다고 보는 것보다는 차라리 전주의 법률상 지위를 그대로 승계한다고 보는 것이 적절할 것이다. 그러나 一身專屬權(일신전속권)이나 一身專屬義務(일신전속의무)와 같이 성질상 그 승계가 허용되지 않는 것은 이에서 제외된다.

특정승계인(特定承繼人)
독 ; Singularsukzessor, Einzelnachfolger

타인의 권리를 개별적으로 취득하는 자이다. 포괄승계인에 대하는 것으로, 매매 등에 의한 보통의 권리승계인이 모두 이에 속한다.

물권행위(物權行爲)
독 ; dingliches Rechtsgeschaft

물권의 득실변경 즉 설정 · 이전 · 소멸을 목적으로 하는 법률행위다(물권적 법률행위). 예를 들면 채무를 담보하기 위하여 저당권을 설정하거나 매매계약에 의하여 소유권을 이전하는 계약 등을 물권계약 또는 물권행위라고 한다. 이에 대하여 채권행위는 채권을 발생시키는 법률행위이다. 물권행위와 채권행위는 다같이 계약인 것이 보통이지만 단독행위나 합동행위일 경우도 있다. 채권행위는 원칙적으로 당사자의 의사표시에 의하여 성립하지만, 물권행위에 대해서는 (1) 당사자의 의사표시만에 의하여 성립하고 그밖에 아무런 형식도 필요로 하지 않는 意思主義(의사주의)(佛法主義(불법주의), 대항요건주의)와 (2) 당사자의 의사표시 이외에 인도나, 등기와 같은 특정 형식을 구비하지 않으면 성립하지 않는다는 形式主義(형식주의)獨法主義(독법주의), 성립요건주의로 나누어진다. 그런데 물권행위는 채권행위를 전제로 하지 않고 직접 물권 변동을 발생시키기도 하지만, 대부분의 물권행위는 독립하여 행하여지기보다는 채권계약의 이행 수단 또는 그와 관련하여 행하여진다. 독일민법과 같이 물권행위에 관하여 形式主義(형식주의)(성립요건주의)를 취하는 입법례에서는 물권행위는 채권행위와는 별개의 독립행위로 파악되지만 意思主義(의사주의)(대항요건주의)를 취하는 프랑스민법 등에서는 명문규정으로 물권행위의 독자성을 부정하여 물권행위는 원인행위인 채권행위와 합체되어 행하여진다. 우리 민법은 물권행위에 대하여 형식주의를 취하지만 원인행위와의 관계에 관한 규정이 없으므로 물권행위의 독자성에 관하여 논쟁이 있다. 물권행위의 효력은 그 원인인 채권행위의 부존재·무효·취소·해제 등으로 당연히 영향을 받는다고 하는 것이 물권행위의 유인론이고, 이에 반하여 물권행위의 효력은 그 원인이 되는 채권행위의 운명에 아무런 영향도 받지 않으며 물권행위의 효력은 원인관계와 법률상 절연되어 있다는 것이 물권행위의 무인론이다. 물권행위의 무인성을 인정하려면 그 전제인 물권행위의 독자성을 인정하게 된다. 그러나 물권행위의 무인성을 인정하는 견해도 절대적 무인을 주장하지는 않으며 당사자가 원인관계의 유효를 조건으로 하는 때에는 유인이 된다는 상대적 무인성을 주장한다.

물권행위의 독자성 · 무인성 (物權行爲의 獨自性 · 無因性)

채권행위가 있고 그 이행으로서 물권행위가 행하여지는 경우에, 물권행위는 원인행위인 채권행위와 별개로 행하여진다는 것을 물권행위의 독자성이라 하는데, 이에 대하여는 이를 인정하는 견해와 부정하는 견해, 즉 원칙적으로 채권행위가 있은 때에 물권행위도 함께 행하여진 것으로 해석하는 것으로 해석하는 견해가 대립하고 있는데, 우리나라에서는 이를 인정하는 견해가 다수설이다. 한편 물권행위의 원인인 채권행위가 무효이거나 취소

되는 때, 그 이행으로서 행하여진 물권행위에는 아무런 영향이 없다는 것이 물권행위의 무인성이다. 물권행위의 유인·무인의 문제는 물권행위의 독자성을 인정할 때에 비로소 일어나는 것이고, 물권행위의 독자성을 부정하는 법제나 학설의 입장에서는 물권행위는 당연히 유인성을 띠게 된다. 물권변동에 관하여 형식주의를 취하는 독일 민법에 있어서는 물권행위의 독자성을 인정하는 것으로 해석되고 있으며, 학설에 의해 무인성도 인정된다. 이에 비하여 같은 형식주의를 취하는 스위스 민법은 원인인 채권행위를 요식행위로 함으로써 입법으로 물권행위의 독자성을 부인하고 있으며, 따라서 무인성도 부인된다. 의사주의를 취하는 프랑스 민법은 물건의 소유권은 채권의 효력으로써 취득되고 이전된다고 하여 물권행위의 독자성을 부인하며 따라서 무인성도 부인된다. 역시 의사주의를 취하는 일본 민법에 있어서는 학설상 독자성·무인성을 부인하는 견해가 다수설이다. 우리 민법은 물권행위와 채권행위의 관계에 관하여 아무런 규정을 두고 있지 않으며, 학설은 독자성·무인성을 모두 인정하는 견해, 독자성·무인성을 부정하는 견해로 나누어진다. 판례는 물권행위의 독자성을 부정하고, 유인성론에 따른다(75다1394참조).

민법 548조 1항 본문에 의하면 계약이 해제되면 각 당사자는 상대방을 계약이 없었던 것과 같은 상태에 복귀케할 의무를 부담한다는 뜻을 규정하고 있는 바 계약에 따른 채무의 이행으로 이미 등기나 인도를 하고 있는 경우에 그 원인행위인 채권계약이 해제됨으로써 원상회복된다고 할 때 그 이론 구성에 관하여 소위 채권적 효과설과 물권적 효과설이

대립되어 있으나 우리의 법제가 물권행위의 독자성과 무인성을 인정하고 있지 않는 점과 민법 548조 1항 단서가 거래 안정을 위한 특별규정이란 점을 생각할 때 계약이 해제되면 그 계약의 이행으로 변동이 생겼던 물권은 당연히 그 계약이 없었던 원상태로 복귀한다 할 것이다(**대법원 1977. 5. 24. 선고 75다1394**).

준물권행위(準物權行爲)

물건 이외에 권리의 변동을 직접 발생시키는 법률행위이다. 예를 들면 債權讓渡(채권양도)·債權免除(채권면제) 등이다. 단순히 당사자간에 권리 변동을 일으키는 채권·채무를 발생시키는 것이 아니라는 점에서 채권행위와는 다르며 물권의 설정·이전을 내용으로 하지 않는다는 점에서 물권행위와 다르지만, 채권변동의 직접적인 변동을 일으켜 원칙적으로 이행의 문제를 남기지 않는다는 점에서 물권행위에 가깝다. 따라서 준물권행위라고 부른다. 준물권행위에서도 물권행위와 같이 의사주의인가 형식주의인가 하는 준물권행위 자체로서의 성립요건 및 독자성·무인성 등의 원인인 채권행위와의 관계 등이 입법상·해석상 문제가 된다. →物權行爲(물권행위)

유인행위(有因行爲)
독 ; kausales Geschäft

원인과 분리하여서는 효력을 가지지 않는 법률행위를 유인행위라고 한다. 즉 특정한 법률행위를 기초로 하여 새로운 법률행위를 하였을 경우에 원인되는 법률행위의 유·무효에 따라 뒤에 행하여진 법률행위의 유·무효가 결정되는 행위이다.

일반적인 법률행위는 언제나 일정한 원인에 의하여 연쇄적 관련을 가지고 행하여지므로 유인행위인 것이 원칙이다. 그러나 우리 민법상 물권행위가 원인 되는 債權行爲(채권행위)에 대하여 무인성을 갖는가의 여부에 대하여는 견해가 갈라진다. 통설은 물권행위는 원칙적으로 무인이지만 특약으로 유인으로 할 수 있다고 한다.

무인행위(無因行爲)
독 ; abstraktes Geschaft

원인과 분리하여도 出捐(출손)의 효력에 영향이 없는 법률행위를 무인행위라고 한다. 즉 원인인 법률행위가 효력을 잃더라도 결과적 행위의 효력은 아무런 영향을 받지 않는 행위이다. 어음행위와 같이 거래의 안전을 특히 보호할 필요가 있는 것은 무인행위가 된다. 어음행위가 무인행위라는 견해에 대하여는 현재 소수의 이론이 있다. 무인행위에 있어서 무인성의 인정에 따른 재산상의 불균형은 不當利得制度(부당이득제도)에 의하여 시정된다. 즉 무인행위로 인하여 이익을 본 상대방은 부당이익이 생기게 되므로 따로 반환청구를 당하게 될 것이다.

물권계약(物權契約)
독 ; dingliches Vertrag

직접적으로 물권의 설정·이전·소멸을 목적으로 하는 계약으로서 물권행위의 대부분을 차지한다. 예를 들면 質權設定契約(질권설정계약)·地上權設定契約(지상권설정계약) 등이다. 계약이 아닌 물권행위로는 유언·권리의 포기와 같은 단독행위와 사원 총회의 결의와 같은 합동행위가 있지만 그 예가 드물다.

물권적 의사표시(物權的 意思表示)

물권행위의 구성 요소로서 물권변동을 발생시킬 것을 내용으로 하는 의사표시이다. 물권변동은 등기나 인도를 통하여 그 효력이 발생한다(民§186, §188, 예외§187 참조). 등기나 인도는 물권행위의 효력을 제3자에게 공시하기 위한 것이며 효력발생의 요건이 된다.

물권적 합의(物權的 合意)
(독, Einigung)

물권변동을 목적으로 하는 의사표시, 즉 물권계약은 이를 특히 물권적 합의라고 하며, 물권적 의사표시라고도 한다. 일반적인 견해에 의하면 물권적 합의는 곧 물권행위를 가리키는 것이나, 물권적 의사표시와 공시방법을 합한 것을 물권행위라고 하는 견해에 의하면 물권적 합의는 물권행위의 한 요소가 된다.

공시의 원칙(公示의 原則)
독 ; Prinzip der Offenkundigkit,
　　publizitä tsprinzip

물권의 변동은 언제나 그 사정을 외부에서 인식할 수 있도록 반드시 일정한 公示方法을 수반하여야 한다는 원칙이다. 물권은 배타성을 가지는 독점적 지배권이므로 그 내용은 제3자가 알 수 있도록 하지 않으면 일반인에게 예측할 수 없는 손해를 주어 거래안전을 해치게 된다. 따라서 이러한 물권 거래의 안전을 위하여 인정되는 것이 공시제도이다. 공시방법에는 부동산의 경우에 등기(民§186)이고 동산의 경우에 인도(§188)이며 그밖에 수림의 집단에 인정되는 明認方法(명인방법)이 있다. 물권변동시 공시방법을 갖추지 않는 경우에 대하여는 입법례가 둘로 나누어져 있다. (1) 공시방법을 갖추지 않으면 제3자에 대한 관계는 물론 당사자간에서도 물권변동이 생기지 않는다는 成立要件主義(성립요건주의)(형식주의로 등기나 인도를 효력발생 요건으로 함 : 독법계와 우리민법)와 (2) 당사자간에는 물권변동이 일어나지만 공시방법을 갖추지 않는 한 그 물권변동을 제3자에게 대항하지 못한다는 對抗要件主義(대항요건주의)(의사주의, 단순히 대항요건으로 함 : 불법계와 일본민법, 舊民法)이 있다. 그런데 부동산물권에 관하여는 등기라는 완비된 공시방법이 인정되어 있어서 그 기능을 다하고 있지만 동산물권의 공시방법인 점유의 이전(인도)은 대단히 불완전하므로 그 기능을 다하지 못한다. 따라서 동산물권의 거래가 안전하게 행하여지는 것은 공시의 원칙에 의한 것이다. 이러한 동산물권의 공시원칙을 관철하는 방법으로 (1) 일정한 상품의 권리를 증권화하여 그 증권의 배서·교부를 공시방법으로 하는 것(예 : 상법상의 貨物相換證(화물상환증)·有價證券(유가증권)·船荷證券(선하증권)·倉庫證券(창고증권) 등)과 (2) 특수한 동산물권에 관하여 공적장부에 의한 공시방법으로 등기·등록을 인정하는 것(船舶(선박)·自動車(자동차)·航空機(항공기)·建設機械(건설기계) 등)이 있다. 공시제도는 본래 물권에서만 문제되었던 것이나 지금은 임차권과 같은 채권(民§621)·채권양도시의 통지, 승낙(§450)·혼인의 신고(§812)·회사설립의 등기(商§172)·어음상의 권리양도의 배서(어§14, §16)·특허권이전의 등록(特許§101① I)·광업권이전의 등록(鑛業§38)·저작재산양도의 등록(著作§54) 등에 인정된다.

공시주의(公示主義)

공시주의라 함은 제3자의 이해에 영향을 미칠 수 있는 사항, 그 중에서도 특히 權利能力(권리능력)·行爲能力(행위능력) 또는 권리의 발생·변동·소멸 등에 관하여 제3자로 하여금 그것을 알 수 있도록 공시하여 거래의 안전을 도모하려는 주의이다. 등기나 등록 등의 제도는 모두 이 주의의 구현이라고 할 수 있다.

거래의 안전(去來의 安全)

재산의 거래에 있어서 거래당사자와 당사자가 아닌 자와의 이해가 충돌하는 경우 그 지위를 보호하는 것을 말한다. 이때 진정한 권리자의 보호에 중점을 두는 것을 정적 안전(靜的 安全)이라 하고, 진정한 권리자의 권리를 희생시키더라도 거래의 안전을 보호하기 위하여 외관을 신뢰한 자를 보호하는 것을 동적 안전(動的 安全)이라고 한다. 물론 이 동적 안전과 정적 안전이 적절히 타협하는 것이 가장 이상적이라 할 것이다. 그러나 근대법은 정적 안전의 보호에 주안점을 두었으며 자본주의가 발달함에 따라 財貨(재화)의 유통이 빈번해짐으로써 그 유통의 신속과 안전을 위하여 동적인 안정을 점차 중시하게 되었다.

공신의 원칙(公信의 原則)
독 ; Prinzip des öffen tlichen Glaubens

물권의 존재를 추측케 하는 표상 즉 공시방법(등기·점유)에 의하여 물권의 외형을 신뢰하여 거래한 자는 비록 그 공시방법이 실질적 권리와 일치하지 않더라도 그 공시된 대로의 권리가 존재하는 것으로 인정하여 그 자를 보호하여야 한다는 원칙이다. 공신의 원칙은 물권의 공시방법으로 인정하는 표상을 신뢰한 자를 보호함으로써 거래의 안전을 도모하는 역할을 하는 동시에 진정한 채권자로 하여금 권리관계와 부합하지 않는 공시방법을 시정하여 공시와 권리관계를 부합시키도록 노력하게 하는 역할을 한다. 본래 진정한 권리가 없는 자로부터는 소유권을 취득할 수 없는 것이 원칙이다. 그러므로 공신의 원칙에 의한 매수인의 보호는 분명히 변칙적인 사례에 속한다. 그러나 상대방이 진정한 채권자인지의 여부를 정확히 조사한다는 것은 곤란하며 또 가능하다 하더라도 많은 시간을 요하게 되어 거래의 신속을 해치게 된다. 따라서 물권법이 규정하는 공시방법을 갖춘 자로부터 선의로 매수한 자는 보호되어야 한다는 결론이 성립할 수 있는 것이다. 공신의 원칙은 민법에서는 동산의 善意取得制度(선의취득제도)(民§249~§251)·지시채권의 선의취득제도(§514, §515)·표현대리제도(§125, §126, §129)·채권의 준점유자에 대한 변제의 보호제도(§470, §471) 등이 있으며 상법에서는 有價證券善意取得制度(유가증권선의취득제도)(商§65·어16②·手§21) 등이 있다. 그러나 공신의 원칙은 진정한 권리자에게 불이익이 된다. 따라서 우리 민법상 공신의 원칙은 부동산에 있어서는 인정되고 있지 않다. 그러므로 부동산의 경우에는 등기만을 믿고 안심하고 거래하지는 못한다.

공신력(公信力)
독 ; öffentlicher Glaube

원래 물권변동에 관하여 공시의 원칙을 취하였다 하더라도 그 외형적인 사실, 즉 권리관계의 표상이 언제나 진실된 권리관계와 일치된다고는 볼 수 없다. 따라서 표상을 신뢰하여 거래한 자 하더라도 물권을 취득할 수 없다는 결과가 된다. 그러나 그렇게만 한다면 물권거래의 안전과 신속을 기대하기가 어렵기 때문에 물권의 표상에 대하여 그것을 신뢰한 자에게 물권을 취득케 하는 효력을 인정함으로써 무권리자를 보호할 필요가 생긴다. 이러한 효력을 공신력이라고 한다. 우리 나라 민법상 동산에 관한 점유는 공신력을 가지고 있으나 부동산에 관한 등기는 공신력을 가지지 않는다.

등기의 공신력(登記의 公信力)

어떤 부동산등기를 신뢰하여 거래한 자가 있는 경우에 비록 그 등기가 진실한 권리관계에 합치되지 않는 것이더라도 그 자의 신뢰가 보호되는 등기의 효력을 말하는 것이다. 공신의 원칙을 인정하면 물권거래의 안전은 보호되는 반면, 진정한 권리자는 기존의 권리를 박탈당하게 된다. 따라서 공신의 원칙은 동적안전·정적안전 중 어느 쪽을 보호하여야 할 것인가를 검토하여 전자가 중요시되는 경우에 한해 인정될 수 있다. 공신의 원칙을 채용함에 있어서는 권리를 잃게 되는 진정한 권리자의 보호를 고려해야 한다. 우리 민법상 등기의 공신력은 부인되기 때문에 A가 B소유의 부동산을 자기의 소유명의로 등기한 후, 이를 C에게 매도하고 등기이전을 한 경우에 C가 비록 A명의로 되어 있던 등기를 신뢰하였더라도 C는 권리를 취득하지 못한다.

물권상실(物權喪失)

→ 物權消滅(물권소멸)

물권소멸(物權消滅)

물권이 주체로부터 이탈하는 것을 말하며 물권상실이라고도 한다. 이것은 절대적 소멸과 상대적 소멸로 나누어진다. 절대적 소멸은 권리가 누구를 위하여도 존속하지 않고 소멸하는 것, 즉 이 사회에서 기존의 물권 하나가 없어지는 것이다. 相對的消滅(상대적소멸)은 물권 그 자체는 존속하지만 물권이 타인에게 승계됨으로써 종래의 주체가 물권을 잃는 것이다. 이에는 권리자의 의사에 의하여 발생하는 경우와 그렇지 않은 경우가 있는데, 특히 의사에 의하여 물권을 상실하는 것을 물권의 양도라고 한다(民§188②). 각종 물권의 공통이 되는 소멸원인으로 목적물의 滅失(멸실)·消滅時效(소멸시효)·抛棄(포기)·混同(혼동)·公用徵收(공용징수)·沒收(몰수) 등이 있다.

목적물의 멸실(目的物의 滅失)

물권은 물건을 직접 지배하는 권리이므로 목적물이 멸실하면 그에 대한 물권도 소멸하는 것은 명문의 규정이 없어도 당연하다. 물권의 멸실 여부는 사회통념·거래관념에 따라 결정된다. 물건의 일부가 멸실한 경우에 동일성이 유지되는 한 그 물건에 대한 동일물권이 존속한다. 물건의 멸실이라도 물건의 소실과 같이 물리적으로 완전히 소멸하기도 하지만 멸실물의 물질적 변형물이 남는 경우가 있다. 이 경우 물권은 원칙적으로 목적물의 물질적 변형물에까지도 미친다. 예컨대 소유권이나 저당권은 무너진 집의 붕괴목재에까지 미친다. 또한 담보물권은 그 목적물이 멸실되더라도 경제적 가치로 보아 代位性(대위성)(예 : 화재보험금이나 손해배상청구권 등)이 있는 경우에는 그에 대하여 권리가 존속한다.

물권포기(物權抛棄)

물권을 소멸시킬 것을 목적으로 의사표시로 성립하는 단독행위이다(물권적 단독행위). 부동산물권의 포기에는 物權的 意思表示(물권적 의사표시)와 등기를 필요로 하고(民§186), 동산물권의 포기에는 물권적 의사표시와 점유의 포기를 필요로 한다. 점유를 수반하는 물권(所有權(소유권)·質權(질권)·地上權(지상권)·傳貰權(전세권) 등)의 포기에는 포기의 의사표시와 등기 이외에 그 점유도 포기하여야 한다. 소유권과 점유권의 포기는 상대방 없는 단독행위로서 단독으로 말소등기를 신청할 수 있다. 제한물권의 포기는 그 포기에 의하여 직접 이익을 얻는 자에 대하여 행하는 상대방 있는 의사표시이며 이 경우 말소등기신청에 대하여는 單獨申請說(단독신청설)과 상대방과의 共同申請設(공동신청설)이 대립한다. 또한 포기는 원칙적으로 자유이지만 그로 인하여 타인의 이익을 해할 수 없다. 즉 민법은 「지상권 또는 전세권이 저당권의 목적인 경우에 그 지상권 또는 전세권의 포기는 저당권자의 동의 없이 할 수 없다」고 규정하고 있다(民§371②). 포기도 법률행위의 일종이므로 선량한 풍속 기타 사회질서에 위반하는 경우에는 무효이다(民§103).

혼동(混同)
라 ; confusio
영 ; merger
독 ; Konfusion, Vereinigung

병존시킬 만한 가치가 없는 두 개 이상의 법률상의 지위 또는 자격이 동일인에게 귀속하는 것을 말한다. 일반적으로 두 개의 지위나 자격을 병존할 필요가 없기 때문에 그 가운데 한 편은 다른 편에 흡수되어 소멸하는 것이 원칙이다. 혼동은 주로 채권과 물권에 관하여 다같이 소멸원인이 된다(民§507, §191). → 물권의 혼동, 채권의 혼동 참조

물권의 혼동(物權의 混同)

입법례에 따라서는 독일민법과 같이 부동산물권은 혼동으로 인하여 소멸하지 않는 것도 있다(獨民§889). 그러나 우리 민법은 動産物權(동산물권)과 不動産物權(부동산물권)의 구별 없이 물권은 혼동으로 소멸하는 것이 원칙이다. 즉 (1) 소유권과 제한물권의 혼동 : 동일한 물건에 대한 소유권과 제한물권이 동일인에게 구속한 경우에는 제한물권이 소멸하는 것이 원칙이다(民§191① 본문). 예컨대 저당권자가 저당부동산의 소유권을 취득하거나 지상권자가 소유권자를 상속하는 경우 등에 그 저당권이나 지상권은 혼동으로 인하여 소멸한다. 그러나 혼동으로 인한 제한물권의 소멸을 인정하는 것이 소유권자나 제3자의 법률상의 이익을 부당하게 해치게 될 경우에 제한물권은 소멸하는 것은 부당하다. 이에 민법은 그 제한물권이 제3자의 권리의 목적인 때에는 소멸하지 않는다는 예외 규정을 두고 있다(民§191①但). 이러한 예외도 다음의 두 가지로 나눌 수 있다. 즉 ㉮ 그 물건이 제3

자의 권리의 목적인 때 : 예컨대 甲 소유의 토지에 乙이 1번 저당권을, 병이 2번 저당권을 가지고 있는 경우에 을이 갑의 소유권을 취득하여도 을의 1번 저당권은 소멸하지 않는다. 왜냐하면 만약 을의 저당권이 소멸하면 그 부동산이 병에 의하여 경매되는 경우에 병이 1번 저당권자로 격상되어 우선 변제를 받게 되어 병보다 先順位抵當權者(선순위저당권자)이었던 을이 우선변제를 받지 못하게 되기 때문이다. ㉯ 혼동한 제한물권이 제3자의 권리의 목적인 때 : 예컨대 갑 소유의 토지 위에 지상권을 가지고 있는 을이 갑 소유권을 취득하여도 그 지상권이 병의 저당권의 목적인 경우에는 을의 지상권은 소멸하지 않는다. 만약 소멸한다면 그 지상권에 기한 병의 저당권이 소멸하여 병은 부당한 불이익을 받게 되기 때문이다. 그러나 제한권자를 존속시킬 아무런 이익이 없는 경우 예컨대 위의 ㉮에서 을이 2번 저당권일 경우와 ㉯에서 병도 갑 토지에 대하여 을의 지상권에 우선하는 저당권을 가지는 경우에는 소멸한다.

(2) 제한물권과 그 제한물권을 목적으로 하는 다른 권리와의 혼동 : 제한물권과 그 제한물권을 목적으로 하는 다른 권리가 동일인에게 귀속되는 경우에는 그 다른 권리는 소멸하는 것이 원칙이다(民§191②). 예컨대 지상권 위에 저당권을 가지는 자가 그 지상권을 취득하거나 지상권 위에 질권을 가지는 자가 저당권을 상속하는 경우에는 저당권이나 질권은 혼동으로 인하여 소멸한다(民§191②, §191① 본문). 그러나 이 역시 해석상 예외가 인정된다(§191②, §191① 但書). 즉 ㉮ 제한물권이 제3자의 권리의 목적인 경우와 ㉯ 혼동한 제한물권이 제3자의 권리의 목적인 경우이며 그 근거는 소유권과 제한물권의

혼동에서와 동일하다. (3) 권리의 성질상 처음부터 양립하여 대립하지 않는 것은 혼동의 적용이 없다. 즉 ㉮ 점유권은 혼동으로 소멸하지 않는다(民§191③). 점유권은 점유라는 사실을 보호하는 권리이므로 소유권 기타 본권에 대하여 독자적인 존재의미를 가진다. ㉯ 광업권은 광물 채취를 목적으로 하는 지역에 관한 지배권이며 보통 지표의 이용을 목적으로 하는 토지소유권과는 별개의 독립한 권리이므로 양자는 양립할 수 있는 것이므로 혼동으로 소멸하는 일은 없다. 혼동으로 인한 물권의 소멸은 절대적이다. 혼동 이전의 상태가 어떤 이유로 복귀하더라도 일단 소멸한 권리는 부활하지 않는다. 그러나 혼동을 일으키는 전제가 된 권리의 취득행위 자체가 取消(취소)·無效(무효)·解除(해제) 등으로 말미암아 부정된 경우에는 혼동은 생기지 않았던 것으로 된다.

공용징수(公用徵收)

영 ; compulsory acquisition expropriation
독 ; Enteignung
불 ; expropriation

공용수용과 같은 말이다. 공익을 위하여 필요한 처분으로서 공용징수가 인정되는 경우에는 징수자는 원시적으로 권리를 취득하고 그 반면으로서 피징수자의 물권은 소멸된다. → 행정법편 참조

몰수(沒收)

영 ; confiscation of propery
독 ; Einziehung

몰수는 재산의 박탈을 내용으로 하는 財産刑이다(刑§41Ⅸ). 몰수에 의하여 국가는 권리를 원시적으로 취득하는 반면에 피몰수자의 물권은 소멸된다.

등기(登記)

영 ; registration
독 ; Eintragung
불 ; transcription, inscription

일정한 법률관계를 널리 사회에 공시하기 위하여 등기관이 법정절차에 따라서 등기부라고 불리는 공적 장부에 부동산에 관한 일정한 권리관계를 기재하는 것을 말한다. 즉 (1) 등기는 부동산의 권리관계 또는 표시에 관한 기재이다. 따라서 이와 관계없는 기재는 등기부상의 체재일지라도 단순한 절차상의 기재일 뿐 등기는 아니다. (2) 등기관의 과실 등으로 등기부에 기재되지 않으면 등기가 있다고 할 수 없다. 이 점이 가족법상의 신고와 다르다. 즉 등기부에 기재가 있을 때에 비로소 공시적 기능을 발휘할 수 있기 때문이다. (3) 등기가 당사자의 신청에 의한 것인지의 여부는 묻지 않는다. 따라서 그 기재가 관공서의 촉탁에 의한 것이든 등기관의 직권에 의한 것이든 모두 등기가 된다. (4) 등기는 국가기관인 등기관이 법정의 절차에 따라서 기재하여야 한다. 등기절차를 정하는 것은 不動産登記法(부동산등기법)과 不動産登記法施行規則(부동산등기법시행규칙)이다. 등기의 효력에 대하여 舊民法상의 부동산등기에서는 일정한 사항을 제3자에게 주장하는 대항요건으로 하였지만 현행민법상의 부동산등기와 상법상의 회사설립등기는 일정한 사항의 효력발생요건으로 하고 있다. 우리나라는 등기의 공신력을 인정하지 않고 있다.

등록(登錄)

영 ; registration
독 ; Registrierung
불 ; enregistrement

일정한 사실이나 법률관계를 행정관청등에 비치되어 있는 공부에 기재하는 것이다. 광의로는 등기를 포함하지만(地方稅法), 다음과 같은 점에서 등기와 다르다. (1) 등기는 등기소에 비치되어 있는 등기부에 등기하여 행하는 데 대하여, 등록은 일반행정청 등에 비치되어 있는 공부에 등록하여 행한다. (2) 등기는 권리의 효력발생요건 또는 대항요건인데 대하여, 등록은 권리의 종류에 따라서 그 효력이 다르다. ㉮ 特許權(특허권)(특허법§87)·디자인권(디자인보호법§39)·實用新案權(실용신안권)(실용신안법§21)·商標權(상표권)(상표법§41) 등의 工業所有權登錄(공업소유권등록)과 자동차저당(자동차등 특정동산저당법§5)의 등록은 권리의 효력발생요건이다. ㉯ 著作權(저작권)(저작권법§53)·登錄國債證券(등록국채증권)의 移轉(이전) 및 入質(입질)(國債§6)의 등록과 어업권의 등록(水産§17)은 제3자에 대한 대항요건이다. ㉰ 醫師(의료법§11)·獸醫師(수의사법§6)·변호사(변호사법§7)의 등록은 면허의 방법이다. ㉱ 자동차(자동차관리법§5)·선박(선박법§8, 商§743, §745)·항공기(항공법§5)의 등록은 일정한 행위를 하기 위한 요건이다.

권리변동의 등기 (權利變動의 登記)

소유권의 보존등기를 기초로하여 그 후에 행하여지는 권리변동의 등기를 말한다. 즉 소유권의 이전·저당권의 설정 등은 우선 소유권의 보존등기를 하지 않고는 등기할 수 없다.

멸실(滅失)

물건이 경제적 효용을 전부 상실할 정

도로 파괴된 상태이다. 예컨대 민법에 있어서 점유물의 멸실의 경우 선의의 점유자는 이익이 현존하는 한도에서 배상책임이 있으며 악의의 점유자는 그 손해의 전부를 배상할 책임이 있다(民§202 본문).

대장(臺帳)

부동산등기부 이외에 부동산에 관한 공적 장부로서 土地臺帳(토지대장)과 家屋臺帳(가옥대장)이 있다.

지적공부(地籍公簿)

과세와 징세를 위하여 토지의 상황을 정확하게 파악하기 위한 기초자료로서 이용하기 위한 討籍簿(토적부)로서의 성격을 가진 공적 장부이다. 우리 나라는 지적장부로서 土地臺帳(토지대장)과 林野臺帳(임야대장) 등을 가지고 있다. 이와 같이 토지에 관하여도 대장을 가지게 된 연유는 일제하에서 먼저 경작지를 중심으로 하는 토지조사를 바탕으로 하여 토지대장이 작성되었고, 이어서 토지조사에서 제외된 임야에 대한 조사사정을 거쳐 임야대장을 만들었기 때문이다. 토지대장과 임야대장에 등록되는 것은 토지의 소재·지번·지목·면적·소유자의 성명 또는 명칭, 주소와 주민등록번호(국가 또는 지방자치단체, 법인 또는 법인 아닌 사단이나 재단 및 외국인의 경우에는 부동산등기법 제49조에 따라 부여된 등록번호) 등이다(공간정보의 구축 및 관리 등에 관한 법률 §71). 그러나 지적공부라고 할 때에는 이 두 대장이외에 공유지연명부, 대지권등록부, 지적도, 임야도 및 경계점좌표등록부 등 지적측량 등을 통하여 조사된 토지의 표시와 해당 토지의 소유자 등을 기록한 대장 및 도면(정보처리시스템을 통하여 기록·저장된 것을 포함한다)을 말한다(공간정보의 구축 및 관리 등에 관한 법률 §2 19호). 지적소관청은 해당 청사에 지적서고를 설치하고 그 곳에 지적공부(정보처리시스템을 통하여 기록·저장한 경우는 제외한다)를 영구히 보존하여야 하며, 천재지변이나 그 밖에 이에 준하는 재난을 피하기 위하여 필요한 경우나 관할 시·도지사 또는 대도시 시장의 승인을 받은 경우 외에는 해당 청사 밖으로 지적공부를 반출할 수 없다(공간정보의 구축 및 관리 등에 관한 법률 §69).

임야대장(林野臺帳)

→ 地籍公簿

토지대장(土地臺帳)
영 ; cadaster
독 ; Kataster
불 ; cadastre

토지의 상황을 명확히 하기 위하여 토지의 소재 · 지번 · 지목(토지의 주된 사용목적)·면적·소유자의 성명 또는 명칭, 주소와 주민등록번호(국가, 지방자치단체, 법인 또는 법인 아닌 사단이나 재단 및 외국인은 그 등록번호) 및 고유번호 등을 등록하는 장부이다(공간정보의 구축 및 관리 등에 관한 법률 §71). 등기소에 비치하여 토지의 권리관계를 공시하는 토지등기부와는 다르지만, 이 두 장부는 서로 그 기재내용에 있어서 일치하여야 한다. 따라서 부동산 상황에 변동이 생긴 때에는 먼저 대장등록을 변경한 후에 등기부를 변경하게 된다. 그러나 권리자체의 변동에 관하여는 등기부를 기초로 하고 토지대장은 이에 따

르게 된다. → 地積公簿

지목(地目)

토지의 현황·성질·이용목적 등을 표시하기 위하여 토지에 붙이는 명칭이다. 측량수로조사 및 지적에 관한 법률은 지목을 토지의 주된 사용목적에 따라 田(전)·沓(답)·果樹園(과수원)·牧場用地(목장용지)·林野(임야)·鑛泉地(광천지)·鹽田(염전)·垈(대)·工場用地(공장용지)·學校用地(학교용지)·주차장·주유소용지·창고용지·도로·철도용지·제방(堤防)·하천·구거(溝渠)·유지(溜池)·양어장·수도용지·공원·체육용지·유원지·종교용지·사적지·묘지·잡종지로 구분하여 정한다(공간정보의 구축 및 관리 등에 관한 법률 §67), 토지의 지목이 다르게 된 때에는 토지소유자는 60일 이내에 소관청에 지목변경을 신청하여야 한다(공간정보의 구축 및 관리 등에 관한 법률 §81).

지번(地番)

지번이라 함은 필지에 부여하여 지적공부에 등록한 번호를 말한다(공간정보의 구축 및 관리 등에 관한 법률 §2). 모든 토지는 공간정보의 구축 및 관리 등에 관한 법률에 따라 필지마다 지번 등을 정하여 지적공부에 등록되어야 하는 것이다(공간정보의 구축 및 관리 등에 관한 법률 §64). 지적소관청은 지적공부에 등록된 지번을 변경할 필요가 있다고 인정하면 시·도지사나 대도시 시장의 승인을 받아 지번부여지역의 전부 또는 일부에 대하여 지번을 새로 부여할 수 있다(공간정보의 구축 및 관리 등에 관한 법률 §66).

가옥대장(家屋臺帳)

가옥의 소재·번호·종류·구조·건평과 소유자의 주소·성명 등을 등록하여 가옥상황을 명확하게 하는 장부이다. 세무관청에 비치되어 과세의 기본이 된다. 가옥의 사실상의 상황을 명확히 기재하는 점에서 등기소에 비치되어 가옥에 관한 권리관계를 공시하는 건물등기부와 구별되지만 양자는 동일사항에 관하여 일치하여야 한다. 따라서 건물의 사실상의 상황에 관하여는 대장의 기재를 등기부의 기재의 기초로 삼고, 건물에 관한 권리변동에 관하여는 등기부의 기재를 대장의 기재의 기초로 삼는다.

인도(引渡)

라 ; traditio   영 ; delivery
독 ; Ubergabe   불 ; delivrance

인도란 원래 동산에 대한 현실적·직접적인 지배의 이전인 현실의 인도를 의미한다(民§188①). 그러나 우리 민법상 인도는 점유의 이전을 말한다. 즉 인도에는 (1) 現實의 引渡(현실의 인도) 이외에 (2) 簡易引渡(간이인도)(§188②) (3) 占有改正(점유개정)(§189) (4) 目的物返還請求權(목적물반환청구권)의 양도에 의한 인도 방법(民§190) 등도 인정된다. 인도는 동산물권변동의 공시방법이며 효력발생요건이다. 그러나 인도는 등기와는 달리 일반인에게 공시의 역할이 미약하다. 더구나 현실의 인도만이 아니라 관념의 인도까지 인정하기 때문에 더욱 불완전하게 된다. 이와 같은 불완전한 공시의 결점을 보완하기 위하여 동산거래시에는 선의취득자를 보호한다(民§249).

명도(明渡)

토지나 건물 또는 선박을 점유하고 있는 자가 그 점유를 타인의 지배하에 옮기는 것이다. 법문상으로는 인도로 규정하고 있으며(민사집행법 258조 1항) 명도라는 말은 사용하지 않는다.

현실의 인도(現實의 引渡)

직접 물건을 교부하는 것과 같이 물건에 대한 사실상의 지배를 현실적으로 이전하는 것이다. 인도의 가장 원칙적인 방법이다. 어떠한 경우에 사실적 지배의 이전이 있다고 보느냐는 사회통념에 의하여 결정하게 된다. 즉 사회통념상 물건이 양도인의 지배권을 벗어나서 讓受人(양수인)의 지배권내로 갔다고 인정되면 되는 것이다. 예컨대 물건이 집에 배달된 경우 등에는 현실의 인도가 있는 것으로 된다. 민법 제188조 1항에서 말하는 인도는 현실인도를 의미한다.

> 물건의 인도가 이루어졌는지 여부는 사회관념상 목적물에 대한 양도인의 사실상 지배인 점유가 동일성을 유지하면서 양수인의 지배로 이전되었다고 평가할 수 있는지 여부에 달려있는 것인바, 현실의 인도가 있었다고 하려면 양도인의 물건에 대한 사실상의 지배가 동일성을 유지한 채 양수인에게 완전히 이전되어 양수인은 목적물에 대한 지배를 계속적으로 확고하게 취득하여야 하고, 양도인은 물건에 대한 점유를 완전히 종결하여야 한다(대법원 2003. 2. 11. 선고 2000다66454).

간이인도(簡易引渡)
라 ; traditio brevimanu
독 ; bergabe kurzer Hand

목적물의 양수인 또는 대리인이 이미 현실적으로 물건을 소지·점유하고 있을 때에는 따로 인도라는 절차를 밟을 필요가 없으므로 당사자의 의사표시만으로써 인도의 효과를 생기게 하는 제도이다(民§188②). 양수인이 이미 물건을 점유하고 있는 경우에는 점유권을 이전하는 편법의 일종이다. 예컨대 甲의 자동차를 임대한 乙이 甲의 자동차를 매수하는 경우에 일단 甲에게 되돌려 주었다가 다시 甲으로부터 인도를 받는다는 것은 번잡한 수고만 더하기 때문에 실제로 물건이동을 하지 않고 甲과 乙의 합의만으로 인도를 끝내버리는 간편한 인도방법이다.

점유개정(占有改定)
라 ; constitutum possessorium
독 ; Besitzkonstitut

讓渡人(양도인)이 讓受人의(양수인)의 占有媒介者(점유매개자)가 되어서 물건을 계속 소지하는 경우에 양도인이 앞으로는 양수인을 위하여 점유한다는 의사표시를 함으로써 인도의 효력이 생기게 하는 인도방법이다(民§189, §196②). 즉 양도인이 양수인에게 목적물을 양도하고서 다시 양수인에게 그 목적물을 임차하여 양도인이 물건을 계속 점유하는 경우이다. 소유권이전의 합의와 양수인에게 간접점유를 취득시키는 계약과의 두 가지 합의가 있게 된다. 그리고 이 두 합의(계약)는 不要式行爲(불요식행위)이며 묵시적으로 할 수 있으며 양자가 하나의 행위로 합체되어서 행하여지는 것이 보통이다. 일단 양수인에게 인도하였다가 다시 양도인이 빌어오는 절차의 번잡성을 피하기 위해 절차를 생략한 방법으로 양도담보의 경우에 실익이 많다.

목적물반환청구권의 양도 (目的物返還請求權의 讓渡)
라 ; cessio vindicationis

양도인이 제3자에게 점유시키고 있는 목적물, 즉 間接占有(간접점유)의 관계에 있는 물건을 그대로 양도하고자 할 경우에 양도인이 그 제3자에게 대한 반환청구권을 양수인에게 양도하면 그 동산의 인도가 있는 것이 되고 따라서 동산물권이 양도되는 제도이다(民§190, §196②). 즉 간접점유자에게 이후의 양수인을 위하여 그 물건을 점유할 것을 명하고 양수인이 이 것을 승낙함으로써 점유의 이전, 이른바 동산의 인도가 생긴다. 주로 창고에 임치하여 둔 경우에 물건을 매매하고 계속하여 임치할 경우에 한 번 찾았다가 다시 임치하는 번잡을 피하기 위하여 행하여진다. 이 경우 반환청구권의 성질에 관하여 債權的 請求權說(채권적 청구권설)과 物權的 請求權說(물권적 청구권설)이 대립하지만 채권적 청구권설이 다수설이다.

입목(立木)

토지에 자라고 있는 수목의 집단이다. 입목은 민법상 토지의 정착물이며 가옥과 같이 독립된 부동산으로 취급되지 않는다. 따라서 원칙적으로 토지의 처분은 그 위에 자라고 있는 입목에도 미친다. 그러나 입목은 明認方法(명인방법)을 취함으로써 독립된 물건으로서 토지로부터 분리하여 거래할 수 있다. 또한 입목에 관한 법률은 입목을 독립한 부동산으로 보아 토지와 분리하여 양도하거나 이를 저당권의 목적으로 할 수 있도록 하였다(立木§3 ①, ②). 저당권의 목적이 된 입목소유자는 당사자간에 약정된 사업방법에 따라 그 입목을 조성·육림하여야 한다. 또한 입목소유자와 입목이 부착되어 있는 토지의 소유자가 경매 기타의 사유로 각각 다르게 되는 경우에는 토지소유자는 입목소유자에게 지상권을 설정한 것으로 간주되고 지료는 당사자의 약정에 의한다.

입목에 관한 법률

입목에 대한 등기 및 저당권의 설정 등에 관하여 필요한 사항을 규정한 법률이다. 종래 입목에 관하여 공시방법으로 관습법으로 발전한 명시방법만이 인정되었으나, 이 법에 의하여 등기가 가능하게 되었다(立木§13~§21). 즉 토지에 부착된 수목의 집단으로서 소유자가 所有權保存登記(소유권보존등기)를 하는 경우에 그 수목의 집단은 토지와 분리된 독립한 부동산이 되어 양도나 저당권의 목적이 될 수 있다(입목§3). 입목에 관하여 인정되는 물권은 소유권과 저당권뿐이다. 입목법은 이들의 물권변동에 관하여 특별규정을 두고 있지 않으므로 민법 제186조와 제187조의 일반규정에 의하게 된다.

명인방법(明認方法)

수목의 집단이나 미분리의 과실 등에 관한 물권변동에 있어서 관습법 또는 판례법에 의하여 인정되어 있는 특수한 공시방법이다. 수목이나 미분리과실 등의 소유권 양도에 인정된다. 명인방법은 소유권을 외부에서 인식할 수 있는 방법이어야 한다. 예를 들면 장래에 벌채할 목적으로 매수한 입목의 껍질을 벗기거나 페인트로 소유자의 이름을 기재하거나 귤밭에 새끼줄을 두르고 푯말을 세워 귤을 매수하였음을 공시하는 것 등이다. 그러나 명인방법에 의한 공시방법은 등기와 달리 완전한 것이 못되므로 소유권의 이전이나 보유의 경우에만 이용할 수 있으며 저당권과 같은 담보물권의 설정등에는 이용할 수 없다. 또한 명인방법에는 공신력이 없으며, 수목이나 미분리과실이 분리되었을 경우에는 동산이 되어 채취할 권리가 있는 자에게 귀속된다(民§102① : 예컨대　토지소유권자·지상권자·임차권자 등). 수목의 집단에 관하여는 입목에 관한 법률이 제정되어 독립한 부동산으로 거래할 길이 열렸으나 입목에 관한 법률의 적용을 받는 수목은 매우 제한된 것이므로 앞으로도 명인방법은 많이 행하여질 것이다. 또한 입목법에 의하여 보존등기가 행하여진 입목은 수목 등에 관한 물권변동에 있어서 효과발생요건이 된다.

> 명인방법은 지상물이 독립된 물건이며 현재의 소유자가 누구라는 것이 명시되어야 하므로, 법원의 검증당시 재판장의 수령 10년 이상된 수목을 흰 페인트칠로 표시하라는 명에 따라 측량감정인이 이 사건 포푸라의 표피에 흰 페인트칠을 하고 편의상 그 위에 일련번호를 붙인 경우에는 제3자에 대하여 이 사건 포푸라에 관한 소유권이 원고들에게 있음을 공시한 명인방법으로 볼 수 없다(대법원 1990. 2. 13. 선고 89다카 23022).

점유(占有)
라 ; possesio　　영 ; possesion
독 ; Besitz　　불 ; possession

물건에 대한 사실상의 지배를 말한다.

사실상 지배라 함은 사회통념상 물건이 어떤 사람의 지배하에 있다고 하는 객관적인 관계를 말한다. 사실상의 지배는 그 지배를 정당화하는 권리(所有權(소유권)이나 賃借權(임차권)등과 같은 本權(본권))에 의해 이루어지기도 하고, 훔쳐 온 경우와 같이 아무 권리도 없이 단순히 사실상의 지배를 하고 있는데 불과한 경우도 있다. 그러나 우리 민법은 실질적인 권리인 본권의 유무를 떠나서, 즉 현존하는 지배관계가 어떠한 이유에서 발생했는가에 대하여 일체 불문하고 일단 그 사실상의 지배관계를 보호하고 사회의 평화와 질서를 유지하기 위하여 점유라는 지배의 事實的(사실적)外形(외형)에　占有權(점유권)이라는 物權(물권)을 인정하고 여러 가지 法的(법적)　效果(효과)를 부여하고 있다. 이것이　占有制度(점유제도)이다. 점유가 성립하면 사실적 지배 외에 주관적 의사를 필요로 하는가에 관하여 主觀說(주관설)과　客觀說(객관설)이 나누어져 있지만 현실의 지배사실이 있으면 그것으로 충분하다(民§192). 그러나 물건에 물리적 힘을 미칠 수 있을지라도 占有補助者(점유보조자)는 점유할 수 없으며, 반대로 윤리적 실력행사는 미치지 아니할지라도 간접점유에는 점유가 인정된다.

> 물건에 대한 점유란 사회관념상 어떤 사람의 사실적 지배에 있다고 보여지는 객관적 관계를 말하는 것으로서 사실상의 지배가 있다고 하기 위하여는 반드시 물건을 물리적, 현실적으로 지배하는 것만을 의미하는 것이 아니고, 물건과 사람과의 시간적, 공간적 관계와 본권관계, 타인지배의 배제 가능성 등을 고려하여 사회통념에 따라 합목적적으로 판단하여야 할 것이고, 대지의 소유자로 등기한 자는 보통의 경우 등기할 때에

그 대지의 인도를 받아 점유를 얻은 것으로 보아야 할 것이므로 등기사실을 인정하면서 특별한 사정의 설시(說示) 없이 점유사실을 인정할 수 없다고 판단할 수는 없다 (대법원 2001. 1. 16. 선고 98다20110).

준점유(準占有)
라 ; quasi possessioiuris
독 ; Rechtsbesitz
불 ; quast-possession

재산권을 사실상 행사하는 것이며, 점유에 관한 규정이 준용된다(民§210). 이 제도를 인정하는 목적은 물건의 事實上支配(사실상지배)를 점유로써 보호하는 것과 마찬가지로 재산권의 사실상 지배도 보호하고자 하는 것이다. 따라서 권리점유라고도 한다. 순수한 점유권이 성립시킬 수 있는 所有權(소유권)·地上權(지상권)·傳貰權(전세권)·質權(질권)·賃借權(임차권)은 준점유의 대상이 되지 못한다. 반면에 채권과 地役權(지역권)·抵當權(저당권) 그리고 著作權(저작권)·特許權(특허권)·商標權(상표권)과 같은 無體財産權(무체재산권)은 준점유의 대상이 된다. 준점유의 효력은 점유의 효력과 같다. 즉 權利推定(권리추정)·果實取得(과실취득)·費用償還(비용상환)·占有保護請求權(점유보호청구권) 등의 효력은 준점유에도 적용된다. 그러나 선의취득에 관한 규정은 준용되지 않는 것으로 해석된다. 다만, 채권의 준점유자에 대한 선의의 변제는 유효하다(民§471).

본권(本權)

본권이란 점유하는 것을 법률상 정당하게 하는 권리를 말한다. 즉 물건을 점유하여도 그 점유를 정당화하는 실질적인 권리에 의하여 점유하는 경우도 있지만 그렇지 않은 때도 있다. 예컨대 賃借人(임차인)·所有者(소유자)는 각기 賃借權(임차권)·所有權(소유권)이라는 권리에 의하여 정당하게 점유하는 자이다. 반면에 도둑과 같은 자는 그러한 권리 없이 사실상 점유하고 있을 뿐이다. 이와 같이 점유를 정당하게 하는 실질적인 권리를 본권 또는 점유할 권리라고 한다. 물건의 사용가치의 지배를 목적으로 하는 권리 즉 소유권·전세권·지상권·임차권 등은 모두 이러한 권리를 포함하고 있다.

심소(心素)
라 ; animus

어떠한 법률사실(예 : 주소·점유)의 구성요소로서 필요한 의사적 요소(定住(정주)의 의사·친구를 위한 의사 등)가 心素(심소)이며, 외형적 요소(거소의 사실·소지 등)가 體素(체소)(羅 ; corps)가 된다. 심소와 체소의 구별은 점유에 관하여 가장 문제가 된다.

포제시오
라 ; possessio

로마법상의 점유제도이다. 로마법에 있어서는 물건에 대한 법률적 지배인 소유권(dominium)과 물건에 대한 사실적 지배인 점유(possessio)를 완전히 분리함으로써 possessio는 소유권 기타 본권의 유무와는 관계없는 사실적 지배 그 자체로서 보호되었으며 이를 위하여 占有保護請求權(점유보호청구권)(action Possessire)을 인정하였다. 로마법상의 점유는 (1) 市民的 占有(시민적

점유)(possessio civilis)와 (2) 自然的 占有
(자연적 점유)로 나누어진다. 시민적 점유라
함은 占有訴權(점유소권)(interdictum possess
- orium)에 의하여 보호되는 점유로서 占有
訴權附 占有(점유소권부 점유) (interdictum
possessorium) 혹은 「possessio」라고 부른다.
그러나 고전시대의 법학자들은 시민적 점유
를 점유소권의 보호를 받는 점유 가운데 특
히 시민법의 효과를 수반하는 점유 즉, 즉시
혹은 시효기간의 경과에 의하여 소유권취득
을 할 수 있는 점유만을 가리킨다. (2) 자연
적 점유라 함은 점유소권의 보호를 받지 않
는 사실상의 점유, 즉 소지를 말한다. 이러
한 possessio의 특색을 보면 ㉮ possessio
는 권리관계로부터 분리하여 파악된 관념이
므로 점유자가 소유권이나 채권 혹은 어떠
한 권리를 갖느냐에 따라 아무런 차이도 생
기지 않는다. ㉯ 따라서 possessio는 오직
한 종류밖에 없고 하나의 물건 위에 하나의
possessio가 성립할 따름이다. ㉰ 그러나 사
실상의 지배를 갖는 모든 자에게 possessio
가 인정되는 것이 아니라 賃借人(임차인)·使
用借主(사용차주) 등은 사실상 지배를 하고
있어도 possessio가 인정되지 않는다. 우리
민법의 점유제도는 주로 possessio의 이론
에 기초하고 있다.

게베레
영 ; seisin   독 ; Gewere   불 ; saisine

게르만법상의 물권제도이다. 물건에 대한
사실적 지배를 권리의 표현상식으로 보는
관념이다. 게르만법은 로마법과는 달라서
본권과 점유의 분화를 알지 못하였으며
외형에 나타난 사실적 지배와 추상적 권
리를 언제나 일체된 것으로 파악하였다.
이러한 Gewere의 효력은 세 가지가 있
다. (1) Gewere를 수반하는 물건의 지배

는 재판상의 증거에 의하여 뒤집혀질 때
가지는 정당한 것으로 간주되는 防禦的
效力(방어적 효력)(權利防禦的 效力)(권
리방어적 효력), (2) Gewere를 수반하는
물적 지배가 침해되는 때에는 그 침해를
배제하여 권리의 내용을 실현할 수 있는
攻擊的 效力(공격적 효력)(權利實現的 效
力·權利推定力)(권리실현적 효력·권리추정
적 효력), (3) 물건에 대한 지배권의 이전
은 Gewere의 이전이 있을 때에 비로소 완
성된다는 移轉的 效力(이전적 효력)(權利
移轉的 效力)(권리이전적 효력) 등이다. 이
러한 관념은 근대의 점유제도 가운데도 계
승되었다. 우리민법도 점유의 權利推定力
(권리추정력)·間接占有(간접점유)·善意取得
(선의취득) 등은 게베레의 관념에서 온 것
이다. 게베레를 현대적으로 풀어보면 「물권
+점유」가 될 것이다.

소지(所持)
라 ; Detention, Innehabung
불 ; détention

민법상으로는 물건이 어떤 사람의 사실
상의 지배권내에 들어있다고 볼 수 있는
상태이다. Savigny 대 Jhering의 유명한
占有論爭(점유논쟁)에서 Jhering이 주장
한 「detentio」라고 하는 개념이다. 점유
에 대하여는 주관설과 객관설로 나누어진
다. (1) 주관설은 Savigny가 주장한 점유
이론으로서 「자기를 위한 의사」를 「所
有意思」로 보고 이 所有意思(心素)와 물
건의 소지(體素)가 동시에 존재하고 있는
경우에 한하여 점유권이 발생한다고 하였
다. 즉 「소지+점유의사=점유」로 소지와
점유를 구분하였다. 이에 대하여 (2) 객
관설은 Jhering이 주장한 것으로 심소는
「소지의사」일 필요는 없고 단순히 물건

을 「소지하려는 의사」만으로도 충분하며 그 의사는 소지라는 사실상태 가운데 구현되므로 특별히 심소를 분리할 필요는 없다고 하였다. 즉 「물건에 대한 사실상의 지배=소지=점유」이므로 소지와 점유가 구별되지 않는다. 독일민법은 Jhering의 설을 다시 순화한 Bekker의 객관설에 입각하고 있으므로 소지를 점유로 인정하고 있으나 우리나라 민법은 Savigny의 주관설에 근거를 두고 있으므로 단순한 소지에는 독립된 법적 효과를 인정하지 않는 경우가 많다. 그러나 우리 나라 학설은 객관설의 경향을 띠고 해석하고 있기 때문에 실제로는 소지와 점유를 구별한다는 것은 매우 곤란하다.

점유보조자(占有補助者)
독 ; Besitzdiener, Besitzorgan

家事上(가사상)·營業上(영업상) 기타 유사한 관계에 의하여 타인의 지시를 받고 물건에 대한 사실상의 지배를 하는 자이다(民§195). 예를 들면 타인의 상점에 고용되어 있는 점원은 점유보조자이고 주인은 점유자가 되는 것이다. 점유자의 수족이 되어 물건을 소지하는데 불과하므로 그 자신이 점유자가 되지는 못한다. 점유자와는 관계는 債權(채권)·債務關係(채무관계)가 아니라 上下支配關係(상하지배관계)에 놓여 있게 된다. 占有補助者(점유보조자)는 점유권이 없으므로 占有保護請求權(점유보호청구권)을 행사할 수 없으나 다만 현재의 사실상 지배를 침해하는 데 대하여는 自力救濟權(자력구제권)이 허용된다(§209).

악의점유 · 선의점유 (惡意占有 · 善意占有)

점유자가 자기에게 정당한 權原(본권)이 없다는 사실을 알면서도 점유하고 있는 상태를 악의 점유라고 한다(예 :절도범인). 반면에 정당한 권원이 없다는 사실을 모르고 점유하는 상태를 선의의 점유라고 한다(예 : 착각하여 타인의 구두를 바꿔 신은 것). 정당한 권원이 없다는 사실을 확신하지 않는 경우 즉 의심을 하면서도 이를 점유하고 있는 경우에는 악의의 점유로 된다. 양자를 구분하는 실익은 取得時效(취득시효)에 있어서 악의는 20년 이상의 기간의 경과를 요하는 반면에 선의는 10년 이상이면 족하다고 하는 데에 있다(民§245). 그리고 동산의 卽時取得(즉시취득)이 선의의 점유에 한하여 적용되고 있다는 점(§249)과 占有回復者(점유회복자)에 대한 返還範圍(반환범위)(§203) 등에 양자의 차이가 있다. 그 밖에 점유자의 果實取得(과실취득)(§201)·점유자의 책임(§202) · 점유자의 費用償還請求(비용상환청구) 등에도 차이가 있다. 점유자가 선의·악의인지가 불분명한 경우에는 점유자는 선의로 점유하고 있는 것으로 추정된다(§197①). 그러나 선의점유자가 본권에 관한 소에서 패소하면 그 소가 제기된 때에 소급하여 악의이었던 것으로 간주된다(§197②).

과실점유 · 무과실점유 (過失占有 · 無過失占有)

본권이 없는데도 불구하고 본권이 있는 것으로 誤信(오신)하는 경우에 그 오신에 관하여 과실이 있으면 過失占有(과실점유)(과실 있는 점유)이고 과실이 없으면 무과실점유(과실없는 점유)이다. 일반적으로 점유에 관하여 선의는 추정되고 있으나(民§197①), 무과실은 민법 제197조와 같은 규정이 없기 때문에 추정되지 않는다는 것이 통설이다. 따라서 무과실을 주장하는 자가 증명하여야 한다. 그러나 선의취득의 경우에는 예외적으로 무과실까지도 추정된다. 양자의 區別實益(구별실익)은 取得時效(취득시효)(§245~§248), 善意取得(선의취득)(§249~§251) 등에서 나타난다.

공연점유(公然占有)

공공연하게 내놓고 행하는 점유이다. 공연이라 함은 불특정이고 다수인이 알 수 있는 상태이므로 일부러 남에게 표시할 필요는 없으며 사물을 보통 소유하는 방법으로 점유한다면 공연한 점유가 된다. 점유자는 일반적으로 공연하게 점유한 것으로 추정된다(民§197). 동산의 善意取得(선의취득)(§249)·時效取得(시효취득)(§245②, §246) 등의 요건으로 사용되고 있다.

은비점유(隱秘占有)

점유사실을 타인에게 발각되지 않게 하기 위하여 은밀하게 가지는 점유이다. 공연점유에 대하는 말이다. 은비점유는 선의취득이나 시효취득을 하지 못할 뿐 아니라 점유물에서 생기는 과실을 반환할 의무를 진다(民§201②).

직접점유 · 간접점유 (直接占有 · 間接占有)

점유자와 물건 사이에 타인을 개재함이 없이 점유자가 물건을 직접적으로 지배하거나 占有補助者(점유보조자)를 통하여 지배하는 것을 직접점유라고 한다. 반면에 어떤 자가 타인과의 일정한 법률관계에 기하여 그 타인에게 점유를 이전한 경우에 그에게 인정되는 점유가 간접점유이다. 사회에는 소유자가 소유물을 자신이 소지하고 있는 경우도 있지만, 그것을 타인에게 소지케 하고 자기는 그것을 관념상으로 지배하고 있는 경우가 있다. 예를 들면 건물의 소유권자 甲이 그 건물을 乙에게 임대하고 있는 경우에 乙은 직접점유자이고 甲은 간접점유자이다. 갑은 을을 매개로 하여 점유를 하고 있으므로 갑의 점유를 간접점유(대리점유)라고 하며 을은 점유매개자(Besitzmittler)가 된다. 이와 같이 점유는 중복하여 성립할 수 있다. 간접점유가 성립하려면 (1) 占有媒介者(점유매개자)가 물건을 점유할 것과 (2) 간접점유자와 점유매개자 사이에 地上權(지상권)·傳貰權(전세권)·質權(질권)·使用賃借(사용임차)·賃貸借(임대차)·任置(임치) 기타의 관계, 즉 물건의 返還請求權(반환청구권)의 존재를 전제로 하여 占有媒介關係(점유매개관계)가 존재할 것을 필요로 한다(民§194). 이러한 관계가 없는 도난에 있어서의 피해자와 도난 사이에는 간접점유는 성립하지 않는다. 간접점유도 점유이므로 간접점유자는 원칙적으로 占有保護請求權(점유보호청구권)(§207) 등 점유권의 모든 효력이 인정된다. 이점에서 점유보호자와 다르다.

자주점유 · 타주점유 (自主占有 · 他主占有)
독 ; Eigenbesitz·Fremdbesitz

자주점유란 소지의 의사를 가지고 하는 점유이다. 이에 비해 타주점유란 소유의 의사가 없는 점유, 즉 타인이 소유권을 가지고 있다는 것을 전제로 하는 점유이다. 권원의 성질상 자주점유인지 타주점유인지 판단할 수 없는 경우에는 자주점유로 추정한다(民§197①). 소유의 의사란 소유권자로서의 배타적 지배를 사실상 행사하려고 하는 의사를 말한다. 法律上支配權原(법률상지배권원)(所有權)을 가지고 있거나 있다고 믿어야 하는 것은 아니다. 따라서 소유자는 아니지만 착오로 소유자라고 믿고서 점유하고 있는 자 혹은 물건을 절취한 자는 소유의사를 가지기 때문에 자주점유자이다. 그러나 地上權者(지상권자)·傳貰權者(전세권자)·質權者(질권자)·賃借人(임차인)·受置人(수치인) 등은 소유자가 따로 있다는 것을 전제로 점유하고 있기 때문에 他主占有者(타주점유자)이다. 양자의 구별실익은 취득시효(§245), 無主物先占(§252)·점유자의 책임(§202)등에서 볼 수 있다.

> 점유자의 점유가 소유의 의사 있는 자주점유인지 아니면 소유의 의사 없는 타주점유인지의 여부는 점유자의 내심의 의사에 의하여 결정되는 것이 아니라 점유 취득의 원인이 된 권원의 성질이나 점유와 관계가 있는 모든 사정에 의하여 외형적·객관적으로 결정되어야 하는 것이다(대법원 1997. 8. 21. 선고 95다28625 전원합의체 판결).

소유의 의사(所有의 意思)

물건을 자기의 소유로 지배하려는 의사이다. 점유가 성립하는데는 자기를 위한다는 의사로 충분하고 소유의 의사는 필요로 하지 않는다. 점유자는 소지의 의사가 있다고 추정된다(民§197). 소유의 의

사를 가지고 행하는 점유를 自主占有라고 하며, 取得時效·무주물선점, 점유자의 책임 등의 요건이 된다(§245, §246, §202, §252).

> 자주점유는 소유자와 동일한 지배를 하려는 의사를 가지고 하는 점유를 의미하는 것이지, 법률상 그러한 지배를 할 수 있는 권한 즉, 소유권을 가지고 있거나 또는 소유권이 있다고 믿고서 하는 점유를 의미하는 것은 아니다(대법원 1987. 4. 14. 선고 85다카2230).

관리점유(管理占有)
독; Verwaltungsbesitz, Sequestrationsbesitz

수치물에 대한 임치인의 점유 같이 소유나 사용의 의사 없이 보관을 목적으로 하는 점유이다. 自主占有(자주점유)·用益占有(용익점유)에 대한다. 다만 관리점유에도 보관자 자신을 위하여 한다는 의사가 인정되므로 점유권은 성립한다.

단독점유·공동점유(單獨占有·共同占有)

단독점유는 한 개의 물건(혹은 물건의 일부)을 한 사람이 점유하는 것이다. 반면에 공동점유는 수인이 공동하여 동일물을 점유하는 것이다. 공동점유의 성립에는 공동점유자 각자가 자기를 위하여 하는 의사로써 충분하고 공동점유자 전원을 위하여 하는 의사를 요하지 않는다. 그러나 공동점유에 있어서의 각자의 점유는 완전한 것이 아니고 서로 제한된 상태에 있는 것으로 보아야 할 것이다. 또한 공동점유는 자주점유의 경우뿐만 아니라 타주점유의 경우에도 있을 수 있다. 그러나

공동점유란 수인이 공동하여 점유하는 것이므로 直接占有(직접점유)와 間接占有(간접점유)가 중첩되는 경우에는 공동점유는 성립될 수 없다.

하자점유·무하자점유 (瑕疵占有·無瑕疵占有)

점유에서 사용되는 하자란 惡意(악의)·過失(과실)·强暴(강폭)(평온하지 않은 것)·隱秘(은비)(공연하지 않은 것)·不繼續(불계속) 등 완전한 점유로서의 효력발생을 방해하는 모든 사정을 말한다. 이러한 하자가 따르는 점유가 하자점유이고 전혀 하자가 없는 점유가 무하자점유이다. 진정한 권리자로부터 항변을 받는 것만으로는 악의나 과실의 하자는 될지라도 强暴(강폭)한 점유가 있는 것으로 볼 수 없다. 그러나 점유의 善意(선의)·平穩(평온)·公然(공연)과 前後兩時(전후양시)에 점유한 사실이 있는 경우의 점유의 계속은 명문에 의하여 추정된다(民§197②, §198). 따라서 점유자는 무과실만을 입증하면 無瑕疵占有(무하자점유)를 주장할 수 있다. 兩者(양자)의 區別實益(구별실익)은 취득시효(民§245~§248)·선의취득(§249) 등에서 볼 수 있다.

점유권(占有權)

독 ; Recht des Besitzes
불 ; droti de possession

점유권이란 점유라는 사실을 법률요건으로 하여 점유자에게 인정되는 물권의 일종이다(民§192~§209). 다른 물권과 같이 물건의 지배로부터 적극적으로 어떤 이익을 얻을 것을 내용으로 하는 것이 아니라, 물건에 대한 사실적인 지배상태를 일단 권리로서 보호하여 사인에 의한 교란을 금함으로써 사회의 평화와 질서를 유지하려는 제도이다. 다른 物權(물권)과는 支配權(지배권)이라는 공통성 이외에는 排他性(배타성)이나 우선적 효력이 없는 등 법률적 성질이나 사회적 작용에 있어서 현저한 차이가 있다. 占有權(점유권)의 效力(효력)을 살펴보면 다음과 같다. (1) 점유권은 所有權(소유권)이나 賃借權(임차권)과 마찬가지로 점유를 정당화하는 권리이다. 따라서 점유물에 대하여 행사하는 권리인 점유권은 적법하게 보유한 것으로 추정된다(권리의 추정 民§200). 예를 들면 시계를 절도한 자는 그 시계를 점유하고 있다는 점에서 일단 정당한 점유로 추정되기 때문에 도둑맞은 자는 자기가 소유자라는 이유로 도둑의 점유권을 침해할 수 없다. (2) 타인의 동산을 平穩(평온)·公然(공연)하게 양수한 자가 善意(선의)·無果實(무과실)로 그 동산을 점유한 경우에는 양도인이 정당한 소유자가 아닐지라도 즉시 그 동산의 소유권을 취득한다(動産占有(동산점유)의 公信力(공신력) 民§249). 이를 卽時取得(즉시취득) 또는 선의취득이라고 한다. 예를 들면 일시 점유하고 있는 임차인을 소유자로 믿고 거래를 하고, 더구나 그렇게 믿는 것이 타당하다고 생각될 때에는 그 거래를 한 자는 보호되며 소유권을 취득한다. (3) 점유자는 점유의 방해를 받거나 받을 염려가 있는 때에는 물건의 반환이나 방해의 제거 또는 방해의 예방을 청구할 수가 있다(§204~§208). 이것을 占有保護請求權(점유보호청구권)이라고 한다. 이밖에도 動産物權變動(동산물권변동)의 效力發生要件(효력발생요건)(§188)·取得時效(취득시효)의 基礎(기초)(§245, §246)·自力救濟權(자력구제권)(§209)·果實取得權(과실취득권)과 費用償還請求權(비용상환청구권)(§201~§203)등 몇가지 효력이 있다.

권리의 추정(權利의 推定)

특정인이 어떤 사실에 따라서 특정한 권리를 가지고 있다고 추정되는 것이다. 즉 점유자가 점유물에 대하여 행사하는 권리는 적법하게 보유하는 것으로 추정된다(民§197, §200). 이러한 추정을 받는 자는 그 권리를 다투는 자가 있더라도 스스로 권리자라는 것을 입증할 책임을 부담하지 않는다. 도리어 그 권리를 다투는 자 쪽에서 상대방이 권리자가 아니라는 것을 입증하여야 된다.

점유소권(占有訴權)
라 ; intrdictum
독 ; Besizklage
불 ; action possessoire

→ 占有保護請求權(점유보호청구권)

점유보호청구권
(占有保護請求權)
라 ; interdictum possessionis
독 ; Besitzschutzanspruch
불 ; action posessoire

점유자가 점유의 방해를 받거나 방해의 염려가 있을 때 방해자에게 방해의 정지나 제거를 청구할 수 있는 권리이다(民§205~§209)·점유보호청구권은 占有物返還請求權(점유물반환청구권)·占有物妨害除去請求權(점유물방해제거청구권)·占有物妨害豫防請求權(점유물방해예방청구권)의 세 가지 종류가 있다. 점유보호청구권이라고 하지만 실체법상의 권리이며 물권적 청구권의 일종으로서 민법에서는 이것만을 규정한다. 민법은 점유의 침해에 기한 損害賠償請求權(손해배상청구권)까지도 점유보호청구권의 내용으로 하고 있으나 손해배상청구권은 순수한 채권이지

물권적 청구권이 아니며 다만 편의상 함께 규정하고 있는 것에 불과하다. 사실상의 지배인 점유에 이와 같은 권리를 인정하는 이유는 사회의 질서유지를 확보하기 위해서이다. 이는 원칙적으로 자력구제를 금한다는 원칙에 대한 제도적 보장을 가능하게 한다. 다만 정당한 권리자는 자력구제를 할 수 있다(民§209). 점유보호청구권의 주체는 점유권자이다. 즉 직접·간접점유자 모두 주체가 되지만(§207), 점유보조자는 점유보호청구권을 행사하지 못한다.

점유물반환청구권
(占有物返還請求權)
독 ; Anspruch Wegen Besitzentziehung

점유자가 점유의 침탈을 당한 때에는 그 물건의 반환과 손해배상을 청구할 수 있는데 이 가운데 반환청구권을 점유물반환청구권이라 하며 占有回收請求權(점유회수청구권)이라고도 한다(民§204①).

점유보호청구권의 일종이며, 물권적 반환청구권의 성질을 가진다. 이 반환청구권의 상대방은 현재 점유하고 있는 자이다. 자기의 의사로 점유를 이전하였거나 빼앗긴 물건이 매매 등에 의하여 침탈자로부터 선의의 特別承繼人(특별승계인)(예컨대 매수인)에게 이전되었을 경우에는 원칙으로 그 권리를 행사할 수 없게 된다(§204②). 그리고 간접점유자는 그 물건의 점유자에게 반환할 것을 청구할 수 있으며 점유자가 그 물건의 반환을 받을 수 없거나 받지 않을 때에는 자신에게 반환할 것을 청구할 수 있다(§207②). 손해가 있으면 상대방에게 고의나 과실이 있는 경우에 한해서 그 배상을 요구할 수가 있다. 그러나 여기서 손해배상청구권

은 점유보호청구권의 내용은 아니고 불법행위의 효과에 불과하다. 占有物返還請求權(점유물반환청구권)과 損害賠償請求權(손해배상청구권)은 침탈을 당한 날로부터 1년 이내에 행사하여야 한다(§204③).

점유물방해제거청구권 (占有物妨害除去請求權)

점유자가 점유의 侵奪(침탈) 이외의 방법으로 점유를 방해받은 때에는 그 방해의 제거 및 손해배상을 청구할 수 있는데 이것을 占有物妨害除去請求權(점유물방해제거청구권)이라고 한다(民§205①). 즉 점유가 부분적으로 방해된 데 불과한 경우에 그 방해의 제거를 청구할 수 있는 권리로서 占有保護請求權(점유보호청구권)이라고도 한다. 점유보호청구권의 일종이며 物權的妨害除去請求權(물권적방해제거청구권)의 성질을 가진다. 이 제거청구권의 상대방은 현재의 방해자이다. 방해가 존재하고 있는 동안이나 또는 그것이 종료한 날로부터 1년 이내에 행사하여야 한다(§205①). 그러나 공사로 인하여 방해를 받은 경우에는 공사착수 후 1년을 경과하거나 또는 그 공사가 완성한 때에는 방해의 제거를 청구하지 못한다(§205③). 또한 방해제거는 방해가 종료하면 청구할 수 없을 것이므로 1년이란 기간은 손해배상의 청구에만 적용된다. 손해가 있으면 상대방에게 고의나 과실이 있는 경우에 한해서 그 배상을 요구할 수가 있다. 여기서의 損害賠償請求權(손해배상청구권)은 占有保護請求權(점유보호청구권)의 내용은 아니고 不法行爲(불법행위)의 효과에 불과하다.

점유권에 의한 방해배제청구권(점유보유청구권)은 물건 자체에 대한 사실상의 지배상태를 점유침탈 이외의 방법으로 침해하는 방해행위가 있을 때 성립된다(대법원 1987. 6. 9. 선고, 86다카2942).

점유물방해예방청구권 (占有物妨害豫防請求權)

점유자가 점유의 방해를 받을 염려가 있는 때에는 그 방해의 예방 또는 손해배상의 담보를 청구할 수 있는 것을 점유물방해예방청구권이라고 한다(民§206①). 占有保全請求權(점유보전청구권)이라고도 하며 위험이 존재하는 동안은 언제라도 행사할 수가 있다. 占有保護請求權(점유보호청구권)의 일종이며 물권적 방해예방청구권의 성질을 가진다. 공사로 인하여 방해를 받을 염려가 있는 경우에는 공사착수 후 1년을 경과하거나 또는 공사가 완성한 때에는 방해의 예방을 청구하지 못한다(§206②). 손해배상의 담보의 종류는 금전의 공탁이 보통이지만 제한은 없다.

방해예방청구권 (점유보전청구권)에 있어서 점유를 방해할 염려나 위험성이 있는지의 여부는 구체적인 사정하에 일반경험법칙에 따라 객관적으로 판정되어야 할 것이다(대법원 1987. 6. 9. 선고, 86다카2942).

점유의 소(占有의 訴)

占有保護請求權(점유보호청구권)을 행사하는 소이다. 점유의 소에는 占有回收(점유회수)·保有(보유)·保全(보전)의

所(소)가 있다. 점유의 소는 점유할 권리의 유무에 관계없이 현재의 물적 지배를 침해당한 자는 누구나 점유소권을 가진다. 이에 대하여 所有權(소유권)·地上權(지상권)·傳貰權(전세권) 등의 실질적 권리에 의한 소를 본권의 소라고 부른다. 점유의 소는 사회질서의 유지를 목적으로 하고 본권의 소는 권리의 종국인 실현을 목적으로 하므로, 양자는 별개의 것으로 취급되며 서로 영향을 미치지 아니한다(民§208). 따라서 법원은 점유의 소에 대하여 본권에 관한 이유로 판단하여 재판해서는 안 된다. 예컨대 소유자가 그의 점유물을 빼앗긴 경우에는 점유권에 기한 占有物返還請求權(점유물반환청구권)의 소와 소유권에 기한 所有物返還請求權(소유물반환청구권)의 소를 제기할 수 있다. 본권의 소 이외에 점유의 소를 따로 인정하고 있는 이유는 물적 지배관계에 대한 사회질서를 유지하기 위한 데 있는 것이다. 自力救濟(자력구제)의 금지원칙은 占有訴權(점유소권)에 의하여 제도적 보장이 가능하다 하겠다.

점유회수의 소(占有回收의 訴)

→ 有物返還請求權(점유물반환청구권) 참조

점유보유의 소(占有保有의 訴)

→ 점유방해 제거청구권 참조

점유보전의 소(占有保全의 訴)

→ 占有物妨害豫防請求權(점유물방해예방청구권) 참조

지시에 의한 점유이전(指示에 의한 占有移轉)

占有讓渡時(점유양도시) 양도인이 물건을 간접점유하고 있을 때 직접점유자에게 앞으로는 그 물건을 양수인을 위하여 점유해 줄 것을 명하는 것만으로 현실의 인도 없이 점유권을 양수인에게 이전하는 인도방법이다. 민법에는 반환청구권의 인도에 의한 인도로 규정하고 있다(§190).

자력구제(自力救濟)

영 ; self-help
독 ; Selbsthilfe
불 ; Justice rivée

일반적으로 자기의 이익이나 권리를 방어·확보·회복하기 위하여 국가기관에 의하지 않고 스스로 사력을 행사하는 것을 말한다. 형법상으로는 自力行爲(자력행위)라 하고 국제법에서는 自助行爲(자조행위)라 한다. 오늘날 법치국가에 있어서는 자력구제란 원칙상 허용되지 않는다. 그러나 국가기관의 구제절차를 기다리다가는 도저히 회복할 수 없는 손해가 발생할 것이 명백·절박한 상황하에서, 자기의 생명·신체·명예·재산등을 수호하기 위한 정당방위나 긴급피난은 예외적으로 허용되고 있다. 그러나 법률요건을 벗어나 자력구제는 위법성이 조각되지 않으며, 따라서 자력구제자체가 위법한 불법행위가 되어 손해배상의 책임을 져야 한다. 우리 나라는 私法一般(사법일반)에 관한 자력구제를 인정하지 않고, 오직 점유자에게 일정한 경우에만 허용하고 있다. 다만 본권에 기한 자력구제도 인정하는 것이 학계의 多數說(다수설)이다. 민법이 인정하는 것은 점유자의 自力救濟權(자력구제권)은 自力防禦權(자력방어권)과 自力奪還權(자력탈환권)의 두 가지이다. 자력구제권은 直接占有者(직접점유자)와 占有補助者(점유보조자)에게 인정된다. 그러나 간접점유자의 자력구제권에 대하여는 긍정설과 부정설이 대립한다.

자력방위권(自力防衛權)

점유자가 그 점유를 부정히 침탈 또는 방해당하는 경우 자력으로써 이를 방위할 수 있는 권리이다(民§209①). 이 경우 위법성이 阻却(조각)된다. 그러나 침해가 아직 끝나지 않고 침탈로 점유가 아직 상실되지 않은 때에 한한다. 그러나 違法性阻却(위법성조각)에 필요한 요건이 없음에도 불구하고 있다고 오신하여 자구행위를 한 자가 있다면 민법상의 규정은 없지만 착오에 과실이 없다고 할지라도 상대방에 대하여 손해배상의 의무를 지는 것으로 해석된다.

자력탈환권(自力奪還權)

불법한 私力(사력)에 의하여 점유가 침탈된 경우에는 실력으로써 이를 침탈할 수 있는 권리이다. 그러나 이 자력탈환권의 行使(행사)에는 시간적 한계가 있다. 즉 動産(동산)의 경우에는 가해자가 현장에 있거나, 또는 이를 추적한 때에만 실력으로써 탈환할 수 있고, 부동산의 占有侵奪(점유침탈)에 대하여는 침탈 후 즉시 가해자를 배제하여 점유를 회복하여야 한다(民§209②). 그리고 誤想自力奪還(오상자력탈환)의 경우에는 착오에 과실이 없다고 할지라도 상대방에 대하여 손해배상의 의무를 지는 것으로 해석된다.

소유권(所有權)
영 ; property, ownership
독 ; Eigentum
불 ; propriete

물권 가운데 가장 기본적이고 대표적인 것으로서 목적물을 전면적 · 일반적으로 지배하는 권리이다. 소유자는 소유물을 법률의 범위 내에서 자유로이 사용·수익 · 처분할 수 있다(民§211). 소유권은 재산권의 기초이며, 자본주의사회의 법률상의 기본형태로서 오늘날 私有財産制度(사유재산제도)의 기초를 이루고 있다. 소유권의 내용인 물건의 지배는 전면성과 절대성을 가진다. 이점에서 일정한 목적의 범위 안에서만 물건을 지배할 수 있는 지상권·전세권·질권·저당권 등의 制限物權(제한물권)과 다르다. 또한 所有權(소유권)은 설령 제한물권을 설정하더라도 일시적으로 물건의 사용에 있어서는 공백이 되지만 이것이 소멸되면 원래의 원만한 상태로 회복되는 강력성을 가지며, 存續期間(존속기간)의 예정을 허용하지 않고 消滅時效(소멸시효)에도 걸리지 않는 배타적 지배권인 전형적인 물권이므로 그 상태가 침해된 경우에는 강력한 物權的 請求權(물권적 청구권)이 생기는 物權的 支配權(물권적 지배권)이다.

자유로운 소유권 (自由로운 所有權)
독 ; freies Eigentum

중세의 봉건적 소유권에 대하여 근대의 소유권을 자유로운 소유권이라고 부른다. 근대법에 있어서의 소유권은 봉건적 소유권에 가해졌던 여러 구속을 배제하고 목적물을 자유로 使用(사용) · 收益(수익) · 處分(처분)함을 내용으로 하는 권리가 되었다. 즉 근대적 소유권은 이 자유로운 성격을 통하여 자본의 기초로서의 작용을 하고, 近代資本主義(근대자본주의)의 근간을 이루므로 資本主義的 所有權(자본주의적 소유권)이라고도 한다.

소유권절대의 원칙
(所有權絶對의 原則)

근대적 소유권은 봉건적 구속이 타파되고 자유로운 소유권으로서 발달하여 神聖不可侵(신성불가침)의 권리로서 헌법상·형법상 완전히 보호되었다. 이에 따라 소유권이 소유자의 자유의사에 맡겨지게 되는 것을 소유절대의 원칙이라고 한다. 그러나 20세기에 들어서면서 사회일반의 福祉要求(복지요구)에 따르게 하려는 사상이 고조되어 權利濫用(권리남용)이나 公共福祉(공공복지)에 의한 제한이라는 사고방식이 강조되면서 소유권의 제한이 불가피하게 되었다. 그러나 소유권의 자유를 근본적으로 부정하는 것은 불가능한 것이다.

상공(上空)

민법상 토지의 소유권은 땅의 상하에 미친다고 규정되어 있다(民§212). 그러나 현실적으로 지배력이 미쳐서 이익향수를 할 수 있는 한도에 그친다고 해석된다. 또한 電氣事業法(전기사업법)(§55~§60)·電氣通信事業法(전기통신사업법)(전기통신사업법§72~§75)·航空法(항공법) 등에 제한이 있다. 기타 국제법상 문제가 되는 것은 국가의 領土(영토) 및 領水(영수)의 上空(상공)이다.

상린관계(相隣關係)
독 ; Nachbarschaft, Nachbarverhältnis
불 ; servitudes légales

인접하고 있는 부동산 소유자 또는 이해자 상호간에 있어서 각 부동산의 이해관계를 조절하기 위하여 서로 그 권능을 일정한 한도까지 양보·협력하도록 규정한 법률관계를 말한다(民§215~§244). 또한 그러한 상린관계로부터 발생하는 권리를 相隣權(상린권)이라고 한다. 인접한 부동산의 소유자가 각자의 소유권을 무제한으로 주장한다면 그들의 부동산의 완전한 이용을 바랄 수 없으므로 각 소유권 또는 이용권의 내용을 일정범위 안에서 제한하고 각 소유자로 하여금 협력시키는 제도이다. 그 작용은 地役權(지역권)과 유사하므로 프랑스 민법에서처럼 법정지역권으로 규정한 입법례도 있지만 대부분의 국가에서는 이를 소유권의 한계로 규정하고 있다. 우리 민법은 부동산 소유권에 대하여 규정을 두고 地上權(지상권) 및 傳貰權(전세권)에 준용하고 있으나(民§290, §319), 賃借權(임차권)에도 준용하여야 할 것으로 해석된다. 즉 建物區分所有(건물구분소유)(§215)·通行(통행)(§219)·排水(배수)와 流水(유수)(§221, §222)·境界(경계)(§237, §239)·境界(경계)넘는 樹木(수목)(§240)·建築方法(건축방법)(§242, §243)·隣地使用(인지사용)(§216)·安穩妨害禁止(안온방해금지)(§217)에 관한 것 등이 있다. 민법의 상린관계의 규정은 이웃간의 특별한 계약이 없을 때의 최소한의 규제를 정한 것이다. 만약 그 이상으로 인지를 사용할 수 있는 권리를 취득하려면 隣地上(인지상)의 地役權(지역권)(§291~§302)을 설정해야 한다.

경계에 관한 상린관계 (境界에 관한 相隣關係)

인접하는 부동산을 이용하는 자 사이에 있어서 경계선을 확실히 하고, 이웃 거주자에게 불편을 끼치지 않도록 협력하여야 하는 법률관계를 말한다. 인접하여 토지를 소유하는 자는 이웃 토지소유자와 공동비용으로 통상의 경계표나 담을 설치할 수가 있다. 경계표나 담의 설치와 그 비용부담에 관해서 다른 관습이 있으면 그 관습에 의한다(민법 237조3항). 그리고 인지소유자는 자기의 비용으로 담의 재료를 통상보다 양호한 것으로 할 수 있으며, 그 높이를 통상보다 높게 할 수 있고 또는 방화벽 기타 특수시설을 할 수 있다(민법 238조). 이 때 담의 종류에 대해서는 당사자의 협의에 의해 정하여야 하나, 만일 협의가 이루어지지 못하는 경우에는 이웃 토지소유자의 승인을 요하지 않고 담의 특수시설을 할 수 있다. 이 경우의 담의 특수시설자는 그 시설에 관해 단독소유권을 가진다(민법 239조). 본래 소유권은 물건의 전부에 대해서만 성립하는 것이나, 이 경우에는 물건의 일부에 대해 소유권이 성립하는 특례에 속한다. 경계에 설치된 경계표·담·구거 등은 상린자의 공유로 추정한다(민법 239조). 물론 소유관계는 계약 또는 관습에 따라서 결정되는 경우도 있다 하겠으나, 공유에 속하는 것이 보통이므로 그렇게 추정하는 것이다. 다만 이 때의 공유는 경계에 설치된 경계표·담·구거 등의 공작물에 대해 분할을 청구하지 못한다고 규정하고 있다(민법 268조3항).

상린권(相隣權)
독 ; Nachbarrecht

→ 相隣關係(상린관계)

구분소유(區分所有)

數人(수인)이 1동의 건물을 분할하거나 구분하여 각각 그 일부에 대하여 소유권을 가지는 것을 말한다(民§215). 相隣關係(상린관계)의 한 모습이다. 1동의 건물을 구분한다는 것은 건물을 세로로 구분하는 경우뿐만 아니라 빌딩의 각층 객실을 구분하여 소유할 경우도 포함한다. 최근 아파트 등 공동건물의 건축이 늘어나면서 1실에 독립된 소유권을 인정할 필요가 생기고 있다. 따라서 不動産登記法(부동산등기법)은 건물의 분할 또는 구분에 관한 등기를 정하고 있으며(不登 §104), 「集合建物(집합건물)의소유및관리에관한법률」이 제정되어 민법의 구분소유권에 관한 불비된 규정을 보완하고 있다. 구분소유자가 공동으로 사용하고 있는 부분은 區分所有權者(구분소유권자) 전원의 공유로 추정된다(民§215①). 이 공용부분은 공유자 전원의 합의가 없이는 단독으로 분할할 수 없고(§268③), 修繕費(수선비) 그 밖의 비용의 부담은 각자의 소유부분의 가액에 따라 분담한다(民 §215②).

분할소유권(分割所有權)
독 ; geteites eigentum

하나의 소유권이 질적으로 분할되어 있는 상태를 분할소유권이라 한다.
즉 (1) 토지 위에 地料(지료)·小作料(소작료) 등을 징수하는 上級所有權(상급소유권)(Obereigentum)과 (2) 權利(권리)와 耕作權(경작권) 및 그 밖의 이용권이 병존하고 양단간에 主(주)·從(종)에 관계 없이 모두 함께 자유로이 讓渡(양도)·相續(상속)을 할 수 있는 下級所有權(하급소유권)(Untereigent-um)으로 나누어진다. 이는 중세독일에서 전형적으로 볼 수 있었던 것으로 근대적 소유권의 성립 이전에는 여러 국가에 그 예가 있었다. 그러나 근대적 소유권은 목적물을 전면적·일반적으로 지배하는 권리이므로 그 가운데 어느 하나가 완전한 소유권으로 되면, 다른 것은 그것을 제한하는 일시적인 從(종)된 권리에 지나지 않게된다. 이에는 地料(지료) 등의 徵收權者(징수권자)가 所有者(소유자)가 되는 경우(우리 나라)와, 그와는 반대로 利用權者(이용권자)가 所有者(소유자)가 되고 지료 등의 징수권자가 일시적인 권리를 가지는 경우도 있다.

인지사용청구권 (隣地使用請求權)

土地所有者(토지소유자)가 경계나 그 근방에서 담 또는 건물을 축조하거나 이를 수선하기 위해 필요한 범위 내에서 이웃 토지의 사용을 청구할 권리이다(民§216①). 만약 이웃 사람이 승낙하지 않으면 승낙에 갈음하는 판결을 구해야 한다는 견해(民§389②)와 이웃 사람의 忍容義務를 들어 판결을 구할 필요가 없다는 견해가 대립한다. 隣地使用請求權(인지사용청구권)의 상대방은 隣地所有者(인지소유자)뿐만 아니라 그밖에 인지를 이용하는 地上權者(지상권자)·賃借人(임차인) 등이다. 또한 인지의 주거에 들어가려면 이웃 사람의 승낙이 있어야 하며(民§216①但), 이 경우 판결

로써 승낙을 갈음하지는 못한다. 이 경우 이웃 사람이란 건물 소유자를 가리키는 것이 아니라 현재 그 거주에서 거주하는 자를 의미한다. 위의 두 경우에 이웃 사람이 손해를 입은 경우에는 보상을 청구할 수 있다(§216②).

안온방해(安穩妨害)
영 ; nuisance
독 ; Immission
불 ; troublles de voisinage

안온방해란 煤煙(매연) · 熱氣體(열기체)·液體(액체)·音響(음향)·震動(진동)·기타 이와 유사한 것으로 이웃 토지의 사용을 방해하거나 이웃 거주자의 생활에 고통을 주는 것을 말한다. 이러한 안온방해는 원칙적으로 금지된다(民§217①). 현대의 사회생활은 어느 정도의 안온방해는 서로 용인하여야 하므로 토지사용이 통상의 용도에 적당한 것인 한 이웃 거주자는 이를 인용하도록 규정하고 있다(民§217). 그러나 그 정도가 지나칠 경우에 방해당한 자는 소유권 또는 점유권에 의거하여 妨害排除請求權(방해배제청구권)을 행사할 수 있으며 손해가 발생하면 損害賠償(손해배상)을 청구할 수 있다.

임밋시온
독 ; Immisson

임밋시온이란 煤煙(매연) · 臭氣(취기) · 音響(음향) · 震動(진동) 등이 이웃에 미치는 영향을 의미한다. 독일 · 스위스 등은 민법상 명문으로 과도한 임밋시온을 금지하고 있다(獨民§906, 瑞民§684). 우리민법 제217조는 이들 규정을 따른 것이다.→ 安穩妨害(안온방해)

뉴슨스

영 ; nuisance

英美法에서는 안온방해를 nuisance(生活妨害)라고 부르며 직접적인 가해행위에 의하지 않고 매연·가스·음향·광열 등의 放散(방산)으로 불법하게 손해를 발생시키면 손해배상의 책임을 진다. 일반공중에 대한 방해는 公的生活妨害(공적생활방해)(public nuisance)로서 범죄가 되어 형벌의 제재 혹은 행정적 규제의 대상이 된다. 또한 특정인에 대한 방해는 私的生活妨害(사적생활방해)(private nuisance)로서 보통법상 손해배상이 인정되고, 衡平法上 禁止命令請求權(형평법상 금지명령청구권)과 自力救濟(자력구제)로서의 방해제거의 특권이 인정된다. 즉 영미법에서는 nuisance를 사법의 측면에서는 不法行爲(불법행위)의 문제로 처리하고 있다. → 安穩妨害(안온방해)참조

주위토지통행권(周圍土地通行權)

어느 토지와 公路(공로) 사이에 그 토지의 용도에 필요한 통로가 없는 경우에 그 토지소유자는 주위의 토지를 통행 또는 通路(통로)를 개설하지 않고서는 公路(공로)에 출입할 수 없거나 공로에 통하려면 과다한 비용을 요하는 때에는 그 토지소유자는 주위의 토지를 통행할 수 있고, 필요한 경우에는 통로를 개설할 수 있는 권리이다(民§219①). 그러나 이로 인한 손해가 가장 적은 장소와 방법을 선택하여야 한다(민§219①但). 通行權者(통행권자는 통행토지소유자의 손해를 보상하여야 한다(民§219②). 그러나 원래 공로로 통하고 있던 토지를 분할 혹은 일부 양도함으로써 공로에 통하지 못하게 된 토지가 된 경우에는 그 토지소유자는 공로에 출입하기 위하여 다른 分割者(분할자)나 讓受人(양수인)의 토지 또는 殘存部分(잔존부분)의 토지를 통과할 수 있다. 다만 이때에는 보상의 의무가 없다(民§220①, ②).

> 주위토지통행권은 그 소유 토지와 공로 사이에 그 토지의 용도에 필요한 통로가 없는 경우에 한하여 인정되는 것이므로, 이미 그 소유 토지의 용도에 필요한 통로가 있는 경우에는 그 통로를 사용하는 것보다 더 편리하다는 이유만으로 다른 장소로 통행할 권리를 인정할 수 없다(대법원 1995. 6. 13. 선고 95다1088, 95다1095).

지하수(地下水)

지하에 있는 물을 말한다. 지하수는 토지의 구조부분이 되므로 토지의 소유권이 이에 미친다(민법 212조). (1)자연히 용출하는 지하수는 토지의 소유자가 이를 자유로 사용할 수 있다. 그러나 계속하여 타인의 토지에 흘러 내려가는 경우에는 그 타인의 관습법상의 유수사용권을 취득하는 경우가 있으므로, 이 때에는 용출지의 소유자도 이를 침해하지 못한다. (2)인공적으로 용출케한 지하수, 예컨대 자기 소유의 토지에 우물을 파서 지하수를 이용하는 경우에도 토지소유자는 타인의 이용권을 침해하지 않는 한도에서만 할 수 있을 뿐이다. 지하수는 지하에서 서로 연결되어 수맥을 이루고 있기 때문에 한 곳에서 우물을 파서 이용하면 다른 곳에서 수량이 감소하거나 또는 고갈되는 수가 있기 때문이다. 따라서 토지소유자가 함부로 토지를 파서 지하수를 이용하는 결과 다른 토지의 소유자가 지하수를 이용하지 못하게 되는 때에는 권리의 남용, 즉 불법

행위가 된다. 필요한 용도 또는 수익이 있는 원천이나 수도가 타인의 건축 기타 공사로 인하여 단수감수 기타 용도에 장해가 생긴 때에는 용수권자는 손해배상을 청구할 수 있다(민법 236조1항).

여수소통권(餘水疏通權)

고지대의 토지소유자가 침수지를 건조하기 위하여, 또는 家用(가용)이나 農(농)·工業用(공업용)의 餘水(여수)를 소통하기 위하여 公路(공로)·公流(공류) 또는 地下道(지하도)에 이르기까지의 낮은 지대에 물을 통과하게 할 수 있는 權利(권리)이다(民§226①). 人工的(인공적) 排水(배수)를 위하여 타인의 토지를 사용하는 것은 원칙적으로 금지되지만 예외의 경우이다. 여수소통을 위한 장소와 방법은 저지대의 손해가 가장 적은 곳을 선택하여야 하며, 손해가 있으면 그 손해는 보상하여야 한다(§226).

유수사용권(流水使用權)

토지소유자가 이웃 토지로부터 흘러 들어오는 물을 飮料(음료)·灌漑(관개)·流水(유수)·動力(동력) 등의 용도에 제공하기 위하여 사용하는 권리이다. 즉 자연히 흐르는 물은 低地所有者(저지소유자)에게 필요한 것일 때에는 高地所有者(고지소유자)는 자기의 정당한 사용범위를 넘어서 흘러내리는 물을 막을 수 없다(民§221②). 또한 土地所有者(토지소유자)가 자기 소유지의 물을 소통하기 위하여 高地(고지)나 低地(저지)의 소유자가 시설한 공작물을 사용할 수 있다(§227). 다만 이러한 타인의 공작물을 사용하는 자는 그 이익을 받는 비율로 공작물의 설치와 보존의 비용을 분담하

여야 한다(§227). 하천법 등의 공수법에도 유수사용권에 관한 규정이 정비되어 있으나 간혹 분쟁을 발생시킨다. 더욱이 최근에는 농업용수로의 사용과 수력발전을 위한 사용이 충돌을 일으키는 경우가 있으므로 그 입법적 해결이 요망되고 있다.

여수공급청구권(餘水供給請求權)

토지소유자가 과다한 비용이나 노력을 요하지 아니하고는 가용이나 토지이용에 필요한 물을 얻기 곤란한 때에는 이웃 토지소유자에게 보상하고 여수의 급여를 청구할 수 있는 권리이다(民§228). 여수를 공급하지 않으면 권리의 濫用(남용)이 된다. 그러나 이웃 토지소유자도 자기의 필요량 정도 혹은 자기의 사용량보다 부족한 경우에는 餘水供給義務가 없다. 여수의 有無(유무)는 社會通念(사회통념)에 따라 객관적으로 결정된다.

언의 설치 및 이용권 (堰의 設置 및 利用權)

수류지의 소유자가 언, 즉 둑을 설치할 필요가 있는 때에는, 그 언을 대안에 접촉하게 할 수 있는 권리를 말한다. 그러나 이로 인하여 생긴 손해에 대하여는 보상하여야 한다(민법 230조1항). 대안의 소유자는 수류지의 일부가 그의 소유에 속하는 때에는 그 언을 사용할 수 있다. 그러나 이익을 받는 비율로 언의 설치·보존의 비용을 분담하여야 한다(민법 230조2항). 따라서 대안의 토지만을 소유하고 수류지의 일부를 소유하지 않는 자는 언을 접촉케 하고, 그로 인한 손해를 보상받을 뿐이다. 그러나 그러한 자도 수류이용권을 가지는 것이 보통이므로,

수류지소유자의 사용을 방해하지 않는 한도에서 언을 사용할 수 있다.

수류변경권(水流變更權)

溝渠(구거) 기타 수류지의 소유자가 兩岸(양안)의 토지소유자인 경우에 수로와 수류의 폭을 변경할 수 있는 권리이다. 그러나 하류는 자연의 수로에 일치하도록 하여야 하다(民§229②). 그러나 對岸(대안)의 토지가 타인의 소유인 때에는 그 수로나 수류의 폭을 변경하지 못한다(§229①). 다만 이러한 규정들은 다른 관습이 있으면 그 관습에 의한다(§229③).

용수권(用水權)

물의 이용을 목적으로 하는 권리를 말한다. 공수, 특히 하천의 물을 계속적·배타적으로 사용하는 권리로 수리권이라고도 한다. 그 이용의 목적은 관개·발전·수도·유수 등 여러 가지가 있다. 용수권은 관습에 의하여 성립되는 일도 적지 않으며, 부락의 관개용수 등은 그것이 많으나, 일반적으로 공수를 관리하는 관청의 허가(특허)에 의하여 생기고 또 그 성질은 사권이 아니라 공권이다. 일반인이 그것을 자유로이 사용하는 경우는 권리가 아니나, 이상과 같은 배타적인 용수권은 일종의 재산권으로 타인의 침해에 대하여는 물권에 준거하여 방해배제 또는 불법행위에 의한 손해배상의 청구권이 인정되며, 또 거래의 객체가 되기도 한다. 하천법은 물에 관한 공법적 규율의 대표적인 예이다. 민법은 상린관계에 관한 규정중에서 유수의 변경 및 둑의 설치, 이용에 관한 규정을 두었으나(민법 229·230조), 이것들은 수류지의 소유권이 사인에 속하는 경우에만 적용되는 것일 뿐만 아니라, 유수를 수류지에 흐르는 채로 사용하는 경우에 관한 것이고, 수류지 이외의 토지로 끌어다 쓰는 경우에 관한 것이 아니다. 따라서 이러한 물의 이용은 토지소유권의 내용으로 생기게 되는 것이고, 토지소유권과 독립한 물의 이용 자체를 목적으로하는 독립의 권리로서 민법에 규정된 것으로는 공유하천용수권(민법 231조 내지 234조)과 원천수도사용권(민법 235조 내지 236조)

공유하천용수권(公有河川用水權)

공유하천의 沿岸(연안)에서 농공업을 경영하는 자가 그 농공업에 이용하기 위하여 그 공용하천으로부터 인수하는 권리이다. 다만 타인의 용수를 방해하지 않는 범위 내에서 引水(인수)할 수 있다. 이는 종래 관습법상의 물권으로 인정되어 온 것을 성문화한 것이다. 그 법적 성질은 獨立物權說(독립물권설)과 相隣權說(상린권설)이 대립된다. 公有河川用水權(공유하천용수권)에 다른 관습이 있으면 그 관습에 따른다(§234).

공류(公流)

공공의 이해에 관계되는 流水(유수)이다. 河川法(하천법)등 행정법규의 대상이 되는 公水(공수)의 일종이다. 高地所有者(고지소유자)는 필요한 경우 공류에 이르기까지 타인소유의 低地(저지)에 여수를 통과시킬 수 있다(民§226①).

계표(界標)

경계를 표시하는 물건이다. 토지소유자는

인지소유자와 공동비용으로서 계표를 설정할 수 있다(民§237). 계표의 설치 및 보존비용은 상린자가 평등하게 이를 분담한다.

선의 · 악의(善意 · 惡意)

라 ; bona fides·mala fides
독 ; gutgläubig·bösgläubig
불 ; bonne foi·mauvaise foi

사법상 선의란 어떤 사실을 모르는 것이며, 악의란 알고 있는 것을 말한다. 법학상의 선의·악의의 개념은 윤리적인 평가와는 관계없이 일정한 사실에 관한 知(지)·不知(부지)라는 심리상태, 즉 내심적 사실에 따른 것이다. 法律要件(법률요건)으로서는 內部的(내부적) 容態(용태)에 속하고 있는데 이것은 觀念的(관념적) 容態(용태)라고도 한다. 이러한 개념의 취지는 어떤 사정을 모르는 당사자나 제3자의 거래안전을 보호하기 위해서이며, 이 경우에 법문에는 선의의 상대방이나 선의의 제3자라는 용어를 사용한다(民§108②). 그러나 점유에 관한 선의(redlich)·악의(unredlich)의 구별에 있어 선의란 단지 어떠한 사실을 알지 못하는 데 그치지 않고 자기가 점유할 수 있는 권리가 있는 것으로 확신하는 것을 의미한다. 따라서 점유할 권리가 없음을 알지 못하여도 단지 의문을 가지는 것은 惡意占有(악의점유)가 된다(民§201 등). 善意·惡意에 관계된 條文(조문)으로는 (1)이익의 반환에 관한 민법 §30, §201, §741, §748① 등이 있고, (2) 동적 안전에 관한 민법 §30②, §110, §129, §249, §470 등이 있다. 그러나 예외적으로 善意·惡意를 문자 그대로 윤리적인 가치판단에 의하여 구별하여 악의를 타인에게 해를 주려는 부정한 의사라는 뜻으로 사용하는 경우가 있다(民§840②).

제3자(第三者)

라 ; tertius
영 ; third party
독 ; Dritter
불 ; tiers, tierce personne

법률관계에 있어서 직접 참여하는 자를 당사자라고 하며, 당사자 이외의 자를 제3자라고 한다. 예를 들면 가옥의 매매에 있어서 賣渡人(매도인)·買受人(매수인)은 당사자이고, 목적 가옥의 借家人(차가인) 그 밖의 사람은 모두 제3자이다. 權利義務(권리의무)의 包括承繼人(포괄승계인)(상속인)은 계약의 당사자로서의 지위를 승계한 자로서 제3자는 아니다. 또 어떤 경우에는 일정한 법률관계에 있어서 일정사항을 주장하는 정당한 이익을 갖는 자만을 제3자라고 할 경우가 있다(民§110, §539). 법률상 거래안전을 위하여 제3자 보호(특히 선의의 제3자 보호)의 제도가 마련된다(§108②).

즉시취득(卽時取得)

→ 善意取得(선의취득)

승계취득(承繼取得)

(영, derivative acquisition
독, derivativer od. abgeleiteter Rechtserwerb
불, acquisition déeivée)

원시취득에 상대되는 개념으로, 타인의 소유한 권리에 기하여 권리를 취득하는 것을 말한다. 예컨대 매매·상속 등이 이에 속한다. 승계취득의 경우에는 취득자의 권리가 전주의 권리에 기하고 있기 때문에 전주의 권리에 하자나 제한이 있는 경우에는 승계인은 하자나 제한이 있는 권리를 취득한다. 다만 거래안전의 필요성에서 민법 제249조, 상법 제519조, 수표법 제21조에 의한 규정이 있는 것과, 부동산에 관해서도 등기가 없으면 원칙적으로 제3자에게 대항할 수 없다는 것(민법 186조, 621조2항)에 주의하여야 한다. 승계인이 권리를 취득했다는 것을 증명하려면 권리승계의 사실 외에 전주의 권리도 정당하게 존재했다는 것을 증명하여야 한다. 승계인은 원칙적으로 종된 권리도 취득한다. 승계취득에는 그 성질에 따라서 창설적 취득과 이전적 취득으로 나뉘어진다. 창설적 취득은 기존의 권리에 기하여 다른 권리를 창설하는 것으로, 예컨대 지상권·저당권의 설정 등이 이에 속한다. 이전적 취득은 소유권, 채권의 양도 등 기존의 권리를 기존의 상태로 취득하는 것을 말한다. 한편 승계취득을 포괄승계와 특정승계로 분류하는 견해도 있다.

등기부 취득시효(登記簿 取得時效)

부동산의 소유자로 등기한 자가 10년간 소유의 의사로 평온·공연하게 선의·무과실로 그 부동산을 점유한 때에는 소유권을 취득하는 제도를 말한다(민법 245조). 민법은 점유취득시효와 등기부취득시효(단기취득시효)의 두 가지를 인정하고 있다. 구민법은 점유취득시효만을 인정할 뿐이고, 독일민법은 등기부 취득시효만이 있을 뿐이다. 등기부 취득시효에 있어서 소유권을 취득한 자는 10년간 반드시 그의 명의로 등기되어 있어야 하는 것은 아니고 앞 사람의 등기까지 아울러 그 기간 동안 부동산의 소유자로 등기되어 있으면 된다는 것이 통설·판례의 입장이다. 등기부 취득시효에 있어서는 이미 시효취득자가 등기부상 명의인으로 되어 있으므로 등기는 그 요건이 아니다.

선의취득(善意取得)

독 ; Eigentumserwerb kraft guten Glaubens
불 ; acquisition de bonne foi

동산을 점유하고 있는 자를 권리자로 믿고서 平穩(평온)·公然(공연)·善意(선의)·無過失(무과실)로 거래한 자는 그 동산에 대한 권리를 무권리자로부터 원시 취득하는 제도이며 卽時取得(즉시취득)이라고도 한다(民§249). 예컨대 갑이 을의 동산을 빌려서 점유하고 있는데 병이 갑으로부터 그 동산을 매수한 경우에, 갑은 소유권이 없으므로 병은 갑으로부터 소유권을 양수할 수 없지만 병이 갑이 권리외관을 신뢰하였다면 특별하게 소유권을 취득하게 하는 제도이다. 이 제도는 원래 게르만법의 「Hand wahre Hand(손이 손을 지킨다)」 또는 「Wo man sein Glauben gelassen hat, da muss man ihn suchen(동산을 임의로 타인에게 인도한 자는 타인으로부터만 반환을 받을 수 있다)」는 원칙에 개혁적인 근거를 가지고 있지만 오늘날에는 去來安全(거래안전)과 신속을 위하여 동산거래에 공신력을 기하기 위한 공신의 원칙의 표현이다. 우리민법상 선의취득의 요건을 보면 (1) 목적물이 동산이고 (2) 취득자가 평온·공연·선의·무과실로 점유를 취득하며 (3) 점유취득이 거래에 의한 승계취득이며 (4) 목적물이 盜品(도품)·遺失物(유실물)이 아니어야 하는 등이다. 어음수표 그 밖의 유가증권의 소지인이 증권에 의하여 권리자로 추정되는 경우(증권의 소지·배서의 연속)에도 가령 앞의 소지자가 無權利者(무권리자)이었을 경우에는 이것에 대하여 악의나 중대한 과실이 증명되지 않는 한 선의취득이 인정된다(民§514, §524 · 商§65 · 어§16② · 수§21).

즉시시효(卽時時效)

불 ; prescription instantanée

민법상 선의취득(§249)에 해당하는 용어로서, 프랑스법계에서 이것을 취득시효의 일종으로 규정함으로써 생긴 말이다(佛§279).

도품(盜品)

도품이란 절도나 강도에 의하여 점유를 빼앗긴 물건이다. 도품인 것을 알면서도 거래하면 臟物罪(장물죄)(7년이하의 징역 또는 1,500만원 이하의 벌금)가 성립된다(刑§362). 도품에 관하여도 선의취득은 성립된다. 그러나 피해자는 도난시부터 2년간 취득자에 대하여 회복을 청구할 수 있다(民§250). 이러한 규정은 도난자로부터의 직접취득자뿐만 아니라 그 자로부터 傳受(전수)·入質(입질)한 경우에도 적용된다. 回復請求時(회복청구시)에는 무상회복이 원칙이다. 그러나 취득자가 競賣(경매)·公開市場(공개시장)·동종류의 物品販賣商人(물품판매상인)으로부터 매수하였을 경우에, 피해자는 취득자가 지급한 대가를 변상하고 그 물건의 반환을 청구할 수 있다(선의취득 : 民§251).

유실물(遺失物)

독 ; verlorene Sache
불 ; chose perdue

점유자의 의사에 의하지 않고 그 점유를 이탈한 물건으로서 도품이 아닌 것을 말한다. 따라서 詐欺(사기)·恐喝(공갈)·橫領(횡령) 등의 목적물은 이에 포함되지 않는다. 유실물법은 특히 「범죄자가 놓고 간 것으로 인정되는 물건」·「착오로 인하여 점유한 물건」·「타인이 놓고 간 물건」·「逸失(일실)한 가축」을 유실물에 준하는 것으로 하고 있다 (遺失§11, §12). 유실물이 신고 되지 않고 거래되고 있는 경우에는 遺失物主는 2년 내에 現占有者로부터 무상으로 반환을 청구할 수 있다(民§250). 선의취득의 한 예외로서 유실자로부터 傳受(전수)·入質(입질)한 경우에도 적용된다. 다만 유실물을 競賣(경매)·公開市場(공개시장)·동종류의 물품판매상인에게서 선의로 매수하였을 경우에 매수인이 지급한 대가를 변상하여야만 반환청구를 할 수 있다(民§251).

유실물습득(遺失物拾得)

점유자의 의사에 반하여 점유를 이탈한 물건 가운데 도품이 아닌 것의 점유를 취득하는 것을 말한다. 그 법적 성질은 사실행위이다. 유실물은 법률이 정한 바에 따라 공고한 후 6개월 내에 소유권자가 나타나지 않을 경우에 습득자가 그 소유권을 취득하게 된다(民§253). 즉 유실물을 습득한 자는 신속히 유실물의 소유자에게 반환하거나 경찰서에 제출하여야 한다. 만약에 제출하지 않고 領得(영득)하면 占有離脫物橫領罪(점유이탈물횡령죄)(1년 이하의 징역이나 3백만원이하의 벌금 또는 과료)에 해당된다(刑§360). 유실물 제출시 경찰서장은 물건의 반환을 받을 자에게 반환하거나 이를 공고하여야 한다(遺失§1①, ②). 만약에 6개월내에 소유권자가 나타난 경우에 소유권자는 물건가액의 100분의 5 내지 100분의 20의 범위 내에서 보상금을 습득자에게 지급하여야 한다(遺失§4). 그러나 습득한 유실물이 學術(학술)·技藝(기예)·考古(고고)의 중요한 자료가 될 경우에는 습득자가 소유권을 취득하지 못하고 국유가 된다(民§255).

이 경우 습득자는 국가에 대하여 적당한 보상을 청구할 수 있다(민§255). 漂流物(표류물)과 沈沒物(침몰물)도 성질상은 유실물이지만 그 습득에 관하여는 水難救護法(수난구호법)의 적용을 받는다(水救§35).

무주물(無主物)

무주물이란 현재소유자가 없는 물건을 말하며 無主産(무주산)이라고도 한다. 과거에 누군가의 소유물이었을지라도 그후에 無主로 되면 무주물이 된다. 야생하는 동물도 무주물이며, 소유자가 소유권을 포기한 동산도 무주물이다. 또한 사육하는 야생동물이 다시 야생상태로 돌아가면 무주물이 된다(民§252③). 地中(지중)에서 발견되는 물건에 대해서는 (1) 관서에 누구의 소유에 속하였고 현재도 상속인의 소유에 속하는 것으로 사회관념상 인정되는 물건은 埋藏物(매장물)로 보지만, (2) 고생물의 화석류와 같이 과거 누구에게도 소유되지 않았던 것으로 인정되는 물건이나 소유되지 않았던 것으로 인정되는 물건이나 고대인류의 유물과 같이 과거 누구에게 소유되고 있었더라도 현재 그 상속인의 소유로 인정하기 어려운 물건은 매장물이 아니고 무주물이다. 미채굴광물은 광업권에 의하지 않고서는 채굴하지 못하므로 先占(선점)의 목적이 되지 않는다(鑛業§2). 광구에서 광업권이나 조광권에 의하지 아니하고 토지로부터 분리된 광물은 그 광업권자나 조광권자의 소유로 한다(鑛業§5).

선점(先占)

(영, occupancy 독, Aneignung
불, ocupation)

무주물선점을 가리키는 바, 무주의 동산

을 소유의 의사로 점유한 자가 소유권을 취득하는 것을 말한다(민법 252조). 선점의 객체는 동산인 무주물이다. 무주의 부동산은 국유가 되므로 선점의 목적이 되지 않는다(민법 252조 2항). 과거에 관계없이 현재소유자가 없는 물건이 무주물이다. 사육하는 야생동물이 다시 야생상태로 돌아가면 무주물이다.

무주물선점(無主物先占)

라 ; occupatio
영 ; occupancy
독 ; Aneignung, Okkupation
불 ; occupation

소유의 의사로 무주의 동산을 타인에 앞서 점유하는 것을 말한다. 점유자는 그 효과로서 원시적으로 그 동산의 소유권을 취득한다(民§252①). 무주물선점에는 소유의 의사가 있어야 하는데 소유의사는 법률상으로 추정되고 있다(民§197). 무주물선점은 로마법 이래로 대부분의 민법에서 인정되는 제도이며, 그 법적 성질은 사실행위(혹은 非表現行爲)이다. 先占은 선점자 자신이 직접 행함을 요하지 아니하고 占有補助者(점유보조자)나 占有媒介者(점유매개자)에 의하여 행할 수도 있다. 그러나 學術(학술)·技藝(기예)·考古(고고)의 중요한 자료에 대하여는 선점자의 소유권을 인정하지 않으며 그것은 국유가 된다(民§255①). 이 경우 선점자는 국가에 대하여 적당한 보상을 청구할 수 있다(民§255②). 또한 無主(무주)의 不動産(부동산)은 국유가 되므로(§252②) 무주물선점의 목적이 될 수 없다. 그밖에 特別法上(특별법상) 獨占的(독점적) 先占權(선점권)을 인정하는 單行法(단행법)들이 있다. 즉 鑛業法(광업법)·水産業法(수산업법) 등이다. 다만 수산업법 등에 의하여 漁獲(어획)이나 捕獲(포획)을 제한 금지할지라도 어획물이나 포획물에 대하여는 선점으로 인한 소유권의 취득을 인정한다. 즉 이 경우 금지위반의 제재는 있을지라도 사법상의 효력에는 영향이 없다.

무주물·유실물

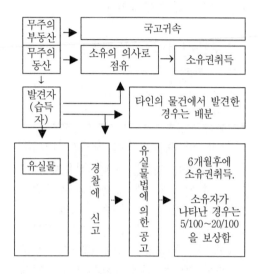

매장물(埋藏物)
라 ; tresaurus   불 ; Schatz   불 ; trésor

매장물이란 토지 그밖의 물건(包藏物) 속에 매장되어 있어서 누구에게 속하는지 식별할 수 없는 물건이다. 매장물이란 보통의 상황 아래서는 쉽게 발견할 수 없는 상태에 있는 것으로서 그 원인이 인위적이든 자연적이든 이를 묻지 않는다. 또한 매장기간의 장단여부는 문제되지 않는다. 또한 매장물은 실제로는 대부분 동산이지만 이론상 건물인 경우도 있을 것이며(예 : 옛 건물의 발굴), 포장물은 토지인 경우가 많으나 건물이나 동산이라도 무방하다(예 : 옛 의류 속에 포장된 물건은 매장물이다). 그러나 사회통념상 과거 누구의 소유에 속한 적이 없다고 인정되고 물건 또는 그 소유가 현재 계속되고 있는

것으로 인정될 수 없는 물건은 매장물이 아니라 無主物(무주물)이다.

매장물발견(埋藏物發見)

토지 그 밖의 물건(包藏物) 속에 매장되어 있어서 누구에게 속하는지 식별할 수 없는 물건을 발견하는 것을 말한다. 매장물은 법률이 정하는 바에 의하여 공고한 후 1년 내에 그 소유자가 권리를 주장하지 않으면 발견자가 그 소유권을 취득한다(民§254전但). 여기서 말하는 법률이란 유실물법을 가리킨다. 그런데 관리자가 있는 船舶(선박) · 車輛(차량) · 建築物(건축물) 기타 公衆(공중)의 통행을 금지한 구내에서 타인의 물건을 습득한 경우 이외에 매장물에 관하여는 遺失物法(유실물법) 제13조에서 본법을 준용한다고 규정하고 있다. 그밖에 埋藏物文化財(매장물문화재)에 관하여는 文化財保護法(문화재보호법)에 특칙이 있다. 埋藏物發見의 법적 성질은 사실행위이다. 그러나 타인의 토지 기타 물건으로부터 매장물 발견자와 토지 기타 포장물의 소유자가 절반씩 그 소유권을 취득한다(民§254). 매장물이 學術(학술)·技藝(기예)·考古(고고)의 중요한 재료인 경우에는 이를 국유로 한다. 다만 매장물발견자와 매장물발견토지의 소유자는 국가에 대하여 적당한 보상을 청구할 수 있다(民§255).

첨부(添附)
라 ; accessio   영 ; accretion
독 ; Akzession   불 ; accession

소유자를 달리하는 두 개 이상의 물건이 결합하여 하나의 물건이 되거나 타인의 물건을 가공하여 새로운 물건이 생긴 경우이

다. 즉 전자를 부합 혹은 混和(혼화)라 하고 후자를 加工(가공)이라 하는데 이들을 총칭하여 添附(첨부)라고 부른다. 첨부는 이것을 원상으로 회복하는 것이 불가능하지 않을지라도 사회경제적 입장에서 보아 심히 불이익하므로 원상으로 다시 복귀시키지 않고 첨부의 상태로 소유권의 귀속이 정하여진다(民§256~§261). 즉 일정한 자가 원시적으로 그 소유권을 취득하고 원래의 물건에 대한 다른 소유권 및 그 물건에 대한 권리는 소멸한다(§260①). 이 권리의 소멸에 의하여 손실을 입은 소유권자 및 그 밖의 권리자들은 부당이득의 법리에 의하여 구상권을 행사할 수 있다(§261).

부합물 · 합성물(附合物 · 合成物)

→ 附合(부합) 참조

가공물(加工物)

→ 加工(가공) 참조

부합(附合)
라 ; incorporatio　　독 ; Verbindung
불 ; adjonction

소유자를 달리하는 두 개 이상의 물건이 결합하여 1개의 물건으로 되는 것이다. 분리시키려면 그 물건이 훼손되거나 과다한 비용을 들여야 하는 상태, 즉 물리적·사회적·경제적으로 보아서 분리불능의 상태가 되는 것을 말한다. 첨부의 한 형태이다. 예를 들면 구두의 밑창·반지의 보석·논에 심어 놓은 모 등이다. 부합의 경과로 생성한 물건을 附合物 혹은 合成物이라 한다. (1) 不動産(부동산)에 다른 물건(動産(동산))이 부합하였을 때에는 부동산의 소유자가 그 물건의 소유권을 취득하되(民§256), 타인의 權原(권원)에 의하여 부속시킨 물건은 그 부속시킨 자에 속한다(§256但). (2) 수개의 동산이 부합하였을 때에는 그 물건을 합성물이라고 한다. 이들 動産間(동산간)에 主從(주종)의 구별이 있으면 주된 동산의 所有者(소유자)가 全體(전체) 所有權(소유권)을 취득하며(民§257前段), 主從(주종)의 구별이 없으면 各(각)動産(동산)의 소유자는 부합당시의 가격비율에 의하여 부합물을 共有(공유)한다(§257後段). 이와 같이 부합의 효과로서 그 일방이 소유권을 취득하고 他方(타방)이 소유권을 상실하게 되면 그 一方(일방)은 他方(타방)의 재산상의 손실로 인하여 이득을 보는 것에 해당하므로, 그 손실자는 이득자에 대하여 부당이득에 관한 규정에 따른 求償權(구상권)을 행사하여 보상을 청구할 수 있다(§261).

혼화(混和)
영 ; confusion
독 ; Vermengung, Vermischung
불 ; mélange

소유자를 달리하는 물건이 합일되어 어느 부분이 누구의 소유에 속하는지 식별할 수 없게 되는 것이다. 혼화는 混合(혼합)과 融和(융화)의 총칭이다. 혼합은 穀物(곡물)·金錢(금전) 등과 같은 고형물이 합일하는 것이고 융화는 술·기름 등과 같은 유동물이 합일하는 것이다. 그 어느 것이나 객체인 물건이 다른 동종의 물건과 잘 섞여져서 원물을 쉽게 식별할 수 없게 된다는 특성이 있다. 그러나 이것은 附着(부착)과 合一(합일)이 쉽게 일어난다는 의미일 뿐이며 그 성질은 일종의 동산의 부합이라고 할 수 있다. 따라서 일반적으로 動産附合(동산부합)에 관한 규정이 준용된다(民§257~§258).

가공(加工)

라 ; specificatio   독 ; Verarbeitung
불 ; spécification

타인의 재료에 공작을 가하여 새로운 물건을 제작하는 것을 말한다. 즉 타인의 동산에 노력을 가하여 새로운 물건을 만들어내는 것이다. 제작된 새로운 물건을 가공물이라고 한다. 첨부의 한 형태이다. 가공물은 원칙적으로 재료의 소유자에게 귀속되는 것이 된다(民§259). 다만 예외적으로 갑 소유의 화지에 을 화백이 그림을 그렸을 경우처럼, 가공물의 가격이 재료의 가격보다 현저하게 비싼 경우에는 가공자가 가공물의 소유권을 취득한다(§259①). 다만 특약이나 별도의 관습이 있거나 노동계약에 의한 경우에는 가공물의 가격이 아무리 높아져도 가공자가 소유권을 취득하지 못한다. 가공에 따른 소유권을 취득한 자는 상대방에 대하여 부당이득에 관한 규정에 의하여 보상금을 지급한다(§261). 상법은 가공에 관한 행위를 기본적 상행위로 규정하였다(商§46Ⅲ).

소유물반환청구권
(所有物返還請求權)

독 ; rei vindicatio
불 ;Herausgabeanspruch   des   Eigentümers,
       Vindikatiosklage des Eigentümers

소유자가 그 소유에 속하는 물건을 점유한 자에 대하여 반환을 청구할 수 있는 권리를 말한다(民§213). 이 청구권은 物權的 請求權(물권적 청구권)이다. 점유의 상실이나 방해의 여부는 사실심의 辯論終決時(변론종결시)를 표준으로 한다. 이 청구권의 주체(원고)는 점유를 잃은 소유자이다. 소유자가 간접점유하는 경우에는 점유매개자인 직접점유자에게 반환을 청구할 수 있으며, 직접점유자가 점유를 제3자에게 빼앗긴 때에는 그 제3자에 대하여도 반환을 청구할 수 있다. 청구권의 상대방(피고)은 현재 그 물건을 점유함으로써 소유자의 점유를 방해하고 있는 자이다. 타인의 점유를 빼앗은 자라도 청구시에 점유하고 있지 않으면 상대방이 되지 못한다. 상대방의 점유취득에 故意(고의)·過失(과실) 등의 歸責事由(귀책사유)가 있어야 하는 것은 아니다. 그러나 상대방이 자기의 점유를 정당화할 권리를 가지는 경우에는 반환을 청구할 수 없다(§213但). 또한 상대방이 간접점유하고 있는 경우에는 그 직접점유자가 현재 목적물을 점유함으로써 소유물권을 방해하고 있는 것이므로 소유자는 그 직접점유자도 상대방이 된다. 상대방이 占有補助者(점유보조자)를 통하여 점유하는 경우에는 본인인 상대방에 대하여만 반환을 청구할 수 있다

소유물방해제거청구권
(所有物妨害除去請求權)

라 ; actio negatoria
독 ; negatorischer Anspruch
불 ; action négatoire

소유자가 소유권을 방해하는 자에 대하여 그 방해의 제거를 청구할 수 있는 권리를 말한다(民§214). 이 청구권은 物權的請求權(물권적청구권)이다.   청구권의 주체(원고)는 소유권의 내용실현이 占有喪失(점유상실) 이외의 방법으로 방해되고 있는 자이다. 현재 소유권을 방해당하고 있어야 하므로 방해당하고 있는 소유권을 타인에게 양도한 때에는 그 讓受人(양수인)만이 청구권을 가진다. 청구권의 상대방(원고)은 현재 방해상태를 일으켜 놓고 있는 자이다. 상대방이 객관적으로 방해

하는 사정을 지배하는 지위에 있으면 되고 고의나 과실과 같은 귀책사유가 있어야 하는 것은 아니다. 따라서 방해가 원고가 아닌 타인의 행위 혹은 자연력에 의한 경우라도 현재 방해상태를 발생케 하고 있으면 상대방이 된다. 또한 반환청구와는 달리 목적물을 침탈당하지 않고 점유는 그대로 보유한다. 따라서 (1) 소유물이 이미 멸실한 경우 (2) 相隣規定(상린규정)이나 특별법의 제한으로 소유자가 인용하여야 되는 경우 (3) 妨害除去(방해제거)를 청구하는 것이 소유권의 남용이 되는 경우에는 청구권을 행사할 수 없다.

> 소유권에 기한 방해배제청구권에 있어서 '방해'라 함은 현재에도 지속되고 있는 침해를 의미하고, 법익 침해가 과거에 일어나서 이미 종결된 경우에 해당하는 '손해'의 개념과는 다르다 할 것이어서, 소유권에 기한 방해배제청구권은 방해결과의 제거를 내용으로 하는 것이 되어서는 아니 되며(이는 손해배상의 영역에 해당한다 할 것이다) 현재 계속되고 있는 방해의 원인을 제거하는 것을 내용으로 한다(대법원 2003. 3. 28. 선고 2003다5917).

소유물방해예방청구권 (所有物妨害豫防請求權)

소유권을 방해할 염려가 있는 자에 대하여 그 예방이나 손해배상의 담보를 청구할 수 있는 권리이다(民§214後段). 이 청구권은 物權的請求權(물권적청구권)이다. 청구권의 주체(원고)는 방해될 염려가 있는 소유권의 보유자이다. 청구권의 상대방(원고)은 장차 소유권을 방해할 염려가 있는 자이다. 청구권의 내용은 방해를 미연에 방지하는 조치를 청구하거나 損害賠償(손해배상)의 담보를 청구하는 것이다. 소유자는 두 가지를 다 청구하지는 못하고, 어느 한 가지만을 선택하여 청구할 수 있을 뿐이다. 예방청구는 상대방의 不作爲(부작위)를 청구하는 경우가 많으나, 作爲(작위)를 청구하는 수도 있다.

공동소유(共同所有)

하나의 물건을 2인 이상의 多數人(다수인)이 공동으로 소유하는 상태를 말한다. 일반적으로 공동소유의 형태는 共有(공유)·合有(합유)·總有(총유)의 세 가지를 든다. 일반적으로 소유를 權利主體(권리주체)의 면에서 보면, 單數(단수)의 權利主體(권리주체)가 한 개의 물건을 소유하는 경우가 압도적으로 많지만, 경우에 따라서는 한 개의 물건을 複數(복수)의 권리주체가 공동으로 소유하는 경우도 있다. 전자를 單獨所有(단독소유)라 한다면 후자는 共同所有(공동소유)가 된다. 그러나 공동소유는 물건자체를 분할하여 소유하는 것이 아니고 권리를 분할하여 소유하는 것을 전제로 한다. 따라서 물건자체를 분할하여 소유하는 구분소유권과 명백히 다르다. 그런데 권리의 분할은 量的分割(양적분할)과 質的分割(질적분할)로 나누어질 수 있다. 하나의 소유권을 분수적으로 분할함으로써 甲·乙·丙이 각각 3분의 1씩을 갖는 경우는 소유권의 양적 분할이 된다. 반면에 소유권을 管理(관리)·處分(처분)·使用(사용)·收益(수익) 등의 여러 기능으로 분산하여 관리·처분과 같은 지배적 기능을 갑이 가지고, 사용수익과 같은 경제적 기능은 을이 가짐으로써 양자의 기능을 내부적으로 결합시킴으로써 완전한 소유권을 실현시키는 경우라면 질적 분할이 된다. 소유권의 양적 분할은 個人主義的法制(개인주의적법제) 아래서 인정되는 공동소유의 형태로서 共有(공유)가 이에 속하며, 소유권의 질적 분할은 團體主義法制(단체주의법제) 아래서 인정된 공동소유의 형태로 총유가 이에 속한다. 합유는 공유와 총유의 중간형태라 하여도 무방하다.

합수적조합(合手的組合)

→ 共同所有와 團體(공동소유와 단체)

지분적조합(持分的組合)

→ 共同所有와 團體

공동소유와 단체
(共同所有와 團體)

민법은 단체에 관한 통일적 규정을 두고 있지 않고 개별적으로 규정하고 있다. 즉 總則編(총칙편)의 社團法人(사단법인)·物權法(물권법)의 共同所有關係(공동소유관계)·債權法(채권법)의 組合(조합) 등이다. 그런데 단체는 그 성질에 따라 사단과 조합으로 대별할 수 있다. (1) 社團(사단)은 다수인이 결합하여 단체를 조직함으로써 하나의 단체로서의 단일성이 대외적으로 나타나고 개개의 구성원의 존재가 단체적 單一性(단일성)에 흡수되어 버리는 모습이다. 예컨대 會社(회사)·勞動組合(노동조합)·門中(문중)·同窓會(동창회) 등이다. 즉 대외적으로 단체만이 표면에 나타나 각종 법률관계를 맺게 된다. 그러나 사단자체가 권리·의무의 주체로 되기 위하여는 법률상 단체에 法人格(법인격)을 부여하여야 한다. 이에 대하여는 法人否認說(법인부인설)·法人擬制說(법인의제설)·法人實在說(법인실재설)로 나누어진다. 한편 사단이면서도 법인격을 취득하지 않은 사단을 권리능력없는 사단 또는 法人格 없는 사단이라고 한다. 민법에는 이에 관한 규정이 없지만 그 사단으로서의 실재성을 감안하여 될 수 있는대로 사단법인에 준하여 취급하여야 한다(民訴§52). 조합의 실체를 가지면서 사단법인의 형태를 취하는 것으로 合名會社(합명회사)와 合資會社(합자회사)가 있다. (2) 조합은 구성원의 독립적 개성이 중시되어 각 구성원이 권리·의무의 주체로서 표면에 나타나게 된다. 예컨대 數人(수인)이 共同投資(공동투자)하여 소규모의 사업을 경영하는 경우이다. 조합은 채권계약의 일종으로 취급된다(民§703~§724). 다만 어느 정도 단체성을 인정하여 加入(가입)·脫退(탈퇴)·財産關係(재산관계)·解散(해산) 등에 관하여 단체적 제약을 두고 있어 一般債權契約(일반채권계약)과는 다르게 규율하고 있다. 조합은 다시 合手的 組合(합수적 조합)과 持分的 組合(지분적 조합)으로 나누어진다. 합수적 조합은 조합원이 미리 설정된 공동목적에 의하여 결합되고 그러한 결합관계를 기초로 물건을 공동으로 소유하며 공동목적에 관한 한 단독행동이 절대로 허용되지 않으며 전원일치의 의사로써만 행동한다. 지분적 조합은 수인이 우연히 어떤 물건을 공동소유하는 이외에 조합원간에 아무런 결합관계도 없다. 따라서 單獨行爲(단독행위)도 무제한 허용된다. (3) 결국 인적 결합은 社團法人(사단법인)·法人格없는 社團(사단)·合手的組合(합수적조합)·持分的組合(지분적조합)의 네가지로 나누어진다. 이들의 단체의 所有結合關係(소유결합관계)는 각각 다르다. 즉 사단법인은 법인이라는 단일인격자로 나타나므로 그 소유형태도 개인소유와 같은 법인의 단독 소유가 된다. 다음에 법인격없는 사단은 총유, 합수적 조합은 합유, 지분적 조합은 공유의 모습을 갖게 된다.

공유(共有)
독 ; Miteigentum 불 ; copropriéte

공유란 물건의 지분에 의하여 수인의 소유로 귀속되고 있는 공동소유의 형태이다(民§262①). 공유의 법적 성질에 대하여는 다수인이 하나의 소유권을 분량적으로 분할하여 소유하는 상태라는 견해가 통설이다. 이들 다수인을 공유자라고 하며, 공유는 공동소유의 형태 가운데 가장 개인적 색채가 강하다(個人主義的(개인주의적) 共同所有形態(공동소유형태). 즉 공유에 있어서 數人은 한 개의 물건을 공동으로 소유하지만 공유자들 사이에는 어떠한 인적 결합관계나 단체적 통제가 없다. 따라서 목적물에 대한 各共有者의 지배권능은 서로 완전히 자주독립적이다. 공유는 당사자의 의사나 법률규정에 의하여 성립한다. 각자가 가지는 지배권능은 지분이라 하는데 이 지분권은 질적으로는 독립소유권과 다름없다. 따라서 각공유자가 가지는 지분의 처분은 자유이며(民§263 ; 지분처분의 자유), 원칙적으로 언제든지 목적물의 분할을 청구하여 共同所有關係(공동소유관계)를 폐지함으로써 완전한 개인적인 單獨所有權(단독소유권)으로 전환할 수 있다(§268①) ; 분할청구의 자유). 다만 목적물이 동일하기 때문에 그 행사에 제약을 받고 있는데 지나지 않는다. 즉 공유자는 개인적 수요를 충족하기 위하여 공유물 전부를 지분의 비율에 따라 단독으로 사용·수익할 수 있다

(§263). 그러나 지분과 달리 공유물은 동시에 다른 공유자지분의 객체가 되므로 한 사람의 공유자가 단독으로 처분·변경을 위하여는 공유자 전원의 동의를 필요로 한다. 또한 공유물의 관리, 즉 이용·개량에 관한 사항은 공유자 지분의 과반수로써 결정한다(§265). 다만 保存行爲(보존행위)는 공유자 전원에게 이익이 되므로 각 공유자가 단독으로 할 수 있다.(§265但). 공유물의 관리비용 기타 의무는 각공유자가 그 지분의 비율로 이를 부담한다(§226①). 공유자가 이러한 의무의 이행을 1년 이상 지체한 때에 다른 공유자는 상당한 가액으로 그 자의 지분을 매수할 수 있다(§266②).

공유관계 정리

공 유	
지분	공유지분
목적물 처분, 변경	공유자 전원 동의
지분 처분	자유
분할 청구	자유, 단 5년 내의 기간으로 금지특약가능
보존 행위	각자가 단독으로 가능
사용·수익	지분비율로 전체사용함
등기	공유자전원명의로 지분 등기함

준공유(準共有)
독 : Quasimiteigentum

소유권 이외의 재산권의 공유를 말한다. 이에는 공유에 관한 규정을 준용한다. 그러나 이에 관해 다른 법률에 특별한 규정이 있으면 먼저 그 법률을 적용하여야 하고, 민법을 적용할 수는 없다(민법 278조). 준공유가 인정되는 소유권 이외의 재산권의 주요한 것은 지상권·전세권·지역권·저당권 등의 민법상의 물권과, 주식·광

업권·저작권·특허권 · 어업권 등이다.

공유재산(共有財産)

공유재산이란 수인의 공유에 속하는 재산, 예를 들어 수인이 공동으로 양수하였거나 상속한 재산을 말한다. 수인이 한 채의 건물을 구분하여 각각 그 일부분을 소유한 때에는 건물과 그 부속물 중 공유하는 부분은 그의 공유로 추정하고(민법 215조), 경계에 설치된 경계표·담·구거 등은 상린자의 공유로 추정하며(민법 239조), 부부의 누구에게 속한것인지 분명하지 않은 재산은 부부의 공유로 추정한다(민법 830조3항).

공유의 지분(共有의 持分)

독 : Antei   영 : quota
불 : part indivise)

공유에 있어서 각 공유자가 가지는 권리가 지분인데, 지분의 법률적 성질에 관하여, 지분은 한 개의 소유권의 분량적 일부라고 하는 통설에 따르면 결국 지분이란 각 공유자가 목적물에 대하여 가지는 소유의 비율이라고 할 수 있다. 지분의 비율은 법률의 규정(민법 254조단서·257조·258조·1009조 등) 또는 공유자의 의사표시에 의하여 정해진다. 그것이 불명한 경우 각 공유자의 지분은 균등한 것으로 추정한다(민법 262조2항). 부동산 공유지분의 비율에 관한 약정은 이를 등기하여야 한다(부동산등기법 44조). 각 공유자는 공유물 전부를 지분의 비율로 사용·수익할 수 있다(민법 263조). 공유물의 처분을 위해서는 공유자 전원의 동의가 필요하다(민법 264조). 하지만 그 지분은 자유롭게 처분할 수 있다(민법 264조). 공유자는 공유물의 관리에 관한 사항, 즉 목적물의 이용 및 개량을 목적으로 하는 행위는 지분의 과반수로써 결정한다. 그러나 보존행위는 지분과 관계없이 각자가 단독으로 할 수 있다(민법 265조단서). 공유물의 관리비용 기타 의무(세금 등)는 공유자가 그 지분의 비율로 부담한다(민법 266조1항). 지분은 소유권과 같은 성질을 가지는 것으로 각 공유자는 단독으로 다른 공유자 및 제3자에 대하여 그의 지분을 주장할 수 있다.

공유물분할(公有物分割)

공유물을 공유자의 지분권에 따라 나누는 것을 말한다. 즉 각 공유자는 법률의 규정이나 별단의 특약이 없는 한 언제든지 공유물의 분할을 청구할 수 있다(民§268① : 공유물분할의 자유). 그러나 공유자는 계약(不分割契約)을 통하여 일정한 한도, 즉 5년 이내의 기간에 한하여 분할하지 않을 것을 약정할 수 있다(民§268①但). 또한 물건의 區分所有者(구분소유자)(§215) · 境界標(경계표)(§239) 등의 공유자 등은 분할을 청구할 수 없다(§268②). 분할방법에는 現物分割(현물분할)·代金分割(대금분할) · 價格賠償(가격배상)에 의한 분할의 세 가지가 있다. 분할은 공유자간에 협의가 이루어지면 협의로서, 협의가 이루어지지 않을 경우에는 공유자가 법원에 재판상의 분할을 청구할 수 있다(§269). 분할의 결과 공유관계는 종료되고 분할시부터 각 공유자는 자기가 받은 부분에 대하여 단독소유자가 된다. 따라서 다른 공유자가 분할로 인하여 취득한 물건에 대하여 그 지분의 비율로 매도인과 동일한 담보책임을 부담한다(§270). 또한 분할은 교환 또는 매매의 성질을 가지므로 분할의 효과는 소급하지 않는다. 그러나 예외적으로 相續財産(상속재산)의 분할의 효과는 相續開始時(상속개시시)(즉 피상속인의 사망시)에 소급한다(§1015).

합유(合有)
독 ; Eigentum zur gesamten Hand

합유란 법률규정이나 계약에 의하여 수인이 조합체로서 물건을 소유하는 형태로서, 공유와 총유의 중간에 있는 共同所有關係(공동소유관계)이다(民§271①). 따라서 합유는 그 전제로서 조합체의 존재가 필요하다. 여기서 조합체란 동일목적에 의하여 결합되고 있으나 아직 동일적 활동체로서의 단체적 체제를 갖추지 못한 複數人(복수인)의 결합체인 합수적 조합을 가리킨다. 합유는 계약이나 법률규정에 의하여 성립한다(§271①前段). 현행법상 법률규정으로 합유가 인정되는 경우는 민법상 組合財産(조합재산)(§704)과 信託法上 受託者가 數人인 信託財産(信託§50)이다. 그리고 부동산의 합유는 등기하여야 한다. 합유는 지분이 공동목적을 위하여 구속받으며 단독으로 자유로이 처분할 수 없고 분할을 청구하는 권리도 제한된다는 점에서 공유와 다르다(民§273). 또한 합유는 단체로서의 체제를 갖추지 못하고 단체적 통일성을 가지지 아니한 점에서 단일적 활동체로서 물건을 총유하는 법인격없는 사단과 다르지만, 합유의 기초인 조합체가 존재한다는 점에서는 총유와 비슷하다. 즉 공유는 개인적 색채가 가장 짙으며, 합유는 공동목적을 위하여 개인적인 입장이 구속되지만 持分(지분)이 존재한다는 면에서 總有(총유)보다는 개인적이다. 합유는 합유물을 처분·변경함에 있어서 합유자전원의 동의가 있어야

한다(民§273①). 또 합유관계는 조합의 해산이나 합유물의 양도로 인하여 종료하며, 이 경우에 합유물의 분할에 관하여는 공유물의 분할에 관한 규정을 준용한다(民§274).

합유관계 정리

합	유
지분	합유지분
목적물 처분, 변경	합유자 전원 동의
지분 처분	합유자 전원 동의
분할 청구	불가. 단, 조합체 해산 후에는 가능.
보존 행위	각자가 단독으로 가능
사용·수익	조합계약에 의함
등기	합유자전원명의로 등기함

합유채권관계(合有債權關係)

한 개의 채권관계에 있어서 수인의 채권자 또는 채무자가 있는 경우에 각 채권자가 가지거나 각 채무자가 부담하는 비율이 잠재적인 것이기 때문에 총 채권자 또는 총 채무자가 공동하여서만 채권을 행사하거나 채무를 부담할 수 있는 것으로서 債權(채권)·債務(채무)의 合有的 歸屬(합유적 귀속)으로 보아야 할 관계를 말한다. 總債權關係(총채권관계)와 함께 共同債權關係(공동채권관계)의 일종이다. 조합의 채권·채무와 같이 수인의 채권자나 채무자의 사이에 단체적 결합이 존재하는 경우에 생긴다. 合有債權關係(합유채권관계)는 채권·채무의 준합유관계로서 합유에 관한 규정이 준용된다(民§278).

총유(總有)

독 ; Gesamteigentum
불 ; propriëte collective

총유란 법인이 아닌 사단 등이 집합체로서 물건을 소유하는 공동소유의 형태이다(民§275). 공동소유 가운데 가장 단체적 색채가 농후한 것이며 게르만족의 촌락공동체의 공동소유관계에서 시작된 제도이다. 총유는 그 기초인 법인 아닌 사단에 있어서의 사원의 총합체가 하나의 單一的 活動體(단일적 활동체)로서 단체의 체제를 갖추고 있는데 대하여 합유는 단체로서의 체제 즉, 團體的 單一性(단체적 단일성)을 갖추지 못한 점에서 총유와 구별된다. 또 공유는 소유권의 관리·처분·사용·수익 등의 권능이 共有者 數人(공유자 수인)에게 分屬(분속)되지만, 총유는 목적물의 관리·처분 등의 권능이 구성원의 총체인 사단자체에 속하며 사용·수익 등의 권능은 각 구성원에게 귀속하여 兩者(양자)가 團體的(단체적) 統制下(통제하)에 유기적으로 결합하여 하나의 所有權(소유권)을 이루는 점에서 공유와 구별된다. 그 資格(자격)의 得失(득실)이나 단체원의 使用收益(사용수익)의 방법 등은 단체의 규약에 의하여 정해진다. 總有(총유)의 주체는 法人(법인)아닌 사단 즉 법인격 없는 인적 결합체이다. 이른바 권리능력 없는 사단이나 宗中(종중)등이 그 예이다. 客體(객체)가 多數(다수)의 물건으로 구성되는 재산인 경우에는 그 모든 재산이 總有(총유)의 客體(객체)이다. 또한 객체가 부동산이라면 그 부동산의 총유는 등기하여야 하며, 등기는 사단의 명의로 그 대표자 또는 관리인이 신청한다(不登§30). 총유관계는 사단의 定款(정관) 기타의 규약에 의하여 규율되지만, 이들에 정함이 없을 경우에는 (1) 총유물의 관리·처분은 사원총회의 결의로써 하며(民§276①), (2) 총유물의 사용, 처분은 정관 기타의 규약에 따라 각 사원이 할 수 있으며(민§276②), (3) 總有物(총유물)에 대한 사원의 권리의무는 사원의 지위를 취득하거나 상실하는 동시에 당연히 취득 또는 상실된다(民§277), (4) 총유의 지분에 관하여는 지분을 전면적으로 부인하는 견해와 인정하는 견해가 대립된다.

총유관계 정리

총	유
지분	없다.
목적물 처분, 변경	사원총회 결의 필요
지분 처분	지분이 없다.
분할 청구	불가함.
보존 행위	총회결의를 얻어야 함.
사용·수익	정관이나 규약에 의함.
등기	비법인 사단의 단독명의로 등기함.

준총유(準總有)

준공동소유의 한 유형으로'법인 아닌 사단'이 소유권 이외의 재산권을 소유하는 것을 말한다. 준총유에 관하여 다른 법률에 특별한 규정이 없으면 총유에 관한 규정을 준용한다(민법 278조). 준총유가 인정될 수 있는 소유권 이외의 재산권에는 지상권·전세권·지역권·저당권 등의 민법상의 물권과, 주식·광업권·저작권·특허권·어업권 등이 있다. 채권에 관하여도 준총유가 인정되나, 채권의 내용이나 효력에 관하여는 불가분채권의 규정에 의하여야 하고, 채권에 대한 지배에 관하여서만 준총유로서 관계되는 규정에 따르게 된다. 따라서 채권을 준총유한다는 것은 그 채권이'법인 아닌 사단'에 한 개의 권리로서 귀속하고 그 추심 기타의 처분은 '법인 아닌 사단'자체가 이를 할 수 있음에 그치고, 그 추심으로 얻을 수 있는 것은'법인 아닌 사단'의 총유에 속하며, 사단의 각 성원은 개인으로서는 그 채권에 관하여 직접 아무런 권리도 가지지 않는다.

준공동소유(準共同所有)
독 ; Quasimiteigentum

준공동소유란 數人(수인)이 所有權(소유권) 이외의 財産權(재산권)을 공동으로 소유하는 형태이다. 원래 공동소유의 특색은 권리자가 복수라는 점에 있지 그 권리가 소유권인지의 여부에 있는 것은 아니므로, 다른 법률의 특별한 규정이 없으면 공유에 관한 규정이 준용된다(民§278). 따라서 준공동소유에는 準共有(준공유)·準合有(준합유)·準總有(준총유)의 세가지 형태가 존재할 수 있으며 각각 공유합유총유의 규정이 준용된다. 준공동소유가 인정되는 객체는 소유권을 제외한 地上權(지상권)·傳貰權(전세권)·地役權(지역권)·抵當權(저당권) 등 민법상의 物權(물권)과 株式(주식) 및 著作權(저작권)·特許權(특허권)·漁業權(어업권) 등의 無體財産權(무체재산권) 등이다. 채권에도 준공동소유가 성립되지만 채권의 내용과 효력에 관하여는 不可分債權(불가분채권)의 규정(民§409~§412)에 따라야하고 채권에 대한 지배에 관하여서만 준공동소유로서 각각 관계되는 규정에 의하게 된다.

지분(持分)
영 ; quota 독 ; Anteil 불 ; part indivise

지분이라는 용어의 의무는 여러 가지이다. (1) 共有關係(공유관계) : 공유에서는 공유자에게 귀속되는 몫을 말하지만 이 경우도 두 가지로 구별할 수 있다. 즉, 지분은 ㉮ 各(각) 共有者(공유자)가 목적물에 대하여 가지는 소유의 비율자체를 가리키거나, ㉯ 이 持分(지분)에 기하여 각 공유자가 공유물에 대하여 가지는 권리(持分權(지분권))를 말한다. 그러나 공유에 관한 민법 규정상의 지분에는 두 가지 의미가 모두 포함되어 있어서 兩者(양자)를 엄격하게 구별하여 사용하고 있지 않다. 지분의 比率(비율)은 共有者間(공유자간)의 계약이나 法律規定(법률규정)에 의하여 결정되지만 불명한 경우에는 各 共有者의 지분은 균등한 것으로 추정된다(民§262②). 공유자들은 그 지분을 처분할 수 있고, 그 지분 비율에 따라서 공유물 전부를 사용·수익할 수 있다(§263). 또한 지분의 비율에 따라 공유물의 관리비용 기타 의무를 부담한다(§266①). 상법상 선박공유자의 지분은 민법상의 공유의 지분과 같은 의미이다. (2) 合有關係(합유관계) : 합유에서는 합유자가 가지는 몫을 말한다. 즉 ㉮ 조합관계로부터 생기는 각 합유자의 권리·義務(의무)의 總體(총체), 즉 組合體(조합체)의 일원으로서의 지위를 가리키거나, ㉯ 합유물에 대하여 각 합유자가 가지는 권리로서 전원의 합의 없이는 그 지분을 처분하지 못하며 그 지분에 관하여 분할을 청구할 수 없다고 규정한 경우의 지분이다(民§273). (3) 總有關係(총유관계) : 총유의 지분에 관하여는 지분을 전면적으로 부인하는 견해와 인정하는 견해가 대립한다. 총유에는 지분이라는 표현을 사용하고 있지 않지만 그 구성에 따라 사원이 총유물에 대하여 갖는 사용수익권 또는 權利(권리)·義務總體(의무총체), 혹은 社員(사원)으로서 갖는 법률상의 지위를 지분으로 파악하기도 한다.

사단법인의 지분 (社團法人의 持分)

영 ; share
독 ; Anteil, Teihabeschaft
불 ; part social

사단법인의 구성원이 가지는 몫을 말한다. 상법중 회사법은 合名會社·合資會社(합자회사)·有限會社(유한회사)의 사원이 소유하는 몫에 대하여 지분이라는 용어를 사용한다(商§197, §222~§224, §249, §276, §555~§558). 여기서 지분이란 그 대상인 재산인 법인인 회사의 재산이므로 구성원인 사원의 공유나 합유에 속하는 公有財産(공유재산)이나 合有財産(합유재산)의 지분과는 그 의미가 좀 다르다. 사단법인의 지분에는 (1) 사원이 그 자격에서 사회에 대하여 권리·의무를 갖는 지위(사원권)를 의미할 경우(예컨대 持分讓渡(지분양도) · 持分相續(지분상속) · 持分入質(지분입질) · 持分押留(지분압류)에 있어서의 경우가 여기에 해당한다)와 (2) 회사가 해산하였거나 사원이 퇴사하였을 경우, 사원이 그 자격에서 회사에 청구하거나 또는 회사가 지급하여야 할 계산상의 數額(수액)을 의미할 경우(예컨대 지분의 還給(환급)과 지분의 計算(계산) 등)가 있다. 또 協同組合(협동조합)에 있어서는 회사사원의 지분과 동일한 조합원의 지분의 관념이 있으며, 脫退時(탈퇴시) 지분의 還給(환급)은 청구할 수 있으나(農協§31·中協§26·水協§21, 등) 조합원의 지분의 공유는 금지되고 있다(農協§23,·中協§23·水協§24,).

지분권(持分權)

공유나 합유시 공유물 또는 합유물에 대하여 공유자나 합유자들이 일정한 비율로써 가지는 권리를 말한다. 그러나 민법·상법에서는 모두 이 용어를 쓰지 않고 지분이라는 용어로써 규정하고, 상법은 合名會社(합명회사) · 合資會社(합자회사) · 有限會社(유한회사)의 사원이 會社財産(회사재산)에 대하여 가지는 몫의 비율을 持分(지분)이라는 용어로써 규정한다.

공유자의 지분권은 量的(양적)으로는 소유권의 分數的 一部(분수적 일부)이지만 질적으로는 완전히 독립한 소유권이므로 그 성질·효력에 있어서는 소유권과 동일하고, 소유권에 관한 일반적 규정의 적용을 받는자. 즉 그 처분·상속·등기·인도 등은 모두 소유권에 준하며, 공유자의 1인이 그 지분을 포기하거나 상속인이 없이 사망한 때에는 그 지분은 다른 공유자에게 각각 지분의 비율로 귀속하며(民§267), 또 각 공유자는 각자의 지분에 대하여 단독으로 他(타) 共有者(공유자)나 제3자에게 주장할 수 있다. 즉 각 공유자는 그 지분권에 의하여 持分確認(지분확인)의 訴(소)·持分(지분)에 의한 物權的請求權(물권적청구권)·지분에 관한 時效(시효)의 中斷(중단) 등을 할 수 있다. 그러나 合有者(합유자)의 지분권은 공동목적을 위하여 구속되어 있으며, 독립의 권리로서의 성질을 가지지 않기 때문에 임의로 처분하지 못하고(民§273①). 또 각 합유자는 단독으로 지분의 確認(확인)·持分(지분)의 登記(등기)·妨害除去(방해제거) 및 合有物(합유물)의 返還(반환)을 청구할 수 없다고 해석한다.

용익물권(用益物權)

독 ; Natzungsrecht

타인의 토지 또는 건물을 일정한 목적을 위하여 사용·收益(수익)할 것을 내용으로 한 物權(물권)의 總稱(총칭)이다. 使用權

(사용권)·利用權(이용권)이라고도 한다. 또한 소유권과 같은 전면적·포괄적 권리가 아니고 한정된 범위 내에서의 지배권이라는 점에서 擔保物權(담보물권)과 함께 制限物權(제한물권)에 속한다. 민법에서는 지상권·지역권·전세권이 用益物權(용익물권)에 해당하며 모두가 부동산을 객체로 하고 있다. 그러나 그밖의 광업권·어업권 등도 같은 성질의 것이다. 민법은 소유권을 절대의 권리로 하고, 用益物權(용익물권)은 이를 한정된 범위에서 일시적으로 제한하는데 불과한 물권이라고 하고 있는데, 최근에는 토지를 실제로 이용하고 있는 자를 보다 더 보호해야 한다는 利用權强化(이용권강화)의 견지에서 점차로 用益物權(용익물권)이 강화되어가고 있다.

용익권(用益權)

라 ; usus fructus   독 ; Niessbrauch
불 ; usu fruit

●━━━━━━━━━━━━━━━━

타인의 소유물을 그 본체를 변경하지 않고 일정기간 使用收益(사용수익)하는 물권이다. 使用收益權(사용수익권)을 발생케 하는 용익물권 · 임차권 등을 가리키는 말로도 쓰인다. 일종의 人役權(인역권)으로서 舊民法(구민법)이 獨(독) · 佛民法(불민법)을 따라 이 제도를 규정한 바 있었으나 현행민법은 이를 인정하지 않는다.

인역권(人役權)

●━━━━━━━━━━━━━━━━

특정인의 편익을 위하여 타인의 물건(동산·부동산)을 이용하는 물권이다. 예를 들면 타인의 집에서 낚시질이나 사냥을 하는 것 혹은 타인의 가옥에 거주하는 것 등이다. 로마법에서 널리 인정되었던 권리이나, 우리 민법에서는 인정하지 않고 있다.

제한물권(制限物權)

독 ; beschränktes Sachenrecht

특정된 방향이나 특정한 목적을 위하여 물건을 지배함으로써 이익을 향수할 수 있는 권리이다. 소유권의 기능의 일부를 제한하는 것이므로 제한물권이라고 한다. 즉 소유권을 제한함으로써 그 위에 성립할 수 있으며 스스로도 그 내용에 있어서 제한을 받게 되는 물건이다. 민법상으로 지상권·지역권·전세권 등의 용익물권과 留置權(유치권)·質權(질권)·抵當權(저당권) 등의 擔保物權(담보물권) 등은 모두가 제한물권이다. 소유권이 물건을 전면적으로 지배하고 자유로이 이용할 수 있는데 대하여 제한물권은 어떤 특정한 목적을 위해서 일시적으로 물건을 지배하는 권리인데 불과하다. 이러한 의미에서 소유권과 대립되는 개념이라 하겠다.

타물권(他物權)

라 ; ius in re aliena
독 ; Recht an fremder Sache

●━━━━━━━━━━━━━━━━

타인의 물건 위에 성립하는 물권을 말한다. 많은 학자들이 制限物權(제한물권)을 타인권이라고 부른다. 이는 소유권 이외의 물권이 모두 타인의 소유에 속하는 물건 또는 권리 위에 존재하는 권리이기 때문이다. 독일법에서도 제한물권이란 용어 이외에 他物權(타물권)이라는 용어가 사용되며 로마법에서도 타물권이라는 말이 있었다. 그러나 제한물권은 간혹 자기의 물건 위에도 성립할 수 있으므로 적당하지 않다. 즉 제한물권이 타인의 권리의 목적으로 되어 있는 경우에는 소유물 위에 소유자의 제한물권이 성립할 수 있으며 特殊地役權(특수지역권)이 地域團體所有(지역단체 소유)의 地盤(지반)위에 성립할 수 있기 때문이다.

권리설정(權利設定)

권리의 주체가 그 권리를 보유하면서 그 권리에 대하여 내용이 제한된 새로운 권리를 방생시키는 것이다. 예컨대 소유자가 지상권이나 질권과 같은 제한물권을 설정하는 경우이다. 이러한 제한물권의 설정에는 당사자의 設定契約(설정계약) 또는 單獨行爲(단독행위)가 있어야 하고, 계약 등이 유효하려면 抵當權(저당권)·地上權(지상권)의 경우에는 등기를, 質權(질권)의 경우에는 占有(점유)의 引渡(인도)를 필요로 한다.

지상권(地上權)
라 ; superficies
독 ; Erbbaurecht
불 ; droit de superficie

●──────

타인의 토지에 건물 기타 工作物(공작물)이나 樹木(수목)을 소유하기 위하여 그 토지를 사용하는 物權(물권)을 말한다 (民§279~§290). 토지의 전면적 지배권인 소유권을 제한하여 一面的(일면적)으로 지배하는 制限物權(제한물권)이며, 그 가운데 用益物權(용익물권)에 속한다. 이러한 지상권의 내용은 당사자가 賃貸借契約(임대차계약)(임차권)을 체결하여 채권적 관계에 의하여도 동일한 목적을 달성할 수 있다. 또한 실제로도 地主(지주)에게는 優先的(우선적) 效力(효력)·物權的(물권적) 請求權(청구권)·處分權限(처분권한) 등에서 賃貸借契約(임대차계약)이 유리하므로 지상권을 설정하기보다는 임대차계약에 의하며, 일반적으로 지

상권이라고 하는 것도 대부분은 임대차에 불과하다. 지상권의 취득은 地上權設定契約(지상권설정계약)에 의하여 취득하는 것이 보통이지만 遺言(유언)과 같이 지상권양도 등의 법률행위에 의하여 취득하는 경우도 있으며 당연히 지상권의 존재가 인정되는 법정지상권도 있다. 우리 민법은 지상권의 最長存續期間(최장존속기간)의 규정은 없으며 다만 지상물의 종류와 구조 등에 따라 30년·15년·5년의 最短存續期間(최단존속기간)의 제한만을 두고 있다(민280①). 만약 설정행위에 의하여 이 기간보다 단축된 기간을 정한 경우에는 그 존속기간을 각 종류에 해당하는 최단기간까지 연장한다(§280②). 지상권은 물권이므로 讓渡性(양도성)·賃貸性(임대성)이 있고 담보로 제공할 수 있다. 또한 지상권이 소멸한 때에는 지상권 설정자는 언제든지, 또 지상권은 일정한 조건하에 상대방에 대하여 地上物 買受請求權(지상물 매수청구권)을 행사하여 지상물을 유지하거나, 投下資本(투하자본)을 회수할 수 있다(§283②, §285②). 地料(지료)는 지상권의 요소는 아니지만 그 약정을 등기하면 지상권의 내용으로 되어 물권적 효력이 있다. 지상권의 소멸원인은 토지의 滅失(멸실)·존속기간의 만료·소멸시효(§162②)·混同(혼동)(§191)·土地(토지)의 收用(수용)지상권에 우선하는 저당권의 실행으로 인한 매매 등과 같은 物權一般(물권일반)에 걸친 공통된 사유와 地上權設定權者(지상권설정권자)의 消滅請求(소멸청구)(§287)·지상권의 포기(§153②但, 371②)·지상권소멸에 대한 약정사유의 발생 등과 같은 지상권에만 특유한 사유가 있다.

지상권과 임차권의 이동
(地上權과 賃借權의 異同)

타인의 토지를 이용하여 建築(건축) · 植木(식목)하는 법률관계는 지상권설정 및 임대차계약에 의하는 방법이 있다. 그러나 토지소유자는 물권인 지상권에 의한 강력한 구속을 받는 것은 매우 불리하기 때문에 임대차를 택하는 것이 보통이며 토지이용자는 경제적으로 약자이므로 임대차취득에 만족하지 않을 수 없다. 현행 민법의 構成(구성)은 土地使用權(토지사용권)으로서의 지상권과 土地賃借權(토지임차권)의 두가지 제도를 병존시키고 있다. 양자의 내용상의 異同(이동)은 다음과 같다.

(1) 權利(권리)의 性質(성질) : 지상권은 排他性(배타성)을 가지고 토지를 직접 지배하는 물권으로 물권편(民§279~§290)에 규정되어 있는 반면에 賃借權(임차권)은 임대인에게 토지를 사용수익하게 할 것을 청구할 수 있는 債權(채권)에 불과하며 채권편(§618~§654)에 규정되어 있다.

(2) 對抗力(대항력) : 지상권은 등기가 강제되어 제3자에게 대한 대항력을 가지는(民§186) 반면에, 채권은 당사자가 등기하지 않을 것을 약정할 수 있으므로 대항력을 갖지 못한다.

(3) 存續期間(존속기간) : ㉮ 權利存續期間(권리존속기간)에 대한 약정이 있는 경우에 지상권은 최장기간의 제한이 없고 최단기간으로 사용목적에 따라 각각 30년 · 15년 · 5년의 제한이 있다(民§280). 임차권은 개정 전 민법에 의할 때에 원칙적으로 20년을 초과하지 못하는 제한이 있었다. 그러나 이 규정에 대해 입법취지가

불분명하고 계약의 자유를 침해하므로 헌법에 위반된다는 헌법재판소의 결정(2011헌바234, 2013. 12. 26. 선고)이 있었고, 이후 개정을 통해 임대차 존속기간에 제한을 둔 관련 규정을 폐지하였다. ㉯ 권리존속기간에 대한 약정이 없는 경우에는 지상권은 사용목적에 따라 각각 30년 · 15년 · 5년으로 하는 데 반하여(民§281), 임차권은 언제든지 해지통지할 수 있다(民§635). ㉰ 권리존속기간의 法定更新(법정갱신)에 관하여 지상권은 아무 규정이 없으나, 賃借權(임차권)은 법정갱신을 인정하고 있다(§639).

(4) 投下資本(투하자본)回收(회수) : ㉮ 지상권은 양도성이 있어서 지상권자가 임의로 讓渡(양도) · 賃貸(임대) · 擔保(담보)로 제공할 수 있지만(§282), 賃借權(임차권)은 임대인의 동의없이 讓渡(양도) · 轉貸(전대)할 수 없다(§629). ㉯ 地上權消滅時 地上權者는 지상권을 수거할 수 있으며 토지소유자에 대하여 지상권의 매수를 청구할 수 있으며(§283, §285), 이점에서는 임차권도 동일하다(§654, §615, §643).

(5) 對價關係(대가관계) : ㉮ 지상권은 地料(지료)를 요소로 하지 않는데 대하여(§279), 임차권은 차임을 그 요소로 한다(§618). ㉯ 지상권에 지료약정이 있는 경우는 額數(액수)·支給時期(지급시기)·方法(방법)등은 모두 계약에 의하여 결정되며 임대차 역시 동일하다. ㉰ 지상권 조세 기타 경제사정의 변동시 당사자에게 地料增減請求權(지료증감청구권)의 행사를 인정하여 사정변경의 원리를 채용하며(§286), 임차권도 동일한 이유로 借賃增減請求權(차임증감청구권)을 인정한다(§628). 지

상권은 2년 이상 지료지급이 연체되어야 지상권 소멸청구를 할 수 있는데 반하여 (§287), 임차권은 延滯額(연체액)이 2期(기)의 借賃額(차임액)에 달하면 解止請求(해지청구)를 할 수 있다(§640, §641).

법정지상권(法定地上權)

법정지상권이란 당사자의 계약에 의하지 않고 법률의 규정에 의하여 당연히 성립하는 지상권이다. 법정지상권이 성립하는 예로는 (1) 토지와 그 지상의 건물이 동일 소유자에게 속하는 경우에, ㉮ 건물에 대하여서만 전세권을 설정한 후 토지소유자가 변경된 경우(民§305①), ㉯ 어느 한쪽에만 저당권이 설정된 후 저당권의 실행으로 경매됨으로써 토지와 건물이 소유자가 다르게 된 경우(§366①), ㉰ 토지 또는 건물의 한쪽에만 假登記擔保權(가등기담보권)·讓渡擔保權(양도담보권)·賣渡擔保權(매도담보권)이 설정된 후, 이들 담보권의 실행(이른바 歸屬淸算(귀속청산))으로 토지와 건물의 소유자가 다르게 된 경우(가등기담보등에 관한법률 제10조)와 (2) 토지와 立木(입목)이 동일인에 속하고 있는 경우에 경매 기타의 사유로 토지와 입목이 각각 다른 소유자에게 속하게 된 경우(立木§6)에는 건물이나 입목이 타인의 토지 위에 이유없이 존재하게 되어 버리므로 撤去(철거) 혹은 收去(수거)하여야 하는 불합리한 일이 생긴다. 이 경우 민법은 건물이나 입목의 物權設定者(물권설정자)는 건물이나 입목을 위하여 그 토지에 지상권을 설정한 것으로 보고, 건물이나 입목을 철거·수거하지 않아도 되게 하였다. 그 地料(지료)는 당사자의 청구에 의하여 法院(법원)이 정한다(民§366). 법정지상권은 西歐諸國(서구제국)의 법제와는 달리 토지와 건물을 별개의 부동산으로 취급함으로써 일어나는 결함을 보완해 주는 제도이다.

법정지상권

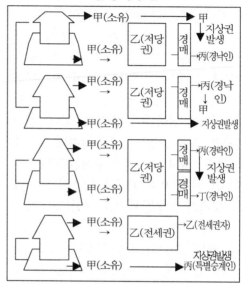

관습법상 법정지상권 (慣習法上 法定地上權)

관습법상 법정지상권이란 토지와 건물이 동일인에게 속하였다가 매매 기타 원인으로 토지와 건물 소유자가 달라지게 된 경우 그 건물을 철거한다는 등의 특약이 없는 한 건물소유자는 관습법에 의하여 등기 없이도 당연히 취득하는 지상권을 의미한다. 이는 판례가 관습법으로 인정한 것이다.

관습상의 법정지상권은 동일인의 소유이던 토지와 그 지상건물이 매매 기타 원인으로 인하여 각각 소유자를 달리하게 되었으나 그 건물을 철거한다는 등의 특약이 없으면 건물 소유자로 하여금 토지를 계속 사용하게 하려는 것이 당사자의 의사라고 보아 인정되는 것이므로 토지의 점유·사용에 관하여 당사자 사이에 약정이 있는 것으로 볼 수 있거나 토지 소유자가 건물의 처분권까지 함께 취득한 경우에는 관습상의 법정지상권을 인정할 까닭이 없다 할 것이어서, 미등기 건물을 그 대지와 함께 매도하였다면 비록 매수인에게 그 대지에 관하여만 소유권이전등기가 경료되고 건물에 관하여는 등기가 경료되지 아니하여 형식적으로 대지와 건물이 그 소유 명의자를 달리하게 되었다 하더라도 매도인에게 관습상의 법정지상권을 인정할 이유가 없다(**대법원 2002. 6. 20. 선고 2002다9660 전원합의체 판결**).

공작물(工作物)

일반적으로는 인공적 작업에 의하여 만들어진 물건을 말하지만 법률적으로는 「토지에 접착되어 설치된 공작물」을 가리키는 경우가 많다. 즉, 건물·담·동상·다리와 같은 지상물 외에 堤防(제방)·터널·개천 따위도 이에 포함된다. 토지의 공작물에는 위험이 많으므로 하자로 인한 손해에 관하여는 점유자의 배상은 가중되어 소유자는 無過失責任(무과실책임)을 지게 된다(民§758). 공작물의 범위를 공장·광산·철도 등의 기업에도 확장해야 한다고 주장하는 학자가 많다. 또한 이 밖에 민법에는 공작물에 관한 규정이 많이 있다(§223, §279, §283, §285, §298, §300, §619, §668).

수거(收去)

종래 일정한 장소에 있던 工作物(공작물)·樹木(수목) 등을 權利者(권리자)가 그 장소로부터 치우는 것을 말한다(民§285, §615). 즉 지상권·임차권 등의 權原(권원)에 의하여 타인의 토지 위에 건물 기타 공작물이나 수목을 가지고 있던 자가 그 용익권을 잃게 되면 공작물등의 수거와 原狀回復義務(원상회복의무)를 지게 되는 것이다.

지료(地料)

영 ; rent　　독 ; Rente　　불 ; rente

지상권자가 토지사용의 대가로 地主(지주)에게 지급하는 금전 그밖의 물건(民§286)을 말하며 지대라고도 한다. 지상권에는 반드시 지료가 따라야 하는 것은 아니며, 당사자의 약정으로 그 有無(유무)·種類(종류)·金額(금액)·支給時期(지급시기) 등을 결정할 수 있다(不登§69). 地料(지료)에 관한 약정은 登記(등기)를 하여야만 물권적 효력이 있다(부동산등기법§69). 약정의 額(액)은 일반적으로 增減(증감)할 수 없는 것이 원칙이다. 그러나 당사자간의 지료액이 약정으로 결정된 후라도 물가변동 등 사정이 변경될 경우에는 양당사자는 地料增減請求權(지료증감청구권)을 행사할 수 있다(民§286). 지상권자가 2년 이상의 지료를 연체한 경우에 地上權設定者(지상권설정자)가 지상권의 소멸을 청구할 수 있다(地上權消滅請求權(지상권소멸청구권)§287).

지상권에 있어서 지료의 지급은 그의 요소가 아니어서 지료에 관한 유상 약정이 없는 이상 지료의 지급을 구할 수 없다(**대법원 1999. 9. 3. 선고 99다24874**).

지료증감청구권(地料增減請求權)

지료가 토지에 관한 經濟事情(경제사정)등의 변경으로 부당하게 될 경우에 당사자가 지료의 增減(증감)을 청구할 수 있는 권리이다. 지료액은 원칙적으로 당사자간의 합의로 이루어진다. 그러나 지상권의 존속기간은 상당히 장기이므로 그 동안에 租稅(조세) 기타 부담의 증감이나 地價(지가)의 변동으로 인하여 적당치 않게 될 수가 있다. 이러한 경우를 위하여 민법은 兩當事者(양당사자)에게 지료의 增減請求權(증감청구권)을 인정하고 있다(民§286). 이러한 地料增減請求權(지료증감청구권)은 形成權(형성권)이다. 따라서 토지소유자가 增額請求(증액청구)를 하거나 지상권자가 減額請求(감액청구)를 하면 곧 지료는 增額(증액) 혹은 減額(감액)되고 지상권자는 그 증감된 지료를 지급할 의무를 부담한다. 이 경우에 증감청구에 대하여 상대방이 불복하게 되면 법원에 제소할 수밖에 없다. 법원의 판결에 의하는 지료의 증감은 그 감액청구를 한 때에 소급하여 효력이 생긴다. 그러나 地料額(지료액)이 법원에 의하여 결정될 때까지는 종래의 지료액이나 감액된 지료액을 지급하더라도 지료는 체납되지 않는다.

지료증감청구권에 관한 민법 제286조의 규정에 비추어 볼 때, 특정 기간에 대한 지료가 법원에 의하여 결정되었다면 당해 당사자 사이에서는 그 후 위 민법규정에 의한 지료증감의 효과가 새로 발생하는 등의 특별한 사정이 없는 한 그 후의 기간에 대한 지료 역시 종전 기간에 대한 지료와 같은 액수로 결정된 것이라고 보아야 한다(**대법원 2003. 12. 26. 선고 2002다61934**).

매수청구권(買受請求權)

매수청구권이란 부동산의 이용관계가 종료하는 경우에, 부동산의 소유자나 이용자는 부동산이용시에 이용자가 그 부동산에 부속시킨 물건에 대하여 일방적 의사표시로써 각각 상대방에게 매수를 청구할 수

있다는 권리를 말한다. 이 청구권은 그 권리를 행사하면 상대방의 승낙을 받을 필요가 없이 그것만으로 매매가 성립하는 것이므로 일종의 形成權(형성권)이다. 買受請求權(매수청구권)은 부동산에 부속된 물건의 경제적 효용을 다하게 하는 작용을 하는 것이며, 특히 이 권리를 이용자가 행사하는 경우에는 이용자의 投下資本(투하자본)을 회수하는 작용을 하게 된다. 민법상 인정되는 買受請求權(매수청구권)으로서는 (1) 地上權設定者(지상권설정자) 및 地上權者의 附屬物買受請求權(부속물매수청구권)(民§285②, §283②), (2) 傳貰權設定者(전세권설정자) 및 傳貰權者(전세권자)의 附屬物買受請求權(부속물매수청구권)(§316①, ②), (3) 土地賃借人(토지임차인) 및 轉借人(전차인)의 건물 기타 공작물의 買受請求權(매수청구권)(§643, §644) 등이 있다.

지상물매수청구권(地上物買受請求權)

地上物買受請求權(지상물매수청구권)은 지상권이 소멸한 경우나 토지임대차계약의 기간이 만료된 경우에 지상권설정자와 지상권자 및 토지임차인과 전차인이 각각 상대방에 대하여 상당한 가격으로 건물등의 공작물이나 수목 그밖의 지상물의 매수를 청구하는 권리이다(民§283②, §285②, §643, §644). 이 청구권은 지상권소멸시나 土地賃貸借契約終了時(토지임대차계약종료시)에 행사할 수 있는데 다음의 두 경우로 나누어 진다. 즉 (1) 지상권설정자나 토지임차인은 언제든지 지상권자 및 토지임차인에게 지상물매수청구권을 행사할 수 있다(民§285). (2) 地上施設(지상시설)이 현존하는 때에 지상권자나 土地賃借

人(토지임차인)은 계약의 경신을 청구할 수 있지만(地上權更新請求權(지상권경신청구권)), 地上權設定者(지상권설정자)나 토지임차인이 경신을 원하지 않는다면 그 경우에 한하여 지상물매수청구권을 행사할 수 있다(§283). 이 請求權(청구권)은 일종의 形成權(형성권)이며 따라서 이 권리를 행사하면 상대방의 승낙을 기다릴 필요없이 매매가 성립한 것과 동일한 法律關係(법률관계)가 생긴다.

지상권갱신청구권 (地上權更新請求權) 참조

→ 地上物買受請求權(지상물매수청구권)

구분지상권(區分地上權)

地下(지하) 또는 地上(지상)의 공간은 上下(상하)의 범위를 정하여 건물 기타 工作物(공작물)을 소유하기 위한 지상권의 목적으로 할 수 있다는 것이다(民§289의2). 즉 空中權(공중권)·地中權(지중권)·地下權(지하권)을 통틀어서 區分地上權(구분지상권)이라 부른다. 구분지상권은 토지의 상하의 어떤 층만을 객체로 한다. 예를 들면 1筆(필)의 토지의 어떤 층에만 설정할 수도 있다. 따라서 구분지상권이 설정되더라도 목적이 되는 층 이외의 층, 즉 구분지상권이 미치지 못하는 토지부분에 관하여는 토지소유자 또는 用益權者(용익권자)가 使用權(사용권)을 갖는다. 이 경우 상호간의 이용의 조절문제는 相隣關係(상린관계)에 관한 규정을 준용한다(§290). 그러나 설정행위에서 구분지상권의 행사를 위하여 토지소유자의 사용권을 제한하는 특약을 체결할 수 있다(民§289조의2①後段). 또한 當該 土地(당해 토지)에 대한 용익권

을 가지는 제3자의 승낙을 얻어서 설정된 경우에는 그들 제3자는 구분지상권의 정당한 행사를 방해하지 않을 의무를 부담하며(§289조의2②後段), 구분지상권자는 방해행위의 제거를 청구할 수 있다. 또한 區分地上權者(구분지상권자)는 공작물을 소유하기 위하여서만으로 한정된다. 구분지상권은 지상권의 일종이므로 역시 물권이다. 따라서 구분지상권은 지상권에 관한 설명이 원칙적으로 타당하게 된다. 구분지상권의 설정은 설정에 관한 물권적 합의와 등기에 의한다.

분묘기지권(墳墓基地權)

타인의 토지에 墳墓(분묘)를 설치한 자가 그 분묘를 소유하기 위하여 분묘의 基地部分(기지부분)의 타인소유의 토지를 사용할 것을 내용으로 하는 권리이다. 이 권리는 관습에 의하여 인정된 물권으로서 판례에 의하면 「지상권에 유사한 일종의 물권」이라고 한다. 판례는 이 권리가 성립되는 경우로 (1) 소유자의 승낙을 얻어 그 소유지 내의 분묘를 설치한 경우, (2) 타인소유의 토지에 승낙없이 분묘를 설치하고 20년간 平穩(평온)·公然(공연)하게 그 분묘의 基地(기지)를 점유함으로써 분묘기지권을 시효로 취득한 경우, (3) 자기소유의 토지에 분묘를 설치할 자가 그 후에 분묘기지에 대한 소유권을 유보하거나 또는 분묘도 함께 이전한다는 특약을 하지 않고 토지를 처분한 때에 그 분묘를 소유하기 위하여 분묘기지권을 소유한 경우 등이다. 분묘기지권은 墳墓形態自體(분묘형태자체)가 일종의 明認方法(명인방법)으로서의 기능을 하므로 등기할 필요는 없다.

타인 소유의 토지에 소유자의 승낙 없이 분묘를 설치한 경우에는 20년간 평온, 공연하게 그 분묘의 기지를 점유하면 지상권 유사의 관습상의 물권인 분묘기지권을 시효로 취득하는데, 이러한 분묘기지권은 봉분 등 외부에서 분묘의 존재를 인식할 수 있는 형태를 갖추고 있는 경우에 한하여 인정되고, 평장되어 있거나 암장되어 있어 객관적으로 인식할 수 있는 외형을 갖추고 있지 아니한 경우에는 인정되지 않으므로, 이러한 특성상 분묘기지권은 등기 없이 취득한다(**대법원 1996. 6. 14. 선고 96다14036**).

지역권(地役權)
라 ; chervitus praediorum
영 ; easement
독 ; Grunddienstbarkeit
불 ; servitude prédiale

일정한 목적을 위하여 타인의 토지를 自己土地(자기토지)의 편익에 이용하는 권리로서 土地用益物權(토지용익물권)의 일종이다(民§291). 地役權(지역권)에 있어서 편익을 받는 토지를 要役地(요역지)라 하고 편익을 제공하는 토지를 承役地(승역지)라고 한다. 로마법의 不動産役權(부동산역권)에서 유래한다. 지역권의 내용은 임대차계약이나 상린관계(§215~§244)에 의하여 목적을 달성할 수 있지만 이들과는 상당한 차이가 있다. 地役權設定(지역권설정)은 토지소유자뿐 아니라 지상권자·전세권자·임차권자(부인설도 있다)간에도 할 수 있다(§292①). 지역권은 有償(유상)이든 無償(무상)이든 무방하다(통설). 또한 지역권은 要役地所有權(요역지소유권)으로부터 분리되어 존재할 수 없고 이에 종된 권리로서 요역지의 처분과 동시에 이전하며, 요역지소유권으로부터 분리하여 양도하거나 권리의 목적으로 하지 못한다(隨伴性§292). 요역지 전부를 위하여 承役地 全部를 이용할 수 있으며 공유나 분할의 경우에 관계자 전부에 대하여 효력을 가진다(不可分性§293,§295). 지역권의 종류로는 (1) 積極地役權(적극지역권)과 消極地役權(소극지역권), (2) 繼續地域權(계속지역권)과 不繼續地域權(불계속지역권), (3) 表現地域權(표현지역권)과 不表現地域權(불표현지역권)으로 나누어진다. (2)와 (3)은 시효취득과 관련하여 구별의 실익이 있다. 즉 地役權(지역권)은 「계속되고 표현된 것에 한하여」시효취득할 수 있다(§294). 그러나 지역권은 일반적으로 설정계약에 의하여 취득되며 그밖에 遺言(유언)·相續(상속)·讓渡(양도) 등으로 취득한다. 다만 설정계약이든 시효취득이든 등기에 의하여 효력이 생긴다(§186, §245①, §294). 지역권의 소멸은 요역지나 승역지의 消滅(소멸)·地役權者(지역권자)의 抛棄(포기)·混同(혼동)·存續其間(존속기간)의 滿了(만료)·約定消滅事由(약정소멸사유)의 發生(발생)·承役地(승역지)의 時效取得(시효취득)·地役權(지역권)의 消滅時效(소멸시효)(지역권은 20년간 행사하지 않으면 소멸시효에 걸린다 : §162②)·승역지의 수용 등으로 소멸한다. 그러나 지역권은 요역지에 부착하는 권리이기 때문에 용역지의 소유자가 바뀌어도 소멸되지 않는다.

요역지(要役地)
라 ; praedium dominans
독 ; herrschendes Grundstück
불 ; fonds dominant

→ 地役權(지역권) 참조

승역지(承役地)
라 ; praedium serviens
독 ; dienendes Grundstuck

→ 地役權(지역권) 참조

계속지역권(繼續地域權)

중단없이 권리의 내용이 실현되는 지역권을 말하는데, 그 예로는 통로의 개설, 송전선의 부설 등을 들 수 있다. 지역권의 행사가 시간적으로 계속되는가에 따라서 계속지역권과 불계속지역권으로 분류되는 것인데, 불계속지역권과는 지역권의 취득시효 및 소멸시효기간의 기산점에 관해서 그 구별의 실익이 있다. 즉 지역권의 시효취득은 계속지역권이어야 한다는 점과, 소멸시효의 기산점에 있어서 불계속지역권은 최후로 권리행사를 한 때임에 비해 계속 지역권의 경우는 권리불행사시라는 점에 구별의 실익이 있다고 하겠다.

법정지역권(法定地役權)
(불, servitude légale)

상린관계와 같은 뜻으로, 지역권이 당사자의 계약에 의하여 생기는 소유권의 확장·제한인데 대해, 법정지역권 즉 상린관계는 지역권의 내용과 대단히 비슷하나, 법률에 의하여 정하여진 소유권내용 그것의 당연한 확장·제한인 점에 그 차이점이 있다. 상린관계는 인접하고 있는 부동산 소유자 상호간의 이용을 조절하기 위함에 그 취지가 있다. 인접한 부동산 소유자가 각자의 소유권을 무제한 주장한다면, 그들의 부동산의 완전한 이용은 어렵게 된다. 이에 각 소유자가 갖는 권리를 어느 정도까지 제한하고, 각 소유자에게 협력의 의무를 부담시킴으로써 인접하는 부동산 상호간의 이용의 조절을 기하려는 것이다. 그러므로 상린관계의 규정은 소유권의 제한이라고 볼 수 있다. 그러나 각 소유자는 각각의 소유권 행사를 그 범위 밖에까지 넓힐 수 있고, 타인의 협력도 요구할 수 있으므로, 어떤 의미에서는 소유권의 확장도 된다. 따라서 상린관계는 각 소유권의 내용의 확장과 제한으로서 법률상 당연히 발생하는 소유권의 최소한의 이용의 조절이며, 소유권 그 자체의 기능이 미치는 범위라고 볼 수 있다.

특수지역권(特殊地役權)

어느 지역의 주민이 집합체의 관계로 각자가 타인의 토지에 草木(초목)·야생물 및 土砂(토사)의 採取(채취) · 放牧(방목) 기타의 수익을 하는 권리를 말한다(民§302). 이를 總有的 土地利用權(총유적 토지이용권) · 特殊土地受益權(특수토지수익권)·入會權(입회권) 등이라고도 부른다. 특수지역권은 토지수익권으로서 제한물권이며 人役權(인역권)의 일종이다. 이러한 토지수익권은 목적토지의 소유권이 (1) 수익을 하는 어느 지역의 주민전체의 총유에 속하는 형태와 (2) 일정지역의 주민의 총유에 속하지 않고 타인(국가 기타 公(공)·私法人(사법인) 및 個人(개인) 등)의 소유에 속하는 형태로 나누어진다. (1)은 토지의 총유로 민법의 총유에 관한 규정을 적용하며 (2)는 지역권을 적용하면 되지만 실질적으로 준총유에 귀속하므로 마찬가지로 총유에 관한 규정을 준용할 여지가 크다(§278). 다만 민법의 규정과 다른 관습이 있으면 관습이 우선적으로 적용된다(§302).

역권(役權)

라 ; servitus　　독 ; Dienstbarkeit
불 ; servitude

일정한 목적을 위하여 타인의 물건을 이용하는 물건이다. 원래 로마법에서는 용익물권(타물권)으로서 인역권과 지역권을 포함하는 역권만을 인정하였을 뿐이었으므로 소유권과 대립해서 중요한 작용을 하였다. 즉 人役權(인역권)이란 특정인의 편익을 위하여 타인의 물건을 이용하는 권리이고 地役權(지역권)은 특정의 토지의 편익을 위하여 타인의 토지를 이용하는 권리이다. 그러나 근대사회의 일반적 경향은 지상권과 임차권에 중점을 두고 있다. 우리 민법도 지역권만 制度化(제도화)하는데 그치고 있다(民§291, §302).

전세권(傳貰權)

전세금을 지급하고 農耕地(농경지)를 제외한 타인의 부동산을 점유하여 그 부동산의 용도에 좇아 사용·수익함을 내용으로 하는 물권이다(民§303~§319). 이는 종래 채권인 전세로 賃貸借(임대차)(특히 건물의 이용권)에 유사한 계약으로 행하여져 온 전세의 관습을 토대로 하여 민법이 用益物權(용익물권)으로 규정하여 물권화한 권리이다. 전세권이 소멸하면 목적부동산으로부터 전세금의 優先辨濟(우선변제)를 받을 수 있는 효력이 인정된다(§303①). 즉 용익물권 이지만 한편으로는 擔保物權(담보물권)의 성질도 가지는 특수한 물권이다. 그러나 전세권의 담보물권성은 附隨的(부수적)·縱的(종적)인 것에 지나지 않는다. 傳貰權(전세권)은 傳貰權設定契約(전세권설정계약)을 통하여 설정되며 등기하여야 효력이 생긴다(§186). 그 밖에 讓渡(양도)·相續(상속)·取得時效(취득시효)로도 취득한다. 설정행위에서 금지되지 않는 한, 전세권자는 전세권을 타인에게 양도 또는 담보로 제공할 수 있으며 그 존속기간 내에서 그 목적물을 타인에게 轉傳貰(전전세)·賃貸(임대)할 수 있다(§306). 전세금반환이 지체된 때에는 전세권자에게는 경매를 청구할 권리가 있다(§318). 전세권존속시기는 10년을 한도로 하며 갱신할 수 있지만 역시 10년을 넘지 못한다. 당사자의 약정기간이 10년을 넘는 경우에는 10년으로 단축된다(§312①). 건물에 대한 전세권 약정 기간은 최소한 1년이어야 하며, 1년 미만으로 약정한 경우에는 1년으로 본다(§312②). 존속기간을 약정하지 않은 경우에는 각 당사자는 언제든지 상대방에 대하여 전세권의 소멸을 통고할 수 있으며, 상대방의 전세권은 이 통고를 받은 후 6월이 경과하면 소멸한다(§313). 그러나 아직도 전세의 대부분은 채권관계로 남아있는 실정이다. 이러한 채권적 전세 가운데는 민법의 賃貸借規定(임대차규정)이 적용되는 것과 그 밖의 住宅賃貸借保護法(주택임대차보호법)의 적용을 받는 것이 있다.

전세권자(傳貰權者)

전세권을 가진 자를 말한다. 즉 전세금을 지급하고 傳貰權設定者(전세권설정자)의 부동산을 점유하여 그 부동산의 용도에 좇아 사용·수익할 권리를 가진 자이다(民§303). 전세권자에게는 占有權(점유권)·使用(사용) 및 受益權(수익권)·有益費(유익비)의 償還請求權(상환청구권)·附屬物收去權(부속물수거권)·매수청구 및 경매청구권의 권리가 있으며 目的物管理義務(목적물관리의무)·原狀回復義務(원상회복의무) 등의 의무가 있다.

전전세(轉傳貰)

전세권자가 전세권을 기초로 하여 그 전세기간 내에서 그 전세권을 목적으로 하는 전세권을 다시 설정하는 것을 말한다(民§306). 그러나 이는 설정행위로 금지할 수 있다. 일종의 전세권이므로 물권적 합의로 설정하며 등기를 하여야 한다. 專貰金支給(전세금지급)은 轉傳貰(전전세)에 있어서도 반드시 지급되어야 한다. 전세금에 대하여는 학설의 대립이 있지만 原專貰金(원전세금)을 넘지 않아야 한다는 것이 다수설이다. 전전세가 설정되어도 원전세권은 소멸하지 않는다. 그러나 전세권자는 전전세하지 않았더라면 면할 수 있었을 불가항력으로 인한 손해에 대하여서도 그 책임을 부담한다(§308). 전전세권이 존속하는 동안에 전세권자는 전전세의 기초가 되는 전세권을 소멸시키는 행위를 하지 못하지만 행하지 않는 범위에서는 처분 행위를 할 수 있다. 전세권이 소멸하면 전전세권도 소멸한다. 전전세자도 경매권을 행사할 수 있다(§318).

부속물매수청구권 (附屬物買受請求權)

전세권자 또는 건물 기타 공작물의 임차인이나 전차인이 목적물 사용의 편익을 위하여 전세권설정자나 임대인의 동의를 얻어 부속시킨 물건이나 그로부터 매수한 부속물을 계약의 종료시에 전세권설정자 또는 임대인에 대하여 매수할 것을 청구하는 권리(민법 316조 2항, 646조, 647조)를 말한다. 이 권리는 명목은 청구권이지만 차가인이 부속물의 매수청구의 의사표시를 함과 동시에 당연히 시가에 따른 매매가 성립하므로 본질적으로는 형성권이다. 부속물매수청구권은 전세권자 또는 차가인이 임차건물에 투하한 자본의 회수를 용이하게 함과 동시에, 건물의 객관적 가치를 증가시키고 있는 부속물을 그 건물로부터 제거함으로써 생기는 사회적·경제적 퇴비를 방지하기 위하여 인정된 제도이다.

부속물수거권(附屬物收去權)

전세권이 소멸하는 경우에는, 전세권자는 그 목적부동산을 원상회복하여야 하고, 그 목적물에 부속시킨 물건을 수거할 수 있는데(민법 316조 1항 본문), 이를 부속물수거권이라 한다. 민법은'존속기간의 만료로 인하여 소멸한 때'라고 하지만 어떤 사유로 인하여 소멸한 경우에나 마찬가지로 해석하여야 한다. 부속물의 수거와 원상회복은 권리인 동시에 의무이며, 수거는 전세권이 소멸한 후 지체없이 하여야 한다. 그러나 부속물수거권은 전세권설정자가 매수청구권을 행사하는 경우에는 인정되지 않는다.

소멸청구(消滅請求)

지상권설정자 및 전세권설정자가 지상권자나 전세권자에 대하여 지상권 또는 전세권을 소멸시키는 단독적 물권행위를 말한다. 그리고 이 소멸청구를 할 수 있는 지상권 또는 전세권설정자의 권리를 소멸청구권이라 하며, 그 법적 성질은 형성권의 일종이다. 따라서 지상권 또는 전세권설정자에 의한 소멸청구의 일방적 의사표시가 있으면 지상권 또는 전세권소멸에 관한 물권적 합의가 있은 때와 같이 법률관계가 성립하며, 이러한 권리소멸의 효력은 등기를 함으로써 생긴다고 하겠다. 먼저 지상권의 소멸청구는 지상권자가 2년 이상의 지료를 지급하지 아니한 때에 할 수 있으며(민법 287조), 그 지상권이 저당권의 목적인 때나, 그 토지에 있는 건물·수목이 저당권의 목적이 된 때에는 소멸청구를 한 것을 저당권자에게 통지한 후 상당한 기간이 경과하여야 효력이 생긴다(민법 288조). 다음 전세권의 소멸청구는 전세권자가 설정계약 또는 그 목적물의 성질에 의하여 정하여진 용법에 의하지 아니한 사용·수익으로 인해 전세부동산에 변경이 가해졌거나 손해가 발생한 때에는, 전세권 설정자는 전세권자에 대하여 원상회복 또는 손해배상도 청구할 수 있다(민법 311조).

소멸통고(消滅通告)

소멸청구와 함께 전세권을 소멸시키는 단독적 물권행위를 말한다. 그 법적 성질은 형성권의 일종으로 전세권 소멸효과가 생기려면 등기하여야 한다(민법 186조). 전세권의 존속기간을 약정하지 아니한 때에는 각 당사자는 언제든지 상대방에 대하여 전세권 소멸의 통고를 받을 수 있고, 상대방이 이 통고를 받은 날로부터 6월이 경과하면 전세권은 소멸한다(민법 313조). 또 전세권의 목적물의 전부 또는 일부가 불가항력으로 인하여 멸실된 때에는 그 멸실된 부분의 전세권은 소멸하는데, 일부멸실의 경우에 전세권자가 그 잔존부분으로 전세권의 목적을 달성할 수 없는 때에는 전세권설정자에 대하여 전세권 전부의 소멸을 통고하고, 전세금의 반환을 청구할 수 있다(민법 314조).

담보물권(擔保物權)

담보물권이란 일정한 물건을 채권의 담보에 제공하는 것을 목적으로 하는 물권이다. 制限物權(제한물권)이란 점에서는 用益物權(용익물권)과 동일하지만 물건의 물질적 이용을 목적으로 하는 것이 아니라 오직 물건의 교환가치를 파악하고, 이에 의하여 채권을 담보하는 점에서 다르다. 담보물권은 債權者(채권자)平等(평등)의 원칙의 예외로서 인정되는 제도이다. 예컨대 甲(갑)을 포함한 10명의 채권자들이 乙(을)에게 각각 10만원씩의 채권을 가지고 있다면 을의 채무가 모두 100만원이나 되지만 을의 재산이 50만원밖에 없는 경우에는 을의 파산이나 強制執行(강제집행)의 경우 갑을 포함한 각 채권자들은 각각 5만원밖에 받지 못하게 된다. 따라서 갑은 채권확보를 위해 특정재산에서 우선적으로 채권구제를 받을 수 있는 권리를 설정할 필요가 있는 것이다. 이와 같이 채권자가 취득한 특권을 담보물권이라고 한다. 擔保物權(담보물권)의 목적이 되는 재산은 원칙적으로 特定財産(특정재산)이 아니면 안된다. 담보물은 대개 채무자가 제공하지만 그 친구나 친척 등이 채무자를 위해서 담보물을 제공하는 경우도 있다. 이러한 자를 物上保證人(물상보증인)이라고 한다.

(1) 擔保物權(담보물권)의 種類(종류) : 민법상 法定擔保物權(법정담보물권)(유치권)과 約定擔保物權(약정담보물권)(질권·저당권)이 인정되지만 사업상 선박저당권이 있으며 그 밖의 특별법상의 財團抵當(재단저당)·擔保附社債(담보부사채)·自動車抵當(자동차저당)·航空機抵當(항공기저당) 등이 인정된다. 또한 명문의 규정은 없으나 관습법에 의하여 확립된 讓渡擔保(양도담보)의 제도도 담보물권의 일종이다.

(2) 擔保物權(담보물권)을 통한 債權確保方法(채권확보방법) : 담보물권은 채권자가 자기의 채권을 확보하기 위한 물권이며 그 채권의 확보방법은 두 가지가 있다. 채권자가 변제하지 않는 경우에 채권자는 ㉮ 담보물을 경매해서 그 대금에서 우선적으로 변제를 받는 방법으로 질권·저당권이 이에 해당하며 ㉯ 담보물의 점유를 채권자의 수중에 두고, 채무자가 이를 변제하지 않을 때 간접적으로 변제를 독촉한다는 방법으로 留置權(유치권)과 質權(질권)이 이에 해당한다.

(3) 擔保物權(담보물권)의 性格(성격) : ㉮ 附從性(부종성) : 채권이 없으면 담보물권도 성립하지 않는다. 또 채권이 소멸하면 담보채권도 소멸한다. 담보물권이 채권의 담보라는 목적을 위하여 존재하는 권리라는 점에서 오는 당연한 성질인 것이다. 그러나 금융거래의 편의상 채권이 아직 발생하지 않았으나 장차 발생하는 것이 확실한 경우에, 미리 담보물권을 설정해 둘 필요가 생기게 되므로 학설도 점차로 이와 같은 요청을 받아들여서 드디어 根擔保制度(근담보제도)가 明文化(명문화)하게 되자 그 한도내에서 담보물권의 부종성은 다소 완화되고 있다. 그러나 이것은 約定擔保權(약정담보권)인 質權(질권)·抵當權(저당권)에 대하여 말하는 것이며 留置權(유치권)에 대하여는 부종성이 엄격히 관철된다. ㉯ 隨伴性(수반성) : 담보물권은 채권을 담보하는 것이기 때문에 그 채권이 양도되면 원칙적으로 이에 수반해서 이전된다. ㉰ 不可分性(불가분성) : 담보물권은 채권전부의 변제를 받을 때까지는 소멸하지 않는다. 예컨대 100만원 채권중 이미 90만원의 변제를 받았다고 하여도 담보물권은 전부에 대하여 존속한다. ㉱ 物上代位性(물상대위성) : 담보의 목적물이 매각·임대되거나 滅失(멸실)·훼손됨으로써 그 소유자가 賣却代金(매각대금)·賃料(임료)·損害賠償金(손해배상금)·保險金(보험금) 등의 청구권을 취득하는 경우에는 담보물권은 이러한 청구권 위에 그대로 존속한다. 왜냐하면 이러한 청구권은 본래의 담보물의 가치를 대표하는 것이기 때문이다. 다만, 留置權(유치권)에는 이러한 성질이 없다.

가치권(價値權)

물건의 交換價値(교환가치)를 취득함을 목적으로 하는 권리이다. 물건의 물질적 이용을 목적으로 하는 권리인 물질권에 대칭되는 개념이다. 예를 들면 질권이나 저당권은 채무자가 기간 내에 채무변제를 하지 않은 경우에 다른 채권보다 우선적으로 변제를 받을 수 있는 권리이다(民 §329, §356, §342, §370). 價値權(가치권)은 실정법상의 용어가 아니며 用益物權(용익물권)에 대하여 담보물권의 특질을 명확히 하기 위한 대립개념으로 사용되는 용어이다. 담보물권은 기능적으로 채권을 담보하며, 채무불이행이 있을 경우에 목적물로부터 우선 변제를 받는 것만으로써 충분하고 목적물의 물질적 이용에 관계하지 않으므로 所有權(소유권)·이용물권에 대하여 價値權(가치권)이라 불려진다. 즉 질권이나 저당권 궁극적인 실현은 경매의 賣得金(매득금)에 대한 優先辨濟權(우선변제권)에 있다. 경매의 매득금은 質物(질물)이나 저당물건의 교환가치가 현실화한 것이다. 따라서 질권이나 저당권은 物(물)의 交換價値(교환가치)를 지배하는 권리라고 할 수 있다. 특히 抵當權(저당권)의 價値權(가치권)으로서의 성격은 近代抵當權法(근대저당권법)의 발전에 의하여 점점 독립적인 것으로 나타나고 있다.

일반담보 · 특별담보
(一般擔保 · 特別擔保)

特別擔保(특별담보)란 특정의 재산이 특정의 채권의 담보가 되는 것을 말한다. 즉 담보물권의 목적으로 되는 것을 가리키지만 한편으로 특별담보의 목적으로 되어 있는 특정재산을 뜻하는 때도 있다. 이에 대하여 一般擔保(일반담보)란 채무자의 전재산 중에서 특별담보의 목적이 되어 있는 것과 압류가 금지되어 있는 것을 제외한 그 나머지의 전재산이 모든 채권자를 위하여 변제에 충당되는 것을 말하며, 한편으로는 그 전재산, 즉 일반담보의 목적이 되는 재산을 가리키는 일도 있다. 즉 채무자의 총재산을 총 채권자의 일반담보라고 할 때에는 전자를 말하고, 詐害行爲(사해행위)는 일반담보를 감소시키는 행위라고 할 때에는 후자를 뜻한다.

비전형담보(非典型擔保)

민법은 담보물권으로서 유치권 · 질권 · 저당권을 규정하고 있으며, 그밖에 전세권도 일종의 담보물권으로 하고 있다. 그러나 오늘날의 담보물권제도에 있어서의 실질적·중심적 기능인 적극적 신용수수의 역할을 하는 물적 담보제도로서 민법이 정한 제도는 질권과 저당권뿐이라고 할 수 있다. 그런데 실제 거래계에서는 이러한 민법상의 담보물권제도를 불만스럽게 여기고 새로운 형태의 담보제도를 개발하여 이용하게 되었다. 즉 본래는 담보수단으로서 구성되어 있지 않은 민법상의 제도를 담보수단으로 전용하는 방법을 취해오고 있다. 여기서 유치권 · 질권 · 저당권 등의 민법이 예정한 본래의 담보방법을 전형담보라고 하는 반면, 민법이 예정하지 않았던 새로운 담보방법을 비전형담보 또는 변칙담보라고 부르는 것이다.

인적 담보 · 물적 담보
(人的 擔保 · 物的 擔保)

인적 담보제도란 金錢債權(금전채권)의 실현시 그 거점이 되는 責任財産(책임재산)으로서 채무자의 책임재산 뿐만 아니라 다른 제3자의 책임재산도 추가하는 방법의 담보제도이다. 債權法(채권법)에서 다루는 保證債務(보증채무) 및 連帶債務(연대채무) 등이 인적 담보이다. 複數(복수)의 책임재산이 있으므로 전체적으로 책임재산의 총액이 증대하는 동시에 지급불능의 위험이 분산되어 금전채권의 실현이 보다 확실하게 된다. 물적 담보는 책임재산을 이루는 재화 가운데 어느 특정의 것을 가지고 채권의 담보에 충당하는 제도이다. 즉 채무자의 채무불이행이 있게 되면 채권자는 그 교환가치로부터 채권자평등의 원칙을 깨뜨려서 다른 채권자보다 우선하여 변제를 받는 제도이다. 물권법상의 담보물권은 그 전형적인 예이다.

법정담보물권 · 약정담보물권
(法定擔保物權 · 約定擔保物權)

담보물권에는 법정담보물권과 약정담보물권의 두가지가 있다. 법정담보물권은 특수한 채권에 대하여 일정한 요건에 의거하여 법률상 당연히 발생하는 것으로

(1) 留置權(유치권), (2) 法定質權(법정질권)·法定抵當權(법정저당권), (3) 優先特權(우선특권)이 이에 해당한다. 약정담보물권은 채권자와 채무자가 애당초에 약속하고 성립시켜 발생하는 것으로 (1) 質權(질권), (2) 抵當權(저당권), (3) 傳貰權(전세권)이 이에 해당한다.

약정·법정담보물권

```
채권자 ──▶ 채권계약 ◀── 채무자
  │
  └──▶ 담보계약 ──▶ 재산
(약정담보)
        ⇩
    질권  저당권

특별한     채권발생 ──▶ 채무자
채권자 ──▶

법률에      담       ──▶ 재산
의함  ──▶  보
          발
(법정담보)  생
          ⇩
        유치권
```

약정담보물권(約定擔保物權)
(독, Verträgliches Pfandrecht)

당사자 사이의 계약에 의해 성립하고 재화의 자금화를 목적으로 하는 담보물권을 말한다. 민법상의 약정담보물권으로는 질권과 저당권이 있다. 또한 전세권의 경우 우선변제적 효력이 인정되기 때문에(민법 303조) 이를 용익물권인 동시에 일종의 담보물권으로 보아 약정담보물권의 범주에 포함시켜도 무방할 것이다. 약정담보물권은 법정담보물권에 대립되는 개념이다. 법정담보물권은 당사자의 의사와 상관없이 법률상 당연히 성립하는데 반해, 약정담보물권은 당사자 사이의 계약에 의해 성립하여 채권을 담보하는 제한물권이다.

물상담보(物上擔保)
독 ; Reallast

독일 민법상 일정한 권리자에 대하여 토지소유자가 回歸的(회귀적) 給付(급부)(예 : 곡물금전의 급부, 가옥수선)를 할 채무를 부담하고(이 점에서 토지채무와 다르다) 그 변제가 토지로서 담보되는 제도를 말한다(獨民§1105이하). 物的負擔(물적부담)이라고도 한다. 권리자는 토지를 현금화(환가)하여 채권의 변제를 받는 것이다. 채권담보를 위하여 또는 농민의 공동상속인을 위하여 설정되는 일이 많은 데 封建的(봉건적)인 기원에 속하는 것이 적지 않아 정리되었다.

물상보증인(物上保證人)
독 ; Drittverpfänder
불 ; caution réelle

타인의 채무를 위하여 자기가 소유하는 재산을 담보에 제공하는 것을 물상보증이라고 하고 그 재산을 담보에 제공한 사람을 物上保證人(물상보증인)이라고 한다. 타인의 채무를 위하여 채무자와 계약으로 저당권 또는 질권을 설정한다. 물상보증인은 보증인과 달라서 채무를 부담하지 않으므로 채권자는 이에 대하여 청구를 하거나 그의 일반재산에 대하여 집행하지는 못한다. 그러나 담보권이 실행되거나 또는 물상보증인이 변제를 했을 때에는 물상보증인은 채무자에 대하여 보증인과 동일한 求償權(구상권)을 취득한다(民§341, §370). 物上保證人(물상보증인)은 변제를 하는데 이해관계를 가진 제3자로서 채무자의 의사에 반하여 변제할 수 있으며(民§469②), 변제에 의하여 당연히 채권자를 대위한다(民§481).

물상대위(物上代位)

독 ; Surrogation
불 ; surbroagtion

물상대위란 목적물이 법률상 또는 사실상 그 가치형태를 바꿀지라도 그 변형한 물건에까지 담보물권의 효과가 미치게 할 수 있다는 것이다. 예컨대 담보가옥이 소실한 경우 저당권자는 火災保險金(화재보험금)을 우선적으로 수령할 수 있으며 담보물권의 목적물이 멸실하였을 때에도 담보물권은 損害賠償金(손해배상금) 등의 청구권 위에 잔존하여 우선변제 받는다. 物上代位(물상대위)는 교환가치가 현실화되었다는 이유로 인정되므로, 우선변제권이 없는 留置權(유치권)에는 물상대위의 적용이 없다. 민법은 質權(질권)에 관하여 물상대위의 규정을 두고 이것을 抵當權(저당권)에 준용하고 있다(民§342). 물상대위는 滅失(멸실)·毁損(훼손) 기타에 의하여 채무자 등 또는 물상보증인이 취득하는 請求權(청구권)(保險金(보험금)·損害賠償(손해배상)·補償金(보상금) 등의 請求權(청구권)) 위에 그 효력을 미치는 것이고 지급된 金錢(금전) 등위에 그 효력을 미치는 것이 아니다. 따라서 물상대위가 실효성이 있게 하려면 보험금이나 손해배상금 등이 채무자에게 지급 또는 인도되기 전에 압류하여야 한다(民§342). 이때 압류는 반드시 대위권을 행사하는 질권자가 하여야 할 필요는 없으며, 다른 채권자가 압류한 경우에도 대위권을 행사할 수 있다는 것이 통설과 판례이다.

유치권(留置權)

영 ; lien
독 ; Zurückbehaltungsrecht,
　　Retentionsrecht
불 ; drit de rétention

타인의 물건이나 有價證券(유가증권)을 점유하고 있는 자가 그 물건 또는 유가증권에 관하여 발생한 채권의 변제를 받을 때까지 그 물건 또는 유가증권을 유치하는 권리이다(民§320~§328). 예컨대 시계수리상은 수리대금의 지급을 받을 때까지는 수리한 시계를 유치하여 그 반환을 거절할 수 있다. 이를 留置的 作用(유치적 작용)이라 하는데 채권자는 이를 이용하여 간접적으로 채무자에게 수리대금의 지급을 강제하는 역할을 하여 수리대금청구권을 확보한다. 유치권은 그 물건에 관해서 생기게 된 채권에 대해서 법률상 당연히 생기는 法定擔保物權(법정담보물권)이다. 따라서 담보물권에서 인정되는 附從性(부종성)·隨伴性(수반성)·不可分性을 가진다. 그러나 物上代位性(물상대위성)은 없다. 동시이행의 抗辯權(항변권)과는 같은 취지이지만 유치권은 물권인 점에서 다르다. (1) 留置權(유치권)의 成立(성립) : 유치권은 법정담보물권이므로 법률이 정하는 일정한 요건을 구비함으로써 법률상 당연히 성립한다. 그러나 당사자간의 특약에 의하여 유치권의 발생을 억제할 수 있다. 유치권이 성립하려면 ㉮ 채권자가 타인의 물건·유가증권을 점유하여야 한다. ㉯ 채권이 물건 또는 유가증권에 관하여 생긴 것일 것(牽連關係(견련관계)), 즉 보관·운송수선 등 뿐만 아니라 그 물건이나 유가증권으로부터 생기는 손해 등에 관하여 생긴 청구권도 포함한다. ㉰ 점유가 불법행위에 의하지 않아야 한다. ㉱ 채권이 변제기에 있어야 한다. 그러나 상사유치권에 대하여는 상법에 특칙이 있는데(商§58), 채무자소유의물건이나 유가증권에 대하여서만 성립하고 물건·유가증권과 채권과의 사이에 직접적인 牽連關係(견련관계)를 필요치 않으며 채권의 성립과 물건이나 유가증권의 占有(점유)의 취득이 당사자간의 商行爲(상행위)에서 생기면 충분하고 특정한 물건 또는 유가증권에 대하여 생긴 채권뿐만 아니라 다른 채권에 대하여서도 그 지급이 있을 때까지 그 물건이나 유가증권을 유치할 수 있다.

(2) 留置權(유치권)의 效力(효력) : ㉮ 유치권자는 채권의 변제가 있을 때까지 목적물을 유치할 수 있다(유치적 효력). ㉯ 유치권자는 유치물에서 생기는 天然果實(천연과실) 및 임료 등의 法定果實(법정과실)을 수취하여 다른 채권자에 우선하여 과실로써 채권의 변제에 충당할 수 있다(民§323). ㉰ 留置權(유치권)자는 別除權(별제권)(破§84)과 경매권을 가진다(民§322). 다만 경매시 우선변제권이 없다는 데 이론이 없지만(民§320) 다른 채권자가 그 물건을 경매에 붙여 경락인이 결정되었다 해도 경락인은 우선 유치권자에게 그 채권액 만큼을 먼저 경락대금에서 지급하지 않으면 그 물건을 받아내지 못하게 되어 있으므로 사실상은 유치권도 우선적으로 변제를 받을 수가 있다. ㉱ 유치권자는 유치물의 보관상 주의의무를 지며 사용·수익할 수 없으나(民§324), 費用償還請求權(비용상환청구권)을 가진다(§325). (3) 유치권의 소멸 : 유치권은 유치물의 점유를 잃으면 소멸하고, 또 채무자는 상당한 담보를 제공하여 유치권소멸의 청구를 할 수 있다(§327~§328).

민사유치권(民事留置權)

민법상의 일반적인 유치권을 商事留置權(상사유치권)에 대한 명칭으로 부르는 용어이다. 유치권에는 留置的 效力(유치적 효력)과 現金化 效力(현금화(환가)효력)이 있다. 법정담보물권이라는 점에서는 商事留置權(상사유치권)이나 民事留置權(민사유치권)이 모두 같다. 그러나 그 성립요건에서 약간의 차이가 있다.

→ 유치권. 商事留置權(상사유치권)참조.

질권(質權)

라 ; pignus   영 ; pledge
독 ; Pfandrecht
불 ; nantissement, gage

채권자가 채무담보로서 채무자나 제3자(물상보증인)로부터 인수한 물건을 채무변제가 있을 때까지 유치하여 채무변제를 간접적으로 강제하다가, 채무자가 변제하지 않을 경우 그물건을 현금화(환가)하여 우선적 변제를 받을 수 있는 擔保物權(담보물권)이다(民§329~§355). 채권자로서 質物(질물)을 받을 사람을 質權者(질권자), 질물을 제공한 사람을 質權設定者(질권설정자)라고 한다. 질권은 저당권과 함께 約定擔保物權(약정담보물권)으로 금융을 얻을 수 있는 수단으로 사용된다. 질권은 목적물점유를 채권자에게 이전하여야 하므로 채권자가 목적물을 계속 이용해야 하는 공장·生産用具(생산용구) 등을 담보로 금융을 얻으려는 경우에는 채권자채무자 양쪽에 모두 불편한 것이며 이 경우는 오히려 저당권이 편리하다. 반면에 일용품과 같이 채무자에게 주관적 사용가치가 큰 물건에 대하여는 질권이 큰 역할을 하게 된다. 그러나 질권이 留置的(유치적)·現金化 效力(현금화(환가)효력)을 가지는데 반하여(民§335), 저당권은 유치적 효력이 없다. 또한 질권은 물권일반의 성격인 附從性(부종성)·隨伴性(수반성)·不可分性(불가분성)·物上代位性(물상대위성)(§342)이 인정된다. 질권에는 動産質(동산질)·權利質(권리질)이 있다. 현행민법은 不動産質(부동산질)을 폐지하였다. 또한 이러한 民事質(민사질) 이외에 상법 그밖의 특별법상의 질권인 商事質(상사질)·營業質(영업질)·公益質(공익질)등이 있다. 질권은 질권자와 質權

設定者間(질권설정자간)의 계약에 의하여 성립한다. 채권에 의하여 담보되는 질권의 범위는 원금·이자(저당권의 경우와 같이 제한은 없음)·違約金(위약금)·質權實行(질권실행)·實物保存費用(실물보존비용)·損害賠償債權(손해배상채권)에 미친다. 질권자는 질권의 보존범위 내에서 사용·수익할 수 있으며 자기의 책임으로 轉質(전질)을 할 수도 있다(§336). 질권자가 우선적으로 변제를 받는데는 민사집행법의 규정(민사집행법§271, §272)에 의하는 것이 원칙이며 動産質(동산질)이나 權利質(권리질)에는 특별한 현금화(환가) 방법도 인정되고 있다(§338). 그러나 변제기일 전의 계약으로 질권자에게 質物(질물)의 소유권을 취득케하는 流質契約(유질계약)은 채무자 이익보호를 위하여 금지되고 있다(§339).

유치적 효력(留置的 效力)

留置權者·질권자와 같이 점유의 권리를 수반하는 담보물권자가 담보목적물을 유치하여 간접적으로 변제를 강제하는 효력을 말한다(民§335, §320). 유치권은 이 효력에 의하여서만 담보의 목적을 다한다. 그러나 질권은 목적물을 경매하여 우선변제를 받는 효력을 가지며(§329), 동산질권에서는 실제로 유치적 효력이 큰 실익을 발휘한다.

동산질권(動産質權)
독 ; Faustpfand   불 ; gage

동산을 목적물로 하는 질권을 말한다. 장신구·공동품·귀금속·의류 등의 入質(입질)로서 질권 가운데 가장 일반적인 형태이며 庶民金融(서민금융)의 수단으로서 중요하다. 動産質權(동산질권)의 설정에는 합의이외에 질권자에 대한 목적물 인도를 요하고(民§330), 占有改定(점유개정)에 의하여 인도에 대신할 수 없다. 이것은 특히 동산질권에 留置的 效力(유치적 효력)을 확보하기 위한 것이다. 점유가 侵奪(침탈)되면 占有保護請求權(점유보호청구권)에 의하여 보호된다. 그러나 침탈 이외의 사유로 점유를 상실하면 질권을 상실하게 되느냐에 관하여 질권에 기한 返還請求權(반환청구권)을 인정하는 견해(다수설)와 부인하는 견해가 있다. 證券(증권)에 의한 商品入質(상품입질)은 증권을 질권자에게 배서·교부함으로써 효력이 생기고 증권의 인도가 상품자체의 인도와 동일시 된다. 流質契約(유질계약)은 금지되지만(§339), 가격이 적은 것을 목적으로 하는 動産質權(동산질권)의 질물까지도 정식 경매를 한다면 불합리한 결과가 생기므로, 특히 법원의 허가를 얻은 경우에 한해서 간편한 현금화(환가) 방법에 의한 辨濟充當의 방법을 인정하고 있다. 이 경우에는 질권자는 미리 채무자 및 질권설정자에게 통지하여야 한다(§338②). 또 질권의 과실을 수취하여 우선변제를 받을 수도 있다(§343, §323 前段).

법정질권(法定質權)
독 ; gesetzliches Pfandrecht

법률의 규정에 의하여 성립하는 질권이다(民§648, §650). 당사자간의 계약에 의하여 설정되는 보통의 질권과는 그 성립의 원인을 달리한다. 그러나 일단 성립한 후에는 성질이나 효력에 있어서 보통의 질권과 동일하다. 법정질권이 성립하기 위하여는 不動産賃貸人(부동산임대인)(채권자)이 목적물을 압류하여야한다. 압류에 의하여 채권자의 간접점유가 성립한다. 법정질권에 대하여는 動産質權(동산질권)에 관한 규정이 준용된다. 현행민법상의 법정 질권은 (1) 土地賃貸人(토지임대인)의 임대차에 관한 채권에 의하여 賃借地(임차지)에 부속 또는 그 사용의 편익에 공용한 임차인 소유의 동산 및 그 토지의 과실을 압류한 경우(民§648)와 (2) 건물 기타 공작물의 임대인이 임대차에 관한 채권에 의하여 그 건물 기타 공작물에 부속한 임차인소유의 동산을 압류한 경우(§650)에 성립한다.

권리질권(權利質權)
독 ; Pfandrecht an Rechten
불 ; gage sur les droits

　물건 이외의 재산적 권리의 목적으로 하는 질권이다(民§345~§355). 즉 질권은 동산 위에 성립하는 외에 채권이나 주식과 같은 재산권에도 성립한다. 질권은 원래 유체물(특히 동산)에 대하여 인정된 제도인데, 재산권이 경제상 중요한 지위를 점하기에 이르러 종래의 질권의 개념을 확장하여 권리를 입질하는 것이 인정되었다. 현재 權利質權(권리질권)은 은행금융 등에서 중요한 작용을 하고 있다. 권리질권의 설정은 법률의 다른 규정이 없으면 그 권리양도에 관한 방법에 의하여야 한다(§346). 權利質(권리질)의 목적이 될 수 있는 권리는 讓渡(양도)를 할 수 있는 財産權(재산권)이다. 債權(채권)·柱式(주식)·無體財産權(무체재산권) 등 그 범위가 넓다(§331, §345). 그러나 재산권일지라도 사용·수익을 목적으로 하는 권리(예 : 地上權(지상권)·傳貰權(전세권)·不動産賃借權(부동산임차권) 등)는 權利質(권리질)의 목적으로 할 수 없다(§345但). 鑛業權(광업권)에도 처분의 제한이 있다(鑛§11). 特許權(특허권)·著作權(저작권) 등의 無體財産權(무체재산권)에는 목적물의 인도라는 개념이 없으며 등록을 효력발생요건으로 하므로 이들 권리에 대한 질권은 질권이라고는 하지만 저당권적 성격을 가진다(登錄質이라고도 한다).

채권질권(債權質權)
독 ; Forderungspfandrecht

　채권을 목적으로 하는 질권으로 權利質權(권리질권)가운데 하나이다. 채권은 양도할 수 있으므로 질권의 목적이 될 수 있다. 즉 채권질권의 설정은 債權讓渡(채권양도)의 방법에 의하므로 채권의 종류에 따라 다르다(民§346). 채권이 재화로서 중요한 지위를 차지하는 현재로는 그 작용이 크다. 특히 증권화된 채권(指示債權(지시채권)·無記名債權(무기명채권))에 있어서 현저하다. 채권질권이 설정되면 입질채권에 관한 변제·포기 따위의 처분이 금지된다. 질권자는 입질채권을 직접 청구할 수 있거나 民事訴訟法(민사소송법)의 규정에 의하여 행할 수 있다(§382①, §383).

부동산질권(不動産質權)
독 ; Nutzpfand
불 ; antichrèse

　토지·건물 등 부동산을 목적으로 하는 질권이다. 그 내용은 舊民法상 질권자는 원칙적으로 목적물을 용익하고 그 수입을 세금·관리비용 등의 부담 및 피담보채권의 이자 등에 충당하도록 규정하였었다(舊民§356~§359). 그러나 저당권의 발달로 그 효용이 없어지게 되고 금융업자도 부동산의 점유와 용익에는 관심을 기울이지 않는다는 실정을 고려하여 현행법은 이를 폐지하였다.

비점유질(非占有質)

독 ; Jungerd Satzung

비점유질이란 그 설정에 質物(질물)의 점유를 요하지 않는 질권이다. 현행법상 인정되지 않으나 저당권과 분화하지 않았던 시대에 이와 같은 질권이 존재한 바 있었다. 예컨대 로마법상 actio serviana에 의하여 보호되었던 事業用 機具(사업용 기구)의 質權(질권)이 있다. 저당권의 원시형태라 할 수 있다.

유질(流質)

라 ; lex commissoria
독 ; Verfallklausel
불 ; pacte commissoire

辨濟期(변제기) 전에 계약으로 채무자가 채무의 이행을 하지 않을 때에는 채권자가 질권의 소유권을 질권자에게 취득하게 하거나 채권자가 질권을 임의로 처분하여 그 賣買代金(매매대금)을 우선적으로 채권변제에 충당하는 것이다. 민법은 서민금융의 법적 수단인 질권의 사회적 기능에 비추어 借主(차주)의 경제적 빈궁을 이용하여 부당한 이익을 보지 못하도록 流質契約(유질계약)을 금지한다(民§339). 그러나 商業質權(商§59)에 대하여는 예외적으로 流質契約(유질계약)을 인정한다. 또한 금지되는 것은 변제기 전의 유질계약뿐이며 변제기 이후 당사자간에 질권을 처분하는 계약을 하는 것은 자유이다.

전당포(典當鋪)

영 ; pawnshop
불 ; boutique de prêteur sur gage

물품(동산) 및 有價證券(유가증권) 위에 民法(민법)에 규정된 질권을 취득하여 流質期間(유질기간)동안 전당물로서 담보하고 그 채권의 변제를 받지 못할 때에는 그 전당물로서 변제에 충당하는 약관을 붙여서 금전을 빌려주는 營業的(영업적) 金融業者(금융업자)이다. 일제때부터 質屋取締法(질옥취체법)(1895년법14호)으로 전당업을 단속하였으나 庶民金融機關(서민금융기관)으로서 중요한 구실을 하였으므로 5·16 이후 典當鋪營業法(전당포영업법)(1961년 11월 1일 법률 제763호 개정있었음)을 제정하여 이를 규율하고 있었으나 1999년 폐지되었다.

유질계약(流質契約)

질권설정자가 질권설정계약과 동시에 또는 채무변제기 전의 계약으로서 변제에 갈음하여 질권자에게 질물의 소유권을 취득하게 하거나 기타 법률에서 정한 방법에 의하지 아니하고 질물을 처분케하는 약정을 하는 것을 말한다. 우리 민법은 이 유질계약을 금지하고 있다(민법 339조). 유질계약을 허용하면, 궁박한 상태에 있는 채무자가 자금의 융통을 위하여 고가물의 입질을 강요당하여 폭리행위의 희생물이 될 우려가 있기 때문에 이를 금지하는 것이다. 채무변제기 전의 유질계약을 금지하는 것이며, 변제기 후의 유질계약은 일종의 대물변제로서 유효하다. 금지에 해당하는 유질계약의 효력은 당연무효이다. 민법 제399조는 강행규정이므로 당사자의 합의로도 이를 배제할 수 없다. 이러한 유질계약의 금지는 상법에 예외규정이 있다. 즉 상행위에 의한 채권을 담보하기 위해서 설정된 질권에는 민법 제339조가 적용되지 않는다(상법 59조). 그런데 이와 같은 민법상의 유질계약의 목적은 환매양도담보 등 다른 제도에 의해 달성될 수 있으므로 유질계약만을 금지함에 실효성이 없다. 또한 질대적으로 유질계약을 금지하면 채무자의 자금융통의 길을 막게 되어 채무자 보호의 본래목적에서 벗어나게 된다.

전질(轉質)

라 ; pignus pignoris
독 ; Afterpfand
불 ; sous-engagement, arrière-gage

질권자가 質物(질물)을 자기의 책임으로, 그 권한 안에서 자기의 채무의 담보로 다시 입질하는 것이다(民§336). 질권설정자의 승낙을 얻어서 행하는 전질을 承諾轉質(승낙전질)이라고 하며, 질권설정자의 승낙을 얻지 않고 질권자 스스로의 책임으로 전질하는 것을 책임전질이라 한다. 승낙전질은 주로 당사자간의 계약에 의하여 그 내용이 정하여지고 민법 제336조의 전질은 책임전질에 관한 것이다. 책임전질의 성질에 대하여는 債權質權公同入質說(채권·질권공동입질설)과 質物再入質說(질물재입질설)이 대립하고 있다. 轉質權(전질권)의 피담보채권은 原質權(원질권)의 피담보채권을 초과할 수 없으며, 전질권의 존속기간은 원질권의 존속기간 내이어야 하며, 轉質權(전질권)의 실행에는 原質權(원질권)의 실행기가 도래하였을 것을 요한다. 원질권의 피담보채권에 관하여서는 변제 기타의 처분이 금지되며 전질권의 설정에 대하여 원채무자에게 통지하고 또는 승낙이 있었을 때에는 原債務者(원채무자)의 原質權者(원질권자)에의 변제는 효력을 발생하지 않는다. 또한 責任轉質(책임전질)에 있어서는 전질하지 아니하였으면 발생하지 않았을 불가항력으로 인한 손해에 대하여서도 책임을 진다(民§336).

책임전질(責任轉質)

→ 轉質(전질) 참조

승낙전질(承諾轉質)

→ 轉質(전질) 참조

저당권(抵當權)

독 ; hupothek
불 ; hypotèque

채권자가 채무자 또는 제3자(물상보증인)로부터 점유를 옮기지 않고 그 채권의 담보로 하여 제공된 목적물에 대하여 채무자가 변제를 하지 않을 때에는 일반채권자에 우선하여 변제를 받는 권리이다(民§356~§372). 질권과 같은 約定擔保物權(약정담보물권)이며, 금융의 수단으로 이용되고 있다. 저당권은 질권과는 달리 목적물을 유치하지 않고 저당권설정자가 계속 사용·수익할 수 있으므로 기업시설의 담보화에 유용하고 近代的(근대적) 金融(금융)에 유리하다. 부동산과 같이 설정자가 계속 사용할 필요가 있는 경우에는 저당제도가 특히 중요한 작용을 발휘하게 된다. 그러나 점유를 수반하지 않으므로 제3자에게 저당권의 설정되어 있음을 알 수 있도록 하기 위하여 저당권은 등기·등록과 같은 공시방법을 갖추어야 성립할 수 있다. 민법상 부동산과 지상권 및 전세권이 저당권의 목적으로 될 수 있지만, 동산은 저당권의 목적이 되지 않는다. 그러나 경제발전과 더불어 그 목적범위가 점차로 확대되어 각종 財團抵當(재단저당)·動産抵當(동산저당)(工場抵當(공장저당)·自動車抵當(자동차저당) 등)이라는 특수한 저당권분야가 형성되었다. 저당권은 약정담보물권이므로 저당권자와 저당권설정자간의 抵當權設定合意(저당권설정합의)와 등기(대항요건)를 함으로써 성립한다. 저당권이 설정되어 있는 부동산에 대하여 지상권이나 임차권이 설정되어도 저당권자에게는 대항하지 못한다. 하나의 저당권에 2개 이상의 저당권이 설정되면 등기의 전후에 따라 1번저당·2번저당으로 부르며 1번저당이 소멸하면 2번저당이 승격하여 1번저당이 된다(順位昇進의 原則). 後順位(후순위)의 저당권자는 선순위의 저당권자가 경매대금에서 변제를 받은 다음에야 변제를 받을 수 있다. 저당권자는 다른 채권자를 위하여 자기 저당권을 포기하거나 양도할 수 있다.

법정저당권(法定抵當權)
(독, gesetzliche Hypothek)

토지임대인의 일정범위의 차임채권을 보호하기 위하여 법률의 규정에 의해 당연히 성립되는 저당권을 말한다(민법 649조). 법정저당권이 성립되는 토지임대인의 채권은 변제기를 경과한 최후 2년의 차임채권에 한하며 법정저당권의 목적은 임대차의 목적이 된 토지 위에 있는 임차인소유의 건물이다. 법정저당권의 효력발생을 위해서는 토지임대인이 그 목적물인 건물을 압류하여야 한다. 법정저당권의 성립은 법률의 규정에 의한 물권변동이므로 등기를 요하지 않는다(민법 187조). 법정저당권은 저당권과 동일한 효력이 있다(민법 649조). 특히 토지임대인은 변제기를 경과한 최후 2년의 차임채권에 관하여 그 지상에 있는 임차인소유의 건물로부터 우선변제를 받을 수 있다는 것이 주된 효력이다. 법정저당권과 그 건물 위에 존재하는 다른 저당권과의 순위는 일반원칙에 따라 그 성립의 시, 즉 압류등기시의 선후에 의해 정하여진다. 부동산공사의 수급인은 보수에 관한 채권을 담보하기 위하여 그 부동산을 목적으로 한 저당권의 설정을 청구할 수

있는데(민법 666조), 이 경우의 저당권은 법률에 의해 당연히 성립하는 것은 아니므로 엄밀한 의미에서 법정저당권은 아니지만, 당사자의 합으로써 설정되는 것은 아니라는 점에서 보통의 저당권과 다르고 법정저당권과 같다.

동산저당(動産抵當)
영 : chattel mortgage
독 : Mobiliarhypotek
불 : gage sans déplacement

항공기·자동차·증기·선박 등처럼 공시방법으로서 등록등기를 할 수 있고, 목적물을 계속 채무자가 사용·수익하는 것이 요청되는 특수한 동산에 관해 자동차 등 특정동산 저당법, 상법 등에 의하여 목적물의 점유를 설정자에게 맡겨두고 단지 관념상으로만 목적물을 지배하며, 채권이 변제되지 않는 경우에 그 목적물로부터 우선변제를 받는 저당권을 설정함으로써 금융을 얻을 수 있는데, 이러한 제도를 동산저당이라 한다. 동산저당제도는 채무자가 목적물에 대한 사용·수익권을 계속 보유하므로 금융을 얻는 자나 금융을 주는 자 모두에게 효율적이다. 또한 이중담보가 가능하므로 동산의 담보가치를 최대한으로 발휘할 수 있다. 그러나 등기·등록으로 공시할 수 있는 동산은 제한되어 있으므로 동산저당의 목적물에는 한계가 있으며 설정이나 실행절차가 복잡하다는 단점이 있다.

재단저당(財團抵當)

工場(공장)·鑛業(광업)·運輸事業(운수사업) 등의 기업에서 그 기업의 경영을 위한 토지·건물·기계·기구·재료 등의 물적 설비와 그 기업에 관한 면허·특허 그밖의

특권 등을 결합하여 일괄적으로 하나의 물건(재단)으로 취급하고, 그 위에 저당권을 설정하는 제도이다. 본래 민법상 물권은 개개의 물건 위에 성립하는 것이므로 어떤 기업전체를 개개의 부분으로 담보하는 것은 가치상 불리하고 절차상 복잡하다. 따라서 특별법으로써 재단을 구성한 것을 일체로 하여 저당권의 목적이 될 수 있도록 하고 있다. 즉 財團抵當制度(재단저당제도)는 법기술상 두 가지 요소를 포함한다. 하나는 다수의 물건 또는 권리를 재단이라는 단일체로 파악한다는 점이며, 다른 하나는 재단을 한 개의 부동산으로 보아 등기하여 공시하는 것이다.

공장저당(工場抵當)

공장저당법에 의하여 공장에 속하는 재산상에 설정되는 특수한 저당권이다. 공장을 중심으로 하여 공장에 관한 시설이 재단을 구성할 때에는 工場財團抵當(공장재단저당)이 되지만, 공장저당법은 財團設定(재단설정)의 절차를 취하지 않고 단순히 공장에 속하는 토지 및 건물 위에 설정된 저당권에 관하여도 그 효력의 범위를 민법의 저당권보다 확장한다(工抵§3). 이러한 저당권도 재단을 구성하지 않는 공장저당이며 넓은 의미에서 공장저당의 일종으로 간주된다.

공장 및 광업재단 저당법(工場 및 鑛業財團 抵當法)

공장재단 또는 광업재단의 구성, 각 재단에 대한 저당권의 설정 및 등기 등의 법률관계를 적절히 규율함으로써 공장 소유자 또는 광업권자가 자금을 확보할 수 있게 하여 기업의 유지와 건전한 발전 및 지하자원의 개발과 산업의 발달을 도모함을 목적으로 제정된 법률이다. 원래 공장저당법과 광업재단저당법이라는 별개의 법률로 규정하고 있었으나, 두 법률은 모두 기업의 재산 일체를 하나의 담보물로 허용하는 공통의 목적을 가지고 있으므로 2009년 3월 25일 법 개정을 통하여 하나의 법률로 통합하였다. 이에 기업담보에 관한 기본법의 기틀을 마련하게 되었다.

공장재단(工場財團)

공장에 속하는 일정한 기업용 재산으로 구성되는 일단(一團)의 기업재산으로서 공장 및 광업재단저당법에 따라 소유권과 저당권의 목적이 되는 것을 말한다. 공장재단은 1개의 부동산으로 보며 소유권과 저당권 외의 권리의 목적이 되지 못한다. 다만 저당권자가 동의한 경우에는 임대차의 목적물로 할 수 있다(공광저§12). 공장재단은 공장에 속하는 토지, 건물, 공작물, 기계, 기구, 전봇대, 전선, 배관, 레일, 그 밖의 부속물, 항공기, 선박, 자동차 등 등기나 등록이 가능한 동산, 지상권 및 전세권, 임대인이 동의한 경우에는 물건의 임차권,지식재산권 등으로써 구성된다(공광저§13). 공장재단은 공장재단등기부에 소유권보존등기를 함으로써 설정하고, 공장재단의 소유권보존등기의 효력은 소유권보존등기를 한 날부터 10개월 내에 저당권설정등기를 하지 아니하면 상실된다(공광저§11). 공장 소유자는 하나 또는 둘 이상의 공장으로 공장재단을 설정하여 저당권의 목적으로 할 수 있다. 공장재단에 속한 공장이 둘 이상일 때 각 공장의 소유자가 다른 경우에도 같다(공광저§10). 그리고 공장이란 영업을 하기 위하여 물품의 제조, 가공에 사용하는 장소를 말한다.

광업재단(鑛業財團)

공장 및 광업재단저당법에 의하여 저당권을 설정할 수 있는 재단이다. 토지, 건물, 그 밖의 공작물, 기계, 기구, 그 밖의 부속물, 항공기, 선박, 자동차 등 등기 또는 등록이 가능한 동산, 지상권이나 그 밖의 토지사용권, 임대인이 동의하는 경우에는 물건의 임차권 지식재산권 등으로 구성된다(공광저§53).

자동차 등 특정동산 저당법(自動車 등 特定動産 抵當法)

건설기계, 「선박등기법」이 적용되지 아니하는 선박, 자동차, 항공기 등 등록의 대상이 되는 동산(動産)의 저당권에 관한 사항을 정하여 그 담보제공에 따른 자금 융통을 쉽게 하고, 저당권자·저당권설정자 및 소유자의 권익을 균형 있게 보호함을 목적으로 제정된 법률이다. 원래 「건설기계저당법」, 「소형선박저당법」, 「자동차저당법」, 「항공기저당법」 등 4개의 법률로 규정하고 있던 사항을 2009년 3월 25일 법 제정을 통하여 하나로 통합한 것이다. 이는 저당 목적물만 다를 뿐 등록할 수 있는 동산의 저당이라는 같은 내용을 규정하고 있고, 규정체계와 내용도 매우 유사하며, 소관 부처가 동일한 점을 고려하여 1개 법률로 통합함으로써 정부의 집행편의 위주로 되어 있는 법률체계를 국민 중심의 법률체계로 환원하고, 법률 제·개정에 따른 행정낭비를 줄이며, 국민들이 쉽게 법률을 이해하고 준수하도록 하려는 것이었다.

소유자저당(所有者抵當)
독 ; Eigentümerhypothek

부동산의 소유자가 자기소유의 부동산 위에 스스로 저당권을 가지는 것을 말한다. 독일민법은 공평·합리성의 견지에서 이러한 所有者抵當制度(소유자저당제도)를 채용하고 있다(獨民§1163, §1168, §1173, §1177). 이는 後順位抵當權(후순위저당권)의 順位昇進(순위승진)을 방지하고 토지소유자를 위하여 순위를 확보하여 주며 새로이 저당권을 설정하는 절차를 생략하고 저당권의 이용을 촉진하기 위한 것이다. 우리 민법은 소유권과 저당권이 同一人(동일인)에 귀속되면 저당권은 混同(혼동)에 의하여 소멸된다는 로마법 이래의 법리를 답습하여(民§191①前段), 담보물권의 附從性(부종성)을 엄격히 지켜서 이 제도를 인정하지 않는다. 다만 그 물권이 제3자의 권리의 목적이 된 경우에 저당권은 소멸되지 않는다고 함으로써(§191但), 예외적으로 所有者抵當(소유자저당)이 인정된다.

유저당(流抵當)

抵當債務(저당채무)의 변제기한 전의 특약에 의하여 변제가 없는 경우에 저당권자는 저당목적물을 취득(소유권이전형)하거나 이를 임의로 매각하여 優先辨濟(우선변제)에 충당하는 것(임의환가형)을 말한다. 抵當直流(저당직류)라고도 한다. 우리 민법은 流質(유질)만을 금지하고 있으며(民§339), 同規定(동규정)이 저당권에 준용되지 않으므로 流抵當(유저당)을 금지하고 있지 않다. 따라서 저당권자가 유저당약정을 하면 유효한지가 문제된다. 임의환가형 유저당을 허용하는 데에는 별다른 문제가 없다. 그러나 소유권이전형 유저당은 민법 제607조와 제608조와 관련하여 문제가 된다. 채무자가 채무불이행시 저당권자가 저당부동산의 소유권을 취득하는 형태의 유저당은 일종의 대물변제예약이 되는데, 이 경우 민법 제607조, 제608조가 적용되게 된다. 따라서 저당물의 가액이 피담보채무의 원리금을 초과하는 경우에는 동 규정에 위반되게 되는데 이 경우 대물변제의 예약은 '그 효력이 없다'라고 규정되어 있어 이를 어떻게 해석할지 견해가 나뉜다. 이에 대하여 일부무효설은 제607조에 위반한 대물변제 예약은 무효이나 전부 무효는 아니고 초과부분만 무효로 된다고 보는 견해이다. 무효행위전환설은 대물변제 예약이 무효라도 무효행위 전환의 법리에 의해 약한 의미의 양도담보로서의 효력이 인정된다고 보는 견해이다. 채권담보의사설은 제607조에 위반한 대물변제 예약은 무효이나 그 속에 포함된 담보계약은 독립적으로 효력을 갖는다는 견해이다. 대법원은 대물변제예약은 무효이나 그 대물변제의 예약에는 약한 의미의 양도담보계약을 함께 맺은 것으로 보아 약한 의미의 양도담보계약은 유효한 것으로 본다(68다762참조).

유통저당(流通抵當)

독 ; Verkehrshypothek

독일 민법상 저당권 뿐 아니라 피담보채권에도 등기의 公信力(공신력)·推定力(추정력)을 미치는 저당권이다(獨民§1138, §891~§893). 따라서 채권이 무효인 경우에도 등기부상의 저당권을 양수한 자는 보호된다. 그러나 양수인은 채권을 취득하는 것이 아니고 채권이 없는 토지채무를 취득한다. 독일에서는 이와 같은 유통저당을 원칙으로 한다. 이것은 유통에 적합하고 保全抵當(보전저당)과는 달라서 주로 장기의 투자목적에 이용된다(투자저당). 최근에는 流通抵當(유통저당)의 유통을 간편하게 하기 위하여 저당권의 증권화가 이루어지고 있지만 우리 민법은 모두 인정하지 않고 있다.

매매저당(賣買抵當)

賣買形式(매매형식)에 의한 저당제도로서 賣買擔保(매매담보)라고도 한다. 금전을 차용하는 자가 목적물을 대여인에게 매도하여 그 대금으로써 대부를 받고 일정기한 내에 元利金(원리금)에 상당하는 금액으로 목적물을 다시 사는 방법을 취하는 抵當(저당)形態(형태)이다. 만약 차용인이 다시 사지않으면 소유권은 확정적으로 대여인에게 귀속하고 대부관계는 소멸한다. 讓渡擔保(양도담보)와 비슷한 제도이다.

전저당(轉抵當)

저당권자가 그 저당권을 자기의 채무의 담보에 다시 제공하는 것을 말한다. 저당권자가 被擔保債權(피담보채권)으로부터 분리된 상태에서 투자자본을 회수하고 抵當權(저당권)의 유동성을 확보하는 수단이 된다. 그러나 우리 민법은 저당권의 附從性(부종성)을 엄격히 고수하여 피담보채권으로부터 분리하여 타인에게 양도하거나 다른 채권의 담보로 하지 못하도록 저당권의 처분을 금지하였다(民§361). 따라서 저당권만을 담보로 제공할 수는 없고, 오로지 피담보채권과 함께 入質(입질)할 수 있을 뿐이다.

저당증권(抵當證券)

영 ; mortgage debenture
독 ; Hypothekenbrief
불 ; lettre de gage

抵當權附債券(저당권부채권)의 유통을 편리하게 하고, 不動産信用(부동산신용)에 있어서의 자금의 공급을 원활하게 할 목적으로 저당권과 被擔保債權(피담보채권)과의 兩者(양자)를 결합하여 화체시킨 유가증권이다. 당사자의 특약에 의하여 저당권자가 신청함으로써 관할등기소에서 발행한다. 채권과 저당권은 일체가 되어 背書(배서)에 의하여 양도된다. 證券所持人(증권소지인)은 기한도래 후에 저당권을 실행하여 우선변제를 받을 수 있으나 부족액에 관하여 일정한 요건하에 각 배서인에 대하여 어음과 같이 상환청구할 수 있다. 증권을 발행함에 있어서 이해관계인에게 異議與否(이의여부)를 촉구함으로써 登記簿(등기부)에서 轉書(전서)된 證券記載(증권기재)에 어느 정도의 공신력을 부여하며, 또한 證券流通時(증권유통시) 하자에 대하여는 어음에 준하여 그 안전성을 보장한다. 독일민법의 Hypothekenbrief(저당증권)과 스위스의 Pfandtitel(담보증권) 등이 그 예이지만, 우리민법은 아직 이를 인정하지 않는다.

제3채무자(第三債務者)

채권자 甲과 채무자 乙 두 사람이 있는 경우에 채무자 乙에게 채무를 지고 있는 제3자이다. 예를 들면 입질된 채권의 채무자(민§349, §353③), 압류된 채권의 채무자(§498, 민사집행법§244)등이 이에 속한다.

제3취득자의 변제 (第三取得者의 辨濟)

저당부동산에 대하여 소유권이나 지상권 또는 전세권을 취득한 제3자가 저당권자에게 부동산으로 담보된 채권을 변제하고 저당권의 소멸을 청구할 수 있는 것이다(民§203②, §367, §369, §481~§485 참조). 이는 저당권자의 담보가치의 실현에 지장을 주지 않고 동시에 제3자 취득자의 지위를 보호하려는 것으로서 민법 제469조의 경우보다 한층 더 강력한 보호를 하고 있는 것이다. 예컨대 抵當不動産(저당부동산)의 제3취득자가 하는 辨濟制度(§364) 등이 있다.

토지채무(土地債務)

독 : Grund schuld

토지로부터 일정한 금액을 지불받을 수 있는 물권으로 독일민법상 저당권과 유사한 제도이다. 토지소유자는 변제의무는 없지만 변제기에 변제하지 않으면 권리자는 강제집행에 의하여 토지를 현금화(환가)하여 변제받을 수 있다. 이점에서 抵當權(저당권)과 유사하다. 그러나 저당권은 채권이 소멸하면 저당권도 소멸하는 데 대하여 土地債務(토지채무)는 債權擔保(채권담보)를 위하여 설정되지만 채권이 소멸하여도 토지채무에는 변경이 없다. 토지채무는 土地債務設定(토지채무설정)의 원인관계에 불과하여 토지소유자는 단지 不當利益(부당이익)을 이유로 하여 토지채무의 반환을 요구할 수 있을 뿐이다.

근담보(根擔保)

일정한 계속적 거래관계로부터 장래에 발생하게 될 다수의 불특정 채권을 담보하기 위하여 질권이나 저당권을 설정하는 것을 말한다. 즉 근질과 근저당을 일컬어 근담보라고 한다.

근저당(根抵當)
독 ; Höchstbetragshypothek, Maximalhypothek

계속적인 去來關係(거래관계)로부터 발생하는 다수의 채권을 담보하기 위하여 擔保物(담보물)이 부담하여야 될 最高額(최고액)을 정하여 두고 장래 결산기에 확정하는 채권을 그 범위안에서 담보하는 抵當權(저당권)이다(民§357). 장래의 채권의 담보이기는 하지만 특정·단일의 채권을 담보하는 것이 아니라, 增減變動(증감변동)하는 일단의 不特定債權(불특정채권)을 최고한도 내에서 담보하는 점에 특색이 있다. 근저당은 은행과 그 거래처간의 신용의 계속적 물품공급계약에서 생기는 수많은 채권을 일괄하여 담보하기 위하여 관행으로 인정되어 온 것을 명문으로 인정한 것이다. 근저당과 보통의 저당권과의 차이는 (1) 보통의 저당권이 현재 확정액의 채권에 부종하여 성립하는 데 반하여 근저당권은 피담보채권의 발생 또는 채권액의 확정이 장래의 결산기일이며, (2) 보통의 抵當權(저당권)은 변제에 따라 피담보채권의 消滅(소멸), 즉 채권액의 소멸이 이루어지는 데 반하여, 근저당은 현재의 채무없이도 저당권이 설립하고 한번 성립한 채권은 변제되어도 차순위의 저당권의 순위가 승격하지 않으며, 결산기 전의 변제는 被擔保債權(피담보채권)(額(액))의소멸을 가져오지 않고, 또한 (3) 보통의 저당권에 있어서는 피담보채권액이 등기되는 데 반하여, 근저당에서는 被擔保債權 最高額(피담보채권 최고액)이 등기되는 것이다. 근저당은 근저당이라는 뜻과 채권의 최고액 및 채무자를 등기하

여야 한다(不登§140②). 계속적 거래관계가 종료하면 채권액이 확정되고 根抵當權者(근저당권자)는 우선변제를 받을 수 있게 된다. 그효력은 보통의 저당권과 다르지 않으나, 비록 채권액이 많더라도 약정된 最高額(최고액) 이상의 優先辨濟權(우선변제권)은 없다.

> 근저당권은 그 담보할 채무의 최고액만을 정하고, 채무의 확정을 장래에 보류하여 설정하는 저당권으로서, 계속적인 거래관계로부터 발생하는 다수의 불특정채권을 장래의 결산기에서 일정한 한도까지 담보하기 위한 목적으로 설정되는 담보권이므로 근저당권설정행위와는 별도로 근저당권의 피담보채권을 성립시키는 법률행위가 있어야 한다(대법원 2004. 5. 28. 선고 2003다70041).

근보험(根保險)

근저당 및 이와 동일한 같은 목적을 가진 質(질)(根質(근질))과 保證(보증)(根保證(근보증))의 總稱(총칭)이다. 當座貸越契約(당좌임월계약)과 같이 계속적 去來關係(거래관계)로부터 생기는 채무의 일정액을 한도로 하여 담보하는 것을 목적으로 한다. 민법은 근저당에 관하여만 명문으로 규정하고 있다(民§357).

증담보(增擔保)

일단 質權(질권)이나 저당권 등을 설정한 다음 담보물을 증가시키는 것이다. 담보물이 擔保物權設定(담보물권설정) 후에 파괴되거나 값이 하락한 경우에는 채권을 충분히 담보할 수 없으므로 채권자가 담보물의 추가제공을 요구하게 된다. 보통은 債務者(채무자) 쪽에서 이에 응할 의무는 없으나, 채권자에게 增擔保(증담보)

를 청구할 권리를 부여한 특약이 있으면 增擔保를 청구할 수 있다.

공동저당(共同抵當)
독 ; Gesamthypothek

동일한 채권의 담보로서 수개의 부동산 위에 저당권을 설정하는 것이다(民§368). 抵當權不可分(저당권불가분)의 이론에서 보면 공동저당에 있어서 각 부동산은 어느 것이나 채권전액을 담보하는 것이 되며, 그 채권의 전액 또는 일부를 변제받을 수 있게 된다. 그러나 이렇게 되면 各不動産擔保價値(각 부동산 담보가치)는 불필요하게 구속되며 後順位(후순위) 저당자 및 일반채권자가 불이익을 볼 우려가 있다. 따라서 민법은 (1) 공동저당의 목적물의 전부가 동시에 경매되는 경우에는 각 抵當不動産(저당부동산)의 가액에 응하여 共同抵當權者(공동저당권자)의 채권액을 안분하여 공동저당권자는 각 저당부동산으로부터 배분액만큼의 우선변제를 받고 배분액을 넘는 부분을 후순위 저당권자의 변제에 충당한다(民§368①). (2) 공동저당물 가운데 일부 부동산에 관해서만 경매가 있어 그 대가를 배당할 경우에는 共同抵當權者(공동저당권자)는 그 대가로부터 채권전액에 관하여 변제를 받는다. 그러나 민법은 이 경우에 후순위 저당권자를 보호하여 공동저당권자가 抵當不動産(저당부동산) 全部(전부)를 동시에 집행했다면 다른 부동산으로부터 優先辨濟(우선변제)를 받았을 금액을 한도로 하여 後順位抵當權者(후순위저당권자)가 共同抵當權者(공동저당권자)를 대위하여 저당권을 행사할 수 있게 하였다(§368②).

공동담보(共同擔保)

동일한 債權(채권)을 담보하기 위하여 여러 개의 물건 위에 擔保物權(담보물권)이 존재하는 것이다. 공동저당은 그 가장 중요한 형식 가운데 하나이다(民§368).

양도저당(讓渡抵當)
영 ; mortgage

英美法上의 제도이다. 채무의 이행을 담보하기 위하여 부동산 혹은 動産(동산)을 이전하여, 채무자가 채무를 이행하면 이를 다시 채무자에게 이전하는 것이다. 이에는 普通法上(보통법상)과 衡平法上(형평법상)의 두 가지로 나누어진다. 보통법상으로는 抵當權(저당권)의 설정은 채무자의 債務不履行(채무불이행)을 조건으로 한 재산권의 양도에 둔다. 그러나 형평법상으로는 채무이행을 위하여 특정의 재산을 담보하는데 지나지 않으며 재산권의 讓渡(양도)·移轉(이전)은 아니다.

양도질(讓渡質)

讓渡擔保(양도담보)나 賣渡擔保(매도담보)에 있어서 목적물의 점유를 채권자 또는 매수인에게 이전하여야 하는바, 점유를 이전하지 않는 경우를 특히 讓渡質(양도질)이라고 한다.

양도담보(讓渡擔保)
獨 ; Sicherungsübereignung

담보물의 소유권 그 자체를 채권자에 이전하고, 일정한 기간 내에 채무자가 변제하지 않으면 債權者(채권자)는 그 목적물로부터 優先辨濟(우선변제)를 받게 되지만, 변제하면 그 소유권을 다시 채무자에게 반환하는 담보제도이다. 민법이 규정하는 담보제도는 아니지만 경제적 필요에 의하여 많이 이용되고 있다. (1) 양도담보의 법적 성질에 대하여는 ㉮ 讓渡擔保(양도담보)를 당사자가 그 경제적 목적을 달하는 수단으로서 그 목적을 초과하는 권리양도의 형식을 취하는 법률행위라는 信託的(신탁적) 讓渡說(양도설)(목적超過說(초과설)·所有權移轉說(소유권이전설)과 ㉯ 讓渡擔保(양도담보)에서는 담보의 목적물의 소유권도 채권자에게 이전하지 않고 여전히 채권자에게 있으며 채권자는 담보를 위하여 채무자에 속하고 있는 권리를 권리주체와 동일하게 행사하는 권한을 갖는데 불과하다고 하는 授權說(수권설)(關係的 歸屬說(관계적 귀속설))로 나누어진다. (2) 讓渡擔保(양도담보)의 形態(형태)는 ㉮ 목적물의 점유를 채권자에게 이전하는 讓渡抵當(양도저당)과 채무자가 계속하여 점유이용하는 讓渡質(양도질)로 나누어지는 방법과 ㉯ 융자받는 자가 융자하는 자에게 擔保目的物(담보목적물)을 매각하고(이 경우 賣買代金(매매대금)의 지급이 융자금의 교부를 의미한다) 일정기간 내에 채무자가 채권자에게 매매대금을 반환하면 목적물을 찾아갈 수 있는 것으로 약정하는 것과 같이 신용의 接受(접수)를 매매의 형식으로 행하고 당사자 사이에 따로 채권·채무관계를 남기지 않는 賣買擔保(매매담보)와 채권자와 채무자가 消費貸借契約(소비대차계약)을 하고 채무자가 소비대차에서 생긴 채무의 담보로서 물건의 소유권을 채권자에게 이전하여 신탁의 수수를 債權(채권)債務(채무)의 형식으로 남겨두는 狹義(협의)의 讓渡擔保(양도담보)가 있다. (3) 讓渡擔保(양도담보)의 機能(기능)은 ㉮ 양도담보는 동산을 채권자에게 인도하지 않아도 되므로 일상사용에 필요한 동산도 담보로 제공할 수 있다. ㉯ 擔保物權(담보물권)에서는 현금화(환가) 절차가 번잡하고 많은 비용이 드는 데 반하여 讓渡擔保(양도담보)는 목적물의 현금화(환가)방법을 당사자가 임의로 정할 수 있다. ㉰ 동산부동산 뿐 아니라 형성과정에 있는 재산권으로 담보할 수 없는 것도 讓渡擔保(양도담보)로 擔保化(담보화)할 수 있다.

가등기담보(假登記擔保)

양도담보와 더불어 소유권이전의 형식을 취하는 담보방법으로, 채권담보를 위하여, 채권자와 채무자(또는 제3자) 사이에서 채무자(또는 제3자)소유의 부동산을 목적물로 하는 대물변제예약 또는 매매예약등을 하고, 동시에 채무자의 채무불이행이 있는 경우에 발생하게 될 장래의 소유권이전 청구권을 보전하기 위한 가등기를 하는 변칙적인 담보를 말한다. 가등기담보계약과 가등기를 함으로써 성립되는 가등기담보의 성질에 관하여는, (1)가등기담보권은 일종의 담보물권인 특수저당권이라고 하는 견해와 (2)가등기담보는 신탁적 소유권이전이며 다만 채권자채무자제3자간의 관계에 관하여는 담보물권의 법리가 준용 또는 유추적용되어야 한다는 견해가 있다.

매도담보(賣渡擔保)
독 ; Sicherungskauf

매매의 형식에 의한 물적 담보이다. 융자를 받는 자가 목적물을 융자자에게 매도하고, 대금으로 융자를 받아 일정기한 내에 元利金(원리금)에 상당한 금액으로써 이것을 환매하는 방법을 취하는 擔保形式(담보형식)이다. 환매하지 않는다면 목적물은 확정적으로 融資者(융자자)에 귀속하여 融資關係(융자관계)는 끝난다. 所有權移轉形式(소유권이전형식)에 의한 담보방법이라는 점에서 양도담보와 비슷한 제도이다. 그러나 매도담보는 융자를 받는 자가 융자에 관한 채무를 부담하지 않으므로 융자자는 변제를 청구하는 권리를 가지지 못하며, 목적물이 멸실하면 그것은 융자자의 손실로 돌아간다. 민법의 還買(환매)(民§590~§695)는 이에 해당하는 것인데, 還買期間(환매기간)·還買代金(환매대금) 등의 제한이 있으므로, 보통은 再賣買(재매매)의 예약의 방법으로 환매를 실행한다. 그러나 일반적으로 賣渡擔保(매도담보)라는 말은 讓渡擔保(양도담보)의 의미로 사용하는 일이 많다. 이 제도는 종래 관습법으로 존재하던 것을 민법이 成文化(성문화)한 것이다. 用益權(용익권)을 보유한 채 재산을 담보로 제공하므로 특히 不動産(부동산)擔保(담보)에 편익이 있다.

채 권 법

채권·채무(債權·債務)
독 ; Obligation, Forderun ·Schuld

特定人[특정인(권리자)]이 다른 特定人[특정인(의무자)]에 대하여 특정의 행위(給付:급부)를 청구할 수 있는 권리를 債權(채권)이라고 하고, 그러한 급부를 하여야 할 의무를 債務(채무)라 한다. 이 權利者(권리자)인 特定人(특정인)을 債權者(채권자)라 하고, 의무자인 특정인을 債務者(채무자)라고 한다. 채권과 채무로 인하여 결합되는 당사자의 관계를 債權關係(채권관계)라 한다. 오늘날의 사회생활에서는 상품의 賣買(매매)·金錢(금전)의 賃借(임차)·借地(차지)·借家(차가)·勤勞契約(근로계약)등은 물론, 불법행위로부터 발생하는 損害賠償債權(손해배상채권) 등 채권관계가 경제상 중요한 역할을 하고 있으며 채권은 재산관계의 중심이 되고 있는 것이다. 과거 재산권 가운데서 중요한 지위를 차지하였던 소유권과 같은 물권도 오늘날에는 그 역할을 채권에 일보 양보를 했다고 해도 과언이 아니다. 왜냐하면 오늘날에는 소유자가 직접 생산활동을 하기보다는 기업인은 돈을 끌어들이고 노동력을 고용하고, 상품을 매매하는 등 생산·소비과정의 대부분이 어떤 행위로든 채권관계에 의해서 이루어지고 있기 때문이다. 채권은 물권과 함께 재산권의 주류를 이루고 있다. 물권과 채권의 차이는 물권은 물건에 대한 지배권을 갖는데 대하여 채권은 사람에 대한 請求權(청구권)으로서 排他性(배타성)이 없다. 따라서 동일한 물건에 물권과 채권이 성립하면 물권이 우선한다. 채무자가 채무를 이행하지 않는 때에는 채권자는 원칙적으로 强制履行(강제이행)을 구하거나 損害賠償(손해배상)을 청구할 수 있다. 또한 일정한 요건하에서 債權者(채권자)代位權(대위권)과 債權者(채권자) 取消權(취소권)을 행사할 수 있다.

주채무(主債務)
(독, Hauptschuld)

보증채무에 의해 담보된 채무를 말한다. 우리 민법은‘보증채무는 주채무의 이자위약금·손해배상 기타 주채무에 종속한 채무를 포함하며(민법 429조1항)',‘보증인의 부담이 주채무의 목적이나 형태보다 중한 때에는 주채무의 한도로 감축한다(민법 430)'고 규정하고 있다. 한편 주채무를 부담하는 자를 주채무자라 한다.

채권법(債權法)

독 ; Obligationenrecht das
　　 Recht der Schuldverhältnisse
불 ; droit des obligations

채권관계를 규율하는 법규의 전체이다. 물권법과 함께 재산법에 속한다. 그 주요한 法源(법원)은 민법 제3편이나 민법의 다른 편과 그 밖의 법률에도 채권에 관한 규정이 많이 있다. 그러나 그 대부분이 任意法規(임의법규)인데 그 이유는 채권은 채권자·채무자의 관계이며 그 이해는 당사자 사이에 국한되는 것이 보통이므로 공적 질서에 관계되는 것이 적기 때문이다. 또한 채권법은 地方的·民族的(민족적) 색채가 희박하여 원칙적으로 보편성을 가지며 信義誠實(신의성실)의 원칙에 의하여 지배된다.

채권행위(債權行爲)

당사자 사이에 債權(채권)·債務(채무)의 관계를 발생시키는 法律行爲(법률행위)를 말한다. 法律行爲(법률행위)·雇傭(고용)·賃貸借(임대차)·贈與(증여) 등이 그 예이다. 그 대부분은 계약이다. 당사자 사이에 채권·채무관계를 발생하게 하는 것일지라도 損害賠償債權(손해배상채권)을 발생하게 하는 不法行爲(불법행위) 등은 법률행위가 아니므로 채권행위라고 할 수 없다. 채권행위에 대립하는 개념은 물권행위이다. 물권행위라고 하는 것은 所有權移轉行爲(소유권이전행위)나 抵當權(저당권)등의 擔保物權設定行爲(담보물권설정행위)와 같이 직접 물권의 변동을 목적으로 하는 법률행위이다. 이 외에도 가족권(신분권)의 변동을 목적으로 하는 身分行爲(신분행위)가 있다.

채권자평등의 원칙 (債權者平等의原則)

독 ; Prinzip der Gleichbehandlung des Gl
　　'aubigers

동일한 채무자에게 여러 사람의 채권자가 있을 때는 채권발생의 원인이나 시효의 전후에 관계없이 모든 채권자는 채무자의 總財産(총재산)으로부터 균등하게 변제를 받을 수 있다는 원칙이다. 물권의 경우에는 공시방법이 있지만, 채권에는 공시방법이 없다. 또한 모든 채권은 금전채권으로 전환되고(물건의 인도채무도 이행을 하지 않을 때에는 金錢賠償(금전배상)으로 轉換(전환)한다.) 결국은 채무자의 전재산을 대상으로 하고 있다. 그러므로 채권자는 채무자의 어느 재산에도 이해관계가 있는 것이다. 이와같이 채권에는 공시방법이 없기 때문에 모든 채권자는 서로가 자기 이외에 어떤 채권자가 있는지 알지 못하며 모든 채권자가 채무자의 전 재산에 똑같은 이해관계를 지니게 될 때, 어떤 채권자가 다른 채권자에 우선해서 채무자의 재산으로부터 변제를 받을 것을 인정한다는 것은 불공평한 것이다. 이것이 바로 채권자평등의 원칙을 마련하게 된 이유이다. 그래서 법률은 어떤 채권자가 채무자의 재산을 압류하였을 경우에는 다른 채권자는 압류채권자와 균등하게 배당요구를 할 수 있다고 정하고(민사집행법§217), 또한 채무자 회생 및 파산에 관한 법률은 채무자의 재산을 공정하게 환가·배당함을 그 목적으로 하고 있음을 규정하고 있다. 채권자 취소권이 모든 채권자의 수익을 위하여 행사된다는 취지도 債權者(채권자) 平等(평등)의 원칙의 한 가지 적용이다(民§406). 그러나 債權者(채권자) 平等(평등)의 원칙은 어떠한 경우에도 관철시킬 수 있는 것은 아니다. 채권자 가운데는 어떻게 하든 우선변제를 받으려고 하는 사람이 있을 것이고, 또한 일정한 債權者(채권자)에게 우선변제권을 부여하는 것이 공평한 경우도 있기 때문이다. 그 때문에 民法(민법)은 公示(공시)를 수반한 物的(물적) 擔保制度(담보제도)를 설정하고 있는 것이다. 前者(전자)의 요청을 위하여는 抵當權(저당권)과 質權(질권)을 인정하고 後者(후자)의 요청을 위하여는 留置權(유치권)을 인정하고 있다.

특약(特約)

당사자간의 특별한 합의이다. 법률은 특약이 없는 일반적 경우를 규율하는 법규를 설정하는데, 특약이 있을 때에는 法規定(법규정)에 갈음하여 특약에 따르는 경우가 많다. 그러나 당사자 사이에 어떤 특약이 있더라도 그것은 임의규정에 관한 사항일 경우에 한하여 효력이 있으며 强行規定(강행규정)일 경우에는 그 특약은 효력이 없다. 즉 법령 중 선량한 풍속 기타 사회질서에 관계없는 규정과 다른 의사를 표시한 때에 한하여 그 특약에 따르게 된다(民§105).

특정(特定)

物件(물건)의 引渡債務(인도채무)에 있어서 인도해야할 물건은 어떤 특정한 물건으로 지정하는 것을 말한다. 만약 갑의 집을 인도하는 경우처럼 처음부터 인도할 물건이 특정되고 있는 경우에는 여기서 문제가 되지 않는다. 種類債權(종류채권)이나 選擇債權(선택채권)처럼 引渡物(인도물)이 아직 특정하지 않은 경우에 특정의 문제가 발생한다. 종류채권에서 목적물을 특정하는 것은 당사자의 계약으로 결정되는 경우가 많지만 사건에 그런 결정이 없을 때에는 채무자가 급부에 필요한 행위를 완료하였을 때 즉 채무자가 채무의 내용에 따라 변제의 제공을 한 때에 특정된다. 따라서 持參債務(지참채무)일 때에는 채무자가 채권자의 주소로 지참하여 채권자가 언제든지 수령할 수 있는 상태에 놓여진 때 비로소 특정이 되고, 推尋債務(추심채무)일 때에는 채무자가 언제라도 인도할 수 있도록 채권자에게 그 취지를 통지하였을 때 특정된다(民§460). 選擇債權(선택채권)일 때에는 특별한 결정이 없을 경우, 원칙적으로 채무자가 선택의 의사표시를 하였을 때 특정한다(民§382). 특정이 되면 그 이후는 特定物引渡債務(특정물인도채무)와 다를 바가 없다.

특정물채권(特定物債權)

특정물의 인도를 목적으로 하는 채권이다. 거래상 당사자는 인도할 물건을 「이 말(馬)」 혹은 「1번지 토지」와 같이 지정해야 한다. 이점에서 種類債權(종류채권)이나 不特定物債權(불특정물채권)에 대립된다. 특정물을 인도할 채무자는 그 목적물을 履行期(이행기)의 현상 그대로 인도하면 되며 목적물이 훼손된 경우라도 인도할 때의 현상 그대로 인도하면 된다(民§462). 또한 그 인도를 할 때까지는

선량한 관리자의 주의를 다하여 보존할
의무를 진다(§374).

종류채권(種類債權)
독 ; Gattungsschuld, Gattungsobligation
불 ; obligation de genre

일정종류에 속하는 물건의 일정수량의
급부를 목적으로 하는 債權(채권)이다.
예컨대 「쌀 2가마니」 「비누 1다스」 와
같이 다만 종류와 분량만이 정하여져 있
고 어디에 있는 쌀이라고 특정되지 않은
「不特定物(불특정물)」 의 인도를 목적으
로 하는 채권이다. 不特定物(불특정물)인
賞品(상품)의 매매에서 흔히 볼 수 있는
것처럼, 種類債權(종류채권)이 차지하는
비율은 크다. 일반적으로는 당사자 사이
에 품질은 어느 정도의 것을 급부하는가
를 미리 결정하던가 혹은 계약의 성질상
품질은 이미 결정되고 있을 것이다. 그러
나 정하여지지 않을 경우에는 품질은 中
等品質(중등품질)의 물건으로 給付(급부)
하여야 한다(民§375①). 종류채권은 미리
당사자가 특약을 해서 합의를 보고, 또한
채무자나 제3자가 지정을 하여 「이 물
건」 이라고 결정하는 때도 있지만, 그런
결정이 없을 때는 채무자가 인도에 필요
한 행위를 완료하였을 때 특정한다(種類
債權(종류채권)의 특정). 채권의 목적물
이 特定(특정)되면 그로부터 채무는 特定
物引渡債務(특정물인도채무)와 같게 되
고, 채무자는 그 물건을 선량한 관리자의
주의로 보관해야 하고(§374), 그 물건이
채무자의 책임 있는 사유로 滅失(멸실)한
다면, 債務者(채무자)는 손해배상을 해야
한다(§390).

보관(保管)
(독 Gewahrsam)

공간적 관계에 있어서 물건을 자기의
사실상의 지배범위 내에 두어, 그 물건의
멸실·훼손을 방지하고 보존·관리하는 것을
말한다. 보관하는 물건은 타인의 물건인
것이 보통이나, 반드시 타인의 물건에 한
하는 것은 아니다. 보관이란 순수히 그
물건과의 공간적 관계를 의미하기 때문
에, 그 물건에 대해 소유권이나 처분권은
없다. 또 보관은 양도되거나 상속될 수
없다.

제한종류채권(制限種類債權)
獨 ; beschränkte Gattungsschuld

種類債權(종류채권) 중에서 그 종류에
관하여 다시 일정한 내용의 제한이 있는
것이다. 예컨대 쌀 10가마를 인도할 채무
는 순수한 종류채권이지만, 일정한 창고
안에 있는 쌀 10가마를 인도할 채무는 제
한종류채권이다. 혼합종류채권(gemischte
Gattungsschuld), 또는 限定種類債權(한정
종류채권)(begrenzte Gattungsschuld)이라
고도 한다. 순수한 종류채권에는 그 종류
의 물건의 거래가 허용되는 한 이행불능
이 되지 않으나 制限種類債權(제한종류채
권)에는 그 제한 내에 있어서 불능으로
되면(前例에서 그 창고안의 쌀이 모두 유
실되면) 履行不能(이행불능)이 되는 점에
차이가 있다.

제한종류채권에 있어 급부목적물의 특정은, 원칙적으로 종류채권의 급부목적물의 특정에 관하여 민법 제375조 제2항이 적용되므로, 채무자가 이행에 필요한 행위를 완료하거나 채권자의 동의를 얻어 이행할 물건을 지정한 때에는 그 물건이 채권의 목적물이 되는 것이나, 당사자 사이에 지정권의 부여 및 지정의 방법에 관한 합의가 없고, 채무자가 이행에 필요한 행위를 하지 아니하거나 지정권자로 된 채무자가 이행할 물건을 지정하지 아니하는 경우에는 선택채권의 선택권 이전에 관한 민법 제381조를 준용하여 채권의 기한이 도래한 후 채권자가 상당한 기간을 정하여 지정권이 있는 채무자에게 그 지정을 최고하여도 채무자가 이행할 물건을 지정하지 아니하면 지정권이 채권자에게 이전한다(**대법원 2003. 3. 28. 선고 2000다24856**).

종류채권의 특정
(種類債權의 特定)

종류채권의 목적물은 구체적으로 정하여지지 않고 종류와 수량에 의해서만 추상적으로 정해져 있으므로 종류채무를 실제로 이행하기 위해서는 정해진 종류의 물건 중에서 소정의 수량의 물건이 구체적으로 선정되어야 하는데, 이를 종류채권의 특정 내지 집중이라고 한다. 민법에 규정된 특정의 방법으로는 채무자가 하여야 할 모든 행위를 완료한 때, 즉 채무의 내용에 따라 변제의 제공을 하거나, 채권자가 부여한 지정권에 기하여 채무자가 특정의 물건을 지정·분리할 때 특정이 생긴다. 지참채무의 경우에는 목적물이 채권자의 주소에 도달하여 채권자가 언제든지 수령할 수 있는 상태에 놓여진 때에

특정이 있게 되며, 추심채무에 있어서는 채무자가 인도할 목적물을 분리해서 채권자가 추심하러 온다면 언제든지 수령할 수 있는 상태에 두고, 이를 채권자에게 통지하면 특정하게 된다. 송부채무의 경우에는 제3지가 채무의 본래 이행장소인 때에는 지참채무와 같으나, 채무자가 호의로 본래 이행장소가 아닌 제3지에 송부하는 때에는 채무자가 목적물을 분리하여 그 제3지에 발송한 때에 특정이 생기게 된다. 목적물의 특정으로 종류채권은 특정채권으로 전환된다.

지참채무(持參債務)
독 ; Bringschuld

채무이행의 장소가 채무자의 주소 또는 영업소로 되어 있는 채무를 말한다. 채권자가 채무자에게 받으러 오는 推尋債務(추심채무)에 대립하는 용어이다. 당사자가 특히 추심채무라고 결정을 하거나 법률에 의하여 추심채무가 된 경우(商§56)를 제외하고는 지참채무가 원칙이다(民§467). 더욱이 지정물의 인도는 특약이 없는 한 계약당시에 그 물건이 존재하고 있던 장소가 履行地(이행지)로 되고 있다(民§467). 持參債務(지참채무)에서 채무자는 이행지에 채권자에게로 가서 이행하지 않으면 履行遲滯(이행지체)가 된다.

추심채무(推尋債務)

債務履行(채무이행)의 장소가 채무자의 주소 또는 영업소로 되어 있는 채무이다. 채무자가 채권자에게로 가서 이행하는 持參債務(지참채무)에 대한 용어이다. 當事者(당사자)가 특히 推尋債務(추심채무)라고 결정하거나 어음·手票債務(수표채무)

와 같이 법률로써 추심채무라고 결정하고 있는 경우(商§56) 이외에는 지참채무가 원칙이다(民§467). 추심채무에서는 履行期(이행기)가 도래하였을 지라도 채권자가 推尋(추심)을 하지 않는 한 履行遲滯(이행지체)가 되지 않는다.

송부채무(送付債務)
독 ; Schickschuld

채무를 이행함에 있어서 債權者(채권자) 및 채무자의 주소나 영업소 이외의 제3지에 목적물을 송부하여야 할 채무이다. 그러나 제3지가 이행의 장소인 때에는 목적물의 특정은 持參債務(지참채무)의 경우와 같아진다.

조합채무(組合債務)

민법상 조합이 사회적으로 활동하는 과정에서 부담하는 채무를 말하는 것이 보통이다. 조합채무도 조합재산의 하나로서 조합원 전원에게 합유적으로 귀속한다. 한편 조합은 법인격이 없으므로 채무의 주체가 되지 못하기 때문에 결국 각 조합원의 채무가 되어 각 조합원도 조합채무에 대하여 책임을 져야 한다. 즉 조합채무에 대하여는 각 조합원이 그의 개인재산을 가지고 책임을 지는 외에 조합원 전원이 조합재산을 가지고 공동으로 책임을 진다. 그리고 이 두 책임은 병존적이기 때문에 채권자는 채권 전액에 관하여 조합전원을 상대로 하여 조합재산에 대해 집행할 수도 있고, 각각의 조합원을 상대로 하여 그의 개인적 재산에 대하여 집행할 수도 있다.

분리주의(交付主義)
독 ; Ausscheidungstheorie

種類債務(종류채무)의 특정에 관한 學說(학설)이다. 다시 분리주의는 (1) 債務者(채무자)가 급부해야 할 물건을 같은 종류 중에서 분리했을 때에 특정이 성립한다는 학설과, (2) 분리하고 또 이것을 채무자에 通知(통지)했을 때에 특정이 성립한다는 학설이 있다. 그리고 天然果實(천연과실)의 歸屬(귀속)에 관하여 分離(분리)의 時期(시기)를 표준으로 하는 주의를 말할 때도 있는데 과실의 생산기간이 표준이라고 하는 生産主義(생산주의)에 대립되는 개념이기도 하다.

교부주의(交付主義)
독 ; Leiferungstheorie

종류채권의 지정에 관한 학설이다. 예링이 제창하였다. 채무자가 물건의 給付(급부)를 하는데 필요한 행위를 완료했을 때, 예컨대 送達債務(송달채무)의 경우에는 물건을 발송하였을 때에 특정한다고 한다. 우리민법(§375②)과 독일민법(독일민법§243②)은 대체로 이 主義(주의)에 해당한다.

금전(金錢)
(영, money 독, Geld 불, espéce)

재화의 교환의 매개물로서 국가가 정한 물건을 말하는 바, 국가에 의하여 강제통용력을 가지는 화폐는 물론, 거래상 화폐로 통용되는 자유통화까지도 포함시키기도 한다. 금전에 대한 선의취득 규정의 적용 여부에 관하여 우리 민법 제250조 단서는 '도품이나 유실물이 금전인 때에는 그러하지 아니하다'고 하여 금전에 대하여는 도품·유실물의 특칙을 인정하지 않으면서 선의취득 규정을 적용한다. 그러면 금전이 도품이나 유실물이 아닌 경우에, 그 선의취득에 관하여 민법 제514조 또는 수표법 제21조를 적용할 것이냐가 문제된다. 이론상으로는 후자가 타당하나, 이 경우 유가증권의 선의취득에 있어서는 민법 제250조 본문과 제251조가 정하는 것과 같은 도품·유실물에 대한 특칙은 적용되지 않으므로 민법 제250조 단서는 유명무실해 진다.

금전채권(金錢債權)
독 ; Geldschuld

일정한 액수의 金錢(금전)을 지급할 것을 목적으로 하는 채권이다. 일종의 種類債權(종류채권)이라고도 할 수 있다. 그 내용이 일정한 價値(가치)이고 물건은 금전자체이므로 목적물의 특정이나 履行不能(이행불능)의 문제는 생기지 않는다. 다만 이행지체의 문제만이 생길 뿐이다. 金錢債權(금전채권)의 종류에는 金額債權(금액채권)·金種債權(금종채권)·特定金錢債權(특정금전채권)·外貨債權(외화채권) 등이 있다. 그리고 履行遲滯(이행지체)에 의한 遲延賠償(지연배상)에 대해서 금전채권은 특수한 취급을 받고 있다(民§397). 즉 채무자의 故意(고의)·過失(과실)이나 實損害(실손해)의 유무에 관계없이 채무자가 금전채무를 이행지체한 때에는 遲延利子(지연이자)를 지급해야 한다. 더구나 금전에는 개성이 없기 때문에 채무자는 어떤 화폐나 지폐로 지급해도 상관없지만, 특별히 만원권 지폐로 지급한다고 정할 수도 있다. 외국의 통화로 금액을 결정하였다 할지라도 이에 대한 특약이 없으면 지급할 경우에는 우리 나라 貨幣(화폐)로 지급해도 무방하다(民§378).

금전채무 불이행에 관한 특칙을 규정한 민법 제397조는 그 이행지체가 있으면 지연이자 부분만큼의 손해가 있는 것으로 의제하려는 데에 그 취지가 있는 것이므로 지연이자를 청구하는 채권자는 그 만큼의 손해가 있었다는 것을 증명할 필요가 없는 것이나, 그렇다고 하더라도 채권자가 금전채무의 불이행을 원인으로 손해배상을 구할 때에 지연이자 상당의 손해가 발생하였다는 취지의 주장은 하여야 하는 것이지 주장조차 하지 아니하여 그 손해를 청구하고 있다고 볼 수 없는 경우까지 지연이자 부분만큼의 손해를 인용해 줄 수는 없는 것이다(대법원 2000. 2. 11. 선고 99다49644).

금약관(金約款)
영 ; gold clause
독 ; goldklasel
불 ; clause d'or

화폐가치의 변동에 의한 손해를 방지하기 위하여 금전채권에 붙여지는 약관이다. 그 내용은 여러 가지가 있으나 다음의 두 가지로 大別(대별)할 수 있다. (1) 1만원의 채무를 辨濟期(변제기)에 있어서의 1만원의 金貨(금화)로 지급하는 것과 같이 金貨(금화) 또는 金(금)으로 지급할 것을 약속하는 金貨約款(금화약관) 또는 金貨債務約款(금화채무약관), (2) 1만원의 채무를 1냥 100원의 비율로서 계산할 금 1관을 포함하는 금화 또는 그것과 동일가치의 다른 通貨(통화)로 지급할 것을 약속하는 金貨價値約款(금화가치약관) 또는 金價値約款(금가치약관)이다. 금화약관 또는 금화채무약관은 紙幣價値(지폐가치)가 폭락한 경우에는 적당한 대책이 되지만 평가절하의 경우에는 그 대책이 되지 못하므로 금화가치약관 또는 금가치약관이 주로 쓰인다.

금액채권(金額債權)

一定額의 금전의 인도를 목적으로 하는 채권이다. 固有(고유)의 意義(의의)에 있어서의 金錢債權(금전채권)이며 보통 金錢債權(금전채권)이라고 하면 金額債權(금액채권)을 의미한다. 당사자 사이의 특약이 없는 한 債務者(채무자)의 선택에 따라 각종의 통화로 변제할 수 있다.

금종채권(金種債權)
독 ; Geldsortenschuld

당사자 사이의 약관으로 특정한 종류에 속하는 通貨(통화)의 一定量(일정량)의 급부를 목적으로 하는 채권이다. 채권의 목적인 특종의 통화가 辨濟期(변제기)에 強制通貨力(강제통화력)을 잃은 경우에는 강제통용력 있는 다른 화폐로 변제하여야 한다(民§376).

특정금전채권(特定金錢債權)

특정의 金錢(금전)의 급부를 목적으로 하는 채권이다. 이는 순전한 特定物債權(특정물채권)에 지나지 않으며 金錢債權(금전채권)으로서의 특질은 전혀 없다.

외국금전채권(外國金錢債權)
독 ; Geldschuld in fremder Währung

外國貨幣(외국화폐)의 급부를 목적으로 하는 金錢債權(금전채권)이다. 그 취급은 內國金錢債權(내국금전채권)과 다름이 없으나 다만 한국의 통화로 변제할 수 있도록 특히 규정하고 있다(民§377, §378·어§41·수§36). 채권의 목적이 다른 나라 통화로 지급할 것인 경우에 그 통화가 변제기에 強制通用力(강제통용력)을 잃은 때에는 그 나라의 다른 통화로 변제하여야 한다(民§377).

이자채권(利子債權)
독 ; Zinsobligation
불 ; obligation de l'intérêt

이자의 지급을 목적(내용)으로 하는 채권을 말한다. 利子債權(이자채권)은 消費貸借(소비대차)나 消費任置(소비임치)에 수반하는 경우가 많으나, 賣買代金(매매대금)을 準消費貸借(준소비대차)로 고쳐 이자를 붙이는 경우도 있다. 消費貸借(소비대차)는 민법상에 있어서는 이자를 붙인다는 내용의 특약에 의하여 이자를 붙이게 되는데 상법상으로는 당연히 이자를 붙이게 된다(民§602). 遲延利子(지연이자)라고 불리우는 것은 실은 履行遲滯(이행지체)로 인한 손해이며(§390參照), 遲延利子請求權(지연이자청구권)은 본래의 이자청구권이 아니나, 이자나 利子請求權(이자청구권)과 똑같이 취급한다. 이자채권에 대하여는 基本權(기본권)인 利子債權(이자채권)과 持分權(지분권)인 이자채권의 두 가지로 나누어 볼 수 있다. 기본권인 이자채권이란 일정시기에 일정률의 이자가 생기게 하는 것을 목적으로 하는 채권이다. 그리고 이 기본적인 이자채권에 입각하여 일정시기에 一定額(일정액)의 利子請求權(이자청구권)이 구체적으로 발생한다. 이것을 持分權的(지분권적) 利子債權(이자채권)이라고 한다. 예를 들어, 利率(이율)을 월 1분으로 하여 이자 월

말 지급의 특약으로 2년의 기간을 정하여, 元本(원본) 10만원의 소비대차를 하면 이 계약관계는 기본권인 이자채권이 있는 消費貸借(소비대차)이며, 각 월말마다 지분권인 1천원의 이자채권이 발생한다. 이는 元本債權(원본채권)에 附從(부종)하여 獨立性(독립성)이 없으며 원본채권양도의 경우에도 이에 附從(부종)한다. 그러나 이미 현실화한(발생한) 지분권인 이자채권은 독립의 존재로서 원본채권이 讓渡(양도)되어도 특약이 없으면 이에 수반되지 않고 독자적으로 消滅時效(소멸시효)가 진행한다. 持分權(지분권)인 이자채권에 관한 저당권의 효력에 대하여는 민법 제360조를 참조하기 바란다. 이율의 特約(특약)이 없는 경우에는 민법상으로는 년5분이며 상법상으로는 년6분으로 정하여져 있다. 이것을 法定利率(법정이율)이라고 한다(民§379·商§54).

이자(利子)

영 ; interest　　독 ; Zins　　불 ; intérêt

流動資本(유동자본)인 元本債權額(원본채권액)과 存續期間(존속기간)에 비례하여 지급되는 금전 기타의 代替物(대체물)이다. 法定果實(법정과실)의 일종이다(民§101). 원본채권에 대하여 년1할이라 하는 것처럼 일정한 이율로 정기적으로 계산된다. 따라서 원본채권이 없는 貸金(대금)이나 원본을 소각하는 月賦償還金(월부상환금)은 모두 이자가 아니다. 또한 固定資本(고정자본)의 사용의 대가인 賃料(임료)는 이자가 아니다. 이자는 금전 그 밖의 대체물에 한한다(그렇지 않으면 이율이 있을 수 없다). 그리고 이자는 법률에 규정에 있는 경우(법정이자)와 특약이 있는 경우(약정이자)에 한해서만 발생

한다. 원래 유럽에서는 중세기까지 기독교의 교리에 의하여 이자가 금지되어 왔으나 商業(상업)의 진흥과 함께 이를 교묘히 위반하는 여러 가지 방법이 퍼지게 되자 차츰 그 금지가 완화되어 近世法(근세법)이 계약자유의 원칙을 채용하기에 이르러 이자의 자유가 일반원칙이 되었다. 그러나 채무자 보호를 위하여 重利(중리)를 금하거나 일정률 이상의 高利(고리)를 금하는 제도는 오늘날에도 여러 나라에 존재한다. 우리나라에서는 이자를 利子制限法(이자제한법)으로 규제하고 있다가 98년 폐지하였으나 2007. 3. 29. 법률 제8322호로 다시 제정하였다. 이자제한법은 금전대차에 관한 계약상 최고이자율은 연 24퍼센트로 하고, 이 최고이자율을 초과하는 부분은 무효로 한다(§2①~③). 채무자가 최고이자율을 초과하는 이자를 임의로 지급한 경우에는 초과 지급된 이자 상당액은 원본에 충당되고, 원본이 소멸한 때에는 그 반환을 청구할 수 있다(§2④). 이자제한법은 대차원금이 10만원 미만인 대차의 이자와 다른 법률에 따라 인가허가등록을 마친 금융업 및 대부업에는 적용되지 않는다(§2⑤, 7). 자금의 수급상황에 따라 금리가 자유로이 정해질수 있도록 하여 자원배분의 효율성을 도모하고자 하기 위함이다.

중간이자(中間利子)

장래에 일정한 급부를 할(예컨대 1년 후에 10만원을 지급할) 채권의 現在價額(현재가액)을 산정하기 위해 그 급부의 가액으로부터 공제하는 이자이다(10만원에서 1년간 이자를 공제하게 된다). 파산의 경우에 期限 未到來(기한 미도래)의 채권의 현재가액을 산정할 때에 中間利子(중간이자)의 공

제가 필요하게 된다. 중간이자의 산정방법에는 카르프초우식(Garpzowsc-he Methode), 호프만식(Hoffammische Mefhode), 라이프니쯔식(Leibnizsde M-ethode) 算定法(산정법)의 3가지가 있는데, 호프만식이 가장 널리 이용되고 있다.

라이프니츠식 계산법
(라이프니츠式 計算法)
(독, Leibnitzsche Methode)

무이자기한부 채권의 기한이 아직 도래하지 않은 시기에 있어서, 그 현가를 산정하는 방법의 하나로, 채권의 명의액을 s, 변제기한까지의 연수를 n, 법정이율을 i라 하면, 현재 채권가액 $p=s/(1+i)^n$가 된다. 이는 소요의 현재가액에 대하여 현재 이후 변제기에 이르기까지의 법정이자를 가한 액이 명의액과 같게 산정하는 것이다. 이처럼 라이프니츠식 계산법은 이자의 계산에 복리법을 사용하는데 비해, 호프만식 계산법은 단리법에 의하는 까닭에 정확도는 뒤지나 간편하여 파산법 등에 일반적으로 사용된다.

호프만식 계산법
(호프만式 計算法)
(독 ; Hoffmannische Methode)

無利子期限附債權(무이자기한부채권)의 기한이 아직 도래되지 않은 경우에 그 현재가액을 산정하는 방법이다. 이것은 현재가액에 대하여 현재(예 : 파산선고시) 이후 변제기에 이르기까지의 法定利子(법정이자)(민사는 년5분, 상사는 년6분)을 더한 것이 채권의 名義額(명의액)과 같도록 산출한다. 일반거래 사회에 널리 통용되는 방법으로서 우리 나라에서도 이 방법이 취하여지고 있으며 특히 명문으로 규정되어 있는 경우도 있다. 즉 파산법에서 期限附債權(기한부채권)은 파산선고시에 변제기에 이른 것으로 간주하는 바(破§16), 그 금액을 곧 破産債權(파산채권)으로 하는 것은 그 채권자를 부당하게 이롭게 하는 결과가 되므로 이와 같은 계산법에 의하여 중간이자를 공제하고 配當(배당)에 참가할 수 있게 한다. 民事訴訟(민사소송)에 있어서 不法行爲(불법행위)에 의한 손해배상액의 산정 기타의 경우에도 이 방법이 사용될 때가 많다. 또 이 밖에 카르프초우(Garpzow)식 계산법(채권액 또는 장차 취득하여야 할 總額(총액)에서 장래의 기간 중에 생겨날 이자를 공제하는 방법), 라이프니츠(Leibriz)식 계산법(현재가액에 대하여서 장래의 기간 중에 생길 이자를 複利計算(복리계산)에 의하여 채권액 또는 장래 취득하여야 할 總額(총액)에서 공제하는 방법)이 있다.

약정이자(約定利子)
(독 ; vereinbartar zins)

당사자의 약정에 의하여 발생하는 이자이다. 法定利子(법정이자)에 대립된다. 당사자가 이자를 받을 결정을 하였을 때는 이율도 정하는 것이 보통인데 약정이자의 이율은 당사자가 자유롭게 정할 수 있다. 이자를 받을 약속은 했지만 이율을 정하지 않는 경우에는 法定利子率(법정이자율)(民法上의 경우라면 년5분, 商法上의 경우라면 년6분)에 의한다(民§379 · 商§54). 이자의 계산은 따로이 意思表示(의사표시)가 없는 한 채권의 存續期間日數(존속기간일수)의 비율로써 한다(民§102 ②).

법정이자(法定利子)

독; gesetzlicher zins
불; intérêt légal

법률의 규정에 의하여 당연히 생기는 이자이다. 약정이자에 대립된다. 법률이 이자를 생기게 하는 이유는 不當利得返還(부당이득반환)(民§548, §748) 出資對價(§425, §688, §701)의 취지 등 여러 가지이다. 즉 당사자가 계약을 하지 않아도 公平(공평)의 관점에서 법률에 특별히 규정하여 이자를 받도록 인정한 것이다. 法定利子(법정이자)의 이율은 민법상의 채무에 대하여도 년5分(분)(§379), 상법상의 채무에 대하여는 년6분(商§54)으로 정하여져 있다(法定利率).

선이자(先利子)

채무자가 지급하여야 할 이자를 미리 계산해서, 이를 약정의 원본액에서 공제한 잔액만을 교부하는 경우, 미리 계산해서 약정원본에서 공제되는 이자를 선이자라고 한다. 예컨대 100만원을 월리(月利) 구분으로 3개월간 빌리는 경우에 이자 9만원을 약정원본액 100만원에서 미리 공제해서, 실제로는 91만원을 채무자에게 빌려주고 3개월 후에 100만원을 반환받는 경우가 여기에 해당한다. 선이자를 사전공제한 경우에는 그 공제액의 채무자가 실제로 수령한 금액을 원본으로 하여 이자제한법 제2조 제1항에서 정한 최고이자율(연 25%)에 따라 계산한 금액을 초과하는 때에는 그 초과부분은 원본에 충당한 것으로 본다(이자제한법 §3).

간주이자(看做利子)

예금(禮金), 할인금, 수수료, 공제금, 체당금(替當金), 그 밖의 어떤 명칭에 불구하고 금전의 대차와 관련하여 채권자가 받은 것은 이를 이자로 보는데, 이를 간주이자라고 한다(이자제한법 §4).

이율(利率)

영; rate of interest
독; Zinsfuss
불; taux de l'intérêt

元本(원본)에 대한 이자의 비율이다. 원본에 대한 百分比(백분비)로 표시하는 것이 보통이다(예 : 연6푼·월1푼). 이율은 약속으로 정해지는 것이 보통이지만(約定利率) 약정이율이 없는 경우에는 법률로 정한 이율(법정이율)을 표준으로 한다(民§379, 商§54).

약정이율(約定利率)

독; vereinbarter Zinsfuss

당사자의 계약으로 정한 利率이다. 法定利率(법정이율)에 대립된다. 이율은 약정으로 정할 수 있지만 폭리를 허용한다는 것은 社會正義(사회정의)에 反(반)하는 일이기 때문에 金錢貸借(금전대차)에 대한 약정이율은 利子制限法(이자제한법)의 제한을 받는다. 금전대차에 관한 계약상의 최고이자율은 연 24퍼센트이다(이자제한법 §2①, 이자제한법 제2조 제1항의 최고이자율에 관한 규정 1). 계약상의 이자로서 최고이자율을 초과하는 부분은 무효로 한다(이자제한법 2③). 채무자가 최고이자율을 초과하는 이자를 임의로 지급한 경우에는 초과지급된 이자 상당액은 원본에 충당되고, 원본이 소멸한 때에는 그 반환을 청구할 수 있다(동 §2④).

법정이율(法定利率)
독 ; gesetzlicher Zinsfuss

　법률로써 정하여진 이율이다. 약정이율에 대립한다. 민법상으로는 년5분(民§379), 상법상으로는 년6분이다(商§54). 이율의 약정이 없는 경우에 법정이자가 적용된다. 그리고 金錢債務不履行(금전채무불이행)의 경우의 손해배상(遲延利子)도 법정이율보다 높은 약정이율의 약속이 없는 때에는 법정이율에 의한다(民§397①前段). 그러나 金錢債務의 履行命令判決(금전채무의 이행명령판결)을 선고할 경우 이율은 대통령령으로 정하도록 되어 있고(訴促§3) 供託金(공탁금)의 이율은 大法院規則(대법원규칙)으로 정한다(供託§6).

폭리행위(暴利行爲)
독 ; Wucher　　　　　불 ; lesion

　타인의 窮迫(궁박)·輕率(경률)·無經驗(무경험) 등을 이용하여 부당한 이익을 얻는 행위이다. 이는 행위당시의 社會的(사회적) 地位(지위)·職業(직업) 기타 法律行爲(법률행위) 당시의 구체적 상황 등을 고려하여 판단할 것이다. 부당한 이익이란 일반 사회통념상 정당한 이익을 현저히 초과하는 경우로서 사회적 공정성을 결한 것을 말한다. 暴利行爲(폭리행위)는 민법 제103조에서 규정하고 있는 公序良俗(공서양속)違反(위반)으로서 일반적으로 무효가 된다. 그밖에 민법전 가운데서도 流質契約(유질계약)의 금지규정(§339)이 있어서 일상생활상 빈발하는 부당한 거래를 억제하고 있다.

중리(重利)
라 ; anatocismus
영 ; compound interest
독 ; Zinsezins　　　불 ; anatocime

　기일이 도래된 이자를 원본에 가산하여 원본의 일부로써 다시 이자가 생기게 하는 것이다. 複利라고도 한다. 이자가 이자를 낳는 결과가 되어 채무자의 부담을 현저하게 증대시킴으로 로마법 이래로 중리를 금지하는 예가 많으나(獨民§138②, §248①, §289·佛民§1154·舊蘇民§213·瑞債§314③), 우리 민법은 이를 금지하지 않으므로 특약으로 유효하다. 다만, 이자제한법은 이자에 대하여 다시 이자를 지급하기로 하는 복리약정은 이자제한법 제2조 제1항에서 정한 최고이자율을 초과하는 부분에 해당하는 금액에 대하여는 무효로 한다고 규정하고 있다(§5). 중리가 발생하는데는 두 가지 경우가 있다. (1) 法定重利(법정중리) : 상법 제76조에 규정하는 바와 같이 법률의 규정에 의하여 직접 인정되는 중리를 법정중리라고 한다. (2) 約定重利(약정중리) : 이에 대하여 당사자의 계약에 의해서 중리를 발생시키는 것이 있다. 미리 중리를 계약하거나 이자가 발생하고 나서 그것을 원본에 산입하는 등 중리의 특약의 내용에는 여러가지가 있다.

고리(高利)

　법령에서 허용하고 있는 이율에 비하여 부당하게 높은 이율의 이자이다. 고리로 인한 사회 결제적 폐단을 없애기 위하여 옛날에는 종교적으로 금지하는 법률을 만들었고 근래의 여러 나라에서는 이자를 제한하는 법률이 제정되었으며 高利(고리)를 제한 또는 금지하고 있다.

고리대(高利貸)
英 ; usurer

아주 높은 이율의 이자로써 채무자에 대하여 금전을 대부하는 것을 말한다. 고리화는 단순히 금전대부에 대하여 비싼 이자를 받을 뿐 아니라 이밖에도 流擔保(유담보)·代物辨濟(대물변제)의 예약 등 脫法手段(탈법수단)으로 폭리를 취득하는 예가 많다. 민법은 이와 같은 반사회적 행위를 단속하고 채무자를 보호하기 위하여 여러 가지 强行規定(강행규정)을 두고 있다(民§606~§608, §339).

고리대자본(高利貸資本)
독 ; Wucher Kapital

타인에게 貸付(대부)하고 이자를 취득하는 화폐자본이다. 주로 資本主義(자본주의)初期(초기)의 手工業時代(수공업시대)에 행해졌던 것으로서, 그 후 그 형태가 변천하여 오늘날의 은행자본이 되었다.

고리금지법(高利禁止法)
영 ; usury law

利子貸借(이자대체)에 관하여는 예로부터 신분계급 또는 이율에 제한이 가해지고 있었는데 중세의 寺院法(사원법)은 철저하게 이자를 금지하였으며 많은 국가가 이에 추종하였으나 근세에 와서는 自由主義(자유주의)의 대두에 의하여 이자계약의 자유가 설명되어 각국의 이자금지는 차츰 완화되거나 철폐되었다. 그 결과로써 高利貸(고리대)를 방지할 필요가 생겨 독일에서는 1880년, 프랑스에서는 1886년, 영국에서는 1854년에 각각 高利制限(이자제한)의 법률을 제정하였다. 우리나라에도 이자제한법에 의하여 고리가 금지된다.

기본채권·지분채권(基本債權·支分債權)

一定率(일정률) 또는 일정액을 일정기 혹은 일정한 조건하에서 청구할 수 있다는 추상적·기본적인 채권을 기본채권이라고 하며 각기에 利子(이자)·賃貸料(임대료)·배당·납입 등을 청구하는 현실적이며 개별적인 채권을 支給債權(지급채권)이라 한다. 基本債權(기본채권)은 기본적 존재이며 이것을 발생시킨 법률관계(예 : 消滅貸借(소멸대차)·賃貸借(임대차)·株主(주주)인 관계 등)와 발생·이전·소멸을 같이 하는데 반하여 지분채권은 기본채권으로부터 파생하는 바 일단 발생하면 독립적 존재를 취득하여 그 이전·소멸 등에 관하여 법률상 별개의 취급을 받는다.

원본(元本)
영 ; capital　　독 ; Kapital　　불 ; fonds

그 사용의 대가로서 금전 또는 그 외 다른 물건(법정과실)을 받을 수 있는 재산을 말한다. 원본이라고 하는 개념은 有體物(유체물)인 원본을 포함할 뿐만 아니라 법정과실이 발생하는 재산이라면 特許權(특허권)과 같은 無體財産(무체재산)도 포함된다. 그러나 일반적으로 원본이라고 할 때에는 더 좁은 의미로 사용되는 경우가 많다. 즉 이자가 발생하는 貸金(대금)만을 원본 또는 元金(원금)이라 한다. 사용의 대가로서 이자를 발생시키는 금전을 원본이라고 하기 때문에, 이자에 이자를 붙이는 複利(복리)의 경우에는 이자를 발생시킨 이자는 원본으로 轉化(전화)하게 된다. 이것을 원본에로의 이자의 算入(산입)이라고 한다.

모라토리움
라 ;moratorium   영 ;moratorium

비상시에 채무자를 위하여 법령으로써 지급유예를 하는 것이다. 유럽 여러 나라에서 예로부터 행해진 제도이다. 그 채무는 공공단체의 채무모종의 은행예금을 제외한 일체의 私法上의 金錢債務(금전채무)이다. 이에 수반하여 어음 그밖의 유가증권에 관한 權利保存行爲(권리보전행위)의 기간도 연장된다. 법령의 시행 전에 변제기가 도래한 채무가 유예기간 중 遲延利子(지연이자)의 발생을 정지하느냐는 문제이나 판례는 無利子(무이자)의 채무에 대하여는 발생을 정지하고, 約定利率(약정이율)에 의한 것에 관하여는 그 발생을 정지하지 않는다고 한다. 또한 時效期間(시효기간)이 猶豫期間(유예기간)만큼 연장되느냐의 문제도 있으나 판례는 이것을 부정한다.

선택채권(選擇債權)
라 ; obligatio alternativa
독 ; Wahlschuld
불 ; obligation alternative

채권의 목적이 수개의 급부 중에서 선택에 의하여 정하여지는 채권이다(民§380). 수개의 給付(급부)가 처음부터 개별적으로 예정되어 있는 점에서 종류채권과 다르며 수개의 급부가 각각 대등한 지위를 갖고 있는 점에서 任意債權(임의채권)과 다르다. 選擇債權(선택채권)은 계약 이외에 법률의 규정에 의해서 발생한다. 이 선택채권을 변제하려면 우선 어느 것을 급부할 것인지 선택할 필요가 있는데 이것을 선택채권의 특정 또는 集中(집중)이라고 한다. 선택권자는 보통 계약으로 정하여져 있지만 이러한 약정이 없을 때에는 민법은 채무자에게 선택권이 있다고 규정하고 있다(§380). 채무자가 언제까지나 선택을 하지 않을 때는 선택권은 상대방에게로 이전된다(§381). 선택권의 행사에 의하여 채권은 처음부터 선택된 급부를 목적으로 한 것으로 된다(§386). 더구나 몇 개인의 급부가운데 履行不能(이행불능)의 급부가 있을 때에는 이 채권의 목적은 殘存(잔존)한 것에 존재한다(§385①).

선택권(選擇權)

選擇債權(선택채권)에 있어서 몇 개의 급여 중에서 하나를 선택하는 권리이다. 形成權(형성권)의 일종이다. 선택권자는 원칙적으로 채무자이나 법률행위 또는 법률규정에 따로 규정이 있을 때에는 예외이다(民§380).

임의채권(任意債權)
라 ; ovligatio facultativa
독 ; Schuld mit alternative Ermächtigung
불 ; obligation facultative

채권자 또는 채무자가 채권의 본래의 목적인 급부에 갈음하여 다른 급부를 할 수 있는 채권이다. 본래의 급부에 갈음하여 다른 급부를 할 수 있는 채무자의 권리를 代用權(대용권)이라 하고, 이에 갈음하는 급부를 代用給付(대용급부)라고 한다(代用給付權). 채권자는 대용급부를 청구할 권리를 가지지 않는다. 또 본래의 급부에 대하여 다른 급부가 보충적이라는 점에서 選擇債權(선택채권)과 다르다. 따라서 본래의 급부가 불능이 되어도 대용급부가 채권의 목적이 되는 것은 아니다. 민법상 별도의 규정은 없으며 계약 또는 법률의 규정(民§378, §443, §764 등)에 의하여 발생할 때가 있다.

급부의 선택(給付의 選擇)

選擇債權(선택채권)의 목적인 여러 개의 급부중 하나의 급부를 선정하는 의사표시이다(民§382, §383). 한번 선택한 후에는 임의로 철회·변경할 수 없다. 선택을 하면 그 효력은 遡及(소급)하므로(民§386) 선택된 하나의 급부만을 목적으로 하는 特定物債權(특정물채권)이 처음부터 있었던 것으로 된다.

정기금채권(定期金債權)
독 ; Rentenrecht   불 ; rente

일정한 기간동안 정기적으로 반복하여 금전(또는 그 밖의 대체물)의 급부를 받을 것을 목적으로 하는 채권이다. 終身定期金(종신정기금)·年金(연금)·扶養料(부양료)·地料(지료)와 같은 것이다. 每期(매기)에 발생하는 채권은 그 기초인 定期金債權(정기금채권)으로부터 유출하는 支分債權(지분채권)이고, 정기금채권은 이러한 지분채권을 낳는 基本債權(기본채권)이다. 回歸的 給付(회귀적 급부)를 목적으로 하므로 일정액을 수회에 분할하여 급부하는 경우에는 정기금채권이 아니다. 時效(시효)·抵當權(저당권)의 효력에 관하여 특칙이 있다.

무인채무(無因債務)
독 ; abstrakte Schuld

그 채무를 발생시킨 원인(예: 매매·대차)이 유효하건 무효하건 관계없이 언제나 독립한 효력을 인정받는 채무이다. 독립한 재화로서 유통되는 채권에 관하여 인정되는 제도로서 이에 대하는 채권을 무인채권이라 한다. 무인채권은 증권에 化體(화체)되는 경우가 많으며(예 : 어음), 그 경우에는 無因證券(무인증권)의 하나가 된다. 그러나 증권에 화체되지 않고 단순히 서면의 기재로써 인정받는 일이 있다. 독일 민법상 채무의 승인 및 債務約束(채무약속)에 의하여 발생하는 채권은 이에 속한다. 그리고 무인채무를 발생시키는 행위는 일종의 무인행위이다.

무인채권(無因債權)
독 ; abstrakte Forderung

→ 無因債務(무인채무) 참조

급부(給付)
독 ; Leistung

급부란 채무의 내용(목적)이며 채무자의 행위이다. 현행법은 각 경우에 따라 이행·지급·행위·급여 등의 용어를 쓴다. (1) 給付(급부)는 주는 채무와 하는 채무 및 (2) 可分給付(가분급부)와 不可分給付(불가분급부)등 여러 가지로 분류할 수 있다.

주는채무·하는채무 (주는債務·하는債務)

물건의 인도를 목적(내용)으로 하는 채무를 주는 채무라 하며 물건의 인도 이외의 채무자의 행위를 목적으로 하는 채무를 하는 채무라고 한다. 주는채무의 경우에 채권자는 일정량의 물건을 인도 받음으로써 만족할 수 있으므로 채무자 이외의 제3자로부터의 변제도 원칙상 가능하다(民§469). 하는 채무는 일정한 적극적인 행위를 내용으로 하는 作爲義務(작위의무)와 消極的(소극적)으로 일정한 행위를 하지 않을 것을 내용 하는 不作爲債務(부작위채무)로 분류할 수 있다. 또한 채무자 이외의 제3자의 급부행위일지라도 채권자가 만족할 수 있는 대체적 급부와 채무자 이외의 자의 급부행위로서는 만족할 수 없는 非代替的 給付(비대체적 급부)도 있다. 예를 들면 都給債務(도급채무)는 일반적으로 代替性(대체성)이 있는 하는 채무이나 화가나 가수가 이행하여야 할 채무는 일반적으로 대체성이 없는 하는 채무이다. 이 분류는 강제이행의 방법에 차이가 있다. 주는 채무는 강제이행으로서는 직접적인 강제가 적절한 데 대하여 하는 채무에 있어서는 人道主義(인도주의)의 見地(견지)에서 直接强制(직접강제)는 허용되지 않는다.

부작위채무(不作爲債務)
독 ; Forderung auf Unterlassen
불 ; obligation de ne pas faire

채무자가 어떤 일정한 행위를 하지 않는 것(消極的 給付)을 목적으로 하는 채무이다. 예를 들면 상업상의 경쟁을 하지 않는 債務(채무)·觀望(관망)을 방해할 건축을 하지 않는 채무 등이다. 作爲債務(작위채무)와 대립하는 관념이다. 强制履行(강제이행)의 방법에 관하여는 민법에 특별한 규정이 있다(民§389③). 그밖에 소멸시효의 기산점에 관하여는 약간 특별한 취급을 필요로 한다.

가분급부 · 불가분급부(可分給付 · 不可分給付)

目的物(목적물)의 성질이나 가치를 해하지 않고 분할하여 급부할 것을 허용하고 있는 경우를 可分給付(가분급부)라고 하고 그것이 허용되지 않는 경우를 불가분급부라고 한다. 계약 내용에 의하여 불가분급부로 되는 경우와 채무의 성질에 따라서 당연히 불가분급부로 되는 경우가 있다. 가분급부에 대하여는 分割債務(분할채무)가 원칙이나(民§408), 불가분급부에 대하여는 불가분채무가 성립한다(民§409).

반대급부(反對給付)
독 ; Gegenleistung

雙務契約(쌍무계약)에 있어서 당사자 일방의 급부에 대하여 상대방의 급부를 서로 반대급부라고 한다. 매매에 있어서 매도인의 목적물의 所有權移轉義務(소유권이전의무)와 매수인의 代金支給義務(대금지급의무)와는 반대급부 관계에 있다. 서로 반대급부의 채무를 부담하는 쌍방계약에 있어서는 동시이행의 항변권과 위험부담에 관한 규정이 있다(§536, §537).

대체적 급부(代替的 給付)

'하는 채무'중 제3자가 채무자에 갈음하여 이행하여도 채권의 목적으로 달성할 수 있는 급부를 말한다. 대체적 작위채무라고도 한다(민법 389조 2항 후단). 예컨대 가옥을 인도하거나 도로를 수선하거나 신문지상에 사죄광고를 하는 급부(채무)가 이에 해당한다. 이러한 급부를 내용으로 하는 채무를 강제이행하려 할 때에는 직접강제·간접강제의 방법을 사용할 수 없고 대체집행을 하여야 한다.

대인적 청구권(代人的 請求權)
독 ; Persönliche Ansprüche

청구권은 크게 對人的 請求權(대인적 청구권)과 對物的 請求權(대물적 청구권)으로 나누어진다. 그 구별의 기준에 대해서는 (1) 相對權(상대권)에서 발생한 것을 대인적 청구권, 絶對權(절대권)에서 발생한 것을 대물적 청구권으로 하는 설과 (2) 권리의 支配力(지배력)의 회복을 목적으로 하는 所有物(소유물) 返還請求權(반환청구권) 같은 것은 대물적 청구권이고 그 외에는 모두가 대인적 청구권이라는 說(설)이 있다.

오브리가띠오
라 ; obligatio

로마법상 채권 · 채무관계 등을 뜻한다. 고전시대에 있어서는 악띠오(訴權)의 相關觀念(상관관념)으로 사용되었다. 오브리가띠오는 어떤 實體關係(실체관계)(계약불법행위 등)에서 발생하는가는 소송상 어떤 실체관계를 기재한 방식서의 사용이 허용되는가에 달려있으며, 또 여러가지 오브리가띠오는 방식서의 종류에 따라 개별화되어 있었다. 따라서 로마 계약법에서는 단순한 합의가 그 자체로서 소송에 의한 보호를 받는다는 것(방식자유의 원칙)은 있을 수 없었다. 악띠오를 결여한 오브리가띠오의 존재는 생각할 수 없었으나 고전시대 이래 오브리가띠오로서는 성립할 수 없는 계약관계 중 어떤것을 주체로 한 채무 등에 일정한 법적 효과를 인정하였는데 이것이 나뚜라리스·오

브리가띠오(Naturalis oblig- atio : 이른바 자연채무)이다. 비잔틴시대에는 「오브리가띠오는 악띠오의 어머니」라는 주장과 채권관계라고 하여 實體關係(실체관계)가 訴權(소권)에 앞선다는 이론이 대두되었었다.

책임있는 채무(責任있는 債務)

책임있는 채무란 강제집행을 받을 책임이 하는 채무를 말한다. 채무자가 임의로 이행을 하지 않을 때에는 채권자는 판결로써 채무이행을 강제하고, 또한 强制履行(강제이행)(강제집행)을 할 수 있다(民 §389). 이와 같이 채무는 일반적으로 강제집행을 받을 책임이 있다. 이것을 책임있는 채무라고 한다. 그러나 예외적으로 강제집행을 받지 않는 책임이 없는 채무도 있다. 이것을 책임없는 채무라고 한다. 책임없는 채무의 채권자는 강제집행을 할 수 없다. 또한 판결로 강요할 수 없는 채무를 自然債務(자연채무)라고 한다. 채무는 당사자간에 강제집행을 하지 않겠다는 취지의 특약으로써 책임없는 채무가 된다. 그러나 이 특약이 詐害行爲(사해행위)인 경우는 취소의 대상이 된다. 법률규정으로 책임이 한정되는 것에는 限定承認(한정승인)이 있으며, 책임이 특정재산에 한정되는 경우는 수탁자의 수익자에 대한 책임(신탁§38), 선박소유자의 책임(商§746) 및 物g上保證人(물상보증인)의 책임 등이 있다.

자연채무(自然債務)
라 ; obligatio naturalis
독 ; Naturalobligation
불 ; obligation naturelle

만일 채무자가 자진변제를 하면 유효한

변제가 되지만(부당이득이 되지 않는다).
채무자가 변제하지 않는 경우에 채권자가
법원에 소를 제기할 수 없는 채무(소권없
는 채무)이다. 또는 소를 제기하여 판결
을 구할 수는 있으나 그 판결에 의하여
강제집행을 청구할 수 없는 것(책임없는
채무)도 포함하여 말하는 경우도 있다.
원래 채무의 本體(본체)는 급부함을 요한
다(Leisten sollen)라는 拘束(구속)이며,
급부하지 않았을 때의 채무자의 책임
(Hafung)은 채무와는 별개의 존재가 된
것이다. 로마법에는 소권 없는 채무, 즉
자연채무가 많이 존재하였고, 프랑스 민
법 및 우리나라 舊民法은 이를 인정하였
다. 그러나 현대의 민법에서는 채무가 원
칙적으로 訴權(소권) 및 強制執行(강제집
행)의 기능을 포함하므로 독일 민법 및
우리나라의 현행민법은 이에 대하여 아무
런 규정도 두고 있지 않다. 따라서 自然
債權(자연채권)의 관념을 인정하느냐 안
하느냐에 관하여 학설이 나뉘어 있다. 그
러나 현행법하에서도 소권없는 채무(예 :
不法原因給付(불법원인급부)), 和議(화의)
에 있어서 일부 변제를 받은 부분의 채무
(破§298·和§61) 또는 강제이행을 요구할
수 없는 채무(강제집행을 하지 않는 특약
있는 채무, 限定承認(한정승인)을 행한 채
무의 적극재산을 초과하는 부분)가 존재
하는 것은 명백한 것이다. 따라서 학설의
논쟁은 이들 경우를 종합하여 자연채무
또는 책임없는 채무라는 관념을 인정하느
냐 안하느냐에 귀착한다. 최근의 학설은
이를 인정하는 방향으로 기울어지고 있다.
채무의 이행을 당사자간의 도덕에 맡기고
법적인 강제를 가하지 않는 채권·채무관계
를 인정하더라도 불합리한 바가 없기 때
문이다.

급부불능(給付不能)

채권의 목적인 급부가 實現不可能(실현
불가능)한 것이다. 급부의 가능·불가능 여
부는 사회적 통념으로 정해진다. 法律的
不能(법률적 불능)과 事實上不能(사실상
불능), 原始的不能(원시적불능)과 後發的
不能(후발적불능), 全部不能(전부불능)과
一部不能(일부불능) 등으로 나누어 설명
할 수 있으며 그 불능의 효과는 각각의
원인에 따라서 다르게 된다. 원시적으로
불능한 급부는 당초 채무가 성립하지 않
으며 후발적불능은 위험부담(民§537) 또
는 損害賠償(손해배상)(§551)의 문제가
생기게 된다(이행불능 참조).

이행(履行)

→ 給付(급부)

이행의 제공(履行의 提供)

채권자의 협력을 필요로 하는 채무에
있어서 채무자가 급부의 실현에 필요한
모든 준비를 다해서 채권자의 협력을 요
구하는 것을 말한다. 민법은 이행제공의
방법으로서‘현실의 제공’과 ‘구두의 제공’
을 인정하고 있다(민법 460조). 변제를
위한 채권자의 협력이 변제를 수령하는
것뿐이거나 또는 채무자의 이행행위와 동
시에 협력하여야 할 때에는 채무자는 자
기가 하여야 할 급부행위를 채무의 내용
에 좇아 현실적으로 하여야 하는데, 이것
이‘현실의 제공’이며, 제공의 원칙적 방법
이다. 이에 대하여 채권자가 미리 변제의
수령을 거절하거나, 채권자가 미리 협력
하여야 할 경우에는 변제의 준비가 되어
있다는 통지와 협력의 최고만으로 제공의

효력이 인정되며, 이것을 '구두의 제공'이라 한다. 이행제공의 효과로서 채무자는 채무불이행의 책임을 면하게 되며, 약정이자는 그 발생을 정지한다.

가분이행 · 불가분이행 (可分履行 · 不可分履行)

→ 可分給付(가분급부) · 不可分給付(불가분급부)

이행기(履行期)
독 ; Leistungszeit

채무자가 채무를 이행하여야 할 시기이다. 辨濟期(변제기) 또는 期限(기한)이라고도 한다. 이행기는 당사자 사이의 계약에 의하여 결정하는 것이 보통이지만 당사자가 특히 결정을 하지 않아도 급부의 성질로 결정되는 것 또는 거래의 관습에 의해서 결정되는 것도 있다. 또한 민법은 이행기가 결정되지 않는 경우의 보통규정을 두고 있다(民§603, §613, §698 등). 이 규정에 의해서도 결정되지 않는 경우에는, 채권발생과 동시에 이행기가 도래한 것이라고 생각되고 있다. 이행기는 법률상 여러 가지 효과와 결부되고 있다. 그 이행기에서 중요한 것을 열거하면 다음과 같다. (1) 채무자가 이행을 하지 않고 이행기가 지나면 이행지연의 책임을 진다(民§387). 債務履行(채무이행)의 기한이 없는 경우에 채무자는 履行請求(이행청구)를 받은 때로부터 遲滯責任(지체책임)이 있다(§387②)는 점에 주의해야 한다. 定期行爲(정기행위)에 있어서는 이행기의 경과에 의하여 즉시 解除權(해제권)이 발생한다(§545). (2) 채권의 消滅時效(소멸시효)는 이행기로부터 진행한다

(§166). (3) 양쪽이 서로 같은 종류를 목적으로 한 채무를 부담한 경우에 채무의 이행기가 도래하였을 때는 각 채무자는 對等額(대등액)에 관하여 상계할 수 있다(§492). (4) 쌍방계약으로 양쪽의 채무가 이행기에 있다면 同時履行(동시이행)의 抗辯權(항변권)이 성립한다(§536). (5) 이행기가 채무자의 이익을 위하여 정하여졌을 때에는 채무자는 기한의 이익을 포기할 수 있다(§153②).

이행지(履行地)
독 ; Leistungsort
불 ; lieu de paiment

채무자가 이행을 하여야 할 장소이다. 이행지는 채무의 성질 또는 당사자의 明示(명시) 혹은 黙示(묵시)의 의사표시로 정하여지는 일이 많으나, 이 경우 민법은 보충적 규정을 두어서 특정물의 인도는 채권발생의 당시 그 물건이 존재하였던 장소를, 특정물 인도 이외의 급여는 채권자의 현주소를 이행지로 한다(民§467①. 그러나 영업에 관한 채무의 변제는 채권자의 現(현)영업소에서 하여야 한다(§467②但). 그리고 指示債權(지시채권)이나 無記名債權(무기명채권)과 같은 證券的債權(증권적채권)은 채무자의 현 영업소를 이행지로 한다(§516, §526). 이행지가 채권자의 주소인 것을 持參債務(지참채무), 채무자의 주소 또는 영업소인 것을 推尋債務(추심채무), 그 밖의 제3자인 것을 送付債務(송부채무)라고 한다. 민사소송법상 재산권의 소는 이행지의 법원에 제기할 수 있다(民訴§8後段).

이행보조자(履行補助者)
독 ; Erfüllungsgehilfe

이행보조자라고 하는 경우에는 다음의 두 가지 경우가 포함된다. 첫째로는 채무자가 채무를 이행하는데 있어서 자기의 수족처럼 사용하고 있는 자(狹義의 履行補助者 (이행보조자))이다. 예를 들면 운송회사의 운전사인데 채무자는 이런 자들을 언제라도 공유할 수 있지만 그의 고의·과실에 대하여는 이것을 채무자 자신의 고의·과실로서 債務不履行(채무불이행)의 책임을 부담해야 하는 것이다. 둘째로 채무자를 대신해서 독립된 입장에서 이행하는 자(이행대용자)이다. 受置人(수치인)에 갈음하여 任置物(임치물)을 보관하는 자가 그 예이다. 이 경우 이행보조자 사용이 금지되었는데도 (民§120, §657② 등) 사용한 때는 채무자가 모든 책임을 져야 한다. 사용이 허용된 경우에는 채무자가 그 선임·감독에 고의·과실이 있는 경우에만 책임을 진다(§122).

> 민법 제391조에서의 이행보조자로서의 피용자라 함은 일반적으로 채무자의 의사관여 아래 그 채무의 이행행위에 속하는 활동을 하는 사람이면 족하고, 반드시 채무자의 지시 또는 감독을 받는 관계에 있어야 하는 것은 아니므로 채무자에 대하여 종속적인가 독립적인 지위에 있는가는 문제되지 않는다(대법원 1999. 4. 13. 선고 98다51077, 51084).

이행지체(履行遲滯)
독 ; Leistungsverzug

채무자가 채무의 이행이 가능함에도 불구하고 채무자의 책임 있는 사유에 의하여 이행기에 그 이행을 하지 않고 부당하게 이행을 지체하는 것이다. 이행하려고 생각하면 이행할 수 있는 상태에 있다는 점에서 이행불능과는 다르다. 이행기는 당사자 사이에 결정하는 경우가 많지만, ○년 ○월 ○일이라고 확정적으로 정하였을 때에는 그 기한이 경과하면 지체가 되고 또한 上京을 하면 時計(시계)를 주겠다고 하는 것처럼 불확정한 기한을 정하였을 때는 채권자가 상대방이 상경한 사실을 알았을 때(上京하였을 때가 아니라)부터 지체가 된다. 기한을 정하지 않았을 때는 채무자가 이행청구를 받을 때로부터 지체가 된다(民 §387). 이행지체를 이유로 하여 손해배상을 받으려면 채무자에게 지체에 대한 고의나 과실이 있어야 한다(§390). 그러나 금전채무에 대하여서는 특별한 규정이 있다. 이행지체의 불가항력 또는 손해의 유무에 관계없이 지체이자를 받을 수 있다(§397). 그리고 계약에 있어서 당사자 일방이 그 채무를 이행하지 아니하는 때에는 상대방은 상당한 기한을 정하여 이행을 최고하고, 그 기간 내에 이행하지 않을 때는 계약을 해제할 수 있다(§544).

이행불능(履行不能)
영 ; impossibility of performance
독 ; Unmöglichkeit der Leistung
불 ; impossibilité d'exécution

채무가 성립할 당시에는 이행이 가능하였으나, 후에 채무자의 고의 또는 과실로 인하여 이행이 불가능하게 된 경우를 말한다. 불가항력으로 인한 불능이라고 하더라도, 이것이 일단 이행지체가 된 후에 발생한 것일 때에는 결국은 채무자에게 책임이 있다고 할 수 있다. 이행의 일부가 불능이 되는 경우는 원칙적으로 그 부분에 대하여서만 불능의 효과가 생기며, 나머지만으로 채권의 목적을 달성할 수 없을 경우에만 全部不能(전부불능)과 동일하게 다루어진다. 履行不能(이행불능)이 된 경우에는 채권자는 채무자에 대하여 損害賠償(손해배상)(塡補賠償(전보배상))을 청구할 수 있다(民§390). 그리고 이 채무가 계약에 근거하고 있을 때에는 채권자는 계약을 해제할 수 있다(§546). 넓은 의미로는 채무성립 당시에 이미 이행을 할 수 없는 상태인 경우(原始的不能)도 이행불능이라고 하지만, 이런 경우에는 계약은 성립되지 않으므로 앞에서 말한 문제는 발생하지 않는다. 또한 채무성립 후에 이행불능이 된 경우(後發的不能)에도 이것이 불가항력으로 인한 것일 때에는 채무는 소멸한다. 그리고 雙方契約(쌍방계약)의 경우에는 위험부담이 문제될 뿐이다. 채무자가 이행지체가 된 후에 이행불능이 생기는 경우에는 원칙적으로 불능이 채무자에게 과실이 없는 경우에도 채무자에게 책임이 있으므로 損害賠償(손해배상)을 하여야 한다.

채무의 이행이 불능이라는 것은 단순히 절대적·물리적으로 불능인 경우가 아니라 사회생활에 있어서의 경험법칙 또는 거래상의 관념에 비추어 볼 때 채권자가 채무자의 이행의 실현을 기대할 수 없는 경우를 말한다(**대법원 2003. 1. 24. 선고 2000다22850**).

원시적 불능(原始的 不能)

처음부터 이행이 불능한 것을 말한다. 예컨대 소실된 가옥의 賣買契約(매매계약)의 경우이다. 履行不能(이행불능)의 일종이다. 後發的不能(후발적불능)(계약성립 후에 집이 소실한 경우)과는 달리, 계약은 당초부터 성립될 수 없고, 따라서 대금지급이나 債務不履行(채무불이행)으로 인한 損害賠

償(손해배상)問題(문제)는 발생하지 않는다. 그러나 매도인이 이행불능을 알고 있었다거나 또는 과실로 모르고 있었던 경우에는, 매수인이 계약의 효력이 있다고 생각하고, 이사를 할 준비를 하거나 다른 싼 집을 살 기회를 잃었다고 하는 손해(信賴利益)를 매도인에게 배상시켜야한다는 주장도 있다(계약체결상의 과실).

후발적 불능(後發的 不能)

계약이 성립한 때는 이행이 가능했지만, 후에 이행이 불가능하게 된 경우를 말한다. 예를 들면 매매계약 당시에는 존재하고 있었던 가옥이 계약체결 후 이를 인도하기 전에 燒失(소실)한 경우이다. 원시적 불능과는 달리 일단 효력이 있는 계약이 성립되었기 때문에 계약을 한 그 후의 효과가 문제가 된다. 불능이 채무자의 책임 있는 사유에 의하여 발생하였을 때)에는 채무불이행으로서 채권자는 손해배상을 청구할 수 있다. 이에 대하여 채무자의 귀책사유가 없을 때(예를 들면 天災地變이나 대화재로 인하여 연소하였을 때)에는 채무는 소멸하지만 채무가 雙務契約(別項)에서 발생한 경우에는 위험부담(別項)의 문제가 생긴다.

객관적 불능(客觀的 不能)
(독, objektive Unmöglichkeit)

급부가 당해 채무자에게만 불능인 주관적 불능과는 달리, 누구에게 있어서도 불능인 경우를 말한다. 이에 관하여는 현행 민법상 불능은 객관적 불능만을 가리킨다는 견해, 또 그 구별의 표준에 관해, 채무자의 일신적 사정에 의한 불능을 제외한 불능이 객관적 불능이라는 견해 등 여

러설이 있으나, 유력설은 구별 불필요설
이다.

귀책사유(歸責事由)

일정한 결과를 발생하게 한 데 대하여 법
률상 책임의 원인되는 행위이다. 보통 故
意(고의)·過失(과실)을 요하나 자기의 지배
하에 있는 자의 과실 및 信義則上(신의칙
상) 이와 동시할 수 있는 원인행위도 포함
하는 경우가 있다(民§390, §546, §538).
歸責事由(귀책사유)의 판단은 공평하고 적
정한 책임의 분담을 실현하는 데 의미가
있다.

일시적 불능(一時的 不能)

채무의 이행이 일정기간 일시적으로 불
가능한 것이다. 그러나 이행이 일시적으
로 불가능하더라도 변제기에 있어서 가능
한 것이 분명하면 채무의 성립이나 존속
에는 영향이 미치지 않는다.

계속적 불능(繼續的 不能)

채무의 이행이 일시적이 아니라 계속적
으로 불능이면서 그 불능이 제거될 시기
도 알 수 없는 경우를 말한다. 이행불능
이 채무자의 귀책사유에 의한 경우에 채
권자는 손해배상을 청구할 수 있으며(민
법 390조), 이때의 손해배상은 성질상 전
보배상이다. 또한 채무자의 책임있는 사
유로 인하여 이행이 불능으로 된 때에는
채권자는 계약을 해제할 수 있다(민법
546조). 이 해제권의 행사는 손해배상의
청구를 방해하지 않는다(민법 551조).

지체(遲滯)
라 ; mora   독 ; Verzug   불 ; demeure

채무자가 이행기에 이행을 하지 않거나
또는 채무자가 변제를 받아야 함에도 정
당한 이유 없이 이를 받지 않는 것이다.
前者를 履行遲滯(이행지체) 또는 債務者
遲滯(채무자지체)라 한다. 지체를 한 자는
이후에 상대방의 의무불이행에 대하여 책
임을 묻지 못할뿐더러 損害賠償(손해배
상)이나 費用負擔(이용부담)의 불이익을
입는 경우가 있다(民§390, §400, §403).

채권자지체(債權者遲滯)
라 ; mora creditoris
독 ; Verzug des Gläubigers
불 ; demeure du créancier

채무자가 이행의 제공을 하였는데도 채
권자가 그 수령을 받을 수 없거나, 수령을
거절하는 것이다(民§400). 受領遲滯(수령
지체)라고도 한다. 채무의 이행에 관하여
적극적인 수령행위를 필요로 하지 않는
것에서는 債權者遲滯(채권자지체)의 문제
가 생기지 않는다. 민법은 공탁에 의하여
채무자가 단독으로 채무를 면할 수 있도
록 하였다(§400, §403). 채권자의 수령의
무가 있는가에 대하여는 不定說(부정설)
과 肯定說(긍정설)이 대립한다. 부정설에
따르면 채권자는 수령의무를 부담하는 것
이 아니기 때문에 채권자가 수령을 거절
해도 그것은 무방하다. 따라서 채권자가
수령을 거절한다고 해도 이로 인하여 채
무자가 채권자에 대하여 손해배상을 청구
한다거나 계약을 해제할 수 있는 것이 아
니다. 다만 채무자는 일단 이행을 하려고
했으니까 그 이후에 이행지체로써 損害賠
償請求(손해배상청구)를 받지 않는다고
한다. 긍정설에 따르면 채권자는 거래상

신의성실의 책임이 있으므로 채무자가 제공한 이행을 수령할 의무가 있다는 것이다. 따라서 채권자의 책임으로 돌아갈 이유에 의해서 채권자가 수령을 거절하였을 경우에는 일종의 債務不履行(채무불이행)이라고 생각해야 되며 채무자는 손해배상이나 계약의 해제를 청구할 수 있다.

채권자지체의 본질

채무불이행설	채권자의 급부수령의무를 법적 의무로 인정하여 채권자지체는 채권자의 채무불이행으로 보는 견해이다.
법정책임설	채권자지체는 공평이나 신의칙의 관점에서 채권자에게 일정한 불이익을 부담시킬 뿐 채권자에게 채무불이행책임을 묻는 제도는 아니라는 견해이다.
절충설	기본적으로 법정책임설에 바탕을 둔 것으로서 일반적으로 채권자는 수령의무를 부담하는 것은 아니지만, 예외적으로 계약의 유형에 따라서 채권자에게 부수의무로서 수취의무를 인정하는 견해이다.

수령지체(受領遲滯)

→ 債權者遲滯(채권자지체)

수령거절(受領拒絶)

채권자의 이행의 수령을 거절하는 의사표시를 말한다. 이처럼 채권자가 이행의 수령을 거절하는 때에는 이행의 제공이 있는 때로부터 지체책임이 있다(민법 400조). 그런데 채권자가 미리 변제받기를 거절하는 경우에는 변제자는 변제준비의 완료를 통지하고 그 수령을 최고하면 된다(민법 460조 단서). 채권자가 변제를 받지 않을 때에는 변제자는 채권자를 위하여 변제의 목적물을 공탁하여 그 채무를 면할 수 있다(민법 487조).

수령의무(受領義務)
(독, Annhmepflicht)

채권자의 협력의무, 즉 채무자측의 행위만으로는 완료시킬 수 없는 급부에 있어서 채권자가 그 완료에 협력하여야 할 의무를 말한다. 이는 제공된 이행을 받아들여야 할 채권자의 의무이다. 독일민법(433·640조)은 매매도급에서 이 수령의무를 규정하고 있으나, 우리 민법 제400조는 채권자가 이행을 받을 수 없거나 받지 아니한 때에는 이행의 제공 있는 때로부터 지체책임이 있다고 규정할 뿐, 명문으로 이를 규정하고 있지 않다. 한편 이 개념은 채권자의 협력, 즉 수령을 요하는 급부에서 문제가 되며, 부작위 및 의사표시를 목적으로 하는 급부에서는 문제되지 않는다. 수령의무의 논점은 어떤 개념을 우리법상 인정할 것인가, 인정하지 않을 것인가, 특히 수령지체의 본체를 수령의무의 위반으로 파악할 수 있는가 없는가이며 실제상의 차이는 채무자에게 수령지체에 기한 계약해제권·손해배상청구권을 부여할 수 있는가 없는가이다. 종래 소극설, 즉 수령의무를 인정하지 않는 설이 지배적이었으나, 최근 수령의무를 인정하는 긍정설이 유력히 대두되고 있다.

채무불이행(債務不履行)

채무자가 채무의 내용에 따른 이행을 하지 않는 것을 말한다(民§390). 채무의 내용에 따른 이행인지의 여부는 法律規定(법률규정)·契約趣旨(계약취지)·去來慣行(거래관행)·信義誠實(신의성실)의 원칙 등을 고려하여 판단한다. 채무불이행에는 履行遲滯(이행지체)·履行不能(이행불능)·不完全履行(불완전이행)등 세 가지 유형이 있다(§390 참조). 不作爲債務(부작위채무)에 있어서는 채무자가 금지되어 있는 행위를 하였을 때 채무이행이 된다. 채무불이행 시에는 채무 본래의 이행이 가능하다면 강제이행을 할 수 있다(§389). 또한 담보권실행과 계약해제(§544, §546) 및 損害賠償請求(손해배상청구)가 가능하다(§390, §392~§397). 그러나 이러한 채무자의 책임이 발생하기 위해서는 채무자의 歸責事由(귀책사유)가 있어야 하며 학설과 판례는 擧證責任(거증책임)이 채무자에게 있다고 한다.

불완전이행(不完全履行)
독 ; unvolkomme Erfüllung, manglhafte Erfüllung

채무자가 이행기에 이행을 하였지만 그 이행이 채무의 내용을 좇은 완전한 것이 아닌 것이다. 민법에는 직접적인 규정은 없지만, 민법 제390조에서 이를 유추 적용할 수 있다. 채무불이행의 한 형태이다. 불완전한 이행이 채무자의 고의나 과실에 의한 때에는 채권자는 그로 인하여 발생한 손해의 배상을 청구할 수 있다. 또한 불완전이행의 경우에는 추완이 가능한 한 채권자는 완전한 이행을 청구할 수 있다. 이에 대하여 판례는 채무자가 불완전한 급부를 일단 인수하였다면, 그 이후에는 追完請求(추완청구)를 할 수 없고, 瑕疵擔保責任(하자담보책임)(民§580)을 물을 수 있다고 규정하고 있을 뿐이다. 추완이 불가능한 경우에는 채권자는 손해배상 이외에 계약의 해제를 청구할 수 있을 뿐이다.

지급불능(支給不能)
영 ; insolvency
독 ; Zahlungsungähigkeit

채무자가 금전을 가지지 않았거나 가까운 시일내에 채무를 변제할 가망이 없기 때문에(이른바 지급수단의 흠결) 이로 이하여 이미 이행기에 있거나 또는 청구를 받고 있는(금전) 채무의 전부 또는 중요한 부분을 이행할 수 없는 상태이다. 일반적 破産原因(파산원인)이 된다. 즉각적인 이행을 요하는 채무이행에 필요한 「금전의 흠결」이 중심적 개념이고, 이것이 채무자의 자력의 불충분한 징후라고 간주되어 파산원인으로 정해지기 때문이다. 따라서 채무액을 초과하는 자산을 갖고 있더라도 금전의 흠결이 있게 되면 지급불능이 될 수 있고, 반대로 道德上(도덕상)·技術上(기술상)·企業上(기업상)의 신용에 의하여 금전의 융통을 받을 수 있는 한 지급불능이 되지 않는다. 지급불능은 객관적 상태이며, 채무자의 인식을 不問(불문)한다. 이점에서 支給停止(지급정지)와 다르다.

이행거절(履行拒絶)
독 ; Erfüllugnsverweigerung

급부 그 자체는 가능하지만 채무자가 채권자에 대하여 이행할 의사가 없는 취지를 통지하는 일종의 意思通知(의사통지)이다. 의사통지는 서면 또는 구술로도 가능하다. 의사를 표명하는 점에서 의사와 상관없이 발생하는 履行不能(이행불능)과 구별되며 履行期徒過(이행기도과)라는 사실에 기하지 않는 점에서 이행지체와도 구별된다. 쌍방계약의 일방의 당사자가 이행거절을 할 때에는 반대급부의 수령거절도 포함한다고 볼 수 있는 것이 보통이므로 다른 당사자는 구두상의 제공만으로 동시이행의 항변을 배척할 수 있다(民§400, §460, §536). 그러나 그 이상으로 상대방의 이행거절을 이유로 塡補賠償(전보배상)의 청구 또는 최고 없이 해제를 할 수 있는지 그 여부는 의문이며, 원칙적으로 부정하는 것이라고 해석된다.

이행이익(履行利益)
독 ; Erfüllungsinteresse

계약이 완전히 이행되는 경우에 채권자가 받게 되는 이익을 손해로 산출하는 것이며 積極的(적극적) 契約利益(계약이익)이라고도 한다. 예컨대 계약완전이행시 채무자가 받게 되는 이익 등이다. 信賴利益(신뢰이익)에 대립하는 말이다. 채무이행을 이유로 하는 손해배상은 원칙적으로 履行利益(이행이익)의 배상이며 信賴利益(신뢰이익)의 배상은 특별한 경우뿐이다.

신뢰이익(信賴利益)
독 ; Vertrauensinteresse

무효인 계약을 유효라고 믿었기 때문에 입은 손해를 말하며 消極的 契約利益(소극적 계약이익)이라고 한다. 예컨대 계약체결비·이행준비비용 등이다.

대상청구권(代償請求權)
독 ; Surrogationsanspruch

어떤 원인으로 말미암아 채무가 이행불능이 되어, 이와 동일한 원인에 의하여 채무자가 이익을 얻게 된 경우 이 채무의 목적물에 대신하는 이익을 채권자가 청구하는 권리이다. 매수인에게 인도해야 할 건물이 제3자로 말미암아 타버렸을 때에 매수인으로부터 매도인에 대하여 취득하는 損害賠償請求權(손해배상청구권)의 이전을 청구하는 권리 등이 이에 속한다. 민법에는 규정이 없으나 공평의 원칙에 의하여 해석상 안정되어 있다. 이행불능이 채무자의 책임 없는 사유로 생긴 경우에 이 이론의 실익이 있다.

대상청구권 인정여부

긍정설 (다수설)	민법에서 대상청구권을 규정하고 있지는 않으나 후발적 불능의 효과로서 해석상 이를 부정할 이유가 없다는 견해이다.
제한적 긍정설	위험부담, 제3자의 채권침해, 채권자대위권 등 다른 제도와 충돌되지 않는 범위 내에서만 인정하자는 견해이다.
판례	긍정설(92다4581참조)

우리 민법에는 이행불능의 효과로서 채권자의 전보배상청구권과 계약해제권 외에 별도로 대상청구권을 규정하고 있지 않으나 해석상 대상청구권을 부정할 이유가 없다(대법원 1992. 5. 12. 선고 92다4581, 92다4598).

가격배상(價格賠償)
(영, price reparation)

공유자 1인이 공유물 전부를 취득하여 다른 공유자에게 각자의 지분에 따라 그 가격을 배상하는 방법을 일컫는데, 광의로는 물건의 대가를 금전으로 현금화(환가)하여 배상하는 것을 말한다.

손해배상(損害賠償)

영 ; compensation for damage
독 ; Schadeneratz
불 ; dommages-intérêts, réparation des dommages

일정한 사실에 의하여 타인에게 입힌 손해를 塡補(전보)하고 손해가 발생하지 않은 것과 똑같은 상태로 원상 복귀시키는 것이다. 損害賠償請求權(손해배상청구권)의 발생 원인은 계약에 의한 경우 즉 손해담보계약도 있으나, 대부분의 경우는 위법행위 즉 債務不履行(채무불이행)과 不法行爲(불법행위)이다(民§390이하, §750~§766). 민법에는 손해배상청구권에 관한 일반규정은 없고 채무불이행과 불법행위의 경우에 각각 그 성립요건이나 배상범위나 방법이 정하여져 있다. 배상해야 하는 손해는 재산적·정신적 손해이며, 재산감소 같은 적극적 손해뿐만 아니라 증가할 재산이 증가하지 못한 소극적 손해도 포함된다. 손해의 범위는 損害賠償責任(손해배상책임)을 발생케 한 원인사실과 因果關係(인과관계)(相當因果關係)에 있는 것에 한한다. 손해배상은 금전배상을 원칙으로 하며 예외적으로 원상회복이 인정된다(§394, §763, §764, 鑛§93). 채권자가 손해배상으로써 채권의 목적인 물건 또는 권리의 가액전부의 배상을 받았을 경우에 채무자가 그 물건 또는 권리에 대하여 채권자를 代位(대위)한다(§399. 채무불이행의 경우에 명문으로 규정되어 있으나 불법행위의 경우에도 유추 적용된다. 이는 채권자에게 實質損害(실질손해) 이상으로 이익을 주는 일을 막기 위한 취지이다.

금전배상(金錢賠償)

독 ; Geldersatz

모든 손해를 금전으로 평가하여 그 금액을 납부함으로써 행하는 손해배상방법이다. 원상회복방법에 대한 것이다. 민법은 채무불이행이나 불법행위에 의한 손해는 당사자간에 특별한 의사표시가 없으면 그 손해의 내용이 물질적이건 정신적이건 불문하고 금전으로 배상한다고 규정하고 있다(§394, §763).

적극적 손해(積極的 損害)

라 ; damnum emergens
독 ; positiver Schaden

이미 가지고 있던 재산에 적극적인 감소가 발생하는 것이다. 예컨대 물건이 멸실·훼손되는 것이다. 소극적 손해에 대비되는 개념이다. 민법상 채무불이행이나 불법행위로 인하여 발생하는 賠償請求(배상청구)에는 적극·소극의 모든 손해가 대상이 된다.

재산적 손해(財産的 損害)

재산상 받는 손해로서 정신적 손해에 대하는 것이다. 그 액은 금전적으로 산출된다. 재산의 침해의 경우 뿐 아니라 신체 등의 인격적 이익의 손해의 경우에도 재산적 손해가 생기므로(治療費(치료비)·喪失利益(상실이익) 등)그 어느 경우에도 동시에 정신적 손해를 발생시킨다. 손해배상에 있어서는 재산적·정신적인 두 손해가 모두 배상된다(民§750~§752 참조).

무형적 손해(無形的 損害)

재산적 손해에 상대되는 개념으로 고통이나 슬픔 등과 같이, 위법한 행위로 인하여 받는 정신상의 손해를 말한다. 신체·자유·명예·생명 등의 인격적 이익에 대한 침해는 일면, 예컨대 치료비의 지출 등과 같은 재산적 손해를 발생시키지만, 거의 모든 경우에 정신적 손해를 발생시킨다. 정신적 손해의 배상을 인정하느냐의 여부는 입법주의의 문제이다. 독일 민법 등에서는 정신적 침해에 대한 보상을 제한적으로 인정하고 있으나, 우리 민법에서는 언제나 인정하고 있다(민법 751조). 정신적 손해의 배상을 위자료라고 한다.

소극적 손해(損害)

라 ; lucrum cessans
독 ; negativer Schaden,
　　 entgangener Gewinn

얻을 수 있었던 새로운 재산의 취득이 방해된 경우의 손해이다. 얻을 수 있었을 이익의 상실이라고도 한다. 적극적 손해에 대립되는 말이다. 轉賣(전매)로 인하여 얻을 수 있었던 이익의 상실 등이 그 예이다. 손해배상에 있어서는 적극적·소극적인 兩損害(양손해)가 모두 배상된다.

지연배상(遲延賠償)

채무이행이 지연됨으로써 발생한 손해를 배상하는 것이다. 예를 들면 가옥의 인도가 지연된 경우에 이행지체의 기간동안의 家賃(가임)의 상당액을 배상하는 것과 같은 경우이다. 이행지체로 인하여 손해가 발생한 경우에는 본래의 給付請求(급부청구)에 가산하여 지연배상이 청구되어 본래의 급부의 청구와 兩立(양립)한다. 이 점이 이행에 대신하는 손해의 배상(塡補賠償)과 다르다. 배상하는 손해액은 보통은 실손해이지만 민법에서는 특히 금전배상을 지연한 경우에 대한 규정을 설정하고 실손해의 유무에 관계없이 지연이자를 받을 수 있다고 하였다(民§397).

전보배상(塡補賠償)

채무자의 과실로 債務履行(채무이행)이 불가능하게 되거나 이행을 지체하여 본래의 급부를 받는다고 해도 이미 채권자에게 이익이 없는 때에, 채권자가 수령을 거절하고 이행에 갈음하여 청구하는 손해배상을 말한다(民§395). 예를 들면 시가 1억원의 가옥을 9천만원에 매수하기로 하였는데 매도인의 과실로 인하여 가옥이 소실되었다거나, 이행이 지체되고 있는 동안에 매수인이 외국으로 가지 않으면 안될 경우에 가옥의 인도에 갈음하여 지급되는 家屋相當額(가옥상당액)(1억원)이다. 더구나 매수인은 대금을 지급하지 않아도 되므로 실제로는 가격과 대금의 차액(1천만원)을 지급하는 데 불과한 것이다(損益相計). 따라서 시가로 매매를 하였을 때에는 특별히 손해가 없는 경우도 있다. 이행불능에 의한 손해배상은 모두 塡補賠償(전보배상)이다. 이행지체에 의한 손해배상은 지연배상을 원칙으로 하지만, 지체 후의 이행이 채권자에게 아무런 이익을 부여하지 않을 경우에는 예외적으로 이행에 갈음하여 전보배상을 청구할 수 있다. 채무자가 이행의 의사가 없을 경우에도 청구할 수 있다고 해석된다.

과실책임주의(過失責任主義)

영 ; principle of liability with fault
독 ; Prinzip der Culpahafung,
　　 Verschuldungsprinzip
불 ; théorie de faute

자기의 고의나 과실에 대하여서만 加害行爲(가해행위)의 책임을 진다는 주의이다. 自己責任(자기책임)의 원칙이라고도 한다. 근대민법은 過失責任主義(과실책임주의)를 기본원칙의 하나로 한다. 우리 민법은 이 원칙을 불법행위에 관한 규정에 표명하고 있다(民§750, §390). 이로써 개인은 경제활동에 있어서 최대한의 자유가 보장되어 왔다. 그러나 근대자본주의 발전에 공헌한 이 과실책임주의는 오늘날 대기업의 발생에 수반하는 새로운 사태에 당면하여 그 결함을 드러내게 되었는데 이같은 過失責任主義(과실책임주의)의 결함을 수정하기 위하여 등장한 것이 무과실책임의 이론이다. 민법은 예외적으로 특별위험에 대하여 무과실책임을 인정하고 있으며(§758 등), 특별법에서 無過失責任(무과실책임)의 경향이 증대되고 있다.

무과실책임주의 (無過失責任主義)

영 ; liability without fault, absolute liability
독 ; Schadenersatzpflichtohne Verschulden
불 ; responsabilite sans faute, responsabilite objective

손해발생에 있어서 고의 또는 과실이 없는 경우에도 그 배상책임을 진다는 주의이다. 과실책임주의와 대립하는 개념이다. 이는 근대의 과실책임주의가 기계문명 발달과 자본주의의 고도화로인해 수정을 가할 수밖에 없었다. 즉 공장 등에서 유해한 폐수나 가스가 방출되어 타인에게 손해를 입힌 경우에, 가해자는 피해방지에 최선을 다하면 무과실이 되므로 손해배상의 의무를 면하게 된다. 그러나 經營主(경영주)는 그 기업에 의하여 막대한 이익을 보면서도 자기 때문에 일어난 피해가 無過失(무과실)이란 이유로 책임을 전혀 지지 않는다는 것은 불합리하다. 이같은 대기업의 책임을 둘러싸고, 종래의 過失責任主義(과실책임주의)가 수정되어 무과실책임을 인정하는 근거로는 (1) 위험한 시설의 소유자는 그에 따라 생기는 손해에 대해서도 책임을 져야 한다는 危險責任論(위험책임론), (2) 큰 이익이 돌아가는 데에는 손실까지도 돌아가게 해야한다는 補償責任論(보상책임론), (3) 손해의 원인을 준 者에게 배상책임을 지워야 한다는 原因責任論(원인책임론), (4) 불법행위에 의한 배상책임은 손해의 공평한 분담을 주장하는 사상에 따라 정해져야 한다는 具體的 公評論(구체적 공평론)등이 있다. 우리 나라 법에서는 민법상 감독자나 사용자의 책임에 있어서(§755, §756) 무과실의 입증책임을 그들에게 전환시켜 무과실의 입증을 곤란케 하거나, 이를 받아주지 않음으로써 실제 무과실책임에 가까운 結課責任(결과책임)을 부담시키는 사례가 있고, 또 공작물소유자의 損害賠償責任(손해배상책임)에 관한 규정(§758)도 무과실책임에 흡사함을 볼 수 있다. 특별입법으로서는 鑛業法(광업법) 제75조에 의한 광업권자의 鑛害賠償義務(광해배상의무) 등에서 무과실책임의 예를 볼 수 있다. 그밖에 自動車損害賠償保障法(자동차손해배상보장법)에서도 앞에 예시한 민법상 特殊不法行爲(특수불법행위)와 같이 과실책임주의에 수정을 가하고 있다(자동차손해배상보장법§3).

사정변경의 원칙 (事情變更의 原則)

라 ; clausula rebus sic stantibus

계약체결당시의 사회적 사정이 변경되면 계약은 그 구속력을 잃는다고 하는 원칙이다. 일단 계약을 한 이상 이것을 당연히 지켜야 한다. 그러나 어떤 경우를 막론하고 계약을 지키라고 한다면 때로는 신의공평에 반하는 부당한 결과를 발생할 수도 있다. 이와 같이 (1) 당사자의 책임

없는 사유(인플레 등)로 (2) 계약 당시에는 당사자가 미처 예상할 수도 없었던 것 (3) 현저한 사정의 변경이 발생하였을 경우에는 신의 · 공평의 견지에서 계약내용을 개정하던가(지대의 增額 등), 만약에 그것이 불가능할 때는 계약의 해제를 인정해야 한다는 것이다. 법문상 일반적으로 이 원칙을 승인한 규정은 없지만 학설상 주장되고 있으며 판례에도 이 원칙을 적용한 것이 있다. 그러나 계약의 변경을 안이하게 인정하게 되면 去來界(거래계)는 혼란에 빠질 우려가 있기 때문에 이 원칙은 구체적 사정에 따라 신축성 있게 해석해야 할 것이다.

사정변경의 원칙

(요건)	(효과)
① 계약당시 예상하지 않았던 것	계약내용의 개정
② 현저한 사정의 변경이 있었다는 것	
③ 이 변경이 당사자의 책임으로 돌아가지 않는 것	계약해제

인과관계(因果關係)

영 ; causation
독 ; kausalzusammenhang, Kausalität
불 ; causalité

일반적으로 어떤 先行事實(선행사실)(原因)과 後行事實(결과)의 필연적 관계를 가리킨다. 어느 행위가 일정한 효과를 나타냈을 경우에 행위자의 책임을 전제로서 인과관계가 문제된다. 민법상 不法行爲(불법행위)나 債務不履行(채무불이행)에 의한 손해배상책임을 논할 경우에 중요하다. 이에는 (1) 행위와 손해와의 사이에 조금이라도 논리적 인과관계가 있으면 그 손해에 대하여 책임을 져야한다는 조건설과 (2) 경험적·일반적으로 그 행위로부터 흔히 생겨날 결과에 대하여서만 책임을 지

면 된다는 相當因果關係說(상당인과관계설)이 대립되고 있다. 최근의 학설과 판례는 상당인과관계설을 채택하고 있다.

과실상계(過失相計)

라 ; compensatio culpae
독 ; Culpakompensation, konkurrierendes verschulden
불 ; faute commune

不法行爲(불법행위)나 債務不履行(채무불이행)으로 인한 損害賠償請求(손해배상청구)의 경우에 그 손해의 발생 또는 그 증대에 대하여 피해자(채권자·배상권리자)에게도 과실이 있으면 배상유무 및 손해액을 정하는데 참작하는 것이다(民§396, §763). 상계라고는 하나 고유한 의미의 상계(§492, §499)는 아니며 오로지 자기의 과실에 의한 손해를 전부 타인에게 전가하는 것은 형평의 정신에 반한다는 취지의 제도이다. (1) 債務不履行(채무불이행)에 대하여 채권자의 과실이 있을 때에는 반드시 그 과실을 참작하여 배상액을 정하여야 하며, 때로는 채무자의 책임을 면제하는 수도 있다. (2) 不法行爲(불법행위)에 대한 피해자의 과실은 배상액에 참작할 수는 있으나 가해자의 책임을 면제할 수는 없다(§763). 그리고 피해자의 과실이 경미한 때에는 반드시 그 과실을 참작하지 아니하여도 된다.

불법행위에 있어서 피해자의 과실을 따지는 과실상계에서의 과실은 가해자의 과실과 달리 사회통념이나 신의성실의 원칙에 따라 공동생활에 있어 요구되는 약한 의미의 부주의를 가리키는 것으로 보아야 한다(대법원 1999. 2. 26. 선고 98다52469).

손익상계(損益相計)

라 ; compensatio lucri cum damno
독 ; Vorteilsausgleichung,
　　Vorteilsaufrechnung

●────────────────

　손해배상청구권자가 손해를 본 것과 같은
원인에 의하여 이익도 보았을 때에는 손해
에서 그 이익을 공제한 잔액을 배상해야
할 손해로 하는 것이다. 예컨대 생명침해
에 의한 손해배상액은 사망자가 얻을 수
있었던 수입액(손해)에서 지출해야 하는
생활비(이익)를 뺀 것이다. 민법에는 이에
관한 규정이 없으나 손해배상의 성질상 당
연한 사항이다. 그 공제되는 이익의 범위
는 손해의 원인인 事實(사실)과 상당인과
관계에 있는 利益(이익)이라고 해석된다.
여기서 相計(상계)란 진정한 의미의 상계
는 아니다. 민법상 직접적인 규정은 없지
만 주로 공평의 요구에 따라 손해배상의
성질상 당연히 인정된다.

위약금(違約金)

●────────────────

　계약금의 채무를 이행하지 못할 때 채
무자가 채권자에게 지급할 것으로 미리
약정한 金員(금원)을 말한다. 기일이 되
어도 채무의 이행이 지체될 경우에는 1
日當(일당) ○○원씩 지급을 한다거나 채
무를 전혀 이행하지 않는 경우에는 ○○
원을 지급하겠다고 약정한 그 금원이다.
위약금의 성질은 채무불이행에 의한 손해
배상과는 별도로 지급되는 制裁金(제재
금)으로서 의미를 지닐 수도 있지만, 일
반적으로는 위약금 이외에는 배상금을 받
을 수 없는 손해배상액의 예정인 것이다.
민법은 명확하게 판단할 수 없는 경우에
는 위약금을 배상액의 예정이라고 추정하
고 있다(民§398④). 채권자는 채무불이행
의 사실이 증명되기만 하면 그 손해의 발

생여부와 관계없이 예정된 위약금을 청구
할 수 있다. 다만 법원은 그 예정액이 부
당하게 과다한 경우에는 적당히 減額(감
액)할 수 있다(§398②). 노동계약시 위약
금약정은 금지된다(勤基§4).

위약금의 성질

(1) 위약금=손해배상액예정=배상액≠실 　　손해액
(2) 위약금+실손해액=배상액
(3) 위약금+X=실손해액=배상액 　　§398은 (1)로 추정하고 있다

배상액의 예정(賠償額의 豫定)

영 ; previously fixed amount of damages
독 ; Vertragstrafe, Konventionalstrafe
불 ; clause pénale

●────────────────

　채무불이행의 경우에 채무자가 지급하
여야 할 손해배상의 액을 당사자 사이에
미리 정하여 두는 것을 말한다. 배상액을
예정하였을 때는 채권자는 채무가 이행되
지 않으면 채무자의 歸責事由(귀책사유)
나 손해발생 여부에 관계없이 즉시 예정
된 배상액을 청구할 수 있다. 그러나 실
제의 손해가 예정액 이상일지라도 예정액
이상으로 청구할 수는 없다. 예정된 배상
액은 公序良俗(공서양속)에 위반하지 않
는 한 유효하지만, 예정액이 부당하게 과
다한 경우에는 법원은 적당히 減額(감액)
할 수 있다(民§398②). 근로계약의 불이
행에 대하여는 위약금 또는 손해배상액의
예정이 금지되고 있다(勤基§20).

지연이자(遲延利子)

●────────────────

　금전채무의 이행이 지체되었을 경우에
지급하는 損害賠償金(손해배상금)이다. 연

체이자라고도 한다. 이자라고는 하지만
원금(원본)을 사용하는 대가로서 지급되
는 이자의 의미는 아니고 단지 채무액의
일정한 비율을 지연된 기간에 따라서 지
급한다는 점이 통상의 이자와 비슷하여
이렇게 부르고 있는데 지나지 않는다. 여
기서 일정한 비율이란 본래의 금전채권에
대해서 약정이율이 정하여지고, 이에 따
라 이자를 지급할 때의 약정이율인 것이
며, 그렇지 않을 때는 법정이율(년5분 내
지 6분)이다(民§379). 지연이자의 특징
은 금전채무가 아닌 채무의 이행지체에
의한 손해배상과는 달리 채무자의 책임으
로 돌아갈 사유가 없어도, 또한 실손해가
없을 때에는 일정한 금액을 지급한다는
점이다. 더구나 당사자 사이에 미리 지연
이자의 요건과 다른 요건으로 손해의 배
상을 예정해 두는 것은 무방하다.

대위(代位)

독 ; Surrogation   불 ; subrogation

권리의 주체 또는 객체인 지위에 대신
한다는 의미의 용어로 민법상 여러 가지
경우에 쓰인다. (1) 債權者(채권자)의 代
位權(대위권)(民§404)은 대위자(채권자)
가 被代位者(피대위자)의 지위를 대신하
여 그 권리를 행사함을 말하고, (2) 代位
辨濟(대위변제)(§480, §485) · 賠償代位
(배상대위)(§399) · 保險者代位(보험자대
위)(商§681, §682) 따위는 피대위자가
가진 일정한 물건 또는 권리가 법률상 당
연히 대위자에게 이전되는 것을 말하며,
(3) 物上代位(물상대위)(民§342)는 담보
물권의 효력이 그 목적물에 대신하는 것
위에 미치는 것을 말한다.

배상자대위(賠償者代位)

채권자가 그 채권의 목적인 물건 또는 권
리의 가액전부를 손해배상으로 받은 때에
는 채무자는 그 물건 또는 권리에 관하여
당연히 채권자를 대위하는 것을 말한다.
時計(시계)를 빌리고 있는 자나, 이것을
수선하기 위하여 보관하고 있는 자는 자기
의 부주의로 인하여 그 시계를 도둑맞거나
잃어버린 경우 시계의 반환에 대신하여 손
해배상을 하지 않으면 안 된다. 그런데 시
계의 대가를 배상한 다음에 그 시계를 찾
았을 때에는 그 시계는 누구의 소유물이
되는가? 만약 원래의 소유주에게 돌려주어
야 한다면 그는 시계와 대가를 이중으로
취득하게 되므로 불공평하다. 그래서 民法
(민법)은 이런 경우에 채권자가 그 채권의
목적인 물건 또는 권리의 가액전부를 손해
배상으로 받은 때에는 채무자는 그 물건
또는 권리에 관하여 당연히 채권자를 代位
(대위)한다(民§399)고 규정하고 있다. 따
라서 이런 경우에는 시계는 借主(차주)·보
관자의 소유가 된다. 이것을 賠償者(배상
자)의 代位(대위)라고 한다.

민법상 손해배상자의 대위의 취지는 채
권자가 채권의 목적이 되는 물건 또는
권리의 가격 전부를 손해배상으로 받아
그 만족을 얻었을 때에는 그 물건 또는
권리에 관한 권리는 법률상 당연히 채
무자에게 이전되는 것이고 그에 관하여
채권자나 채무자의 양도 기타 어떤 특
별한 행위를 필요로 하는 것이 아니다
(대법원 1977. 7. 12. 선고 76다408).

채권자대위권(債權者代位權)

불 ; action subrogatoire,
　　action obligue, action indirecte

●────────────

　채권자가 자기의 채권을 보전하기 위하
여 필요한 경우에 채무자가 행사를 懈怠
(해태)하고 있는 권리를 자기의 이름으로
대신하여 행사하는 권리이다(民§404). 예
를 들면 채무자의 일반재산이 채무자의
全債務(전채무)보다도 부족함에도 불구하
고, 채무자가 자기의 貸金(대금)을 회수
하지 않거나 消滅時效(소멸시효)를 중단
시키지 않을 때, 채권자가 이를 대신하여
수금을 하거나 時效中斷(시효중단)을 시
키는 경우의 권리를 말한다. 채권의 대외
적 효력의 하나이며, 代位訴權(대위소권)
또는 間接訴權(간접소권)이라고도 한다.
재판상에서나 재판외에서도 행사할 수 있
다. 따라서 取消(취소)·解除(해제)·解
止(해지) 등의 형성권도 행사할 수 있다.
그러나 一身專屬權(일신전속권)에 속하는
권리는 채권자가 대신하여 행사할 수 없
다. 원래 이런 권리의 행사를 채권자에게
인정한 것은, 그것이 채권자전체의 이익
이 된다는 취지에서 채무자의 일반재산이
전 채무액에 부족한 경우에 한한다는 것
이 원칙이었다. 그러나 판례는 이 취지를
확대하여 예외적으로 (1) 갑으로부터 을
그리고 을로부터 병에게로 부동산이 이전
된 경우에 병이 을을 대신하여 을의 자력
에 관계없이 을의 갑에 대한 이전등기청
구권의 행사가 가능하다고 판시하였고,
(2) 병이 賃借(임차)하는 토지를 불법점
유한 갑에 대하여 을의 자력에 관계없이
병은 을이 가지고 있는 妨害排除請求權
(방해배제청구권)(明渡請求權)을 행사할
수 있다고 판시했다. 채권자대위권이 행
사됨으로써 얻은 재산이나 권리는 채무자
에게 귀속하고 총 채권자가 그 이익을 받
는다.

채권자취소권(債權者取消權)

라 ; actio pauliana
독 ; Giäubigeranfechtungrecht
불 ; action révocatioire, action paulien

●────────────

　채권자가 자기의 채권의 보전을 위하여
필요한 경우에 채무자의 부당한 財産處分
行爲(재산처분행위)를 취소하고 그 재산
을 채무자의 一般財産(일반재산)으로 원
상 회복하는 권리이다(民§406). 詐害行爲
取消權(사해행위취소권) 또는 廢罷訴權
(폐파소권)이라고도 한다. 예를 들면 채
무자의 일반재산이 채무자의 전채무보다
부족함에도 불구하고 제3자에게 부동산
을 매우 싸게 매도하거나 贈與(증여)·債
務免除(채무면제) 해주는 경우에 채권자
가 이런 행위의 취소를 법원에 청구하여
부동산을 되찾거나 채무를 면제하지 못하
도록 하는 것이다. 債權對外的效力(채권
대외적효력)의 하나로서 취소의 목적이
되는 사해행위의 결과 잔존재산만으로는
전채무를 변제하는 것이 부족할 경우에
채권자는 취소권을 행사할 수 있다. 사해
행위에는 증여·채무부담행위 등이 포함
된다. 그러나 사행행위에 신분상의 행위
는 포함되지 않는다. 다만 부동산의 시가
에 의한 매각이나 기존채무의 변제는 사
해행위가 아니다. 債權者取消權(채권자취
소권)이 성립하기 위하여는 채무자수익자
·轉得者(전득자)의 악의가 필요하다. 채
권자취소권의 소의 피고는 利得返還請求
(이득반환청구)의 상대방, 즉 수익자나
전득자이다. 그러나 채무자를 피고로 할
수는 없다. 원상을 회복한 재산은 채무자
에게 복귀하고 총채권자의 이익을 위하여
효력이 있다(§407). 즉 공동의 담보인 채

무자의 일반인 재산이 확보되는 결과가 된다. 그러나 취소권을 행사한 채권자가 우선적 지위를 획득하는 것은 아니다. 채권자취소권은 채권자가 취소원인을 안 날로부터 1년, 법률행위가 있은 날로부터 5년 내에 행사하여야 한다(§406).

사해행위취소권(詐害行爲取消權)

채권자를 해함을 알면서 행한 채무자의 법률행위(사해행위)를 취소하고 채무자의 재산을 회복하는 것을 목적으로 하는 채권자의 권리를 말한다(민법 406조 1항). 채권자취소권은 소송법상의 권리가 아니라 실체법상의 권리이다. 또 이 권리는 채무자 회생 및 파산에 관한 법률상 부인권과 그 목적에서 동일하다. 이 제도는 채권자대위권과 함께 채무자의 책임재산의 보전을 위한 것이다. 다만, 대위권과는 채권의 공동담보의 보전이라는 목적에서는 동일하나, 채권자대위권은 행사되더라도 채무자나 제3자에게는 본래 있어야 할 상태를 만들어 내는데 지나지 않으므로 그 영향은 크지 않다. 그러나 채권자취소권의 행사는 채권자와 제3자 사이에 본래 있어서는 안 되는 상태를 만들어 내는 것이 되어 채무자 및 제3자에게 미치는 영향이 대단히 크다는 점에서 차이가 있다. 따라서 그 성립요건에 관해서는 공동담보 보전의 필요성, 채무자 및 제3자의 이해관계를 비교·형량하여 엄격하게 정해야 한다. 채권자취소권제도는 로마법에서 그 기원을 찾을 수 있다.

무자력(無資力)

특정인이 부담하는 채무의 총액이 그 자가 현재 소유하는 積極財産(적극재산)의 총액을 초과하는 것이다. 채무초과와 동일한 의미이다.

전득자(轉得者)

권리의 讓受人(양수인)으로부터 다시 그것을 양도받은 자를 모두 포함하여 전득자라고 부른다. 그러나 민법에서는 특히 사해행위에 관하여 수익자와 맞서는 관념으로 이말을 쓰고 있다. 즉 채무자가 행하는 사해행위의 상대방이 수익자이고, 그 자로부터 다시 목적인 권리의 전부나 일부를 취득한 자를 전득자라 부른다(民§406). 채무자 회생 및 파산에 관한 법률상의 否認權(부인권)에 관한 전득자(채회파§110)도 같은 뜻이다.

다수당사자의 채권 (多數當事者의 債權)

독 ; Mehrheit von Glä ubigern, Mehrheit von Schuldnern

하나의 급부에 대하여 채권자가 복수인이고 채무자가 1인인 경우 및 채권자와 채무자가 모두 복수인 경우를 다수당사자의 채권관계라고 한다. 여기에는 分割債務(분할채무)(民§408), 不可分債務(불가분채무)(§411) 및 연대채무가 있다(§414). 不眞正連帶債務(부진정연대채무)는 특수한 예이다. 보증채무(§428)나 연대보증채무(§437但)에 있어서 主債務(주채무)는 단일하며 從債務(종채무)가 부속하고 있으나 이들도 모두 다수당사자의 채무에 포함시킬 수 있다. 왜냐하면 보증채무도 하나의 채무이므로 채권자에게 있어서는 주채무자와 保證債務者(보증채무자)(보증인)의 복수의 채무자가 있기 때문이다. 민법은 다수당사자의 채권관계는 특별한 의사표시가 없으면 分割債權關係(분할채권관계)로 한다(§408).

분할채권관계(分割債權關係)
독 ; teilbares Schuldverhältnis
불 ; obligation divisible

하나의 可分給付(가분급부)를 목적으로 하는 다수당사자의 채권관계이다. 不可分債權關係(불가분채권관계)란 동일한 급부에 2인이상의 채권자 또는 채무자가 있을 때, 분할할 수 있는 급부를 말한다. 예를 들면 甲·乙·丙 세사람이 丁에 대하여 3만원의 채권을 가지고 있을 때, 각각 1만원씩의 채권으로 분할할 수 있는 경우에 그 3만원의 채권이다(丁의 입장을 기본으로 한다면 가분채무 또는 분할채무가 된다). 우리 민법은 다수당사자의 채권관계에서는 分割債權關係(분할채권관계)를 원칙으로 한다(민§408). 즉 給付가 可分이고 특별한 의사표시가 없으면 각 채권자 또는 채무자는 균등한 비율로 권리를 갖고 의무를 진다. 그러나 이 원칙을 고집하면 현실에 맞지 않는 경우도 있으므로 특별한 약속이나 의사표시가 없어도 連帶債務(연대채무)(또는 불가분채무)로서 취급하는 것이 타당한 경우가 많다. 商事(상사)의 경우가 특히 그러하다(商§57).

불가분채권 · 불가분 채무 (不可分債權 · 不可分債務)
독 ; teibares Scchuldverhältnis
불 ; obligation divisible

다수의 채권자나 채무자가 하나의 不可分給付(불가분급부)를 목적으로 하는 채권을 가지고 채무를 부담하는 경우의 채권·채무관계이다(民§409~§412). 여기서 불가분급부란 (1) 분할하면 경제적 가치를 잃거나 滅(멸)하는 성질상의 불가분과 (2) 당사자의 의사표시에 의하여 불가분이 된 給付(급부)를 의미한다. 예를 들면 1대의 자동차급부에 관하여 甲·乙·丙이 공동으로 丁에게 구입한 경우는 불가분이며, 갑·을이 100만원을 분할하지 않고 병으로부터 받은 채권은 의사표시에 의한 불가분이다. 불가분채권관계에서 각 채권자는 단독으로 변제를 수령할 수 있으며(§409, §410), 각 채권자는 채무자에 대하여 전부의 이행을 청구할 수 있다(§411). 채무자가 1인의 채권자에게 이행하면 다른 채권자의 채권도 소멸한다(§409). 불가분채무에 있어서는 각 채무자가 각자 전부급부의 의무를 지고 1인의 채무자의 이행에 의하여 다른 채무자의 채무도 소멸한다(§411). 그 밖의 점에서는 각채권·채무는 독립한 것으로 취급된다(§410①, §411, §412 참조).

연대채무(連帶債務)
독 ; Gesamtschuld, passives Gesamtschuldverhältnis
불 ; obligations solidaires, solidarite pssive

수인의 채무자가 채무전부를 각자 이행할 의무가 있고 채무자 1인의 이행으로 다른 채무자도 그 채무를 면하게 되는 다수당사자의 채무이다(民§413). 각채무자의 채무가 독립되어 있고 主從(주종)의 差(차)가 없다는 점에서 保證債務(보증채무)와 다르다. 그 점이 보증채무보다도 유력한 담보제도가 되는 원인의 하나이다. 그 성질에 대하여서는 單一債務說(단일채무설) · 重疊債務說(중첩채무설) · 複數債務說(복수채무설)로 나누어진다. 연대채무는 법률의 규정에 의하여 발생하는 경우(民§35②, §760, §832·商§24, §57①, §81, §138 등)와 법률행위에 의하여 발생하는 경우(연대의 계약)가 있다. 채권자는 연대채무자 중의 1인 또는 수인 또는 전원에 대하여 전부 또는 일부를 청구할 수 있다. 수인 또는 전원에 대하여 청구할 때는 동시에 청구할 수도 있고 순차로 청구할 수 있다(民§414). 연대채무자의 1인에 대하여 辨濟(변제)·代物辨濟(대물변제)·供託(공탁)·受領遲滯(수령지체)·相計(상계)·請求(청구)·更正(경정)·免除(면제)·混同(혼동)·時效(시효)가 발생하면 그의 효력은 다른 연대채무자에게도 미치지만(§416~§422) 그 이외의 사유가 발생해도 다른 자와는 관계가 없다(§423). 연대채무자 내부에서는 부담부분이 정해져 있다. 즉 연대채무자의 한 사람이 채무를 변제하고 그밖의 자기의 출재로 共同免責(공동면책)을 받을 때에는 다른 채무자에 대하여 求償權(구상권)을 가진다(§425①). 그 부담부분의 비율은 특약이 있다면 그에 의하고 특약이 없으면 균등한 것으로 추정된다(§425①). 구상권의 범위는 채무가 면책된 날 이후의 법정이자 및 피할 수 없는 비용 기타 손해배상을 포함한다(§425②). 그러나 연대채무자 가운데 1인이 변제를 하려면 그 전후에 다른 연대채무자에게 통지할 의무가 있다. 이 통지를 해태하면 구상권에 제한을 받게 된다.

인적담보(人的擔保)
불 ; sureté personelle

채권의 안전을 기하기 위하여 채무자 이외의 특정인의 신용에 의한 채권의 담보를 말한다. 결국 보증인이나 連帶保證人(연대보증인)의 전재산에 인적 책임에 의한 담보를 세우는 것이 된다. 따라서 인적 담보는 담보인의 일반재산의 상황에 따라 좌우된다. 대인담보라고도 하며, 보증이나 연대채무 등이 그 주요한 것이고 그밖에 불가분 채무관계에서도 인적 담보의 실효를 가지게 된다.

물적담보(物的擔保)

특정한 재산에 의한 채권의 담보를 말한다. 인적 담보에 대하는 말이다. 抵當權(저당권)·質權(질권)이 가장 중요한 것이다. 인적 담보는 담보하는 사람이 자력을 잃으면 가치가 없게 되는데 대하여, 물적 담보는 그 물건의 가치가 유지되는 한 이것에 따라 목적을 달성할 수 있으므로 오늘날의 經濟組織(경제조직)에 있어서는 인적 담보보다 훨씬 중요한 작용을 영위한다고 할 것이다.

물적신용(物的信用)

그 기초가 직접 물적인 것에 존재하는 신용이다. 質權(질권)(民§329~§355)·抵當權(저당권)(§356) 등이 대표적이다. 따라서 예컨대 대부를 할 경우에 담보물권을 설정하는 擔保附貸付(담보부대부) 등은 물적 신용에 의하게 된다.

인적책임(人的責任)
독 ; persönliche Haftung, Personenhaftung

자신의 총재산으로써 그 자신의 채무를 담보하는 것을 말한다. 물적 책임 및 인적 유한책임에 대응하는 말로써 無限責任(무한책임)과 같은 뜻으로 쓰인다. 보통의 채무는 인적 책임이며, 채권자의 채무는 完濟(완제)를 받을 때까지 그 채무자의 총재산에 대하여 강제집행을 할 수 있다.

양적 유한책임(量的 有限責任)
독 ; quantitativbeschränkte Haftung

채무자의 재산은 그 전부가 책임의 대상이 되나 책임액이 양적으로 일정액으로 한정되어 있는 경우, 즉 物的有限(물적유한)과 같이 특정물 또는 특정재물에 국한되지 않으나 책임의 범위가 일정수량에 국한되어 있는 경우의 책임이다. 예컨대 최고액을 정한 信用保證(신용보증)과 같은 경우이다.

물적책임(物的責任)

특정물 또는 특정재산이 어떤 채무의 담보로 되어 있는 상태를 말한다. 質權(질권)·抵當權(저당권)의 설정은 물적 책임을 지는 행위이다.

물적 유한책임(物的 有限責任)

채무자의 재산중의 특정한 물건 또는 재산만이 채무의 담보가 되는 것을 말한다. 유한책임의 일종이며, 한정승인을 행한 상속인의 책임에 상속재산에 국한되는 것이 그 예(민법 1028조, 1031조)이다. 이들 재산이 채무액보다 부족할 때에도 채권자는 채무자의 다른 재산에 대하여 강제집행을 하지 못한다. 채무자의 재산이 채무의 일정액을 한도로 하여 담보가 되는 양적 무한책임 또는 인적 유한책임과 구별된다. 무한책임이 원칙이고, 유한책임은 특히 법률로써 정한 경우에 한하여 인정된다.

인적집행(人的執行)
독 ; Personalexekution

채무자의 재산뿐 아니라 그 노동력·육체도 집행의 목적물로 하는 강제집행이다. 채권자의 만족을 도모하는 강제집행방법의 분류에 있어서 물적 집행에 대립하는 것이다. 그러나 개인의 인격존중을 기초로 하는 근대법에서는 자취를 감추었으며, 우리 나라

법은 전혀 이 종류의 집행을 인정하고 있지 않으나 不代替的 作爲義務의 간접강제의 수단 혹은 집행보전의 방법으로서 채무자의 구속(債務拘留)을 인정하는 입법도 있다(獨民§888, §890, §901, §913, §918, §933 등).

연대무한책임(連帶無限責任)

수인이 연대하여 각각 그 전 재산으로써 채무자의 채무를 변제할 책임을 지는 것이다. 원래 하나의 사유로 수인이 채무를 부담할 경우에는 각자는 분할한 액의 채무를 부담하는 것이 원칙이므로(民§408). 연대책임을 부담하는 것은 예외이다. 그러나 채무는 무한책임이 원칙이므로 연대채무도 무한책임을 원칙으로 한다. 따라서 연대채무에 관하여 특히 連帶無限責任(연대무한책임)이라는 이론적 필요는 요하지 않는다. 다만 유한책임이 아니라는 점을 강조하기 위하여 이같이 부르는 것이다.

연대의 면제(連帶의 免除)
불 ; remise de la solidarité

연대채무에 있어서 채권자가 각 채무자에 대하여 전액을 청구할 수 있는 권리를 포기하고 부담부분에 한하여서만 청구하겠다고 하는 채권자의 의사표시이다. 일종의 채무의 면제이다. 모든 연대채무자에 대하여 연대의 면제를 하면 分割債務(분할채무)로 변하지만(絶對的 連帶免除(절대적 연대면제) 일부의 연대채무자에 대하여서만 연대면제를 하면 그 이외의 연대채무자는 그대로 전액을 변제할 의무를 진다(상대적 연대면제). 이 경우 전액 변제의 의무를 진 연대채무자 중에 변제 자력이 없는 자가 있을 때에는 무자력자

가 변제할 수 없는 부분에 대하여 연대의 면제를 받은 자가 부담하여야 할 부분을 채권자가 부담하도록 하여, 연대의 면제를 받은 자는 부담부분 이상의 부담을 지지 않도록 하고 있다(民§427).

공동면책(共同免責)

채무자가 수인인 채무관계 즉 不可分債務(불가분채무)·連帶債務(연대채무)·保證債務(보증채무)에 있어서 채무자의 한 사람이 하는 변제가 그 밖의 채무의 소멸 또는 소멸을 생기게 하는 행위로서 총채무자를 위하여 그 효력이 생기게 하는 것이다. 자기가 비용을 부담함으로써 공동의 면책을 생기게 한 채무자는 원칙적으로 求償權(구상권)을 갖는다(民§425, §411, §448②).

공동채무자(共同債務者)

동일한 채권에 대하여 공동으로 채무를 지는 자를 말한다. 즉 수인이 각자 채무를 부담하는데 한 사람이 이행한다면 그것으로 인하여 전원의 채무가 소멸하는 것과 같은 관계에 있는 것이 보통이고, 不可分債務者(불가분채무자)·연대채무자·주된 채무자와 보증인 등이 그 예이다. 한 사람의 이행으로 인하여 채무가 소멸함으로써 내부적으로 구상권이 생길 수 있다.

구상권(求償權)

타인이 부담하여야 할 것을 자기의 出財(출재)로써 변제하여 타인에게 재산상의 이익을 부여한 경우 그 타인에게 상환을 청구할 수 있는 권리이다. 일종의 返還請求權(반환청구권)이다. 민법상 대표적인 것으로는 (1) 연대채무자의 1인이 채무를 변제한 경우에 다른 연대채무자에게, (2) 주채무자의 부탁으로 보증인·물상보증인이 된 자가 과실없이 주채무를 소멸시킨 때에 주채무자에게(民§441①), (3) 타인의 행위에 의하여 배상의무를 부담케 된 자가 그 타인에게(§465, §756, §758), 타인 때문에 손해를 입은 자가 그 타인에게(§1038, §1051, §1056), (4) 그리고 변제에 의해서 타인에게 부당이익을 발생하게 하였을 경우에는 변제자가 그 타인에게(§745) 각각 구상권에 의한 반환청구를 인정하고 있다. 이 경우 (1)에서의 구상권은 채무면제된 날 이후의 법정이자 및 불가피한 비용 기타의 손해배상을 포함한다(§425). 이 경우에 다른 연대채무자에게 사전 혹은 사후에 통지하지 아니하고 변제 기타 자기의 출재로 공동면책이 된 경우에 다른 연대채무자가 채권자에게 대항할 수 있는 사유가 있을 경우에 그 부담부분에 한하여 면책행위를 한 연대채무자에게 대항할 수 있고, 그 대항사유가 상계인 때에는 상계로써 소멸할 채권은 그 연대채무자에게 이전된다.(§426①) 면책행위를 알지 못한 다른 연대채무자가 선의로 다시 채권자에게 변제 기타 유상의 면책행위를 한 때에는 그 연대채무자는 자기의 면책행위의 효력을 주장할 수 없다(§426②). 연대채무자 가운데 償還(상환)의 자력이 없는 자가 있을 경우에는 구상권자 및 다른 자력 있는 채무자가 그 부담부분에 비례하여 분담하지만, 구상권자에게 과실이 있을 때에는 다른 연대채무자에 대하여 분담을 청구할 수 없다(§427①). 분담할 다른 채무자가 채권자로부터 연대의 면제를 받은 때에는 그 채무자의 분담할 부분은 채권자 부담으로 한다(§427②). 또한 (2)에서의 보증인은 특정한 경우에는 出財에 앞서 미리 求償(구상)할 수 있다(§422, §443).

부진정연대채무(不眞正連帶債務)

독; unechte Solidaritat
불; solidarite imparfaite

수인이 동일한 목적을 지닌 채무를 부담하고 각채무자가 각각전부의 給付義務(급부의무)를 지며 1인의 채무자의 완전한 이행에 의하여 다른 채무가 소멸하는 관계이다. 예를 들면 受置物(수치물)을 부주의로 도난당한 수치인의 채무불이행에 의한 賠償義務(배상의무)와 竊取者(절취자)의 불법행위에 의한 배상의무의 관계이다 (§755, §756, §759 등). 이런 경우는 하나의 공동목적을 위하여 수인이 채무를 부담하지만 이들은 연대채무와는 달리 債務者相互間(채무자상호간)에 독립되어 있고 공동목적을 위하여 협력할 주관적 관계성이 없다. 그러므로 부진정연대채무에서는 부담부분이 없다. 또한 채무는 독립적이므로 1인의 채무자에게 생긴 사유가 채권을 만족시키는 사유(변제·대물변제·공탁상계) 이외의 사유(이행청구, 채무의 승인, 채무면제, 소멸시효의 완성 등)라면 他者에게 아무런 영향을 미치지 못한다. 따라서 求償權(구상권)도 특별한 규정이 없는 한 당연히 발생하지 않는다. 그러나 공동불법행위에서와 같이 채무자들 사이에 특별한 내부관계가 있는 경우에는 구상관계가 인정되기도 한다. 이와 관련하여 판례는 부진정연대채무의 관계에서 대체로 구상을 인정하지 않았으며, 공동불법행위의 경우에만 구상을 인정해 왔다. 그러나 최근에는 일반적으로 구상을 인정하려는 듯한 판시도 하고 있다(2005다19378).

이른바 부진정연대채무의 관계에 있는 복수의 책임주체 내부관계에 있어서는 형평의 원칙상 일정한 부담 부분이 있을 수 있으며, 그 부담 부분은 각자의 고의 및 과실의 정도에 따라 정하여지는 것으로서 부진정연대채무자 중 1인이 자기의 부담 부분 이상을 변제하여 공동의 면책을 얻게 하였을 때에는 다른 부진정연대채무자에게 그 부담 부분의 비율에 따라 구상권을 행사할 수 있다(대법원 2006. 1. 27. 선고 2005다19378).

독립채무(獨立債務)

다른 채무에 연관되지 않고 존재하는 채무를 말한다. 예컨대 취소의 원인이 있는 채무를 보증한 자가 保證契約當時(보증계약당시)에 그 원인이 있음을 안 경우에 주채무자의 불이행 또는 취소가 있는 때에는 주채무와 동일한 목적의 독립채무를 부담한 것으로 본다(民§436).

보증채무(保證債務)

主債務者(주채무자)가 그의 채무를 이행하지 않을 경우 그 이행의 책임을 지는 제3자의채무를 말한다. 主債務(주채무)와 동일한 내용을 지닌 종속된 채무로서 주채무를 담보하는 작용을 한다(民§428~§448). 주채무가 없으면 보증채무는 성립할 수 없고, 주채무의 무효·취소는 보증채무의 무효·취소를 가져온다(附從性). 그러므로 주채무자가 제한능력자이기 때문에 그의 법정대리인이 주채무를 취소한 경우에는 保證債務(보증채무)도 소멸한다. 그러나 보증인이 당초에 주채무자가 제한능력자라는 것을 알고 있었을 때에는 보증채무는 소멸하지 않는다. 또한 채권이 양도(채권자가 바뀔 때)되어도 보증채무는 소멸되지 않지만(隨伴性), 채무인수(채무자가 바뀔 때)일 때에는 소멸한다. 보증인이 이행해야 하는 것은 특약이 없는 한 주채무는 물론 주채무의 利子(이자)·違約金(위약금)·損害賠償(손해배상) 기타 주채무에 종속된 채무가 포함된다. 채권자가 보증인에게 청구를 할 때에는 보증인은 먼저 주채무자에게 청구하라고 항변할 수 있다(催告의 抗辯權). 또한 보증인은 주채무자의 변제자력이 있는 사실 및 그 집행이 용이함을 증명하여 먼저 주채무자의 재산에 대하여 집행할 것을 항변할 수 있다(檢索의 抗辯權). 이 두 가지 경우에 채권자가 보증인의 항변에도 불구하고, 채권자의 해태로 인하여 주채무자로부터 일부의 변제를 받지 못한 경우에는 변제를 받았을 한도에서 보증인은 주채무자가 채권자에 대하여 가지고 있는 채권으로 상계할 수 있다. 주채무자에 대하여 소멸시효의 중단 및 기타 여러 가지 사유가 발생하면 그것은 보증인에 대하여도 효력이 있다. 보증인이 주채무를 변제하면 당연히 주채무자에 대하여 求償(구상)할 수 있다(民§441). 보증인은 변제를 하기 전후에 주채무자에게 통지하여야 하며, 이에 대한 통지를 해태하면 구상권의 제한을 받게 된다(§445). 고용되어 일하는 被用者(피용자)가 장래에 만약 부당한 행위를 하여 고용주에게 損害賠償責任(손해배상책임)을 부담하는 경우를 위하여 身元保證人(신원보증인)을 세우게 하는 경우가 있다. 이것은 일종의 조건부채무의 보증이다. 이에 대하여는 身元保證法이라고 하는 특별법이 제정되어 있다.

부종성(附從性)
독 ; Akzessorität

어떤 권리·의무가 주된 권리·의무의 경제적 목적을 달성하는 수단인 경우에 법률상 그 成立(성립)·存續(존속)·態樣(태양)·消滅(소멸) 등에 주된 권리·의무와 운명을 같이하는 성질을 말한다. 예컨대, 채권을 담보하기 위하여 저당권·질권을 설정하거나(물적 담보) 보증인을 세운다면(인적 담보), 거기에는 근본이 되고 있는 주된 권리와 의무 이외에 저당권·질권과 관련된 권리·의무 그리고 보증채무 및 그에 대한 권리라는 형식으로 종속된 권리·의무가 발생한다. 이런 경우에 종속한 권리·의무는 주된 권리·의무가 성립하지 않으면 성립할 수 없고, 주된 권리·의무가 소멸하면 역시 소멸한다. 그러나 부속성을 엄격히 요구하면 실제의 거래에 있어서 적합하지 않는 일이 일어나기 때문에 부종성의 완화가 필요한 예로는 장래의 채권을 위한 質權(질권)·抵當權(저당권)·根擔保(근담보)·所有者抵當(소유자저당) 등이다. 즉 根抵當(근저당)·根質(근질)·根保證(근보증)의 경우와 같이 대금의 한계를 정하고(예를 들면 100만원까지라는 계약)그 범위 내에서 차용하고 변제를 하는 거래관계에서는 그 한계 즉 100만원의 채무를 위하여 근저당·질권 또는 보증채무가 설정된다.

보증채무는 주채무와 동일한 내용의 급부를 목적으로 함이 원칙이지만 주채무와는 별개 독립의 채무이고, 한편 보증채무자가 주채무를 소멸시키는 행위는 주채무의 존재를 전제로 하므로, 보증인의 출연행위 당시에는 주채무가 유효하게 존속하고 있었다 하더라도 그 후 주계약이 해제되어 소급적으로 소멸하는 경우에는 보증인은 변제를 수령한 채권자를 상대로 이미 이행한 급부를 부당이득으로 반환청구할 수 있다(**대법원 2004. 12. 24. 선고 2004다20265**).

수반성(隨伴性)

從屬(종속)한 권리·의무가 주된 권리나 의무의 처분에 따라서 이전하고 이와 법률상의 운명을 같이 하는 성질이다. 수반성은 종속한 권리의무가 가지고 있는 부종성에서 당연히 생기는 성질이다. 예컨대, 채권이 양도되면 抵當權(저당권)·質權保證金(질권보증금)(家賃債權 등의 담보)·보증채무 등도 당연히 신권리자와 채무자간의 관계로서 이전하게 된다. 주된 권리의무의 이전이라는 것은 양도 기타 약정의 경우나 강제집행 또는 대위(예를 들면 대위변제)등, 법률의 규정에 의한 경우일지라도 마찬가지이며 종속한 권리의무가 수반한다는 것에는 변함이 없다. 단 債權讓渡(채권양도)와 같은 경우에는 물론 대항요건을 갖추고 있어야 한다.

> 보증채무는 주채무에 대한 부종성 또는 수반성이 있어서 주채무자에 대한 채권이 이전되면 당사자 사이에 별도의 특약이 없는 한 보증인에 대한 채권도 함께 이전하고, 이 경우 채권양도의 대항요건도 주채권의 이전에 관하여 구비하면 족하고, 별도로 보증채권에 관하여 대항요건을 갖출 필요는 없다(**대법원 2002. 9. 10. 선고 2002다21509**).

보증의 방식(保證의 方式)

2015년 2월 3일 민법 개정시 보증의 방식에 관한 제428조의2가 신설되었다. 보증에 관한 기존 규정만으로는 보증인의 보호에 불충분하고, 「보증인 보호를 위한 특별법」은 그 적용 범위가 아무런 대가 없이 호의(好意)로 이루어지는 보증으로 제한되어 있으므로 일반 보증인을 보호하기 위하여 보증 방식에 대한 규정을 신설한 것이다. 이에 의하면 보증은 그 의사가 보증인의 기명날인 또는 서명이 있는 '서면'으로 표시되어야 효력이 발생하며, 보증의 의사가 전자적 형태로 표시된 경우에는 효력이 없다. 또한 보증인이 보증채무를 이행한 경우에는 그 한도에서 방식의 하자를 이유로 보증의 무효를 주장할 수 없도록 하고 있다.

근보증(根保證)

근보증이란 일정한 계속적인 거래관계로부터 장차 발생하게 될 불특정·다수의 채무를 보증하는 것을 말한다. 이와 관련하여 2015년 2월 3일 민법 개정시 근보증에 관한 제428조의3이 신설되었다. 이에 의하면 보증은 불확정한 다수의 채무에 대해서도 할 수 있으나, 이 경우 보증하는 채무의 최고액을 서면으로 특정하여야 하며, 채무의 최고액을 서면으로 특정하지 아니한 보증계약은 효력이 없도록 하였다.

보증인(保證人)
(독, Bürge)

채권관계에 있어서 주채무자 이외에 동일한 내용의 채무를 부담하는 종된 채무자를 두어서 주채무자의 채무에 대한 채권을 담보하는 제도를 보증이라 하는데, 이 보증에서 종된 채무자를 말한다. 보증인의 조건은 채권자가 보증인을 지명한 경우 외에는 보증인으로 되는 자는 행위능력 및 변제자력이 있어야 하며, 변제자력이 없게 된 때에는 채권자는 보증인의 변경을 청구할 수 있다. 보증인은 주채무자가 이행하지 아니한 채무를 이행할 의무가 있고, 보증채무에 관한 위약금 기타 손해배상액을 약정할 수 있다. 주채무자의 항변포기는 보증인에게 효력이 없고, 보증인은 주채무자의 항변으로 채권자에게 대항할 수 있다. 주채무자가 채권자에 대하여 취소권·해제권·해지권이 있는 동안은 보증인은 채권자에 대하여 채무의 이행을 거절할 수 있다. 채권자가 보증인에게 채무의 이행을 청구한 때에는 보증인은 주채무자의 변제자력이 있는 사실 및 그 집행이 용이할 것을 증명하여 먼저 주채무자에게 청구할 것과, 그 재산에 대해 집행할 것을 항변할 수 있다. 그러나 보증인이 주채무자와 연대하여 채무를 부담한 때에는 그러하지 아니한다. 또 주채무자의 채권에 대한 상계로 채권자에게 대항할 수 있다.

채권자의 정보제공의무와 통지의무(債權者의 情報提供義務와 通知義務)

2015년 2월 3일 민법 개정시 채권자의 정보제공의무와 통지의무에 관한 제436조의2가 신설되었다. 이에 의하면 채권자는 보증계약을 체결할 때 보증계약의 체결 여부 또는 그 내용에 영향을 미칠 수 있는 주채무자의 채무 관련 신용정보를 보유하고 있거나 알고 있는 경우에는 보증인에게 그 정보를 알려야 한다. 보증계약을 갱신할 때에도 또한 같다. 또한 채권자는 보증계약을 체결한 후에 ① 주채무자가 원본, 이자, 위약금, 손해배상 또는 그 밖에 주채무에 종속한 채무를 3개월 이상 이행하지 아니하는 경우, ② 주채무자가 이행기에 이행할 수 없음을 미리 안 경우, ③ 주채무자의 채무 관련 신용정보에 중대한 변화가 생겼음을 알게

된 경우 중 어느 하나에 해당하는 사유가 있는 경우에는 지체 없이 보증인에게 그 사실을 알려야 한다. 만약 보증인의 청구가 있으면 채권자는 주채무의 내용 및 그 이행 여부를 알려야 한다. 채권자가 이러한 의무를 위반하여 보증인에게 손해를 입힌 경우에는 법원은 그 내용과 정도 등을 고려하여 보증채무를 감경하거나 면제할 수 있다.

항변권(抗辯權)
라 ; exceptio　　　독 ; Einrede

청구권의 행사를 특정한 조건이 성취될 때까지 일시적으로 거부하여 연기의 효과를 발생시키는 권리이다. 保證人(보증인)의 抗辯權(항변권)(民§437, §438)·同時履行(동시이행)의 抗辯權(§536)·催告(최고)의 抗辯權·檢索(검색)의 抗辯權(항변권) 등이 그 예이다. 항변권의 행사에 의하여 청구권의 효력이 저지되며, 그 내용은 항변권의 종류에 따라 다르다(§536, §438 참조). 그러나 그 어느 것도 항변권의 행사에 의하여 법률효과가 발생하므로 항변권은 형성권의 하나라고 볼 수 있다. 항변권은 청구를 일시적으로 저지하고 연기의 효력을 발생시키는 延期的(연기적)·停止的(정지적) 항변권(dilatorische od. vorübergehende Einrede)과 청구를 영구적으로 저지하고 청구권소멸의 효과를 발생시키는 否定的(부정적)·永久的(영구적) 또는 멸각적 항변권(peremptorische od. dauernde Einrede)의 두가지로 나눌 수 있다. 독일민법의 소극시효의 항변권은 부정적·영구적 또는 멸각적 항변권에 속한다.

최고의 항변권(催告의 抗辯權)

독; Einrede der Mahnung
불; b'enefice de avertissment

채권자가 보증인에게 채무의 이행을 청구한 때는 보증인은 먼저 주채무자가 자력이 있다는 사실 및 그 집행이 용이하다는 것을 증명하여 먼저 주채무자에게 청구할 것을 항변할 수 있는 권리이다(民 §437). 보증인의 1차적 항변권으로서 검색의 항변권과 함께 보증채무의 보충성에 기하는 항변권이다. 보증인의 항변에도 불구하고 채권자의 해태로 인하여 채무자로부터 전부나 일부의 변제를 받지 못한 경우에는 채권자가 해태하지 아니하였으면 변제받았을 한도 내에서 보증인은 그 의무를 면한다(§438). 다만 이 항변은 채권자가 주채무자에게 최고하면 효력을 상실하게 되므로 유력한 항변이라고는 할 수 없다. 주채무자가 파산 한 때·행방불명의 경우(§452但) 또는 보증인이 연대보증인인 때에는 예외적으로 이 항변권이 인정되지 않는다.

검색의 항변권(檢索의 抗辯權)

라; beneficium excussionis
독; Einrede der Vorausklage
     Rechtswohltat der Verausklage
불; b'enefice de discussion

채권자가 보증인에게 채무의 이행을 청구한 경우에 보증인은 주채무자에게 변제자력이 있다는 사실 및 집행이 용이함을 증명하여, 먼저 주채무자에게 집행하라고 그 청구를 거절할 수 있는 권리이다(民 §437 본문). 이것은 保證債務(보증채무)의 補充性(보충성)에 입각하여 최고의 항변권과 함께 인정된 것이다. 따라서 보충성이 인정되지 않는 연대보증인에 대하여서는 검색의 항변권이 인정되지 않는다

(§437但). 검색의 항변을 하려면 주채무자에게 변제자력이 있는 사실 및 그 집행이 용이하다는 것을 증명하여야 한다. 여기서 변제자력이라는 것이 채무의 전액을 변제하는데 있어서 충분한 자력인지의 여부에 대하여는 학설이 일치하지 않으나, 현행법의 해석으로는 거래관념상 상당한 액을 변제 할 수 있는 자력을 의미한다. 다음에 집행이 용이하다는 것은 채권자가 집행을 위하여 현저한 시일과 비용을 요함이 없이 용이하게 그 채권을 실행할 수 있다는 것을 말한다. 일반적으로 말한다면 금전·유가증권 등은 집행이 용이하지만 부동산은 그렇지 않다고 할 수 있다. 검색의 항변을 하게 되면 채권자는 먼저 主債務者(주채무자)의 재산에 대해서 집행해야 한다. 만약에 그것을 해태하였기 때문에 주채무자로부터 전부의 변제를 받을 수 없을 때는 채권자가 즉시 주채무자의 재산을 집행했더라면 변제 받았을 한도에서 보증인은 그 의무를 면한다(§438).

연대보증(連帶保證)

독; Solidarbürgschaft
불; cautionnement solidaire

보증인이 주채무자와 연대하여 채무를 부담하는 보증을 말한다. 다만, 連帶保證(연대보증)도 保證債務(보증채무)의 일종이기 때문에 부종성이 있다는 점에서 연대채무와 다르며 일반의 보증채무와는 동일하다. 즉 주채무가 성립되지 않으면 연대보증도 성립되지 않으며 주채무가 소멸되면 연대보증도 역시 소멸된다. 또한 보통의 보증채무와는 달리 연대보증인에게는 최고 및 검색의 항변권이 없다(民 §437但). 특약이나 법률의 규정에 의하여 성립된다(商§57②). 채권자는 주채무자의

자력의 유무에 불문하고 즉시 연대보증인에게 청구하고 강제집행을 할 수 있다(民 §437). 그러나 그 범위는 주채무의 범위를 넘지 못한다. 주채무자 또는 연대보증인에 관하여 생긴 사유의 효력에 관하여는 보통의 보증의 경우와 동일하다. 연대보증인이 변제한 경우의 주채무자에 대한 求償權(구상권)은 보통의 보증의 경우와 동일하나 연대보증은 특약에 의하여생기는 것이 원칙이므로, 보통의 보증 가운데서 오로지 부탁 받고 보증한 경우의 규정(§441~§443)이 적용된다.

분별의 이익(分別의 利益)

라 ; beneficiumdivisionis
독 ; bénefice de division
●━━━━━━━━━━━━━━━━━━

共同保證(공동보증)에 있어서는 각보증인이 채무에 대하여 보증인의 수에 따라 균등비율로 분할하여 책임을 부담한다. 이를 분별의 이익이라 한다. 공동보증에서는 각보증인이 1개의 계약으로 보증인이 되었거나 별개의 계약으로 보증인이 된 경우일지라도 각 보증인간에 균등하게 분할하고 그 분할된 부분을 보증하기로 되어 있다(民§439). 連帶保證人(연대보증인)은 분별의 이익을 지니지 않는다. 또한 주채무가 不可分債務(불가분채무)라면 보증인에게는 분별의 이익은 없다. 그렇기 때문에 이런 경우에는 각보증인은 금액의 채권을 변제할 책임을 부담하게 되는 것이다. 더구나 商事債務(상사채무)의 경우에도 분별의 이익이 없다(商§57).

공동보증(共同保證)

독 ; Mitbürgschaft
불 ; cautionnement conjoint
●━━━━━━━━━━━━━━━━━━

동일한 主債務(주채무)에 관하여 수인이 채무를 균등하게 분할하여 부담하는 보증을 말한다. 수인이 동시에 1개의 계약으로 보증인이 된 경우는 물론 순차적으로 별개의 계약으로 보증인이 된 경우에도 각보증인은 채무액을 전보증인에게 균등하게 분할하고 그 일부를 보증하게 된다(民§439). 이것을 분별의 이익이라고 한다. 이 분별의 이익은 連帶保證人(연대보증인) 또는 不可分債務(불가분채무)의 보증인에게는 없다. 공동보증인은 변제한 금액을 주채무자에게 구상할 수 있다. 공동보증인이 다른 보증인에 대하여 구상권을 행사할 때는 (1) 분별의 이익이 있는 경우에는 자기의 부담부분을 넘는 변제를 하였을 때 다른 보증인에 대하여 구상권을 행사할 수 있고(§448②). (2) 분별의 이익이 없는 경우에는 연대채무자간의 구상권에 관한 규정을 준용한다(§448①).

채권양도(債權讓渡)

독 ; Abtretung der Forderung,
      Ubertragung der Forderung
불 ; transport oucessionde la créance
●━━━━━━━━━━━━━━━━━━

채권의 동일성을 유지하면서 채권을 이전할 것을 목적으로 하는 舊債權者(구채권자)와 新債權者間의 계약을 말한다. 채권의 양도는 원칙적으로 인정되고 있다(民§449~§452). 예외적으로 채권양도가 금지되는 경우가 있다. 첫째, 법률에 의하여 금지되고 있는 경우(예를 들면 친족간의 扶養請求權(부양청구권) 및 年金請求權(연금청구권)등)이고 둘째, 채권의 성질로 미루어 허용될 수 없는 경우(예 : 사용차주의 채권 §610, §629 등)이며, 셋째, 채권자와 채무자 사이에 미리 양도하지 않는다는 특약이 있는 경우(단, 이 특약은 선의의 제3자에게 주장할 수 없다)이다. 양도는 양도인과 양수인의 합의만으로 효력을 발생하지만 양도의 효력을 제3자에게 주장하기 위하여는 다음과 같은 요건이 필요하다. 첫째로 채무자를 상대로 주장하려면 양도가 있었다는 것을 양도인으로부터 채무자에게 통지하거나 채무자가 그것을 승낙해야 한다. 둘째로 채무자 이외의 제3자에게 주장하기 위하여는 통지나 승낙이 확정일자가 있는 증서(예를 들면 內容證明郵便(내용증명우편) 등)로 하여야 한다. 이상은 보통의 채권(指名債權)에 대하여 서술한 것이다. 채권에는 이밖에 證券的 債權(증권적 채권)(指示債權, 無記名債權, 記名所持人出給債權)이 있다. 지시채권의 양도 효력을 제3자에게 주장하기 위하여는 증권에 양도의 내용을 배서하여 讓受人(양수인)에게 교부해야 하며 무기명채권과 기명소지인출급채권의 경우에는 증권의 인도(교부)에 의한다. 단 상법상의 증권적 채권은 증권의 배서교부에 의하여 당사자 및 제3자에 대하여 효력을 발생한다(지시채권 참조).

기존의 채권이 제3자에게 이전된 경우 이를 채권의 양도로 볼 것인가 또는 경개로 볼 것인가는 일차적으로 당사자의 의사에 의하여 결정되고, 만약 당사자의 의사가 명백하지 아니할 때에는 특별한 사정이 없는 한 동일성을 상실함으로써 채권자가 담보를 잃고 채무자가 항변권을 잃게 되는 것과 같이 스스로 불이익을 초래하는 의사를 표시하였다고는 볼 수 없으므로 일반적으로 채권의 양도로 볼 것이다(대법원 1996. 7. 9. 선고 96다16612).

지명채권(指名債權)

채권자가 특정되어 있는 채권이다. 통상적인 채권이다. 증권적 채권과는 달라서 지명채권은 그 채권의 성립·존속·행사

·양도 등을 위하여 증서 즉 증권의 작성·교부를 필요로 하지 않는다. 따라서 증서는 단순한 증거로서의 역할을 할뿐이다. 지명채권의 양도는 자유이지만, 채무자에 대한 통지 또는 채무자의 승낙이 없는 한, 양수인은 채무자에 대하여 채권의 취득을 주장할 수 없다(民§450①). 또한 이 통지나 승낙은 확정일자 있는 증서에 의하지 아니하면 채무자 이외의 제3자에게 대항하지 못한다(§450②).

지시채권(指示債權)
독 ; Orderforderung   불 ; créance 'a orde

특정인 또는 그가 지시한 자에게 변제하여야 하는 證券的 債權이다. 어음手票(수표)·倉庫證券(창고증권)·貨物相換證(화물상환증)·船荷證券(선하증권)·記名柱式(기명주식)은 원칙적으로 지시채권이다. 법률의 규정에 의하여 당연히 지시채권이 되는 것도 있고, 그밖에 민법상 임의로 지시채권을 성립시킬 수 있지만, 실제상 그 예는 거의 없다. 민법은 어음법이나 수표법에서와 같이 증권의 背書交付(배서교부)를 債權讓渡(채권양도)의 성립조건으로 하고 있다.

선택무기명증권(選擇無記名證券)
독 ; alternatives Inhaberpapier
불 ; titre auporteur alternatif

증권 위에 특정인을 권리자로 기재함과 동시에 증권소지인도 권리자로 인정하는 취지를 기재한 증권이다. 記名式所持人出給(기명식소지인출급) 또는 選擇無記名證券(선택무기명증권)이라고도 한다. 수표법 제5조 2항은 선택무기명식증권인 수표를 所持人出給式手票(소지인출급식수

표)로 본다고 규정하고 있으나, 어음법에 서는 선택무기명식증권으로 발행하는 것을 금하고 있다(어§1Ⅵ, §75, §76). 선택 무기명증권에는 商法(상법) 제65조에 의하여 민법이 준용되므로, 이 증권의 양도는 무기명식증권에서와 같이 증권의 교부로써 양도의 효력이 생긴다(民§523). 대개의 경우, 무기명증권과 동일한 효력을 인정받으나 免責證券(면책증권)에 지나지 않는 경우도 있다(民§525).

무기명채권(無記名債權)

독 ; Forderung auf den Inhaber
불 ; créance au porteur

證券面(증권면) 위에 채무자는 기재되어 있으나 채권자는 특정하지 않고 그 성립·존속·행사에 반드시 증권을 필요로 하며 정당한 소지인에 대하여 변제하여야할 증권적 채권이다. 商品券(상품권) · 乘車券(승차권) · 劇場(극장)의 入場券(입장권) · 無記名國債(무기명국채) 등이 이에 속한다. 이 무기명채권을 표시하는 증서를 무기명증권이라고 한다는 점에 유의하여 지시채권에 관한 여러 규정을 준용하였다(民§523, §524).

면책증권(免責證券)

독 ; Legistimationspapier

채무자가 증권의 소지인에게 변제를 하면 소지인이 정당한 권리자가 아닌 경우라도 채무자가 악의나 중대한 과실이 없는 한 채무를 면할 수 있는 효력을 가진 증권이다. 資格證券(자격증권)이라고도 부른다. 免責證券(면책증권)은 권리의 유통확보나 그 행사를 위하여 작성한 것이 아니고 채무자의 辨濟整理(변제정리)의 목적을 가지는 것이다. 예를 들면 鐵道手

荷物相換證(철도수화물상환증) · 劇場 등의 携帶物預置證(휴대물예치증) · 積荷收取證(적하수취증) · 銀行預金證書(은행예금증서) 등이 이에 해당한다. 면책증권은 특정인간의 채권·채무관계에 관한 증거증권에 채무자의 이익을 위해 면책력을 인정한 것에 지나지 않으며, 권리를 표시하는 것이 아니기 때문에 유가증권은 아니다. 따라서 면책증권의 양도라는 것은 있을 수 없다. 증권에 化體(화체)된 증권적 채권이 아니므로 채권의 행사에 증권의 제시를 꼭 필요로 하는 것이 아니며 紛失(분실)하여도 公示催告(공시최고)節次(절차)에 의하여 무효로 할 필요가 없다. 그러나 증권에 면책성이 있다는 것은 변제를 용이하게 하므로 유가증권과 같이 유통성을 존중하는 증권은 대부분 免責證券性(면책증권성)을 갖는다.

변제(辨濟)

라 ; solutio
영 ; performance, payment
독 ; Erfüllung, Zahlung
불 ; paiement

채무자가 채무의 내용에 따라 급부를 실현하는 행위를 말한다. 변제가 있으면 채권자는 목적을 달성하고 채권은 소멸된다(民§460~§486). 이행과 동의어이지만 이행은 채권의 효력에서 본 용어이고, 변제는 채무의 소멸에서 본 용어이다. 변제로 되는 급부는 사실행위일 수도 있고 법률행위일 수도 있다. 변제를 완료하기 위하여는 채무자와 채권자가 서로 협력을 필요로 하는 경우가 많다. 즉 채권자도 채무변제에 협력해야 하는 신의성실의 원칙상의 의무가 있다. 이 채무자의 행위를 변제의 제공이라고 하고 채권자의 행위를 변제의 수령이라고 하는데 모두가 신의성실의 원칙이나 거래관습에 따라서 그 내용과 정도를 결정하여야 한다. 변제는 채무의 내용에 따라서 정하여진 履行期(이행기)에 일정한 장소에서 하여야 하며(民§467), 변제비용은 다른 의사표시가 없으면 채무자가 부담한다(§473). 변제는 대물변제와 제3자변제 및 대위변제가 가능하다. 또한 변제는 채권자만이 수령할 수 있다는 것이 원칙이지만 예외적으로 채권자일지라도 압류를 당하거나(민사집행법§227①, §276, §296③) 파산하였을 경우와 같이 受領權限(수령권한)이 없는 경우가 있으며 수령권한이 없는 자에 대한 변제가 유효인 경우도 있다(預金證書와 印章을 소지한 자나, 수령증의 지참인이 진정한 수령권한이 있는 자가 아닌데도 이 자에게 변제를 한 경우). 변제를 채무자 자신이 증명하는 것은 곤란하므로 민법은 受領證請求權(수령증청구권)과 債權證書返還請求權(채권증서반환청구권)을 인정하고 있다(民§474, §475).

우선변제(優先辨濟)

채권자 가운데 한 사람이 다른 채권자에 우선하여 받은 변제를 말한다. 물론 채무자의 재산이 전채무를 변제하기에 부족한 경우에 그 실익이 있다. 각 채권자는 제각기 동등한 지위에서 채권액에 비례하여 변제를 받는 것을 원칙으로 하는데, 이것을 債權者(채권자) 平等(평등)의 原則(원칙)이라고 한다. 그러므로 예외적으로 법률이 인정한 경우에 優先辨濟(우선변제)를 받을 수 있다. 민법이 인정한 채권가운데 우선변제를 받을 수 있는 것은 담보물권 중에 質權(질권) · 抵當權(저당권)이 있는 경우의 채권이다. 이밖에도 특별법에 의한 채권, 예를 들면 稅金(세금)이나 健康保險(건강보험) · 産災保險(산재보험) · 福祉年金(복지연금) · 自動車損害保險(자동차손해보험) 등의 할부금을 징수하는 청구권이 우선권으로 인정되고 있다.

배당변제(配當辨濟)

상속받은 재산으로 변제할 것을 법적으로 규정한 채무이행방법을 말한다. 상속은 원칙적으로 채무도 이전되는 것이므로 한정상속이나 포기의 의사표시를 하지 않으면 단순상속이 되어 채무이행의 의무도 수계받는다. 단 상속재산의 분리청구기간(민법 1045조)과 상속채권자와 유증받은 자에 대한 공고기간(민법 1046조)이 만료되기 전에는 변제거절권이 인정된다(민법 1051조 1항). 그러나 이 기간만료후에 상속인은 상속재산으로써 재산분리의 청구 또는 그 기간내에 신고한 상속채권자, 유증받은 자와 상속인이 알고 있는 상속채권자, 유증받은 자에 대하여 각 채권액 또는 수증액의 비율로 변제 하여야 한다. (민법 1051조 2항 본문). 그러나 질권·저당권 등의 우선권 있는 채권자에 대해서는 상속재산으로써 우선적으로 변제하여야 한다(민법 1051조 2항 단서). 상속재산관리인, 유언집행자, 또는 상속인은 상속재산으로써 상속채권자와 유증받은 자에 대한 채무를 완제할 수 없는 것을 발견한 때에는 지체없이 파산의 신청을 하여야 한다. 그리고 배당변제의 절차는 변제방법과 비슷하므로, 한정승인의 경우 변제에 관한 제1035조나 제1038조의 규정이 준용된다(민법 1051조 3항).

변제수령자(辨濟受領者)

영 ; person accepting performance
독 ; Empfänger der Erfüllung

채권의 변제를 수령할 권한이 있는 자를 말한다. 즉 그에게 변제하면 변제가 유효하게 되어서 채무가 소멸하는 자이다. 채권자 및 그 대리인 등 정당하게 채권자의 권리를 행사하는 자만이 수령권한을 가지고 있으나 한편에 있어서는 채권자에게 수령권한이 없는 경우가 있다(民§472·破§7 등). 다른 한편에 있어서는 채권자 이외의 자 즉 채권의 準占有者(民§470), 領收證所持者(영수증소지자)(§471), 指示債權(지시채권) 또는 指名所持人(지명소지인)·出給債權(출급채권)의 證書所持人(증서소지인)(§518) 등이 수령권한을 가지는 경우와 같이 예외가 있다.

제3자의 변제(第三者의 辨濟)

영 ; performance of a third person
독 ; Erfüllung der dritten Person

제3자가 자기의 이름으로 타인의 채무를 변제하는 것이다. 채무의 내용이 채무자 자신이 하지 않으면 목적을 이룰 수 없는 경우를 제하고 원칙적으로 제3자의 변제는 유효하므로(民§469①), 채권자는 수령을 거절하지 못한다. 제3자 변제를 하는 경우 채무자의 위탁을 받지 않아도 무방하고, 경우에 따라서는 채무자의 의사에 반하여도 변제할 수 있다(§469②). 그러나 履行補助者(이행보조자)·履行代行者(이행대행자)·代理人의 변제는 채무자에 의한 변제이며, 제3자의 변제는 아니다. 제3자는 본래의 채무변제 이외에 供託(공탁)·代物辨濟(대물변제)할 수 있으나, 자기의 채권으로 상계할 수는 없다. 제3자의 債務辨濟原因(채무변제원인)은 채무자의 委任(위임)·事務管理(사무관리)·채무자에 대한 증여 등이다. 그러나 (1) 一身專屬權(일신전속권)인 채무(民§469①但), (2) 당사자가 반대의 의사를 표시한 때(§469①但), (3) 이해관계 없는 제3자의 변제가 채무자의 의사에 반할 때에는(§469②) 변제할 수 없다. 또한 제3자가 변제를 하면 제3자는 채무자에 대하여 求償權을 취득하고, 이 구상권을 확실히 하기 위하여 代位制度(대위제도)가 인정된다.

변제의사(辨濟意思)

독 ; Erfüllungswille

변제를 함으로써 채무를 소멸시키려고 하는 의사를 말한다. 변제의 법률적 성질에 관한 학설 중에 변제를 법률적 행위라고 하는 학자는 변제에는 변제의사가 필요하다고 한다. 그러나 통설은 이것이 필요치 않다고 하며 변제는 법률적 행위가 아니고 準法律行爲(준법률행위)라고 한다. 즉 변제에 의하여 채무가 소멸하는 것은 채권의 목적을 달성하기 때문이지 변제자의 효과의사 때문이 아니며 또 급부가 어떤채무를 위하여 행하여졌는가는 변제자의 의사에 의하는 것이 아니라 객관적 사정에 의하여 정하여지기 때문이라 한다.

연부(年賦)

채무를 해마다 일정액씩 나누어서 지급하는 변제방법이다. 매매대금의 지급이나 金錢貸借(금전대차)의 결제에도 쓰인다. 일부변제가 정기적으로 행하여지는 것이지만 정기금채권은 아니며 법문상에 규정도 없다. 年賦金(연부금)을 그 기한 내에 지급하지 않을 때는 기한의 이익을 잃게 되며 전액을 일시에 변제하여야 한다는 約款(약관)이 많다. 연부는 일시에 모두 변제할 수 없는 채무자에게 기한을 유예하기 위하여 행해지지만 부동산 담보의 대부 등에서는 대부의 안전을 도모하기 위하여 원리의 分割償還(분할상환)의 방법이 많이 쓰인다.

영수증(領收證)

영 ; receipt 독 ; Quittung 불 ; quittance

채권자가 채무의 변제를 받았다는 것을 증명하기 위하여 채무자에게 교부하는 증서를 말한다. 특별한 형식이 정해져 있는 것이 아니므로 변제를 받은 증거가 되는 증서이면 족하다. 다만 영수증의 증거이므로 목적물의 표시, 受領(수령)의 文言(문언), 受領人(수령인)의 署名(서명), 日字(일자)의 記載(기재), 相對方(상대방)의 表示(표시) 등을 기재하는 것이 실제로 필요할 것이다. 변제를 한 자는 변제를 수령한 자에게 영수증의 교부를 청구할 수 있다(民§474). 변제와 영수증의 교부는 同時履行關係에 있다. 영수증의 작성비용은 채권자가 부담한다. 영수증은 債權消滅의 증거가 되지만, 이밖에 영수증의 소지자를 변제를 받을 권한이 있는 자라고 오신하고 변제를 한 경우, 예를 들면 해고된 수금원이 영수증을 지참하였기 때문에 이를 지급한 경우 이 변제는 변제자에게 과실이 없는 한, 효력이 있다(§471). 그러나 이 영수증이 위조된 것인 때에는 이에 대한 변제는 무효이다.

법정충당(法定充當)

변제의 충당방법 가운데 법률이 정하는 순서에 따라 행하여지는 것이다. 어떤 채권자에 대하여 동종류의 복수의 채무를 지고 있는 채무자가 총채무를 변제하기에 부족한 급부를 할 경우에는 그 급부를 어느 채무의 변제로 할 것인가를 정하여야 한다. 변제의 충당은 우선 채무자가 지정할 수 있고 채무자가 지정하지 않으면 채권자가 지정할 수 있다(民§476). 그리고 채무자나 채권자가 충당의 지정을 하지 않을 경우에는 법률의 규정에 의하여 충당이 결정된다(§477). 이것을 法定充當(법정충당)이라고 한다. 법정충당보다도 유리한 충당을 하기 위하여는 채무자는 충당의 지정을 할 것(어느 채무의 변제인가를 채권자에게 통지한다)이 긴요하다. 법정충당의 순서는 (1) 이행기가 도래한 채무 (2) 채무자에게 변제이익이 많은 채무이다. 이 경우 그 채무액에 비례하여 각채무의 변제에 충당한다. 또한 변제는 費用(비용)·利子(이자)·元本(원본)의 순서로 충당한다(§479).

변제충당(辨濟充當)

독 ; Anrechnung der Zahlung,
Imputation der Zahlug

채무자가 동일한 채권자에 대하여 동종의 목적을 갖는 수개의 채무를 부담한 경우 또는 1개의 채무의 변제로서 수개의 급부를 하지 않으면 안될 경우 및 채무자가 1개 또는 수개의 채무에 대하여 원금 외에 이자 및 비용을 지급할 경우에 있어서 변제로서 제공한 급여가 채무전부를 소멸시키는 데 부족한 경우에는 그 給與(급여)를 어느 채무 또는 어느 급여의 변제에 충당할 것인가를 정하는 것을 말한다(民§476①, §478). 辨濟充當權者(변제충당권자)는 원칙적으로 변제자이지만 辨

濟受領者(변제수령자)일 수도 있다(§476). 충당의 방법으로는 (1) 변제자와 변제수령자와의 계약에 의한 충당, (2) 충당권자의 일방적 의사표시에 의한 충당(§476), (3) 법정충당의 세 가지가 있다. 특히 수개의 채무가 있는 경우에는 이를 충당하는 순서가 문제가 된다. 동일한 채무자에게 2개 이상의 채무가 있을 때 어느 채무를 위하여 변제하였는지 不明(불명)일때는 민법의 규정에 따라서 이를 충당한다(§476). 더구나 원본, 이자, 비용에 있어서는 이에 관하여 특약이 없는 한 비용, 이자, 원본의 순으로 충당한다(§479).

지정변제충당(指定辨濟充當)

채무자가 동일한 채권자에 대하여 같은 종류를 목적으로 한 수개의 채무를 부담한 경우에 변제의 제공이 그 채무전부를 소멸하게 하지 못하는 때, 변제자가 그 당시 어느 채무를 지정하여 그 변제에 충당하는 것을 말한다(民§476①). 채무자(변제자)가 지정을 하지 아니할 때에는 채권자(변제받는 자)는 그 당시 어느 채무를 지정하여 변제에 충당할 수 있다(§476②본문). 다만 채무자가 그 충당에 대하여 즉시 이의를 할 수 있다(§476②但). 위의 변제충당은 상대방에 대한 의사표시로써 하게 되어 있다(§473③). 그리고 채무자나 채권자가 변제에 충당할 채무를 지정하지 아니한 때에는 법률의 규정에 의하여 변제충당이 결정된다(§477). 이것을 法定辨濟充當(법정변제충당)이라고 한다. 1개의 채무에 수개의 급여를 요할 경우에 채무자(변제자)가 그 채무전부를 소멸하게 하지 못할 급여를 한 때에는 앞에서 설명한 指定辨濟充當(지정변제충당)과 法定辨濟充當의 규정을 준용하게 되어 있다

(§478). 이것을 不足辨濟의 充當이라고 한다. 그리고 채무자가 1개 또는 수개의 채무의 비용 및 이자를 지급할 경우에 채무자(변제자)가 그 전부를 소멸하게 하지 못한 급여를 한 때에는 비용·이자·원본의 순서로 변제에 충당하도록 되어 있다(§479①).

현실의 제공(現實의 提供)
독 ; tatsächliches Angebot

변제의 제공 중에서 변제자가 급부의 대부분을 완료하고 채권자에 대하여 수령의 청구를 하는 것을 말한다. 목적물을 매수인에게 송부할 약속이 있는 경우에 매도인이 이를 현실로 매수인의 주소로 보내는 것 등이 그 예이다. 구두상의 제공에 대한 관념이지만 변제의 제공의 원칙이다(民§460).

변제의 제공(辨濟의 提供)
독 ; Angebot der Leistung
불 ; offre de paiement

채무자가 변제를 위하여 필요한 모든 행위를 완료하고 채권자의 수령을 구하는 것이다. 이행의 제공이라고도 한다. 민법상 변제제공의 방법은 (1) 채무의 내용에 좇아서 현실제공으로 이를 하여야 한다(民§460본문). 이것을 현실제공이라고 한다. 예를 들면 금전의 지참채무는 금전을 가지고 지급장소로 나가야 하는 것이다. (2) 예외로서 채권자가 미리 변제받기를 거절하거나, 채무의 이행에 채권자의 행위를 요하는 경우에는 변제준비의 완료를 통지하고 그 수령을 최고하면 된다(§460但). 이것을 口頭의 제공이라 한다. 예를 들면 家賃引上(가임인상)을 둘러싼 분쟁으로 인하여 그 달의 가임을 家主(가주)

가 받지 않는 경우에 가임이 준비되었으니까 받으라고 통지를 하거나 채권자가 지정하는 장소에 상품을 송부할 경우에 상품발송의 준비를 하고 송부처의 지정을 바라는 것과 같은 경우이다. 이러한 구별은 정도의 문제로서 거래관행과 신의성실의 원칙에 의하여 결정되어질 문제이다. 그러나 受領拒絶(수령거절)의 정도가 매우 강고하고 수령거절이 명확한 경우일지라도 채무자는 변제의 제공을 요하는가 하는 문제가 생긴다. 이점에 대하여 최근 대법원에서는 변제제공의 필요가 없다고 했지만, 그 후 변제의 제공을 요한다는 판결도 있어 아직 명확히 결정되지 않고 있다. 더구나 변제를 제공하면 그때로부터 채무자는 채무불이행으로 인하여 발생하는 모든 책임을 면할 수 있고(§461), 경우에 따라서 채권자가 수령을 거절하면 受領遲滯가 되는 것이다.

채무승인(債務承認)

광의로는 채무자가 채무를 부담하고 있음을 인정하는 관념의 통지(시효 중단의 사유인 승인<民§168, §177>이 이에 해당한다)까지 포함하나 협의로는 채무의 존재를 인정하고 그 채무에 구속된다는 요지의 意思表示(의사표시)만을 가리킨다. 그러나 그 중에도 여러 가지가 있는 바 단순히 채권자의 입증을 필요로 하지 않는다는 뜻을 가진 것, 채무자에 있어서 채무의 존재를 다투지 않는다는 뜻을 가진 것(영국법의 IOY(I owe you>는 이에 해당한다)또 채권의 존재·액수 등이 분명한 경우에 이것을 확정적인 채무로서 효력을 부여하는 뜻을 가진 것(독일법의 Schulderkenntnis가 이에 해당된다)등이 있다. 가장 나중의 경우는 특히 無因(무인)의

債務承認(채무승인)이라고 부르며 채무약속과 같이 無因債務(무인채무)를 발생한다. 우리 민법에는 규정은 없으나 어느 종류의 것을 인정하더라도 무방하다고 해석되고 있다.

채무인수(債務引受)
독 ; Schuldübernahme
불 ; cession de dette

채무의 동일성을 유지하면서 그 채무를 그대로 인수인에게 이전하는 것을 목적으로 하는 계약을 말한다. 즉 갑의 을에 대한 채무를 인수인인 병에게 이전하는 계약이다. 債權關係變動(채권관계변동)의 一態樣(일태양)이다. 우리민법은 제453조에서 채권자와의 계약에 의한 채무인수를 규정하고 있으며 학설과 판례에서도 이를 인정하고 있다. 債權者(채권자)·債務者(채무자)·引受人(인수인) 삼면계약은 물론이며 채무자의 의사에 반하지 않는 한 채권자와 인수인의 계약으로도 할 수 있으며(民§453). 또 채무자와 인수인과의 계약으로도 할 수 있는데 이 경우에는 채권자의 승낙에 의하여 그 효력이 생긴다. 효과로서 채무는 동일성을 잃지 않고 인수인에게 이전하고, 채무자는 채무를 면하고, 인수인은 채무자가 가졌던 모든 抗辯權(항변권)을 受繼(수계)한다(§458). 擔保物權(담보물권)과 保證債務(보증채무)는 채무자가 설정한 담보물권을 제외하고는 이전하지 않는다(§459). 그러나 보증인이나 物上保證人(물상보증인)이 동의한 경우에는 보증채무나 담보채무가 이전한다(§459但$).

병존적 채무인수 (併存的 債務引受)
독 ; kumulative Schuld übernahme

제3자(인수인)가 채무관계에 가입하여 채무자가 되고 종래의 채무자와 더불어 새로이 동일내용의 채무를 부담하는 債權者(채권자)·引受人(인수인)간의   계약을 말한다. 重疊的(중첩적)·附加的(부가적)·添附的(첨부적)·確保的(확보적)·保存的(보존적)·添附的 債務(첨부적 채무)라고도 한다. 이런 채무인도에 대하여 보통의 채무인수를 免責的 債務引受(면책적 채무인수)라고 부른다. 면책적 채무인수인지 병존적 채무인수인지는 당사자의 의사의 해석으로 정하여진다. 의사가 분명하지 않을 때에는 현실거래의 실제가 채무담보를 위하여 引受契約(인수계약)이 행하여지므로 병존적 채무인수로 보는 것이 타당하다. 병존적 채무인수는 채권자와 인수인 사이의 계약에 의하여 채무자의 의사에 반하여 이를 행할 수 있다. 여기서 문제가 되는 것은 구채무자와 인수인이 어떤 관계에 있는가 하는 것인데 連帶債務關係(연대채무관계)·不可分債務關係(불가분채무관계)·不眞正連帶債務關係(부진정연대채무관계), 保證債務關係(보증채무관계) 등 여러 가지설로 나누어지고 있다. 계약의 내용에 따라서 결정할 수밖에 없는데, 계약의 내용이 확실하지 않을 때에는 連帶債務關係라고 해석하는 설이 통설이다.

면책적 채무인수
독 ; befreiende （免責的 債務引受） Schuldübernahme

→ 併存的 債務引受 참조

대물변제(代物辨濟)

채무자가 부담하고 있던 급부 대신에 다른 급부를 함으로써 채권을 소멸시키는 채권자와 변제자 사이의 계약을 말한다. 변제와 동일한 효력을 가지지만(民§466), 계약이라는 점에서 차이가 있다. 또한 현실급여를 요하므로 단지 다른 급부를 할 의무만을 지는 것은 更改(경개)이지 代物辨濟(대물변제)가 아니다. 要物(요물)·有償契約(유상계약)이므로 물건에 하자가 있더라도 대물변제로 일단 소멸된 채권은 당연히 부활되지는 않으며 채권자는 매매의 하자담보의 규정을 준용하여 계약의 해제 또는 손해배상을 청구할 수 있다(§580). 대물변제는 소비대차에 부수하여 예약이란 형식으로 많이 행하여지는데, 소액의 채무를 위하여 고액의 재산을 이전하게 되는 일이 많으므로 민법은 質權(질권)에 의한 대물변제의 예약, 즉 流質契約(유질계약)을 금지한다(§339). 또한 소비대차에 있어서 대물변제의 예약(대물반환의 예약)을 한 경우에는 借主(차주)가 사용물에 갈음하여 이전할 것을 예약한 다른 재산권의 예약 당시의 가액이 그 차용액 및 이에 붙인 이자의 합산액을 넘지 못하도록 하고 있다(§607, §608).

대물변제의 예약
(代物辨濟의 豫約)

대물변제를 미리 예약하는 것을 말한다. 예를 들면 100만원을 차임하는데 있어서 기한에 변제를 하지 않을 때에는 이를 대신하여 가옥의 소유권을 이전한다는 계약을 하는 경우이다. 특히 소비임차에 관하여 설정된 담보물권의 목적물에 관하여 많이 행하여진다. 대물변제의 예약은 그 내용의 차이에 따라서 그 결과도 달라진다. (1) 예약의 내용이 만약에 기한 변제를 하지 않을 때에는 목적물의 소유권이 당연히 채권자에게 이전한다는 내용일 경우에는 停止條件附(정지조건부) 代物辨濟契約이다. 따라서 목적물에 관하여 강한 讓渡擔保契約(양도담보계약)이 행하여진 것과 같은 결과가 된다. 그러므로 변제하지 않은 사실이 있었다면 소유권은 그대로 채권자에게 귀속하게 된다. 그러나 목적물에 대하여 채무자가 채권자에게 질권 또는 저당권을 함께 설정하고 있을 때에는 유질계약은 무효이기 때문에(民§339), 대물변제의 예약도 무효인데 반하여 抵當權設定契約(저당권설정계약)은 유효이기 때문에 대물변제의 예약은 효력이 있다. (2) 예약을 본계약으로 하는 권리(예약완결권)가 채권자채무자의 한쪽 또는 양쪽에 보류되어 있을 때에는 참된 의미의 대물변제의 예약이다. 이 경우는 매매의 예약(별항)의 규정을 준용하여 다루어진다. 그러나 채권자에게만 보류되고 있는 경우가 많을 것이다. 그 때에는 첫째의 경우와 똑같은 결과가 된다. 또한 (1)이든 (2)이든간에 그 물건의 예약당시의 가액이 차용액과 이에 붙인 이자의 합산액을 넘어서는 아니되며, 이를 넘는 경우에는 그 예약은 효력이 없다(§607, §608).

대물반환의 예약 (代物返還의 豫約)

대물변제가 예약의 형식으로 행하여지는 것을 말한다. 그 성질에 관해서는 두 가지로 요약된다. (1)정지조건부 대물변제계약이라는 점이다. 즉 만약에 기한 내에 변제를 하지 않으면 목적물의 소유권이 당연히 채권자에게 이전된다고 하는 것이 그것이다. 따라서 목적물에 관하여 강한 양도담보계약이 행하여진 결과와 같게 된다. 그것이 담보물권의 목적물인 때

에는 유질·유저당과 관련하여 그 효력이 검토되어야 한다. (2)진정한 의미의 대물변제의 예약이라는 점이다. 즉 만약에 채권자채무자의 일방 또는 쌍방의 특정의 물건의 급부로써 대물변제를 할 수 있는 권능을 보유할 뿐인 경우가 그것이다. 채권자만이 이 권능을 보유하는 경우에는 채권자의 의사에 의하여 강한 양도담보계약 또는 유담보계약과 같은 효력을 지니게 되므로 정지조건부 대물변제예약과 마찬가지로 취급하여야 한다. 그리고 어느 경우에 있어서나 그 물건의 예약 당시의 가액이 이에 붙인 이자의 합산액을 넘어서는 안되며(민법 607조), 이를 넘는 경우에는 그 예약은 효력이 없다(민법 608조). 이는 채권자의 폭리로부터 채무자를 보호하기 위한 규정이며, 강행규정이다.

대위변제(代位辨濟)
독 ; surrogierte Erfüllung
불 ; paiement avecsubrogation

제3자 또는 공동채무자의 한 사람이 채무자를 위하여 변제를 하여 채무자 또는 다른 공동채무자에 대하여 구상권을 취득한 경우에 이 구상권의 효력을 확보하기 위하여 종래 채권자가 가지고 있었던 채권에 관한 권리가 구상권의 범위안에 법률상 당연히 변제자에게 이전하는 것을 가리켜 변제자의 대위 또는 대위변제라고 한다(民§480, §481).

변제자대위(辨濟者代位)

제3자 또는 공동채무자(연대채무자·보증인·불가분채무자 등)의 한 사람이 채무자를 위하여 변제한 경우, 채권자 또는 다른 공동채권자에 대하여 대위한 자는 자기의 권리에 의하여 구상할 수 있는 범위

에서 가지고 있었던 채권에 관한 권리가 법률상 당연히 변제자에게 이전하는 것을 말한다. 채권자의 승낙 또는 변제에 의한 대위는 임의대위와 법정대위로 나누어진다. 변제할 정당한 이익이 없는 자는 채권자의 승낙이 있어야만 대위할 수 있으며(임의대위), 이 때 채권자의 승낙은 변제와 동시에 행해져야 한다(민법 480조 1항). 임의대위에 있어서 채무자는 누가 변제에 의한 대위를 하였는가, 또는 채권자의 승낙이 있었느냐의 여부를 미리 알 수 없으므로, 민법은 채무자의 보호를 위하여 지명채권양도의 대항요건과 그 효력에 관한 규정(민법 450조 내지 452조)을 준용하고 있다(민법 480조 2항). 이에 따라 채무자에 대하여 대위를 가지고 대항하려면, 채권자의 채무자에 대한 대위통지 또는 채무자의 대위승낙을 필요로 하며(대판 1962.1.25. 4294 면상 183), 채무자 이외의 제3자에 대하여서는 확정일자 있는 증서로써 하여야 한다. '변제할 정당한 이익이 있는 자'는 채권자의 승낙을 필요로 하지 않고 변제로 법률상 당연히 채권자를 대위한다(민법 481조 : 법정대위). 여기서 '변제할 정당한 이익이 있는 자'라 함은 불가분채무자·연대채무자·보증인·물상보증인·담보물의 제3취득자, 후순위담보권자 등을 말한다.

임의대위(任意代位)

변제함에 있어서 정당한 이익을 가지지 않는 자가 채무자를 위하여 변제함과 동시에 채권자의 승낙을 얻어 채권자를 대위하는 경우를 任意代位(임의대위)라고 한다(§480①). 변제에 정당한 이익을 가지지 않는 자가 변제시 채권자의 승낙을 얻지 못하면 대위의 효과가 생기지 않는

다. 따라서 채권양도의 경우와 동일한 對抗要件(대항요건) 즉 채무자에의 통지와 승낙을 요한다.

법정대위(法定代位)

변제를 함에 있어서 정당한 이익을 갖는 자가 변제에 의하여 당연히 채권자에 대위하는 경우를 법정대위라고 한다(民 §480①). 여기서 변제를 함에 있어서 정당한 이익을 갖고 있는 자란 物上保證人(물상보증인)·擔保不動産의 第三取得者·保證人·連帶債務者(연대채무자) 등을 말한다. 이들은 채무자를 위하여 변제를 하기만 하면 대위가 되며(§481), 그 결과로서 채무자 또는 다른 공동채무자에 대하여 구상권을 가지게 된다.

일부대위(一部代位)

채권의 일부에 대하여 변제가 있었을 경우에 생기는 대위이다. 이 경우에는 대위자는 그 변제한 가액에 비례하여 채권자와 함께 그 권리를 행사한다. 그러나 이러한 경우에도 債務不履行(채무불이행)을 원인으로 하는 계약의 해제 또는 해지는 채권자만이 할 수 있고, 채권자는 대위자에게 그 변제한 가액과 이자를 償還(상환)하여야 한다(民§483).

상계(相計)
라 ; compensation
영 ; set-off
독 ; Aufrechung, kompensation
불 ; compensation

채권자와 채무자가 서로 동종의 債權(채권)·債務(채무)를 가지는 경우에 그 채권과 채무를 對等額(대등액)에 있어서

소멸케 하는 일방적 의사표시이다(民 §492). 예컨대 갑에게 500만원을 借財 (차재)한 을이 갑에 대하여 300만원의 외상대금이 있을 때에 을은 자기의 300 만원의 채권과 갑의 자기에 대한 채권 가운데 300만원을 소멸시키는 것이다. 일종의 채권담보적 작용을 한다. 상계는 광의로는 당사자사이의 계약에 의한 상계(상계계약)를 포함하지만 협의로는 일방적인 의사표시에 의한 상계만을 가리킨다. 상계하는 측의 채권(앞의 예에서 300만원인 을의 채권)을 자동채권이라고 하고, 상계를 당하는 측의 채권을 수동채권이라고 한다. 양채권이 상계할 수 있는 사정에 놓여질 때 이를 相計適狀이라고 한다. 상계는 상대방에 대한 의사표시에 의하지만 이것은 재판상이거나 재판 외이거나를 불문한다. 상계의 의사표시가 있으며 상계적상시로 소급하여 효력을 발생한다. 상계의 상대방이 수개의 채권을 지니고 있을 경우에는 어느 채권을 먼저 충당할 것인가하는 문제가 발생하지만, 이에 대하여는 변제의 충당에 관한 규정(§476~ §479)이 준용된다.

상계는 쌍방이 서로 상대방에 대하여 같은 종류의 급부를 목적으로 하는 채권을 가지고 자동채권의 변제기가 도래하였을 것을 그 요건으로 하는 것인데, 형벌의 일종인 벌금도 일정 금액으로 표시된 추상적 경제가치를 급부목적으로 하는 채권인 점에서는 다른 금전채권들과 본질적으로 다를 것이 없고, 다만 발생의 법적 근거가 공법관계라는 점에서만 차이가 있을 뿐이나 채권 발생의 법적 근거가 무엇인지는 급부의 동종성을 결정하는 데 영향이 없으며, 벌금형이 확정된 이상 벌금채권의 변제기는 도래한 것이므로 달리 이를 금하

는 특별한 법률상 근거가 없는 이상 벌금채권은 적어도 상계의 자동채권이 되지 못할 아무런 이유가 없다(**대법원 2004. 4. 27. 선고 2003다37891**).

●상계적상(相計適狀)

당사자 양쪽이 서로 대립한 동종의 채권을 가지고 또한 상계하려고 하는 자의 채권(자동채권)이 변제기에 있어서 상계를 할 수 있는 상태에 있는 것이다. 상계적상이 되려며 (1) 자동채권과 수동채권이 존재하고 있어야 한다. 단 자동채권이 시효로 소멸하여도 그의 소멸 이전에 양채권이 동시에 존재하고 있다면 무방하다. (2) 양채권이 변제기에 도래하고 있어야 한다. 단 수동채권은 변제기가 도래하지 않았다고 할지라도 상계하는 자가 변제기 이전에 지급할 의사가 있다며 무방하다. 상계적상에 있으면 단독의 의사표시로 상계할 수 있는 것이 원칙이다. 그러나 (1) 상계금지의 특약이 있는 경우(民§492②), (2) 채권의 성질이 상계를 허용하지 않을 경우(不作爲債務(부작위채무)·相互勞務(상호노무)를 제공하는 채무 등(民§492①但), (3) 상계되는 쪽의 채권(受動債權)이 불법행위에 입각한 損害賠償債權(손해배상채권)인 경우나 압류가 금지된 채권의 경우(§496, §497·商§334, §596 등), (4) 自動債權의 처분이 금지되어 있는 경우 등에는 상계가 허용되지 않는다.

당사자 쌍방의 채무가 서로 상계적상에 있다 하더라도, 별도의 의사표시 없이도 상계된 것으로 한다는 특약이 없는 한, 그 자체만으로 상계로 인한 채무 소멸의 효력이 생기는 것은 아니고 상계의 의사표시를 기다려 비로소 상계로 인한 채무 소멸의 효력이 생긴다 (**대법원 2000. 9. 8. 선고 99다6524**).

상계계약(相計契約)

독 ; Aufrechnungs vertrag,
　　Kompensations vertrag

수인이 상호간에 채권을 가지고 있는 경
우에 서로의 채권을 대등액만큼 소멸시키
는 계약이다. 일종의 유상계약이며, 당사
자의 의사표시만 합치되면 효력이 있다.
이점에서 일방적 의사표시만으로 효력을
발생하는 상계와 다르다. 예를 들면 불법
행위에 의하여 발생한 채권이나 押留禁止
의 채권을 상계에 의하여 소멸시킬 수 있
다. 어음의 決濟(결제)(어음교환)도 상계
계약의 원리에 입각하여 행하여지는 것이
며, 이 의미에서 광의의 상계제도는 화폐
에 의존하지 않는 거래를 가능하게 한다.
상계계약의 내용은 해석에 의하여 결정된
다. 그러나 특별한 의사표시가 없으면 상
계계약의 성립은 민법상의 상계와 마찬가
지로 遡及效(소급효)를 가진다고 한다.

경개(更改)

라 ; novatio
영 ; novation
독 ; Novation, Schuldersetzung,
　　Schuldumwandlung
불 ; novation

채무의 중요한 부분을 변경함으로써 新
債務를 성립시킴과 동시에 舊債務를 소멸
시키는 계약이다(民§500~§505). 更改意
思(경개의사)에 의하여 구채무를 신채무
로 변경시키는 점에서 代物辨濟(대물변
제)와 비슷하지만 대가를 현실로 주지 않
는 점에서 다르다. 경개계약의 당사자는
경개의 종류에 따라 다르다. (1) 채무자
변경으로 인한 경개 : 즉 을의 갑에 대한
채무를 소멸시키고 병의 갑에 대한 채무
를 성립시키는 경개는 갑, 을, 병 3인의
계약으로 할 수 있음은 물론이지만, 갑,

병만의 계약으로 할 수 있다. 다만, 을의
의사에 반하는 때에는 효력이 생기지 않
는다(§501). (2) 채권자변경으로 인한 경
개 : 즉 갑의 을에 대한 채권을 소멸시키
고 병의 을에 대한 채권을 성립시키는 병
의 을에 대한 채권을 성립시키는 경개는
갑, 을, 병 3인의 계약에 의한다고 해석
되고 있다. (3) 채무의 목적변경으로 인
한 경개는 同一債權者·채무자간의 계약이
다. 更改契約(경개계약)에는 아무런 형식
을 필요로 하지 않는다. 다만 채권자 변
경으로 인한 경개는 확정일자 있는 증서
로 하지 아니하면 이로써 제3자에게 대
항하지 못한다(§502). 경개의 효력으로서
구채무가 소멸되고 신채무가 성립하지만
新舊 양채무는 동일성이 없으므로 구채무
의 擔保(담보)·保證(보증)·抗辯權(항변권)
등은 원칙적으로 소멸한다. 다만 質權(질
권)·抵當權(저당권)은 특히 이를 신채무
에 옮길 수 있지만(§505)본문), 제3자가
제공한 담보는 그 승낙을 얻어야 한다
(§505但書). 그리고 경개는 有因契約(유
인계약)이므로 구채무가 존재하지 않으면
신채무는 발생하지 않으며, 신채무가 생
기지 아니하면 구채무가 소멸되지 않는
것이 원칙이다. 그러나 이에는 두 가지
예외가 인정된다.
첫째는 갑, 을, 병 3인의 계약으로 갑,
을간의 채권을 소멸시키고 병, 을간의 채
권을 성립시키는 경우에, 을이 異義(이의)
를 보유하지 아니하고 이 계약을 한 때에
는 비록 갑, 을간의 구채권이 존재하지
않는 경우에도 병, 을간의 신채권은 성립
하는 것이다(§503, §451①준용). 둘째는
예컨대, 10만원의 채무를 말(馬) 한 마리
의 채무로 변경하는 경개에 있어서, 그
말이 이미 사망하였기 때문에 이것을 목
적으로 하는 신채무가 성립되지 않는 경

우에 만약 당사자가 이 사실을 알고 있으면 신채무의 불성립에도 불구하고 구채무는 소멸되는 것이다(민법 제504조의 규정의 反對解釋(반대해석)에서 생긴다).

채무면제(債務免除)

라 ; acceptilatio
독 ; Erlass
불 ; remise de ladette

●──────────────

채권자가 채무자에 대한 일방적인 의사표시에 의하여 채권을 무상으로 소멸시키는 것이다. 즉 면제는 채권자의 단독행위이며 그것은 채권의 포기에 지나지 않는다. 그러나 계약에 의한 면제도 유효하며 이것을 免除契約(면제계약)이라고 한다. 면제를 하려면 채권을 포기하겠다는 의사가 채무자에 대하여 표시되었다면 어떤 방법이든 무방하다. 예컨대 명확히 면제하겠다는 통지를 할 뿐만 아니라 債權證書(채권증서)를 墨으로 抹消(말소)하여 이것을 채무자에게 보내면 免除(면제)한 것으로 본다. 또한 일부면제나 조건을 붙이는 것이 가능하다. 그러나 만약에 채권에 질권이 설정되어 있으면 면제를 할 수 없으며, 면제에 의하여 제3자의 권리를 해할 때는 면제는 허용되지 않는다(民§506). 또한 연대채무자의 1인에 대한 채무면제는 그 자의 부담부분에 대하여서만 絶對的(절대적) 效力(효력)을 발생한다(§419).

채권혼동(債權混同)

라 ; comfusio
영 ; merger
독 ; Konfusion, Vereinigung
불 ; confusion

●──────────────

병존시켜 놓을 필요나 이유가 없는 두 개의 법률상의 지위가 동일인에게 귀속하는 것이며, 주로 물권(民§191)과 채권(§507)의 소멸원인으로서 의미가 있다. 채권과 채무가 상속이나 會社合倂(회사합병)등에 의하여 동일인에게 귀속되었을 경우에는 그 채권은 소멸한다(§507). 그러나 그 채권이 제3자의 권리의 목적으로 되어 있을 때에는 예외이다. 또한 어음수표에 있어서는 당사자의 개념이 매우 형식화되어 있으므로 혼동의 법리는 전혀 성립되지 않는다(§509①어§11③·수§14③).

공탁(供託)

라 ; depositio　　　영 ; deposit
독 ; Hinterlegung　불 ; consignation

●──────────────

법령의 규정에 의하여 금전·유가증권 또는 그밖의 물품을 공탁소 또는 일정한 자에게 任置(임치)하는 것이다. 공탁의 성질은 供託公務員(공탁공무원)의 受託處分(수탁처분)과 供託物保管者(공탁물보관자)의 공탁물 수령으로써 성립하는 하나의 공법상의 법률관계이다. 공탁을 하는 경우는 公法(공법)·私法(사법)에 걸쳐 대단히 많으나 크게 나누면 4종류가 된다. (1) 債務消滅을 위하여 하는 공탁(변제공탁) : 채무자가 채무를 면하는 수단으로서 가장 중요한 실체법상의 의미를 가진다. 이 공탁에 의하여 의무를 면할 수 있는 경우(供託原因)는 일반적으로 채권자의 受領拒絶(수령거절)·受領不能(수령불능) 및 채무자가 과실 없이 채권자를 확실히 알 수 없는 때이며(民§487) 그밖에도 법률에 규정되는 경우가 있다(商§67③, §803). (2) 채권담보를 위하여 하는 공탁(담보공탁) : 상대방에게 생기는 손해의 배상을 담보하기 위한 수단으로서 주로 民事訴訟法(민사소송법)·민사집행법 및 稅法(세법)에 그 예를 볼 수 있다(民訴§213, 민사집행법 §280, §301·상속세및증여세법시행령§23①). (3) 단순

히 保管(보관)이란 의미로 하는 것(보관
공탁) : 타인의 물건을 즉시 처분할 수
없는 경우에 일시공탁에 의하여 보관하는
것(§353, §362, §589・민사집행법§292,
§222 등). (4) 그밖에 특수한 목적을 위
하여 하는 것(특수공탁) : 예컨대 公職選
擧(공직선거)의 입후보자가 하는 공탁 따
위가 있다.

공탁의 성질

사법관계설	제3자를 위한 임치계약으로 이해하는 견해이다.
공법관계설	국가기관의 처분행위인 점을 고려하여 공법관계로 이해하는 견해이다.
양면관계설	절차면은 공법관계이나, 실체면은 사법관계로 보는 견해이다.
판례	기본적으로　공법관계설로 이해된다(91다3924참조).

계약(契約)

영 ; contract　　　　독 ; Vertrag
불 ; contrat

일정한 법률효과의 발생을 목적으로 하
는 서로 대립된 두 개 이상의 의사표시의
합치에 의하여 성립하는 법률행위이다. 계
약은 하나의 법률행위이다. 본인의 의사표
시에 의하여 권리의무를 발생하거나 변경
하는 행위를 법률행위라고 하는데 계약은
단독행위와 같이 그의 일부에 속한다. 그
러므로 계약에는 민법의 法律行爲(법률행
위)에 관한 여러 규정들이 적용된다. 그
런데 민법 제3편의 계약은 채권관계를
발생시키는데 한정되고 있는 소위 債權契
約(채권계약)으로서 공법상의 계약(관할
의 합의나 행정주체간의 계약) 및 物權契
約(물권계약)(地上權設定契約(지상권설정
계약)이나　抵當權設定契約(저당권설정계

약), 그리고　準物權契約(준물권계약)(채
무양도와 같이 즉시 채권이행의 효과를
발생한 뒤에 채무의 이행의 문제를 남기
지 않는 계약)과 가족법상의 계약<身分
契約(혼인이나 입양)>과는 다르다. 계약
은 서로 대립하고 있는 의사표시의 합치
에 의해서 성립한다. 보통은 청약승낙이
라고 하는 서로 대립되고 있는 두 개의
의사표시의 합치로 성립한다. 단 예외로
서 청약만으로써 즉 호텔방을 예약해 둔
다든가(意思實現), 양쪽의 당사자가 동일
내용의 청약(交叉請約)을 하는 경우에 계
약이 성립하기도 한다(民§533①).

준계약(準契約)

영 ; quasi-contract　　불 ; quasi contrat

로마법에서는 계약도 불법행위도 아닌
사유에 의하여 계약과 비슷한 채권관계를
발생하는 경우에 이것을 일괄하여 준계약
이라고 하여　債權發生原因(채권발생원인)
이라고 생각하였다. 事務管理(사무관리)・
後見(후견)・우연한 共有(공유)・遺贈
(유증)・不當利益(부당이익)등이 그 예
이다. 이중 어떤 것은 체계상 다른 부분
에 흡수되었으며, 프랑스 민법에서는 事
務管理(사무관리)와　非債辨濟만이 이에
속하고(佛民§1370이하), 독일・스위스
및 우리나라의 민법은 이 관념을 인정하
지 않고 있다.

합동행위(合同行爲)

영 ; joint act　　　　독 ; gesamtakt
불 ; acte joint

수인이 공동으로 동일한 목적을 향하여
행하는 의사표시의 결합에 의하여 성립하
는 법률행위이다. 예컨대 많은 사람들이
단체를 조직하는 경우이다. 수인이 의사

표시를 한다는 점에 있어서는 계약과 동일하다. 그러나 합동행위에서는 수인의 의사가 동일한 목적 및 방향(예를 들면 단체를 조직한다는 목적)에서 합치한다는 점이 계약과는 다르다. 團體法上(단체법상)의 法律行爲(법률행위)의 전형으로서 계약의 규정이 반드시 적용되지 않는다는 점에 구별의 실익이 있다.

단독행위(單獨行爲)

영 ; unilateral act
독 ; einseitges Geschäft
불 ; acte unilatéral

取消原因(취소원인)이 있어 어떤 계약을 취소하는 것과 같이 일방적인 의사표시에 의하여 법률효과를 발생케 하는 법률행위이다. 따라서 서로 대립하는 2개 이상의 의사표시의 합치로 성립하는 계약(쌍방행위)과 수인이 공동으로 동일목적을 향하여 행하는 의사표시의 결과에 의하여 성립하는 합동행위와 다르다. 取消(취소)·追認(추인)의 경우와 같이 일정한 상대방에 대해서 행하는 단독행위와 유언이나 기부행위와 같이 반드시 상대방을 필요로 하지 않는 것이 있다. 前者(전자)를 상대방 있는 단독행위라하고 後者(후자)를 상대방 없는 단독행위라고 한다. 단독행위는 행위자의 의사만으로 효력이 생기고, 이 행위로 인하여 영향을 받는 자의 의사를 무시하는 것이므로 민법이 특히 인정하는 경우 이외에는 자유로이 할 수 없다.

부합계약(附合契約)

불 ; contrat d'adhesion

계약 당사자의 한쪽이 결정한 것에 대해 다른 한쪽은 사실상 그대로 따를 수밖에 없는 계약이다. 附從契約(부종계약)이라고도 한다. 오늘날 일반인이 대기업과 체결하는 運送(운송)·保險(보험) · 電氣(전기)의 供給(공급)·雇傭(고용)의 계약과 같은 것이다. 불란서의 살레이유(Saleilles)가 포괄적인 승인을 부합한다(adhérer)라는 뜻으로 contrat d'adhé-stion이라 이름지은 것이 그 시초이다. 이러한 현상은 기업의 독점화에 따라서 차츰 확대되어 일반인은 계약내용의 절충은 물론 계약을 체결해야 할지 그 여부의 자유마저 충분히 못가지게 되어 계약자유의 원칙은 실질적으로 타당의 범위가 좁아진다. 그러므로 附合契約(부합계약)의 본질이 계약이냐 제도이냐가 논란의 대상이 되는 것이다. 또한 부합계약의 합리성을 확보하기 위하여는 국가의 행정적인 감독이 필요하므로 현재 어느 정도 그것이 실현되고 있다.

계약강제(附合契約)

독 ; Kontrahierungszwang Vertragszwang

특정한 계약의 체결이 법령에 의하여 강제당하는 것이다. 근대법은 契約自由의 原則의 내용으로 계약체결의 자유를 원칙으로 하고 있으나 오늘날에는 公益的 獨占事業(공익적 독점사업)이나 공익적 직업에 관한 의무와 같이 법률상 계약의 체결을 강제하는 것이 증가되었다. 이것에는 (1) 電氣事業(전기사업), 鐵道運送事業(철도운송사업),· 鐵道小運送業(철도소운송업), (宿泊業(숙박업) 등의 공익적·독점적 기업이나 공증인,, 집행관, 醫師 등의 공공적 직무에 관한 공법적인 應需 등의 공공적 직무에 관한 공법적인 應需 義務(응수의무), (2) 借地(차지)·借家(차가)關係(관계)에 있어서의 건물·부속물

의 買受請求權(매수청구권)·주주의 주식
의 매수청구권과 같이 상대방의 승낙없이
일방인 단독의 의사표시로써 계약을 성립
시키는 것, (3) 농업용 임야의 사용권의
설정·채석권의 설정과 같이 일정한 자의
신청에 대하여 협의의무를 과하고, 협의가
성립하지 않을 때에는 국가기관의 재정으
로써 당연히 계약의 효과를 발생시키는
것, (4) 供出義務(공출의무)와 같이 일정
한 자에 신고의 의무를 과하거나 配給(배
급)의 登錄制(등록제)와 같이 일정한 자
를 상대로 계약을 체결하지 않으면 안되
는 것 등의 여러 가지 형태가 있다. 契約
强制(계약강제)의 경우에 있어서의 법적 효
과는 위반자에게 공법상의 책임 또는 민법
상의 賠償責任(배상책임)을 과하는 경우와
강제당하는 자의 의사에 관계없이 계약을
성립시키는 경우 등이 있다.

계약자유의 원칙
(契約自由의 原則)
영 ; librty of contract

개인이 자기의 의사에 따라 계약의 내
용이나 형식 및 계약체결을 자유로이 할
수 있는 원칙이다. 소유권의 絶對(절대)·
過失責任(과실책임)의 原則(원칙)과 함께
근대민법의 3대 원칙을 이루고 있다. 계
약자유의 내용으로서는 체결의 자유·상대
방선택의 자유·내용결정의 자유·방식의 자
유 등 4가지를 드는 것이 보통이다. 이
원칙은 資本主義(자본주의)의 초기에 특
히 강조되고 있었지만 오늘날에는 제한을
받고 있다. (1) 內容決定의 自由에 대해
서는 민법이나 勞動基準法 등 법률이 정
한 조건이 아니면 계약을 할 수 없도록
제한하는 경우가 있다. 또한 保險契約(보
험계약)이나 勤勞契約(근로계약)과 같은

附合契約(부합계약)(당사자의 일방인 기
업자가 계약내용을 일방적으로 결정하고
상대방은 그 내용을 좇음으로써 성립하는
계약)에서는 당사자 일방의 자유는 사실
상 박탈되고 있다. (2) 제정법상 형식의
자유가 명확히 박탈되고 있는 경우(縣賞
廣告(현상광고)의 청약 또는 노동계약 등
이 그 예이다)는 적다. 그러나 서면으로
표시되지 않은 증여는 효력이 약하여 각
당사자는 이를 해제할 수 있다(民§555).
(3) 계약을 체결하느냐 체결하지 않느냐
의 자유 즉 체약의 자유에도 제한이 따른
다. 독점적인 기업(郵便(우편)·鐵道(철도)·
가스·수도)이나 공공적인 사업(醫師(의
사)·조산사 등) 및 사회정책인 제도(건물
의 買受請求權(매수청구권)의 행사)에서
는 제약이 되는 수가 있다. (4) 상대방을
누구를 선택할 것인가 하는 상대방 선택
의 자유도 재판이나 노동조합 및 노동관
계조정법 등의 법률에 의하여 박탈되고
있는 경우가 있다.

전형계약(典型契約)
독 ; typischer Vertrag

법률에 일반적으로 행하여지는 계약의
전형으로서 특히 규정을 둔 계약이다. 유
명계약이라고도 한다. 민법에서는 증여로
부터 시작하여 賣買·交換·消費貸借(소
비대차)·使用貸借(사용대차)·賃貸借(임
대차)·雇傭(고용)·都給(도급)·여행계
약·縣賞廣告(현상광고)·委任(위임)·任
置(임치)·組合(조합)·終身定期金(종신
정기금)·和解(화해)에 이르기까지 도합
15종의 전형계약을 규정하고 있다. 이밖에
상법에서도 창고계약·운송계약·보험계
약 등을 볼 수 있다.

비전형계약(非典型契約)

독 ; atypischer Vertrag, nichtbenannter
    Vertrag, Innominatkontrakte
불 ; contrats innommes

전형계약 이외의 계약이다. 전형적인 명
칭이 없으므로 無名契約(무명계약)이라고
도 한다. 계약자유의 원칙에 의하여 채권
계약에서는 공서양속에 위반하지 않는한
어떠한 비전형계약도 허용된다. 계약자유
의 원칙에 의하여 전형계약 이외의 계약
을 체결하는 것도 자유이며, 실제상 비전
형계약일 경우가 많다. 그러나 물권만은
배타성이 있으므로 관습법 및 민법이 규
정하는 종류와 내용의 것 이외에는 창설
하지 못하므로(物權法定主義(물권법정주
의) : 民§185) 비전형계약이란 있을 수
없다.

혼합계약(混合契約)

독 ; gemischter Vertrag

비전형계약의 일종으로서 2개 이상의
전형계약의 내용을 혼합하는가, 1개의 전
형계약의 내용과 전형계약 이외의 것이
혼합한 계약이다. 混成契約(혼성계약)이
라고도 한다.

유명계약(有名契約)

독 ; benannter Vertarg

법률이 일정한 명칭과 요건 및 규정을
두고 있는 계약의 종류이다. 전형계약과
동일하다. 무명계약에 상대되는 개념이다.
매매, 증여, 임대차 등 15종의 민법상 유
명계약이 있으나 그밖의 계약도 자유로
할 수 있다(契約自由原則). 등기 없는 전
세계약 등은 무명계약의 예이다.

무명계약(無名契約)

독 ; nichtbenannter Vertrag,
    Innominatkontrokt

법률이 일정한 명칭을 붙여서 규정하고
있는 계약(民法 제3편 제2장 제2절 내지
제15절에 정한 15종의 전형계약) 이외의
계약을 말한다. 비전형계약이라고도 하며
유명계약에 대하는 말이다. 원칙적으로
계약자유의 원칙에 의하여 민법이 정한
유명계약 이외의 어떠한 계약도 자유로이
체결할 수 있다. 무명계약 중에는 2종 이
상의 전형계약의 성질을 겸유한 것도 있
고 전형계약의 구성요소에 속하는 사항과
어떠한 전형계약의 구성요소에도 속하지
않는 사항을 혼합시킨 내용을 가진 것도
있다. 이 경우 특히 전자의 경우를 가리
켜 혼합계약이라고 한다.

유상계약(有償契約)

독 ; entgeltlicher Vertrag
불 ; contrat `a titre on´ereux

계약의 각 당사자가 서로 對價的 意味
를 가지는 재산성의 출연을 하는 계약이
다. 재산적 출손에 대한 상호의존관계는
각 당사자가 상호 채무를 부담하는 쌍방
계약에 있어서는 필연적으로 존재한다.
그러나 유상계약의 범위는 雙務契約(쌍무
계약)보다 넓다. 모든 쌍무계약은 유상계
약이라고 할 수 있지만, 모든 유상계약은
쌍무계약이라고는 할 수 없다. 즉 소비대
차와 같은 片務契約(편무계약)도 유상계
약이라고 할 수 있기 때문이다. 유상계약
에 속하는 것은 민법의 전형계약 가운데서
는 매매·교환·현상광고·임대차·고용·도급·조합·
화해 등이다. 민법은 유상계약에 관하여
매매의 규정을 준용하도록 규정하고 있다
(民§567).

무상계약(無償契約)

독 ; unentgeltlicher vertrag
불 ; contrat `a titre gratuit

증여계약 등과 같이 경제적인 출연은 한쪽 당사자만 하고, 상대방에서는 이에 대응하는 반대급부를 하지 않는 계약을 말한다. 片務契約은 대부분이 무상계약이다. 그러나 이자 있는 消費賃借(소비임차)는 이자라고 하는 경제적인 지급을 수반하지만(이른바 유상계약이다) 賃主와 借主의 채무는 서로 대등한 관계가 아니므로 편무계약이다. 민법의 전형계약 가운데 증여·사용임차는 무상계약이다. 그리고 임치·소비대차·위임·종신정기금은 당사자의 의사에 따라 유상 또는 무상이 되므로 성질상 일정하지 않다.

낙성계약(諾成契約)

독 ; konsensual Vertrag
불 ; contrat consensuel

당사자 사이에 의사표시가 일치하기만 하면 계약이 성립하고 그밖에 다른 형식이나 절차를 필요로 하지 않는 계약이다 要物契約(요물계약)에 대한 용어이다. 민법이 정하고 있는 15종의 전형계약 가운데 縣賞廣告(현상광고)를 제외한 나머지는 모두 諾成契約(낙성계약)이다.

요물계약(要物契約)

독 ; Realvertrag　　　불 ; contrat réel

당사자의 합의 외에 물건의 인도 기타 급부의 완료가 있어야 성립할 수 있는 계약을 要物契約(요물계약)이라고 한다. 민법이 정하고 있는 15종의 典型契約(전형계약) 가운에 縣賞廣告만이 요물계약이다. 단 주의할 것은 동산의 質權設定契約 (질권설정계약)(民§330)과 같이 계약법 이외의 규정에 의한 요물계약도 있다는 것이다.

쌍무계약(雙務契約)

독 ; gegenseitiger Vertrag,
　　zweiseitiger Vertrag
불 ; contrat synallagmatique

당사자양쪽이 서로 대가적 의미를 가지는 채무를 부담하는 계약을 쌍무계약이라 한다. 민법에서 규정하고 있는 15종의 典型契約(전형계약) 가운데 매매 이외에 임대차 · 교환 · 도급 · 조합 · 화해 · 고용 등은 雙務契約(쌍무계약)이다. 위임·임치는 유상이면 쌍무계약, 무상이면 편무계약이다. 여기에 상호의 채무가 대가적 의미를 가지고 있다는 것은 그 채무의 객체인 이행이 객관적 · 경제적으로 서로 균형이 되는 가치를 가지고 있는 것이 아니고, 상호적으로 이행해야 할 일이 依存關係(의존관계)를 가지고 채무의 부담이 교환적인 원인관계에 서는 것을 뜻한다. 쌍무계약과 편무계약의 구별하는 실익은 쌍무계약에 있어서는 동시이행의 항변(民§536), 위험부담(§537)의 문제가 일어나고, 편무계약에는 그러한 문제가 생길 여지가 없는 점에 있다.

편무계약(片務契約)

독 ; einseitiger Vertrag
불 ; contrat unilateral

편무계약이라 함은 증여의 경우와 같이 당사자 일방만이 급부를 하고, 상대방은 이에 대응하는 반대급부를 하지 않는 계약을 말한다. 이것은 쌍무계약과는 달리 同時履行(동시이행)의 抗辯權(항변권)이나 위험부담 등의 문제가 발생하지 않는다. 민법에서 정하고 있는 15종의 典型契約 가운데 증여 이외에 消費貸借(소비대차) · 無償(무상)의 委任(위임) · 無償(무상)의 任置(임치) · 使用貸借(사용대차)가 편무계약에 속한다.

대가(對價)
독 ; Aquivalent　　　불 ; equivalent

광의로는 대상, 즉 자기의 財産(재산) · 勞力(노력) 등을 타인에게 주거나 이용시키는 報酬(보수)로서 받는 재산상의 이익이다. 물건의 賣渡代金(매도대금) · 건물의 임대 · 노무의 제공에 대한 매매대금 · 이자借賃·勞質 등이다. 이러한 대가(대상)의 유무에 따라서 有償契約(유상계약) · 無償契約(무상계약) · 有償行爲(유상행위) · 無償行爲(무상행위)로 구분된다. 협의로는 넓은 뜻의 대가 중에 그 제공의 의무가 법률적으로 서로 대응하는 관계에 입각하는 것이다. 예컨대 이자부 消費貸借(소비대차)에 있어서 차주의 이자의 지급의무에 대응하는 賃主(임주)의 元本貸賃義務(원본대여의무)는 광의의 대가관계가 있으므로 유상계약에는 틀림없으나 법률상 차주의 이자의 지급의무가 先履行(선이행)될 것을 전제하므로 이자는 여기에서 말하는 뜻의 대가가 아니다. 양쪽의 채무가 대가의 관계에 있느냐의 여부에 의하여 쌍무계약편무계약으로 나눈다.

견련(牽連)
독 ; Konnexität　　　불 ; conexite

사물 상호간에 연결되어 있는 依存性(의존성)을 牽連(견련) 또는 關係(관계)이라 부르고, 이것에 법률상의 뜻을 부여하는 경우를 말한다. 예컨대 유치권에 있어서 담보된 채권과 물건이, 쌍무계약의 경우에 양쪽의 채무가 견련관계에 있다고 한다.

단순계약(單純契約)
영 ; simple contract

영미법에서 날인계약으로서의 요건을 갖추지 않은 구술 또는 서면에 의한 계약으로 約印(약인)을 수반함으로써 비로소 법률상 유효하게 되는 것이다. 口述契約(구술계약)이라고 하지만 반드시 구술에 의한 것에 국한되는 것은 아니다.

담보계약(擔保契約)

당사자 일방(담보자)이 어떤 사실에 관하여 상대방(피담보자)에게 손해를 가하지 않을 것을 약정하는 계약이다. 특정한 사실을 조성하기 위하여 이루어질 때도 있으며, 피담보자가 어떤 사람을 고용하거나 어떤 사람과 信用去來(신용거래)를 함에 있어서 체결되는 경우도 있다. 보증계약과 다른 점은 담보자가 독립하여 賠償責任(배상책임)을 지는 점에 있으나 이들은 서로 유사한 계약이므로 실제적으로 계약이 어느 쪽에 속하는지 구별이 분명하지 않은 때가 많다. 예컨대 信用保證(신용보증) · 身元保證(신원보증) 따위이다. 담보계약의 법률상의 성질은 片務(편무)·無償(무상) · 諾成(낙성) · 不要式(불요식) 契約(계약)이다.

계속적 채권관계
(繼續的 債權關係)
독 ; dauernde Schuld verhältnisse

계속적 급여나 회귀적 급여를 목적으로

하는 채권관계이다. 급여가 어느 일정기간을 통하여 실현되는 것으로서 어느 일정시점에 급여를 실현하는 一時的(일시적) 債權關係(채권관계)에 대한다. (1) 가스·수도의 공급처럼 일정한 종류의 不定期間 계속하여 공급하기로 약정하는 繼續的 공급계약에 의한 채권관계나 (2) 賃金·雇傭 등의 계속적 채권계약에 의거한 채권관계나 (3) 信用保證(신용보증)·身元保證(신원보증) 등의 계속적인 채권관계의 특질은 기본적인 계약관계를 전제로하여 당사자가 포괄적인 지위를 취득하고 이에 입각하여 개개의 권리의무가 파생하는 점에 있다. 社會的(사회적)·經濟的(경제적)으로는 노동자의 고용관계 및 부동산의 賃貸借契約(임대차계약) 등이 중요한 것인데 이론적으로는 특히 계약관계의 존속을 강행법(사회법)에 의하여 강제하는 경우가 허다하다.

계속적 급부(繼續的 給付)
독 ; sukzessive Leistung

가스의 공급·신문의 배달 등과 같이 계속적 공급계약에 의하는 급부나, 가옥의 임대·노무의 공급 등 계속적 채권관계에 의하는 급부를 말한다. 그리고 競業을 하지 않는다는 계속적 부작위의 급부 등과 같이 계속적으로 행하여지는 급부이다. 보통의 매매와 같이 1회에 한한 급부에 대하는 관념이다. 신문의 배달과 같이 일정한 기간 반복적으로 하는 급부를 回歸的 給付(회귀적 급부)라 하고 다른 것을 협의의 繼續的 給付(계속적 급부)라고 하는 경우도 있다.

계속적 공급계약(繼續的 供給契約)
독 ; Sukzessivliefer ungsvertrag

종류로써 정해진 물건을 일정기간 혹은 수요가 있는 동안 일정한 대금으로 계속하여 공급할 것을 약정하는 계약이다. 매매의 특수한 형태. 그 중에서 일부의 공급과 대금은 개별적으로는 대응하지만 계약은 전체로서 단일하므로 매도인은 전월분의 代金未支給(대금미지급)을 이유로 금월분의 공급의 청구에 대하여 同時履行의 항변을 할 수 있으며 또 1회의 債務不履行(채무불이행)을 이유로 장래에 대하여 계약전부의 해제를 할 수도 있다.

청약(請約)
영 ; offer
독 ; Antrag, Angebot, Offerte
불 ; offre, pollicitation

承諾(승낙)과 함께 일정한 내용의 계약을 성립시킬 것을 목적으로 하는 일방적 의사표시이다. 청약만으로는 계약이 성립하지 않으므로 법률행위가 아니라 법률사실이다. 승낙으로써 계약은 곧 성립하므로 청약을 할 자를 유인하는 청약의 誘引(유인)과는 다르다. 청약은 一般(일반) 不特定人에 대하여서도 행할 수 있다(예 : 縣賞廣告(현상광고)). 청약의 효력발생시기는 의사표시의 효력발생시기에 관한 일반원칙(즉 到達主義(도달주의))에 의한다(民§111①). 따라서 청약의 도달전에 청약자가 사망하거나 능력을 잃더라도 효력발생에 영향이 없는 것이 원칙이지만 (§111②), 請約者(청약자)가 반대의 의사를 표시하거나 또는 상대방이 사망·능력상실의 사실을 알았을 때에는 영향을 받는다고 볼 것이다. 청약은 그것만으로는 상대방을 구속하는 효력을 가지지 않는다. 그러나 청약을 받은 상대방은 承諾與否(승낙여부)를 결정하기 위하여 준비를 하는 것이 보통이므로 청약자가 임의로 철회하는 것을 인정하면 상대방에게 부당한 손해를 입히게 되므로 민법은 承諾期間(승낙기간)을 정한 청약은 철회할 수 없으며(§528①), 승낙기간을 정하지 않은 청약은 승낙을 얻는데 상당한 기간 동안은 철회할 수 없는 것으로 하였다(§529). 이를 청약의 拘束力(구속력)이라고 한다. 또한 승낙은 청약이 승낙적격을 가지는 동안에 하지 않으면 안된다. 즉 승낙기간을 정한 청약은 그 기간 내에 한하여 승낙할 수 있다. 승낙기간을 정하지 않은 청약의 승낙적격에 대하여서는 규정이 없으나 청약자가 철회하지 않는 한 무제한으로 승낙적격을 가진다는 것은 타당하지 않으며 상당한 기간을 경과한 후에는 승낙적격을 잃는다고 해석하여야 한다.

계약이 성립하기 위한 법률요건인 청약은 그에 응하는 승낙만 있으면 곧 계약이 성립하는 구체적, 확정적 의사표시여야 하므로 청약은 계약의 내용을 결정할 수 있을 정도의 사항을 포함시키는 것이 필요하다(대법원 2005. 12. 8. 선고 2003다41463).

청약의 유인(請約의 誘引)
영 ; invitation of offer
독 ; Einladung zu Offerte

상대방에게 청약을 하게끔 하려는 의사의 표시이다. 그러나 상대방이 청약의 유인에 따라 청약의 의사표시를 하여도 그것만으로 청약이 바로 성립하는 것은 아니고, 청약을 유인한 자가 다시 승낙을

함으로써 비로소 계약이 성립된다. 따라서 청약을 유인한자는 상대방의 의사표시에 대하여 諾否(낙부)를 결정할 자유를 가진다. 이와 같이 청약과 청약의 유인과는 이론상 다르지만, 실제상 양자를 구별한다는 것은 곤란한 경우가 있다. 貸家라고 하는 표시, 商品目錄의 配付, 正札附商品(정찰부상품)의 陳例, 「셋집구함」의 신문광고등의 경우가 그 예이다. 그 구별의 표준은 대체로 그 행위가 계약의 내용을 지시하고 있느냐, 계약의 당사자가 누구라도 상관이 없는 성질의 것이냐, 거래의 관습은 어떠하냐 등이다.

승낙(承諾)

청약의 상대방이 청약에 의하여 계약을 성립시킬 목적으로 청약자에 대하여 행하는 의사표시이다. 이 승낙은 청약의 내용과 일치하여야 한다. 즉 청약에 대하여 조건이나 변경을 가한 승낙은 청약의 거절과 동시에 새로운 청약을 한 것으로 간주된다(§534). 請約受領者(청약수령자)는 원칙적으로 승낙할 의무는 없으나 특별한 경우에 승낙이 강제되는 경우도 있다(商§53, §54·公證§4). 승낙의 방식은 불요식이며 아무 제한이 없다. 승낙은 청약의 승낙적격이 있는 동안에 하여야 한다. 승낙기간을 정한 청약에 대하여는 그 기간 내에 승낙의 통지가 도달하였을 때에 계약이 성립한다(民§528②). 기간 내에 도달할 수 있는 발송이 지연되었을 때에는 청약의 효력이 상실된 후이기 때문에 보통 계약은 성립될 수 없을 것이다. 그러나 승낙자는 계약이 성립된 것이라고 생각하고 있으므로 이 기대를 보호하기 위하여 청약자가 연착하였다는 통지를 즉시 하지 않으면 계약은 성립되는 것이다

(§528③). 승낙기간을 정하지 않은 청약에 대하여는 승낙의 통지를 받을 상당한 기간 내에 청약은 철회할 수 없다. 이것을 청약의 구속력이라고 한다. 이 기간이 지나면 당연히 효력을 잃는다(§529).

승낙적격(承諾適格)
(독, Annahmefähigkeit)

계약의 실질적 효력으로서, 승낙이 있다면 계약을 성립시킬 수 있는 청약의 효력을 말한다. 그 효력은 승낙이 도달한 때로부터 발생하며, 승낙기간의 만료, 청약의 철회, 청약의 거절 또는 청약자가 사망하고 그 상대방이 그것을 아는 것 같은 경우에 소멸한다. 이에 대하여 현행 민법은 계약의 청약은 이를 철회하지 못하고(민법 527조), 승낙의 기간을 정한 계약의 청약은 청약자가 그 기간내에 승낙의 통지를 받지 못한 때에는 그 효력을 잃으며, 또 승낙의 통지가 승낙기간 후에 도달한 경우에 보통 그 기간 내에 도달할 수 있는 발송인 때에는 청약자는 지체없이 상대방에게 그 연착의 통지를 하여야 한다. 그러나 그 도달 전에 지체의 통지를 발송한 때에는 예외로 한다. 그리고 청약자가 지연의 통지를 하지 아니한 때에는 승낙의 통지는 정착하지 아니한 것으로 본다(민법 538조1·2·3항, 또 승낙의 기간을 정하지 않은 계약의 청약은 청약자가 상당한 기간 내에 승낙의 통지를 받지 못한 때 효력을 잃고, 격지자간의 계약은 승낙의 통지를 발송한 때 성립하며 승낙의 통지가 필요하지 아니한 경우에는 계약은 승낙의 의사표지로 인정되는 사실이 있는 때에 성립한다(민법 529·531·532조). 당사자간에 동일한 내용의 청약이 상호교차된 경우에는 양청약이 상대방에게 도달한 때에 계약이 성립하고, 승낙자가 청약에 대하여 조건을 붙이거나, 변경을 가하여 승낙한 때에는 그 청약의 거절과 동시에 새로 청약한 것으로 본다(민법 533·534조).

교차청약(交叉請約)
독 ; Kreuzofferte

동일내용을 가진 계약의 청약이 당사자 양쪽으로부터 행하여지는 것이다. 교차청약은 청약과 승낙에 의하지 않는 특수한 계약성립의 態樣이다. 계약은 청약과 승낙이 합치됨으로써 성립한다. 그러나 서로 대향하는 의사표시가 동시에 이루어짐으로써 선후의 구별을 할 수 없는 경우가 있다. 그러나 이런 경우에도 서로 대향하고 있는 의사표시가 합치되고 있으므로 계약의 성립을 인정하여야한다. 契約成立(계약성립)의 시기는 최후의 청약이 도달한 때이다(民§111, §533).

현상광고(懸賞廣告)
독 ; Auslobung
불 ; promesse publique

광고자가 어느 행위를 한 자에게 일정한 보수를 지급할 의사를 표시하고, 應募者(응모자)가 그 광고에 정한 행위를 완료함으로써 성립하는 계약(民§675)이다. 가출인의 수색, 유실물의 수색, 학술적 발명 등에 널리 쓰이는 방법이다. 민법상 전형계약의 일종이다. 현상광고는 일종의 요건계약이며 또 有償(유상)·片務契約(편무계약)이다. 광고자는 광고에 정한 행위완료자에 대하여 광고소정의 보수를 지급할 의무를 진다(§675). 광고에 정한 행위를 한 자가 수인인 때에는 먼저 그 행위를 완료한 자가 보수를 받을 권리를 가진다(§676①). 즉, 最初(최초)로 지정행위를 완료한 자에 대해서만 계약이 성립한다. 수인이 동시에 지정행위를 완료한 때에는 각각 균등한 비율로 보수를 받을 권리를 취득하는 것이 원칙이지만, 만약 보수가 그 성질상 분할할 수 없거나, 광고에 1인만이 보수를 받을 것으로 정한 때에는 추첨에 의한다(§676②). 특히 문제되는 것은 광고가 있음을 알지 못하고 광고에 지정한 행위를 완료한 경우인바, 이 경우에는 청약에 대하여 승낙을 한 것은 아니므로 계약은 성립되었다고 볼 수 없다. 그러나 민법은 이 경우에도 계약의 성립을 인정하여 보수청구권을 갖는다는 특별규정을 두고 있다(§677). 민법은 현상광고의 철회에 관하여 특수한 규정을 두고 있다. 광고자가 광고에 지정행위의 완료기간을 정한 때에는 그 기간만료 전에는 광고를 철회하지 못한다(§679①). 광고에 행위의 완료기간을 정하지 아니한 때에는 지정행위의 완료 전에 자유롭게 철회할 수 있으나, 그 방법은 전의 광고와 동일한 방법에 의함을 요한다. 동일한 방법으로 철회할 수 없을 때에는 그와 유사한 방법으로 철회할 수 있으나 이 철회는 철회한 것을 알지 못한 제3자에 대하여는 철회로서의 효력이 생기지 아니한다(§679①②).

민법 제675조에 정하는 현상광고라 함은, 광고자가 어느 행위를 한 자에게 일정한 보수를 지급할 의사를 표시하고 이에 응한 자가 그 광고에 정한 행위를 완료함으로써 그 효력이 생기는 것으로서, 그 광고에 정한 행위의 완료에 조건이나 기한을 붙일 수 있다(**대법원 2000. 8. 22. 선고 2000다3675**).

우수현상광고(優秀縣賞廣告)

광고에 정한 행위를 완료한 자가 수인인 경우 그 중 우수한 자에게만 보수를 지급할 것을 정하는 것이다. 이 광고에는 응모기간을 정해야 한다(民§678①). 우수의 판정은 광고 중에 정한 자가 하고, 광고 중에 判定者를 정하지 아니한 때에는 광고자가 특정한다(§678②). 우수한 자가 없다는 판정은 할 수 없다(§678③본문). 다만 광고 중에 다른 의사표시가 있거나 정하여져 있는 때에는 그것에 의한다(§678③但). 그리고 응모자는 판정에 대하여 이의를 하지 못한다(678④). 수인의 행위가 동등으로 판정된 때에는 각각 균등한 비율로 보수를 받을 권리가 있고, 보수가 그 성질상 분할할 수 없거나 광고에 1인만이 보수를 받을 것으로 정한 때에는 추첨에 어떠냐, 하여 결정한다(§678⑤).

제3자를 위한 계약 (第三者를 위한 契約)

라; pactum in favorem tertii
영; contract for the benefit of a third person
독; Vertrag zugunsten Dritter, Vertrag auf Leistung an Dritte
불; stipulation pourautrui

계약당사자가 아닌 제3자로 하여금 계약당사자의 일방에 대하여 일정한 급부를 청구할 권리를 취득시킬 것을 목적으로 하는 계약을 말한다(民§539, §542), 예컨대 갑·을간의 계약으로써 갑이 상대방 을에 대하여 카메라를 급부할 채무를 지고, 을이 그 대가로서 3만원을 직접 제3자 병에게 지급하는 것과 같은 경우이며 갑을 要約者(요약자)(受約者), 을을 諾約者(낙약자)(債務者), 병을 受益者(수익자)(제3자)라고 한다. 이 계약은 賣買(매매)·

贈與(증여)·賃貸借(임대차) 등과 같이 특수한 계약유형은 아니고, 그들 계약조항 중에 제3자에게 그 계약의 효과의 일부인 권리를 취득시킬 것을 내용으로 하는 약관(이것을 제3자 약관이라고 한다)이 삽입되어 있는데 지나지 않는다는 점에 특색이 있다. 이 계약의 실익은 낙약자의 출연을 요약자 스스로 취득하여 이것을 다시 제3자에게 급부하는 절차를 생략하여 낙약자로부터 직접 제3자에게 급부하게 하는 점에 있으며, 실제상 타인을 위하여 保險契約(보험계약) · 信託契約(신탁계약) · 任置契約(임치계약) · 運送契約(운송계약) · 年金契約(연금계약) · 賣買契約(매매계약) 등을 할 경우에 많이 행하여지고 있다. 제3자의 권리는 제3자가 수익의 의사표시를 하였을 때에 발생하며(그러나 보험·신탁·공탁의 경우에는 수익의 의사표시를 요하지 않는다), 일단 권리가 발생한 후에는 계약당사자가 이것을 변경하거나 소멸시킬 수는 없다(民§541 · 商§639·信託§51). 제3자가 취득하는 권리의 내용은 要約者諾約者간의 계약에 의하여 정하여지는 것이며, 그 권리는 이 계약에 의하여 생기는 것이므로, 낙약자는 그 계약에 기인하는 항변으로써 제3자에게 대항할 수 있다(§542). 요약자 · 낙약자간의 법률관계도 그 계약에 의하여 정하여지는 것인데 요약자도 제3자에게 소정의 급부를 할 것을 낙약자에 대하여서 청구할 수 있는 것으로 해석된다.

제3자(第三者)

라 ; tertius   영 ; third party
독 ; Dritter   불 ; tiers

어떤 법률관계에 있어서 직접 참여하는 자를 당사자라고 하며, 그 이외의 자를 제3자라고 한다. 당사자에 대하는 말이다. 예를 들면 가옥의 매매에 있어서 매도인·매수인이 당사자이고, 목적가옥의 임차인, 그밖의 사람은 모두 제3자이다. 그러나 권리의무의 포괄승계인(상속인)은 계약당사자로서의 지위를 승계한 자로서 제3자는 아니다. 또 때에 따라서는 일정한 법률관계에 있어서 一定事項(일정사항)을 주장하는 정당한 이익을 갖는 자만을 제3자라고 할 경우가 있다(民§110, §539). 법률상, 거래안전을 위하여 제3자 보호(특히 선의의 제3자 보호)의 제도가 마련된다(§108② 등).

계약체결상의 과실 (契約締結上의 過失)

(독, culpa in confrahendo)

계약 체결을 위한 준비단계에 있어서 또는 계약의 성립과정에 있어 당사자 일방이 자신에게 책임있는 사유로 상대방에게 손해를 가한 경우 부담하는 배상책임을 말한다. 1861년 예링(Jhering)에 의해 주창된 이 제도는 계약이 아직 성립되지 않아 당사자 사이에 기본적인 채권·채무가 발생하지 않더라도 신의원칙에 입각하여 당사자간에는 법률행위적 의무가 생긴다고 보아 체약상의 과실책임을 인정하고 있다. 우리 민법은 535조에서 원시적 불능의 경우에 한하여 계약체결상의 과실을 인정하고 있다.

낙약자 · 요약자 (諾約者 · 要約者)

영 ; promissor·stipulator

민법상 제3자를 위한 계약에 있어서 제3자에 대하여 채무를 부담하는 자를 낙약자, 그 상대방을 요약자라고 하다. 양자 간에는 제3자의 권리를 취득하는 점 이외에는 보통의 계약과 같으며 동시이행의 항변이나 위험부담 등의 규정이 적용되는 것이 일반적이다.

수령능력(受領能力)
獨 ; Empfangsfähigkeit

　타인의 의사표시의 내용을 이해할 수 있는 능력이다(법적 자격). 行爲能力(행위능력)이 의사표시의 능동적 능력인데 대하여 受領能力(수령능력)은 의사표시의 수동적 능력이다. 의사표시는 상대방에 도달하는 것으로써 효력을 발생하나, 상대방에 수령능력이 없는 경우에는 그 의사표시의 도달로써 대항할 수 없다(民§112본문). 수령능력자에 대하여 수령능력은 타인의 의사표시의 내용을 이해할 수 있는 능력이므로, 행위능력보다 정도가 낮아도 무방하다. 그러나 민법은 제한능력자를 수령무능력자로 하고 있다(§112본문). 수령무능력자에 대하여 의사표시를 하여도 표의자는 의사표시의 효력을 주장할 수 없으므로 수령무능력자에 대한 의사표시는 그 법정대리인 앞으로 할 필요가 있다. 다만, 수령무능력자가 의사표시를 수령한 경우라도, 법정대리인이 그 수령을 안 이상 의사표시는 도달된 것으로 표의자가 주장할 수 있게 하였다(§112但).

동시이행의 항변권
(同時履行의 抗辯權)
라 ; exceptio non adimpleti contractus
독 ; Einrede des nicht erfüllten Vertrages
불 ; exception tirée de l'inexecution

　쌍무계약의 당사자 일방이 상대방이 그 채무이행을 제공할 때까지 자기의 채무이행을 거절할 수 있는 권리를 말한다(民§536①). 쌍무계약에 있어서 공평의 원칙상 인정되는 것으로 유치권과 그 취지를 같이 한다. 동시이행의 항변권은 비단 매매의 경우뿐만이 아니라 모든 쌍무계약에 있어서 발생하는 것이다. 보통 쌍무계약에서는 양쪽의 채무 사이에 즉, 일방의 채무와 상대방의 채무와의 사이가 서로 동시이행의 관계에 있기 때문이다. 쌍무계약이라도 당사자의 일방이 먼저 이행할 특약이 있는 때에는 동시이행의 항변권은 없다(先履行義務 : 民§536①但). 당사자 일방이 상대방에게 먼저 이행하여야 할 경우에 상대방의 이행이 곤란한 현저한 사유가 있는 때에는 동시이행의 항변권이 있다(§536②). 또한 동시이행의 항변은 해제에 의한 原狀回復義務(원상회복의무)(§549)와 擔保責任(담보책임)(§583) 그리고 수급인의 擔保責任(담보책임)(§667①) · 終身定期金(종신정기금)의 해제와 동시이행 등의 경우에도 똑같이 취급된다. 또한 계약의 무효 및 취소의 경우에 생기는 반환의무에도 이 원리가 적용된다. 동시이행의 항변권을 행사하려면 다음의 요건이 필요하다. (1) 동일한 쌍무계약에서 발생하는 양쪽의 채권이 존재하여야 한다. (2) 상대방의 채무가 이행기에 있어야 한다. 먼저 이행할 의무가 있을 때에는 항변권을 喪失(상실)한다. (3) 상대방이 채무의 이행이나 변제의 제공을 하지 않았을 때이다. 한 번이라도 제공하면 항변권이 영구히 소멸할 것인가의 여부는 의문이지만 소멸하지 않는다는 것이 판례이다. 그 효력은 (1) 항변권이 있는 한 채무의 이행을 거절할 수 있으며 거절을 해도 채무불이행이 되지 않는다. (2) 소송을 하면 상대방의 급부(대금지급)와 상환하여 급부하라는 制限勝訴判決(제한승소판결)을 받을 수 있다.

계약불이행의 항변
(契約不履行의 抗辯)

●————————————

쌍무계약의 당사자 일방이 그 채무의 이
행 또는 이행의 제공을 할 때까지 타방 당
사자가 자기채무의 이행을 거절할 수 있다
는 것을 말하는 것으로(민법 536조), 공평
의 원칙에 입각하여 쌍무계약에서 생기는
대립하는 채무 사이에 이행상의 견련관계
를 인정하려는 제도이다. 이 계약불이행에
대한 항변권은 민법 549조 · 583조 · 667
조3항 · 728조 등에 준용된다.

연기항변(延期抗辯)

●————————————

좁은 뜻의 항변 가운데 하나로서 청구
권의 행사를 저지하고 일시적인 이행을
거절할 수 있는 효력을 가지는 것이다.
일시항변이라고도 한다. 예컨대 동시이행
의 항변(民§536)과 같이 상대방이 이행
의 제공을 행할 때까지 자기의 채무의 이
행을 거절하고 또 보증인의 최고·검사의
항변(§437)과 같이 채권자가 일정한 행
동을 할 때까지 이행을 하지 않는 것이
다.

채무자주의(債務者主義)

●————————————

쌍방계약에 있어서 일방의 채무가 채무
자의 책임으로 돌아가지 않는 사유로 인
하여 이행불능이 되어 소멸한 경우에 타
방의 채무도 또한 소멸한다는 주의이다.
債權者主義(채권자주의)에 대한다. 민법
은 債務者主義(채무자주의)를 원칙으로
하지만(民§537, §538) 예외적인 경우가
있다.

위험부담(危險負擔)
독 ; Gefahrtragung

●————————————

쌍방계약에 있어서 일방의 채무가 당사
자의 책임에 돌릴 수 없는 사유에 의하여
이행불능으로 소멸한 경우에 타방의 채무
는 어떻게 하느냐 하는 문제이다. 예컨대,
가옥을 매매하는 계약을 체결한 후에 그
목적인 가옥이 화재로 燒失(소실)된 때에
는 이 쌍방계약에서 생긴 일방의 채무인
가옥인도의 채무는 이행불능으로 소멸된
다. 이 경우 다른 일방이 부담하는 대금
지급의 채무의 운명은 어떻게 되는 것인
지가 문제된다. 이 경우에 어느 편에 위
험을 부담시키느냐 하는 것은 이론적으로
만 결정지을 수는 없으며, 立法政策的(입
법정책적)으로 해결하지 않으면 안된다고
하여 로마법 이래 債權者主義(채권자주
의)와 債務者主義(채무자주의)가 대립된
다. 우리민법은 채무자주의를 채택하고
있다(民§537). 舊民法에서는 특정물에 관
한 물권의 설정 또는 이전을 목적으로 하
는 쌍무계약에 대하여서는 채권자주의를
채택하고 있었다(舊民§534, §535). 그러나
현행민법에서는 구법과 달리 債務者主義
를 일관시키고 있다. 이것은 당사자의 채
무가 이행불능으로 인하여 소멸하는 때에
는 이와 교환적인 의의를 가지는 다른 당
사자의 채무도 소멸하게 하는 것이 쌍무
계약의 성질상 당연하기 때문이다. 위험
부담의 중심문제는 쌍무계약의 당사자 일
방의 채무의 이행불능이 당사자 양쪽의
어느 쪽에도 책임없는 사유로 인하여 생
긴 경우에 관한 것이다. 그러므로 채무의
이행불능이 채무자의 책임있는 사유로 인
한 것인 경우에는 채무는 損害賠償義務
(손해배상의무)로 변하고 위험부담의 문
제는 생길 여지가 없으며, 또 채권자의

책임있는 사유 및 채권자의 수령지체 중 당사자 양쪽의 책임없는 사유로 인한 이행불능의 경우는 항상 채권자가 위험을 부담함이 공평하므로 입법주의를 논의할 여지가 없다(§538). 다만 위험부담의 민법상 규정은 任意規程이므로 당사자의 의사로 다르게 정할 수 있다.

해제(解除)

영 ; concellation, rescission
독 ; Rücktritt　　불 ; résolution

일단 유효하게 성립한 계약을 소급적으로 소멸시키는 일방적인 의사표시이다. 계속적 채권관계의 효력을 장래에 대하여 소멸시키는 해지, 일정한 사실의 발생에 의하여 계약이 당연히 소멸하다고 하는 失權約款(실권약관), 당사자의 합의에 의하여 계약의 효력을 소멸시키는 합의해제와는 각각 약간의 차이가 있다. 채무자가 채무를 이행하지 않았을 때와 그밖에 특별한　경우(法定解除權約款解除權)에는 계약을 해제할 수 있다. 해약의 의사표시는 이것을 표시한 이상 철회하지 못한다(民§543②). 계약당사자가 수인이 있는 경우에는 그 전원이 해제의 의사표시를 하여야 하며, 상대방이 수인인 경우에는 그 전원에 대하여 의사표시를 하여야 한다(§547①). 이것을 해제권불가분의 원칙이라고 한다. 계약이 해제되면 계약으로써 생긴 법률적 효과는 계약당시에 소급하여 소멸된다(해제의 소급효). 따라서 아직 이행하지 않은 부분에 대하여서는 채무가 소멸하고 이행을 한 부분에 관하여는 상대방에게 不當利益返還義務(부당이익반환의무)의 일종인 原狀回復義務(원상회복의무)가 생긴다(§548). 또 계약을 해제하여 손해가 있을 때에는 손해배상의

청구를 할 수 있다(§551). 해제를 하여도 계약이 있었다는 사실을 부정할 수 있는 것은 아니므로 이행의 준비로써 지출된 비용이나 이행기가 경과함으로써 목적물의 가격이 변동되어 손해를 보는 경우 등이 있으므로 원상회복의무 외에 손해배상이 인정되는 것이다.

해제권(解除權)

독 ; Rücktrittsrecht

유효하게 성립한 계약을 일방적 의사표시에 의하여 소급적으로 해소시키는 권리를 해제권이라 한다. 계약당사자의 일방적 의사표시에 의하여 기존의 계약을 소급적으로 소멸시키는 일종의 形成權(형성권)이다. 해제는 이 해제권에 의거한 것이므로 합의해제(해제계약)와는 다르다. 해제권은 당사자의 유보계약(예 : 해약금 <民§565>)과 같은 계약에 의하여 생기는 경우도 있으나(약정해제권), 법률의 규정에 의하여 생기는 경우가 많다(법정해제권<§543>). 상대방에 대하여 일방적 의사표시로써 행한다. 일단 해제의 의사표시를 하였을 때에는 후에 철회하는 것은 허용되지 않는다(§543②). 또 계약당사자의 한쪽 또는 양쪽이 수인인 경우에는 어느 편에서 해제를 하든지간에 그 당사자 전원으로부터 또는 그 전원에 대하여 행하여지지 않으면 안 된다. 이것을 解除權不可分(해제권불가분)의 원칙이라고 한다(§547①).

해제계약(解除契約)

旣存契約의 당사자가 그 계약을 체결하지 않은 것과 같은 효과를 가지게 하는 것을 내용으로 체결하는 계약으로, 반대계

약이라고도 한다. 효과면에서는 해제와 같지만, 당사자간의 합의로써 이루어지는 점에서, 형성권인 해제권에 기한 일방적 의사표시로써 행사되는 해제와 다르다. 따라서 민법의 해제에 관한 규정은 해제계약에는 적용되지 아니한다. 합의해제의 요건이나 내용은 원칙상 합의 자체에 의하기 때문이다.

실권약관(失權約款)
라 ; lex commissoria
독 ; Verwirkungsklausel

채무자에게 채무불이행이 있을 경우에는 채권자측의 특별한 의사표시가 없더라도 당연히 계약의 효력이 없어지고, 채무자의 계약상의 권리를 상실하게 하는 뜻의 약관이다. 실효약관이라고도 한다. 이것은 해제권의 보유가 아니라 채무불이행을 해제조건으로 하는 조건부행위로 생각된다. 따라서 이점에서 해제와 다르다. 月賦販賣(월부판매) 등에 그 예가 많으나(1회의 이행연체가 있으며 즉시 물품을 반환시키는 약관), 이것이 채무자에게 너무 가혹한 결과가 되는 경우에는 공서양속위반(民§103)으로서 무효가 되는 경우가 있다.

합의해제(合意解除)

계약 당사자 양쪽의 합의에 의하여 계약의 효력을 소급적으로 소멸시키는 것이다. 본래 해제(법정해제)는 채무불이행의 사유가 있을 때 일방적으로 행하는 단독행위라는 점에서 계약인 합의해제와 다르다. 합의해제는 일종의 계약이므로 해제권이 없더라도 양 당사자가 자유롭게 할 수 있다는 점에 특색이 있다.

법정해제권(法定解除權)

법률의 규정에 의하여 당연히 해제할 수 있는 권리가 발생하는 것이다. 約定解除權(약정해제권)과 대립하는 용어이다. 일반적으로 이행지체 등 채무의 불이행에 의한 해제권이 이에 해당하는데 매도인의 담보책임 등 특별한 규정(民§576)에 의한 경우도 있고 사정변경의 원칙에 의한 해제권도 똑같이 취급되고 있다. 이행지체일 경우는 상당한 기간을 정하여 이를 최고하고 이 최고기간이 지나면 法定解除權(법정해제권)을 행사할 수 있다(§544). 이행불능인 경우에는 최고를 하지 않아도 계약을 해제할 수 있고(§545), 이행불능인 때에는 채권자는 최고없이 계약을 해제할 수 있다(§546). 不完全履行(불완전이행)의 追完(추완)을 허용하는 경우에는 이행지체에 준하고 추완을 불허하는 경우에는 이행불능에 준하는 것이다.

약정해제권(約定解除權)
독 ; vertragsmassiges Rü cktrittsrecht

당사자의 계약에 의하여 발생하는 해제권이다. 이 해제권은 당사자의 한쪽 또는 양쪽을 위하여 유보하는 수도 있으나 반드시 당초의 계약으로써만 할 수 있는 것은 아니고 후일 별개의 계약으로써도 할 수 있다. 민법은 이에 대하여 일반적인 규정은 두지 않았지만, 민법 제543조는 그것을 전제로 한 규정이며 매매계약에 있어서의 해약금의 교부(民§565)와 還買(환매)의 특약(§590~§595)등이 그 예이다.

해지(解止)

계속적 계약관계를 당사자의 일방적 의

사표시에 의하여 장래에 대하여 소멸시키는 것이다. 소급효를 가지지 않고 장래에 대하여서만 효력을 가진다는 점에서 해제와 다르다. 해지권의 발생원인은 계약과 법률의 규정이 있다. 민법이 규정하고 있는 해지권의 발생사유로는 (1) 存續期間의 약정이 없는 경우에는 비교적 용이하게 해지권을 인정하지만(民§603②, §613②, §635, §660, §689, §699), 존속기간의 약정이 있는 경우에는 일정한 요건하에서 해지권을 인정하였으며(§659, §661, §698), (2) 중대하게 신의칙에 반하는 사유가 있었거나(§625, §640, §641, §658), 계약관계를 존속시키는 것이 중대하게 신의칙에 반하게 되는 경우(§614, §627②, §637) 등에 해지권을 인정하였다. 해지권은 장래에 대한 채권관계의 소멸이므로 원상회복의 의무는 발생시키지 않지만 損害賠償請求(손해배상청구)에 영향을 미치지 않는다(§551). 당사자의 일방 또는 양쪽이 수인인 경우에는 해지의 의사표시는 그 전원으로부터 또는 전원에 대하여라는 점은 해제에 있어서와 동일하다(§547). 혼인이나 입양 등 신분상의 계약관계를 장래에 향하여 무효로 하는 이혼이나 罷養(파양)도 그 성질은 해지와 같다.

약정해지권(約定解止權)

당사자의 계약에 의해 계약을 실효시키는 권한을 말한다. 여기서 해지라 함은 계속적인 계약을 장래에 향하여 실효시키는 것을 말한다. 이것은 장래에 향하여 실효시키는 것을 말한다. 이것은 장래에 향하여 계약을 소멸시키는 점에서 해제의 소급적 효력과 구별된다.

해지통고(解止通告)
독 ; kündigung

현존하는 계속적인 계약관계를 장래에 향하여 소멸시키는 일방적 행위이다. 해지통고를 하는 권리인 고지권은 형성권에 속한다. 해제와 달라서 해지에는 소급효가 없으며, 따라서 원상회복의 의무를 발생케 하는 일이 없다. 학설은 解除(해제)와 구별하기 위하여 解止(해지)라고 한다. 민법전에서는 경우에 따라서 해제 또는 해약의 신청이라고 한다(民§311, §610, §636, §637).

정기행위(定期行爲)
독 ; Fixgeschäft

일정한 일시나 기간 내에 이행되지 않으면 계약체결의 목적이 달성되지 않는 것과 같은 계약이다. 정기매매인 것이 보통이다. 여기에는 결혼식 화환주문과 같이 그 성질상 당연히 정기행위가 되는 絶對的 定期行爲(절대적 정기행위)와 당사자의 약속에 의하여 정기행위가 되는 相對的 定期行爲(상대적 정기행위)가 있다. 어느 경우에나 이를 해제하는 데는 새삼 최고를 할 필요가 없고 언제나 해제할 수 있다(民§544, §545). 商事賣買(상사매매)에 있어서는 이행기 경과 후 즉시 이행을 청구하지 아니하면, 계약은 해제된 것으로 본다(商§68).

원상회복의무(原狀回復義務)
독 ; Naturalherstellung, Naturalrestitution

계약해제의 효과로 계약이 이루어지지 않았던 이전의 상태로 복귀시키는 의무를 말한다. 原狀回復義務의 성질에 대해서는 不當利益返還請求(부당이익반환청구)인지

법률상 특별한 청구인지 대립한다. 계약해제의 경우 계약의 각 당사자가 상대방에 대하여 부담하게 되는 原狀回復義務(원상회복의무)는 현존이익의 반환의무 뿐 아니라 처음부터 급부를 받지 않았던 것과 마찬가지의 법률상태로 되돌아가게 하는 채무이기 때문에 부당이익의 返還義務와는 그 내용을 달리한다(民§548, §741). 손해배상의 경우도 원칙적으로는 손해발생 전의 상태로 환원시킬 의무가 발생하게 되는 것인데, 우리민법은 원칙적으로 原狀回復義務(원상회복의무)를 인정하지 않고 金錢賠償主義에 의거(§394, §763)하고 있다. 그러나 예외적인 경우에 원상회복주의를 취한다. 즉 (1) 불법행위가 명예훼손을 원인으로 한 때에 법원은 피해자의 청구에 의하여 손해배상과 함께 「명예회복에 적당한 처분」을 명할 수 있도록 규정하고 있으며(民§764), (2) 鑛害의 배상에 대해서 원상회복이 인정되고(鑛§93), (3) 기업간의 부정한 수단에 의한 경쟁에 대하여는 영업상의 신용을 회복하는데 필요한 조치를 명할 수 있도록 규정하여(不正競§6) 예외적으로 原狀回復主義(원상회복주의)를 취한다.

증여(贈與)

라 ; donatio 英 ; gift
독 ; Schenkung
불 ; donation

●────────────────

한쪽 당사자(贈與者)가 대가없이 자기의 재산을 상대방(受贈者)에게 주겠다는 의사를 표시하고 상대방이 이를 승낙함으로써 성립하게 되는 계약이다(民§554~§562). 증여는 諾成契約(낙성계약)이며, 또 無償(무상)·片務契約(편무계약)이다. 증여계약의 성립에는 따로이 방식을 요하지 않으나, 서면에 의하지 않은 증여는

아직 이행하지 않은 부분에 대하여 언제라도 각 당사자가 이를 해제할 수가 있다(§555, §558). 이것은 증여자에게 신중을 기하게 함과 동시에 그 진의를 명확히 하고 증거의 확실을 도모하기 위한 제도이다. 또 수증자가 증여자에 대하여 중대한 忘恩行爲를 한 때 또는 증여계약 후에 증여자의 재산상태가 현저히 악화하여 그 이행으로 생계에 중대한 영향을 미칠 경우에는 증여자는 아직 이행하지 아니한 부분에 대하여 해제할 수 있다(§556~§558). 또한 증여는 무상계약이므로 증여자는 담보책임을 지지 않는 것(§559)이 원칙이지만, 특약이 있을 경우, 증여자가 하자·흠결을 알고서 고지하지 아니한 경우(악의의 경우) 및 負擔附贈與(부담부증여)의 경우에는 예외로서 담보책임을 진다(§559①단·②). 증여의 특수한 형태로는 負擔附贈與(부담부증여)·現實贈與(현실증여)·死因贈與(사인증여)가 있다.

부담부증여(負擔附贈與)

라 ; donatio submobo
독 ; Schenkung unter einer Auflage
불 ; donation avec charges

●────────────────

수증자가 증여를 받음과 동시에 증여자 또는 제3자에게 어떠한 급부를 부담으로 하는 附款(부관)을 갖는 증여이다. 예컨대 100평의 토지를 증여하는데 그 중의 30평은 증여자의 自動車駐車場(자동차주차장)으로 사용한다든가 선박을 1척 증여하는데 매월 1회씩 무료로 증여자의 운송물을 선적하게 한다는 것처럼 부담이 있는 증여를 말한다. 이것도 증여이기 때문에 증여의 규정을 따르지만 부담가격의 한도에서는 對價關係(대가관계)가 있는 계약으로 되어야 할 것이다. 그러므로 증여이기는 하나 쌍무계약의 규정을 따르고

(民§561), 또한 유상계약과 같이 담보책임을 부담하게 되는 것이다.(§559).

> 상대부담 있는 증여에 대하여는 민법 제561조에 의하여 쌍무계약에 관한 규정이 준용되어 부담의무 있는 상대방이 자신의 의무를 이행하지 아니할 때에는 비록 증여계약이 이미 이행되어 있다 하더라도 증여자는 계약을 해제할 수 있고, 그 경우 민법 제555조와 제558조는 적용되지 아니한다(대법원 1997. 7. 8. 선고 97다2177).

현실증여(現實贈與)
독 ; SRealsthenrurg, Handschenrung

증여의 목적을 즉시 수증자에게 인도하여 버리는 증여를 현실증여라고 한다. 현실증여는 채권계약인 증여와 동일하게 보아 민법상증여의 규정을 적용하여야 한다.

정기증여(定期贈與)

정기적으로 일정한 급부를 하는 증여이다(民§560). 매달 10만원씩 준다고 하는 것이 그 예이다. 존속기간의 특약이 없으면 당사자의 사망에 의하여 효력을 상실한다는 점에서 終身定期金(종신정기금)과 그 성질을 같이 한다.

사인증여(死因贈與)

증여자의 사망으로 인하여 효력이 발생하는 것으로서 생전에 미리 계약을 맺으나 그 효력발생은 증여자의 사망을 법정조건으로 하는 증여이다(民§562). 일종의 停止條件附贈與(정지조건부증여)이다. 유증은 단독행위이기 때문에 상대방의 승낙이 필요없지만 사인증여는 생전의 계약이므로 승낙이 필요하다. 그러나 遺贈(유증)의 경우일지라도 受遺者(수유자)는 이것을 포기할 수 있으며, 행위자의 사망에 의하여 효력을 발생하는 사인행위인 점에서 유증과 같으므로 유증에 관한 규정이 준용된다(§562).

> 민법 제562조는 사인증여에 관하여는 유증에 관한 규정을 준용하도록 규정하고 있지만, 유증의 방식에 관한 민법 제1065조 내지 제1072조는 그것이 단독행위임을 전제로 하는 것이어서 계약인 사인증여에는 적용되지 아니한다(대법원 1996. 4. 12. 선고 94다37714, 37721).

매매(賣買)
라 ; emptio venditio
영 ; (contract of)sale
독 ; kauf
불 ; vente

당사자의 일방(매도인)이 어떤 재산권을 상대방에게 이전할 것을 약정하고 상대방(매수인)은 이에 대하여 그 대금을 지급할 것을 약정함으로써 성립하는 諾成·雙務(쌍무)·不要式의 有償契約(유상계약)이다(民§533). 민법은 매매를 채권관계상 유상계약의 전형적인 것으로서 상세한 규정을 두어(§563~§589), 그 규정들은 다른 유상계약에 준용하고 있다. 매도인은 목적물을 완전히 매수인에게 인도할 의무를 부담한다. 즉 (1) 소유권 그 자체를 이전해야 한다. (2) 권리변동의 효력발생요건으로서의 등기를 이전해 주어야 한다. (3) 모든 권리증서와 그밖에 이에 속한 서류를 인도하여야 한다. 여기서 특히 중요한 것은 매도인의 담보책임이다. 이것은 매매의 목적물인 물건 또는 권리에 불완전한 점이 있는 경우에 매도인이 대금을 감액하고 계약의 해제를 당하고 손해배상을 부담해야 하는 책임이다. 매수인은 대금을 지급하고 그 지급이 지체되었을 때에는 이자를 지급하여야 한다. 단, 목적물의 인도가 遲滯(지체)되었을 때에는 그러하지 아니하다(§587). 매매는 대금을 결정하는 방법에 따라 自由賣買(자유매매)·競爭賣買(경쟁매매)(賣買(매매)·入札(입찰)) · 試味買(試驗賣買)등이 있으며, 특수한 것으로 繼續的 供給契約·分割支給約款附賣買 등의 형태가 있다.

매도인(賣渡人)

민법상 매매계약에 있어서 목적물을 파는 쪽 당사자를 매도인 또는 賣主(매주)라고 한다. 상대방(매수인)에 대하여 대금의 지급을 청구할 수 있으며 그 자신은 목적물의 재산권을 이전할 의무가 있다(民§563). 사업상으로는 매매에 있어서 매수인이 목적물의 수령을 거부할 경우에 그 목적물을 공탁경매할 수 있는 권리를 가지며 이 경우에는 매수인에 대하여 통지의무를 부담한다.

매수인(買受人)

민법상 매매계약에 있어서 사는 쪽의 당사자를 말한다. 상대방인 매도인에 대하여 財産權移轉請求權(재산권이전청구권)을 가지며 스스로는 代金支給義務(대금지급의무)를 부담한다(民§563). 상법상으로 상인간의 매매에 있어서는 매수인은 목적물을 수령할 때에는 하자나 수량의 부족을 검사하여 매도인에게 통지할 의무가 있으며, 만약 통지하지 아니한 경우에는 계약의 해제, 대금감액 또는 손해배상을 청구하지 못한다(상§69). 이와 같은 경우

에 매매계약을 매수인이 해제한 경우에는 매도인의 비용으로 매매의 목적물을 보관 또는 공탁하여야 한다.

현실매매(現實賣買)

독 ; Realkauf, Handkauf, Naturalkauf

목적물과 대금을 동시교환으로 하는 매매를 현실매매라고 한다. 자동판매기에 의한 매매와 서점에서 대금을 지급하고 서적을 사는 경우와 같은 것이 그 예이며, 즉시매매라고도 한다. 통상매매에서는 매도인은 물품의 인도, 매수인은 대금지급의 채무를 부담하고 나중에 그 채무의 이행을 시키는 것인데, 현실매매에서는 급부가 동시에 이루어져서 이행의 청구를 생각할 여지가 없는 점에 특색이 있다. 현실매매에 있어서는 뒤에 이행할 채무를 남기지 않으므로 먼저 채무를 부담하고 뒤에 이것을 이행하는 보통의 매매와 같으냐가 문제되는 바, 이 경우에도 당사자 양쪽이 代金支給義務와 목적물의 소유권을 이전할 채무를 부담한다는 것이 적어도 관념적으로 선행되고 채무의 이행으로서 서로 상환으로 대금과 목적물의 소유권을 이전하여야 한다고 생각하여야 한다. 따라서 현실매매에 있어서도 채권계약인 매매와 마찬가지로 민법의 매매에 관한 규정이 적용되며, 목적물에 하자가 있는 경우에 하자담보의 규정의 적용이 있다고 해석하여야 할 것이다(民§580, §581).

공매(公賣)

광의로는 법률의 규정에 의거하여 공적 기관에 의하여 강제적으로 행하여지는 매매로서 私人間의 임의매매와 대립된다. 민법상의 강제집행의 수단으로서 행하여

지는 경매는 그 주요한 것이다. 협의로는 租稅滯納處分(조세체납처분)의 최종단계로서의 공매 즉 財産現金處分(재산현금처분)을 뜻한다(國徵§61이하). 좁은 뜻에서의 공매의 특색은 收稅官吏(수세관리)에 의하여 행하여진다는 것, 공매의 종결에 의하여 채무가 소멸된다는 것 등이다.그런데 공매에 의한 재산취득이 원시취득인가의 여부에 관하여는 설이 일치되지 못하고 있다. 國稅徵收法(국세징수법)§61·§67에 의하면 세무공무원이 압류한 動産(동산)·不動産(부동산) · 有價證券(유가증권)·無體財産權(무체재산권)과 제3자로부터 받은 물건은 원칙적으로 공매에 붙이는 것으로 하고 있다.

경쟁매매(競爭賣買)

일반적으로 계약내용에 관하여 다수인을 서로 경쟁시켜 그 중에서 가장 유리한 조건을 제시하는 자를 선택하여, 그 자와 매매를 성립시키는 매매방법이다. 주로 證券去來所(증권거래소)가 개설하는 유가증권시장에서 체결되는 거래방법으로 쓰인다.

경쟁계약(競爭契約)

계약의 내용에 관하여 다수인을 경쟁시켜 그 중 가장 유리한 내용을 제시하는 자를 상대방으로 하여 체결하는 계약이다. 입찰이나 경매의 방법에 의한 것이 그것인바, 계약체결을 신청할 수 있는 자가 한정되어 있는가의 여부에 따라 指名競爭契約(지명경쟁계약)과 一般競爭契約으로 나누어 볼 수 있다.

경매(競賣)
독 ; Versteigerung

매도인이 다수자 중에서 구술로 買受申請(매수신청)을 시키고 최고가격의 신청인에게 매도하는 매매방법이다. 입찰에 의한 매매가 서면에 의하여 행해지는 점에서 다르다. 개별적 매매에 비해서 비교적 높게 그리고 또 공평하게 행하여지므로 국가기관에서 행하는 경우에 이용되는데, 물론 사인이 행하는 때도 있다. 국가기관에서 행할 경우를 공적경매 또는 공매라고 부른다. 이 중에서 협의로는 民事執行法上(민사집행법상)의 강제경매에 대하여 경매법 폐지. 즉 재산의 보관 또는 정리의 방법으로서 현금화(환가)하는 이른바 自助賣却(자조매각)과 抵當權(저당권)·質權(질권) 등 타인의물건에 대한 담보권의 실행으로서 행하여지는 것 등이다. 이런 종류의 경매의 성질에 대해서는 견해가 나누어져 있으나, 非訟事件(비송사건)이라고 하는 설이 유력하다. 어떻든 任意競賣(임의경매)(담보권실행등을 위한 경매)와 민사집행법상의 강제집행에 의한 경매와는 절차가 전반적으로 같고, 특히 부동산의 경매에는 임의경매(담보권실행등을 위한 경매)도 강제경매에 관한 민사집행법의 규정을 많이 준용하고 있다. 따라서 양자가 경합할 수 있는 경우에는 어느 쪽이든지 먼저 개시한 절차에 그 후의 신청을 흡수시켜서 배당요건의 효력을 발생시켜 양자의 연락을 도모하고 있다. 그러나 임의경매(담부권실행등을 위한 경매)에서는 성질상 채권자·채무자의 대립은 없고 집행권원(채무명의)을 필요로 하지 않으며, 또 일반채권자의 배당요구가 원칙적으로 인정되지 않는 것은 강제집행에 있어서의 경매와 다르다.

입찰(入札)

경쟁계약의 경우 매수희망자로 하여금 자기의 청약가격을 문서에 기재하여 이것을 제출하도록 하고 최고가격 청약자에 대하여 낙찰시키는 행위이다. 구술에 의한 경매와는 달라서 서로 경쟁자가 표하는 청약내용을 알 수 없으므로 자기가 상당하다고 믿는 가격을 부르게 하는 데 특색이 있다. 입찰에 부친다는 뜻의 표시는 청약의 유인인 경우가 많다. 따라서 입찰은 請約(청약), 낙찰은 承諾(승낙)에 해당한다. 입찰에 있어서 僞計(위계) 또는 威力(위력) 그 밖의 방법으로 경매 또는 입찰의 공정을 해한 자는 2년이하의 징역 또는 7백만원이하의 벌금에 해당하는 처벌을 받는다(형§315).

견본매매(見本賣買)
영 ; sales by sample

견본이나 模型에 의하여 목적물의 품질과 속성을 미리 정하여 두는 매매이다. 見品賣買(견품매매)라고도 한다. 보통 불특정물의 매매에 사용되며 견품대로의 물건이 급부되지 않으면 債務不履行(채무불이행)이 있는 것으로 되어 계약의 해제와 손해배상이 문제된다. 또한 특정물매매의 경우에는 瑕疵擔保責任이 생겨서 견본과 동일한 것을 다시 제공하여야 할 의무가 생긴다. 또한 견품과의 동일품질 여부는 사회통념, 특히 거래관행에 의하여 결정되지만 그 입증책임은 매도인에게 있다(判例). 상법에서는 견본을 견품이라 한다(商§95).

정기매매(定期賣買)
독 ; Fixhandelskauf

그 계약의 성질상 또는 당사자의 의사표시에 의하여 일정한 시기에 이행되지 않으면 계약의 목적을 이룰 수 없는 매매를 말한다. 예컨대 결혼식에서 쓸 의복음식물의 매매와 같다. 기한대로 이행되지 않았을 때에는 상대방은 최고없이 곧 계약을 해제할 수 있다(民§545). 商事賣買(상사매매)의 경우에는 신속함을 중히 여기므로 상대방이 기간경과 후에 즉시 해제한 것으로 간주한다(商§68).

제작물공급계약
(製作物供給契約)
독 ; Werklieferungsv ertrag

당사자의 일방이 재료를 사용하여 제작한 물건을 공급할 것을 약정하고, 상대방이 이에 대하여 보수를 지급할 것을 약정하는 계약이다. 주문에 의한 가구나 양복의 제작이 그 예이다. 주문에 의한 제작이라고 하는점에서는 도급의 성질을 가지며, 제작물의 소유권을 보수를 받고 이전한다고 하는 점에서 매매의 성질을 갖는 혼합계약으로서 매매의 賣渡都給(매도도급)이라고도 부른다. 따라서 도급과 매매의 혼합계약으로서 제작에 관하여는 매매의 규정을 적용한다.

당사자의 일방이 상대방의 주문에 따라 자기 소유의 재료를 사용하여 만든 물건을 공급할 것을 약정하고 이에 대하여 상대방이 대가를 지급하기로 약정하는 이른바 제작물공급계약은, 그 제작의 측면에서는 도급의 성질이 있고 공급의 측면에서는 매매의 성질이 있어 이러한 계약은 대체로 매매와 도급의 성질을 함께 가지고 있는 것으로서, 그 적용 법률은 계약에 의하여 제작 공급하여야 할 물건이 대체물인 경우에는 매매로 보아서 매매에 관한 규정이 적용된다고 할 것이나, 물건이 특정의 주문자의 수요를 만족시키기 위한 부대체물인 경우에는 당해 물건의 공급과 함께 그 제작이 계약의 주목적이 되어 도급의 성질을 띠는 것이다(대법원 1996. 6. 28. 선고 94다42976).

담합행위(談合行爲)

土建(토건)의 都給(도급) · 入札(입찰)을 함에 있어서 입찰자끼리 협정을 맺는 것이다. 협정하여 입찰한 결과 경쟁입찰의 사실이 없음에도 경쟁입찰을 가장하면 타인을 欺罔(기망)한 것으로 되어 詐欺罪(사기죄)의 성부가 문제될 수 있다.

소유권유보계약(所有權留保契約)

매매에 있어서 매도인이 경매대금의 완제를 받을 때가지 소유권을 보유하는 계약이다. 割賦約款(할부약관)이 붙은 매매에서 종종 이같은 계약을 수반한다. 매수인은 대금 전액을 지급할 때까지 매도인의 소유물을 빌리는 형식이 된다. 매수인은 대금을 완제할 때까지는 條件附權利(대리권)을 가지는데 그치므로 목적물을 처리할 수 없으나 매도인도 매수인의 期待權(기대권)을 해치는 행위는 할 수 없다.

이중매매(二重賣買)

매도인이 동일한 목적물을 2인 이상의 매수인에게 매매하는 것이다. 채권은 배타성이 없으므로 채권계약의 단계, 즉 權利移轉請求(권리이전청구)를 내용으로 하는 채권이 발생할 뿐인 단계에서 이중매매를 하더라도 두 매수인의 권리는 서로 충돌하지 않는다. 따라서 채권계약으로서 제1의 매수인과 제2의 매수인에게 이중으로 매매계약을 체결하더라도 아무런 문제가 되지 않는다. 이행에 이르렀을 때에는 두 매수인 가운데 먼저 등기나 인도 또는 對抗要件(대항요건)을 갖춘자가 완전한 권리를 취득하고 다른 편의 매매계약은 이행불능이 된다.

대금(代金)

매매에 있어서 財産權移轉의 대가로서 매수인이 지급하는 금전이다. 지급의 시기·장소·대금이자의 지급 등에 관하여는 당사자 간에 특약이 있으면 그것에 따르고 특약이 없는 경우에는 보충규정이 적용된다(民§563, §568, §585, §587). 대금지급과 목적물의 소유권이전은 서로 동시이행의 관계에 있다.

계약보증금(契約保證金)

계약을 체결할 때에 당사자 일방이 契約價額의 일부를 지급하는 금전을 말한다. 계약보증금을 지급하는 목적에는 여러 가지가 있다. (1) 계약보증금은 계약이 확실히 성립되었다고 하는 증거의 의미를 가진다. (2) 違約金(위약금)은 어느 한편이 임의로 계약을 철회할 때, 이를 違約(위약)한 벌로서 몰수 할 수 있는 것이다. 여기에는 契約保證金(계약보증금)을 몰수하고 다시 손해배상을 받을 수 있는 것과, 계약보증금만을 몰수할수 있는 것이 있다. (3) 解約金(해약금)은 매수인이 계약보증금을 포기하고 매도인은 계약보증금의 倍額(배액)을 지급하여 매매계약을 해제할 수 있다. 이들 가운데, (1)은 모든 계약보증금이 지니고 있는 효력이며, (2)와 (3) 가운데 어느 것에 해당할 것인가 하는 것은 계약의 취지에 따라서 결정된다. 매매에서는 당사자의 특약이 없으면 해약금으로 본다(民§565).

담보책임(擔保責任)

계약의 당사자가 급부한 목적물에 하자가 있는 경우에 부담하는 손해배상과 그 밖의 책임이다. 贈與(증여)(民§559) · 都給(도급)(§667~§672) · 消費貸借(소비대차)(§602) 등에 관한 규정이 있으나 특히 매매에 관한 규정(民§569~§584)이 널리 有償契約(유상계약)一般(일반)에 준용된다(§567). 즉 매매의 목적물에 권리의 하자(소유권의 전부 또는 일부가 타인에게 귀속되거나 타인의 권리에 의하여 제한되거나 또는 제시된 수량이 부족한 때) 또는 물건의 하자가 있을 경우에 매수인은 계약의 解除權(해제권) · 代金減額(대금감액)의 請求權(청구권) · 損害賠償(손해배상)의 청구권 등 3종의 권리를 부여받는다. 권리의 하자인 경우에는 追奪擔保(추탈담보), 물건의 하자가 있는 경우에는 瑕疵擔保(하자담보)라고 불리운다. 이것은 다른 유상계약에 준용된다(§567). 도급의 경우에도 동일하게 수급인에게 解除權(해제권)·瑕疵補修請求權(하자보수청구권)·損害賠償請求權(손해배상청구권)의 3종의 권리가 부여된다. 이러한 담보책임의 근거는 대가적 관계에 있는 급부를 하는 계약당사자간의 공평을 도모하고, 거래에 대한 일반적인 신뢰를 확보한다는 점에서 구할 수 있다. 따라서 무상계약에 있어서의 담보책임(예 : 증여자)은 하자를 알고 알리지 않은 경우에 한하지만 유상계약에서의 담보책임(예 : 매도인·도급인)은 하자를 몰랐을 경우에도 부담되는 일종의 無過失責任(무과실책임)이다. 舊民法에 있어서는 不特定物(불특정물)의 매매에 있어서의 매도인이 하자있는 물건을 급부한 경우에 하자담보의 규정의 적용이 있는가에 대하여 문제가 되었으나 현행 민법은 이를 입법적으로 해결하여 불특정물의 매매에 있어서도 목적물의 특정 후에 그것에 하자가 있는 경우에는 하자담보책임을 물을 수 있도록 하였다(§581). 그리고 담보책임은 특약으로 면제할 수 있으나 하자를 알면서도 고지하지 않았을 때에는 책임을 면하지 못한다(§584, §672).

매도인의 담보책임(賣渡人의 擔保責任)

매매에 의해 매수인이 취득하는 권리나 권리의 객체인 물건에 하자 내지 불완전한 점이 있는 때에 매도인이 매수인에 대하여 부담하는 책임을 말한다. 매도인에게 이러한 담보책임을 인정하는 것은 매매계약의 유상성에 비추어 매수인을 보호하고 일반거래의 동적 안전을 보장하기 위해서이다. 매도인의 담보책임은 매도인의 고의나 과실 등의 귀책사유를 그 요건으로 하지 않으므로 일종의 무과실책임으로서, 특정물의 매매에 있어서 뿐만 아니라 불특정물매매에서도 인정된다. 민법상 규정된 담보책임의 발생원인을 살펴보면, (1)권리에 하자가 있는 경우로는 ①재산권의 전부 또는 일부가 타인에게 속하는 경우(민법 569조 내지 573조. 그러나 민법 571조는 매도인 보호를 위한 특별규정이며 담보책임에 관한 것은 아니다), ②재산권의 일부가 전혀 존재하지 않는 경우(민법 574조), ③재산권이 타인의 권리에 의하여 제한을 받는 경우(민법 575조 내지 577조)이고, (2)물건에 하자가 있는 경우로는 ①특정물매매에 있어서 목적물에 하자가 있는 경우(민법 580조), ②종류매매(불특정물매매)에 있어서 목적물에 하자가 있는 경우(민법 581조, 582조)이다. 또 경매에 있어서의 담보책임(민법 578조, 580조 2항)으로서 매도인이 부담하여야 할 책임의 내용은 각 경우에 따라서 다소 다르지만, 대체로 매수인은 일정한 요건하에서 계약해제권·대금감액청구권·손해배상청구권 · 완전물급부청구권을 갖는다. 손해배상의 범위에 대해서는 신뢰이익의 배상이라는 견해와 이행이익의 배상이라는 견해가 나누어져 있다. 권리의 전부가 타인에게 속하여 매도인이 매수인에게 그 권리를 이전할 수 없는 경우 매도인은 담보책임을 진다(민법 570조). 그러나 매도인이 계약 당시에 매매의 목적이 된 권리가 자기에게 속하지 않음을 알지 못하여, 그 권리를 취득하여 매수인에게 이전할 수 없는 때에는 매도인은 손해를 배상하고 계약을 해제할 수 있으며(민법 571조 제1항), 특히 매수인이 악의인 때에는 매도인은 손해백상을 하지 않고서, 다만 권리이전이 불능임을 통지하고 해제할 수 있다(민법 571조 제2항).

추탈담보책임(追奪擔保責任)
독 ; Haftung wegen Eviktion
불 ; garantie contre l'eviction

매매의 목적인 권리에 하자가 있는 경우에는 매도인이 부담하는 담보책임이다(民§570~§579). 로마법에서는 매매의 목적물인 권리가 제3자에게 속하고 있기 때문에 買主(매주)가 매수한 권리를 후에 제3자로부터 追奪(추탈)당한 경우의 買主責任(매주책임)을 가리키는 말로서 사용되어 왔으나 우리 민법에서는 추탈의 유무에 불구하고 민법§570~§579에 일반적인 담보책임을 규정하고 있으므로 특별히 이와 같은 용어를 구별할 실익은 없다.

하자담보책임(瑕疵擔保責任)
독 ; Gewährleistung wegen Mängel der Sache
불 ; garantie contre les vices de lachose

매매의 목적물에 하자가 있는 경우에 매도 등의 인도자가 부담하는 담보책임이다. 거래상 요구되고 있는 통상의 주의로도 이를 알지 못한 때는 매수인은 계약을 해제하고 손해배상을 청구할 수 있다(民§580). 이것은 매매의 목적인 재산권에 하자가 있는 경우 즉 물질적으로 하자가 있는 경우에 한한다. 예를 들면 매도인으로부터 매수한 가옥이 표면으로 보아서는 알 수 없지만 부실공사로 인하여 파손이나 倒壞할 것 같은 상태에 놓여 있는 경우이다. 그러나 전파사에서 텔레비젼을 샀는데 부분품이 불량하여 이를 사용할 수 없을 때는 瑕疵擔保(하자담보)가 아니라 債務不履行(채무불이행)(불완전이행이 된다)의 책임으로서 교환청구 및 해제 또는 손해배상청구를 할 수 있다는 것이 유력한 학설이다. 또한 상인간의 매매에 있어서는 담보책임의 효과로서 매도인에게 하자가 있다는 통지를 하지 않으면 대금감액 또는 손해배상을 청구하지 못한다(상§69).

환매(還買)

독 ; wiederkauf   불 ; re´mere´, rachat

매도인이 일단 매각한 목적물에 대하여 대금상당의 금액을 매수인에게 지급하고 다시 사는 계약이다. 민법상 환매는 일반적으로 매매계약의 해제라고 해석되며, 還買權(환매권)은 일종의 解除權(해제권)으로 간주되며 財産權(재산권)으로 양도성을 갖는다고 본다. 환매권은 일정기간 내에 다른 특약이 없으면 최초의 대금계약의 비용을 제공하여 환매권자의 일방적 의사표시에 의하여 행하여진다(民§594①). 환매를 할 수 있는 것은 동산이나 부동산을 가리지 않는다. 부동산의 경우에는 환매특약을 등기하여 보전할 수 있다. 환매는 매매계약과 함께 이루어지는 계약으로 일종의 해제권 유보있는 매매이다. 따라서 일단 매매행위가 끝나면 환매를 한다는 특약을 알 수 없다. 그것은 재매매의 예약에 의해서 행하여진다. 환매가 이루어지면 목적물은 매도인에게 복귀한다(해제의 경우의 원상복구와 동일). 이 경우 매수인의 受取果實과 매도인(還買權者)의 대금의 이자와는 특별한 약정이 없으면 상계한 것으로 간주되고(§590③), 또 매수인이 지급한 비용의 상환청구가 인정된다(§594). 그러나 민법에서 정하고 있는 환매의 규정(§590~§595)은 실제의 거래와 부합되지 않으므로 보통 매매의 예약의 규정(§564)을 적용하는 경우가 많다.

물권적 취득권(物權的 取得權)

독 ; dingliches Erwerbsrecht
　　 Amnwartscharftsrecht

장래의 일정한 조건하에 의사표시를 함으로써 재산권을 취득함을 내용으로 하는 배타적인 권리이다. 형성권의 하나이다. 독일 민법의 선매권(Vorkaufsrecht, 독民§1094 이하)이 그 적례이며 우리 민법에는 이러한 의미의 물권적 취득권은 인정되지 않으나 부동산의 매매의 豫約完決權(예약완결권)(民§564)·환매권(§590)으로서 등기된 것은 이것과 유사하다.

대금감액청구권(代金減額請求權)

매매의 목적이 되는 권리의 일부가 다른 사람에게 속하게 되어 매도인이 이를 매수인에게 이전할 수 없는 경우 및 수량을 지시하여 매매한 물건이 數量不足이거나 일부멸실한 경우에 매도인의 담보책임의 효력으로서 매수인은 그 부족한 부분 또는 멸실부분의 비율에 따라서 대금의 감액을 청구할 수 있다(民§572~§874, §578). 선의의 매수인은 이와는 별도로 손해배상을 청구할 수 있다(§572②, ③). 이 권리의 행사는 매수인이 선의인 경우에는 사실을 안 날, 악의인 경우에는 계약한 날로부터 1년의 除斥期間(제척기간)이 있다.

예약(豫約)

라 ; pactum de contrahendo
독 ; Vorvertrag
불 ; avantcontrat, promesse

장래 일정한 계약을 체결할 것을 미리 약정하는 계약이다. 장래 체결될 본계약에 선행하는 것이다. 예약에 있어서는 당사자의 한쪽 또는 양쪽이 상대방에 대하여 본계약의 청약을 하면 타방이 이를 승낙할 의무를 진다. 청약할 권리를 일방만이 가지고 있는 때에는 片務豫約(편무예약), 양쪽이 가지고 있을 때에는 雙務豫約(쌍무예약)이라고 한다. 예약자체는 항상 채권계약이나, 예약으로써 장래 체결되어야 할 본계약은 채권계약 뿐만 아니라, 질권·抵當權의 설정과 같이 物權契約(물권계약)이나 혼인과 같은 신분상의 계약인 경우도 있다. 그리고 광의에 있어서는 당사자의 한쪽 또는 양쪽이 예약완결권을 가지는 경우까지를 포함하여 널리 예약이라고 한다. 민법이 매매의 일방예약에 관하여 규정하고(§564) 이를 다른 유상계약에 준용하여 당사자간에 예약이 있는 때에는 본계약을 성립시킬 권리가 있는 당사자가 본계약을 성립시킬 의사표시를 한 때에는 상대방의 승낙을 요하지 않고 성립된다고 정하고 있는 것이 이것이다(§564, §567). 예약은 본계약의 내용을 결정한다. 본계약이 불능·불법 등의 이유로 무효인 때에는 예약도 무효가 된다. 예약권리자가 본계약의 청약을 한 때에는 예약의무자는 이에 대하여 승낙을 할 채무를 지며, 이 의무위반에 대하여서는 채무불이행에 의한 손해배상 및 예약해제를 할 수 있으며, 또 예약권리자는 승낙에 갈음할 재판을 구할 수도 있다(§389② 참조). 본계약이 要式行爲(요식행위)인 때에 예약도 또한 그 방식에 따라야 할 것인가의 여부에 대하여서는 문제가 있는데, 통설은 본계약을 요식행위로 하는 취지에 따라 결정된다고 한다.

매매의 예약(賣買의 豫約)

장래에 매매를 성립시킬 것을 미리 약속하는 것(豫約)이다. 매매의 예약은 크게 나누어 두 종류가 있다. 하나는 당사자의 일방적인 의사표시만으로 매매계약이 성립하는 것이며 또 하나는 일방이 청약을 하고 상대방이 이를 승낙하면 이에 따라 매매계약이 성립하는 것이다. 후자의 경우에는 상대방이 승낙하지 않으면 매매계약이 성립될 수 없다. 그러나 상대방이 계속 승낙하지 않으면 그 승낙의 의사표시를 법원에 청구해야 되므로 아무런 의의가 없다. 그래서 실제로 행하여지고 있는 것은 전자인 경우가 많다. 이것을 매매에 있어서의 일방의 예약이라고 한다. 민법은 「매매의 일방예약은 상대방이 매매를 완결할 의사를 표시하는 때에 매매의 효력이 생긴다」 (民§564)라고 정하고 있으므로 이 경우만을 규정한 것이 된다. 일방의 예약에 있어서 일방적으로 본계약(賣買契約)을 체결할 권리를 가지고 있는 자가 본계약을 하겠다는 의사표시를 하면 그것만으로 상대방의 승낙을 기다릴 필요없이 매매계약이 성립한다. 이러한 권리를 豫約完決權(예약완결권)이라고 한다. 예약완결권은 일종의 형성권이며 토지 또는 건물을 목적으로 할 때는 가등기를 할 수 있다(不登§3). 예약완결권을 소유하고 있는 자의 상대방은 최고에 의해 이를 소멸시킬 수 있다(§564②, ③).

재매매의 예약(再賣買의 豫約)

매매계약에 있어서 매도인이 장래 목적물을 도로 사겠다고 예약하는 것이다. 매도인의 재매매의 청약에 대하여 매수인이 承諾義務(승낙의무)를 지는 것과, 승낙없이 바로 재매매가 성립되는 것이 있는데 후자가 보통이다(民§564). 이것은 換買約款附賣買의 일종으로서 還買(환매)와 똑같이 금융에 대한 담보작용을 하는 점에 그 경제적 의의가 있다. 환매는 재매매의 예약에 비하여 요건이 엄격한 데 대하여 재매매의 예약은 代金(대금)·期間(기간) 등을 자유로이 정할 수 있기 때문에 담보형식으로서의 효용을 발휘하고 있다. 그리고 그 예약완결권의 가등기로써 예약권리자는 제3자에게 대항할 수 있게 된다.

내금(內金)

금전채무의 일부변제로서 지급하는 금전이다. 그러나 보통 매매·도급 등의 쌍무계약을 맺음에 있어서 대금·보수의 일부로서 금전의 대금·보수의 지급에 앞서 지급되는 금전을 말한다. 해약권유보의 효력을 발생하지 않는데서 계약금과 다르지만 실제상 이 두 가지를 구별하는 데는 상당한 어려움이 있다.

교환(交換)

영 ; exchange　　　　독 ; Tausch
불 ; 'echange

당사자 양쪽이 금전의 소유권 이외의 재산권을 상호 이전할 것을 약정함으로써 성립하는 계약이다(民§596). 有償(유상)·雙務(쌍무)의 계약이며 일반적으로 매매에 관한 규정이 준용된다(§567). 그러나 현재로는 물물교환은 거의 중요성이 없다. 토지의 교환 등의 경우 이외에는 거의 행하여지지 않는다. 이런 경우에도 각각 특별법이나 관습이 우선하여 민법의 규정은 오히려 보충적 의미를 가질 뿐이다. 자기의 물건이 상대방의 물건보다 가격이 쌀 때는 財産權移轉(재산권이전)과 동시에 금전에 의한 보충지급을 한다. 갑의 토지와 을의 가옥에 300만원을 현금으로 가산하여 교환하는 경우 등이다. 이런 경우의 300만원을 금전의 보충지급이라고 한다. 금전의 보충지급에 대하여는 賣買代金(매매대금)에 관한 규정을 준용한다(§597). 유상계약이므로 서로 담보책임이 있다.

일반적으로 교환계약을 체결하려는 당사자는 서로 자기가 소유하는 교환 목적물은 고가로 평가하고, 상대방이 소유하는 목적물은 염가로 평가하여, 보다 유리한 조건으로 교환계약을 체결하기를 희망하는 이해상반의 지위에 있고, 각자가 자신의 지식과 경험을 이용하여 최대한으로 자신의 이익을 도모할 것이 예상되기 때문에, 당사자 일방이 알고 있는 정보를 상대방에게 사실대로 고지하여야 할 신의칙상의 주의의무가 인정된다고 볼만한 특별한 사정이 없는 한, 일방 당사자가 자기가 소유하는 목적물의 시가를 묵비하여 상대방에게 고지하지 아니하거나, 혹은 허위로 시가보다 높은 가액을 시가라고 고지하였다 하더라도, 이는 상대방의 의사결정에 불법적인 간섭을 한 것이라고 볼 수 없으므로 불법행위가 성립한다고 볼 수 없다(대법원 2001. 7. 13. 선고 99다38583).

소비물 · 비소비물 (消費物 · 非消費物)

소비물이란 한 번 쓰면 없어져서 같은 용도에 따라 사용할 수 없는 물건(예 : 쌀석유·식료품 등)을 말하고, 비소비물이란 한 번 사용되어도 없어지지 않고 두 번 이상 같은 용도로 사용할 수 있는 물건을 말한다. 이의 구별의 실익은 (1)소비대차(민법 598조)와 임치(민법 693조), (2)소비대차(민법 598조) · 사용대차(민법 609조) · 임대차(민법 618조) 등의 구별에 있다.

소비대차(消費貸借)

라 ; mutuum
영 ; loan for consumption
독 ; Darlehn
불 ; prêt de consommation

당사자의 일방(貸主)이 금전 기타의 代替物(대체물)이 소유권을 상대방(借主)에게 이전할 것을 약정하고 상대방은 그것과 同種(동종)·同質(동질)·同量(동량)의 물건을 반환할 것을 약정함으로써 성립하는 계약이다(民§598~§608). 금전이나 미곡등의 대차가 대표적인 것이다. 소비대차는 임대차와 使用貸借(사용임차)가 목적물 그 자체를 반환하는 것과는 달리 借主가 목적물의 소유권을 취득하여 이를 소비한 후에 다른 同價値의 물건을 반환하는 점에 특색이 있다. 諾成(낙성)·편무계약이다. 법률상은 무이자의 무상계약이 원칙이지만 실제로는 이자있는 유상계약이 많다(商§55 참조). 차주의 利子支給義務(이자지급의무)는 특약에 의하여 발생하기로 되어 있는데 상인간의 金錢消費貸借(금전소비대차)에 있어서는 특약이 없어도 貸主는 법정이자(년6분)를 청구할 수 있다(商§54).

> 민법상 소비대차는 당사자 일방이 금전 기타 대체물의 소유권을 상대방에게 이전할 것을 약정하고 상대방은 그와 같은 종류, 품질 및 수량으로 반환할 것을 약정함으로써 그 효력이 생기는 이른바 낙성계약이므로, 차주가 현실로 금전 등을 수수하거나 현실의 수수가 있은 것과 같은 경제적 이익을 취득하여야만 소비대차가 성립하는 것은 아니다(**대법원 1991.4.9. 선고 90다14652**).

준소비대차(準消費貸借)

당사자의 한쪽이 소비대차에 의하지 아니하고 금전 기타의 대체물을 지급할 의무가 있는 경우에 당사자가 그 물건으로써 소비대차의 목적으로 할 것을 약정하는 계약(民§605)이다. 매매대금을 차금으로 바꾸는 경우 같이 기존의 채무를 소멸시키고, 기존채무에 관하여 소비대차와 동일한 효력을 생기게 하는 것을 목적으로 하는 계약이다. 민법은 「消費貸借에 의하지 아니하고」 부담한 채무라고 하고 있으나, 과거의 소비대차상의 채무에 관하여도 準消費貸借契約(준소비대차계약)을 체결하는 것은 무방하다고 하는 것이 종래의 판례의 태도이다. 準消費貸借는 기존의 채무의 존재를 전제로 하므로, 기존채무가 처음부터 없거나 또는 소멸된 때에는 성립하지 아니한다. 반대로 준소비대차가 무효 또는 소멸되어도 기존의 채무는 소멸하지 않는 것으로 된다. 준소비대차는 그 성립의 요건이 다를 뿐 소비대차로서의 효력은 보통의 소비대차와 같다. 준소비대차의 경우에 新舊債務(신구채무)가 동일성을 가지느냐는 담보소멸시효 등이 문제가 되는데 현재의 판례는 양자는 원칙적으로 동일성을 잃지 않으며 다만 당사자의 의사에 의하여 동일성을 상실시킬 수 있다고 한다.

> 경개나 준소비대차는 모두 기존채무를 소멸케 하고 신채무를 성립시키는 계약인 점에 있어서는 동일하지만 경개에 있어서는 기존채무와 신채무와의 사이에 동일성이 없는 반면, 준소비대차에 있어서는 원칙적으로 동일성이 인정된다는 점에 차이가 있는 바, 기존채권 채무의 당사자가 그 목적물을 소비대차의 목적으로 할 것

을 약정한 경우 그 약정을 경개로 볼 것인가 또는 준소비대차로 볼 것인가는 일차적으로 당사자의 의사에 의하여 결정되고 만약 당사자의 의사가 명백하지 않을 때에는 의사해석의 문제이나 특별한 사정이 없는 한 동일성을 상실함으로써 채권자가 담보를 잃고 채무자가 항변권을 잃게 되는 것과 같이 스스로 불이익을 초래하는 의사를 표시하였다고는 볼 수 없으므로 일반적으로 준소비대차로 보아야 한다(대법원 1989.6.27. 선고 89다카2957).

사용대차(使用貸借)
라 ; commodatum　　　독 ; Leihe
불 ; prê`ausage, commodat

당사자의 일방(貸主)이 상대방(借主)에게 무상으로 사용·수익하게 하기 위하여 목적물을 인도할 것을 약정하고 상대방은 이것을 사용·수익한 후 그 물건을 반환할 것을 약정함으로써 성립되는 계약이다(民§609~§617). 친구로부터 교과서를 차용하는 경우와 같은 것이 이것이며, 實際經濟上(실제경제상)의 효용은 별로 크지 않다. 이것은 借用物利用(차용물이용)후에 그 물건(동일물)을 반환하는 점에 특색이 있으며, 이 점에서 消費貸借(소비대차)와 다르며 賃貸借(임대차)와 비슷하다. 그러나 使用貸借(사용대차)는 물건의 이용이 대가의 지급을 하지 않는 무상인 점에서 임대차와도 본질적으로 다르다(§612, §623 참조). 차주의 사용·수익은 그 목적물의 성질에 의하여 정하여진 용법에 좇아서 하여야 하며, 貸主의 승낙이 없으면 제3자에게 그 차용물을 사용·수익시킬 수 없다(§610). 차주가 이에 반하는 행위를 한 때는 대주는 즉시 계약을 해지할 수 있다. 사용대차에 있어서 목적물의 반환의 시기를 정한 경우에는 차주는 그 시기에 반환을 하여야 하며 返還始期를 정하지 않는 경우에는 차주가 소정의

목적에 따라서 사용수익을 하는 데 족한 기간이 경과한 때에는 貸主는 언제든지 계약을 해지할 수 있다. 무상계약인 사용임차는 개인적인 색채가 강하므로 차주의 사망 또는 파산선고로 인하여 대주가 계약을 해지할 수 있다는 규정은 이에 대한 표현이라고 할 수 있다.

대물대차(代物貸借)

금전을 소비대차의 목적으로 하는 경우에 차주가 현금에 갈음하여 有價證券(유가증권)(약속어음 · 예금통장 · 인장) 기타의 물건을 인도받고 금전으로 반환할 것을 약정하는 대차이다. 그런데 대물대차에 있어서 금전에 갈음하는 유가증권 기타 물건의 가액은 수시로 변동하기 때문에 소비대차의 차용액의 결정시기에 관하여 다툼의 우려가 있고 貸主가 借主의 약한 지위를 악용하여 그 시가가 차용금액보다도 훨씬 낮은 유가증권 기타의 물건을 차용금에 갈음하여 교부함으로써 교묘하게 이자제한에 관한 강제규정의 적용을 배제하고 폭리를 취하는 수가 있으므로 민법은 유가증권 기타 물건의 인도시의 가액으로서 차용액으로 하며(民§606)이에 위반하여 차주에 불리한 당사자의 약정은 無效이다(§608).

전대차(轉貸借)
독 ; Untermiete, Unterpacht
불 ; souslocation

임대인이 임차물을 다시 제3자에게 유상 또는 무상으로 사용·수익하게 하는 계약이다. 임대인과 임차인간에 賃貸關係(임대관계)는 여전히 존속하며 임차인과 轉借人간에 새로이 임차관계가 발생한다. 轉貸借에는 임대인의 동의를 필요로 하는바 임

대인의 동의없이 轉貸하면 임대인은 임대차를 해지할 수 있다(民§629). 그 승낙이 있는 적법한 전임차에서는 전차인은 임대인에 대하여 직접 借賃支給(차임지급) 등의 의무를 진다(§630). 또한 임대인과 임차인의 합의로 계약을 종료시키는 때에는 전차인의 권리는 소멸하지 않는다(§631). 다만 건물의 小部分을 타인에게 사용하게 한 경우에는 위 규정들에 적용되지 아니한다(§632). 임대차계약이 해지의 통고로 인하여 종료한 때에는 임차인은 그 사유를 전차인에게 통지하여야 하며, 통지가 있은 때로부터 일정한 猶豫期間(유예기간)이 경과하여야 轉貸借(전대차)의 解止(해지)의 효력이 생긴다(§638).

지통고를 할 수 있다(고지기간의 경과를 요한다<§635②>). 임대차에 있어서 임대인은 목적물을 임차인의 사용수익에 필요한 상태를 유지하게 할 적극적 의무를 부담하며, 임차인은 임차물을 반환할 때까지 「선량한 관리자의 주의」로 그 목적물을 보존하고 계약 또는 임대물의 성질에 의하여 정한 용법에 따라서 사용수익하여야 한다. 또한 민법은 임차인이 임대인의 승낙없이 임차인으로서의 권리 즉 임차권을 양도하거나 임차물을 전대하는 것을 금하고 만약에 임차인이 이에 반하여 무단히 제3자에게 임차물의 사용수익을 하게 하면 임대차를 해지할 수 있다고 정하고 있다.

임대차(賃貸借)

라 ; Locatio conductiorei
독 ; Miete und Pacht
불 ; louage des choses

———●————————

당사자의 일방(賃貸人)이 상대방(賃借人)에 대하여 어떤 물건을 사용·수익하게 할 것을 약정하고, 상대방이 이에 대하여 차임을 지급할 것을 약정함으로써 성립하는 계약(民§618~§654). 有償(유상)·雙務(쌍무)·諾成契約(낙성계약)이다. 임차인은 물건의 사용수익을 내용으로 한, 임용한 물건자체를 반환하지 않으면 안 되는 점에서 消費貸借(소비대차)와 다르고 使用貸借(사용대차)에 유사하나, 차임의 지급이 要素(요소)로 되어 있는 점에서 使用貸借(사용대차)와도 다르다. 임대차 중에서 중요한 사회적 기능을 지니고 있는 것은 宅地(택지)·建物(건물)·農地(농지)의 임대차이다. 타인의 토지를 이용하는 제도로서는 임대차 이외에 지상권(§279)·전세권(§303) 등이 있다. 존속기간의 약정이 없을 경우에는 당사자는 언제든지 해

보증금(保證金)

———●————————

부동산임대차, 특히 건물임대차에 있어서 임차인의 채무를 담보하기 위하여 임차인 또는 제3자가 임대인에게 교부하는 금전기타의 유가물을 말한다. 보증금의 성질에 대해서는 정지 조건부 반환채무를 수반하는 금전소유권의 이전으로 이해되어 임대차가 종료하는 때에, 임차인의 채무불이행이 없으면 전액을, 만일에 채무불이행이 있으면 그 금액 중에서 당연히 변제에 충당되는 것으로 하고 잔액을 반환한다는 조건으로 금전소유권을 임차인(또는 제3자)이 임대인에게 양도하는 것이라고 한다. 보증금계약은 임대차에 종된 계약이므로 임대차가 유효하게 성립해야만 보증금계약도 유효하게 된다. 보증금은 차임의 부지급, 임차물의 멸실·훼손 등 임대차관계에서 발생하게 되는 임차인의 모든 채무를 담보하므로, 임대인은 이 보증금으로부터 다른 채권자에 우선하여 변제 받을 수 있다. 임대인은 보증금으로

연체차임 등에 충당할 수도 있고, 혹은 충당하지 않고서 그 지급을 임차인에게 청구할 수도 있다.

임차권(賃借權)

임대차계약에 의하여 임차인이 목적물을 사용·수익할 수 있는 권리이다. 임차권의 성질은 임대인의 사용·수익하게 할 채무에 대응하는 임차인의 사용·수익청구권이라는 채권에 부수하는 일종의 권리이다. 따라서 임차인은 임대인 이외의 제3자에 대하여 이것을 주장하여 대항하지 못한다. 用益物權(용익물권)에 비하여 일반적으로 임차인의 지위가 약하므로, 특히 부동산(건물·대지 등)의 임차권의 강화가 꾀하여지고 있다. 부동산의 임차권은 등기하면 그 때부터 제3자(그 부동산에 관하여 물권을 취득한 자, 예컨대 買受人(매수인)·저당권자 등)에 대해서도 효력이 생기며(§621②), 별도 약정이 없는 한, 임차인은 임대인에게 賃貸借登記(임대차등기)의 절차에 협력할 것을 청구할 수 있고(§621①), 土地賃貸借(建物垈地 賃貸借)의 경우에는 이를 등기하지 않은 때에도 임차인이 그 토지상의 건물을 등기한 것을 요건으로 하여, 그 토지의 임차권에 대항력을 인정하였다(§622①). 또한 船舶賃貸借(선박임대차)에 있어서는 임차인에게 당연히 登記請求權(등기청구권)이 인정되고 있는데(商§765), 이와 같은 임차인의 지위강화의 현상을 임차권의 물권화라고 한다. 존속기간이 만료한 때에는 일정한 경우에는 임차인은 계약의 경신을 청구할 수 있고(更新請求權<民§643>) 또한 임대차의 기간경과 후에 여전히 사용·수익을 계속하는 때에는 임대차는 경신한 것으로 본다(黙示의 更新 <§639>). 임차인은 임대인의 동의가 없으면 賃借權(임차권)의 양도 또는 전대차를 할 수 없으며, 임차인이 임대인의 동의없이 임차권을 양도 또는 전대한 때에는 賃貸人는 계약을 해지할 수 있다(民§629). 또한 임차인이 임차지상에 건물 기타의 공작물을 건설했다든가 하여 다대한 자본을 투자한 경우에는 그 회수가 곤란하므로, 일정한 경우에 민법은 임차인에게 地上物買受請求權(지상물매수청구권)과 附屬物買受請求權(부속물매수청구권)을 인정하고 있다(§644②, §647). 이외에 임차인이 妨害除去請求權(방해제거청구권)을 가지느냐가 논란되고 있으나, 판례는 목적물의 인도후에는 이것을 긍정하고 있다.

차임(借賃)
영, rent 독, Mietzins, pachtzins 불, loyer

임차금에 있어 임차물의 사용수익의 대가로서 지급되는 금전 및 기타의 물건을 말한다. 즉 차임은 반드시 금전이어야 하는 것은 아니며, 당사자의 약정으로 자유로이 정할 수 있다. 차임의 액에 관하여는 민법상 아무런 규정이 없다. 따라서 이 또한 당사자의 약정으로 자유로이 정할 수 있다. 그러나 이 점이 문제이며, 차임은 큰 도시 같은 곳에서는 이를 제한할 것이 요청된다. 실제로 특별법으로 그와 같은 통제를 하고 있는 나라가 많다. 당사자가 약정으로 차임금을 일단 정한 후에 특별한 사정으로 그 증액 또는 감액을 청구할 수 있는 경우가 있다. 이에 대하여는 민법뿐 아니라 주택임대차보호법에도 특별규정이 있다. 차임과 같은 의미로서 토지의 경우에는 지대, 가옥의 경우에는 지료(민법 286·287)라는 용어를 사용하고, 임대차에서는 차임이라는 용어를 사용한다.

차임증감청구권(借賃增減請求權)

임대물에 대한 공과부담의 증감 기타의 경제사정의 변동으로 약정한 차임이 부당한 것으로 된 때에 임대인이나 임차인이 장래에 대한 차임의 증액을 청구할 수 있는 권리를 말한다(민법 628조). 민법에 명문으로 규정되어 있는 이 권리는 계속적 채권관계에 있어서 문제되는 '사정변경의 원칙'을 정면으로 인정한 것이므로 타당하다. 즉 이 권리는 차임을 약정한 때와 그 약정차임의 증감을 청구하는 때의 경제사정에 변동이 있어야 한다. 민법은 공과부담의 증감을 들고 있으나, 그것은 하나의 예시에 지나지 않으며, 차임액을 결정하는 데 관계되는 모든 경제사정의 변동은 증감액의 사유가 된다. 부동산 임대차에 있어서 부동산 가액의 변동이 그 주요한 것이 될 것이다. 또 그러한 경제사정의 변동은 증감액의 사유가 된다. 이 증감청구권의 성질은 형성권이며 또한 재판외에도 얼마든지 사용될 수 있다. 따라서 청구의 의사표시가 상대방에게 도달한 때로부터 차임의 객관적으로 상당한 부분까지 증액·감액된다.

단기임대차(短期賃貸借)

처분의 능력 또는 권한없는 자가 임대차를 하는 경우에 일정기간 이상의 장기의 것은 허용되지 않는 단기의 임대차를 말한다. 즉, 한정치산자와 같이 재산관리능력은 있으나 처분능력이 없는 자나, 권한을 정하지 아니한 대리인(民§118)과 같이 타인의 재산에 대하여 관리의 권한만이 있고, 처분할 권한이 없는 자가 임대차를 하는 경우에는 그 임대차는 다음 각호의 기간을 넘지 못하도록 되어 있다(§619). (1) 植木(식목)·採鹽(채염) 또는 石造(석조)·石炭造(석탄조)·煉瓦造(연와조) 및 이와 유사한 건축을 목적으로 한 토지의 임대차는 10년, (2) 기타 토지의 임대차는 5년, (3) 건물 기타 공작물의 임대차는 3년, (4) 동산의 임대차는 6월. 그리고 위의 기간은 갱신할 수 있다(§620본문). 그러나 기간만료 전 토지에 대하여는 1년, 건물 기타 공작물에 대하여는 3월, 동산에 대하여는 1월내에 갱신하여야 한다(§620但).

대여(貸與)

賃貸借(임대차)·使用貸借(사용대차)·消費貸借(소비대차) 등의 계약에 의하여 당사자 일방이 금전 기타의 물건 또는 유가증권을 교부하고 일정한 시기에 반환할 것을 약속하고 상대방으로 하여금 특정한 금전 또는 물건·유가증권을 소비 또는 사용수익하게 하는 것이다.

용익임대차(用益賃貸借)
독 ; Pacht

독일 민법상 물건의 사용·수익을 목적으로 하는 임대차를 말한다(獨民§581이하). 소작이 그 대표적인 것으로, 대략 우리나라의 임대차에 해당한다. 독일민법은 用益賃貸借(용익임대차)외에도 물건의 사용만을 목적으로 하는 사용임대차를 인정하고 있다.

예고기간(豫告期間)

미리 통지를 하고 일정기간이 지남으로써 법률효력이 발생하는 기간이다. 예컨대, 임대차의 경우에 임대인의 해지의 통지 후 토지에 있어서와 건물 및 그밖에 공작물에 있어서는 6개월, 동산에 있어서는 5일이 각각 경과해야 효력이 발생한다(民§635).

대주(貸主)

민법상 대주란 使用貸借(사용대차) 및 消費貸借(소비대차)의 한 쪽 당사자로서 목적물의 소유자를 의미하는 것이다(民§602, §610, §613 등).

임대료(賃貸料)

영 ; rent   독 ; Mietzins, Pachtzins
불 ; loyer

임대차계약에 있어서 임차물의 사용대가로 지급하는 금전 또는 기타 물건을 말한다. 임대차에서는 借賃(토지의 경우에는 지료, 건물의 경우에는 家賃이라고 하나 민법은 地料라는 말을 쓴다)이라고 부른다(民§618, §632). 때로는 임대료를 보다 넓게 해석하여 예컨대 지상권의 대가인 지료를 포함하여 사용하는 일도 있다. 임대료의 지급시기는 별다른 특약이 없는 한 後拂(후불)로 한다(§633). 임대료의 액은 당사자간 계약으로 자유로이 정하되, 일정한 경우에는 增減(증감)할 수 있다(§628).

임대인(賃貸人)

임대차계약에 있어서 당사자의 일방으로서의 상대방이다. 즉 임차인에 대하여 목적물을 사용·수익하기로 약정한 자를 말한다. 임대인은 임차인에 대하여 아래와 같은 權利(권리)·義務(의무)를 진다. 목적물을 사용·수익시킬 의무, 擔保責任(담보책임), 費用償還(비용상환), 借賃請求權(차임청구권) 등이 있다(民§623, §624).

계약의 갱신(契約의 更新)

존속기간이 정하여져 있는 계약에 있어서(예 : 賃貸借) 그 기간이 만료되었을 때에, 계약의 동일성을 유지하면서 기간만을 연장하는 것이 통례이나(約定更新), 일정한 사실이 있을 때에 법률상 갱신을 청구할 수 있거나 갱신의 추정을 받을 경우가 있다(法定更新·묵시의 갱신<民§283①, §639①>). 건물 또는 공작물의 소유 등을 목적으로 하는 지상권이나 토지임대차의 경우에는 일정한 요건하에 지상권자나 임차인에게 更新請求權(갱신청구권)을 인정하고 있다(§283, §643). 또 갱신 후의 존속기간은 당사자의 계약에 의하여 정하여지는데, 그 최장기 또는 최단기가 제한되는 일이 있다(§284, §312②,).

계약갱신청구권(契約更新請求權)

지상권이 소멸한 경우에 있어서 지상물이 현존하는 때 또는 건물 기타의 공작물의 소유 또는 수목채염·목축을 목적으로한 토지임대차에 있어서, 그 기간이 만료한 경우에 건물·수목 기타의 토지시설이 현존할 때에 지상권자 또는 토지임차인이 지상권설정자 또는 임대인에 대해 계약의 갱신을 청구할 수 있는데, 그 권리를 가리켜 계약갱신청구권이라 한다(민법 283조·643조). 그러나 이러한 갱신청구권의 성질은 형성권은 아니라 하겠다. 민법 283조의 경우 "지상권이 소멸한 경우"라고 규정하고 있으나, 결국 갱신청구권이 발생하는 것은 존속기간의 만료로 인하여 소멸하는 경우에 한하게 된다. 지상권자 또는 임차인의 갱신청구로 곧 계약갱신의 효과가 발생하는 것은 아니며, 다만 지상권설정자 또는 임대인이 갱신청구에 불응하는 경우에는 지상권자의 지상물매수청구권 또는 임차인의 지상시설의 매수청구권이 발생하게 된다. 그러므로 갱신청구가 있는 때에 지상권설정자 또는 임대인이 이에 응하느냐 또는 지상물을 매수하느냐의 양자 중 어느 하나를 택하여야 할 뿐, 계약갱신만을 감수하여야 하는 것은 아니다. 여기서 지상권자의 지상물매수청구권 또는 임차인의 지상시설매수청구권은 이른바 형성권이라 하겠다. 지상권자 또는 임차인이 이러한 이익을 갖는 범위내에서 갱신청구권은 권리성을 띠게 되는 것이다. 민법 283조와 634조의 규정은 강행규정이며, 이에 위반하는 것으로서 지상권자 또는 임차인에게 불리한 약정은 그 효력이 없다.

임대차의 갱신(賃貸借의 更新)

기간을 정한 임대차계약에서 계약기간이 만료한 경우 임차인이 임차물을 계속 사용·수익하려고 할 때에는 임대인과 재계약을 체결함으로써 임대차를 갱신할 수 있다. 이러한 재계약 외에, 임대차의 기간 만료 후에 임차인이 목적물의 사용·수익을 계속하고 있고 임대인이 이를 알면서도 이의를 제기하지 않는 경우 前賃貸借(전임대차)와 동일조건으로 다시 임대차를 한 것으로 보는 묵시의 更新(갱신)을 할 수도 있다(§639).

묵시의 갱신(黙示의 更新)

계약의 존속기간이 만료한 후 일정한 사실이 있으면 계약의 갱신으로 추정할 수 있다는 것이다. 임대차의 기간만료 후에 임차인이 임차물의 사용·수익을 계속할 경우에 임대인이 이것을 알고도 이의를 말하지 않을 때에는 전임대차와 동일

조건으로써 다시 임대차를 한 것으로 추정되며(民§639①), 雇傭期間滿了 후 근로자가 계속 노무에 종사하고 있는 것을 사용자가 알면서 이의를 제기하지 않을 경우에는 前契約와 동일한 조건으로써 재차 고용계약이 이루어진 것으로 추정되는(§662①) 것이 그 예이다. 이 경우에는 기간의 약정이 없는 임대차 또는 고용으로 된다. 그러나 당사자는 해지의 통고를 할 수 있다(§639①但, §662①但). 또한 前의 임대차 또는 고용에 관하여 제3자가 제공한 담보는 인계되지 않고 기간의 만료로 인하여 소멸한다(§639②, §662②). 당사자의 의사의 여하를 불문하고 일정한 사실이 있으면 법률상 당연히 계약의 갱신이 있었던 것으로 보는 것이므로 일종의 법정갱신이다.

법정갱신(法定更新)

→ 黙示의 更新참조

고용(雇用)
라 ; locatio conduction operatum
독 ; Dienstvertrag
불 ; louage de services, contrat de travail

당사자일방(노무자)이 상대방(사용자)에 대하여 노무를 제공할 것을 약정하고, 상대방이 이에 대하여 보수를 지급할 것을 약정함으로써 성립하는 계약을 말한다(民§655). 낙성의 有償·雙務契約이다. 勞務供給契約(노무공급계약)의 일종이기는 하지만 사용자의 지휘에 따라서 노무자체의 공급을 목적으로 하는 점에서 도급 또는 위임과 다르다. 고용의 기간은 장기에 관하여는 직접의 제한이 없으나 보통 3년을 넘거나, 또는 당사자의 일방 또는 제3자의 종신을 기간으로 하는 때에는 각 당사자는 3년을 경과한 후에는 언제든지 해

지할 수 있다(§659①). 日傭雇傭도 가능하다. 노무자는 스스로 노무를 제공할 의무가 있으며, 사용자의 동의 없이 제3자로 하여금 자기에 갈음하여 노무를 제공하게 하지 못한다(§657②). 이에 위반한 때에는 사용자는 계약을 해지할 수 있다(§657③). 노무자는 사용자에 대해서만 노무를 제공할 의무를 진다. 즉 사용자는 노무자의 동의 없이 勞務請求權(노무청구권)을 제3자에게 양도하지 못한다(§657①). 사용자는 계약으로 정한 보수를 지급할 의무가 있다. 보수 또는 보수액의 약정이 없는 때에는 관습에 의하여 지급해야 한다 (§656①). 보수는 약정한 시기에 지급해야 하며, 시기의 약정이 없으면 관습에 의하고, 관습이 없으면 약정한 노무를 종료한 후 지체없이 지급해야 한다(§565②). 고용기간의 약정이 있는 때에는 그 기간의 만료로 인하여 고용계약은 종료하는데 그 기간만료 후 노무자가 계속하여 그 노무를 제공하는 때에는 임대차의 경우와 동일한 묵시의 경신이 인정된다(§662). 고용기간의 약정이 없는 때에는 당사자는 언제든지 계약해지의 통고를 할 수 있다(§660①). 이 경우에는 상대방이 해지의 통고를 받은 날로부터 1월이 경과하면 해지의 효력이 생긴다(§660②). 기간으로 보수를 정한 때에는 상대방이 해지의 통고를 받은 當期初(당기초)의 1기를 경과함으로써 해지의 효력이 생긴다 (§660③). 그러나 고용에 관한 특별법이라고 할 수 있는 근로기준법은 거의 모든 고용관계에 대해서 민법상의 고용에 관한 규정에 수정을 가하고 있다.

노무공급계약(勞務供給契約)
독 ; arbeitslieferungsvertrag

타인의 노무 또는 노동력을 이용하는 계약이다. 구체적으로는 (1) 노무자체의 이용을 목적으로 하고, 따라서 이것을 지시하여 일정한 목적을 향하여 효과를 발휘시키는 권능은 사용자에 속하는 고용과 (2) 타인의 노력에 의하여 완성된 일정한 일을 목적으로 하고, 따라서 노무자가 스스로 그 노무를 按配(안배)하고 그 위험에 있어서 일의 완성에 노력하는 도급, 그리고 (3) 일정한 사무의 처리라고 하는 통일된 노무를 목적으로 하고, 따라서 반드시 완성된 사무의 결과만을 목적으로 하지 않지만, 사무의 처리는 노무자가 그 독자의 識見(식견)·才能(재능)에 의하여 하는 위임이 있다.

도급(都給)
라 ; locatio conductio operis
독 ; Werkvertrag
불 ; louage d'industrie, louage d'ouvrage

당사자의 일방(受給人)이 어느 일을 완성할 것을 지정하고 상대방(都給人)이 그 일의 결과에 대한 보수지급을 약정하는 계약(民§664~§674)이다. 구민법상에서는 請負(청부)라 하였다. 상법상 운송계약은 도급의 특수한 경우의 것이다(商§114~§150). (1) 도급의 성질은 有償(유상)·雙務(쌍무)·불요식의 諾成契約(낙성계약)으로서 廣義(광의)의 勞務供給契約(노무공급계약)이지만 고용에 있어서와 같이 노무제공 그 자체가 목적이 아니고 노무로서 일을 완성시키는 점에 본질적인 특징이 있다. 수급인은 일의 완성과 목적물의 인도의무를 지며(가옥의 수리 등은 인도를 요하지 않는다), 도급인은 보수지급의 의무를 진다. 특약이 없는 한 일의 완성까지는 보수를 받을 수 없고, 수급인이 목적물인도의 의무를 질 때에는 인도와 보수지급은 동시이행의 관계에 선다(民§665). 일의 완성 전의 위험(재해)은 수급인의 부담으로 돌아가지만 일의 완성 후, 인도 전에 생긴 위험은 보통 도급인이 부담한다. 그리고 일의 결과에 하자가 있을 때에는 수급인은 그 有責事由(유책사유)有無에 불구하고 도급인에 대한 담보책임을 진다(§671). 수급인이 아직 일을 완성하지 않은 동안에는 도급인은 손해를 배상하고 언제든지 계약을 해제할 수 있다(§673). 또한 도급인이 파산선고를 받은 때에는 수급인 또는 破産管財人(파산관재인)은 계약을 해제할 수 있다(§674①). 그리고 완성된 목적물의 하자로 인하여 계약의 목적을 달성할 수 없는 때에는 도급인은 계약을 해제할 수 있다(§668본문).

여행계약

생활 속에 대중화·보편화되어 계속적으로 증가하는 추세인 여행과 관련하여 여러 가지 법적 문제가 발생하고 있으나 민법에 이를 직접 규율하는 법령이 없어 여행자 보호에 취약한 부분이 있으므로 이를 보완하기 위하여 2015년 2월 3일 민법 개정시 여행계약의 의의, 해제·해지, 담보책임에 관한 사항 등 여행계약에 관한 기본적인 사항을 신설하였다(2016년 2월 4일부터 시행). 여행계약은 당사자 한쪽이 상대방에게 운송, 숙박, 관광 또는 그 밖의 여행 관련 용역을 결합하여 제공하기로 약정하고 상대방이 그 대금을 지급하기로 약정함으로써 효력이 생긴다(§674의2). 여행자는 여행을 시작하기 전에는 언제든지 계약을 해제할 수 있다. 다만, 여행자는 상대방에게 발생한 손해를 배상하여야 한다(§674의3). 부득이한 사유가 있는 경우에는 각 당사자는 계약을 해지할 수 있다. 다만, 그 사유가 당사자 한쪽의 과실로 인하여 생긴 경우에는 상대방에게 손해를 배상하여야 한다(§674의4①). 여행자는 약정한 시기에 대금을 지급하여야 하며, 그 시기의 약정이 없으면 관습에 따르고, 관습이 없으면 여행의 종료 후 지체 없이 지급하여야 한다(§674의5). 여행에 하자가 있는 경우에는 여행자는 여행주최자에게 하자의 시정 또는 대금의 감액을 청구할 수 있다. 다만, 그 시정에 지나치게 많은 비용이 들거나 그 밖에 시정을 합리적으로 기대할 수 없는 경우에는 시정을 청구할 수 없다(§674의6①). 여행자는 시정 청구, 감액 청구를 갈음하여 손해배상을 청구하거나 시정 청구, 감액 청구와 함께 손해배상을 청구할 수 있다(§674의6③). 여행자는 여행에 중대한 하자가 있는 경우에 그 시정이 이루어지지 아니하거나 계약의 내용에 따른 이행을 기대할 수 없는 경우에는 계약을 해지할 수 있다(§674의7①). 계약이 해지된 경우에는 여행주최자는 대금청구권을 상실한다. 다만, 여행자가 실행된 여행으로 이익을 얻은 경우에는 그 이익을 여행주최자에게 상환하여야 한다(§674의7②).

위임(委任)
라 ; mandatum　　영 ; mandate
독 ; Auftrag　　불 ; mandat

사법상 당사자의 일방(위임자)이 상대방을 신뢰하여 사무의 처리를 위탁하고 상대방(수임자)이 그것을 수락함으로써 성립되는 계약(民§680~§692)이다. 勞務供給契約(노무공급계약)의 일종이지만, 일정한 사무의 처리라고 하는 통일된 노무를 목적으로 하는 점에 특색이 있다. 사무의 내용은 매매·임대차 등의 법률행위인 경우도 있고 그렇지 않은 경우도 있다. 위임의 성질은 원칙적으로 무상·편무계약이지만 보수의 약정이 있는 경우가 많고 이 경우에는 유상·쌍무계약이 된다. 그리고 위임은 낙성·불요식의 계약이지만 실제에 있어서는 위임장이 교부되는 예가 많다. 이것은 成約書(성약서)에 불과하나 보통 代理權 授與(대리권 수여)의 증거로 쓰인다. 受任者(수임자)는 報酬(보수)의 유무에 관계없이 위임의 본지에 따라 선량한 관리자의 주의를 가지고 위임사무를 처리해야 하며(§681), 事務處理狀況의 報告義務(사무처리상황의 보고의무)(§683), 사무처리에 당하여 수취한 금전 그 밖의 물건 및 과실의 인도의무(§684①), 위임자를 위하여 취득한 권리의 이전의무(§684②), 자기를 위하여 사용한 금전의 이자지급 및 손해배상의무 등을 진다(§685). 위임자는 보수지급의무(유상의 경우)를 지는 외에 費用先給(비용선급)의 의무, 지출비용 및 이자의 상환의무 등 민법소정의 의무를 진다(§686, §687, §688). 위임은 당사자간의 신뢰에 기초되는 것이므로 그 신뢰가 무너지면 각 당사자는 언제든지 그 이유를 제시하지 않고 해지할 수 있다(§689). 또한 위임은 당사자 한쪽의 사망이나 파산으로 종료되고, 수임인이 성년후견개시의 심판을 받은 경우에도 종료된다(§690). 또한 위임종료의 경우에 급박한 사정이 있는 때에는 수임인·그 상속인이나 법정대리인은 委任人·그 상속인이나 법정대리인이 위임사무를 처리할 수 있을 때까지 그 사무의 처리를 계속하여야 한다(§691). 위임종료의 사유는 이를 상대방에게 통지하거나 상대방이 이를 안 때가 아니면, 이로써 상대방에게 대항하지 못한다(§692).

위임장(委任狀)

형식적인 의미로는 타인에게 어떠한 사항을 위임한 사실을 기재한 문서를 말하나, 실제에 있어서는 그 사항에 관한 대리권을 수여한 것을 표시하는 문서로서, 대리권 수여의 증거로 쓰인다. 위임장의 일부(대리할 사항, 대리권 수여의 상대방)를 백지로 하여 둔 것을 특히 白紙委任狀(백지위임장)이라고 한다. 위임장 중에서 가장 많은 문제점을 가지고 있다. 국제법상으로는 領事(영사)에 관한 위임장이 있다.

위탁(委託)

法律行爲(법률행위) 또는 事實行爲(사실행위)를 타인에게 의뢰하는 것이다. 위임, 준위임·주선·운송·신탁·어음 등 여러 가지 법률관계의 기초를 이룬다. 위탁을 받은 자는 어느 정도까지 자유재량을 행사할 수 있고 위탁자와의 사이에 신임관계가 생기는 데 특색이 있다. 위탁을 한 자와 위탁을 받은 자의 명칭은 법률관계에 따라 다르다. 예컨대 위임의 경우에는 委任者(위임자)·受任者(수임자)이고, 信託(신탁)의 경우에는 委託者(위탁자)·受益者(수익자)라고 한다.

임치(任置)
라 ; depositum   영 ; deposit
독 ; Verwahrung   불 ; dépôt

당사자의 일방(수치인)이 상대방(임치인)을 위하여 금전이나 有價證券(유가증권) 기타 物件(물건)을 보관하는 계약이다(民 §693~§702). 구민법은 이것을 寄託(기탁)이라 하고, 요물계약으로 하였으나, 현행의 민법은 임치계약을 낙성계약으로 하였다. 보관료를 지급하는 경우와 그렇지 않은 경우가 있는바, 전자는 有償 · 雙務契約이고, 후자는 무상 · 편무계약이다. 목적물은 동산인 경우가 많지만 부동산일 수도 있다. 상법상의 임치에 대하여서는 특칙이 있으며(商§62, §152, §154), 특히 그 특수형태인 창고업에 대하여서는 상세한 규정이 구비되어 있다(商§155~§168). 임치물의 보관은 무상임치의 경우에는「자기재산과 동일한 주의」를 가지고 보관하면 충분하지만(民§695), 유상임치의 경우에는 선량한 관리자의 주의를 가지고 보관하지 않으면 안된다(상법상으로는 비록 무상이라 하더라도 善管義務(선관의무)을 진다<商§62>). 임치인은 반환시기를 정하였다 하더라도 언제든지 계약을 해지할 수가 있으며, 수치인도 부득이한 경우에는 기한 전이라도 계약을 해지할 수 있다(民§698, §699).

수치인(受置人)

임치에 의하여 임치인으로부터 금전이나 유가증권 기타의 물건의 보관을 위탁받은 자를 말한다. 수치인은 가장 기본적인 의무로서 임치물보관의무를 부담한다. 임치가 무상인 경우에는 수치인은 자기재산과 동일한 주의를 가지고 보관하여야 한다(민법 695조). 만일 임치가 유상이면 선량한 관리자의 주의의무를 가지고 보관하여야 한다(민법 374조). 또한 상인이 그 영업범위내에서 물건의 임치를 받은 경우에는 비록 무상이더라도 선관주의가 요구되며(상법 62조), 공중접객업자가 손님으로부터 받은 임치물에 관하여는 특히 무거운 책임을 지게 된다(민법 694조). 수치인은 자신이 임치물을 보관하는 것이 원칙이지만 임치인의 승낙이나 부득이한 사정이 있는 때는 제3자에게 보관시킬 수 있다(민법 701조). 이런 경우에 수치인은 그가 선임한 복수치인의 선임·감독에 귀책사유가 있을 때에만 그 복수치인이 채무불이행에 대하여 책임을 진다(민법 121조 1항). 또한 복수치인을 임치인이 지명한 때에는 그 복수치인의 부적임 또는 불성실을 알면서도 임치인에게 통지나 해임을 해태한 경우에만 책임을 진다(민법 112조2항). 복수치인은 임치인과 제3자에 대하여 수치인과 동일한 권리·의무를 갖는다(민법 123조2항). 수치인은 보관에 따르는 부수적 의무로서 임치물에 대한 권리를 주장하는 제3자가 소를 제기하거나 압류한 때에는 지체없이 임차인에게 이를 통지할 의무를 진다(민법 696조). 또한 위임의 규정의 준용에 의하여 수치인은 임치물의 보관을 위하여 받은 금전 기타의 물건 및 그 수취한 과실을 임치인에게 인도하여야 하며, 수치인이 임치인을 위하여 자기의 명의로 취득한 권리는 임차인에게 이전하여야 한다(민법 684·701조). 또한 수치인이 임치인의 금전을 자기를 위하여 소비한 때에는 그 소비한 날 이후의 이자를 지급하여야 하며, 그밖에 손해가 있으면 이를 배상하여야 한다(민법 685·701조).

선관주의의무(選管主義義務)

독:die im Verkehr erforderliche Sorgfalt
불:diligentia boni patris familias, les soins d'un bon pére de famille)

선관주의 즉 선량한 관리자의 주의라 함은 그 사람의 직업 및 사회적 지위에 따라 거래상 보통 일반적으로 요구되는 정도의 주의를 말한다. 일반적·객관적 기준에 의해 요구되는 정도의 주의를 말한다. 일반적·객관적 기준에 의해 요구되는 주의를 결하는 것을 추상적 과실이라 하는데, 이는 민법상의 주의의무의 원칙이다. 이에 반해 행위자의 구체적·주관적 주의능력에 따른 주의만이 요구되어 주의의무가 경감되는 경우가 있다. 예를 들면, 자기재산과 동일한 주의(민법 695조), 자기의 재산에 관한 행위와 동일한 주의(민법 922조), 고유재산에 대하는 것과 동일한 주의(민법 1022조) 등이다. 이러한 정도의 주의를 결하는 것을 구체적 과실이라고 한다.

소비임치(消費任置)

라 ; depositum irregulare
독 ; Hinterlegungsdarlehen,
    unregelmässige Verwahrung
불 ; dep ô t irregulier

수치인이 임치물을 소비하고 후일 그와 동종·동질·동량의 물건을 반환할 것을 약정하는 임치(民§702)이다. 불규칙임치라고도 한다. 우편예금이나 은행예금 등이 예가 된다. 소비임치의 특징은 임치물의 소유권이 수치인에게 이전하며 임치물이 대체물이고 소비물이라는 데 있다. 일반적으로 소비대차에 관한 규정이 준용된다. 그러나 消費貸借(소비대차)는 借主의 이익을 위하여 체결되는 데 대하여 消費任置(소비임치)는 임치인의 이익을 위하여 체결되는 것으로 경제적 목적에 차이가 있다. 그러므로 반환시기에 약정이 없는 경우의 반환청구는 消費貸借(소비대차)에 있어서는 상당한 猶豫期間(유예기간)을 둠에 반하여 소비임치에 있어서는 언제든지 할 수 있다(§603②, §702但). 비록 반환시기가 약정되고 있다 할지라도 필요한 사정이 있으면 임치인은 그 기한 전일지라도 반환청구를 할 수 있다(§699).

조합(組合)

라 ; societas   영 ; partnership
독 ; Gesellschaft   불 ; socïeťe

2인 이상의 영업자가 相互出資(상호출자)하여 共同事業(공동사업)을 경영할 것을 약정하는 계약(民§703~§724)이다. 출자는 그 종류·성질에 제한이 없고 금전 그 밖의 재산·노무·신용 등 재산적 가치가 있는 것이면 된다(§703②). 사업은 영리를 목적으로 하지 않는 것이거나 일시적인 것(當座組合(당좌조합))이어도 좋다. 그러나 공동으로 경영하는 것이어야 하므로 이익은 전원이 받는 것이어야 한다. 따라서 한 사람만이 이익을 보는 獅子組合(사자조합)이나 匿名組合(익명조합)은 민법상의 조합이 아니다. 조합계약은 낙성계약으로 각 조합원이 지는 출자의무는 대가관계에 있으므로 有償·雙務契約이다. 쌍무계약이라고는 하지만 보통의 쌍무계약과는 달라 각 조합원의 채무는 모두 공동목적을 위하여 결합되어 있는 점에 특색이 있으며, 쌍무계약에 관한 일반적 규정을 조합에 적용함에 있어서는 일정한 제한을 받는다. 첫째 同時履行(동시이행)의 항변에 관한 것으로 각 조합원은 業務執行者(업무집행자)로부터 출자를 청구 당하면 자기 이외에 출자를 하지 아니한 다른 조합원이 있어도 동시이행의 항변을 행사하지 못한다. 둘째 危險負擔(위험부담)에 있어서도 一組合員의 출자의무가 불능으로 되어도 그 조합원이 조합관계로부터 탈퇴할 뿐이고, 다른 조합원간의 조합관계는 존속한다. 조합은 공동목적을 가진 인적 결합체로서 일종의 단체성을 가지며, 사단과 대비된다. 그러나 조합은 사단과는 달리 단체로서의 단일성이 약하고 각 조합원의 개성이 강하며, 각 조합원이 공동목적에 의하여 결합되는데 불과하다. 대외적으로는 사단이 법인격(사단법인)을 갖는데 대하여 조합은 법인격을 갖지 않는 것이 보통인데, 내부관계에서 오는 단체의 유형과 법인격과는 반드시 일치하지 않고, 법인이 아닌 사단(권리능력 없는 사단)이 있는가 하면 반면에 조합의 실체를 갖는 법인(합명회사)도 있다. 또 민법상의 조합은 아니나 조합의 이름을 갖는 특별법상의 법인이 있다(예 : 노동조합·협동조합·공공조합 등).

조합의 업무집행 (組合의 業務執行)

조합의 관리나 업무는 원칙적으로 조합원 전원이 다수결에 의하여 행하여진다. 다만 組合契約(또는 追加契約)에 의하여 1인 또는 수인의 조합원을 업무집행자로 정한 때에는 그에게 위임되고 다른 조합원은 검사권만을 갖는다(民§706, §710). 業務執行(업무집행)의 방법은 通常業務 이외는 업무집행자의 과반수로 결정한다(§706③). 그러나 조합의 통상업무는 각 조합원 또는 각 업무집행자가 專行(전행)할 수 있다(§706③본문). 다만 그 사무의 완료 전에 다른 조합원 또는 업무집행자의 이의가 있는 때에는 즉시 중지하여야 한다(§706③但). 조합계약으로 업무집행자를 정하지 아니한 경우에는 조합원의 3분의 2이상의 찬성으로써 이를 선임한다(§706③). 위의 업무집행자의 직무는 마치 수임인 직무에 유사하므로 민법은 이에 관하여 수임인의 권리·의무에 관한 규정을 전부 준용하고 있다(§707). 그러나 그 관계는 위임과 같이 양당사자가 언제든지 해지할 수 있는 것이 아니고(§689①), 정당한 사유가 없으면 辭任(사임)하지 못하며, 또 다른 조합원의 일치가 아니면 해임하지 못한다(§708). 조합의 업무를 집행하는 조합원은 그 업무집행의 대리권이 있는 것으로 추정한다(§709). 즉 대외적으로는 전적으로 대리의 이론에 의한다. 일반적으로 업무집행자가 대리권을 갖고 그 자만이 정당한 대리인으로서 행동한다(조합대리). 그러나 대리권이 없는 조합원 또는 업무집행자의 대외적 행위는 표현대리의 이론에 의하여 해결되는 경우가 많을 것이다.

조합재산(組合財産)
독 ; gesellschaftsvermögen

민법상의 조합을 구성하는 조합원의 합유에 속하는 재산을 의미한다. 조합원이 출자한 재산이 그 중요한 부분을 이루나, 그밖에 각 조합원에 대한 出資請求權(출자청구권), 조합의 공동사업으로 취득한 재산, 조합재산에서 생긴 과실 등도 이에 속한다. 조합재산은 조합원 개인의 고유의 재산인 경우에는 어느 정도의 독자성이 있으며, 총조합원의 합유에 속한다(民§271, §704). 따라서 조합원은 조합청산 전에 조합재산의 분할을 청구하지 못하며, 조합원 전원의 동의 없이 조합재산에 대한 지분을 처분할 수 없다. 또한 조합원의 지분에 대한 압류는 그의 장래의 이익 배당 및 지분의 반환을 받을 권리에 대해서만 효력이 미친다(§714). 또한 조합의 채권도 총조합원에게 합유적으로 귀속하며, 조합의 채무자는 그 채무와 조합원에 대한 채권과는 상계할 수 없다(§715). 조합채무는 대개는 組合財産으로부터 辨濟(변제)되지만, 조합채권자는 직접으로 조합원의 개인재산에 대해서 집행할 수도 있다. 조합원 각자가 부담하여야 할 채무의 비율은 출자액에 따르고, 채권

발생당시 조합원의 손실부담비율을 모를 때에는 채권자는 각 조합원에게 균분하여 그 권리를 행사할 수 있다(§711①, §712). 조합원 중에 변제할 자력 없는 자가 있으면 그 변제할 수 없는 부분은 다른 조합원이 균분하여 변제하여야 한다(§713). 다만, 법인격 있는 특별법상의 조합의 재산은 법인의 재산이므로 일반의 조합재산과 다르다.

조합의 탈퇴와 가입
(組合의 脫退와 加入)

조합원은 조합에서 임의로 탈퇴할 수도 있고(民§716①), 사망·파산·성년후견의 개시·제명 등에 의해 非任意(비임의)로 탈퇴할 수도 있다(§717). 조합계약으로 조합의 존속기간을 정하지 아니하거나 조합원의 종신까지 존속할 것을 정한 때에는 각 조합원은 언제든지 탈퇴할 수 있다(§716①본문). 그러나 부득이한 사유 없이 조합에 불리한 시기에 탈퇴하지 못한다(§716①但). 또 조합원의 존속기간을 정한 때에도, 조합원은 부득이한 사유가 있으면 탈퇴할 수 있다(§716②). 또한 조합원의 除名(제명)은 정당한 사유 있는 때에 한하여 다른 조합원의 일치로써 이를 결정한다(§718①). 이 제명결정은 제명된 조합원에게 통지하지 아니하면 그 조합원에게 대항하지 못한다(§718②). 탈퇴는 탈퇴자와 다른 조합원과의 사이에 지분의 환급문제를 발생시키고, 조합을 청산하게 한다. 가입에 관하여는 민법에 규정이 없지만 탈퇴를 허용하고 있는 이상 당연히 가입도 허용되어야 한다.

조합의 해산과 청산
(組合의 解散과 淸算)

각 조합원은 부득이한 사유가 있는 때에는 조합의 해산을 청구할 수 있다(民§720). 조합은 해산에 의하여 종료한다. 청산은 해산한 조합의 재산관계의 정리이며, 법인의 청산과 비슷하다. 조합이 해산한 때에는 청산은 총조합원 공동으로 또는 그들이 선임한 자가 그 사무를 집행한다(§721①). 이 경우의 청산인의 선임은 조합원의 과반수로써 결정한다(§721②). 청산인이 수인인 때에는 업무집행은 그 과반수로써 결정한다(§722, §706② 후단 준용). 조합원 중에서 청산인을 정한 때에는 그 청산인은 정당한 사유 없이 사임하지 못하며, 다른 조합원의 일치가 아니면 해임하지 못한다(§723, §708준용). 청산인의 직무 및 권한은 법인의 청산인의 그것과 동일하다(§724①, §87준용). 殘餘財産(잔여재산)은 각 조합원의 出資價額에 비례하여 이를 분장한다(§724②).

> 민법 제720조에 규정된 조합의 해산사유인 부득이한 사유에는 경제계의 사정변경이나 조합의 재산상태의 악화 또는 영업부진 등으로 조합의 목적달성이 현저히 곤란하게 된 경우 외에 조합원 사이의 반목·불화로 인한 대립으로 신뢰관계가 파괴되어 조합의 원만한 공동운영을 기대할 수 없게 된 경우도 포함되며, 위와 같이 공동사업의 계속이 현저히 곤란하게 된 이상 신뢰관계의 파괴에 책임이 있는 당사자도 조합의 해산청구권이 있다(대법원 1993. 2. 9. 선고 92다21098).

집합재산(集合財産)

독 ; Gesamthandsvermögen

特別財産(특별재산) 중에서 1인의 주체에 속하는 것에 대하여 수인의 주체에 속하는 것을 특히 이같이 부르는 일이 있다. 조합재산(民§704). 共同相續財産(공동상속재산)(§1006) 등이 그 예이다. 이들 경우에는 수인의 주체간에도 어떤 인적 牽連關係(견련관계)가 있으며, 집합재산의 관리는 이 인적 조합관계를 규율하는 규범에 의거하여 행해지는 일이 많다.

해산(解散)

영 ; winding up, dissolution
독 ; Auflösung
불 ; dissolution

존속이유를 잃은 법인이 본래의 권리능력을 상실하는 것이다. 社團法人(사단법인)과 財團法人(재단법인)에 공통한 해산사유로서는 존립기간의 만료, 정관에 정한 해산사유의 발생, 법인의 목적의 달성 또는 달성의 불능, 파산, 설립허가의 취소가 있다. 사단법인만에 특유한 해산사유로서는 사원이 없게 되는 것 및 총회의 해산결의가 있다(民§77). 사단법인의 총회에서 해산결의를 함에는 정관에 다른 규정이 없으면 총사원의 4분의 3이상의 동의가 있어야 한다(§78). 해산한 법인은 청산의 절차가 개시되며, 청산의 목적의 범위 안에서만 법인으로서 권리능력이 존속한다(淸算法人). 민법은 법인이 아닌 조합이 그 조합관계를 종료하여 재산의 정리를 할 단계에 들어가는 것도 해산이라고 하고 있다(§720~§724). 이것은 가장 넓은 의미로서 단체가 그 존재를 잃고 재산의 정리상태에 들어가는 점에서는 법인의 해산의 경우와 같으나 조합의 해산은 그 인격의 소

멸원인이 아니라는 점에 차이가 있다.

종신정기금계약 (終身定期金契約)

영 ; life annuity
독 ; Leibrentenvertrag
불 ; contrat de rente vigere

한 쪽 당사자가 자기, 상대방 또는 제3자의 종신까지 정기로 금전 기타의 물건을 상대방 또는 제3자에게 지급할 것을 약정함으로써 성립하는 계약(民§725)이다. 정기에 지급하는 금전 기타 물건을 정기금이라 한다. 이 계약의 특색은 특정인의 終期(종기), 즉 사망시까지 定期金(정기금) 債權(채권)이 존속하는 것이며, 사망이라는 불확정적인 우연한 사실에 계약의 존속이 구속된다는 점에서 일종의 射倖(사행)契約(계약)이라는 데에 있다. 이 계약의 성질은 定期金(정기금) 債務(채무)를 부담함에 있어서 아무 대가 없이 증여로 할 경우에는 무상계약이고, 외상채무·消費貸借債務(소비대차채무) 기타 원본을 수취하여 종신 정기금으로 하는 경우는 유상계약이며, 모두 제3자를 위한 계약이다. 그리고 당사자의 의사의 합치만으로 성립하고, 또한 아무런 방식도 요하지 아니하므로 성낙·불요식계약이다. 정기금의 목적물은 보통 금전이고 그 외에 「기타의 물건」도 될 수 있으나 이는 대체물임을 요한다. 「정기로 지급한다」함은 每年(매년)·每月(매월)처럼 일정한 기간을 두고 규칙적으로 돌아오는 시기마다 지급함을 말하며, 매기에 지급하는 금액은 동일함을 요하지 않는다. 정기금채무의 불이행에는 채무불이행의 일반원칙이 적용되지만, 특히 정기금 채무자가 원본을 수취한 경우에는 定期金債權者(정기금채권자)는 최고 없이 계약을 해제하여 원본의 반환을 청구할 수 있고, 또한 손해가 있으면 그 배상

도 청구할 수 있다. 그러나 이미 수취한 정기금이 있는 경우에는 원본의 이자를 공제한 금액을 정기금 채무자에게 반환하여야 한다(§727). 채권자의 사망으로 終身定基金契約(종신정기금계약)은 종료되지만, 그 사망이 정기금 채무자의 귀책사유로 인한 때에는 정기금 채권자 또는 그 상속인은 민법 제727조에 의하여 契約解除(계약해제)·損害賠償(손해배상)의 청구를 하든지 법원에 推定生存年限(추정생존연한)을 인정받든지 할 수 있다(§729①, ②). 終身定基契約(종신정기금계약)은 보험적 작용을 하는데, 실제로 사인끼리 적용되는 일은 드물고 공공의 제도로 이용되는 일이 많다.

화해(和解)
라 ; transactio　　영 ; compromise
독 ; Vergleich　　불 ; transaction

　紛爭當事者(분쟁당사자)가 서로 양보하여 당사자 사이의 분쟁을 종지할 것을 약정함으로써 성립하는 계약(民§731)이다. 재판상의 화해(소송상의 화해 및 제소전의 화해)에 대하여 재판외의 화해라고도 한다. 양쪽 당사자가 주장을 포기·변경하여 양보할 채무를 진다는 점에서 쌍무계약이며, 양쪽 모두 양보로써 제공을 받는 점에서 유상계약이다. 법률관계는 화해의 결과에 따라 정하여지며(§732), 후에 화해의 내용에 반하는 확증이 나타나더라도 화해의 결과는 상실되지 아니한다. 그러나 친족관계의 분쟁과 같이 당사자가 임의로 처분할 수 없는 분쟁에 대하여서는 화해할 수 없다(§846참조). 그리고 화해계약의 의사표시에 착오가 있어서도 화해계약을 취소하지 못한다(§733본문). 그것은 화해로 인하여 법률관계가 창설적 효력을 가지기 때문이다. 그러나 화해당사

자의 자격 또는 화해의 목적인 분쟁 이외의 사항에 착오가 있는 때에는 예외로 한다(§733但).

사무관리(事務管理)
라 ; negotiorum gestio
독 ; Geschäftsführung ohne uftrag
불 ; gestion k'affaire

　법률상의 의무없이 타인을 위하여 그 사무를 관리하는 행위를 말한다(民§734~§740). 부탁받지 않고 부재자의 집을 수리하는 것이나 逸走한 家畜을 잡아서 먹이를 주는 행위 등이다. 타인의 사무를 간섭하는 것은 안 되지만 공동생활에서 권리나 의무가 없는 경우에도 호의로 하는 때에는 그 행위는 어느 정도까지 시인되어야 한다. 그래서 민법은 한편으로 관리자에 대하여 적어도 타인의 사무를 관리하기 시작한 이상, 가장 본인에게 이익이 되는 방법으로 관리를 계속할 의무를 지우는 동시에 다른 한편으로 본인에 대하여 관리자가 지출한 비용을 상환할 의무를 지우고 있다(§734~§740). 사무관리의 성질은 준법률행위이다. 본인에게 불리하거나 본인의 의사에 반하는 것이 명백하지 않을 경우에 의무 없이 타인을 위하여 그 사무를 관리함으로써 성립한다. 관리자가 사무의 관리를 시작한 때에는 지체없이 본인에게 그 뜻을 통지하여야 한다(§736본문). 관리자는 본인·상속인 등이 그 사무를 관리할 수 있게 될 때가지 관리를 계속하여야 한다. 그러나 관리의 계속이 본인의 의사에 반하거나 본인에게 불리함이 명백한 때에는 그렇지 않다(§737). 급박한 위해가 있는 경우에는 물건을 파손하였더라도 악의 또는 중대한 과실이 없는 한 손해배상의 책임이 없다(§735). 본인은 사무의 관리를 위탁한 것은 아니므로 계약상의 채무는 지지 않으

나 관리자가 지급한 비용을 상환하여야 하며, 또한 관리자가 본인을 위하여 부담한 채무를 변제하지 않으면 안된다(§739). 관리자가 사무관리를 함에 있어서 과실없이 손해를 받은 때에는 본인의 현존이익의 한도 내에서 그 손해의 배상을 청구할 수 있다(§740). 본인은 관리자에게 원칙적으로 보수를 지급해야 할 의무는 지지 않으나 遺失物(유실물)의 拾得(습득)이나 水難救護의 경우에는 각각 특별법에 의하여 補償金(보상금)·보수를 지급해야 한다고 규정되어 있다(遺失§4, 水救§28~§32).

사무관리의 인정근거

사회부조설	타인의 사무에 간섭하면 위법하여 불법행위가 되지만 상호부조의 정신에 따라 위법성을 조각시키는 것이 사무관리의 취지라는 견해이다. 이에 의하면 사무관리가 성립하기 위해서는 사무관리의사가 있어야 한다.
귀속성설	타인사무관리에 따른 본인과 관리인의 재산관계를 다루기 위한 제도를 사무관리로 이해하는 견해이다. 따라서 사무관리가 성립하기 위해서는 객관적으로 타인의 사무이면 충분하고, 사무관리의사는 요건으로 하지 않는다.
판례	사회부조설의 태도이다(94다59943참조).

사무관리라 함은 의무 없이 타인을 위하여 그의 사무를 처리하는 행위를 말하는 것이므로, 만약 그 <u>사무가 타인의 사무가 아니라거나 또는 사무를 처리한 자에게 타인을 위하여 처리한다는 관리의사가 없는 경우에는 사무관리가 성립될 수 없다</u>(대법원 1995. 9. 15. 선고 94다59943).

준사무관리(準事務管理)

독; unechte Geschafsfü hrung ohne Auftrag

권리가 없음을 알면서 타인의 사무를 자기를 위한 의사로써 관리하는 것이다. 예컨대, 타인의 가옥을 임대하여 비싼 家賃(가임)을 받든가, 타인의 특허권을 행사하여 고율의 이자를 받는 경우에 진정한 권리자와 관리자 사이에 성립되는 관계를 말한다 일반적 사무관리의 관계는 타인을 위하여 하는 의사를 갖고 관리한 경우인데 대하여 準事務管理(준사무관리)에 있어서는 자기를 위하여 하는 의사를 가지고 하는 것이므로, 사무관리에 준하는 관계라고 칭하는 것이다. 준사무관리는 원래 불법행위 또는 부당이득의 규정에 의하여야 할 것이지만, 본인의 청구를 용이하게 하고 본인의 지위를 보호하려는 뜻에서 인정되는 것이다. 이러한 뜻에서 명문이 없는 우리 민법의 해석으로서도 이것을 인정하려는 설이 유력하다(獨逸(독일) 민법에는 명문규정이 있다<獨民§687②>).

보존비(保存費)

채권의 소멸시효중단을 위한 비용이나 건물의 수리비 등과 같이 점유물의 멸실·훼손을 방지하기 위하여 지출한 비용을 말한다. 즉 점유자가 점유물을 점유하고 있는 동안 그 점유물에 관해 지출한 비용이 있으면 점유물을 반환할 때에 점유회복자에게 그 지출한 비용을 청구할 수 있는 바, 그 비용에는 민법상 필요비와 유익비가 있는데, 필요비에는 보존비·수선비·사육비·공조공과 등이 있다. 민법 제203조 제1항은 '점유자가 점유물을 반환할 때에는 회복자에 대하여 점유물을 보존하기 위하여 지출한 금액, 기타 필요비의 상환을 청구할 수 있다. 그러나 점유자가 과실을 취득한 경우에는 통상의 필요비는 청구하지 못한다.'고 규정하고 있다.

유익비(有益費)
독, nützliche Verwendung
불, dépenses utiles)

필요비에 상대되는 개념으로, 물건의 개량·이용을 위하여 지출되는 비용을 말한다. 유익비라고 할 수 있기 위하여서는 목적물의 객관적 가치를 증가하는 것이어야 하나, 목적물 자체의 가치를 증가하여야 하는 것은 아니다. 예컨대 가옥의 임차인이 집앞 통로의 포장비용을 지출한 때에도, 그것이 가옥의 가치를 증가시킨 한도에서 유익비가 될 수 있다. 타인의 물건에 관하여 지출한 유익비는 그것을 지출함으로써 생긴 가액의 증가가 현존하는 경우에 한하여 상환을 청구할 수 있다(민법 203조2항, 325조2항, 367조, 594조, 611조, 626조2항). 이는 유익비를 지출하여 목적물의 가치가 증가한 때에는 부당이득이 되므로 상환케하는 것이다. 상환의무자는 지출금액이나 현존하는 증가액 중의 어느 하나만을 선택하여(민법 380조이하) 상환하면 된다. 그러나 사무관리에 있어서는 지출한 유익비만을 상환하여야 한다(민법 739조1항). 유익비의 청구자는 유치권은 가지나, 법원은 상환의무자의 청구에 의하여 상당한 기간을 허여할 수 있으며, 이 때에는 유치권이 소멸한다. 유익비·필요비 이외에는 사치비라고 한다.

현존이익의 한도 (現存利益의 限度)

어떤 사실에 의하여 받은 이익이 그 후의 滅失(멸실)·毀損(훼손)·消費(소비) 등에 의하여 감소한 경우에 그 잔여의 이익을 현존이익이라고 말한다. 이익은 반드시 원형으로 남아 있음을 요하지 않고 이익의 경제적 가치, 즉 수익자의 증가된 재산 상태가 현존하면 된다. 이익의 현존여부는 返還請求當時(반환청구당시)를 표준으로 하며, 수익자가 받은 이익은 현존하는 것으로 추정되기 때문에 이익이 현존하지 않는다는 사실은 수익자가 입증함을 요한다. 민법은 취득한 이익을 전부반환시키는 것이 과중하다고 생각되는 때에는 이것을 제한하기 위하여 이 표준을 사용하여 현존이익의 한도내에서만 반환하도록 하였다. 민법은 「現存利益의 限度」라고 표현할 때도 있고(§444②, §739③), 「이익이 현존하는 한도」(§29②, §141但) 또는 「이익이 현존한 한도」(§748①)로 표현할 때도 있다.

비채변제(非債辨濟)
라; condictioindebiti
독; Zahlung einer Nichtschuld
불; paiement de l'indu

협의로는 채무가 없는데도 불구하고 변제하는 것이며, 광의로는 그 이외에 기한전의 변제나 타인의 채무의 변제까지도 포함하는 의미이다. (1) 협의의 非債辨濟(비채변제) : 채무가 존재하지 않는데도 불구하고 변제를 하게 되며, 법률상의 원인을 결하는 것이므로 일반적으로는 부당이익이 성립하고 返還請求가 인정되는 것이지만, 변제당시 「債務의 부존재를 알고 있을 경우」에는 그 급부한 것의 반환을 청구할 수 없다(民§742). (2) 期限前의 변제 : 期限到來 전의 변제는 법률상의 원인을 缺(결)하고 있다고는 할 수 없으므로 부당이익은 성립하지 않고 返還請求

(반환청구)도 할 수 없다. 그러나 착오에 의하여 기한 전에 변제하였을 경우에는 그에 의하여 얻은 채권자의 이익(기한까지의 은행이자 등)의 반환청구를 할 수 있다(§743). (3) 타인의 채무변제 : 채무자가 아닌 자가 타인의 채무인 것을 알면서 변제하는 경우와 타인의 채무를 자기의 채무로 오인하고 변제하는 경우가 있다. 전자는 제3자의 변제로서 유효하나(§469), 후자는 무효가 되고 부당이익이 성립되어 반환청구를 할 수 있다. 그러나 후자의 경우에 대하여서는 선의의 채권자를 보호하기 위하여 채권자가 선의로 증서를 훼멸하고, 담보를 포기하고 또는 시효로 인하여 그 채권을 잃었을 경우에는 반환청구가 인정되지 않고(§745①), 변제자는 채무자에 대하여 구상권을 행사할 수 있는데 불과하다. (4) 도의관념에 적합한 非債辨濟(비채변제) : 채무없는 자가 착오로 인하여 변제한 경우에 그 변제가 도의관념에 적합한 때에는 그 반환을 청구하지 못한다(§744).

부당(不當)

일반적으로 법의 이념에 비추어 적당하지 않은 것을 말한다. 용례에 따라 다의적인 바, (1)민법 제741조의 부당이득에서의 '부당'은 법률상 원인 없이 타인의 손실로 인해 이익을 얻는 것을 뜻하고, (2)위법에 상대되는 개념으로도 쓰이는 바, 이 때는 예컨대 '행정처분이 위법은 아니지만 부당하다'고 고하는 경우처럼, 법규위반은 아니지만 제도의 목적상 타당하지 않다는 의미이다.

부당이득(不當利得)

법률상의 원인없이 타인의 재산이나 노무 등의 손실에 의하여 이익을 얻는 것이다. 예를 들면 채무자가 이중변제를 한다든가, 타인의 산림을 자기의 산림으로 오인하여 수목을 벌채하였을 경우이다. 형평의 이념에 입각하여 부당한 이득자는 손실자에게 그 이득을 반환하여야 한다는 것이 이 제도의 취지이다. 즉 부당이득은 損失者에게 그 이득을 반환하여야 한다는 것이 이 제도의 취지이다. 즉 부당이득은 손실자의 급부행위에 의하여 발생하는 경우도 있고 첨부와 같이 손실자의 급부행위 없이 발생하는 경우도 있지만 일반적으로는 부당이득의 반환의무를 부담하게 하는 것은 권리자의 의사에 반하는 재산적 이익을 인정할 수 없다는 근대법의 원리에 유래하고 있다. (1) 부당이득이 성립하려면 ㉮ 타인의 재산 또는 노무에 의하여 이익을 얻을 것 : 그 이득은 적극적 이득은 물론이고 소극적 이득(당연히 부담하여야 할 채무를 면한 것 같은 것)을 포함한다. ㉯ 그 이득에 의하여 타인에게 손실을 입히는 것 : 부당이득이 되려면 이득과 손실과의 사이에 직접적인 원인관계가 필요하게 된다. ㉰ 그 이득이 법률상의 원인을 결하는 것일 것 : 「법률상의 원인없다」고 하는 것은 이득의 직접원인인 법률요건이 없는 등 실질적으로 보아 이러한 이득을 수익자에게 유보시킨다는 것이 법률의 이념인 公評觀念(공평관념)에 반하는 것으로 인정될 것 등이다. (2) 부당이득의 효과로서 손실자에게는 利得返還請求權(이득반환청구권)이 생긴다. 원물반환이 원칙이지만 그것이 불가능하면 가격반환의 방법에 의할 수 있다(§747). 반환의 범위는 ㉮ 이득자가 선의인 경우에는 현존이익에 한하며, ㉯ 악의인 경우에는 받은 이익과 그 이자를 반환하고 또한 손해가 있으면 그 배상책임이 있다

(§748). (3) 특수한 부당이득이란 특수한 요건하에 성립하는 부당이득이다. 민법은 불법원인급부와 비채변제에 대한 규정을 설정하고 있다(§742, §746).

악의의 수익자(惡意의 受益者)

부당이득에 있어서 법률상 원인없이 어떤 이익을 취득하고 있음을 알면서 수익을 한 자이다. 악의의 수익자의 利得返還(이득반환)의 범위는 선의의 수익자의 경우보다 넓어서, 그 받은 이익에 이자를 붙여 반환하고 손해가 있으면 이를 배상하여야 한다(§748).

불법원인급여(不法原因給與)
라 ; conditio obiniustam causam,
　　conditio obturpem causam
독 ; Kondiktio wegen verwerflichen
　　Empfanges
불 ; refus k'action pour cause k'indignite

불법의 원인에 기하여 행하여진 급부를 말한다. 不法原因給付(불법원인급부)라고도 한다. 인신매매나 도박판에서 금전의 수수가 이루어진 경우와 같이 불법한 원인에 의하여 행하여진 급부이다. 이러한 급부는 본래 공서양속에 반하는 무효의 것이며, 법률상의 원인이 없는 이득이 되어 부당이득의 반환이 대상이 되어야 하겠지만 그렇게 하는 것은 오히려 불법적인 행위에 국가가 조력하는 것이 되어 법의 이념에 반하기 때문에 그 반환을 청구할 수 없게 하였다(民§746前段). 그러나 불법의 원인이 수익자에게만 존재하는 경우에는 不當利得(부당이득) 返還請求權(반환청구권)이 인정된다(§746後段). 여기에서 「불법」의 의미에 대하여 견해가 나뉜다. 최광의설은 선량한 풍속 기타 사회질서 위반 외에 강행법규위반도 포함한다는 견해이고, 광의설은 선량한 풍속 기타 사회질서 위반을 의미한다고 본다. 협의설은 선량한 풍속위반을 뜻하며, 도덕적 비난 가능성이 있어야 한다고 보는 견해이다. 대법원은 광의설의 태도로서 제103조 위반의 경우를 의미한다고 이해한다(83다430참조).

> 자민법 제746조가 규정하는 불법원인이라 함은 그 원인될 행위가 선량한 풍속 기타 사회질서에 위반하는 경우를 말하는 것으로서 설사 법률의 금지에 위반하는 경우라 할지라도 그것이 선량한 풍속 기타 사회질서에 위반하지 않는 경우에는 이에 해당하지 않는 것이다(**대법원 1983. 11. 22. 선고 83다430**).

불법행위(不法行爲)
라 ; delictum　　　　　영 ; tort
독 ; unerlaubte handlung
불 ; acte illicite, delit(civil)

고의 또는 과실로 인한 違法行爲(위법행위)로 타인에게 손해를 입히는 행위이다(民§750). 불법행위로 인하여 생긴 손해는 가해자가 배상하여야 되며(民§751), 이 損害賠償義務(손해배상의무)는 계약과 더불어 채권발생의 원인이 되는 兩大支柱(양대지주)가 되고 있다.
(1) 성립요건 : 일반적 불법행위의 성립요건은 다음과 같다. ㉮ 가해자에게 故意(고의)·過失(과실)이 있을 것 : 이것은 過失責任主義(과실책임주의)의 표현으로서, 최근에는 대기업의 발전과 더불어 無過失責任主義(무과실책임주의)가 증가하는 추세에 있다. ㉯ 행위자(가해자)에게 책임능력이 있을 것 : 자기행위의 책임을 辨識(변식)할 능력이 없는 미성년자와 心神喪失者(심신상실자)는 불법행위책임을 부

담하지 아니한다(§753, §754). ㉮ 위법성이 있을 것 : 구민법은 이에 해당하는 요건을 권리침해라고 했으나 현행 민법은 「위법행위」라는 용어를 사용, 가해행위가 객관적으로 보아 權利侵害(권리침해) 여하를 불문하고 위법이며 타인의 권익을 침해하였을 경우에는 불법행위가 성립되게 하였다. 위법성을 결정함에는 침해된 이익(피침해이익)과 침해하는 행위(침해 樣과의 양면을 비교하여 생각하지 않으면 안 되는바, 이 요건은 불법행위의 요건으로서 실제상 가장 중요한 것이다. 그리고 일반적으로 위법성이 있는 경우라 할지라도 正當防衛(정당방위)·緊急避難(긴급피난)·自力救濟(자력구제)·事務管理(사무관리)·권리의 정당한 행사 등의 사유가 있을 경우에는 위법성이 阻却(조각)된다. ㉯ 손해가 발생할 것 : 손해에는 재산상 손해와 정신적 손해를 모두 포함한다. ㉰ 가해행위와 손해 발생과의 사이에 인과관계가 존재할 것(이른바 相當因果關係를 필요로 한다) : 특수한 불법행위에 대하여서는 타인의 행위에 대한 책임을 인정하고 또 고의·과실의 거증의 책임을 전환하거나 무과실책임을 인정하기도 하여 그 성립요건이 특수화되어 있다(§755~§760). 특수한 불법행위에는 민법상 다음 다섯가지이다. ㉮ 책임무능력자를 감독하는 자의 책임(民§755), ㉯被傭者(피용자)의 행위에 대한 사용자의 책임(§756), ㉰ 공작물을 점유 또는 소유하는 자의 책임(§758), ㉱ 동물의 점유자의 책임(§759), ㉲ 공동불법행위(§760) 그리고 민법 이외의 특별법에 의한 特殊不法行爲(특수불법행위)로서는 근로기준법상의 재해보상, 광업법상의 광해배상 등이 있으며 여기에는 무과실책임이 인정된다. (2) 효과 : 불법행위에 의하여 피해를

당한 자는 손해배상청구권을 취득한다. 그 내용은 채무불이행으로 인한 損害賠償請求權(손해배상청구권)의 내용과 비슷하다. 배상의무자는 원칙적으로는 가해자인데, 特殊不法行爲에서는 가해자 이외의 사람(사용자, 감독자 등)에게 배상의무가 과하여질 경우가 있다. 배상의 방법은 금전배상을 원칙으로 하지만, 謝罪廣告(사죄광고)의 방법과 원상회복을 인정하는 경우도 있다(民§762, §394준용, §764鑛§93). 또한 손해배상청구권은 3년의 단기소멸시효에 걸린다(民§766). 또 불법행위를 이유로 하는 손해배상청구권에 관해서는 태아는 이미 출생한 것으로 본다(§762).

준불법행위(準不法行爲)
佛 ; quasi-délit

로마법에서는 불법행위의 성립은 특히 위법성이 강한 경우에만 국한되었고 별도로 불법행위에 준하여 손해배상의 채무를 발생하는 경우를 정하고 있었다. 예컨대 도로에 버리거나 떨어뜨린 물건에 의하여 손해를 끼친 자의 책임이나 여관의 사용인이 손님에게 끼친 손해에 대한 여관 주인의 책임과 같다. 프랑스 민법은 이를 계승하여 「불법행위 및 준불법행위」라는 구절을 두었다. 그러나 오늘날 이 양자를 구별할 실익이 없으므로, 독일 민법과 우리 민법은 이를 인정하지 않고 있다.

계속적불법행위(繼續的不法行爲)

계속적 불법행위란 가해행위가 연속하여 행하여지고, 손해도 연속적으로 발생하는 불법행위이다. 토지의 불법점거나 부당한 체포·감금행위 등이 전형적인 예이다. 앞의 예에서 정당한 권리자가 본

권의 소에 의하여 인도를 청구한 경우 이에 불응하면 손해의 발생이 계속되는 것이므로, 消滅時效나 遲延利子의 취급에 있어서 보통의 불법행위와는 취급을 달리한다.

공동불법행위(共同 不法行爲)

수인이 공동으로 불법행위를 하여 타인에게 손해를 가한 경우이다. 이에는 세 가지의 태양이 있다. (1) 각자가 저마다 一般不法行爲의 요건을 갖추는 협의의 공동불법행위(民§760①前段) : 예를 들면 數人이 공동으로 타인의 가옥을 파괴하는 행위이다. (2) 가해자가 불명한 共同不法行爲(§760②) : 예를 들며 수인이 한사람을 구타한 경우에 그 중의 한사람의 행위로 손해를 입혔으나 그것이 누구의 행위인지 알 수 없는 경우이다. (3) 불법행위자를 敎唆(교사) 또는 幇助(방조)하는 행위(§760③) : 이러한 자는 직접의 가해자와 그 가해행위 자체를 공동으로 하는 것은 아니지만 민법은 이것 또한 공동불법행위로 보고 있다. 공동불법행위자는 連帶(연대)하여 손해배상의 책임을 진다(民§760①후단 : 不眞正連帶債務). 공동불법행위자에게 연대책임을 부담하게 하는 취지는 가해자들의 각자 행위의 輕重(경중)을 문제삼기 전에 피해자가 누구에게나 배상금을 전부 받을 수 있도록 피해자를 보호하기 위함이다.

불법행위능력(不法行爲能力)
독 ; Deliktsfähigkeit

불법행위로 인한 손해배상의 책임을 지는 능력이다. 불법행위의 책임을 부담할 수 있는 능력이므로 자연인에 관하여는 책임능력이란 말이 사용되며, 불법행위능력이란 말은 주로 법인에 대하여 사용된다. 우리 민법 제35조에는 「법인의 불법행위능력」 이라 칭하고 그 1항에 「법인은 이사 기타 대표자가 그 직무에 관하여 타인에 가한 손해를 배상할 책임이 있다」 라고 규정하고 있다. 따라서 법인자체의 불법행위능력의 유무에 관하여 견해가 대립되고 있다. 法人擬制說(법인의제설)에 의하면 법인은 스스로 행위를 할 수 없는(행위능력이 없는) 것이므로 不法行爲能力(불법행위능력)도 없는 것이 당연하며 이 규정은 특히 법인의 대표자인 개인의 행위에 대하여 법인이 책임을 질 것을 정책적으로 인정한 것이라고 한다. 반면에 法人實在說(법인실재설)에 의하면 대표자의 행위는 법인자체의 행위이며 법인도 당연히 불법행위능력을 가지고 있으므로, 이 규정은 이와 같은 당연한 것을 규정한 것에 불과하다고 한다. 법인실재설이 오늘날의 통설이다.

책임능력(責任能力)
독 ; Zurechnungsfähigkeit

위법행위로 인한 자기행위에 대해 책임을 질 수 있는 능력이다(民§753~§754, 불법행위능력이라고도 하다). 대개는 判斷能力(판단능력) · 意思能力(의사능력)을 기초로 하다. 자기의 행위가 불법행위로서 법률상의 책임을 발생하게 한다는 것을 知覺(지각)할 수 있는 정신능력이며, 반드시 배상책임이라는 법률적인 의미까지 이해하고 있을 필요는 없다. 즉, 책임능력은 법률행위의 유효요건인 의사능력을 책임의 면에서 보아서 파악한 개념이지만 의사능력보다는 약간 높은 정신능력으로 인식되고 있으며, 대체로 12세를 전후하여 책임능력이 있는 것으로 취급된다. 이것이

缺如(결여)된 미성년자·심신상실자는 불법행위에 의한 배상책임을 지지 않는다(民§753, §754 : 감독의무자의 책임이 생길 때가 있다). 행위능력이 일률적인 데 반하여(民§5~§17) 책임능력은 개별적으로 결정되는 점에 특징이 있다.

고의(故意)

라 ; dolus　　　영 ; intention
독 ; Vorsatz　　불 ; intention

자기의 행위가 일정한 결과를 발생시킬 것을 인식하고 또 이 결과의 발생을 인용하는 것을 말한다. 과실에 대하는 말이다. 형법에서는 원칙적으로 고의의 경우만을 처벌하고 과실의 경우에는 처벌하지 않기 때문에(刑§14), 고의와 과실과의 구별이 중요하다. 그러나 사법상 고의는 책임을 발생시키는 조건으로서 과실과 동일하게 취급받는 일이 많고(民§390, §750), 법문상에도 과실이란 말이 고의를 포함하는 때가 많다. 따라서 사법상은 고의와 과실의 관념상의 구별에 관하여 형법과 같이 크게 논의할 실익이 없다. 그러나 그 실익이 전혀 없는 것은 아니다. 예를 들면 불법행위의 성립요건에 있어서 채권침해의 경우에는 침해자의 고의가 요구된다고 해석하고 있으며 또 효과에 있어서도 고의로 인한 불법행위의 경우에는 특별한 사정에 의한 손해라고 볼 수 있는 것을 배상액에 산입한다고 할 것이다.

> 불법행위에 있어서 고의는 일정한 결과가 발생하리라는 것을 알면서 감히 이를 행하는 심리상태로서, 객관적으로 위법이라고 평가되는 일정한 결과의 발생이라는 사실의 인식만 있으면 되고 그 외에 그것이 위법한 것으로 평가된다는 것까지 인식하는 것을 필요로 하는 것은 아니다(대법원 2002. 7. 12. 선고 2001다46440).

과실(過失)

라 ; culpa
영 ; negligence
독 ; Fahrlässigkeit
불 ; faute

어떠한 사실을 인식할 수 있었음에도 불구하고 不注意로 인식하지 못한 것이다. 고의에 대하는 말이다. 민법에서는 위법한 행위의 효과에 관하여 고의와 과실을 구별하지 않는 것이 원칙이므로(예 : 民§750) 과실이 고의를 포함하는 것으로 해석되는 경우가 적지 않다(§385②, §396, §627 등). 과실은 부주의의 정도에 따라 重過失(현저히 심한 부주의)·輕過失(다소 주의를 缺하는 것)로 나누어지는데 민법·상법 등에서 과실이라 하면 경과실을 말하고, 중과실을 의미하는 경우에는 특히 「중대한 과실」이라 한다(民§109, §518, §735·商§137③, §648, §651, §653·어§16②手§21但). 과실은 또한 그 전제로 되는 주의의무의 표준에 따라 추상적 과실(그 직업이나 계급에 속하는 사람으로서 보통 요구되는 주의, 즉 선량한 관리자의 주의를 결하는 것)과 구체적 과실(그 사람의 일상의 주의능력의 정도의 주의를 결하는 것)로 나누어지는데, 민법·상법에서 과실이라고 할 때에는 추상적 과실을 말하고, 구체적 과실을 표준으로 할 때에는 특히 「자기재산과 동일한 주의」(民§695), 「자기의 재산에 관한 행위와 동일한 주의」(§922), 「고유재산에 대하는 것과 동일한 주의」(§1022) 등으로 표시한다. 이론적으로 말하면 추상적 과실 중에 경과실·중과실의 구별이 있을 수 있을 뿐만 아니라, 구체적 과실 중에도 경과실·중과실로 나누어 볼 수 있겠지만 법률은 후자의 구별을 하고 있지 않다. 결국 추상적·구체적 과실에서와 상관없이 경과실(선량한

관리자의 주의를 조금이라도 결하는 것),
중과실(선량한 관리자의 주의를 현저하게
결하는 것), 구체적 과실(그 사람의 일상
의 주의능력의 정도를 조금이라도 결하는
것)의 세 가지를 구별하는 것으로 족하다.

불법행위의 성립요건으로서의 과실은 이
른바 추상적 과실만이 문제되는 것이고
이러한 과실은 사회평균인으로서의 주의
의무를 위반한 경우를 가리키는 것이지
만, 그러나 여기서의 '사회평균인'이라고
하는 것은 추상적인 일반인을 말하는 것
이 아니라 그때 그때의 구체적인 사례에
있어서의 보통인을 말하는 것이다(대법
원 2001. 1. 19. 선고 200 0다12532).

구체적 과실(具體的 過失)
라 ; culpa in concreto

개개의 행위자의 주의능력을 표준으로
하여 그 사람이 자기의 일상 사무를 처리
함에 있어서 가지고 있는 정도의 주의를
결하는 과실이다. 민법은 특히 주의의무
를 경감하는 경우에 이를 표준으로 하고
있다.

원인주의(原因主義)

損害賠償責任(손해배상책임)의　근거를
고의나 과실에 구하지 않고 손해발생의
집단에 중점을 두는 입장이다. 과실주의에
대하여 특히 원인주의라고 부른다.

주의의무(注意義務)
독 ; Sorgfaltspflicht

어떤 행위를 함에 있어서 일정한 주의
를 하여야 할 의무이다. 그 기준에 따라
서 선량한 관리자의 주의와 자기를 위하
는 것과 동일한 주의로 나누어진다. 주의
의무에 위반하면 과실이 있게 되어 여러
가지 책임을 지게 되는 것이다.

채권침해(債權侵害)
독 ; Forderungsverletzung

채권은 채권자와 채무자라는 당사자간
의 관계에 불과하기 때문에 제3자에 대
하여 아무 효력을 미치지 않으며 따라서
제3자가 채권을 침해해도 불법행위가 되
지 않는다는 견해가 지배적이었다. 그러
나 최근에 와서는 제3자의 債權侵害(채
권침해)와 不法行爲成立(불법행위성립)을
인정하는 이론이 일반화되고 있다. 위법
한 채권침해에 있어서 불법행위가 위법성
을 띠느냐 하는 것에 대하여 판례는 고의
에 의한 채권침해에 대해서만 그것도 단
순한 고의만으로는 족하지 않고 가해의사
있는 고의를 요건으로 하여 불법행위의
성립을 인정하려는 경향이 짙어지고 있
다.

명예훼손(名譽毀損)
영 ; libel and slander
독 ; Ehrverletzung
불 ; infamation etnjure,
　　attainte `a l'honneur

특정인에 대한 사회적 평가를 저하시키
는 행위이다. 형법상으로는 名譽毀損罪(명
예훼손죄)를 구성하고 민법상으로는 불법
행위가 성립한다(民§750, §751①). 오로
지 공익을 도모할 목적으로 행한 경우에
는 그로 인하여 어떤 특정인의 사회적인
평가가 저하되는 결과를 빚어낸다고 하더
라도 불법행위가 성립되지 않는다. 예를
들어 신문보도가 진실일 경우에는 비록

특정인에 대한 사회적인 평가가 그로 인하여 저하되는 한이 있을지라도 불법행위가 성립되지 않는 경우가 많을 것이다. 이에 반하여 신문이 強姦(강간)의 피해자의 성명을 밝힌 경우에는 비록 진실이라고 하더라도 「오로지 공공의 이익」을 위한 것이라 볼 수 없기 때문에 불법행위가 성립될 가능성이 있다고 생각된다. 타인의 명예를 훼손한자에 대하여는 법원은 피해자의 청구에 의하여 손해배상에 갈음하거나 손해배상과 함께 명예회복에 적당한 처분을 명할 수 있다(§764).

사죄광고(謝罪廣告)

민법 제764조에서는 "타인의 명예를 훼손한 자에 대하여는 법원은 피해자의 청구에 의하여 손해배상에 갈음하거나 손해배상과 함께 명예회복에 적당한 처분을 명할 수 있다."고 규정하고 있다. 이와 관련하여 헌법재판소는 민법 제764조의 "명예회복에 적당한 처분"에 사죄광고를 포함시키는 것은 헌법에 위반된다고 판단한 바 있다(89헌마160).

위자료(慰藉料)
독 ; Schmerzensgeld
불 ; réparation dudommage(ou préjudice) morale

불법행위에 의해서 발생하는 손해는 재산적인 손해와 정신적인 손해로 나눌 수 있는데 정신적인 손해에 대한 배상도 인정되고 이에 대한 배상을 慰藉料(위자료)라고 한다. 생명·신체·자유·명예·정조 등의 침해로부터 발생하는 손해의 배상인 것이 보통이다. 피해자의 정신상의 고통을 금전으로 평가하여 배상을 청구하는 위자료의 손해배상으로서의 성격을 부정하고 일종의 사적 제재로 한다는 견해도 있었지만 오늘날에는 위자료를 피해자의 주관적인 고통에 대한 위자료라기보다는 자칫하면 경직화하기 쉬운 법적 처리에 구체적 타당성을 부여하는 기술적 구성이라는 견해가 유력하다. 우리 민법은 위자료를 정신적 손해의 배상으로서 전면적으로 인정하는 입장을 취하고 있고(民 §751, §752), 명문은 없으나 해석상 채무불이행의 경우에도 인정되고 있다. 금전으로 평가하여 금전배상을 하는 것이 원칙이나(§394, §763), 명예훼손의 불법행위의 경우에는 금전배상에 갈음하거나 금전배상과 함께 사죄광고 등 명예회복에 적당한 처분을 하는 것이 허용된다(§764). 재산적 손해의 경우와 마찬가지로 相當因果關係說(상당인과관계설)에 의하지만 사람의 정신적 고통을 일률적으로 금전으로 평가하기는 곤란한 것이어서 결국은 당사자의 자력·지위·직업·경력 등 모든 사정을 고려하고 被侵害利益(피침해이익), 침해의 방법·정도 등을 較量(교량)하여 결정한다. 종래의 통설은 위자료청구권을 一身專屬權(일신전속권)이라 해석하고 다만 피해자가 생전에 그 청구의 의사를 표시하였을 경우에만 그것을 금전의 지급을 목적으로 한 권리로서 상속되는 것으로 해석하고 있다. 근래의 학설은 사자에게 청구의 기회를 주었다면 반드시 청구하였으리라고 믿어진 경우나 피해자 자신이 포기하였다고 간주될 만한 특별한 사정이 없는 한 위자료청구권의 상속을 인정해야 한다고 하고 있다.

정당방위(正當防衛)

영 ; self-defence
독 ; Notwehr
불 ; légitime défense

타인의 불법행위에 대하여 자기 또는 제3자의 권리를 방위하기 위하여 부득이 하게 행한 가해행위를 말한다(民§761① 본문). 이런 경우에는 손해배상책임이 없 다. 가해행위가 부득이했다고 할 수 있기 위하여는 첫째로 그 행위 이외에 적절한 수단이 없어야 한다. 둘째로 침해행위에 의해서 침해된 이익이 작아야 한다. 예를 들면 절도범을 살해하면 정당방위가 될 수 없다. 이 가해행위는 불법행위자에 대 한 반격이거나 제3자에 대한 것이거나를 가리지 않는다. 이 점에서 형법상 정당방 위와 다르다. 다만 피해자인 제3자는 불 법행위자에 대하여 손해배상을 청구할 수 있다(§761①但).

긴급피난(緊急避難)

영 ; necessity
독 ; Notstand
불 ; état de nécessité

급박한 위난을 피하기 위하여 부득이 타인에게 손해를 가하는 것이다. 형식적 으로는 정당방위의 경우와 마찬가지로 불 법행위이지만 실질적으로는 위법성이 없 기 때문에 損害賠償責任(손해배상책임)이 없다(民§761②). 예를 들어 갑이 기르고 있는 개(物件)가 을에게 덤벼들어 을이 그 개를 살해한 경우 을은 갑에 대하여 이에 대한 손해배상의 책임을 지지 않는 다. 정당방위와의 차이는 정당방위가 사 람의 행위에 의하여 위험이 발생한 경우 인데 대하여 緊急避難(긴급피난)은 물건 에 의해서 위험이 발생한 경우라는 것이 다. 형법상에서도 긴급피난이 문제가 되 지만 그 개념은 민법의 경우와는 차이가 있다.

보상책임(報償責任)

독 ; Equivalenzprinzip

無過失責任(무과실책임)을 인정하는 근 거로서 사회생활에 있어서 막대한 이익을 얻은 자는 그 수익활동에서 비롯되는 손 해에 대하여 항상 책임을 져야 한다는 思 考方式(사고방식)이다. 이익이 있는 곳에 손실을 돌려야 한다는 공평의 관념에 기 초하는 것이다(민법의 사용자 책임(民 §756)은 이러한 사고의 구현이며 그것을 적당히 확장하여 큰 이익을 얻는 기업자 에게는 그 책임도 넓게 인정해야 한다고 주장하는 사람이 많다. 危險責任(위험책 임)과 無過失責任理論(무과실책임이론)의 중추를 이루고 있다.

위험책임(危險責任)

독 ; gefahrdungshaftung
불 ; responsabilité derisque

무과실책임을 인정하는 이론적 근거로 서, 사회에 대하여 위험을 조성하는 자 (예컨대 위험한 시설의 소유자 등)는 그 시설에서 생기는 손해에 대해 항상 책임 을 져야 한다고 하는 발상이다. 우리 민 법상 工作物所有者(공작물소유자)의 책임 (民§758①但)을 이같은 위험을 내포하고 있는 현대적 대기업, 예컨대 運送業(운송 업)·鑛業(광업)등에도 확장시켜야 한다는 견해가 많다.

사용자책임(使用者責任)

영 ; vicarious liability of master
독 ; Hafung des Geschäftsherrn füreinen
　　Verrichtungsgehilfen
불 ; responsabilite des maîtres
　　oucommettants

●━━━━━━━━

　어떤 사업을 위하여 타인을 사용하는 자는 被傭者(피용자)가 그 사업의 집행에 관하여 제3자에게 가한 불법행위로 인한 손해를 배상할 책임을 말한다(民§756① 본문). 사용자의 배상책임이라고도 한다. 사용자책임은 민법이 규정하는 특수적 불법행위의 일종이다. 근대법은 자기의 과실에 대해서만 책임을 진다고 하는 自己責任(자기책임), 果實責任(과실책임)의 원칙을 취하는데 使用者責任(사용자책임)은 타인의 불법행위에 관하여 책임을 지고 자기의 직접적인 과실없이 책임을 진다고 하는 점에서 責任無能力(책임무능력)자의 감독자의 책임(§755), 工作物占有者(공작물점유자) 등의 책임(§758), 動物占有者(동물점유자)의 책임(§759)과 함께 예외를 이루고 있다. 그러나 사용자는 피용자의 선임 및 그 사무감독에 상당한 주의를 한 때, 또는 상당한 주의를 하여도 손해가 있을 경우에는 책임을 면한다(§756①但). 또한 사용자가 책임을 진 때에는 피용자에 대하여 求償權(구상권)을 사용할 수 있다(§756③). 이러한 점에서는 補償責任(보상책임) 또는 企業責任(기업책임)의 원리가 약화되었다고 볼 수 있다. 그리고 사용자에 갈음하여 그 사무를 감독하는 자도 사용자와 같은 책임을 진다(§756②).

제조물 책임(製造物 責任)

독 : Product Liability / Manufacturer's
　　Liability

●━━━━━━━━

　제조자로부터 소매상을 통하여 판매된 상품(제조물)에 어떤 결함 내지 하자가 있어 소비자나 이용자 또는 기타의 자가 인적·재산적 손해를 입은 경우에, 제조자가 부담하는 배상책임을 말하며, 이와 관련하여 제조물 책임법이 제정되어 있다. 상품의 하자, 제조자의 과실, 상품의 하자와 손해배상 사이의 원인관계에 대한 입증책임은 소비자가 지나, 이때에는 엄격한 증명을 필요로 하지 않고 상식적으로 보아 개연성이 높으면 인과관계를 추정하고 있다. 보통 상품의 하자는 제조 내지 검사에 있어 제조자의 과실에 의하는 경우가 많으므로 하자의 존재가 인정되는 경우에는 과실의 존재가 인정될 수 있다. 제조물의 대부분이 고도의 기술을 바탕으로 제조되고, 이에 관한 정보가 제조업자에게 편재되어 있어서 피해자가 제조물의 결함여부 등을 과학적·기술적으로 입증한다는 것은 지극히 어렵다. 이에 대법원도 이를 고려하여 제조물이 정상적으로 사용되는 상태에서 사고가 발생한 경우 등에는 그 제품에 결함이 존재하고 그 결함으로 인해 사고가 발생하였다고 추정함으로써 소비자의 입증책임을 완화하는 것이 손해의 공평·타당한 부담을 원리로 하는 손해배상제도의 이상에 맞는다고 판시한 바 있다. 이러한 대법원 판례의 취지를 반영하여 2018년 4월 19일 시행되는 개정 제조물 책임법에서는 피해자가 '제조물이 정상적으로 사용되는 상태에서 손해가 발생하였다는 사실' 등을 증명하면, 제조물을 공급할 당시에 해당 제조물에 결함이 있었고, 그 결함으로 인하여 손해가 발생한 것으로 추정하도록 하여 소비자의 입증책임을 경감하였다. 한편, 개정 제조물 책임법에서는 일정한 요건 하에 징벌적 손해배상제를 도입하여 제조업자의 악의적 불법행위에 대한 징벌 및 장래 유사한 행위에 대한 억지력을 강화하고, 피해자에게는 실질적인 보상이 가능하도록 하였다. 이에 따라 제조업자가 제조물의 결함을 알면서도 그 결함에 대하여 필요한 조치를 취하지 아니한 결과로 생명 또는 신체에 중대한 손해를 입은 자가 있는 경우에는 그 자에게 발생한 손해의 3배를 넘지 아니하는 범위에서 배상책임을 지도록 하였다(제조물책임법 제3조 2항).

> 이른바 제조물책임이란 제조물에 통상적으로 기대되는 안전성을 결여한 결함으로 인하여 생명, 신체나 제조물 그 자체 외의 다른 재산에 손해가 발생한 경우에 제조업자 등에게 지우는 손해배상책임이고, 제조물에 상품적합성이 결여되어 제조물 그 자체에 발생한 손해는 제조물책임이론의 적용 대상이 아니다(대법원 1999. 2. 5. 선고 97다26593).

토지공작물소유자의 책임 (土地工作物 所有者의 責任)

건물이 무너져서 통행인이 부상을 당하였거나 도로가 패여 있어 오토바이가 轉倒(전도)하여 운전자가 다쳤다거나 토지의 공작물을 원인으로 손해가 발생하였을 때에 그 공작물의 소유자 또는 점유자가 지는 배상책임(民§758)이다. 하천·항만의 제방·도로·건널목 등 토지공작물의 범위는 광범하다. 土地工作物所有者(토지공작물소유자)의 責任理論(책임이론)은 기업책임

을 확립하는 데 유력한 근거가 된다. 매연이나 수은 등의 공해에 대하여도 企業設備(기업설비)의 설치관리에 있어서의 과실로 보아 사용자책임과 더불어 기업책임을 형성할 수 있을 것이다.

민사책임(民事責任)
영; civil laibility
독; zivilrechtliche Verantwortlichkeit
불; resonsabilité civile

불법행위에 의한 손해배상책임이다. 사법상의 책임으로 범죄로서 형벌을 가하는 형사책임에 대립되는 개념이다. 옛날에는 양자간에 구별이 없었으나 오늘날에 있어서는 완전히 분화하여 민사책임에는 반드시 손해의 발생을 요건으로 하고 객관적 실손해의 발생을 중시하여 고의·과실을 구별하지 않고 또는 無過失責任(무과실책임)도 인정하는 경향에 있다. 또한 民事責任(민사책임)이란 말은 廣義(광의)로는 不法行爲(불법행위)에 의한 損害賠償責任(손해배상책임) 이외에 債務不履行(채무불이행)의 경우를 포함하여 민사상의 損害賠償責任(손해배상책임)의 의미로 사용되는 경우도 있다. 손해배상채무는 원칙적으로 금전채무이다(民§394, §763). 채무불이행책임과 불법행위책임과의 관계에 대하여는 請求權(청구권) 競合說(경합설)과 法條競合說(법조경합설)과의 대립이 있다. 민사책임에서는 배상이라는 말을 쓰는데, 이는 위법행위를 법률요건으로 하지 않는 경우의 보상과 구별된다.

친 족

친족(親族)

일정범위의 血緣(혈연)과 혼인관계에 있는 자들 상호간의 신분상 법률관계를 친족관계라 하고, 그 사람들을 서로 친족이라고 한다(民§762). 1990년 1월 13일 법률 제4199호 개정민법에서는 친족의 범위를 크게 조정하여 (1) 父系(부계)·母系(모계) 차별 없이 8촌이내의 혈족, (2) 4촌 이내의 姻戚(인척), (3) 배우자(사실혼 관계의 배우자는 포함되지 않음)로 하여 개정전보다 모계혈족 및 妻族姻戚範圍(처족인척범위)가 확대되었으며 반면에 부족인척의 범위는 반으로 축소되었다(§777). 개정민법은 친족범위를 父母兩系親族槪念(부모양계친족개념)으로 전환시켰으며, 현대문명국가의 친족관념은 부모양계개념으로 보고 있는 것이 일반적이다. 현행법에서도 판례는 친족의 개념정의가 일치하지 않고 있다. 지금까지의 판례를 보면 (1) 제932조의 直系血族(직계혈족)에 母系血族(모계혈족)인 외조모가 포함된다(大判§ 1982. 1. 29. 91스 25~29 공675호 228). (2) 姨從兄弟姉妹(이종형제자매)는 제777조 소정의 4촌 이내의 모계혈족에 해당하지 않는다(大判§ 1980. 9. 9. 80도 1355 공642호 13139호) (3) 外祖母의 형제자매는 친족으로 보지 않는다(大判 1980. 4. 22. 80도 485 공634호 12833). (4) 재산상속권자인 형제자매는 피상속인의 父系傍系血族(부계방계혈족)만을 의미한다고 하여 모계의 형제자매를 포함시키지 않는다(大判 1975. 1. 14. 74다 1503, 공508호 8292). 입법례로서 독일·프랑스 민법은 친족자체의 범위를 일반적으로 한정하지 않고, 近親婚(근친혼)·扶養義務(부양의무)·相續(상속) 등의 구체적 법률관계에 대하여 친족관계의 범위를 정하고 있다. 친족관계는 出生(출생)·婚姻(혼인)·入養(입양)·認知(인지) 등에 의하여 발생하고 사망·혼인의 취소나 解消(해소)·罷揚(파양)에 의하여 소멸된다(民§775, §776). 특정한 친족관계에 있는 자에게는 扶養義務(부양의무)(§974)·相續(상속)(§997~§1118)·近親婚禁止(근친혼금지)등의 민법상 효과가 발생되는 이외에 형법상 범인은닉·절도 등에 인적 處罰阻却事由(처벌조각사유)가 되며(刑§344·§365), 재판상 제척·증언거부의 사유가 되는(民訴§41~§50, §314·刑訴§17~§25, §148)등 여러 가지 효과가 인정된다.

친족법(親族法)
영 ; law of domestic relations
독 ; Familienrecht
불 ; droit de famille

친족이나 가족 등의 신분관계 및 그 신분관계에 따르는 권리·의무를 규정한 법률규정이다. 친족법은 相續法(상속법)과 합하여 신분법 또는 家族法(가족법)이라고 한다. 민법의 일부로서 민법전 제4편에 규정되어 있으며 제767조부터 제979조에 이르는 199개조로 되어 있다. 친족법은 모두가 夫婦(부부)·親子(친자)·家族(가족) 및 친족 등의 인간본연의 결합관계에 관한 법이므로 타산적·우발적 결합관계에 관한 재산법에 비하여 민족적·지방적 관습이 존중되고 비합리적·연혁적이라는 특색이 있다.

가족권(家族權)

가족법상의 특정한 지위에 따라 부여되

는 권리를 말한다. 신분권이라고도 한다. 여기서 특정한 지위란 부와 처, 부모와 자 등의 관계를 말한다. 이처럼 자를 보호교양할 권리(민법 913조)나, 거소지정권(민법 914조), 징계권(민법 915조), 부양청구권(민법 979조)과 같이 가족법상의 지위에 의하여 주어진 권리를 가족권이라고 하는데, 신분권은 재산권과는 달리 동시에 의무가 따르는 경우가 많다. 친권의 경우에 있어서 부 또는 모가 친권을 남용하거나 현저한 비행 기타 친권을 행사시킬 수 없는 중대한 사유가 있는 때에는 자의 친족 또는 검사의 청구에 의하여 법원은 그 친권의 상실을 선고할 수 있기 때문에(민법 924조), 가족권이 부당하게 행사되지 않아야 함은 당연한 것이다. 또한 가족권은 일신전속이어서 상속이나 양도를 할 수 없음이 원칙이고, 시효에 따른 취득소멸이 되지 않는다.

신분행위(身分行爲)

신분행위란 신분상의 법률효과를 일으키는 법률행위이다. 夫婦財産契約(부부재산계약)(民§829~§833)·婚姻(혼인)(§807~814)·入養(입양)(§866~§882)·遺言(유언)(§1060~§1064) 등이 이에 속한다. 신분행위도 법률행위이므로 민법총칙의 적용이 있을 것 같으나 그 특수성에 비추어 일반적으로 적용되지 않고 가족법 독자의 입장에서 다루어진다. 즉 신분행위는 본래 합리적인 이해판단에 의하여 행하여지는 것이 아니고, 비합리적·정서적 요소를 가지기 때문에 가족법(신분법)상의 행위에 대하여 요구되는 판단력은 보다 고도의 것이어야 한다. 따라서 身分(신분)行爲能力(행위능력)자일 경우에도 의사능력만 있으면 완전히 유효한 법률행위를 할 수 있

다. 또 신분행위는 행위자의 의사를 존중해야 하므로 전면적으로 의사주의가 취하여지고 그 하자도 가족법(신분법) 독자의 원리에 의하여 규율된다. 예컨대 당사자의 합의가 없는 혼인은 절대무효가 된다(§815 Ⅰ). 본인이 직접적인 의사표시를 필요로 하므로 대리를 인정하지 않는 것이 원칙이다.

배우자(配偶者)

영 ; spouse
독 ; Ehgatte, Ehgattin
불 ; 'epoux, 'epouse

혼인으로 말미암아 결합된 남녀의 일방을 상대방에 대하여 부르는 말이다. 민법상 배우자는 친족이지만 촌수는 무촌이다. 배우자를 친족에 포함시키는 입법례는 구미에는 없다. 배우자의 신분은 혼인(신고)에 의하여 취득되고 혼인의 해소에 의하여 상실한다. 따라서 혼인신고가 되어 있지 않으면 배우자가 아니다(내연관계). 부부의 일방이 사망하였을 경우의 사망배우자에 대하여 他方을 生存配偶者(생존배우자)라고 한다.

혈족(血族)

자기의 直系尊屬(직계존속)과 直系卑屬(직계비속)을 直系血族(직계혈족)이라 하고, 자기의 형제자매와 형제의 직계비속직계존속의 형제자매 및 그 형제의 직계존속을 방계혈족이라 한다(民§768). 혈족은 다시 자연적인 혈통이 연결되어 있는 自然血族(자연혈족)과 양자와 같이 혈통이 연결되어 있는 것으로 의제된 法定血族(법정혈족)으로 나누어진다.

직계혈족

→ 혈족 참조(直系血族)

방계혈족(傍系血族)

→ 혈족 참조

법정혈족(法定血族)

자연적인 혈통의 연결이 없음에도 불구하고 친자라고 하는 혈통이 이어져 있는 것으로 의제되어 친족관계를 가지는 자이다 즉 생리적으로 존재하지 않는 혈족관계를 법의 擬制(의제)에 의하여 승인받은 자이다. 예컨대 양자로 들어가면 養父母(양부모)등은 법정혈족이 된다. 또한 동생의 아들을 양자로 삼으면 三等親(삼등친)이라는 혈연이 있기는 하지만 새로이 친자관계라는 혈연이 법적으로 의제된다(民§772). 그러나 개정전 양친자관계와 함께 법정혈족으로 취급하였던 繼母子關係(계모자관계)(§773 : 1990년 1월 13일 폐지)와 嫡嫁母庶子關係(§774 : 1990년 1월 13일 폐지)는 姻戚關係(인척관계)로 전환되었다.

자연혈족(自然血族)

혈통이 연결되어 사실상 혈연관계에 있는 자를 말한다. 자연혈족관계의 발생은 출생이라는 자연적 사실에 의하는 것을 원칙으로 하며, 당사자의 특별한 의사표시를 필요치 않는다. 다만 혼인외의 출생자는 모와의 관계에서는 출생으로 발생하는 것이 원칙이지만 부에 대한 관계에서는 그 부의 인지나 이를 대신하는 인지의 재판이 있어야만 비로소 혈연관계가 발생한다. 自然血族關係(자연혈족관계)는 당사자의 사망에 의해서만 소멸하지만 그 사망을 사망자를 통하여 맺어진 생존자의 혈연관계에는 영향을 미치지 않는다. 또

한 새롭게 법정혈족관계가 성립하여도 그 때까지의 자연혈족관계는 존속한다.

존속(尊屬)

자기의 先祖(선조) 및 그들과 같은 세대에 있는 혈족이다. 자기의 자손 및 그들과 같은 세대에 있는 혈족을 卑屬(비속)이라한다. 자기의 배우자나 자기와 같은 세대에 있는 형제자매 등은 尊屬(존속)도 卑屬(비속)도 아니다. 姻戚(인척)에 관해서도 이러한 구별이 있는가에는 학설의 다툼이 있지만 종래 통설은 긍정하고 있다. 단 直系尊屬(직계존속)·直系卑屬(직계비속)이라고 하는 것과 같이 直系(직계)·傍系(방계)라는 개념과 연결하여 고찰할 때에는 인척은 포함되지 않는다. 존속은 양자가 될 수 없고(民§877), 형법상 존속살인에 대해서는 형을 가중(사형, 무기, 또는 7년이상의 징역)하고 있다(刑§250②).

비속(卑屬)

아들이나 손자 등과 같이 어떤 사람을 기준으로 하여 혈연관계에 있어서 그 자에 뒤따른 세대에 있는 자이다. 존속에 대립하는 개념이다 아들과 손자 등의 직계비속과 생질 등의 방계비속이 있다. 피상속인의 직계비속은 상계시 첫순위의 상속인으로 취급된다(民§1000 I).

인척(姻戚)

자기의 혈족의 배우자, 배우자의 혈족, 배우자의 혈족의 배우자를 말한다(民§769, §771). 인척관계는 혼인의 취소나 이혼에 의하여 소멸하며 부부의 일방이 사망한

후에 생존배우자가 재혼한 때에도 인척관계는 종료한다(§775).

친계(親系)
佛 ; ligne de la parente
●――――――――――

친족관계를 혈통의 연결에 의하여 계통적으로 본 각종계열의 총칭이다. 관점에 따라서 (1) 男系, 女系 (2) 父系, 母系 (3) 直系, 傍系, (4) 尊屬, 卑屬의 네종류가 있다. 이 가운데 법률상 의미를 가지는 것은 (3)과 (4)이며, (1)과 (2)는 법률상 의미가 없는 것이다.

직계친 · 방계친
(直系親 · 傍系親)
●――――――――――

친자와 같이 특정인 사이에 혈통이 서로 直上直下하는 관계에 있어서 연결되는 친족을 直系親이라 하고, 공동의 始祖를 통하여 서로 혈통이 연결되는 친족을 방계친이라고 한다. 양자의 구별의 實益은 扶養義務(민§974~§979)와 相續權(§984~994) 등이 있다.

존속친 · 비속친
(尊屬親 · 卑屬親)
●――――――――――

혈통의 연결이 자기의 부모와 同列이상에 있는 자를 존속친이라고하며 자기의 子와 동열이하에 있는 자를 비속친이라고 한다. 부모 · 조부모는 직계존속이며, 伯叔父母는 방계존속이다. 반면에 子 · 孫은 직계비속이고 甥姪(생질)은 방계비속이다. 자기와 동열에 있는 형제자매 · 종형제 등은 존속도 비속도 아니다. 이 구별의 실익은 혼인금지(민§809) · 입양금지(§877)등에 있다.

직계비속(直系卑屬)
●――――――――――

직계존속에 상대되는 개념으로, 자손과 같이 본인으로부터 출산된 친족의 호칭을 말한다. 직계비속에 대하여는 다음과 같은 효과가 인정된다. 즉 (1)미성년의 직계비속에 대하여는 친권상의 권리·의무가 있고(민법 913조 내지 927조), (2)직계비속에 대하여는 부양의무가 있으며(민법 974조1호), (3)상속에 있어서 상속권의 우위가 인정된다(민법 984조1 · 2호, 1000조1항1호).

직계존속(直系尊屬)
●――――――――――

직계비속에 상대되는 개념으로, 부모·조부모와 같이 본인을 출산하도록 한 친족을 말한다. 직계존속에 대하여서는 다음과 같은 효과가 인정된다. 민법상 (1)부부나 양친자의 일방이 타방의 직계존속에 대하여 가한 혹은 그로부터 당한 심히 부당한 대우는 이혼 또는 파양의 원인이 되며(민법 840조3·4호, 905조2·3호), (2)직계존속에 대하여는 부양의무가 있다(민법 974조1호).

촌(寸)
●――――――――――

촌이란 친족상호간의 혈연연결의 멀고 가까움의 차이를 나타내는 척도이며 親等(친등)이라는 말이 사용되기도 한다(民§985①, §1000②). 촌은 원래 손마디 관절을 의미하는 것으로 오늘날 사회적으로 촌자가 친족의 지칭어로 사용되기도 한다. 예컨대 종형제를 四寸(사촌)이라고 부르는 경우이다. 그러나 직계혈족에 관하여는 촌수로 대칭하지 않는 것이 관습이다. 촌수가 적으면 많은 것보다 近親(근친)임을 의미한다.

친등(親等)

영 ; degree of consagnguinity
독 ; Verwandtschaftsgrad
불 ; degré deparenté

●────────────

친족관계의 遠近(원근)의 관계를 나타내는 단위로서 寸(촌)과 동일하다. 친족단체 내의 신분의 상하를 나타내는 계급적 친등제와는 다르며, 현대법에서는 혈연의 원근만이 문제되고 있다. 친등은 세대의 수에 따라서 정해진다. 민법은 방계의 친등 계산에 있어서 로마식을 채용하고, 共同始祖(공동시조)에 이르는 世數를 합산하지만(民§770~§772), 게르만법을 근원으로 하는 카논식은 이것을 합산하지 않고 공동시조에 이르는 世數 중에서 많은 편으로써 친등을 정한다. 인척의 친등은 배우자를 기준으로 하여 계산한다. 친등의 원근은 우리 민법에서는 친족의 범위결정의 기준이 되고, 또 친족법상의 법률효과의 기준이 되기도 한다.

성(姓)

●────────────

자기가 출생한 계통(혈연)을 표시하는 標識(표지)이다. 즉 모계시대에는 모계의 혈통을 표시하였고, 부계시대에는 부계의 혈통을 표시하였다. 우리나라의 姓은 씨족사회의 씨족명이 아니라 중국에서 수입된 漢姓(한성)으로서 特權世襲階級(특권세습계급)의 칭호인데 고려시대 이전에는 오늘날과 같은 姓이 없었고, 고려시대에 이르러서 百姓(백성)에게 일반적으로 성을 가질 수 있게 하였다. 그러나 이같이 姓을 일반적으로 사용하게 된 시기는 이미 부계중심사회였으므로, 姓은 각 개인의 부계혈통을 표시하는 표식이었다. (1) 민법상 자녀의 성은 부의 성을 따르는 것이 원칙이며, (2) 부의 인지를 받지 못한

혼인외의 출생자는 모의 姓을 따르고, (3) 부모을 알 수 없는 자는 법원의 허가를 얻어 姓을 창설하지만 창설 후에 부 또는 모를 알게 될 때에는 그 부 또는 모의 姓을 따른다(民§781). 우리나라 관습상 姓의 변경은 허용되지 않고, 민법도 이를 인정하지 않았으나 2005. 3. 31. 민법 개정으로 2008. 1. 1. 부터는 자의 복리를 위하여 자의 성을 변경할 필요가 있을 때에는 부, 모 또는 자의 청구에 의하여 법원의 허가를 받아 이를 변경할 수 있다(§781⑥).

본(本)

●────────────

본이라 함은 개인의 소속시조의 發祥地名(발상지명)을 표시하는 것을 말한다. 本貫(본관)·貫籍(관적)·籍貫(적관)·族本(족본)·關鄕(관향)·本鄕(본향)·先鄕(선향) 등의 여러 가지 이름으로 불리우며 이를 줄여서 본·적·향이라고도 한다. 본은 혈족계통을 나타냄에 있어서 姓과 불가분의 관계가 있는데, 본과 더불어 성을 倂稱(병칭)하여야 비로소 동족의 표식이 된다. 그러나 성과 본이 동일하다고 하여도 반드시 동족인 것은 아니며 동족이라고 하여 반드시 동본인 것은 아니다. 즉 이족에는 同姓異本(예: 延安李氏와 韓山李氏)·異姓同本(예 : 慶州崔氏와 慶州金氏)·同姓同本(예 : 속칭 主洪이라는 南陽洪氏와 속칭 唐洪이라는 南陽洪氏)이 있고, 동족에는 異姓同本(예 : 安東金氏와 安東權氏)·同姓異本(예 : 江陵金氏와 光山金氏)·同性同本(예 : 迎日鄭氏의 兩家)이 있다. 가족관계의 등록 등에 관한 법률에서 가족관계등록부의 작성시 본을 기재사항으로 하고 있다(§9②). 자는 부의 성과 본을 따른다. 다만 부모가 혼인신고시 모의 성

과 본을 따르기로 협의한 경우에는 모의 성과 본을 따른다. 그리고 부가 외국인인 경우에는 모의 성과 본을 따를 수 있고, 부를 알 수 없는 경우에는 모의 성과 본을 따른다(§781①~③). 종전에는 성과 본의 변경이 허용되지 않았으나, 2005. 3. 31. 민법 개정으로 자의 복리를 위하여 자의 성과 본을 변경할 필요가 있는 때에는 부, 모 또는 자의 청구에 의하여 법원의 허가를 받아 이를 변경할 수 있다(§781⑥).

호적(戶籍)

종전의 호적이란 (1) 가의 법률상의 소재라는 의미와 (2) 가를 단위로 하여 그 가에 속하는 자의 신분에 관한 사항을 기재한 공문서 자체를 의미하기도 하였다. 호주와 가족에 관하여 實親·養親(양친)·출생년월일 등 그 者의 혈연관계, 호주에 관하여 前戶主와의 관계, 가족의 호주와의 관계, 他家에서 입적한 者에 대하여는 原籍과의 관계 등이 기재되었다. 호적은 가적이며 一家一籍(일가일적)이었고, 戶籍(호적)은 戶主(호주)를 기준으로 하여 가별로 되었었다. 그러나 호주제도가 폐지됨에 따라(2005. 3. 31.) 호적도 폐지되었다.

가족관계등록부(家族關係登錄簿)

종전의 호적부에 대신하여 국민의 (1) 성명·본·성별·출생연월일 및 주민등록번호, (2) 출생·혼인·사망 등 가족관계의 발생 및 변동에 관한 사항, (3) 그 밖에 가족관계에 관한 사항으로서 대법원규칙이 정하는 사항을 기록하는 공적 장부를 말한다. 가족관계기록부는 등록기준지에 따라 개인별로 구분하여 작성한다(가족관계의 등록 등에 관한 법률 §9).

가족관계의 등록 등에 관한 법률 (家族關係의 登錄 등에 관한 法律)

종전의 호적법이 폐지되고 그 대체입법으로 제정된 것이 가족관계의 등록 등에 관한 법률(2007. 5. 17. 법률 제8541호)이다. 이 법은 국민의 출생·혼인·사망 등 가족관계의 발생 및 변동사항에 관한 등록과 그 증명에 관한 사항을 규정함을 목적으로 한다. 이 법은 124개의 조문과 부칙으로 구성되어 있다. 제1장 총칙, 제2장 가족관계등록부의 작성과 등록사무의 처리, 제3장 등록부의 기록, 제4장 신고(통칙, 출생, 인지, 입양, 파양, 친양자의 입양 및 파양, 혼인, 이혼, 친권 및 후견, 사망과 실종, 국적의 취득과 상실, 개명 및 성·본의 변경, 가족관계 등록 창설), 제5장 등록부의 정정, 제6장 불복절차, 제7장 신고서류의 송부와 법원의 감독, 제8장 벌칙으로 구성되어 있다.

가족(家族)

종전에는 가족이란 일가의 구성원으로서 호주가 아닌 자를 말하고, 동일한 호주면에 기재되어 있는 것이 요건이었었다. 즉, 민법상의 가족은 호주를 중심으로 한 호적상의 공동체를 말하고, 현실적으로 생활을 같이 하고 있는지의 여부는 관계가 없었다. 그러나 2005. 3. 31. 민법개정으로, 민법상 가족은 (1) 배우자·직계혈족 및 형제자매 (2) 생계를 같이 하는 직계혈족의 배우자·배우자의 직계혈족 및 배우자의 형제자매를 말한다(§779).

호주(戶主)

호적법상 일가의 가장으로서 그 가의 구성원인 가족을 통솔하는 자이다. 2005. 3. 31. 민법개정으로 호주제도는 폐지되었다.

정혼(定婚)

친권자들이 그 자녀들끼리의 혼인을 약속하는 것을 말한다. 그러나 정혼은 혼인당사자의 의사에 의한 것이 아니므로 오늘날에는 약혼으로 인정되지 않으며 또한 법률적으로 아무런 효과가 생기지 않는 무효행위이다.

약혼(約婚)
영 ; engagement, promise of marrige
독 ; Verlöbnis
불 ;promesse de mariage

장차 혼인관계에 들어갈 것을 약정하는 당사자 사이의 가족법상(신분상)의 계약이다. 따라서 실질적인 혼인생활을 하면서 다만 혼인신고만을 하지 않고 있는 이른바 事實婚(사실혼)과 구별된다. 또한 정혼이라는 용어는 남녀양가의 主婚者(주혼자)들이 당사자의 혼인을 약정하는 것을 의미하므로 당사자에 의하여 이루어지는 신분적 합의인 약혼과는 다르다. 약혼은 당사자의 합의로써 성립한다. 따라서 대리는 허용되지 않는다. 개정전에는 남자는 만18세, 여자는 만16세에 달하면 자유로이 약혼할 수 있었으나 2007. 12. 21. 민법 개정으로 남·여 모두 만18세가 된 경우 부모 또는 미성년후견인의 동의를 얻어 약혼할 수 있도록 되었다(民§801前段). 미성년자는 부모의 동의를 얻어야 하고(§801前段, §808①), 부모가 모두 동의

권을 행사할 수 없을 때에는 미성년후견인의 동의를 얻어야 한다(§801, §808①). 피성년후견인은 부모 또는 성년후견인의 동의를 얻어야 한다(§802, §808②). 당사자가 위와 같은 동의없이 한 약혼이라도 무효는 아니며 당사자 또는 그 법정대리인이 약혼을 취소할 수 있는데 그친다고 해석된다(§817유추). 약혼의 체결방식에 대하여는 민법상 규정이 없으며 따라서 아무런 방식도 필요치 않는다. 또한 약혼은 强制履行을 청구하지 못하므로(§803) 언제나 해제할 수 있다. 약혼의 해제는 상대방에 대한 의사표시로써 한다. 다만 정당한 사유없이 약혼이 해제된 경우에 당사자 일방은 과실있는 상대방에 대하여 손해배상을 청구할 수 있다(§806①). 손해배상의 범위는 재산상의 손해 이외에 정신상의 고통도 포함된다(§806②). 정신상의 고통에 대한 배상청구권은 양도 또는 승계하지 못한다. 다만 당사자 사이에 이미 그 배상에 관한 계약이 성립되거나 심판을 청구한 후에는 一般財産權(일반재산권)과 구별될 이유가 없으므로 타인에게 양도 또는 승계할 수 있다(§806③).

일반적으로 약혼은 특별한 형식을 거칠 필요 없이 장차 혼인을 체결하려는 당사자 사이에 합의가 있으면 성립하는 데 비하여, 사실혼은 주관적으로는 혼인의 의사가 있고, 또 객관적으로는 사회통념상 가족질서의 면에서 부부공동생활을 인정할 만한 실체가 있는 경우에 성립한다(대법원 1998. 12. 8. 선고 98므961).

약혼의 해제(約婚의 解除)

약혼을 한 당사자가 합의 또는 법정된

사유에 의하여 약혼관계를 해소시키는 행위를 말한다. 민법 제804조는 당사자 일방에 다음과 같은 사유가 있을 때에는 상대방이 약혼을 해제할 수 있는 것으로 하고 있다. 즉 (1)약혼 후 자격정지 이상의 형의 선고 받은 때, (2)약혼 후 성년후견개시나 한정후견개시의 심판을 받은 때, (3)성병, 불치의 정신병 기타 불치의 병질이 있는 때, (4)약혼 후 타인과 약혼 또는 혼인한 때, (5)약혼 후 타인과 간음한 때, (6)약혼 후 1년 이상 생사가 불명할 때, (7)정당한 이유 없이 혼인을 거절하거나 그 시기를 지연하는 때, (8)기타 중대한 사유가 있는 때 등이다. 약혼의 해제는 상대방에 대한 의사표시로 한다. 그러나 상대방에 대하여 의사표시를 할 수 없는 때에는 그 해제의 원인이 있음을 안 때에 해제된 것으로 본다(민법 805조). 약혼을 해제한 때에는 당사자의 일방은 과실 있는 상대방에 대하여 이로 인한 재산상·정신상의 손해배상을 청구할 수 있다(민법 806조 1·2항). 정신상 고통에 대한 배상청구권은 양도 또는 승계하지 못하지만, 당사자 사이에 이미 그 배상에 관한 계약이 성립되거나 소를 제기한 후에는 그러하지 아니하다(민법 806조 3항).

> 종전에 서로 알지 못하던 갑과 을이 중매를 통하여 불과 10일간의 교제를 거쳐 약혼을 하게 되는 경우에는 서로 상대방의 인품이나 능력에 대하여 충분히 알 수 없기 때문에 학력이나 경력, 직업 등이 상대방에 대한 평가의 중요한 자료가 된다고 할 것인데 갑이 학력과 직장에서의 직종·직급 등을 속인 것이 약혼 후에 밝혀진 경우에는 갑의 말을 신뢰하고 이에 기초하여 혼인의 의사를 결정하였던 을의 입장에서 보면 갑의 이러한 신의성실의 원칙에 위반한 행위로 인하여 갑에 대한 믿음이 깨어져 갑과의 사이에 애정과 신뢰에 바탕을 둔 인격적 결합을 기대할 수 없어 갑과의 약혼을 유지하여 혼인을 하는 것이 사회생활관계상 합리적이라고 할 수 없으므로 민법 제804조 제8호 소정의 '기타 중대한 사유가 있는 때'에 해당하여 갑에 대한 약혼의 해제는 적법하다(대법원 1995. 12. 8. 선고 94므1676, 1683).

예물(禮物)

약혼이 성립된 때에 그 증표로 남자측과 여자측 사이에서 교환하는 금품을 말한다. 그러나 예물의 교환과 약혼의 성립과는 아무런 관계가 없다. 다만 문제가 되는 것은 약혼의 해제나 파기의 경우에 예물의 처리에 관한 것이다. 원래 예물의 성격은 증여(民§554)이다. 따라서 혼인불성립을 해제조건으로 한 것이다. 그러므로 합의해제의 경우에는 반환문제는 합의 중에 결정되겠지만 합의가 없으면 부당이득(§741)으로 반환하여야 하며 반환을 청구할 수 있다. 당사자 양쪽에게 귀책되지 않는 사유로 인하여 혼인이 이행불능으로 된 경우에도 동일하다. 이에 반하여 한쪽 당사자에게 과실이 있는 경우의 約婚破棄(약혼파기)는 책임없는 자만이 반환청구권을 가지거나 반환의무를 부담하지 않으며 책임있는 자는 받은 물건을 반환하고 준 물건의 반환을 청구할 수 없게 된다. 만약 양쪽에 과실이 있다면 양쪽은 과실없는 경우에 준하여 過失相計(과실상계)(§492)의 원리를 가미함으로써 반환범위를 결정하여야 할 것이다.

혼인(婚姻)

영 ; marriage   독 ; Ehe   불 ; mariage

부부관계를 성립시키는 身分行爲(신분행위)를 말한다. 혼인은 婚姻障碍事由(혼인장애사유)가 없는자 사이에 혼인에 대한 합의가 있고, 가족법이 정한 바에 의하여 신고함으로써 성립한다(法律婚主義). 혼인식은 혼인성립과 관계가 없다. 종전에는 혼인신고를 제출하여도 위법한 경우에는 심사에 의하여 수리되지 않을 수도 있었으나 2005. 3. 31. 개정 민법은 민법 제807조(혼인적령), 제808조(동의를 요하는 혼인), 제809조(동성혼 등의 금지), 제810조(중혼의 금지) 및 제812조 2항(혼인신고시 당사자 쌍방과 성년자인 증인 2인의 연서한 서면 제출)의 규정 기타 법령에 위반함이 없는 때에는 반드시 이를 수리하여야 하는 것으로 규정하였다(§813). 신고는 당사자양쪽과 성년자인 증인 2인이 連書(연서)하고 가족법에 의한 사항을 기재한 혼인신청서를 부의 본적지인 시·읍면장에게 제출하여야 한다(民§812). 신고는 구술 혹은 우송할 수 있지만 대리인에 의한 신고는 허용되지 않는다. 등록사무담당공무원은 위의 수리요건에 위반하는지의 여부를 심사할 형식적 심사권만을 가지며, 당사자의 혼인의사를 심사할 실질적 심사권은 가지지 않는다. 혼인은 (1) 당사자간에 혼인의 합의가 없는 때, (2) 동성혼 등의 금지 규정(8촌 이내의 혈족 사이의 혼인금지 : 제809조 1항)에 위반한 때, (3) 당사자간에 직계인척관계가 있었거나 있었던 때, (4) 당사자간에 양부모계의 직계혈족관계가 있었던 때 등의 경우에 무효로 된다(§815). 혼인의 효과는 (1) 미성년자도 혼인으로 성년으로 된다(§826의2 : 成年擬制). (2) 상호간의 동거 · 부양 · 협조의무가 있다(§826 : 상호부조), (3) 부와 처 사이에는 친족관계가 형성된다(§777 Ⅲ). (4) 부부생활비는 부부가 공동으로 부담한다(§833 : 공동생활). (5) 서로 相續權(상속권)을 가지게 된다(§1003①).

법률혼주의(法律婚主義)

혼인의 성립은 일정한 법률상의 절차를 통하여 이루어진다는 주의로서 民事婚主義(민사혼주의)라고도 한다. 사회적 사실로서 존재하고 있는 혼인관계를 혼인으로 보는 사실혼주의나 일정한 관습상 · 종교상의 양식을 거치는 慣習婚主義(관습혼주의)·敎會婚主義(교회혼주의)와 다르다. 근세에 세속적 생활에 대한 국가권력의 확립에 따라 法律婚主義(법률혼주의)가 성립되었다. 우리 민법도 가족법에 따른 법률혼주의이다.

사실혼(事實婚)

혼인신고를 하지않고서 사실상 혼인생활을 하며 동거하고 있는 남녀관계이다. 민법은 법률혼주의를 채택하고 있으므로 혼인식 여부와 혼인생활기간의 장단에 관계없이 혼인신고를 하지 않은 동안은 사실혼이 된다. 종래 내연관계라고 불려 온 사실혼은 법률상 의미의 혼인이 아니기 때문에 원칙적으로 혼인의 효력에 관한 민법규정이 적용되지 않는다. 다만 판례는 사실혼을 혼인예약으로 보고, 강제이행의 청구는 할 수 없지만(民§803) 이를 파기하였을 때에는 상대방에 대하여 손해배상의무를 져야 한다고 판시한 바 있다. 또한 민법 이외의 특별법규 가운데 사실상의 처에 대하여 법률상의 혼인에 준하는 효과를 인정하고 있다(公年金§3①).

그러나 사실혼을 전면적으로 법률혼과 동일시할 수 없으므로 혼인관계에 있는 당사자일방은 법률의 심판을 받음으로써 혼인 신고할 수 있는 길을 열어 놓았다(家訴§2①나류사건 1호). 또한 審判請求(심판청구) 이외에 不當破棄者(부당파기자)의 책임을 비롯하여 혼인의 신분적 효과는 일반적으로 인정하여야하므로 동거·부양정조의 의무 등은 인정하여야 한다. 그리고 재산관계에 관하여는 일상가사에 관한 연대책임·혼인비용 부담문제 등은 부부와 동일하게 다루어도 좋으나 親族關係發生(친족관계발생)·출생자의 嫡出生(적출생) 등의 그 밖의 법률관계에 관하여는 동일하게 다룰 수 없다.

일반적으로 약혼은 특별한 형식을 거칠 필요 없이 장차 혼인을 체결하려는 당사자 사이에 합의가 있으면 성립하는데 비하여, 사실혼은 주관적으로는 혼인의 의사가 있고, 또 객관적으로는 사회통념상 가족질서의 면에서 부부공동생활을 인정할 만한 실체가 있는 경우에 성립한다(대법원 1998. 12. 8. 선고 98므961).

내연관계(內緣關係)

→ 事實婚(사실혼)

근친혼(近親婚)
영 ; marriage of near relation, incest
독 ; Inzest   불 ; inceste

가까운 친족관계에 있는 자 사이의 혼인을 말한다. 근친혼의 금지는 예로부터 많은 민족에게 널리 인정되어온 원칙이며 오늘날은 優生學的(우생학적) 이유와 도덕적 이유에서 금지된다. 우리 민법도 처

음에는 민법 제809조에서 근친혼의 혼인금지범위를 (1) 동성동본의 혈족간 (2) 남계혈족의 배우자부의 혈족 및 기타 8촌 이내의 인척이거나 인척이었던 자 사이에서는 혼인하지 못한다고 규정하고 있었으나 1997. 7. 16 95헌가 6내지 13(병합) 사건에서 민법 제809조 제1항이 헌법불합치 결정을 받았고, 이에 2005년 3월 31일 개정을 통하여 남녀평등과 혼인의 자유를 침해할 우려가 있는 동성동본 금혼제도를 폐지하고 근친혼금지제도로 전환하되, 근친혼제한의 범위를 합리적으로 조정하였다. 이에 따라 8촌 이내의 혈족(친양자의 입양 전의 혈족을 포함한다) 사이에서는 혼인하지 못하며, 6촌 이내의 혈족의 배우자, 배우자의 6촌 이내의 혈족, 배우자의 4촌 이내의 혈족의 배우자인 인척이거나 이러한 인척이었던 자 사이에서는 혼인하지 못하도록 하였다. 또한 입양관계가 소멸된 경우에는 6촌 이내의 양부모계(養父母系)의 혈족이었던 자와 4촌 이내의 양부모계의 인척이었던 자 사이에서는 혼인하지 못하도록 규정하였다(民§809). 만약 8촌 이내의 혈족간에 혼인한 경우, 혼인당사자간에 직계인척관계가 있거나 있었던 경우, 혼인당사자간에 양부모계의 직계혈족관계가 있었던 경우에 이러한 혼인은 무효이다(民§815). 이외의 근친혼의 경우에는 혼인 취소사유에 해당한다(民§816).

동성동본불혼의 원칙
(同性同本 不婚의 原則)

同性同本(동성동본) 혈족간의 혼인을 금지하는 원칙이다. 우리 나라는 고려시대까지 내혼제가 성행하였으나 중국에서 기원한 동성동본불혼이 조선시대부터 도입되

었다고 한다. 이 동성동본 불혼은 근친혼, 특히 혈족근친자간의 혼인을 금지하고자 하는 데 취지가 있다. 우리민법 제809조는 동성동본인 혈족간에는 혼인하지 못한다고 규정하고 있었다. 그러나 우리헌법재판소는 민법 제809조 1항 위헌제정사건(1997년 7월 16일 95헌가 6내지 13(병합)에서 동조항을 헌법불합치 결정을 내림으로써 2005. 3. 31. 민법 제809조의 전문개정이 이루어졌다. 따라서 다음에 해당하는 경우에는 혼인을 할 수 없고 그 외의 친족이나 인척간에는 혼인을 할 수 있다(§809). (1) 8촌 이내의 혈족(친양자의 입양전의 혈족 포함)사이 (2) 6촌 이내의 혈족의 배우자, 배우자의 6촌 이내의 혈족, 배우자의 4촌 이내의 혈족의 배우자인 인척이거나 이러한 인척이었던 자 사이 (3) 6촌 이내의 양부모계의 혈족이었던 자와 4촌 이내의 양부모계의 인척이었던 자 사이

자유혼인(自由婚姻)

부모의 동의를 얻지 않고 할 수 있는 혼인이다. 현행민법은 미성년자가 혼인할 때에는 부모의 동의를 얻어야 하며, 부모 중 일방이 동의권을 행사할 수 없을 때에는 다른 일방의 동의를 얻어야 하고, 부모가 모두 동의권을 행사할 수 없는 때는 미성년 후견인의 동의를 얻어야 하다(民§808).

입부혼(入夫婚)

입부혼은 종전 민법 제826조 3항·4항에서 규정하고 있던 것으로, 妻家(처가)에 入籍(입적)할 약속으로 남자가 호주되는 여자와 혼인하는 것을 말한다. 이 경우 출생자는 母家에 입적하여 姓과 本을

따르며 모가에 입적하는 것으로 하였다. 그러나 입부혼제도는 2005. 3. 31. 민법 개정시에 폐지되었다.

일부다처혼(一夫多妻婚)

영 ; polygamy
독 ; Polygamie
불 ; poligamie

한 남자가 수명의 여자와 혼인할 수 있는 혼인제도이다. 예로부터 여러 민족에 존재하였다. 유럽에서는 기독교가 이를 부정하였다. 아시아 지역에는 오늘날에도 이 형태가 잔존하는 곳이 많다. 우리 나라에서는 법률상 일부다처제가 부정되고 있다(民§810).

중혼(重婚)

배우자가 있는 자가 거듭하여 혼인을 하는 것이다. 일부일처제의 입장에서 중혼은 금지되고 혼인취소사유가 된다(民§810, §816 I). 따라서 후혼에 관하여는 취소의 소송을 제기할 수 있고(§810. §818), 전혼에 관하여는 이혼원인이 될 수 있다(§840 I). 우리 나라의 혼인신고절차상 중혼의 혼인신고는 수리되지 않으므로 실제상 중혼이 생기는 예는 극히 드물다.

과거기간(寡居期間)

여자의 재혼이 금지되는 기간이다. 待婚期間이라고도 한다. 원칙적으로 여자는 前婚의 해소 또는 취소일부로부터 6개월이 경과하지 않으면 재혼할 수 없었으나(개정 전 민법 제811조). 이 규정은 2005. 3. 31. 민법 개정시에 폐지되었다.

부(夫)

婚姻關係(혼인관계)에 있는 남자, 즉 妻가 있는 남자를 말한다. 내연관계에 있는 부는 법률상 부가 아니다. 현행민법은 헌법의 정신에 비추어 혼인에 있어서의 부부평등의 원칙을 채용하여 부와 처의 권리·의무를 동등하게 규정하고 있다(民§826, §827, §829 내지 §833).

가부권(家父權)

⇒ 가장권

가부장제(家父長制)

가족형태 중 가장인 남자가 강력한 권한을 가지고 가족을 통제하고 지배하는 것을 말한다. 1990년 개정 가족법에서는 호주제도를 대폭 수정하여 현재까지 가부장제의 성격이 강하게 남아있었던 민법을 현대에 맞게 고쳤으나 호주제도는 존치시켜 가부장제도는 형식상으로 우리민법에 아직 남아있다고 할 수 있었다. 그러나 호주제도가 2005. 3. 31. 민법 개정시에 폐지되었다.

처(妻)

혼인관계에 있는 여자이다. 혼인으로써 그 신분을 취득하고 혼인의 해소 또는 취소에 의해 그 신분을 잃는다. 법률상의 처만을 의미하며 이른바 사실혼의 처를 포함하지 않는다. 구민법은 夫權優越(부권우월)의 사상하에서 처를 무능력자로 규정했으나 현행법은 이를 폐지하고 妻의 재산관계는 남녀평등의 원칙에 의한 夫婦財産(부부재산)의 규정에 의하여 규율된다(民§829~§833).

가사대리권(家事代理權)

부부는 일상의 가사에 관하여 서로 대리권이 있는데, 이는 현행 민법 제827조에서 보장하고 있다. 일상가사란 부부의 공동생활에서 필요로 하는 통상의 사무를 말하는데, 학설과 판례는 부부공동생활에 통상 필요로 하는 쌀·부식 등의 식료품의 구입, 연료·의복류의 구입, 가옥의 임차, 집세·방세 등의 지급 또는 접수, 전기요금·수도요금·전화요금의 지급, 세금의 납부 등의 가족의 의식주에 관한 사무나, 가족의 보건·오락·교제, 자녀의 양육·교육 등에 관한 사무가 일상가사의 범위에 속하나, 일상생활비로서 객관적으로 타당시되는 범위를 초과한 소비대차, 전화가입권의 매도담보, 가옥의 임대, 순수한 직무상의 사무, 입원, 어음배서행위 등은 일상가사에 포함되지 않는 것으로 본다. 부부 상호간의 가사대리권과 관련하여 문제가 되는 것은 민법 제126조의 표현대리의 적용여부인데, 대법원 판례는 부가 직장관계로 별거중에 처가 보관중인 부의 인장을 사용하여 부의 부동산에 저당권을 설정하고, 저당권자가 그 부동산을 경락취득한 것에 대하여, "비록 부가 자기의 처에게 저당권설정에 관한 권한을 수여한 사실이 없다하더라도, 부부 사이에는 일사의 가사에 관하여 대리권이 있는 것이므로, 위 처의 행위는 권한 밖의 법률행위를 한 경우에 해당한다고 할 수 없을 것이요, 저당권을 취득한 상대방이 위에서 본바와 같이 처에게 그러한 권한이 있다고 믿을 만한 정당한 이유가 있다면, 본인되는 부는 처의 행위에 대하여 책임을 져야되는 것이다.(대법원 1967. 8. 29. 67다1125)"라고 판시하고 있다.

대리가 적법하게 성립하기 위하여는 대리행위를 한 자, 즉 대리인이 본인을 대리할 권한을 가지고 그 대리권의 범위 내에서 법률행위를 하였음을 요하며, 부부의 경우에도 일상의 가사가 '아닌' 법률행위를 배우자를 대리하여 행함에 있어서는 별도로 대리권을 수여하는 수권행위가 필요한 것이지, 부부의 일방이 의식불명의 상태에 있어 사회통념상 대리관계를 인정할 필요가 있다는 사정만으로 그 배우자가 당연히 채무의 부담행위를 포함한 모든 법률행위에 관하여 대리권을 갖는다고 볼 것은 아니다(**대법원 2000. 12. 8. 선고 99다37856**).

민법 제832조에서 말하는 일상의 가사에 관한 법률행위라 함은 부부가 공동생활을 영위하는데 통상 필요한 법률행위를 말하므로 그 내용과 범위는 그 부부공동체의 생활 구조, 정도와 그 부부의 생활 장소인 지역사회의 사회통념에 의하여 결정되며, 문제가 된 구체적인 법률행위가 당해 부부의 일상의 가사에 관한 것인지를 판단함에 있어서는 그 법률행위의 종류·성질 등 객관적 사정과 함께 가사처리자의 주관적 의사와 목적, 부부의 사회적 지위·직업·재산·수입능력 등 현실적 생활상태를 종합적으로 고려하여 사회통념에 따라 판단하여야 한다(**대법원 1999. 3. 9. 선고 98다46877**).

일상가사채무(日常家事債務)

부부가 혼인의 효과로서 일상가사에 관하여 제3자에 대하여 부담하는 채무를 말한다. 우리나라의 경우 일상가사는 보통 처가 처리하는 것이지만 일상가사 자체가 부부를 중심으로 한 가족의 공동생활을 위한 것이므로 민법은 부부의 일방이 일상가사에 관하여 제3자와 법률행위를 한 때에는 다른 일방은 이로 인한 채무에 대하여 연대책임이 있다. 그러나 이미 제3자에 대하여 다른 일방의 책임 없음을 명시한 때에는 그러하지 아니하다(민법 832조). 여기서 일상가사란 예컨대 주식·부식 등 생활필수품의 구입, 집세의 지급, 의료비의 지출 등과 같이 가족의 공동생활을 유지하기 위하여 처리할 필요가 있는 모든 사항을 말한다.

동거의무(同居義務)
독, Die Zusammenwohnenspflicht

혼인의 효과 중의 하나로 부부가 공동생활을 함에 있어서 부담하는 한 집에서 함께 살아야 할 의무(민법 826조 1항 본문)를 말한다. 그러나 정당한 이유로 일시적으로 동거할 수 없는 경우에는 서로 용인해야 한다(민법 826조 1항 단서). 부부 중 일방이 동거의무를 위반하는 경우에는 타방은 동거를 청구할 수 있고, 이에 응하지 않는 때에는 악의의 유기로서 이혼원인이 된다고 할 것이다(민법 840조 2호). 동거의 장소는 1990년 민법 일부개정 전에는 부가 지정하도록 되어 있었으나 현행민법은 부부공동의 의사로 협의에 따라 정하되, 협의가 이루어지지 않는 경우에는 당사자의 청구에 의하여 가정법원이 이를 정하도록 규정하고 있다(민법 826조 2항).

부부간의 계약취소권 (夫婦間의 契約取消權)

개정 전 민법에 규정되어 있던 권리로서, 부부간에 계약을 한 때에는 그 계약을 혼인 중 언제든지 부부의 한쪽에서 취소할 수 있는 권리이다(개정전 民§828). 부부사이의 계약은 애정에 사로잡힌다던가 압력에 눌려서 체결됨으로써 진의에 의하지 않는 경우가 많으며 또한 부부는 애정과 신뢰를 바탕으로 하는 논리적 결합이기 때문에 법률적 구속을 가할 필요가 없다는데 있었다. 그러나 계약을 강제당할 처라면 취소조차도 할 수 없는 경우가 많을 것이며 반대로 夫의 취소권 남용으로 처의 지위가 위협 당할 염려가 많으므로 계약취소권을 두지 않는 것이 타당하다는 주장이 지배적이었다. 이에 2012년 2월 10일 민법 개정시 동 조항은 삭제되었다.

> 민법 제828조에서 "혼인 중"이라 함은 단지 형식적으로 혼인관계가 계속되고 있는 상태를 의미하는 것이 아니라, 형식적으로는 물론 실질적으로도 원만한 혼인관계가 계속되고 있는 상태를 뜻한다고 보아야 하므로 혼인관계가 비록 형식적으로는 계속되고 있다고 하더라도 실질적으로 파탄에 이른 상태라면 위 규정에 의한 계약의 취소는 할 수 없다(대법원 1993. 11. 26. 선고 93다40072).

부부재산제(夫婦財産制)
독 ; eheliches Güterrecht
불 ; régime matrimonial

혼인에 의하여 부부간에 생기는 재산관계를 규율하는 제도이다. 우리 민법의 부부재산제는 婚姻當事者(혼인당사자)의 계약으로 자유로이 그 재산관계를 정하는 것(夫婦財産契約)과 법률의 규정에 의하여 정하는 것(法定財産制)으로 나누어진다.

부부재산계약(夫婦財産契約)
영 ; marriage settlement
독 ; Ehevertrag
불 ; contrat de mariage

부부사이에 혼인성립 전에 그 혼인중의 재산에 과하여 자유로이 체결하는 계약을 말한다(民§829). 부부재산계약의 체결에는 통상 재산법적 행위능력을 필요로 하는 것이 보통이지만, 혼인에 따르는 것이므로 혼인체결의 능력이 있으면 충분하다고 본다. 부부재산계약은 자유이지만, 재산계약은 혼인신고 전에 등기소의 등기부에 등기하지 않으면 부부의 승계인이나 제3자에게 대항하지 못한다(§829④). 혼인 전의 재산에 관하여 약정을 한 경우에는 혼인중 이를 변경하지 못한다. 다만 정당한 사유가 있을 때에 한하여 법원의 허가를 얻어 변경할 수 있다(民§829①, ②). 즉 약정에 의하여 부부의 일방이 타방의 재산을 관리하는 경우에 부적당한 관리로 인하여 그 재산을 위태하게 하는 때에는 다른 일방은 자기가 관리할 것을 법원에 청구할 수 있으며 그 재산이 부부의 공유인 때에는 그 분할을 청구할 수 있다(§829②). 재산계약 중에 미리 관리자의 변경이나 공유재산의 분할에 관하여 정한 것이 있는 때에는 이에 따라 관리자를 변경하거나 분할할 수 있다(§829⑤). 그러나 어느 경우나 그 사실을 등기하지 않으면 제3자에게 대항 할 수 없다(§829⑤). 이러한 부부재산계약은 민법상 法定財産制(법정재산제)와는 다른 내용의 부부재산계약이 체결될 것을 예정하고 있지만 부부평등의 원리에 반하는 계약은 무효라고 본다.

법정재산제(法定財産制)

혼인에 있어서 부부재산계약이 체결되지 않았던 경우에는 부부 사이의 재산관계는 법정재산제의 규정에 의한다. 法定財産制(법정재산제)에는 부부가 재산을 공유한다는 共同財産制(공동재산제)와 부부의 特有財産制(특유재산제) 그리고 부부가 전혀 따로 소유하고 관리하는 별산제의 세 가지 형식이 있다. 민법상으로는 (1) 부부의 공동생활비용은 당사자간에 특별한 약정이 없으면 부부가 공동으로 부담하며(民§833), (2) 부부는 일상가사에 관하여는 서로 대리권이 있으며(§827①), (3) 일상가사에 관한 채무는 부부가 연대책임을 진다(§8320. (4) 소속이 불분명한 재산은 부부의 공유로 추정한다(§830②).

부부별산제(夫婦別産制)
영 ; separation of goods
독 ; allgemine Güterrennung
불 ; régime de separation des biens

재산상 부부는 각각 혼인 전부터 가졌었던 고유재산과 혼인생활 중에 자기의 명의로 취득한 재산을 그의 특유재산으로 하여 각자에게 속하게 하는 제도이다. 이 제도의 취지는 사람은 언제나 독립된 인격의 주체이므로 부부 사이라도 인격상 재산상 독립의 권리를 가진다는 것이다.

특유재산(特有財産)
라 ; peculium

부부의 일방이 혼인 전부터 가진 고유재산과 혼인중 자기 명의로 취득한 재산을 特有財産(특유재산)으로 하여 각자가 관리·사용·수익한다(民§830, §831). 원래 로마의 가장이 그 권력에 복종하는 가족이나 奴隷(노예)에 자유로운 수익권(후에는 처분권까지 포함)을 준 재산이다. 현대법에 있어서는 모든 개인이 권리능력을 가지므로 아내나 자녀나 자기의 고유재산을 소유할 수 있음은 당연한 일이므로 특유재산이라는 개념은 존재의 의의를 잃어버렸다.

고유재산(固有財産)

相續(상속) · 讓渡(양도) 등에 의하여 취득한 재산이 그 청산이나 보관 그밖에 특정한 목적 때문에 그 사람이 본래 소유한 재산과 구별하여 관리하는 경우에 그 본래의 재산을 말한다. 상속재산에 대한 상속인의 固有財産(고유재산)과 信託財産(신탁재산)에 대한 수탁자의 고유재산 등이 그 예이다.

이혼(離婚)
영 ; divorce　　　　독 ; Ehescheidung
불 ; divorce

부부가 생존 중에 혼인을 해소하는 것이다. 출생으로 발생하는 신분관계는 사망에 의하여 소멸되지만, 계약에 의하여 창설되는 신분관계는 사망 이외에 당사자의 합의나 재판에 의해서도 소멸되는 수가 있다. 즉 이혼은 사망에 의하지 않은 배우자 관계의 소멸이다. 이혼은 (1) 協議上離婚(협의상이혼)(民§834~§839의2)과 (2) 裁判上離婚(재판상이혼)(§840~§843)으로 나누어진다. 이혼한 부부사이에 자가 있을 때에 그 양육에 관한 사항은 협의로 정한다(§837①). 협의가 되지 않거나 협의할 수 없을 때에는 가정법원은 당사자의 청구 또는 직권에 의하여 그 자의 의사·연령·부모의 재산상황 기타 사정을 참작하여 양육에 필요한 사항을 정하며 언제든지 그 사항을 변경 또는 다른 적당한 처분을 할 수 있다(§837④). 자를 양육하지 아니하는 부모 중 일방은 面接交涉權(면접교섭권)을 가진다(§837의2). 또한 이혼한 자의 일방은 타방에 대하여 재산분할 청구권을 가진다(§839의 2). 이혼이 성립되면 부부사이에 생긴 모든 권리의무는 소멸된다.

이혼무책주의(離婚無責主義)

재판상 이혼에 있어서 이혼의 법정원인을 어떻게 할 것인가에 관한 입법주의 중 일정한 사유가 발생하여 부부공동생활체를 계속 유지시킬 수 없는 경우에는 부부 쌍방 중 어느 일방의 책임 유무에 관계없이 이혼을 인정한다는 입장을 말하는 바, 파탄주의라고도 한다. 이에 비하여 이혼유책주의는 당사자 일방에게 이혼의 책임이 있는 경우에만 타방은 이혼청구를 할 수 있는 입법주의를 말한다. 우리 민법은 제840조에서 제1호부터 제5호까지는 유책주의 이혼원인을 제6호에서는 파탄주의 이혼주의 이혼원인을 규정하고 있다. 판례는 민법 제840조 각호의 이혼원인에 대해 상호 독립적인 것으로 보면서 전환성을 인정하지 않지만, 무책주의를 보다 폭 넓게 받아들여 법원의 후견적 역할을 강조한다는 의미에서 제1호 내지 제5호는 제6호의 전형적인 예시라고 봄이 타당할 것이다. 제6호의 '혼인을 계속하기 어려운 중대한 사유'라 함은 혼인의 본질에 상응한 공동생활의 회복이 불가능하다고 인정될 만큼 심각하게 혼인을 파괴한 사유를 말한다고 해석하여야 한다. 구체적으로는 불치의 정신병, 성병의 감염, 배우자의 범죄, 혼인 전의 부정행위, 성격차이와 애정 상실 등이 원인이 되어 혼인관계가 심각하게 현저하게 파괴된 경우를 들 수 있다.

이혼소송(離婚訴訟)

독, Scheidungsklage

법정의 이혼원인에 해당하는 사실이 존재하는 경우에 부부의 일방이 타방을 상대방으로 하여 심판을 청구함으로써 하는 이혼을 말한다(가사소송법 나류사건 4호). 이 심판의 청구는 이혼권의 주장이며, 조정이 선행되므로(가사소송법 50조) 원칙적으로 제3자에 의한 제기는 허용되지 않는다. 재판상 혼인의 소는 가정법원의 전속관할로 한다(가사소송법 22조).

이혼신고(離婚申告)

협의상 이혼의 경우에 하는 신고를 말한다. 협의상 이혼은 가정법원에 확인을 받아 가족관계의 등록 등에 관한 법률에 정한 바에 의하여 신고함으로써 그 효력이 생기는데, 이 신고는 당사자 쌍방과 성년자인 증인 2인의 연서한 서면으로 하여야 한다(민법 836조). 이혼의 신고서에는 (1) 당사자의 성명·본 및 등록기준지 (2)당사자의 부모와 양친의 성명 및 등록기준지, (3)민법 909조 제4항의 규정에 의하여 친권을 행사할 자가 정하여진 때에는 그 취지와 내용을 기재하여야 한다.

이혼의 무효(離婚의 無效)

현행 우리 민법에는 이혼의 무효에 관한 규정을 두고 있지 않으나, 협의이혼도 신분행위의 일종이므로 민법총칙의 규정이 아니라, 혼인에 관한 규정을 유추 적용하여, 당사자간에 이혼의 합의가 없는 때에는 이를 무효원인으로 하여야 한다.

이혼의 취소(離婚의 取消)

일정한 원인으로 인하여 이혼의 효과를 소멸시키거나, 이를 목적으로 하는 소송행위를 말한다. 취소의 방법은 언제나 재판으로 하여야 하며, 취소의 효과에 관해서는 그 성질상 소급효를 인정하여야 한다. 이혼의 취소에 관하여는 그 성실상 소급효를 인정하여야 한다. 이혼의 취소에 관하여는 민법총칙의 취소에 관한 규정이 적용되지 않으므로 선의의 제3자의 사기에 의한 이혼은 상대방 배우자가 선의인 경우에도 취소할 수 있다(민법 110조3항). 또 제3자의 사기에 의한 이혼은 상대방 배우자가 선의인 경우에도 취소할 수 있다(민법 110조2항). 민법 838조에 의해 사기 또는 강박으로 인하여 이혼의 의사표시를 한 자는 그 취소를 가정법원에 청구할 수 있으며, 사기 또는 강박으로 인한 이혼은 사기를 안 날 또는 강박을 면할 날부터 3개월을 경과한 때에는 그 취소를 청구하지 못한다(민법 839·823조).

이혼의 효과(離婚의 效果)

이혼이 성립함으로써 나타나는 법적 권리·의무관계의 변동을 말한다. 이혼은 배우자의 사망과 더불어 혼인의 해소원인이 된다. 양자는 일단 유효하게 성립한 혼인이 종료하게 된다는 점에서는 공통하여 혼인의 취소와는 구별되지만, 이혼의 경우에서는 인척관계 등 혼인의 모든 효과가 종료함에 반하여(단 혼인관계의 권리장애적 효과는 존속 ; 민법 809조2항), 배우자의 사망에 있어서는 모든 것이 종료하지 않고 부부의 일방이 사망한 경우에 생존배우자가 재혼한 때에 인척관계가 종료한다(민법 775조2항). 이혼에는 협의상 이혼·재판상 이혼 나아가 조정 이혼 등이 있으나, 그 효과에 있어서는 다를 바가 없고, 다만 가정법원의 개입에 있어서 정도의 차이가 있다. 이혼이 성립되면 부부라는 배우자관계는 해소되고, 혼인으로 발생된 일체의 효과는 장래에 향하여 소멸되므로, 재혼할 수도 있으며, 종래의 인척관계도 사망의 경우와는 달리 소멸된다(민법 775조).

면접교섭권(面接交涉權)

영 ; visitation rights
독 ; Umgangsrecht
불 ; droit de visite

이혼 등에 의하여 미성년자인 자에 대한 친권자나 양육권자가 아닌 자가 그 자와 면접·교통·방문숙식 등을 할 수 있는 권리를 말한다. 이 제도는 일찍부터 영·미·독·불 등의 여러 나라에서 인정하여 오는 것을 1990년 1월 13일 우리 개정민법에서 받아들여 이혼 후 친권자나 양육권자가 아닌 부모의 일방에게 자의 면접·방문을 할 수 있는 면접교섭권을 두게 된 것이다. 그러나 부모에게만 면접교섭권을 인정하고 있어 자녀는 면접교섭권의 객체로 인식되는 문제가 있어왔다. 이에 2007. 12. 21. 민법 개정에 의하여 자녀에게도 면접교섭권을 인정하였다(民 §837의2①). 이처럼 부부가 이혼하는 경우 자녀를 직접 양육하지 아니하는 부모 일방과 자녀의 상호 면접교섭권을 인정하고 있어 왔으나, 일정한 경우 문제가 있음이 지적되었다. 즉, 자녀를 직접 양육하지 아니하는 부모 일방이 사망하거나 자녀를 직접 양육하지 아니하는 부모 일방이 중환자실 입원, 군복무, 교도수 수감 등 피치 못할 사정으로 면접교섭권을 행사할 수 없는 경우에는 자녀가 오로지 친가나 외가 중 한쪽 집안과 교류하게 되어 양쪽 집안간의 균형 있는 유대를 상실하는 경우가 많이 발생하며, 이는 자녀의 심리적 안정과 건전한 성장에도 부정적인 영향을 미치게 될 것이라는 지적이 있었다. 이에 2017년 6월 3일 시행된 개정 민법에서는 자녀를 직접 양육하지 아니하는 부모 일방이 사망하거나 자녀를 직접 양육하지 아니하는 부모 일방이 피치 못할 사정으로 면접교섭권을 행사할 수 없을 때에는 그 부모의 직계존속이 가정법원의 허가를 받아 손자녀와 면접교섭이 가능하도록 하였다(§837의 2②). 면접교섭권의 내용은 구체적 사정에 따라 당사자의 협의, 조정, 심판에 의해 정해지고, 가정법원은 자녀의 복리를 위하여 필요한 때에는 당사자의 청구 또는 직권에 의하여 면접교섭권을 제한하거나 배제할 수 있다(§837의 2③).

재산분할청구권(財産分割請求權)

이혼한 자의 일방이 타방에 대하여 재산분할을 청구할 수 있는 권리이다(民§839의2). 혼인생활이 계속되면 부부의 상호협력을 통하여 재산이 축적된다. 그러나 주로 이러한 재산은 부의 명의로 되는 수가 많다. 따라서 이러한 상태에서 이혼을 하게 되면 처는 財産蓄積에 대한 아무런 대우를 받지 못하고 불우한 상태에 빠지므로 부부공동생활 중 축적된 재산에 대한 처의 협력을 인정하여 처가 갖게 될 잠재적 지분을 인정하게 된 것이다. 財産分割請求權의 성질에 대하여는 慰藉料的 성질로 보는 견해와 부부재산의 청산 내지는 潛在的 持分(잠재적 지분)의 返還的 性質(반환적 성질)을 지닌다는 견해가 있다. 재산분할의 유무·액수·방법 등

은 우선 당사자의 협의에 의하지 않을 때는 당사자의 청구에 의하여 가정법원은 財産分割與否(재산분할여부)·分割額數(분할액수)·分割方法(분할방법)등을 결정한다(§839의2②). 가정법원이 참작하여야 할 사항으로는 이혼부부의 재산상태·청구자의 재산형성에 대한 기여도·가사노동의 대가·혼인기간의 장단·당사자의 취업·연령·건강상태·재혼과 취직의 가능성·이혼에 대한 有責性 與否(유책성 여부)·혼인생활비용 부담 실태 등이다. 재산분할권을 부양적 성질로 보면 부양청구권이 일신전속적 성질을 가지므로 상속은 부정되지만 청산적 성질로 본다면 상속이 가능하다. 재산분할청구권은 이혼한 날로부터 2년이 경과하면 소멸한다(§839의 2③). 그리고 사실혼에도 類推適用(유추적용)되어야 할 것이다. 재산분할청구권과 관련하여 재산분할청구권이 구체적으로 확정되기 전에 재산분할청구권을 피보전권리로 하는 사해행위취소권이 인정되는지 여부에 대하여 다툼이 있었다. 이에 2007. 12. 21. 민법 개정에 의하여 부부의 일방이 상대방 배우자의 재산분할청구권 행사를 해함을 알고 사해행위를 한 때에는 상대방 배우자가 그 취소 및 원상회복을 법원에 청구할 수 있도록 재산분할청구권을 보전하기 위한 사해행위취소권을 인정하였다(§839의3신설). 이에 따라 재산 명의자가 아닌 배우자의 부부재산에 대한 잠재적 권리 보호가 강화될 것으로 기대된다.

협의상이혼(協議上離婚)

부부는 그 원인 여하를 묻지 않고 협의로써 이혼을 할 수 있다(民§834). 즉 근대 혼인법은 남녀평등의 원칙에 입각하여 부부의 자유의사를 존중한다. 따라서 당

사자가 합의만 이루어지면 특별한 사유 없이도 당사자 양쪽과 증인 2인이 連書한 서면을 가정법원의 확인을 받아 가족법의 정한 바에 따라 신고를 함으로써 이혼은 성립한다(§836). 이 점은 재판상의 이혼만을 인정하고 협의상의 이혼을 인정하지 않는 舊美諸國의 대다수의 입법례에 비하여 현저한 특색을 이룬다. 금치산자는 후견인의 동의를 얻어서 이혼할 수 있다(§835, §808② 준용). 이혼당사자는 그 자의 양육에 관한 사항을 협의에 의하여 정한다(§837①). 이러한 협의가 자의 복리에 반하는 경우에는 가정법원은 보정을 명하거나 직권으로 그 자의 의사·연령과 부모의 재산상황, 그 밖의 사정을 참작하여 양육에 필요한 사항을 정한다(§837②). 그러나 협의가 되지 않거나 협의할 수 없는 경우에 가정법원은 직권으로 또는 당사자의 청구에 의하여 그 자의 연령·부모의 재산상태 기타 사정을 참작하여 양육에 필요한 사항을 정하며 언제든지 그 사항을 변경 또는 다른 적당한 처분을 할 수 있다(§837④, ⑤). 또한 詐欺(사기)·强迫(강박)에 의하여 이혼의 의사표시를 한 자는 그 취소를 가정법원에 청구할 수 있다(§838). 그러나 사기를 안 날이나 강박을 면할 날로부터 3개월을 경과한 때에는 취소청구권은 소멸한다(§839, §823준용). 협의이혼과 관련하여 2007. 12. 21. 민법 개정으로 인하여 협의이혼시 자녀 양육사항 및 친권자 지정 합의를 의무화하였다(법 제836조의2제4항 신설). 개정 전 법에 의하면 당사자 사이에 자녀 양육사항 및 친권자 지정에 관한 합의 없이도 이혼이 가능함에 따라 이혼 가정 자녀의 양육환경이 침해되는 문제가 있어왔다. 이에 개정법은 협의이혼하고자 하는 부부에게 양육자의 결정, 양육비용의 부담, 면접교섭권의 행사여부 및 그 방법 등이 기재된 양육사항과 친권자결정에 관한 협의서 또는 가정법원의 심판정본을 이혼 확인시 의무적으로 제출하도록 하였다.

이혼숙려기간(離婚熟廬其間)

개정전 법에 의하면 협의이혼제도는 당사자의 이혼의사 합치, 가정법원의 확인, 호적법에 의한 신고 등 간편한 절차만으로도 이혼의 효력이 발생함으로써 혼인의 보호보다는 자유로운 해소에 중점을 두고 있다는 문제점이 있어왔다. 이에 2007. 12. 21. 민법 개정으로 이혼숙려기간을 도입하였다(법 제836조의2제2항 및 제3항 신설). 즉, 협의이혼 당사자는 일정 기간(양육하여야 할 자녀가 있는 경우는 3개월, 양육하여야 할 자녀가 없는 경우는 1개월)이 경과한 후 가정법원으로부터 이혼의사 확인을 받아야만 이혼이 가능하도록 하였다. 이에 따라 신중하지 아니한 이혼이 방지될 것으로 기대된다.

재판상이혼(裁判上離婚)

법정의 이혼원인에 의거하여 부부의 일방이 타방에 대하여 소송에 의하여 행하는 이혼이다(民§840). 재판이혼이라고도 하며 가정법원의 심판에 의하므로 審判離婚(심판이혼)이라고도 한다. 민법 제840조는 재판상 이혼의 원인으로서 (1) 배우자의 不貞行爲(부정행위) (2) 배우자의 惡意(악의)의 遺棄(유기) (3) 배우자 또는 그 直系尊屬(직계존속)에 의한 심히 부당한 대우 (4) 자기의 직계존속에 대한 배우자의 심히 부당한 대우 (5) 배우자의 3년 이상의 생사불명 (6) 그 밖의 혼인을 계속하기 어려운 중대한 사유 등의 6종을 열거하고 있다. 그러나 먼저 가정법원에서 조정을 받고 조정이 성립되지 않으면 비로소 조정등본이 송달된 날로부터 2주일 내에 서면으로 재판이혼의 심판을 청구할 수 있다(家審§2① 나류사건 4호). 그리고 위의 재판상 이혼원인이 있는 경우에도 법원은 일체의 사정을 고려하여 혼인의 계속이 상당하다고 인정될 때에는 이혼의 청구를 기각할 수 있다(이른바 상대적 이혼원인). 또한 배우자의 부정행위는 다른 일방의 사전동의나 사후용인을 한때 또는 이를 안 날로부터 6월, 그 사유가 있는 날로부터 2년을 경과하면 이혼을 청구하지 못한다(民§841). 또한 기타원인으로 인한 이혼청구는 다른 일방이 안 날로부터 6월, 그 사유가 있는 날로부터 2년을 경과하면 청구하지 못한다(§842).

조정이혼(調停離婚)

가사소송법은 재판이혼에 관하여 調停前置主義(조정전치주의)를 채용하므로(家訴§2① 나류사건 4호), 재판이혼의 심판을 청구하기 위하여는 먼저 가정법원에 조정을 신청하여야 한다(家訴§50). 조정을 통하여 당사자 사이에 이혼에 대한 합의가 성립되면 그것으로 조서에 기재함으로써 확정판결과 동일한 효력이 있으므로(家訴59, 民訴§220), 이혼은 성립한다. 이것이 조정이혼이다. 조정이혼은 당사자 사이에 합의가 있어야 성립하므로 협의이혼에 가깝다. 그러나 협의이혼신고는 창설적 신고임에 반하여 조정이혼신고는 보고적 신고이다.

이혼원인(離婚原因)

재판상의 이혼원인으로서 법률상 규정되어 있는 사유이다. 즉 이혼원인을 특정한 사유에 한정하고 그 사유가 있는 경우에 이를 근거로 이혼을 청구하면 당연히 이혼선고가 내려지는 경우이다. 이 사유들은 絶對的(절대적) 離婚原因(이혼원인)이라고 한다. 반면에 이혼원인이 법정되어 있더라도 구체적인 사건에 대하여 이혼을 명할 것인가 그 여부의 판단을 법원의 재량에 위임하는 경우에는 이들 이혼원인은 상대적 이혼원인이라고 한다. 우리 민법은 상대적 이혼원인을 따르고 있다(民§840).

악의유기(惡意遺棄)

이혼이나 罷揚(파양)의 원인중 하나이다. 이혼에 있어서는 동거의무의 불이행을 의미하며, 파양에 있어서는 부양의무의 불이행을 뜻한다. 그리고 여기에서 말하는 악의란 특히 상대방에 대한 악의를 뜻한다(民§840, §905).

정조의무(貞操義務)

부부간에 서로 지고 있는 性的인 순결을 지켜야 할 信義誠實(신의성실)의 의무를 말한다. 민법은 이것을 적극적으로 규정하고 있지는 않지만 혼인의 본질상 당연히 인정되는 의무이다. 간접적으로는 不貞行爲(부정행위)를 이혼원인으로 하고 있는 점에서 알 수 있다(民§840 I). 제3자에 의하여 한쪽 배우자의 정조가 침해당하였을 경우에는 다른 배우자는 침해한 제3자에 대하여 불법행위의 책임을 물을 수 있게 된다. 따라서 정조의 침해는 직접 침해당한 측과 그 배우자의 兩者에게 불법행위가 되는 수가 있다.

친자(親子)

친자라 함은 자연적 혈연관계에 의거하는 친생자와 법률상 친생자에 준하는 법정친자를 포함하는 말이다.

친생자(親生子)
영 ; legitmate child
독 ; cheliches kind
불 ; enfant legitimes

법률상 혼인 중에 출생한 자이다. 아내가 혼인 중 포태한 자는 남편의 자로 추정하고(민 §844①), 남편은 친생부인의 소에 의해서만 이 추정을 부인할 수 있다(§847~§852). 친생자는 상속에 있어서 상속인이 수인인 때에는 균분으로 받는다(§1009①).

혼인중의 자(婚姻中의 子)

부모의 법률상 혼인관계에서 출생한 子이다 혼인중의 자가 되기 위한 조건은 (1) 부모가 혼인하였을 것 (2) 父의 자일 것 (3) 부부의 혼인 중 처가 포태하였을 것 등이 필요하다. 혼인중의 출생한 자는 嫡出(적출)의 추정을 받아 혼인중의 자로서의 신분을 취득한다(§844). 또한 혼인전에 출생한 자라도 차후에 부모가 혼인하면 혼인중의 자로서의 신분을 취득한다(§855②).

혼인외의 자(婚姻外의 子)
영 ; bastard illegitimate child, child orn out wedlock
독 ; uneheliches Kind
불 ; enfant naturel

혼인관계에 있지 않은 남자에게서 출생한 자를 말한다. 구법에서는 庶子(서자)·私生子(사생자)·庶出子(서출자)라는 용어를 사용하였으나 현행법에는 이와 같은 계급적 의미의 용어는 존재하지 않는다. 혼인이 취소된 경우에는 그 효과가 소급하지 않으므로 그 혼인관계 중에 출생한 자는 혼인중의 자이다 혼인외의 출생자와 父의 법률상 친자관계는 인지가 없으면 발생하지 않는다. 다만 부모가 혼인하면 혼인중의 출생자로 된다(準正).

법정친자(法定親子)

친자에 준하는 법률이 특히 親子와 동일한 관계를 의제한 자이다. 과거 민법에서는 법정친자로는 養親子(民§772)·繼母子(§773)·嫡母庶子(§774)의 세 가지를 규정하였으나 1990년 1월 13일 민법 개정시 계모자와 嫡母庶子는 삭제하여 이제는 양친자만이 유일하게 법정친자로 남게 되었다.

양친자(養親子)

양친과 養子間의 親子關係(친자관계)이다. 養子는 신고일부터 양친의 친생자로서의 신분을 취득한다(民§722). 양친자는 법정친자이지만 법률적으로는 친생자와 다를 바가 없다. 양친자관계는 입양의 취소 또는 파양으로서 소멸하게 된다(§776).

서자(庶子)

혼인외의 출생자를 父가 인지한 경우 부에 대해 그 자를 서자라고 하는 것이다 역사적으로 庶子制度(서자제도)가 생기게 된 것은 부권적인 家族制度(가족제도)를 고수하려는 취지에서였으나, 현행 민법은 이 명칭을 없애고 혼인 외의 출생자라고 한다.

서자차별법(庶子差別法)

조선 태종 때의 일부 유학자들의 주장으로 만들어진 법으로, 적출자와 서자의 차별을 엄격히 하여 그 자손에 이르기까지 벼슬길을 막는 것을 내용으로 한다. 그러나 현대에는 이같은 법제는 사라지고 공사법 전 분야에 걸쳐 人格平等(인격평등)이 실현되고 있다.

계모자관계(繼母子關係)

계모자관계는 원래 繼子와 繼母 및 그 혈족인척 사이의 法定親族關係(법정친족관계), 즉 전처의 출생자와 그 부의 후처와의 친자관계를 말하는 것이었으나 1990년 1월 13일 개정민법에서 삭제되었다.

계친자(繼親子)

부모중 일방의 자녀와 그의 친부모가 아닌 다른 일방의 부모와의 친자관계인데(예 : 전처의 자녀와 현재의 처와의 관계). 이 역시 1990년 1월 13일 개정에서 삭제되었다고 볼 수 있다.

계후자(繼後者)

養子를 입양한 후에 출생한 친생자를 말한다. 조선 명종 8년(1553년)에는 養子한 뒤 친자를 낳았을 때는 친자가 봉사하고 養子는 중자, 즉 차자와 같이 대우하여 파양하지 않기로 되어 있었다. 또한 인조 때에는 최명길의 소청에 의하여 養子가 이미 있는 때에는 친자가 탄생하여도 친자를 차자로 하였으며 헌종 때 이후에 이르러 친생자를 차자로 하는 것이 영구적이 되었다.

가봉자(加捧子)

부의 입장에서 볼 때 처의 전부의 출생자를 말한다. 가봉자가 될 자가 타가의 가족인 때에는 그 호주의 동의를 얻어야 한다는 규정(민법 §784조 삭제)은 폐지되었다.

가봉자 입적(假捧子 入籍)

⇒ 인수입적

친생추정되는 자 (親生推定되는 子)

법률상 혼인 중 포태한 자이다. 이러한 자는 부의 자로 추정한다(民§844①). 또한 혼인성립의 날로부터 200일 후 또는 혼인관계가 종료한 날로부터 300일 내에 출생한 자는 혼인중에 포태한 것으로 추정한다(§844②, ③). 다만, 헌법재판소는 개정 전 민법 제844조 제2항의 내용 중 "혼인관계종료의 날로부터 300일 내에 출생한 자"에 관한 부분은 아무런 예외 없이 그 자를 전남편의 친생자로 추정함으로써 친생부인의 소를 거치도록 함으로써 입법형성의 한계를 벗어나 모가 가정생활과 신분관계에서 누려야 할 인격권, 혼인과 가족생활에 관한 기본권을 침해한다고 판단하며 헌법불합치 결정을 한 바 있다(2013헌마623). 이에 2018년 2월 1일 시행된 개정 민법에서는 헌법재판소의 헌법불합치결정의 취지를 반영하여 친생부인의 허가 청구를 규정한 제854조의2와 인지의 허가 청구를 규정한 제855조의2를 신설하였다. 이에 따라 혼인관계가 종료된 날부터 300일 이내에 출생한 자녀에 대하여 어머니와 어머니의 전(前)

남편은 친생부인의 허가 청구를, 생부(生父)는 인지의 허가 청구를 할 수 있도록 하여 친생부인(親生否認)의 소(訴)보다 간이한 방법으로 친생추정을 배제할 수 있도록 하였다. 자연의 혈연이 있으면 법률상으로 친자관계로 인정하는 것이 바람직하지만, 아무리 자연과학이 발달했다 하더라도 남자가 자연적 혈연의 존부를 정확히 식별하는 것은 불가능하기 때문에 친생추정의 규정을 두고 있는 것이다. 추정은 반증에 의하여 다툴 수 있기 때문에 부가 자기의 자가 아니라고 생각 될 때에는 법원에 親生否認의 소를 제기할 수 있다. 우리 민법은 친생부인의 소는 자 또는 그 친권자인 모를 상대로 하여 출생을 안날로부터 1년 내에 제기하여야 한다(§847)고 규정하고 있었다. 그러나 1997. 3. 27 헌법재판소는 이 규정 1항중 '그 출생을 안 날로부터 1년내'의 기간부분이 헌법에 위반된다고 위헌결정을 내렸다. 현재는 이를 개정하여 그 '사유가 있음을 안 날부터' '2년내'에 이를 제기하여야 한다고 규정하고 있다(§847①). 이와 반대로 혼인외의 자는 부의 인지에 의하여 친자관계가 성립한다.

친생부인의 소(親生否認의 訴)

친생부인의 소란 친생의 추정을 받은 자에 대하여 친자관계를 부인하기 위하여 제기되는 소를 말한다. 「친생부인의 소는 부 또는 처가 다른 일방 또는 자를 상대로 하여 그 사유가 있음을 안 날부터 2년 내에 이를 제기하여야 하고, 상대방이 될 자가 모두 사망한 때에는 그 사망을 안 날부터 2년 내에 검사를 상대로 하여 친생부인의 소를 제기할 수 있다(§847).」 만일 남편이나 아내가 피성년후견인

인 경우에는 그의 성년후견인이 성년후견감독인의 동의를 받아 친생부인의 소를 제기할 수 있다. 만약 성년후견감독인이 없거나 동의를 할 수 없을 때에는 가정법원에 그 동의를 갈음하는 허가를 청구할 수 있다. 또한 성년후견인이 친생부인의 소를 제기하지 아니하는 경우에는 피성년후견인은 성년후견종료의 심판이 있은 날부터 2년 내에 친생부인의 소를 제기할 수 있다(§848). 자의 출생 후에 친생자임을 승인한 자는 다시 친생부인의 소를 제기하지 못한다(§852).

인지(認知)

독 ; Anerkennung
불 ; reconnaissance

혼인외의 자를 자기의 자라고 인정함으로써 법률상의 친자관계를 발생시키는 의사표시이다. 혼인외의 子는 법률상 父를 가질 수 없으며 생부나 생모가 가족법이 정한 바에 의하여 신고함으로써 부 또는 모를 확정하게 된다. 혼인외의 子와 父사이의 부자관계는 인지라는 사실에 의하여 생기지만 모자관계는 보통 자의 分娩(분만)이라는 사실로서 명백하기 때문에 특히 모의 인지를 필요로 하지 않는다. 그러나 모자관계가 분명치 않은 기아 등의 경우에는 모의 인지를 필요로 한다. 현행법상 인지에는 임의인지와 강제인지가 있다. 임의인지는 인지하려는 부의 의사가, 강제인지는 반대로 인지를 받으려는 자의 의사가 그 본체를 이루고 있다. 인지가 있으면 일반적으로 법률상 부자관계 또는 모자관계가 발생하고 認知(인지)는 그 자의 출생시에 소급하여 효력이 생긴다(§860). 그러나 인지의 소급효는 제3자가 이미 취득한 권리를 해칠 수는 없다(§860但).

인지의 취소(認知의 取消)

인지가 사기·강박 또는 중대한 착오로 인하여 이루어진 때는 이를 취소할 수 있다(민법 861조). 사기자 또는 강박자는 인지를 받는 자이건 제3자이건 묻지 않는다. 그 취소를 하려면 사기나 착오를 안 날 또는 강박을 면한 날로부터 6월 이내에 가정법원에 그 취소를 청구해야 한다(민법 861조). 인지의 취소를 하려면 가정법원에 우선 조정을 신청하여야 하며 조정이 성립되지 않으면 판결로써 한다. 그리고 취소의 결과는 다른 법률행위결과와 달리 소급한다.

임의인지(任意認知)

혼인외의 자를 부 또는 모가 임의로하는 인지로서 자유인지라고도 한다(民§855①前段). 인지는 가족법의 정하는 바에 의하여 신고함으로써 효력이 생기므로(§859①), 要式行爲(요식행위)이다. 자를 인지할 수 있는 자는 그 자의 진정한 부 또는 모이다. 인지하기 위하여는 의사능력이 있어야 하고, 의사능력만 있으면 未成年者(미성년자)라도 누구의 동의없이 인지할 수 있다. 그러나 부가 피성년후견인인 경우에는 성년후견인의 동의를 받아 인지할 수 있다(§856). 인지는 유언으로도 할 수 있으며(遺言認知), 이 경우 유언집행자가 이를 신고하여야 한다(§859②). 피인지자는 혼인외의 子이다. 子가 사망한 경우에도 그 直系卑屬(직계비속)이 있는 때에는 그 사망한 子를 인지할 수 있다(§857). 또한 아직 포태 중에 있는 子를 인지할 수도 있다(§858). 무효인 인지는 법률상 당연무효이지만 그 무효를 확정하기 위하여 子 및 이해관계인은 가정법원에 인지의 무효확인의 심판을 청구

할 수 있다(家訴§2①가) 일단 행하여진 인지는 철회할 수 없지만, 詐欺·强迫 또는 중대한 착오로 인하여 인지를 한 때에는 사기나 착오를 안 날 또는 강박을 면한 날로부터 6월 내에 법원의 허가를 얻어 이를 취소할 수 있다(民§861·家訴§2①나). 子 또는 이해관계인이 인지에 관하여 이의가 있는 경우에는 그 신고가 있은 것을 안 날로부터 1년 내에 가정법원에 이의의 소를 제기할 수 있다(民§862·家訴§2①나). 이 경우에 父 또는 母가 이미 사망한 때에는 그 사망을 안 날로부터 2년 내에 검사를 상대로하여 이의의 소를 제기 할 수 있다(民§864).

강제인지(强制認知)

父 또는 母가 임의로 인지하지 않는 경우에 子편에서 재판에 의하여 부자(모자)를 상대로 청구하는 인지로서(民§863·家訴§2①나), 裁判認知(재판인지)(소송상의 인지)라고도 한다. 소의 청구인은 자와 그 직계비속 또는 법정대리인이다. 피청구인은 父 또는 母이며, 父 혹은 母의 의사와는 아무관계가 없다. 父 또는 母가 사망한 때에는 그 사망을 안 날로부터 2년 이내에 검사를 상대로 하여 인지의 소를 제기할 수 있다(§864). 재판이 확정된 경우에는 심판을 청구한 子가 재판확정일로부터 10일 이내에 재판의 謄本(등본) 및 確定證明書(확정증명서)를 첨부하여 가족법에 따라 그 취지를 신고하여야 한다. 强制認知(강제인지)는 심판에 의하여 효력이 생기므로 그 신고는 報告的 申告(보고적 신고)이다.

> 인지청구권은 포기할 수 없고, 포기하였다 하더라도 효력이 발생할 수 없다 (대법원 1999. 10. 8. 선고 98므1698).

조정인지(調停認知)

家事訴訟法(가사소송법)은 強制認知(강제인지)에 관하여 調停前置主義(조정전치주의)를 채택하고 있으므로(家訴2①나), 인지의 재판을 청구하려면 제소에 앞서 가정법원의 조정을 신청하여야 한다. 그리하여 가정법원의 조정에 의하여 당사자 사이에 인지에 대한 합의가 성립되면 그것을 조서에 기재함으로써 확정판결과 동일한 효력을 발생시키기 때문에 인지는 성립된다. 이것이 조정인지이다. 조정인지는 조정에 있어서 당사자 사이에 합의가 있어야 성립되기 때문에 임의인지에 가깝다. 조정인지의 경우에도 인지신고를 하여야 하지만 그 신고는 報告的인 것에 불과하다.

준정(準正)
영 ; legitimation
독 ; Legitimation
불 ; légitimation

법률상 혼인관계가 없는 父母 사이에 출생한 者가 그 부모의 事後의 혼인으로 인하여 혼인중의 子로서의 신분을 취득하는 것을 말한다(民§855②). 로마법에서 비롯된 것이나, 子의 이익을 위하고 또 혼인외의 남녀관계를 정상적인 혼인관계로 이전시킬 수 있다는 政策的(정책적)인 고려에 적당한 제도이므로 유럽제국에 계승되어 세계 여러 나라에서 일반적으로 채택하고 있다. 현행민법과 학설상 인정되는 준정에는 (1) 혼인에 의한 준정 : 혼인외의 子(자)가 이미 부모의 인지를 받고 있는 경우에 부모의 혼인에 의하여 그 혼인시부터 혼인중의 子로서의 신분을 취득하는 것으로 婚姻準正(혼인준정)이라고도 한다(§855②). (2) 혼인중의 준정 : 부모의 혼인전에는 인지되지 않았던 혼인외의 子가 부모의 혼인후 부가 인지함으로서 그 때부터 혼인중의 子로 되는 것으로 認知準正(인지준정)이라고도 한다. (3) 婚姻取消後(혼인취소후)의 준정 : 혼인전의 출생자가 부모의 혼인중에는 인지되고 있지 않다가 그 혼인의 취소 또는 소멸된 후에야 인지됨으로써 혼인 중의 子의 신분을 취득하는데(§855②), 그의 효력은 준정시에 발생할 뿐 그 子의 출생시에 소급하지 않는다(不遡及效).

양자(養子)
영 ; adoptive-child, adopted child
독 ; angenommenes Kind
불 ; adopté, fils adoptif

入養(입양)에 의하여 혼인중의 자로서의 신분을 취득하는 법률상 의제된 법정친자이다. 養子는 친생자와 동일한 법률상의 효력이 부여된다. 養子에 대하여 擬制(의제)된 父母(부모)로 된 者를 養父母(養父·養母)라고 한다. 養子는 입양일자로부터 양친의 혼인중의 子와 동일한 신분을 취득하며, 養子의 配偶者(배우자)·直系卑屬(직계비속)과 그 배우자는 養子의 양가에 대한 親系(친계)를 기준으로 하여 친족관계가 발생한다(民§772). 그러나 養子의 생가의 부모 그 밖의 혈족에 대한 친족관계는 여전히 유지되고, 양친자관계는 입양이 취소되거나 파양한 경우에 소멸된다(§776). 존속이나 年長者(연장자)는 養子로 할 수 없다(§877). 미성년자를 입양하려는 사람은 가정법원의 허가를 받아야 하며(§867), 양자가 될 미성년자는 원칙적으로 부모의 동의를 받아야 한다(§870①). 가정법원은 부모가 3년 이상 자녀에 대한 부양의무를 이행하지 아니한 경우이거나, 부모가 자녀를 학대 또는 유기(遺棄)하거나 그 밖에 자녀의 복리를 현저히 해친 경우에는 부모가 동의를 거부하더라도 입양의 허가를 할 수 있다 (§870②).

입양(入養)

라 ; adoptio 영 ; adoption
독 ; Adoption 불 ; adoption

부모와 그 혼인중의 子間의 친자관계와 동일한 법률관계를 당사자간에 설정할 것을 목적으로 하는 創設的 身分行爲(창설적 신분행위)이다. 자연의 혈연이 없음에도 불구하고 있는 것과 같이 법적으로 의제하는 제도가 입양이다. 현행 법률 子의 복리증진을 위한 養子제도가 지배적이다. 또한 1990년 1월 13일 법률 제4199호 개정민법은 死後養子(§880)·婿養子(§876) 직계비속장남의 입양금지(§875)·호주상속양자의 동성동본성(§877②)·遺言養子(§886)· 戸主相續養子(호주상속양자)의 罷養禁止(파양금지)(§898②) 등을 모두 폐지하였다. 입양의 성립요건은 다음과 같다. (1) 실질적 성립요건 : ㉮ 당사자 사이에 입양합의가 있을 것(§883Ⅰ), ㉯ 양친은 성년자일 것(§866), ㉰ 代諾入養(대낙입양)의 경우에는 일정한 자가 승낙할 것(§870①), ㉱ 成年養子는 부모 등의 동의를 얻을 것(§870①), ㉲ 미성년養子는 부모·후견인의 동의를 얻을것(§871), ㉳ 피성년후견인은 성년후견인의 동의를 얻을 것(§873), ㉴ 배우자 있는 자는 공동으로 입양을 할 것(§874①), ㉵ 養子는 양친의 존속 또는 연장자가 아닐 것, (2) 형식적 요건 : ㉮ 입양의 신고를 할 것(§878). 신고의 방식과 受理(수리)는 혼인의 경우와 동일하다. ㉯ 입양의 무효와 취소에 관하여도 혼인의 무효·취소와 거의 동일하다. ㉰ 입양은 가족관계의 등록 등에 관한 법률의 규정에 정한 바에 의하여 신고함으로써 효력이 생긴다(§878). 養子의 효과로는 養子와 양친 사이에 法定親子關係(법정친자관계)가 발생하고 이러한 기본적인 효과에 따라서 養子는, 그 직계비속이나 배우자와 양친의 혈족인척 사이에도 법정친족관계가 발생하여(§722), 自然血族(자연혈족)의 경우와 동일하게 부양관계나 승계관계가 인정된다(§974, §984~§994). 養子가 미성년자인 경우에는 생부나 생모의 친권을 벗어나서 양부 또는 양모의 친권에 복종하게 된다 (§909①, ②, ⑤).

친양자(親養者)

친양자제도는 2005. 3. 31 민법 개정시에 새로 도입되어 2008. 1. 1.부터 시행된 제도이다. 친양자는 부부의 혼인중의 출생자로 간주되는 것을 말한다(민법 §908의 3①). 친양자는 양자가 마치 양친의 친생자인 것처럼 양친의 성과 본을 따를 뿐만 아니라 가족관계등록부(종전의 호적부)에도 양친의 친생자로 된다. 양자는 양부모의 자녀로 출생한 것으로 다루어지므로, 친양자입양은 '제2의 출생'으로 다루어진다. 친양자제도는 그 효과면에서 입양 아동이 법적으로뿐만 아니라 실제 생활에 있어서도 마치 양친의 '친생자와 같이' 입양가족의 구성원으로 편입·동화되는 제도이다. 현행 민법상의 입양(보통양자)과는 달리 친양자는 법원의 선고(허가)에 의해서만 성립한다(민법 §908의 3①). 친양자를 입양하려면 (1) 3년 이상 혼인중인 부부로서 공동입양을 하여야 하고(다만, 1년 이상 혼인중인 부부의 일방이 그 배우자의 친생자를 친양자로 하는 경우는 예외), (2) 친양자로 될 자가 미성년자이어야 하고, (3) 친양자로 될 자의 친생부모가 친양자 입양에 동의하여야 하며(단, 부모가 친권상실의 선고를 받거나 소재를 알 수 없거나 그 밖의 사유로 동의할 수 없는 경우에는 예외), (4) 친양자가 될 사람이 13세 이상인 경우에는 법정대리인의 동의를 받아 입양을 승낙하여야 하고, (5) 친양자가 될 사람이 13세 미만인 경우에는 법정대리인이 그를 갈음하여 입양을 승낙하여야 한다(§908의 2①). 친양자를 입양하고자 하는 사람은 친양자 입양 재판의 확정일부터 1개월 이내에 재판서 등본 및 확정증명서를 첨부하여 입양신고를 하여야 한다(가족관계의 등록등에 관한 법률 §67).

부부공동입양(夫婦共同入養)

배우자 있는 자가 양자를 함에 있어서는 배우자와 공동으로 해야 하는 것(민법 874조 1항)을 말한다. 그리고 양자가 되는 자가 부부인 경우에는 공동으로 할 필요는 없고 다른 일방의 배우자의 동의를 얻어야 한다(민법 874조 2항). 배우자의 일방에게 양자를 할 때에 공동으로 할 수 없거나 양자가 될 때에 동의를 할 수 없는 사정이 있을 경우에 다른 일방이 양자를 하거나 할 수 있느냐가 문제되나, 이 경우 단독으로 양자를 하거나 양자를 할 수 있다고 해석된다고 본다. 그리고 배우자의 혼인 중의 출생자를 양자로 하는 경우도 공동으로 해야 할 것이다. 마찬가지로 배우자의 부모의 양자가 되는 경우에 다른 일방 배우자의 동의를 얻어야 한다고 본다. 배우자가 있음에도 불구하고 공동으로 하지 않고 양자를 하는 입양신고를 하거나, 배우자가 있는데도 다른 일방

의 동의를 얻지 않고 양자가 되는 입양신고를 하면 수리가 거부될 것이지만(민법 881조), 만약 잘못 수리되면 배우자가 취소를 청구할 수 있다(민법 884조 1호, 888조 전단). 그러나 그럴만한 정당한 사유가 있다면 취소청구를 할 수 없다고 보아야 한다. 일반의 무효나 취소원인이 있어도 마찬가지이다.

연장자양자(年長者養子)

자기보다 나이가 많은 者를 養子로 하는 것이다. 그러나 양친보다 나이가 많은 자는 관습상으로나 법규상으로는 養子로 할 수 없다(民§877).

유언양자(遺言養子)

양친이 되는 자의 유언에 의하여 행해지는 입양이지만(民§880), 1990년 1월 13일 법률 제4199호 개정민법에서 삭제되었다.

대낙양자(代諾養子)

양자가 될 자가 13세미만인 때는 그 법정대리인이 그에 갈음하여 입양의 승낙을 정할 수 있는 바(민법 869조), 이를 대낙양자라고 한다. 입양은 신분행위이기 때문에 대리를 인정하는 것이 원칙적으로는 허용되지 않는다. 그러나 양자로 될 자가 유아인 경우가 많기 때문에 의사능력이 없는 경우가 많다. 그렇기 때문에 예외적으로 법정대리인 대낙규정을 설치하였다. 여기서 대낙권자는 법정대리인 즉 친권자 또는 후견인이다. 부모의 공동친권의 경우에는 공동하여 대낙하여야 한다. 이 경우에 재산관리권이 없는 친권자(민법

925조)라 할지라도, 입양대낙은 신분에 관한 것이므로 대낙할 수 있다고 보아야 할 것이다. 후견인이 법정대리인으로서 대낙하는 경우에는 민법 제871조(미성년자입양동의)를 유추하여 후견인이 대낙할 때에도 가정법원의 허가를 얻어야 한다고 해석하여야 할 것이다. 이를 위반한 입양은 무효이다(민법 883조). 대낙은 일종의 대리라고 볼 수 있으므로 대낙권이 없는 자가 한 대낙은 일종의 무권대리라고 본다. 따라서 자가 13세 이상이 되어 이를 추인하면 유효가 된다.

양가(養家)

입양에 의하여 養子가 된 자 쪽에서 본 양친의 家를 말한다. 養子가 파양으로 養家에서 나오는 경우에는 특별한 법률적 효과를 가지지 않는다.

친가(親家)

혼인 또는 입양으로 타인의 家에 入籍한 者 쪽에서 본 친부모의 家를 뜻한다.

입양의 무효(入養의 無效)

입양이 법률에 정한 사유가 있는 경우에 무효로 되는 것을 말한다. 민법상 無效原因(무효원인)으로는 (1) 당사자간에 입양의 합의가 없는 때(民§883Ⅰ), (2) 13세 미만의 者가 養子가 될 경우에 代諾權者(대낙권자)인 법정대리인의 승낙을 받지 못한 때(§883Ⅱ, §869준용), (3) 養子가 양친의 존속이거나 연장자일 때(§883Ⅱ, §877준용) 등이 있다. 입양의 무효는 혼인의 무효와 같이 당연무효이지만 다툼이 있는 경우에는 가정법원에 입양무효의 재

판을 청구할 수 있다(家訴§2①가(1)). 이 재판의 효력은 제3자에게도 미친다(家訴§2①가(1)). 심판이 확정되면 소를 제기한 者는 판결의 확정일로부터 1월 내에 판결의 등본 및 확정증명서를 첨부하여 그 취지를 신고하여야 한다. 입양이 무효로 된 때에는 당사자의 일방은 과실이 있는 상대방에 대하여 재산상·정신상의 손해배상을 청구할 수 있다(民§806, §897).

입양의 취소(入養의 取消)

법률에 정한 사유가 있는 경우에 특정의 청구권자가 가정법원에 입양의 취소를 청구함으로써 그 재판에 의하여 일단 성립되었던 양친자관계를 취소시키는 것이다. 민법상 취소원인과 취소권자로는 (1) 미성년자가 養子를 하였을 때(民§884Ⅰ, §866)이며 양부모·養子와 그 법정대리인 또는 직계혈족이 취소권자이다(§885). (2) 養子로 될 자가 부모 또는 기타 직계존속의 동의를 얻지 않았을 때(§884Ⅰ, §870), 법정대리인이나 동의권자가 취소권자이다(§886後段). (3) 배우자가 있는 자가 배우자와 공동으로 하지 않고 養子를 하였거나 또는 養子가 되었을 경우(§884Ⅰ, §874준용), 배우자가 취소권자이다(§888). (4) 입양당시 양부모와 양자 중 어느 한쪽에게 악질이나 그 밖에 중대한 사유가 있음을 알지 못한 때(§884Ⅰ), 취소권자는 양부모와 양자이다(§896). (5) 입양이 사기 또는 강박으로 인하여 된때(§884Ⅲ), 취소권자는 사기나 강박으로 인하여 입양을 한 자이다(§897). 그러나 (1)은 양친이 성년에 달한 때에는 취소권이 소멸된다(§889). (2)와 (3)의 경우에는 그 사유가 있음을 안 날로부터 6월, 그 사유가 있는 날로부터 1년을 경과하면 취소권은 소멸한다(§894). (4)의

경우에는 취소권자는 그 사유가 있음을 안 날로부터 6월을 경과하면 그 취소를 청구하지 못한다(§896). (5) 취소권자는 사기를 안 날 또는 강박을 면한 날로부터 3월을 경과한 때에는 취소권은 소멸한다(§897, §823). 입양취소의 효력은 入養成立日(입양성립일)에 소급하지 않는다(§897, §824). 입양으로 인하여발생한 가족관계는 그 취소로 인하여 종료한다(§776).

파양(罷養)

養親子關係成立(양친자관계성립) 후에 생긴 사유로 양친자관계를 해소하는 것이다. 파양은 입양성립후에 생긴 사유로 인하여 입양을 해소하는 것이며, 입양의 취소와 구별되어야 한다. 파양의 효과는 입양으로 인하여 생긴 養子관계의 효과를 장래에 향하여 소멸시킨다. 파양으로 養子(양자)와 養親(양친)間 및 養子와 양친의 血族과의 친족관계가 종료하고, 養子의 배우자 및 직계관계도 종료된다(民§776). 따라서 그 사이의 親族關係(친족관계)·相續關係(상속관계)도 소멸한다. 그러나 婚姻障碍(혼인장애)는 남는다(§809②). 민법상 파양에는 협의상 파양과 재판상 파양이 있으며 家事訴訟法上(가사소송법상)의 調停上 罷養(조정상 파양)이 있다.

협의상 파양(協議上 罷養)

입양의 당사자가 협의에 의하여 하는 파양이다(民§898①). 입양의 당사자는 그 원인여하를 묻지 않고 협의로써 파양을 할 수 있다(§898①). 다만, 2012년 2월 10일 민법 개정에 의하여 미성년자에 대한 파양은 재판으로만 할 수 있도록 하였다. 피성년후견인의 협의상 파양의 경우에도 피성년후견인인 양보모는 성년후견인의 동의를 받아 파양을 할 수 있다(§902). 파양은 형식적 요건으로 파양신고를 해야 한다(民§904, §898준용). 가족법상의 신고에 의하여 효력을 발생하는 바 신고의 방식은 혼인신고에 준한다(§903). 그 무효·취소의 사유·절차 등은 협의상의 이혼에 있어서와 같다.

재판상 파양(裁判上 罷養)

법률이 정한 파양원인에 기인하여 養子와 양친간의 소송에 의하여 행해지는 파양이다. 즉 입양당사자는 법정의 파양원인에 의거하여 타방을 상대방으로 하여 가정법원에 파양재판을 청구할 수 있다(民§905. 家訴§2①가(2)). 민법 제905조는 파양원인으로 (1) 양부모가 양자를 학대 또는 유기하거나 그 밖에 양자의 복리를 현저히 해친 경우, (2) 양부모가 양자로부터 심히 부당한 대우를 받은 경우, (3) 양부모나 양자의 생사가 3년 이상 분명하지 아니한 경우, (4) 그 밖에 양친자관계를 계속하기 어려운 중대한 사유가 있는 경우의 4개를 열거하고 있는데 이들 사유가 있는 경우에도 법원은 일체의 사정을 고려하고 양친관계의 계속을 상당하다고 인정할 때에는 파양의 청구를 기각한다(이른바 相對的(상대적) 罷養原因(파양원인)). 파양의 소에 관하여는 가사소송법에 특칙이 있다(家訴§30, §31). 그러나 罷養裁判請求(파양재판청구)에는 제한이 있어서 (1) 養子가 13세 미만인 경우에는 입양의 승낙을 한 사람이 양자를 갈음하여 파양을 청구할 수 있으며, (2) 양자가 13세 이상의 미성년자인 경우에는 그 입양의 동의를 한 부모의 동의를 받아 파양을 청구할 수 있다. 또한 (3)

양부모나 양자가 피성년후견인인 경우에는 성년후견인의 동의를 받아 파양을 청구할 수 있다(§906). 검사는 미성년자나 피성년후견인인 양자를 위하여 파양을 청구할 수 있다. 養子의 생사불명을 사유로 하는 경우를 제외하고 다른 법정사유로써 하는 파양재판의 청구는 다른 일방이 그 사유를 안 날로부터 6개월, 그 사유가 있은 날로부터 3년을 지나면 하지 못한다(§907, §905Ⅰ～Ⅲ·Ⅴ).

조정파양(調停罷養)

家事訴訟法(가사소송법)은 裁判上罷養(재판상파양)에 관하여 조정전치주의를 채택하고 있기 때문에(家訴§2①가(2)) 재판파양의 심판을 청구하기 위하여는 우선 가정법원에 조정을 신청하여야 한다(家訴§50). 조정에 의하여 성립되는 파양을 調停罷養이라고 하는데 그 성질은 調停離婚(조정이혼)의 경우와 동일하다.

친권(親權)

영 ; right and duties of the parents
독 ; elterliches Gewalt
불 ; puissance paternelle

父 또는 母가 子를 保護(보호)·養育(양육)하고 그 재산을 관리하는 것을 내용으로 하는 권리·의무의 總稱(총칭)이다(民§909～§927). 연혁적으로는 家父의 절대적 지배권력의 제도에서 발달한 것이지만 오늘날은 부모로서의 의무를 다하는 권리로 이해된다. 부모는 미성년자인 자의 친권자가 된다. 양자의 경우에는 양부모(養父母)가 친권자가 된다. 친권의 내용은 다음과 같다. (1) 子의 보호·敎養(교양)(§913)·居所指定(거소지정)(§914)懲戒(징계)(§915)· 營業許可(§8①) 등의 子의 신분에 관한 권리의무를 가지며, (2) 子의 특수재산을 관리할 수 있다(§916). 다만 친권자와 子에 대한 無償贈與者(무상증여자)가 친권자의 관리권을 배제한 경우(§918)에는 그 재산에 관하여 관리권을 갖지 못한다. 또한 재산행위라도 그 子의 행위를 목적으로 하는 채무를 부담할 경우에는 子 자신의 동의가 필요하다(§920). 子가 성년이 되면 친권자는 그 친권을 잃으나 친권자는 정당한 사유가 있을 때에는 법원의 허가를 얻어 그 법률행위의 대리권과 재산관리권을 사퇴할 수 있다(§927①). 친권을 행사함에 있어서는 자의 복리를 우선적으로 고려하여야 한다(§912). 친권남용 따위의 중대한 사유가 있을 때에는 법원은 자녀, 자의 친족 또는 검사 또는 지방자치단체의 장의 청구에 의하여 親權喪失(친권상실) 또는 일시 정지를 선고 할 수 있으며(§924) 또 관리가 소홀했을 때에는 관리권의 상실을 선고할 수 있다(§925). 또한 가정법원은 거소의 지정이나 징계, 그 밖의 신상에 관한 결정 등 특정한 사항에 관하여 친권자가 친권을 행사하는 것이 곤란하거나 부적당한 사유가 있어 자녀의 복리를 해치거나 해칠 우려가 있는 경우에는 자녀, 자녀의 친족, 검사 또는 지방자치단체의 장의 청구에 의하여 구체적인 범위를 정하여 친권의 일부 제한을 선고할 수 있다(§924의2). 2005. 3. 31. 개정전 법에서는 자는 친권에 '복종한다'는 표현을 사용하여 친권관계가 명령복종의 권위적인 관계로 보여졌으나, 개정법은 이러한 권위적인 표현을 삭제하고, 친권행사의 기준규정으로서 '친권을 행사함에 있어서는 자의 복리를 우선적으로 고려하여야 한다.'라는 제912조의 규정도 신설하여 의무적 성격도 갖도록 하였다.

보호·교양권(保護·敎養權)

친권자는 자를 보호하고 교양할 권리와 의무가 있다(민법 913조). 이 규정은 친권의 근본취지를 표시한 것이다. 보호는 주로 신체에 대한 보호이고, 교양은 정신의 발달을 꾀하는 것으로서 자의 정신·육체 모두를 건전한 인간으로 육성하는 것이다. 그 구체적인 내용으로서 거소지정권 이하의 기능이 규정되어 있다. 여기서 자의 보호·교양이라고 하는 것은 실제로 보호하고 교육하며 양육하는 것을 말하며, 반드시 그 비용을 수반하는 것은 아니다. 만약 자가 제3자에게 불법행위를 한 경우에 책임능력이 없을 때에는 친권자는 감독의무자로서 손해배상의 책임이 있다(민법 755조 1항 본문, 753조). 그러나 감독의무를 게을리하지 않은 때에는 책임이 없다(민법 755조 1항 단서).

친권자(親權者)

친권을 행사하는 者를 친권자라고 한다. 부모는 미성년자의 친권자가 되고, 양자의 경우에는 양부모가 친권자가 된다(§909). (1) 친권은 부모가 혼인중인 때에는 부모가 공동으로 행사하나, 부모의 의견이 일치하지 않을 때에는 당사자의 청구에 의하여 가정법원이 정한다(民§909①, ②). 부모의 일방이 친권을 행사할 수 없을 때에는 다른 일방이 행사한다(§909③). 미성년자가 친권자인 경우에는 그 法定代理人(법정대리인)이 대리행사한다(§910, §911). (2) 혼인외의 子가 인지된 경우와 부모가 이혼한 경우에는 부모가 협의로 친권을 행사할 子를 정하고, 협의할 수 없거나 협의가 이루어지지 않으면 가정법원은 직권으로 또는 당사자의 청구에 의하여 친권자를 지정한다(§909④). 추정된 父로부터 인지되지 않은 혼인외의 子는 생모가 친권을 행사한다. 왜냐하면 母子關係(모자관계)는 分娩(분만)이라는 사실자체로 결정되기 때문이다. 가정법원은 혼인의 취소, 재판상 이혼 또는 인지청구의 소의 경우에는 직권으로 친권자를 정한다(§909⑤)

공동친권(共同親權)

부모가 공동으로 행사하는 경우의 親權(친권)이다. 민법상 미성년자인 子에 대한 친권행사에 있어서 부모의 親權共同行使(친권공동행사)를 원칙으로 하고 있으나 부모가 의견이 일치하지 않을 경우 당사자의 청구로 가정법원이 결정하도록 함으로써(§909②但), 친권의 父權的 要素(부권적 요소)를 완전히 배제하였다. 이때 가정법원은 子의 최선의 福利增進(복리증진)을 기준으로 결정한다.

친권의 변경(親權의 變更)

가정법원은 자의 복리를 위하여 필요하다고 인정되는 경우에는 자의 4촌 이내의 친족의 청구에 의하여 정하여진 친권자를 다른 일방으로 변경할 수 있다(§909⑥). 이를 친권의 변경이라고 한다.

부권(父權)

父權(부권)은 (1) 父즉 남자인 가장이 가족을 통솔하기 위하여 가지는 家長權(가장권), 家父權(가부권)(Patria·potestas) (2) 父權制(부권제) 가족형태에서 모권에 대하여 부의 가족에 대한 지배권을 의미할 때

사용되는 부권 혹은 (3) 父가 가지는 친권 등 여러 가지 뜻으로 사용된다.

모권(母權)

어머니가 가족을 통제하기 위하여 가지는 권력이다. 母가 가족의 지배권을 가지는 가족의 형태를 母權制度(모권제도)라 한다.

모권설(母權說)
영 ; theory of matriarchy
독 ; Mutterrechtstheorie
불 ; théore de matriarchie

고대에 있어서 父權中心社會(부권중심사회)에 앞서서 어머니가 가족생활뿐 아니라 당시의 사회의 지배권을 가진 때가 있었다고 하는 설이다. 바호펜(J.J. Bachofen 1815~1887)이 1861년에 母權論(das Mutterrecht)에서 주장하였다. 그 후 미국의 인류학자 모르간(Leuis Henry Morgan 1818~1881)이 현재까지 남아 있는 미개사회의 자료에 의하여 모권설의 논증을 시도한 바 있었다.

후견(後見)
라 ; tutela 英 ; guardianship
독 ; Vormundschaft
불 ; tutelle

제한능력자나 그 밖에 보호가 필요한 사람을 보호하는 것을 말한다. 2011년 3월 7일 개정민법에 의할 때, 후견에는 법정후견과 임의후견이 있다. 법정후견에는 미성년후견·성년후견·한정후견·특정후견이 있으며, 임의후견에는 후견계약에 의한 후견이 있다. 후견의 직무를 행하는 것을 후견의 기관이라 하고 이에는 집행기관과 감독기관이 있다. 집행기관으로는 後見人(후견인), 감독기관으로는 미성년후견감독인, 성

년후견감독인, 家庭法院(가정법원)이 있다.

후견계약(後見契約)

우리 민법은 과거 법정후견제도만 두고 있었다. 그러나 2011년 3월 7일 개정민법에서 후견계약에 관한 내용이 신설됨으로써 임의후견제도가 도입되었다. 후견계약은 질병, 장애, 노령, 그 밖의 사유로 인한 정신적 제약으로 사무를 처리할 능력이 부족한 상황에 있거나 부족하게 될 상황에 대비하여 자신의 재산관리 및 신상보호에 관한 사무의 전부 또는 일부를 다른 자에게 위탁하고 그 위탁사무에 관하여 대리권을 수여하는 것을 내용으로 하는 계약을 말한다.

후견인(後見人)
라 ; tutor   영 ; guardian
독 ; Vormund   불 ; tuteur

후견사무를 직접 행하는 기관이다. 후견에는 (1) 未成年者後見(미성년자후견) : 친권자가 없거나 친권자가 법률행위의 대리권 및 재산관리권을 행사할 수 없을 때에 개시된다(民§928). 가정법원은 민법 제931조에 따라 지정된 미성년후견인이 없는 경우에는 직권으로 또는 미성년자, 친족, 이해관계인, 검사, 지방자치단체의 장의 청구에 의하여 미성년후견인을 선임한다. 미성년후견인이 없게 된 경우에도 또한 같다. (2) 성년후견인 : 가정법원의 성년후견개시심판이 있는 경우에는 그 심판을 받은 사람의 성년후견인을 두어야 한다. 이러한 성년후견인은 가정법원이 직권으로 선임한다. 가정법원이 성년후견인을 선임할 때에는 피성년후견인의 의사를 존중하여야 하며, 그 밖에 피성년후견

인의 건강, 생활관계, 재산상황, 성년후견인이 될 사람의 직업과 경험, 피성년후견인과의 이해관계의 유무(법인이 성년후견인이 될 때에는 사업의 종류와 내용, 법인이나 그 대표자와 피성년후견인 사이의 이해관계의 유무를 말한다) 등의 사정도 고려하여야 한다. 후견인은 법정의 결격사항에 해당하는 者가 아니어야 한다(§937). 또한 후견인은 정당한 사유가 있는 경우에는 가정법원의 허가를 얻어 사퇴할 수 있다(§939). 가정법원은 피후견인의 복리를 위하여 후견인을 변경할 필요가 있다고 인정되는 경우에는 직권 또는 피후견인의 친족, 후견감독인이나 검사, 지방자치단체의 장의 청구에 의하여 후견인을 변경할 수 있다.

지정후견인(指定後見人)

미성년자에 대하여 친권을 행사하는 부모가 유언으로 지정한 미성년자의 후견인이다(民§931본문), 그러나 법률행위의 대리권과 財産管理權(재산관리권) 없는 친권자는 지정후견인을 지정하지 못한다(§931但). 지정은 유언으로써만 하여야 하기 때문에 친권자의 생존 중에 후견이 개시되는 경우에는 지정후견인이란 있을 수 없다.

법정후견인(法定後見人)

개정전 민법에 의할 때, 指定後見人(지정후견인)이 없는 경우에 법률규정에 의하여 당연히 선임하게 되는 후견인을 의미하였다(民§932). 미성년자의 직계혈족 3촌 이내의 방계혈족의 순위로 후견인이 되는데 만약 직계혈족 또는 방계혈족이 數人인 때에는 最近親을 先順位(선순위)로, 동순위자가 數人인 때에는 연장자를 선순위로 하였다(§935①). 미성년자에 대하여 양자의 親生父母와 양부모가 俱存(구존)하는 경우에는 양부모를 선순위로 하고 그 밖의 생가혈족과 양가혈족의 촌수가 동순위인 경우에는 양가혈족을 선순위로 하였었다(§935②). 다만, 2011년 3월 7일 민법 개정으로 인하여 후견인의 법정순위를 폐지하고, 가정법원이 피후견인의 의사 등을 고려하여 후견인과 그 대리권·동의권의 범위 등을 개별적으로 결정하도록 하였다.

선정후견인(選定後見人)

일정한 자의 청구에 의하여 가정법원이 선임한 후견인이다.

선임후견인(選任後見人)

법원에 의해서 선임된 후견인을 말한다.

친족회(親族會)

2011년 3월 7일 민법 개정에 의하여 2013년 7월 1일부터 친족회와 관련된 조항은 삭제되었다. 개정 전 민법에 의할 때 친족회라 함은 무능력자의 보호 등 가족동족집단의 중요한 사항을 결정하기 위하여 친족이 협의하는 合議體(합의체)를 말한다. 친족회는 후견인을 지정할 수 있는 친권자에 의하여 지정된 者 및 친족이나 이해관계인의 청구에 의하여 법원이 본인이나 그 家에 있는 자 중에서 선임한 3인 이상 10인 이하로 구성되며, 친족회 대표자는 소송행위 그 밖의 외부에 대한 행위에 있어서 친족회를 대표하였다(民§961~§963). 친족회의 소집은 본인·그 法定代理人(법정대리인)·配偶者(배우자)

· 直系血族(직계혈족) · 會員(회원) · 利害關係人(이해관계인) 또는 검사의 청구에 의하여 법원이 이를 하고(§966), 그 의사의 결의방법은 회원과반수의 찬성으로써 결정하였다(§967①). 그러나 과반수의 찬성으로 행한 書面決議(서면결의)로써 친족회의 결의에 갈음한 경우에는 친족회의 소집을 청구할 수 있는 자는 2월 이내에 그 취소를 법원에 청구할 수 있다(§967 ③). 친족회에서 의견을 진술할 수 있는 자는 본인·그 법정대리인 · 배우자 · 직계혈족4촌 이내의 방계혈족인 바 친족회에서 결의할 수 없거나 결의를 하지 않을 때에는 친족회의 소집을 청구할 수 있는 자는 그 결의에 갈음할 재판을 법원에 청구할 수 있었다(968, §969). 친족회원은 정당한 사유가 있는 때에는 법원의 허가를 얻어 사퇴할 수 있었다(§970). 또 친족회원에 부정행위 또는 그 밖의 사유가 있는 때에는 법원은 직권 또는 본인 · 법정대리인 혹은 친족이나 이해관계인의 청구에 의하여 그 회원을 해임할 수 있었다(§971). 그리고 친족회의 결의에 대하여 이의가 있을 때에는 2월 이내에 이의의 소를 제기할 수 있었다(§972). 친족회는 친족협의 또는 친족단합을 목적으로 하는 옛부터의 관행을 법제화한 것이나, 최근 가족동족집단이 점점 해체되어 가고 내부적 이해관계의 대립이 날카로워짐에 따라서 법률상의 제도로서의 친족회의 그 본래의 사명을 다하지 못하게 되어 가는 경향이 있었다. 이에 개정 민법에 의하여 폐지한 것이다.

부양(扶養)
독 ; unterhalt　　　불 ; alimentaire

부양이라 함은 자기의 자력 또는 노력에 의하여 생활을 유지할 수 없는 자에 대한 경제적 급부(생활비지급·현물제공 등)를 말한다(民§975). 민법상 부양은 생활유지의 부양과 생활질서의 부양으로 나누어진다. 부부사이의 부양(§826①)과 부모와 미성년자 사이의 부양 등이 생활유지의 부양에 속하고 친족사이의 부양(§974Ⅰ, Ⅲ)이 생활질서의 부양에 속한다.

부양청구권(扶養請求權)
독 : Unterhaltsanspruch

부양의무에 기하여 부양을 받을 권리를 말한다. 부양청구권은 (1)부양의무자가 존재하고 또 그 자에게 부양능력이 있는 경우, 즉 부양가능상태와, (2)자기의 자력이나 노력으로는 생활할 수 없는 자의 존재, 즉 부양필요상태가 모두 구비되어 있으면 당연히 발생한다. 부양청구권에 관하여는 학설이 나뉘나, 현실의 이행을 하여야 할 시기는 부양권리자가 부양의 청구를 한 때로서 문제를 처리하는 것이 타당할 것이다. 또 부양청구권의 처분은 금지하고 있다(민법 979조). 이는 신분권으로서는 비교적 재산적 색채가 강하기는 하나 부양이란 이것을 받을 자가 현실적으로 스스로 이를 받아야 할 것이기 때문이다. 따라서 상계에 적합하지 않고(민법 497조), 채권자가 이를 압류할 수도 없으며, 상속의 대상이 되지 않는다(민법 1005조 단서).

부양의무자(扶養義務者)

扶養義務(부양의무)는 다음과 같은 일정한 신분을 가지는 者사이에서만 발생한다. (1) 직계혈족 및 배우자 사이(民§974Ⅰ), (2) 생계를 같이 하는 그 밖의 친족사이(§974 Ⅲ)에서 발생한다. 부양의무자가 수인인 경우에 부양을 할 자의 순위는 먼저 당사자의 협정으로 정하도록 한다(§976①前段). 그러나 협정이 성립되지 않거나 협정할 수 없는 때에는 당사자의 청구에 의하여 가정법원이 그 순위를 결정하고(§976①, 家訴§2①나(2)), 이 경우에 가정법원은 수인을 공동의 부양의무자로서 선정할 수 있다(§976②). 또한 가정법원은 당사자의 협정이나 심판이 있은 후라도 사정변경이 있는 경우에는 당사자의 청구에 의하여 그 협정·심판을 취소 또는 변경할 수 있다(民§978·家訴2①나92)). 부양을 받을 권리자가 수인 있는 경우에 부양의무자의 자력이 그 전원을 부양할 수 없는 때에도 역시 우선 당사자의 협정에 의하고 그 것이 불가능하면 가정법원의 심판에 의하여 정하며, 그 후라도 가정법원은 그 협정이나 심판을 취소 또는 변경할 수 있다(民§976①後段②, §978, 家訴§2①나(2)). 부양액이나 부양방법에 대하여는 먼저 당사자 사이의 협정에 따라 정해지지만 협정이 이루어지지 않으면 당사자의 청구에 의하여 가정 법원이 부양권리자의 생활정도와 부양의무자의 자력 그 밖의 여러 사정을 참작하여 정하게 된다(民§977, 家訴§2①나(2)). 그러므로 사정에 따라서는 생활비를 지급함으로써 할 수 있을 것이고, 의·식·주등 현물을 제공함으로써 할 수도 있다. 扶養請求權(부양청구권)은 讓渡(양도)·入質(입질)·相計(상계)를 할 수 없으며, 代位行使(대위행사)·상속도 할 수 없고, 押留(압류)할 수도 없다.

호주승계(戶主承繼)

호주승계란 사람의 사망 그밖의 일정한 사유를 원인으로 하여 행하여지는 호주권의 승계를 말한다. 호주승계제도는 2005. 3. 31. 민법 개정시에 폐지되었다.

상 속

상속(相續)
영 ; inheritance, succession
독 ; Erbgang, Erbfolge
불 ; héredité succession

상속이란 사망자 등의 재산을 승계하는 것을 말한다. 1990년 1월 13일 법률 제4199호 개정민법의 상속법 구조에서는 호주상속제도를 호주승계제도로 대치하여 그 編別(편별)에서도 호주승계제도는 친족편으로 넘어가게 되었다. 따라서 상속법은 재산상속만 되었다. 따라서 상속법은 재산상속만을 규율하게 되었으며 상속법상 상속은 재산상속만을 의미한다. 상속의 형태로는 상속인을 법정하는 法定相續主義(법정상속주의)와 상속인에게 선출하게 하는 自由相續主義(자유상속주의)가 있는데 법정상속주의에는 單獨相續(단독상속)과 共同相續(공동상속)이 있다.

단독상속(單獨相續)

공동상속에 상대되는 개념으로, 상속인이 1인으로 한정되어, 피상속인의 가장으로서의 지위나 전 유산을 단독으로 승계하는 상속형태를 말한다. 우리 민법은 재산상속에 있어 공동상속으로 하고 있다.

자유상속주의(自由相續主義)

누구를 상속인으로 할 것인가 피상속인의 자유의사에 맡겨진 立法主義(입법주의)으로, 법정상속주의에 對하는 주의이다. 상속은 주로 재산의 상속이므로 소유권의 자유·계약의 자유와 연계되어 遺贈

(유증)의 자유가 인정되기에 이르렀고, 英美法系에서 상속인의 선정도 피상속인의 자유의사에 맡기고 있다. 거기에서는 상속순위의 규정은 상속인의 지정이 없는 경우의 보충적 규정이 된다. 그러나 영미법에서도 부당한 유언의 효력은 제한되므로, 결과적으로는 大陸法系(대륙법계)와 별 차이가 없다.

상속법
영 ; law of inheritance or succession
독 ; Erbrecht
불 ; droit de succession

상속에 관한 법률관계를 규율하는 법규의 총체이다. 친족법과 함께 가족법(신분법)을 구성한다. 우리 나라 현행상속법의 주된 규정은 민법 제5편에 있으며 家事訴訟法(가사소송법) 등 기타의 법령 중에도 상속에 관한 규정이 많이 포함되어 있다. 상속법은 1977년 12월 31일(법률 제3051호)에도 상속분의 조정, 遺留分制度(유류분제도)의 신설 등 큰 재정이 있었으며, 그후 10여년만인 1990년 1월 13일에 다시 개정((법률 199호)이 이루어졌다. 즉 개정된 상속에서는 戶主相續制度(호주상속제도)가 폐지되고 戶主承繼制度(호주승계제도)로 변화되었으며, 그 編別(편별)에 있어서도 호주승계제도는 친족편으로 넘어가는 등 대폭적인 개정이 단행되었다. 이에 따라 구조면에서 현대상속법의 체계를 갖추게 되었다. 즉 현행 제5편「상속」이란 표제는 제2장 財産相續(재산상속)의 머리로 옮겨지고, 제1장 相互相續(상호상속)은 제8장 戶主相續(호주상속)으로 하여 친족편에 속하게 되었다. 개정 상속법상 상속은 재산상속을 의미하기 때문에 현행법 제2장 재산상속이 제5편 상속 제1장 상속으로 되고(§997~§1059), 제2장 유언(§1060~§1111), 제3

장 遺留分(§1112~§1118)으로 상속법이 구성된다. 또한 2002. 1. 14에도 상속회복청구권이 기간 상속인의 승인, 포기의 기간, 법정단순승인에 대한 개정이 이루어졌고, 2005. 3. 31.에도 상속결격사유(§1004), 한정승인의 방식(§1030), 배당변제(§1034) 등에 대한 개정이 이루어졌다.

유산채무(遺産債務)

상속재산의 일부를 이루는 채무, 피상속인이 지고 있던 채권자에 대하는 채무와, 피상속인의 사망에 의해 발생한 受遺者(수유자)에 대하는 채무의 兩者(양자)를 포함한다. 학문상의 용어로 민법에는 없다.

상속재산(相續財産)
독 ; Erbschaft, Nachlass
불 ; succession

상속에 의하여 개개의 상속인이 계승하는 재산을 포괄적으로 부르는 말이다. 피상속인이 가진 所有權(소유권)·債權(채권)등의 積極財産(적극재산)과 함께 피상속인이 지고 있던 債務(채무)·遺贈(유증)에 의한 채무 등의 소극재산도 포함한다. 상속재산은 보통 상속인의 고유한 재산과 혼동해 버리지만 상속의 限定承認(한정승인)·財産分離(재산분리)·상속재산의 파산 등에 의하여 그 청산을 행할 경우는 상속인의 고유한 재산으로부터 분리된 일종의 特別財産(특별재산)으로 취급된다. 그리고 遺産分配의 공동재산은 共有(공유)라고 하나(民§1006), 학설상으로는 合有(합유) 또는 合有債權關係(합유채권관계)라고 하는 설이 있다. 상속재산을 구체적으로 살펴보면 다음과 같은 것이 있다. (1) 상속재산에 들어가는 것 : 권리로서는 所有權(소유권)·地上權(지상권)·抵當權(저당권)·質權(질권)·占有權(점유권) 등의 物權(물권), 賣買(매매)·贈與(증여)·消費貸借(소비대차)·賃貸借(임대차)·都給契約(도급계약) 등에 의거한 채권, 著作權(저작권)·特許權(특허권)·實用新案權(실용신안권)·디자인권·商標權(상표권) 등의 無體財産權(무체재산권)과 社員權(사원권)이 있다. 또 의무로서는 금전채무는 물론, 피상속인이 부담하고 있던 매도인으로서의 담보책임, 불법행위나 채무불이행으로 인한 損害賠償義務(손해배상의무), 계약의 해제나 해지를 받는 지위등이다. (2) 상속재산에 들어가지 않는 것 : 一身專屬權(일신전속권)은 상속인에게 승계되지 아니한다(§1005但). (3) 상속재산에 들어가는지, 아닌지가 의심스러운 것 : 殺害(살해)·致死(치사)등을 당한 때의 慰藉料(위자료)(정신적 고통의 손해배상) 청구권은 판례에 의하면 피해자가 청구의 포기를 표시하고 사망한 때 이외에는 상속인에게 승계된다. 다만 피해자가 사망의 순간에 「분하다」고 하는 말을 남기는것(청구의 의사)을 필요로 한다고 한다.

상속인의 순위(相續人의 順位)

피상속인으로부터 상속재산을 승계하는 者를 상속인이라 하는데 상속인의 상속순위는 다음과 같다. (1) 제1순위자 : 제1순위의 상속인은 피상속인의 직계비속과 피상속인의 배우자이다(民§1000①). 피상속인의 직계비속이면 되고, 남녀에 의한 차별, 혼인중의 子와 혼인외의 子에 의한 차별, 연령의 고하에 의한 차별 등을 인정하지 않는다. 피상속인의 배우자

는 피상속인의 직계비속과 직계존속이 있는 경우에는 그 상속인과 동순위로 공동상속인이 되고 그 상속인이 없는 때에는 단독상속인이 된다(§1003①). 피상속인의 배우자의 상속분은 직계비속 또는 직계존속과 공동으로 상속할 때는 직계비속존속의 상속분의 5할을 가산한다(§1009②). 태아는 상속순위에 관하여는 이미 출생한 것으로 본다(§100③). (2) 제2순위자 : 제2순위자의 상속인은 피상속인의 직계존속이다. 피상속인의 직계존속이면 어떠한 차별도 없다. 직계존속이 수인있는 경우에는 최근친을 선순위로 하고 동일한 寸數의 상속인이 數人 있는 경우에는 동순위로 공동상속인이 된다(§1000②). (3) 제3순위자 : 제3순위의 상속인은 피상속인의 형제자매이다(§1000①Ⅲ). 피상속인의 형제자매이면 되고 어떠한 차별도 없다. 형제자매가 數人있는 경우에는 동순위로 공동상속인이 된다(§1000②後段). (4) 제4순위자 : 제4순위의 상속인은 피상속인의 4촌 이내의 傍系血族이다(§1000①Ⅳ). 4寸이내의 방계혈족 사이에서는 近親者에 우선하여 상속인이 되고, 같은 촌수의 혈족이 數人있는 경우에는 동순위로 공동상속인이 된다. 그리고 여자에 대하여 상속분상의 차별도 없으며 相續順位上으로는 아무런 차별도 없다. 이 경우에도 역시 태아는 이미 출생한 것으로 간주한다.

상속권(相續權)

상속권은 민법상 두 가지 의미로 사용된다. (1) 相續開始前 相續權(상속개시전 상속권) : 상속개시전에 추정상속인이 가지는 상속에 대한 期待權(기대권)으로서 현상대로 상속이 개시되면 상속인이 될 수 있다는 불확정한 권리이다. (2) 상속개시

후 상속권 : 상속의 결과 상속인이 취득한 포괄적인 권리로서(民§1005) 상속개시에 의하여 발생하는 확정적인 권리이다.

상속회복청구권(相續回復請求權)
라 ; hereditatis petitio
독 ; Erbschaft anspruch, Erbschaftsklage
불 ; pétition d'héredité

상속권이 없음에도 사실상 상속의 효과를 보유하는 僭稱(참칭) 상속인에 대하여 진정한 상속인이 상속권의 확인을 요구하고 아울러 재산의 반환과 같은 상속의 효과 회복을 청구하는 권리(民§999)이다. 자격을 상실한 상속인 또는 僭稱相續人(참칭상속인)이 상속재산을 점유하고 있다고 하면 惡意(악의)의 경우는 물론이고, 비록 선의일지라도 眞正相續人(진정상속인)의 상속권을 침해한 것이 된다. 그래서 진정상속인은 참칭상속인에 대하여 침해된 상속권의 회복을 청구할 수 있게 된다. 청구권자는 상속인 또는 그 법정대리인이고 상대방은 참칭상속인이다. 다만, 참칭상속인으로부터 상속재산을 양수한 제3자가 있으면 그 제3자고 상대방이 된다. 다만 상속회복청구권은 그 침해를 안 날로부터 3년, 상속권의 침해행위가 있은 날부터 10년을 경과하면 소멸된다(§999).

대습상속(代襲相續)
독 ; Repräsentation
불 ; succession pararepresentation

推定相續人(추정상속인)인 직계비속이 상속개시전에 사망 또는 相續缺格(상속결격)으로 인하여 상속권을 상실한 경우에 그 者의 직계비속이 그 者에 갈음하여 상속하는 것이다. 이전에는 호주상속 개시 전에 호주상속인이 될 직계비속 남자가 사망하거나 결격자로 된 경우에, 그 직계비속인 남자가 있는 때에 한하여 그 직계비속이 사망하거나 결격된 자의 순위에 갈음하여 호주상속인이 되게 규정했었으나 1990년 1월 13일 법률 제419호 개정민법에서 삭제되었다. 따라서 현행민법상 대습상속이란 재산상속개시 전에 상속인이 될 직계비속 또는 형제자매가 사망하거나 결격자로 된 경우에 그 자에게 직계비속이 있으면 그 직계비속에 갈음하여 그 직계존속(被代襲者)과 동순위로 상속인이 되는(民§1001) 경우의 상속을 말한다. 이는 직계비속 사이에서는 촌수가 가까운 자가 우선한다는 원칙에 대한 예외를 인정한 것이다. 이 代襲相續(대습상속)을 承祖相續(승조상속)이라고도 한다. 이에 대하여 추정상속인이 그대로 상속하는 경우를 本位相續(본위상속)이라고 한다. 또 민법은 피대습자의 배우자에게도 대습상속권을 인정하여(§1003②), 그 상속상의 지위를 강력하게 보호하고 있다. 즉 민법은 直系卑屬(직계비속)·형제자매배우자에 대하여 대습상속을 인정하고 있다.

> 민법 제1000조 제1항, 제1001조, 제1003조의 각 규정에 의하면, 대습상속은 상속인이 될 피상속인의 직계비속 또는 형제자매가 상속개시 전에 사망하거나 결격자가 된 경우에 사망자 또는 결격자의 직계비속이나 배우자가 있는 때에는 그들이 사망자 또는 결격자의 순위에 갈음하여 상속인이 되는 것을 말하는 것으로, 대습상속이 인정되는 경우는 상속인이 될 자(사망자 또는 결격자)가 피상속인의 직계비속 또는 형제자매인 경우에 한한다 할 것이므로, 상속인이 될 자(사망자 또는 결격자)의 배우자는 민법 제1003조에 의하여 대습상속인이 될 수는 있으나, 피대습자(사망자 또는 결격자)의 배우자가 대습상속의 상속개시 전에 사망하거나 결격자가 된 경우, 그 배우자에게 다시 피대습자로서의 지위가 인정될 수는 없다(**대법원 1999. 7. 9. 선고 98다64318, 64325**).

상속결격(相續缺格)

라 ; indignitas(successionis)
독 ; Erbunwürdigkeit
불 ; indignité

상속결격이란 일정한 사유(결격사유)가 있을 경우에 법률상 당연히 상속인으로서의 자격을 상실하는 것을 말한다. 민법은 상속인으로서의 결격자를 다음과 같은 者로 규정하고 있다(民§1004). (1) 고의로 직계존속·피상속인·그 배우자 또는 상속의 선순위자나 동순위에 있는 者를 살해하거나 살해하려 한 者, (2) 고의로 直系尊屬(직계존속), 被相續人(피상속인)과 그 배우자에게 상해를 가하여 사망에 이르게 한 者, (3) 詐欺 또는 强迫으로 피상속인의 상속에 관한 유언 또는 유언의 철회를 방해한 者, (4) 사기 또는 강박으로 피상속인의 상속에 관한 유언을 하게 한 者, (5) 피상속인의 상속에 관한 遺言書(유언서)를 위조·변조·파기 또는 은닉한 자 등은 상속인으로서의 자격을 상실한다.

단독상속(單獨相續)

상속인이 재산 전체를 상속 1인으로 하는 상속형태이다. 공동상속에 대하는 말이다. 長子相續(장자상속)·末子相續(말자상속) 등이 있다. 身分相續(신분상속)에 있어서는 그 성질상 단독상속이 행해지나 근대의 재산상속에 있어서는 일반적으로 공동상속이 이루어지고 있다.

말자상속(末子相續)

영 ; ultimogeniture

막내아들이 단독상속하는 상속형태로 장자상속에 대한다. 일반적인 것은 아니나 분포지역은 비교적 넓다고 한다. 성숙한 아들이 차례로 집을 떠나는 결과 마지막에 남은 아들이 家를 계승하는 데서 생긴 제도로서 유목민족들에게서 자주 볼 수 있다.

일자상속(一子相續)

독 ; Anerbenrecht

일자상속은 단독상속의 뜻으로도 사용되나 Anerbenrecht의 역어로서 사용되는 것이 보통이다. 이것은 균분상속에 의한 농지의 세분화를 방지하기 위하여 中世(중세) 및 近世(근세)의 독일 농민간에 행해진 상속형태인바, 일자상속인(대개는 장남)이 농지 그밖의 농업자산을 상속함과 동시에 다른 자녀에게 그 보상으로 현금 또는 연금을 주는 것이다. 그 경우 일자상속인은 상속분에서 우대되는 것이 보통이다(3분의 1인 Voraus 등). 일종의 공동상속이지만 실질적으로는 단독상속과 공동상속의 중간적 성질을 가진다.

공동상속(共同相續)

공동상속이란 상속인이 數人있는 경우에 상속재산을 그 상속분에 따라 분할하게 될 것이나 그 분할까지는 全 相續人의 공유로 되고(民§1006), 수인의 상속인이 각자의 상속분에 따라 피상속인의 권리의무를 승계하는 상속형태를 말한다(§1007). 상속인이 1인만 있는 경우에는 그 1인이 전상속재산을 승계한다(單獨相續). 그러나 실제에 있어서는 상속인이 수인있는 경우가 많다. 이 경우에는 상속재산은 그 상속인의 상속분에 따라 분할하게 되는데 그 분할까지는 전상속인의 공유로 한다(§1006). 그러나 본조에서 명시된 「共有」(§262~§270)로 볼것인가

(共有説) 또는 「合有」(§271~§274)로 해석해야 할 것인가(合有説)에 관하여 견해가 나누어진다. 이는 공동상속의 본질문제로서 상속재산의 공동소유적 귀속에 대한 우리나라의 다수설은 공유설이다. 민법상 상속재산의 공동소유형태를 공유로 본다면 상속재산전체에 대한 공동소유관계는 성립될 수 없고, 개개의 상속재산에 대하여 각 공동상속인이 그 상속분에 따라 지분을 가지며(§262) 그 지분은 상속재산의 분할 전에 단독으로 자유처분할 수 있다(§268). 또 채권채무도 그 목적이 可分(가분)하다면 법률상 당연히 각 공동상속인에게 분할되는 것이 원칙이다(§408). 이에 대하여 少數説로서 合有説(합유설)이 있다. 민법상 상속재산의 공동소유형태를 합유로 본다면 공동상속인은 전상속재산에 대한 상속분을 가지므로(§271①), 개개의 상속재산에 대한 상속분을 가지지 못하고, 설사 가진다고 하더라도 그것을 임의로 처분할 수 없다(§273). 또 채권채무는 상속재산이 분할되기까지 상속재산에 포함되어 공동상속인에게 不可分的(불가분적)으로 귀속된다. 공유설이 타당하다고 생각된다. 판례도 분할할 수 없는 채권은 별도로 하고 분할가능한 예금채권 등은 상속분에 따라 분할 귀속된다고 해석하고, 대체로 「共有(공유)」로 보고 있다.

공동상속인(共同相續人)
독 ; miterbe   불 ; coheritier

상속재산을 공동상속하는 상속인을 말한다. 각 공동상속인의 상속분에 따라서 피상속인의 권리 · 의무를 계승한다(民§1007). 상속재산은 일단 공유가 되지만(§1006), 유산의 분할에 의하여 상속이 개신된 때에 소급하여 각인에게 귀속한다(§1015).

기여분(寄與分)

공동상속인 중 상당한 기간 동거·간호 그밖의 방법으로 피상속인을 특별히 부양하거나 피상속인의 재산의 유지 또는 증가에 특별히 기여한 자가 있는 경우에는 상속분산정에 있어서 그 기여분을 가산하여 주는 제도이다(民§1008의2). 상속인간의 공평을 유지하기 위하여 타당한 것이다. 寄與分制度는 1990년 1월 13일 법률 제4199호 개정민법에서 그 필요성이 인정되어 채택된 제도이다. 기여분을 청구할 수 있는 者는 상속인에 한한다. 상속인 이외의 者, 예컨대 사실혼 배우자나 사실상의 養子(양자)는 기여분청구권자가 될 수 없다. 기여분은 먼저 공동상속인의 협의로 정하고(§1008의 2①), 협의가 되지 않거나 협의할 수 없는 때에는 가정법원이 기여자의 청구에 의하여 정한다(§1008의②). (家事訴訟法). 가정법원은 기여의 시기, 방법 및 정도와 상속재산의 額 그밖의 사정을 참작하여 기여분을 정한다(§1008의2②). 이것은 기여분이 절대적인 가액으로서 독립하여 산정될 수 있는 성질의 것이 아니고 다른 상속인과의 상대적 관계에서 정해진다는 것을 밝힌 것이다. 한편 기여분은 상속이 개시된 때의 재산가액에서 유증의 가액을 공제한 액을 넘지 못한다고 제한하고 있다(§1008의2③). 이것은 유증이 기여분보다 우선한다는 것으로 기여분을 상속채권과 같이 절대적인 것으로 오인할 가능성을 미리 방지한 것이다. 상속개시 후의 기여에 대해서는 본조의 문언으로 보아 부정하여야 할 것으로 생각되나 실정을 보면 상속개시 후 장기에 걸쳐 상속재산의 분할이 완료되는 경우가 있고, 따라서 이런 기간에 공동상속인 중의 1인이 재산관리를 충실하게 하여 상속재산의 유지를 하였다면 획일적으로 부정할 필요는 없을 것이다.

상속분(相續分)
독 ; Erbteil

동순위의 공동상속인 각자가 전상속재산에 대하여 가지는 승계의 비율을 말한다(民§1009). 일반적으로는 그 비율을 말하지만 그 비율에 의하여 구체적인 數額인 지분을 상속분이라고도 한다. 다만 어느 것이나 구체적인 재산이 아니고 추상적인 재산의 범위를 가리킨다. 상속분은 민법의 규정에 의하여 정해진다(法定相續分).

양수상속분(讓受相續分)

상속인이 수인있는 경우에 그 공유에 속하는 상속재산에 대하여 분할 전 각자의 상속분을 타인에게 양도하는 것은 자유이나, 이것을 무조건으로 허용하면 제3자가 상속재산의 분할에 참여하게 되어, 다른 공동상속인에게 중대한 영향을 미치게 되므로, 민법은 공동상속인중에 그 상속분을 제3자에게 양도한 자가 있는 때에는 다른 공동상속인이 그 가액과 양도비용을 상환하고 그 상속분을 양도할 수 있도록 한 것을 말한다(민법 1011조 1항). 이 제도는 가중심적인 가산옹호의 제도로서 부당하며, 실제에 있어서도 이용될 가능성이 적은 것으로서 폐지하는 것이 입법론상 타당하다.

지정상속분(指定相續分)

피상속인은 우선 유언에 의하여 유증의 형식으로 상속분을 지정할 수 있는데, 이 지정에 의하여 정해진 相續分(상속분)이 指定相續分(지정상속분)이다. 지정상속분은 상속인의 遺留分(유류분)을 침해하지 않으면 어떠한 비율로도 지정할 수 있다.

법정상속분(法定相續分)

유증의 형식을 통하여 피상속인의 상속분에 대한 지정이 없는 경우에 민법의 규정에 의하여 결정되는 相續分(상속분)이다. 우리 민법은 동순위의 상속인이 數人(수인) 있는 때에는 그 상속분은 균분하는 것을 원칙으로 한다(民§1009①). 그러나 다음과 같은 예외가 있다. (1) 피상속인의 배우자의 상속분은 直系卑屬(직계비속)과 공동으로 상속하는 때에는 직계비속의 상속분의 5할을 가산하고, 직계존속과 동등으로 상속하는 때에도 직계존속의 상속분의 5할을 가산한다(§1009②). (2) 代襲相續人(대습상속인)의 상속분은 피대습상속인의 상속분에 의한다(§1010①). 그리고 피대습상속인의 직계비속이 수인인 때에는 그 상속분은 피대습상속인의 상속분의 한도에서 전술한 방법(§1009)에 의하여 결정된다(§1010②전단). 배우자가 대습상속하는 경우(§1003②)에도 동일하다(§1010②후단). 그리고 공동상속인 중에 피상속인으로부터 재산의 증여 또는 유증을 받은 者는 特別受益者(특별수익자) 그 受贈財産(수증재산)이 자기의 상속분에 달하지 못한 때에는 부족한 부분의 한도에서 상속분이 있다(§1008). 공동상속인 중에 피상속인의 재산유지 또는 증가에 특별히 기여한 者(피상속인을 특별히 부양한 者 포함)가 있을 때에는 상속개시 당시의 피상속인의 재산가액에서 공동상속인의 협의로 정한 그 者의 기여분을 공제한 것을 상속재산으로 보고 법정상속분 및 대습상속분에 의하여 산정한 상속분에 기여분을 가산한 액으로써 그 자의 상속분으로 한다.

그리고 그것이 협의되지 않거나 협의할 수 없을 때에는 가정법원이 기여자의 청구에 의하여 여러 가지의 사정을 참작하여 기여분을 정한다. 그 기여분은 상속이 개시된 때의 피상속인의 재산가액에서 유증의 가격을 공제한 額을 넘지 못한다(§1008의2).

포괄승계(包括承繼)
독 ; Universalsukzession,
　　　Gesamtnachfolge

포괄승계란 상속인이 상속개시된 때로부터 피상속인에게 일신전속적인 것을 제외하고 그 재산에 관한 포괄적 권리의무를 승계하는 것을 말한다(民§1005). 포괄승계는 상속개시의 때, 즉 상속인이 사망한 때에 행하여지며 따로 상속인의 의사표시나 신고를 필요로 하지 않고 개시된다. 포괄승계의 대상이 되는 재산에는 一身專屬權(일신전속권)을 제외한 모든 재산적 가치있는 권리 및 의무(의무의 경우에는 상대방<권리자>에서 보아 재산적 가치가 있으면 된다)이다. 包括承繼(포괄승계)한 상속재산은 상속인이 이전부터 가지고 있던 재산과 마찬가지로 상속인의 재산을 구성하게 되는데, 부동산의 경우에는 등기를 필요로 하지 않으나(§187본문) 등기를 하지 아니하면 이를 처분하지 못한다(§187但). 記名柱式(기명주식)인 때에는 名義改書(명의개서)(商§337①)가 없으면 제3자에 대항하지 못한다. 또 墳墓(분묘)에 속한 1정보 이내의 禁讓林野(금양임야)와, 600평 이내의 墓土(묘토)인 농지, 族譜(족보)와 祭具(제구)의 소유권은 제사를 주재하는 자에게 승계된다(民§1008의3).

상속재산분할(相續財産分割)
독 ; Auseindersetzung der Erbschaft
불 ; partage

공동상속의 경우에 일단 그 상속인의 공유가된 유산을 상속분에 따라 분할하여 각 상속인의 재산으로 하는 것이다(民§1012~§1018). 상속재산의 분할요건은 (1) 상속재산에 대하여 共同所有關係(공동소유관계)가 있어야 한다. (2) 공동상속인이 확정되어야 한다. (3) 분할의 금지가 없어야 한다. 피상속인은 유언으로 상속재산의 분할방법을 정하거나, 또는 이를 정할 것을 제3자에게 위탁할 수 있는데 이 경우 공동상속인의 협의에 의하나, 협의가 조정되지 않으면 가정법원에 분할청구를 신청한다(家訴§2). 그러나 피상속인 또는 법원은 일정기간, 즉 상속개시의 날로부터 5년을 초과하지 않는 기간 내에서만 상속재산의 분할을 금지할 수 있다(民§1012). 분할을 청구할 수 있는 者는 상속을 승인한 공동상속인이다. 포괄적 수증자도 분할을 청구할 수 있다(§1078). 공동상속인의 대습상속인 또는 상속분을 양도받은 제3자 및 상속인의 채권자도 상속인에 대위하여 분할 청구를 할 수 있다. 분할은 상속재산에 속하는 물건·권리의 종류 및 성질·각 상속인의 직업 그밖의 모든 사정을 참작하여 행한다. 따라서 일반의 공유물의 분할과 같이 현물분할의 원칙으로 하는 것이 아니라 어느 者가 田畓(전답)을 취하고, 다른 자가 현금을 취한다는 價格分割(가격분할)이라도 무방하다. 판례는 성질상 나눌 수 있는 金錢債權(금전채권)이나 金錢債務(금전채무)는 상속개시와 동시에 분할된다고 하지만 학설은 반대한다. 분할의 효력은 상속개시된 때에 소급하나 그 때까지는 제3자가 취득할 권리는 해치지 못한다(§1015).

상속재산을 분할하는 방법에는 지정분할·협의분할·법원분할의 3가지가 있다. (1) 指定分割(지정분할) : 피상속인은 유언으로 상속재산의 분할방법을 정하거나 이를 정할 것을 제3자에게 위탁할 수 있다(民§1012前段). (2) 協議分割(협의분할) : 공동상속인은 피상속인에 의한 지정분할이 없을 때에는 분할요건이 갖추어져 있는 한, 언제든지 그 협의에 의하여 분할을 할 수 있다(§1013①) (3) 法定分割(법정분할) : 상속재산의 분할방법에 관하여 협의가 성립되지 않는 경우에는 전부 또는 일부의 공동상속인은 가정법원에 그 분할을 청구할 수 있다(§1013, §269①). 또한 상속재산을 현물로써 분할 할 수 없거나 분할로 인하여 현저히 그 가액이 멸손될 염려가 있을 때에는 법원은 그 물건의 경매를 명할 수 있다(§1013②, §269②).

> 상속재산의 협의분할은 공동상속인 간의 일종의 계약으로서 공동상속인 전원이 참여하여야 하고 일부 상속인만으로 한 협의분할은 무효라고 할 것이나, 반드시 한 자리에서 이루어질 필요는 없고 순차적으로 이루어질 수도 있으며, 상속인 중 한사람이 만든 분할 원안을 다른 상속인이 후에 돌아가며 승인하여도 무방하다(대법원 2004. 10. 28. 선고 2003다65438, 65445).

대상분할(代償分割)

상속재산의 성질상 분할할 수 없을 때 상속인 중 1인이 취득하고 나머지 상속인에게 그 지분을 금전으로 지급하는 방식을 말한다. 이 방법은 현물분할이나 현금화(환가) 분할을 피하는 것이 좋은 때에 적당한 방법이므로 상속재산이 농지·공장·병원·점포와 같은 것으로서 그 후계자인 상속인의 소유로 하는 것을 다른 공동상속인들도 원하는 경우를 대비한 방법이다. 대상분할을 할 경우에 가장 문제되는 것은 채무자의 지급능력이다. 제도의 취지에 따라 일괄지급이 좋겠지만, 지급능력이 부족한 때에는 분할지급도 인정해야 할 것이다. 분할지급의 이익을 주었으므로 다른 일방에게는 이자의 이익을 주어야 하는 것이 당연하다.

상속재산분할효과 (相續財産分割效果)

상속재산의 분할효과로는 분할의 遡及效(소급효)·分割(분할) 후 피인지자의 請求權(청구권)·共同相續人擔保責任(공동상속인담보책임)으로 나누어 볼 수 있다. (1) 분할의 소급효 : ㉮ 상속재산의 분할은 상속이 개시된 때에 소급하여 그 효력이 발생한다(民§1015본문). 이것은 상속재산을 분할하면 각 공동상속인에게 귀속되는 재산은 상속개시 당시에 이미 피상속인으로부터 직접분할을 받은 자에게 이전하여 승계된 것으로 보는 것을 의미한다. ㉯ 상속재산분할의 소급효는 제3자의 권리를 해칠 수 없다(§1015但). 상속개시부터 분할시까지 상속재산에 관하여 행한 제3자의 거래안전을 보호하기 위하여 이 규정을 둔 것이다. (2) 분할후의 피인지자 등의 청구권 : 인지 또는 裁判確定(재판확정)에 의하여 공동상속인이 된 자는 분할 기타의 처분을 한 공동상속인에 대하여 그 상당분에 상당한 가액의 지급을 청구할 수 있다(§1014). 이 청구권은 일종의 相續回復請求權(상속회복청구권)이다. (3) 共同相續人(공동상속인) 사이의 擔保責任(담보책임) : ㉮ 공동상속인은 다른 공동상속인이 분할로 인하여 취득한 재산에 대하여 그 상속분에 따라서 매도인과 같은 담보책임이 있다(§1016). 매도인과 같은 담보책임이란 追奪(추탈) 및 하자담보책임을 말한다. 그 내용에는 손해배상책임과 분할계약의 전부 또는 일부의 解除請求權(해제청구권)까지도 포함한다. ㉯ 相續債務者(상속채무자)의 자력에 대한 擔保責任(담보책임) : 공동상속인은 다른 공동상속인이 분할로 인하여 취득한 채권에 대하여 분할당시의 채무자의 자력을 담보한다(§1017①). 辨濟期(변제기)에 달하지 아니한 채권이나 停止條件附債權(정지조건부채권)에 대하여는 변제를 청구할 수 있는 때의 채무자의 자력을 담보한다(§1017②). ㉰ 無資力共同相續人(무자력공동상속인)의 擔保責任分擔(담보책임분담) : 담보책임 있는 공동상속인 중에 상환의 자력이 없는 者가 있는 때에는 그 부담부분은 求償權者(구상권자)와 자력 있는 다른 공동상속인이 그 상속분에 응하여 분담한다(§1018本文). 그러나 구상권자의 과실로 인하여 상환을 받지 못하는 때에는 그 손해는 구상권자 자신이 부담해야하고 다른 공동상속인에게 그 분담을 청구할 수 없다(§1018但).

상속의 승인(相續의 承認)
독 ; Annahme der Erbschaft
불 ; acceptation de la succession

상속개시 후에 상속인이 상속을 수락하는 의사표시를 하는 것이다. 상속은 사람의 사망에 의하여 당연히 개시되지만 유산이 債務超過(채무초과)인 경우에는 상속인에게 不利益(불이익)하게 되므로 민법은 상속의 承認(승인)·抛棄(포기)를 상속인의 의사에 의하여 선택시킨다(民§1019~

§1044). 상속의 승인에는 상속인이 아무런 이의 없이 피상속인의 채무에 대하여 무한책임을 지는 單純承認(단순승인)과 피상속인의 채무에 대하여 상속에 의하여 얻은 재산을 한도로 하는 有限責任(유한책임)을 지는데 그치는 限定承認(한정승인)의 두 가지가 있다. 상속의 승인은 법률행위이므로 상속인이 무능력자인 경우에는 법정대리인이 동의하여야 하며, 동의 없는 승인은 나중에 취소할 수 있다. 또 승인은 상속재산의 전부에 대하여 하며, 그 일부에 대해서만 하는 것은 허용되지 아니한다. 또 승인은 相續開始있음을 안 날로부터 원칙으로 3개월 이내에 함을 요하며(§1019①본문), 승인을 할 때까지는 자기의 고유재산에 대하는 것과 동일한 주의로써 상속재산을 관리하여야 한다(§1022본문).

단순승인(單純承認)

단순승인이란 상속인이 상속재산의 승계를 무조건적으로 受諾하는 것을 말한다. 단순승인으로 상속인은 피상속인의 권리·의무를 승계하게 되고(民§1025), 나중에 취소(철회)할 수 없게 된다. 그리고 상속재산과 상속인의 고유재산은 완전히 일체화된다. 상속인은 상속개시가 있음을 안 날로부터 3월 내에 단순승인을 할 수 있고, 이 기간은 이해관계인 또는 검사의 청구에 의하여 가정법원이 연장할 수 있다(§1019①). 단순승인에는 특별한 신고를 요하지 아니한다. 다음의 사유가 있는 경우에는 상속인이 단순승인을 한 것으로 보게 된다(§1026). 즉 (1) 상속인이 상속재산에 대한 처분행위를 한 때, (2) 상속인이 상속개시 있음을 안 날로부터 3월내에 限定承認(한정승인) 또는 포기를 하지 아니한 때, (3) 상속인이 한정승인 또는 포기를 한 후에 상속재산을 은닉하거나 부정소비를 하거나 고의로 재산목록에 기입하지 아니한 때 등이다. 그러나 상속인이 상속을 포기함으로 인하여 次順位相續人(차순위상속인)이 상속을 승인한 때에는 위의 (3)의 사유는 상속의 승인으로 보지 아니한다(§1027). 상속인은 단순승인을 하기 전에 상속재산을 조사할 수 있고(§1019 2항), 상속인이 상속채무가 상속재산을 초과하는 사실을 중대한 과실없이 승인기간내에 알지 못하고 단순승인을 한 경우에는 그 사실을 안 날로부터 3월 내에 한정승인을 할 수 있다.(민법 제1019조 3항, 1026조)

법정단순승인(法定單純承認)

상속인이 상속재산을 자기의 고유재산과 혼합하거나 상속재산을 처분한 후에 한정승인 또는 포기를 하면 상속채권자가 손해를 입을 염려가 있으므로, 이러한 사유가 있는 때에 상속인은 한정승인이나 포기를 못하게 하여 당연히 단순승인 한 것으로 한다. 이것을 법정단순승인이라고 하는데, 다음과 같은 경우가 이에 해당한다. 즉 (1)상속인이 상속재산에 대한 처분행위를 한 때(민법 1026조 1호), (2) 상속인이 상속개시있음을 안 날로부터 3월내에 한정승인 또는 포기를 하지 아니한 때(민법 1026조 2호) (3) 상속인이 한정승인 또는 포기를 한 후에 상속재산을 은닉하거나 부정소비하거나 고의로 재산목록에 기재하지 않은 때(민법 1026조 3호) 등의 경우는 단순상속으로 본다. 그리하여 상속의 원칙적 효과가 발생하고 상속인은 상속채무에 대해서도 무한책임을 지게 되며, 상속채권자는 상속재산에 대하여 각각 강제집행을 할 수 있다. 단순승인이 확정되면, 설사 그 후에 한정승인·포기의 신고가 수리되어도 그것은 무효이다.

한정승인(限定承認)

限定承認(한정승인)이란 상속인이 상속재산의 한도에서 피상속인의 채무와 유증을 변제한다고 하는 조건을 붙여서 상속을 수락하는 것을 말한다(民§1028). 한정승인은 상속개시가 있음을 안 날(보통은 피상속인의 사망의 날)로부터 3개월 이내에 상속재산의 목록을 첨부하여 가정법원에 신고하여야 한다(§1030①). 상속채무가 상속재산을 초과하는 사실을 과실없이 알지 못하여 단순승인을 하였다가 다시 한정승인을 하는 경우(§제1019③) 상속재산 중 이미 처분한 재산이 있는 때에는 그 목록과 가액을 함께 제출하여야 한다(§1030②). 상속인이 數人인 때에는 각 상속인은 그 상속분에 응하여 취득할 재산의 한도에서 그 상속분에 응한 피상속인의 채무와 유증을 변제할 것을 조건으로 상속을 승인할 수 있다(§1029). 한정승인이 있으면 한정승인자는 승인을 한 날로부터 5일 내에 상속채권자와 수증자에 대하여 일정한 기간(2개월 이상으로 하여야 한다)내에 그 채권 또는 受贈(수증)을 신고하지 않으면 청산에서 제외한다고 하는 공고를 하고(§1032①), 이에 응한 者에게 변제를 한다. 그러나 이 공고와는 별도로 알고 있는 채권자에 대하여는 각각 그 채권신소를 최고하여야 하며 또 알고 있는 채권자를 그냥 청산에서 제외할 수는 없다(§1032②, §89). 변제는 제1로 저당권 등의 우선권을 가진 채권자, 제2로 一般債權者(일반채권자), 제3으로 受贈者(수증자), 제4로 신고를 하지 아니한 채권자의 순으로 한다(§1034~§1040).

상속의 한정승인은 채무의 존재를 한정하는 것이 아니라 단순히 그 책임의 범위를 한정하는 것에 불과하기 때문에, 상속의 한정승인이 인정되는 경우에도 상속채무가 존재하는 것으로 인정되는이상, 법원으로서는 상속재산이 없거나 그 상속재산이 상속채무의 변제에 부족하다고 하더라도 상속채무 전부에 대한이행판결을 선고하여야 하고, 다만, 그 채무가 상속인의 고유재산에 대해서는 강제집행을 할 수 없는 성질을 가지고 있으므로, 집행력을 제한하기 위하여 이행판결의 주문에 상속재산의 한도에서만 집행할 수 있다는 취지를 명시하여야 한다(**대법원 2003. 11. 14. 선고 2003다30968**).

상속의 포기(相續의 拋棄)

독 ; Ausschlagung der Erbschaft
불 ; renonciationa al succession

상속이 개시된 후에 상속인이 행하는 상속거부의 의사표시이다. 민법은 상속재산이 債務超過(채무초과)인 경우를 고려하여 상속의 승인이나 포기를 상속인에게 선택하게 한다(§1041). 상속의 포기를 할 수 있는 者는 상속권이 있고 또 상속순위상에 해당하는 者에 한한다. 상속인이 상속을 포기한 때에는 이해관계인 또는 검사 등에 의하여 가정법원에 대한 기간연장의 청구가 없는 한, 상속개시된 것을 안 날로부터 3개월 내에 가정법원에 포기의 신고를 하여야 한다(§1041, §1091①). 상속의 포기는 상속이 개시된 때에 소급하여 그 효력이 발생한다(§1042). 따라서 相續拋棄者(상속포기자)는 상속개시 당초부터 상속인이 아닌 것으로 확정된

다. 포기한 상속재산의 귀속은 상속인이 수인인 경우에는 그 상속분은 다른 상속인의 상속분의 비율로 그 상속인에게 귀속된다(§1043). 遺妻와 血族相續人(혈족상속인)을 분리하여 별도로 다루고 있는 민법 제1003조 1항과 제1009조 2항 등을 민법 제1043조의 법문에 적당히 보충하여 해석할 필요가 있다. 즉「상속인이 수인인 경우」란 제1순위의 상속인인 직계비속이라든가 제3순위의 상속인인 형제자매가 數人있는 경우를 의미하며, 또「다른 상속인」중에 유처는 포함되지 않는다. 상속을 포기한 자는 그 포기로 인하여 상속인이 된 자가 상속재산을 관리할 수 있을 때까지 재산의 관리를 계속하여야 한다(§1044①).

유류분을 포함한 상속의 포기는 상속이 개시된 후 일정한 기간 내에만 가능하고 가정법원에 신고하는 등 일정한 절차와 방식을 따라야만 그 효력이 있으므로, 상속개시 전에 한 상속포기약정은 그와 같은 절차와 방식에 따르지 아니한 것으로 효력이 없다(**대법원 1998. 7. 24. 선고 98다9021**).

재산분리(財産分離)

라 ; separatio bonorum
불 ; séparation des patrimonines

재산분리란 상속에 의한 상속재산과 상속인의 고유재산과의 혼합을 방지하기 위하여 상속개시 후에 相續債權者(상속채권자)·受遺者(수유자) 또는 相續人(상속인)의 債權者(채권자)의 청구에 의하여 상속재산과 상속인의 고유재산을 분리하여 상속재산에 관한 청산을 목적으로 하는 재판상의 처분을 말한다. 상속이 개시되면

원칙적으로 상속재산은 상속인은 피상속인의 채권자(相續債權者)나 수유자에 대하여서와 상속인 자신의 채권자에 대하여 혼합된 전 재산을 가지고 변제하여야 한다. 이 경우에 상속인이 채무초과이면, 상속채권자수유자는 상속인의 채권자 때문에 자기의 채권의 완전한 만족을 받지 못하게 될 우려가 있다. 반대로 상속재산이 채권초과이면, 상속인의 채권자가 불리하게 된다. 재산분리는 이와 같은 상속채권자수유자 또는 상속인의 채권자의 불이익을 방지하기 위한 것이다. 가정법원에 대하여 상속재산과 상속인의 고유재산과의 분리를 청구할 수 있는 자는 相續債權者(상속채권자)·受贈者(수증자)·相續人(상속인)의 債權者(채권자)이다(民§1045①). 재산분리의 청구기간은 상속이 개시된 날로부터 3개월 내에 하여야 함을 원칙으로 한다(§1045①). 그러나 상속개시 후 3개월의 기간이 경과하더라도 재산상속인이 승인이나 포기를 하지 않는 동안은 재산분리의 청구를 할 수 있다(§1045②). 재산분리의 대상이 되는 재산은 상속개시 당시에 피상속인에게 속하고 있던 모든 재산이 된다. 상속채권자수증자 또는 상속인의 채권자에 의한 재산분리의 청구가 있는 경우에는 가정법원의 분리명령에 의하여 일정한 절차를 밟아 상속재산과 상속인의 고유재산이 아직 혼합되지 아니한 경우에는 상속인은 그 상태를 유지해야 하고 이미 혼합된 경우에는 두 재산을 분리하여야 한다. 법원에 의하여 재산분리의 명령이 있는 때에는 피상속인에 대한 상속인의 재산상 권리·의무는 소멸되지 않는다(§1050). 따라서 분리된 상속재산과 상속인의 고유재산은 그것이 권리자에게 이전될 때까지 상속인은 관리자로서의 권리의무를 계속하여 지게된다. 또 단순

승인을 한 상속인은 재산분리의 명령이 있는 때에는 상속재산에 대하여 자기의 고유재산과 동일한 주의로써 관리하여야 한다(§1048①). 상속인은 상속재산의 分離請求期間滿了前 또는 상속채권자와 수증자에 대한 공고기간 만료 전에는 상속채권자와 수증자에 대하여 변제를 거절할 수 있다(§1051①). 재산분리의 청구기관과 상속채권자에 대한 공고기간만료 후에 상속인은 상속재산을 가지고 재산분리의 청구 또는 그 기간 내에 신고한 상속채권자수증자와 상속인이 알고 있는 상속채권자수증자에 대하여 각 채권액 또는 수증액의 비율로 변제하여야 한다(§1051② 본문). 그러나 우선권 있는 채권자의 권리를 해칠 수 없으므로(§1051②但), 質權者(질권자)·抵當權者§(저당권자)등에 대하여는 상속재산으로써 우선적으로 변제하여야 한다. 상속채권자와 유증받은 자는 상속재산만으로는 채권 전액을 받을 수 없는 경우에 한하여 상속인의 고유재산으로부터 채권의 변제를 받을 수 있고(§1052①), 이 경우에 상속인의 채권자는 상속인의 고유재산으로부터 우선 변제를 받을 권리가 있다(§1052②).

상속인부존재(相續人不存在)
불 ; successionvacante

상속인부존재라 함은 재산상속인의 존재 여부가 분명하지 아니한 상태를 말한다(民§1053①). 상속개시 후 재산상속인의 存否(존부)가 불분명한 경우에는 상속인을 수색하기 위하여 일정한 절차가 필요할 뿐만 아니라, 상속재산의 최후의 귀속자인 國庫(국고)를 위하여 또는 상속채권자와 수증자 등의 이익을 위하여 상속재산에 대한 관리와 淸算(청산)을 할 필요

가 있다. 따라서 민법은 財産相續人不存在制度(재산상속인부존재제도)를 설정하여 상속인의 수색을 위하여 일정한 공고절차와 함께 상속재산의 관리·청산의 절차에 관한 규정을 두고 있다.

(1) 상속재산의 관리 : ㉮ 재산상속인의 존부가 분명하지 않는 때에는 가정법원은 제777조에 의한 피상속인의 친족 기타 이해관계인 또는 검사의 청구에 의하여 相續財産管理人(상속재산관리인)을 선임하고 지체없이 이를 공고하도록 되어 있다(民§1053①). ㉯ 재산관리인의 권리의무에 관하여는 부재자를 위한 재산관리인에 관한 규정이 준용되고(§1053②), 그리고 재산관리인은 상속채권자나 수증자의 청구가 있는 때에는 언제든지 상속재산의 목록을 제시하고 그 상황을 보고할 의무가 있다(§1054). 관리인의 임무는 그 상속인이 상속을 한 때에 종료하고(§1055①), 이 경우에는 관리인은 지체없이 그 상속인에 대하여 관리의 계산을 하게 되어 있다(§1055②). (2) 상속재산의 청산 : ㉮ 법원이 상속재산관리인의 선임을 공고한 후 3개월 내에 상속인의 존부를 알 수 없는 때에는 관리인은 지체없이 일반 상속채권자와 수증자에 대하여 2개월 이상의 기간을 정하 그 기간 내에 債權(채권) 또는 遺贈(유증)을 신고할 것을 공고하게 되어 있다(1055②). 이 경우의 공고절차는 비영리법인의 해산에 관한 규정이 준용된다(§1056②). ㉯ 관리인은 債權申告催告(채권신고최고)의 공고절차를 취한 후 限定承認(한정승인)의 경우와 동일한 방법으로써 相續債權者(상속채권자) 또는 受贈者(수증자)에 대하여 변제를 하게 되어 있다(§1056②). ㉰ 재산관리인 선임에 관한 공고와 이에 後行(후행)하는 청산공고기간이 경과하여도 상속인의 존부

를 알 수 없는 때에는 가정법원은 관리인의 청구에 의하여 1년 이상의 기간을 정하여 상속인이 있으면 그 기간내에 권리를 주장할 것을 공고하게 되어 있다(§1057). 이 기간 내에 상속권을 주장하는 자가 없는 때에는 가정법원은 피상속인과 생계를 같이 하고 있던 자, 피상속인의 요양간호를 한 자 및 기타 피상속인과 특별한 연고가 있던 자의 청구에 의하여 상속재산의 전부 또는 일부를 분여할 수 있다. 이 청구는 제1057조의 기간(상속인 수색의 공고기간인 1년 이상의 기간) 만료 후 2월 이내에 하여야 한다(§1057의 2). (3) 相續財産(상속재산)의 國家歸屬(국가귀속) : 민법 제1057조의 2의 규정에 의하여 분여되지 아니하는 때에는 상속재산은 국가에 귀속한다(§1058①). 그리고 상속재산이 국가에 귀속된 후에는 상속재산으로 변제를 받지 못한 상속채권자나 유증을 받은 자가 있는 때에도 그 변제를 국가에 청구할 수 없다(§1059).

특별연고자 상속재산분여
(特別緣故者 相續財産分與)

가정법원은 상속인 수색의 공고를 하여도 상속권을 주장하는 자가 없는 때에는 被相續人과 생계를 같이 하고 있던 者, 피상속인의 療養看護(요양간호)를 한 者, 기타 피상속인과 특별한 연고가 있던 자의 청구(이 청구는 상속인 수색의 공고기간이 만료된 후 2월 내에 하여야 함)에 의하여 상속재산의 전부 또는 일부를 분여할 수 있다(民§1057의2). 이것이 特別緣故者에 대한 相續財産分與制度이다. 이 제도는 1990년 1월 13일 법률 제4199호 改正相續法(개정상속법)에 창설된 제도이다. 특별연고자가 상속재산의 분여를 받는 지위에 따

르는 상속재산분여청구권도 일반적인 권리와 동일한 성질을 가지고 있다. 특별연고자의 유형으로는 (1) 生計同一者(생계동일자), (2) 療養看護(요양간호)를 한 者, (3) 기타 피상속인과 특별한 연고가 있던 者이다. 청산기간은 상속인 수색공고기간 만료 후 2개월 이내이다(§1057의2②, §1056). 그러나 본인의 청구가 있을지라도 모든 청구가 인정되는 것이 아니라 가정법원에서 그 청구의 상당성이 인정되어야 할 것이다. 이 상당성은 가정법원의 자유재량에 의하여 결정되며 특별연고자의 종류, 성별, 직업, 연령, 상속잔여재산의 종류, 액, 내용, 소재, 교육정도 등 일체의 사정이 종합적으로 고려될 것이다. 가정법원에서 특별연고자의 分與請求權(분여청구권)이 인정되면 상속재산의 전부 또는 일부에 대한 분여처분이 있게 된다. 이 처분에 의한 금전 그 밖의 給付審判(급부심판)은 집행력을 가지며(家訴§41), 부동산등기 등의 권리이전은 단독으로 청구할 수 있게 된다. 그리고 특별연고자가 분여받은 재산은 원시취득으로 보아, 변제를 받지 못한 相續債權者(상속채권자)나 수증자는 이에 대하여 아무런 청구도 할 수 없다고 보아야 한다.

유언(遺言)

라 ; testamentun 영 ; will
독 ; Testamen 불 ; testament

유언이란 유언자의 사망과 동시에 일정한 효과를 발생시키는 것을 목적으로 하는 상대방이 없는 單獨行爲(단독행위)를 말한다. 私有財産制度(사유재산제도)에 입각한 재산처분의 자유의 한 형태로서 사람이 생전 뿐 아니라 유언에 의하여 사후의 법률관계(주로 재산관계)까지 지배하는 것

을 인정한 것이다. 그러나 법률은 유언으로 할 수 있는 사항을 다음과 같이 한정하고 있다. (1) 상속에 관한 사항 : ㉮ 相續財産分割方法(상속재산분할방법)의 지정 또는 위탁(民§1012전단), ㉯ 相續財産分割禁止(상속재산분할금지)(§1012후단), (2) 상속 이외의 유산의 처분에 관한 사항 : ㉮ 遺贈(유증)(§1074~§1090). ㉯ 재단법인의 설립(§47②), ㉰ 신탁의 설정(신탁§2), (3) 신분상의 사항 : ㉮ 認知(인지)(§859②), ㉯ 親生否認(친생부인)(§850), ㉰ 후견인의 지정(§931), ㉱ 親族會員指定(§962), (4) 유언의 집행에 관한 사항 : 유언집행자의 지정 또는 위탁(§1093). 또한 본인의 최종 의사인가를 명확히 해 둘 필요에서도 엄격한 방식이 요구된다(유언의 要式性: 民§1060 참조). 일단 한 유언도 자유로이 철회할 수 있고, 이 철회권을 포기하지 못하게 되어 있다(§1108참조). 민법은 유언의 해석에 관하여도 엄격한 기준을 정하고 있다. 즉 전후의 유언이 저촉되거나 유언 후의 생전행위가 유언과 저촉되는 경우에는 그 저촉된 부분의 前遺言은 이를 철회한 것으로 본다(§1109), 유언의 목적이 된 권리가 유언자의 사망 당시에 상속재산에 속하지 아니한 때에는 유언은 그 효력의 없다(§1087①본문)는 등의 규정이 그것이다. 그러나 유언이 臨終時에 행하여지는 것이 많은 우리 나라의 실정에서 본다면 내용이 불명확한 경우도 적지 않다.

유언의 효력(遺言의 效力)

유언은 유언자가 사망한 때로부터 그 효력이 생긴다. 따라서 유언에 의하여 이익을 받는자도 유언자가 사망할 때까지는 아무런 권리도 취득하지 못한다. 또 상대방 없는 의사표시라는 유언의 성질상 유

언자가 사망하였을 때 특별한 조치 없이 바로 효력이 생긴다. 또 유언인지(민법 859조2항)와 같이 유언내용으로 되어 있는 사항 자체가 원래 요식행위인 경우에는 그 효력의 발생시기가 유언자체의 효력이 생기는 때, 즉 유언자의 사망시인가 또는 유언집행자가 형식적 요건의 구비나 절차를 완료한 때인가에 관하여는 견해가 대립된다. 정지조건이 있는 경우에는 그 조건이 유언자의 사망 후에 성취한 때에는 그 조건이 성취한 때로부터 그 효력이 생기니, 유언자가 유언 중에서 그 효력을 사망시에 소급시키는 것은 무방하다(민법 1073조2항·147조3항). 해제조건이 있는 유언의 경우에도 이에 준하여 해결된다. 유언에 시기를 붙였을 경우에는 그 이행은 기한이 도래한 때에 비로소 청구할 수 있게 된다고 보며(민법 152조1항), 종기를 붙인 경우에는 기한의 도래에 의하여 그 효력을 잃는다. 다만 유언의 효력은 유언자가 사망한 때이다.

유언인지(遺言認知)

생전인지에 상대되는 개념으로, 생부 또는 생모가 유언에 의하여 혼인외의 출생자를 인지하는 것을 말한다. 즉 인지는 유언으로도 이를 할 수 있으며, 이 경우에는 유언집행자가 이를 신고해야 하는 바(민법 859조2항), 유언에 의한 인지가 있는 경우는 유언집행자는 그 위임일로부터 1개월 이내에 인지에 관한 유언증서 등본 또는 유언녹음을 기재한 서면을 첨부하여 인지신고서를 제출해야 한다.

유언증언(遺言證言)

유언작성에 참여하는 증인을 말한다. 유언의 진실성을 확보하기 위해서 민법은 녹음에 의한 유언(민법 1067조), 공정증서에 의한 유언(민법 1068조 ; 증인 2인), 비밀증서에 의한 유언(민법 1069조 ; 증인 2인 이상), 구두증서에 의한 유언(민법 1070조 ; 증인 2인 이상)에서 증인이 참여해야 함을 규정하고 있다. 유언증인의 자격에는 제한이 없으나 성질상 미성년자(민법 1072조1항1호), 금치산자와 한정치산자(민법 1072조1항2호), 유언에 의하여 이익을 받을 자 및 그 배우자와 직계혈족은 그 자격이 없으며(민법 1072조1항3호), 공정증서에 의한 유언에 있어서는 공증인법 제13조에 결격자를 규정하고 있다.

유언능력(遺言能力)

유언을 유효하게 할 수 있는 능력이다. 유언도 일종의 의사표시이기 때문에 의사능력이 없는 자가 한 유언은 비록 형식을 구비하더라도 무효이다. 그러나 유언이 효력을 발생한 때에는 유언자는 생존하고 있지 아니하므로 행위자를 보호하는 취지의 제한능력자 제도를 그대로 엄격히 유언에 적용할 필요가 없다. 그래서 민법은 제5조·제10조와 제13조의 규정은 유언에는 적용하지 않는 것으로 하고 있다(§1062). 그러나 유언도 이에 효력이 인정되기 위해서는 그것이 정상적인 의사에 의하는 것이 필요하다. 그래서 민법은 미성년자에 관하여는 만17세를 능력의 표준으로 하고 그 이하의 자의 유언은 모두 무효로 하고 있다(§1061). 또 피성년후견인은 그 의사능력이 회복된 때에 한하여 유언을 할 수 있고(§1063①), 이 경우에는 의사가 심신회복상태를 유언서에 부기하고 서명 날인하도록 되어 있다(§1063

②). 유언자가 유언당시 유언능력을 가지고 있는 한, 후에 그 능력을 잃더라도 유언의 효력에 영향은 없다.

수증능력(受贈能力)

受贈能力(수증능력)이란 유증의 이익을 양수 할 수 있는 능력으로서 수증자가 될 수 있는 능력을 말한다. 수증능력은 의사능력의 존재를 전제로 하지 않으며, 권리능력자이면 된다는 점이 의사능력을 전제로 하는 유언능력과 다르므로 意思無能力者(의사무능력자)·法人(법인) · 胎兒(태아)도 수증자가 될 수 있다(§1064, §100③). 그러나 민법은 재산상속인의 결격사유를 수증자의 경우에도 준용하여(§1064, §1004), 재산상속인으로서의 결격자는 수증능력도 없는 것으로 하고 있다.

유언자유의 원칙 (遺言自由의 原則)
독 ; Tesfierfierfreiheit

유언에 의하여 자기의 재산을 자유로이 처분할 수 있는 원칙이다. 계약자유의 원칙과 함께 사적 자치의 원칙의 한 부분을 이룬다. 그러나 유산에 관하여는 배우자나 자녀는 일정한 비율로 상속할 권리를 가지는 것이 인정되고, 또한 자녀사이의 상속권의 평등이 법정되어 있으므로 이에 의해서 유언의 자유가 제한 될 수 있다.

무유언주의(無遺言主義)

가산을 공유하는 사상을 기초로 하는 相續法制(상속법제)에 있어서는 상속인은 반드시 피상속인의 가족 또는 친족이어야 하며, 유언 그 밖의 사후처분에 따라 타인을 상속인으로 지정하는 것을 불허하는데 유언이 없는 경우에는 원칙적으로 법정상속을 인정하고 이를 그 피상속인의 의사로 추정하는 뜻으로 간주한다.

유언의 방식(遺言의 方式)

유언의 방식이라 함은 요식행위인 유언에 관하여 민법이 요구하고 있는 일정한 방식을 말한다. 민법이 요구하는 일정한 방식에 따르지 않으면 유언은 무효가 된다(民§1060참조). 그러나 근소한 차질로 인하여 무효로 하는 것은 오히려 부당하므로 판례는 법률의 규정을 약간 부드럽게 해석하는 경향이 있다. 유언의 방식에는 보통방법으로서 自筆證書(자필증서)·錄音(녹음) · 公正證書(공정증서) · 秘密證書(비밀증서)와 口授證書(구수증서)이 5종이 있다(§1065).

민법 제1065조 내지 제1070조가 유언의 방식을 엄격하게 규정한 것은 유언자의 진의를 명확히 하고 그로 인한 법적 분쟁과 혼란을 예방하기 위한 것이므로, 법정된 요건과 방식에 어긋난 유언은 그것이 유언자의 진정한 의사에 합치하더라도 무효라고 하지 않을 수 없다(대법원 2006. 3. 9. 선고 2005다57899).

자필증서에 의한 유언 (自筆證書에 의한 遺言)

유언자가 유언의 전문과 연월일 · 주소 · 성명을 자서하고 날인하는 방식에 의한 유언이다(民§1066①). 자필증서에 의한 유언을 집행하기 위하여는 반드시 가정법원에 의한 검인절차를 받도록 되어 있다(民§1091 · 家訴§2①). 그리고 자필증서에서 문자를 삽입하거나 유언문을 삭제 또는 변경하는 경우에는 유언자가 이를 自書하고 날인하도록 되어 있다(§1066②).

녹음에 의한 유언
(錄音에 의한 遺言)

유언자가 유언의 취지, 그 성명과 연월일을 口述(구술)하고 이에 참여한 증인의 유언의 정확함과 그 성명을 구술하는 방식에 의한 유언이다(民§1067). 금치산자가 그 의사능력이 회복되어 녹음에 의한 유언을 하는 경우에는 참여한 의사는 心身回復(심신회복)의 상태를 유언서에 부기하고 署名捺印(서명날인)하는 대신에(§1063) 그 취지를 녹음해야 할 것이다. 이 방법에 의한 유언은 인간이 생존 당시의 육성을 사후에도 들을 수 있을 뿐만 아니라, 복잡한 내용의 유언까지도 간단히 할 수 있는 점으로 과학적인 혜택이 크다 하겠다.

공정증서에 의한 유언
(公正證書에 의한 遺言)

유언자가 증인 2인이 참여한 공증인의 면전에서 유언의 취지를 口授하고 공증인이 이를 筆記·낭독하여 유언자와 증인이 그 정확함을 승인한 후 각자가 서명 또는 기명하고 날인하는 방식에 의한 유언이다(§1068). 공정증서에 의한 유언의 집행에 있어서는 檢認節次가 필요 없다는 장점이 있지만 반면에 유언내용이 타인에게 누설되기 쉽고 상당한 비용이 소요된다는 단점도 있다.

비밀증서에 의한 유언
(秘密證書에 의한 遺言)

유언자가 필자의 성명을 기입한 증서를 嚴封(엄봉)·捺印(날인)하고 이를 2인 이상의 증인이 면전에 제출하여 자기의 유언서인 것을 표시한 후 그 封書表面(봉서표면)에 제출년월일을 기재하고 유언자와 증인이 각자 서명 또는 기명 날인하는 방식에 의한 유언이다(民§1069①). 이 비밀증서에 의한 유언방식은 자기의 성명을 自書할 수 있는 者이면 모두 할 수 있을 뿐만 아니라, 自筆證書에 의한 유언방식과 公正證書(공정증서)에 의한 유언방식을 절충한 유언방식이므로 유언내용이 비밀을 유지하고, 그 누설을 방지하는 동시에 유언의 존재와 내용을 확실하게 할 수 있는 장점이 있다. 그리고 비밀증서의 방식에 의하여 작성된 遺言(유언)封書(봉서)는 그 표면에 기재된 날로부터 5일 내에 공증인 또는 법원서기(現主事報以上職)에게 제출하여 그 봉인상에 확정일자를 받도록 되어 있다(§1069②). 비밀증서에 의한 유언에 있어서 그 방식상 요건을 흠결한 경우에는 비밀증서유언으로서의 효력이 발생하지 못한다. 그러나 민법은 비밀증서로는 흠결이 있더라도 그 증서가 자필증서의 방식에 적합한 때에는 자필증서에 의한 유언으로서 효력을 인정한다(§1071) 따라서 무효로 된 비밀증서유언이 자필증서유언으로서 전환되기 위하여는 유언서전문과 연월일·주소·성명의 自書(자서)와 捺印(날인)이 있어야 한다.

구수증서에 의한 유언
(口授證書에 의한 遺言)

질병, 기타 급박한 사유로 인하여 自筆證書(자필증서)·녹음·공정증서 또는 비밀증서 등의 방식으로서 유언을 할 수 없는 경우에 유언자가 2인 이상의 증인의 참여로 그 1인에게 유언의 취지를 구수하고 그 수수를 받은 자가 이를 필서·낭독하여 증인이 그 정확함을 승인한 후 각자가 서명 또는 기명하고 날인하는 방식에 의한 유언이다(民§1070①). 口授證書의 방식에 의한 유언은 그 증서 또는 이해관계인이 급박한 사유가 종료한 날로부터 7일내에 가정법원에 檢認(검인)을 신청하도록 되어 있다(§1070②家訴§2① 라류사건 36호).

> 민법 제1065조 내지 제1070조가 유언의 방식을 엄격하게 규정한 것은 유언자의 진의를 명확히 하고 그로 인한 법적 분쟁과 혼란을 예방하기 위한 것이므로, 법정된 요건과 방식에 어긋난 유언은 그것이 유언자의 진정한 의사에 합치하더라도 무효라고 하지 않을 수 없는바, 민법 제1070조 제1항이 구수증서에 의한 유언은 질병 기타 급박한 사유로 인하여 민법 제1066조 내지 제1069조 소정의 자필증서, 녹음, 공정증서 및 비밀증서의 방식에 의하여 할 수 없는 경우에 허용되는 것으로 규정하고 있는 이상, 유언자가 질병 기타 급박한 사유에 있는지 여부를 판단함에 있어서는 유언자의 진의를 존중하기 위하여 유언자의 주관적 입장을 고려할 필요가 있을지 모르지만, 자필증서, 녹음, 공정증서 및 비밀증서의 방식에 의한 유언이 객관적으로 가능한 경우까지 구수증서에 의한 유언을 허용하여야 하는 것은 아니다(대법원 1999. 9. 3. 선고 98다17800).

검인(檢認)

검인이란 가정법원이 유언서 또는 유언녹음의 존재 및 내용을 인정하는 것을 말한다. 자필유언증서나 비밀유언증서 또는 녹음을 보관하는 자나 이것을 발견한 자는 유언자가 사망한 후 지체없이 유언증서 또는 유언녹음을 가정법원에 제출하여 그 검인을 청구하여야 하다(민§1091①). 검인에 의하여 유언자 또는 유언녹음의 존재를 명확히 하고, 또한 유언 등의 僞造(위조)·變造(변조)를 방지하려는 것이다. 그러나 검인은 유언서나 유언녹음의 내용을 심사하는 것이 아니고 단지 외형을 검사인정하여 그 형식적 존재를 확보하는 절차에 불과하므로 검인에 의하여 무효인 유언서나 유언녹음이 유효하게 되는 것은 아니다. 그리고 공정증서나 구수증서에 의한 유언에 관하여는 검인을 필요로 하지 아니한다(§1091②). 또 가정법원이 봉인된 유언증서를 개봉할 때에는 유언자의 상속인, 그 대리인 기타 이해관계인의 참여가 있어야 한다(§1092). 구수증서의 방식에 의한 유언은 그 증서 또는 이해관계인이 급박한 사유가 종료한 날로부터 7일 내에 가정법원에 검인을 신청하여야 한다(§1070②). 이 경우의 검인은 위에서 설명한 검인과는 달리 유언의 眞否(진부), 즉 유언이 유언자의 진의에서 나온 것인가 아닌가를 판정하는 것이다. 따라서 앞의 검인과 구별하기 위하여 확인이라는 용어를 쓰는 것이 타당하다고 본다.

공동유언집행(共同遺言執行)

수인이 공동으로 하는 유언집행을 말한다. 유언집행자가 수인인 경우에는 임무의 집행의 가부는 그 과반수의 찬성으로 결정한다. 가부동수로 인하여 과반수를 얻을수 없는 경우에는 이를 해임하고 새로운 유언집행자를 선임한다(민법 1106조1096조). 하지만 보존행위는 각자가 이를 수 있다.

유언집행자(遺言執行者)

영 ; executor, adminstrator
독 ; Testamentsvollstrecker
불 ; exécuteur testamentaire

유언집행자란 유언의 내용을 실현시키기 위한 직무권한을 가진 자를 말한다. 위임계약의 受任人(수임인)의 지위에 있다. 유언집행자에는 유언자가 직접 지정하거나 유언자의 위탁을 받아 제3자가 지정한 指定遺言執行者(지정유언집행자)(민§1093)와, 유언자 또는 제3자에 의하여 지정된 유언집행자가 없는 경우에 상속인이 당연히 취임하게 되는 法定遺言執行者(법정유언집행자)(§1095), 그리고 유언집행자가 없는 경우 또는 사망 기타의 사유로 인하여 유언집행자가 없게 된 경우에 가정법원이 선임하는 選定遺言執行者$(선정유언집행자)(§1096)의 세 가지가 있다. 제한능력자와 파산선고를 받은 자는 유언집행자가 되지 못한다(§1098). 지정 또는 선임에 의한 유언집행자는 상속인의 대리인으로 보는 동시에 유언집행자의 관리처분 또는 상속인과의 법률관계에 대하여는 위임관계의 규정을 준용하고 있다(§1103). 즉 유언집행자는 유언의 집행에 필요한 모든 행위를 할 권리·의무가 있다. 지정 또는 선임에 의한 유언집행자는 정당한 사유가 있는 때에는 가정법원의 허가를 얻어 그 임무를 사퇴할 수 있고(§1105), 또 지정 또는 선임에 의한 유언집행자가 그 임무를 해태하거나 적당하지 아니한 사유가 있는 때에는 가정법원은 상속인 기타의 이해관계인의 청구에 의하여 유언집행자를 해임할 수 있다(§1106).

선임유언집행자(選任遺言執行者)

유언집행자가 없거나 사망·결격 기타 사유

로 인하여 없게 된 때에는 법원은 이해관계인의 청구에 의하여 유집행자를 선임하여야 하고, 법원이 유언집행자를 선임한 경우에는 그 임무에 관하여 필요한 처분을 명할 수 있다. 또 지정에 의한 유언집행자는 유언자의 사망 후 지체없이 이를 승낙하거나 사퇴할 것을 법원에 통지하여야 한다. 상속인 기타 이해관계인은 상당한 기간을 정하여 그 기간 내에 승낙여부를 확답할 것을 지정 또는 선임에 의한 유언집행자에게 최고할 수 있다. 그 기간 내에 최고에 대한 확답을 받지 못한 때에는 유언집행자가 그 취임을 승낙한 것으로 본다(민법 1096조, 1097조 1 · 2 · 3항).

지정유언집행자(指定遺言執行者)

유언자가 직접 지정하거나 지정을 위탁받은 제3자가 지정한 유언집행자를 말한다. 지정에 의한 유언집행자는 유언의 사망 후 지체없이 이를 승낙하거나 사퇴할 것을 상속인에게 통지하여야 하며, 선임에 의한 유언집행자는 선임의 통지를 받은 후 지체없이 이를 승낙하거나 사퇴할 것을 법원에 통지하여야 한다. 상속인 기타 이해관계인은 상당한 기간을 정하여 그 기간 내에 승낙여부를 확답할 것을 지정 또는 선임에 의한 유언집행자에게 최고할 수 있다. 그 기간 내에 최고에 대한 확답을 받지 못한 때에는 유언집행자가 그 취임을 승낙한 것으로 본다(민법 1097조).

유증(遺贈)

라 ; legatum   영 ; devise, legacy
독 ; Vermächtnis   불 ; legs

유증이란 유언자가 유언에 의하여 재산을 수증자에게 무상으로 증여하는 단독행위를 말한다. 유증에 의하여 재산을 받는 자를 수증자라고 하며, 유증을 이행하는 상속인을 遺贈義務者(유증의무자)라고 한다. 유증은 자유이므로 (1) 재산의 전부 또는 일부를 그 비율액(유산의 몇분의 몇)으로 증여하는 포괄적 유증과 (2) 특정한 재산을 증여하는 특정한 유증을 할 수 있으며, 수증자를 각각 包括的 受贈者, 特定受贈者라고 한다. 또한 수증자에게 일정한 부담을 지우는 부담부유증도 가능하다. 포괄적 수증자는 재산상속인과 동일한 권리의무가 있으므로(민§1078), 포괄적 유증을 하면 유언에 의하여 정해진 비율의 상속분을 가지는 상속인이 1인 증가했다고 생각하면 된다. 포괄적 유증의 효과는 다음과 같다. 즉 (1) 상속인과 같이 유언자의 일신에 전속한 권리·의무를 승계한다(§1005). 이 승계는 유언의 효력이 발생하는 동시에 당연히 생기고(물권적 효력) 유증의무자의 이행의 문제가 생기지 아니한다. (2) 그리고 포괄적 수증자와 상속인, 포괄적 수증자와 다른 포괄적 수증자와의 사이에는 공동상속인 상호간에 있어서와 동일한 관계가 생긴다. 즉 상속재산의 공유관계가 생기고(§1006, §1007), 분할의 협의를 하게 된다(§1013①). (3) 유증의 승인·포기에 관하여도 재산상속의 단순 또는 한정승인·포기를 할 필요가 있고, 이것을 가정법원에 신고하지 않으면 단순한 포괄적 유증승인이 있는 것으로 보게 된다. 이와 같이 포괄적 수증자의 권리·의무의 내용에 있어서는 상속인과 거의 차이가 없다. 그러나 수증자가 상속개시 전에 사망한 경우에는 원칙으로 유증이 실효되므로 대습상속이 인정되지 않는다는 점이 상속과 다르다.

> 유증이 포괄적 유증인가 특정유증인가는 유언에 사용한 문언 및 그 외 제반 사정을 종합적으로 고려하여 탐구된 유언자의 의사에 따라 결정되어야 하고, 통상은 상속재산에 대한 비율의 의미로 유증이 된 경우는 포괄적 유증, 그렇지 않은 경우는 특정유증이라고 할 수 있지만, 유언공정증서 등에 유증한 재산이 개별적으로 표시되었다는 사실만으로는 특정유증이라고 단정할 수는 없고 상속재산이 모두 얼마나 되는지를 심리하여 다른 재산이 없다고 인정되는 경우에는 이를 포괄적 유증이라고 볼 수도 있다(대법원 2003. 5. 27. 선고 2000다73445).

단순유증(單純遺贈)

유언에 아무런 조건이나 기한 및 부담을 붙이지 않고 재산의 무상증여를 하는 보통의 유증을 말한다. 단순유증의 효력은 유언자가 사망한 때로부터 발생한다(민법 1073조).

수증능력(受贈能力)

수증자 적격을 말하며, 수유능력이라고도 한다. 자연인과 법인을 불문하고 권리능력자로서 유언효력 발생시에 있어서 현존함으로써 족하다. 태아도 상속순위에 관하여는 이미 출생한 것으로 보기 때문에 수증능력이 있다. 그러나 (1)고의로 직계존속·피상속인, 그 배우자 또는 상속의 선순위나 동순위에 있는 자를 살해하거나 살해하려 한 자, (2) 고의로 직계존속, 피상속인과 그 배우자에게 상해를 가하여 사망에 이르게 한 자 (3) 사기 또는 강박으로 피상속인의 상속에 관한 유언 또는 유언의 철회를 방해한 자, (4) 사기 또는 강박으로 피상속인의 상속에 관한 유언을 하게 한 자, (5) 피상속인의 기타 상속에 관한 유언서를 위조·변조·파기 또는 은닉한 자는 상속인이 되지 못하므로 수증결격자로 취급되어 수증능력을 갖지 못한다(민법 1004 · 1064조).

수증자(受贈者)

수증자란 유언에 의한 증여(遺贈)를 받는 자를 말한다. 자연인뿐만 아니라 법인도 수증자가 될 수 있다. 상속인과 동일한 결격사유가 인정된다(민§1064, §1004). 또 수증자는 유언이 효력을 발생한 때(유언자가 사망한 때)에 생존해 있어야 한다. 유언자의 사망 전에 수증자가 사망한 경우에는 수증자인 지위의 승계(일종의 代襲受贈)는 인정되지 아니하므로 결국 유증은 그 효력이 생기지 아니한다(§1089①). 그러나 유언 중에 특히 수증자의 상속인의 승계를 인정한다는 뜻을 표시하고 있으면(補充遺贈) 그것에 따른다. 또 태아는 유증에 있어서도 이미 출생한 것으로 보게 된다(§1064, §1000③). 따라서 태아에게 유증할 수도 있다. 수증자에는 포괄적 유증을 받는 포괄적 수증자와 특정유증을 받는 특정수증자가 있다. 수증자에게 인도할 때까지 유증의 목적물은 상속인이 占有(점유)·管理(관리)하게 되는데 이 때에도 상속인이 그것을 사용·수익하는 것은 허용되지 아니한다(§1080~§1090). 또 特定受贈者(특정수증자)는 상속인에 대하여 유언자의 사망 후에 언제든지 유증을 승인 또는 포기할 수 있고(§1074①), 승인이나 포기는 유언자의 사망시에 소급하여 효력이 생긴다(§1074②). 그 외에 수증자에게 채무를 지우는 負擔附遺贈(부담부유증)의 제도가 있으며(§1088), 이 경우에는 부담시킨 채무를 이행하지 않으면 유증이 취소되는 수가 있다.

유류분(遺留分)
독 ; Pfichtteil   불 ; réserve légale

일정한 상속인을 위하여 법률상 유보된 상속재산의 일정부분을 말한다. 피상속인의 사망 후에 있어서의 상속인의 생활을 보장하고 또 상속인간의 공평을 도모하기 위하여 인정된 제도이며, 피상속인은 아무리 자기의 재산이라고 하여도 유류분을 침해해서까지 처분할 수는 없는 것이다. 즉 일정한 근친에게 재산을 상속시키는 것이 사회적으로 보다 합리적이므로 법정상속주의가 채용되고, 이를 유지하기 위하여는 재산의 일정부분을 상속권자를 위하여 보류하지 않으면 안된다. 유류분은 이러한 요구를 조화시키기 위한 제도이다. 그런데 유류분은 모든 相續順位者(상속순위자)에게 인정되는 것이 아니고, 제3순위의 재산상속인, 즉 피상속인의 형제자매에 이르기까지만 인정된다(§1000~§1003참조). 유류분권리는 피상속인의 증여 및 그 유증으로 인하여 그 유류분에 부족이 생긴 때에는 부족한 한도에서 그 재산의 반환을 청구할 수 있다(§115①). 이것을 부족분에 대한 返還請求權(반환청구권)이라고 한다. 이 경우에 증여 및 유증을 받을 者(자)가 수인인 때에는 각자가 얻은 유증가액의 비율로 반환하여야 한다(§115②). 그리고 증여에 대하여는 유증을 반환 받은 후가 아니면 이것을 청구할 수 없다(§1116). 위의 반환청구권은 유류분권리자가 상속의 개시와 반환하여야 할 증여 또는 유증을 한 사실을 안 때로부터 10년을 경과하면 시효에 의하여 소멸된다(§1117).

유류분권리자의 상속순위 (遺留分權利者 相續順位)

遺留分權利者(유류분권리자)의 순위와 유류분의 비율은 상속인으로서의 순위에 따라서 각각 차이가 있다(민§1112). (1) 피상속인의 直系卑屬(직계비속)은 그 法定相續分(법정상속분)의 2분의 1(§1112Ⅱ). (2) 피상속인의 배우자는 그 법정상속분의 2분의 1(§112Ⅱ). (3) 피상속인의 직계존속은 그 법정상속분의 3분의 1(§112Ⅲ). (4) 피상속인의 형제자매는 그 법정상속분의 3분의 1(§1112Ⅳ). 그리고 유류분은 태아에 대해서도 인정된다. 代襲相續人(대습상속인)도 피대습자의 상속분의 범위 내에서 유류분을 가진다(§1118에 의한 §1001, §1010의 준용). 이상과 같은 모든 경우에 유류분권을 행사할 수 있는 자는 재산상속의 순위상 상속권이 있는 者이어야 한다. 즉 예컨대 제1순위 상속인인 직계비속이 있는 경우에는 제2순위 상속인인 직계존속에 대해서 유류분권이 인정되지 않는다.

유류분 산정방법 (遺留分 算定方法)

유류분의 산정방법은 다음과 같다. (1) 유류분은 피상속인의 상속개시시에 있어서 가진 재산의 가액에 증여재산의 가액을 가산하고 채무의 전액을 공제하여 이를 산정한다(민§1113①). (2) 조건부의 권리 또는 存續期間(존속기간)이 불확정한 권리는 가정법원이 선임한 감정인의 평가에 의하여 그 가격을 정한다(§1113②). (3) 증여는 상속개시 전의 1년간에 행한 것에 한하여 그 가액을 산정한다(§1114전단). 그러나 당사자 쌍방이 유류분 권리자에 손해를 가할 것을 알고 증여를 한 때에는 1년 전에 한 것도 함께 산정한다(§1114후단). (4) 공동상속인 중에 피상속인으로부터 特殊收益分(특수수익분)을 받은 것이 있으면 그것은 비록 상속개시 1년 전의 것이라고 하더라도 모두 산입하게 된다.

색 인

ㅁ

ㅂ

ㅅ

ㅇ

ㅊ

ㅌ

ㅍ

ㅎ

친족 상속
라이브러리

초판 1쇄 인쇄 2019년 10월 1일
초판 1쇄 발행 2019년 10월 5일

편 저 이기옥
발행인 김현호
발행처 법문북스
공급처 법률미디어

주소 서울 구로구 경인로 54길4(구로동 636-62)
전화 02)2636-2911~2, **팩스** 02)2636-3012
홈페이지 www.lawb.co.kr

등록일자 1979년 8월 27일
등록번호 제5-22호

ISBN 978-89-7535-781-7 (13360)

정가 48,000원

▌역자와의 협약으로 인지는 생략합니다.
▌파본은 교환해 드립니다.
▌이 책의 내용을 무단으로 전재 또는 복제할 경우 저작권법 제136조에 의해 5년 이하의 징역 또
는 5,000만원 이하의 벌금에 처하거나 이를 병과할 수 있습니다.

이 도서의 국립중앙도서관 출판예정도서목록(CIP)은 서지정보유통지원시스템 홈페이지(http://seoji.nl.go.kr)와 국가
자료종합목록 구축시스템(http://kolis-net.nl.go.kr)에서 이용하실 수 있습니다. (CIP제어번호 : CIP2019038572)